आर॰ गुप्ता® कृत

पॉपुलर मास्टर गाइड

National Testing Agency (NTA)

UGC-NET

जूनियर रिसर्च फैलोशिप तथा सहायक प्राध्यापक पात्रता परीक्षा

शिक्षण एवं शोध अभियोग्यता

PAPER-I

लेखकः

डॉ. एम. एस. अंसारी

संजय गुप्ता

2020
EDITION

रमेश पब्लिशिंग हाउस, नई दिल्ली

प्रकाशक
ओ॰पी॰ गुप्ता, **रमेश पब्लिशिंग हाउस**
प्रशासनिक कार्यालय
12-H, न्यू दरियागंज रोड, आफिसर्स मेस के सामने,
नई दिल्ली-110002 ✆ 23261567, 23275224, 23275124
E-mail: info@rameshpublishinghouse.com
Website: www.rameshpublishinghouse.com
विक्रय केन्द्र
• बालाजी मार्किट, नई सड़क, दिल्ली-6 ✆ 23253720, 23282525
• 4457, नई सड़क, दिल्ली-6, ✆ 23918938

Book Code: R-530

ISBN: 978-93-5012-816-9

HSN Code: 49011010

अनुक्रमणिका

पिछले प्रश्न-पत्र, जून-2019 .... **1-12**

पिछले प्रश्न-पत्र, दिसम्बर-2018 .... **1-12**

यूनिट I : तर्क (गणितीय तर्क सहित) 3

1. संबंध अथवा सादृश्य परीक्षण **3**

2. शृंखला पर आधारित परीक्षण **10**

3. संख्या संबंधी परीक्षण **18**

4. व्यवस्थित क्रम परीक्षण **23**

5. विजातीय परीक्षण **35**

6. संबंध परीक्षण **43**

7. कूट/सांकेतिक भाषा परीक्षण **52**

8. दूरी व दिशा ज्ञान संबंधी परीक्षण **64**

9. कलेण्डर समय, तिथि, दिन, वर्ष आदि पर आधारित परीक्षण.. **77**

10. वेन आकृति तथा चार्ट संबंधी परीक्षण **86**

यूनिट II : सूचनाओं का विवेचन 102

1. सारणी व ग्राफ **102**

2. गणितीय परीक्षण **114**

यूनिट III : अध्ययन बोध 126

यूनिट IV : युक्ति संगत तर्क 137

1. कथन एवं निष्कर्ष पर आधारित परीक्षण **137**

2. दो कथन एवं एक निष्कर्ष पर आधारित परीक्षण **142**

3. दो कथन एवं दो निष्कर्ष पर आधारित परीक्षण **147**

4. तीन कथन एवं तीन निष्कर्ष पर आधारित परीक्षण **157**

5. कथन एवं पूर्णधारणाओं पर आधारित परीक्षण **160**

6. कथन एवं कार्यवाहियों पर आधारित परीक्षण **169**

7. कथन एवं अनुमान पर आधारित परीक्षण **175**

8. कथन एवं तर्क पर आधारित परीक्षण **184**

यूनिट V : शिक्षण अभियोग्यता 191

1. भूमिका **191**

2. शैक्षणिक नैतिकता से संबंधित प्रश्न **193**

3. परीक्षक/शैक्षणिक प्रशासक/कक्ष निरीक्षक से संबंधित प्रश्न **196**

4. शैक्षणिक संस्थान के संचालन से संबंधित प्रश्न **198**

5. समाज के प्रति दृष्टिकोण से संबंधित प्रश्न **201**

6. शैक्षणिक कार्य से संबंधित प्रश्न **205**

7. व्यावसायिक प्रतिबद्धता पर आधारित प्रश्न **207**

यूनिट VI : अनुसंधान अभिक्षमता 209

यूनिट VII : संचार 220

यूनिट VIII : सूचना एवं संचार प्रौद्योगिकी 227

यूनिट IX : जन एवं पर्यावरण 273

यूनिट X : उच्च शिक्षा प्रणाली : शासन, राजनीति एवं प्रशासन 332

यूनिट XI : विविध 359

पिछले प्रश्न-पत्र (हल सहित)

National Testing Agency (NTA)

UGC-NET (JRF) ऑनलाइन परीक्षा, जून-2019*

प्रश्न-पत्र-I

1. नीचे शिक्षण विधियां और उपागम दिए गए हैं। उनमें से कौन-कौन सा व्यष्टिसापेक्ष उपागम है?

(*a*) प्रदर्शन विधि
(*b*) माड्यूलर उपागम
(*c*) अभिक्रमित/अधिगम
(*d*) व्यष्टिसापेक्ष शिक्षण
(*e*) सहयोगात्मक विधि

नीचे दिए गए विकल्पों में से सही उत्तर दीजिए :

A. (*a*), (*b*) और (*c*) B. (*b*), (*c*) और (*d*)
C. (*c*), (*d*) और (*e*) D. (*a*), (*d*) और (*e*)

2. शिक्षण की प्रभावशीलता का निर्णय करने में निम्नलिखित में से किन बिन्दुओं पर विचार किया जाता है?

(*a*) सभी विषयों में विद्यार्थियों का प्राप्तांक
(*b*) शिक्षण उद्देश्यों की प्राप्ति का स्तर
(*c*) सीखने में विद्यार्थियों द्वारा लिया जानेवाला समय
(*d*) शिक्षण में अध्यापक द्वारा प्रयोग में लाया जाने वाला संसाधन
(*e*) कक्षा में विद्यार्थियों की उपस्थिति की नियमितता

नीचे दिए गए विकल्पों में से सही उत्तर दीजिए :

A. (*a*), (*b*) और (*c*) B. (*a*), (*b*) और (*d*)
C. (*c*), (*d*) और (*e*) D. (*b*), (*c*) और (*d*)

3. मात्रात्मक शोध को _____ भी कहा जाता है।

A. नृजातीय उपागम B. असंरचित उपागम
C. वर्णनात्मक उपागम D. संरचित उपागम

4. सर्वाधिक आसान अभिवृत्तिक स्केल जो एक समाकलित कोटि निर्धारण स्केल होता है, कहलाता है :

A. गटमैन स्केल B. लिकर्ट स्केल
C. थर्स्टोन स्केल D. एम.एल.ए. स्केल

5. जिस शोध विधि में सामान्यीकरण किया जाता है जो उसी प्रकार की अन्य परिस्थितियों पर लागू होता है, उसे क्या कहा जाता है?

A. कोहोर्ट स्टडी B. केस स्टडी
C. पैनल स्टडी D. ब्लाइंड स्टडी

6. वह शोध जिसमें पुरुष और महिला के बीच सामाजिक असमानता पर जोर दिया जाता है, कहलाता है :

A. तुलनात्मक शोध
B. अनुदैर्ध्य शोध
C. क्रियात्मक शोध
D. नारीवादी शोध

7. निम्नलिखित में से कौन-सा कथन टीम शिक्षण की अवधारणा को सर्वोत्तम रूप से व्याख्यायित करता है?

A. दो से अधिक अध्यापक शिक्षण कार्य करते हैं
B. दो से अधिक अध्यापक एक ही कक्षा को एक साथ मिलकर पढ़ाने की योजना बनाते हैं और पढ़ाते हैं
C. दो से अधिक अध्यापक अपनी विशेषता के अनुसार एक ही कक्षा को पढ़ाने की योजना बनाते और पढ़ाते हैं
D. अध्यापकों की एक टीम जो विद्यार्थियों को पढ़ाने हेतु तैयार और उपलब्ध रहती है

8. जीन पियाजे के संज्ञानात्मक विकास सिद्धांत के अनुसार, किशोर विद्यार्थी विकास के किस चरण में होते हैं?

A. संवेदी प्रेरक चरण
B. मूर्त्त संक्रियात्मक चरण
C. संक्रियात्मक चरण
D. औपचारिक संक्रियात्मक चरण

* *परीक्षा 25 जून, 2019 को संपन्न हुई।*

9. ऐसे अध्ययन को, जिसमें शोधकर्ता को प्रायोगिक और प्लेसिबो समूहों की पहचान की जानकारी नहीं होती, कहा जाता है :

A. ब्लाइंड B. डबल ब्लाइंड
C. पैनल D. कोहोर्ट

10. एक अध्यापक के रूप में आपके द्वारा तैयार किए गए परीक्षण के मामले में निम्नलिखित में से कौन-सा कथन सही है?

A. यदि परीक्षण विश्वसनीय है तो वह वस्तुनिष्ठ होगा
B. यदि परीक्षण वैधता रखता है तो वह विश्वसनीय भी होगा
C. यदि परीक्षण विश्वसनीय है तो वह वैधता भी रखेगा
D. यदि परीक्षण वैधता रखता है और विश्वसनीय है तो यह उपयोज्य होगा

निर्देश (प्रश्न संख्या 11 से 15 तक): *निम्नलिखित अनुच्छेद को पढ़िए तथा प्रश्नों के उत्तर दीजिए।*

अधिकांश लोग बुद्धि को शैक्षणिक उपलब्धि से सम्बन्धित करते हैं। मनोवैज्ञानिकों द्वारा दिए गए बुद्धि के विभिन्न सिद्धांतों में माना गया है कि अकादमिक बुद्धि के दो प्रकार होते हैं—शाब्दिक और गणितीय अथवा तार्किक। अधिकांश विशेषज्ञों के अनुसार बुद्धि वंशानुगत विशेष गुण होती है जो व्यक्तिगत व्यवहार और कार्य निष्पादन को प्रभावित करती है। परन्तु अनेक शोध अध्ययनों से यह पता चला है कि वातावरण बुद्धि के विकास को अत्यधिक रूप से प्रभावित करता है। चूंकि बुद्धि की एक विशेषता विश्लेषणात्मक और तर्कपरक कौशल है, उच्च बुद्धि-लब्धि (आई क्यू) वाले लोग अल्प बुद्धि-लब्धि वाले लोगों की तुलना में समस्या को बेहतर ढंग से समझेंगे।

बहुत से संगठन कर्मचारियों की भर्ती करते समय बुद्धि को एक महत्वपूर्ण मानदंड मानते हैं। उदाहरणार्थ, अनेक मैनेजमेंट स्कूलों में विद्यार्थियों के प्रवेश और शिक्षकों की भर्ती में बुद्धि लब्धि (आई क्यू) पर काफी बल दिया जाता है। बुद्धिमान व्यक्तियों की विशेषता अति ऊर्जा आवेग, उपलब्धि और प्रतिस्पर्धात्मकता होती है। काफी बुद्धिमान कर्मचारी कार्य में संबंधित कौशल और अन्य संगठनात्मक पद्धतियों को शीघ्रता से सीखते हैं तथा संगठन को उन्हें प्रशिक्षित करने में अपेक्षाकृत कम समय लगता है। उच्च बुद्धिमत्ता वाले लोगों में अच्छी विश्लेषणात्मक और तार्किक कौशल होने के कारण उनमें निर्णय लेने की अच्छी क्षमता होती है। उच्च उपलब्धि की ललक के साथ, ये लोग अधिकांशतः काफी सृजक होते हैं। जैसा कि कहावत है कि किसी मूर्ख मित्र की तुलना में बुद्धिमान शत्रु बेहतर है।

ऐसी उच्च बुद्धि-लब्धि (आई क्यू) के बावजूद बहुत बुद्धिमान लोग हमेशा अति प्रसन्न नहीं हो सकते हैं। उच्च बुद्धि-लब्धि उन्हें निष्क्रिया बना देती है जिसकी परिणति उनकी चिन्ता और नैराश्य के रूप में होती है। आम तौर पर कहा जाता है कि उच्च बुद्धि-लब्धि वाले लोग प्रायः असंतुष्ट लोग होते हैं।

11. 'भारांक' के लिए दूसरा शब्द है :

A. क्रेडिट B. द्रव्यमान
C. भार D. स्वतंत्रता

12. निम्नलिखित में से किसके दौरान उच्च ऊर्जा, अन्तर्न्तेद, उपलब्धि और प्रतिस्पर्धात्मकता को महत्व दिया जाता है?

A. प्रवेश B. भर्ती
C. पदोन्नति D. प्रवेश और भर्ती

13. जब विद्यार्थी कक्षा में प्रथम आता है तो इसका श्रेय किसे दिया जाता है?

A. संपर्क में रहने वाले व्यक्ति को
B. बुद्धि को
C. कठिन परिश्रम को
D. शारीरिक सौष्ठव को

14. जो लोग कम समय में समस्या को समझ जाते हैं वे ______ वाले होते हैं।

A. उच्च बुद्धि-लब्धि
B. निम्न बुद्धि-लब्धि
C. औसत बुद्धि-लब्धि
D. उत्तम बुद्धि-लब्धि

15. असंतोष प्रायः ______ वाले लोगों में देखा जाता है।

A. सृजनात्मक कौशल
B. उच्च उम्मीद
C. उत्तम निर्णय क्षमता
D. उच्च शैक्षणिक योग्यता

16. संवर्ग A के 40 कर्मचारियों के एक समूह की औसत आयु 31 वर्ष है। संवर्ग B के 60 कर्मचारियों के एक अलग समूह की औसत आयु 28 वर्ष है। इन दोनों समूहों के कर्मचारियों की एक साथ मिलाकर औसत आयु कितनी है?

A. 29.8 वर्ष B. 29.5 वर्ष

C. 29.2 वर्ष D. 29 वर्ष

17. आम सम्प्रेषण और कक्षा में होने वाले सम्प्रेषण में सूचना एवं विषय वस्तु के प्रक्रमण प्रक्रिया को ______ कहा जाता है।

A. औचित्य स्थापन B. गेटकीपिंग

C. विषयसामग्री सुधार D. वन-वे फ्लो

18. संप्रेषण के संज्ञानात्मक क्षेत्र में निम्नलिखित में से किससे संबंधित मामले शामिल हैं?

A. संवेग B. ज्ञान

C. भ्रांति D. पलायनवाद

19. यदि किसी कूट में BAT = 23 और CAT = 24 है, तो आप BALL के लिए निम्नलिखित में से कौन-सा कूट लिखेंगे?

A. 27 B. 28

C. 32 D. 39

20. एक खुदरा विक्रेता अपनी सभी वस्तुओं पर लागत मूल्य से 40% अधिक मूल्य अंकित करता है और इस प्रकार 20% लाभ की उम्मीद रखता है। इसके पश्चात् वह अंकित मूल्य पर 20% की छूट देता है। बिक्री पर उसे वास्तविक कितना प्रतिशत लाभ होगा?

A. 20% B. 18%

C. 16% D. 12%

21. किसी कक्षा में विद्यार्थी को एक प्रभावी श्रोता होना चाहिए, उसे ______ ध्यान रखना चाहिए?

(*a*) अध्यापक के शक्ल का

(*b*) साथियों का

(*c*) अकादमिक पाठ का

(*d*) संप्रेषण विकर्षणों का

नीचे दिए गए विकल्पों का प्रयोग करते हुए सही उत्तर का चयन कीजिए :

A. (*a*), (*b*) और (*c*) B. (*b*), (*c*) और (*d*)

C. (*a*), (*d*) और (*c*) D. केवल (*c*) और (*d*)

22. निम्नलिखित तर्क पर विचार कीजिए।

'ध्वनि अस्थायी है क्योंकि यह श्रव्य है।'

नीचे दिए गए विकल्प से भारतीय तर्कशास्त्र के आधार पर उपर्युक्त तर्क में हेत्वाभास की पहचान कीजिए :

A. तुच्छ तर्क का हेत्वाभास

B. असंगत तर्क का हेत्वाभास

C. गलत अभिकथन का हेत्वाभास

D. विरोधाभासी तर्क का हेत्वाभास

23. एक विमान एक वर्गाकार मैदान के चारों किनारों पर 400, 600, 800 और 200 कि.मी./घं. की गति से उड़ता है। मैदान के चारों तरफ विमान की औसत गति बताइए।

A. 324 कि.मी./घं. B. 360 कि.मी./घं.

C. 384 कि.मी./घं. D. 396 कि.मी./घं.

24. बंगलौर झांसी से बड़ा शहर है, सतपुड़ा चित्तौड़ से बड़ा शहर है। राजगढ़ झांसी के समान बड़ा नहीं है, लेकिन वह सतपुड़ा से बढ़ा है। सबसे छोटा कौन है?

A. बंगलौर B. झांसी

C. सतपुड़ा D. चित्तौढ़

25. दो अंकों *a* और *b* का गुणनफल इन संख्याओं के योग का दोगुना है, तो *a* और *b* के व्युत्क्रम का योग कितना होगा?

A. 1/8 B. 1/2

C. 2 D. 4

26. सभी भद्र व्यक्ति विनम्र हैं।

कोई अपराधी विनम्र नहीं है।

कोई अपराधी भद्र व्यक्ति नहीं है।

उपर्युक्त न्याय वाक्य में प्रमुख पद की पहचान कीजिए :

A. आधारवाक्यों में विधेय

B. आधारवाक्यों में कर्ता

C. प्रथम आधारवाक्य का कर्ता और निष्कर्ष का विधेय

D. दूसरे आधारवाक्य का कर्ता और निष्कर्ष का कर्ता

27. वह प्रत्यक्ष जिसके द्वारा हमें किसी वस्तु का ज्ञान किसी विधेय की विशेषता द्वारा नहीं होता बल्कि कतिपय असंबंधित अवयवों के बोध से होता है, कहलाती है :

A. नियत प्रत्यक्ष B. अनियत प्रत्यक्ष

C. वाचिक प्रत्यक्ष D. निहितार्थ

28. अभिकथन (A) : प्रतिरोध के साथ कोई संस्कृतीकरण घटित नहीं होता है।

तर्क (R) : लोगों के अपने मूल्य और स्व-हित होते हैं जो संप्रेषित संवाद को परिशोषित करते हैं।

नीचे दिए गए विकल्पों में से सही उत्तर का चयन कीजिए :

A. (A) और (R) दोनों सही हैं, तथा (R), (A) की सही व्याख्या है

B. (A) और (R) दोनों सही हैं, परन्तु (R), (A) की सही व्याख्या नहीं है

C. (A) सही है, परन्तु (R) गलत है

D. (A) गलत है, परन्तु (R) सही है

29. उस तर्क की पहचान कीजिए जिसके अन्तर्गत सार्वभौमिक तर्कवाक्य से दृष्टांतपरक आधारवाक्य का अनुमान लगाया जा सकता है :

A. निगमनात्मक तर्क B. आगमनात्मक तर्क
C. लघुकारक तर्क D. सादृश्यमूलक तर्क

30. चूंकि अन्य लोगों के साथ सर्वाधिक अन्योन्यक्रिया अति सतही स्तर पर होती है, अच्छे/अच्छी ____ करना काफी कठिन हो जाता है।

A. मार्ग-सुधार B. पूर्वानुमान
C. कार्य D. घोषणाएं

निर्देश (प्रश्न संख्या 31 से 35 तक): *निम्नलिखित सारणी पर विचार कीजिए। इसमें पांच विभिन्न विभागों में विद्यार्थियों की कुल संख्या तथा उनमें छात्रों एवं छात्राओं का प्रतिशत दर्शाया गया है। सारणी में दिए गए आंकड़ों के आधार पर प्रश्नों के उत्तर दीजिए।*

विभाग	छात्राओं का प्रतिशत	छात्रों का प्रतिशत	विद्यार्थियों की कुल संख्या
भौतिक विज्ञान	45	55	450
रसायन शास्त्र	35	65	550
अंग्रेजी	55	45	300
हिन्दी	60	40	250
गणित	40	60	500

31. रसायन शास्त्र विभाग में विद्यार्थियों की कुल संख्या गणित विभाग में विद्यार्थियों की कुल संख्या का लगभग कितना प्रतिशत है?

A. 90% B. 95%
C. 105% D. 110%

32. अंग्रेजी विभाग में छात्रों की संख्या तथा गणित विभाग में छात्रों की संख्या का अनुपात क्या है?

A. 9 : 12 B. 9 : 20
C. 3 : 5 D. 45 : 60

33. किस विभाग में छात्रों की न्यूनतम संख्या है?

A. भौतिक विज्ञान B. अंग्रेजी
C. हिन्दी D. गणित

34. अंग्रेजी तथा हिन्दी विभागों में कुल मिलाकर छात्राओं की कुल संख्या क्या है?

A. 315 B. 325
C. 335 D. 345

35. किस विभाग में छात्राओं की अधिकतम संख्या है?

A. भौतिक विज्ञान B. रसायन शास्त्र
C. अंग्रेजी D. गणित

36. राष्ट्रीय पाठ्यचर्या फ्रेमवर्क का निर्माण किसने किया था?

A. यू.जी.सी. B. एन.सी.ई.आर.टी.
C. एन.सी.टी.ई. D. सी.बी.एस.ई.

37. निम्नलिखित में से कौन सर्च इंजन है?

A. फ्लैश B. फायर फॉक्स
C. इन्टरनेट एक्सप्लोरर D. गूगल

38. सूचना प्रौद्योगिकी (आई. टी.) का वह उपयोग जिसे समाज की आवश्यकताएं पूरी करने हेतु सरकार की क्षमता में सुधार करने के लिए किया जाता है, कहलाता है :

A. ई-आधार B. ई-प्रशासन
C. ई-शासन D. ई-विपणन

39. अतीत काल में भारत में उच्चतर शिक्षा के अन्तर्गत अधिगम की विधि में शामिल रहा है :

A. याद करना, विचारावेशी प्रक्रिया (ब्रेन स्टॉर्मिंग) तथा सेमिनार

B. याद करना, समीक्षात्मक विश्लेषण तथा कथा वाचन

C. समीक्षात्मक विश्लेषण, समनुदेश लेखन तथा मौखिक रिपोर्ट

D. कथावाचन, विचारावेशी प्रक्रिया (ब्रेन स्टॉर्मिंग) तथा सेमिनार

40. वेब पेज के निर्माण हेतु निम्नलिखित में से किसे उपयोग किया जाता है?

A. एच.टी.टी.पी. B. यू.आर.एल.

C. एफ.टी.पी. D. एच.टी.एम.एल.

41. निम्नलिखित में से किस प्रदूषक को भारत में वायु गुणवत्ता सूचकांक में शामिल किया गया है?

A. कार्बन डाइऑक्साइड

B. क्लोरोफ्लोरो कार्बन

C. सल्फर डाइऑक्साइड

D. मीथेन

42. जलवायु परिवर्तन के संबंध में राष्ट्रीय कार्य योजना के अन्तर्गत निम्नलिखित में से कौन मिशन है/हैं?

(*a*) हिमालयी पारिस्थितिकी तंत्र को सम्बोधन करना

(*b*) सतत वन प्रबंधन

(*c*) जलवायु परिवर्तन हेतु रणनीतिक जानकारी

सही उत्तर चुनिए :

A. केवल (*a*) और (*b*)

B. केवल (*b*)

C. केवल (*b*) और (*c*)

D. केवल (*a*) और (*c*)

43. वह कौन-सी योजना है जिसका उद्देश्य अभियांत्रिकी विज्ञान में शोध को बढ़ावा देकर संस्थानों में शोध का वातावरण तैयार करना है?

A. ई-शोध सिन्धू

B. उद्यमिता विकास प्रकोश

C. शोध संवर्धन योजनाएँ (आर.पी.एस.)

D. संस्थान विकास योजना

44. सी.पी.यू. के दो मुख्य अवयव हैं :

A. कन्ट्रोल यूनिट और ए.एल.एयू.

B. ए.एल.यू. और बस

C. कन्ट्रोल यूनिट और रजिस्टर

D. रजिस्टर और मेन मेमोरी

45. निम्नलिखित में से कौन नगरपालिकावाले ठोस कचरे की जैववैज्ञानिक विधि है?

A. भू-भरन

B. चूर्णन (पलवैराइजेशन)

C. कम्पोस्ट तैयार करना

D. श्रेडिंग

46. ज्वाइंट फोटोग्राफिक एक्सपर्ट्स ग्रुप (जे.पी.ई.जी.) का उपयोग किसे कम्प्रेस करने के लिए किया जाता है?

A. म्यूजिक

B. वीडियो

C. इमेज

D. फ्रेम

47. पानी में किसकी अधिकता से ब्ल्यू बेबी सिन्ड्रॉम होती है?

A. कैल्सियम

B. मैग्नेशियम

C. नाइट्रेट

D. कृमिनाशक (पेस्टिसाइड)

48. अन्तर्राष्ट्रीय सौर्य सन्धि (इंटरनेशनल सोलर एलायन्स) की स्थापना हेतु संयुक्त रूप से किसने प्रयास किया था?

A. यू.एस.ए. और भारत

B. फ्रांस और भारत

C. स्वीडन और भारत

D. चीन और भारत

49. वैदिक शिक्षा पद्धति में शिक्षा का माध्यम था :

A. संस्कृत B. पाली

C. हिन्दी D. उर्दू

50. 'इन्सपायर स्कॉलरशिप का किस एजेंसी से वित्तपोषण होता है?

A. भारतीय समाज विज्ञान और अनुसंधान परिषद (आई.सी.एस.एस.आर.)

B. विश्वविद्यालय अनुदान आयोग (यू.जी.सी.)

C. विज्ञान और प्रौद्योगिकी विभाग (डी.एस.टी.)

D. राष्ट्रीय शैक्षणिक अनुसंधान और प्रशिक्षण परिषद् (एन.सी.ई.आर.टी.)

उत्तरमाला

1	2	3	4	5	6	7	8	9	10
B	D	D	B	B	D	C	D	B	B
11	**12**	**13**	**14**	**15**	**16**	**17**	**18**	**19**	**20**
A	D	B	A	C	C	B	B	A	D
21	**22**	**23**	**24**	**25**	**26**	**27**	**28**	**29**	**30**
D	A	C	D	B	C	B	D	A	B
31	**32**	**33**	**34**	**35**	**36**	**37**	**38**	**39**	**40**
D	B	C	A	A	B	D	C	B	D
41	**42**	**43**	**44**	**45**	**46**	**47**	**48**	**49**	**50**
C	D	C	A	C	C	C	B	A	C

व्याख्यात्मक उत्तर

3. **मात्रात्मक या परिणात्मक अनुसंधान (Quantitative Research):** स्वभाव से यह निगमन का ही रूप है। इसमें पहले उपकल्पना का निर्धारण होता है, इसमें सिद्धांत भी पहले से ही निर्धारित रहते हैं। यह शोध आंकड़ों पर आधारित होता है और इसका निष्कर्ष भी आँकड़ों द्वारा ही निर्धारित होता है। मात्रात्मक शोध आदेशात्मक है तथा निगमन पद्धति पर आधारित होती है। मात्रात्मक शोध किसी प्रकार के पथ या भाव से रहित रहता है। यह अपेक्षाकृत घटना और परिणाम या प्रभाव के बीच संबंधों पर केंद्रित होता है। मात्रात्मक शोध में सूचना सांख्यकीय रूप में होती है। यह सर्वेक्षण, संरक्षित साक्षात्कार (structured interview), अवलोकन (observation), अभिलेख (record) और रिपोर्ट की समीक्षा का डेटा संग्रहण होता है।

4. **लिकर्ट मापनी (Likurt Scale):** सर्वाधिक आसान अभिवृत्तिक स्केल जो एक समाकलित कोटि निर्धारण स्केल होता है, लिकर्ट स्केल या मापनी कहलाता है। इसे 'समेकित निर्धारण मापनी' के नाम से भी पुकारा जाता है। इसके जरिए अभिवृत्ति या अन्य विशेषताओं का मापन करने के लिए एक पाँच बिन्दुओं वाले स्केल को उपकल्पित किया जाता है। ये पाँच बिन्दु इस प्रकार हैं: सर्वाधिक सहमति, सहमति, अनिश्चय, असहमति एवं सर्वाधिक असहमति। इस मापनी के तहत किसी मुद्दे या विषय के सन्दर्भ में सकारात्मक (विधेयात्मक) एवं नकारात्मक (निषेधात्मक) मूल्य रखने वाले दोनों प्रकार के कथन शामिल किए जाते हैं। उत्तरदाता को इन कथनों को पढ़कर उनसे सहमति या असहमति की मात्रा प्रदर्शित करने हेतु पाँच बिन्दुओं में से किसी एक को चिह्नित या अंकित करने के लिए कहा जाता है। सकारात्मक एवं नकारात्मक दोनों तरह के कथनों की अंकन विधि भिन्न होती है।

5. **केस अध्ययन (Case Study)** में अन्वेषणकर्ता किसी एक परिस्थिति, घटना, समूह, समुदाय या व्यक्ति का गहराई (depth-in) से विश्लेषण करता है। केस अध्ययन में अन्वेषणकर्त्ता प्रेक्षण, साक्षात्कार, प्रश्नावली, मनोवृत्ति परीक्षण एवं अन्य मनोवैज्ञानिक परीक्षणों से आँकड़ा इकट्ठा करता है। इस प्रकार की शोध विधि में सामान्यीकरण किया जाता है जो उसी प्रकार की अन्य परिस्थितियों पर भी लागू होता है। इसके अतिरिक्त इसमें अभिलेखित आँकड़े जो अखबार, कोर्ट, सरकार तथा अन्य स्रोत से प्राप्त होते हैं, का भी विश्लेषण किया जाता है।

   केस अध्ययन विधि के कुछ लाभ (advantages) तथा अलाभ (disadvantages) है। इसके प्रमुख लाभ (advantages) निम्नांकित हैं–

   - केस अध्ययन किसी व्यक्ति, घटना या समूह का गहराई से अध्ययन प्रस्तुत करता है न कि केवल उसका वर्णन मात्र करता है।

- केस अध्ययन द्वारा उन सभी संगत तथ्यों एवं आँकड़ों को सावधानीपूर्वक परख करने का अवसर मिलता है जिनके आधार पर अन्वेषणकर्ता किसी वर्तमान सिद्धान्त, मॉडल आदि की पर्याप्त समीक्षा कर सकता है।

इन लाभों के बावजूद इसके कुछ अलाभ (disadvantages) हैं जो निम्नांकित हैं—

- केस अध्ययन में शोधकर्ता या अन्वेषणकर्ता का पूर्वाग्रह (bias) के कारण वस्तुनिष्ठ आँकड़ा संग्रहण (objective data collection) में बाधा पहुँचता है।
- केस अध्ययन में चूँकि एक ही व्यक्ति, घटना या समूह का अध्ययन किया जाता है, अतः इससे प्राप्त तथ्यों का सामान्यीकरण (generalization) नहीं किया जा सकता है।
- समय एवं धन के ख्याल से केस अध्ययन एक अनुपयुक्त विधि हैं इस तरह के अध्ययन में प्रत्येक केस का विश्लेषण चूँकि स्वतंत्र रूप से होता है, अतः इससे न केवल समय बल्कि धन का भी व्यय पर्याप्त होता है।

केस अध्ययन में कुछ अलाभ होते हुए भी इसकी लोकप्रियता काफी है। इसका उपयोग नैदानिक मनोविज्ञान (clinical psychology), शिक्षण मनोविज्ञान (educational psychology), परामर्श मनोविज्ञान (counselling psychology) के क्षेत्र में अधिक होता है।

6. नारीवादी शोध को एक नारीवादी सिद्धांत दर्शन आधार के रूप में समझा जा सकता है, जो कि सभी प्रकार की जाँचों और नारीवादी हितों को आधार प्रदान करता है और एक मार्गदर्शक ढाँचे के रूप में कार्य करता है। नारीवादी शोध की प्रमुख विशेषताएँ निम्नलिखित हैं :

(*i*) इसका मुख्य केंद्रबिंदु नारियों के अनुभव तथा उनके दृष्टिकोण से संबंधित है, यह उन शोध प्रक्रियाओं का उपयोग करता है, जिनका उद्देश्य इन विषयों का अन्वेषण करना है।

(*ii*) यह सक्रिय रूप से शोधार्थी तथा प्रतिक्रिया देने वाले व्यक्तियों के बीच में शक्ति के असंतुलन को कम करने या उसे पूर्ण रूप से हटाने का प्रयास करता है।

(*iii*) नारीवादी शोध का उद्देश्य पुरुष तथा महिलाओं के बीच में सामाजिक असमानता की स्थिति में परिवर्तन लाना है। वस्तुतः नारीवादी शोध को लैंगिक समानता के क्षेत्र में एक क्रिया शोध की तरह वर्गीकृत किया जा सकता है, जो कि महिलाओं से संबंधित मुद्दों और उनके हितों के संदर्भ में जागरूकता के सृजन हेतु शोध तकनीकों का उपयोग करती है, और इसके अतिरिक्त यह उन क्रियाओं को बढ़ावा देती हैं, जो कि लिंगों के बीच में समानता को प्रोत्साहन देते हैं।

7. शिक्षा के क्षेत्र में समूह शिक्षण उपागम काफी लोकप्रिय होता जा रहा है। इस विधि में विषय के विभिन्न उपविभागों के विशेषज्ञ शिक्षण प्रदान करते हैं। एक कक्षा में एक ही समय में दो या दो से अधिक शिक्षक समूह के रूप में पहुँच जाते हैं और अपने-अपने विषयों का ज्ञान प्रदान करते हैं। एक शिक्षक प्रकरण के विषय में व्याख्यान देता है और सैद्धान्तिक बातें बताता है। दूसरा शिक्षक प्रयोगशाला में प्रयोग करने की व्यवस्था करता है, तीसरा शिक्षक श्रव्य-दृश्य सामग्री का उपयोग उस प्रकरण को स्पष्ट करने में करता है और इस प्रकार से सभी शिक्षक शिक्षण कार्य में समन्वय स्थापित करने के लिए योजनाएँ बनाते हैं। इस प्रकार से छात्रों को इस उपागम के माध्यम से अधिक प्रभावशाली ढंग से पढ़ाया जा सकता है। इसके प्रमुख रूप हैं—

(*i*) दूसरे शिक्षकों के साथ (Shared teaching)

(*ii*) सिम्पोजियम की भाँति (Symposium type)

(*iii*) पैनल वार्तालाप (Panel discussion type)

8. औपचारिक संक्रिया की अवस्था (Stage of Formal Operations): यह अवस्था 11 साल से प्रारंभ होकर वयस्कावस्था (adulthood) तक चलती है। इस अवस्था में किशोरों (adolescents) का चिंतन अधिक लचीला (flexible) तथा प्रभावी (effective) हो जाता है। उसके चिंतन में पूर्ण क्रमबद्धता (systematisation) आ जाती है। अब वे किसी समस्या का समाधान काल्पनिक रूप से (hypothetically) सोचकर एवं चिंतन करके करने में सक्षम हो जाते हैं। इस अवस्था में समस्या के समाधान के लिए समस्या के एकांशों (items) को ठोस रूप से (in a concrete form)

उसके सामने उपस्थित होना अनिवार्य नहीं है। इस तरह किशोरों के चिंतन में वस्तुनिष्ठता (objectivity) तथा वास्तविकता (reality) की भूमिका अधिक बढ़ जाती है। दूसरे शब्दों में बालकों में विकेंद्रण (decentering) पूर्णतः विकसित हो जाता है।

पियाजे (Piaget) का मत है कि औपचारिक संक्रिया की अवस्था (stage of formal operation) अन्य अवस्थाओं की तुलना में अधिक परिवर्त्य (variable) होती है तथा यह किशोरों के शिक्षा के स्तर (level of education) से सीधे प्रभावित होती है। जिन बालकों का शिक्षा-स्तर काफी नीचा होता है, उनमें औपचारिक संक्रियात्मक चिंतन (formal operational thought) भी काफी कम होता है। परंतु, जिस बालक का शिक्षा-स्तर काफी ऊँचा होता है, उनमें औपचारिक संक्रियात्मक चिंतन अधिक मात्रा में होता है।

16. दोनों समूहों के कर्मचारियों की औसत आयु

$$= \frac{40 \times 31 + 60 \times 28}{40 + 60}$$

$$= \frac{1240 + 1680}{100}$$

$$= \frac{2920}{100} = 29.2 \text{ वर्ष}$$

18. संज्ञानात्मक शब्द की उत्पत्ति ज्ञान शब्द से हुई है जिसका अभिप्राय जानना है और जानना ज्ञानार्जन करने का अनिवार्य घटक है। अतः शैक्षिक प्रक्रियाओं में अधिगम का मुख्य बिन्दु संज्ञानात्मक होता है। संज्ञानात्मक क्षेत्र की अधिगम प्रक्रियाएँ उन मानसिक संक्रियाओं से संबंधित होती है जिनके प्रयोग से वातावरण में ज्ञान का संचालन होता है। इस तरह संज्ञानात्मक क्षेत्र में अध्येता के मन में सूचनाओं के प्रति उद्भाषण ज्ञान के संगठन या संसाधन तक की बहुत सारी क्रियाएँ सम्मिलित होती हैं। ये सूचनाएँ चाक्षुष भी हो सकती हैं अर्थात् जिन्हें देखा जा सके और शाब्दिक अर्थात् जिन्हें सुना जा सके।

विभिन्न मनोवैज्ञानिकों तथा शिक्षाशास्त्रियों ने सीखने के संज्ञानात्मक क्षेत्र के विश्लेषण के बारे में प्रयास किया। जिनमें से मुख्य ब्लूम, मेगर इत्यादि है। संज्ञानात्मक क्षेत्र के 6 अधिगम स्तर निम्नलिखित हैं–

(i) **ज्ञान :** ज्ञान या सूचनाओं को ग्रहण करना उच्च चिंतन प्रक्रिया को विकसित करने का आधार हैं किसी विषय क्षेत्र में विशिष्ट तत्वों का प्रत्यास्मरण या प्रत्याभिज्ञान सम्मिलित होता है, जैसे विशिष्ट तत्व होते हैं जैसे इस स्तर पर स्मृति स्तर की प्रक्रिया सम्मिलित होती है।

(ii) **अवबोध :** सीखने का दूसरा स्तर अवबोध है। सूचना ग्रहण करना तब तक व्यर्थ है जब तक इसे समझा न जाए। इस स्तर पर वे मानसिक प्रक्रियाएँ सम्मिलित होती हैं जो तथ्यों को, अवधारणाओं को, सिद्धान्तों को या सामान्यीकरणों को समझने में सहायता करती है।

(iii) **अनुप्रयोग :** कोई सूचना जब किसी एक नई परिस्थिति में प्रयोग की जाती है, तो वह सार्थक बन जाती है। इस स्तर पर मानसिक प्रक्रियाओं का वास्तविक या स्थूल अवस्थितियों में अवधारणाओं, नियमों या सिद्धान्तों का प्रयोग सम्मिलित होता है। आजकल विद्यार्थियों में अनुप्रयोगात्मक योग्यताओं के विकास पर अधिक बल दिया जाता है।

(iv) **विश्लेषणात्मक** चिंतन से सृजनात्मक चिंतन तथा समस्या समाधान की प्रवृत्ति विकसित होती है। किसी चीज को मानसिक रूप से समझने की बजाय यह मालूम करना या समझना अधिक उचित होगा कि किसी वसतु की समग्रता का उस वस्तु के विभिन्न भागों से क्या संबंध है?

(v) **संश्लेषण :** इसके अन्तर्गत किसी भी अवधारणा, सिद्धान्त या सामान्यीकरण को इनके विभिन्न भागों या अवयवों को एक साथ रखा जाता है।

(vi) **मूल्यांकन :** इस स्तर की मानसिक प्रक्रियाओं में निर्णय लेने की क्षमता का विकास सम्मिलित होता है, जो कि या तो संगत या तर्क के मापदण्ड पर आधारित हो या उनकी कुछ मानकों के साथ तुलना की गई हो। निर्णय लेना अधिगम का जटिलतम स्तर है।

19. जिस प्रकार, BAT = 2 + 1 + 20 = 23

अंग्रेजी वर्णमाला में दिए गए अक्षरों की स्थान संख्या का योग है, CAT = 3 + 1 + 20 = 24

उसी प्रकार, BALL = 2 + 1 + 12 + 12 = 27.

20. माना वस्तु का लागत मूल्य = ₹ 100

तब अंकित मूल्य = 100 × 140% = ₹ 140

वस्तु का विक्रय मूल्य = 140 × 80%

$= 140 \times \frac{80}{100}$ = ₹ 112

वास्तविक लाभ

$= \frac{\text{विक्रय मूल्य} - \text{लागत मूल्य}}{\text{लागत मूल्य}} \times 100$

$= \frac{112-100}{100} \times 100$

$= \frac{12}{100} \times 100 = 12\%.$

25. दिया है, $ab = 2(a + b)$ ...(*i*)

तब, $\frac{1}{a} + \frac{1}{b} = \frac{a+b}{ab} = \frac{a+b}{2(a+b)}$

[समीकरण (*i*) से $ab = 2(a + b)$ रखने पर]

$= \frac{1}{2}.$

29. निगमनात्मक तर्क (Deductive Reasoning): निगमनात्मक तर्क ऐसे तर्क होते हैं जिसमें व्यक्ति पहले से ज्ञात नियमों एवं तथ्यों के आधार पर एक निश्चित निष्कर्ष पर पहुँचने की कोशिश करता है। या निगमनात्मक तर्क के अंतर्गत सार्वभौमिक तर्कवाक्य से दृष्टांतपरक आधारवाक्य का अनुमान लगाया जा सकता है। इस प्रकार के तर्क मानव एवं पशुओं दोनों में पाए जाते हैं—निगमनात्मक तर्क निम्न प्रकार के न्यायवाक्यों (Syllogism) के आधार पर निकाले गए परिणाम में स्पष्ट रूप से शामिल होते हैं।

जैसे—वह सभी लोग जिन्हें चॉकलेट पसन्द है, दयालु होते हैं। अमित चॉकलेट पसन्द करता है।

निष्कर्ष—अमित बहुत दयालु है।

31. रसायन शास्त्र विभाग में विद्यार्थियों की कुल संख्या

= 550

गणित विभाग में विद्यार्थियों की कुल संख्या

= 500

∴ अभीष्ट प्रतिशत $= \frac{550}{500} \times 100 = \frac{550}{5}$

= 110%.

32. अंग्रेजी विभाग में छात्रों की संख्या

= 300 × 45% = 135

गणित विभाग में छात्रों की संख्या

= 500 × 60%

= 300

अभीष्ट अनुपात = 135 : 300

= 9 : 20.

33. भौतिक विज्ञान विभाग में छात्रों की संख्या

= 450 × 55%

= 247.50 ≃ 248

रसायन शास्त्र विभाग में छात्रों की संख्या

= 550 × 65%

= 357.50 ≃ 358

अंग्रेजी विभाग में छात्रों की संख्या

= 300 × 45% = 135

हिन्दी विभाग में छात्रों की संख्या

= 250 × 40% = 100

गणित विभाग में छात्रों की संख्या

= 500 × 60% = 300

अतः हिन्दी विभाग में छात्रों की संख्या न्यूनतम है।

34. अंग्रेजी और हिन्दी विभागों में छात्राओं की अभीष्ट संख्या

= 300 × 55% + 250 × 60%

= 165 + 150 = 315.

35. भौतिक विभाग में छात्राओं की संख्या

= 450 × 45%

= 202.50 ≃ 203

रसायन शास्त्र विभाग में छात्राओं की संख्या

$= 550 \times 35\%$

$= 192.50$

$\simeq 193$

अंग्रेजी विभाग में छात्राओं की संख्या

$= 300 \times 55\%$

$= 165$

हिन्दी विभाग में छात्राओं की संख्या

$= 250 \times 60\%$

$= 150$

गणित विभाग में छात्राओं की संख्या

$= 500 \times 40\%$

$= 200$

अतः भौतिक विभाग में छात्राओं की संख्या अधिकतम है।

36. राष्ट्रीय पाठ्यचर्या रूपरेखा-2005 (NCF-2005) एक दस्तावेज है जिसका निर्माण राष्ट्रीय शिक्षण अनुसंधान एवं प्रशिक्षण संस्थान (NCERT) के द्वारा किया गया है। जो भारत में विद्यालयों की शिक्षा व्यवस्था को एक दिशा-निर्देश देता है तथा आवश्यक संस्तुतियाँ भी करता है।

37. सर्च इंजन एक ऐसा प्रोग्राम है, जो इंटरनेट पर उपलब्ध सूचनाओं में से किसी विशेष सूचना को ढूँढकर कम्प्यूटर स्क्रीन पर प्रदर्शित करता है। हमें किसी संस्थान, वस्तु, व्यक्ति, विशेष आदि किसी के बारे में कुछ भी सूचना प्राप्त करनी है, तो हम इस सर्च टूल का प्रयोग करते हैं। गूगल, याहू, अल्टाविस्टा, लाइकोस, हॉटबोट आदि अनेक उदाहरण हैं।

मेटासर्च इंजन या जिसको एग्रीगेटर (aggregator) एक ऐसा सर्च उपकरण है जो अपने स्वयं के परिणाम दर्शाने के लिए दूसरे सर्च इंजन के डेटा का उपयोग करता है। मेटाक्रॉलेर, हॉटबोट, डॉगपाइल आदि मेटा सर्च इंजन के उदाहरण हैं।

38. ई-शासन में 'ई' का तात्पर्य इलेक्ट्रॉनिक से लगाया जाता है। सामान्य रूप से ई-शासन का अर्थ है सरकारी क्रियाकलापों एवं परियोजनाओं आदि में सूचना संचार तकनीकी (ICT) का प्रयोग करते हुए लोक-कल्याणकारी राज्य के लक्ष्यों को प्राप्त करना है अर्थात् सरकारी/ प्रशासनिक कार्यों से संबंधित कानूनों, नियमों आदि में ICT के उपयोग को बढ़ावा एवं मान्यता देना ही ई-शासन कहलाता है। ई-शासन में सरकार की भूमिका के आधार पर ई-शासन की कई श्रेणियाँ विभाजित की गई है। मसलन सरकारों के बीच (G2G), सरकार और नागरिकों के बीच (G2C), सरकार और व्यापारिक क्रियाकलाप (G2B) एवं सरकार और कर्मचारियों के बीच (G2E)।

ई-शासन के क्षेत्र में भारत सरकार की पहल–

- ई-कार्यालय
- वीजा एवं रजिस्ट्रेशन एवं ट्रैकिंग (VFRT)
- यूआईडी (UID), पेंशन
- बैंकिंग, पोस्ट ऑफिस आदि का कम्प्यूटरीकरण
- अपराध एवं अपराधियों से सम्बन्धित नेटवर्क की मॉनीटरिंग
- सार्वजनिक वितरण प्रणाली में ICT का प्रयोग
- प्रत्यक्ष लाभ स्थानांतरण योजना (DBT) का प्रयोग
- 'डिजिटल इंडिया' नामक कार्यक्रम से लोगों में ई-साक्षरता को बढ़ावा देना।

40. एचटीएमएल (HyperText Markup language–HTML) वेब पन्नों और वेब आधारित एप बनाने में इस्तेमाल होने वाली एक मार्कअप भाषा है। वेब ब्राउजर द्वारा किसी वेबसाइट के पन्ने को खोलने पर उसके वेब सर्वर से एचटीएमएल के रूप में दस्तावेज प्राप्त होता है, जिसे वेब ब्राउजर मल्टीमीडिया वेब पेज में बदल देता है।

41. वायु गुणवत्ता सूचकांक वायु में प्रदूषण की स्थिति को प्रदर्शित करने वाला एक सूचक है। इसके तहत वायु की गुणवत्ता को सरलता से प्रदर्शित करने हेतु 'एक नंबर - एक रंग - एक विवरण' का प्रयोग किया जाता है। सूचकांक के अंतर्गत वायु गुणवत्ता को छह श्रेणियों अच्छा (0-50), संतोषजनक (51-100), सामान्य रूप से प्रदूषित (101-200), खराब (201-300), बहुत खराब (301-400) और गंभीर (401-500) में विभाजित किया गया है। प्रदूषण को समझने हेतु

प्रत्येक प्रदूषण स्तर को एक विशेष रंग (जैसे अच्छा (0-50) श्रेणी को हरा व गंभीर (401-500) श्रेणी को गहरा लाल) से सूचित किया जाता है। इस सूचकांक में कुल आठ प्रदूषणकारी तत्वों (PM_{10}, $PM_{2.5}$, NO_2, O_3, CO, SO_2, NH_3 तथा Pb) को शामिल किया गया है।

42. जलवायु परिवर्तन पर राष्ट्रीय कार्य योजना (NAPCC) को औपचारिक रूप से 30 जून, 2008 को लागू किया गया। यह उन साधनों की पहचान करता है जो विकास के लक्ष्य को प्रोत्साहित करते हैं, साथ ही, जलवायु परिवर्तन पर विमर्श के लाभों को प्रभावशाली रूप से प्रस्तुत करता है। राष्ट्रीय कार्य योजना के कोर के रूप में आठ राष्ट्रीय मिशन हैं। वे जलवायु परिवर्तन, अनुकूलन तथा न्यूनीकरण, ऊर्जा दक्षता एवं प्राकृतिक संसाधन संरक्षण को बढ़ावा देने पर केंद्रित हैं।

आठ मिशन निम्नलिखित हैं–

1. राष्ट्रीय सौर मिशन
2. विकसित ऊर्जा दक्षता के लिए राष्ट्रीय मिशन
3. सुस्थिर निवास पर राष्ट्रीय मिशन
4. राष्ट्रीय जल मिशन
5. हिमालयी पारिस्थितिक तंत्र को सम्पोषण करना
6. हरित भारत हेतु राष्ट्रीय मिशन
7. सुस्थिर कृषि हेतु राष्ट्रीय मिशन
8. जलवायु परिवर्तन हेतु रणनीतिक ज्ञान पर राष्ट्रीय मिशन।

43. अनुसंधान (शोध) संवर्धन योजना (आरपीएस): यह योजना तकनीकी शिक्षा में पहचाने गए महत्वपूर्ण क्षेत्रों में अनुसंधान को प्रोत्साहित करती है। आरपीएस का उद्देश्य इंजीनियरी विज्ञान में अनुसंधान को प्रोत्साहित करके तथा स्थापित और नई प्रौद्योगिकियों में अभिनवता को बढ़ावा देकर संस्थानों में अनुसंधान के परिवेश का सृजन करना तथा संकाय और अनुसंधान की गुणवत्ता का संवर्धन करते हुए निष्णात और डॉक्टोरल डिग्री छात्रों को तैयार करना है। वित्त-पोषण की सीमा 3 वर्ष की परियोजना अवधि के लिए 25 लाख रुपये है।

44. प्रोसेसर कम्प्यूटर सिस्टम (CPU) की वह यूनिट है जो निर्देशों के इंटरप्रिन्ट करके उन्हें एक्जीक्यूट करता है। एक पीसी की कार्यक्षमता प्रोसेसर की गति (speed) पर निर्भर करता है। इसकी गति को MIPS में मापा जाता है। यह सिलिकॉन चिप का बना होता है। CPU के दो मुख्य अवयव–कंट्रोल यूनिट (CU) एवं अरिथमैटिक और लॉजिक यूनिट (ALU) हैं।

45. नगरपालिका द्वारा कचरे की कम्पोस्ट तैयार करना एक जैववैज्ञानिक विधि का उदाहरण है। कम्पोस्ट (compost) एक प्रकार की खाद है जो जैविक पदार्थों के अपघटन एवं पुनःचक्रण से प्राप्त की जाती है। यह जैव कृषि का मुख्य घटक है। कम्पोस्ट बनाने का सबसे सरल तरीका है–नम जैव पदार्थों का ढेर बनाकर कुछ काल तक प्रतीक्षा करना ताकि इसका विघटन हो जाए। विघटन में कुछ सप्ताह या महीने लगते हैं। उसके बाद वह ह्यूमस में बदल जाता है। कम्पोस्ट बनाने की आधुनिक विधि कई चरणों में पूर्ण होती है और प्रत्येक चरण में जल, वायु एवं कार्बन तथा नाइट्रोजन से समृद्ध पदार्थों को बड़े नपे-तुले ढंग से डाला जाता है।

46. कम्प्यूटिंग की भाषा में जॉइंट फोटोग्राफिक एक्सपर्ट्स ग्रुप (JPEG) डिजिटल चित्रों के संपीडन के लिए आमतौर पर इस्तेमाल किया जाने वाला एक फाइल फॉर्मेट है। इस फॉर्मेट का उपयोग विशेष रूप से डिजिटल फोटोग्राफी द्वारा उत्पादित छवियों के लिए किया जाता है, जिनका एक्सटेंशन अक्सर .jpg होता है। संपीडन की मात्रा बदली जा सकती है, जिससे कि फाइल आकार एवं गुणवत्ता के बीच अनुकूल संतुलन बनाया जा सकता है। आमतौर पर इस फॉर्मेट की मदद से छवि की गुणवत्ता में बिना अधिक नुकसान के 10 : 1 संपीडन अनुपात प्राप्त किया जा सकता है।

47. ब्लू बेबी शब्द का हिन्दी में अर्थ है : हृदय रोग से ग्रस्त शिशु, इस रोग में नवजात शिशु को पैरों, मुँह व सिर पर नीलिमा दिखाई देती है, इस कारण शिशु ब्लू बेबी कहलाते हैं। यह रोग मुख्यतः दो कारणों से होता है–

1. शिशुओं को जन्मजात हृदय दोष के कारण अपर्याप्त ऑक्सीजन मिलती है।

2. नवजात शिशुओं को ऐसा प्रदूषित जल पीने दिया जाता है, जिसमें नाइट्रेट की मात्रा 45 PPM or 45 mg/litre से अधिक होती है।

नाइट्रेट जब हमारे आंतों तक पहुँचते हैं तो आंत्र की Microbial flora के मध्यम से नाइट्राइट में परिवर्तित हो जाते हैं। ये नाइट्राइट रक्त में हीमोग्लोबिन से क्रिया करके मेटहीमोग्लोबिन (Methaemoglobin or MHb) बनता है। यह हीमोग्लोबिन की तरह रक्त में पर्याप्त ऑक्सीजन ले जाने में असमर्थ होता है, जिसके फलस्वरूप ऊतकों, कोशिकाओं तथा अंगों में ऑक्सीजन की कमी होने लगती है तथा वे नीले पड़ने लगते हैं। इस कारण इस रोग को ब्लू बेबी या मेटहीमोग्लोबिनेमया कहते हैं।

48. अंतर्राष्ट्रीय सौर गठबंधन 121 सौर संसाधन संपन्न देशों का एक संधि आधारित अंतर्राष्ट्रीय अंतर-सरकारी गठबंधन है। ये देश कर्क एवं मकर रेखा के मध्य उष्णकटिबंधीय क्षेत्र में स्थित हैं। भौगोलिक विशेषताओं के कारण इन देशों में वर्ष में लगभग 300 दिन बड़ी मात्रा में धूप उपलब्ध रहती है। सौर संसाधन संपन्न इन देशों की विशिष्ट सौर प्रौद्योगिकी परिनियोजन आवश्यकताओं को पूरा करने के लिए कोई विशिष्ट निकाय नहीं था। इसी परिप्रेक्ष्य में पेरिस में आयोजित 21वें जलवायु परिवर्तन सम्मेलन के दौरान 'पेरिस घोषणा-पत्र' के तहत भारत एवं फ्रांस ने संयुक्त रूप से 30 नवंबर, 2015 को 'अंतर्राष्ट्रीय सौर गठबंधन' का शुभारंभ किया।

अंतर्राष्ट्रीय सौर गठबंधन का लक्ष्य सौर संसाधन संपन्न देशों के मध्य एक मंच उपलब्ध कराना है। इस मंच का उपयोग द्विपक्षीय एवं बहुपक्षीय संगठन, निगम, उद्योग तथा अन्य हितधारकों समेत वैश्विक समुदाय द्वारा किया जा सकता है। साथ ही यह मंच सुरक्षित, सुविधाजनक, सस्ते एवं टिकाऊ तरीके से गठबंधन के सदस्य देशों की ऊर्जा आवश्यकताओं को पूरा करने के लिए सौर ऊर्जा के उपयोग को बढ़ावा देने में मदद करेगा।

49. वैदिक काल में वेदों के अध्ययन को प्रमुखता दी जाती थी। इसी कारण पाठ्य विषयों की संख्या अधिक नहीं हो सकी थी। कालान्तर में व्याकरण, गणित, रेखागणित, ज्योतिष, अर्थशास्त्र, इतिहास, राजनीतिशास्त्र, कृषि, युद्ध शिक्षा, न्याय दर्शन, प्राकृतिक चिकित्सा आदि अनेक विषय पढ़ाये जाते थे। शिक्षा का माध्यम संस्कृत भाषा था। इस युग में अधिकांश शैक्षिक क्रियाएँ मौलिक होती थीं और लेखन क्रिया को कम से कम अवसर दिया जाता था। यह क्रिया प्रायः संस्कृत ग्रन्थों के लिखने तक ही सीमित रखी जाती थी। इस काल में शंका समाधान, शुद्ध उच्चारण पर बल, प्रश्नोत्तर, वाद-विवाद, कंठस्थ विधि आदि शिक्षण विधियों द्वारा शिक्षा दी जाती थी। व्याकरण, ज्योतिष, न्याय तथा आयुर्वेद में प्रयोगात्मक कार्य पर बल दिया जाता था।

50. इंस्पायर (इनोवेशन इन साइंस परसूट फॉर इंस्पायर्ड रिसर्च) भारत के विज्ञान एवं प्रौद्योगिकी मंत्रालय (डीएसटी) द्वारा शुरू किया गया। इंस्पायर कार्यक्रम एक अनोखा कार्यक्रम है, जिसके तहत विज्ञान में बेहतरीन प्रतिभावान छात्रों को आकर्षित करने का प्रयास किया जाएगा। इसके साथ ही विज्ञान संबंधी रोजगार चुनने के लिए आवश्यक अवसरों के साथ उन्हें विज्ञान संबंधी रोजगारपरक शोध कार्यों के लिए वित्तीय सहायता भी प्रदान की जाएगी।

भारत सरकार ने 11वीं पंचवर्षीय योजना के तहत 2 हजार करोड़ की लागत से नवम्बर, 2008 में इंस्पायर योजना को अनुमति प्रदान की और प्रधानमंत्री ने 13 दिसम्बर, 2008 को इस योजना की शुरूआत की।

पिछले प्रश्न-पत्र (हल सहित)

National Testing Agency (NTA)

UGC-NET (JRF) ऑनलाइन परीक्षा, दिसम्बर–2018*

प्रश्न-पत्र–I

1. निम्नलिखित में से कौन शोध द्वारा प्राप्त साक्ष्य के आधार पर प्रभावी अध्यापन में मुख्य व्यवहार का संकेतक है?
   - A. अध्यापक-शिक्षार्थी संबंध विकसित करने में शिक्षक की भावात्मकता
   - B. विद्यार्थी द्वारा अधिगम में संलिप्तता
   - C. विद्यार्थी के विचारों तथा उसके योगदान का उपयोग करना
   - D. अध्यापन के दौरान प्रक्रियात्मक तथा विषयवस्तु आधारित प्रश्नों का उपयोग

2. निम्नलिखित में से कौन-से कथन 'मानक संदर्भित परीक्षण' के बारे में हैं? नीचे दिए गए कूट का चयन कीजिए तथा उत्तर दीजिए।
   - (*a*) केवल स्वल्प अधिगम कार्यों, जिनमें थोड़े से प्रश्न ही विशिष्ट कार्यों के मापन हेतु शामिल हों, के आधार पर बड़े अनुक्षेत्र को आच्छादित कर लेना।
   - (*b*) अधिगम के सापेक्ष स्तर के आधार पर व्यक्तियों के मध्य विभेद कर सकने पर जोर।
   - (*c*) किसी विशिष्ट अनुक्षेत्र के अधिगम कार्यों, जिनमें अधिसंख्य प्रश्न विशिष्ट कार्यों का मापन करते हैं, पर बल देना।
   - (*d*) निर्वचन के लिए सुपरिभाषित समूह की आवश्यकता होती है।
   - (*e*) निर्वचन के लिए सुपरिभाषित निष्पत्ति अनुक्षेत्र की आवश्यकता होती है।
   - (*f*) उन अधिगम कार्यों के विवरण पर बल देना जिन्हें व्यक्ति कर सकते हैं अथवा नहीं कर सकते हैं।

   A. (*a*), (*b*) और (*d*) B. (*b*), (*c*) और (*f*)
   C. (*a*), (*b*) और (*c*) D. (*d*), (*e*) और (*f*)

3. नीचे दो समुच्चय दिए गए हैं। समुच्चय-I में शिक्षण तथा अधिगम के विभिन्न स्तर दिए गए हैं तथा समुच्चय-II में उनके उदाहरण तथा महत्व दिए गए हैं। दोनों समुच्चयों को सुमेलित कीजिए तथा सही कूट चुनकर उत्तर दीजिए।

समुच्चय-I (शिक्षण तथा अधिगम का स्तर)	**समुच्चय-II (उदाहरण तथा महत्व)**
(*a*) स्मृति स्तर	(*i*) आलोचनात्मक चिंतन आधारित संज्ञानात्मक अंतर्विनिमय को बढ़ावा देना।
(*b*) अवबोध स्तर	(*ii*) व्यक्तिगत हित तथा अभिवृत्तिक महत्व का अनुरक्षण करता है।
(*c*) विमर्शी स्तर	(*iii*) तथ्यों को स्मरण करने एवं उन्हें पहचानने की प्रक्रिया को सुकर बनाता है।
	(*iv*) संबंध तथा अर्थ देखने की संभावना को बढ़ाता है।

कूट :

	(*a*)	(*b*)	(*c*)
A.	(*i*)	(*ii*)	(*iii*)
B.	(*iii*)	(*ii*)	(*iv*)
C.	(*iii*)	(*iv*)	(*i*)
D.	(*iv*)	(*iii*)	(*ii*)

4. निम्नलिखित सूची से शिक्षक एवं विद्यार्थी के प्रतिबद्धता क्षेत्र की पहचान कीजिए। सही कूट का चयन कीजिए एवं उत्तर दीजिए।
   - (*a*) 'ठीक से करो' उपागम
   - (*b*) समुदाय के साथ संपर्क बढ़ाना

* परीक्षा 19 दिसम्बर, 2018 को संपन्न हुई।

(*c*) कक्षागत निष्पादन, जिसमें शिक्षण-अधिगम की प्रक्रिया शामिल है, को अभिवृद्ध करना

(*d*) सर्वांगीण विकास के प्रति विशेष रुचि तथा सहायता हेतु तत्परता

(*e*) शैक्षणिक एवं विषयवस्तु से संबंधित प्रवीणताओं का अर्जन

(*f*) निष्पक्षता, वस्तुनिष्ठता तथा बौद्धिक ईमानदारी का सम्मान

A. (*a*), (*b*) और (*c*) B. (*b*), (*c*) और (*d*)

C. (*a*), (*d*) और (*f*) D. (*d*), (*e*) और (*f*)

5. निम्नलिखित में से किस शोध पद्धति में स्वतंत्र चर का चयन किया जाना चाहिए, न कि नियंत्रित चर का चयन?

A. वर्णनात्मक सर्वेक्षण पद्धति

B. प्रयोगात्मक पद्धति

C. कार्योत्तर पद्धति

D. व्याख्यात्मक शोध

6. निम्नलिखित सूची में से कौन-सा कथन शोध की उपयुक्त परिभाषा देता है? उत्तर देने के लिए सही कूट का चयन कीजिए।

(*a*) शोध का अभिप्राय बार-बार खोजना है।

(*b*) शोध मूलतः किसी प्रश्न का उत्तर है।

(*c*) शोध किसी समस्या का प्रामाणिक समाधान प्रदान करता है।

(*d*) शोध किसी व्यक्ति की परिकल्पना को सिद्ध करने का प्रयास है।

(*e*) शोध अर्थ-निरूपण करने वाली एक प्रक्रिया है।

(*f*) शोध का अर्थ किसी निश्चित समग्र से प्रतिदर्श का चयन करना है।

A. (*a*), (*b*) और (*c*) B. (*b*), (*c*) और (*f*)

C. (*a*), (*d*) और (*f*) D. (*b*), (*c*) और (*e*)

7. किसी स्थिति को सृजनात्मक ढंग से देखने तथा समझने की क्षमता शोध के किस चरण पर सर्वाधिक प्रासंगिक है?

A. किसी शोध समस्या की पहचान करने तथा इसे परिभाषित करने का चरण।

B. शोध अभिकल्प के निर्धारण तथा इसके कार्यान्वयन में।

C. शोध परिकल्पना एवं उसके परीक्षण की पद्धतियों के प्रतिपादन में।

D. प्रतिदर्श चयन के बारे में निर्णय लेने तथा तत्संबंधी प्रक्रियाओं की प्रतिनिधिक विशेषताओं को सुनिश्चित करने में।

8. निम्नलिखित में से किन क्षेत्रों में 'शोध नीति' का बड़ा महत्व है? नीचे दिए गए कूट से अपना उत्तर दीजिए।

(*a*) प्रदत्त संकलन में

(*b*) किसी संगोष्ठी (सेमिनार) पत्रक की तैयारी में

(*c*) आधार सामग्री विश्लेषण में

(*d*) किसी सम्मेलन में भाग लेने में

(*e*) शोध प्रबंध/शोध लघु प्रबंध के लेखन में

(*f*) किसी शोध समस्या के चयन में

A. (*a*), (*b*) और (*c*)

B. (*a*), (*c*) और (*e*)

C. (*d*), (*e*) और (*f*)

D. (*a*), (*b*) और (*f*)

9. शोध परिणाम प्रस्तुत करने एवं इसे अन्य के साथ साझा किए जाते समय शोध के निम्नलिखित में से किस प्रकार की शोध प्रकारता में प्रस्तुति की शैली वस्तुनिष्ठ होनी चाहिए?

A. नृजाति वृत्तिक अध्ययन में

B. क्रियात्मक अनुसंधान आधारित अध्ययन में

C. कारणान्वेषी तुलना आधारित कार्योत्तर अध्ययन में

D. विवरणात्मक अध्ययन में

10. निम्नलिखित में से कौन-सी शिक्षण पद्धति अप्रत्यक्ष अधिगम को बढ़ावा देगी?

A. उदाहरण के साथ व्याख्यान देना

B. टीम शिक्षण

C. किसी विषय का निदर्शन

D. प्रतिभाग आधारित परियोजनाएँ

निर्देश (प्रश्न संख्या 11 से 15 तक): *गद्यांश को ध्यान से पढ़ें और प्रश्नों का उत्तर दें।*

मानव जीवन की प्रकृति को रेखांकित करने में हमें केवल उन्हीं चीजों पर ध्यान नहीं देना चाहिए जिन्हें हम सफलतापूर्वक कर लेते हैं, बल्कि हमें उन स्वतंत्रताओं पर भी विचार करना

चाहिए जो विभिन्न जीवन शैलियों को चुनने में वस्तुतः प्राप्त हैं। जीवन शैली के चयन में प्राप्त आजादी हमारे हित में महत्वपूर्ण अवदान कर सकती है किंतु हित के परिप्रेक्ष्य से परे जाने पर स्वतंत्रता अपने आप में महत्वपूर्ण बन जाती है। चयन करना तथा तर्क कर सकने की गुंजाइश मानव जीवन का महत्वपूर्ण पक्ष है। वस्तुतः हमें अपने हितों पर ही ध्यान रखने की बाध्यता नहीं है। हमें क्या अनुसरण करना चाहिए, यह हमारे स्वविवेक पर निर्भर है, इस बात पर बल देना महत्वपूर्ण है। यह दिखाने के लिए कि हमारे लक्ष्य एकनिष्ठ रूप से केवल अपने हित साधन से भिन्न है, हमें कोई महान नेता बनने की आवश्यकता नहीं है। हमारी स्वतंत्रता तथा क्षमता भी हमारे लिए मूल्यवान हैं। अंततः यह हमें ही तय करना है कि अपनी स्वतंत्रता का हम किस प्रकार उपयोग करें। यहाँ ध्यातव्य विषय यह होगा कि लोगों को अपनी क्षमताओं के अनुरूप न कि उनकी उपयोगिता या सुख देने की क्षमता पर सामाजिक उपलब्धियाँ मिली हुई हैं। प्रथमतया इस परिप्रेक्ष्य में मानव जीवन को एक व्यापकता प्राप्त हो जाती है जिसमें लोगों को पूरी आजादी उपलब्ध है। सापेक्ष उस स्थिति के जिसमें उपयोगिता के अतिरिक्त अन्य पक्षों की उपेक्षा होती है। आजादी का एक दूसरा महत्वपूर्ण आयाम भी है और वह यह कि जो हम करते हैं, उसके लिए हम स्वयं जवाबदेह हैं। चयन की आजादी द्वारा हमें यह निर्णय करने का अवसर मिलता है कि हमें क्या करना चाहिए, परंतु इस अवसर की सुलभता के साथ-साथ यह जवाबदेही भी बनती है कि हमें किस सीमा तक चयन के विकल्प को ढूँढने की आजादी है। अतः सामर्थ्य, कुछ करने की शक्ति है, अस्तु इस सामर्थ्य से प्रसूत जवाबदेही की शक्ति उस सामर्थ्य के परिप्रेक्ष्य का अंग है, और यह कर्तव्य की उस मांग का मार्ग प्रशस्त करती है जिसे सामान्य रूप से इसे परिणाम निरपेक्ष मांग कहा जा सकता है। यहाँ अभिकर्ता-केन्द्रित सरोकार तथा सामर्थ्य आधारित उपागम के निहितार्थ के मध्य व्याप्ति है। सामाजिक उपलब्धि का यह परिप्रेक्ष्य हमें उन मुद्दों की ओर ले जाएगा जो विश्व में न्यायिक औचित्य के मुख्य मुद्दे हैं।

11. स्वतंत्रता को महत्वपूर्ण क्यों माना जाता है?
- A. इससे हम सफलतापूर्वक कार्य कर पाते हैं।
- B. विभिन्न जीवन शैली अपनाने के लिए।
- C. अपने हित के परिप्रेक्ष्य को समझने के लिए।
- D. अपने हित के परिप्रेक्ष्य से परे जाने के लिए।

12. हमें हमारे अपने हित पर ध्यान देने के परे क्यों सोचना चाहिए?
- A. महान नेताओं के पदचिह्नों पर चलने के लिए।
- B. अन्य की स्वतंत्रता के बारे में विचार करने के लिए।
- C. इस बात का महत्व समझना कि हमारे लक्ष्य स्व-हित से भिन्न हो सकते हैं।
- D. अपनी स्वतंत्रता का उपयोग करने में समर्थ होने के लिए।

13. सामाजिक उपलब्धि का मूल्यांकन करने के लिए निम्न में से किसका महत्व नहीं है?
- A. लोगों की क्षमता
- B. उपयोगिता
- C. प्रदत्त स्वतंत्रता का उपयोग करने में असमर्थता
- D. स्वतंत्रता के मूल्यों की उपेक्षा करना

14. स्वतंत्रता का अन्तर्निहित पहलू क्या है?
- A. स्वतंत्र होने का सुख
- B. कार्य का न होना
- C. जवाबदेही
- D. स्वयं का हित

15. गद्यांश का केन्द्रीय भाव है :
- A. व्यक्तिगत मुद्‌दों की विविधता पर जोर
- B. स्वतंत्रता की शक्ति का उपयोग
- C. वैयक्तिक सुख की जवाबदेही
- D. सभी को न्याय दिलाने की आवश्यकता

16. यदि विद्यार्थी स्वयं को किसी सम्प्रेषण स्रोत के निकट रखें तो इसके परिणामस्वरूप क्या होगा?
- A. स्रोत प्रभुत्व
- B. चयनात्मक अभिमुखीकरण
- C. नकारात्मक चयन
- D. निर्वैयक्तिक व्यवहार

17. अभिकथन (A) : कक्षागत संप्रेषण को विद्यार्थी द्वारा संदेशों का स्पष्ट विसंकेतन कहा जाता है।

तर्क (R) : अतिशयता में वृद्धि कर हम संप्रेषण की विश्वसनीयता बढ़ा सकते हैं।

A. (A) और (R) दोनों सही हैं।
B. (A) और (R) दोनों सही हैं, लेकिन (R), (A) की सही व्याख्या नहीं है।
C. (A) सही है, लेकिन (R) गलत है।
D. (A) गलत है, लेकिन (R) सही है।

18. कक्षा में शिक्षकों की मुखाकृति द्वारा की गई अभिव्यक्ति में होने वाले क्षणिक परिवर्तन कहलाते हैं :
A. सार्थक - क्षणिक संचलन
B. सूचनात्मक - क्षणिक संचलन
C. वृहत् - क्षणिक संचलन
D. सूक्ष्म - क्षणिक संचलन

19. कक्षागत संप्रेषण की प्रक्रिया के सही विसंकेतन अनुक्रम की पहचान कीजिए।
A. मूल्यांकन, निर्वचन, इन्द्रिय-सन्निकर्ष, प्रतिपुष्टि
B. प्रतिपुष्टि, इन्द्रिय-सन्निकर्ष, निर्वचन, मूल्यांकन
C. इन्द्रिय-सन्निकर्ष, निर्वचन, मूल्यांकन, प्रतिपुष्टि
D. निर्वचन, मूल्यांकन, प्रतिपुष्टि, इन्द्रिय-सन्निकर्ष

20. नीचे दो समुच्चय दिए गए हैं। **समुच्चय-I** में सम्प्रेषण के प्रकार दिए गए हैं, जबकि **समुच्चय-II** में उनके दृष्टान्तीकरण प्रस्तुत किए गए हैं। नीचे दिए गए कूट का चयन कर अपना उत्तर दीजिए :

समुच्चय-I (संप्रेषण के प्रकार)	**समुच्चय-II (दृष्टांतीकरण)**
(*a*) रेखीय संप्रेषण	(*i*) सदस्यों को दिए गए विषयों पर चर्चा करने के लिए कहा जाता है।
(*b*) अन्तरक्रियात्मक संप्रेषण	(*ii*) कक्षा में शिक्षक एक संरचित विषय प्रस्तुत करता है।
(*c*) क्रियान्वितिकारी संप्रेषण	(*iii*) एक महाविद्यालय प्राचार्य अपने अभिकर्मियों की समस्या समझने हेतु उनकी बैठक बुलाता है।
	(*iv*) महाविद्यालय में शिक्षक एवं विद्यार्थी ऊधम मचाते हैं।

कूट :

	(*a*)	(*b*)	(*c*)
A.	(*iii*)	(*i*)	(*ii*)
B.	(*iv*)	(*ii*)	(*iii*)
C.	(*ii*)	(*iii*)	(*i*)
D.	(*i*)	(*iv*)	(*iii*)

21. संख्या अनुक्रम 5, 19, 49, 101, 181, 295, x, ..., में पद x है :
A. 401 B. 351
C. 449 D. 501

22. यदि NTA14 तथा NTA15, 5-अंकों वाली ऐसी संख्याएँ हैं जिनका योग 157229 हो, तो N + T + A का मान होगा :
A. 15 B. 21
C. 25 D. 72

23. A की माता B की बहन और C की बेटी है। D यहाँ B की बेटी तथा E की बहन है। C का E से क्या रिश्ता है?
A. भाभी B. चाची
C. नानी D. माता

24. आपने हाल ही में किसी नये कार्यालय में पदभार ग्रहण किया है। जब आप अपने घर से 5 किमी/घंटा की चाल से चलते हैं तो आप 15 मिनट पहले कार्यालय पहुँच जाते हैं और यदि आप 3 किमी/घंटा की चाल से चलते हैं तो आप 9 मिनट देर से कार्यालय पहुँचते हैं। आपके घर से कार्यालय की दूरी है :
A. 5 किमी B. 8 किमी
C. 3 किमी D. 2 किमी

25. प्रश्नचिह्न (?) के स्थान पर सही विकल्प को चुनिए।
$42 \rightarrow 26$
$71 \rightarrow 78$
$33 \rightarrow 16$
$62 \rightarrow ?$
A. 68 B. 54
C. 38 D. 39

26. वह प्रतिज्ञप्ति गुच्छ जिसकी संरचना कुछ अनुमान दर्शाती है, उसे कहा जाता है :
A. निहितार्थ B. तर्क वाक्य
C. व्याख्या D. विवरण

27. नीचे दो आधार वाक्य दिए गए हैं। इन आधार वाक्यों से चार निष्कर्ष निकाले गए हैं। उस कूट का चयन करें जो प्रामाणिक रूप से निकाले गए (आधार वाक्यों को अकेले अथवा संयुक्त रूप से लेते हुए) निष्कर्ष/निष्कर्षों को दर्शाता है।

आधार वाक्य : (*i*) कुछ फूल लाल होते हैं।
(*ii*) सभी गुलाब फूल होते हैं।

निष्कर्ष : (*a*) कुछ गुलाब लाल होते हैं।
(*b*) कुछ लाल वस्तुएँ फूल होती हैं।
(*c*) कुछ फूल गुलाब होते हैं।
(*d*) सभी गुलाब लाल होते हैं।

A. केवल (*a*), (*b*) और (*c*)
B. केवल (*a*) और (*b*)
C. केवल (*b*) और (*c*)
D. केवल (*c*) और (*d*)

28. निम्न चार कथनों (*a*), (*b*), (*c*) और (*d*) पर विचार कीजिए। निम्नलिखित में से किस कूट में केवल सही कथन समाविष्ट है?

(*a*) वेन आरेख संकेतन की स्पष्ट पद्धति है।
(*b*) किसी निरूपाधिक आधारवाक्य के मानक रूप में आरेखन हेतु तीन अतिव्यापन वृत्त खींचे जाते हैं।
(*c*) किसी निरपेक्ष न्यायवाक्य के परीक्षण हेतु दो अतिव्यापन वृत्त खींचे जाते हैं।
(*d*) वेन आरेख किसी निरपेक्ष न्यायवाक्य की प्रामाणिकता के परीक्षण की एक पद्धति है।

कूट :
A. केवल (*a*) और (*b*)
B. केवल (*a*), (*b*) और (*c*)
C. (*a*), (*b*), (*c*) और (*d*)
D. केवल (*a*) और (*d*)

29. यदि यह प्रतिज्ञप्ति कि *'कोई कुत्ता चौपाया नहीं है'* गलत हो तो निम्न में से किस प्रतिज्ञप्ति के निश्चित रूप से सही होने का दावा किया जा सकता है?

A. सभी कुत्ते चौपाया हैं।
B. कुछ कुत्ते चौपाया हैं।
C. कुछ कुत्ते गैर चौपाया हैं।
D. सभी कुत्ते द्विपाद हैं।

30. निगमनात्मक तर्क अप्रामाणिक है यदि :

A. इसके आधार वाक्य एवं निष्कर्ष सभी सही हों।
B. इसके आधार वाक्य एवं निष्कर्ष सभी गलत हों।
C. इसके सभी आधार वाक्य सही हों परन्तु इसका निष्कर्ष गलत हो।
D. इसके सभी आधार वाक्य गलत हों परन्तु इसका निष्कर्ष सही हो।

निर्देश (प्रश्न संख्या 31 से 35 तक): *निम्नलिखित तालिका में पाँच विद्यार्थियों A–E के छह विषयों S1-S6 में प्राप्तांक के प्रतिशत को दर्शाया गया है। सभी विषयों S1-S6 में अधिकतम अंक क्रमशः 80, 75, 100, 120, 125 तथा 150 है। नीचे दी गई तालिका के अनुसार नीचे दिए गए प्रश्नों का उत्तर दीजिए।*

पाँच विद्यार्थियों द्वारा छह विषयों में प्राप्त अंकों का प्रतिशत (%)

विषय → / विद्यार्थी ↓	S1 (कुल 80 अंक में से)	S2 (कुल 75 अंक में से)	S3 (कुल 100 अंक में से)	S4 (कुल 120 अंक में से)	S5 (कुल 125 अंक में से)	S6 (कुल 150 अंक में से)
A	80	72	76	80	50	65
B	60	70	88	90	65	72
C	45	65	44	72	72	82
D	50	75	72	84	64	70
E	65	45	68	60	80	66

31. विद्यार्थी A द्वारा प्राप्त अंकों का औसत प्रतिशत है लगभग :

A. 65% B. 74%
C. 75% D. 70%

32. विद्यार्थी A का विषय S3 तथा S4 में कुल प्राप्तांक और विद्यार्थी E का विषय S3 तथा S4 में कुल प्राप्तांक का अंतर है :

A. 30 B. 36
C. 28 D. 32

33. विषय S6 में सभी पाँच विद्यार्थियों द्वारा प्राप्त किए गए अंकों का औसत प्रतिशत है :

A. 71% B. 69%
C. 64% D. 75%

34. विषय S1 में सभी पाँचों विद्यार्थियों द्वारा प्राप्त किए गए अंकों का औसत है :

A. 48 B. 50
C. 49 D. 51

35. विषय S3 तथा S1 में सभी पाँचों विद्यार्थियों द्वारा प्राप्त किए गए अंकों का अन्तर है :

A. 48 B. 98
C. 108 D. 110

36. निम्नलिखित में से कौन-सा युग्म कम्प्यूटर के संबंध में अल्पतम रूप में मेल खाता है?

A. 1 गीगाबाइट : (1024) × (1024) × (1024) बाइट्स
B. एल.सी.डी. : लाइट क्रिस्टल डिस्प्ले
C. यू.एस.बी. : यूनिवर्सल सीरियल बस
D. जी.यू.आई. : ग्राफिकल यूजर इंटरफेस

37. अमित ने एक डी.वी.डी.-आर.डब्ल्यू. या डी.वी.डी.- आर. में से किसी एक के उपयोग का निर्णय किया है। उन कथनों को चुनिए, जो भंडारण उपस्करों के मामले में सही हैं।

P : डी.वी.डी.- आर. और डी.वी.डी.- आर.डब्ल्यू. दोनों को केवल पढ़ा जाता है।
Q : डी.वी.डी.- आर. पर केवल एक बार लिखा जा सकता है।
R : डी.वी.डी.- आर.डब्ल्यू. पर अनेक बार लिखा जा सकता है।
S : डी.वी.डी.- आर और डी.वी.डी.- आर.डब्ल्यू. दोनों पर केवल एक बार लिखा जा सकता है।

A. केवल P B. केवल S
C. केवल P और R D. केवल Q और R

38. निम्नलिखित सूची में कम्प्यूटर नेटवर्क्स के विभिन्न प्रकारों को दर्शाया गया है। इन्हें अंतर्निहित जिओग्राफिकल स्पेस के आधार पर आरोही क्रम में व्यवस्थित कीजिए।

A. एल.ए.एन., डब्ल्यू.ए.एन., एम.ए.एन.
B. डब्ल्यू.ए.एन., एल.ए.एन., एम.ए.एन.
C. एम.ए.एन., एल.ए.एन., डब्ल्यू.ए.एन.
D. एल.ए.एन., एम.ए.एन., डब्ल्यू.ए.एन.

39. कम्प्यूटर पेरीफरल्स कम्प्यूटर से जुड़े बाह्य उपस्कर होते हैं। किस सूची में केवल इनपुट पेरीफरल्स दिए गए हैं?

A. स्पीकर्स, स्कैनर्स, माउस, मॉडम
B. कीबोर्ड, प्रोजेक्टर, माउस, फ्लैश ड्राइव
C. माइक्रोफोन्स, ट्रैक-बॉल माउस, स्कैनर, टच स्क्रीन
D. लैजर प्रिन्टर, ग्राफिक टैबलेट, बार कोड रीडर, हार्ड डिस्क

40. निम्नलिखित स्प्रेडशीट (एम.एस.- एक्सेल) को पढ़िए :

एक्सेल स्प्रेडशीट

	A	B	C
1	10	16	
2	20		
3	8		
4	12		
5	0		

सेल B2 में समीकरण है = A2 + B1

इसके बाद समीकरण को कॉपी किया जाता है और B3, B4 और B5 में पेस्ट कर दिया जाता है। B5 का मान क्या होना चाहिए?

A. 36 B. 24
C. 44 D. 56

41. दिसम्बर, 2004 में दक्षिण तथा दक्षिण-पूर्व एशिया में आए सुनामी का कारण था :

A. भूकंप B. ज्वालामुखी का निकलना
C. प्रभंजन (हरिकेन) D. उष्णकटिबंधीय तूफान

42. ऊपरी वायुमंडल में निम्नलिखित में से कौन-सी गैस उस शृंखलित प्रतिक्रिया को आरंभ करती है जिससे ओजोन टूटता है?

A. नाइट्रोजन डाइऑक्साइड
B. कार्बन डाइऑक्साइड
C. हाइड्रोजन सल्फाइड
D. क्लोरीन

43. अंतःश्वसन अथवा भोजन के माध्यम से भारी मात्रा में सीसा (Pb) के प्रभाव में रहने से क्या होता है?
(*a*) मानसिक मंदन
(*b*) उच्च रक्त चाप
(*c*) केंद्रीय स्नायु तंत्र में विकार
निम्नलिखित में से सही कूट का चयन कर उत्तर दीजिए :
A. केवल (*a*) तथा (*b*) B. केवल (*b*) तथा (*c*)
C. केवल (*c*) तथा (*a*) D. (*a*), (*b*) तथा (*c*)

44. मानव जनसंख्या जिसमें जनांकिकीय परिवर्तन हो रहा है, सामान्यतः निम्नलिखित में से किसमें सबसे पहले ह्रास होता है?
A. जीवन प्रत्याशा B. शिक्षा का स्तर
C. मृत्यु दर D. जन्म दर

45. अभिकथन (A): किसी नदी के इर्द-गिर्द की पारिस्थितिकी तंत्र जहाँ बाँध बनने से क्षतिग्रस्त होता है।

कारण (R): विशाल जलराशि में वह क्षेत्र डूब जाता है।
A. (A) और (R) दोनों सही हैं और (R), (A) की सही व्याख्या है।
B. (A) और (R) दोनों सही हैं, किंतु (R), (A) की सही व्याख्या नहीं है।
C. (A) सही है और (R) गलत है।
D. (A) गलत है और (R) सही है।

46. व्यवहारगत क्रियाजन्य अनुभव के लिए सबसे अधिक गुंजाइश किसमें है?
A. संगोष्ठी B. सम्मेलन
C. कार्यशाला D. परिसंवाद

47. ज्ञान प्रसार के प्रति निम्नलिखित में से किसमें कम झुकाव है?
A. संगोष्ठी B. कक्षागत परिवेश
C. क्षेत्र कार्य D. पत्रिका (जर्नल)

48. भारत में विश्वविद्यालय पद्धति में शिक्षकों की नियुक्ति तथा अनुमोदन के लिए निम्नलिखित में से किस निकाय को अधिकार प्रदान किया गया है?
A. प्रबंध मंडल (बोर्ड ऑफ मैनेजमेंट)/कार्यकारी परिषद्/सिंडिकेट
B. विद्या परिषद्
C. पाठ्य समिति
D. विश्वविद्यालय कोर्ट/सीनेट

49. भारत में उच्च शिक्षा के समन्वय तथा गुणवत्ता की जिम्मेदारी किसे सौंपी गई है?
A. भारतीय विधि परिषद्
B. भारतीय विश्वविद्यालय संघ
C. विश्वविद्यालय अनुदान आयोग
D. नीति आयोग

50. भारतीय विश्वविद्यालय प्रणाली के प्रशासनिक तथा शैक्षणिक अध्यक्ष कौन होता है?
A. विश्वविद्यालय का कुलाधिपति
B. विश्वविद्यालय का कुलपति
C. विश्वविद्यालय का कुलसचिव
D. विश्वविद्यालय के संकाय अध्यक्ष

उत्तरमाला

1	2	3	4	5	6	7	8	9	10
B	A	C	C	C	D	C	B	C	D
11	**12**	**13**	**14**	**15**	**16**	**17**	**18**	**19**	**20**
D	C	B	C	D	B	A	D	C	C
21	**22**	**23**	**24**	**25**	**26**	**27**	**28**	**29**	**30**
C	B	C	C	C	B	C	D	B	C
31	**32**	**33**	**34**	**35**	**36**	**37**	**38**	**39**	**40**
D	D	A	A	C	B	D	D	C	D
41	**42**	**43**	**44**	**45**	**46**	**47**	**48**	**49**	**50**
A	D	D	C	B	C	C	A	C	B

व्याख्यात्मक उत्तर

2. **मानक संदर्भित परीक्षण (Norm-Referenced Test):** शिक्षा और मनोविज्ञान के क्षेत्र में प्रयुक्त परीक्षणों द्वारा प्राप्त सूचनाओं का मूल्यांकन प्रायः मानक संदर्भित मापन द्वारा ही किया जाता है। कोई भी परीक्षण बिना मानक विकसित किए हुए, एक अच्छा परीक्षण नहीं माना जाता। परीक्षणों पर प्राप्त अंकों के आधार पर व्यक्ति के संबंध में यह जानकारी प्राप्त होती है कि वह उस समूह विशेष में मापित योग्यता के संदर्भ में सामान्य स्तर से उच्च है, निम्न हैं या सामान्य स्तर का है।

   मानक संदर्भित परीक्षण की निम्नलिखित विशेषताएं हैं–
   - इसके द्वारा उन प्रश्नों की संख्या ज्ञात होती है जो छात्र ने सही हल किये हैं।
   - इसमें किसी समूह के संदर्भ में छात्र विशेष ने अन्य छात्रों की तुलना में कितना अर्जित किया है, यह ज्ञात किया जाता है।
   - इसमें छात्रों के अधिगम सफलता का मूल्यांकन सापेक्षिक रूप में किया जाता है।
   - इसमें ये सामान्य रूप से विस्तृत क्षेत्र पर विस्तृत होते हैं।
   - यह अधिगम के सापेक्ष स्तर के आधार पर व्यक्तियों के मध्य विभेद कर सकने पर जोर देता है।

3. **शिक्षण के स्तर (Level of Teaching):** शिक्षण को निम्नलिखित तीन स्तरों में वर्गीकृत किया जा सकता है–
   - **स्मृति स्तर (Memory Level):** स्मृति स्तर में ऐसी परिस्थितियाँ उत्पन्न की जाती हैं, जिससे छात्र पढ़ाई की विषय वस्तु (Content) को आत्मसात कर सकें। इस स्तर पर प्रत्यास्मरण क्रिया पर जोर दिया जाता है, स्मृति शिक्षण में संकेत अधिगम (Signal Learning), शृंखला अधिगम (Chain Learning) पर महत्व दिया जाता है। स्मृति स्तर का महत्व तथ्यों को स्मरण करने एवं उन्हें पहचानने की प्रक्रिया को सुकर बनाना है।
   - **बोध स्तर पर शिक्षण (Understanding Level of Teaching):** बोध स्तर के शिक्षण छात्रों के समक्ष पाठ्यवस्तु को इस प्रकार प्रस्तुत करता है कि छात्रों को बोध के लिए अधिक-से-अधिक अवसर मिले और छात्रों में आवश्यक सूझबूझ उत्पन्न हो। इस प्रकार के शिक्षण में छात्रों की सहभागिता बनी रहती है। यह शिक्षण उद्देश्य केन्द्रीय तथा सूझबूझ से युक्त होता है। अतः यह संबंध तथा अर्थ देखने की संभावना को बढ़ाता है।
   - **विमर्शी स्तर पर शिक्षण (Reflective Level of Teaching):** चिंतन स्तर में शिक्षण अपने छात्रों में चिंतन तर्क तथा कल्पना शक्ति को बढ़ाता है ताकि छात्र दोनों के माध्यम से अपनी, समस्याओं का समाधान कर सके। चिंतन स्तर पर शिक्षण समस्या केंद्रित होता है। इस स्तर में अध्यापक बच्चों के सामने समस्या उत्पन्न करता है और बच्चों को उस पर अपने स्वतंत्र चिंतन करने का समय देता है। इस स्तर में आलोचनात्मक चिंतन आधारित संज्ञानात्मक अंतर्विनिमय को बढ़ावा देना है।

5. कार्योत्तर विधि में अनाश्रित चरों एवं आश्रित चरों का मापन करके उनके मध्य पाये जाने वाले मात्रात्मक संबंध के आधार पर प्रकार्यात्मक संबंध का अनुमान लगाया जा सकता है। इस प्रकार यह कहा जा सकता है कि कार्योत्तर विधि में तथ्यों का प्रेक्षण एवं अन्तरों का निर्धारण करने के उपरान्त उनकी पूर्ववर्ती परिस्थिति का पश्चावलोकन किया जाता है। इस विधि का सर्वप्रथम प्रयोग चैपिन एवं ग्रीनवुड ने किया था।

   फ्रेड एन. कार्लिजर के अनुसार–''कार्योत्तर अनुसंधान एक व्यवस्थित इन्द्रियानुभविक अध्ययन है जिसके अन्तर्गत शोधकर्ता निराश्रित चरों पर प्रत्यक्ष रूप से नियंत्रण नहीं रखता क्योंकि ये चर पहले से ही घटित होते हैं अथवा ये स्वभाव से ही होते हैं जिनमें किसी प्रकार का परिवर्तन किया जाना संभव नहीं होता है।''

   अतः इस शोध विधि में चरों के मध्य संबंधों का अनुमान निराश्रित चरों में प्रत्यक्ष ढंग से किये गये हस्तक्षेप के फलस्वरूप होने वाले आश्रित चरों में तात्क्षणिक परिवर्तन द्वारा नहीं किया जाता।

इस प्रकार स्पष्ट होता है कि कार्योत्तर अनुसंधान

- सामाजिक विज्ञान और व्यावसायिक संगठनों में प्रयोग किया जाता है।
- यह अनुसंधान किसी घटना के संदर्भ में आयोजित किया जाता है।
- यह मूल रूप से घटना के स्वतंत्र चर (non-manipulatable) से संबंधित है।

21.

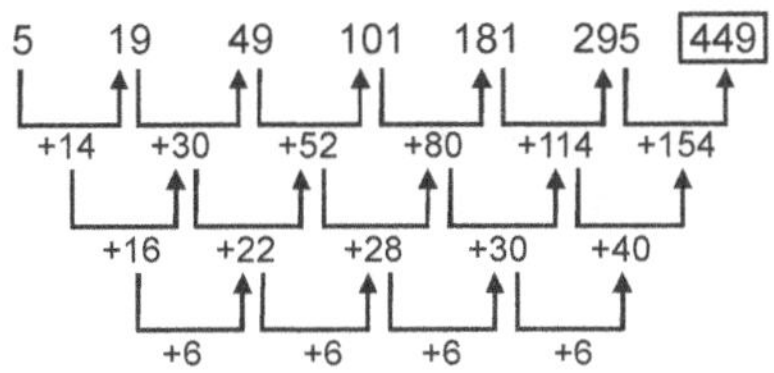

22.

$$\begin{array}{r} N\,T\,A\,1\,4 \\ +\,N\,T\,A\,1\,5 \\ \hline 1\,5\,7\,2\,2\,9 \\ \hline \end{array}$$

$\because$ A + A = 2,

$\therefore$ A का मान 1 अथवा 6 होगा

A = 6 लेने पर

A + A = 6 + 6 = 12
↑
हासिल

अब, T + T = 7, अर्थात् T + T = 6

($\because$ 1, जो हासिल बचा था)

इसलिए, T का मान 3 अथवा 8 होगा।

T = 8 लेने पर

T + T = 16 + 1 = 17
↑
हासिल

अब, N + N = 15, अर्थात् N + N = 14

($\because$ 1, जो हासिल बचा था)

इसलिए, N का मान 7 होगा।

$\therefore$ A = 6, T = 8, N = 7

अतः A + T + N = 6 + 8 + 7 = 21.

23.

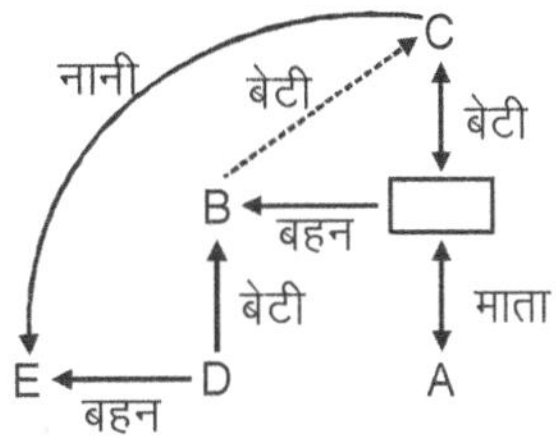

24. दिया है,

S_1 = 5 किमी/घं. $\rightarrow t_1 = -15$ मिनट

S_2 = 3 किमी/घं. $\rightarrow t_2 = +9$ मिनट

$$\text{दूरी} = \frac{S_1S_2}{S_1 - S_2}(t_1 \sim t_2)$$

$$= \frac{5 \times 3}{5-3}\left(\frac{24}{60}\right)$$

$$= \frac{15}{2} \times \frac{24}{60}$$

= 3 किमी.

25. 42 $\rightarrow$ (4 ÷ 2) . (4 + 2) = 26

71 $\rightarrow$ (7 ÷ 1) . (7 + 1) = 78

33 $\rightarrow$ (3 ÷ 3) . (3 + 3) = 16

62 $\rightarrow$ (6 ÷ 2) . (6 + 2) = 38.

27.

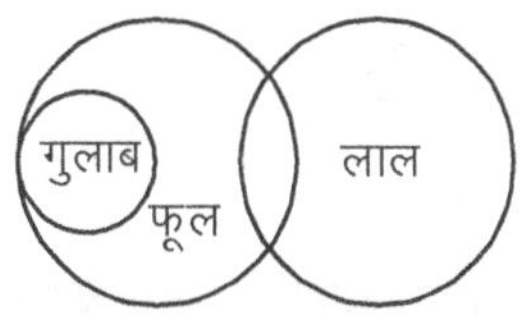

31. विद्यार्थी A द्वारा प्राप्त अंक

विषय S_1 में 80 × 80% = 64

विषय S_2 में 75 × 72% = 54

विषय S_3 में 100 × 76% = 76

विषय S_4 में 120 × 80% = 96

विषय S_5 में 125 × 50% = 62.5

विषय S_6 में 150 × 65% = 97.5

प्राप्त अंकों का कुल प्रतिशत

$$= \frac{64+54+76+96+62.5+97.5}{80+75+100+120+125+150} \times 100$$

$= \frac{450}{650} \times 100$

$= 69.23\% \sim 70\%$.

32. विद्यार्थी A द्वारा, विषय S_3 तथा S_4 में प्राप्त कुल प्राप्तांक

$= 100 \times 76\% + 120 \times 80\% = 76 + 96 = 172$

विद्यार्थी E द्वारा, विषय S_3 तथा S_4 में प्राप्त कुल प्राप्तांक

$= 100 \times 68\% + 120 \times 60\% = 68 + 72 = 140$

$\therefore$ अभीष्ट अंतर $= 172 - 140 = 32$.

33. विषय S_6 में सभी विद्यार्थियों द्वारा प्राप्त अंकों का औसत प्रतिशत

$= \frac{65+72+82+70+66}{5} = \frac{355}{5} = 71\%$.

34. विषय S_1 में A द्वारा प्राप्त अंक $= 80 \times 80\% = 64$

विषय S_1 में B द्वारा प्राप्त अंक $= 80 \times 60\% = 48$

विषय S_1 में C द्वारा प्राप्त अंक $= 80 \times 45\% = 36$

विषय S_1 में D द्वारा प्राप्त अंक $= 80 \times 50\% = 40$

विषय S_1 में E द्वारा प्राप्त अंक $= 80 \times 65\% = 52$

अभीष्ट औसत $= \frac{64+48+36+40+52}{5}$

$= \frac{240}{5}$

$= 48$.

35. विषय S_3 में सभी पांच विद्यार्थियों द्वारा प्राप्त अंकों का योग

$= 100 \times 76\% + 100 \times 88\% + 100 \times 44\% + 100 \times 72\% + 100 \times 68\%$

$= 76 + 88 + 44 + 72 + 68$

$= 348$

विषय S_1 में सभी पांच विद्यार्थियों द्वारा प्राप्त अंकों का योग

$= 80 \times 80\% + 80 \times 60\% + 80 \times 45\% + 80 \times 50\% + 80 \times 65\%$

$= 64 + 48 + 36 + 40 + 52$

$= 240$

अभीष्ट अंतर $= 348 - 240 = 108$.

36.
- 1 गिगाबाइट = 1024 बाइट × 1024 बाइट × 1024 बाइट = 1024 मैगाबाइट करीब 1000,000,000 बाइट इसे GB भी लिखते हैं।
- द्रव क्रिस्टल प्रादर्शी (लिक्विड क्रिस्टल डिस्प्ले—LCD) एक प्रकार का डिस्प्ले है जो टेक्स्ट, छवि, विडियो आदि को इलेक्ट्रॉनिक विधि से प्रदर्शित करने के काम आता है। यह स्वयं कोई प्रकाश उत्पन्न नहीं करता बल्कि किसी दूसरे स्रोत से उसके ऊपर पड़ने वाले प्रकाश को मॉडुलेट करता है।
- यूएसबी (यूनिवर्सल सीरियल बस) विभिन्न उपकरणों को कम्प्यूटर से जोड़ने की व्यवस्था है। यूएसबी को इंटेल एवं अन्य टेक्नोलॉजी कंपनियों ने मिलकर बनाया था।
- जीयूआई (ग्राफिकल यूजर इंटरफेस) जैसा कि इसके नाम से ही प्रदर्शित होता है कि यह ऑपरेटिंग सिस्टम ग्राफिक्स पर आधारित होता है यानी आप माउस और की-बोर्ड के माध्यम से कंप्यूटर को इनपुट दे सकते हैं और वहां पर जो आपको इंटरफेस दिया जाता है, वह ग्राफिकल होता है या यहां पर सभी प्रकार के बटन होते हैं मेन्यू होते हैं जो पूरी तरीके से यह बहुत आसान इंटरफेस होता है जिसको कोई भी यूजर ऑपरेट कर सकता है।

38. अंतर्निहित जिओग्राफिकल स्पेस के आधर पर कम्प्यूटर नेटवर्क का आरोही क्रम निम्नलिखित है–

- **लोकल एरिया नेटवर्क (LAN):** एक छोटे और निश्चित भौगोलिक क्षेत्र, जैसे की विश्वविद्यालय, फैक्ट्री (कुछे एक किलोमीटर) में परस्पर जुड़े हुए कम्प्यूटरों के जाल को लोकल एरिया नेटवर्क कहा जाता है। इसमें डेटा स्थानांतरण की गति तीव्र तथा त्रुटियों की संभावना कम होती है। इसमें नेटवर्क के लिए बस टोपोलॉजी का प्रयोग किया जाता है। ईथरनेट इसका अच्छा उदाहरण है।
- **मेट्रोपोलिटन एरिया नेटवर्क (MAN):** ये किसी विस्तृत भौगोलिक क्षेत्र, जैसे कि किसी शहर में स्थिति विभिन्न भवनों, आदि के लिए होता है।
- **वाइड एरिया नेटवर्क (WAN):** यह किसी देश या महाद्वीप या विश्व भर में फैले कम्प्यूटरों का जाल है। इसें कम्प्यूटरों को संचार उपग्रह ऑप्टिकल फाइबर या टेलीफोन के माध्यम से जोड़ा जाता है। इसमें

गति कम एवं त्रुटियाँ अधिक रहने की संभावना होती है। इसको Long Haul Network भी कहा जाता है। इंटरनेट WAN इसका उदारहण है।

39. इनपुट उपकरण (Input Peripheral): इनपुट उपकरण उपयोगकर्ता से डाटा और निर्देशों को स्वीकार करते हैं। इनपुट उपकरण निम्नलिखित हैं–

- **की-बोर्ड:** की-बोर्ड सबसे सामान्य इनपुट उपकरण है। की-बोर्ड के कई प्रकार उपलब्ध हैं, इनमें कुछ भिन्नताएँ हैं, अन्यथा वे समरूप हैं।
- **माउस:** माउस एक विद्युत-यांत्रिक हाथ से प्रयोग किए जाने वाला उपकरण है। इसका उपयोग प्वाइंटर की तरह किया जाता है। इसके द्वारा विभिन्न कार्य किए जा सकते हैं जैसे विंडोज के आकार में परिवर्तन लाना, प्रोग्राम प्रारंभ करना इत्यादि।
- **लाइट पेन:** यह एक इनपुट उपकरण है जो डिस्प्ले स्क्रीन पर ऑब्जेक्ट को चुनने के लिए प्रकाश संवेदी संसूचक का प्रयोग करता है। लाइट पेन माउस के समान होता है।
- **ऑप्टिकल स्कैनर:** इस उपकरण का उपयोग स्वचालित रूप से डाटा-संग्रहण करने के लिए किया जाता है। इस श्रेणी के उपकरण मैन्युअल रूप से इनपुट किए जाने वाले डाटा को पूर्णतः समाप्त कर देते हैं।
- **टच स्क्रीन:** टच पैनल डिस्प्लेज और पैड्स वर्तमान में की-बोर्ड के विकल्प के रूप में प्रदान किए जाते हैं। इनके द्वारा इनपुट्स कम्प्यूटर की स्क्रीन द्वारा दिए जा सकते हैं, जो मॉनीटर से इनपुट को स्वीकार करता है।
- **माइक्रोफोन:** माइक्रोफोन एक इनपुट उपकरण है, जो ध्वनि को इनपुट के रूप में लेता है। की-बोर्ड से एंटर की गई जानकारी की तुलना में ध्वनि-संचार में त्रुटि की संभावना अधिक होती है।
- **ट्रैक बॉल:** यह एक प्वाइंटिंग उपकरण है जो उल्टा रखे माउस जैसा होता है। प्वाइंटर को चलाने के लिए अंगूठे, उंगलियों या हाथ की हथेलियों का प्रयोग किया जाता है। आमतौर पर बॉल के निकट तीन बटन होते हैं, जिनका उपयोग आप माउस के बटन की तरह करते हैं।

41. सुनामी : भूकंप और ज्वालामुखी से महासागरीय धरातल में अचानक हलचल पैदा होती है और महासागरीय जल का अचानक विस्थापन होता है। परिणामस्वरूप उर्ध्वाधर ऊँची तरंगें पैदा होती हैं जिन्हें सुनामी या भूकंपीय समुद्री लहरें कहा जाता है। सामान्यतः शुरू में सिर्फ एक उर्ध्वाधर तरंग ही पैदा होती है, परंतु कालांतर में जल तरंगों की एक शृंखला बन जाती है क्योंकि प्रारंभिक तरंग की ऊँची शिखर और नीची गर्त के बीच जल अपना स्तर बनाए रखने की कोशिश करता है। महासागर में जल तरंग की गति जल की गहराई पर निर्भर करती है। इसकी गति उथले समुद्र से ज्यादा और गहरे समुद्र में कम होती है। परिणामस्वरूप महासागरों के अंदरूनी भाग इससे कम प्रभावित होते हैं। तटीय क्षेत्रों में ये तरंगें ज्यादा प्रभावी होती हैं और व्यापक नुकसान पहुँचाती हैं। दिसम्बर, 2004 में दक्षिण-पूर्व एशिया में आये सुनामी का कारण भूकंप था।

42. ओजोन क्षरण : वायुमंडल के स्ट्रेटोस्फीयर में 20 किमी. की मोटाई में ओजोन गैस पायी जाती है। ओजोन (O_3) अत्यंत क्रियाशील गैस मानी जाती है। सूर्य के प्रकाश की पराबैंगनी किरणें अंतरिक्ष से पृथ्वी की ओर आती हैं तो पृथ्वी के वायुमंडल की समताप मंडल परत पर उपस्थित ऑक्सीजन के अणुओं को परमाणुओं में तोड़ देती हैं। ऑक्सीजन के ये एकांकी परमाणु उसके अणु से मिलकर ($O_2 + O = O_3$) ओजोन का निर्माण करते हैं। ओजोन अपनी सक्रियता के कारण नाइट्रस ऑक्साइड के साथ क्रिया करके विघटित होती है। इस प्रकार विनाश और निर्माण की प्राकृतिक प्रक्रिया से गतिक संतुलन बना रहता है। इस संतुलन में उस समय बाधा आती है जब वायुमंडल में सीएफसी तथा क्लोरीन युक्त अन्य यौगिक (हेलोन्स, कार्बन टेट्राक्लोराइड) अधिक मात्रा में आने लगते हैं। अब ये क्लोरीन के परमाणु ओजोन के साथ क्रिया करके क्लोरीन मोनो ऑक्साइड (सीएलओ) बनाते हैं तथा ओजोन को ऑक्सीजन में तोड़ देते हैं। इसे ओजान क्षरण कहा जाता है। क्लोरीन पुनः उत्प्रेरक का कार्य करता है और अभिक्रिया क्रियाशील रहती है।

ओजोन छिद्र का पता सर्वप्रथम 1973 में अमेरिका वैज्ञानिकों ने अंटार्कटिका के ऊपर लगाया।

44. जनांकिकीय संक्रमण : इस सिद्धांत का उपयोग किसी क्षेत्र की जनसंख्या के वर्णन तथा भविष्य की जनसंख्या के पूर्वानुमान के लिए किया जा सकता है। यह सिद्धांत हमें बताता है कि जैसे ही समाज ग्रामीण, खेतिहर और अशिक्षित अवस्था से उन्नति करके नगरीय औद्योगिक और साक्षर बनता है तो किसी प्रदेश की जनसंख्या उच्च जन्म और उच्च मृत्यु से निम्न जन्म व निम्न मृत्यु में परिवर्तित होती है। ये परिवर्तन अवस्थाओं में होते हैं जिन्हें सामूहिक रूप से जनांकिकीय चक्र के रूप में जाना जाता है।

जनांकिकीय संक्रमण सिद्धांत के निम्नलिखित तीन अवस्था होते हैं–

- इस अवस्था में उच्च प्रजननशीलता व उच्च मर्त्यता होती है क्योंकि लोग महामारियों और भोजन की अनिश्चित आपूर्ति से होते वाली मृत्युओं की क्षतिपूर्ति अधिक पुनरूत्पादन से करते हैं।
- इस अवस्था के प्रारंभ में प्रजननशीलता ऊँची बनी रहती है किंतु यह समय के साथ घटती जाती है। यह अवस्था घटी हुई मृत्यु दर के साथ आती है।
- इस अवस्था में प्रजननशीलता और मर्त्यता दोनों अधिक घट जाती हैं। जनसंख्या या तो स्थिर हो जाती है या मंद गति से बढ़ती है। जनसंख्या नगरीय और शिक्षित हो जाती है तथा उसके पास तकनीकी ज्ञान होता है।

46. व्यवहारगत क्रियाजन्य अनुभव के लिए सबसे अधिक गुंजाइश कार्यशाला (Workshop) है। यह सेमिनार से छोटी एवं ज्यादा केंद्रित होती है। इससे छात्रों को नए कौशल सीखने का अवसर मिलता है। यह ज्यादातर यांत्रिक प्रशिक्षण के लिए उपयुक्त विधि मानी जाती है और पाठ्यक्रम का घटक भी हो सकते हैं।

47. ज्ञान प्रसार के प्रति क्षेत्र कार्य (Field Trip) का कम झुकाव होता है। क्षेत्र कार्य पुस्तक के बाहर की दुनिया का व्यावहारिक ज्ञान प्रदान करती है, जहाँ छात्र वस्तुओं को प्रत्यक्ष देख समझकर उसका ज्ञान अर्जन करते हैं, उसके संबंध में स्वतंत्र विचार प्रस्तुत करने की स्थिति में होते हैं, जैसे पाठ्य-पुस्तक में निर्धारित पर्यावरण, डाकघर, बैंक, मेला जैसे पाठों के अध्ययन के लिए वह सामग्री बेहद आवश्यक है।

49. विश्वविद्यालय अनुदान आयोग (University Grants Commision—UGC): वर्ष 1952 में सरकार ने निर्णय लिया कि केन्द्रीय और अन्य उच्च शिक्षा संस्थानों को दिए जाने वाले वित्तीय सहयोग के मामलों को विश्वविद्यालय अनुदान आयोग के अधीन लाया जाएगा। इस तरह 28 दिसम्बर, 1953 को तत्कालीन शिक्षा मंत्री मौलाना अबुल कलाम आजाद ने औपचारिक तौर पर विश्वविद्यालय अनुदान आयोग की नींव रखी थी। इसके बाद 1956 में यूजीसी को संसद में पारित कर एक विशेष विधेयक के बाद सरकार के अधीन लाया गया और तभी औपचारिक तौर पर इसे स्थापित माना गया।

यूजीसी को उच्च शिक्षा में अनन्य स्थान प्राप्त है, यूजीसी अधिनियम के अनुच्छेद 12 के अंतर्गत यूजीसी अधिदेश में दो उत्तरदायित्व समावेशित हैं।

- उच्च शिक्षण संस्थानों का वित्तपोषण और
- उनमें मानकों का समन्वय और निर्धारण करना और तत्पश्चात उनका अनुरक्षण करना।

50. विश्वविद्यालय वह संस्था है, जिसमें सभी प्रकार की विधाओं को उच्च कोटि की शिक्षा दी जाती हो, परीक्षा ली जाती हो तथा मानक उपाधियाँ प्रदान की जाती हों। भारत में विश्वविद्यालय का अर्थ है, एक ऐसी संस्था जो केन्द्रीय अधिनियम या प्रांतीय अधिनियम के अंतर्गत स्थापित किया गया हो तथा जो विश्वविद्यालय अनुदान आयोग के अधिनियम के अंतर्गत आती हो। विश्वविद्यालयों के प्रशासन के लिए कुलपति, उपकुलपति, प्रबंध समिति (सीनेट), कोर्ट (सभा), शिक्षा समिति (Academic Council), रजिस्ट्रार और उसके सहायक, आदि होते हैं। प्रदेशीय विश्वविद्यालयों के कुलपति प्रायः प्रदेश के राज्यपाल होते हैं, जो प्रशासनिक तथा शैक्षणिक अध्यक्ष होते हैं।

शिक्षण एवं शोध अभियोग्यता

यूनिट-I: तर्क (गणितीय तर्क सहित)

1. संबंध अथवा सादृश्य परीक्षा
(Relation or Analogy Test)

इस प्रकार की परीक्षा में दो वस्तुओं के संबंध पर विचार किया जाता है। दो वस्तुएं जो आपस में किसी प्रकार संबंधित हैं दी होती हैं। इसके अलावा कोई अन्य तीसरी वस्तु और दी जाती हैं तथा चार वैकल्पिक उत्तर दिए होते हैं। अभ्यर्थी को उन वैकल्पिक उत्तरों में से एक ऐसा वैकल्पिक उत्तर का चयन करना है कि तीसरी वस्तु और उस उत्तर में वही संबंध हो जो पहली और दूसरी वस्तु में होता है।

नोट : नीचे दिए गए व्याख्यात्मक उदाहरणों से भली-भांति समझा जा सकता है।

[A] शब्द सादृश्य—

उदाहरण 1. लालटेन : फ्लोरेसेण्ट ट्यूब :: बैलगाड़ी : ?

A. वायुयान B. साइकिल
C. तांगा D. किसान

हल (A) : लालटेन प्रकाश का पुराना साधन है तथा फ्लोरेसेण्ट ट्यूब एक आधुनिक साधन है। इसी प्रकार बैलगाड़ी, यातायात का पुराना साधन है, परंतु वायुयान आधुनिक साधन है। अत: प्रश्न में प्राचीनता व आधुनिकता का संबंध है।

उदाहरण 2. घड़ी : सेकण्ड :: कलेण्डर : ?

A. वर्ष B. समय
C. दिनांक D. माह

हल (C) : जिस तरह घड़ी द्वारा समय की सबसे छोटी इकाई सेकण्ड को मापा जाता है, ठीक उसी तरह कलेण्डर द्वारा प्रदर्शित सबसे छोटी इकाई दिनांक होती है।

उदाहरण 3. घड़ी : समय :: थर्मामीटर : ?

A. पारा B. गर्मी
C. ताप D. बुखार

हल (C) : घड़ी समय को मापती है, वैसे ही थर्मामीटर ताप को मापता है। इस तरह प्रश्न में यंत्र और माप्य राशि का संबंध है।

उदाहरण 4. क्रूर : दयालु :: मित्र : ?

A. शत्रु B. बदमाश
C. ईमानदार D. राक्षस

हल (A) : क्रूर का विपरीत शब्द दयालु होता है, ठीक उसी प्रकार मित्र का विपरीत शब्द शत्रु है।

उदाहरण 5. कपड़ा : मिल :: अखबार : ?

A. पत्रकार B. प्रेस
C. कागज D. पेन

हल (B) : कपड़ा और मिल का संबंध उत्पाद एवं उत्पादन केंद्र का है, ठीक उसी प्रकार अखबार और उसके उत्पादन केंद्र प्रेस का संबंध है।

उदाहरण 6. जीवाणु : रोग :: ? : दुर्घटना

A. कार B. लापरवाही
C. चालक D. पुलिस

हल (B) : जीवाणु, रोग का कारण है, उसी प्रकार लापरवाही भी दुर्घटना का कारण है। यहां पर 'कारण व प्रभाव' का संबंध है।

उदाहरण 7. पेड़ : जंगल :: ? : ?

A. वृक्ष : चारागाह B. गेहूं : खेत
C. पुष्प : बगीचा D. घास : लॉन

हल (D) : सर्वप्रथम दिए गए शब्दों के जोड़े को ध्यान से देखकर यह निश्चित करना होता है कि उनके बीच क्या संबंध है? विकल्पों को देखने से पता लगता है कि विकल्प (D) ही सही हैं, क्योंकि जिस प्रकार पेड़ के बिना जंगल नहीं हो सकता उसी प्रकार घास के बिना लॉन नहीं हो सकता। अन्य विकल्पों में ऐसा सबंध नहीं है, क्योंकि वृक्ष के बिना भी चारागाह हो सकता है। गेहूं के बिना भी खेत हो सकता है तथा बगीचा बिना पुष्प के भी हो सकता है। इस प्रकार यहां पर 'अपरिहार्यता' का संबंध है।

निष्कर्ष— उपर्युक्त उदाहरणों से स्पष्ट है कि शब्द युग्मों में विभिन्न प्रकार के संबंध हो सकते हैं,

जैसे—

(i) **कारण और प्रकार संबंध—** जीवाणु : बीमारी :: लापरवाही : दुर्घटना

(ii) **कारीगर और औजार संबंध—** बढ़ई : आरा :: लेखक : टाइपराइटर

(iii) **वस्तु क्रिया संबंध—** मांस : कबाब बनाना :: डबल रोटी : सेंकना

(iv) **समानार्थी संबंध—**वृहद् : विशाल :: गंदा : अस्वच्छ

(v) **जाति-वर्ग संबंध—**कुर्सी : फर्नीचर :: सांप : सरीसृप

(vi) **मात्रा संबंध—**गुनगुना : गर्म :: खुशी : हर्षोन्माद

(vii) **विपरीतार्थक संबंध—**मृदुता : कठोरता :: प्रेम : घृणा

इसी तरह से कई अन्य संबंध भी हो सकते हैं जिनका सावधानीपूर्वक विश्लेषण करके सही विकल्प चुनना चाहिए।

[B] अक्षर सादृश्य—

सादृश्य कभी-कभी अक्षरों के मध्य भी विद्यमान होता है जैसा कि नीचे दिए उदाहरणों से स्पष्ट हो जाएगा।

उदाहरण 8. MILO : NKOH :: GATE : ?

A. HCWI B. HWCT
C. HCWT D. EYRC

हल (A) : पहले पद का पहला, दूसरा, तीसरा व चौथा अक्षर दूसरे पद के संगत अक्षरों से क्रमशः वर्णमाला के अनुसार एक, दो, तीन व चार अक्षर पहले है। यही संबंध तीसरे पद GATE का विकल्प A के साथ है।

उदाहरण 9. ABE : EFI :: STW : ?

A. VWZ B. VWX
C. VWA D. WXA

हल (D) : प्रथम पद पर ध्यान दीजिए। पहले वह दूसरे अक्षर वर्णमाला के क्रम में हैं, दूसरे व तीसरे अक्षर के बीच दो अक्षर छूटे हुए हैं। इसके अलावा पहले पद का अंतिम अक्षर E दूसरे पद का प्रथम अक्षर है। ठीक यही संबंध STW तथा WXA में है।

उदाहरण 10. ABC : ? :: CBA : XYZ

A. CAB B. XZY
C. XYZ D. ZYX

हल (D) : यहां CBA वर्णमाला के विपरीत क्रम में व्यवस्थित हैं जबकि XYZ सीधे क्रम में है, ठीक इसी प्रकार चिन्ह :: के बाईं ओर ABC वर्णमाला के अनुसार है, अतः इस आधार पर विपरीत क्रम ZYX का चुनाव किया गया है।

[C] संख्या सादृश्य—

इस तरह के प्रश्नों में प्रत्येक पद एक संख्या होती है। प्रथम दो पदों में जो संबंध होता है, वही तीसरे तथा चौथे (अज्ञात) पद में भी होना चाहिए।

उदाहरण 11. 27 : 16 :: 125 : ?

A. 36 B. 114
C. 136 D. 216

हल (A) : प्रश्न में प्रथम संख्या 3 का घन (Cube), दूसरी संख्या 4 का वर्ग, तीसरी संख्या 5 का घन हैं, अतः अब अगली संख्या 6 का वर्ग अर्थात् 36 होगी।

उदाहरण 12. $\frac{1}{4}:\frac{1}{12}::\frac{1}{3}:?$

A. $\frac{1}{4}$ B. $\frac{1}{9}$
C. $\frac{1}{8}$ D. $\frac{1}{10}$

हल (B) : दूसरी संख्या, पहली संख्या की $\frac{1}{3}$ है। इसी प्रकार चौथी संख्या भी तीसरी की $\frac{1}{3}$ अर्थात् $\frac{1}{3}\times\frac{1}{3}=\frac{1}{9}$ होनी चाहिए।

[D] आकृति सादृश्य—

इस तरह के प्रश्नों में पहली व दूसरी आकृति में जो संबंध होता है वही तीसरी व चौथी आकृति में होना चाहिए।

उदाहरण 13. प्रश्न आकृतियां

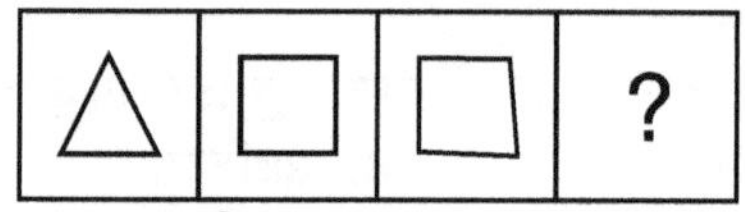

उत्तर आकृतियां

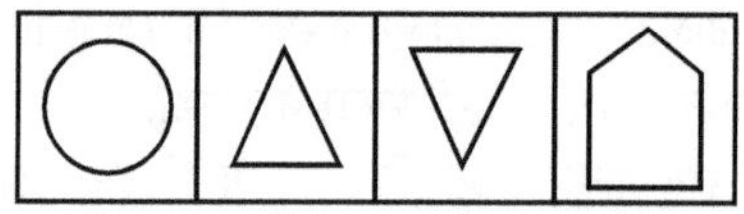

A B C D

हल (D) : यहां पर त्रिभुज (पहली आकृति), एक वर्ग (दूसरी आकृति) में बदल गया है, अर्थात् आकृति की एक भुजा बढ़ गई है। इसी नियम में तीसरी आकृति (एक वर्ग) की एक भुजा बढ़ाकर चौथा आकृति में पंचभुज बना देना चाहिए। अतः उत्तर D होगा।

उदाहरण 14. प्रश्न आकृतियां

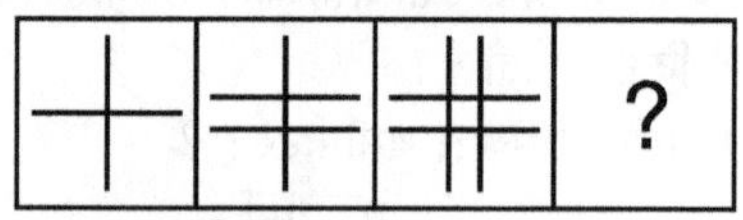

उत्तर आकृतियां

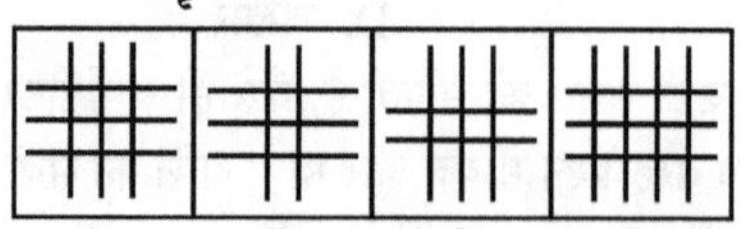

A B C D

हल (B) : पहली से दूसरी आकृति पर जाने से क्षैतिज दिशा में एक रेखा की वृद्धि हो जाती है, उर्ध्व रेखा नहीं बदलती है। इसी नियम से तीसरे से चौथी आकृति पर जाने में दो उर्ध्व रेखाएं (जो

तीसरी आकृति में हैं ही) तथा तीन क्षैतिज रेखाएं मिलनी चाहिए अत: उत्तर (B) होगा।

[E] विविध सादृश्य—

उपर्युक्त सादृश्यों के अतिरिक्त अन्य विविध प्रकार के सादृश्य हो सकते हैं। इसके कुछ उदाहरण आगे दिए जा रहे हैं—

उदाहरण 15. अतिथि एवं स्वागत :: ?

A. चौकीदार एवं चोर B. पूजा एवं भगवान
C. अपराधी एवं सजा D. भूख एवं भिखारी

हल (C) : जिस तरह अतिथि का स्वागत किया जाता है, उसी तरह से अपराधी को सजा दी जाती है। विकल्प (B) सही नहीं है, क्योंकि इसमें पहले पूजा और फिर भगवान लिखा गया है, यदि 'भगवान' एवं 'पूजा' लिखा जाए तो यह भी सही विकल्प बन सकता है।

उदाहरण 16. डॉलर : मुद्रा :: ?

A. फूल : खुशबू B. पुस्तक : कागज
C. राजस्थान : राज्य D. लोटा : कटोरा

हल C : जिस प्रकार डॉलर एक विशेष मुद्रा है, उसी प्रकार राजस्थान एक विशेष राज्य है।

उदाहरण 17. केला : सेब : आम का निकटतम संबंधी है

A. वृक्ष B. बीज
C. संतरा D. पुष्प

हल C : ये सभी फल हैं।

अभ्यास

निर्देश : *नीचे दिए गए प्रत्येक प्रश्न में प्रश्नसूचक चिन्ह (?) के स्थान पर आने वाले विकल्प को छांटिए—*

1. कविता : कवि :: ?
A. लेखक : कलम B. बढ़ई : कुर्सी
C. संगीत : संगीतकार D. सोना : लोहा

2. चरण : मनुष्य :: ?
A. पैर : जूता B. खुर : घोड़ा
C. कुत्ता : खुर D. घोड़ा : रथ

3. देशभक्ति : नागरिक :: ?
A. श्रद्धांजलि : शहीद B. नैतिकता : सच्चाई
C. चरित्र : शिक्षा D. एकाग्रता : विद्यार्थी

4. घूर्णन : परिक्रमा :: ?
A. घर्षण : प्रतिरोध B. संवेग : प्रतिबंध
C. जड़त्व : गति D. धारा : प्रतिरोध

5. अतिथि : मेहमान :: ?
A. ग्लानि : ईर्ष्या B. झण्डा : ध्वज
C. अस्त्र : शस्त्र D. पुत्र : बालक

6. तृष्णा : तृप्ति :: ?
A. जन्म : आयु B. गुरु : आचार्य
C. अधीर : धैर्यवान D. आज्ञा : आदेश

7. श्वेत : श्याम :: ?
A. दिन : रात B. चमकीला : रंग
C. सोमवार : रविवार D. जलवायु : ठण्डा

8. दौड़ : थकान :: ?
A. तेज : धावक B. दौड़ना : सोना
C. पहलवान : कुश्ती D. उपवास : भूख

9. अपराध : दण्ड :: ?
A. अधिवक्ता : न्यायाधीश B. न्याय : न्यायालय
C. अभियुक्त : रक्षक D. हत्या : फांसी

10. मूर्तिकार : मूर्ति :: ?
A. चित्र : चित्रकार B. चालक : गाड़ी
C. विज्ञान : अनुसंधान D. संगीतकार : संगीत

11. इतिहासकार : इतिहास :: ?
A. भू-वैज्ञानिक : भौतिकशास्त्र
B. पुरातत्ववेता : पुरातत्व
C. अर्थशास्त्री : वैदिकशास्त्र
D. अध्यापक : विज्ञान

12. संसद : प्रजातंत्र :: ?
A. झण्डा : राष्ट्र B. तिरंगा : विकास
C. तमगा : अवगुण D. ट्रेडमार्क : हालमार्क

13. सजा : अपराध :: ?
A. राजा : ताज B. तलवार : प्रशासक
C. उपाधि : ज्ञान D. पुस्तक : विद्वता

14. शिक्षक : शिक्षक वर्ग :: ?
A. बालक : बालिकाएं B. अध्यापक : छात्र
C. शिला : शिलाएं D. दुश्मन : दुश्मनी

15. यशस्वी : यशस्विनी :: ?
A. सूर्य : पृथ्वी B. महान : महत्ती
C. गायक : लेखक D. कन्या : महिला

16. विद्वान : विदुषी :: ?
A. विधुर : विदूषक B. वर : स्त्री
C. प्रज्ञावान : प्रज्ञावत्ती D. रानी : राजा

17. कलम : लिखना :: ?
A. नोट-बुक : पेन्सिल B. बालपेन : पुस्तक
C. स्टेशन : ट्रेन D. कैंची : काटना

18. पेन्सिल : स्केच :: ?
A. पैर : सोना B. सूर्य : धूप
C. तारा : रात D. ब्रुश : पेंटिंग

19. जल : द्रव :: ?
A. गाय : बकरी B. पारा : गैस
C. बर्फ : ठोस D. ऑक्सीजन : हाइड्रोजन

20. गाय : स्तनीय पशु :: ?
A. भैंस : पशु B. भेड़ : ऊन
C. सांप : सरीसृप D. पेड़ : पत्ता

21. विरोध : विद्रोह :: ?
A. खेद : कृपा B. कठोर : निर्दयी
C. प्रशासक : तानाशाह D. संयुक्त : सार्वजनिक

22. घोर अपराध : दुराचरण :: ?
A. पतित : पावन B. पाप : अधर्म
C. पातक : कृतज्ञ D. उत्थान : पतन

23. मंच : रंगशाला :: ?
A. अस्पताल : इलाज B. किताब : अखबार
C. रसोईघर : मकान D. सड़क : यातायात

24. तारा : तारामण्डल :: ?
A. कार : पहिया B. क्विंटल : टन
C. पलटन : सिपाही D. साम्राज्य : संप्रभु

25. लेखक : कलम :: ?
A. पेन्सिल : रबर B. पेन : नोट-बुक
C. टाइपराइटर : कागज D. शिकारी : बंदूक

26. हृद्वीक्षणयंत्र : चिकित्सक :: ?
A. चिकित्सक : औषधि B. हथौड़ा : लौहार
C. नाई : बाल D. शरणार्थी : शरणस्थल

27. सम्पादक : समाचार पत्र :: ?
A. मेज : बढ़ई
B. पत्रिका : पत्राचार
C. उपन्यासकार : उपन्यास
D. चिकित्सक : इलाज

28. इटली : मिलान :: ?
A. पेरिस : मास्को B. मास्को : रूस
C. स्पेन : मेड्रिड D. न्यूयार्क : रोम

29. हाइग्रोमीटर : बैरोमीटर :: ?
A. जल : पारा B. बर्फ : वर्षा
C. आर्द्रता : दाब D. तापमान : प्रवाह

30. घड़ी : समय :: ?
A. थर्मामीटर : तापमान B. ऐमीटर : दूरी
C. लेक्टोमीटर : गति D. आल्टीमीटर : घनत्व

31. बचपन : यौवन :: ?
A. फरवरी : जनवरी
B. सोमवार : मंगलवार
C. ग्रीष्म ऋतु : बसंत ऋतु
D. दस : नौ

32. न्यायाधीश : सुनवाई :: ?
A. जूरी : कोर्ट B. वकील : साक्ष्य
C. ट्रिब्यूनल : समझौता D. सीनेटर : विधि निर्माण

33. मनुष्य : शिशु :: ?
A. गाय : भैंस B. कुता : भेड़िया
C. चील : कौआ D. मुर्गी : चूजा

34. फोनेटिक्स : ध्वनि : ?
A. जीव विज्ञान : पशु चिकित्सा
B. अर्थशास्त्र : राज्य
C. संगीतकला : नृत्य
D. वनस्पति विज्ञान : वनस्पति जगत

35. ABC : ZYX :: CBA : ?
A. ZXY B. BCA
C. XYZ D. XZY

36. ADE : FGJ :: KNO : ?
A. PQT B. PQR
C. STQ D. PRS

37. UTS : FED :: WVU : ?
A. YWU B. WXY
C. UVW D. HGF

38. NUMBER : UNBMRE :: GHOST : ?
A. HGSOT B. TSOGH
C. OGHST D. SOTGH

39. EGIK : FILO :: FHJL : ?
A. GJMP B. GJPM
C. HGMN D. GMJO

40. $\frac{1}{4}:\frac{1}{9}::\frac{2}{3}:?$
A. $\frac{1}{4}$ B. $\frac{1}{3}$

C. $\frac{1}{2}$ D. 1

41. 12 : 35 :: 16 : ?
A. 63 B. 32
C. 28 D. 55

42. 17 : 19 :: 47 : ?
A. 53 B. 59
C. 41 D. 34

43. 42 : 56 :: 110 : ?
A. 132 B. 136
C. 18 D. 140

44. 3 : 10 :: 8 : ?
A. 10 B. 13
C. 17 D. 14

45. 28 : 126 :: 126 : ?
A. 127 B. 28
C. 56 D. 81

46. 8 : 9 :: 64 : ?
A. 16 B. 36
C. 25 D. 20

47. 8 : 9 :: ?
A. 10 : 9 B. 6 : 12
C. $2^3 : 3^2$ D. 4 : 2

48. $X^2 - 4 : (X - Z) : ? (X^2 - 4)$
A. $(X + 2)$ B. $(X - 2)$
C. $(X^2 - 2)$ D. $(X + 1)$

49. $X^2 : 8X^3 :: 4X^2 : ?$
A. $16X^2$ B. $32X^2$
C. $64X^3$ D. $64X^2$

50. 4 : 64 :: 5 : ?
A. 25 B. 125
C. 56 D. 625

51. यदि 'धुएं' का संबंध 'प्रदूषण' से है तो 'युद्ध' का संबंध निम्नलिखित में से किससे हैं?
A. विषय B. मृत्यु
C. शत्रु D. सेना

52. जो संबंध 'प्रतिमा' और 'आकार' में है वही संबंध 'गीत' और निम्नलिखित में से किसमें हैं?
A. स्वर B. शब्द
C. कविता D. गायक

53. 'कोयले' का जो संबंध 'खान' से है वही संबंध 'पानी' का किससे है?
A. कुआं B. तालाब
C. नदी D. वर्षा

54. जैसे चंचल, स्थिर से संबंधित है, उसी प्रकार परिवर्तन से क्या संबंधित है?
A. स्थायित्व B. बदलाव
C. आवर्तन D. नियमित

55. जैसे सावधानी, प्रमाद से संबंधित है, वैसे ही ध्यान से संबंधित क्या हैं?
A. अनादर B. अन्यनस्कता
C. उपेक्षा D. सतर्क

56. निम्नलिखित में से किसका 'स्टेनोटाइपिस्ट' से वही संबंध है जो 'मैकेनिक' का संबंध 'इंजीनियर' से है?
A. टाइपिस्ट B. शार्टहैंड
C. दक्षता D. टाइपराइटर

57. निम्नलिखित में से किसका 'वफादार' से वही संबंध है जो 'प्रथम' का संबंध 'अन्तिम' से है?
A. अवज्ञा B. विश्वासघात
C. सदाचार D. विरोध

58. निम्नलिखित में से किसका 'हाईजीन' से वही संबंध है जो 'पौधे' का 'वनस्पति विज्ञान' से है ?
A. मंजरी B. वृक्ष
C. माला D. पखुंडी

59. निम्नलिखित में से किसका 'पुष्प' से वही संबंध है जो 'वाक्य' का 'शब्द' से है?
A. मंजरी B. वृक्ष
C. माला D. पखुंडी

60. थकान का मेहनत से वही संबंध है जो जीर्ण का संबंध है—
A. प्रयोग से B. कपड़े से
C. अपत्यय से D. आयु से

61. Procession : Route :: Earth : ?
A. Revolution B. Rotation
C. Space D. Orbit

62. Fossils : Creaturs :: Mummies : ?
A. Mothers B. Caves
C. Humanbeings D. Dead Bodies

63. Waiting : Boredom :: Education : ?
A. Schooling B. Books
C. Enlightenment D. Syllabus

64. Teaching : Learning :: Treatment : ?
A. Doctor B. Medicine
C. Disease D. Cure

65. Player : Team :: Ship : ?
A. Sea B. Sailor

C. Harbour D. Water

66. QYGO : SAIQ :: UCKS : ?
A. WDMU B. WDLU
C. WEMU D. WFMU

67. Skimish : War :: Disease : ?
A. Injection B. Hospital
C. Epidemic D. Doctor

68. Drama : Director :: Magazine : ?
A. Reader B. Editor
C. Publisher D. Writer

69. Omithologist : Bird :: Anthropologist : ?
A. Animals B. Aeroplanes
C. Diseases D. Mankind

70. Step : Staircase :: Soldier : ?
A. Uniform B. Battle
C. Army D. Victory

71. कौन सा वैसा ही है जैसे बाधा रहित, विघ्न रहित, अवरोध रहित
A. असीमित B. अनुन्मोचित
C. अनिश्चित D. निष्ठुरता रहित

72. निम्नलिखित में से कौन वैसा है जैसा नियमन, संचालन, परिचालन—
A. निर्देश करना B. अभियान
C. समर्थन D. प्रचार

73. (?) का पुल्लिंग से वही संबंध है जो स्त्री का (?) से है—
A. छद्मवेश, लज्जाशील B. सामर्थ्य, महिला
C. पुरुष, स्त्रीलिंग D. वीर्यवान, श्रीमती

74. (?) का हाथी दांत से वही संबंध है जो हिरन का (?) से है—
A. सफेद, शिकार B. कीमती, दुर्लभ
C. बड़ा, विरला D. हाथी, सींग

75. (?) का जो संबंध मस्तिष्क से है वही संबंध मुख का (?) से है—
A. खोपड़ी, जिह्वा B. टोप, अधर
C. बाल, स्वर D. पगड़ी, रात

उत्तरमाला

1	**2**	**3**	**4**	**5**	**6**	**7**	**8**	**9**	**10**
C	B	D	A	B	C	A	D	D	D
11	**12**	**13**	**14**	**15**	**16**	**17**	**18**	**19**	**20**
B	A	C	C	B	C	D	D	C	C
21	**22**	**23**	**24**	**25**	**26**	**27**	**28**	**29**	**30**
C	B	C	A	D	B	C	C	C	A
31	**32**	**33**	**34**	**35**	**36**	**37**	**38**	**39**	**40**
B	D	D	D	C	A	D	A	A	B
41	**42**	**43**	**44**	**45**	**46**	**47**	**48**	**49**	**50**
A	A	A	C	B	C	C	A	C	B
51	**52**	**53**	**54**	**55**	**56**	**57**	**58**	**59**	**60**
B	A	A	A	C	A	B	C	C	D
61	**62**	**63**	**64**	**65**	**66**	**67**	**68**	**69**	**70**
D	D	C	D	D	C	C	B	D	C
71	**72**	**73**	**74**	**75**					
C	A	A	D	A					

संकेत

1. जिस प्रकार ''कविता'' की रचना ''कवि'' द्वारा की जाती है, उसी प्रकार ''संगीत'' की रचना ''संगीतकार'' द्वारा की जाती है।

2. ''चरण'' और ''मनुष्य'' के जो संबंध है, वही ''खुर'' और ''घोड़ा'' में भी है।

3. दिए गए शब्द युग्म में कोई सरल संबंध स्पष्ट नहीं होता है। किंतु शब्द युग्म के निहितार्थ का विश्लेषण कर यह स्थापित होता है कि देशभक्ति, प्रत्येक नागरिक का अपेक्षित गुण

है। इसी प्रकार एकाग्रता एक ऐसा गुण है जो प्रत्येक विद्यार्थी में होना चाहिए।

4. जिस प्रकार घूर्णन और परिक्रमा समानार्थी शब्द है, उसी प्रकार घर्षण और प्रतिरोध भी समानार्थी शब्द है।

6. जिस प्रकार तृष्णा, तृप्ति का विपरीतार्थी शब्द है, उसी प्रकार अधीर, धैर्यवान का विपरीतार्थी शब्द है।

8. जिस प्रकार थकान का कारण दौड़ है, उसी प्रकार भूख का कारण उपवास है।

10. जिस प्रकार मूर्तिकार, मूर्ति का सृजनकर्ता है, उसी प्रकार संगीतकार, संगीत का सृजनकर्ता है।

11. जिस प्रकार इतिहासकार, इतिहास का विशेषज्ञ होता है, उसी प्रकार पुरातत्ववेत्ता, पुरातत्व का विशेषज्ञ होता है।

13. जिस प्रकार सजा अपराध का प्रतीक है उसी प्रकार उपाधि, ज्ञान का परिचालक है।

14. जिस प्रकार शिक्षक एकवचन तथा शिक्षक वर्ग बहुवचन का सूचक है, उसी प्रकार शिला एकवचन तथा शिलाएं बहुवचन का सूचक है।

16. जिस प्रकार विद्वान पुल्लिग तथा विदुषी स्त्रीलिंग है, उसी प्रकार प्रज्ञावान पुल्लिंग तथा प्रज्ञावती स्त्रीलिंग है।

18. जिस प्रकार पेन्सिल स्केच बनाने हेतु प्रयोग में लायी जाती है, उसी प्रकार ब्रुश पेंटिंग बनाने हेतु प्रयोग में लाया जाता है।

20. जिस प्रकार गाय, स्तनीय पशु वर्ग का सदस्य है, उसी प्रकार सांप, सरीसृप वर्ग का सदस्य है।

22. जिस प्रकार दुराचरण का वृहत् रूप घोर अपराध है, उसी प्रकार अधर्म का वृहत् रूप पाप है।

24. जिस प्रकार तारा, तारामण्डल का भाग है, उसी प्रकार क्विंटल, टन का भाग है।

26. जिस प्रकार चिकित्सक, हृद्वीक्षण यंत्र का प्रयोग करता है, उसी प्रकार लोहार, हथौड़े का प्रयोग करता है।

28. जिस प्रकार मिलान, इटली का शहर है, उसी प्रकार मेड्रिड, स्पेन में स्थित एक शहर है।

29. जिस प्रकार हाईग्रोमीटर का प्रयोग आर्द्रता मापने में होता है, उसी प्रकार बैरोमीटर का प्रयोग दाब मापने के लिए होता है।

31. जिस प्रकार बचपन, यौवन से पूर्व की अवस्था है, उसी प्रकार सोमवार, मंगलवार से पूर्व आनेवाला दिन है।

32. जिस प्रकार न्यायाधीश कोर्ट में सुनवाई करता है, उसी प्रकार सीनेटर विधि का निर्माण करता है।

33. मनुष्य के बच्चे को जिस प्रकार शिशु कहा जाता है, उसी प्रकार मुर्गी के बच्चे को चूजा कहा जाता है।

34. जिस प्रकार फोनेटिक्स की विषय वस्तु ध्वनि विज्ञान है, उसी प्रकार वनस्पति विज्ञान की विषय वस्तु संपूर्ण वनस्पति जगत है।

35. यहां Z के स्थान पर A, Y के स्थान पर B तथा X के स्थान पर C का प्रयोग किया गया है।

36. प्रथम पद A तथा D के मध्य दो अक्षरों का अन्तर है, दूसरा पद E के तुरन्त बाद आ रहा है तथा G एवं J के मध्य की दूरी है। J के तुरंत बाद K आ रहा है और अक्षरों के मध्य वही दो-दो का अंतर है।

37. पहले पद का संबंध तीसरे से है जबकि हम उसे उल्टा पढ़ें जैसे—STU – UVW। यही संबंध दूसरे तथा चौथे पद में है।

38. अक्षरों का प्रत्येक जोड़ा एक-दूसरे का वयुत्क्रम है। जैसे—NU = UN, MB = BM तथा ER = RE.

39. पहले पद में एक-एक अक्षरों का अन्तर है। दूसरे पद में दो-दो अक्षरों का अन्तर है। यही नियम तीसरे व चौथे पद पर लागू होगा।

40. दूसरा पद पहले का आधा है।

41. $6 \times 2 = 12, 6^2 - 1 = 35, 8 \times 2 = 16$ तथा $8^2 - 1 = 63$

42. दूसरा पद 17 के बाद की अभाज्य संख्या है। अतः 47 के बाद की अभाज्य संख्या 53 होगी।

43. I पद = $6^2 + 6 = 42$
II पद = $7^2 + 7 = 56$
III पद = $10^2 + 10 = 110$
IV पद = $11^2 + 11 = 132$

44. I पद = $2^2 - 1 = 3$,
II पद = $3^2 + 1 = 10$
III पद = $3^2 - 1 = 8$
IV पद = $4^2 + 1 = 17$

47. जो संबंध अंक 8 तथा 9 में है, वहीं संबंध 2^3 (8) व 3^2 (9) में है।

2. शृंखला पर आधारित परीक्षण
(Series Based Test)

इस प्रकार के प्रश्नों में या तो अंकों, संख्याओं आदि की शृंखला दी हुई होती है, या अंग्रेजी वर्णमाला के अक्षरों की शृंखला के पद किसी निश्चित नियम या पैटर्न के अनुसार लिखे होते हैं। अभ्यर्थी को उस नियम या पैटर्न को पहचान कर उस श्रेणी/शृंखला की पूर्ति करनी होती है या किसी गलत लिखे पद को छांटना होता है।

नोट—नीचे दिए गए व्याख्यात्मक उदाहरणों से भली-भांति समझा जा सकता है।

उदाहरण 1. 3, 4, 6, 9, ?, 18

A. 10 B. 13
C. 11 D. 15

हल (B) : प्रश्न में प्रथम दो संस्थाएं लगातार (3 व 4) हैं, फिर बीच की एक संख्या छोड़ कर 6 दिया है, फिर दो संख्याएं छोड़कर 9 है। अब तीन संख्याएं 10, 11, 12 छोड़कर 13 आयेगा। इससे आगे 14, 15, 16 व 17 को छोड़कर 18 दिया है। अत: अभीष्ट उत्तर विकल्प B है जिस पर संख्या 13 है।

उदाहरण 2. R, L, S, M, T, N, U, ?, V

A. P B. Q
C. K D. O

हल (D) : प्रश्न में दो शृंखलाएं परस्पर मिली है। एक शृंखला R, S, T, U, V की है जिसके अक्षरों के बीच में L, M, N, O शृंखला का एक-एक अक्षर डाला गया है। अभीष्ट उत्तर 'O' होगा। 'O' का विकल्प (D) है। अत: उत्तर विकल्प (D) होगा।

उदाहरण 3. D_4, F_5, H_6, J_7 ?

A. K_8 B. M_8
C. P_9 D. L_8

हल (D) : प्रश्न के प्रत्येक पद में एक अक्षर तथा एक अंक है। अक्षर वर्णमाला के अनुसार एक-एक अक्षर छोड़कर आ रहा है, परंतु अंक लगातार क्रम में हैं। अत: रिक्त स्थान पर L_8 आएगा।

उदाहरण 4. निम्नलिखित अक्षर श्रेणी में से कुछ अक्षर गायब हैं। नीचे दिए गए चार विकल्पों में से एक में, गायब अक्षर सही क्रम में दिए गए हैं। उस विकल्प को ज्ञात करो जिसमें ये अक्षर सही क्रम में दिए हुए हैं।

a b ? ? a b b ? a b ? a

A. abab B. abba
C. aabb D. baab

हल (D) : दी गई अक्षर श्रेणी के रिक्त स्थानों पर यदि विकल्प (D) के अक्षर baab रखते हैं तो श्रेणी abba/abba/abba बनते हैं जिनमें abba की पुनरावृत्ति तीन बार हो रही है।

उदाहरण 5. $\frac{1}{81}, \frac{1}{54}, \frac{1}{36}, \frac{1}{24}, ?$

A. $\frac{1}{32}$ B. $\frac{1}{9}$
C. $\frac{1}{16}$ D. $\frac{1}{18}$

हल (C) : भिन्न श्रेणी में प्रत्येक भिन्न पद $\frac{3}{2}$ से बारी-बारी से गुणा की जाती रही है। अत: इस आधार पर नई भिन्न $\frac{1}{24}\times\frac{3}{2}=\frac{3}{48}=\frac{1}{16}$ होगी।

उदाहरण 6. निम्नलिखित श्रेणी में केवल एक पद सही नहीं है। गलत पद का चयन कीजिए—

7, 28, 63, 124, 125, 342, 511

A. 7 B. 28
C. 63 D. 511

हल (B) : श्रेणी के निरीक्षण से पता लगता है कि श्रेणी का क्रम निम्नवत् होना चाहिए—

$2^3 - 1 = 7, 3^3 - 1 = 26, 4^3 - 1 = 63,$
$5^3 - 1 = 124, 6^3 - 1 = 215,$
$7^3 - 1 = 342, 8^3 - 1 = 511$

अत: उपरोक्त आधार पर गलत पद 28 है।

उदाहरण 7. AB, DEF, HUK, ?, STUVWX

A. MNOPQ B. QRSTU
C. LMNO D. LMNOP

हल (A) : वर्णों में प्रत्येक पद में 1 वर्ण के बढ़ने की प्रवृत्ति

है। वर्णमाला क्रमानुसार है तथा प्रत्येक पद के पश्चात् वर्णमाला का एक-एक वर्ण छोड़ (Missing) दिया गया है। अत: इस आधार पर रिक्त स्थान में 'MNOPQ' का समावेश होना चाहिए।

उदाहरण 8. एक श्रेणी 'फेटारी श्रेणी' के रूप में दी गई है। कृपया फेटारी श्रेणी का सातवां पद ज्ञात कीजिए—

3 + 5 + 8 + 13 + 12 + 34 + ?

A. 55 B. 50
C. 49 D. 52

हल (A) : इस श्रेणी में पहला पद = 0 + 3 = 3
दूसरा पद = 3 + 2 = 5
तीसरा पद = 5 + 3 = 8
चौथा पद = 8 + 5 = 13
पांचवां पद = 13 + 8 = 21
छठा पद = 21+ 13 = 34
सातवां पद = 34 + 21 = 55

उदाहरण 9. ABC, BFG, IJK, OPQ, ?

A. STU B. UVW
C. TUV D. VWX

हल (B) : सभी सेटों में स्वर (Vowel) से शुरू होने वाले लगातार तीन अक्षर हैं। इसलिए UVW अगला सेट होगा।

उदाहरण 10. निम्नांकित श्रेणी में प्रश्न सूचक चिन्ह के स्थान पर क्या आएगा?

Ⓐ, Ⓔ, Ⓘ, ?

A. Ⓑ B. Ⓞ
C. Ⓟ D. Ⓒ

हल (B) : प्रत्येक अगली आकृति में बाहरी डिजाइन तो समान रहती है लेकिन डिजाइन के अंदर का अक्षर एक स्वर है। जो प्रत्येक अगली आकृति में क्रम से बदल जाता है। अत: अगली आकृति में डिजाइन के अन्दर O स्वर होगा। अत: (B) विकल्प सही है।

उदाहरण 11. निम्नलिखित संख्या श्रेणी में प्रश्न सूचक चिन्ह के स्थान पर क्या होगा ?

4	25	16	81
6	5	2	5
5	8	7	6
40	80	42	?

A. 84 B. 270
C. 891 D. 94

हल (A) : ऊपर की संख्याओं के पहले स्तम्भ को लेने पर हम देखते हैं कि पहली संख्या का वर्गमूल लेकर उसमें दूसरी संख्या जोड़कर तीसरी संख्या से गुणा करने पर चौथी संख्या प्राप्त होती है, जैसे— $(\sqrt{4}+6)\times 5 = (2+6)\times 5 = 8\times 5 = 40$

$(\sqrt{25}+5)\times 8 = (5+5)\times 8 = 10\times 8 = 80$

तथा $(\sqrt{16}+2)\times 7 = 42$

$? = (\sqrt{81}+5)\times 6 = (9+5)\times 6 = 14\times 6 = 84$

उदाहरण 12.

A	P	B
Z	O	A
X	M	?

A. Z B. Y
C. X D. M

हल (B) : प्रत्येक स्तम्भ में पहले खाने का अक्षर दूसरे खाने के अक्षर से अंग्रेजी वर्णमाला के अनुसार एक अक्षर आगे है तथा दूसरे खाने का अक्षर तीसरे खाने के अक्षर से दो अक्षर आगे है। अत: तीसरे स्तम्भ में तीसरे खाने में आने वाला अक्षर दूसरे खाने के अक्षर से दो अक्षर अंग्रेजी वर्णमाला के अनुसार पीछे होगा अर्थात् Y होगा। अत: (B) विकल्प सही है।

उदाहरण 13. LUCY : JUCY :: ? : JULI

A. JOLI B. JUOI
C. JULY D. JONY

हल (C) : पहले से दूसरे शब्द के अक्षरों में हम देखते हैं कि L के स्थान पर J अक्षर आ गया है। दूसरे से चौथे अक्षर में C तथा Y के स्थान पर क्रमश: L तथा I आ गए हैं। अत: तीसरा शब्द या तो JULY होगा या JUCI होगा, लेकिन JUCI शब्द विकल्पों में नहीं है। अत: सही उत्तर JULY ही होगा, इसलिए C विकल्प सही है।

उदाहरण 14. B2S, F6P, J14M, ?

A. N30I B. M24I
C. N30J D. P24J

हल (C) : $B \xrightarrow{+4} F \xrightarrow{+4} J \xrightarrow{+4}$ **N**

$2 \xrightarrow{\times 2+2} 6 \xrightarrow{\times 2+2} 14 \xrightarrow{\times 2+2}$ **30**

$S \xrightarrow{-3} P \xrightarrow{-3} M \xrightarrow{-3}$ **J**

उदाहरण 15. JKT, LJR, NIP, ?

A. PHN B. OGP
C. PGO D. PHM

हल (A) : $J \xrightarrow{+2} L \xrightarrow{+2} N \xrightarrow{+2}$ **P**

$K \xrightarrow{-1} J \xrightarrow{-1} I \xrightarrow{-1}$ **H**

$T \xrightarrow{-2} R \xrightarrow{-2} P \xrightarrow{-2}$ **N**

अभ्यास

निर्देश : *नीचे दिए गए प्रत्येक प्रश्न में संख्याओं अथवा अक्षरों के समूह की एक श्रेणी दी गई है। समूह किसी विशेष क्रम में बदल रहे हैं। प्रत्येक प्रश्न में नीचे दिए गए चार संभावित उत्तर (विकल्प) दिए गए हैं। अभ्यर्थी को दिए गए संभावित उत्तरों में से एक ऐसा उत्तर ज्ञात करना है, जो श्रेणी में रिक्त स्थान पर सही हो।*

1. 4, 9, 16, 25, ?
A. 32 B. 55
C. 49 D. 36

2. 3, 5, 9, 17, ?
A. 26 B. 33
C. 65 D. 42

3. 3, 6, 8, 16, 18, ?,
A. 32 B. 42
C. 36 D. 38

4. 1, 8, 27, 64, ?
A. 100 B. 316
C. 216 D. 125

5. 0, 7, 26, 63, ?
A. 125 B. 124
C. 215 D. 98

6. 89, $83\frac{1}{2}$, 80, $74\frac{1}{2}$, 71, ?
A. 62 B. $65\frac{1}{2}$
C. 65 D. $61\frac{1}{2}$

7. 4, 16, 36, 64, 100, ?
A. 142 B. 81
C. 138 D. 144

8. 45, 47, 49, 52, 54, 56, 59, ?
A. 64 B. 63
C. 61 D. 62

9. 6, 13, 27, 55, 111, ?
A. 221 B. 223
C. 225 D. 227

10. 144, 72, 24, 12, 4, ?
A. 2 B. 3
C. 4 D. 1

11. 35, 44, 49, 58, 63, ?
A. 67 B. 81
C. 72 D. 76

12. 71, 65, 60, 56, 63, ?
A. 48 B. 51
C. 47 D. 52

13. 2, 4, 8, 16, 32, ?
A. 64 B. 128
C. 128 D. 64

14. 7, 14, 14, 21, 28, 28, ?
A. 47 B. 49
C. 35 D. 56

15. 3, 13, 53, 213, ?
A. 553 B. 853
C. 653 D. 753

16. 35, 34, 31, 22, ?
A. 5 B. 2
C. – 5 D. 18

17. 3, 6, 9, 12, 15, ?
A. 16 B. 18
C. 21 D. 24

18. 0.5, 2, 5, ? , 15.5
A. 5.5 B. 9
C. 12.5 D. 9.5

19. 240, ? , 120, 40, 10, 2
A. 480 B. 220
C. 240 D. 120

20. 4, 12, 36, 108, ?
A. 216 B. 324
C. 432 D. 3888

21. 27, 25, 25, 22, 23, 19, ?
A. 20 B. 21
C. 16 D. 17

22. 24, 35, 48, 63, ?
A. 75 B. 68
C. 97 D. 80

23. 12, 24, 37, 51, 66, 82, ?
A. 97 B. 89
C. 99 D. 109

24. 22, 22, 24, 19, 27, 16, 31, ?
A. 21 B. 13
C. 34 D. 17

25. 4, 196, 16, 144, 36, 100, 64, ?
A. 64 B. 48
C. 125 D. 256

26. 2, 7, 14, 23, ?, 47
A. 38 B. 34
C. 28 D. 31

27. ऐसी श्रेणी, जिसमें किसी पद का अगला पद, उस पद को उससे पिछले पद में जोड़कर प्राप्त किया जाता है, फेटारी श्रेणी कहते हैं। बताइए निम्नलिखित फेटारी श्रेणी का आठवां पद क्या होगा?
1 + 1 + 2 + 3 + 5 + 8 + 13 + ?
A. 22 B. 26
C. 32 D. 21

28. BCYXEFVU ? , ?
A. H, I B. R, V
C. I, J D. S, T

29. ZXVTR ? , ?
A. O, K B. N, M
C. K, S D. P, N

30. C, e, G, i, K, ?, ?
A. o, K B. m, O
C. k, M D. M, k

31. $\frac{A}{2}, \frac{B}{4}, \frac{C}{6}, \frac{D}{8}$?, ?
A. $\frac{E}{16}, \frac{F}{32}$ B. $\frac{F}{32}, \frac{I}{14}$
C. $\frac{F}{12}, \frac{E}{16}$ D. $\frac{E}{10}, \frac{F}{12}$

32. C – 3, E – 5, G – 7, I – 9, ?, ?
A. X – 24, M – 21 B. K – 14, M – 18
C. O – 15, X – 24 D. M – 18, K – 14

33. A Z X B V T C R ?, ?
A. P, D B. E, O
C. Q, E D. O, Q

34. Q, L, ?, E, C, ?
A. B, A B. I, G
C. A, G D. H, B

35. A, CD, GHI, ?, UVWXY
A. LMNO B. MNO
C. NOPQ D. MNOP

36. 1CV, 5 FU, 91T, ?, 17 OR
A. 14 JS B. 15 JS
C. 11 LS D. 13 LS

37. G, ?, I, X, K, V, M, T
A. H B. Y
C. Z D. J

38. BA, YZ, DC, WX, ?
A. D E B. E F
C. F E D. F G

39. DCXW, FEVU, HGTS, ?
A. LKPO B. JIRQ
C. ABYZ D. LMRS

40. निम्नलिखित अक्षर श्रेणी के कुछ अक्षर गायब हैं। इसके नीचे दिए गए चार विकल्पों में से एक में गायब अक्षर सही क्रम में दिए गए हैं। उस सही क्रम को ज्ञात करो।
a — a — bbaa— bbba — a
A. aabb B. abaa
C. abab D. aaab

41. .2, .02, .004, .0012, ?
A. .015 B. .004
C. .00048 D. .0060

42. $\frac{2}{48}, \frac{2}{24}, \frac{2}{12}, \frac{2}{6}, \frac{2}{3}$, ?
A. $\frac{2}{6}$ B. $\frac{2}{1.5}$
C. $\frac{2}{4}$ D. $\frac{2}{.75}$

43. W1A, S2B, O5C, K16D, ?
A. F67E B. G65E
C. E65E D. H66E

44. AFT, CIS, ELR, GOQ, ?
A. JRP B. ISO
C. IRP D. JSO

45. HNY, LOV, PPS, TQP, ?
A. YRM B. XQN
C. XRN D. इनमें से कोई नहीं

46. JACK, JICK, ?, MILK
A. MIGK B. MICK
C. LICK D. MOKE

47. JACKY, ?, JAPKA, LAPKA
A. JAPKY B. JAKPA
C. JOCKY D. JPAKY

48. MANJU, MONJU, ?, MONKU
A. MOKNU B. MANKU
C. MINAK D. MONKU

49. RAJU, ?, KAJI, KAVI
A. KAJU B. KALU
C. KANU D. KALA

50. URMI, ULMI, ?, VLMY
A. ULME B. VLMA
C. ULMY D. UPMA

निर्देश : *नीचे दिए गए प्रत्येक प्रश्न में दी गई श्रेणी के अंतर्गत एक संख्या गलत है। उस गलत संख्या को ज्ञात करो।*

51. 36, 54, 18, 27, 22.5, 13.5, 4.5
A. 13.5 B. 18
C. 22.5 D. 27

52. 169, 218, 254, 269, 295, 304, 308
A. 304 B. 254
C. 269 D. 218

53. 22, 33, 66, 99, 121, 297, 594
A. 297 B. 121
C. 99 D. 66

54. 46080, 3840, 384, 48, 24, 2, 1
A. 3840 B. 384
C. 48 D. 24

55. 582, 605, 588, 611, 634, 617, 600
A. 634 B. 617
C. 611 D. 634

56. 8, 13, 21, 32, 47, 63, 83
A. 21 B. 13
C. 32 D. 47

57. 12, 18, 27, 90, 270, 945, 3780
A. 20 B. 18
C. 945 D. 27

58. 7, 14, 56, 168, 336, 1344, 2688, 8064
A. 1344 B. 56
C. 2688 D. 8064

59. 36, 49, 100, 144, 196, 256, 324
A. 100 B. 49
C. 256 D. 144

60. 105, 85, 60, 30, 0, –45, –90
A. 0 B. 30
C. 85 D. –45

61. 15, 45, 90, 360, 1080, 2160, 6480
A. 90 B. 360
C. 6480 D. 1080

62. 8, 14, 26, 48, 98, 194, 386
A. 194 B. 14
C. 386 D. 48

63. 325, 259, 202, 160, 127, 105, 94
A. 127 B. 259
C. 94 D. 202

64. 54, 43, 34, 26, 22, 19, 18
A. 34 B. 26
C. 43 D. 18

65. 3, 4, 10, 32, 136, 685, 4116
A. 136 B. 685
C. 4116 D. 32

66. 16, 17, 21, 30, 45, 71, 107
A. 21 B. 107
C. 16 D. 45

67. 112, 114, 120, 124, 132, 142, 154
A. 114 B. 120
C. 124 D. 132

68. 5, 11, 23, 47, 96, 191, 383
A. 11 B. 96
C. 191 D. 23

69. 3, 4.5, 9, 22.5, 67.5, 270, 945
A. 270 B. 4.5
C. 22.5 D. 9

70. 380, 188, 92, 48, 20, 8, 2
A. 188 B. 92
C. 48 D. 20

उत्तरमाला

1	2	3	4	5	6	7	8	9	10
D	B	C	D	B	B	D	C	B	A
11	**12**	**13**	**14**	**15**	**16**	**17**	**18**	**19**	**20**
C	B	D	C	B	C	B	D	C	B
21	**22**	**23**	**24**	**25**	**26**	**27**	**28**	**29**	**30**
B	D	C	B	A	B	D	A	D	B
31	**32**	**33**	**34**	**35**	**36**	**37**	**38**	**39**	**40**
D	C	A	D	A	D	C	C	B	B
41	**42**	**43**	**44**	**45**	**46**	**47**	**48**	**49**	**50**
C	B	B	C	D	B	A	D	A	C
51	**52**	**53**	**54**	**55**	**56**	**57**	**58**	**59**	**60**
C	C	B	D	D	D	D	C	B	A
61	**62**	**63**	**64**	**65**	**66**	**67**	**68**	**69**	**70**
C	D	D	B	D	D	B	B	A	C

संकेत

1. प्रत्येक पद लगातार संख्याओं के पूर्ण वर्ग हैं।
2. दूसरी संख्या (5) = $3 \times 2 - 1$
   तीसरी संख्या (9) = $5 \times 2 - 1$
   इसी प्रकार आगे भी।
3. दूसरी संख्या, पहली संख्या की दुगुनी तथा तीसरी संख्या दूसरी संख्या से दो बड़ी है, यही नियम आगे भी।
4. प्रत्येक संख्या लगातार संख्याओं के पूर्ण धन है।
5. संख्याएं $1^3 - 1, 2^3 - 1, 3^3 - 1, 4^3 - 1$ प्रकार की है।
6. दूसरी संख्या पहली से $5\frac{1}{2}$ कम तथा तीसरी संख्या दूसरी से $3\frac{1}{2}$ कम है। यही क्रम आगे भी है।
7. संख्याएं क्रमशः 2, 4, 6, 8, 10 आदि की वर्ग हैं।
8. दूसरी संख्या पहली से 2 अधिक, तीसरी, दूसरी से 2 अधिक तथा चौथी, तीसरी से 3 अधिक है। यही क्रम आगे भी है।
9. अगली संख्या पिछली की दुगुनी से एक अधिक है।
10. दूसरी संख्या पहली की आधी तथा तीसरी संख्या दूसरी की एक तिहाई है। यही क्रम आगे भी है।
11. दूसरी संख्या पहली से 9 अधिक है तथा तीसरी संख्या दूसरी से 5 अधिक है। यही क्रम आगे भी है।
12. अगली संख्या का पिछली संख्या से अंतर क्रमशः 6, 5, 4, 3, ... आदि है।
13. अगली संख्या पिछली की दुगुनी है।
14. संख्याएं क्रमशः 7 की एक गुनी, दो गुनी, तीन गुनी, चार गुनी, चार गुनी, पांच गुनी आदि है।
15. अगली संख्या, पिछली संख्या की चार गुनी से एक अधिक है।
16. प्रत्येक पद अपने पिछले पद से क्रमशः 1, 3, 9, 27, ... आदि क्रम में है।
17. दो लगातार पदों का अंतर 3 है।
18. दो लगातार पदों में अंतर क्रमशः 1.5, 3, 4.5 और 6 है।
19. दो लगातार पदों में अंतर क्रमशः 1, $\frac{1}{2}$, $\frac{1}{3}$, $\frac{1}{4}$, $\frac{1}{5}$ है।
20. दो लगातार पदों के अनुपात क्रमशः 3 है।
21. दी हुई श्रेणी, दो श्रेणियों से बनी है— 27, 25, 23 .... तथा 25, 22, 19 ....
22. दो लगातार पदों के अंतर क्रमशः 11, 13, 15, 17 .... हैं।
23. दो लगातार पदों के अंतर क्रमशः 12, 13, 14, 15, 16, 17 .... हैं।
24. दी हुई श्रेणी, दो श्रेणियों से बनी हैं; 22, 24, 27, 31 .... तथा 22, 19, 16, 13 ....
25. दी हुई श्रेणी, दो श्रेणियों से बनी हैं—4, 16, 36, 64 .... तथा 196, 144, 100, ...
26. लगातार दो पदों के अंतर क्रमशः 5, 7, 9, 11, व 13 हैं।
27. आठवां पद = 13 + 8 = 21
28. प्रथम दो अक्षर वर्णमाला के क्रम में है तथा अगले दो अक्षर वर्णमाला के विपरीत क्रम में हैं। इसके अतिरिक्त दूसरे अक्षर तथा पांचवें अक्षर के बीच एक अक्षर छूटा हुआ है।
29. अक्षर वर्णमाला के विपरीत क्रम में हैं जबकि एक अक्षर, प्रत्येक दो अक्षरों के बीच में छोड़ दिया गया है।
30. अक्षर क्रमिक रूप से अपना रूप बदल रहे हैं, तथा इस क्रम में दो अक्षरों के बीच में एक अक्षर छोड़ दिया गया है।
31. अक्षर वर्णमाला के क्रम में है जबकि संख्याएं 2, 4, 6, 8, ... क्रम में है।
32. यदि हम वर्णमाला को व्यवस्थित करके क्रम से A = 1 से लेकर Z = 26 तक संख्याएं लिखें तो प्रत्येक अक्षर अपनी एक निश्चित संख्या प्रदर्शित करेगा—
    A, B, C, D, ... W, X, Y, Z
    1, 2, 3, 4, ... 23, 24, 25, 26
33. पहला, चौथा, सातवां अक्षर वर्णमाला के क्रम में हैं जबकि अगले दो अक्षर वर्णमाला के विपरीत क्रम में हैं, जिनमें कि प्रत्येक अक्षर के बीच में एक अक्षर छोड़ दिया गया है।
34. अक्षर वर्णमाला के विपरीत क्रम में हैं तथा अंतिम सिरे से क्रमिक रूप से 0, 1, 2, 3, 4 अक्षर छोड़ दिए गए हैं।
35. दूसरे पद में दो अक्षर हैं तथा दूसरे पद के पहले अक्षर और पहले पद के अक्षर के बीच एक अक्षर छूटा हुआ है। तीसरे पद में तीन अक्षर हैं तथा तीसरे पद के पहले अक्षर और दूसरे पद के अंतिम अक्षर के बीच में दो अक्षर छूटे हुए हैं। यही क्रम आगे भी जारी है।
36. प्रत्येक अगले पद में पहले अंक में 4 की वृद्धि हो रही है, प्रत्येक पद का दूसरा अक्षर क्रमशः दो अक्षर छोड़कर आगे है। तीसरा अक्षर क्रमशः विपरीत क्रम में है।
37. पहले, तीसरे, पांचवें और सांतवें अक्षर वर्णमाला के अनुसार

एक-एक अक्षर छोड़कर आगे है जबकि दूसरे, चौथे, छठवें और आठवें अक्षर वर्णमाला के विपरीत क्रम में एक-एक अक्षर छोड़कर आगे है।

38. श्रेणी के प्रत्येक पद के दोनों अक्षर वर्णमाला के दो लगातार अक्षर हैं परंतु पहले पद के अक्षर विपरीत क्रम में हैं। लेकिन दूसरे पद में सीधे क्रम में। यही क्रम आगे भी है।

39. पहले पद के दूसरे और पहले अक्षर क्रमशः वर्णमाला के बढ़ते क्रम में हैं। दूसरे पद का दूसरा अक्षर पहले पद के पहले अक्षर के बाद का है तथा यही क्रम आगे के पदों में लागू होता है। इसके अतिरिक्त पहले पद का तीसरा व चौथा अक्षर वर्णमाला के घटते क्रम में हैं, तथा दूसरे पद का तीसरा अक्षर पहले पद के चौथे अक्षर से एक अक्षर पहले है। यही क्रम आगे के पदों पर भी लागू है।

40. aaabbb की पुनरावृति हो रही है।

41. प्रत्येक संख्या में क्रमशः .1, .2, .3 व .4 का गुणा हो रहा है।

42. श्रेणी में प्रत्येक आगामी संख्या दुगुनी होती गई है। $\frac{2}{3}$ का दो गुना करके $\frac{2}{1.5}$

43.
$W \xrightarrow{-4} S \xrightarrow{-4} O \xrightarrow{-4} K \xrightarrow{-4} \boxed{G}$
$1 \xrightarrow{\times 1+1} 2 \xrightarrow{\times 2+1} 5 \xrightarrow{\times 3+1} 16 \xrightarrow{\times 4+1} \boxed{65}$
$A \xrightarrow{+1} B \xrightarrow{+1} C \xrightarrow{+1} D \xrightarrow{+1} \boxed{E}$

44.
$A \xrightarrow{+2} C \xrightarrow{+2} E \xrightarrow{+2} G \xrightarrow{+2} \boxed{I}$
$F \xrightarrow{+3} I \xrightarrow{+3} L \xrightarrow{+3} O \xrightarrow{+3} \boxed{R}$
$T \xrightarrow{-1} S \xrightarrow{-1} R \xrightarrow{-1} Q \xrightarrow{-1} \boxed{P}$

45.
$H \xrightarrow{+4} L \xrightarrow{+4} P \xrightarrow{+4} T \xrightarrow{+4} \boxed{X}$
$N \xrightarrow{+1} O \xrightarrow{+1} P \xrightarrow{+1} Q \xrightarrow{+1} \boxed{R}$
$Y \xrightarrow{-3} V \xrightarrow{-3} S \xrightarrow{-3} P \xrightarrow{-3} \boxed{M}$

अतः मान किसी भी विकल्प में नहीं है।

46. पहले से दूसरे अक्षर समूह में दूसरा अक्षर बदल गया है। दूसरे से चौथे अक्षर समूह में पहले और तीसरे अक्षर बदल गए हैं। J के स्थान पर M और C के स्थान पर L आ गया है। अतः प्रश्नसूचक चिन्ह के स्थान पर आने वाले अक्षर समूह में या तो पहला अक्षर M होगा या तीसरा अक्षर L होगा। अतः तीसरा अक्षर समूह MICK या JILK होगा। चूंकि विकल्प में MICK दिया गया है। अतः सही उत्तर (B) है।

47. पहले से तीसरे अक्षर समूह में तीसरा और पांचवां अक्षर बदल गए हैं। C के स्थान पर P और Y के स्थान पर A हो गया है। अतः दूसरा अक्षर समूह JAPKY या JACKA होना चाहिए। चूंकि विकल्पों में JAPKY दिया गया है। अतः विकल्प (A) सही है।

48. पहले से दूसरे अक्षर समूह में दूसरा अक्षर बदल गया है जबकि दूसरे से चौथे अक्षर समूह में चौथे और पांचवें अक्षर बदल गए हैं इसमें से एक अक्षर तीसरे अक्षर समूह में बदलना चाहिए। चौथा अक्षर बदलने पर समूह MONKU बनता है या पांचवां अक्षर बदलने पर MONJU बनता है। विकल्प में MONKU दिया गया है, अतः विकल्प (D) सही है।

49. पहले से तीसरे अक्षर समूह में पहले और चौथे अक्षर बदल गए हैं इसमें से एक अक्षर तीसरे अक्षर समूह में बदलना चाहिए। प्रश्न सूचक चिन्ह के स्थान पर आने वाला अक्षर समूह KAJU या RAJI होगा। चूंकि विकल्प में KAJU दिया गया है, अतः सही उत्तर KAJU है।

50. पहले से दूसरे अक्षर समूह में दूसरा अक्षर बदल गया है। दूसरे से चौथे अक्षर समूह में पहला और चौथा अक्षर बदल गए हैं। U के स्थान V और I के स्थान पर Y हो गया है। अतः प्रश्न सूचक चिन्ह के स्थान पर ULMY या VLMI आना चाहिए। विकल्प में ULMY दिया गया है, अतः यही अक्षर समूह प्रश्न सूचक चिन्ह के स्थान पर आएगा।

51. 22.5 के स्थान पर 9 होना चाहिए क्योंकि दूसरा पद, पहले पद का $\frac{3}{2}$ गुना है तथा तीसरा पद, दूसरे पद का $\frac{1}{3}$ गुना है। यही क्रम आगे भी जारी है।

52. 269 के स्थान पर 279 होना चाहिए जिससे दो क्रमागत संख्याओं का अंतर पूर्ण वर्ग हो जाए।

53. 121 के स्थान पर 198 होना चाहिए क्योंकि दूसरा पद पहले पद का $1\frac{1}{2}$ गुना तथा तीसरा पद, दूसरे पद का दुगुना है। यही क्रम आगे भी जारी है।

54. 24 के स्थान पर 8 होना चाहिए क्योंकि दूसरा पद, पहले पद का $\frac{1}{12}$ गुना है, तीसरा पद, दूसरे पद का $\frac{1}{10}$ गुना, चौथा पद, तीसरे पद का $\frac{1}{8}$, पांचवां पद, चौथे पद का $\frac{1}{6}$ छठवां पद, पांचवें पद का $\frac{1}{4}$ तथा सातवां पद छठवें

पद का $\frac{1}{2}$ गुना है।

55. 634 के स्थान पर 594 होना चाहिए क्योंकि दूसरा पद, पहले पद से 23 अधिक है तथा तीसरा पद, दूसरे पद से 17 कम है। यही क्रम आगे भी जारी है।

56. 47 के स्थान पर 46 होना चाहिए ताकि दो लगातार पदों का अंतर क्रमशः 5, 8, 11, 14, 17, 20 .... हो जाए।

57. 27 के स्थान पर 36 होना चाहिए जिससे कि दूसरा पद पहले पद का $\frac{3}{2}$ गुना, तीसरा पद दूसरे पद का 2 गुना, चौथा पद तीसरे पद का $2\frac{1}{2}$, पांचवां पद चौथे पद का 3 गुना हो। इसी प्रकार आगे भी है।

58. ∵ दूसरा पद पहले का 2 गुना है
तीसरा पद दूसरे का 4 गुना है
चौथा पद तीसरे का 3 गुना है
यही क्रम आगे के पदों में भी है।
अतः 2688 के स्थान पर 4032 होना चाहिए।

59. चूंकि पद क्रमशः $6^2, 8^2, 10^2, 12^2, 14^2, 16^2, 18^2$ हैं।
अतः 49 के स्थान पर 69 होना चाहिए।

60. 0 के स्थान पर – 5 होना चाहिए ताकि दो लगातार पदों के अंतर क्रमशः 20, 25, 30, 35, 40, 45 हो जाएं।

61. दूसरा पद पहले पद का तीन गुना है, तीसरा पद दूसरे पद का दुगुना है तथा चौथा पद तीसरे पद का चार गुना है। यही क्रम आगे भी जारी हैं। अतः 6480 के स्थान पर 8640 होना चाहिए।

62. प्रत्येक पद अपने पहले पद के दुगुने में से 2 घटाने पर प्राप्त होता है, अतः 48 के स्थान पर 50 होना चाहिए।

63. दूसरा पद, पहले पद में से 11×6 अर्थात् 66 घटाने पर प्राप्त होता है इसी प्रकार तीसरा पद, दूसरे पद में 11×5 अर्थात् 55 घटाने पर प्राप्त होगा। अतः 202 के स्थान पर 204 होना चाहिए।

64. दो क्रमागत पदों का अंतर क्रमशः 11, 9, 7, 5, 3, 1 हैं, अतः 26 के स्थान पर 27 होना चाहिए।

65. दूसरा पद = (पहला पद + 1) × 1 = (3 + 1) × 1 = 4
तीसरा पद = (दूसरा पद + 1) × 2 = (4 + 1) × 2 = 10
चौथा पद = (तीसरा पद + 1) × ? = 33
अतः 32 के स्थान पर 33 होना चाहिए।

66. दूसरा पद = पहला पद + $(1)^2 = 16 + 1 = 17$
तीसरा पद = दूसरा पद + $(2)^2 = 17 + 4 = 21$
चौथा पद = तीसरा पद + $(3)^2 = 21 + 9 = 30$
पांचवां पद = चौथा पद + $(4)^2 = 30 + 16 = 46$
अतः 45 के स्थान पर 46 होना चाहिए।

67. 120 के स्थान पर 118 होना चाहिए जिससे दो लगातार पदों के अंतर 2, 4, 6, 8, 10, 12 हो जाए।

68. 96 के स्थान पर 95 होना चाहिए जिससे दो क्रमागत पदों के अंतर 6, 12, 24, 48, 96, 192 हो जाए।

69. 270 के स्थान पर 236.25 होना चाहिए, जिससे दो क्रमागत पदों का अनुपात क्रमशः 1.5, 2.5, 3, 3.5, 4 हो जाए।

70. 48 के स्थान पर 44 होना चाहिए जिससे दो क्रमागत पदों के अंतर क्रमशः 192, 96, 48, 24, 12, 6 होगें।

3. संख्या संबंधी परीक्षण
(Number Related Test)

इस प्रकार के परीक्षण के अंतर्गत निश्चित संख्या के अंतराल को एक निश्चित संख्या के सापेक्ष, उनके गुण विशेष के क्रम में लाकर उन्हें या तो उसी तरह या आरोही क्रम में या अवरोही क्रम में करने को कहा जाता है। उसके बाद यह पूछा जाता है कि ऊपर या नीचे से एक निश्चित स्थान पर कौन से अंक व्यवस्थित हैं।

नोट— नीचे दिए गए व्याख्यात्मक उदाहरणों से भली-भांति समझा जा सकता है।

उदाहरण 1. 1 से 73 तक की सभी संख्याएं जो कि 7 से विभाजित हो जाती है, अवरोही क्रम में व्यवस्थित हो जाएं तो निम्नलिखित में से कौन-सी संख्या ऊपर 9 वें और 7 वें स्थान पर आएगी?

A. 28, 14 B. 14, 28
C. 35, 28 D. इनमें से कोई नहीं

हल (A) : 7 से विभाजित होने वाली संख्याओं को अवरोही क्रम में लिखने पर :

= 70, 63, 56, 49, 42, 35, 28, 21, 14, 7

अतः इस प्राप्त संख्याओं के समूह में ऊपर से 9 वें स्थान पर 14 तथा 7 वें स्थान पर 28 स्थित है।

अभ्यास

1. यदि 5 से 80 तक की सभी संख्याएं जो कि 5 से पूरी तरह से विभाजित हो जाती है। अवरोही क्रम में लगाई जाएं तो कौन-सी संख्या ऊपर से 11वें क्रम पर आएगी?
A. 35 B. 30
C. 40 D. 45

2. उस संख्या का बीच का अंक कौन-सा होगा जो कि निम्नलिखित संख्याओं को अवरोही क्रम में व्यवस्थित करने के बाद ठीक बीच में आएगी?
589, 817, 698, 795, 579, 769, 691
A. 6 B. 8
C. 9 D. 5

3. एक मंदिर तक पहुंचने के लिए 1-26 तक सीढ़ियां हैं, मंदिर से उतरने के समय सुधाकर दो सीढ़ियां उतरता है, जबकि जाने के समय प्रभाकर एक सीढ़ी चढ़ता है। अगर वे दोनों एक ही समय काम शुरू करें और अपनी रफ्तार बनाए रखें तो किस सीढ़ी पर वे एक दूसरे से मिलेंगे?
A. 13 वीं B. 9वीं
C. 11वीं D. 14वीं

4. यदि 1 से 28 तक की सभी संख्याओं में से 3 से ठीक-ठाक विभाजित हो जाने वाली संख्याओं को निकाल कर घटते क्रम में लिख दिया जाए तो निम्नलिखित में से कौन-सा अंक ऊपर से छठे स्थान पर आ जाएगा?
A. 12 B. 19
C. 18 D. 23

5. यदि निम्नलिखित संख्याओं को अवरोही क्रम में लिखा जाए तो मध्य में आने वाली संख्या का मध्य अंक क्या होगा?
789, 723, 659, 595, 713, 785, 689
A. 7 B. 1
C. 8 D. 2

6. 1-51 तक की सभी संख्याएं जो कि 3 से पूर्णतः विभाजित हो जाती है, अवरोही क्रम में व्यवस्थित की जाएं तो निम्नलिखित में से कौन-सी संख्या ऊपर से 7वें और 10वें स्थान पर आएगी?
A. 33 और 27 B. 21 और 30
C. 36 और 27 D. 33 और 24

7. निम्नलिखित संख्याओं के अंकों को अगर विपरीत क्रम में लिख दिया जाए तो कौन-सा अंक बीच वाली संख्या का बीच का अंक होगा?
389, 675, 493, 728, 536
A. 3 B. 2
C. 8 D. 9

8. अगर 1-21 तक की वे सभी संख्याएं जो 2 से ठीक विभाजित

हो जाती है, एक शृंखला के रूप में व्यवस्थित की जाए तो अपनी दाहिनी ओर से गिनने पर कौन-सी संख्या छठे स्थान पर आएगी?

A. 8 B. 14
C. 12 D. इनमें से कोई नहीं

9. यदि 1 से 100 तक की सभी संख्याएं जो कि 4 से पूरी तरह विभाजित हो जाती है, परंतु जिनके इकाई या दहाई किसी भी स्थान पर 4 आता हो, कितनी होगी?

A. 8 B. 14
C. 12 D. इनमें से कोई नहीं

10. अगर 4-57 तक सभी संख्याएं जो कि 4 से पूरी तरह विभाजित हो जाती हैं, अवरोही क्रम में लगाई जाएं तो कौन-सी ऊपर से 7वें स्थान पर आएगी?

A. 36 B. 32
C. 44 D. 48

11. उस संख्या का बीच का अंक कौन-सा होगा जो कि निम्नलिखित संख्याओं को अवरोही क्रम में व्यवस्थित करने के बाद ठीक बीच में आएगी?

421, 729, 514, 652, 413, 641, 509

A. 2 B. 4
C. 1 D. 5

12. अगर 1 से 41 तक की सभी संख्याओं में से 4 से ठीक-ठीक विभाजित हो जाने वाली संख्याओं को घटते क्रम में लिख दिया जाए तो निम्नलिखित में से कौन-सा अंक ऊपर से 7वें स्थान पर आ जाएगा?

A. 16 B. 18
C. 24 D. 12

13. यदि निम्नलिखित संख्याओं को अवरोही क्रम में लिखा जाए तो मध्य में आने वाली संख्या का मध्य अंक क्या होगा?

659, 623, 549, 495, 613, 654, 565

A. 2 B. 4
C. 6 D. 1

14. एक मंदिर तक पहुंचने के लिए 1-32 तक सीढ़ियां हैं, मंदिर से उतरने के समय अमित दो सीढ़ियां उतरता है, जबकि जाने के समय सुमित एक सीढ़ी चढ़ता है। अगर वे दोनों एक ही समय काम शुरू करें और अपनी रफ्तार को बनाए रखें तो वे किस सीढ़ी पर एक-दूसरे से मिलेंगे?

A. 11वीं B. 9वीं
C. 12वीं D. 15वीं

15. एक मंदिर तक पहुंचने के लिए 1-20 तक सीढ़ियां हैं, मंदिर से उतरने के समय अखिलेन्द्र एक सीढ़ी उतरता है, जबकि जाने के समय नरेन्द्र दो सीढ़ियां चढ़ता है। अगर वे दोनों एक ही समय काम शुरू करें और अपनी रफ्तार भी बनाए रखें तो वे किस सीढ़ी पर एक-दूसरे से मिलेंगे?

A. 14वीं B. 16वीं
C. 8वीं D. 14वीं

16. 8 से 93 तक की सभी संख्याएं जो कि 8 से पूरी तरह विभाजित हो जाती हैं, को अवरोही क्रम में लगाया जाए तो कौन-सी संख्या ऊपर से 7वें क्रम पर होगी?

A. 46 B. 40
C. 58 D. 74

17. यदि 2-41 तक की सभी संख्याएं जो कि 3 से पूरी तरह विभाजित हो जाती हैं तथा जिनके किसी भी स्थान पर (इकाई या दहाई) 3 आता हो, कितनी होंगी?

A. 5 B. 6
C. 9 D. 7

18. अगर 6 से 57 तक की सभी संख्याएं जो कि 6 से पूरी तरह से विभाजित हो जाती हैं, को निकाल दी जाएं तो अब शेष कितनी 6 से अविभाजित संख्याएं बचेंगी?

A. 40 B. 45
C. 36 D. 43

19. अगर 7-51 तक की सभी संख्याएं जो कि 7 से पूरी तरह विभाजित हो जाती हैं, को निकाल दी जाए तो शेष अब कितनी 7 से अविभाजित संख्याएं बचेंगी?

A. 36 B. 35
C. 38 D. 41

20. 3-41 तक की सभी संख्याओं में वैसी कितनी 3 से विभाजित संख्याएं हैं, जिनका योगफल हमेशा 9 आता हो?

A. 5 B. 2
C. 3 D. 4

21. 4-49 तक की सभी संख्याओं में वैसी कितनी 4 से विभाजित संख्याएं हैं, जिनका योगफल हमेशा 9 आता हो?

A. 1 B. 2
C. 3 D. 5

22. एक मंदिर तक पहुंचने के लिए 1-41 तक सीढ़ियां हैं, मंदिर से उतरने के समय सुरेन्द्र चार सीढ़ियां उतरता है, जबकि जाने के समय वीरेन्द्र दो सीढ़ियां चढ़ता है। अगर वे दोनों एक ही समय काम शुरू करें और अपनी रफ्तार भी बनाए रखें तो वे किस सीढ़ी पर एक-दूसरे से मिलेंगे?

A. 8वीं B. 7वीं
C. 9वीं D. 11वीं

23. यदि 4 से 71 तक सभी संख्याएं जो कि 4 से पूरी तरह विभाजित हो जाती हैं, को अवरोही क्रम में लगाया जाए तो कौन-सी संख्या ऊपर से 8वें क्रम पर आएगी?

A. 32 B. 36
C. 40 D. 44

24. 1-6 तक सभी ऐसी संख्याएं जो कि 4 से पूर्णत: विभाजित हो जाती हैं, अवरोही क्रम में व्यवस्थित की जाएं तो निम्नलिखित में से कौन सी संख्या ऊपर से 9वें तथा 13वें स्थान पर आएगी?

A. 28 और 12 B. 32 और 20
C. 28 और 16 D. 12 और 24

25. अगर 1-26 तक की सभी संख्याएं जो 3 से ठीक विभाजित हो जाती हैं, एक शृंखला के रूप में व्यवस्थित की जाएं तो अपनी दाहिनी ओर से गिनने पर कौन-सी संख्या चौथे स्थान पर आएगी?

A. 12 B. 15
C. 18 D. 9

उत्तरमाला

1	2	3	4	5	6	7	8	9	10
B	C	B	A	B	D	D	D	A	B
11	**12**	**13**	**14**	**15**	**16**	**17**	**18**	**19**	**20**
C	A	D	A	D	B	A	D	C	D
21	**22**	**23**	**24**	**25**					
A	B	C	A	B					

संकेत

1. 5 से 80 तक की 5 से विभाजित होने वाली संख्याएं अवरोही क्रम में निम्नलिखित हैं—
80, 75, 70, 65, 60, 55, 50, 45, 40, 35, 30, 25, 20, 15, 10, 5
अत: ऊपर से 11वें क्रम पर 30 होगी। अत: विकल्प (B) सही है।

2. कथनानुसार व्यवस्थित करने पर—
817, 795, 769, 698, 691, 589, 579 के बीच की संख्या 698 का बीच का अंक 9 है। अत: विकल्प (C) सही है।

3. अर्थात् वे दोनों 9वीं सीढ़ी पर मिलेंगे।
सूत्र (अनुमान विधि द्वारा) कुल सीढ़ियां

$$= (x \times 2 + x \times 1) - 1$$

यदि $x = 9$

$$26 = (9 \times 2 + 9 \times 1) - 1$$
$$= 27 - 1 = 26$$

अत: विकल्प (B) सही है।

4. 3 से विभाजित संख्याओं को घटते क्रम में रखने पर,
27, 24, 21, 18, 15, 12, 9, 6, 3
ऊपर से छठे स्थान पर 12 होगा।
अत: विकल्प (A) सही है।

5. संख्याओं को अवरोही क्रम में रखने पर—
789, 785, 723, 713, 689, 659, 595
इसके मध्य की संख्या 713 है और इसका मध्य अंक 1 है।
अत: विकल्प (B) सही है।

6. 1 से 51 तक की वे संख्याएं जो कि 3 से पूर्णत: विभाजित हों, निम्नलिखित हैं—
3, 6, 9, 12, 15, 18, 21, 24, 27, 30, 33, 36, 39, 42, 45, 48 और 51
इन्हें अवरोही क्रम में व्यवस्थित करने पर,
51, 48, 45, 42, 39, 36, 33, 30, 27, 24, 21, 18, 15, 12, 9, 6, 3
∴ ऊपर से 7वें स्थान पर 33 और 10वें स्थान पर 24 है।
अत: विकल्प (D) सही है।

8. 2, 4, 6, 8, 10, 12, 14, 16, 18, 20 दाहिनी ओर से छठे स्थान पर 10 है। अत: विकल्प (D) सही है।

9. 1 से 100 तक की सभी संख्याओं में वैसी 4 से विभाजित संख्या, जिनके इकाई व दहाई किसी स्थान पर 4 हो, निम्नलिखित हैं—
4, 24, 40, 44, 48, 64, 84 अर्थात् ये सात संख्याएं हैं।
अत: विकल्प (A) सही है।

10. 4 से 57 तक की सभी 4 से विभाजित संख्याओं को

कथनानुसार अवरोही क्रम में व्यवस्थित करने पर,
56, 52, 48, 44, 40, 36, 32, 28, 24, 20, 16, 12, 8, 4
अत: इसमें ऊपर से 7वें स्थान पर 32 है। अत: विकल्प (B) सही है।

11. कथनानुसार, व्यवस्थित करने पर, 729, 652, 641, 514, 509, 421, 413 इस संख्या श्रृंखला की बीच की संख्या 514 है, जिसका बीच का अंक 1 है।

12. 1 से 41 तक की 4 से विभाजित सभी संख्याओं को घटते क्रम में लिखने पर—
40, 36, 32, 28, 24, 20, 16, 12, 8, 4
इस संख्या श्रृंखला में ऊपर से 7वें स्थान पर 16 आता है। अत: विकल्प (A) सही है।

13. कथनानुसार दी गई संख्याओं को अवरोही क्रम में लिखने पर—
659, 654, 623, 613, 565, 549, 495
इस संख्या श्रृंखला की बीच की संख्या 613 है, जिसकी बीच की संख्या 1 है।
अत: विकल्प (D) सही है।

14. अनुमान विधि अपनाने पर, कुल सीढ़ी = [x (उतरने वाली सीढ़ी की संख्या) + x (चढ़ने वाली सीढ़ी की संख्या) – 1]

$$32 = [(x \times 2 + x \times 1) - 1]$$
$$32 = [(2x + x) - 1]$$
$$32 = [(3x) - 1]$$
$$\therefore \quad x = 11$$

यदि $x = 11$ हो तब,

$$32 = 11 \times 3 - 1 = 32$$

अर्थात् वे दोनों एक-दूसरे से 11वीं सीढ़ी पर मिलेंगे। अत: विकल्प (A) सही है।

15. अनुमान विधि अपनाने पर कुल सीढ़ी—
= [x (उतरने वाली सीढ़ी की संख्या) + x (चढ़ने वाली सीढ़ी की संख्या) – 1]

$$20 = [x(1) + x(2) - 1]$$
$$= [(x + 2x) - 1]$$
$$= [(3x) - 1]$$

$\therefore \quad x = 7$ हो तब

$$20 = 7 \times 3 - 1 = 20$$

चूंकि यहां उतरने वाली सीढ़ी की संख्या चढ़ने वाले से कम है। तब उन दोनों व्यक्तियों के मिलने का स्थान
= [(20 – 7) + 1] = 14वीं

अर्थात् वे दोनों एक-दूसरे से 14वीं सीढ़ी पर मिलेंगे। अत: विकल्प (D) सही है।

16. 8 से 93 तक की 8 से विभाजित सभी संख्याओं को अवरोही क्रम में लिखने पर—
88, 70, 72, 64, 56, 48, 40, 32, 24, 16, 8
इस प्राप्त संख्याओं में ऊपर से 7वें क्रम पर 40 है। अत: (B) सही है।

17. 2 से 41 तक की सभी संख्याओं में 3 से विभाजित संख्या, जिनके किसी भी स्थान पर 3 आता हो निम्नलिखित हैं—
3, 30, 33, 36, 39
अर्थात् ये संख्याएं 5 हैं। अत: विकल्प (A) सही है।

18. $\because$ 6 से 57 तक में कुल संख्याएं = (57 – 6) + 1 = 52
$\because$ 6 से 57 तक की संख्याएं में 6 से विभाजित संख्या = 6, 12, 18, 24, 30, 36, 42, 48, 54
अर्थात् इन विभाजित संख्याओं की संख्या = 9
$\therefore$ 6 से अविभाजित संख्याओं की संख्या = 52 – 9 = 43
अत: विकल्प (D) सही है।

19. $\because$ 7 से 51 तक में कुल संख्याएं = (51 – 7) + 1 = 45
$\because$ 7 से 51 तक की संख्याओं में 7 से विभाजित संख्या = 7, 14, 21, 28, 35, 42, 49
अर्थात् इन विभाजित संख्याओं की संख्या = 7
$\therefore$ 7 से अविभाजित संख्याओं की संख्या = 45 – 7 = 38
अत: विकल्प (C) सही है।

20. 3 से 41 तक की संख्याओं में 3 से विभाजित संख्या = 3, 6, 9, 12, 15, 18, 21, 24, 27, 30, 33, 36, 39। इन प्राप्त संख्याओं में चार संख्याओं का योगफल ही 9 होता है।

$$9 \rightarrow 9$$
$$18 \rightarrow 1 + 8 \rightarrow 9$$
$$27 \rightarrow 2 + 7 \rightarrow 9$$
$$36 \rightarrow 3 + 6 \rightarrow 9$$

अत: विकल्प (D) सही है।

21. 4 से 49 तक की संख्याओं में 4 से विभाजित संख्या = 4, 8, 12, 16, 20, 24, 28, 32, 36, 40, 44, 48।
इन प्राप्त संख्याओं में एक संख्या का योगफल ही 9 होता है।
$36 \rightarrow 3 + 6 \rightarrow 9$
अत: विकल्प (A) सही है।

22. अनुमान की विधि अपनाने पर,
कुल सीढ़ी की संख्या = [x (उतरने वाली सीढ़ी की संख्या) + x (चढ़ने वाली सीढ़ी की संख्या) – 1]

या, $41 = [x(4) + (2) - 1]$

$= [x(4x + 2x) - 1]$

$= [(6x) - 1]$

$\therefore \quad x = 7$

यदि $x = 7$ हो तब

$41 = 7 \times 6 - 1 = 41$

अर्थात् वे दोनों व्यक्ति 7वीं सीढ़ी पर एक-दूसरे से मिलेंगे।

अतः विकल्प (B) सही है।

23. 4 से 71 तक की 4 से विभाजित सभी संख्याओं को अवरोही क्रम में लिखने पर—68, 64, 60, 56, 52, 48, 44, 40, 36, 32, 28, 24, 20, 16, 12, 8, 4

इन प्राप्त संख्याओं में ऊपर से 8वें क्रम पर 40 है। अतः विकल्प (C) सही है।

24. 1 से 62 तक की 4 से विभाजित संख्याओं को अवरोही क्रम में लिखने पर— 60, 56, 52, 48, 44, 40, 36, 32, 28, 24, 20, 16, 12, 8, 4

इन प्राप्त संख्याओं में ऊपर से 9वें स्थान पर 28 तथा 13वें स्थान पर 12 है।

अतः विकल्प (D) सही है।

25. 1-26 तक की 3 से विभाजित संख्याएं = 3, 6, 9, 12, 15, 18, 21, 24

इन प्राप्त संख्या समूहों में दाहिनी ओर से चौथी संख्या 15 होगी।

अतः विकल्प (B) सही है।

4. व्यवस्थित क्रम परीक्षण
(Ordering Test)

अव्यवस्थित वस्तुओं को एक नियमित (Regular) या सुसज्जित ढंग में करने की विधि को व्यवस्थित क्रम (Ordering) कहा जाता है। इसमें आकार, आयु अथवा गुण के अनुसार अव्यवस्थित वस्तुओं को व्यवस्थित किया जाता है। इसके अंतर्गत निम्नलिखित भाग से संबंधित प्रश्न हैं—

1. स्थान क्रम परीक्षण
2. लंबाई क्रम परीक्षण
3. उम्र क्रम परीक्षण
4. वृत्तीय क्रम परीक्षण
5. रेखीय क्रम परीक्षण
6. वर्गाकार क्रम परीक्षण

[1] स्थान क्रम परीक्षण

इसमें पूछे जाने वाले प्रश्नों में ऊपर से और नीचे से व्यक्ति का क्रम स्थान या दाएं से और बाएं से व्यक्ति का क्रम स्थान दिया जाता है तब पंक्तिबद्ध व्यक्तियों की संख्या पूछी जाती है। दूसरी ओर कभी-कभी पंक्तिबद्ध व्यक्तियों की संख्या दी हुई होती है तथा फिर उसके बाद ऊपर से या नीचे से व्यक्ति का क्रम स्थान अथवा दाएं से या बाएं से व्यक्ति का क्रम स्थान दिया हुआ होता है। इसे कम समय में हल करने के कुछ महत्वपूर्ण सूत्र आगे दिए जा रहे हैं—

सूत्र 1 :

कुल व्यक्तियों की संख्या = [ऊपर से व्यक्ति का क्रम स्थान + नीचे से व्यक्ति का क्रम स्थान] – 1

अथवा

कुल व्यक्तियों की संख्या = [दाहिनी तरफ से व्यक्ति का स्थान + बाईं तरफ से व्यक्ति का स्थान] – 1

सूत्र 2 :

ऊपर से व्यक्ति का क्रम स्थान = [कुल संख्या] – [नीचे से व्यक्ति का क्रम स्थान – 1]

अथवा

ऊपर से व्यक्ति का क्रम स्थान = [कुल संख्या – नीचे से व्यक्ति का क्रम स्थान] + 1

सूत्र 3 :

नीचे से व्यक्ति का क्रम स्थान = [कुल संख्या] – [ऊपर से व्यक्ति का क्रम स्थान – 1]

अथवा

नीचे से व्यक्ति का क्रम स्थान = [कुल संख्या — ऊपर से व्यक्ति का क्रम स्थान] + 1

[दाहिने से व्यक्ति का क्रम स्थान निकालने के लिए ऊपर से व्यक्ति का क्रम स्थान वाला सूत्र तथा बाएं से किसी व्यक्ति का क्रम स्थान निकालने के लिए नीचे से व्यक्ति का क्रम स्थान वाले सूत्र का प्रयोग करते हैं।]

सूत्र 4 :

अगर दो व्यक्ति बाएं से और दाएं से एक निश्चित क्रम स्थान पर हों तथा वे दोनों अपना स्थान बदल लें ओर उनमें से एक अपने ही दिशा में कुछ बढ़ जाए तो कुल व्यक्तियों की संख्या निम्नलिखित सूत्र द्वारा निकालेंगे—

(I) कुल व्यक्तियों की संख्या = [प्रथम व्यक्ति का प्रथम क्रम स्थान – द्वितीय व्यक्ति का द्वितीय क्रम स्थान] – 1

(II) प्रथम व्यक्ति का द्वितीय क्रम स्थान या द्वितीय व्यक्ति का द्वितीय क्रम स्थान = [द्वितीय व्यक्ति के द्वितीय और प्रथम क्रम स्थानों में अंतर] + प्रथम व्यक्ति का प्रथम क्रम स्थान

अथवा

= [प्रथम व्यक्ति के द्वितीय और प्रथम क्रम स्थानों में अंतर] – द्वितीय व्यक्ति का प्रथम क्रम स्थान

नोट—आगे दिए गए व्याख्यात्मक उदाहरणों से भली-भांति समझा जा सकता है।

उदाहरण 1. संजय अपनी कक्षा में ऊपर से 20वां तथा नीचे से 22वां क्रम स्थान पर हो तो बताएं कि उसकी कक्षा में छात्रों की संख्या कितनी है?

A. 50 B. 48
C. 45 D. 41

हल (D) : सूत्रानुसार

कुल छात्रों की संख्या = [संजय का ऊपर से क्रम स्थान + संजय का नीचे से क्रम स्थान] – 1

= [20 + 22] – 1

= 42 – 1 = 41

उदाहरण 2. मनीष की कक्षा में कुल 15 लड़के हैं। उनमें मनीष का ऊपर से 9वां क्रम स्थान है तो नीचे से उसका क्रम स्थान स्थान क्या होगा?

A. 4 B. 3

C. 9 D. 7

हल (D) : सूत्रानुसार,

मनीष का नीचे से क्रम स्थान = [कुल संख्या – मनीष का ऊपर से क्रम स्थान] + 1

= [15 – 9] + 1 = 7

उदाहरण 3. लड़कियों की एक टोली में शिल्पा दाईं तरफ से 25वें स्थान पर और मंजुलता बाईं ओर से 13वें स्थान पर स्थित है। जब शिल्पा और मंजुलता परस्पर स्थान बदल लेते हैं तो मंजुलता बाईं ओर से 23वें स्थान पर हो जाती है तब शिल्पा का बाईं ओर से कौन-सा स्थान होगा?

A. 36वां B. 33वां

C. 32वां D. 35वां

हल (D) : कथनानुसार

मंजुलता → ← शिल्पा

13वें 25वें

शिल्पा → मंजुलता

23वें

तब सूत्रानुसार,

शिल्पा का द्वितीय क्रम स्थान

= [मंजुलता के द्वितीय व प्रथम क्रम स्थानों में अंतर] + शिल्पा का प्रथम क्रम स्थान

= [23 – 13] + 25 = 10 + 25 = 35

[2] लंबाई क्रम परीक्षण—

इस प्रकार के पूछे गए प्रश्नों में कुछ व्यक्तियों का समूह लंबाई के एक अव्यवस्थित क्रम में होता है। जिन्हें इसके अंतर्गत व्यवस्थित क्रम में कर उनकी स्थिति का हल किया जाता है।

उदाहरण 4. राम बड़ा है, श्याम से, लेकिन उतना बड़ा नहीं है जितना राजन है। अर्जुन बड़ा है सोहन से जो श्याम से छोटा है। तो बताएं कि अब उन सभी में सबसे छोटा कौन है?

A. राजन B. राम

C. श्याम D. इनमें से कोई नहीं

हल (D) : कथनानुसार,

व्यवस्थित करने पर,

राजन > राम > श्याम

तथा अर्जुन > सोहन < श्याम

तब इन दोनों वाक्यांशों से साफ तौर पर स्पष्ट हो जाता है कि मोहन सबसे छोटा है। जबकि 'सोहन' किसी भी विकल्प में नहीं है।

3. उम्र क्रम परीक्षण—

इस परीक्षण के अंतर्गत पूछे गए प्रश्न लंबाई क्रम की तरह ही प्रश्न पूछे जाते हैं, परंतु यहां के स्थान पर उम्र दी जाती है। अत: इस तरह के प्रश्नों का हल आप विधि से निकाल सकते हैं।

उदाहरण 5. अमित, सुमित से 2 वर्ष बड़ा है जो नरेश से 3 वर्ष छोटा है। इरफान, शौकत से 1 वर्ष छोटा है, लेकिन नरेश से 5 वर्ष बड़ा है। तो बताएं कि इन सब में सबसे बड़ी आयु का कौन है?

A. अमित B. नरेश

C. इरफान D. शौकत

हल (D) : कथनानुसार, व्यवस्थित करने पर

नरेश > अमित > सुमित

तथा शौकत > इरफान > नरेश

अत: इन दोनों वाक्यांशों से स्पष्ट है कि शौकत उन सबमें सबसे बड़ी आयु का है।

[4] वृत्तीय क्रम परीक्षण—

इस परीक्षण में आने वाले प्रश्नों को हल करने के लिए बाएं तथा दाएं दिशाओं का वृत्त में ज्ञान होना अत्यावश्यक है।

जब सभी व्यक्तियों का ध्यान वृत्त के केंद्र में केंद्रित हो तो घड़ी की सुई की दिशा में चलने वाली दिशा बाएं की दिशा तथा घड़ी की सुई के विपरीत दिशा में चलने वाली दिशा को दाईं दिशा कहा जाता है।

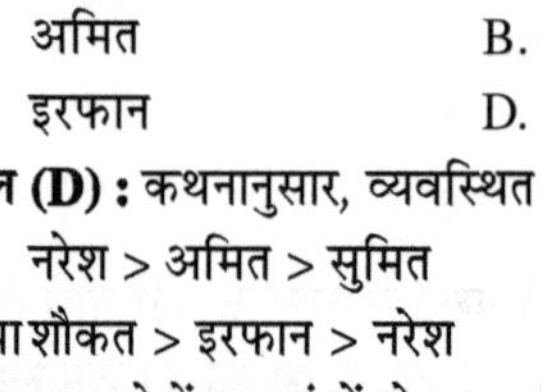

यहां A के बाएं B
B के बाएं C
C के बाएं D
D के बाएं A
तथा A के दाएं D
D के दाएं C
C के दाएं B
B के दाएं A

इस तरह के प्रश्न इस प्रकार पूछे जाते हैं—

उदाहरण 6. P, Q, R, S, T और U एक घेरे में केंद्र की ओर मुंह करके बैठे हैं। जिनमें P, Q के दाएं तीसरे स्थान पर स्थित है। S, T के बाएं दूसरे स्थान पर स्थित है तथा T के सामने R स्थित है तो बताएं कि U के बाएं अगला कौन है?

A. P B. Q

C. S D. इनमें से कोई नहीं

हल (D) : कथनानुसार,

व्यवस्थित करने पर

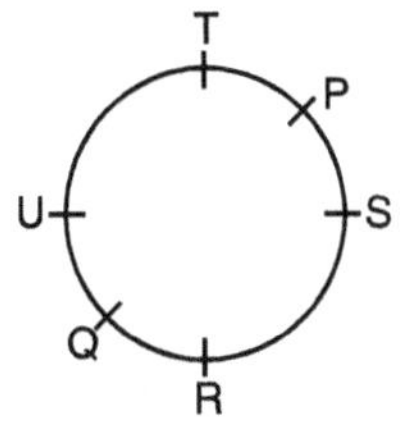

अत: अब U के तत्काल बाएं अगला T होगा, जो किसी भी विकल्प में नहीं है।

[5] रेखीय क्रम परीक्षण

इस परीक्षण में पूछे जाने वाले प्रश्नों में व्यक्तियों या वर्णों को अक्रमवार दिया गया होता है। जिन्हें इनके अंतर्गत रेखीय क्रम में क्रमवार व्यवस्थित किया जाता है। इसमें निम्नलिखित तरह से प्रश्न पूछे जाते हैं।

उदाहरण 7. एक कक्षा में पांच लड़के थे। किशोर का स्थान, संजीव से ऊपर था । मनोज का स्थान हरेन्द्र से नीचे था। सुजय का स्थान हरेन्द्र व मनोज से ऊपर था। सबसे नीचे के स्थान पर कौन था?

A. मनोज B. हरेन्द्र

C. सुजय D. तय नहीं कर सकते

हल (A) : कथनानुसार, व्यवस्थित करने पर,

1. किशोर
2. संजीव
3. सुजय
4. हरेन्द्र
5. मनोज

अत: इन सभी में सबसे नीचे मनोज है। इसे इस प्रकार भी हल किया जा सकता है।

कथनानुसार व्यवस्थित करने पर—

किशोर > संजीव > सुजय > हरेन्द्र > मनोज

अत: इन सभी में सबसे नीचे मनोज है।

[6] वर्गाकार क्रम परीक्षण—

इस परीक्षण में आने वाले प्रश्नों का आरेख इस प्रकार बनता है—

(i)

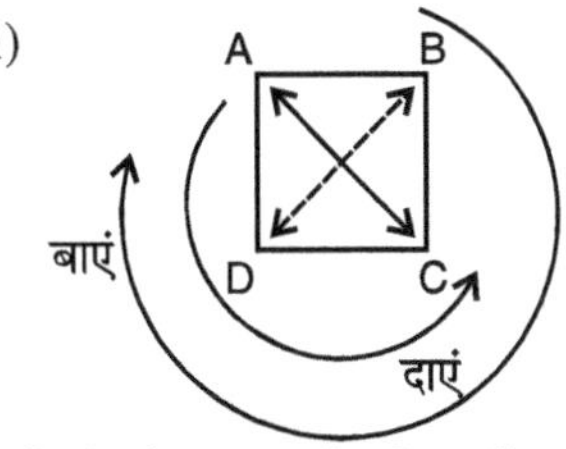

इसके हिस्सेदार (साथी) विकर्णीय रूप में व्यवस्थित होते हैं।

अथवा

(ii)

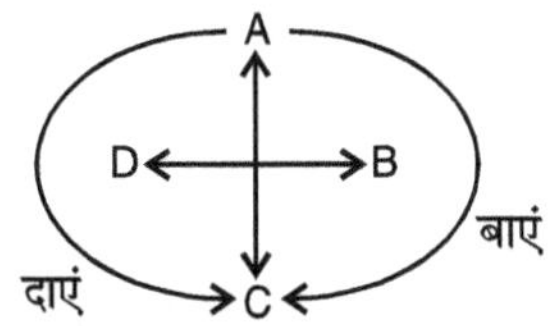

इसके हिस्सेदार दिशा के आधार पर व्यवस्थित होते हैं।

(iii)

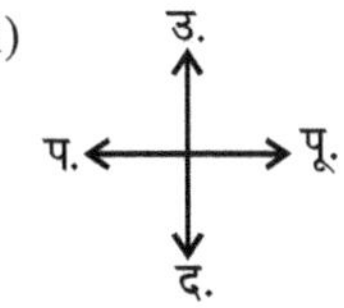

इसके अंतर्गत आने वाले प्रश्न इस प्रकार के होते हैं।

उदाहरण 8 : P, Q, R तथा S चार व्यक्ति ताश खेल रहे हैं। Q तथा R एक भागीदार हैं। S का मुंह दक्षिण की तरफ है तथा इसके तत्काल दाएं Q बैठा हुआ है। तब बताएं कि P का मुंह किस दिशा में होगा?

A. उत्तर B. दक्षिण

C. पूर्व D. पश्चिम

हल (A) : कथनानुसार,

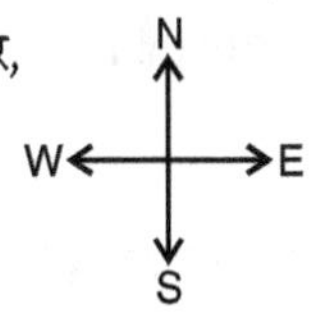

व्यवस्थित करने पर

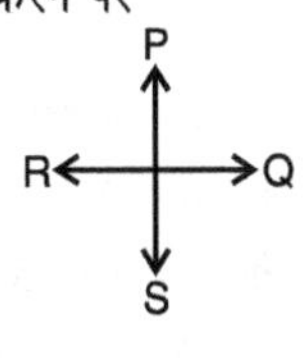

अत: P का मुंह उत्तर दिशा की तरफ है।

अभ्यास

1. लड़कों की एक पंक्ति में रमन दाहिनी ओर से 14वां और बाईं ओर से 13वां है तो पंक्ति में कुल कितने लड़के हैं?
A. 27 B. 28
C. तय नहीं कर सकते D. इनमें से कोई नहीं

2. रमन 31 बच्चों की एक कक्षा में नीचे से 9वां है। उसका ऊपर से क्या क्रम होगा?
A. 21वां B. 22वां
C. 23वां D. 24वां

3. मोहन को 65 लड़कों की एक कक्षा में 21वां क्रम मिला है। अगर निम्नतर लड़के को पहला क्रम दे दिया जाए तो इस आधार पर मोहन का क्रम क्या होगा?
A. 44वां B. 45वां
C. 46वां D. इनमें सें कोई नहीं

4. किसी कक्षा के जितने बच्चों ने वार्षिक परीक्षा उतीर्ण की उनमें से रोहन का क्रम ऊपर से 11 वां और नीचे से 27 वां है। अगर 12 बच्चे परीक्षा में फेल हो गए हैं तो कुल कितने बच्चे परीक्षा में बैठे थे?
A. 49 B. 49
C. 50 D. इनमें से कोई नहीं

5. लड़कों की एक पंक्ति में गणेश बाईं ओर से बारहवां और राजन दाहिनी ओर से पद्रंहवा हो गया तथा वे अपनी-अपनी जगह अदल-बदल लेते हैं तो राजन दाहिनी ओर से बीसवां हो जाता है तो बताओ कि पंक्ति में कुल कितने बच्चे हैं?
A. 30 B. 29
C. 32 D. 31

6. A, B से कम हैं C, D से अधिक लेकिन E से कम है। A और E एक समान हैं। इनमें से सबसे छोटा कौन है?
A. B B. C
C. D D. अपूर्ण सूचना

7. 55 विद्यार्थियों के हर वर्ग में सुधा का स्थान 36वां है। अवरोही क्रमानुसार उसका स्थान क्या है?
A. 19 B. 20
C. 21 D. अपूर्ण सूचना

8. निम्नलिखित शब्दों को सार्थक क्रम में लिखिए—
1. इलाज 2. डॉक्टर 3. निदान 4. रोगी 5. स्वास्थ्य लाभ
A. 1, 2, 4, 3, 5 B. 2, 3, 4, 5, 1
C. 4, 3, 1, 2, 3 D. 4, 2, 3, 1, 5

9. निम्नलिखित संख्याओं में दूसरी संख्या कौन-सी होगी, यदि संख्याओं को अवरोही क्रम में व्यवस्थित किया जाता है—
532, 516, 548, 752, – 532, 875, 479
A. 532 B. 752
C. 875 D. 548

10. जयन्त एक कक्षा में बाईं ओर से 20वें तथा आलोक 25वें स्थान पर है। यदि दोनों परस्पर स्थान बदल लेते हैं तो आलोक बाईं ओर से 12वें स्थान पर हो जाता है। जयन्त का दाईं ओर से नयाक्रम स्थान क्या होगा?
A. 7वां B. 12वां
C. ज्ञात नहीं कर सकते D. 13वां

11. रजनी का कक्षा में 37वां स्थान है। मीना, रजनी से 17 स्थान आगे है। यदि मीना का नीचे से 46वां स्थान हो, तो कक्षा में कुल कितनी लड़कियां हैं?
A. 73 B. 53
C. 65 D. ज्ञात नहीं कर सकते

12. 6 लड़कियां एक वृत्ताकार घेरे में केंद्र की तरफ मुख करके खड़ी हैं। पूनम के बाईं ओर सुमथि है। सुमचि और नलिनी के मध्य में राधा है। अमृता, पूनम और कामली के बीच में है। नलिनी के बाईं ओर कौन है?
A. कामली B. राधा
C. पूनम D. अमृता

निर्देश (प्रश्न संख्या 13 से 17 तक): *यह तय किया गया कि हिंदी, गुजराती, मराठी, तमिल, अंग्रेजी और पंजाबी ये छ: फिल्में सोमवार से आरंभ करते हुए सप्ताह के हर दिन एक-एक करके दिखाई जानी हैं।*

(1) सप्ताह का मध्य छुट्टी है और इसके बाद अंग्रेजी फिल्म है।
(2) शनिवार को पंजाबी फिल्म दिखाई जाएगी और गुजराती फिल्म मंगलवार को दिखाई जाएगी।
(3) तमिल फिल्म न तो पहले दिन दिखाई जाएगी और न अंतिम दिन।

13. निम्नलिखित में से कौन से दिन हिंदी फिल्म दिखाई जाएगी?
A. रविवार केवल B. सोमवार केवल
C. बुधवार केवल D. सोमवार या रविवार

14. निम्नलिखित में से कौन-सा छुट्टी का दिन है?
A. बुधवार B. गुरुवार
C. शुक्रवार D. मंगलवार

15. अंग्रेजी फिल्म किस दिन दिखाई जाएगी?

A. शुक्रवार B. बुधवार
C. शनिवार D. मंगलवार

16. निम्नलिखित में से कौन-सी फिल्म सोमवार को दिखाई जाएगी?

A. केवल तमिल B. केवल हिंदी
C. केवल मराठी D. मराठी या हिंदी

17. फिल्मों का निम्नलिखित में से कौन-सा जोड़ा दो लगातार एक के बाद दूसरे दिन दिखाया जाएगा?

A. गुजराती और मराठी B. तमिल और अंग्रेजी
C. पंजाबी और हिंदी D. गुजराती और तमिल

निर्देश (प्रश्न संख्या 18 से 21 तक): *नीचे दिए गए प्रश्नों के उत्तर देने के लिए निम्नलिखित जानकारी को ध्यानपूर्वक पढ़िए।*

1. एक छः मंजिला बिल्डिंग P, Q, R, S, T तथा U के नाम के व्यक्ति अलग-अलग मंजिल पर रहते हैं तथा मंजिलों के नाम A, B, C, D, E, तथा F है जिनके पद इंजीनियर, डॉक्टर, कान्ट्रेक्टर, बिजनेसमैन, मास्टर तथा एकाउन्टेन्ट हैं पर यह जरूरी नहीं कि उनका क्रम यही है।
2. सबसे ऊपर की मंजिल B में P रहता है जो डॉक्टर, मास्टर तथा कान्ट्रेक्टर नहीं हैं तथा सबसे नीचे की बिल्डिंग F में U रहता है जो बिजनेसमैन के तुरंत नीचे है और वह कॉन्ट्रेक्टर है। बिजनेसमैन T है।
3. Q, E बिल्डिंग में रहता है जो डॉक्टर है, लेकिन मास्टर के तुरंत ऊपर रहता है तथा उसके नीचे एकाउन्टेन्ट A, S बिल्डिंग में रहता है।
4. मास्टर D बिल्डिंग में रहता है, जबकि R, C बिल्डिंग में नहीं रहता है।

18. इंजीनियर इसी बिल्डिंग में रहता है?

A. B B. E
C. D D. A

19. कौन-सा व्यक्ति मास्टर है?

A. P B. Q
C. R D. S

20. R नाम का व्यक्ति किस बिल्डिंग में रहता है?

A. A B. B
C. C D. D

21. C बिल्डिंग में किस नाम का व्यक्ति रहता है?

A. S B. U
C. T D. Q

निर्देश (प्रश्न संख्या 22 से 24 तक): *निम्नलिखित सूचनाओं का सावधानीपूर्वक अध्ययन कर निम्नांकित प्रश्नों के उत्तर दें।*

1. इस वर्ष सावन के महीने में पांच सोमवार हैं। किसी शहर में पांच सोमवार को विभिन्न पांच मंदिरों पर भगवान शिवशंकर के नाम के मेले का आयोजन होता है। मंदिरों के नाम क्रमशः बल्केश्वर मंदिर, पृथ्वीराज मंदिर, कैलाश मंदिर, रावली मंदिर व मनकामेश्वर मंदिर हैं पर यह जरूरी नहीं कि वह इसी क्रम में हों।
2. रावली मेले का आयोजन तीसरे, चौथे व पांचवे सोमवार को नहीं होता है जिसका पुजारी ब्रह्मचार्य है।
3. पहले सोमवार व अंतिम सोमवार को बल्केश्वर या मनकामेश्वर के मेले का अयोजन नहीं होता है।
4. पृथ्वीराज का मेला तीसरे व चौथे सोमवार को आयोजित नहीं होता जिसमें ज्ञानाचार्य पुजारी है।
5. कैलाश का मेला दूसरे सोमवार को होता है वहां का पुजारी अमिताचार्य है जिनके यहां वेदाचार्य के बाद मेला लगता है।
6. मनकामेश्वर का पुजारी लेखाचार्य है, जिसके यहां मेला तीसरे सोमवार को होता है।

22. बल्केश्वर का मेला कौन से सोमवार को लगता है?

A. पहले B. दूसरे
C. तीसरे D. चौथे

23. बल्केश्वर के पुजारी का नाम निम्नलिखित में से है—

A. वेदाचार्य B. अमिताचार्य
C. ब्रह्माचार्य D. ज्ञानाचार्य

24. रावली का मेला किस सोमवार को लगता है?

A. पहला सोमवार B. दूसरा सोमवार
C. तीसरा सोमवार D. चौथा सोमवार

निर्देश (प्रश्न संख्या 25 से 29 तक): *नीचे दी गई जानकारी को पढ़कर उस पर आधारित प्रश्नों के उत्तर दीजिए—*

1. सात लड़कों का एक समूह है।
2. नन्दन लंबाई में दूसरे क्रम पर है, परंतु आयु में प्रेम से छोटा है।
3. अभिषेक एक में प्रथम तथा दूसरे में अंत पर है।
4. राहुल, प्रेम से लंबा है, परंतु रत्लेश से आयु में छोटा है।
5. सुमन, कृष्णा से नाटे कद का है, परंतु कृष्णा आयु में अभिषेक से छोटा है।
6. सुमन, राहुल से लंबा है, परंतु आयु में नन्दन से छोटा है।
7. कृष्णा आयु में रत्लेश से बड़ा है, जबकि राहुल, प्रेम से छोटा है।

25. इन समूहों में सबसे अधिक आयु वाला लड़का निम्नलिखित में से कौन-सा है?

A. रत्नेश B. अभिषेक
C. नन्दन D. ज्ञात नहीं कर सकते

26. अगर इन्हें लंबाई के बढ़ते क्रम में व्यवस्थित किया जाए तो निम्नलिखित में से पांचवीं क्रम स्थिति पर होगा?

A. सुमन B. नन्दन
C. प्रेम D. ज्ञात नहीं कर सकते

27. इस प्रश्न का उत्तर देने के लिए कि कौन-सा लड़का इस समूह में सबसे छोटे कद का है, निम्नलिखित में से कौन-सा कथन अतिरिक्त है?

A. केवल (2) B. केवल (2) या (3)
C. केवल (1) D. केवल (4)

28. अगर इन्हें आयु के घटते क्रम में व्यवस्थित किया जाए तो निम्नलिखित में से कौन-सी दूसरी क्रम स्थिति पर होगा?

A. प्रेम B. अभिषेक
C. रत्नेश D. इनमें से कोई नहीं

29. कितनी बार लंबाई व आयु (दोनों के) संयुग्मित संदर्भ में एक लड़का दूसरे से बड़ा या छोटा है?

A. 4 B. 2
C. 1 D. 3

निर्देश (प्रश्न 30 से 33 तक): *नीचे दी गई सूचनाओं को ध्यानपूर्वक पढ़िए तथा नीचे दिए गए प्रश्नों के उत्तर दीजिए—*

1. 6 पुस्तकें विशेष तरीके से एक के ऊपर एक रखी गई हैं।
2. नागरिक शास्त्र, गणित के ठीक नीचे है तथा कम्प्यूटर, अंग्रेजी और अर्थशास्त्र के मध्य में है।
3. इतिहास सबसे ऊपर नहीं है, तथा नागरिक शास्त्र सबसे नीचे है।

30. कौन-सी पुस्तक ऊपर से दूसरे क्रम में है?

A. कम्प्यूटर B. इतिहास
C. अर्थशास्त्र D. अपूर्ण सूचना

31. निम्नलिखित में से कौन-सी गणित की पुस्तक की सही स्थिति है?

A. सबसे ऊपर B. ऊपर से पांचवीं
C. नीचे से तीसरी D. अपूर्ण सूचना

32. निम्न में से कौन-सी पुस्तक सबसे ऊपर है?

A. गणित B. अंग्रेजी
C. अर्थशास्त्र D. अपूर्ण सूचना

33. कौन-सी पुस्तक नीचे से चौथी है?

A. अर्थशास्त्र B. इतिहास
C. अंग्रेजी D. अपूर्ण सूचना

34. कुछ लड़के कतार में बैठे हैं। प बाएं से चौदहवां है और फ दाएं से सातवां है। अगर प तथा फ के बीच चार लड़के हैं तो कतार में कितने लड़के हैं?

A. 19 B. 21
C. 25 D. 23

35. अमर कक्षा VI के बच्चों में आरंभ से 9वें है और अंत में 14वें क्रम पर है। उसे कक्षा VI पास होने वाले बच्चों में आरंभ से 5वां और अंत से 11वां क्रम मिला है। कक्षा VI में कितने बच्चे फेल हुए हैं।

A. 6 B. 5
C. 7 D. इनमें से कोई नहीं

36. राकेश किसी कक्षा में ऊपर से 9वें और नीचे से 38वें क्रम पर है। कक्षा में कितने बच्चे हैं?

A. 47 B. 45
C. 46 D. 48

37. किसी टेलीफोन डायरेक्ट्री में निम्नलिखित में से ठीक बीच में आएगा?

A. Sajewet B. Sajewat
C. Segvan D. Salwar
E. Sajevar

38. किसी कक्षा की वार्षिक परीक्षा में जो छात्र उत्तीर्ण हुए उनमें से कपिल का क्रम ऊपर से तेरहवां और नीचे से छब्बीसवां है। अगर छः छात्र वार्षिक परीक्षा में अनुत्तीर्ण रहे तो उस कक्षा में कितने छात्र थे?

A. 45 B. 38
C. 44 D. 50

39. किसी कक्षा की वार्षिक परीक्षा में जो छात्र उत्तीर्ण हुए उनमें से प्रणव का ऊपर से 45वां और नीचे से 7वां स्थान है। अगर 15 छात्र फेल हो गए तो कक्षा में कुल कितने छात्र थे?

A. 66 B. 65
C. 58 D. 72

40. 45 छात्रों की वार्षिक परीक्षा में जो छात्र उत्तीर्ण हुए उनमें से अनमोलरत्न का ऊपर से 11वां तथा नीचे से 15वां स्थान है। तब बताएं कि उस कक्षा में कितने छात्र अनुतीर्ण रहे?

A. 19 B. 20
C. 15 D. 18

41. यदि 52 छात्रों की वार्षिक परीक्षा में छात्र उत्तीर्ण हुए उनमें से रत्नेश का स्थान ऊपर से 22वां है तथा कक्षा में फेल

होने की संख्या 15 है तो बताएं कि रत्नेश कक्षा में पास होने वाले वर्ग में नीचे से क्या स्थान है?

A. 20वां B. 18वां
C. 19वां D. इनमें से कोई नहीं

42. छात्रों की एक पंक्ति में मधुकर दाएं से 15वां तथा धीरेन्द्र बाएं से 18वें स्थान पर है। अब मधुकर और धीरेन्द्र अपने स्थान आपस में बदल लेते हैं तो मधुकर दाएं से 20वें स्थान पर हो जाता है। तब निम्नलिखित में से कौन-सी बाएं से धीरेन्द्र की स्थिति होगी?

A. 18वीं B. 24वीं
C. 23वीं D. 20वीं

43. छात्रों की एक पंक्ति में संजय देवान बाएं से 10वें स्थान पर तथा अमिकर दयाल दाएं से 15वें स्थान पर है। जब संजय देवान और अमिकर दयाल आपस में अपना स्थान बदल लेते हैं तो संजय देवान बाएं से 20वें स्थान पर हो जाता है तो बताएं कि पंक्ति में कुल छात्रों की संख्या कितनी है?

A. 35 B. 34
C. 36 D. इनमें से कोई नहीं

निर्देश (प्रश्न 44 एवं 45): *निम्नलिखित सूचनाओं को ध्यानपूर्वक पढ़कर नीचे दिए गए प्रश्नों के उत्तर दीजिए।*

सूचना—इतिहास की परीक्षा में योगेश का अंक, समीर के अंक का $\frac{4}{5}$ है। विजय का अंक योगेश से अधिक, लेकिन सुनील से अधिक नहीं है। आशुतोष का अंक, समीर के अंक से अधिक है, लेकिन सुनील के अंक से कम है।

44. किसने सर्वाधिक अंक प्राप्त किए?

A. विजय B. समीर
C. आशुतोष D. सुनील

45. अंकों के अवरोही क्रम में दूसरे स्थान पर कौन होगा?

A. विजय B. योगेश
C. आशुतोष D. सुनील

46. निम्नलिखित शब्दों को उस क्रम में रखिए, जिसमें वे शब्दकोष में पाए जाते हैं और फिर अंतिम शब्द ज्ञात करो।
Solution, Solvent, Solvency, Solan.

A. Solution B. Solvent
C. Solvency D. Solan

47. निम्नलिखित शब्दों को उस क्रम में रखिए जिसमें वे शब्दकोष में पाए जाते हैं तथा दूसरा शब्द ज्ञात करो।
Watch, Water, Watching, Watchful

A. Watch B. Watching
C. Water D. Watchful

48. निम्नलिखित शब्दों को वर्णमाला क्रम में लगाकर दूसरा शब्द ज्ञात करो।

A. Explosion B. Emergency
C. Eager D. Ecstasy

49. सचिन, कपिल से लंबा है। अमर, प्रभात से लंबा है, परंतु कपिल जितना लंबा नहीं है। प्रबोध, सचिन से लंबा है। इन सबमें सबसे छोटा कौन है?

A. प्रभात B. कपिल
C. सचिन D. अमर

50. छ: व्यक्ति A, B, C, D, E व F एक वृत्त बनाकर खड़े हैं। F और C के बीच में B है। E और D के बीच में A है। D के बाईं ओर F है। A और F के बीच में कौन है?

A. B B. C
C. D D. E

निर्देश (प्रश्न सं. 51 व 52): *नीचे दी गई सूचनाओं को सावधानी-पूर्वक पढ़कर उन पर आधारित प्रश्नों के उत्तर दीजिए—*

1. महीप, शंकर से उतना बड़ा नहीं है जितना कि नवीन से छोटा है।
2. आनंद, महेश से छोटा नहीं है, जो कि करीना से बड़ा है।
3. आनंद, महीप से बड़ा कौन हैं?

51. इन सब में सबसे बड़ा कौन हैं?

A. ज्ञात नहीं कर सकते B. नवीन
C. आनंद D. शंकर

52. इन सब में सबसे छोटा कौन हैं?

A. शंकर B. महेश
C. ज्ञात नहीं कर सकते D. करीना

53. छ: दोस्त एक घेरे को अंदर केंद्र की तरफ मुंह किए हुए बैठे हैं। रमण, अविनाश और अरविन्द का पड़ोसी नहीं है। धीरेन्द्र, मधुकर के बाएं चौथे स्थान पर है। विनय, मधुकर और अविनाश के मध्य में है। अरविन्द के ठीक सामने कौन बैठा है?

A. धीरेन्द्र B. रमण
C. मधुकर D. इनमें से कोई नहीं

54. श्वेता, अनामिका से बड़ी है, लेकिन उतनी नहीं जितनी कि कल्पना है। पल्लवी, जो कि मृदुला से छोटी है, लेकिन प्रतिमा से बड़ी है। प्रतिमा, कल्पना से बड़ी है। प्रतिमा,

कल्पना से बड़ी है। इन सब में सबसे बड़ी कौन हैं?

A. पल्लवी B. प्रतिमा

C. ज्ञात नहीं कर सकते D. इनमें से कोई नहीं

निर्देश (प्रश्न सं. 55 एवं 56): *नीचे दी गई सूचनाओं को सावधानीपूर्वक पढ़कर उन पर आधारित प्रश्नों के उत्तर दीजिए—*

1. विगत दिनों पटना के कॉसमॉस स्टडी सर्किल में एक व्याख्यान माला बुधवार से शुरू होकर पांच दिन तक चली जिसमे प्रतिदिन एक व्याख्यान होता है। इसमें कुमार सुंदरम् के द्वारा पांच विषयों पर भाषण दिया गया।
2. विषय K तथा विषय M के बीच कोई एक विषय था।
3. विषय N, विषय K के तुरंत पहले था।
4. विषय J, विषय M के तुरंत बाद था।
5. विषय K तथा विषय M के बीच उतने ही दिन थे जितने कि विषय J तथा विषय R के बीच थे।

55. कुमार सुन्दरम् के व्याख्यान का प्रारंभिक विषय कौन-सा था?

A. J B. R

C. N D. K

56. कौन-सा कथन 1, 2, 3 या 4 अनावश्यक है?

A. केवल (1) B. कोई नहीं

C. केवल (4) D. केवल (2)

निर्देश (प्रश्न संख्या 57 से 59 तक): *नीचे दी गई सूचनाएं पढ़कर निम्नलिखित प्रश्नों के उत्तर दीजिए*

1. आठ मित्र A, B, C, D, E, F, G तथा H एक वृत्त में बैठे हैं तथा उनके मुख केंद्र की ओर हैं।
2. C, जो कि B और E के बीच बैठा है, D के ठीक सामने हैं।
3. H, जो कि E और G के बीच में है, A के दाईं ओर चौथा तथा C के बाईं ओर दूसरा है।
4. D, E के बाईं ओर तीसरा है।

57. निम्नलिखित में कौन-सा कथन सत्य नहीं है?

A. H और A एक दूसरे के आमने-सामने बैठे हैं।

B. F, B के दाहिनी ओर दूसरा है।

C. G, F और H के ठीक मध्य में बैठा है।

D. E, C और H के ठीक मध्य में बैठा है।

58. A और C के मध्य कौन बैठा है?

A. H B. F

C. D D. इनमें से कोई नहीं

59. दो मित्र कौन से हैं जो A के ठीक बाईं ओर अगले हैं?

A. BC B. ED

C. DF D. ज्ञात नहीं कर सकते।

60. लड़कों की एक पंक्ति में मदन बाईं ओर से 17वां है और नरेन्द्र दाईं ओर से 17वां। जब मदन और नरेन्द्र परस्पर स्थान बदल लेते हैं तो नरेन्द्र दाईं ओर 25वां हो जाता है। मदन का नया स्थान बाईं ओर से कौन-सा होगा?

A. 35वां B. 26वां

C. 27वां D. 25वां

उत्तरमाला

1	2	3	4	5	6	7	8	9	10
D	C	B	B	D	C	B	D	B	C
11	**12**	**13**	**14**	**15**	**16**	**17**	**18**	**19**	**20**
C	A	D	B	A	D	D	A	C	D
21	**22**	**23**	**24**	**25**	**26**	**27**	**28**	**29**	**30**
C	D	A	A	B	A	C	D	D	A
31	**32**	**33**	**34**	**35**	**36**	**37**	**38**	**39**	**40**
B	D	D	C	C	C	A	C	A	B
41	**42**	**43**	**44**	**45**	**46**	**47**	**48**	**49**	**50**
D	C	B	D	A	B	D	D	A	C
51	**52**	**53**	**54**	**55**	**56**	**57**	**58**	**59**	**60**
A	C	C	D	C	B	C	D	A	D

संकेत

1. कथनानुसार, व्यवस्थित करने पर

बाएं ⟶ 13वां * 14 वां ⟵ 13

रमन

अत: रमन के बाद 13 व पहले 12 लड़के हैं।

13 + 12 + 1 = 26 कुल लड़के हैं।

> **द्वितीय विधि**—सूत्रानुसार,
> पंक्ति में कुल लड़कों की संख्या
> = [रमन का दाहिनी तरफ से क्रम स्थान + रमन का बाईं तरफ से क्रम स्थान] – 1
> = [14+13] – 1 = 27 – 1 = 26
> 26 मान किसी भी विकल्प में नहीं है। अत: विकल्प (D) सही है।

2. रमन के नीचे आठ बच्चे हैं तथा ऊपर 22 बच्चे हैं, अत: उसका ऊपर से 23वां स्थान है।

> **द्वितीय विधि**—सूत्रानुसार,
> रमन का ऊपर से क्रम स्थान
> = [कुल बच्चों की संख्या] – [रमन का नीचे से क्रम स्थान – 1]
> = 31 – [9 – 1]
> = 31 – 8 = 23
> अत: विकल्प (C) सही है।

3. मोहन के पहले 20 और बाद में 44 लड़के हैं। अत: उल्टे क्रम से मोहन का 45वां स्थान होगा।

> **द्वितीय विधि**—सूत्रानुसार,
> पूर्व की स्थिति परिवर्तित करने पर मोहन का क्रम स्थान
> = [कुल लड़कों की संख्या – मोहन का प्रारंभिक क्रम स्थान] + 1
> = [65 – 21] + 1
> = 44 + 1 = 45
> अत: विकल्प (B) सही है।

4. रोहन के पहले 10 और बाद में 26 बच्चे हैं। इस प्रकार उत्तीर्ण बच्चों की संख्या 37 हैं और परीक्षा में बैठने वालों की कुल संख्या 37 + 12 = 49 हैं।

> **द्वितीय विधि**—सूत्रानुसार,
> परीक्षा में बैठे क्रम बच्चों की संख्या
> = [रोहन का ऊपर से क्रम स्थान + रोहन का नीचे से क्रम स्थान] – 1 + [फेल बच्चों की संख्या]
> = [11 + 27] – 1 + [12]
> = 38 – 1 + [12]
> = 37 + 12 = 49
> अत: विकल्प (B) सही है।

5. दोनों लड़कों की परस्पर स्थितियों को बदलने के बाद राजन की स्थिति दाहिनी ओर से 20वीं हो जाती है। अत: पंक्ति में कुल बच्चों की संख्या = 20 + 11 = 31

> **द्वितीय विधि**—सूत्रानुसार,
> व्यवस्थित करने पर,
> गणेश ⟶ 12वां ⟵ राजन 15वां
> राजन ⟵ गणेश 20वां
> सूत्र से,
> पंक्ति में कुल बच्चों की संख्या
> = [प्रथम व्यक्ति गणेश का बाईं ओर से प्रथम क्रम स्थान + दूसरे व्यक्ति राजन का दाईं ओर से दूसरा क्रम स्थान] – 1
> = [12 + 20] – 1 = 32 – 1 = 31
> अत: विकल्प (D) सही है।

6. कथनानुसार व्यवस्थित करने पर,

B > (A = E) > C > D

7. 55 – 36 + 1 = 20

8. रोगी > डॉक्टर > निदान > इलाज > स्वास्थ्य लाभ

9. कथनानुसार व्यवस्थित करने पर,

875 < 752 < 548 < 352 < 576 < 479 < – 352

10. कथनानुसार व्यवस्थित करने पर

●⟶ जयन्त 20 वें ⟵ आलोक 25 वें ●

●⟶ आलोक 12 वें

चूंकि स्थान परिवर्तन के बाद आलोक, जयन्त के स्थान पर तथा जयन्त, आलोक के स्थान पर चला जाता है। अत:

इसी कारण आलोक बाईं ओर से 20 वें स्थान पर स्थित होना चाहिए। जो नहीं हैं। अत: यही कारण कि दाईं ओर जयन्त की स्थिति ज्ञात नहीं की जा सकती।

11. 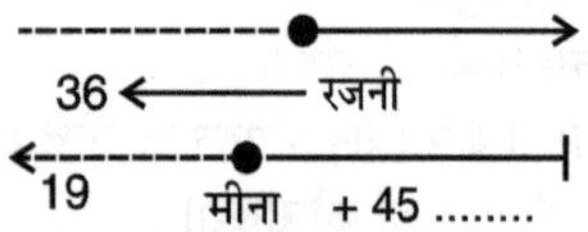

36 – 17 = 19

लड़कियों की कुल संख्या = 19 + 1 + 45 = 65

12. कथनानुसार लड़कियों के बैठने का क्रम निम्नवत् है—

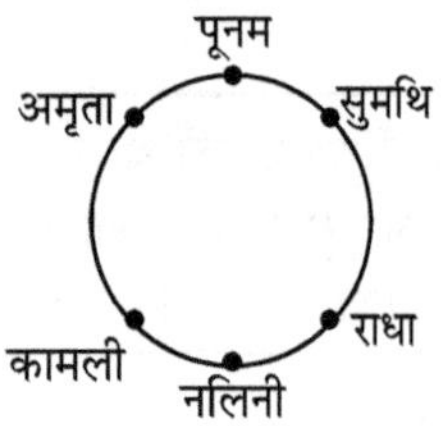

प्रश्न 13 से 17 तक के लिए

कथनानुसार, व्यवस्थित करने पर,

फिल्म प्रदर्शन का चार्ट

सोमवार	*मंगलवार*	*बुधवार*	*गुरुवार*	*शुक्रवार*	*शनिवार*	*रविवार*
हिंदी या मराठी	गुजराती	तमिल	छुट्टी	अंग्रेजी	पंजाबी	मराठी या हिंदी

प्रश्न 18 से 21 तक के लिए

व्यक्ति	मंजिल	पद
P	B	इंजीनियर
Q	E	डॉक्टर
R	D	मास्टर
S	A	एकाउन्टेट
T	C	बिजनेसमैन
U	F	कॉन्ट्रेक्टर

प्रश्न 22 से 24 तक के लिए

मन्दिर / *सोमवार*	*बल्केश्वर मन्दिर*	*पृथ्वीराज मन्दिर*	*कैलाश मन्दिर*	*रावली मन्दिर*	*मनकामेश्वर मन्दिर*
पहला सोमवार	×	×	×	✓	×
दूसरा सोमवार	×	×	✓	×	×
तीसरा सोमवार	×	×	×	×	✓
चौथा सोमवार	✓	×	×	×	×
पांचवां सोमवार	×	✓	×	×	×

मन्दिर के पुजारी					
वेदाचार्य	✓	×	×	×	×
अमिताचार्य	×	×	✓	×	×
ब्रह्मचार्य	×	×	×	✓	×
ज्ञानाचार्य	×	✓	×	×	×
लेखाचार्य	×	×	×	×	✓

प्रश्न 25 से 29 तक के लिए

आयु के घटते क्रम में लड़कों का क्रम निम्नलिखित होना चाहिए—

अभिषेक > कृष्णा > रत्नेश > प्रेम > नन्दन > सुमन > राहुल

लंबाई के घटते क्रम में लड़कों का क्रम निम्नलिखित होना चाहिए—

कृष्णा > नन्दन > सुमन > राहुल > प्रेम > रत्नेश > अभिषेक

25. सबसे अधिक आयु अभिषेक की है।

26. कथनानुसार लंबाई के बढ़ते क्रम में व्यवस्थित करने पर, अभिषेक < रत्नेश < प्रेम < राहुल < सुमन < नन्दन < कृष्णा उपर्युक्त क्रम व्यवस्था में पांचवीं क्रम स्थिति पर सुमन है।

27. कथन (1) को छोड़कर शेष अन्य के द्वारा सबसे छोटे कद वाले लड़के की स्थिति का पता चल जाता है। अत: तब कथन (1) अतिरिक्त ही है।

28. आयु के घटते क्रम में दूसरी क्रम स्थिति पर कृष्णा है।

29. कथनानुसार लंबाई और आयु के संयुग्मित संदर्भ में तीन अवस्थाएं उत्पन्न हुई है—(1) कृष्णा > नन्दन (2) नन्दन > सुमन (3) सुमन > राहुल

30. कथनानुसार, व्यवस्थित करने पर,

अंग्रेजी/अर्थशास्त्र
कम्प्यूटर
अंग्रेजी/अर्थशास्त्र
इतिहास
गणित
नागरिक शास्त्र

32. अंग्रेजी अर्थशास्त्र की पुस्तक का क्रम निश्चित नहीं है। अत: सूचना अपूर्ण है।

33. अंग्रेजी एवं अर्थशास्त्र का स्थान निश्चित नहीं होने के कारण नीचे से चौथे स्थान पर स्थित पुस्तक के संबंध में पता लगाना कठिन है। अत: अपूर्ण सूचना (D) विकल्प सही है।

34. प से पहले 13 लड़के हैं तथा फ के बाद 6 लड़के हैं तथा प और फ के बीच 4 लड़के हैं।

∴ कुल संख्या = 13 + 1 + 4 + 1 + 6 = 25

द्वितीय विधि – सूत्र से,
कतार में कुल लड़के
= [प का बाएं से क्रम संख्या + फ का दाएं से क्रम स्थान] + [बीच के लड़के]
= [14 + 7] + [4]
= 21 + 4
= 25
अत: विकल्प (C) सही है।

35. अमर का कक्षा में आरंभ से 9वां स्थान है अर्थात् अमर से पहले 8 लड़के और होंगे। अमर का अंत से 14 वां स्थान है। अर्थात् अमर के बाद 13 लड़के और होंगे। इस तरह कक्षा VI में लड़कों की कुल संख्या = 1 + 8 + 13 = 22
पास होने वाले बच्चों में अमर का आरंभ से 5वां तथा अंत से 11वां स्थान है।
अत: पास होने वाले बच्चों की संख्या = 1 + 4 + 10 = 15
∴ कक्षा VI में फेल होने वाले बच्चों की संख्या
= 22 – 15 = 7

द्वितीय विधि–सूत्र से
कुल बच्चों की संख्या = [अमर का कक्षा में आरंभ से क्रम स्थान + अमर का कक्षा में अंत से क्रम स्थान] – 1
= [9 + 14] – 1
= 23 – 1 = 22
फिर पास होने वाले बच्चों की संख्या
= [मोहन का कक्षा में आरंभ से क्रम स्थान + मोहन का कक्षा में अंत से क्रम स्थान] – 1
= [5 + 11] – 1
= 16 – 1 = 15
∴ फेल बच्चों की संख्या = 22 – 15 = 7
अत: विकल्प (C) सही है।

36. राकेश के ऊपर 8 तथा नीचे 37 बच्चें हैं। इस प्रकार कक्षा में कुल बच्चों की संख्या = 8 + 1 + 37 = 46 है।
द्वितीय विधि: सूत्र से,
कक्षा में कुल बच्चों की संख्या
= [राकेश का कक्षा में ऊपर से क्रम स्थान + राकेश का कक्षा में नीचे से क्रम स्थान] – 1
= [9 + 38] – 1 = 47 – 1 = 46
अत: विकल्प C सही है।

37. टेलीफोन डायरेक्ट्री में ये शब्द निम्नलिखित क्रम में होंगे—
Sajevar, Sajewat, Sajewet, Salwar, Segvan.
अत: विकल्प (A) सही है।

38. कपिल का ऊपर से 13वां क्रम है। अत: कपिल से ऊपर 12 और छात्र हैं तथा नीचे से 26 वां क्रम है। अत: कपिल से नीचे 25 छात्र और हैं। 6 छात्र अनुत्तीर्ण हैं।
∴ छात्रों की कुल संख्या = 12 + 1 + 25 + 6 = 44
द्वितीय विधि: सूत्र से,
कक्षा में कुल छात्रों की उपस्थिति = [कपिल का ऊपर से क्रम स्थान + कपिल का नीचे से क्रम स्थान] – 1 + [अनुत्तीर्ण छात्र]
= [13 + 26] – 1 + [6]
= 39 – 1 + 6 = 44
अत: विकल्प (C) सही है।

39. कुल छात्रों की संख्या = [(प्रणव का ऊपर से क्रम स्थान) + (प्रणव का नीचे से क्रम स्थान) – 1] + फेल छात्र
= [(45 + 7)] – 1] + 15
= 52 – 1 + 15 = 51 + 15 = 66
अत: विकल्प (A) सही है।

40. अनुत्तीर्ण छात्रों की संख्या = कुल छात्रों की संख्या – [(अनमोल रत्न का ऊपर से क्रम स्थान) + (अनमोल रत्न का नीचे से क्रम स्थान) – 1]
= 45 – [(11 + 15) – 1]
= 45 – 25 = 20
अत: विकल्प (B) सही है।

41. कुल छात्रों की संख्या = [(रत्नेश का कक्षा में ऊपर से क्रम स्थान) + (रत्नेश का कक्षा में नीचे से क्रम स्थान) – 1] + फेल छात्र
52 = [(22 + x) – 1 + 15]
52 = 22 + x + 14
∴ x = 52 – 36 = 16वां
रत्नेश का कक्षा में पास होने वाला वर्ग में नीचे से क्रम स्थान 16 वां है।
अत: विकल्प (D) सही है।

42.
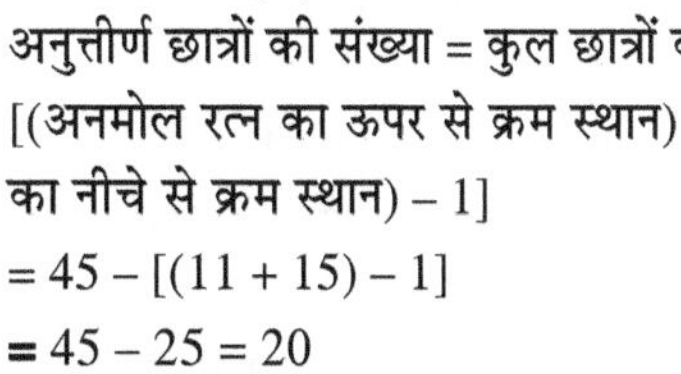

तब धीरेन्द्र की बाईं से दूसरी स्थिति = [(मधुकर के दाएं से द्वितीय और प्रथम स्थिति में अंतर) + (धीरेन्द्र का बाएं से

प्रथम स्थिति)]
= [(20 – 15)] + 18] = 5 + 18 = 23वां
अत: विकल्प (C) सही है।

43. 10वें → संजय देवान, अमिकर दयाल ← 15वें अमिकर दयाल, संजय देवान
20वें → संजय देवान

कुल छात्रों की संख्या = [संजय देवान की बाएं से द्वितीय स्थिति + अमिकर दयाल की दाएं से प्रथम स्थिति] – 1
= [(20 + 5) – 11] = 34
अत: विकल्प (B) सही है।

44. सुनील > आशुतोष > समीर > विजय > योगेश

45. योगेश < विजय < समीर < आशुतोष < सुनील

46. शब्दों को शब्दकोष के क्रम में रखने पर —
Solan, Solution, Solvency, Solvent

47. शब्दों को शब्दकोष के क्रम में रखने पर—
Watch, Watchful, Watching, Water

48. शब्दों को वर्णमाला क्रम में व्यवस्थित करने पर,
Eager, Ecstasy, Emergency, Explosion

49. प्रबोध > सचिन > कपिल > अमर > प्रभात
∴ सबसे छोटा प्रभात है।

50. व्यक्तियों के खड़े होने का क्रम निम्नवत् है—

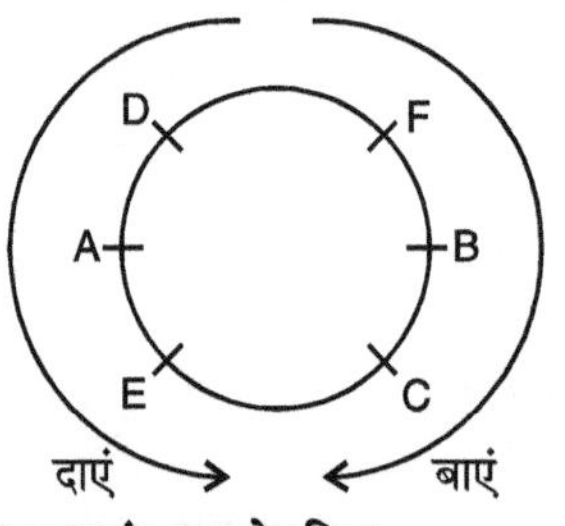

प्रश्न सं. 51 के लिए

नवीन > महीप > शंकर ...... (i)
आनंद ≥ महेश > करीमा ...... (ii)
आनंद > महीप ...... (iii)

अत: तब (i), (ii) और (iii) से यह तय कर पाना कठिन है कि सबसे बड़ा और सबसे छोटा कौन है, क्योंकि आनंद व नवीन तथा करीमा व शंकर के बीच स्पष्ट संबंध नहीं दिखता है।

53. दोस्तों के घेरे के अन्दर बैठने का क्रम निम्नवत् होना चाहिए—

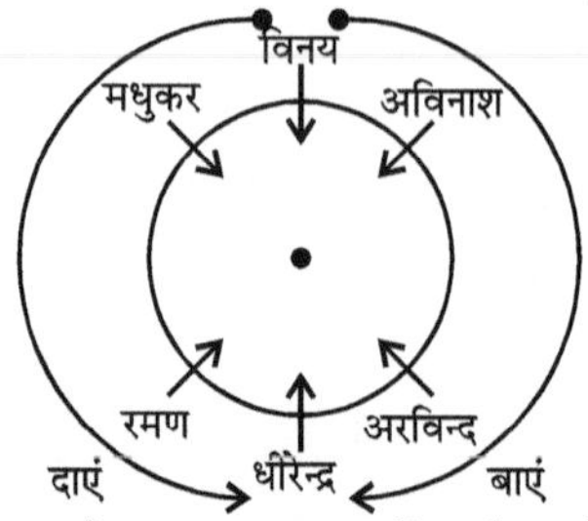

उपर्युक्त क्रम व्यवस्था में अरविन्द के ठीक सामने मधुकर बैठा है।

54. कथनानुसार, व्यवस्थित करने पर
कल्पना > श्वेता > अनामिका ...... (i)
मृदुला > पल्लवी > प्रतिमा ...... (ii)
तथा, प्रतिमा > कल्पना ...... (iii)
अत: (i), (ii) और (iii) से,
मृदुला > पल्लवी > प्रतिमा > कल्पना > श्वेता > अनामिका
उपर्युक्त क्रम व्यवस्था में मृदुला सबसे बड़ी है।

प्रश्न 55 एवं 56 के लिए

कुमार सुन्दरम् द्वारा दिए गए व्याख्यानों का क्रम दिनों की स्थिति के अनुसार निम्नवत् होना चाहिए—

N	K	R	M	J
↓	↓	↓	↓	↓
बुधवार	गुरुवार	शुक्रवार	शनिवार	रविवार

56. कोई कथन अनावश्यक नहीं है, क्योंकि प्रदत्त सभी कथनों के द्वारा ही क्रम व्यवस्थापन सही तरीके से संभव हो पाता है।

प्रश्न 57 से 59 तक के लिए

आठों मित्रों के बैठने का ढंग निम्नवत् है–

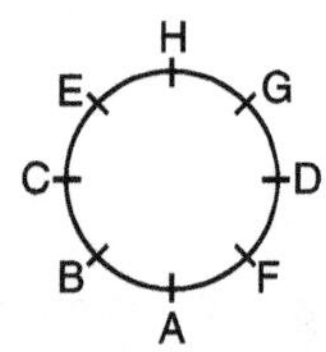

58. A और C के मध्य B बैठा है।

60. मदन → बाईं से 17वां ← नरेन्द्र 17वां दाईं से
नरेन्द्र ← 25वां दाएं से

अत: मदन का बाईं ओर से नया स्थान = [नरेन्द्र के अंतिम व प्रथम क्रम स्थान का अंतर] + मदन का प्रथम क्रम स्थान
= [25 – 17] + 17 = 8 + 17 = 25वां
अत: मदन बाईं ओर से 25वें स्थान पर स्थित होगा।

5. विजातीय परीक्षण
(Spotting out the Dissimilar)

विजातीय पद के चयन को वर्गीकरण (Classification) करना भी कहते हैं। इसमें सामान्यत: चार अथवा पांच पद दिए जाते हैं, जिनमें से एक को छोड़कर अन्य सभी किसी गुण में एक समान होते हैं। भिन्न गुण वाले उस असंगत पद को ज्ञात करना होता है।

नोट—नीचे दिए गए व्याख्यात्मक उदाहरणों से भली-भांति समझा जा सकता है।

उदाहरण 1. नीचे दिए गए शब्दों में से ऐसा कौन-सा शब्द है जो अन्य तीनों से अलग हैं?

A. आम B. अंगूर
C. आलू D. सेब

हल (C) : आलू के अलावा अन्य सभी फलों के नाम हैं, जबकि आलू एक सब्जी का नाम है। अत: आलू इसमें अलग शब्द है।

उदाहरण 2. वह जोड़ा छांटिए जो अन्य जोड़ों से अलग हो–

A. घोड़ा और घोड़ी B. मुर्गा और मुर्गी
C. गायें और भैंस D. मोर और मोरनी

हल (C) : तीसरे जोड़े अर्थात् गायें और भैंस के अलावा, अन्य सभी जोड़ों में पहला शब्द पुल्लिंग तथा दूसरा शब्द पहले का स्त्रीलिंग है।

उदाहरण 3. निम्नलिखित चार अक्षरों के समूहों में से एक समूह अन्य तीन समूहों से अलग है, उस अलग समूह को ज्ञात करो।

A. XWVUY B. JIHGF
C. TSRQP D. EDCBA

हल (A) : इसके अलावा अन्य सभी समूह अक्षर वर्णमाला के विपरीत क्रम में है, जबकि इसमें अंतिम तीन अक्षर तो विपरीत क्रम में है जबकि पांचवां अक्षर इस क्रम में नहीं है।

उदाहरण 4. निम्नलिखित चार शब्दों में से कोई तीन शब्द किसी प्रकार से समान है, परंतु शेष एक अन्य तीन से भिन्न है, उस भिन्न शब्द को ज्ञात करो।

A. Professor B. Doctor
C. Clergyman D. Gentleman

हल (D) : इसके अलावा अन्य सभी शब्द किसी न किसी व्यवसाय को प्रदर्शित करते हैं, परंतु Gentleman शब्द ऐसा है जो किसी व्यवसाय से संबंधित नहीं है। अत: Gentleman अन्य शब्दों से भिन्न है।

उदाहरण 5. निम्नलिखित चार संख्याओं में तीन संख्याएं किसी प्रकार से समान-धर्मी है, परंतु शेष एक अन्य तीन से भिन्न है। इस भिन्न संख्या को ज्ञात करें।

A. 49 B. 43
C. 28 D. 35

हल (B) : इसमें 43 के अलावा अन्य सभी संख्याएं 49, 28 तथा 35 में से प्रत्येक संख्या 7 से पूर्णत: विभाजित हो जाती है।

उदाहरण 6. निम्नलिखित शब्द समूह में से विजातीय पद समूह को छांटिए—

A. मुम्बई B. चेन्नई
C. दिल्ली D. लखनऊ

हल (D) : लखनऊ, महानगरों की श्रेणी में नहीं है।

उदाहरण 7. निम्नलिखित शब्द समूह में से विजातीय पद समूह को छांटिए—

A. कुत्ता B. बैल
C. बिल्ली D. शेर

हल (D) : शेष सभी जानवर पालतू हैं, जबकि शेर एक जंगली हिंसक जानवर है।

उदाहरण 8. निम्नलिखित शब्द समूह में से विजातीय पद समूह को छांटिए—

A. NP B. PR
C. US D. EG

हल (C) : N $\xrightarrow{+2}$ P, P $\xrightarrow{+2}$ R, U $\xrightarrow{-2,}$ S, E $\xrightarrow{+2}$ G

उदाहरण 9. निम्नलिखित शब्द समूह में से विजातीय पद समूह को छांटिए—

A. गाजर B. संतरा
C. बैगन D. भिण्डी

हल (B) : संतरा, सब्जियों की श्रेणी में नहीं आता है।

उदाहरण 10. असंगत अक्षर समूह को छांटिए—

A. ABC B. KMN
C. XYZ D. EFG

हल (B) : शेष सभी अक्षर समूह वर्णमाला के क्रमानुसार व्यवस्थित है।

उदाहरण 11. असंगत अक्षर समूह को छांटिए—

A. CHMRC B. BGBLQ
C. DINSP D. EEAJO

हल (C) : इस अक्षर समूह को छोड़कर बाकी अन्य सभी समूहों के प्रथम वर्ण की आवृत्ति दो बार है।

उदाहरण 12. असंगत जोड़े का चयन कीजिए—

A. जीवन : मृत्यु B. विष : अमृत
C. कपड़े : लत्ते D. लाभ : हानि

हल (C) : इस जोड़े को छोड़कर शेष जोड़े में पहला शब्द दूसरे शब्द का विपरीतार्थक है।

उदाहरण 13. असंगत जोड़े का चयन कीजिए—

A. यमुना : कावेरी
B. दिल्ली : कोलकाता
C. बस : कार
D. लालकृष्ण आडवाणी : ऋतिक रोशन

हल (D) : लालकृष्ण आडवाणी राजनीतिक एवं ऋतिक रोशन फिल्म अभिनेता है जबकि अन्य सभी जोड़ों की प्रकृति एक है।

उदाहरण 14. असंगत संख्या का चयन कीजिए—

A. 15 B. 35
C. 36 D. 48

हल (D) : अन्य सभी संख्याएं क्रमशः

$4^2 - 1 = 15$
$6^2 - 1 = 35$
$7^2 - 1 = 48$

उदाहरण 15. विजातीय पद को छांटिए—

A. Black B. White
C. Orange D. Red

हल (C) : सभी विकल्पों में से 'Orange' को छोड़कर शेष सभी 'व्यंजन' से शुरू होते हैं जबकि 'Orange' स्वर अक्षर से प्रारंभ होता है।

उदाहरण 16. वह विकल्प ज्ञात करो जो शेष सभी से भिन्न हो।

A. 94136 B. 65260
C. 89174 D. 25880

हल (C) : तीसरे विकल्प को छोड़कर हम देखते हैं कि प्रथम तीन अंकों का गुणनफल अंतिम दो अंकों से बनने वाली संख्या के बराबर है। जैसे—

$9 \times 4 \times 1 = 36$, $6 \times 5 \times 2 = 60$, $2 \times 5 \times 8 = 80$ लेकिन $8 \times 9 \times 1 = 74$ के बराबर नहीं है अतः विकल्प (C) सही है।

उदाहरण 17. निम्नलिखित में से भिन्न विकल्प को छांटिए—

A. गांधी B. लिंकन
C. कैनेडी D. लाल बहादुर शास्त्री

हल (D) : चारों विकल्पों में (D) विकल्प भिन्न है क्योंकि शेष तीनों की गोली मारकर हत्या हुई थी, जबकि 'लाल बहादुर शास्त्री' की मृत्यु अपने आप हुई थी।

अभ्यास

निर्देश : *नीचे दिए प्रश्नों में चार-चार शब्द अथवा अक्षर समूह दिए गए हैं। इनमें से एक तीन से भिन्न है। भिन्न शब्द या अक्षर समूह कौन-सा है। आपको यही छांटना है।*

1. A. Black B. Brown
C. White D. Pale

2. A. Violet B. Red
C. Black D. Green

3. A. Red B. Pink
C. White D. Green

4. A. Carrot B. Potato
C. Raddish D. Onion

5. A. गाजर B. मूली
C. आलू D. टमाटर

6. A. कच्चा टमाटर B. गोभी
C. नींबू D. कच्चा आम

7. A. पारा B. चांदी
C. सोना D. लोहा

8. A. Albert B. Om Prakash
C. Anthoni D. Vishnu

9. A. Uma B. John
C. Damodar D. Raj

10. A. जार्ज बुश B. आर. वेंकटरमन
C. ली पेंग D. गोर्बाच्योव

11. A. हारमोनियम B. गिटार
C. पियानो D. संगीतकार

12. A. कोयल B. बुलबुल
C. पक्षी D. कबूतर

13. A. मक्खन B. रस
C. क्रीम D. घी

14. A. मित्र B. भाई
C. चचेरा भाई D. चाचा

15. A. छैनी B. चिमटा
C. औजार D. आरा

16. A. वृक्ष B. पौधे
C. जड़ D. आम

17. A. पर्वतारोही B. हीरो
C. निर्देशक D. फोटोग्राफर

18. A. टाइफाइड B. निमोनिया
C. टेरामाइसिन D. मलेरिया

19. A. लोहा B. धातु
C. तांबा D. चांदी

20. A. फावड़ा B. हल
C. किसान D. खुरपी

21. A. जापान B. जर्मनी
C. इंगलैंड D. यूरोप

22. A. छत्त B. फर्श
C. दीवारें D. कमरा

23. A. कलम B. बॉलपॉइंट
C. पेंसिल D. कागज

24. A. पेरिस B. लंदन
C. श्रीलंका D. नई दिल्ली

25. A. निर्देश B. परामर्श
C. सुझाव D. सलाह

26. A. प्रिंसीपल B. अध्यापक
C. स्कूल D. विद्यार्थी

27. A. राज्यपाल B. भाड़े का ट्टटू
C. राजकुमार D. आदेशक

28. A. ट्रक B. ट्रैक्टर
C. लॉरी D. स्की

29. A. प्लूटो B. नैप्चून
C. देवराज D. वृहस्पति

30. A. अपार्टमैन्ट B. गैरिज
C. फ्लैट D. क्वार्टर

31. A. भेड़िया B. हिरन
C. हाथी D. जंगली भैंस

32. A. साड़ी B. ब्लाउज
C. साफा D. पेटीकोट

33. A. लैम्प B. बत्ती
C. तेल D. चिमनी

34. A. विनम्र B. नेक
C. धार्मिक D. शिष्ट

35. A. सिनेमा B. ड्रामा
C. नाटक D. रेडियो

36. A. चीता B. शेर
C. बैल D. मगरमच्छ

37. A. अमरीका B. अरेबिया
C. एशिया D. अफ्रीका

38. A. चंदन B. चमेली
C. गुलाब D. गेंदा

39. A. बाघ B. लोमड़ी
C. जंगली भैंसा D. चीता

40. A. आम B. शलजम
C. केला D. अमरूद

41. A. कौवा B. गौरेया
C. बत्तख D. मैंना

42. A. क्रिकेट B. फुटबॉल
C. हॉकी D. पोलो

43. A. लैक्चरार B. शिक्षक
C. विद्यार्थी D. प्रोफेसर

44. A. केंचुआ B. नाग
C. छिपकली D. लोमड़ी

45. A. दीवार B. चूना
C. पत्थर D. सीमेंट

46. A. आंख B. अंगुली
C. जीभ D. पैर

47. A. फूल गोभी B. बैंगन
C. टमाटर D. खीरा

48. A. रुई B. पटसन
C. कपड़ा D. रेशम

49. A. छोटी B. पंखा
C. तार D. मेज

50. A. संतरे का रस B. आम
C. रबर D. रसगुल्ला

51. A. धमनियां B. मेरुदण्ड
C. कोशिकाएं D. शिराएं

52. A. जुलाई B. नवम्बर
C. अप्रैल D. सितम्बर

53. A. च अ र ल B. त ई प फ
C. प क त थ D. ट आ द थ

54. A. अ थ त द B. अ य र ल
C. ई ठ ट ड D. उ फ प ब

55. A. लाल B. रंग
C. हरा D. नीला

56. A. चटाई B. स्टूल
C. टेबल D. कुर्सी

57. A. फेरीवाला B. दर्जी
C. व्यापारी D. विक्रेता

58. A. सोफा B. पर्दा
C. मेज D. कुर्सी

59. A. अखबार B. टी.वी.
C. रेडियो D. टेलीफोन

60. A. शेर B. चीता
C. भालू D. कुत्ता

61. A. संतरा B. टिण्डे
C. आलू D. भिण्डी

62. A. बिल्ली B. मोर
C. भेड़िया D. शृंगाल

63. A. अक्टूबर B. फरवरी
C. अगस्त D. जुलाई

64. A. मेज B. रेडियो
C. सोफा D. कुर्सी

65. A. बभ बभ B. पफ पफ
C. यर यर D. अक

66. A. 1842 B. 1422
C. 1523 D. 1623

67. A. 4307 B. 4009
C. 5308 D. 6006

68. A. 644 B. 11
C. 295 D. 82

69. A. 418 B. 525
C. 636 D. 749

70. A. 58 B. 22
C. 76 D. 64

71. A. 45—21 B. 23—17
C. 26—34 D. 17—48

72. A. 25—20 B. 43—48
C. 39—81 D. 52—40

73. A. 15—26 B. 11—2
C. 14—65 D. 13—31

74. A. 14—65 B. 33—27
C. 14—16 D. 11—1

75. A. 66—11 B. 30—10
C. 60—35 D. 80—40

76. A. 123—14 B. 251—300
C. 456—77 D. 104—77

77. A. 492—14 B. 642—16
C. 813—27 D. 161—9

78. A. 124—1 B. 529—20
C. 104—10 D. 101—0

79. A. 3437—14 B. 5122—16
C. 2169—15 D. 7291—10

80. A. 163—8 B. 814—36
C. 641—8 D. 498—56

81. A. साइकिल B. स्कूटर
C. मोटर साइकिल D. मोपेड

82. A. चन्द्रमा B. आर्यभट्ट
C. रोहिणी D. इन्सैट-1

83. A. कस्पारोव B. कारपोव
C. क्रिस दित्तमार D. विश्वनाथ आनंद

84. A. ल्हासा B. थिम्पू
C. अल्जीयर्स D. म्यांमार

85. A. पुष्प B. सुमन
C. अनल D. कुसुम

86. A. बकरा B. गाय
C. घोड़ा D. गधा

87. A. कबूतर B. चिड़िया
C. अजगर D. मोर

88. A. मार्च B. जुलाई
C. जनवरी D. सितम्बर

89. A. पोलो B. फुटबॉल
C. गोल्फ D. हॉकी

90. A. रमेश सक्सैना B. सोहराब मोदी
C. कुंदन लाल सहगल D. टॉम आल्टर

91. A. MILK AND CURD
B. MILK AND BUTTER
C. MILK AND CHEESE
D. MILK AND TEA

92. A. Table and Chair B. Tree and Branch
C. Hand and Finger D. Room and Floor

93. A. आलू और शकरकन्द B. टमाटर और नींबू

C. मूली और सेम D. जामुन और बेर

94. A. रेलगाड़ी और इंजन B. जहाज और ड्राइवर
C. पुलिस और राइफल D. नदी और पानी

निर्देश : *नीचे दिए गए प्रश्नों में असंगत को छांटिए—*

95. A. खुशी-आनंद B. शांति-सुख
C. दुःख-युद्ध D. बीमारी-मृत्यु

96. A. पक्षी-आकाश B. जलयान-समुद्र
C. हवाई जहाज-आकाश D. रेलगाड़ी-समुद्र

97. A. जीवन-मृत्यु B. कपड़े-लत्ते
C. विष-अमृत D. कृतज्ञ-कृतघ्न

98. A. काला-पीला B. ज्वार-बाजरा
C. मनुष्य-बच्चा D. मेज-कुर्सी

99. A. शेर-जंगल B. मनुष्य-वर
C. चिड़िया-घोंसला D. घोड़ा-अस्तबल

100. A. कान-नाक B. चेहरा-मुख
C. हाथ-अंगुलियां D. सिर-बाल

101. A. तीव्र एवं मंद B. दृढ़ एवं वजनी
C. सरल एवं कठिन D. हल्का एवं भारी

102. A. गधा एवं रेंकना B. शेर एवं दहाड़
C. चिड़िया एवं चिंहाड़ D. बादल एवं गड़गड़ाहट

103. A. प्रसन्न और सुखी
B. पीड़ा एवं दर्द
C. चमकदार एवं कान्तियुक्त
D. परेशानी तथा राहत

104. A. गाय एवं बछड़ा B. मुर्गी एवं चूजा
C. बैल एवं भैंस D. भेड़ तथा मेमना

105. A. रोगी एवं औषधालय B. अपराधी एवं कारागार
C. छात्र एवं अध्यापक D. चिड़िया एवं घोंसला

106. A. सूरदास-कालिदास
B. कृष्णा-कावेरी
C. लाल सागर-काला सागर
D. हेमामालिनी-मैथिलीशरण गुप्त

107. A. Paper B. Pencil
C. Stationery D. Pen

108. A. Tobacco B. Pipe
C. Bidi D. Cigarette

109. A. Scenery B. Photograph
C. Poster D. Picture

110. A. Shirt B. Uniform
C. Tie D. Cap

111. A. Friendship B. Intimacy
C. Enmity D. Attachment

112. A. ZYX B. YXV
C. VUT D. TSR

113. A. boc B. min
C. xaz D. sut

114. A. ace B. gil
C. egi D. moq

115. A. mno B. acd
C. gij D. prs

116. A. wjwyo B. acazx
C. gmrgs D. monjk

117. A. yhgcy B. ndwvs
C. jiqns D. jsxym

118. A. n e x t l B. l a n c p
C. f r g s p D. z g p k u

119. A. Peddler B. Vendor
C. Howker D. Buyer

120. A. Cup B. Kitten
C. Pup D. Cock

उत्तरमाला

1	2	3	4	5	6	7	8	9	10
D	C	B	D	D	B	A	D	A	C
11	**12**	**13**	**14**	**15**	**16**	**17**	**18**	**19**	**20**
D	C	B	A	C	D	A	C	B	C
21	**22**	**23**	**24**	**25**	**26**	**27**	**28**	**29**	**30**
D	D	D	C	A	C	B	B	C	B
31	**32**	**33**	**34**	**35**	**36**	**37**	**38**	**39**	**40**
A	C	C	C	D	D	B	A	C	B
41	**42**	**43**	**44**	**45**	**46**	**47**	**48**	**49**	**50**
C	C	C	D	A	D	D	D	A	C

51	52	53	54	55	56	57	58	59	60
B	A	C	B	B	A	A	B	D	C
61	**62**	**63**	**64**	**65**	**66**	**67**	**68**	**69**	**70**
A	B	B	B	D	C	B	C	A	D
71	**72**	**73**	**74**	**75**	**76**	**77**	**78**	**79**	**80**
B	D	D	A	C	B	D	C	B	A
81	**82**	**83**	**84**	**85**	**86**	**87**	**88**	**89**	**90**
A	A	C	D	C	B	C	D	B	A
91	**92**	**93**	**94**	**95**	**96**	**97**	**98**	**99**	**100**
D	A	C	B	C	D	B	C	A	A
101	**102**	**103**	**104**	**105**	**106**	**107**	**108**	**109**	**110**
B	C	D	C	C	D	C	A	B	B
111	**112**	**113**	**114**	**115**	**116**	**117**	**118**	**119**	**120**
C	B	C	B	A	D	A	C	D	D

संकेत

1. शेष सभी पांच अक्षरों से मिलकर बने हैं।
2. स्पैक्ट्रम में काले रंग को छोड़कर शेष सभी रंग होते हैं।
3. शेष सभी रंग राष्ट्रीय झण्डे-तिरंगें के हैं।
4. शेष सभी अक्षर व्यंजक से शुरू होते हैं।
5. शेष सभी जमीन के नीचे आते हैं।
6. शेष सभी खट्टी सब्जियां हैं।
7. शेष सभी धातुएं हैं।
8. शेष सभी शब्दों स्वर (Vowel) से शुरू हुए हैं।
9. शेष सभी शब्द व्यंजक (Consonants) से शुरू हुए हैं।
10. शेष सभी विभिन्न देशों के राष्ट्रपति रह चुके हैं।
11. अन्य सभी संगीत संबंधी यंत्र हैं।
12. अन्य सभी पक्षियों के नाम हैं।
13. अन्य सभी दूध से बनाए गए पदार्थ हैं।
14. अन्य सभी पारिवारिक सदस्य हैं।
15. अन्य सभी औजारों के नाम हैं।
16. अन्य सभी शब्द वृक्ष अथवा उसके भाग हैं।
17. अन्य सभी शब्द फिल्म निर्माण में भाग लेने वाले व्यक्तियों को बतलाते हैं।
18. अन्य सभी शब्द बीमारियों के नाम हैं, जबकि विकल्प (C) एक औषधि का नाम है।
19. अन्य सभी विभिन्न धातुओं के नाम हैं।
20. अन्य सभी कृषि उपकरण हैं।
21. अन्य सभी देश हैं, जबकि विकल्प (D) एक महाद्वीप है।
22. अन्य सभी कमरे के विभिन्न भाग हैं।
23. अन्य सभी वे वस्तुएं हैं जिनमें लिखा जाता है।
24. अन्य सभी नगर हैं, जबकि श्रीलंका देश है।
25. अन्य सभी सामान्य सलाह संबंधी शब्द हैं जबकि निर्देश एक आज्ञा है।
26. अन्य सभी मानव हैं।
27. अन्य सभी शासक वर्ग से संबंधित हैं।
28. अन्य सभी पहिए में होते हैं।
29. अन्य सभी ग्रहों के नाम हैं।
30. अन्य सभी मनुष्यों के रहने के स्थान हैं।
31. अन्य सभी शाकाहारी हैं।
32. अन्य सभी महिलाओं द्वारा पहने जाने वाले वस्त्र हैं।
33. अन्य सभी लैम्प के सहायक यंत्र हैं, जबकि 'लौ' लैम्प के जलने से पैदा होती है।
34. अन्य सभी शब्द सज्जनता के पर्यायवाची हैं।
35. अन्य सभी में देखा जा सकता है जबकि रेडियो में सिर्फ सुना जाता है।
36. अन्य सभी जानवर जमीन पर रहने वाले हैं, जबकि 'मगरमच्छ' पानी में भी रह सकता है।
37. अन्य सभी महाद्वीप हैं जबकि अरेबिया एक देश है।
38. अन्य सभी पुष्प हैं, जबकि चंदन की लकड़ी होती है।
39. अन्य सभी मांसाहारी हैं।
40. अन्य सभी फल हैं।
41. अन्य में से कोई भी पानी में नहीं तैरता है।
42. केवल 'पोलो' खेल घोड़े पर चढ़कर खेला जाता है।
43. अन्य सभी पढ़ाने वाले व्यक्ति हैं।
44. अन्य सभी रेंगने वाले जन्तु हैं।

45. अन्य सभी मकान बनाने की सामग्री हैं।

46. जीभ मुख के अन्दर का अंग है जबकि अन्य सभी शरीर के बाहरी भाग हैं।

47. अन्य सभी बे-रस की तरकारियां हैं।

48. अन्य सभी कच्चा माल हैं।

49. अन्य सभी वस्तुओं के नाम हैं।

50. अन्य सभी खाने योग्य वस्तुएं हैं।

51. अन्य सभी रक्त नलियां हैं।

52. अन्य सभी 30 दिन वाले महीने हैं।

53. अन्य सभी में एक स्वर का प्रयोग हुआ है।

54. अन्य सभी में तीसरा, दूसरा तथा चौथा अक्षर वर्णमाला के क्रमानुसार है।

55. अन्य सभी विभिन्न रंगों के नाम हैं।

56. अन्य सभी फर्नीचर हैं।

57. अन्य सभी समान बेचने वाले हैं।

58. अन्य सभी फर्नीचर हैं।

59. अन्य सभी विद्युत यंत्र हैं।

60. अन्य सभी जंगल में रहते हैं।

61. अन्य सभी सब्जियां हैं।

62. अन्य सभी पशु हैं।

63. अन्य सभी महीनों में दिनों की संख्या 31 होती है जबकि फरवरी में 28 दिन होते हैं।

64. अन्य सभी फर्नीचर हैं।

65. अन्य सभी में वर्णमाला के दो अक्षर लगातार दो बार हैं।

66. $1 \times 8 \div 4 = 2, 1 \times 4 \div 2 = 2$
$1 \times 5 = 2 \neq 3, 1 \times 6 \div 2 = 3$

67. $4 + 3 + 0 = 7, 4 + 0 + 0 \neq 9$
$5 + 3 + 0 = 8, 6 + 0 + 0 = 6$

68. $(66)^{1/3} = 4, (1)^{1/3}, (29)^{1/3}$
$\neq 5, (8)^{1/3} = 2$

69. $(4)^2 \neq 18, (5)^2 = 25, (6)^2 = 36, (7)^2 = 49$

70. $58 = 5 + 8 = 13 = 1 + 3 = 4$
$22 = 2 + 2 = 4$
$76 = 7 + 6 = 13 = 1 + 3 = 4$
$64 = 6 + 4 = 10 = 1 + 0 \neq 4$

71. $5^2 - 4 = 21, 3^2 - 2 \neq 17$
$6^2 - 2 = 34, 7^2 - 1 = 48$

72. $2^2 \times 5 = 20, 4^2 \times 3 = 48$
$3^2 \times 9 = 81, 5^2 \times 2 \neq 40$

73. $5^3 + 1 = 125 + 1 = 126,$
$4^3 + 1 = 64 + 1 = 65,$
$1^3 + 1 = 1 + 1 = 2,$
$3^3 + 1 = 27 + 1 \neq 31$

74. $2^2 \times 4 \neq 15, 3^2 \times 3 = 27$
$4^2 \times 1 = 16, 1^2 \times 1 = 1$

75. 11, 66 का एक गुणनखण्ड है। 10 , 30 का गुणनखण्ड है। 40, 80 का गुणनखण्ड है लेकिन 35, 60 का गुणनखण्ड नहीं है।

76. $1^2 + 2^2 + 3^2 = 1 + 4 + 9 = 14$
$2^2 + 5^2 + 1^2 = 4 + 25 + 1 \neq 300$
$4^2 + 5^2 + 6^2 = 16 + 25 + 36 = 77$
$1^2 + 0^2 + 4^2 = 1 + 0 + 16 = 17$

77. $\sqrt{49} \times 2 = 7 \times 2 = 14$
$\sqrt{64} \times 2 = 8 \times 2 = 16$
$\sqrt{81} \times 3 = 9 \times 3 = 27$
$\sqrt{16} \times 1 = 4 \times 1 \neq 9$

78. $1^2 + 2^2 - 4 = 1 + 4 - 4 = 1$
$5^2 + 2^2 - 9 = 25 + 4 - 9 = 20$
$1^2 + 0^2 = 4 = 1 - 4 \neq 10$
$1^2 + 0^2 - 1 = 1 - 1 = 0$

79. $(343)^{1/3} + 7 = 7 + 7 = 14$
$(512)^{1/3} + 2 = 8 + 2 \neq 16$
$(216)^{1/3} + 9 = 6 + 9 = 15$
$(719)^{1/3} + 1 = 9 + 1 = 10$

80. $\sqrt{16} \times 3 \neq 8 \quad \sqrt{81} \times 4 = 36$
$\sqrt{64} \times 1 = 8 \quad \sqrt{49} \times 8 = 56$

81. शेष सभी पेट्रोल से चलते हैं।

82. शेष सभी कृत्रिम उपग्रह हैं।

83. शेष सभी शतरंज के खिलाड़ी हैं जबकि क्रिस दित्तमार स्क्वैश का खिलाड़ी है।

84. शेष सभी विभिन्न देशों की राजधानियां है जबकि म्यांमार (बर्मा) एक देश का नाम है।

85. शेष सभी का अर्थ फूल है जबकि अनल का अर्थ आग होता है।

86. शेष सभी पुल्लिंग हैं।

87. शेष सभी उड़ने वाले पक्षी हैं।

88. शेष सभी महीनों में 31 दिन होते हैं।

89. शेष सभी खेलों में गेंद छड़ी से मारी जाती है।

90. शेष सभी फिल्मी कलाकार हैं जबकि रमेश सक्सैना एक क्रिकेटर हैं।

91. CURD, BUTTER और CHEESE दूध (MILK) से ही प्राप्त होते हैं, मगर TEA, दूध (MILK) से प्राप्त नहीं होती है।

92. Branch और Tree, Hand और Finger, Room और Floor सब एक-दूसरे से जुड़े होते हैं मगर Table, Chair के साथ नहीं जुड़ी होती है।

93. आलू और शकरकन्द दोनों ही जमीन के अंदर पैदा होती है, टमाटर और नींबू दोनों खट्टे और रसीले होते हैं, जामुन और बेर भी खट्टे और गुठली वाले फल हैं, मगर मूली और सेम में मूली जमीन के अंदर तथा सेम बेलों पर जमीन के ऊपर पैदा होती है।

94. रेलगाड़ी और इंजन, पुलिस और राइफल तथा नदी और पानी सबके सब एक-दूसरे से जुड़े हुए हैं मगर जहाज चलाने वाले को पायलट कहा जाता है।

95. विकल्प (C) को छोड़कर अन्य सभी जोड़ों में पहला शब्द किसी कारण को तथा दूसरा शब्द उसके परिणाम को बतलाता है।

96. यहां अन्य सभी जोड़ों में पहला शब्द किसी वस्तु को बताता है और दूसरा शब्द वस्तु के चलने के स्थान को बताता है। परंतु (D) जोड़े में इसका उल्टा है।

97. यहां अन्य सभी जोड़ों में से दोनों शब्द एक-दूसरे के विलोम हैं।

98. यहां अन्य सभी जोड़ों में दोनों शब्द एक-सी प्रकृति के नहीं हैं।

99. विकल्प (A) को छोड़ अन्य सभी जोड़ों में दूसरा शब्द, पहले शब्द में दिए गए नाम के रहने के स्थान का नाम है परंतु शेर के रहने का स्थान मांद कहलाता है न की जंगल।

100. यहां अन्य सभी जोड़ों में दूसरा शब्द, पहले शब्द का भाग है।

101. यहां अन्य सभी जोड़ों में पहला शब्द, दूसरे का विलोम है।

102. विकल्प (C) को छोड़कर अन्य सभी जोड़ों में दूसरा शब्द पहले शब्द की आवाज है परंतु चिड़िया की बोली चिंघाड़ना नहीं बल्कि चहचहाना है।

103. यहां अन्य सभी जोड़ों के दोनों शब्द पर्यायवाची हैं परंतु (D) में एक-दूसरे के विलोम है।

104. विकल्प (C) को छोड़ अन्य सभी जोड़ों में पशु व उनके बच्चे हैं।

105. विकल्प (C) को छोड़ अन्य सभी जोड़ों के शब्द, दूसरे शब्द के अंदर रहता है।

106. विकल्प (D) को छोड़ अन्य सभी जोड़ों के शब्द एक-सी प्रकृति के हैं।

107. विकल्प (C) को छोड़ अन्य सभी विभिन्न प्रकार की Stationery के नाम हैं।

108. यहां अन्य सभी में Tobacco का प्रयोग होता है।

109. यहां अन्य सभी हाथ से बनाई जा सकती है जबकि Photograph केवल Camera से बनती है।

110. बाकी सभी विभिन्न पोशाकों के नाम हैं।

111. अन्य सभी शब्द पर्यायवाची हैं।

112. यहां अन्य सभी पदों में अक्षर वर्णमाला के उल्टे क्रम में हैं।

113. यहां अन्य सभी पदों में पहले और तीसरे अक्षर वर्णमाला के क्रम में हैं।

114. विकल्प (D) को छोड़कर अन्य सभी पदों में प्रत्येक अक्षर के बीच वर्णमाला का एक-एक अक्षर छूटा हुआ है।

115. यहां अन्य सभी में पहले व दूसरे अक्षरों के बीच वर्णमाला का एक अक्षर छूटा हुआ है।

116. यहां इसके अलावा अन्य सभी में एक अक्षर दो बार आया है।

117. यहां इसके अलावा अन्य किसी में एक अक्षर दो बार नहीं आया है।

118. यहां इसके अलावा अन्य सभी में एक स्वर (Vowel) अवश्य आया है।

119. यहां अन्य सभी बेचने वाले हैं।

120. यहां अन्य सभी जानवरों के बच्चे हैं।

6. संबंध परीक्षण
(Relations Test)

इस प्रकार के प्रश्नों में अभ्यर्थियों को किन्हीं दो या तीन व्यक्तियों के संबंध में एक विवरण (Statement) दिया जाता है। इस विवरण के आधार पर सामाजिक रिश्तों को पूछा जाता है तथा इस आधार पर अभ्यर्थियों के रिश्ते संबंधी ज्ञान की तार्किक जांच की जाती है।

इस प्रकार की परीक्षा के प्रश्न तभी हल किए जा सकते हैं जबकि अभ्यर्थी को सभी प्रकार के रिश्तों की पूर्ण जानकारी हो। इसके लिए व्यक्तिगत संबंध अथवा पारिवारिक संबंधों का विश्लेषण करना होता है। इस प्रकार के प्रश्नों को हल करने के प्राय: वंश वृक्ष (Family tree) बनाने में सुविधा हो जाती है। सूचना में दिए गए संबंधों को प्रतीकों की सहायता से एक साथ दर्शाया जा सकता है। वंश वृक्ष बनाने के लिए निम्न तालिका को ध्यान रखा जा सकता है।

संबंध (Relation)	*प्रतीक (Symbols)*
1. माता-पिता तथा संतान के संबंध को स्पष्ट करने के लिए खड़ी रेखा का प्रयोग किया जाता है।	माता ↓ पुत्र पिता ↓ पुत्री
2. पति-पत्नी के संबंध को स्पष्ट करने के लिए	पति ⟺ पत्नी
3. भाई-बहन के संबंध को स्पष्ट करने के लिए	भाई .... बहन
4. पुरुष वर्ग के लिए	+ [A + का अर्थ है, A पुरुष है] – [B – का अर्थ है, B महिला है]
5. अस्पष्ट संबंधों के लिए	?
6. अन्य संबंधों को सुविधानुसार	→

संबंध परीक्षण के अन्तर्गत आने वाले संबंध विश्लेषित तथ्यों को स्वयं के आधार पर स्थापित कर बनाने में अत्यन्त सुगम एवं सरल साबित होगा—

1. पिता का इकलौता पुत्र—स्वयं/आप (पुत्र)
2. पिता का भाई—चाचा
3. पिता की पत्नी—माता/माँ
4. दादा, दादी का इकलौता पुत्र—पिता
5. दादा, दादी की इकलौती पतोहू—माता
6. दादा, दादी की पुत्री—बुआ
7. पिता, चाचा की बहन—बुआ
8. माता की सास—दादी
9. माता का ससुर—दादा
10. माता की ननद—बुआ
11. माता का देवर—चाचा
12. पिता की इकलौती पुत्री—बहन
13. पिता का पिता-दादा
14. पिता की माता—दादी
15. बहन का पुत्र—भांजा
16. बहन की पुत्री—भांजी
17. बहन के पिता का पुत्र—भाई
18. माता की माता—नानी
19. माता के पिता—नाना
20. नाना, नानी की इकलौती पुत्री—माता (मां)
21. माता का भाई—मामा
22. माता के भाई का पुत्र—ममेरा भाई

या

मेरे नाना के इकलौते पुत्र का पुत्र—ममेरा भाई

या

मेरे नाना के पोता—ममेरा भाई

या

मेरी माता का भतीजा—ममेरा भाई

23. माता के भाई की पुत्री—ममेरी बहन

या

मेरे नाना के इकलौते पुत्र की पुत्री—ममेरी बहन

24. चाचा का पुत्र—चचेरा भाई

25. चाचा की पुत्री—चचेरी बहन
26. माता की बहन का पुत्र—मौसेरा भाई
27. मामा/माता के भाई की पत्नी—मामी
नाना/नानी की पुत्रवधू—मामी
28. माता की बहन की पुत्री—मौसेरी बहन
29. पिता की बहन का पुत्र—फुफेरा भाई
30. पिता की बहन की पुत्री—फुफेरी बहन
31. माता की बहन—मौसी
32. माता की बहन का पति—मौसा
33. पिता का ससुर—नाना
34. पिता की सास—नानी
35. पिता का साला—मामा
36. पिता की साली—मौसी
37. नाना/नानी का इकलौता पुत्र—मामा
38. पिता के इकलौते पुत्र का पुत्र—स्वयं का पुत्र
39. पिता की बहन का पति—फूफा
40. बुआ के इकलौते पुत्र का पुत्र—भतीजा
41. बुआ के इकलौते पुत्र की पुत्री—भतीजी
42. भाई का पुत्र—भतीजा
43. भाई की पुत्री—भतीजी
44. भाई की पत्नी—भाभी
45. मेरे इकलौते पुत्र का पुत्र—पोता
46. मेरे इकलौते पुत्र की पुत्री—पोती
47. मेरे इकलौती पुत्र की पत्नी—पुत्र बधू
48. मेरे इकलौती पुत्री का पुत्र—नाती
49. मेरे इकलौती पुत्री का पुत्री—नातिनी
50. मेरी पुत्री का पति—दामाद
51. मेरी बहन का पति—जीजा/बहनोई
52. दादा/दादी के इकलौते पुत्र का पुत्र—भाई
53. दादा/दादी के इकलौते पुत्र की पुत्री—बहन

नोट: *नीचे दिए गए व्याख्यात्मक उदाहरणों से भली-भांति समझा जा सकता है।*

उदाहरण 1. सुमेलित कीजिए—

सूची-I	***सूची-II***
(a) पिता के पिता का इकलौता पुत्र	1. पिता
(b) दादा की इकलौती बहु	2. मामी
(c) माता की इकलौती पुत्री	3. स्वयं पुत्री/बहन
(d) माता के भाई की पत्नी	4. माता

कूट :	*(a)*	*(b)*	*(c)*	*(d)*
A.	1	4	3	2
B.	2	1	3	4
C.	1	3	4	2
D.	1	2	3	4

हल (B) : मेरे पिता के पिता का इकलौता पुत्र मेरा पिता होगा — A—1
मेरे दादा की इकलौती बहू मेरी माता होगी — B—4
मेरे माता की इकलौती पुत्री मैं स्वयं हूं — C—3
माता के भाई की पत्नी अर्थात् मामा की पत्नी को मामी कहा जाता है — D—2
अत: विकल्प (B) सही है।

उदाहरण 2. C का पुत्र A है तथा C और Q एक-दूसरे की बहनें हैं। Z, Q की मां है। यदि P, Z का पुत्र हो तो निम्नलिखित में से कौन-सा कथन सत्य हैं?

A. Q, A का दादा है। B. P, A का मामा है।
C. P, A का चचेरा भाई है। D. C और P दोनों बहनें हैं।

हल (B) : चूंकि C और Q एक-दूसरे की बहनें हैं तथा A, C का पुत्र है। अत: C, A की मां और Q, A की मौसी हुई। चूंकि Z, Q की मां है। इसलिए Z, A की नानी हुई। चूंकि P, Z का पुत्र है। अत: P, A का मामा हुआ। अत: विकल्प (B) है।

उदाहरण 3. आलोक को परिचित कराते हुए संजू ने कहा—''यह मेरे दादा के इकलौते पुत्र का पुत्र है।'' तब आलोक, संजू से कैसे संबंधित है?

A. भाई B. पुत्र
C. पिता D. भतीजा

हल (B) : संजू के दादा का इकलौता पुत्र खुद संजू का पिता होगा तथा आलोक, संजू के पिता का पुत्र है। अत: आलोक, संजू का भाई होगा।

द्वितीय विधि (आरेख विधि द्वारा)

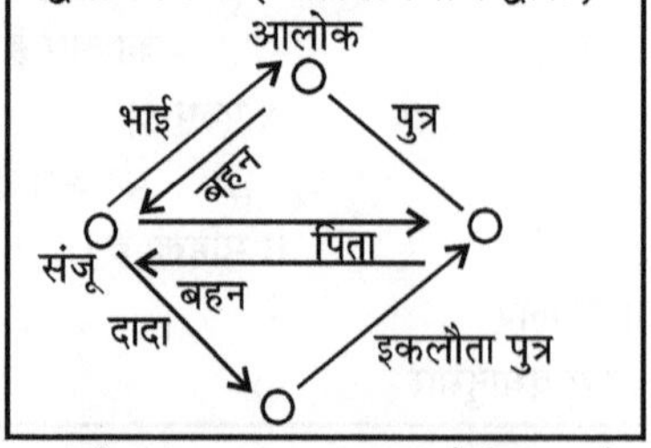

अर्थात् अब ग्राफ द्वारा स्पष्ट है कि आलोक, संजू का भाई है।

उदाहरण 4. X और Y दोनों Z के बच्चे हैं। यदि Z, X का पिता है परन्तु Y, Z का पुत्र नहीं है तो Y और Z में क्या संबंध है?

A. पुत्री तथा पिता B. बहन तथा भाई

C. भतीजी और चाचा D. इनमें से कोई नहीं

हल (A) : चूंकि X और Y दोनों के बच्चे हैं अत: X व Y, Z के या तो पुत्र अथवा पुत्री हो सकते हैं। चूकि Y, Z का पुत्र नहीं है इसलिए Y, Z की पुत्री होगी। अत: सही उत्तर (B) है।

उदाहरण 5. यदि F, A का भाई है, C, A की पुत्री है, K, F की बहन है तथा G, C का भाई है तो G का चाचा कौन है?

A. A B. K
C. C D. F

हल (D) : चूंकि G, C का भाई है तथा C, A की पुत्री है, अत: G, A का पुत्र हुआ। F, A का भाई है। अत: F, G का या तो चाचा और या मामा चूंकि मामा के बारे में कुछ न तो कहा गया है और न पूछा गया है। अत: F, G का चाचा है।

अभ्यास

1. मेरा तुम्हारी माता के पुत्र की भांजी के लड़के से क्या संबंध है जबकि मैं तुम्हारी माता के पुत्र की भांजी का पिता हूं।
A. चाचा-भतीजा B. मामा-भांजा
C. पिता-पुत्र D. नाना-भांजा

2. A ने B से कहा, ''मैं तुम्हारे पिता की बुआ के भतीजे का भाई हूं।'' A व B में क्या संबंध हैं?
A. चाचा-भतीजा B. भाई-भाई
C. मामा-भांजा D. पिता-पुत्र

3. एक स्थान पर 5 व्यक्ति खड़े हैं A, B, C, D और E; O, A की बहन है व C की माता है। E, A का भाई है जबकि B, A का पुत्र है। B व C में क्या संबंध है?
A. भाई या बहन B. मामा व भांजा
C. पिता-पुत्र D. चाचा या भांजा

4. मेरे मामा के चाचा के भतीजे की बहन से मेरा क्या संबंध है?
A. माता B. मामी
C. चाचा D. ताई

निर्देश (प्रश्न सं. 5 से 9 तक) : *नीचे दी गई सूचनाओं को सावधानीपूर्वक पढ़िए तथा आगे दिए प्रश्नों के उत्तर दीजिए।*

सूचना : एक परिवार के छः सदस्य क्रमशः P, Q, R, S, T और U है, जिसमें दो विवाहित जोड़े हैं। Q एवं R, T के बच्चे हैं जो P का पुत्र है। S, U की पतोहू है जिसका एक पौत्र है।

5. निम्नलिखित में से कौन-सा विवाहित युगलों का जोड़ा है?
A. PT B. US
C. TQ D. TS

6. R, P से किस प्रकार संबंधित हैं?
A. पौत्र B. पौत्री
C. पौत्र या पौत्री D. इनमें से कोई नहीं

7. P की पत्नी कौन हैं?
A. S B. U
C. T D. जानकारी अधूरी है

8. P, S से किस प्रकार संबंधित हैं?
A. पिता B. चाचा
C. भाई D. इनमें से कोई नहीं

9. परिवार में पुरुष सदस्य कितने हैं?
A. 2 B. 3
C. 2 या 3 D. जानकारी अधूरी है

10. तीन पुरुष दिल्ली जा रहे हैं, यदि उनमें से दो पिता तथा दो पुत्र हो तो सबसे बड़ा पुरुष सबसे छोटे पुरुष का क्या है?
A. पिता B. दादा
C. ताऊ D. पुरुष

11. एक आदमी एक लड़के के बारे में कहा है, ''यह लड़का मेरे पिता के इकलौते बेटे का बेटा है।'' बताइए कि आदमी का वह लड़का क्या लगता है?
A. भाई B. साला
C. बेटा D. भतीजा

12. A तथा B दो सगे भाई हैं। C तथा D दम्पत्ति हैं। E, A की पुत्री है। B, D का पिता है। B की पत्नी F है। A की मां G है। C, B का दामाद है। H, C की पुत्री है बताइए H, F की क्या लगती हैं?
A. बेटी B. नातिनी (पौत्री)
C. बहू D. धेवती

13. A, X का पुत्र है। X और Y परस्पर बहनें हैं। Y की माता Z है। यदि P, Z का पुत्र है तो निम्नलिखित में से कौन-सा कथन सही है?
A. X और Y मौसेरी बहनें हैं।
B. X, A की तथा Y, Z की पुत्रियां हैं।
C. P, A का मामा है
D. A, Z की धेवती है

14. एक महिला एक लड़के के साथ कहीं जा रही थी, रास्ते में उसको एक आदमी मिला, जिसने उस महिला से पूछा, ''यह लड़का तुम्हारा कौन है?'' उत्तर में महिला ने कहा,

"मेरे मामा इसके मामा के परस्पर भाई हैं।" उक्त महिला का लड़के के साथ क्या संबंध था?

A. चाची और भतीजी B. पत्नी और पति
C. मां और पुत्र D. भाभी और देवर

15. मामा के लड़के की बुआ हमारी कौन हैं?

A. बुआ B. मौसी अथवा मां
C. बहन D. चाची

16. प्रताप की बहन सरस्वती है। सरस्वती का पुत्र अमित है। सीमा प्रताप की पुत्री तथा तरुन की मां है। सरस्वती तथा तरुन की मां में क्या संबंध है?

A. मां-बेटी B. बुआ-भतीजी
C. मामी-भांजी D. मौसी-भांजी

17. जुगनू के बाबा का नाम मोतीलाल है। संजय मोतीलाल की बहन का लड़का है। संजय तथा मोतीलाल के पुत्र के लड़के जुगनू में क्या संबंध है?

A. मामा-भांजा B. भाई-भाई
C. चाचा-भतीजा D. फूफा-भतीजा

18. अरविन्द के चाचा के बड़े भाई के पिता के पुत्र की बहन का अरविन्द से क्या संबंध है?

A. मामी-भांजा B. मां-पुत्र
C. चाची-भतीजा D. बुआ-भतीजा

19. विशाल, नागरथ की पुत्री के भाई का लड़का है। अमित, नागरथ की पुत्री का लड़का है। अमित का अपने मामा की बहन के भतीजे से क्या संबंध है?

A. भाई-भाई B. पिता-पुत्र
C. मामा-भांजा D. चाचा-भतीजा

20. मेरी बुआ के पिता की पत्नी के लड़के का मेरी बुआ की पुत्री से क्या संबंध है?

A. चाचा-भतीजी B. पिता-पुत्री
C. मामा-भांजी D. बहन-भाई

21. एक बस में बैठे यात्री ने दूसरे यात्री से कहा, "मैं तुम्हारे मामा के बाबा के पुत्र की पुत्री का लड़का हूं।" दोनों में क्या संबंध है?

A. मामा-भांजा B. भाई-भाई
C. चाचा-भतीजा D. इनमें से कोई नहीं

निर्देश (प्रश्न सं 22 से 24 तक): *निम्नलिखित प्रश्नों के उत्तर नीचे दी गई सूचनाओं के आधार पर दीजिए।*

पांच पुरुष प्रभाकर, रमेश, सतीश, नीरज एवं मनोज अपनी-अपनी पत्नियों जिनके नाम सविता, पूनम, रीटा, निरुपमा एवं मीता हैं, के साथ नैनीताल पिकनिक पर जा रहे हैं। अन्य सूचना निम्न प्रकार से हैं—

(i) प्रत्येक पुरुष के नाम का प्रथम अक्षर उनकी अपनी पत्नी के नाम के प्रथम अक्षर से भिन्न है।

(ii) सविता, प्रभाकर या रमेश में से किसी की पत्नी नहीं है।

(iii) रमेश, पूनम या निरुपमा में से किसी का भी पति नहीं है।

(iv) निरुपमा और मीता सतीश या प्रभाकर में से किसी की पत्नी नहीं है।

22. पूनम निम्न में से किसकी पत्नी है?

A. सतीश B. रमेश
C. नीरज D. मनोज

23. मनोज निम्न में से किसका पति है?

A. पूनम B. निरुपमा
C. रीटा D. सविता

24. प्रभाकर निम्न में से किसका पति है?

A. सविता B. निरुपमा
C. मीता D. रीटा

25. 'ब' और 'क' का 'अ' भाई है, 'ब' की 'उ' माता है, 'अ' का 'इ' बाप है। निम्नलिखित में से कौन-सा कथन निश्चयपूर्वक सत्य होने की संभावना नहीं है?

A. 'क' का 'ब' भाई है। B. 'ई' की 'उ' की पत्नी है
C. 'इ' का 'अ' पुत्र है D. 'उ' का 'अ' पुत्र है

26. 'प + क' का अर्थ है— 'क' की 'प' बहन है 'प' × 'क' का अर्थ है 'क' का 'प' भाई है। यदि प—क का अर्थ है— 'क' का 'प' बाप है तो निम्नलिखित में से किसका अर्थ है— 'ब' की 'अ' बुआ है?

A. अ + प – ब B. ब – प + अ
C. अ + प × ब D. अ + प – ब

27. यदि 'P + Q' का अर्थ है, 'P' मां है Q की 'P – Q' का अर्थ है, 'P' भाई है Q का 'P ÷ Q' का अर्थ है, 'P' पिता है Q का 'P × Q' का अर्थ है, 'P' बहन है Q की तो निम्नलिखित में से किसका अर्थ होगा 'X' चाचा है 'Y' की?

A. 'X' – M + N ÷ Y B. Y ÷ M + N × 'X'
C. 'X' – M – N × Y D. 'X' – M × N ÷ Y

28. 'A – B' का तात्पर्य 'A' पुत्री है 'B' की 'A × B' का अर्थ है 'A' का पति है 'B' का 'A ÷ B' का अर्थ है 'A' पिता है 'B' का तो 'P × Q – R ÷ S' निम्न में से Q के साथ S का कौन-सा संबंध दर्शाता है?

A. पत्नी B. पुत्र वधू

C. बहन D. साली

29. अंजलि ने अपनी बुआ की लड़की अलका से कहा ''तुम्हारे मामा के लड़के के बाबा की पुत्री का मेरे भाई के पिता से क्या संबंध है।''

A. भाई-बहन B. पिता-पुत्री

C. चाचा-भतीजी D. मामा-भांजी

30. विवेक के मामा की दादी के पुत्र के भतीजे से विवेक का क्या संबंध है?

A. बाबा-नाती B. चाचा-भतीजा

C. मामा-भांजा D. मामा-चाचा

31. A का नाना B है। C, A की पुत्री व D चाची है। E, D का चाचा है। C व E में संबंध बताइये।

A. पुत्र-पुत्री B. माता-पिता

C. पति-पत्नी D. भाई-बहन

32. वंदना ने अनिल से कहा ''मैं तुम्हारे पुत्र के मामा के बाबा की इकलौती नातिन हूं। अनिल के पुत्र और वंदना के पिता में क्या संबंध है?''

A. भांजा-मामा B. पिता-पुत्र

C. चाचा-मामा D. धेवता-नाना

33. विनोद ने अपने बाबा के पुत्र की लड़की से कहा, ''तुम मेरे मामा की बहन की इकलौती पुत्री हो।'' विनोद और उस लड़की की मां में क्या संबंध हैं?

A. मामी-भांजा B. मां-पुत्र

C. दादी-पुत्र D. चाची-भतीजा

34. क्या D की मां C है? इसके उत्तर को जानने के लिए निम्नलिखित (1) और (2) में दिए गए कथनों में से कौन-सा कथन पर्याप्त हैं?

(1) B के दो बच्चे हैं, जिनमें से D एक है

(2) D की बहन C की पुत्री है।

A. (1) और (2) दोनों की जरुरत हैं।

B. (1) और (2) दोनों ही अपर्याप्त हैं।

C. सिर्फ (1) पर्याप्त है

D. सिर्फ (2) पर्याप्त है।

निर्देश (प्रश्न 35 एवं 36) : *निम्नलिखित प्रश्नों के उत्तर देने के लिए के लिए आगे दी गई सूचनाओं को सावधानीपूर्वक पढ़िए—*

(अ) $P + Q$ का अर्थ है—P, Q की मां है।

(ब) $P \div Q$ का अर्थ है—P, Q का पिता है।

(स) $P - Q$ का अर्थ है—P, Q की बहन है।

35. निम्नलिखित में से कौन-सा यह प्रकट करता है कि M, R की पुत्री है?

A. $R \div M + N$ B. $R + N \div M$

C. $R - M \div N$ D. जानकारी अधूरी है

36. उपर्युक्त प्रश्न (प्रश्न संख्या 35) का उत्तर पाने के लिए निम्नलिखित में से कौन से कथन के बिना भी काम चल सकता है?

A. केवल 'अ' B. 'ब' अथवा 'स'

C. 'अ' अथवा 'ब' D. केवल 'स'

37. एक फोटोग्राफ में एक व्यक्ति की और संकेत करते हुए अरुणा ने कहा, ''वह मेरी बहन के भाई के पिता का एक मात्र बेटा है'' वह व्यक्ति कैसे अरुणा से संबंधित है?

A. मामा B. मां

C. ममेरा भाई D. इनमें से कोई नहीं

38. A, B का भाई है। A, C का भाई है। यह ज्ञात करने के लिए कि B और C में क्या संबंध है। निम्नलिखित में से कम कितनी जानकारी आवश्यक है?

I. C का लिंग II. B का लिंग

A. केवल I जरुरी है। B. केवल II जरुरी है

C. या तो I या II जरुरी है D. I और II दोनों जरुरी है

39. एक स्त्री का परिचय देते हुए एक पुरुष ने कहा, ''उसके पिता का एक मात्र पुत्र मेरा पिता है।'' वह पुरुष उस स्त्री से कैसे संबंधित है?

A. पिता B. पुत्र

C. चाचा D. भतीजा

40. गोलू पुत्र है, भोला का। सरमा पुत्री है, गोलू की। चुन्नी पुत्री है दाबू की और दाबू भाई है, भोला का। चुन्नी का सुरमा से क्या संबंध है?

A. भतीजा B. पुत्र

C. चचेरी बहन D. मां

41. सुरेश को परिचित कराते हुए सुभा ने कहा—''उसके भाई के पिता मेरी दादी के एकमात्र बेटे हैं।'' सुभा सुरेश से कैसे संबंधित है?

A. मां B. चचेरी बहन

C. बहन D. पुत्री

42. Q की मां, P की बहन और M की पुत्री है। S, P की पुत्री और T की बहन है तो M, T से किस प्रकार संबंधित है?

A. पिता B. दादा

C. दादी D. दादा या दादी

43. विनोद, भास्कर का भाई है। मनोहर, विनोद की बहन है।

बिसवान, प्रीतम का भाई है और प्रीतम भास्कर की पुत्री है। तब बताएं कि बिसवान के चाचा कौन हैं?

A. भास्कर B. मनोहर
C. विनोद D. जानकारी अधूरी है

44. एक फोटोग्राफ में एक व्यक्ति की और संकेत करते हुए अरुणा ने कहा—''वह मेरी बहन के भाई के पिता का इकलौते पुत्र का पुत्र है।'' तब वह व्यक्ति अरुणा से कैसे संबंधित है?

A. भांजी B. नाती
C. पुत्र D. इनमें से कोई नहीं

45. एक आदमी का परिचय कराते हुए एक स्त्री ने कहा—''उसकी पत्नी मेरी मां की इकलौती पुत्री है।'' वह स्त्री कैसे उस आदमी से संबंधित है?

A. साली/भाभी B. पत्नी
C. सास D. चाची

46. एक चित्र में एक पुरुष की ओर संकेत करते हुए एक स्त्री ने कहा—''उसके भाई का पिता मेरे पितामह का इकलौता पुत्र है।'' तब वह स्त्री उस चित्र के पुरुष से कैसे संबंधित थी?

A. मां B. बहन
C. चाची/मौसी D. पुत्री

47. एक पुरुष ने एक महिला से कहा—''तुम्हारे भाई की इकलौती बहन मेरी मां है।'' महिला का पुरुष की मां की तरफ से उसकी दादी मां से क्या संबंध है?

A. मां B. बहन
C. साली D. पुत्री

48. राजेश की तरफ इशारा करते हुए राधा ने कहा—''उसकी बहन मेरी मां की इकलौती बेटी है।'' तब राधा, राजेश से किस प्रकार संबंधित है?

A. मां B. बेटी
C. भाई D. बहन

49. एक स्त्री का परिचय देते हुए एक पुरुष ने कहा—''इसका पिता मेरी माता का इकलौता पुत्र है।'' वह स्त्री उस पुरुष से कैसे संबंधित है?

A. बहन B. पुत्री
C. चाची D. माता

50. बेबी की तरफ संकेत करते हुए विनोद ने कहा कि उसका पिता मेरी मां की बहन का पुत्र है। विनोद का बेबी से क्या संबंध है?

A. भतीजी B. भाई
C. चचेरा भाई D. इनमें से कोई नहीं

उत्तरमाला

1	2	3	4	5	6	7	8	9	10
A	A	A	A	D	C	D	D	B	B
11	**12**	**13**	**14**	**15**	**16**	**17**	**18**	**19**	**20**
C	D	C	C	B	B	C	D	A	C
21	**22**	**23**	**24**	**25**	**26**	**27**	**28**	**29**	**30**
B	A	B	D	A	D	D	C	A	C
31	**32**	**33**	**34**	**35**	**36**	**37**	**38**	**39**	**40**
C	D	B	D	A	D	D	D	D	B
41	**42**	**43**	**44**	**45**	**46**	**47**	**48**	**49**	**50**
C	D	C	D	B	B	D	D	B	A

संकेत

1. माता के पुत्र की भांजी के चाचा का लड़का तथा माता के पुत्र की भांजी के पिता में चाचा-भतीजे का संबंध है।

2. B के पिता की बुआ के भतीजे का भाई, चाचा हुआ। अत: A और B चाचा-भतीजे हुए।

3. B, D की बहन का लड़का है तथा C, D की संतान है। अत: B व C आपस में भाई-भाई या भाई-बहन हुए।

4. मेरे मामा के चाचा के भतीजे की बहन मेरी माता या मौसी होगी।

5. P का पुत्र T है तथा S,U की पतोहू है तथा Q एवं R, T के बच्चे हैं, अत: T-S आपस में पति-पत्नी है।

6. R, T का बच्चा है तथा T का पिता P है, अत: R, P का या तो पौत्र होगा अथवा पौत्री होगी।

7. यह कहना मुशकिल है कि P एवं U में कौन पुरुष है तथा कौन स्त्री। अत: जानकारी अपूर्ण है।

8. P या तो S का ससुर है अथवा सास।

9. परिवार में दो विवाहित युगल हैं, जिनमें दो पुरुष होंगे तथा एक पौत्र है। इस प्रकार कुल तीन सदस्य पुरुष (Male) है।

10. सबसे छोटा पुरुष बेटे का पुत्र है। अत: बड़ा पुरुष छोटे पुरुष का दादा हुआ।

11. यह लड़का मेरे पिताजी के इकलौते बेटे का बेटा है।

मेरा → मैं

पिता → इकलौता बेटा (मैं स्वयं) → बेटा

अर्थात् यह लड़का मेरा बेटा है। अत: विकल्प (C) सही है।

12. कथनानुसार, प्रतीक रूप/वंश वृक्ष के रूप में लिखने पर—

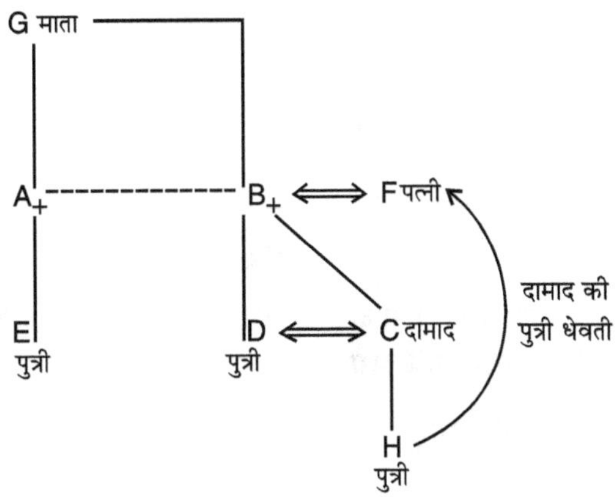

G के दो पुत्र A तथा B हैं। B की पुत्री D तथा दामाद C है जिनकी पुत्री A है, अत: B, H का नाना है तथा H की पत्नी F उसकी नानी है। अत: H, F की धेवती है। अत: विकल्प (D) सही है।

13. X, A की माता है।
Y, A की मौसी हुई
और Z, A की नानी हुई।
परन्तु P, Z का पुत्र है, अत: P, A का मामा हुआ।

14. चूंकि लड़के के मामा के मामा महिला के मामा है। अत: लड़के का मामा, महिला का भाई है तथा महिला लड़के की मां है।

15. मामा के लड़के की बुआ, मामा की बहन होगी, अत: वह हमारी मौसी अथवा मां होगी।

16. तरुन की मां सीमा, प्रताप की पुत्री है तथा सरस्वती प्रताप की बहन है। अत: स्पष्टत: सरस्वती सीमा की बुआ है।

17. संजय मोतीलाल की बहन का लड़का है। अत: वह दूसरी पीढ़ी का सदस्य है। जुगनू, मोतीलाल के पुत्र का लड़का है। अत: वह तीसरी पीढ़ी का सदस्य है। जुगनू का पिता व संजय आपस में भाई-भाई हैं। इसलिए संजय, जुगनू का चाचा है।

18. अरविन्द के चाचा के बड़े भाई उसके पिता या ताऊ हुए तथा उनके पिता की पुत्री अरविन्द की बुआ हुई।

19. अमित के मामा की बहन का भतीजा अमित के मामा का लड़का हुआ। अत: दोनों भाई-भाई हैं।

20. मेरी बुआ के पिता की पत्नी के पुत्र मेरे पिता हुए तथा मेरी बुआ की लड़की के मामा हुए। अत: दोनों में मामा-भांजी का संबंध है।

21. मामा के बाबा के पुत्र की पुत्री मां हुई। अत: मामा का लड़का मेरा भाई हुआ।

25. चारों कथनों में से कथन (A) को छोड़कर अन्य सभी कथन निश्चयपूर्वक सत्य हैं। अत: कथन (A) के ही निश्चयपूर्वक सत्य होने की संभावना नहीं है।

26. अ + प – ब का अर्थ हुआ 'अ' 'ब' की बहन है तथा 'प' 'क' का बाप है। अत: 'अ' 'ब' की बुआ हुई।

27. $P + Q$ = P मां है Q की (1)
$P - Q$ = P भाई है Q का (2)
$P \div Q$ = P पिता है Q का (3)
$P \times Q$ = P बहन है Q की (4)

उपर्युक्त दिए गए विकल्पों में से विकल्प (B) अर्थात्
$X - M \times N \div Y$ = 'X' भाई है M का,
= M बहन है N की एवं
= N पिता है Y का

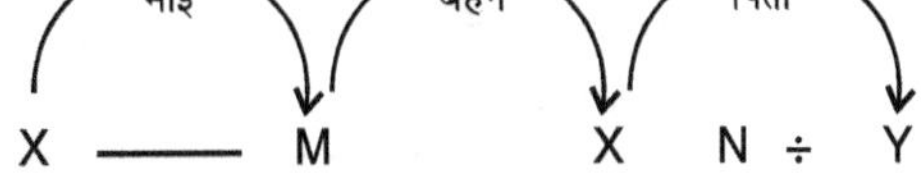

समीकरण (2), (3) एवं (4) के अनुसार, 'X' और N भाई हुए, अत: 'X' चाचा है 'Y' का।

28.

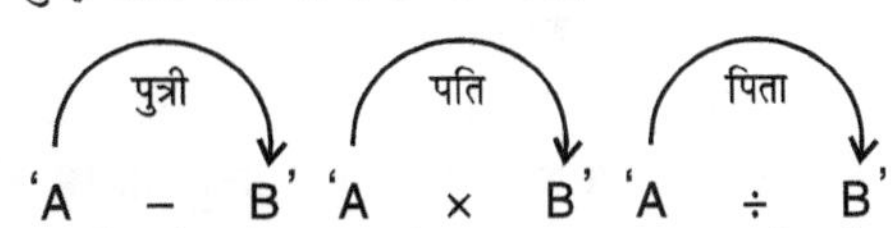

उपर्युक्त के आधार पर '$P \times Q - R \div S$' की निम्न स्थिति बनेगी—

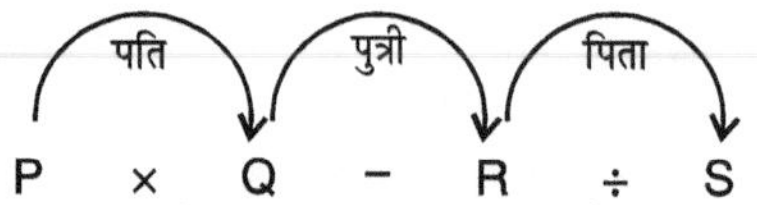

अत: 'R' के पुत्र 'S' एवं पुत्री 'Q' है अत: 'S' का 'Q' के साथ बहन का संबंध है।

29. अलका के मामा के लड़के के बाबा की पुत्री अंजलि के भाई के पिता की बहन है।

30. विवेक के मामा की दादी के पुत्र का भतीजा विवेक का मामा है।

31. C, D की चाची है जबकि E, D का चाचा है। अत: C व E पति-पत्नी है।

32. अनिल के पुत्र का मामा वंदना का भाई हुआ। अत: अनिल के पुत्र का वंदना के पिता से नाना-धेवता का रिश्ता हुआ।

33. विनोद के बाबा के पुत्र की पुत्री उसकी बहन हुई। अत: विनोद और उसके मामा की बहन की पुत्री उसकी बहन हुई। इसलिए विनोद व लड़की की मां में पुत्र व मां का संबंध है।

34. बहन की मां D की मां हुई।

35. R ÷ M का अर्थ है – R पिता है M का और M + N का अर्थ है – M मां है N की। इसलिए R की पुत्री M हुई।

37. ''वह अरुणा की बहन के भाई के पिता का एकमात्र बेटा है'' का अर्थ है वह अरुणा का भाई है।

द्वितीय विधि (आरेख विधि से)—

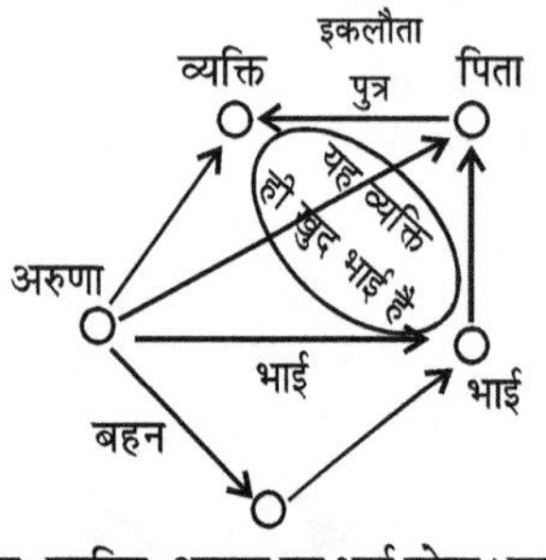

अत: व्यक्ति, अरुणा का भाई होगा। यह किसी भी विकल्प में नहीं दिया गया है।

39. स्त्री के पिता का एकमात्र पुत्र अर्थात् उस स्त्री का भाई हुआ, अत: उस स्त्री का भाई उस पुरुष का पिता है। अत: वह पुत्र उस स्त्री का भतीजा है।

40. गोलू, भोला का पुत्र है और गोलू की पुत्री है। अत: सरमा, गोलू की नातिनी हुई। चूंकि चुन्नी दाबू की पुत्री है और दाबू भोला का भाई है। अत: चुन्नी भोला की भतीजी हुई। अत: चुन्नी, सरमा की बुआ हुई।

41. सुरेश के पिता सुभा की दादी के एकमात्र बेटे हैं। अर्थात् सुभा के पिता हैं। अत: सुभा सुरेश की बहन है।

द्वितीय विधि—

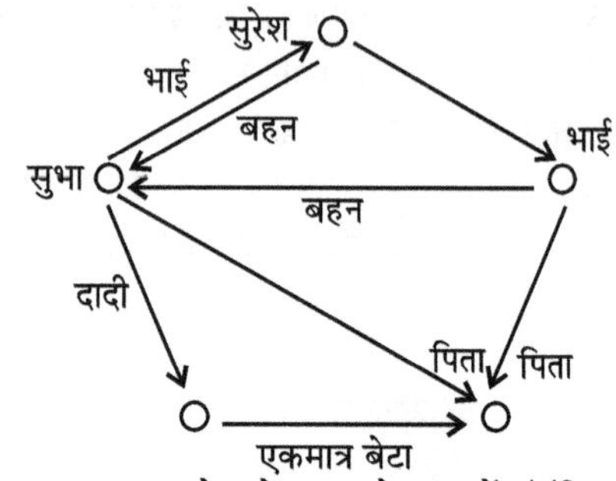

अत: सुभा, सुरेश के बहन के रूप में संबंधित है।

42. आरेख विधि द्वारा

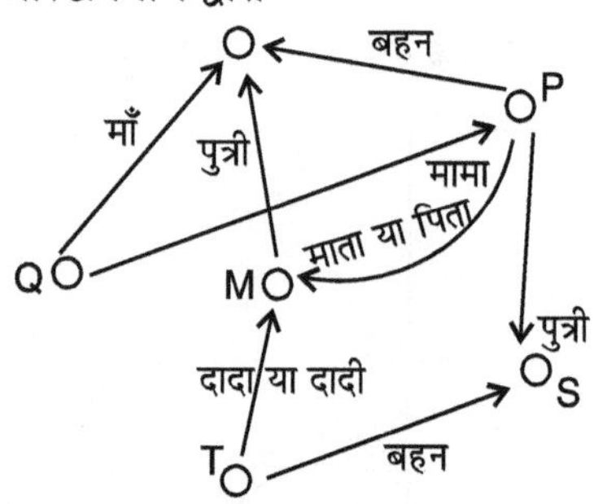

अर्थात् M, T से दादा या दादी के रूप में संबंधित होगा।

43. आरेख विधि द्वारा

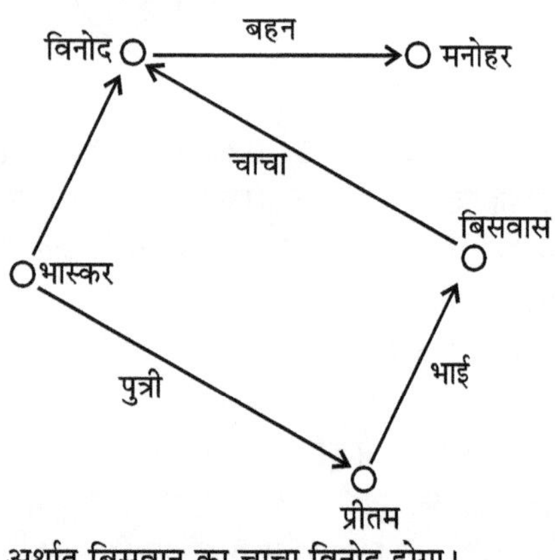

अर्थात् बिसवान का चाचा विनोद होगा।

44. अरुणा के बहन के भाई के पिता का इकलौता पुत्र खुद अरुणा का भाई ही है। तब उसके भाई का पुत्र उसका भतीजा लगेगा तथा अरुणा उससे बुआ के रूप में संबंधित होगी, अर्थात् वह फोटो वाला व्यक्ति ही उसका भतीजा

हुआ जो किसी विकल्प में नहीं दिया हुआ है।

आरेख विधि द्वारा

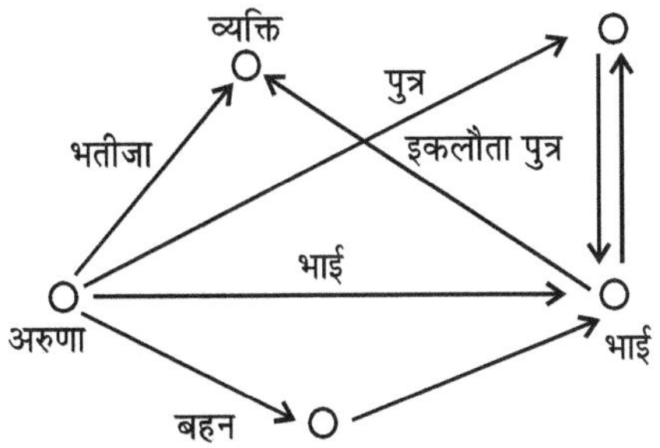

अर्थात् वह व्यक्ति, अरुणा का भतीजा लगेगा जो किसी भी विकल्प में नहीं है।

45. स्त्री की मां की इकलौती पुत्री खुद वह स्त्री है जो उस आदमी की पत्नी है अर्थात् वह स्त्री उस आदमी से पत्नी के रूप में संबंधित होगी।

आरेख विधि द्वारा

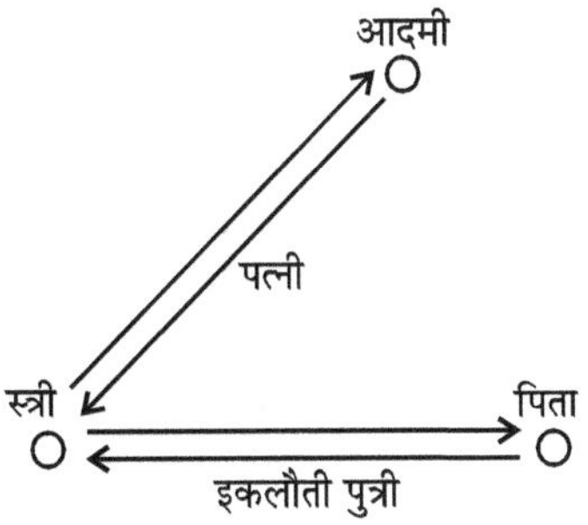

अर्थात् वह स्त्री, उस व्यक्ति से पत्नी के रूप में संबंधित होगी।

46. स्त्री के पितामह का इकलौता पुत्र, स्त्री का पिता हुआ जो उस पुरुष के भाई का पिता है। तब निश्चित ही वह स्त्री, उस चित्र वाले पुरुष से बहन के रूप में संबंधित होगी।

आरेख विधि द्वारा

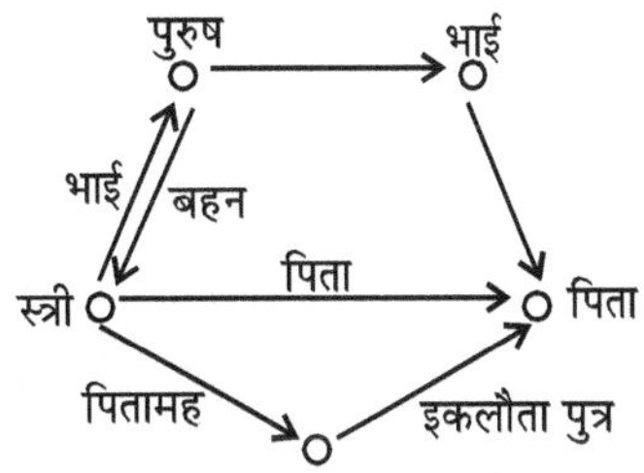

अर्थात् वह स्त्री, उस चित्र वाले पुरुष की बहन लगेगी।

47. महिला के भाई की इकलौती बहन खुद महिला है जो उस पुरुष की मां है। महिला के संबंध को ध्यान में रखते हुए पुरुष की दादी मां, उसकी नानी होगी, जिसकी महिला पुत्री लगेगी।

48. राधा की मां की इकलौती बेटी खुद राधा है जो राजेश की बहन है। अत: अब निश्चित ही राधा, राजेश की बहन लगेगी।

आरेख विधि द्वारा

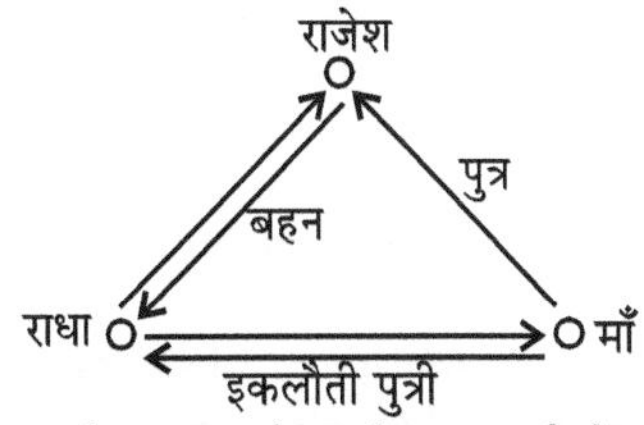

अर्थात् राधा राजेश की बहन लगेगी।

49. पुरुष की माता का इकलौता पुत्र खुद वह पुरुष होगा जो स्त्री का पिता है। अत: वह स्त्री, उस पुरुष की पुत्री लगेगी।

आरेख विधि द्वारा

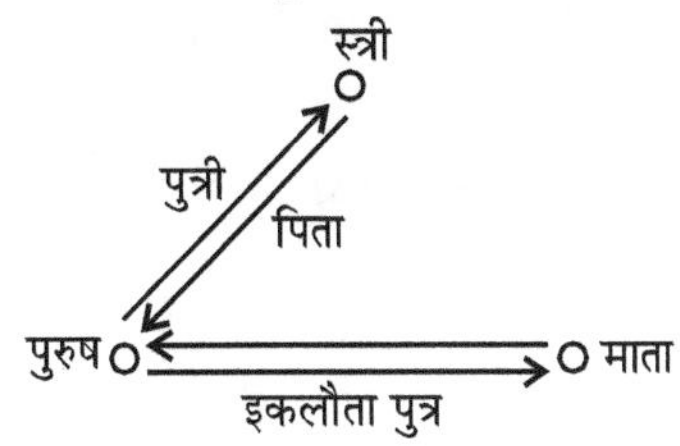

7. कूट/सांकेतिक भाषा परीक्षण
(Coding And Decoding Test)

कूट/सांकेतिक भाषा परीक्षा में कुछ शब्द या अक्षर दिए होते हैं। अभ्यर्थी को इस परीक्षा में दिए गए निर्देशों के अनुरूप उन्हें कूट/सांकेतिक भाषा में परिवर्तित करना होता है। इस प्रकार की कूट/सांकेतिक भाषा में रचना Coding (कोडिंग) कहलाता है। यदि प्रश्न में शब्द अथवा अक्षर कूट/सांकेतिक भाषा में रचना करके दिए गए हैं, तो उन्हें मूल शब्दों/अक्षरों में परिवर्तित करने को Decoding (डीकोडिंग) कहा जाता है।

सांकेतिक/कूट भाषा में शब्दों की रचना के लिए कुछ निश्चित नियमों/प्रमापों (Standards) का निर्धारण किया जाता है। इन नियमों/प्रमापों के संबंध में पूर्ण जानकारी प्राप्त करने के बाद ही शब्दों/अक्षरों को सांकेतिक भाषा में परिवर्तित (Coding) अथवा सांकेतिक भाषा को मूल रूप से परिवर्तित (Decoding) आसानी से किया जा सकता है। कूट/सांकेतिक भाषा को तैयार करने के पीछे गोपनीयता का तत्व महत्वपूर्ण है। इसके द्वारा एक व्यक्ति किसी दूसरे व्यक्ति को अपना संदेश गोपनीय विधि से प्रेषित कर सकता है। संदेश प्राप्तकर्ता उस मूल संदेश को पुनः मूल रूप में परिवर्तित (Decoding) करके वास्तविक संदेश को समझ सकता है अथवा प्राप्त कर सकता है।

कूट संरचना हेतु अभ्यर्थी को वर्णमाला एवं उसकी स्थिति का पूर्ण ज्ञान होना अति आवश्यक है। आगे अभ्यर्थियों को वर्णमाला एवं उसकी स्थिति के संबंध से अवगत करवाया जा रहा है।

वर्णमाला :	A	B	C	D	E	F	G	H	I	J	K	L	M	N	O	P	Q	R	S	T	U	V	W	X	Y	Z
स्थिति क्रम :	1	2	3	4	5	6	7	8	9	10	11	12	13	14	15	16	17	18	19	20	21	22	23	24	25	26

कूट/सांकेतिक भाषा संरचना हेतु अभ्यर्थियों को दिए गए वास्तविक एवं कूट शब्दों/अक्षरों के मध्य संबंध ज्ञात करने का प्रयत्न करना चाहिए। संबंध एवं निर्देश ज्ञात होते ही अभ्यर्थी उनके आधार पर कूट संरचना/कूट तोड़ना (Coding/Decoding) दोनों आसानी से कर सकता है।

नोट : नीचे कुछ उदाहरण दिए जा रहे हैं जिनसे इसे भली-भांति समझा जा सकता है।

उदाहरण 1. यदि CEJQ को XVQJ से व्यक्त करें तो BDIP को कैसे लिखा जाएगा?

A. WVRQ B. YWRK

C. WUPI D. YWRI

हल (B) : CEJQ में अक्षर C प्रारंभ में तीसरे क्रम पर है जबकि XVQJ में अक्षर X अंत से तीसरे क्रम पर (उल्टा) है। अतः अक्षरों को विपरीत क्रम में लिखें—

A B C D E F G H I J K L M N O P Q R S T U V W X Y Z

Z Y X W V U T S R Q P O N M L K J I H G F E D C B A

चूंकि → $C \rightarrow X, E \rightarrow V, J \rightarrow Q, Q \rightarrow J$

इसलिए — $B \rightarrow Y, D \rightarrow W, I \rightarrow R, P \rightarrow K$

अतः — $BDIP \rightarrow WRK$

अतः विकल्प (B) सही है।

उदाहरण 2. यदि LASER को 72645 से व्यक्त करें तो REAL को किससे व्यक्त करेंगे?

A. 4257 B. 5427

C. 4567 D. 5274

हल (B) : $\left.\begin{matrix} L & A & S & E & R \\ 7 & 2 & 6 & 4 & 5 \end{matrix}\right\} \Rightarrow \begin{matrix} R & E & A & L \\ 5 & 2 & 4 & 7 \end{matrix}$

अतः विकल्प (B) सही है।

उदाहरण 3. यदि PHYSICS को 4263573 से व्यक्त करें तो SPICY को किससे व्यक्त करेंगे?

A. 34267 B. 34657

C. 34576 D. 34567

हल (C) : $\left.\begin{matrix} P & H & Y & S & I & C & S \\ 4 & 2 & 6 & 3 & 5 & 7 & 3 \end{matrix}\right\} \Rightarrow \begin{matrix} S & P & I & C & Y \\ 3 & 4 & 5 & 7 & 6 \end{matrix}$

अतः विकल्प (C) सही है।

उदाहरण 4. यदि किसी कोड में EXACT को FYBDU से

लिखा गया है तो HINDI को किससे व्यक्त करेंगे?

A. GHMCH B. IJMCH
C. IJOEJ D. IJMEJ

हल (C) : $\left.\begin{matrix} E & X & A & C & T \\ F & Y & B & D & U \end{matrix}\right\} \Rightarrow$ प्रत्येक अक्षर को उसके अगले अक्षर से बदल दिया जाता है।

अत: विकल्प (C) सही है।

उदाहरण 5. यदि किसी सांकेतिक भाषा में 'LATE' शब्द को 38 लिखा जाता है तो उसी सांकेतिक भाषा में 'MAKE' शब्द को कैसे लिखा जाएगा—

A. 29 B. 30
C. 32 D. 34

हल (B) : यहां L का प्रारंभ से क्रम = 12
A का प्रारंभ से क्रम = 1
T का प्रारंभ से क्रम = 20
E का प्रारंभ से क्रम = 5
योग = 38

इसी प्रकार MAKE कूट रचना के लिए—
प्रारंभ से M का क्रम = 13
A का क्रम = 1
K का क्रम = 11
E का क्रम = 5

$\therefore$ MAKE $\rightarrow$ 13 + 1 + 11 + 5 = 30

अत: विकल्प (B) सही है।

उदाहरण 6. किसी निश्चित सांकेतिक भाषा में 'DIGEST' को 'GGJCVR' लिखा जाता है। इसी कूट भाषा में 'ADJEC-TIVE' को किस प्रकार लिखा जाएगा?

A. DBLCGRLTH B. CBMDFRLTH
C. CBMCFREH D. DBMCFRLTH

हल (D) : सर्वप्रथम हम 'DIGEST' के कूट संरचना 'GGJCVR' के मध्य संबंध ज्ञात करेंगे—

	D	I	G	E	S	T
	↓	↓	↓	↓	↓	↓
संबंध	+3	– 2	+ 3	– 2	+ 3	– 2
	G	G	J	C	V	R

कूट संरचना में वर्णमाला क्रमानुसार (D) पहला वर्ण + 3 तथा (I) द्वितीय वर्ण में – 2 तथा क्रमशः इसी क्रम को अपनाया (Adopt) गया है।

इसके शब्द →	A	D	J	E	C	T	I	V	E
संबंध →	+3	– 2	+3	– 2	+ 3	– 2	+ 3	– 2	+3
Coding →	D	B	M	C	F	R	L	T	H

अत: विकल्प (D) सही है।

उदाहरण 7. किसी सांकेतिक भाषा में 'PINE' NGLI लिखा जाता है, तो उसी भाषा में 'IRON' को किस तरह लिखा जाएगा?

A. GPMK B. GPML
C. GPRT D. MRTP

हल (B) : वर्णमाला के प्रत्येक वर्ण से (– 2) अर्थात् 'P' से दो वर्ण पूर्व 'N', 'I' से दो वर्ण पूर्व G तथा इसी प्रकार से कूट रचना की गई है जिसके आधार पर 'IRON' की रचना 'GPML' होगी।

अत: विकल्प (B) सही है।

उदाहरण 8. यदि किसी सांकेतिक भाषा में RAMESH को IZNVHS लिखा जाता है तो ANIL को लिखा जाएगा—

A. ZMRO B. ZCRE
C. OMRO D. ZORO

हल (A) :

	R	A	M	E	S	H	
	18	1	13	5	19	8	प्रारंभ से क्रम संख्या
अंत से क्रम संख्या	18	1	13	5	19	8	
	I	Z	N	V	N	S	

यहां प्रारंभ से 18 वें अक्षर R को अंत से 18वें अक्षर I से बदला गया है, आदि आदि।

A N I L
1 14 9 12 प्रारंभ से क्रमांक को लिखा जाएगा।
Z M R O
1 14 9 12 अंत से क्रमांक को लिखा जाएगा।

अत: विकल्प (A) सही है।

उदाहरण 9. सांकेतिक भाषा में यदि FIRE को 69185 तथा LOVE को 1215225 लिखा जाए तो OPEN की कूट संरचना क्या होगी?

A. 1516517 B. 1514165
C. 1516145 D. 1614145

हल (C) : वर्णमाला की क्रम स्थिति के आधार पर कूट संरचना की गई है। अत: विकल्प (C) सही है।

उदाहरण 10. यदि कूट भाषा में '+' का अर्थ '÷' तथा '÷' का अर्थ '×' एवं '×' का अर्थ '–' तथा '–' का अर्थ '+' हो तो निम्नलिखित समीकरण को हल कीजिए—

$24 + 6 \times 3 \div 2 - 5 = ?$

A. 28 B. 16

C. 5 D. 3

हल (D) : समीकरण के कूट चिन्हों के समायोचन के बाद समीकरण इस प्रकार होगी—

$24 \div 6 - 3 \times 2 + 5 = 4 - 6 + 5 = 3$

अतः विकल्प (D) सही है।

उदाहरण 11. यदि किसी सांकेतिक भाषा में REPEAT को SDQDBS के रूप में लिखा जाता है तो उसी भाषा में SOURCE को कैसे लिखा जाएगा?

A. TNVQDD B. TNDQDD

C. RNUQDP D. TNVQOD

हल (A) :

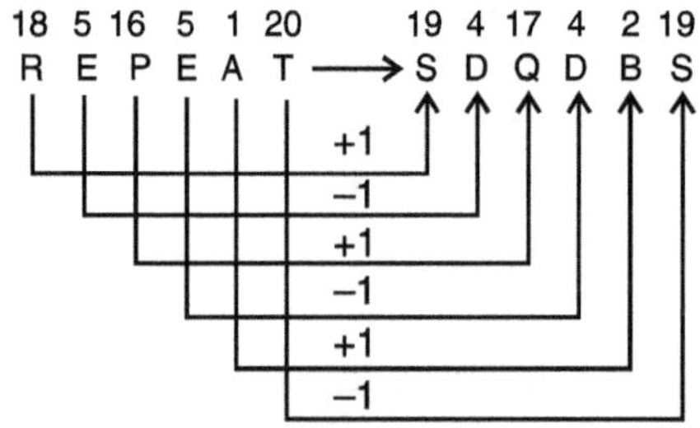

अतः यहां स्पष्ट है कि REPEAT शब्द का पहला अक्षर R पहले 1 से बढ़ता है, फिर दूसरा अक्षर E 1 से घटता है, तीसरा P 1 से बढ़ता है, फिर चौथा E 1 से घटता है, पांचवां अक्षर A 1 से बढ़ता है तथा छठा अक्षर T 1 से घटता है। इस प्रकार सांकेतिक शब्द SDQDBE बनता है।

इसी प्रकार,

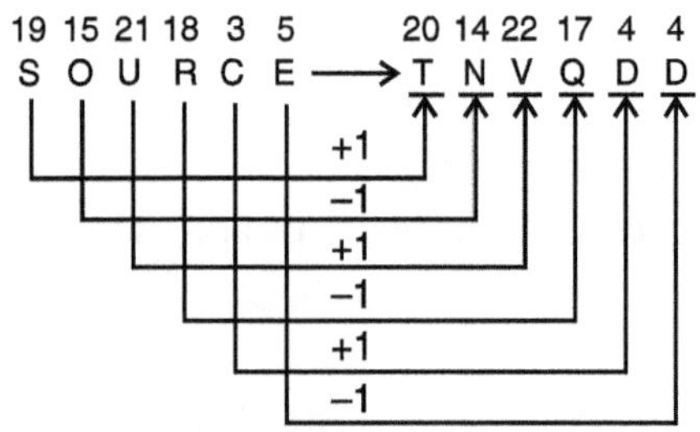

अतः विकल्प (A) सही है।

उदाहरण 12. नीचे दिए गए विकल्पों में प्रश्नवाचक चिन्ह के स्थान पर कौन-सा आएगा?

MILD : NKOH :: GATE : ?

A. HDVQ B. HCWI

C. IBUF D. HDUR

हल (B) : यहां MILD को NKOH लिखा गया है। जहां—

$M \rightarrow N$

$I \rightarrow K$ (एक अक्षर J को छोड़कर)

$L \rightarrow O$ (दो अक्षर M, N को छोड़कर)

$D \rightarrow H$ (तीन अक्षर E, F, G को छोड़कर)

इसी प्रकार GATE को लिखा जाएगा—

$G \rightarrow H$

$A \rightarrow C$ (एक अक्षर B को छोड़कर)

$T \rightarrow W$ (दो अक्षर U, V को छोड़कर)

$E \rightarrow I$ (तीन अक्षर F, G, H को छोड़कर)

अतः विकल्प (B) सही है।

उदाहरण 13. किसी सांकेतिक भाषा में यदि FIRE को 69185 तथा LOVE को 1215225 लिखा जाए तो OPEN की कूट संरचना क्या होगी?

A. 1516514 B. 1514165

C. 1516145 D. 1614155

हल (C) : वर्णमाला की क्रम स्थिति के आधार पर कूट संरचना की गई।

उदाहरण 14. यदि '+' का अभिप्राय है 'घटाव' '÷' का अभिप्राय है 'जोड़' '∧' का अभिप्राय है 'से कम' '−' का अभिप्राय है 'से अधिक', '×' का अभिप्राय है 'बराबर', '<' का अभिप्राय है 'गुणा' और '>' का अभिप्राय है 'भाग' तो निम्नलिखित में से कौन-सा सही है?

A. $9 + 5 \wedge (2 < 4) > 2$ B. $9 \wedge 5 + 2 \div 4 > 12$

C. $9 + 5 \div (2 < 4) \times 12$ D. $5 < 5 - 2 \div (4 < 12)$

हल (C) : विकल्प A से, $9 + 5 \wedge (2 < 4) > 2$

नए चिन्हों को लागू करने पर होगा।

$(9 - 5)$ से कम $\{2 \times 4\} \div 2$

$\Rightarrow$ 4 से कम $\left\{2 \times 4 \times \frac{1}{2}\right\}$

$\Rightarrow$ 4 से कम 4 सही नहीं है।

विकल्प (B) से, $9 \wedge 5 + 2 \div 4 > 12$

नए चिन्हों को लागू करने पर होगा।

9 से कम $\{5 - 2 \times 4 \div 12\}$

$\Rightarrow$ 9 से कम $\{7 \div 12\}$

$\Rightarrow$ 9 से कम $\frac{7}{12}$ सही नहीं हैं।

विकल्प (C) से, $9 + 5 \div (2 < 4) \times 12$

नए चिन्हों को लागू करने पर होगा।

$9 - 5 + (2 \times 4) = 12$

$\Rightarrow 9 - 5 + 8 = 12$

$\Rightarrow 17 - 5 = 12$

$\Rightarrow 12 = 12$ सही है।

अत: विकल्प (C) सही है।

उदाहरण 15. यदि $4 \times 5 = 30$, $7 \times 3 = 32$ तथा $6 \times 4 = 35$ हो तो 8×0 का मान होगा—

A. 0 B. 9

C. 8 D. 39

हल (B) : $5 \times 6 = 30$ के लिए— 4×5 }प्रश्न में लिखा
$8 \times 4 = 32$ के लिए—7×3 }गया है।
$7 \times 5 = 35$ के लिए— 6×4 }
$9 \times 1 = 9$ के लिए — 8×0 }लिखा जाएगा।

अत: विकल्प (B) सही है।

उदाहरण 16. किसी सांकेतिक भाषा में 'Chi Ke La' का अर्थ 'यह पुस्तक है', 'Fu ne Ke' का अर्थ 'पुस्तक को पढ़ो' 'di Va Ro' का अर्थ 'कलम से लिखो' एवं 'Va ne Fa' का अर्थ 'लिखो और पढ़ो' होता है तो उसी कूट भाषा में 'यह कलम है' को कैसे लिखा जाएगा?

A. Chi La Ro B. Chid La di

C. Chi di Ro D. अपूर्ण सूचना

हल (D) : Chi ke La → यह पुस्तक है।

Fu ne Ke → पुस्तक को पढ़ो।

Di Va Ro → कलम से लिखो।

Va ne Pa → लिखो और पढ़ो।

यहां पुस्तक को Ke तथा लिखो को Va तथा पढ़ो को ne से सांकेतिक भाषा में लिखा गया है, जो उनकी पुनरावृत्ति होने से स्पष्ट होता है। लेकिन प्रश्न में 'यह' 'कलम' एवं 'हैं' शब्दों की पुनरावृत्ति नहीं हुई है, अत: इनके सांकेतिक शब्दों का निर्धारण नहीं किया जा सकता है। सूचना अपूर्ण है।

अत: विकल्प (D) सही है।

उदाहरण 17. यदि किसी कूट भाषा में वाक्य ''I go for walk in the morning'' को ''For in morning go I walk the'' लिखा जाता है, तो इसी प्रकार वाक्य ''Teacher is expert in Teaching her subject'' को किस प्रकार लिखा जाएगा?

A. Teaching subject expert is teacher in her.

B. Expert teaching subject is teacher in.

C. Expert teaching subject is teacher in her.

D. Teaching expert subject is teacher in her.

हल (C) : I go for walk in the morning को
1 2 3 4 5 6 7

निम्न प्रकार कूट संकेत दिए गए—

For in morning go I walk the
3 5 7 2 1 4 6

इसी आधार पर Teacher is expert in teaching her subject को (3, 5, 7, 2, 1, 4, 6) के आधार पर—

Expert teaching subject is teacher her

सांकेतिक भाषा में लिखा जाएगा।

उदाहरण 18. निम्नलिखित समीकरणों पर ध्यान दीजिए।

A. $12 + 9 = 1086$ B. $13 + 7 = 916$

C. $15 + 5 = 756$ D. $16 + 8 = M$

यहां M का मान होगा—

हल (B) : $12 \times 9 = 108$ के बाद 6 लिखने पर 1086
$13 \times 7 = 91$ के बाद 6 लिखने पर 916
$15 \times 5 = 75$ के बाद 6 लिखने पर 756
$16 \times 8 = 128$ के बाद 6 लिखने पर 1286

अत: विकल्प (B) सही है।

उदाहरण 19. यदि किसी सांकेतिक भाषा में SENT को '+ – x –' से लिखा जाता है तथा ANT को '* x –' से लिखा जाता है तो उसी भाषा में TEN को कैसे लिखा जाएगा?

A. * – x B. x ÷ x

C. – ÷ x D. ÷ x ÷

हल (C) : ∵ SENT = + ÷ x – तथा ANT = * × –

∴ S = +, E, N= x तथा T = 1

∴ TEN = – ÷ x

अत: (C) विकल्प सही है।

उदाहरण 20. यदि PEN – MEN = 87 हो तो, BOY – CAN = ?

A. 318 B. 265

C. 345 D. 169

हल (B) : PEN – MEN

$= [(16)^2 + (5)^2 + (14)^2] - [(13)^2 + (5)^2 + (14)^2]$

$= (256 + 25 + 196) - (169 + 25 + 196)$

$= 477 - 390 = 87$

इसी तरह से BOY – GIRL $= [(2)^2 + (15)^2 + (25)^2] - [(7)^2 + (9)^2 + (18)^2 + (12)^2]$

$= (4 + 225 + 625) - (49 + 81 + 324 + 144)$

$= 854 - 598$

$= 256$

अभ्यास

1. यदि Sanjana को 129 को दिया गया है तो Raj Kumar को क्या कोड दिया जाएगा?
A. 312 B. 118
C. 128 D. 123

2. यदि Pintu को 79523 कोड दिया गया है तो Rajat को क्या कोड दिया जाएगा?
A. 91121 B. 91112
C. 92111 D. 91211

3. Graph शब्द के लिए 8 कोड दिया गया है तो WASTIL को क्या कोड दिया जाएगा?
A. 24 B. 14
C. 12 D. 120

4. यदि Shirt शब्द के लिए Rghgs कोड दिया गया है तो उसी भाषा में Pants शब्द को क्या कोड दिया जाएगा?
A. Ozmst B. Oznsr
C. Oznst D. Ozmsr

5. यदि jiji शब्द के लिए 3458 कोड दिया गया है तो उसी भाषा में gang शब्द को क्या कोड दिया जाएगा?
A. 3431 B. 3451
C. 8431 D. 2431

6. यदि ENGLISH को 2357964 लिखा जाए तो IHGNELS को कैसे लिखेंगे?
A. 4596376 B. 9453267
C. 9453276 D. 9452736

7. यदि JALALABAD को 44 कोड दिया गया है तो AKBARABAD को क्या कोड दिया जाएगा?
A. 48 B. 42
C. 41 D. 31

8. यदि SASARAM को PXPXOXJ कोड दिया गया है तो PRATIGHAT को क्या कोड दिया जाएगा?
A. MOXQFDEXQ B. OXMREDPQX
C. MOXQDRPOM D. MOXQFDEQX

9. यदि PEN – MEN = 87 हो तो BOY – GIRL = ?
A. –98 B. 256
C. 157 D. 225

10. यदि JOY – WOE = 174 हो तो RAN – CAN = ?
A. 318 B. 265
C. 345 D. 169

11. यदि COW – CAT = 706 हो तो PEON – PEAK = ?
A. 540 B. 720
C. 598 D. 800

12. यदि NAME – FAME = 25600 हो तो GOD – GAT = ?
A. 36000 B. 6400
C. 22500 D. 25600

13. यदि GENERAL को सांकेतिक भाषा में FDMDQZK में लिखा जा सकता है तो सांकेकि शब्द MZSTQZKका सार्थक शब्द का आखिरी अक्षर क्या होगा?
A. K B. L
C. M D. N

14. यदि CAPITAL को सांकेतिक भाषा में ECRKUCN में लिखा जा सकता है तो सांकेतिक शब्द QTIKPCNA सार्थक शब्द क्या होगा? इस शब्द का आखिरी अक्षर क्या होगा?
A. J B. Y
C. N D. P

15. BRAIN को सांकेतिक भाषा में ZPYGL में लिखा जा सकता है तो सांकेतिक शब्द RPYGL का सार्थक शब्द क्या होगा? इस शब्द का आखिरी अक्षर क्या होगा?
A. N B. I
C. O D. P

16. यदि ROZGAR को सांकेतिक भाषा में SPAHBS में लिखा जा सकता है तो सांकेतिक शब्द FNQMPZNFOU का सार्थक शब्द क्या होगा? इस शब्द का आखिरी अक्षर क्या होगा?
A. R B. U
C. S D. T

17. यदि AMBITION को सांकेतिक भाषा में ZLAHSHNM लिखा जा सकता है तो THINK का सांकेतिक शब्द क्या होगा?
A. SGHOJ B. SGHMJ
C. RGKMJ D. SGHIL

18. यदि REGULAR को सांकेतिक भाषा में SFHVMBS लिखा जा सकता है तो PERMANENT का सांकेतिक शब्द क्या होगा?
A. QFSNBMFMU B. OFSNBOEOV
C. QFSNBOFOU D. QFSNBOEOV

19. यदि GOVERMENT को सांकेतिक भाषा में JRYHUPHQW लिखा जा सकता है तो PRESIDENT

का सांकेतिक शब्द क्या होगा?

A. SUHVLGQW B. SUHVLHPW
C. SVHULHQW D. SUHVKHQW

20. यदि POPULAR को सांकेतिक भाषा में NMNSJYP लिखा जा सकता है तो BEAUTIFUL का सांकेतिक शब्द क्या होगा?

A. ADXSRGDSJ B. ZCYSRGCRK
C. ZCYSPHDSJ D. ZCYSRGDST

21. यदि YZW से 'BAD' बनता हो तो ZXY से क्या बनेगा?

A. BAG B. EYE
C. ACE D. इनमें से कोई नहीं

22. किसी सांकेतिक भाषा में यदि MINIATURE को '495912395' कोड दिया गया है तो उसी भाषा में 'MUMBAI' का क्या कोड होगा?

A. 421429 B. 434219
C. 434319 D. इनमें से कोई नहीं

निर्देश (प्रश्न सं. 23 से 26 तक) *स्तम्भ I में कुछ शब्द दिए गए हैं। स्तम्भ II में एक कूट भाषा में उनके कूट अवस्थित रूप में दिए गए हैं। प्रत्येक प्रश्न में बायीं ओर दिए गए अक्षर का कूट ज्ञात कीजिए।*

स्तम्भ I	***स्तम्भ II***
SOUND	abi
ADDRESS	cjmv
CRUX	ikmop
NET	ijktv
CRONY	jkgotv
CROWDY	blooppv

23. 'A' अक्षर का कूट ज्ञात कीजिए—

A. b B. I
C. अपूर्ण सूचना D. इनमें से कोई नहीं

24. 'O' अक्षर का कूट ज्ञात कीजिए—

A. K B. I
C. m D. इनमें से कोई नहीं

25. 'N' अक्षर का कूट ज्ञात कीजिए—

A. a B. e
C. g D. इनमें से कोई नहीं

26. 'R' अक्षर का कूट ज्ञात कीजिए—

A. O B. P
C. V D. अपूर्ण सूचना

27. सांकेतिक भाषा में यदि—

1, 2, 3 का अर्थ है—'hot filtered coffee'
3, 5, 6 का अर्थ है—'very hot day'
5, 8, 9 का अर्थ है—'day and night'

तो इस आधार पर 'very' शब्द का कूट अंक क्या है?

A. 9 B. 8
C. 5 D. 6

28. एक सांकेतिक भाषा में—

'तोम कुन सुद' का अर्थ है — 'कुत्ते हैं भौंकते'
'कुन जो मोप' का अर्थ है — 'कुत्ते और घोड़े'
'मुत तोम को' का अर्थ है — 'गधे हैं पागल'

तो उपरोक्त आधार पर 'भौंकते' शब्द का क्या कूट शब्द होगा?

A. सुद B. कुन
C. जो D. तोम

29. एक सांकेतिक भाषा में YZW से BAD तथा HZRW से SAID को दिखाया जाता है, तो LOVE शब्द किससे प्रदर्शित होगा?

A. KOAF B. MIUP
C. RNTX D. OLEV

30. R – A + T का निम्नलिखित में से कौन-सा मान संभव है?

A. 36 B. 37
C. 35 D. 39

31. किसी सांकेतिक भाषा मे यदि 'धूल' को 'हवा', 'हवा' को 'अग्नि', 'अग्नि' को 'जल', 'जल' को 'रंग', रंग को 'वर्षा' तथा 'वर्षा' को 'धूल' संकेत दिए जाएं तो मछलियां कहां रहती हैं?

A. रंग B. जल
C. अग्नि D. धूल

32. किसी सांकेतिक भाषा में 'Fruitful' को 'Gtvkuhun' लिखा जाता है तो उसी भाषा में Rainbow को क्या लिखा जाएगा?

A. Tcjabqx B. Sbjocpx
C. Scjpcqx D. Scjpcpx

33. किसी निश्चित सांकेतिक भाषा में '357' का अर्थ है ''Books are costly'' '467' का अर्थ हैं 'Read good books' तथा '5678' का अर्थ है 'Good books are available' तो उसी कूटभाषा में costly के लिए कौन-सा कूट अंक प्रयुक्त हुआ है?

A. 3 B. 7
C. 4 D. 5

34. किसी निश्चित कूटभाषा में '729' का अर्थ 'आप अच्छे

हैं', 235 का अर्थ है, 'वह अच्छा है' तथा 651 का अर्थ है, 'वह अच्छी हैं' तो वह (पुरुष) के लिए कौन-सा कूट अंक प्रयुक्त किया गया है?

A. 2 B. 3
C. 5 D. 6

35. किसी कूट भाषा में 'PIK NA SVD' का अर्थ है 'तुम जा सकते हो', 'NA JOC TA' का अर्थ है, 'आओ और जाओ' तथा 'JOC PE ROD' का अर्थ 'लड़का और लड़की' तो निम्न में से कौन-सा कूट शब्द 'लड़का' के लिए प्रयुक्त हुआ है?

A. PIK B. PE
C. ROD D. PE या ROD

36. यदि किसी सांकेतिक भाषा में KNIFE को MPKHG अक्षरों द्वारा प्रदर्शित किया जाता है तो DTGCF अक्षरों द्वारा कौन-सा शब्द प्रदर्शित किया जाएगा?

A. BARED B. BRAED
C. BRADE D. BREAD

37. यदि अक्षर GBOQK शब्द HAPPY को प्रदर्शित करते हैं तो अक्षर CROSS किस शब्द को प्रदर्शित करेंगे?

A. BSNRT B. BSPTR
C. BSNTR D. BNSTR

38. यदि अक्षर LOVE को MNPQWXFG से प्रदर्शित किया जाए तो IJBCUVFG अक्षरों द्वारा कौन-सा शब्द प्रदर्शित होगा?

A. HOME B. HATE
C. KITE D. WIFE

39. यदि ACNPXZ अक्षर BOY शब्द को प्रदर्शित करते हैं तो RTNPMO अक्षरों द्वारा कौन-सा शब्द प्रदर्शित होगा?

A. CUT B. PEN
C. SON D. RAT

40. यदि किसी सांकेतिक भाषा में DIVISION को DVISIOIN लिखा जाता है तो STATES किसके लिए लिखा जाएगा?

A. STTASE B. SAETTS
C. TSTASE D. SATETS

41. यदि किसी सांकेतिक भाषा में GONE को ILPB लिखा जाता है, तो EOKY किस लिए लिखा जाएगा?

A. CRIB B. RIBC
C. CRBI D. IBCR

42. यदि किसी सांकेतिक भाषा में SKEW को POCY लिखा जाता है, तो उसी भाषा में JYQV को किसके लिए लिखा जाएगा

A. MSUS B. MUTS
C. SUTM D. MUST

43. यदि किसी सांकेतिक भाषा में THEN को RLBS लिखा जाता है, तो REPJ किसके लिए लिखा जाएगा?

A. CSAE B. SACE
C. CASE D. CAES

44. यदि किसी सांकेतिक भाषा में DQPVE को CROWD लिखा जाता है, तो HOUSE किसके लिए लिखा जाएगा?

A. INVFR B. INRNF
C. INVRF D. VIRFN

45. यदि किसी सांकेतिक भाषा में HPEX को KTIZ लिखा जाता है, तो LIFE किसके लिए लिखा जाएगा?

A. IBEC B. IEBC
C. BICE D. IECB

निर्देश (प्रश्न 46 से 56 तक) : *प्रत्येक प्रश्न में दिए गए चार विकल्पों में से कौन से विकल्प की संख्याएं खाली स्थानों में सही प्रकार आती हैं?*

46.

B	6	8	D
J	14	17	M
N	–	–	S

A. 17, 22 B. 16, 21
C. 18, 23 D. 14, 19

47.

K	21	15	H
O	29	39	T
D	–	–	B

A. 3, 5 B. 7, 5
C. 5, 3 D. 7, 3

48.

P	34	32	Q
V	44	40	X
G	–	–	I

A. 14, 12 B. 12, 14
C. 14, 18 D. 18, 14

49.

S	16	10	V
L	28	20	P
F	–	–	J

A. 30, 38 B. 40, 32
C. 18, 30 D. 35, 41

50.

G	39	33	J
C	47	41	F
R	–	–	Y

A. 15, 1 B. 3, 17
C. 1, 15 D. 17, 3

51. किसी सांकेतिक भाषा में 'योब येरा से' का अर्थ होता है— 'बच्चा अनजान है'। 'पेस पा येरा' का अर्थ होता है 'अनजान

और लम्बा'। 'नेग ला से' का अर्थ होता है—'पुरुष लम्बा है'। उस भाषा में 'और' के लिए कौन-सा शब्द है?

A. नेग B. ला
C. येरा D. पेस

52. यदि किसी सांकेतिक भाषा में '123' का अर्थ है—'लम्बा चतुर व्यक्ति', '345' का अर्थ है—'चतुर नटखट लड़का' और '246' का अर्थ है—'लड़का है लम्बा' इस भाषा में 'नटखट' के लिए कौन-सा अंक चिन्ह है?

A. 5 B. 6
C. 4 D. 5

53. यदि किसी सांकेतिक भाषा में RILLPA का आशय MY DOG है तथा 'PASEMTA' का आशय 'DOG IS BLACK', 'RILLHAKKOP' का आशय MY DEAR FRIEND है तथा 'TAKOP' का आशय BLACK FRIEND है तो उस भाषा में 'DEAR' किस शब्द का अर्थ है?

A. HAK B. KOP
C. अपूर्ण सूचना D. इनमें से कोई नहीं

54. एक सांकेतिक भाषा में—
'तोम कुन सुद' का अर्थ है 'कुत्ते हैं भौकते' 'कुन जो मोप' का अर्थ है 'कुत्ते और घोड़े' और 'मुल तोम को' का अर्थ है 'गधे हैं पागल' उस भाषा में किस शब्द का अर्थ है 'भौंकते'?

A. सुद B. कुन
C. जो D. तोम

55. (1) '1 + 2 + 3' का आशय है— 'Some are braves'
(2) '2 + 3 + 4' का आशय है—'Some are cowards'
(3) '3 + 4 + 5 + 6' का आशय है—'Some cowards have come'
यहां 'are' का क्या आशय है?

A. 1 B. 3
C. 2 D. 4

56. यदि किसी सांकेतिक भाषा में '247' को 'Beautiful white rose' '652' का अर्थ है 'Beautiful green bottle' तथा '423' का अर्थ है—'Beautiful yellow rose' तो 'yellow' के लिए कौन-सा अंक प्रयोग किया गया है?

A. 2 B. 4
C. 7 D. 3

57. किसी सांकेतिक भाषा में—
(1) 'Lim tok Pur' का अर्थ है— 'Sour red apple'
(2) 'tok tuk Pa' का अर्थ है— 'apple is sweet'
(3) 'top tok Pa mob' का अर्थ है— 'Ram is eating apple'
इस भाषा में 'Sweet' का क्या शब्द है?

A. Lim B. tok
C. tuk D. top

58. प्रश्न 57 के 1, 2 और 3 कथनों में से कौन-सा अनावश्यक है।

A. 2 B. 1
C. 3 D. 1 या 2

59. यदि किसी सांकेतिक भाषा में—
'kew xas kuma deko' का अर्थ है— 'She is eating apples'
'kew tepo qoa' का अर्थ है—'She sells toyds' तथा 'Sut lim deko' का अर्थ है—'I like apples'तो उस भाषा में' 'She' तथा 'apples' के लिए क्या शब्द प्रयोग किए गए हैं?

A. 'xas' तथा 'deko' B. 'deko' तथा 'tepo'
C. 'xas' तथा 'kew' D. 'kew' तथा 'deko'

60. यदि पानी को हवा, हवा को हरा, हरा को बादामी, बादामी को इस्पात, इस्पात को लाल, लाल को बारिश, बारिश को पेड़, पेड़ को रास्ता कहा जाए, तो मनुष्य के खून का रंग क्या होगा?

A. लाल B. पानी
C. रास्ता D. बारिश

उत्तरमाला

1	2	3	4	5	6	7	8	9	10
D	B	C	D	A	C	C	A	B	A
11	**12**	**13**	**14**	**15**	**16**	**17**	**18**	**19**	**20**
C	D	B	A	A	D	B	C	A	D

21	22	23	24	25	26	27	28	29	30
D	B	B	D	D	C	D	A	D	B
31	**32**	**33**	**34**	**35**	**36**	**37**	**38**	**39**	**40**
A	C	A	D	D	D	C	B	C	D
41	**42**	**43**	**44**	**45**	**46**	**47**	**48**	**49**	**50**
A	D	C	C	B	C	D	D	C	D
51	**52**	**53**	**54**	**55**	**56**	**57**	**58**	**59**	**60**
D	D	A	A	C	D	C	B	D	D

संकेत

1. Sanjana शब्द के अक्षरों को उनके वर्णमाला के विपरीत क्रम में जोड़ने पर 129 प्राप्त होता है। इसी प्रकार Raj Kumar के लिए करेंगे।
2. P = 16, 1 + 6 = 7, i = 9, n = 14, 1+ 4 = 5, + t = 20, 2 + 0 = 2, u = 21, 2 + 1 = 3 $\therefore$ Pintu = 79523 इसी प्रकार R = 18, 1 + 8 = 9, a = 1, j = 10, 1 + 0 = 1, t = 20, 2 + 0 = 2 $\therefore$ Rajat = 91112.
3. Graph शब्द के अक्षरों को वर्णमाला के क्रम में जोड़ने पर उसमें 4125 से गुणा करने पर 8 प्राप्त होता है। इसी प्रकार wast के लिए करेंगे।
4. सांकेतिक भाषा के शब्द Rghqs का प्रत्येक अक्षर दिए गए शब्द 'Shirt' के लिए संगति अक्षर से एक अक्षर पहले है।
5. jiji शब्द के अक्षरों को वर्णमाला क्रम से लेकर उनका धन करके जोड़ने पर 3458 प्राप्त होता है। इसी प्रकार gang शब्द के लिए करेंगे।
6. यहां पर E = 2, N = 3, G = 5, L = 7, I = 9, S = 6, H = 4 हैं। अत: IHGNELS के मान पर रखने पर इनका कोड मिल जाएगा।
7. शब्द JALALABAD के प्रत्येक अक्षर को वर्णमाला के क्रम में लेकर उनको जोड़ने पर 44 प्राप्त होता है।
8. सांकेतिक शब्द PXPXOXT का प्रत्येक अक्षर दिए गए शब्द 'SASARAM' के प्रत्येक संगति अक्षर से तीन अक्षर पीछे है।
9. PEN – MEN = $[(16)^2 + (5)^2 + (14)^2]\ [(13)^2 + (5)^2 + (14)^2]$
 $= (265 + 25 + 196) = (269 + 25 + 196)$
 $= 477 - 390 = 87$
 इसी तरह से BOY – GIRL = $[(2)^2 + (15)^2 + (25)^2] - [(7)^2 + (9)^2 + (18)^2] + (12)^2$
 $= (4 + 225 + 625) - (49 + 81 + 324 + 144)$
 $= 854 - 598 = 256$
10. JOY – WOE = $[(10)^2 + (15)^2 + (25)^2] - [(23)^2 + (15)^2 + (5)^2]$
 $= (100 + 225 + 625) - (529 + 225 + 25)$
 $= 950 - 779 = 171,\ 171 + 3 = 174$
 RAN – CAN = $[(18)^2 + (1)^2 + (14)^2] - [(3)^2 + (1)^2 + (14)^2] = (324 + 1 + 196) - (9 + 1 + 196) = 521 - 206 = 315$
 $315 + 3 = 318$
11. COW – CAT = $[(3)^2 + (15)^2 + (23)^2] - [(3)^2 + (1)^2 + (20)^2]$
 $= (9 + 225 + 529) - (9 + 1 + 400)$
 $= 763 - 410 = 353,\ 2 \times 353 = 706$
 PEON – PEAK = $[(16)^2 + (5)^2 + (15)^2 + (14)^2] - [(16)^2 + (5)^2 + (1)^2 + (11)^2]$
 $= (256 + 25 + 225 + 196) - (256 + 25 + 1 + 121)$
 $= 702 - 403 = 299$
 $2 \times 299 = 598$
12. NAME – FAME = 14, 1, 13, 5 — 6, 1, 3, 5,
 $(196 + 1 + 169 + 25) - (36 + 1 + 169 + 1 + 25)$
 $= 391 - 231 = 160\ (160)^2 = 25600$
 GOD – GAT = 7, 15, 4 – 7, 1, 20 $(49 + 225 + 16) - (49 + 1 + 400)$
 $= 290 - 450 = -160 = (-160)^2$
 $= 25600$
13. अंग्रेजी वर्णमाला के अनुसार सांकेतिक शब्द का प्रत्येक अक्षर सार्थक शब्द के प्रत्येक अक्षर से एक अक्षर पीछे है, अत: MZSTQZK का सार्थक शब्द NATURAL बनेगा जिसका अंतिम अक्षर L है।
14. अंग्रेजी वर्णमाला के अनुसार सांकेतिक शब्द का प्रत्येक अक्षर सार्थक शब्द के प्रत्येक अक्षर से दो अक्षर आगे है, अत: QTIKPCNA का सार्थक शब्द ORGINALY बनेगा जिसका अंतिम अक्षर Y है।
15. अंग्रेजी वर्णमाला के अनुसार सांकेतिक शब्द का प्रत्येक

अक्षर सार्थक शब्द के प्रत्येक अक्षर से दो अक्षर पीछे है, अतः RPYGLका सार्थक शब्द TRAIN बनेगा जिसका अंतिम अक्षर N है।

16. अंग्रेजी वर्णमाला के अनुसार सांकेतिक शब्द का प्रत्येक अक्षर सार्थक शब्द के प्रत्येक अक्षर से एक अक्षर आगे है, अतः FNQMPZNFOU का सार्थक शब्द EMPLOY-MENT बनेगा जिसका अंतिम अक्षर T है।

17. अंग्रेजी वर्णमाला के अनुसार सांकेतिक शब्द का प्रत्येक अक्षर सार्थक शब्द के प्रत्येक अक्षर से एक अक्षर पीछे है।

18. अंग्रेजी वर्णमाला के अनुसार सांकेतिक शब्द का प्रत्येक अक्षर सार्थक शब्द के प्रत्येक अक्षर से एक अक्षर आगे है।

19. अंग्रेजी वर्णमाला के अनुसार सांकेतिक शब्द का प्रत्येक अक्षर सार्थक शब्द के प्रत्येक अक्षर से तीन अक्षर आगे है।

20. अंग्रेजी वर्णमाला के अनुसार सांकेतिक शब्द का प्रत्येक अक्षर सार्थक शब्द के प्रत्येक अक्षर से दो अक्षर पीछे है।

21. यहां वर्णमाला के विपरीत क्रमानुसार क्रम संरचना की गई है, जिसके आधार पर Z को 'A', Y को 'B' X को 'C' तथा W को 'D' तथा इसी प्रकार कूट की रचना की गई है। अतः उत्तर ACB होगा, जो किसी विकल्प में नहीं है।

22. वर्णमाला के क्रमानुसार—

M = 13 = (1 + 3) = 4, I = 9

N = 14 = (1 + 4) = 5, A = 1

T = 20 = (2 + 0) = 2

U = 21 = (2 + 1) = 3

R = 18 = (1 + 8) = 9 तथा E = 5 अर्थात् MINI-ATURE की कूट संरचना '495912395' है। इसी आधार पर Mumbai की कूट संरचना '434219' होगी।

23. सर्वप्रथम स्तंभ I के शब्दों को स्तंभ II में दिए गए कूट शब्दों की तुलना द्वारा उनके सामने लिखा जाएगा जो निम्नानुसार होगा—

स्तंभ I	***स्तंभ II***
NET	abi
CRUX	cjmx
SOUND	ikmop
CRONY	ijktv
ADDRESS	blooppv
CROWDY	jkgotv

उपर्युक्त शब्दों एवं कूट भाषा के तुलनात्मक अध्ययन द्वारा अग्र प्रकार वर्णों को Decod किया गया है।

NET तथा SOUND में केवल N ही दोनों में कॉमन है, अतः abi तथा ikmop के अध्ययन में केवल 'i' कॉमन है। इसी प्रकार CRUX तथा SOUND में केवल U है तथा कूट अक्षर में 'm' कॉमन है।

इसी प्रकार CRONY एवं ADDRESS में 'R' कॉमन है तथा उनके अक्षरों में 'V' कॉमन है।

ADDRESS एवं CROWDY में 'R' एवं 'D' कॉमन हैं, जबकि 'R' का कूट अक्षर 'V' है अतः 'D' का कूट अक्षर 'O' निर्धारित होगा। इस प्रकार 'S' की कूट भाषा में 'P' तथा 'E' की कूट भाषा 'B' होगी। अतः 'A' वर्ण की तुलना किसी से नहीं हो सकी है तथा इसके कूट वर्ण 'I' की तुलना भी किसी से नहीं हुई है।

24. 'D'का कूट वर्ण 'o' है।

25. 'N' का कूट वण'i' है।

26. 'R' का कूट वण 'v' है।

27. तुलनात्मक अध्ययन के बाद HOT का कोड 3 एवं day का कोड 5 है जबकि 'very hot day' का कोड 356 है, अतः very का कोड 6 निर्धारित होगा।

28. तुलनात्मक अध्ययन के पश्चात् 'कुत्ते' का कोड 'कुन' तथा 'हैं' का कोड 'तोम' है। इस आधार पर 'भौंकते' का कोड शेष शब्द 'सुद' होगा।

29. यहां वर्णमाला को विपरीत क्रमानुसार पुनः कूट संरचना की गई है जिसके आधार पर Z को 'A', 'Y' को 'B', X को 'C' तथा W को 'O' तथा इसी प्रकार कूट रचना की गईं है।

30. वर्णमाला के क्रमानुसार (18 – 1 + 20) = 37 कूट रचना की गई है।

31. मछलियां, जल में रहती है तथा 'जल' को कूट में 'रंग' कहा गया है।

32. इस प्रश्न में प्रथम अक्षर का कोड एक वर्ण आगे तथा दूसरे अक्षर का कोड दो वर्ण आगे तथा इसी प्रकार (+ 1, + 2, + 1, + 2, + 1, + 2 + 1) RAINBOW का कूट शब्द Scjpcqx निर्धारित होगा।

33. कथनों के तुलनात्मक अध्ययन से स्पष्ट है कि costly का कोड क्रमांक 3 होगा।

34. तीन कथनों को मिलाकर भी कूट रचना ज्ञात नहीं की जा सकती है।

35. PIK NA SOD → तुम जा सकते हो (1)

NA JOC AD → आओ और जाओ (2)

JOC PE ROD → लड़का और लड़की (3)

इनके समायोजन से ज्ञात है कि PE या ROD दोनों में से

कोई लड़का हेतु प्रयुक्त होगा।

36. दोनों शब्दों में संगत अक्षरों में एक अक्षर का अन्तर है।

37. पहले शब्द का पहला अक्षर दूसरे शब्द के पहले अक्षर से वर्णमाला में एक अक्षर पहले है तथा दूसरा अक्षर एक अक्षर व एक अक्षर बाद में है। यही क्रम आगे दिखाया गया है।

38. पहले शब्द के पहले अक्षर के बाद दूसरे शब्द के दो अक्षर हैं। पहले शब्द के दूसरे अक्षर के बाद दूसरे शब्द के अगले दो अक्षर आते हैं। यही क्रम आगे चलता है।

39. पहले शब्द के दो अक्षरों के बीच दूसरे शब्द का पहला अक्षर तथा पहले शब्द के तीसरे व चौथे अक्षरों के बीच दूसरा शब्द का दूसरा अक्षर है तथा पहले शब्द के अन्तिम दो अक्षरों के बीच दूसरे शब्द का अंतिम अक्षर है।

40. पहले शब्द के पहले तथा अंतिम ज्यों के त्यों रहते हैं। जबकि दूसरे व तीसरे, चौथे व पांचवें तथा छठे व सातवें अक्षर आपस में बदल जाते हैं।

41. पहले शब्द का पहला अक्षर दूसरे शब्द के पहले अक्षर से एक अक्षर पहले है तथा पहले शब्द की दूसरा अक्षर दूसरे शब्द के दूसरे अक्षर से दो अक्षर बाद में हैं। पहले शब्द का तीसरा अक्षर दूसरे शब्द के तीसरे अक्षर से एक अक्षर पहले है जबकि पहले शब्द का चौथा अक्षर दूसरे शब्द के चौथे अक्षर से दो अक्षर बाद है।

42. पहले शब्द के पहले व तीसरे अक्षर दूसरे शब्द के संगत अक्षरों से क्रमश: 2 व 1 अक्षर बाद में है जबकि पहले शब्द के दूसरे व चौथे अक्षर दूसरे शब्द के संगत अक्षरों से क्रमश: 3 व 1 अक्षर पहले है।

43. पहले शब्द के पहले व तीसरे अक्षर दूसरे शब्द के संगत अक्षरों से क्रमश: 1 व Z अक्षर बाद में है जबकि पहले शब्द के दूसरे व चौथे अक्षर दूसरे शब्द के संगत अक्षरों से क्रमश: 3 व 4 अक्षर पहले है।

44. पहले शब्द के पहले, तीसरे व पांचवें अक्षर दूसरे शब्द के संगत अक्षरों के ठीक बाद के अक्षर लिखे हुए हैं जबकि पहले शब्द के दूसरे व चौथे अक्षर दूसरे शब्द के संगत अक्षरों से ठीक पहले के अक्षर लिखे हुए हैं।

45. पहले शब्द पहले, दूसरे, तीसरे व चौथे अक्षर दूसरे शब्द के संगत अक्षरों से क्रमश: 2, 3, 3 व 1 अक्षर पहले लिखे हुए हैं।

46. B और D के बीच एक अक्षर छूटा है तथा 6 और 8 के बीच भी एक अक्षर छूटा है। J तथा M के बीच दो अक्षर छूटे हैं तथा 14 और 17 के बीच भी दो अंक छूटे हैं। इसी आधार पर Nऔर S के बीच चार अक्षर छूटे हैं अत: दोनों अंकों के बीच चार अंक छूटने चाहिए। पुन: B और J के बीच 7 अक्षर छूटे हुए हैं तथा 6 और 14 के बीच भी 7अंक छूटे हैं। चूंकि J और N के बीच तीन अक्षर छूटे हैं। अत: 14 के तीन अंक बाद का अंक पहले आएगा जो कि 18 है, अत: अभीष्ट उत्तर 18, 23 है।

47. H वर्णमाला का आठवां अक्षर है। इसके पास का अंक 15 है अर्थात् $(2n - 1)$ का सूत्र है जबकि n अक्षर की संख्या है इसलिए B के लिए 3 और D के लिए 7 होना चाहिए। अत: अभीष्ट उत्तर 7, 3 है।

48. P और Q में कोई अक्षर छूटा नहीं है परन्तु अंकों में 2 का अंतर है। Vऔर X में 1अक्षर छूटा है और अंकों में 4 का अंतर है। इसी प्रकार G और I के बीच भी एक अक्षर छूटा है, अत: अंकों में 4 का अंतर होना चाहिए। चूंकि सब कतारों में पहला अंक बड़ा है। इसलिए सही उत्तर 18, 14 है।

49. Sऔर L के बीच 6 अक्षर छूटे है और अंकों में 12 का अंतर है। चूंकि F और L के बीच 5 अक्षर छूटे हैं। अत: 10 अंको का अंतर होना चाहिए। अत:पहला अंक 38 होगा। V और P के बीच 5 अक्षर छूटे हैं और अंकों का अंतर 10 हैं। चूंकि P और S के बीच 5 अक्षर छूटे हैं अत: दूसरा अंक 30 होगा।

50. G और C के बीच तीन अक्षर छूटे हैं और अंकों का अंतर 8 हैं। अर्थात् $2N + 2$ की सूत्र हुआ। C और R के बीच 14 अक्षर छूटे हैं। अत: अंकों का अंतर 30 हुआ। अत: पहला अंक 17 होगा। इसी प्रकार Y और F में अंतर 18 अक्षरों का है। अत: दूसरा अंक 3 होगा।

51. 'बच्चा अनजान है' तथा 'अनजान और लम्बा' की तुलना करने पर 'अनजान' के लिए 'येरा' है। 'अनजान और लम्बा' तथा 'पुरुष लम्बा है' की तुलना करने पर 'लम्बा' के लिए 'ला' है। अत: 'और' के लिए पेस हुआ।

52. '1, 2, 3' तथा '3, 4, 5' की तुलना करने पर '3' के लिए 'चतुर' है। '1, 2, 3' तथा '2, 4, 6' की तुलना करने पर '2' के लिए 'लम्बा है'। '345' तथा '246' की तुलना करने पर '4' के लिए 'लड़का' है। अत: 'नटखट' के लिए '5' हुआ।'

53. RILLPA = MY DOG तथा PASEMTA = DOG IS BLACK

∴ PA = DOG

∵ RILL HAR KOP = MY DEAR FRIEND

∴ RILL = MY

∵ TA KOP = BLACK FRIEND

∴ KOP = FRIEND

∴ DEAR के लिए HAK शब्द है।

54. पहले और दूसरे वाक्यों की तुलना करने पर कुत्ते के लिए शब्द है —'कुन' पहले और तीसरे वाक्यों की तुलना करने पर 'है' के लिए शब्द है—'तोम' अत: 'भौंकते' के लिए शब्द हुआ 'सुद'।

55. कथन (1) तथा (2) से,

Some are = 2 + 3 ...*(i)*

कथन (1), (2) व (3) से,

Some = 3 ...*(ii)*

कथन (1) व (2) से,

are = 2

56. पहले व दूसरे वाक्यांशों की तुलना करने पर Beautiful के लिए 2 है तथा पहले और तीसरे की तुलना करने पर Rore के लिए 4 है। अत: Yellow के लिए 3 हुआ।

57. दूसरे और तीसरे वाक्यांशों की तुलना करने पर is तथा apple के लिए 'Tokpa' प्रयोग हुआ है अत: Sweet के लिए 'tuk' का प्रयोग हुआ है।

59. पहले और दूसरे वाक्यांशों की तुलना करने पर she के लिए 'kew' प्रयोग हुआ है। पहले और तीसरे वाक्यांशों की तुलना पर 'apples' के लिए deko प्रयोग हुआ है।

60. चूंकि मनुष्य के खून का रंग लाल होता है और लाल को बारिश कहा गया है। अत: मनुष्य के खून का रंग बारिश होगा।

8. दूरी व दिशा ज्ञान संबंधी परीक्षण
(Distance and Direction Sense Test)

इस प्रकार के परीक्षण का उद्देश्य अभ्यर्थियों में दिशा संबंधी ज्ञान की जांच करना है। इस प्रकार के प्रश्नों में उनको अपने दिशा संबंधी ज्ञान को प्रयोग करके प्रश्नों का सही उत्तर ज्ञात करना चाहिए।

नोट—नीचे दिए गए व्याख्यात्मक उदाहरणों से भली-भाँति समझा जा सकता है।

दूरी व दिशा ज्ञान संबंधी प्रश्नों को हल करने के लिए **दिशा आरेख** (Direction diagram) का ज्ञान आवश्यक है जिसे निम्न आरेख द्वारा प्रदर्शित किया गया है—

दिशा आरेख

(Direction Diagram)

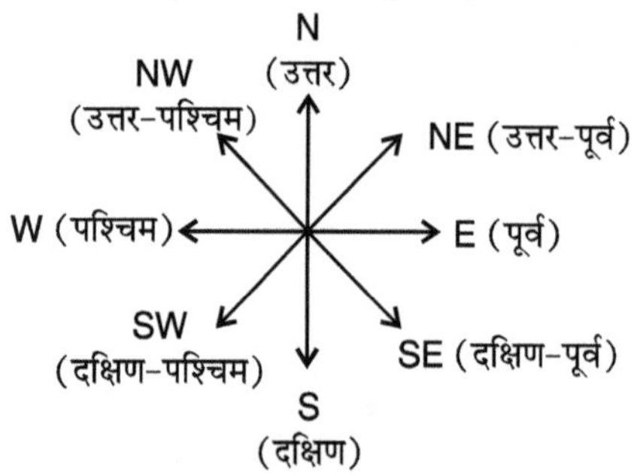

यदि व्यक्ति उत्तर की तरफ मुँह करके खड़ा हो तो ऊपर को उत्तर, दक्षिण को नीचे, पूर्व को दाएं हाथ की दिशा तथा पश्चिम को बाएं हाथ की दिशा कहा जाता है।

आरेख द्वारा:

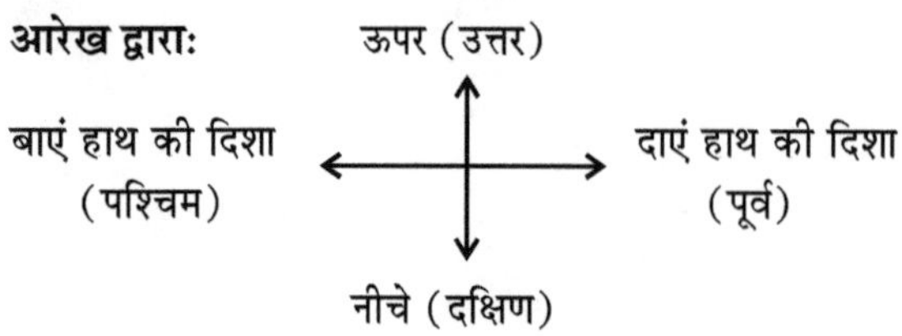

यदि कोई व्यक्ति या गाड़ी दायीं तरफ या बायीं तरफ घूमता या घूमती है तो किस दिशा में जाएगा/जाएगी। इसके लिए निम्न तालिका सहायक हो सकती है—

मुड़ने से पहले की दिशा	*दायीं तरफ मुड़ने पर दिशा*	*बायीं तरफ मुड़ने की दिशा*
उत्तर	पूर्व	पश्चिम
दक्षिण	पश्चिम	पूर्व
पूर्व	दक्षिण	उत्तर
पश्चिम	उत्तर	दक्षिण

नोट—1. यदि चारों दिशाओं के बायीं तरफ चला जाए तो **दिशा आरेख** निम्न प्रकार से होगा—

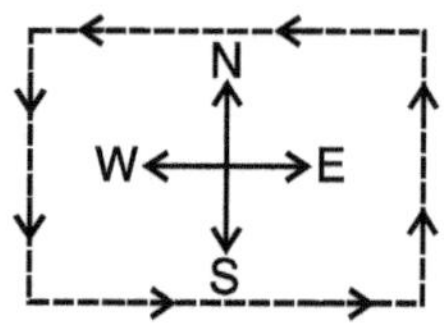

नोट—2. यदि चारों दिशाओं के दायीं तरफ चला जाए तो **आरेख** निम्न प्रकार से होगा—

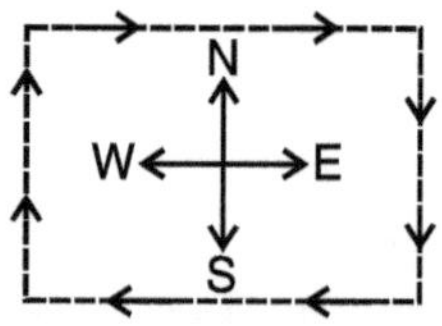

किसी वस्तु, व्यक्ति, अक्षर आदि की दिशा को तीर के निशान द्वारा व्यक्त किया जा सकता है। एक वृत्त के केंद्र के चारों तरफ कोई व्यक्ति, चिन्ह या संकेत दो ही दिशाओं में घूम सकता है, दक्षिणावर्त (घड़ी की सूई की दिशा में)/ (clockwise) अथवा वामावर्त (घड़ी की सुई की दिशा के विपरीत) (Anticlock wise)। घड़ी की एक सुई पूरा चक्कर लगाने में 360° का कोण बनाती है। प्रमुख दिशाओं तथा सहायक दिशाओं के बीच बने कोणों में प्रत्येक 45° का होता है।

आरेख द्वारा :

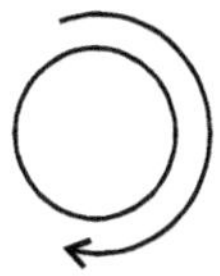

घड़ी की सुई की दिशा में
(Clockwise)

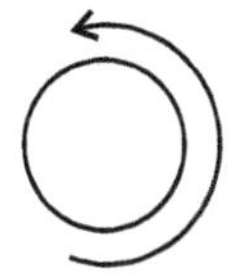

घड़ी की सुई की विपरीत दिशा में
(Anticlockwise)

दिशा व दूरी संबंधी प्रश्नों को हल करने हेतु सही आरेख के निर्माण का अभ्यास आवश्यक है।

उदाहरण 1 : संजय किसी बिंदु 'K' से पूर्व की तरफ चलना प्रारंभ करता है। 30 मीटर चलने के बाद वह अपने दायीं तरफ मुड़कर 10 मीटर की दूरी तय करता है। वह पुनः दायीं तरफ मुड़ता है तथा 30 मीटर चलता है। वह फिर दायीं तरफ मुड़ता है और 30 मीटर चलता है। अब वह 'K' मूल बिंदु से कितनी दूरी पर तथा किस दिशा में है?

A. 20 मीटर, उत्तर में B. 30 मीटर, पूर्व में
C. 20 मीटर, दक्षिण में D. 30 मीटर, पश्चिम में

हल (A) : संजय मूल बिंदु 'K' से 20 मीटर उत्तर दिशा में होगा, जो निम्न लिखित आरेख द्वारा स्पष्ट है—

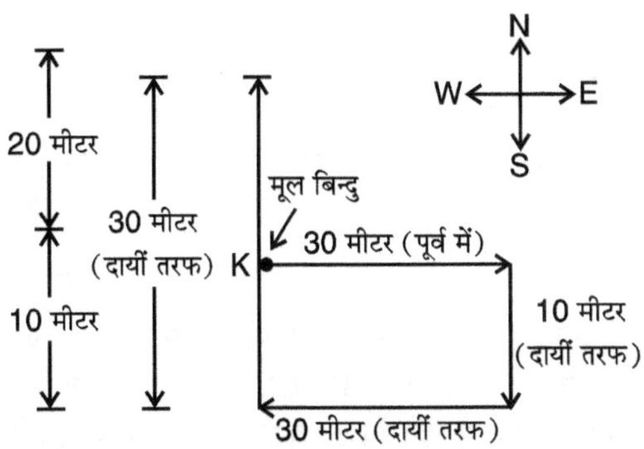

उपर्युक्त आरेख से स्पष्ट है कि संजय मूल बिंदु 'K' से **20 मीटर उत्तर की तरफ** की 'O' बिंदु पर है।

उदाहरण 2 : दिनेश सूर्योदय की दिशा की तरफ मुंह करके 10 मीटर चलता है, तत्पश्चात् वह अपने दायीं तरफ मुड़ता है और 12 मीटर चलता है उसके दायीं तरफ मुड़ता है और 8 मीटर चलता है। बताइए अंत में वह अपने प्रारंभिक बिंदु से किस दिशा में होगा?

A. उत्तर-पूर्व में B. दक्षिण-पश्चिम में
C. उत्तर-पश्चिम में D. दक्षिण-पूर्व में

हल (A) : दिनेश अपने प्रारंभिक बिंदु से उत्तर-पूर्व (North-East–NE) दिशा में होगा। निम्न आरेख द्वारा स्पष्ट है—

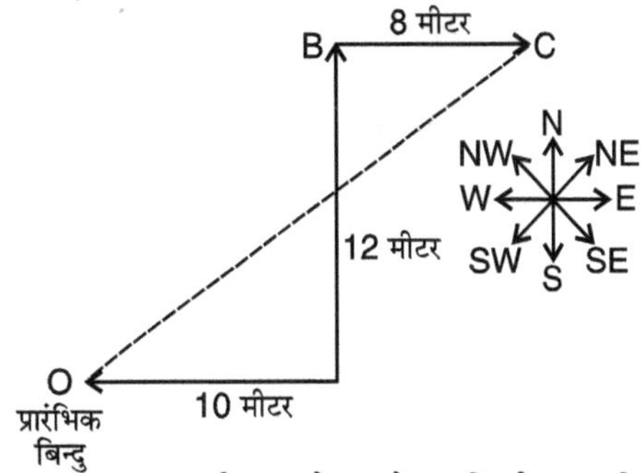

उदाहरण 3 : मनीष अपने घर से 20 किमी. उत्तर दिशा की तरफ चला तथा दायीं तरफ मुड़कर 15 मीटर चलता है। अंत में वह पुनः दायीं तरफ मुड़कर 10 किमी. चलता है तो बताइए कि वह अपने घर से किस दिशा में है?

A. उत्तर-पूर्व B. उत्तर
C. दक्षिण-पूर्व D. उत्तर-पश्चिम

हल (A) : राजकुमार, अंत में अपने घर से उत्तर-पूर्व (N.E.) दिशा की तरफ है, जो निम्नलिखित आरेख से स्पष्ट है—

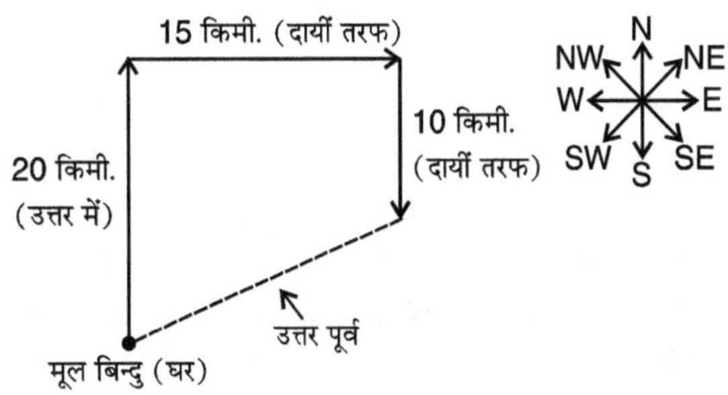

उदाहरण 4 : रेणु 'A' बिंदु से चलना प्रारंभ करती है। यह उत्तर दिशा में 2 किमी. चलती है, दाएं घूम जाती है और 2 किमी. चलती है। इसके बाद वह फिर दायीं तरफ घूमती है तथा 1 किमी. चलती है। बताइए अब किस दिशा में जा रही है?

A. उत्तर में B. दक्षिण में
C. पश्चिम में D. पूर्व में

हल (B) : रेणु अब दक्षिण दिशा में जा रही है, जो कि निम्न आरेख से स्पष्ट है—

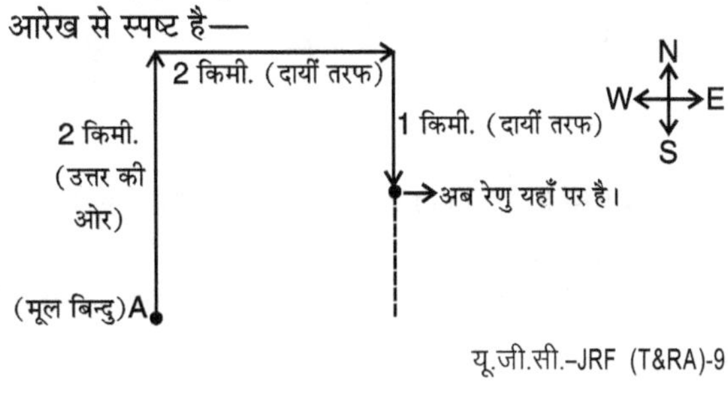

उदाहरण 5 : साधना किसी बिंदु विशेष से उत्तर-पूर्व दिशा की तरफ चलना प्रारंभ करती है। वहां से 500 मीटर चलने के बाद वह दक्षिण-दिशा की तरफ मुड़ जाती है और 400 मीटर की दूरी तय करती है। इस प्रकार चलने के अंत में वह पहुंचती है प्रारंभिक बिंदु से—

A. 300 मीटर, पूर्व दिशा में

B. 250 मीटर, पश्चिम दिशा में

C. 400 मीटर, उत्तर दिशा में

D. 300 मीटर, उत्तर दिशा में

हल (A) : साधना अंत में अपने प्रारंभिक बिंदु से 300 मीटर पूर्व दिशा में है जो कि निम्नलिखित आरेख व प्रमेय द्वारा स्पष्ट है–

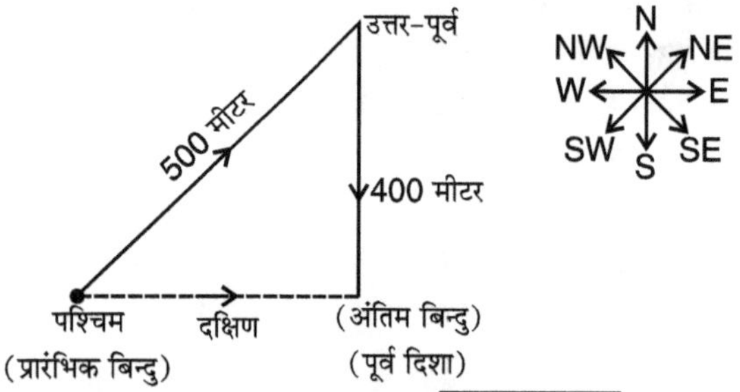

पाइथागोरस प्रमेय के अनुसार, $\sqrt{500^2 - 400^2} = 300$

उदाहरण 6 : S और T दो व्यक्ति किसी एक ही स्थान से चलना प्रारंभ करते हैं। S उत्तर की तरफ चलना प्रारंभ करता है और 3 किमी. चलकर दाहिनी तरफ मुड़ जाता है और फिर 4 किमी. जाता है। T पश्चिम की ओर चलना प्रारंभ करता है और 5 किमी. चलता है। फिर दाहिनी ओर मुड़कर 3 किमी. चलता है। बताओ इस समय S और T के मध्य कितनी दूरी है? सही उत्तर नीचे दिए गए विकल्पों में से ज्ञात करें।

A. 8 किमी. B. 4 किमी.

C. 5 किमी. D. 9 किमी.

हल (D) : S और T के चलने की स्थिति निम्नांकित आकृति से स्पष्ट है—

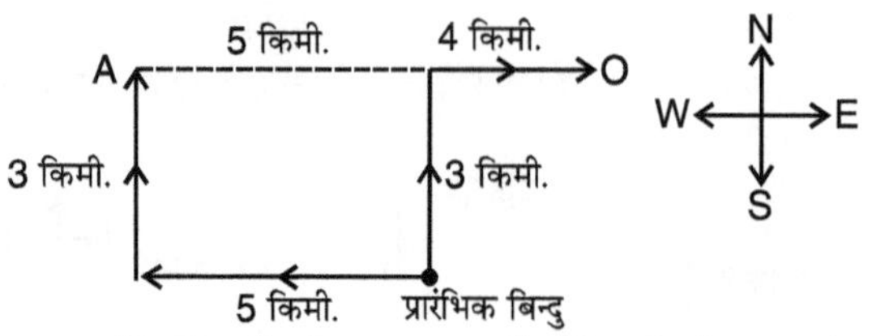

S की अंतिम स्थिति O तथा T की अंतिम स्थिति P पर है। चूंकि O और P के बीच की दूरी 4 + 5 = 9 किमी. है।

उदाहरण 7 : एक स्थान से मनोज 3 किमी. पूर्व की तरफ जाता है, फिर बायीं तरफ मुड़कर वह 3 किमी. जाता है, इसके बाद वह पुनः बायीं तरफ मुड़कर 3 किमी. जाता है। अब वह अपनी प्रारंभिक स्थिति से किस दिशा में है?

A. पूर्व B. दक्षिण

C. पश्चिम D. उत्तर

हल (D) : मनोज A के स्थान से 3 किमी. पूर्व की तरफ चलकर B स्थान पर पहुंच जाता है। फिर B से बायीं ओर मुड़कर 3 किमी. चलकर C स्थान पर पहुंच जाता है। पुनः वह C से बायीं तरफ मुड़कर और 3 किमी. चलकर D स्थान पर पहुंच जाता है, चूंकि D, A के ठीक उत्तर में है।

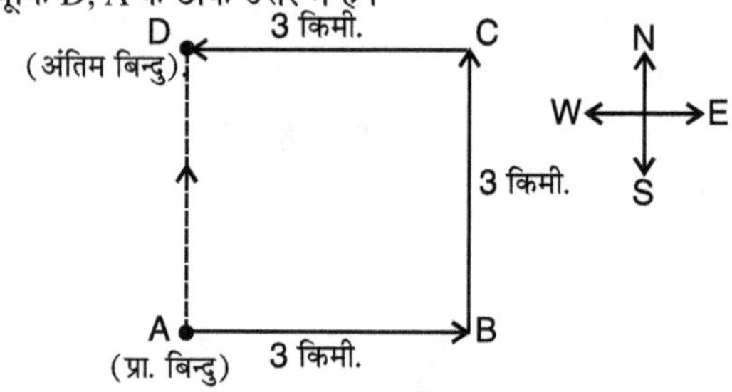

उदाहरण 8 : लखनपुर, सूर्यपुर के पश्चिम में है। रामपुर, लखनपुर के पूर्व में है। भरतपुर, सूर्यपुर के पश्चिम है। रामपुर, सूर्यपुर के पूर्व में है। यदि भरतपुर, लखनपुर के पश्चिम में है तो भरतपुर, रामपुर के किस तरफ है।

A. पश्चिम B. पूर्व

C. दक्षिण D. उत्तर

हल (A) : कथनानुसार विभिन्न नगरों की स्थिति निम्नलिखित प्रकार से हैं—

भरतपुर, लखनपुर, सूर्यपुर, रामपुर

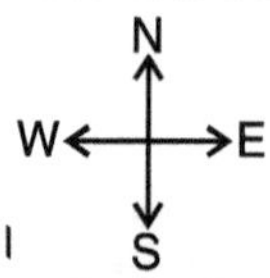

स्पष्ट है, भरतपुर, रामपुर के पश्चिम में है।

उदाहरण 9 : 'A', 'B', 'C', 'D', और 'E' ये पांच मित्र एक ही कालोनी में रहते हैं। 'B' का घर 'A' के घर के पूर्व में, 'C' के घर से उत्तर में है। 'C' का घर 'D' के घर से पश्चिम में है। 'D' का घर 'A' के घर से किस दिशा में है?

A. पश्चिम B. पूर्व

C. दक्षिण D. उत्तर

हल (B) : D का घर A के घर से पूर्व दिशा में है। यह नीचे दिए गए आरेख से स्पष्ट है—

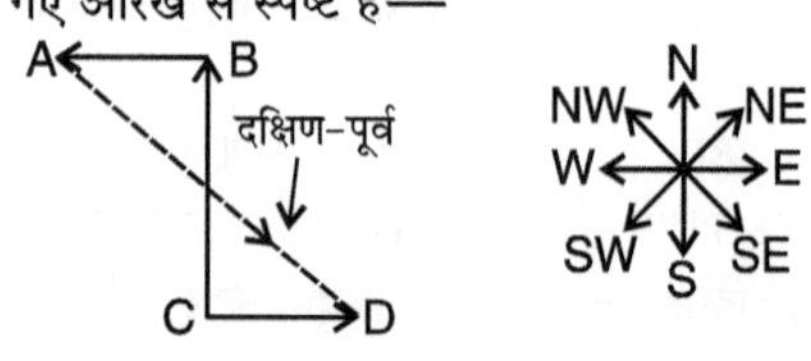

अभ्यास

1. यदि दक्षिण-पूर्व उत्तर हो जाए, उत्तर-पूर्व पश्चिम हो जाए तथा अन्य दिशाएं भी इसी प्रकार बदल जाए तो पश्चिम क्या हो जाएगा?

A. दक्षिण　　B. दक्षिण-पूर्व
C. उत्तर-पूर्व　　D. दक्षिण-पश्चिम

2. उत्तर पूर्व की विपरीत दिशा कौन सी है?

A. उत्तर-पश्चिम　　B. उत्तर-पश्चिम
C. दक्षिण-पूर्व　　D. दक्षिण-पश्चिम

3. किसी घड़ी में साढ़े तीन बजे हैं। यदि घण्टे की सुई दक्षिण-दिशा में है तो मिनट की सुई कहां है?

A. पश्चिम　　B. पूर्व
C. दक्षिण　　D. उत्तर

4. राजेश और महेश क्रमशः उत्तर और पूर्व की तरफ मुख करके 10 मीटर चलते हैं। फिर अपने बाईं तरफ 5 मीटर चलते हैं। पुनः बाईं ओर 5 मीटर चलकर ठहरते है। दोनों के मध्य अंत में कितनी दूरी हैं?

A. 5 मीटर　　B. 10 मीटर
C. $\sqrt{50}$ मीटर　　D. 20 मीटर

5. मेरा मुंह दक्षिण दिशा की ओर है। निम्नलिखित में से किस क्रम में घूमते रहने के बाद मेरा मुंह पुनः उसी दिशा में होगा?

A. बाएं, दाएं, बाएं, दाएं, बाएं, बाएं, दाएं, दाएं
B. बाएं, बाएं, दाएं, दाएं, बाएं, दाएं, बाएं, बाएं
C. दाएं, दाएं, दाएं, बाएं, बाएं, बाएं, दाएं, दाएं
D. दाएं, बाएं, बाएं, दाएं, बाएं, बाएं, दाएं, दाएं

6. बिन्दु, पश्चिम दिशा की तरफ 20 मीटर चली फिर वह दाहिनी तरफ मुड़कर 10 मीटर चली। अब वह फिर से दाहिनी तरफ मुड़ी और 20 मीटर चली। अब वह अपनी मूल प्रारंभिक स्थिति से कितनी दूर और किस दिशा में हैं?

A. 50 मीटर, उत्तर　　B. 10 मीटर, उत्तर
C. 50 मीटर, पूर्व　　D. 10 मीटर, दक्षिण

7. एक पुरुष ने पश्चिम की तरफ चलना प्रारंभ किया, वह दाईं तरफ मुड़ा फिर वह दाईं तरफ मुड़ा और अंत में बाईं तरफ मुड़ा। बताओं अंत में वह किस दिशा की तरफ जा रहा है?

A. उत्तर　　B. दक्षिण
C. पूर्व　　D. पश्चिम

8. अशोक 8 किमी. दक्षिण की तरफ गया और पश्चिम की तरफ मुड़कर 3 किमी. चला, वह फिर उत्तर की तरफ मुड़ा और 5 किमी. चला। अंत में वह पूर्व दिशा की तरफ मुड़ा और 3 किमी. चला। अशोक प्रारंभिक बिंदु से किस दिशा में था?

A. पूर्व　　B. उत्तर
C. पश्चिम　　D. दक्षिण

9. A और B, 'P' स्थान से एक-दूसरे की विपरीत दिशा में 5 और 4 किमी./ घण्टा की रफ्तार से दौड़ना प्रारंभ करते हैं। तीन घण्टे के बाद दोनों के मध्य की दूरी क्या होगी?

A. 13 किमी.　　B. 21 किमी.
C. 24 किमी.　　D. 27 किमी.

10. यदि मोपेड पर सवार एक व्यक्ति किसी बिंदु से प्रारंभ होकर दक्षिण-दिशा में 4 किमी. जाता है, फिर बाईं तरफ मुड़कर 2 किमी. जाता है और पुनः अपनी दायीं तरफ मुड़कर 4 किमी. जाता है तो अंत में वह किस दिशा में जा रहा है?

A. उत्तर　　B. पश्चिम
C. पूर्व　　D. दक्षिण

निर्देश (प्रश्न सं. 11 व 12) : *निम्नलिखित कथन को पढ़कर नीचे प्रश्नों के उत्तर दीजिए—*

A, B, C, D, E, और F छः गांवों में से एक गांव C, A के दक्षिण में है। D, E के उत्तर में तथा A के पश्चिम में है। B, C के दक्षिण-पश्चिम में है। F, B के पश्चिम में तथा C, E के पूर्व में है।

11. निम्नलिखित में से कौन से दो गांव एक-दूसरे से अधिकतम दूरी पर हैं?

A. A और B　　B. D और C
C. A और E　　D. A और F

12. कौन से तीन गांव एक सीध में हैं?

A. DEF　　B. DEB
C. FBC　　D. AEB

13. पांच लड़के इस प्रकार खड़े हैं कि उनसे एक वृत्त बनता है। रमेश और डोमीनिक के बीच में अजय है। सोलोमन, बाबू के बाईं तरफ खड़ा है। यदि रमेश, सोलोमन के बाईं ओर है तो अजय के दाईं तरफ कौन है?

A. डोमोनिक　　B. बाबू
C. सोलोमन　　D. रमेश

14. बंटी पूर्व की तरफ 45 किमी. जाता है और फिर दक्षिण की तरफ मुड़कर 4 किमी. जाता है फिर वह उत्तर-पश्चिम की तरफ मुड़कर 4 किमी. जाता है अब वह अपनी प्रारंभिक स्थिति से कितनी दूरी पर हैं?

A. पश्चिम दिशा में B. प्रारंभिक स्थिति पर
C. पूर्व दिशा में D. उत्तर-पूर्व में

15. अपने घर से निकलकर मैं सीधा 2 किमी. चला तब अपनी दाईं तरफ घूमकर 1 किमी. चला। फिर दाईं तरफ घूमकर 1 किमी चला। यदि अब मैं अपने घर से उत्तर-पश्चिम में हूं, तो मैंने किस दिशा में चलना प्रारंभ किया था?

A. उत्तर B. दक्षिण
C. पश्चिम D. उत्तर-पश्चिम

16. एक पुरुष ने पश्चिम की तरफ चलना प्रारंभ किया, वह दाहिनी तरफ मुड़ा, फिर वह दाहिनी ओर मुड़ा और अंत में बाईं ओर मुड़ा। बताओ वह किस दिशा में जा रहा है?

A. उत्तर B. पश्चिम
C. दक्षिण D. पूर्व

17. एक व्यक्ति अपने घर से प्रत्येक शाम को अपने कुत्ते के साथ बाहर घूमने जाता है। वह 500 मीटर पश्चिम की ओर तथा उसके बाद 500 मीटर दक्षिण दिशा में चलता है। उसे घर लौटने के लिए किस दिशा में चलना चाहिए?

A. दक्षिण-पश्चिम B. उत्तर-पूर्व
C. उत्तर-पश्चिम D. उत्तर

18. राजेश अपने मित्र के साथ पश्चिम दिशा में 5 किमी. चलने के बाद अपनी बाईं तरफ मुड़ा तथा 3 किमी. उस तरफ चला। फिर उसने मित्र को छोड़कर दाईं तरफ मुड़ा और 1 किमी. चला। अब वह अपने चलने वाले स्थान से कितनी दूरी पर था?

A. 6 किमी. B. 10 किमी.
C. 5 किमी. D. 8 किमी.

19. एक व्यक्ति अपने घर से उत्तर की तरफ 3 किमी. जाता है। फिर बाईं तरफ मुड़कर 2 किमी. जाता है पुनः दाहिनी ओर मुड़कर 1 किमी. जाता है। यदि अंत में वह दाईं ओर मुड़कर 5 किमी. जाता है तो वह अपने घर से कितनी दूरी पर हैं?

A. 3 किमी. B. 4 किमी.
C. 6 किमी. D. 5 किमी.

20. मोहन और महावीर एक ही स्थान से एक समान गति से परंतु विपरीत दिशाओं में चलते हैं। एक सी दूरी तय करने के बाद मोहन बाईं तरफ तथा महावीर दाईं तरफ मुड़ जाते हैं। फिर वह समान दूरी तय करने के बाद वे एक-दूसरे की तरफ मुड़ जाते हैं। अब यदि महावीर का मुंह उत्तर की तरफ हो तो आरंभ में मोहन के चलने की दिशा क्या थी?

A. पश्चिम B. पूर्व
C. दक्षिण D. उत्तर

निर्देश (प्रश्न सं. 21 से 23 तक) : *निम्नलिखित प्रश्नों के उत्तर देने के लिए आगे दी गई सूचना का सावधानीपूर्वक अध्ययन कीजिए।*

अ, ब, स, द और य एक घेरा बनाकर केंद्र की तरफ मुंह करके बैठे हैं। अ जो सबसे भारी है सबसे नाटे ब के दाहिनी तरफ है। द जो सबसे लंबा है और सबसे हल्का है सबसे नाटे और य, जो कि न तो सबसे भारी है और न ही सबसे नाटा है, के बीच में बैठा है।

21. स निम्नलिखित में किसके दाहिनी ओर दूसरा है?

A. अ B. ब
C. य D. इनमें से कोई नहीं

22. स के बारे में निम्नलिखित में से कौन-सा निश्चित ही सत्य है?

A. य के तुरंत दाहिनी ओर वह बैठा है
B. वह समूह में सबसे हल्के वाले के दाहिनी ओर है।
C. अगर उन्हें भार के क्रम में लगाया जाए तो वह ठीक बीच में आएगा।
D. इनमें से कोई नहीं।

23. अब अगर द और अ, और य और ब अपनी-अपनी जगहें परस्पर अदल-बदल लेते हैं तो सबसे छोटा वाला निम्नलिखित में से किसके दाहिनी ओर होगा?

A. स B. द
C. अ D. तय नहीं कर सकते

24. राजेश दक्षिण में 25 मीटर चला। अब वह अपने बाईं तरफ मुड़कर 20 मीटर चला। पुनः वह बाईं तरफ मुड़कर 25 मीटर चला। फिर वह अपने दाहिनी तरफ मुड़कर 15 मीटर चला। अब वह आरंभ करने के बिंदु से कितनी दूर और किस दिशा में है?

A. 35 मीटर-पूर्व B. 60 मीटर-पूर्व
C. 35 मीटर-उत्तर D. 40 मीटर-पूर्व

25. यदि महेश किसी स्थान से 3 किमी. चलने के बाद दाएं मुड़कर 4 किमी. उत्तर की तरफ चलता है और उसके बाद बाईं ओर 3 किमी. चलता है तो अब महेश किस दिशा की तरफ जा रहा है?

A. पश्चिम B. दक्षिण

C. पूर्व D. उत्तर

26. एक घड़ी इस तरह लटकाई गई है कि दोपहर 12 बजे मिनट की सुई उत्तर-पूर्व दिशा की तरह इंगित करती है। अपराह्न 1.30 बजे इसके घण्टे की सुई किस दिशा में होगी?

A. पूर्व B. पश्चिम
C. उत्तर D. दक्षिण

27. सूर्यास्त के समय राम और श्याम आमने-सामने खड़े थे। अगर राम की परछाईं उसके बाईं ओर हो तो श्याम किस ओर मुंह करके खड़ा था?

A. दक्षिण B. पश्चिम
C. उत्तर D. पूर्व

28. एक आदमी अपने दाईं ओर 2 बार 90° के कोण पर मुड़ता है फिर एक बार 90° के कोण पर बाईं तरफ घूमता है। इस क्रम को दोहराने पर वह कितनी बार घूमने पर वापस पूर्व की स्थिति में आ जाएगा?

A. 3 B. 4
C. 8 D. 12

29. अमर 3 किमी. पूर्व की तरफ चलता है फिर अपनी दाईं ओर घूमकर एक किमी. चलता है बताओ अमर अपने प्रारंभिक चलने के स्थान से अब किस दिशा में है?

A. उत्तर B. दक्षिण
C. दक्षिण-पूर्व D. पूर्व

30. A और B दो व्यक्ति किसी एक ही स्थान से चलना प्रारंभ करते हैं A उत्तर की ओर चलना शुरू करता है 4 किमी. चलकर दाहिनी तरफ मुड़ जाता है और फिर 6 किमी. जाता है। B पश्चिम की ओर चलना प्रारंभ करता है और 5 किमी. चलता है फिर दाहिनी ओर मुड़कर 4 किमी. चलता है बताओ इस समय A और B के बीच कितनी दूरी है?

A. 5 किमी. B. 9 किमी.
C. 8 किमी. D. 11 किमी.

31. दो मित्र x और y एक ही बिंदु A से चलना शुरू करते हैं वे एक सी गति पर विपरीत दिशाओं में चलते हैं एक सी दूरी तय करने के बाद x बाईं ओर तथा y दाईं तरफ मुड़ जाता है फिर थोड़ी दूर चलने के बाद वे एक-दूसरे की तरफ मुड़ जाते हैं अब यदि y का मुंह उत्तर की ओर हो तो आरंभ में उसका मुंह किस ओर था?

A. दक्षिण B. पूर्व
C. पश्चिम D. उत्तर-पूर्व

32. दो मित्रों को एक ही जगह पहुंचना है। पहला मित्र 3 किमी. उत्तर की ओर जाता है। फिर वह दाहिने मुड़ जाता है और 4 किमी. सीधा जाता है और सही स्थान पर पहुंच जाता है। दूसरा मित्र 45° के कोण पर चलता है और सही जगह पहुंचता है। बताइए कि दूसरे मित्र ने कितनी दूरी तय की?

A. 7 किमी. B. 5 किमी.
C. 3 किमी. D. 4 किमी.

33. रेलवे स्टेशन से घर जाने के लिए राम को सीधा पूर्व दिशा में चलना पड़ता है, लेकिन बरसात के कारण उसे दूसरे रास्ते से जाना पड़ा। वह 20 मीटर पूर्व दिशा में चला फिर बाईं ओर मुड़कर 10 मीटर चला फिर दाहिनी तरफ मुड़कर 35 मीटर चला फिर दाहिनी ओर मुड़कर 10 मीटर चलकर घर पहुंचा। बताइए राम को इस नए रास्ते से कितनी दूरी अधिक तय करनी पड़ी?

A. 45 मीटर B. 75 मीटर
C. 20 मीटर D. 10 मीटर

34. रमेश पूर्व दिशा में 20 मीटर चलकर बाएं मुड़ता है और 15 मीटर चलता है तथा उसके बाद वह दाएं मुड़ता है तथा 25 मीटर चलता है। तत्पश्चात् वह दाएं मुड़ता है और 15 मीटर चलता है। वह प्रारंभिक स्थान से कितनी दूरी पर है?

A. 45 मीटर B. 50 मीटर
C. 25 मीटर D. 40 मीटर

35. एक बच्चा अपनी बहन को ढूंढ रहा है। पूर्व दिशा की ओर 90 मीटर चलने के बाद वह दाईं तरफ मुड़ जाता है। 20 मीटर चलने के बाद वह दुबारा दाईं तरफ पहुंचता है। उसकी बहन वहां नहीं थी। यहां से उत्तर दिशा में 100 मीटर चलने के बाद वह अपनी बहन से एक सड़क पर मिलता है। प्रारंभिक स्थान से कितनी दूरी पर वह अपनी बहन से मिला?

A. 80 मीटर B. 100 मीटर
C. 740 मीटर D. 260 मीटर

36. छः परिवार A, B, C, D , E तथा F एक पंक्ति में स्थित फ्लेटों में रह रहे हैं। B, F और D के पड़ौसी हैं, E, A और C पड़ौसी हैं। A न तो F और न ही D के पास रहता है, C, D के बगल में नहीं रहता। F के बिल्कुल पास के पड़ौसी कौन-कौन हैं?

A. B और D B. B और E
C. B और C D. B और A

37. चार लड़के A, B, C और D एक सीढ़ी पर हैं। A, B की

अपेक्षा ऊंचाई पर है। B, A तथा C के बीच में है। यदि D, A से भी अधिक ऊंचाई पर है तो नीचे से तीसरे स्थान पर कौन है?

A. C B. D
C. A D. B

38. छः बालक आनंद, भजोरी, चन्द्रा, देवेन्द्र, योगेन्द्र एवं प्रवीण एक पंक्ति में खड़े हैं। भजोरी, प्रवीण और देवेन्द्र के बीच में है। योगेन्द्र, आनंद और चन्द्रा के मध्य में है। प्रवीण, देवेन्द्र और योगेन्द्र किसी से भी अगली स्थिति में नहीं है। यदि चन्द्रा, देवेन्द्र से अगली स्थिति में नहीं है तो प्रवीण निम्नलिखित में से किसके बीच में है?

A. भजोरी और देवेन्द्र B. भजोरी और चन्द्रा
C. भजोरी और योगेन्द्र D. भजोरी और आनंद

39. 6 लोग आग के चारों ओर बैठे हुए हैं। सुल्तान, बलवीर के सामने है। बलवीर, काली के बाईं ओर तथा राजेन्द्र के दाहिनी तरफ है। काली, धर्मू के बाईं तरफ बैठा है तथा योगेन्द्र, राजेन्द्र और सुल्तान हैं। यदि धर्मू, योगेन्द्र तथा राजेन्द्र, बलवीर से अपना स्थान बदल ले तो धर्मू के बाईं तरफ कौन बैठेगा?

A. काली B. योगेन्द्र
C. सुल्तान D. राजेन्द्र

40. चार सहेलियां एक वर्गाकार मेज के चारों तरफ बैठी हैं। मीना, पद्मा के दाहिनी तरफ है तथा बीना, कृष्णा के बाईं ओर। कौन-सी दो सहेलियां एक-दूसरे के आमने-सामने बैठी हैं। जबकि कृष्णा, पद्मा के बाईं ओर है?

A. पद्मा और कृष्णा B. कृष्णा और बीना
C. बीना और मीना D. मीना और कृष्णा

41. छः बालक इस प्रकार खड़े हैं कि उनसे एक वृत्त बनता है तथा उन सब का मुख केंद्र की तरफ है। प्रारंभ, सौरभ के बाईं ओर है। योगेश, अजय एवं विजय के मध्य में हैं। यदि हरेन्द्र, प्रशांत और अजय के बीच में है तो विजय के बाईं तरफ कौन है?

A. अजय B. प्रशांत
C. हरेन्द्र D. सौरभ

42. एक घन के प्रत्येक फलक को अलग-अलग रंगों से रंगा गया है। सबसे नीचे की तरफ लाल रंग तथा सबसे ऊपर की ओर सफेद है। हरा, पीला, नीला और जामुनी रंग घन के क्रमशः चारों फलकों पर दक्षिणावर्त दिशा में रंगा गया है। जब पीले फलक को सबसे नीचे की तरफ किया जाता है तो सबसे ऊपर की ओर कौन-सा रंग होगा?

A. हरा B. जामुनी
C. नीला D. सफेद

43. पांच व्यक्ति एक पंक्ति में आपकी तरफ मुंह करके बैठे हैं। D बैठा है C की बाईं ओर। B बैठा है E की दाहिनी ओर। A बैठा है C के दाहिनी ओर। B बैठा है D के बाईं ओर। यदि E एक किनारे बैठा है, तो बीच में कौन बैठा है?

A. A B. B
C. C D. D

44. उपर्युक्त प्रश्न में दूसरे किनारे पर कौन बैठा है?

A. A B. B
C. C D. D

45. छह व्यक्तियों की कतार में, D और C, E के पड़ौसी है। B केवल A का पड़ौसी है। A, F के चौथे स्थान पर है। कतार के दोनों सिरों पर कौन बैठे हैं?

A. F-B B. B-D
C. C-A D. F-C

46. एक सीढ़ी पर 5 लड़कियां बैठी हैं। सरला, चित्रा के ऊपर की ओर है पर डॉली के नीचे है। विमला, सरला, व चित्रा के बीच में है। डॉली, अलका और सरला के बीच है। सीढ़ी पर सबसे ऊपर कौन हैं?

A. अलका B. डॉली
C. विमला D. चित्रा

47. यदि South-East हो जाता है, North, North-East हो जाता है इसी प्रकार, West क्या हो जाएगा?

A. South-East B. North-East
C. South D. North-West

48. कल्पना कीजिए कि आप दक्षिण दिशा में जा रहे हैं, थोड़ी देर बाद आप बाईं तरफ मुड़ जाते हैं इसके बाद पुनः आप बाईं तरफ मुड़ जाते हैं। उसके उपरांत आप दाईं तरफ मुड़ते हैं और फिर एक बार दाईं ओर को मुड़ जाते हैं। अब आप किस दिशा में चल रहे हैं।

A. पूर्व B. पश्चिम
C. दक्षिण D. उत्तर

49. मनीष और रिंकू किसी एक ही स्थान से चलना प्रारंभ करते हैं। मनीष पश्चिम की ओर जाता है तथा 4 किमी. दूरी तय करता है और फिर दाहिनी ओर मुड़कर 3 किमी. जाता है। रिंकू उत्तर की तरफ जाता है तथा 3 किमी. दूरी तय करता है और फिर दाहिनी तरफ मुड़कर 5 किमी. जाता है।

बताओ मनीष इस समय रिंकू से कितनी दूरी पर हैं?

A. 1 किमी. B. 3 किमी.
C. 9 किमी. D. 7 किमी.

50. सरला, सुरेश से कहती है कि मैं उत्तर-दिशा में छिप रही हूं, परंतु वह वहां से 2 किमी. पूर्व की ओर और फिर 3 किमी. दक्षिण की ओर तथा फिर 2 किमी.पश्चिम की ओर, और पुनः पहले वाले स्थान की तरफ उतनी ही दूरी तय करती है। तो बताओ कि सरला छिपने के स्थान से अब किस दिशा में है?

A. उत्तर B. दक्षिण
C. पश्चिम D. इनमें से कोई नहीं

51. रवि 16 मीटर दक्षिण की ओर जाकर बाईं तरफ मुड़ जाता है और 5 मीटर चलता है। इसके बाद वह उत्तर की ओर मुड़ जाता है तथा 7 मीटर चलता है। इसके बाद वह दाईं तरफ मुड़कर 12 मीटर चलता है। यदि फिर वह बाईं ओर मुड़कर 9 मीटर चलता है तो वह इस समय चलने के स्थान से कितनी दूर हैं?

A. 24 मीटर B. 17 मीटर
C. 16 मीटर D. 18 मीटर

52. मैं अपने घर से उत्तर दिशा में 10 मीटर चला, तब बाईं और घूमा तथा 20 मीटर चलकर पुनः बाईं तरफ घूम गया तथा 20 मीटर की दूरी तय की। अब पुनः बाईं ओर घूमा तथा 10 मीटर चलकर बाईं तरफ घूम गया। अब यदि मैं केवल 10 मीटर और चलूं तो बताइए कि मैं अपने घर से किस दिशा में हूं?

A. पूर्व B. दक्षिण
C. पश्चिम D. उत्तर

53. एक चौराहे पर उत्तर, दक्षिण, पूर्व, पश्चिम दिशा में जाने वाली सड़कों को बताने के लिए एक खम्भा लगा हुआ था। किसी दुर्घटना के कारण वह खम्भा घूम गया और वह भाग जो कि पूर्व दिशा की ओर संकेत करता था अब दक्षिण दिशा की ओर संकेत करने लगा। एक यात्री घूमे हुए खम्भे द्वारा पश्चिम दिशा को संकेत करने वाली दिशा में चल पड़ा तो वास्तव में वह किस दिशा में चल रहा था?

A. दक्षिण B. पश्चिम
C. उत्तर-पूर्व D. उत्तर

54. गिरिजा, ईशान, फ्रेंसिस और हेमा एक बेंच पर बैठे हैं। फ्रेंसिस के आगे बाईं तरफ हेमा बैठी है। ईशान के एक ओर फ्रेंसिस और दूसरी तरफ गिरिजा बैठे हैं। एकदम दाएं कौन बैठा है?

A. गिरिजा B. ईशान
C. फ्रेंसिस D. हेमा

55. पांच डण्डे एक पंक्ति में खड़े हैं। B, C के बाईं ओर तथा D है। E के दाहिनी ओर जो स्वयं C के दाहिनी ओर है। यदि A, B के बाईं ओर हो तो कौन-सा डण्डा बीच में है?

A. D B. B
C. C D. A

56. राजू, महेश, दिनेश, सुरेश एवं टिंकू एक पंक्ति में बैठे हुए हैं। दिनेश के पास टिंकू नहीं है तथा राजू के पास सुरेश नहीं है। महेश, राजू के बगल में है तथा टिंकू सुरेश की बगल में नहीं है। इनका क्रम निर्धारण होगा।

A. राजू, महेश, दिनेश, सुरेश, टिंकू
B. सुरेश, महेश, राजू, टिकूं, दिनेश
C. महेश, टिंकू, दिनेश, सुरेश, राजू
D. टिंकू, राजू, महेश, दिनेश, सुरेश

57. 5 किताबें इस प्रकार रखी हुई हैं—E, A से ऊपर है। C, D के नीचे है। D से ऊपर A है। B, C के नीचे है तो सबसे नीचे कौन-सी किताब है?

A. B B. C
C. A D. D

58. मैं एक नदी के किनारे पीठ करके खड़ा हूं, पानी में स्वतंत्र बहता हुआ पदार्थ मेरी बाईं ओर से दाईं तरफ जा रहा है । नदी पश्चिम से पूर्व की ओर बह रही है तो मेरा मुंह किस तरफ है?

A. पूर्व B. दक्षिण
C. उत्तर D. पश्चिम

59. पोस्ट आफिस स्कूल के पूर्व में है जबकि मेरा घर स्कूल के दक्षिण में है। बाजार मेरे घर से किस दिशा में है?

A. उत्तर
B. पूर्व
C. पश्चिम के दक्षिण में
D. पूर्व के उत्तर में

60. पांच लड़के दक्षिण की ओर सम्मुख हुए एक पंक्ति में खड़े हैं। दामू के दाहिनी ओर आनंद है। दामू और एकनाथ के बीच चन्दू है। बाबू की दाहिनी तरफ कोई नहीं है। ठीक बीच में कौन हैं?

A. आनंद B. चन्दू
C. दामू D. एकनाथ

उत्तरमाला

1	2	3	4	5	6	7	8	9	10
B	D	A	B	B	B	A	D	B	D
11	**12**	**13**	**14**	**15**	**16**	**17**	**18**	**19**	**20**
B	D	D	B	C	A	B	A	D	D
21	**22**	**23**	**24**	**25**	**26**	**27**	**28**	**29**	**30**
B	D	A	A	A	A	A	D	C	D
31	**32**	**33**	**34**	**35**	**36**	**37**	**38**	**39**	**40**
A	B	C	A	A	C	A	B	C	D
41	**42**	**43**	**44**	**45**	**46**	**47**	**48**	**49**	**50**
D	B	D	A	A	A	A	C	C	D
51	**52**	**53**	**54**	**55**	**56**	**57**	**58**	**59**	**60**
B	C	D	A	C	D	C	C	D	C

संकेत

1.

2.

3.

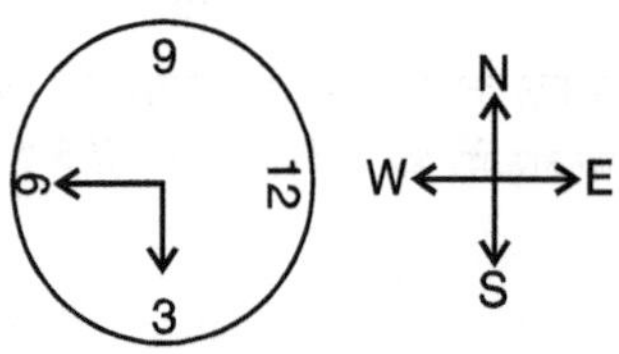

4.

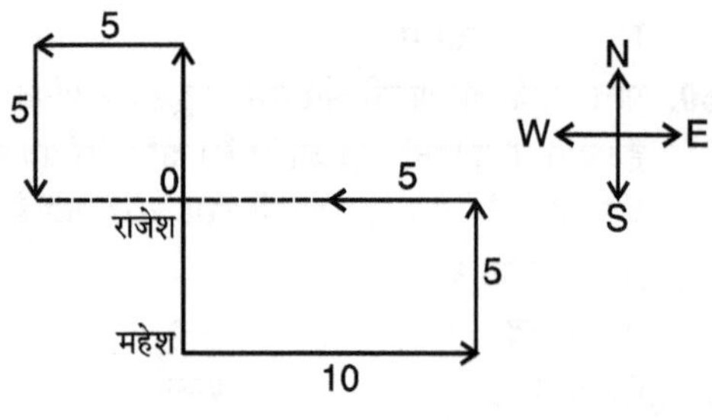

5.

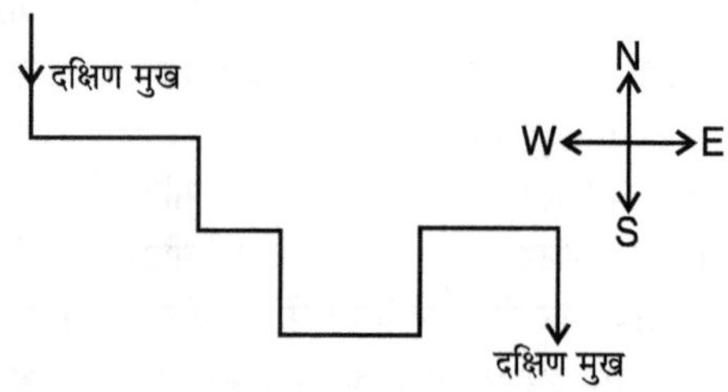

6.

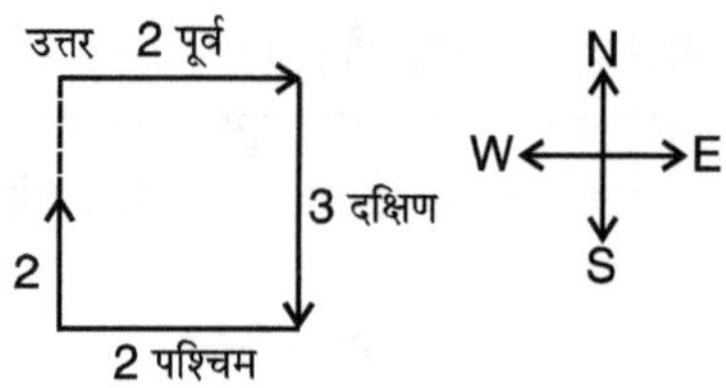

7.

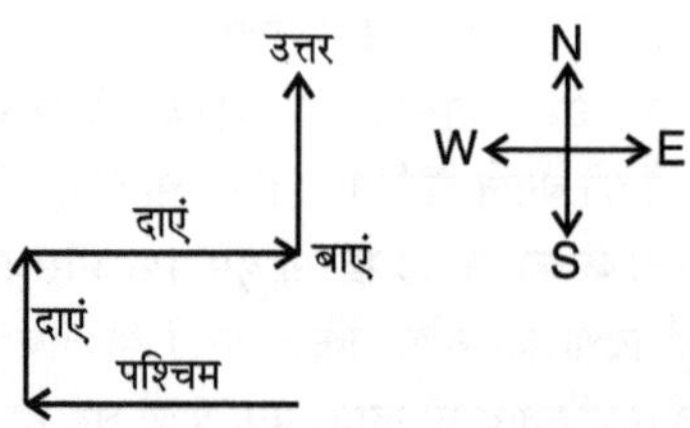

8.

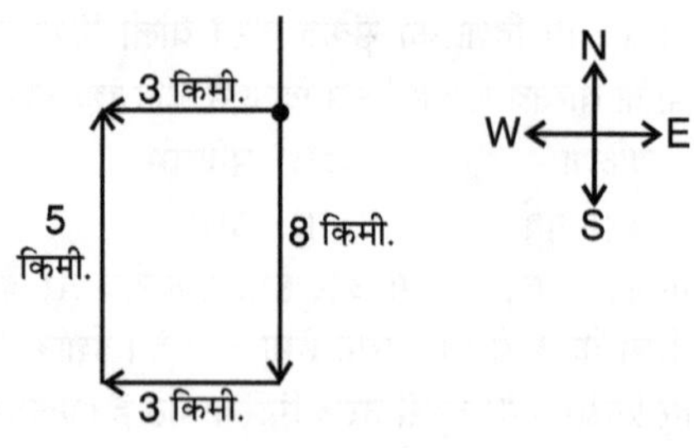

9. A की दूरी = 5 × 3 = 15 किमी.
B की दूरी = 4 × 3 = 12 किमी.
∴ दोनों के बीच की दूरी = 15 + 12 = 27 किमी. (क्योंकि दोनों विपरीत दिशा में चल रहे हैं।)

10.

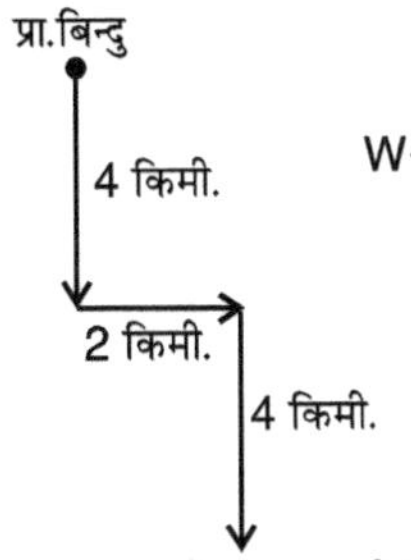

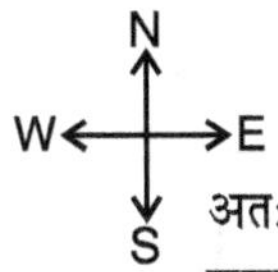

अतः स्पष्ट है कि मोपेड सवार व्यक्ति अंत में प्रारंभिक बिन्दु से दक्षिण दिशा की तरफ जा रहा है।

प्रश्न 11 व 12 को हल करने हेतु—

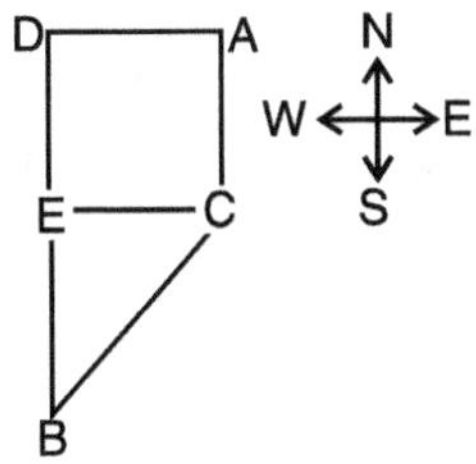

13. कथनानुसार लड़कों के खड़े रहने का क्रम निम्नवत् है—

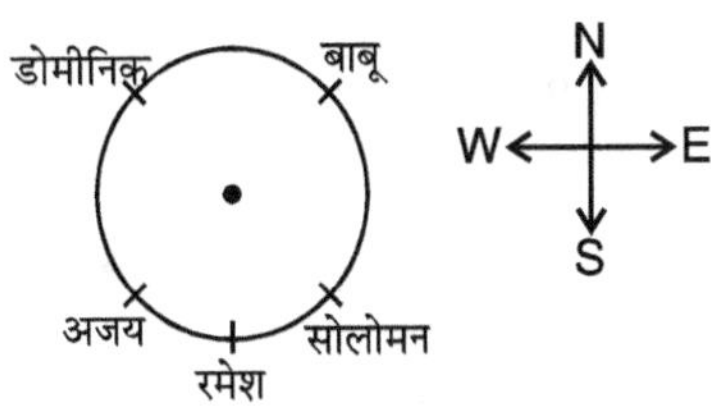

14. बंटी की यात्रा का आरेख निम्न प्रकार से है—

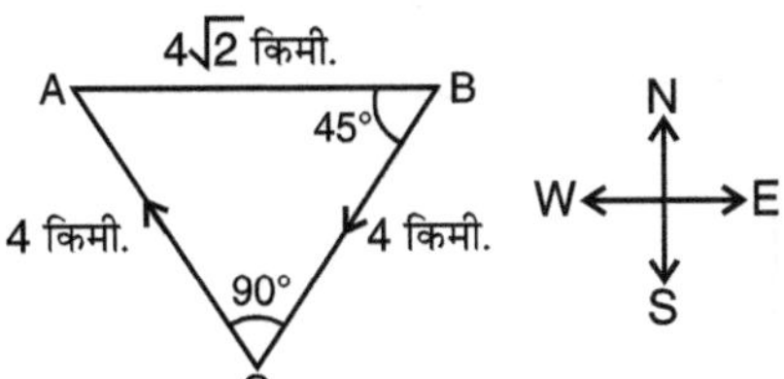

इनमें C का कोण 90° का होगा—

$\because\ (4)^2 + (4)^2 = (4\sqrt{2})^2$

अतः वह अपनी प्रारंभिक स्थिति पर पहुंच जाता है।

15. मेरी यात्रा का आरेख निम्न प्रकार से होगा—

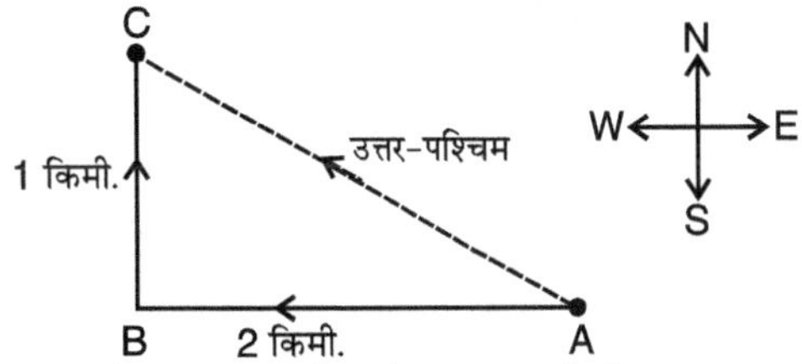

16. पुरुष की यात्रा का आरेख निम्न प्रकार से है—

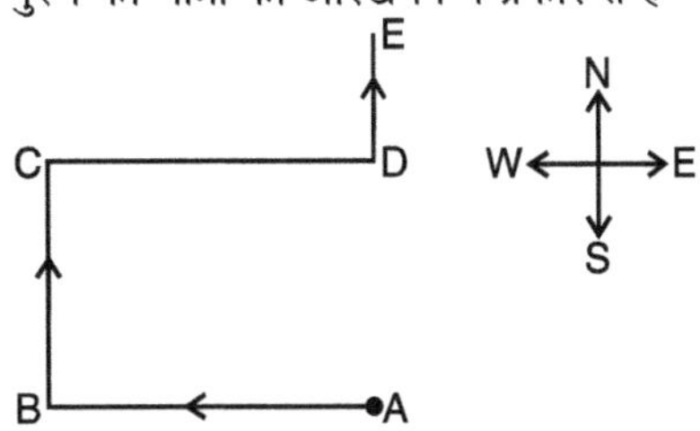

17. A स्थान से चलना प्रारंभ करता है—

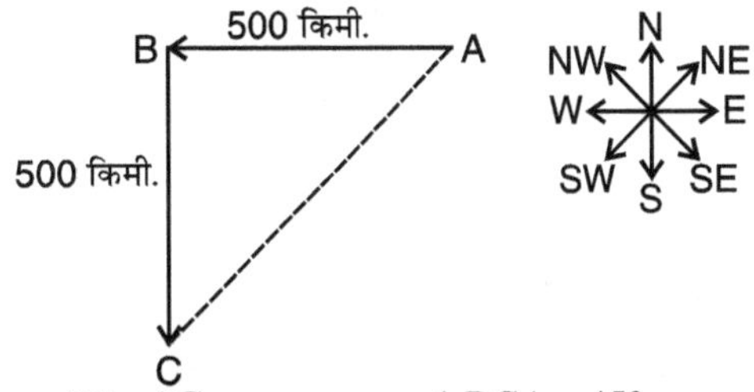

∵ AB = AC ∠ BCA = 45°

अतः उसको घर पहुंचने के लिए उत्तर-पूर्व की तरफ चलना चाहिए।

18. उन दोनों की यात्रा का आरेख निम्न प्रकार से हैं—

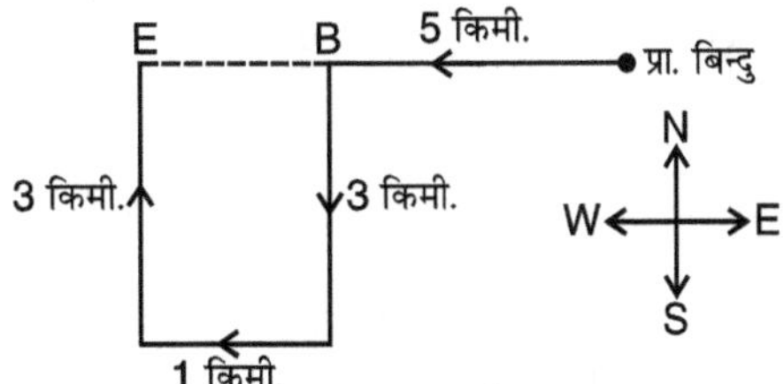

AE = 5 + 1 = 6 किमी.

19. व्यक्ति की यात्रा निम्नलिखित आरेख द्वारा समझी जा सकती है—

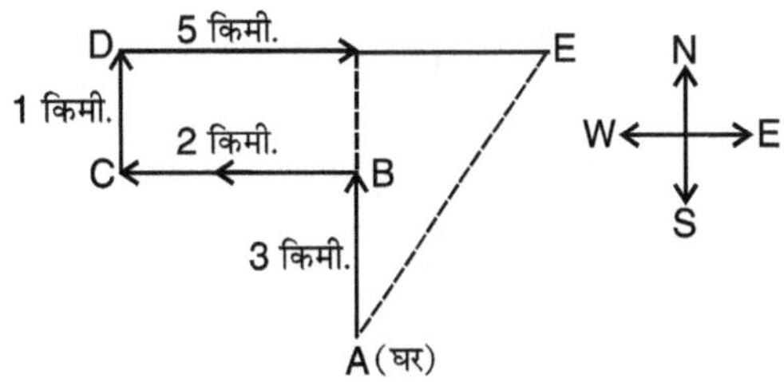

$EF = 5 - 2 = 3$ किमी.

$AF = 3 + 1 = 4$ किमी.

$\therefore \quad AE = \sqrt{(3)^2 + (4)^2} = 5$ किमी.

20. मोहन और महावीर के चलने के मार्ग निम्न प्रकार हैं—

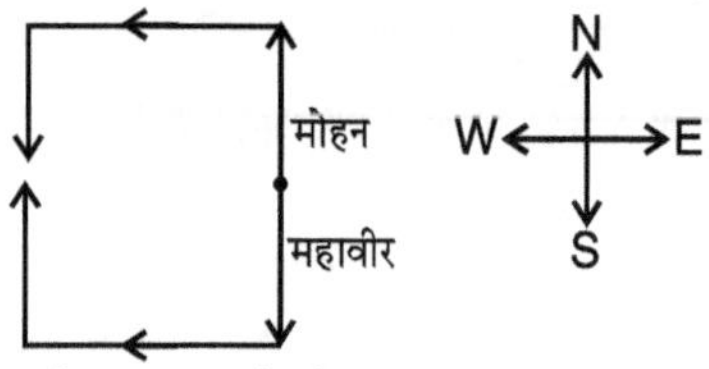

प्रश्न 21 से 23 तक के लिए

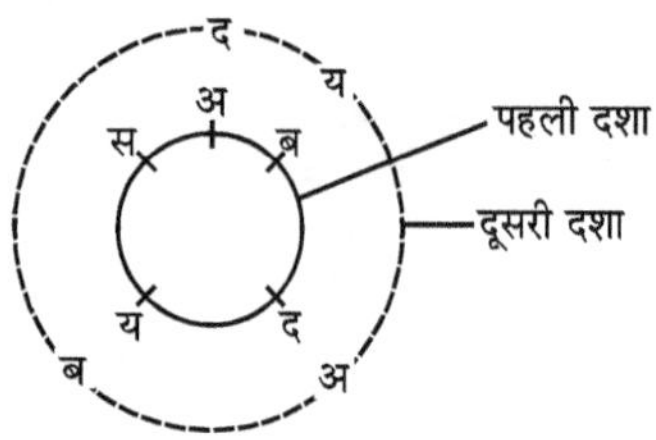

24.

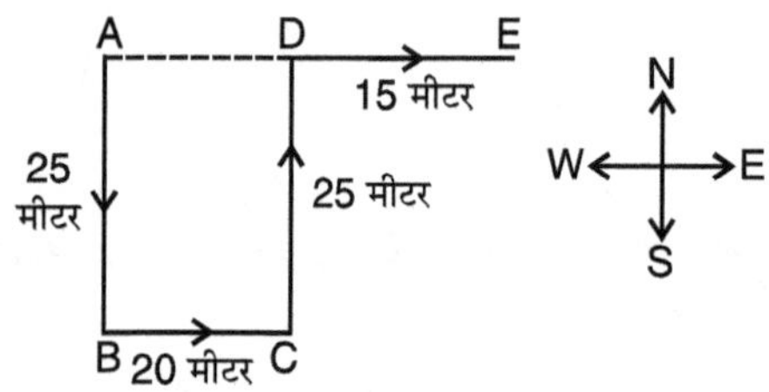

AE = 20 + 15 = 35 मीटर पूर्व की ओर

25.

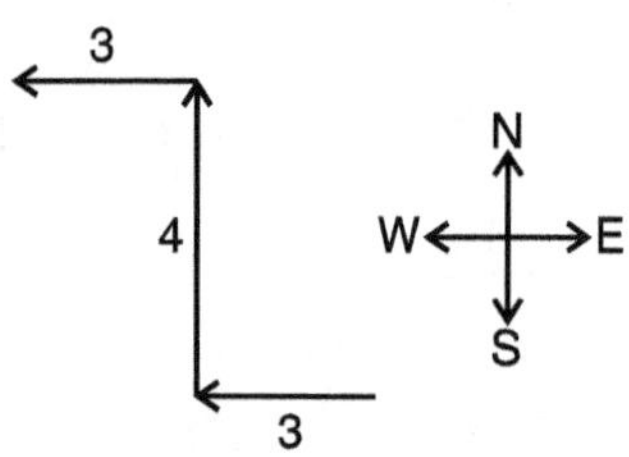

26.

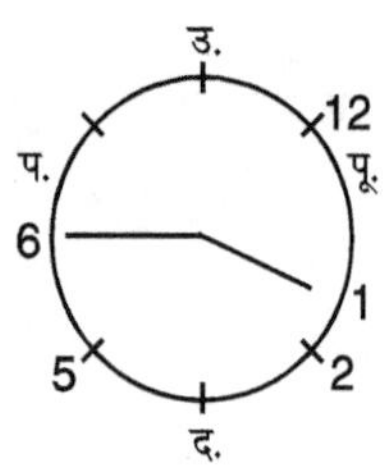

27.

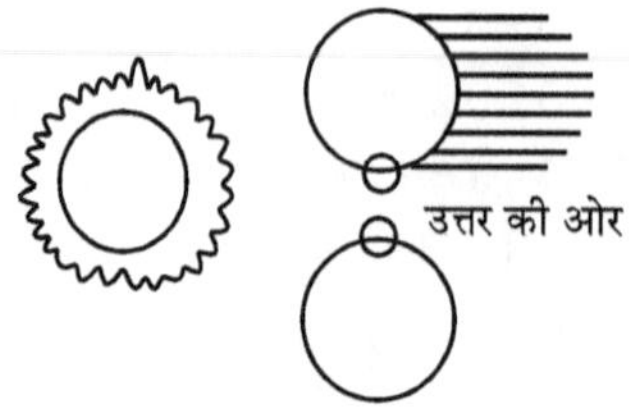

28.

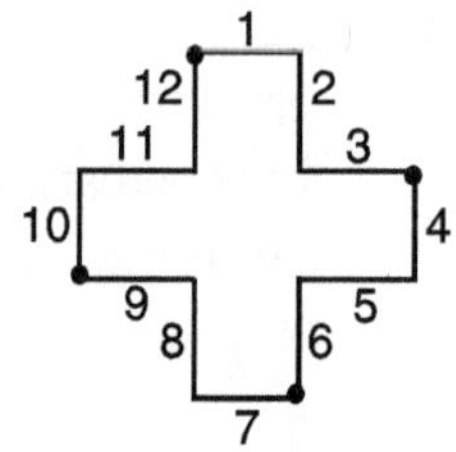

29.

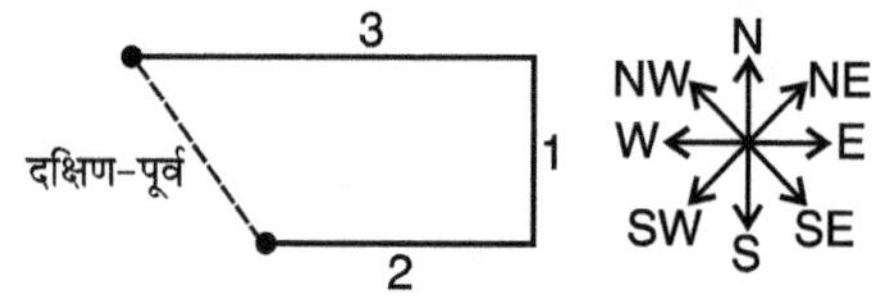

30.

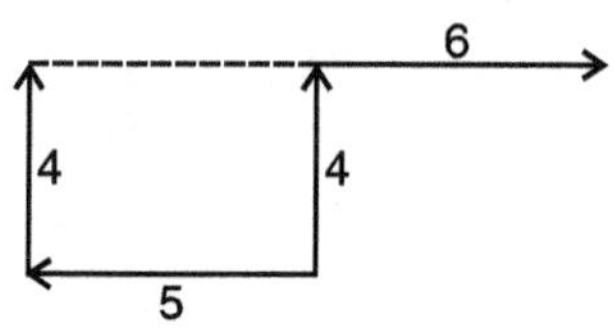

कुल दूरी = 5 + 6 = 11 किमी.

31.

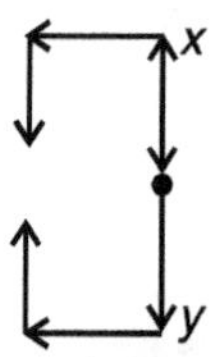

32. पाइथोगोरस प्रमेय के अनुसार AC = 5

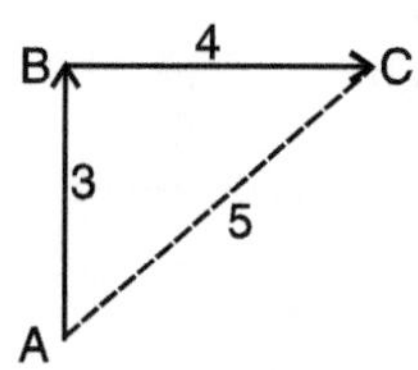

33.

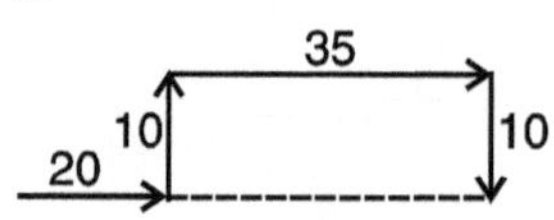

चलना पड़ा = 20 + 10 + 35 + 10 = 75

कुल दूरी = 20 + 35 = 55

अधिक चलना पड़ा = 20

34.

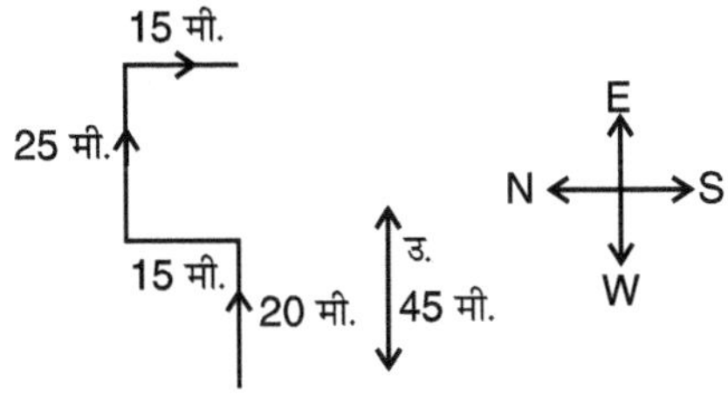

35.

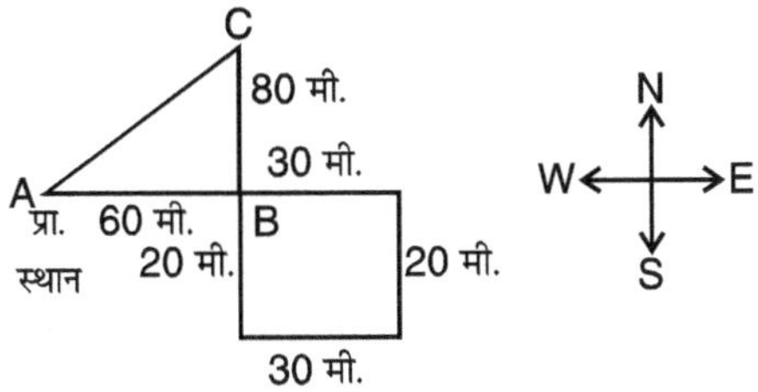

$$AC = \sqrt{(AB)^2 + (BC)^2}$$

$$= \sqrt{(60)^2 + (80)^2} = \sqrt{3600 + 6400}$$

$$= \sqrt{10000} \text{ मीटर} = 100 \text{ मीटर}$$

36. कथनानुसार उनके रहने की स्थिति क्रम निम्न प्रकार से है–

A E C F B D

37. सीढ़ी पर ऊपर से नीचे की तरफ इनका क्रम इस प्रकार है—

D •

A •

B •

C •

38. कथनानुसार सभी बालकों के बैठने की स्थिति निम्नवत् है—

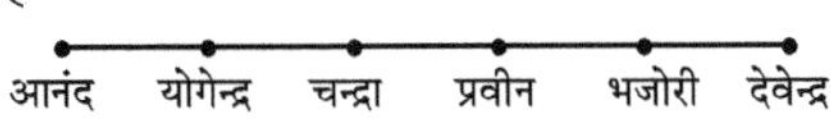

39. शुरू में उनके बैठने की स्थिति कथनानुसार निम्नवत् है।

40. कथनानुसार उनके चारों के बैठने का क्रम निम्नवत् है—

41. बालकों के बैठने का क्रम निम्नवत् है—

42. कथनानुसार लाल रंग के ठीक सामने सफेद रंग है। हरे रंग के ठीक सामने नीला रंग है तथा पीले रंग के ठीक सामने जामुनी रंग है।

43. कथनानुसार पांचों व्यक्ति निम्नवत् बैठे हैं—

• A • C • D • B • E

46. कथनानुसार—

- अलका
- डाली
- सरला
- विमला
- चित्रा

47. चलने की दिशा कथनानुसार निम्नांकित आकृति द्वारा प्रदर्शित है।

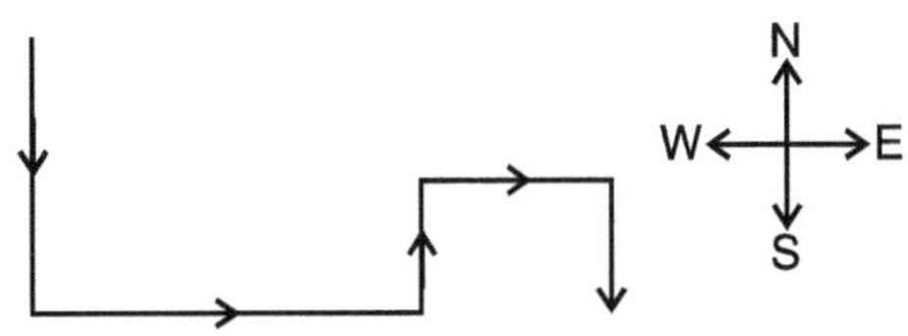

49.

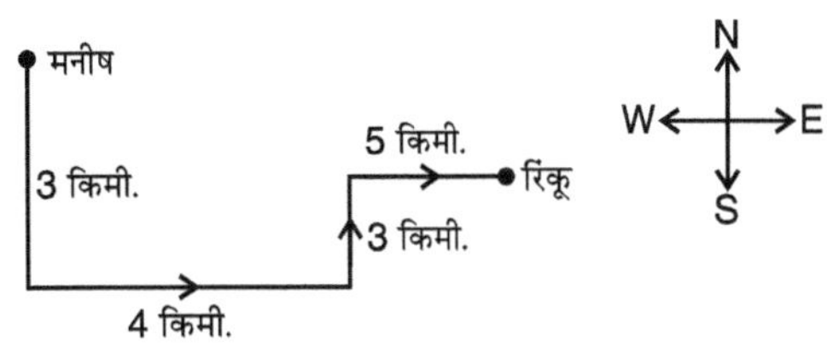

50.

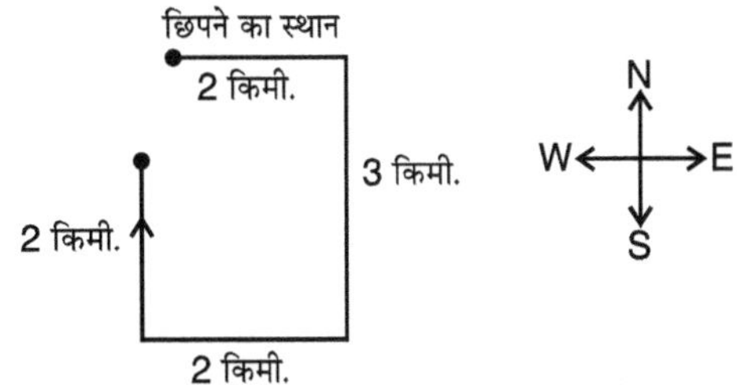

51. 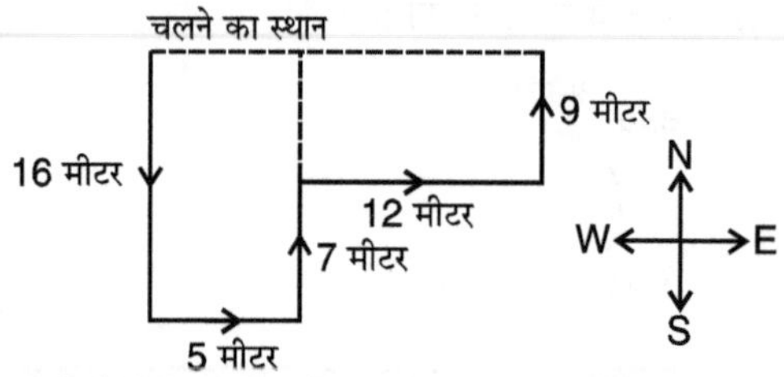

चलने के स्थान की दूरी = 5 + 12 = 17 मी.

52. A से चलकर B पर पहुंच जाता है। B, A के पश्चिम की तरफ है।

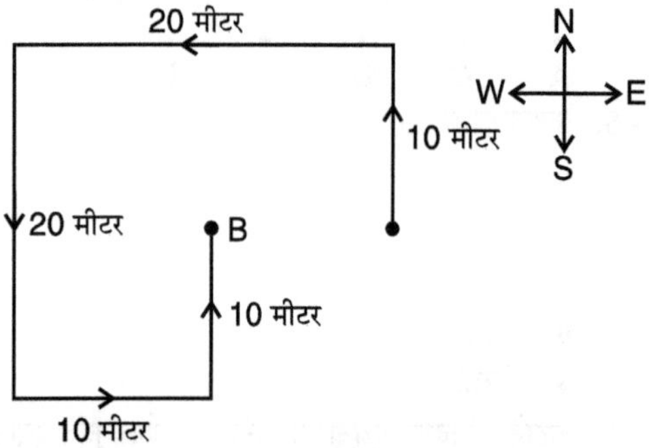

53. चूंकि पूर्व दिशा का संकेत घूमकर दक्षिण की ओर हो गया अर्थात् दिशा बताने वाला खम्भा घड़ी की दिशा में 90° घूम गया। अत: पश्चिम की दिशा का संकेत, उत्तर की ओर हो जाएगा।

54. वे इस क्रम में बैठे हैं—गिरिजा, ईशान, फ्रेंसिस, हेमा

55. डण्डे निम्नांकित क्रम से हैं—

D E C B A

57. कथनानुसार पुस्तकों का क्रम इस प्रकार है—

E •
A •
D •
C •
B •

59. 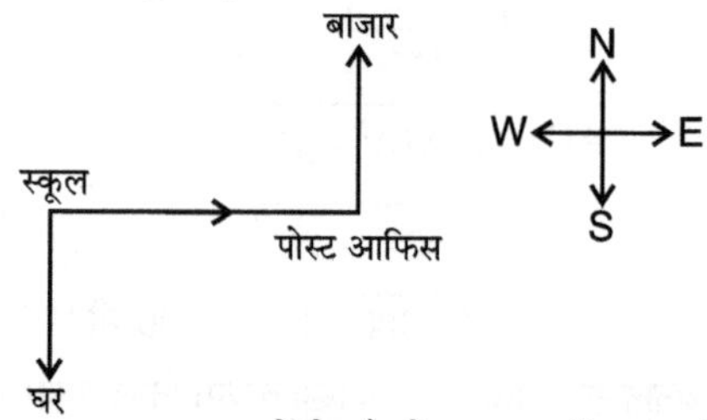

60. कथनानुसार लड़कों के बैठने का क्रम निम्नवत् है—बाबू, आनंद, दामू, चन्दू, एकनाथ

9. कलेण्डर, समय, तिथि, दिन, वर्ष आदि पर आधारित परीक्षण
(Calender, Time, Date, Day, Year etc. Based Test)

इस तरह के परीक्षण में अभ्यर्थियों की यह जांच की जाती है कि उसको सप्ताह के दिन तथा वर्ष के महीनों का सही क्रम से ज्ञान है कि नहीं। इससे यह भी ज्ञात हो सकता है कि अभ्यर्थी को महीनों के दिनों की संख्या/कलेण्डर आदि का कितना ज्ञान है?

कलेण्डर व समय संबंधी प्रश्नों को समझने से पहले निम्नलिखित तथ्यों को भली-भांति समझ लेना व याद कर लेना अत्यंत ही आवश्यक है—

(1) लीप वर्ष (Leap year) में 366 दिन होते हैं तथा लीप वर्ष की गणना करने के लिए उस वर्ष में 4 का भाग देते हैं। यदि भागफल पूर्णांक में आता है, तो वर्ष लीप वर्ष (Leap year) की श्रेणी में आएगा।

(2) 'शताब्दी लीप वर्ष' ज्ञात करने के लिए संबंधित शताब्दी को 400 से विभाजित करते हैं, यदि भागफल पूर्णांक में आता है तो वह वर्ष 'शताब्दी लीप वर्ष' होगा।

(3) वर्ष में जनवरी, मार्च, मई, जुलाई, अगस्त, अक्टूबर, दिसम्बर कुल सात महीने प्रत्येक 31 दिन के होते हैं।

(4) लीप वर्ष की फरवरी 29 दिन की होती है। सामान्य वर्ष में फरवरी 28 दिन की होती है।

(5) 1 जनवरी, सन् 2001 को सप्ताह का दिन सोमवार था।

(6) वर्ष के चार भागों में दिनों की संख्या निम्न प्रकार है—
जनवरी से मार्च—90 (91दिन), अप्रैल से जून—91 दिन
जुलाई से सितम्बर—92 दिन, अक्टूबर से दिसम्बर—92 दिन

(7) जो वर्ष लीप वर्ष नहीं है उनमें किसी विशिष्ट दिनांक का सप्ताह दिवस अगले वर्ष एक बढ़ जाएगा। अर्थात् यदि 25 जून 1986 को मंगलवार है तो 25 जून 1987 को बुधवार होगा तथा 25 जून 1985 को सोमवार होगा।

(8) प्रत्येक लीप वर्ष में किसी विशिष्ट दिनांक का सप्ताह वर्ष अगले वर्ष दो बढ़ जाएगा। अर्थात् 30 अक्टूबर, 1987 को सोमवार है तो 30 अक्टूबर 1988 को बुधवार होगा।

(9) वित्तीय वर्ष प्रत्येक 1 अप्रैल से प्रारंभ होकर 31 मार्च को समाप्त होता है।

(10) कलेण्डर वर्ष प्रत्येक 1 जनवरी से प्रारंभ होकर 31 दिसम्बर को समाप्त होता है।

(11) सप्ताह का पहला दिन सोमवार होता है।

(12) प्रत्येक घण्टे में बड़ी सुई (मिनट वाली) तथा छोटी सुई (घण्टे वाली) एक बार एक ही में तथा एक बार दूसरे विपरीत दिशा में होती हैं। जब दोनों सुइयाँ विपरीत दिशा में होती है तो उनके मध्य 30 मिनट की दूरी होती है।

(13) हर घण्टे में दोनों सुइयां दो बार समकोण बनाती हैं, लेकिन 12 घण्टे में दोनों सुइयां 22 बार ही समकोण बनाती हैं।

(14) 12 घण्टे के अंतराल में घड़ी की दोनों सुइयां 11 बार ही एक दिशा में आती है।

(15) दोनों सुइयों की परस्पर अदला-बदली, छोटी सुई एवं बड़ी सुई के मध्य 60/13 मिनट अथवा इसके किसी गुणन की दूरी का अंतर होने पर होती है।

(16) एक मिनट में घण्टें वाली सुई $1/2^\circ$ तथा मिनट वाली सुई 6° घूमती है।

(17) प्रत्येक घण्टे में छोटी सुई की तुलना में बड़ी सुई 55 मिनट की दूरी आगे तय कर लेती है।

(18) साधारण वर्ष में 52 सप्ताह व 1 दिन होता है और लीप वर्ष में 52 सप्ताह और 2 दिन होते हैं।

किसी समय अवधि में पूर्ण सप्ताहों के अलावा दिनों को विषम दिन (odd days) कहा जाता है। साधारण वर्ष (जो लीप वर्ष न हो) में विषम दिन 1 तथा लीप वर्ष में विषम दिन 2 होते हैं। विषम दिनों की सहायता से किसी वर्ष का कोई भी दिन या किसी भी दिन का दिनांक ज्ञात किया जा सकता है। एक शताब्दी (100 वर्ष) में 76 साधारण वर्ष, 24 लीप वर्ष होते हैं तथा 5 विषम दिन होते हैं, अर्थात् एक शताब्दी में दिनों की संख्या = 5, 12, 17 सप्ताह + 5 दिन।

मंगलवार या वृहस्पतिवार या शनिवार किसी शताब्दी वर्ष (100, 200, 300, ... 1900, 2000) आदि का अंतिम दिन नहीं हो सकता।

किसी विशिष्ट दिनांक का दिन ज्ञात करने हेतु निम्न प्रक्रिया

अपनायी जाती है।

0 विषम दिन के लिए — रविवार
1 विषम दिन के लिए — सोमवार
2 विषम दिन के लिए — मंगलवार
3 विषम दिन के लिए — बुधवार
4 विषम दिन के लिए — बृहस्पतिवार
5 विषम दिन के लिए — शुक्रवार
6 विषम दिन के लिए — शनिवार

जीलर (Zeler) महोदय के अनुसार, N वें वर्ष के M वें माह के K वें दिन के संगत संख्या (0, 1, 2, 3, 4, 5, 6) ज्ञात करने का सूत्र निम्न प्रकार है—

माह की क्रम संख्या :

M	1	2	3	4	5	6	7	8	9	10	11	12
	मार्च	अप्रैल	मई	जून	जुलाई	अगस्त	सितंबर	अक्टूबर	नवंबर	दिसंबर	जनवरी	फरवरी
	N के लिए										(N – 1) के लिए	

विषम दिनों की संख्या

$$= \left\{K + [2.6\,M - 0.2] + D + \left[\frac{D}{4}\right] + \left[\frac{C}{4}\right] - 2\,C\right\}$$

(मोड 7)

यहां C = शताब्दी (जो पूरी हो चुकी)

D = विशिष्ट वर्ष

मोड 7 का अर्थ है संख्या पद्धति में केवल 7अंक (0, 1, 2, 3, 4, 5, 6) हैं जो प्राप्त संख्या को 7 से भाग देने पर शेष अंक को बताते हैं। बड़े कोष्ठक [ ] में लिखी संख्या का अधिकतम पूर्णांक लेना है।

नोट- *नीचे दिए गए व्याख्यात्मक उदाहरणों से भली-भांति समझा जा सकता है।*

उदाहरण 1. 29 नवम्बर, 1992 का दिन कौन-सा था?

हल : 29 नवम्बर, 1992 का दिन ज्ञात करने के लिए K = 29, M = 9, C = 19, D = 92, अतः विषम संख्या

$$= \left\{29 + [2.6 \times 9 - 0.2] + 92 + \left[\frac{92}{4}\right] + \left[\frac{19}{4}\right] - 2 \times 19\right\}$$

[मोड 7]

$(29 + [23.2] + 92\,[23] + [47.5] - 38)$ [मोड 7]

$(29 + 23 + 92 + 23 + 4 - 38)$ [मोड 7]

$= 171 - 38$ [मोड 7]

$= 133$ [मोड 7] $= 0$

[∵ 133 को 7 से भाग देने पर शेषफल शून्य है।]

अतः 29 नवम्बर, 1992 का दिन रविवार होगा।

उदाहरण 2. 400 वर्षों में विषम दिनों की संख्या ज्ञात कीजिए।

हल : 400 वर्षों में विषम दिनों की संख्या निम्न प्रकार ज्ञात की जा सकती है—

100 वर्ष में 5, 217 सप्ताह + 5 दिन

∴ 400 वर्ष में 4 × 5, 127 सप्ताह + 4 × 5 दिन + 1 दिन

(∵ यह लीप वर्ष है।)

अथवा 20,668 सप्ताह + 21 दिन

अथवा (20,868 + 3 सप्ताह) + 0 दिन

अथवा 20,871 सप्ताह + 0 दिन

अतः 400 वर्षों में विषम दिनों की संख्या = 0

उदाहरण 3. किस वर्ष में फरवरी माह का प्रथम तथा अंतिम दिन वाला दिवस समान दिवस था?

A. 1995 B. 1997

C. 1996 D. 1994

हल (C) : लीप वर्ष में फरवरी में 29 दिन होते हैं। यदि फरवरी 1 को रविवार है तो फरवरी 8 को रविवार, फरवरी 15 को रविवार, फरवरी 22 को रविवार तथा फरवरी 29 को रविवार होगा। यहां 1996 लीप वर्ष है क्योंकि यह 4 से पूर्ण विभाजित है। अतः विकल्प (C) सही है।

उदाहरण 4. अगर 15 मार्च, 1999 को सोमवार था तो 10 जुलाई 1999 को कौन-सा दिन होगा?

A. शुक्रवार B. मंगलवार

C. रविवार D. शनिवार

हल (D) : 15 मार्च, 1999 से 10 जुलाई, 1999 तक के दिनों की संख्या 117 अर्थात् (16 + 30 +31 + 30 + 10) दिन है। इसमें 7 का भाग देने पर 5 दिन शेष रहते हैं, अतः सोमवार के 5 दिन बाद शनिवार होगा।

उदाहरण 5. A के भाई B का जन्म दिन 16 अप्रैल के बाद लेकिन 21 अप्रैल से पहले है जबकि भाई C के अनुसार B का जन्म दिन 22 अप्रैल से पहले और 19 अप्रैल के बाद है। B का जन्म दिन होगा—

A. 19 अप्रैल B. 20 अप्रैल

C. 21 अप्रैल D. इनमें से कोई नहीं

हल (B) : B का जन्म दिन A के अनुसार 17, 18, 19, 20 अप्रैल

B का जन्म दिन C के अनुसार 20, 21 अप्रैल

दोनों के उभयनिष्ठ (Common day) 20 अप्रैल है। अतः विकल्प (B) सही है।

उदाहरण 6. यदि 6 जनवरी के बाद चौथे दिन शनिवार पड़ता है तो पिछले वर्ष 1 दिसम्बर को कौन-सा दिन था?

A. रविवार B. मंगलवार
C. बृहस्पतिवार D. सोमवार

हल (D) : जनवरी 6, 7, 8, 9, 10 (जनवरी 6 के बाद चौथा दिन—शनिवार)

शनिवार— जनवरी 10, जनवरी 3, दिसम्बर 27, दिसम्बर 20, दिसम्बर 13, दिसम्बर 6, दिसम्बर

1	2	3	4	5	6
सोमवार	मंगलवार	बुधवार	बृहस्पतिवार	शुक्रवार	शनिवार

अत: विकल्प (D) सही है।

उदाहरण 7. अमेरिका में साक्षरता दिवस, एक महीने में जिसके पांचवे दिन पर रविवार आता है, उस महीने के तीसरे शुक्रवार से चौथे दिन पर मनाया जाता है। उक्त महीने की किस तिथि को साक्षरता दिवस मनाया जाएगा?

A. 20 B. 21
C. 22 D. 23

हल (D) : 5 तारीख को रविवार है, अत: तीसरा शुक्रवार 17 तारीख को पड़ेगा। 17 तारीख से चौथा दिन 21 तारीख को होगा। अत: साक्षरता दिवस 21 तारीख को मनाया जाएगा।

अत: विकल्प (B) सही है।

उदाहरण 8. 4 और 5 बजे के बीच किस समय दोनों सुइयां एक ही दिशा में होगी?

A. 4 बजकर $23\frac{9}{11}$ मिनट

B. 4 बजकर $21\frac{9}{11}$ मिनट

C. 4 बजकर $24\frac{9}{11}$ मिनट

D. 4 बजकर $26\frac{9}{11}$ मिनट

हल (B) : 4 बजे दोनों सुइयों के मध्य की दूरी 20 मिनट होगी। अत: दोनों सुइयाँ एक ही दिशा में होगी—

$\frac{60 \times 20}{55} = 21\frac{9}{11}$ मिनट

अर्थात् 4 बजकर $21\frac{9}{11}$ मिनट पर।

अत: विकल्प (B) सही है।

उदाहरण 9. प्रात: से सायं 7 बजे तक कितनी बार दोनों सुइयां परस्पर लम्बवत् होगी?

A. 20 B. 22
C. 21 D. 16

हल (C) : प्रात: 8 बजे से सायं 7 बजे तक कुल 11 घण्टे होते हैं। अत: $\frac{22 \times 11}{12} = 20.17$ अर्थात् 21 बार दोनों सुइयां लम्बवत् होगी। अत: विकल्प (C) सही है।

उदाहरण 10. प्रात: 8 बजे से प्रात: 9 बजे के मध्य तक किस समय दोनों सुइयां एक-दूसरे की विपरीत दिशा में होगी?

A. 8 बजकर $12\frac{10}{11}$ मिनट

B. 8 बजकर $13\frac{10}{11}$ मिनट

C. 8 बजकर $10\frac{10}{11}$ मिनट

D. इनमें से कोई नहीं

हल (C) : प्रात: 8 बजे दोनों सुइयों के मध्य की दूरी 40 मिनट है। जहां उनके मध्य 30 मिनट की दूरी रह जाएगी तब वे एक-दूसरे की विपरीत दिशा में होगी। अत: 10 मिनट की दूरी तय करने में लगा समय = $\frac{60 \times 10}{55} = 10\frac{10}{11}$ मिनट अर्थात् 8 बजकर $10\frac{10}{11}$ मिनट पर दोनों सुइयां एक-दूसरे के विपरीत दिशा में होगी। अत: विकल्प (C) सही है।

अभ्यास

1. निम्नलिखित में से कौन-सा लीप वर्ष (Leap year) है?

A. 1989 B. 1904
C. 1900 D. इनमें से कोई नहीं

2. 29 नवम्बर, 1982 का दिन बताइए—

A. रविवार B. सोमवार
C. बुधवार D. शनिवार

3. हरि का जन्म दिन, श्याम के जन्म दिन से 3 दिन बाद आता है। यदि हरि का जन्म दिन बुधवार का हो तो श्याम का जन्म दिन किस वार को होगा?

A. मंगलवार B. शनिवार

C. रविवार D. शुक्रवार

4. आशीष का जन्म दिन शंशाक के जन्म दिन से 64 दिन बाद आता है। यदि आशीष का जन्म दिन सोमवार का हो तो शंशाक का जन्म दिन किस वार को पड़ेगा?

A. मंगलवार B. बुधवार
C. बृहस्पतिवार D. शुक्रवार

5. 1945 के लिए वही कलेण्डर होगा जो वर्ष Y के लिए था। Y का मान क्या है?

A. 1935 B. 1937
C. 1934 D. 1940

6. यदि बीते हुए कल से पहले वाला दिन सोमवार था तो बताइए कि आने वाले कल के बाद वाले दिन के तीन दिन बाद कौन-सा दिन होगा?

A. सोमवार B. रविवार
C. मंगलवार D. शनिवार

7. एक माह में पांच रविवार है। माह का प्रथम दिन होगा—

A. रविवार B. शुक्रवार
C. बुधवार D. सोमवार

8. यदि किसी महीने में 5 बुधवार हैं तो महीने का पहला दिन होगा—

A. बृहस्पतिवार B. शनिवार
C. रविवार D. सोमवार

9. एक दर्पण में देखने पर पता चलता है कि घड़ी में उस समय 9 बजकर 20 मिनट हुए हैं। घड़ी का वास्तविक समय क्या है?

A. 2 बजकर 30 मिनट B. 6 बजकर 30 मिनट
C. 6 बजकर 10 मिनट D. अपूर्ण सूचना

10. कल से पहले का दिन गुरुवार था। कल के बाद कौन-सा दिन होगा?

A. रविवार B. सोमवार
C. मंगलवार D. बुधवार

11. यदि किसी महीने की 7 तारीख रविवार के दो दिन बाद पड़ती है तो उस महीने की 16 तारीख को कौन-सा दिन होगा?

A. मंगलवार B. बृहस्पतिवार
C. शुक्रवार D. रविवार

12. एक वर्ष जो लीप वर्ष है, में 1 फरवरी को रविवार है। इसी वर्ष के 1 मार्च का दिन होगा—

A. रविवार B. सोमवार
C. मंगलवार D. शनिवार

13. यदि जनवरी 3 को रविवार है तो जनवरी के चौथे बुधवार के तीन दिन बाद तीसरे दिन कौन-सी तारीख होगी?

A. 30 B. 27
C. 26 D. 23

14. किसी लीप वर्ष में निम्नलिखित में से कौन से दो महीनों की पहली तारीख को एक ही वार होगा—

A. मार्च-नवम्बर B. फरवरी-मार्च
C. जुलाई-अगस्त D. जनवरी-अप्रैल

15. नीचे दिए गए महीनों के किस युग्म में उनका अंतिम दिन एक समान होगा—

A. मार्च-अगस्त B. अप्रैल-दिसम्बर
C. मई- दिसम्बर D. जून-नवम्बर

16. यदि किसी महीने का तीसरा दिन शनिवार है तो उस महीने का अंतिम दिन क्या हो सकता है?

A. सोमवार B. मंगलवार
C. रविवार D. बृहस्पतिवार

निर्देश (प्रश्न सं. 17 से 22 तक) : *नीचे दिए गए प्रत्येक प्रश्न निम्नलिखित पत्र पर आधारित हैं। इस पत्र को ध्यानपूर्वक पढ़िए तथा प्रश्नों के उत्तर दीजिए।*

प्रयाग
4 फरवरी, 1965

प्रिय श्याम,

27 जनवरी सांयकाल के समय आपका पत्र मिला। पढ़कर हार्दिक प्रसन्नता हुई। उसी दिन सोचा था कि परसों रविवार के दिन तुम्हें पत्र लिखूंगा। किन्तु कार्यवश ऐसा न कर सका। क्षमा करना। तुम पूछोगे ऐसा क्या काम था। बात यह है कि पिछले सप्ताह वाले बुधवार से ही मैं एक पत्र लिखने में लगा हुआ था जिसके छापने के लिए प्रकाशक महोदय बड़ी शीघ्रता कर रहे थे। रविवार को संध्या तक उसे समाप्त कर पाया। तब से आज तक कई झंझट लगे रहे।

हां, तो मुझे यह जानकर विशेष हर्ष हुआ कि तुम्हारे कॉलेज का वार्षिक उत्सव 24 जनवरी को समाप्त हो गया और तुम्हें इसमें कई इनाम मिले तुम्हें मेरी ओर से यह जानकर हर्ष होगा कि तुम्हारा पत्र मिलने से दो दिन पूर्व मुझे छमाही का परीक्षाफल ज्ञात हुआ था। मैंने प्रथम श्रेणी के अंक पाए हैं। आशा है कि विश्व-विद्यालय परीक्षा में भी ऐसे ही नम्बर आएंगे। विश्वविद्यालय की परीक्षा 21 मार्च को शुरु होगी।

माताजी से प्रणाम कहना। मेरी माताजी भी परसों ही कानपुर से लौटी हैं।

तुम्हारा मित्र
राधे

17. राधे को श्याम का पत्र किस दिन मिला था?
A. सोमवार B. मंगलवार
C. बृहस्पतिवार D. शुक्रवार

18. श्याम के कॉलेज का वार्षिकोत्सव किस दिन समाप्त हुआ था?
A. रविवार B. सोमवार
C. मंगलवार D. बुधवार

19. विश्वविद्यालय की परीक्षा किस दिन शुरु होगी?
A. बुधवार B. शुक्रवार
C. सोमवार D. मंगलवार

20. राधे की छमाही परीक्षा का परिणाम किस दिन मालूम हुआ?
A. सोमवार B. शनिवार
C. मंगलवार D. बुधवार

21. राधे की माताजी कानपुर से किस तारीख को लौटी थीं?
A. 29 फरवरी B. 30 फरवरी
C. 2 फरवरी D. 3 फरवरी

22. राधे ने किस तारीख को निबंध लिखना शुरु किया था?
A. 27 जनवरी B. 25 जनवरी
C. 26 जनवरी D. 24 जनवरी

23. यदि किसी महीने की तीसरी तारीख को शुक्रवार था तो 21 तारीख के बाद चौथा दिन कौन-सा दिन होगा?
A. सोमवार B. गुरुवार
C. शनिवार D. बुधवार

24. मेरा भाई मुझसे 562 दिन बड़ा है जबकि मेरी बहन उससे 75 सप्ताह बड़ी है। यदि मेरी बहन मंगलवार को पैदा हुई हो तो मेरा जन्म किस दिन हुआ?
A. रविवार B. बृहस्पतिवार
C. बुधवार D. सोमवार

25. राजेश का जन्म रविवार 22 मार्च, 1968 को हुआ था। सप्ताह के किस दिन उसकी आयु 12 वर्ष 2 महीने तथा 4 दिन की थी?
A. सोमवार B. बृहस्पतिवार
C. रविवार D. बुधवार

26. निम्नलिखित में से कौन-सा लीप वर्ष है?
A. 1500 B. 1800
C. 1400 D. 2000

27. यदि 17 मार्च, 1980 को सोमवार था तो 12 जुलाई, 1980 को कौन-सा दिन था?
A. सोमवार B. रविवार
C. शुक्रवार D. शनिवार

28. देवाशीष 5 मार्च, 1970 को पैदा हुआ था। प्रशांत, देवाशीष से 25 दिन पहले पैदा हुआ। यदि उस वर्ष गणतंत्र दिवस सोमवार को पड़ा हो तो प्रशांत किस दिन पैदा हुआ था?
A. सोमवार B. शुक्रवार
C. रविवार D. मंगलवार

29. यदि 21 तारीख के बाद चौथे दिन शनिवार हो तो उसी महीने की तीसरी तारीख को कौन-सा दिन होगा?
A. बुधवार B. शुक्रवार
C. रविवार D. बृहस्पतिवार

30. बण्टी का जन्म 3 मार्च, 1980 को हुआ था और राजेश का जन्म उससे 4 दिन पहले हुआ था। यदि उस वर्ष स्वतंत्रता दिवस शनिवार को था तो राजेश का जन्म किस दिन हुआ?
A. रविवार B. मंगलवार
C. शुक्रवार D. बृहस्पतिवार

31. ज्योति को यह ध्यान है कि उसके भाई का जन्म दिवस 17 तारीख के बाद परंतु 21 फरवरी से पहले है। परंतु उसके भाई को यह ध्यान है कि उसका जन्म दिवस 19 के बाद और 24 फरवरी से पहले है। उसका जन्म दिवस किस दिन है?
A. 21 फरवरी B. 22 फरवरी
C. 19 फरवरी D. 20 फरवरी

32. कोई शताब्दी लीप वर्ष होती है जबकि वह पूर्णत: विभाजित हो—
A. 300 से B. 200 से
C. 400 से D. 4 से

33. 8 बजकर 30 मिनट पर दोनों सुइयों के बीच का कोण कितना होगा?
A. 85° B. 60°
C. 70° D. 75°

34. शाम के 4 बजे से शाम के 10 बजे तक कितनी बार दोनों सुइयां परस्पर लम्ब होंगी?
A. 9 B. 6
C. 12 D. 11

35. आधा घण्टे में घड़ी की बड़ी सुई कितने कोण पर घूम जाएगी?
A. 60° B. 75°
C. 180° D. 90°

36. सुबह के 6 बजे से सुबह 7 बजे तक किस समय दोनों

सुइयां एक ही दिशा में होंगी?

A. 6 बजकर $42\frac{8}{11}$ मिनट

B. 6 बजकर $32\frac{5}{7}$ मिनट

C. 6 बजकर $34\frac{8}{11}$ मिनट

D. 6 बजकर $31\frac{8}{11}$ मिनट

37. सुबह के 9 बजे से सुबह के 10 बजे तक किस समय दोनों सुइयां एक-दूसरे की विपरीत दिशा में होगी?

A. 9 बजकर $15\frac{4}{11}$ मिनट

B. 9 बजकर $14\frac{4}{11}$ मिनट

C. 9 बजकर $17\frac{4}{11}$ मिनट

D. 9 बजकर $16\frac{4}{11}$ मिनट

38. राजेश 5 और 6 बजे के बीच पढ़ने गया तथा 6 और 7 बजे के बीच पढ़कर लौटा। जब वह लौटा तो उसने देखा कि घड़ी में जाते समय जो छोटी सुई की स्थिति थी वह लौटते समय बड़ी सुई की हो गई और जो बड़ी सुई की स्थिति जाते समय थी वह लौटते समय छोटी सुई की हो गई। बताओ राजेश किस समय पढ़ने गया था?

A. 5 बजकर $31\frac{4}{13}$ मिनट

B. 5 बजकर $33\frac{4}{13}$ मिनट

C. 5 बजकर $32\frac{4}{13}$ मिनट

D. 5 बजकर $32\frac{5}{13}$ मिनट

39. दो घड़ियां, जिनमें से एक प्रतिदिन 1 मिनट तेज तथा दूसरी 1 मिनट सुस्त हो जाती है। 1 जनवरी, 1978 को दोपहर को ठीक 12 बजे एक सा समय बतलाती है। बताओ किस दिन वे पुनः एक सा समय बतलाएगी?

A. 27 दिसम्बर, 1978 को ठीक रात्रि के 12 बजे

B. 27 दिसम्बर, 1978 को दोपहर के ठीक 12 बजे

C. 25 दिसम्बर, 1978 को दोपहर के ठीक 12 बजे

D. 26 दिसम्बर, 1978 को रात्रि के 12 बजे

40. यदि 6 जनवरी के बाद चौथे दिन शनिवार पड़ता है तो पिछले वर्ष के 1 दिसम्बर को कौन-सा दिन था?

A. रविवार B. मंगलवार

C. बृहस्पतिवार D. सोमवार

41. अभिषेक का जन्म रविवार 20 मार्च, 1992 को हुआ था। हफ्ते के किस दिन में उसकी आयु 5 वर्ष 2 महीने तथा 16 दिन की थी?

A. रविवार B. सोमवार

C. बुधवार D. शनिवार

42. कल से पहले का दिन गुरुवार था। कल के बाद कौन-सा दिन होगा?

A. रविवार B. सोमवार

C. मंगलवार D. गुरुवार

43. यदि किसी लीप वर्ष का पहला दिन मंगलवार हो तो उसका अंतिम दिन क्या होगा?

A. रविवार B. सोमवार

C. मंगलवार D. बुधवार

44. महेश का विश्वास है कि रमेश का जन्म दिन 25 सितम्बर के बाद किन्तु निश्चित रुप से 2 अक्टूबर से पूर्व पड़ता है। लोकेश को निश्चित रूप से याद है कि रमेश का जन्म दिन सितम्बर माह में है, किन्तु सितम्बर के अंतिम दिन नहीं है। रमेश का जन्मदिन कब है।

A. 29 सितम्बर B. 26 सितम्बर

C. इनमें से कोई नहीं D. अपूर्ण सूचना

45. जनवरी महीने का प्रथम दिन बुधवार है, यदि किसी सरकारी कार्यालय के केवल दूसरे व चौथे शनिवार और सभी रविवार को अवकाश रहता है, तो उस जनवरी माह में कार्य दिवसों की संख्या निर्धारित कीजिए—

A. 24 B. 25

C. 23 D. इनमें से कोई नहीं

46. दिल्ली से देहरादून के लिए प्रत्येक 30 मिनट पर एक बस खुलती है। यह घोषणा की गई कि देहरादून के लिए बस अपने निर्धारित समय पर 10 मिनट पूर्व खुली और दूसरी बस 11:20 प्रातः पर खुलेगी। उस घोषणा का समय क्या था।

A. 10:55 प्रातः B. 10:50 प्रातः

C. 11:00 प्रातः D. 11:30 प्रातः

47. सुधा का जन्म दिन माह के तीसरे शनिवार को है, जिस माह का तीसरा दिन सोमवार है। निम्नलिखित में से कौन-सी तारीख को सुधा का जन्म दिन पड़ेगा।

A. 14 B. 12
C. 16 D. इनमें से कोई नहीं

48. शताब्दी लीप वर्ष में फरवरी में कितने दिन होते हैं?

A. 28 दिन B. 29 दिन
C. 30 दिन D. 31 दिन

49. कल से पहले का दिन शुक्रवार था। कल के बाद कौन-सा दिन होगा—

A. सोमवार B. बुधवार
C. मंगलवार D. शनिवार

50. निम्नलिखित में से कौन-सी लीप वर्ष (Leap year) नहीं है?

A. 1896 B. 1904
C. 1900 D. 1980

उत्तरमाला

1	**2**	**3**	**4**	**5**	**6**	**7**	**8**	**9**	**10**
D	A	B	D	C	A	B	D	A	B
11	**12**	**13**	**14**	**15**	**16**	**17**	**18**	**19**	**20**
B	B	A	A	B	D	D	C	D	D
21	**22**	**23**	**24**	**25**	**26**	**27**	**28**	**29**	**30**
C	B	C	B	D	D	D	C	B	C
31	**32**	**33**	**34**	**35**	**36**	**37**	**38**	**39**	**40**
D	C	D	D	C	D	D	C	B	D
41	**42**	**43**	**44**	**45**	**46**	**47**	**48**	**49**	**50**
D	B	D	D	B	C	D	C	C	C

संकेत

1. प्रत्येक वर्ष 4 से पूर्णत: विभाजित हो रहा है, अत: इनमें से कोई भी लीप वर्ष (Leap year) नहीं है।

2. 29 नवम्बर, 1992 → 1991 वर्ष + 10 मास + 29 दिन
1,600 वर्ष विषम दिन = 0
300 वर्ष विषम दिन = 1
{91 वर्ष में विषम दिन = 91 वर्ष में 22 वर्ष लीप वर्ष तथा 69 साधारण वर्ष है।}
10 मास में विषम दिन = 4 (जनवरी से अक्टूबर तक)
कुल विषम दिन = (0 + 1 + 1 + 4 + 1) (मोड 7)
= 7 (मोड 7) = 0
अत: 29 नवम्बर, 1992 का दिन → रविवार

3. बुधवार के → बृहस्पतिवार (एक दिन बाद) → शुक्रवार (दो दिन बाद) → शनिवार (तीन दिन बाद) → रविवार ×

4. प्रत्येक सातवें दिन सोमवार होगा। 64 को 7 से भाग देने पर 1 शेष बचता है। अभीष्ट दिन मंगलवार होगा।

5. दो वर्षों का कलेण्डर एक जैसा होगा यदि जनवरी 1, दोनों के लिए एक दिन ही पड़ती हो और साधारण वर्ष या दोनों लीप वर्ष हों।

वैकल्पिक विधि : यदि दिसम्बर 31, Y से दिसम्बर 31, 1944 के बीच में विषम दिनों की संख्या शून्य हो तो Y + 1 तथा 1945 का कलेण्डर समान होगा।

वर्ष	*विषम दिन*
1934	1 साधारण वर्ष
1935	1 साधारण वर्ष
1936	2 (लीप वर्ष)
1937	1 साधारण वर्ष
1938	1 साधारण वर्ष
1939	1 साधारण वर्ष
1940	2 (लीप वर्ष)
1941	1 साधारण वर्ष
1942	1 साधारण वर्ष
1943	1 साधारण वर्ष
1944	2 (लीप वर्ष)
योग	14 अर्थात् 0

6.

बीता हुआ कल	**आज आने वाला कल**	**आने वाले कल से बाद का दिन**
सोमवार	बुधवार	शुक्रवार
मंगलवार	बृहस्पतिवार	

शुक्रवार से तीन दिन बाद आने वाला दिन

शनिवार	**रविवार**	**सोमवार**
(एक दिन बाद)	(दो दिन बाद)	(तीन दिन बाद)

7. फरवरी 28 में प्रत्येक दिन 4 - 4 बार आता है। फरवरी 29 में कोई एक दिन 5 बार तथा शेष 6 दिन 4 - 4 बार आते हैं। 30 दिन के माह में कोई 2 दिन 5 - 5 बार तथा शेष 4 दिन 4 - 4 बार आते हैं।
31 दिन के माह में कोई 3 दिन 5 - 5 बार तथा शेष 3 दिन 4 - 4 बार आते हैं।
किसी माह में 5 शनिवार हैं तो पहला दिन शनिवार, शुक्रवार या बृहस्पतिवार हो सकता है।

8. किसी माह में 5 बुधवार है तो पहला दिन बुधवार, मंगलवार, सोमवार हो सकता है।

9. दर्पण में घड़ी का समय 9 : 30 दिखाई दिया। दर्पण में घड़ी की स्थिति विपरीत दिखाई देती है। उसके अनुसार समय 12 बजे से $2\frac{1}{2}$ घण्टा पूर्व अर्थात् 9 : 30 प्रतीत हो रहा है जबकि वास्तविक समय 2 बजे से $2\frac{1}{2}$ घण्टा पश्चात् अर्थात् 2 : 30 होगा।

10. कल से पहले का दिन गुरुवार था। अत: आज का दिन शनिवार हुआ तथा इस आधार पर कल के बाद का दिन सोमवार होगा।

11. चूंकि 7 तारीख रविवार के बाद दूसरा दिन अर्थात् मंगलवार पड़ता है। अत: अगला मंगलवार 7 तारीख को 7 दिन बाद अर्थात् 14 तारीख को पड़ेगा। इसलिए 16 तारीख को बृहस्पतिवार होगा।

12. रविवार — 1 फरवरी
रविवार — 7 फरवरी
रविवार — 14 फरवरी
रविवार — 21 फरवरी
रविवार — 28 फरवरी
} 1 मार्च का दिन सोमवार

13. जनवरी 3 — रविवार (दिया है)
4 — सोमवार
5 — मंगलवार
6 — बुधवार (पहला)
13 — बुधवार (दूसरा)
20 — बुधवार (तीसरा)
27 — बुधवार (चौथा)

चौथे बुधवार के तीन दिन बाद—

पहला दिन	*दूसरी दिन*	*तीसरा दिन*
बृहस्पतिवार	शुक्रवार	शनिवार
28	29	30

14. 1988 के लिए मार्च 1 मंगलवार, नवम्बर 1, मंगलवार

15. 1999 के लिए अप्रैल 30 शुक्रवार, दिसम्बर 31 शुक्रवार

16. शनिवार— 3, 10, 17, 24, 31
यदि माह 31 दिन का है तो अंतिम दिन शनिवार होगा। (उपर्युक्त में से कोई नहीं)
यदि माह 30 दिन का है तो अंतिम दिन शुक्रवार होगा। (उपर्युक्त में से कोई नहीं)
यदि माह 29 दिन का है तो अंतिम दिन बुधवार होगा। (उपर्युक्त में से कोई नहीं)

23. 21वीं तारीख के बाद चौथे दिन 25 तारीख हुई। 3 तारीख से 25 तारीख तक (जिसमें 3 तारीख शामिल नहीं)। 22 दिन हुए। 22 में 7 का भाग देने पर 1दिन शेष बचता है। अत: शुक्रवार के 1दिन बाद शनिवार है।

24. मेरी बहन और मेरी उम्र में अन्तर $75 \times 7 + 562 = 1087$ दिन।
चूंकि 1087 में 7 का भाग देने पर 2 शेष बचता है।
अत: मंगलवार के 2 दिन बाद बृहस्पतिवार होगा।

25. 12 वर्ष में 3 लीप वर्ष होंगे।
$\therefore$ 12 वर्ष 2 महीने तथा 4 दिन $= 9 \times 365 + 3 \times 366 + 30 + 31 + 4 = 4448$ दिन
4448 में 7 का भाग देने पर 3 शेष बचता है। रविवार के 3 दिन बाद बुधवार होगा।

26. पूरी शताब्दी लीप वर्ष होने के लिए 400 से पूर्णत: विभाजित होनी चाहिए।

27. 17 मार्च, 1980 से 12 जुलाई, 1980 तक के दिनों की संख्या $= 14 + 30 + 31 + 30 + 12 = 17$
चूंकि 117 में 7 का भाग देने पर 5 शेष बचता है। अत: सोमवार से 5 दिन बाद शनिवार होगा?

28. चूंकि प्रशांत, देवाशीष से 25 दिन पहले पैदा हुआ। अत: प्रशांत 8 फरवरी, 1970 को पैदा हुआ होगा। चूंकि गणतंत्र दिवस अर्थात् 26 जनवरी सोमवार के दिन था तथा 26 जनवरी से 8 फरवरी तक दिनों की संख्या = 13

13 में 7 का भाग देने पर 6 शेष बचता है। अतः सोमवार से 6 दिन बाद रविवार होगा।

29. 21तारीख के बाद चौथे दिन अर्थात् 25 तारीख को शनिवार था। 3 तारीख से 25 तारीख तक दिनों की संख्या = 22
22 में 7 का भाग देने पर 1शेष बचता है। अतः शनिवार से 1दिन पहले शुक्रवार होगा।

30. राजेश का जन्म 3 मार्च, 1980 से 4 दिन पहले 28 फरवरी, 1980 को हुआ।
28 फरवरी से 15 अगस्त तक दिनों की संख्या = 1 + 31 + 30 + 31 + 30 + 15 = 169 दिन (सन् 1980 लीप वर्ष है जिसमें फरवरी में 29 दिन होते हैं।)
= 24 सप्ताह 1दिन
चूंकि 15 अगस्त को शनिवार था इसलिए 28 फरवरी को शुक्रवार होगा।

33. 8 बजकर 30 मिनट पर मिनट की सुई 6 पर होगी तथा घण्टे की सुई 8 और 9 के बीच $2\frac{1}{2}$ खाने पर होगी। चूंकि $2\frac{1}{2}$ खाने की दूरी $2\frac{1}{2} \times 6° = 75°$ होती है।
अतः 8 बजकर 30 मिनट पर सुइयों के बीच का कोण 60 + 15 = 75°

34. चूंकि 12 घण्टे में 22 बार समकोण बनाती हैं।
$\therefore$ 6 घण्टे में 22 बार समकोण $\frac{22 \times 6}{12} = 11$ बार

36. 6 बजे पर दोनों सुइयों के बीच की दूरी = 30 मिनट
अतः दोनों सुइयों को एक ही दिशा में आने के लिए बड़ी सुई को 30 मिनट आगे बढ़ना है।
$\because$ 55 मिनट पूरी आगे बढ़ती है 60 मिनट में
$\therefore$ 30 मिनट पूरी आगे बढ़ती है

$$\frac{60 \times 30}{55} = 32\frac{8}{11} \text{ मिनट में}$$

अतः वे दोनों 6 बजकर $32\frac{8}{11}$ मिनट में एक ही दिशा में होगी।

37. सुबह 9 बजे दोनों सुइयों के बीच की दूरी = 45 मिनट जब उनके बीच की दूरी 30 मिनट होगी तब वे एक-दूसरे की विपरीत दिशा में होगी तथा 15 मिनट की दूरी तय करने में लगा समय = $\frac{60 \times 15}{55} = 16\frac{4}{11}$ मिनट

अतः वे दोनों 6 बजकर $16\frac{4}{11}$ मिनट पर परस्पर विपरीत दिशा में होगी।

40. 6 जनवरी के बाद चौथे दिन 10 जनवरी हुई।
$\therefore$ 10 जनवरी को शनिवार है। पिछले वर्ष 1 दिसम्बर से 10 जनवरी तक (जिसमें 1दिसम्बर शामिल नहीं है)
40 दिन हुए। 40 में 7 का भाग देने पर 5 दिन शेष रहते हैं। अतः शनिवार से 5 दिन पहले सोमवार होगा।

41. 5 वर्ष में एक वर्ष लीप वर्ष होगा। अतः दिनों की संख्या—
[(365 × 4) + 366 + 30 + 31 + 16] = 1,903 दिन/
1,903 में 7 में भाग देने पर 6 शेष बचता है, अतः रविवार से 6 दिन बाद शनिवार होगा।

42. कल से पहले का दिन गुरुवार था। अतः आज का दिन शनिवार हुआ तथा इस आधार पर कल के बाद का दिन सोमवार होगा।

43. ज्योति की यह सूचना कि उसके भाई का जन्म दिन 21 फरवरी से पूर्व तथा उसके भाई का यह ध्यान कि उसका जन्म दिन 19 फरवरी के पश्चात् है, के आधार पर जन्म दिन की तिथि 20 फरवरी उपयुक्त है।

44. महेश एवं लोकेश की सूचना के अनुसार रमेश का जन्म दिन 26, 27, 28 एवं 29 में से किसी भी दिन हो सकता है। अतः सूचना अपूर्ण है।

45. जनवरी महीने का प्रथम दिन बुधवार है, अतः 4 रविवार दिनांक 5, 12, 19, 26 को क्रमशः पड़ेंगे। दूसरे व चौथे शनिवार को कार्यालय बंद रहेगा। इस प्रकार कार्यालय (31 – 4 – 2) = 25 दिन खुलेगा।

46. घोषणा किए जाने का निश्चित समय = [(11.20 – 00.30) + 00.10] अर्थात् 11.00 बजे है।

47. यहां महीने का तीसरा दिन अर्थात् 3 तारीख को सोमवार है, इसलिए महीने के प्रथम दिन 1तारीख को पहला शनिवार होगा। दूसरा एवं तीसरा शनिवार क्रमशः 8 एवं 15 तारीख को पड़ेगा। 15 तारीख उपर्युक्त दी गई तिथियों में नहीं दी गई है।

48. शताब्दी लीप वर्ष में फरवरी माह में 30 दिन होते हैं।

50. शताब्दी वर्ष वह लीप वर्ष होता है जो 400 से पूरा कट जाए।

10. वेन आकृति तथा चार्ट संबंधी परीक्षण
(Venn Diagram and Chart Related Test)

इस प्रकार की परीक्षा में आकृतियां अथवा चार्ट बनाना होता है तथा उस आकृति या चार्ट में दिए गए प्रश्नानुसार आंकड़े एकत्रित करने होते हैं फिर आकृति व चार्ट का विश्लेषण (Analysis) करके पूछी गई बातें सरलता से ज्ञात कर ली जाती हैं।

नोट—नीचे दिए गए उदाहरणों से भली-भांती समझा जा सकता है।

उदाहरण 1. निम्नलिखित प्रश्न नीचे दी गई आकृति पर आधारित है। इसमें आयत निरक्षरों को, वर्ग-नियोजतों को, त्रिभुज-किसानों को तथा वृत्त पिछड़े हुए को प्रदर्शित करता है तो निम्नलिखित कथनों में से कौन-सा असत्य है?

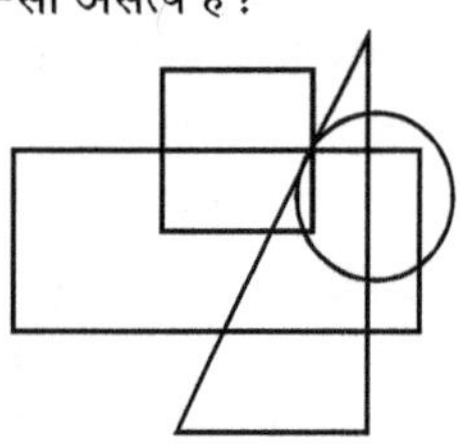

A. कुछ किसान जो नियोजित हैं या तो पिछड़े हुए हैं या निरक्षर हैं या दोनों है।

B. कुछ अनियोजित किसान पिछड़े हुए हैं और निरक्षर हैं।

C. कुछ पिछड़े हुए किसान जो नियोजित है निरक्षर नही हैं।

D. वे पिछड़े व्यक्ति जो निरक्षर नहीं है या तो किसान हैं या नियोजित हैं या दोनों हैं।

हल (C) : कुछ पिछड़े हुए किसान जो नियोजित हैं अर्थात् वृत्त, त्रिभुज और वर्ग के बीच का भाग, आयत में भी है। अत: कुछ पिछड़े हुए किसान जो नियोजित हैं, निरक्षर हैं। अत: विकल्प (C) असत्य है।

उदाहरण 2. अध्यापक, वकील, डॉक्टर

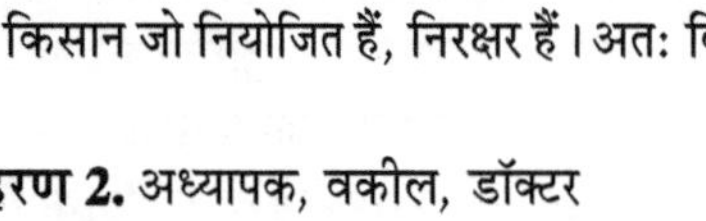

आकृति-1

संबंध- किसी के मध्य किसी प्रकार का कोई संबंध नहीं है। अत: इसका आरेख आकृति-1 की भांति होगा। जिसमें सभी वृत्त एक-दूसरे से अलग अर्थात् स्वतंत्र है।

उदाहरण 3. पक्षी, तोता, हाथी

आकृति-2

संबंध- तोता एक पक्षी है, जबकि हाथी एक जंगली जानवर है, अत: हाथी का वृत्त अलग है।

उदाहरण 4. हाथी, जंगली, शेर

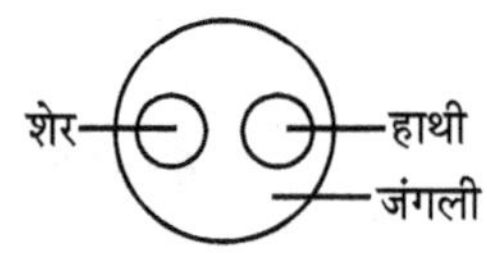

आकृति-3

संबंध- यहां हाथी और शेर भिन्न-भिन्न प्रकार के पशु हैं, लेकिन दोनों जंगली पशुओं के वर्ग में आते हैं, अत: जंगली पशु के वृत्त के अन्तर्गत ही उन्हें बनाया गया है।

उदाहरण 5. संसद, मंत्रिपरिषद्, प्रधानमंत्री

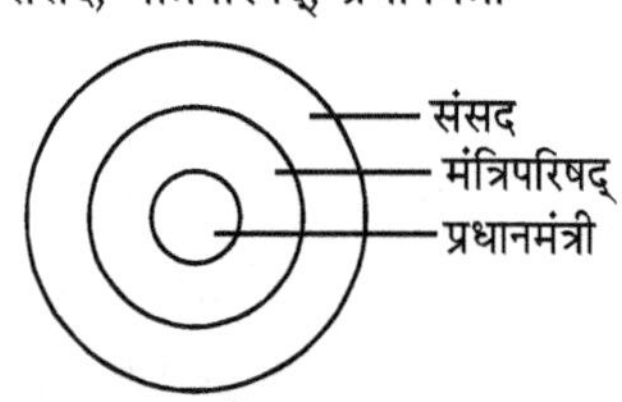

आकृति-4

संबंध- किसी संसद में एक मंत्रिपरिषद् होता है तथा प्रधानमंत्री उस मंत्रिपरिषद् का एक हिस्सा होता है। इसलिए एक वृत्त के अंदर वृत्त एक-एक करके बनाए गए हैं।

उदाहरण 6. आदमी, लेखक, अध्यापक

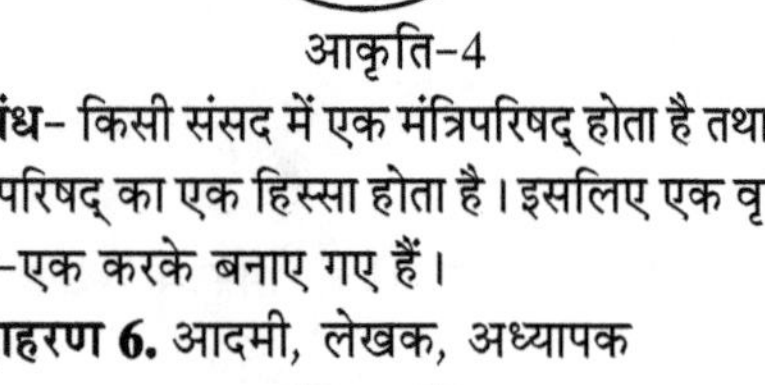

आकृति-5

संबंध- कुछ लेखक अध्यापक होंगे, कुछ अध्यापक आदमी होंगे तथा लेखकों में से भी कुछ आदमी होंगे। अत: ये दोनों वृत्त एक-दूसरे को काटते हुए बनाए गए हैं।

उदाहरण 7. मनुष्य, शिक्षक, ग्रेजुएट

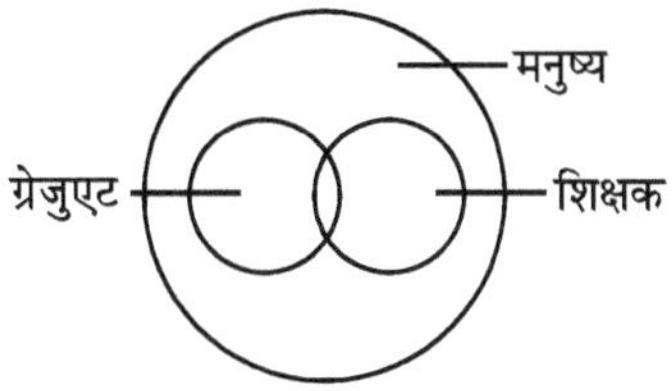

आकृति-6

संबंध- शिक्षक एवं ग्रेजुएट दोनों ही मनुष्य हैं। कुछ शिक्षक ग्रेजुएट होंगे तथा कुछ ग्रेजुएट शिक्षक भी हो सकते हैं। अत: सभी एक बड़े वृत्त के अन्दर बनाए गए हैं। अंदर के दोनों वृत्त भी परस्पर काटते हैं।

उदाहरण 8. जल, कुत्ता, मनुष्य

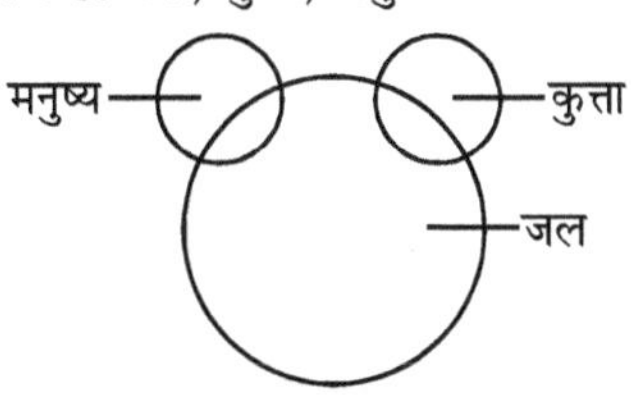

आकृति-7

संबंध-मनुष्य और कुत्ता दोनों के लिए जल आवश्यक पदार्थ है, अत: जल का संबंध दोनों से है जिसे काटते हुए वृत्तों द्वारा दर्शाया गया है।

उदाहरण 9. मक्खन, पनीर, दूध

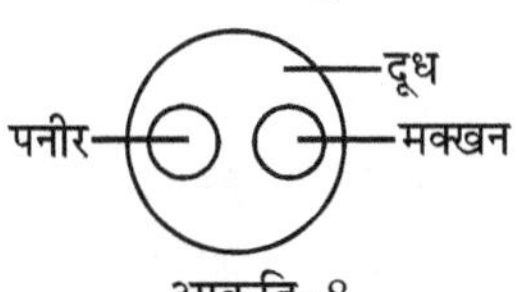

आकृति-8

संबंध- मक्खन तथा पनीर दोनों दूध से बनने वाली अलग-अलग चीजे हैं। अत: इन्हें वृत्त के अन्दर दिखाया गया है।

उदाहरण 10. A, B, C, D और E पांच व्यक्तियों के एक समूह में एक टैनिस का खिलाड़ी है, एक शतरंज का तथा एक बैडमिन्टन का। A और D अविवाहित महिलाएं है, तथा कोई खेल नहीं खेलती हैं। इन पांचों में से एक पति-पत्नी का जोड़ा है जिसमें E पति है। कोई भी महिला शतरंज अथवा बैडमिन्टन नहीं खेलती हैं। B, C का भाई है तथा न तो वह टैनिस खेलता है और न शतरंज। इनमें से बैडमिन्टन का खिलाड़ी कौन है?

A. A B. C

C. E D. B

हल (D) : प्रश्न निम्नांकित चार्ट की सहायता से हल किया जा सकता है।

	टैनिस	*शतरंज*	*बैडमिन्टन*	*अविवाहित महिलाएं*	*भाई*	*पति*	*पत्नी*
A	×	×	×	✓	×	×	×
B	×	×	✓		✓		×
C	✓	×	×				✓
D	×	×	×	✓	×	×	×
E		✓				✓	×

उदाहरण 11. तीन वृत्त विभिन्न तीन तथ्यों को दर्शाते हैं। सबसे बड़ा वृत्त उन जन्तुओं को प्रदर्शित करता है जो स्थल पर रहते हैं। यदि बड़े से छोटा वृत्त जल जन्तुओं को तथा सबसे छोटा उन जन्तुओं को प्रदर्शित करता है जो स्थल एवं जल दोनों में रहते हैं तो इन तीनों प्रकार के जन्तुओं को प्रदर्शित करने की सर्वोत्तम कौन-सी आकृति है?

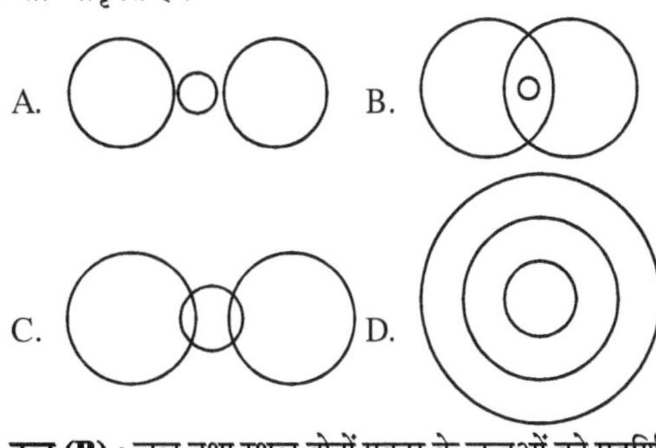

हल (B) : जल तथा स्थल दोनों प्रकार के जन्तुओं को प्रदर्शित करने वाला सबसे छोटा वृत्त दोनों अन्य वृत्त के उभयनिष्ठ भाग में होना चाहिए।

उदाहरण 12. महिला, माता, शिक्षिका

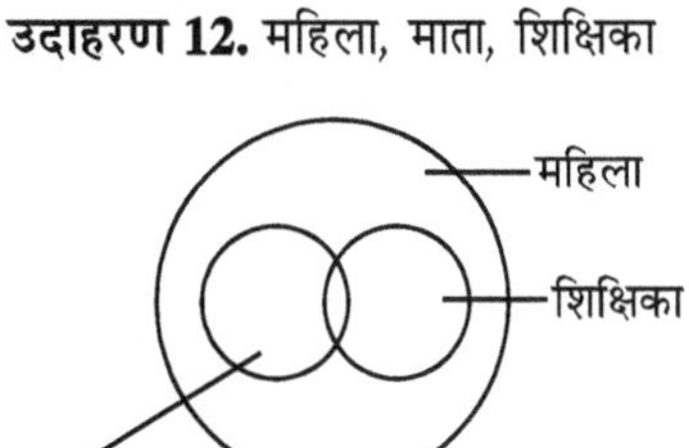

संबंध- सभी माता, महिला हैं, कुछ माता, शिक्षिका हो सकती हैं। कुछ महिलाएं शिक्षिका व माता दोनों हो सकती है।

उदाहरण 13. सागर, द्वीप, पर्वत

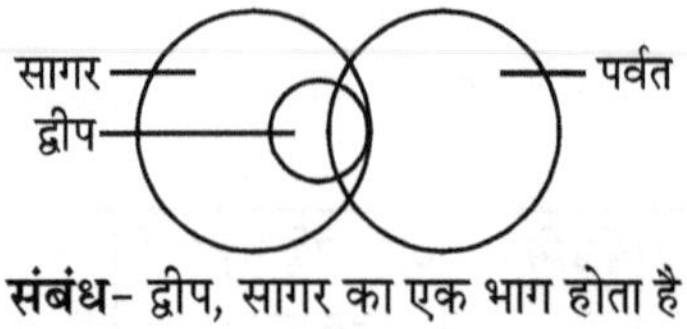

संबंध- द्वीप, सागर का एक भाग होता है जबकि पर्वत, द्वीप पर भी हो सकते हैं।

उदाहरण 14. एक क्लब के कुल 120 संगीतज्ञों में से 5 प्रतिशत गिटार, वायलिन और बासुंरी तीनों बजा सकते हैं। इनमें से कोई दो और केवल दो वाद्य बजा सकने वाले संगीतज्ञों की संख्या 30 है। जो वादक केवल गिटार बजा सकते हैं, वे 40 हैं। ऐसे वादकों की कुल संख्या बताइए जो केवल वायलिन बजा सकते हैं या केवल बासुंरी बजा सकते हैं?

A. 45 B. 44
C. 38 D. 30

हल (B) : A → गिटार, B → वायलिन, C → बांसुरी

$$N = 120,\ 120 \text{ का } 5\% = \frac{120 \times 5}{100} = 6 = n(ABC)$$

$$n\left(AB\overline{C}\right) + n\left(A\overline{B}C\right) + n\left(\overline{A}BC\right) = 30 \text{ (छायांकित)}$$

$$n = (A\overline{BC}) = 40$$

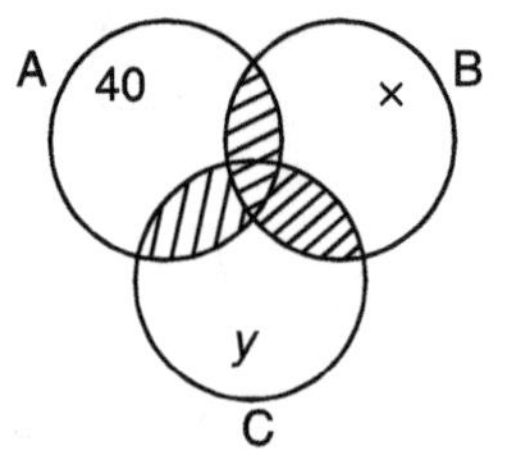

केवल वायलिन बजाने वाले संगीतज्ञों की संख्या = $n(\overline{A}B\overline{C})$ = x

केवल बासुंरी बजाने वाले संगीतज्ञों की संख्या = $n(\overline{AB}C)$ = y

$$x + y = n(\overline{A}B\overline{C}) + n(\overline{AB}C)$$
$$= 120 - (40 + 30 + 6)$$
$$= 120 - 76 = 44$$

[**नोट**—ऊपर लाइन खींचने का अर्थ होता है कि 'वह नहीं' जैसे $\overline{C}$ का अर्थ है कि 'C नहीं'। n (ABC) का अर्थ है- वह संख्या जो A, B तथा C तीनों ही गुणों को धारण करने वाले व्यक्तियों की संख्या को बताता है। इसी प्रकार n $(\overline{A}B\overline{C})$ का अर्थ है उन व्यक्तियों की संख्या जो A गुण को नहीं, C गुण को नहीं परंतु B गुण को रखते हैं, ...इत्यादि]

उदाहरण 15. नीचे दी गई वेन आरेखों में से ऐसी आकृति का चयन कीजिए जो अध्यापकों, पुरुषों और पिताओं के बीच संबंध का प्रतिनिधित्व कर सके।

A. 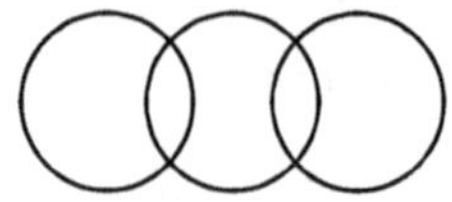 B. 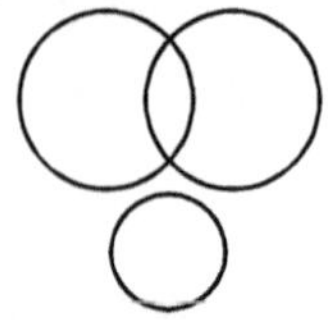

C.  D. 

हल (D) : माना आयत पुरुषों का प्रतिनिधित्व करता है।
वृत्त अध्यापकों का प्रतिनिधित्व करता है।
त्रिभुज पिताओं का प्रतिनिधित्व करता है।

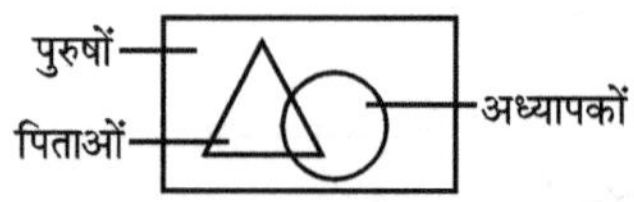

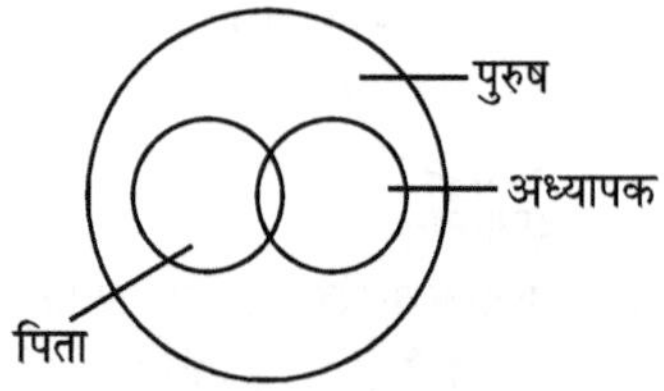

सभी अध्यापक और पिता पुरुष हैं।
कुछ अध्यापक पिता या कुछ पिता अध्यापक भी हो सकते हैं।
दी गई वेन आकृति में तीनों को वृत्त द्वारा व्यक्त किया गया है जहां आरेख (D) इन संबंधों का सर्वोत्तम प्रतिनिधित्व करता है।

उदाहरण 16. निम्न वेन आकृति में त्रिभुज, वर्ग और वृत्त क्रमशः शहरी परिश्रमी, तथा शिक्षित व्यक्तियों को प्रदर्शित करते हैं—

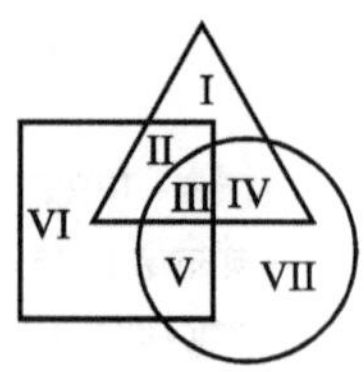

शहरी शिक्षित जो परिश्रमी नहीं है, प्रदर्शित होते हैं—

A. II द्वारा B. I द्वारा
C. IV द्वारा D. III द्वारा

हल (C) : 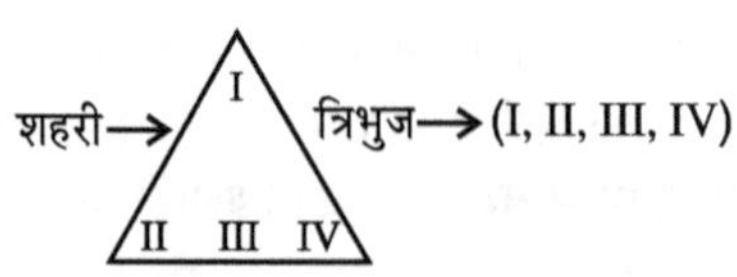

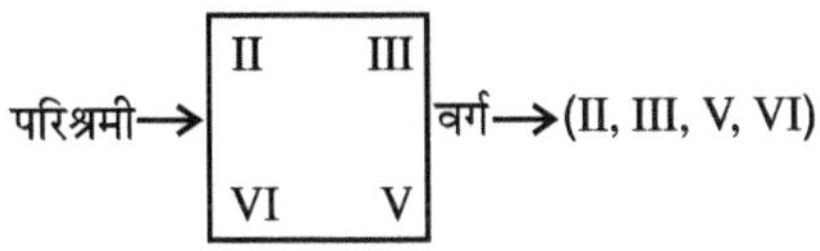

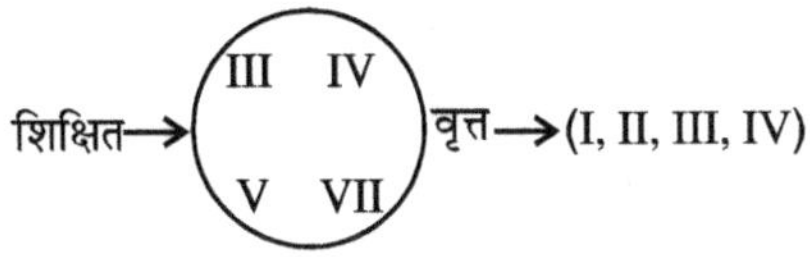

अत: शहरी शिक्षित—(III, IV),त्रिभुज और वृत्त का उभयनिष्ठ (Common) भाग तथा शहरी, शिक्षित, परिश्रमी→(III) त्रिभुज, वृत्त और वर्ग का सर्वनिष्ठ भाग — शहरी शिक्षित जो परिश्रमी नहीं है = शहरी शिक्षित – शहरी शिक्षित जो परिश्रमी भी हैं = (III + IV) – III = IV

अत: विकल्प (C) सही है।

उदाहरण 17. 70 व्यक्तियों के एक समूह में 37 कॉफी पसंद करते हैं, 52 चाय पसंद करते हैं और प्रत्येक दोनों पेय में से कोई एक अवश्य पसंद करता है कितने व्यक्ति चाय और कॉफी दोनों को पसंद करते हैं—

A. 37 B. 89
C. 19 D. 9

हल (C):

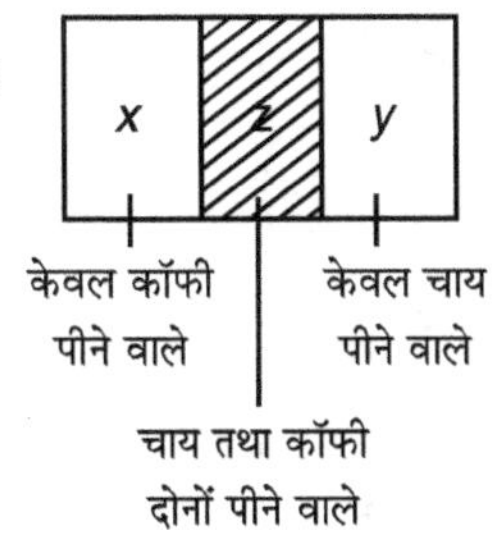

अत: $(x + 2) + (2 + y) = 37 + 52 = 89$ (1)

तथा $x + y + 2 = 70$ (2)

समीकरण (i) में से समीकरण (ii) को घटाने पर

$z = 89 - 70 = 19$

अत: चाय तथा कॉफी दोनों को पसंद करने वाले व्यक्तियों की संख्या 19 है जो विकल्प (C) द्वारा प्रदर्शित है।

अभ्यास

निर्देश (प्रश्न सं. 1 से 5 तक) : *निम्नलिखित प्रश्न नीचे दिए गए आरेख पर आधारित हैं जिसमें जनसंख्या के चार खण्ड परस्पर व्यापी चार आकृतियों द्वारा दर्शाए गए हैं। छोटा त्रिभुज-शिक्षकों को, बड़ा त्रिभुज-राजनेताओं को, वृत्त–स्नातकों को तथा आयत–संसद सदस्यों को दर्शाता है। आरेख के विभिन्न क्षेत्र वर्णों द्वारा दर्शाए गए हैं। इन सूचनाओं के आधार पर प्रत्येक प्रश्न का उत्तर दीजिए—*

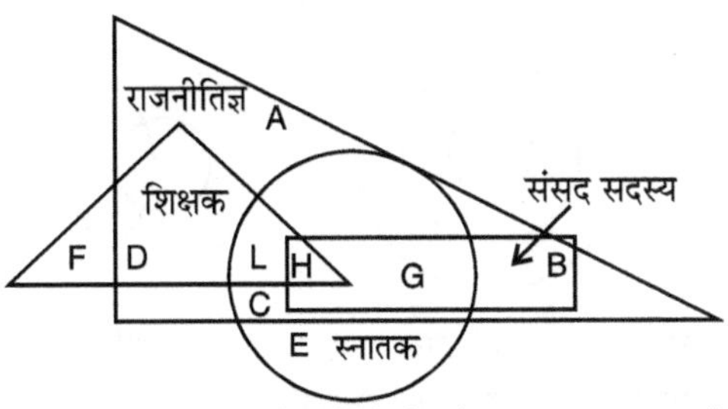

1. निम्नलिखित राजनीतिज्ञों में से कौन संसद सदस्य नहीं हैं?
A. C, L, H, G B. D, L
C. A, C D. A, D, L, C

2. निम्नलिखित में से कौन स्नातक या शिक्षक हैं किन्तु राजनीतिज्ञ नहीं?
A. L, H B. E, F
C. C, G D. C, D

3. निम्नलिखित स्नातकों में से कौन राजनीतिज्ञ और शिक्षक दोनों है ?
A. L, C B. L, H
C. C, H D. D, L

4. निम्नलिखित राजनीतिज्ञों में से कौन न तो शिक्षक हैं, न स्नातक?
A. B, G B. L, H
C. C, D D. A, B

5. निम्नलिखित संसद सदस्यों में से कौन स्नातक भी हैं और शिक्षक भी?
A. H B. G
C. L D. C

6. कारखाने के कामगारों में से कड़ी मेहनत करने वाले कामगार बताइए जो यूनियन के सदस्य हैं—

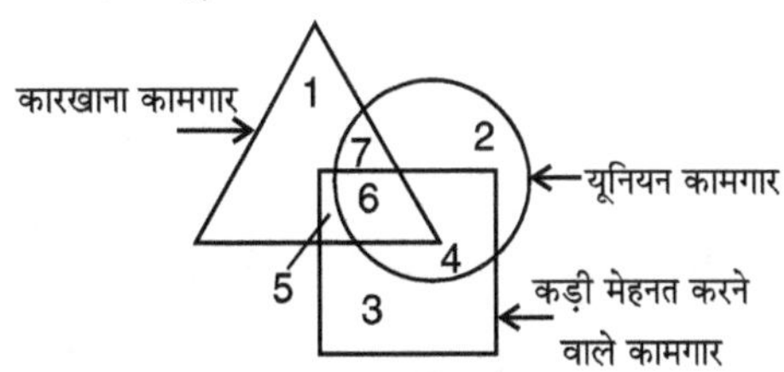

A. 5 B. 4

C. 3 D. 6

7. सेट 'B' के तत्व कौन-कौन से हैं ? नीचे दिए गए विकल्पों में से चुनिए—

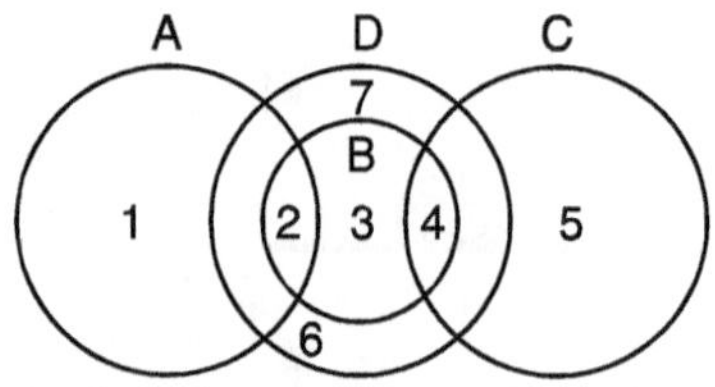

A. 2, 3, 4 B. 7, 3, 6

C. 2, 3, 7, 4, 6 D. 2, 3, 4, 6

8. दिए गए चित्र में वृत्त A ऐसे शिक्षकों को दर्शाता है जो अंग्रेजी पढ़ा सकते हैं। वृत्त B ऐसे शिक्षकों को दर्शाता है जो सामाजिक अध्ययन पढ़ा सकते हैं। वृत्त C ऐसे शिक्षकों को दर्शाता है जो गणित पढ़ा सकते हैं। Pstuvr लिखे क्षेत्रों में से कौन उन शिक्षकों को दर्शाता है जो अंग्रेजी और गणित पढ़ा सकते हैं। किन्तु सामाजिक अध्ययन नहीं पढ़ा सकते।

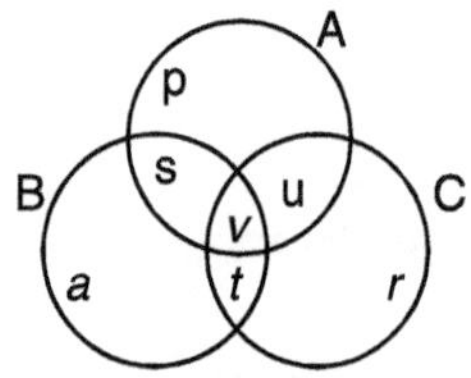

A. v B. u

C. s D. t

9. भाषा, हिन्दी तथा अंग्रेजी को अधिकाधिक रूप में प्रतिनिधित्व करने वाला आरेख है—

A.  B. 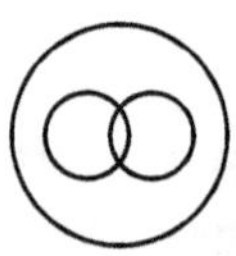

C. 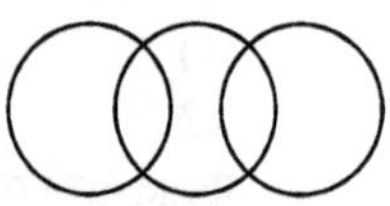 D. 

10. माता, पिता एवं कुटुम्ब को अधिकाधिक रूप में प्रतिनिधित्व करने वाला आरेख है—

A. 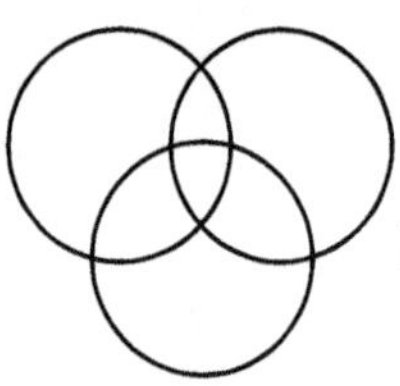 B. 

C. 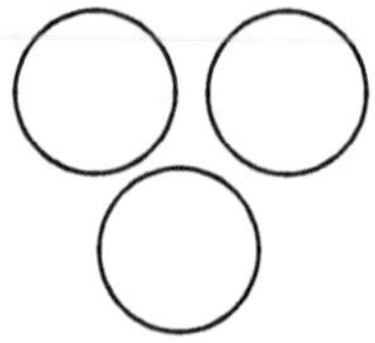 D. 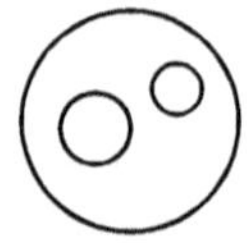

11. विधुर, पुरुष एवं धूम्रपान के शौकीन को अधिकाधिक रूप में प्रतिनिधित्व करने वाला आरेख है—

A. 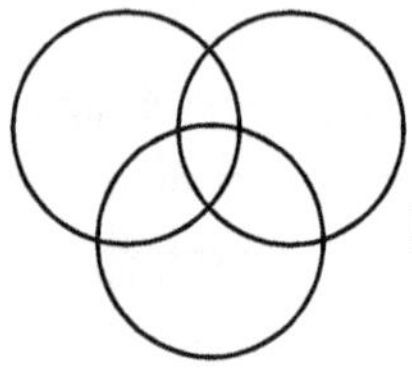 B. 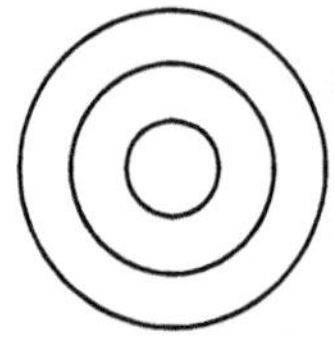

C. 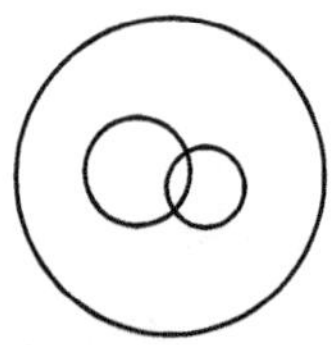 D. 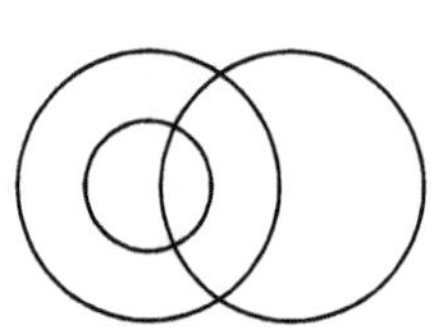

12. जलेबी, मिठाई एवं खाने योग्य वस्तुओं को अधिकाधिक रूप में प्रतिनिधित्व करने वाला आरेख है—

A. 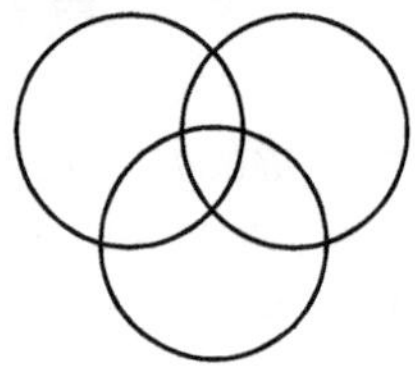 B. 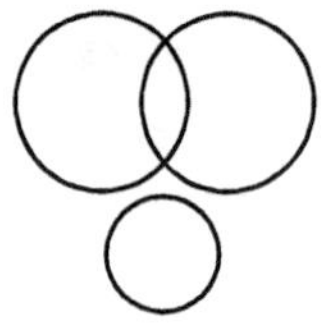

C. 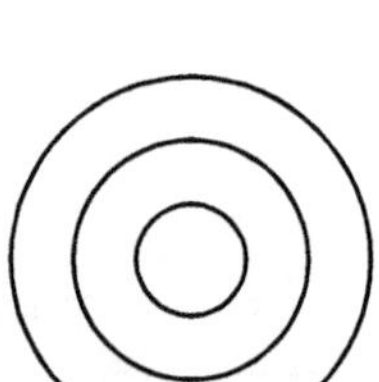 D. 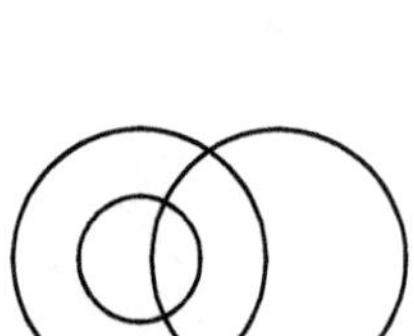

13. महिलाएं, माताएं, एवं डॉक्टर का अधिकाधिक रूप में प्रतिनिधित्व करने वाला आरेख है।

A. 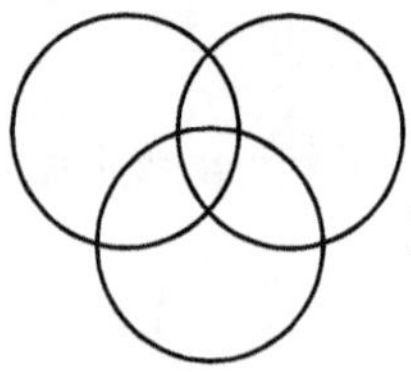 B. 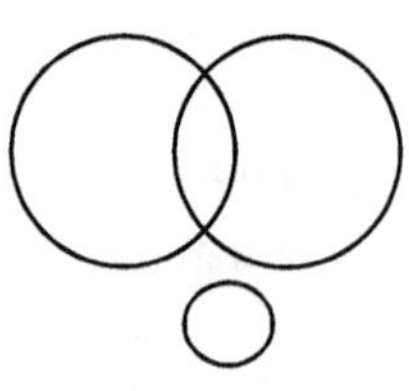

C. 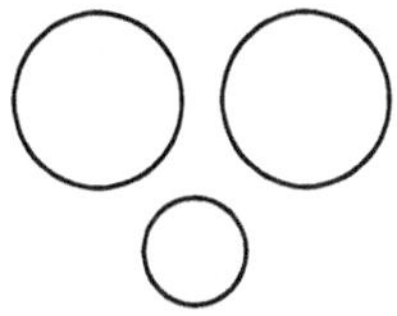

D. 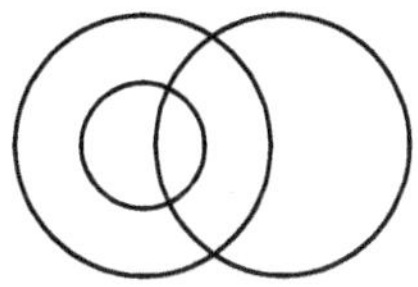

निर्देश (प्रश्न सं. 14 से 38 तक) : *नीचे दिए गए प्रत्येक प्रश्न में तीन वस्तुओं का समूह है। आपको निम्नलिखित पांच चित्रों में से उस चित्र को छांटना है जो प्रत्येक प्रश्न में दिए गए कथन के तीन समूहों के मध्य सही समूह का दिग्दर्शन करता है—*

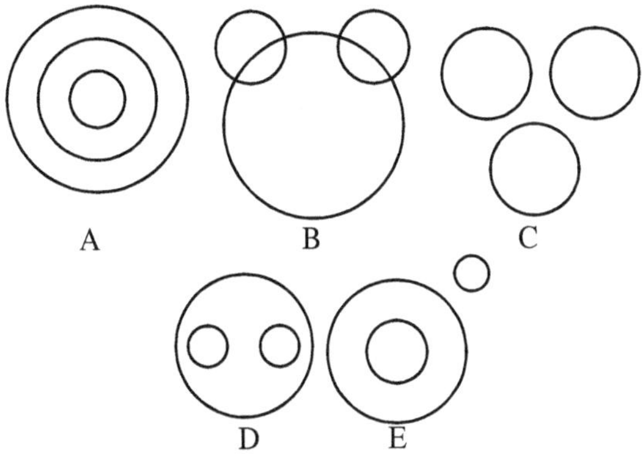

14. गाय, पालतू, चूहे

A. A B. B
C. C D. D

15. टेबल, बेंच, फर्नीचर

A. A B. B
C. C D. D

16. भिण्डी, मछली, सब्जियां

A. A B. B
C. C D. E

17. गंजी, शर्ट, पैंट

A. A B. B
C. C D. D

18. आंख, हृदय, पैर

A. A B. B
C. D D. E

19. विद्यालय, विज्ञान, विद्यार्थी

A. A B. B
C. C D. E

20. जंगल, वृक्ष, शेर

A. A B. B
C. C D. D

21. भिण्डी, आलू, सब्जियां

A. A B. B
C. C D. D

22. सौरमण्डल, पृथ्वी, प्लूटो

A. A B. B
C. C D. D

23. पृथ्वी, सूर्य, चन्द्रमा

A. A B. B
C. C D. D

24. बैट, स्टिक, हॉकी

A. A B. B
C. D D. E

25. कुत्ता, बाघ, मांसाहारी

A. A B. B
C. C D. D

26. गाय, घोड़ा, ऊँट

A. A B. B
C. C D. D

27. हवाई जहाज, कैप्टन, आकाश

A. A B. B
C. C D. D

28. मनुष्य, शाकाहारी, मांसाहारी

A. A B. B
C. C D. D

29. भारत, बिहार, पटना

A. A B. B
C. C D. E

30. पटना, गंगा, जमुना

A. A B. B
C. C D. E

31. गंगा, गण्डक, बिहार

A. A B. B
C. C D. D

32. यमुना, आगरा, उत्तरप्रदेश

A. A B. B
C. C D. D

33. राष्ट्रपति, राज्यपाल, राजपूत

A. A B. B
C. C D. E

34. मनुष्य, पक्षी, सजीव

A. A B. B
C. C D. D

35. कवि, पुस्तक, पेन

A. A B. B
C. C D. D

36. राज्य, जिला, प्रखण्ड

A. A B. B
C. C D. D

37. देश, राज्य, बदंरगाह

A. A B. B
C. C D. D

38. महिला, गृहिणी, मंत्री

A. A B. B
C. C D. D

39. दूरदर्शन गायक, रंगमंच गायक, रेडियो गायक का अधिकाधिक प्रतिनिधित्व करने वाली आकृति है—

A. 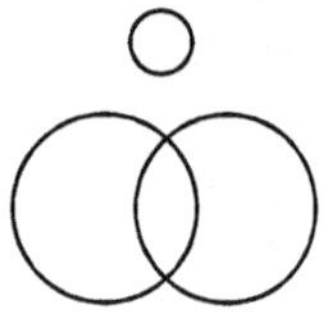
B. 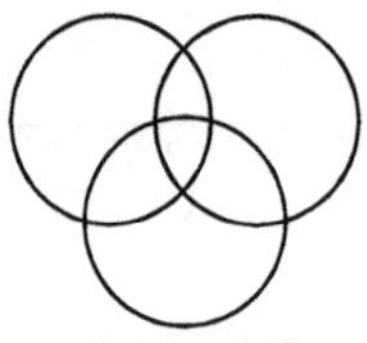
C. 
D. 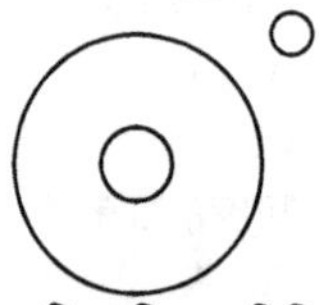

40. डीजल इंजन, इंजन, रेफ्रिजरेटर का अधिकाधिक प्रतिनिधित्व करने वाली आकृति हैं।

A. 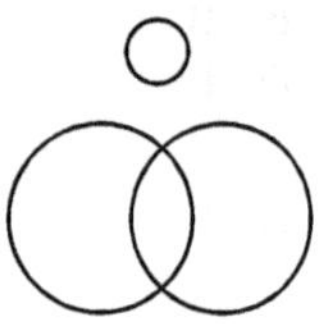
B. 
C. 
D. 

41. कुत्ते, बिल्ली, पालतू पशु का अधिकाधिक प्रतिनिधित्व करने वाली आकृति है।

A. 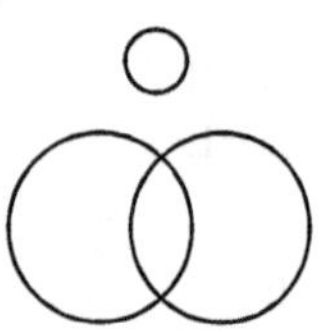
B. 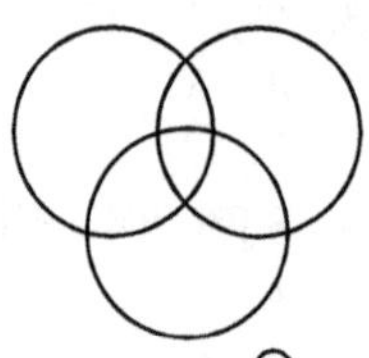
C. 
D. 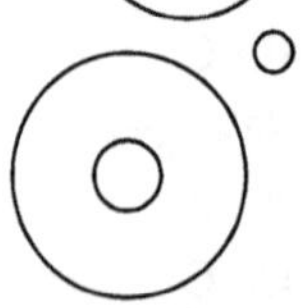

42. आदमी, क्रिकेटर, बिल्लियों का अधिकाधिक प्रतिनिधित्व करने वाली आकृति है।

A. 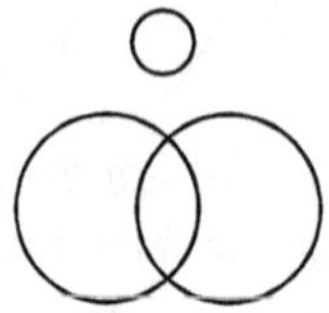
B. 
C. 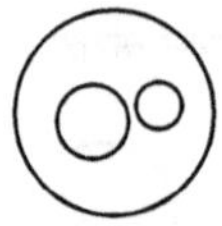
D. 

43. सांप, मछली, रेंगने वाला का अधिकाधिक प्रतिनिधित्व करने वाली आकृति है।

A. 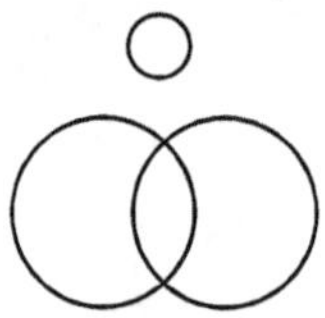
B. 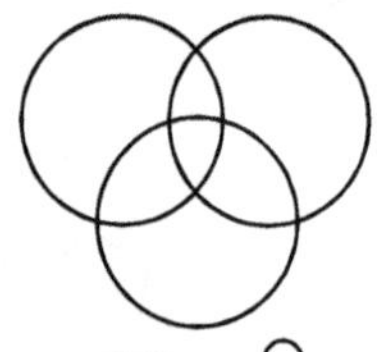
C. 
D. 

44. असामाजिक तत्वों, जेबकतरे तथा काला धंधा करने वालों का प्रतिनिधित्व करने वाली आकृति है।

A. 
B. 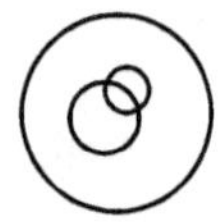
C. 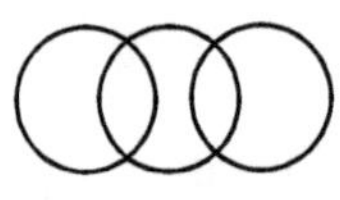
D. 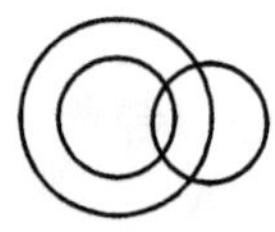

45. कप्तान, समुद्र, जलयान का प्रतिनिधित्व करने वाली आकृति है।

A. 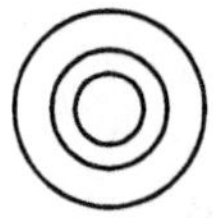
B. 
C. 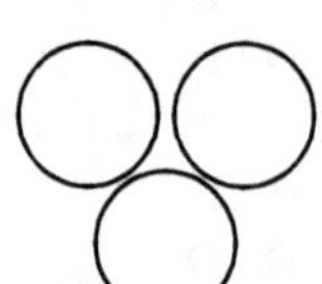
D. 

46. मेज, कुर्सी, फर्नीचर का प्रतिनिधित्व करने वाली

आकृति है।

A.  B. 

C.  D. 

47. रुपए, डालर, पैसा का प्रतिनिधित्व करने वाली आकृति है।

A.  B. 

C.  D. 

48. शब्द, वाक्य, पैराग्राफ का प्रतिनिधित्व करने वाली आकृति है।

A.  B. 

C.  D. 

49. एक कक्षा में 60 छात्र हैं जो कम से कम एक भाषा हिन्दी या अंग्रेजी बोलते हैं। यदि 45 छात्र हिन्दी बोलते हों तथा 30 अंग्रेजी, तब केवल हिन्दी बोलने वालों की संख्या हैं—

A. 30 B. 19
C. 25 D. 20

50. गेदों के एक समुच्चय के बारे में निम्नलिखित कथनों पर विचार कीजिए—

1. सभी गेदें काली हैं।
2. सभी गेदें सफेद हैं।
3. केवल कुछ गेदें काली हैं।
4. कोई भी गेंद काली नहीं है।

यह मानते हुए कि गेंदें केवल या तो काली हो सकती हैं या सफेद। उपर्युक्त में से कौन से दो कथन हैं जो कि दोनों सही हो सकते हैं, परन्तु दोनों गलत नहीं हो सकते।

नीचे दिए गए कूट में से सही उत्तर चुनिए—

A. 1 और 4 B. 1 और 3
C. 2 और 3 D. 2 और 4

51. नीचे दी गई वेन आरेख में वृत्त-लेखक को, आयत-अध्यापक को तथा त्रिभुज राजनीतिज्ञ को दर्शाता है। आरेख में दी गई किस संख्या में उस व्यक्ति का बोध होता है जो लेखक, अध्यापक और राजनीतिज्ञ तीनों हों—

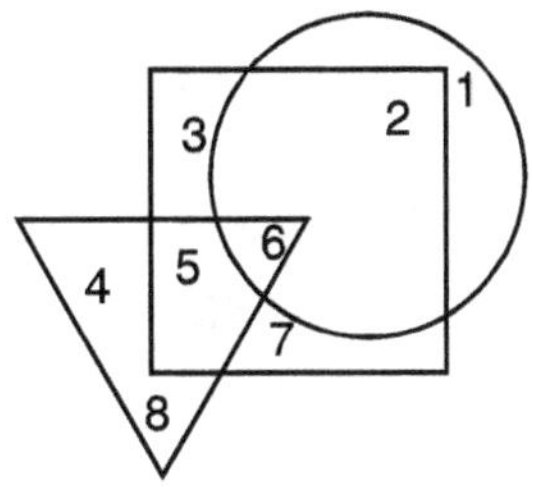

A. 2 B. 5
C. 6 D. 7

52. नीचे दिए गए वेन आरेख में वृत्त-महिला को, त्रिभुज-डॉक्टर को तथा वर्ग-विवाहित को प्रदर्शित करता है। कौन-सी संख्या से 'महिला डॉक्टर परंतु विवाहित नहीं' का बोध होता है-

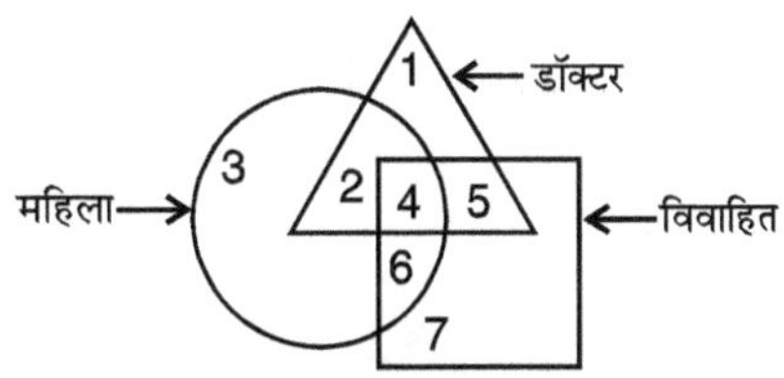

A. 1 B. 2
C. 4 D. 5

53. नीचे दिए गए चित्र में त्रिभुज-महिलाओं को, वर्ग-खिलाड़ियों को तथा वृत्त-प्रशिक्षिकाओं को प्रदर्शित करता है। चित्र में कौन-सा भाग ऐसी महिलाओं को प्रदर्शित करता है जो खिलाड़ी तथा प्रशिक्षिका दोनों है—

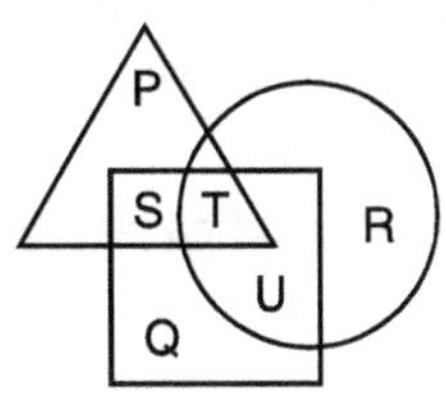

A. P B. Q
C. T D. U

54. एक कक्षा में 42 छात्र हैं। प्रत्येक छात्र कम से कम एक खेल (क्रिकेट, हॉकी, फुटबॉल) खेलता है। यदि 14 क्रिकेट खेलते हों, 20 हॉकी खेलते हों, 24 फुटबॉल खेलते हों, 3 क्रिकेट या फुटबॉल खेलते हों, 2 हॉकी तथा फुटबॉल

खेलते हों तथा तीनों खेल कोई भी छात्र न खेलता हो तो उन छात्रों की संख्या बताओ जो क्रिकेट खेलते हों, परन्तु हॉकी नहीं—

A. 0 B. 3
C. 5 D. 2

55. एक नर्सरी कक्षा में 50 विद्यार्थियों को प्रवेश दिया गया है। कुछ विद्यार्थी केवल अंग्रेजी बोल सकते हैं और कुछ केवल हिन्दी। 10 विद्यार्थी अंग्रेजी और हिन्दी दोनों बोल सकते हैं। यदि उन विद्यार्थियों की संख्या जो अंग्रेजी बोल सकते हैं 21 हो तो कितने विद्यार्थी हिन्दी बोल सकते हैं और कितने केवल अंग्रेजी बोल सकते हैं?

A. क्रमश: 21, 11 और 29
B. क्रमश: 28, 18 और 22
C. क्रमश: 37, 27 और 13
D. क्रमश: 39, 29 और 11

निर्देश (प्रश्न सं. 56 से 60 तक) : *निम्नलिखित चित्र विभिन्न वर्ग के व्यक्तियों को प्रदर्शित करता है। इसमें त्रिभुज-शिक्षित व्यक्तियों को, आयत-पुलिसकर्मी को, वृत्त—सड़क कर देने वालों को तथा दीर्घवृत-दुकानदारों को प्रदर्शित करता है।*

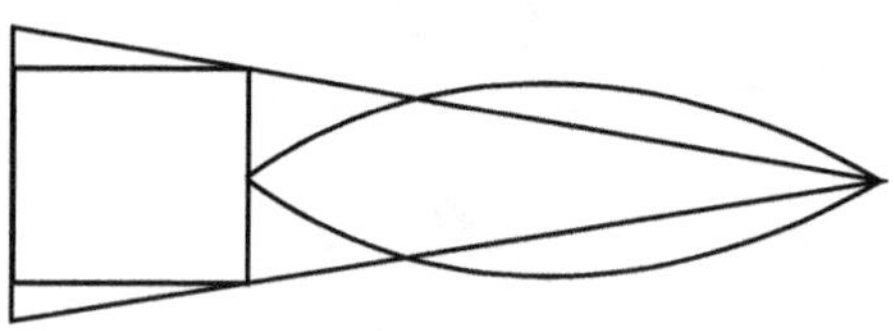

56. आकृति को देखकर यह निष्कर्ष निकलता है कि—

A. सभी शिक्षित दुकानदार, सड़क कर देते हैं।
B. समस्त सड़क-कर देने वाले पुलिसकर्मी शिक्षित हैं।
C. सभी शिक्षित पुलिसकर्मी सड़क करदाता हैं।
D. सभी सड़क करदाता दुकानदार, शिक्षित हैं।

57. आकृति को देखकर यह कहा जा सकता है कि—

A. कोई भी अशिक्षित दुकानदार पुलिसकर्मी नहीं हैं, यद्यपि अशिक्षित पुलिसकर्मी दुकानदार हैं।
B. कुछ शिक्षित दुकानदार सड़क-करदाता हैं, यद्यपि वे पुलिसकर्मी भी हैं।
C. कुछ शिक्षित पुलिसकर्मी जो सड़क करदाता हैं, अशिक्षित दुकानदारों से लाभांश प्राप्त करते हैं।
D. न तो कोई शिक्षित दुकानदार पुलिसकर्मी हैं और न कोई शिक्षित पुलिसकर्मी दुकानदार हैं।

58. आकृति का अध्ययन करने से यह निश्चित रूप से कहा जा सकता है कि—

A. कोई भी पुलिसकर्मी सड़क करदाता नहीं हैं।
B. कोई भी दुकानदार सड़क करदाता नहीं है।
C. कुछ दुकानदार शिक्षित हैं।
D. कुछ पुलिसकर्मी दुकानदार हैं।

59. आकृति को देखने के बाद हम इस निष्कर्ष पर पहुंचते हैं कि

A. कुछ सड़क-करदाता पुलिसकर्मी दुकानदार भी हैं।
B. कुछ शिक्षित दुकानदार, सड़क करदाता हैं।
C. कुछ सड़क करदाता दुकानदार, पुलिसकर्मी भी हैं।
D. कुछ अशिक्षित पुलिसकर्मी, सड़क करदाता हैं।

60. आकृति का अध्ययन करके यह निश्चय रूप से कहा जा सकता है—

A. कुछ व्यक्ति जो न तो दुकानदार हैं और न पुलिसकर्मी, शिक्षित हैं।
B. कुछ व्यक्ति जो या तो दुकानदार हैं या पुलिसकर्मी, सड़क करदाता हैं।
C. कुछ व्यक्ति जो या तो दुकानदार हैं और या पुलिसकर्मी, सड़क करदाता है तथा शिक्षित भी है।
D. उपर्युक्त सभी कथन सत्य है।

निर्देश (प्रश्न सं. 61 से 65 तक) : *दिए गए प्रश्नों के उत्तर देने के लिए नीचे दी गई जानकारी पढ़ें—*

(i) 6 पुस्तकें विशेष तरीके से एक के ऊपर एक रखी गई है।
(ii) अर्थशास्त्र की पुस्तक दर्शनशास्त्र की पुस्तक के ठीक नीचे है।
(iii) वनस्पति विज्ञान की पुस्तक अंग्रेजी और इतिहास की पुस्तक के बीच में है।
(iv) संस्कृत की पुस्तक सबसे ऊपर नहीं है।
(v) अर्थशास्त्र की पुस्तक सबसे नीचे है।

61. कौन-सी पुस्तक नीचे से चौथी है?

A. अर्थशास्त्र B. इतिहास
C. अंग्रेजी D. आंकड़े अपर्याप्त हैं।

62. कौन-सी पुस्तक ऊपर से तीसरे क्रम में है?

A. अंग्रेजी B. वनस्पति विज्ञान
C. अर्थशास्त्र D. तय नहीं कर सकते।

63. निम्नलिखित में से कौन-सी संस्कृत की सही स्थिति है?

A. सबसे नीचे B. नीचे से तीसरी
C. ऊपर से दूसरी D. इनमें से कोई नहीं

64. कौन-सी पुस्तक सबसे ऊपर हैं?

A. इतिहास B. अंग्रेजी

C. संस्कृत D. तय नहीं कर सकते।

65. संस्कृत और दर्शनशास्त्र के बीच में कौन-सी पुस्तक है?
A. अर्थशास्त्र B. संस्कृत
C. इतिहास D. तय नहीं कर सकते।

निर्देश (प्रश्न सं. 66 से 70 तक) : *निम्नलिखित प्रत्येक प्रश्न के कुछ संभावित प्रश्न दिए हुए हैं, जिसमें से कोई एक सही है। उस सही उत्तर को ज्ञात करें। निम्न कथनों को ध्यानपूर्वक पढ़िए और नीचे दिए गए प्रश्नों के सही उत्तर दीजिए।*

कथन—पांच स्वीकृत बैंकों A, B, C, D और E की शाखा मध्यप्रदेश के प्रमुख नगरों में निम्नानुसार है।

(i) A, B और C इंदौर व भोपाल में।
(ii) A, B और E इंदौर व ग्वालियर में।
(iii) B, C और D रायपुर व भोपाल में।
(iv) A, E और D ग्वालियर व जबलपुर में।
(v) C, E और D रायपुर व जबलपुर में।

66 . बैंक 'B' की शाखा किस नगर में नहीं है?
A. इंदौर B. भोपाल
C. ग्वालियर D. जबलपुर

67. वह बैंक जिसकी शाखाएं सभी जगह हैं, पर ग्वालियर में नहीं।
A. A B. B
C. C D. D

68. किस बैंक की शाखा रायपुर व इंदौर में तो है, पर भोपाल में नहीं?
A. A B. C
C. D D. E

69. इंदौर में किस बैंक की शाखा नहीं है?
A. D B. E
C. C D. B

70. किस बैंक की शाखा इंदौर में हैं, पर रायपुर में नहीं?
A. E B. A
C. B D. C

निर्देश (प्रश्न सं. 71 से 75 तक) : *निम्नलिखित अवतरण को ध्यानपूर्वक पढ़कर नीचे दिए गए प्रश्नों के उत्तर दीजिए—*

A, B, C, D व E अलग-अलग व्यक्तियों के नाम हैं। इसमें से दो लेखक, तीन कवि, एक नाटककार व एक उपन्यासकार है। दो व्यक्ति 17वीं शताब्दी में, दो व्यक्ति 19वीं शताब्दी तथा एक व्यक्ति 20वीं शताब्दी में हुआ। इन पांचों व्यक्तियों में से चार को मराठी भाषा का, दो को तमिल का, दो को ही हिन्दी व एक को अंग्रेजी भाषा का ज्ञान था। 19वीं शताब्दी में B व D ने मराठी की कविताएं लिखीं तथा D ने हिन्दी में भी लेखन किया। A ने तमिल व अंग्रेजी भाषा में रचनाएं की। C व D ने मराठी की कविताएं की, किन्तु C ने A के उपन्यासों को नापसंद किया। 17वीं शताब्दी में E प्रसिद्ध नाटककार था किन्तु वह असमय मृत्यु को प्राप्त हुआ। B की हिन्दी कविताओं की C ने मराठी में अनुवाद किया।

71. 20वीं शताब्दी में किसने मराठी भाषा में रचनाएं की?
A. E B. C
C. A D. इनमें से कोई नहीं

72. 17वीं शताब्दी में कौन-कौन प्रसिद्ध रचनाकार थे?
A. C व A B. E व A
C. E व C D. इनमें से कोई नहीं

73. हिन्दी भाषा में प्रमुख कवि कौन-कौन हैं?
A. B व D B. E व D
C. B व E D. D व C

74. 'E' ने किन-किन भाषाओं में रचना की ?
A. तमिल व अंग्रेजी B. तमिल व मराठी
C. अंग्रेजी व मराठी D. इनमें से कोई नहीं

75. 'C' कितनी भाषाओं का जानकार था?
A. मात्र एक B. दो
C. तीन D. चार

76. नाटक किन-किन भाषाओं में लिखा गया?
A. तमिल B. अंग्रेजी
C. तमिल या अंग्रेजी D. ज्ञात नहीं किया जा सकता

निर्देश (प्रश्न सं. 77 से 81 तक) : *निम्नलिखित अवतरण को पढ़कर नीचे पूछे गए प्रश्नों का उत्तर दीजिए।*

A, B, C, D व E पांच नगर हैं। जिनमें तीन औद्योगिक नगर, दो बंदरगाह एवं एक हिल स्टेशन है। किसी भी औद्योगिक नगर तथा बंदरगाह की आबादी 30 लाख से कम नहीं है। मगर हिल स्टेशन की आबादी 30 लाख से कम है। पांच में से किन्ही तीन नगरों में विश्वविद्यालय हैं। हिल स्टेशन में विश्वविद्यालय हैं मगर बंदरगाह नहीं हैं। जिन औद्योगिक नगरों में विश्वविद्यालय हैं वे बंदरगाह नहीं हैं। दो औद्योगिक नगरों में विश्वविद्यालय हैं तथा C, D औद्योगिक नगर नहीं है। D बंदरगाह नहीं है। किसी भी बंदरगाह में विश्वविद्यालय नहीं है तथा B एक बंदरगाह है। कोई भी औद्योगिक नगर हिल स्टेशन नहीं है: D हिल स्टेशन है, E में विश्वविद्यालय है।

77. वह शहर जो औद्योगिक नगर तथा बंदरगाह दोनों हैं, मगर उसमें विश्वविद्यालय नहीं है।
A. A B. B

C. C D. D

78. कौन-से दो नगर बंदरगाह हैं?
A. A, E B. B, D
C. B, C D. A, D

79. किस औद्योगिक नगर में विश्वविद्यालय नहीं है?
A. A B. B
C. C D. D

80. वे कौन से नगर हैं जो औद्योगिक हैं, उनमें विश्वविद्यालय भी हैं मगर बंदरगाह नहीं हैं?
A. A, E B. A, B
C. C, D D. A, C

81. वह कौन-सा शहर है जो न तो औद्योगिक नगर है और न ही उसमें विश्वविद्यालय है तथा न वह हिल स्टेशन है?
A. A B. B
C. C D. E

निर्देश (प्रश्न सं. 82 से 87 तक) : *निम्नलिखित अवतरण को ध्यानपूर्वक पढ़िए तथा नीचे दिए गए प्रश्नों के सही उत्तर चुनिए—*

पांच गाँव A, B, C, D व E हैं। इनमें से दो, एक राजमार्ग हैं, और प्रत्येक में एक स्कूल है। इन दो में से एक की आबादी 3000 से कम है। एक अन्य गाँव में भी स्कूल है और उसकी आबादी 3000 से अधिक है। 3000 से अधिक आबादी वाले गाँव में स्कूल नहीं है। 3000 से अधिक आबादी तथा स्कूल वाले गाँव में पोस्ट ऑफिस है। पुलिस स्टेशन 3000 से अधिक आबादी वाले तथा राजमार्ग पर स्थित एक गाँव में हैं। A में स्कूल है और उसकी आबादी 3 से कम है। B में स्कूल नहीं है और वह न ही राजमार्ग पर स्थित है। C राजमार्ग पर स्थित है और उसकी आबादी 3000 से अधिक, D की आबादी 3000 से कम है तथा E राजमार्ग पर स्थित नहीं है और न ही उसमें पोस्ट ऑफिस है।

82. C के अतिरिक्त अन्य कौन-सा गाँव राजमार्ग पर है?
A. B B. D
C. A D. E

83. 3000 में कम आबादी वाले किस गाँव में स्कूल नहीं है?
A. A B. D
C. B D. C

84. किस गाँव में, जो राजमार्ग पर स्थित नहीं है, स्कूल है?
A. E B. A
C. D D. C

85. पुलिस स्टेशन किस गाँव में है?
A. A B. B
C. C D. E

86. पोस्ट ऑफिस किस गाँव में है।
A. A B. E
C. D D. C

87. 3000 से अधिक आबादी वाले किस गाँव में स्कूल नहीं है?
A. E B. D
C. C D. B

निर्देश (प्रश्न सं. 88 से 92 तक) : *नीचे दो सूचनाओं को ध्यानपूर्वक पढ़कर आगे दिए गए प्रश्नों के उत्तर दीजिए।*

(i) अ, ब, स, द, य और फ एक परिवार के छः सदस्य हैं।
(ii) इनके बीच दो विवाहित युगल हैं।
(iii) स, अ और फ की मां है।
(iv) य, द का पिता है।
(v) अ, ब का पौत्र है
(vi) परिवार में सभी सदस्यों की कुल संख्या 3 है।

88. निम्नलिखित में से कौन-सा एक विवाहित युगल हैं?
A. य, फ B. ब, द
C. य, ब D. इनमें से कोई नहीं

89. य की पत्नी कौन हैं?
A. ब B. फ
C. स D. आंकड़े अधूरे हैं।

90. ब कैसे फ से संबंधित है?
A. बहन B. दादी
C. पत्नी D. इनमें से कोई नहीं

91. फ कैसे अ से संबंधित हैं?
A. भाई B. पुत्री
C. मां D. इनमें से कोई नहीं

92. निम्नलिखित में से स्त्री सदस्यों का समूह कौन-सा है?
A. ब, द, य B. अ, फ, ब
C. द, स, फ D. ब, स, फ

निर्देश (प्रश्न सं. 93 से 97 तक) : *नीचे दी गई सूचनाओं में ध्यानपूर्वक पढ़कर आगे दिए गए प्रश्नों के उत्तर दीजिए।*

(i) एक परिवार में A, B, C, D, E और F छः सदस्य हैं। समूह में दो विवाहित युगल हैं।
(ii) समुदाय में दो इंजीनियर, एक टीचर, एक समाजशास्त्री तथा दो कलाकार हैं। दोनों इंजीनियर समलिंगी हैं।
(iii) A और C एक ही व्यवसाय में है।
(iv) टीचर की शादी इंजीनियर के साथ हुई है तथा एक कलाकार की शादी महिला समाजशास्त्री के साथ हुई है।
(v) A एक कलाकार है तथा E एक पुरुष इंजीनियर है। दोनों ही अविवाहित हैं।
(vi) F, B का पति है।

93. टीचर के साथ किसकी शादी हुई है?
A. F B. C

C. A D. B

94. समाजशास्त्री कौन है?
A. B B. F
C. C D. इनमें से कोई नहीं

95. निम्नलिखित में से कौन-सा विवाहित युगल हैं?
A. FD और BE B. CD और EB
C. CD और FB D. इनमें से कोई नहीं

96. उपर्युक्त जानकारियों में से कौन-सी सूचना फालतू है।
A. केवल (iii)
B. केवल (v) और (vi) दोनों
C. केवल (iv)
D. कोई फालतू नहीं है।

97. B का व्यवसाय क्या है?
A. इंजीनियर B. टीचर
C. सामाजशास्त्री D. कलाकार

निर्देश (प्रश्न सं. 98 से 104 तक) : *नीचे दी गई सूचनाओं को ध्यानपूर्वक पढ़कर आगे दिए गए प्रश्नों के उत्तर दीजिए—*

(i) A, B, C, D, E और F छ: वैज्ञानिक अन्तर-विशेषज्ञता के उपागम पर आधारित एक समेकित प्रयोग का प्रदर्शन करना चाहते हैं।

(ii) उनकी विशेषज्ञता रसायनशास्त्र, जीव विज्ञान, वनस्पति-विज्ञान, भौतिकी, भू-विज्ञान और गणित है, लेकिन इसी क्रम में है, ऐसा आवश्यक नहीं है।

(iii) प्रत्येक दिन केवल एक वैज्ञानिक अपनी विशेषज्ञता के भाग का निस्पादन करेगा।

(iv) प्रयोग सोमवार से शुरु होगा और रविवार को समाप्त होगा। एक दिन विश्राम का होगा जो कि वैसे भी प्रयोग का एक हिस्सा है।

(v) रसायनशास्त्र, भू-विज्ञान के तुरंत बाद के दिन होगा।

(vi) A, जो कि गणितज्ञ है,को निष्पादन के लिए या तो दूसरा या फिर अंतिम दिन ही दिया जा सकता है। तथापि उसका दिन वनस्पति विज्ञान के ठीक पहले नहीं होना चाहिए।

(vii) C, तीसरे दिन प्रदर्शन करेगा और भौतिकी पांचवें दिन होगी।

(vii) E, ने जो जीव विज्ञानी है, दूसरे दिन निष्पादन होगा।

(ix) B, ने सोमवार को निष्पादन किया और F के निष्पादन के बाद का विश्राम का दिन होगा।

98. रसायनशास्त्री किस दिन निष्पादन करेगा?
A. सोमवार B. शुक्रवार
C. रविवार D. इनमें से कोई नहीं

99. निम्नलिखित में से किस विशेषज्ञता से प्रयोग की शुरुआत होगी?
A. जीव विज्ञान B. भू-विज्ञान
C. गणित D. इनमें से कोई नहीं

100. कौन-सा दिन विश्राम का दिन होगा?
A. मंगलवार B. बृहस्पतिवार
C. शनिवार D. इनमें से कोई नहीं

101. भौतिकी से पहले कौन-सी विशेषज्ञता आएगी?
A. रसायनशास्त्र B. जीव विज्ञान
C. वनस्पति विज्ञान D. भू-विज्ञान

102. निम्नलिखित में से वैज्ञानिकों के निष्पादन का सही क्रम कौन-सा है?
A. B E D C F A B. B C E F D A
C. A F D E C B D. B E C D F A

103. किन दो विशेषज्ञताओं के बीच एक दिन का विश्राम अपेक्षित होगा?
A. जीव विज्ञान-भू-विज्ञान
B. गणित-भौतिकी
C. वनस्पति विज्ञान-भूविज्ञान
D. इनमें से कोई नहीं

104. F की विशेषज्ञता क्या हैं?
A. भौतिकी B. रसायनशास्त्र
C. वनस्पति विज्ञान D. इनमें से कोई नहीं

उत्तरमाला

1	2	3	4	5	6	7	8	9	10
D	B	B	D	A	A	A	B	A	D
11	**12**	**13**	**14**	**15**	**16**	**17**	**18**	**19**	**20**
D	C	C	D	D	D	C	C	D	D
21	**22**	**23**	**24**	**25**	**26**	**27**	**28**	**29**	**30**
D	D	A	D	D	C	A	B	A	D
31	**32**	**33**	**34**	**35**	**36**	**37**	**38**	**39**	**40**
D	A	B	D	B	A	A	B	B	C

41	42	43	44	45	46	47	48	49	50
D	A	D	D	B	D	D	A	A	A
51	**52**	**53**	**54**	**55**	**56**	**57**	**58**	**59**	**60**
C	B	C	B	D	B	D	C	B	D
61	**62**	**63**	**64**	**65**	**66**	**67**	**68**	**69**	**70**
D	D	B	D	D	D	C	D	A	B
71	**72**	**73**	**74**	**75**	**76**	**77**	**78**	**79**	**80**
B	B	A	B	C	D	B	C	B	A
81	**82**	**83**	**84**	**85**	**86**	**87**	**88**	**89**	**90**
C	C	B	A	C	D	D	C	A	B
91	**92**	**93**	**94**	**95**	**96**	**97**	**98**	**99**	**100**
D	D	A	D	C	D	B	D	D	C
101	**102**	**103**	**104**						
A	D	B	A						

संकेत

1. कारखाना कामगार

$\rightarrow \Delta \rightarrow 1, 5, 6, 7$

यूनियन कामगार

$\rightarrow O \rightarrow 2, 4, 6, 7$

कड़ी मेहनत करने वाले कामगार

$\rightarrow \square \rightarrow 3, 4, 5, 6$

अत: कारखाने के कामगारों में कड़ी मेहनत करने वाले यूनियन के सदस्य कामगार $\rightarrow$ 6

2. सेट — A $\rightarrow$ 1, 2

सेट — B $\rightarrow$ 2, 3, 4

सेट — C $\rightarrow$ 4, 5

सेट — D $\rightarrow$ 2, 3, 4, 6, 7

9. हिन्दी और अंग्रेजी दो बिल्कुल विभिन्न भाषाएं हैं, परंतु ये दोनों भाषा के अन्तर्गत आती है।

10. माता-पिता दो विभिन्न व्यक्ति हैं परन्तु ये दोनों कुटुम्ब में आते हैं।

11. विधुर पुरुषों में से ही होते हैं परंतु धूम्रपान के कुछ शौकीन विधुर हो सकते हैं। कुछ धूम्रपान के शौकीन ऐसे पुरुष भी हो सकते हैं जो विधुर नहीं है तथा कुछ ऐसे भी हो सकते हैं जो पुरुष नहीं हों अर्थात् महिलाएं हों।

12. जलेबी, मिठाई के अन्तर्गत आती है तथा मिठाई खाने योग्य वस्तुओं के अन्तर्गत आती है।

13. सभी माताएं, महिलाएं होती हैं परंतु कुछ डॉक्टर, माताएं हो सकती हैं कुछ डॉक्टर ऐसी महिलाएं हो सकती हैं जो माताएं न हों तथा कुछ डॉक्टर ऐसे भी हो सकते हैं जो महिलाएं न हो बल्कि पुरुष हों।

14. चूहे और गाय पालतू जानवर हैं परंतु ये विभिन्न प्रकार के जन्तु हैं।

15. टेबल और बेंच लकड़ी से निर्मित दो विभिन्न वस्तुएं है जो फर्नीचर के अन्तर्गत आते हैं।

16. भिण्डी एक सब्जी है जबकि मांस एक अलग मांसाहारी वस्तु है।

17. मनुष्य द्वारा पहनी जाने वाली ये तीनों भिन्न-भिन्न प्रकार की पोशाकें हैं।

18. मनुष्य के ये तीनों अंग हैं जो अलग-अलग प्रकार के हैं।

19. विद्यालय का विद्यार्थी एक अंग है जबकि विज्ञान एक विद्यालय में पढ़ाई जाने वाले विषय का नाम है।

20. जंगल में वृक्ष और शेर दोनों मौजूद रहते हैं।

21. आलू और भिण्डी दोनों अलग-अलग प्रकार की सब्जियां हैं।

22. पृथ्वी और प्लूटो दोनों सौर परिवार के सदस्य हैं पर वे अलग-अलग ग्रह हैं।

23. पृथ्वी, सूर्य की परिक्रमा करती हैं जबकि चन्द्रमा पृथ्वी की परिक्रमा करता है।

24. हॉकी, स्टिक से खेली जाती है, जबकि बैट एक अलग खेल की वस्तु है।

25. कुत्ता और बाघ दोनों भिन्न-भिन्न प्रकार के जन्तु हैं जो मांसाहारी हैं।

26. गाय, घोड़ा तथा ऊँट तीनों अलग-अलग प्रकार के जीव जन्तु हैं।

27. हवाई जहाज, आकाश में विचरण करता है जिसे उड़ाने वाला उसके अन्दर का कैप्टन होता है।

28. मनुष्य, शाकाहारी भी होता है तथा मांसाहारी भी।

29. बिहार, भारत का एक राज्य है, जबकि पटना बिहार की राजधानी है।

30. गंगा नदी, पटना में बहती है, परन्तु यमुना दूसरी जगह में बहने वाली नदी है।

31. गंगा और गंडक दोनों अलग-अलग नदियां है जो बिहार की सिरमौर हैं।

32. आगरा, उत्तर प्रदेश का एक जिला है, जबकि यमुना नदी आगरा में बहती है।

33. राज्यपाल और राजदूत दोनों राष्ट्रपति के अन्तर्गत आने वाले अलग-अलग विशिष्ट पदाधिकारी हैं।

34. मनुष्य और पक्षी दोनों सजीव हैं पर वे अपने आप में भिन्न-भिन्न प्रकार के हैं।

35. कवि को पुस्तक और पेन की आवश्यकता होती है, जो अलग-अलग प्रकार की चीजें हैं।

36. जिला, राज्य के अंतर्गत आने वाली एक छोटी इकाई है जबकि प्रखण्ड, जिले के अन्तर्गत आने वाली एक छोटी इकाई है।

37. राज्य, देश का एक अंग होता है जबकि बंदरगाह, राज्यों में होते हैं।

38. महिला को गृहिणी तो कहा ही गया है पर वह मंत्री भी बन सकती है। गृहिणी और मंत्री बनना दोनों अलग-अलग कार्यक्षेत्र हैं।

39. कुछ दूरदर्शन गायक, रंगमंच गायक एवं रेडियो गायक, इसी प्रकार रंगमंच गायक, दूरदर्शन एवं रेडियो गायक तथा रेडियो गायक दूरदर्शन एवं रंगमंच गायक हो सकते हैं।

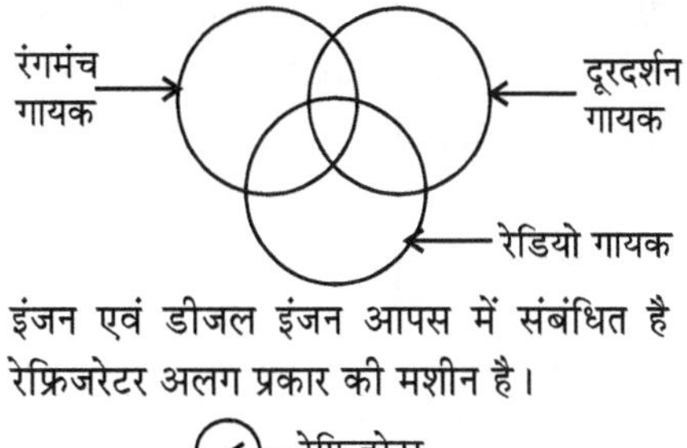

40. इंजन एवं डीजल इंजन आपस में संबंधित है जबकि रेफ्रिजरेटर अलग प्रकार की मशीन है।

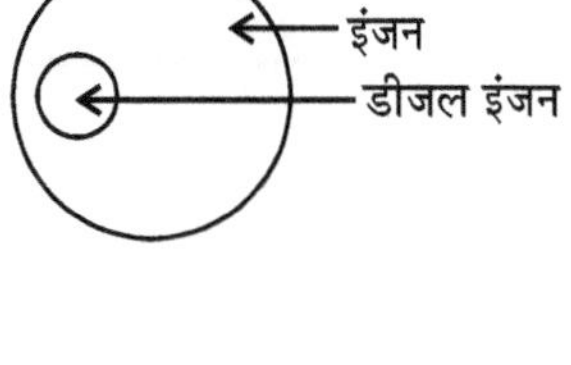

41. कुत्ते एवं बिल्ली पालतू पशु के अन्तर्गत आएंगे।

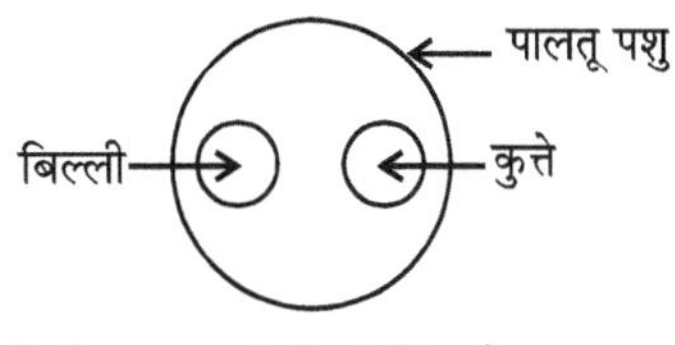

42. क्रिकेटर आदमी से संबंधित है। कुछ आदमी क्रिकेटर होंगे, बिल्लियां विजातीय समूह से संबंधित हैं।

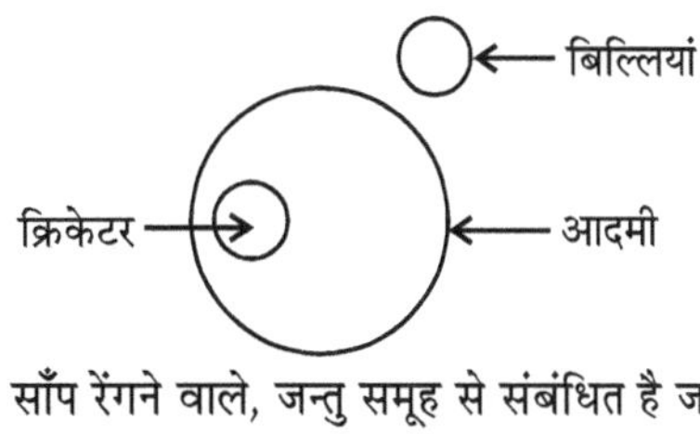

43. साँप रेंगने वाले, जन्तु समूह से संबंधित है जबकि मछली विजातीय समूह से संबंधित है।

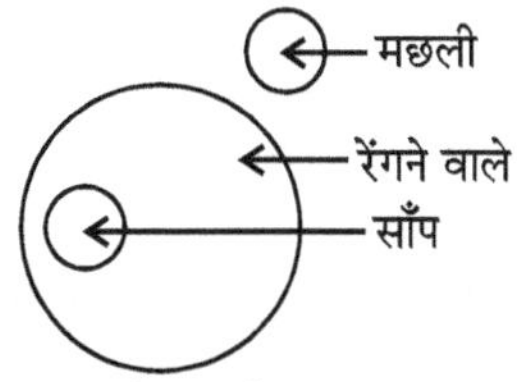

44. कुछ जेबकतरे, काला धंधा भी करते हैं। दोनों ही असामाजिक तत्वों की श्रेणी में आते हैं।

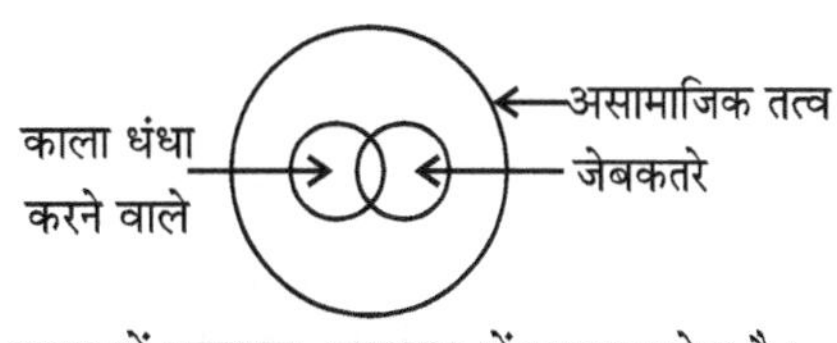

45. समुद्र में जलयान, जलयान में कप्तान होता है।

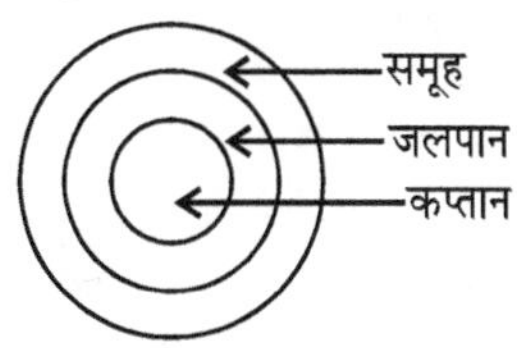

46. मेज तथा कुर्सी दोनों ही फर्नीचर समूह से संबंधित हैं।

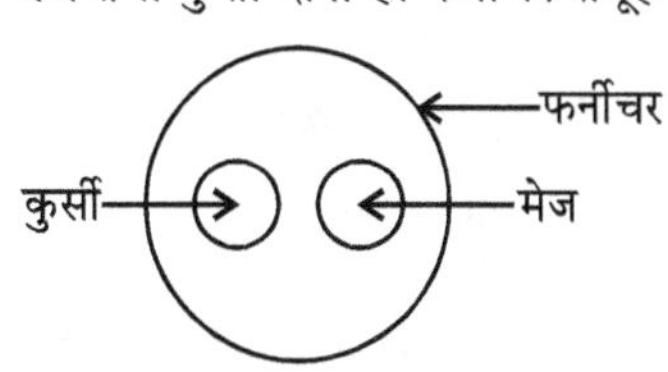

47. रुपए तथा डॉलर दो भिन्न-भिन्न देशों की मुद्राएं है तथा

पैसा रुपए का एक छोटा हिस्सा है।

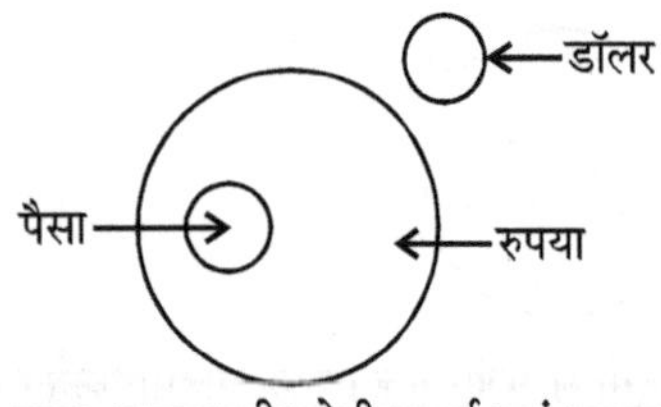

48. शब्द, वाक्य की छोटी इकाई एवं वाक्य पैराग्राफ की छोटी इकाई है।

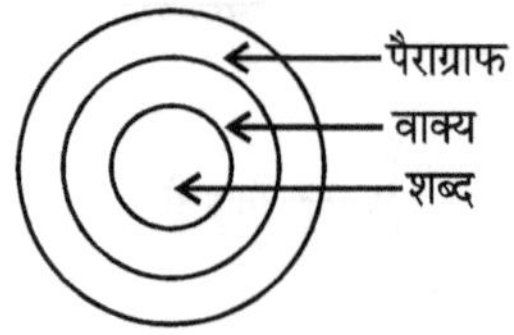

49.

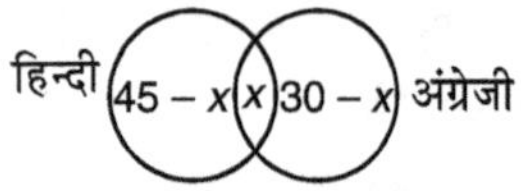

$45 - x + x + 30 - x = 60 \Rightarrow x = 15$

केवल हिन्दी बोलने वालों की संख्या = 45 + 15 = 30

प्रश्न 61 से 65 तक के लिए—

कथनानुसार पुस्तकों की क्रम व्यवस्था की स्थिति निम्नवत् होनी चाहिए—

अंग्रेजी या इतिहास
वनस्पति विज्ञान
इतिहास या अंग्रेजी
संस्कृत
दर्शनशास्त्र
अर्थशास्त्र

61. चूंकि प्रश्न में दी गई जानकारी से अंग्रेजी व इतिहास की स्थिति स्पष्ट नहीं है। अत: तब नीचे से चौथी पुस्तक की गणना नहीं की जा सकती है।

62. चूंकि प्रश्न में दी गई शर्तों अर्थात् जानकारी से स्थिति का स्पष्ट ज्ञान नहीं हो पाता है।

64. अंग्रेजी व इतिहास की स्थिति स्पष्ट नहीं होने के कारण सबसे ऊपर रखी पुस्तक के बारे में जानकारी प्राप्त करना अत्यंत कठिन हैं।

65. संस्कृत और दर्शनशास्त्र के बीच में कोई पुस्तक स्थित नहीं हैं।

प्रश्न 66 से 70 तक के लिए

इंदौर	A	B	C	×	E
भोपाल	A	B	C	D	E
ग्वालियर	A	B	×	D	E
जबलपुर	A	×	C	D	E
रायपुर	×	B	C	D	E

प्रश्न 71 से 76 तक के लिए

	व्यवसाय	*समय*	*भाषाओं का ज्ञान*
A	उपन्यासकार	17वीं शताब्दी	तमिल व अंग्रेजी
B	कवि	19वीं शताब्दी	मराठी व अंग्रेजी
C	कवि, लेखक	20वीं शताब्दी	मराठी, तमिल, अंग्रेजी
D	कवि, लेखक	19वीं शताब्दी	मराठी, हिन्दी
E	नाटककार	17वीं शताब्दी	मराठी, तमिल

प्रश्न 77 से 81 तक के लिए

	औद्योगिक नगर	*बंदरगाह*	*हिल स्टेशन*	*विश्व-विद्यालय*
A	✓	×	×	✓
B	✓	✓	×	×
C	×	✓	×	×
D	×	×	✓	✓
E	✓	×	×	✓

प्रश्न 82 से 87 तक के लिए

गांव	*3000 से कम आबादी*	*3000 से अधिक आबादी*	स्कूल	पोस्ट आफिस	*पुलिस स्टेशन*	*राजमार्ग पर स्थित*
A	✓	×	✓	×	×	✓
B	×	✓	×	×	×	×
C	×	✓	✓	✓	✓	✓
D	✓	×	×	×	×	×
E	✓	✓	✓	×	×	×

प्रश्न 88 से 92 तक के लिए

अ —पुरुष—भाई

ब — महिला—दादी
स — महिला — मां
द — पुरुष — पिता
य — पुरुष — पिता
फ —महिला — बहन

द्वितीय विधि-

संख्या	*व्यक्ति*	*विवाहित युगल*	*अन्य संबंध*	*पुरुष/स्त्री*
1	अ		ब का पौत्र	पुरुष
2	ब	य की पत्नी		स्त्री
3	स	द की पत्नी		स्त्री
4	द	स का पति		पुरुष
5	य	ब का पति	द का पिता	पुरुष
6	फ		स की पुत्री या ब की पौत्री या अ की बहन	स्त्री

प्रश्न 93 से 97 तक के लिए

A — कलाकार
B — टीचर
C — कलाकार (पुरुष)
D — समाजशास्त्री (महिला)
E — इंजीनियर (पुरुष)
F — इंजीनियर (पुरुष)

पति-पत्नी: B ↔ F, C ↔ D

द्वितीय विधि-

संख्या	*व्यक्ति*	*विवाहित युगल*	*व्यवसाय*	*पुरुष/स्त्री*
1	A	अविवाहित	कलाकार	
2	B	F की पत्नी	टीचर	स्त्री
3	C	D की पत्नी	कलाकार	पुरुष
4	D	E का पति	समाजशास्त्री	स्त्री
5	E	अविवाहित	इंजीनियर	पुरुष
6	F	B का पति	इंजीनियर	पुरुष

प्रश्न 98 से 104 तक के लिए

दिन	*वैज्ञानिक*	*विशेषज्ञता*
सोमवार	B	वनस्पति
मंगलवार	E	जीव विज्ञान
बुधवार	C	भू-विज्ञान
बृहस्पति	D	रयायन शास्त्र
शुक्रवार	F	भौतिकी
शनिवार	छुट्टी	—
रविवार	A	गणित

यूनिट-II : सूचनाओं का विवेचन)

1. सारणी व ग्राफ
(Table and Graph)

इस प्रकार के प्रश्नों में सबसे पहले कोई सारणी अथवा ग्राफ/आरेख दिया हुआ होता है। उन आरेख या ग्राफ के निष्कर्ष पर आधारित कुछ प्रश्न नीचे दिए हुए हैं। अभ्यर्थी को सारणी/ग्राफ/आरेख का सावधानीपूर्वक अध्ययन करते हुए आगे दिए गए प्रश्नों के सही उत्तर विकल्पों में से चुनने हैं। इस प्रकार के परीक्षण में अभ्यर्थी को गणितीय योग्यता व निर्णय लेने की क्षमता की जांच होती है।

अभ्यास

निर्देश (प्रश्न सं. 1 से 5 तक) : *निम्नलिखित ग्राफ का ध्यानपूर्वक अध्ययन कर प्रश्नों का उत्तर दीजिए—*

दिए गए वर्षों में दो राज्यों की जनसंख्या (लाखों में)

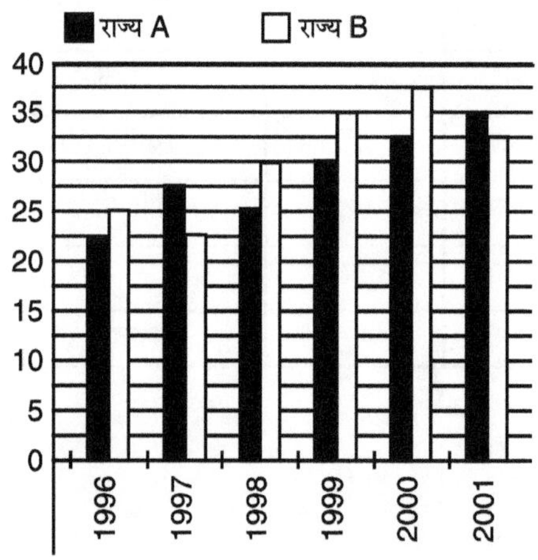

1. किस वर्ष में राज्य 'बी' की जनसंख्या में प्रतिशत वृद्धि/कमी गत वर्ष में न्यूनतम थी?

A. 1947 B. 1998

C. 1999 D. 2000

2. 1997 से 1998 तक राज्य 'बी' की जनसंख्या में वृद्धि का प्रतिशत क्या था?

A. 25 B. $33\frac{1}{3}$

C. $30\frac{2}{3}$ D. 22

3. किस वर्ष में राज्य 'ए' की जनसंख्या में प्रतिशत वृद्धि/कमी गत वर्ष से सर्वाधिक थी?

A. 1997 B. 1998

C. 1999 D. 2000

4. दिए गए वर्षों में राज्य 'ए' की औसत जनसंख्या (लाखों में) क्या थी?

A. 27.85 B. 27.75

C. 28.85 D. इनमें से कोई नहीं

5. 'ए' व 'बी' राज्यों को मिलाकर 1997 की कुल जनसंख्या और दोनों राज्यों को मिलाकर 1998 की कुल जनसंख्या के बीज क्रमशः अनुपात क्या था?

A. 10 : 13 B. 5 : 6

C. 10 : 11 D. 1 : 1

निर्देश (प्रश्न सं. 6 से 10 तक) : *निम्नलिखित तालिका का ध्यानपूर्वक अध्ययन कर प्रश्नों का उत्तर दीजिए।*

दी हुई अवधि के लिए विभिन्न मदों पर कंपनी का वार्षिक व्यय

(लाखों रुपयों में)

वर्ष ↓मद →	*वेतन*	*चिकित्सा*	*ऋण*	*परि-वहन*	*भोजन अनुदान*	*बोनस*
1996	240	.75	18	2.8	.80	.50
1977	285	.98	25	3.2	.78	.42
1998	270	.67	32	2.9	.96	.64
1999	280	.87	28	3.8	.72	.58
2000	350	.89	38	4.1	.88	.66

6. परिवहन पर वार्षिक औसत व्यय कितना है?

A. 2,80,000 रुपए B. 3,36,000 रुपए

C. 3,36,000 रुपए D. 28,000 रुपए

7. 1996 का कुल व्यय 2000 के कुल व्यय का लगभग कितने प्रतिशत था?

A. 75 B. 76
C. 72 D. 67

8. 1999 में कंपनी का सभी मदों पर कुल व्यय कितना था?

A. 319.13 लाख रुपए B. 31.39 लाख रुपए
C. 3.139 करोड़ रुपए D. 3.19 करोड़ रुपए

9. सभी वर्षों के लिये ऋण पर कुल व्यय, वेतन पर कुल व्यय का कितने प्रतिशत है? उत्तर निकटतम पूर्णांक में ज्ञात करो।

A. 10 B. 9
C. 12 D. 11

10. सभी वर्षों के लिए बोनस पर कुल व्यय और सभी वर्षों के लिए परिवहन पर कुल व्यय में क्रमश: क्या अनुपात है?

A. 1 : 3 B. 2 : 5
C. 3 : 5 D. 1 : 6

निर्देश (प्रश्न 11 से 15 तक) : *निम्नलिखित चार्ट का सावधानीपूर्वक अध्ययन कर इस पर आधारित प्रश्नों का उत्तर दीजिए।*

विद्यार्थियों का वार्षिक परीक्षा का विवरण

प्राप्त अंकों का प्रतिशत	*विद्यार्थियों की प्रतिशतता*
90% से 100%	3%
80% से 90%	7%
70% से 80%	15%
60% से 70%	22%
50% से 60%	33%
40% से 50%	15%
40% से कम	5%

11. यदि परीक्षा में सम्मिलित कुल विद्यार्थियों की संख्या 800 थी तो विद्यार्थियों की संख्या ज्ञात कीजिए जिन्होंने 70% से अधिक अंक प्राप्त किए?

A. 120 B. 200
C. 50 D. 150

12. कितने विद्यार्थियों ने 50% या उससे कम अंक प्राप्त किए। यदि विद्यार्थियों की कुल संख्या 800 थी?

A. 160 B. 120
C. 150 D. 40

13. यदि 12 विद्यार्थियों ने 90% या उससे अधिक के मध्य अंक प्राप्त किये तो परीक्षा देने वाले कुल विद्यार्थियों की संख्या कितनी थी?

A. 500 B. 400
C. 800 D. 600

14. यदि 75 विद्यार्थियों ने 70% और 80% के मध्य अंक प्राप्त किए हों तो बताओ कितने विद्यार्थियों ने 60% और 70% के मध्य अंक प्राप्त किए हैं?

A. 110 B. 66
C. 220 D. 115

15. यदि परीक्षा में भाग लेने वाले कुल विद्यार्थियों की संख्या 600 थी, तो बताओ कितने विद्यार्थियों ने 80% और 70% के मध्य अंक प्राप्त किए हैं?

A. 34 B. 12
C. 27 D. 42

निर्देश (प्रश्न सं. 16 से 20 तक) : *नीचे दिए गए चार्ट का सावधानीपूर्वक अध्ययन कर उन पर आधारित प्रश्नों का उत्तर दीजिए—*

निम्नलिखित चार्ट दो वर्षों में एक संस्था में पांच प्रकार के कर्मचारियों का प्रतिशत दर्शाता है—

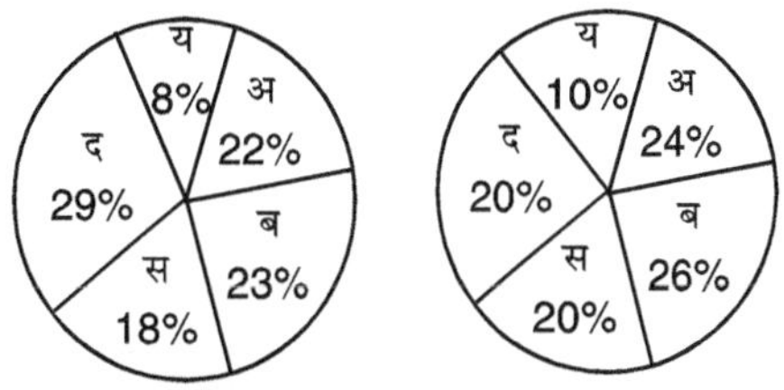

कर्मचारियों की कुल संख्या = 18,000 **कर्मचारियों की कुल संख्या = 20,000**

अ : एवार्ड स्टाफ
ब : पहले दर्जे के मैनेजर
स : दूसरे दर्जे के मैनेजर
द : तीसरे दर्जे के मैनेजर
य : एक्जीक्यूटिव

16. वर्ष 1995 के अंत में यदि कुल मिलाकर पहले दर्जे के 300 मैनेजर छोड़ जाते हैं, तो वर्ष 1996 में कितने पहले दर्जे के मैनेजरों का प्रवेश हुआ?

A. 340 B. 460
C. 280 D. 1360

17. वर्ष 1996 में यदि कुल 500 दूसरे दर्जे के मैनेजर कंपनी में कार्यभार ग्रहण करते हैं, तो 1996 में कितने तीसरे दर्जे के मैनेजरों ने कार्यभार ग्रहण किया?

A. 300 B. 800
C. 200 D. 500

18. वर्ष 1996 में यदि कुल 100 एक्जीक्यूटिवों का प्रवेश होता

है, तो वर्ष 1995 में कितने एक्जीक्यूटिव कंपनी छोड़कर चले गए?

A. 540 B. 640
C. 440 D. 240

19. नीचे दिए गए कर्मचारियों में किस वर्ग के कर्मचारियों में वर्ष 1995 और वर्ष 1996 के बीच में अधिकतम विचलन रहा?

A. य B. ब
C. द D. अ

20. वर्ष 1995 और 1996 में एवार्ड स्टाफ की संख्याओं में कितना अंतर था?

A. 840 B. 400
C. 360 D. आंकड़े अधूरे हैं

निर्देश (प्रश्न सं. 21 से 25 तक) : *नीचे दी गई सारणी का सावधानीपूर्वक अध्ययन कर निम्न प्रश्नों का उत्तर दीजिए—*

दिए गए वर्षों में पांच कंपनियों द्वारा उत्पादित तथा अस्वीकृत किए गए मदों की संख्या

(हजारों में)

वर्ष →	*1997*		*1998*		*1999*		*2000*		*2001*	
↓ कंपनी	*उत्पा.*	*अस्वी.*	*उत्पा.*	*अस्वी.*	*उत्पा.*	*अस्वी.*	*उत्पा.*	*अस्वी.*	*उत्पा.*	*अस्वी.*
ए	252	07	504	12	394	14	475	24	580	16
बी	196	05	139	07	275	08	380	18	425	14
सी	237	11	345	10	410	14	490	20	420	15
डी	384	09	600	15	550	18	640	24	520	20
ई	275	12	480	08	525	17	700	21	648	22

[**नोट :** जो मद अस्वीकृत नहीं किए गए थे वे सभी बिक्री योग्य थे।
उत्पा. = उत्पादित, अस्वी. = अस्वीकृत]

21. यदि वर्ष 2000 में 'सी' कंपनी ने 4.3 लाख मद बेचे, तो कुल बिक्री योग्य मदों में से बिना बिके शेष रहे मदों का प्रतिशत (दशमलव के बाद दो पूर्णांक तक पूर्णांकित) क्या था?

A. 6.28 B. 4.26
C. 8.16 D. 8.51

22. वर्ष 2001 में एक साथ मिलाकर सभी कंपनियों द्वारा उत्पादित कुल मदों की संख्या में से अस्वीकृत किए गए मदों का प्रतिशत लगभग कितना था?

A. 5 B. 6
C. 3 D. 8

23. सभी कंपनियों को एक साथ मिलाकर 1998 में बिक्री योग्य मदों की कुल कितनी संख्या थी?

A. 20.06 लाख B. 2.16 लाख
C. 20.16 लाख D. 2.26 लाख

24. वर्ष 1999 के दौरान किस कंपनी के अस्वीकरणों का प्रतिशत सबसे कम था?

A. बी B. डी
C. सी D. ई

25. 'डी' कंपनी द्वारा सभी वर्षों में मिलाकर उत्पादित मदों की कुल संख्या में से अस्वीकृत किए गए मदों का प्रतिशत (निकटतम पूर्णांक तक पूर्णांकित) क्या था?

A. 5 B. 3
C. 2 D. 6

निर्देश (प्रश्न सं. 26 से 30 तक) : *नीचे दिए गए ग्राफ का सावधानीपूर्वक अध्ययन कर निम्न प्रश्नों का उत्तर दीजिए—*

किसी टायर कंपनी द्वारा देय वर्षों के दौरान बिक्री से प्राप्त धन राशि

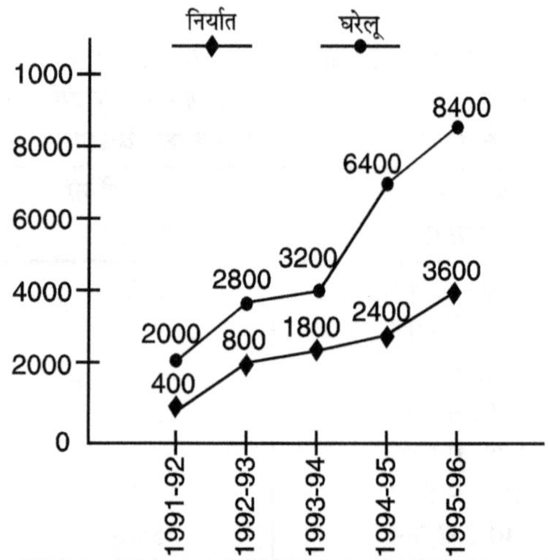

26. वर्ष 1993-94 के दौरान घरेलू एवं निर्यात बाजार में टायरों की बिक्री से प्राप्त धन राशि का अंतर क्या था?

A. 400 करोड़ रुपए B. 2400 करोड़ रुपए
C. 1400 करोड़ रुपए D. 1000 करोड़ रुपए

27. निम्नलिखित में से किस वर्ष के दौरान पिछले वर्ष की अपेक्षा टायरों की घरेलू बिक्री में अधिकतम प्रतिशत वृद्धि हुई है?

A. 1992-93 B. 1993-94
C. 1994-95 D. 1995-96

28. टायरों की निर्यात बाजार में वर्ष 1992-93 एवं 1993-94 की सम्मिलित बिक्री तथा वर्ष 1993-94 की घरेलू बिक्री में क्या अंतर था?

A. 1000 करोड़ रुपए B. 600 करोड़ रुपए

C. 1600 करोड़ रुपए D. 400 करोड़ रुपए

29. घरेलू एवं निर्यात बाजार के देय वर्षों के दौरान औसत बिक्री में क्या अंतर था?

A. 2760 करोड़ रुपए B. 1760 करोड़ रुपए

C. 2560 करोड़ रुपए D. 13,800 करोड़ रुपए

30. घरेलू क्षेत्र में टायरों की बिक्री से प्राप्त धन राशि में वर्ष 1994-95 से 1995-96 में औसतन कितने प्रतिशत की वृद्धि हुई?

A. 25 B. 30

C. 35 D. 40

निर्देश (प्रश्न सं. 31 से 35 तक) : *निम्नांकित तालिका का अध्ययन कर इसके नीचे दिए गए प्रश्नों का उत्तर दीजिए—*

पांच परीक्षार्थियों के पांच विषयों में प्राप्तांक

	परीक्षार्थी				
विषय	*A*	*B*	*C*	*D*	*E*
भूगोल	35	39	70	55	80
इतिहास	60	48	56	74	68
गणित	40	47	42	77	72
विज्ञान	87	64	49	44	37
हिन्दी	52	65	63	84	40
कुल योग	274	263	280	334	297

31. किस परीक्षार्थी ने भूगोल और हिन्दी में 3 : 5 के अनुपात में अंक प्राप्त किए हैं?

A. A B. B

C. C D. D

32. भूगोल में कौन से परीक्षार्थी ने A के दोगुने अंक प्राप्त किए हैं?

A. E B. D

C. C D. B

33. किस विषय में न्यूनतम और अधिकतम अकों का अंतर सर्वाधिक है?

A. भूगोल B. इतिहास

C. गणित D. विज्ञान

34. इतिहास में C को प्राप्त अंक, उसके कुल प्राप्तांक का कितना प्रतिशत है?

A. 40% B. 22.5%

C. 17.5% D. 20%

35. किन परीक्षार्थी ने किसी भी विषय में न तो अधिकतम और न ही न्यूनतम अंक प्राप्त किए हैं?

A. A B. B

C. C D. E

निर्देश (प्रश्न सं. 36 से 40 तक): *नीचे दी गई सारणी का अध्ययन कर प्रश्नों का उत्तर दीजिये—*

छात्रों का व्यवसायी पाठ्यक्रमों के अनुसार विभाजन

	विभाग			
पाठ्यक्रम	*कला*		*विज्ञान*	
	लड़कियां	*लड़के*	*लड़कियां*	*लड़के*
1. बिजनेस मैनेजमेंट	25	45	25	65
2. टाइपराइटिंग	23	186	20	32
3. कॉस्टिंग	25	120	12	58
4. टाइपराइटिंग खण्ड कॉस्टिंग	12	100	3	5

36. यदि 60% लड़के तथा 70% लड़कियां अपने चुने गए पाठ्यक्रमों में सफल होते हैं तो सम्मिलित उत्तीर्ण प्रतिशत क्या है?

A. 54 B. 58

C. 62 D. 66

37. निम्नांकित पाठ्यक्रम के कुल छात्रों में से लड़कियों की प्रतिशत संख्या अन्य किसी भी पाठ्यक्रम की प्रतिशत संख्या से अधिक है?

A. बिजनेस मेनेजमेंट

B. टाइपराइटिंग

C. कॉस्टिंग

D. टाइपराइटिंग एण्ड कॉस्टिंग

38. बिजनेस मैनेजमेंट तथा कॉस्टिंग के छात्रों की संख्या सिर्फ टाइपराइटिंग के छात्रों की संख्या से कितने प्रतिशत अधिक है?

A. 33 B. 44

C. 55 D. 66

39. कला विभाग में केवल कॉस्टिंग वाले छात्रों की संख्या कितने प्रतिशत है?

A. 10 B. 15

C. 18 D. 27

40. सभी पाठ्यक्रमों में मिलाकर लड़कों की संख्या, लड़कियों की संख्या से कितने प्रतिशत अधिक है?

A. 250 B. 280

C. 308 D. 321

निर्देश (प्रश्न सं. 41 से 47 तक) : *निम्नलिखित ग्राफ तथा सारणी का ध्यानपूर्वक अध्ययन कर नीचे दिए गए प्रश्नों का उत्तर दें।*

सात विभिन्न राज्यों से किसी स्पर्धात्मक परीक्षा में सम्मिलित हुए उम्मीदवारों का विवरण

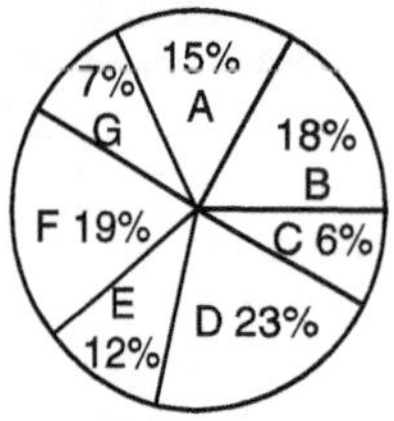

कुल सम्मिलित उम्मीदवार = 3 लाख

उतीर्ण उम्मीदवारों का राज्यवार प्रतिशत और पुरुष व स्त्रियों की संख्या का अनुपात

राज्य	*किसी राज्य से उत्तीर्ण उम्मीदवारों का सम्मिलित उम्मीदवारों में प्रतिशत*	*उत्तीर्ण उम्मीदवारों का अनुपात पुरुष : स्त्री*
A	49	4 : 5
B	61	6 : 4
C	54	7 : 8
D	45	3 : 2
E	65	7 : 6
F	57	11 : 8
G	48	9 : 11

41. राज्य 'G' से उत्तीर्ण पुरुष उम्मीदवारों की संख्या क्या है ?
A. 4568 B. 5454
C. 5544 D. 4536

42. A और B राज्यों से कुल मिलाकर उत्तीर्ण स्त्री उम्मीदवारों की संख्या क्या है ?
A. 26526 B. 25426
C. 96426 D. 24526

43. निम्नलिखित राज्यों के किस जोड़े में उत्तीर्ण पुरुष उम्मीदवारों की संख्या समान है ?
A. B और F B. C और G
C. C और E D. A और E

44. A और C राज्यों से एक साथ मिलाकर उत्तीर्ण उम्मीदवारों का अपूर्णांक के दो दशमलव स्थानों तक प्रतिशत क्या है ?
A. 49.93 B. 51.26
C. 50.43 D. 50.93

45. E और D राज्यों से एक साथ मिलाकर कुल उत्तीर्ण उम्मीदवारों की संख्या क्या है ?
A. 54450 B. 45540
C. 54540 D. 54410

46. राज्य 'D' से कितने पुरुष उम्मीदवार सम्मिलित हुए हैं ?
A. 41400
B. 27600
C. 32400
D. निश्चित नहीं कहा जा सकता

47. राज्य F से कितनी स्त्री उम्मीदवार उत्तीर्ण हुई है ?
A. 32490 B. 18810
C. 13810 D. इनमें से कोई नहीं।

निर्देश (प्रश्न सं. 48 से 54 तक): *निम्नलिखित ग्राफ का ध्यान-पूर्वक अध्ययन करें और उसके दिए गए प्रश्नों का उत्तर दीजिए—*

तीन कंपनियां A, B व C द्वारा वर्ष 1994 से 2000 तक कमाया गया प्रतिशत लाभ
(लाभ = उत्पन्न – खर्च)

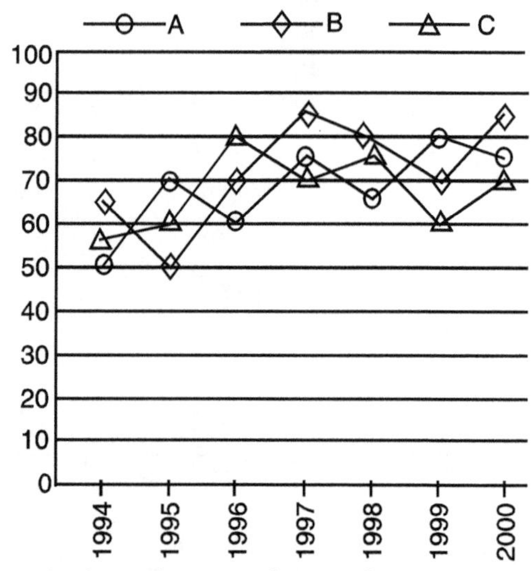

48. कंपनी 'A' के 1994 और 1995 के उत्पन्न बराबर थे। कंपनी के इन दो वर्षों के खर्च का क्रमशः अनुपात क्या था ?
A. 17 : 14 B. 14 : 17
C. 14 : 15 D. 17 : 15

49. कंपनी 'C' का 1999 का उत्पन्न 8.5 लाख रु. था। उसका वर्ष 2000 का उत्पन्न क्या था ?
A. 9.35 लाख रु.
B. 9.5 लाख रु.
C. 9.15 लाख रु.

D. निश्चित नहीं किया जा सकता।

50. कंपनी 'C' का 1999 का उत्पन्न 1,68,000 रु. था। कंपनी का उस वर्ष का खर्च क्या था?

A. 1,05,000 रु. B. 1,50,000 रु.
C. 2,68,800 रु. D. 1,00,800 रु.

51. वर्ष 2000 में तीनों कंपनियों का खर्च बराबर था। उस वर्ष में कंपनियों A, B और C के उत्पन्न का क्रमशः क्या अनुपात था?

A. 25 : 27 : 24 B. 15 : 17 : 14
C. 35 : 37 : 34 D. 32 : 35 : 34

52. 1995 में कंपनी B और C का खर्च बराबर था। तब दोनों कंपनियों के 1995 के उत्पन्न के बारे में निम्नलिखित में से कौन-सा कथन निश्चित रूप से सत्य है?

A. कंपनी B और C का 1995 का उत्पन्न बराबर था।
B. कंपनी C का उत्पन्न कंपनी B के उत्पन्न में 10% अधिक है।
C. कंपनी C का उत्पन्न, कंपनी B का उत्पन्न तथा खर्च के 10% के बराबर था।
D. कंपनी B का उत्पन्न, कंपनी C का उत्पन्न तथा खर्च के 10% के बराबर था।

53. कंपनी 'B' का 1996 का खर्च, कंपनी 'A' के 1998 के उत्पन्न के बराबर है। कंपनी B और A के क्रमशः 1996 और 1998 के खर्च का अनुपात क्या है?

A. 15 : 8 B. 3 : 2
C. 33 : 20 D. 7 : 5

54. कंपनी 'B' का 1998 का खर्च 6.5 लाख रु. था जो कि कंपनी 'C' के 1996 के उत्पन्न के बराबर था। कंपनी 'B' के 1998 के उत्पन्न का कंपनी 'C' के 1996 के खर्च से क्या अनुपात था?

A. 1 : 4 B. 81 : 25
C. 25 : 81 D. 9 : 5

निर्देश (प्रश्न सं. 55 से 60 तक) : *निम्नलिखित सारणी का सावधानीपूर्वक अध्ययन कर निम्नलिखित प्रश्नों का उत्तर दीजिए—*

सात विद्यार्थियों द्वारा छः विषयों में प्राप्त प्रतिशत अंक

विद्यार्थी	*विषय तथा अधिकतम अंक*					
	इतिहास (75)	*भूगोल (75)*	*अर्थशास्त्र (50)*	*गणित (100)*	*विज्ञान (150)*	*अंग्रेजी (100)*
A	76	84	82	89	72	71
B	82	72	69	77	74	65
C	56	64	75	83	84	66
D	66	68	58	73	75	55
E	84	92	87	88	82	75
F	75	78	86	84	78	69
G	78	69	65	76	75	58

55. विद्यार्थी 'C' द्वारा सभी विषयों में मिलाकर प्राप्त अंक कितने हैं?

A. 408 B. 402.50
C. 408.50 D. 412

56. G तथा F विद्यार्थियों द्वारा सभी विषयों के एक साथ मिलाकर कुल प्राप्त अंकों में क्या अंतर है?

A. 40.5 B. 43.5
C. 38.5 D. 39.5

57. सभी विद्यार्थियों द्वारा विज्ञान में प्राप्त (दो दशमलव स्थानों तक) औसत अंक क्या है?

A. 115.71 B. 77.14
C. 105.74 D. 87.11

58. सभी विद्यार्थियों द्वारा विज्ञान में प्राप्त (दो दशमलव स्थानों तक) औसत अंक क्या है?

A. 74.57 B. 36.82
C. 37.29 D. 75.47

59. विद्यार्थी 'E' द्वारा सभी विषयों में मिलाकर कुल कितने प्रतिशत अंक हैं?

A. 84.15 B. 72.57
C. 73.15 D. इनमें से कोई नहीं।

60. विद्यार्थी 'B' द्वारा प्राप्त इतिहास और अर्थशास्त्र के मिलाकर कुल अंक कितने हैं?

A. 96 B. 151
C. 113.25 D. 75.5

उत्तरमाला

1	**2**	**3**	**4**	**5**	**6**	**7**	**8**	**9**	**10**
D	B	A	D	C	B	D	C	A	D
11	**12**	**13**	**14**	**15**	**16**	**17**	**18**	**19**	**20**
B	A	B	A	D	D	D	C	C	A

21	22	23	24	25	26	27	28	29	30
D	C	C	A	B	C	C	B	A	B
31	**32**	**33**	**34**	**35**	**36**	**37**	**38**	**39**	**40**
B	C	D	D	C	C	A	B	D	D
41	**42**	**43**	**44**	**45**	**46**	**47**	**48**	**49**	**50**
D	B	B	C	A	D	D	D	D	A
51	**52**	**53**	**54**	**55**	**56**	**57**	**58**	**59**	**60**
C	C	C	B	B	C	A	C	D	A

संकेत

1. 1997 में गत वर्ष से प्रतिशत कमी

$$= \frac{25-22.5}{25} \times 100 = 10\%$$

1998 में गत वर्ष से प्रतिशत वृद्धि

$$= \frac{30-22.5}{22.5} \times 100 = 33.33\%$$

1999 में गत वर्ष से प्रतिशत वृद्धि

$$= \frac{(35-30)}{30} \times 100 = 16.67\%$$

2000 में गत वर्ष की अपेक्षा प्रतिशत वृद्धि

$$= \frac{(37.5-35)}{35} \times 100 = 7.14\%$$

तथा 2001 में गत वर्ष से प्रतिशत कमी

$$= \frac{37.5-32.5}{37.5} \times 100 = 13.33\%$$

$\therefore$ न्यूनतम वृद्धि वर्ष 2000 में है।

2. अभीष्ट प्रतिशत वृद्धि $= \dfrac{(30-22.5)}{22.5} \times 100$

$$= \frac{7.5}{22.5} \times 100 = 33\frac{1}{3}\%$$

3. 1997 में गत वर्ष से प्रतिशत वृद्धि

$$= \frac{(27.5-22.5)}{22.5} \times 100 = 22.22$$

1998 में गत वर्ष से प्रतिशत कमी

$$= \frac{27.5-25}{27.5} \times 100 = 9.09$$

1999 में गत वर्ष से प्रतिशत वृद्धि

$$= \frac{(30-25)}{25} \times 100 = 20.00$$

2000 में गत वर्ष से प्रतिशत वृद्धि

$$= \frac{(32.5-30)}{30} \times 100 = 8.33$$

2001 में गत वर्ष से प्रतिशत वृद्धि

$$= \frac{(35-32.5)}{32.5} \times 100 = 7.69$$

$\therefore$ सर्वाधिक वृद्धि प्रतिशत 1997 में है।

4. अभीष्ट औसत जनसंख्या

$$= \frac{22.5+27.5+25+30+32.5+35}{6}$$

$$= \frac{172.5}{6} = 28.75 \text{ लाख}$$

5. अभीष्ट अनुपात $= \dfrac{27.5+22.5}{25+30}$

$$= \frac{50}{55} = 10:11$$

6. परिवहन पर वार्षिक औसत व्यय

$$= \frac{2.8+3.2+2.9+3.8+4.1}{5} \text{ लाख रुपए}$$

= 3,36,000 रुपए

7. अभीष्ट प्रतिशत

$$= \left[\frac{240+.75+18+2.8+.80+.50}{350+.89+38+4.1+.88+.66}\right] \times 100$$

$$= \frac{262.85 \times 100}{394.53}\% = 67\% \text{ (लगभग)}$$

8. अभीष्ट व्यय = (280 + .80 + 28 + 3.8 + .72 + .58) लाख रुपए

$$= \frac{14100}{1425}\% = 10\% \text{ (लगभग)}$$

9. अभीष्ट प्रतिशत = $\frac{(18+25+32+28+38)}{(240+285+270+280+350)}$

$= \frac{14100}{1425}\% = 10\%$ (लगभग)

10. अभीष्ट अनुपात = $\frac{.50+.42+.64+.58+.66}{2.8+3.2+2.9+3.8+4.1}$

$= \frac{2.8}{16.8} = 1:6$

11. 70% से अधिक अंक प्राप्त करने वाले छात्रों की संख्या

$= 3\% + 7\% + 15\% = 25\%$

अतः कुल विद्यार्थियों की संख्या = 800 का 25%

$= 800 \times \frac{25}{100} = 200$

12. 50% या उससे कम अंक पाने वालों की संख्या प्रतिशत में

$= 5\% + 15\% = 20\%$

अतः कुल विद्यार्थियों की संख्या = 800 का 20%

$= 800 \times \frac{20}{100} = 160$

13. 90% या उससे अधिक अंक प्राप्त करने वाले विद्यार्थियों का प्रतिशत =3%

प्रश्नानुसार

$\because \quad 3\% = 12$

$\therefore \quad 100\% = \frac{12 \times 100}{3} = 400$

14. 70% और 80% के मध्य अंक पाने वालों की प्रतिशत संख्या = 15%

तथा 60% और 70% के मध्य अंक पाने वाले की प्रतिशत संख्या = 22%

प्रश्नानुसार

$\because \quad 15\% = 75$

$\therefore \quad 1\% = \frac{75}{15}$

$\therefore \quad 22\% = \frac{75 \times 22}{15} = 110$

15. 80% और 90% के मध्य अंक प्राप्त करने वाले विद्यार्थियों की प्रतिशत संख्या = 7%

अतः विद्यार्थियों की कुल अभीष्ट संख्या = 600 का 7%

$= 600 \times \frac{7}{100} = 42$

16. वर्ष 1995 में पहले दर्जे के मैनेजरों की कुल संख्या

$= \frac{23 \times 18000}{100} = 4140$

छोड़कर गए मैनेजरों की कुल संख्या = 300

$\therefore$ शेष = 4140 – 300 = 3840

वर्ष 1996 में पहले दर्जे के मैनेजरों की संख्या

$= \frac{26 \times 20000}{100} = 5200$

$\therefore$ प्रवेश करने वाले मैनेजरों की संख्या

$= 5200 - 3840 = 1360$

17. $\because$ 1996 में दूसरे और तीसरे दर्जे के मैनेजरों का प्रतिशत समान है, अतः तीसरे दर्जे के मैनेजरों की संख्या होगी = 500

18. 1996 में एक्जीक्यूटिव की कुल संख्या

$= \frac{10 \times 20000}{100} = 2000$

1995 में एक्जीक्यूटिव की कुल संख्या

$= \frac{8 \times 18000}{100} = 1440$

$\because$ 1440 + 1000 – छोड़े गए एक्जीक्यूटिव की संख्या = 2000

$\therefore$ छोड़े गए एक्जीक्यूटिव की संख्या

$= 1440 + 1000 - 2000 = 440$

19. एवार्ड स्टाफ में विचलन

$= \frac{24 \times 20000 - 22 \times 18000}{100} = 840$

पहले दर्जे के मैनेजर की संख्या में विचलन

$= \frac{26 \times 20000 - 23 \times 18000}{100} = 1060$

दूसरे दर्जे के मैनेजर की संख्या में विचलन

$= \frac{20 \times 20000 - 18 \times 18000}{100} = 760$

तीसरे दर्जे के मैनेजर की संख्या में विचलन

$= \frac{20 \times 20000 - 29 \times 18000}{100} = 1220$

एक्जीक्यूटिव की संख्या में विचलन

$= \frac{10 \times 20000 - 8 \times 18000}{100} = 560$

अतः स्पष्ट है कि तीसरे दर्जे के मैनेजर की संख्या में अधिकतम विचलन हुआ ।

20. एवार्ड स्टाफ की संख्याओं में अंतर

$$= \frac{24 \times 20000 - 22 \times 18000}{100} = 840$$

21. अभीष्ट प्रतिशत $= \frac{(490 - 20 - 430) \times 100}{(490 - 20)} = 8.51$

22. 2001 में अस्वीकृत मदों की कुल संख्या

= (16 + 14 + 15 + 20 + 22) हजार = 87 हजार

तथा 2001 में उत्पादित मदों की कुल संख्या

= (580 + 425 + 420 + 520 + 648) हजार

= 2593 हजार

$\therefore$ अभीष्ट प्रतिशत $= \frac{87 \times 100}{2593} = 3.35$

= 3% (लगभग)

23. अभीष्ट संख्या = {(504 + 139 + 345 + 600 + 480) – (12 + 7 + 10 + 15 + 8)} हजार

= (2068 – 52) हजार = 2016 हजार = 20.16 लाख

24. 1999 में बी कंपनी के अस्वीकरण का प्रतिशत

$$= \frac{8 \times 100}{275} = 2.9$$

1999 में सी कंपनी के अस्वीकरण का प्रतिशत

$$= \frac{14 \times 100}{410} = 3.41$$

1999 में डी कंपनी के अस्वीकरण का प्रतिशत

$$= \frac{18 \times 100}{550} = 3.27$$

1999 में ई कंपनी के अस्वीकरण का प्रतिशत

$$= \frac{17 \times 100}{525} = 3.23$$

1999 में ए कंपनी के अस्वीकरण का प्रतिशत

$$= \frac{14 \times 100}{394} = 3.55$$

$\therefore$ सबसे कम प्रतिशत कंपनी बी का है।

25. अभीष्ट प्रतिशत $= \frac{(9 + 15 + 18 + 24 + 20) \times 100}{(384 + 600 + 550 + 640 + 520)}$

$= \frac{8600}{2694} = 3$ (लगभग)

26. वर्ष 1993-94 के दौरान घरेलू एवं निर्यात बाजार में टायरों की बिक्री से प्राप्त धन राशि का अंतर = 3200 – 1800

= 1400 करोड़ रुपए

27. घरेलू क्षेत्र में टायरों की बिक्री में पिछले वर्ष की अपेक्षा हुई प्रतिशत वृद्धि

वर्ष 1991-92 से 1992-93 में $= \frac{2800 - 2000}{2000} \times 100$

= 40%

वर्ष 1992-93 से 1993-94 में $= \frac{3200 - 2800}{2800} \times 100$

= 14.3% (लगभग)

वर्ष 1993-94 से 1994-95 में $= \frac{6400 - 3200}{3200} \times 100$

= 100%

वर्ष 1994-95 से 1995-96 में $= \frac{8400 - 6400}{6400} \times 100$

= 31.25%

अतः पिछले वर्ष की तुलना में अधिकतम वृद्धि वर्ष 1994–95 में हुई।

28. टायरों की निर्यात बाजार में वर्ष 1992-93 एवं 1993-94 सम्मिलित बिक्री तथा वर्ष 1993-94 की घरेलू बाजार में हुई बिक्री का अंतर

= [3200 – (800 + 1800)]

= 3200 – 2600 = 600 करोड़ रुपए

29. देय वर्षों के दौरान घरेलू क्षेत्र में टायरों की औसत बिक्री

$= \frac{1}{5} \times (2000 + 2800 + 3200 + 6400 + 8400)$

$= \frac{1}{5} \times 22800 = 4560$ करोड़ रुपए

तथा देय वर्षों के दौरान निर्यात सेक्टर में टायरों की औसत बिक्री

$= \frac{1}{5} \times (400 + 800 + 1800 + 2400 + 3600)$

$= \frac{1}{5} \times 9000 = 1800$ करोड़ रुपए

$\therefore$ वांछित अंतर = 4560 – 1800 = 2760 करोड़ रुपए

30. ग्राफ से स्पष्ट है घरेलू बाजार में टायरों की बिक्री में वर्ष 1994-95 से 1995-96 में हुई प्रतिशत वृद्धि

$= \frac{8400 - 6400}{6400} \times 100 = \frac{2000 \times 100}{6400}$

= 31.25% =30% (लगभग)

31. $\because$ B के भूगोल के प्राप्तांक = 39

B के हिन्दी के प्राप्तांक = 65

$\therefore$ 39 : 65 =3 : 5

32. परीक्षार्थी C ने भूगोल विषय में A से दोगुने अंक प्राप्त किए हैं।

33. अधिकतम व न्यूनतम अंकों का अंतर :

भूगोल विषय में = 80 – 35 = 45

इतिहास विषय में = 74 – 48 = 26

गणित विषय में = 77 – 40 = 37

विज्ञान विषय में = 87 – 37 = 50

हिंदी विषय में =84 – 40 = 44

अतः विज्ञान विषय में प्राप्तांकों में अंतर सर्वाधिक है।

34. अभीष्ट प्रतिशत $= \frac{56}{280} \times 100 = 20\%$

35. तालिका को देखने से स्पष्ट है कि परीक्षार्थी C ने न तो किसी भी विषय में अधिकतम अंक प्राप्त किए हैं और न ही न्यूनतम।

36. लड़कों की कुल संख्या

= 45 + 186 + 120 + 100 + 65 + 32 + 58 + 5 = 611

लड़कियों की कुल संख्या

= 25 + 23 + 25 + 12 + 25 + 20 + 12 + 3 = 145

उत्तीर्ण लड़कों की संख्या =611 का 60%

$$= 611 \times \frac{60}{100} = 366.60$$

उत्तीर्ण लड़कियों की संख्या = 145 का 70%

$$= 145 \times \frac{70}{100} = 101.50$$

सम्मिलित उत्तीर्ण प्रतिशत $= \frac{(366.6 + 101.5)}{611+145} \times 100$

$$= \frac{46810}{756} = 61.92 = 62\%$$

37. बिजनेस मैनेजमेंट में लड़कियों का कुल छात्रों में से प्रतिशत

$$= \frac{(25+25) \times 100}{160} = 31.25$$

टाइपराइटिंग में लड़कियों का कुल छात्रों में से प्रतिशत

$$= \frac{(23+20) \times 100}{261} = 16.47$$

कॉस्टिंग में लड़कियों का कुल छात्रों से प्रतिशत

$$= \frac{(25+12) \times 100}{215} = 12.56$$

टाइपराइटिंग व कॉस्टिंग में लड़कियों का कुल छात्रों से प्रतिशत

$$= \frac{(12+3) \times 100}{120} = 12.50$$

अतः सबसे अधिक प्रतिशत संख्या बिजनेस मैनेजमेंट की है।

38. बिजनेस मैनेजमेंट के छात्रों की संख्या = 160

तथा टाइपराइटिंग के छात्रों की संख्या = 261

और कॉस्टिंग के छात्रों की संख्या = 215

$\therefore$ अभीष्ट प्रतिशत $= \frac{(160+215-261)}{261} \times 100$

= 44 (लगभग)

39. अभीष्ट प्रतिशत $= \frac{(25+120)}{536} \times 100 = 27$

40. लड़कों की कुल संख्या

= 45 + 65 + 186 + 32 + 120 + 58 + 100 + 5

= 611

तथा लड़कियों की कुल संख्या

= 25 + 23 + 25 + 12 + 25 + 20 + 12 + 3 = 145

$\therefore$ अभीष्ट प्रतिशत $= \frac{(611-145)}{145} \times 100 = 321$

41. कुल उम्मीदवार = 300000

राज्य G में सम्मिलित उम्मीदवार $= 300000 \times \frac{7}{100}$

= 21000

राज्य G में उत्तीर्ण उम्मीदवारों की संख्या

$$= 21000 \times \frac{48}{100} = 10080$$

राज्य G में उत्तीर्ण उम्मीदवारों की संख्या

$$= \frac{9}{(9+11)} \times 10080 = 4536$$

42. राज्य A में उत्तीर्ण उम्मीदवारों की संख्या

$$= 300000 \times \frac{15}{100} \times \frac{49}{100} = 22050$$

राज्य A में उत्तीर्ण स्त्री उम्मीदवारों की संख्या

$$= \frac{5}{9} \times 22050 = 12250$$

इसी प्रकार राज्य B में उत्तीर्ण कुल उम्मीदवारों की संख्या

$$= 300000 \times \frac{18}{100} \times \frac{61}{100} = 32940$$

राज्य B में उत्तीर्ण स्त्री उम्मीदवारों की संख्या

$$= \frac{4}{10} \times 32940 = 13176$$

कुल स्त्री उत्तीर्ण उम्मीदवारों की संख्या

$$= 12250 + 13176 = 25426$$

43. राज्य A में उत्तीर्ण पुरुष उम्मीदवारों की संख्या

$$= 300000 \times \frac{15}{100} \times \frac{49}{100} \times \frac{4}{9}$$

$$= 22050 \times \frac{4}{9} = 9800$$

राज्य B में उत्तीर्ण पुरुष उम्मीदवारों की संख्या

$$= 300000 \times \frac{18}{100} \times \frac{61}{100} \times \frac{6}{10}$$

$$= 19764$$

राज्य C में उत्तीर्ण पुरुष उम्मीदवारों की संख्या

$$= 300000 \times \frac{6}{100} \times \frac{54}{100} \times \frac{7}{15}$$

$$= 9720 \times \frac{7}{15} = 4536$$

राज्य G में उत्तीर्ण पुरुष उम्मीदवारों की संख्या : 4536 (प्रश्न 41 से)

अत: स्पष्ट है कि राज्य C और G में उत्तीर्ण पुरुष उम्मीदवारों की संख्या समान है।

44. राज्य A में उत्तीर्ण उम्मीदवारों की संख्या = 22050

राज्य C में उत्तीर्ण उम्मीदवारों की संख्या = 9720

राज्य A और C में उत्तीर्ण उम्मीदवारों की संख्या

$$= 22050 + 9720 = 31770$$

राज्य A में सम्मिलित उम्मीदवारों की संख्या

$$= 300000 \times \frac{15}{100} = 45000$$

राज्य C में सम्मिलित उम्मीदवारों की संख्या

$$= 300000 \times \frac{6}{100} = 18000$$

राज्य A और C कुल सम्मिलित उम्मीदवारों की संख्या

$$= 45000 + 18000 = 63000$$

अभीष्ट प्रतिशत $= \frac{31770}{63000} \times 100 = 50.43$

45. राज्य E और D में कुल मिलाकर उत्तीर्ण उम्मीदवारों की संख्या

$$= \left(300000 \times \frac{12}{100} \times \frac{65}{100}\right) + \left(300000 \times \frac{23}{100} \times \frac{45}{100}\right)$$

$$= 23400 + 31050 = 54450$$

46. राज्य D में अनुत्तीर्ण उम्मीदवारों का पुरुष : स्त्री अनुपात नहीं दिया गया है, अत: सम्मिलित पुरुष उम्मीदवार निश्चित नहीं कर सकते।

47. राज्य F में उत्तीर्ण स्त्री उम्मीदवारों की संख्या

$$= \frac{8}{19} \times 32490 = 13680$$

48. माना 1994 में कंपनी A का खर्च = x रु. तथा 1999 में कंपनी A का खर्च = y रु.

1995 में कंपनी A का उत्पन्न = खर्च + लाभ

$$= x + x \times \frac{50}{100} = \frac{150x}{100}$$

1995 में कंपनी A का उत्पन्न

$$= y + y \times \frac{70}{100} = \frac{170y}{100}$$

प्रश्नानुसार $\frac{150x}{100} = \frac{170y}{100}$

$$15x = 17y$$

$$\frac{x}{y} = \frac{17}{15}$$

$$\therefore \quad x : y = 17 : 15$$

50. माना कंपनी C का 1999 में खर्च = x रु.

प्रश्नानुसार $168000 = x + x \times \frac{60}{100}$

$$168000 = \frac{160x}{100}$$

$$x = \frac{168000 \times 100}{160}$$

$x = 105000$ रु.

51. माना वर्ष 2000 में तीनों कंपनी का खर्च = x रु.

वर्ष 2000 में कंपनी A का उत्पन्न

$$= x + x \times \frac{75}{100} = \frac{175x}{100}$$

वर्ष 2000 में कंपनी B का उत्पन्न

$$= x + x \times \frac{85}{100} = \frac{185x}{100}$$

वर्ष 2000 में कंपनी C का उत्पन्न

$$= x + x \times \frac{70}{100} = \frac{170x}{100}$$

अभीष्ट अनुपात $= \frac{175x}{100} : \frac{185x}{100} : \frac{170x}{100}$

$$= 35 : 37 : 34$$

52. माना वर्ष 1995 में कंपनी B और C का खर्च = x रु.

∴ वर्ष 1995 में कंपनी B का उत्पन्न = खर्च + लाभ

$$= x + x \times \frac{50}{100} = \frac{150x}{100} = 1.5x$$

वर्ष 1995 में कंपनी C का उत्पन्न

$$= x + x \times \frac{60}{100} = \frac{160x}{100} = 1.6x$$

$$\therefore \quad 1.6x = 1.5x + .1x$$

$$= 1.5x + x \text{ का } 10\%$$

53. माना कंपनी B का 1996 का खर्च = x रु.

∴ कंपनी A का 1998 का उत्पन्न = x रु.

माना कंपनी A का 1998 का खर्च = y रु.

वर्ष 1998 में कंपनी A का उत्पन्न = खर्च + लाभ

$$x = y + y \times \frac{65}{100}$$

$$x = \frac{165y}{100}$$

$$y = \frac{100x}{165}$$

$$\frac{x}{y} = \frac{165}{100} = \frac{33}{20}$$

$$\therefore \quad x : y = 33 : 20$$

54. कंपनी B का 1998 का खर्च = 6.5 लाख

∴ कंपनी C का 1996 का उत्पन्न = 6.5 लाख

कंपनी B का 1998 का उत्पन्न = खर्च + लाभ

$$= 6.5 + 6.5 \times \frac{80}{100} = 6.5 \times \frac{180}{100}$$

माना कंपनी C का 1996 का खर्च = x लाख रु.

कंपनी C का 1996 का उत्पन्न = खर्च + लाभ

$$6.5 = x + x \times \frac{80}{100}$$

$$6.5 = \frac{180x}{100}$$

$$x = \frac{100 \times 6.5}{180}$$

अभीष्ट अनुपात

$$= \frac{6.5 \times 180}{100} : \frac{6.5 \times 100}{80} = \frac{180}{100} : \frac{100}{180}$$

$$= \frac{9}{5} : \frac{5}{9} = 81 : 25$$

55. विद्यार्थी 'C' द्वारा सभी विषयों में मिलकर प्राप्त कुल अंक

= 75 का 56% + 75 का 64% + 50 का 75% + 100 का 83% + 150 का 84% + 100 का 66%

= 42 + 48 + 37.5 + 83 + 126 + 66 = 402.50

56. विद्यार्थी 'G' द्वारा सभी विषयों में मिलकर प्राप्त कुल अंक

= 75 का 78% + 75 का 69% + 50 का 65% + 100 का 76% + 150 का 75% + 100 का 58%

= 58.5 + 51.75 + 32.5 + 76 + 112.5 + 58 = 389.25

विद्यार्थी 'F' द्वारा सभी विषयों में मिलकर प्राप्त कुल अंक

= 75 का 75% + 75 का 78% + 50 का 86% + 100 का 84% + 150 का 78% + 100 का 69%

= 56.25 + 58.5 + 43 + 84+ 117 + 69 = 427.75

अभीष्ट अंतर = 427.75 – 389.25 = 38.5

57. सभी विद्यार्थियों द्वारा विज्ञान में प्राप्त औसत प्रतिशत अंक

$$= \frac{72+74+84+75+82+78+75}{7} = 77.14\%$$

कुल प्राप्त औसत अंक = 150 का 77.14% = 115.71

58. सभी विद्यार्थियों द्वारा अर्थशास्त्र में प्राप्त प्रतिशत अंकों का औसत

$$= \frac{82+69+75+58+87+86+65}{7} = 74.57\%$$

कुल प्राप्त औसत अंक = 50 का 74.57% = 37.29

59. विद्यार्थी 'E' द्वारा सभी विषयों में मिलाकर प्राप्त कुल अंक

= 75 का 84% + 75 का 92% + 50 का 87% + 100 का 88% + 150 का 82% + 100 का 75%

= 63 + 69 + 43.5 + 88 + 123 + 75 = 461.5

कुल अधिकतम अंक

= 75 + 75 + 50 + 100 + 150 + 100 = 550

$$\text{प्राप्त कुल प्रतिशत अंक} = \frac{461.5}{550} \times 100 = 83.9$$

60. अभीष्ट कुल अंक = 75 का 82% + 50 का 69%

= 61.5 + 34.5 = 96

2. गणितीय परीक्षण
(Mathematical Test)

इस प्रकार के प्रश्नों में अंकगणित, बीजगणित तथा रेखागणित संबंधित प्रश्न पूछे जाते हैं। अंकगणित में प्राय: चिन्हों से संबंधित प्रश्न पूछे जाते हैं। अभ्यर्थियों को यह भली प्रकार मालूम होना चाहिए कि चिन्हों को सरल करने का क्रम निम्न प्रकार है— का, भाग, गुणा, जोड़—बाकी।

इसके अतिरिक्त रेखागणित में आकृतियों का क्षेत्रफल एवं बीजगणित का भी साधारण ज्ञान होना अति आवश्यक है।

इस परीक्षण के अन्तर्गत आने वाले प्रश्नों में गणितीय चिन्ह नजर आते हैं। गणितीय चिन्हों का प्रयोग BODMAS (बोडमास) के नियमानुसार करते हैं, परन्तु इसके अन्तर्गत आनेवाले प्रश्नों की खासियत यह है कि कभी-कभी वर्णों को संकेत चिन्हों के रुप तथा कभी चिन्हों को ही संकेत चिन्हों के रूप में दर्शाया गया होता है। अत: आपको सलाह दी जाती है कि वर्णों या चिन्हों के संकेत चिन्हों का ही उपयोग कर प्रश्नों का हल BODMAS के नियमानुसार करें।

BODMAS का अर्थ है।

B = Bracket — ब्रॉकेट

O = Off — का

D = Divide — भाग

M = Multiply — गुणा

A = Adding— जोड़

S = Subtracting — घटाव

इसके अन्तर्गत आनेवाले प्रश्नों का प्रारूप आगे दिया जा रहा है।

नोट— नीचे दिए गए व्याख्यात्मक उदाहरणों से भली-भांति समझा जा सकता है।

उदाहरण 1. यदि a का अर्थ है + ; b का अर्थ है – ; c का अर्थ ÷ तथा D का अर्थ × तो व्यंजक—

16a 4b 3c 4 b 2 = ?

A. 10 B. 17

C. 19.5 D. $\frac{21}{2}$

हल (C) : 16 a 4 b 3 c 4 b 2

वर्णों के स्थान पर संकेत चिन्हों का प्रयोग करने पर,

$= 16 + 4 - 3 \div 4 \times 2 = 20 - \frac{3}{4} \times 2$

$= 20 - \frac{3}{2} = \frac{37}{2} = 19.5$

अत: विकल्प (C) सही है।

उदाहरण 2. यदि '+' का अर्थ है × ; × का अर्थ है – ; – का अर्थ ÷ ; ÷ का अर्थ × तो —

18 ÷ 4 + 3 × 2 – 5 = ?

A. 45 B. 48

C. 35 D. इनमें से कोई नहीं

हल (D) : 18 ÷ 4 + 3 × 2 – 5

दिए गए चिन्हों के स्थान पर संकेत चिन्हों का प्रयोग करने पर—

$= 18 + 4 \times 3 - 2 \div 5$

$= 30 - \frac{2}{5} = \frac{150-2}{5} = \frac{148}{5}$

अत: विकल्प (D) सही है।

उदाहरण 3. मां ने बेटे को कुएं से पानी लाने के लिए दो बाल्टियां दी, एक बाल्टी में 9 लीटर और दूसरी बाल्टी में 5 लीटर पानी आता है। शर्त यह है कि 9 लीटर वाली बाल्टी में पानी भरना शुरु करना होगा तो इन दोनों बाल्टियों की सहायता से 13 लीटर पानी कैसे लाएगा?

A. बड़ी बाल्टी के पानी में छोटी बाल्टी के पानी को निकाल लें ऐसा दोबारा करें, फिर छोटी बाल्टी का पानी ले जाएं।

B. पहले 9 लीटर पानी बड़ी बाल्टी में ले जाएं, दोबारा फिर इसी बाल्टी को पूरा भर लें और इसमें से 5 लीटर पानी छोटी बाल्टी से भरकर वहीं छोड़ दें और शेष को ले जाएं।

C. छोटी बाल्टी से 8 बार भरे पानी में से बड़ी बाल्टी द्वारा

तीन बार निकालने से।

D. बड़ी बाल्टी से 7 बार भरे पानी में से छोटी बाल्टी द्वारा 10 बार निकालने से।

हल (B) : शर्त के अनुसार बड़ी बाल्टी में 9 लीटर पानी आता है पहले प्रयोग में लानी है। अत: उसको पहले 9 लीटर पानी भरकर ले जाना चाहिए। फिर दुबारा 9 लीटर भरी बाल्टी में से 5 लीटर पानी छोटी बाल्टी से निकाल लेना चाहिए और यह वहीं छोड़ देना चाहिए। अब जो 4 लीटर पानी बचा उसे ले जाना चाहिए। इस प्रकार 9 + 4 अर्थात् 13 लीटर पानी पहुंच जाएगा।

अत: विकल्प (B) सही है।

उदाहरण 4. एक समतल बोर्ड पर एक रुपये वाला सिक्का रखा हुआ है। ऐसे ही रुपये वाले सिक्के और चाहिए ताकि उनको इस पहले सिक्के के चारों ओर इस प्रकार रख सकें और प्रत्येक सिक्का बीच वाले सिक्के को स्पर्श करे तथा उनमें से दो परस्पर स्पर्श करे।

A. 9 B. 8
C. 4 D. 6

हल (D) : यदि बीच का सिक्का A है तथा दो अन्य सिक्के B व C हैं जो तीनों परस्पर स्पर्श कर रहे हैं। इसमें AB, BC तथा AC प्रत्येक दो सिक्कों की त्रिज्याओं का योग है और

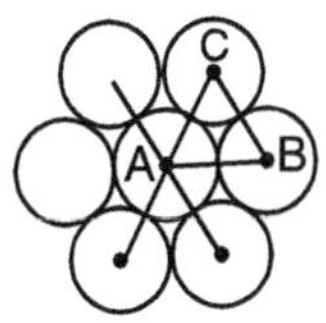

सिक्के एक बराबर हैं। अत: AB = BC = AC हुआ। इसलिए $\angle BAC = 60°$। चूंकि केन्द्र A पर सम्पूर्ण कोण = 360° है।

$\therefore$ चारों तरफ लगे सिक्कों की संख्या = $\frac{360}{6} = 6$

अत: विकल्प (D) सही है।

उदाहरण 5. निम्नांकित वर्ग में संख्याएं किसी नियमानुसार लिखी हुई हैं तथा वर्ग में एक खाना खाली छूटा हुआ है। खाली खाने के नीचे दी हुई संख्याओं में से कौन-सी संख्या होगी?

56	65	78
12		30
44	14	48

A. 14 B. 44
C. 15 D. 51

हल (D) : प्रथम पंक्ति की संख्याओं में से तीसरी पंक्ति की संख्याएं घटाने पर—

56 – 44 = 12
65 – 14 = 51
तथा 78 – 48 = 30

अत: खाली खाने में 51 आएगा।

अत: विकल्प (D) सही है।

अभ्यास

1. यदि '+' का अर्थ है 'भाग दो' '–' का अर्थ है 'गुणा करो' ; '×' का अर्थ 'घटाओ' और '÷' का अर्थ 'जोड़ दो' तो निम्नलिखित में से कौन-सा नीचे दिए गए समीकरण का मान होगा।
$16 \div 8 - 4 + 2 \times 4 = ?$
A. 16 B. 44
C. 28 D. 32

2. यदि P का अर्थ है '+'; R का अर्थ है '×'; S का अर्थ '–' T का अर्थ '÷' तो फिर 5 R 9 P 7 S 9 T 3 P 6 का मान क्या होगा?
A. 54 B. 128
C. 59 D. 55

3. यदि '+' का अभिप्राय है '×' ; '–' का अभिप्राय है '÷'; '÷' का अभिप्राय है '+' और '×' का अभिप्राय है '–' तो $16 \div 64 - 4 \times 4 + 3$ का मान क्या होगा?
A. 20 B. 15.12
C. 56 D. 14

4. यदि '+' का आशय है '×' ; '–' का आशय है '÷'; '×' का आशय है '–' और '÷' का आशय है '+' तो —
$12 \div 48 - 8 \times 4 + 4$ का मान क्या होगा ?
A. 8 B. 6
C. 18 D. इनमें से कोई नहीं

5. यदि '–' का अर्थ है '×', '×' का अर्थ है '+', '+' का अर्थ है '÷' और '÷' का अर्थ है '–' तो —
$40 \times 12 + 3 - 6 \div 60 = ?$
A. 44 B. 16
C. 479.95 D. इनमें से कोई नहीं

6. A, B, C, D और E ने आपस में कुछ कार्ड इस प्रकार बांटे कि A को B से एक कम मिला। C और D से 5 अधिक मिले। E को B से 3 अधिक मिले जबकि D को B के बराबर मिले। सबसे कम कार्ड किसको मिले?
A. B B. C

C. E D. A

7. B उम्र में A से दूना है परंतु F से दूना छोटा है। C की उम्र A की आधी है परंतु D से दूनी है। कौन दो व्यक्ति सबसे अधिक व सबसे कम उम्र के हैं?

A. B - D B. F - A
C. F - D D. B - F

8. एक लड़के ने बताया कि उसकी बहनों की संख्या भाइयों की संख्या की दो गुनी है। उसकी एक बहन ने उत्तर दिया कि "वह मनोरंजक है क्योंकि मेरे भाइयों और बहनों की संख्या बराबर है," तो वे कितने भाई और बहन थे?

A. दो भाई और दो बहन
B. दो भाई और तीन बहन
C. तीन भाई और चार बहन
D. तीन भाई और तीन बहन

9. एक परीक्षा में 5 विद्यार्थी A, B, C, D और E शामिल हुए, C ने B से 5 अंक पाए, D ने B से 10 अंक अधिक और B से 20 अंक कम पाए, और E ने B से 22 अंक अधिक पाए। यदि B ने 40 अंक पाए हों तो A ने कितने अंक पाए?

A. 40 B. 50
C. 60 D. 70

10. यदि एक घड़ी के 5 घण्टे बजने में 5 सेकण्ड समय लगता है तो नौ घण्टे बजने में कितना समय लगेगा?

A. 9 सेकण्ड B. $9\frac{1}{2}$ सेकण्ड
C. 7 सेकण्ड D. 10 सेकण्ड

11. आनंद, बिहारी, चिम्मन, देवेन्द्र और उमेश ताश के पत्ते आपस में इस तरह बांटते हैं जिससे आनंद को बिहारी से एक कम, चिम्मन को देवेन्द्र से 5 अधिक, उमेश को बिहारी से 3 अधिक प्राप्त हो, जबकि देवेन्द्र को बिहारी के बराबर प्राप्त हो। किसको सबसे कम पत्ते प्राप्त होते हैं?

A. बिहारी B. चिम्मन
C. उमेश D. आनंद

12. निम्नलिखित शृंखला में कम से कम कितनी बतखें तैरेंगी?
एक बत्तख के आगे दो बत्तख
एक बत्तख के पीछे दो बत्तख
और दो बत्तखों के बीच में एक बत्तख

A. 5 B. 3
C. 6 D. 2

13. एक मंदिर की सीढ़ी के 23 चरण हैं। राम उतरते समय दो-दो चरण उतरता है जबकि श्याम चढ़ते समय एक-एक सीढ़ी चढ़ता है। यदि वे चढ़ने-उतरने का क्रम एक साथ शुरु करें तो वे किस सीढ़ी पर एक-दूसरे को मिलेंगे?

A. 13वीं B. 9वीं
C. 8वीं D. 12वीं

14. निम्न आकृति में कितने त्रिभुज हैं?

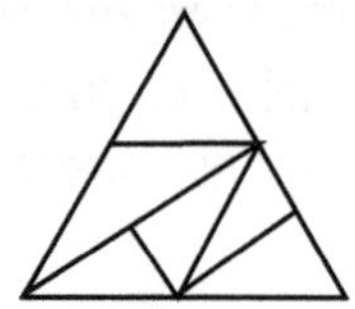

A. 12 B. 10
C. 11 D. 9

15. तीन व्यक्ति x, y तथा z क्रमशः 15,000, 18,000 तथा 21,000 रुपए लगाकर व्यापार प्रारंभ करते हैं। y तीन मास बाद 6,000 रुपए व्यापार से निकाल लेता है तथा x चार मास बाद 3,000 रुपए और लगा देता है। यदि वर्ष के अन्त में कुल 20,600 रुपए का लाभ हो तो उसमें x का हिस्सा कितना होगा?

A. 7,000 रुपए B. 6,800 रुपए
C. 7,200 रुपए D. 8,000 रुपए

16. A, B, C, D और E ने कुछ रुपए इस प्रकार बांटे कि D को B से एक रुपए कम मिला। C को A से 5 अधिक मिले। E को B से 3 अधिक मिले। A को B के बराबर रुपए मिले। सबसे कम रुपए किसे मिले?

A. B B. C
C. D D. E

17. सौरभ की मां के जन्म के समय सौरभ के पिता की आयु 5 वर्ष थी। जब सौरभ की बहन जन्मी तो उसके पिता 27 वर्ष के थे। अगर सौरभ अपनी मां से 26 वर्ष छोटा है तो बताइए कि वह अपनी बहन से कितना छोटा है?

A. 5 वर्ष B. 4 वर्ष
C. 3 वर्ष D. 2 वर्ष

18. एक संदूक में 26 गेंदें हैं जिनमें 8 गेंदें हरी, 7 सफेद तथा 5 लाल हैं। थैले में से कम से कम कितनी गेंदें निकाले कि उनमें तीन रंगों की कम से कम एक गेंद अवश्य हो—

A. 11 B. 13
C. 16 D. 15

19. बस के इतंजार में खड़े व्यक्तियों में हर तीसरा सरदार है तथा पहला और अंतिम सरदार है। बताओं पंक्ति में कुल

कितने सरदार हैं?

A. 8 B. 9
C. 12 D. 10

20. एक छात्र ने जितने प्रश्न सही हल किए उनसे दुगुने गलत हल कर दिए। अगर उसमें कुल 48 प्रश्न किए हों तो कितने प्रश्न सही हैं?

A. 12 B. 24
C. 18 D. 16

21. एक लड़के ने बताया कि उसकी बहनों की संख्या भाइयों की संख्या की दोगुनी है। उसकी एक बहन बोली — ''परन्तु मेरे भाई-बहनों की संख्या बराबर है।'' बताइए वे कितने भाई-बहन थे?

A. दो भाई, दो बहनें B. दो भाई, तीन बहनें
C. तीन भाई, चार बहनें D. तीन भाई, तीन बहनें

22. मां ने घर आकर बताया कि उसके थैले में 15 को छोड़ शेष संतरें हैं। 20 को छोड़कर शेष आम हैं और 25 को छोड़कर शेष केले हैं। थैले में कुल कितने फल थे?

A. 40 B. 50
C. 60 D. 30

23. एक मरीज को हर दो घण्टे बाद इंजेक्शन लगाना था और 6 इंजेक्शन लगने थे। अगर उसे पहला इंजेक्शन सुबह चार बजे लगा हो तो बताओ कि आखिरी इंजेक्शन कितने बजे लगेगा?

A. 2 बजे, दोपहर B. 12 बजे, रात्रि
C. 4 बजे, सायं D. 4.30 बजे, सायं

निर्देश (प्रश्न 24 एवं 25) : *निम्नलिखित प्रश्नों में रिक्त स्थान को जहां ? चिन्ह है ऐसे अंकों को भरना है जो प्रश्न को हल करता है। इसके लिए नीचे दिए गए चार विकल्पों में से क्या चुनना है।*

24. 15 + 20 = 17 + ?

A. 18 B. 10
C. 14 D. 15

25. 41 – ? = 14 + 11

A. 12 B. 14
C. 16 D. 18

26. यदि 15 सेबों व 20 संतरों का मूल्य, 20 सेबों व 15 संतरों के मूल्य के बराबर है, तो—

A. संतरे, सेब से अधिक मंहगें हैं।
B. सेब, संतरे से अधिक मंहगें हैं।
C. सेब व संतरे दोनों, समान रुप से मंहगें हैं।
D. इनमें से कोई नहीं

27. एक लिफ्ट की क्षमता 12 व्यस्क या 20 बच्चों की है। इस लिफ्ट पर 15 बच्चों के स्थान कितने व्यस्क चढ़ सकते हैं?

A. 3 B. 5
C. 4 D. 6

28. नीचे दी गई प्रत्येक संख्या के अंकों को उल्टे क्रम में लिखो फिर उनको घटते क्रम में लिखो। सबसे बड़ी संख्या से दूसरी संख्या का मध्य अंक क्या होगा?
739, 279, 359, 189, 549

A. 3 B. 7
C. 5 D. 8

29. यदि संख्या 4 6 7 8 9 1 5 3 के दूसरे, पांचवें तथा छठे अंकों से कोई दो अंकों की पूर्ण वर्ग संख्या बन सकती है तो उस तीन अंकों की संख्या का पहला अंक क्या होगा?

A. 9 B. 6
C. 8 D. 1

30. निम्न संख्या श्रेणी को विपरीत क्रम में लिखा जाए तो तुम्हारी बायीं तरफ से चौथी संख्या के दाहिनी ओर 7 वीं संख्या क्या होगी?
1, 8, 3, 9, 7, 4, 10, 6, 2, 11, 13, 5, 14, 16

A. 13 B. 3
C. 8 D. 11

31. बालिकाओं की एक पंक्ति में प्रीति बायीं ओर से सातवें स्थान पर है तथा भक्ति दायीं तरफ से चौथे स्थान पर है। जब ये दोनों परस्पर स्थान बदल लेती हैं तो प्रीति बायीं ओर से 15 वें स्थान पर हो जाती है। भक्ति का दाहिनी और से कौन-सा स्थान होगा?

A. चौथा B. आठवां
C. ग्यारहवां D. पन्द्रहवां

32. यदि किसी संख्या 5 7 1 2 4 8 9 3 के पहले और दूसरे अंक परस्पर बदल दिए जाए। इसके बाद तीसरे और चौथे अंक भी परस्पर बदल दिए गए। यदि इसी प्रकार आगे भी परस्पर बदल दें तो बायीं और से चौथा अंक क्या होगा?

A. 4 B. 8
C. 2 D. 1

33. यदि P = ÷, Q = ×, R = + तथा S = – हो तो 18 Q 12 P 4 R 5 S 6 का मान क्या है?

A. 36 B. 59
C. 53 D. 65

34. यदि कांफ्रेंस हाल में इन्टरव्यू लेने के लिए मैनेजिंग डायरेक्टर साढ़े बारह बजे से 10 मिनट पहले पहुंचा। वह चेयरमैन के आने से 20 मिनट पहले पहुंचा था। चेयरमैन इन्टरव्यू के सही समय से आधा घण्टे लेट था। इन्टरव्यू का सही

समय क्या था?

A. 12 बजकर 50 मिनट B. 12 बजकर 40 मिनट
C. 12 बजकर 30 मिनट D. 12 बजकर 10 मिनट

35. एक आदमी के पास 3 थैलियां है। पहली थैली में अलग-अलग रंग के चार, दूसरी में अलग-अलग रंग के पांच और तीसरी में अलग-अलग रंग के तीन गुटके हैं। दो रंग ऐसे हैं जो केवल पहली और दूसरी थैली में है और एक रंग ऐसा है जो तीनों में शामिल है। बताओ तीनों थैलियों में मिलकर कितने विभिन्न रंग हैं?

A. 9 B. 8
C. 7 D. 10

36. यदि लड़कों की एक पंक्ति में रमेश का दोनों सिरों से 9 वां स्थान है तो पंक्ति में कुल कितने लड़के हैं?

A. 17 B. 18
C. 16 D. 19

37. निम्नलिखित में से रिक्त स्थान पर क्या होगा?

4	8	20
9	3	15
6	6	?

A. 22 B. 20
C. 16 D. 18

38. रिक्त स्थान पर कौन-सी संख्या होगी?

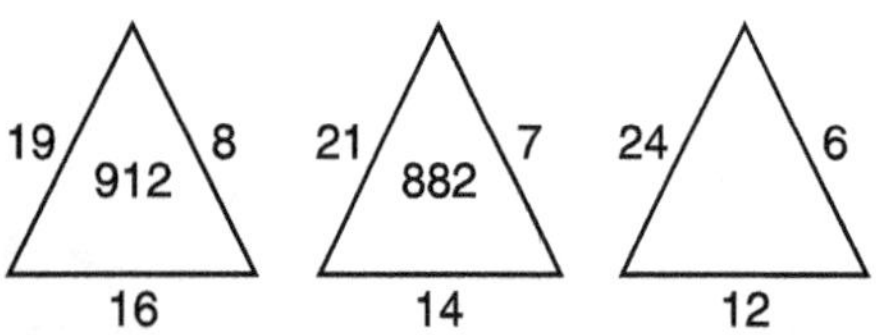

A. 1234 B. 1356
C. 862 D. 864

39. रिक्त स्थान पर कौन-सी संख्या होगी?

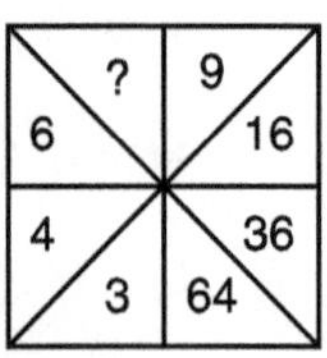

A. 3 B. 4
C. 8 D. 6

40. A ने कहा कि उनके चाचा ने उसको (A और B को) किसी महीने की 13 तारीख के बाद किन्तु 18 तारीख से पहले देखा था किन्तु B ने कहा कि उनके चाचा ने उन दोनों को 16 तारीख के बाद किन्तु 20 तारीख से पहले देखा था। बताओ उनके चाचा ने उनको किस दिन देखा था?

A. 14 B. 16
C. 17 D. 15

41. यदि $127 + 407 = 110$ और $54 \times 86 = 126$ हो तो $125 + 232 = ?$

A. 70 B. 56
C. 82 D. 116

42. $11 \times 5 + 8 - 3 = 2 \times 2 \times 3 \times ?$

A. 60 B. 62
C. 12 D. 5

43. रिक्त स्थान पर कौन-सी संख्या होगी?

14	12	7
8	?	16
11	12	10

A. 6 B. 10
C. 9 D. 12

44. $8 \times 3 + 6 = 72 \div ? + 28 - 6$

A. 9 B. 30
C. 22 D. 8

45. एक व्यक्ति रुट नं. 10, 17 तथा 25 के लिए बस का इन्तजार कर रहा है। रुट नं. 10 की बस प्रति 10 मिनट बाद, रुट नं. 17 की बस प्रति 20 मिनट बाद और रुट नं. 25 की बस प्रति 40 मिनट बाद आती है। यदि जैसे ही वह व्यक्ति बस स्टॉप पर पहुंचता है ठीक उसी समय एक बस, बस स्टॉप से जाती है तो अब उसको कम से कम कितने समय प्रतीक्षा करनी पड़ेगी।

A. 4 मिनट B. 8 मिनट
C. 10 मिनट D. 6 मिनट

46. 9 और 41 के बीच ऐसी कितनी संख्याएं है जो 9 से पूर्णत: विभाजित हो जाती हैं परन्तु 3 से नहीं?

A. 9 B. 6
C. 8 D. कोई भी नहीं

47. यदि '+' प्रतीक है '–' का '–' प्रतीक है '×' का, '÷' प्रतीक है '+' का तथा '×' प्रतीक है '÷' का तो $10 \times 5 \div 3 - 2 + 3 = ?$

A. $17\frac{2}{3}$ B. $-2\frac{3}{8}$
C. 7 D. 5

निर्देश (प्रश्न सं. 48 से 51 तक) : *निम्नलिखित प्रश्नों के उत्तर आगे दिए गए तथ्यों के आधार पर दीजिए—*

'=' का अर्थ है '>'

'÷' का अर्थ है '<'

'+' का अर्थ है '='

'Δ' का अर्थ है '–'

'□' का अर्थ है '+'

48. यदि A – D और C + D तो—

A. C Δ A + D B. C = A
C. C ÷ A D. C + A

49. यदि AB = C D और B + D, तो—

A. A + D B. C = A
C. B ÷ A D. C ÷ A

50. यदि AB + CD और B + D, तो —

A. A + C B. C ÷ A
C. C + A D. C ÷ A + O

51. यदि BC + AD और B = A, तो—

A. A +B B. C = D
C. D + C D. C ÷ D

52. राजेश, महेश से उतना ही छोटा है जितना नरेश से बड़ा। यदि महेश और नरेश की उम्र का औसत 40 वर्ष है तो राजेश की उम्र क्या है?

A. 38 वर्ष B. 40 वर्ष
C. 42 वर्ष D. 35 वर्ष

53. फरीदाबाद के लिए रोहतक से हर 45 मिनट बाद बसें चलती हैं। एक कर्मचारी ने किसी यात्री से कहा कि फरीदाबाद के लिए 1.00 बजे दोपहर से 20 मिनट पहले एक बस गई है। अगली बस कब चलेगी?

A. 1.45 बजे दोपहर B. 1. 55 बजे दोपहर
C. 1.25 बजे दोपहर D. 1.35 बजे दोपहर

54. निम्न आकृति में कितने त्रिभुज हैं?

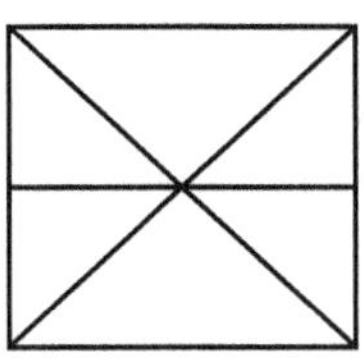

A. 8 B. 10
C. 9 D. 12

55. निम्न आकृति में कितनी आयतें हैं?

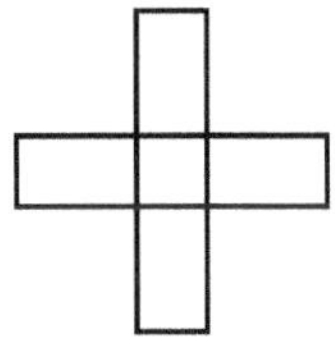

A. 11 B. 12
C. 5 D. 15

56. निम्न आकृति में कितने वर्ग हैं?

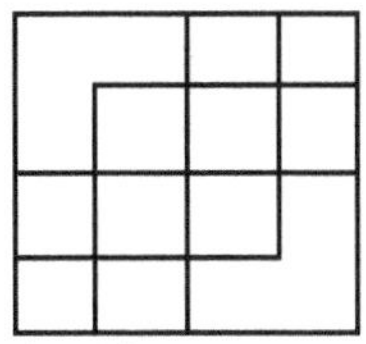

A. 12 B. 16
C. 15 D. 17

57. निम्न आकृति में कितने वर्ग हैं?

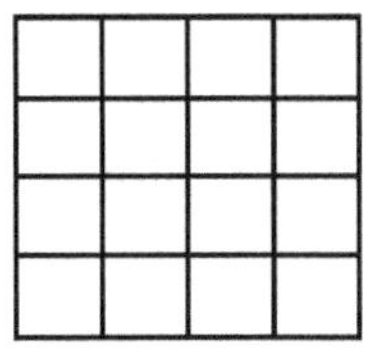

A. 16 B. 24
C. 17 D. 30

58. निम्न आकृति में कितने त्रिभुज हैं?

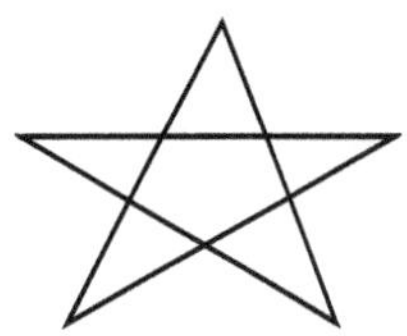

A. 10 B. 11
C. 5 D. 12

59. श्री शर्मा उसी वर्ष पैदा हुए जिस वर्ष श्री खन्ना को 18 वर्ष की अवस्था में बी.ए. की उपाधि मिली थी। यदि श्री शर्मा को 24 वर्ष की अवस्था में 1980 में पहली नौकरी मिली तो सन् 1989 में श्री खन्ना की आयु कितनी होगी?

A. 51 वर्ष B. 50 वर्ष
C. 45 वर्ष D. 49 वर्ष

60. एक व्यक्ति ने अपने पुत्र के जन्म दिवस पर कुछ लड़के और लड़कियों को आमंत्रित किया। लड़कियां, लड़कों से 2 अधिक थी। उस व्यक्ति ने हर लड़के को 5 रुपए तथा हर लड़की को 10 रुपए दिए। इस प्रकार उसके 140 रुपये

खर्च हो गए। बताओं लड़कियां कितनी थी ?

A. 8 B. 12
C. 6 D. 10

61. विभिन्न ऊंचाइयों के तीन खम्भे X, Y और Z हैं। तीन मकड़ियां A, B और C इन खम्भों पर एक साथ चढ़ना प्रारंभ करती हैं। प्रत्येक प्रयत्न में A मकड़ी X खम्भे पर 5 सेमी चढ़ जाती है किन्तु 1 सेमी खिसक जाती है। B मकड़ी Y खम्भे पर 6 सेमी चढ़ती है किन्तु 3 सेमी नीचे खिसक जाती है। Z खम्भे पर C मकड़ी 7 सेमी चढ़ती है किन्तु 2 सेमी नीचे खिसक जाती है। यदि प्रत्येक मकड़ी को खम्भे की चोटी पर पहुंचने के लिए 50 प्रत्यत्न करने पड़ते हैं तो सबसे छोटे खम्भे की ऊंचाई क्या है ?

A. 151 सेमी B. 150 सेमी
C. 200 सेमी D. 153 सेमी

62. हरीश बाबू का मकान पांच मंजिल का है जिसकी प्रत्येक मंजिल की ऊंचाई अपनी निचली मंजिल से दो पैड़ी कम है। यदि मकान की चोटी तक पहुंचने में कुल 80 पैड़ी पार करनी पड़ती हैं तो सबसे ऊपर वाली मंजिल में कितनी पैड़ियां हैं ?

A. 11 B. 18
C. 16 D. 12

63. मैं पार्क में बिल्कुल अकेला था, कुछ समय बाद एक वृद्ध और वृद्धा वहां आए, उनके पीछे दो जोड़े थे, जिनके साथ एक बालक था। अब पार्क में कितने व्यक्ति हैं ?

A. 8 B. 9
C. 10 D. 11

64. नियमित (Regular) दिन 8 घण्टे का है तथा नियमित सप्ताह 5 दिन का है। एक व्यक्ति को नियमित समय में काम करने की मजदूरी 2.40 रु. प्रति घण्टा मिलती है। यदि उसको 4 सप्ताह में कुल मजदूरी 432 रु. मिले तो उसने कुल कितने घण्टे काम किया ?

A. 180 B. 195
C. 160 D. 175

65. कमला, रुपा से नौ महीने छोटी है जबकि पन्ना देविका से 3 महीने छोटी है। लक्ष्मी जब पैदा हुई थी तब पन्ना केवल 2 महीने की थी। देविका सात वर्षीय आयु समूह में है जबकि कमला नौ वर्षीय आयु समूह में है। इन सब में बड़ी लड़की कौन है ?

A. रुपा B. कमला
C. देविका D. लक्ष्मी

66. निम्न आकृतियों के पैटर्न का अध्ययन कीजिए और प्रश्न चिन्ह (?) के स्थान पर आनेवाली उपयुक्त संख्या का चुनाव कीजिए—

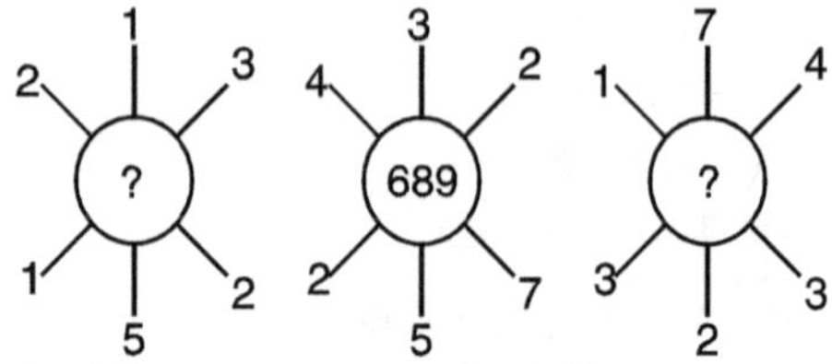

A. 251 B. 342
C. 749 D. 497

67. निम्न प्रश्न में दो संकेत (clues) तथा एक लक्ष्य अंक श्रृंखला दी गई है। जिसमें एक लुप्त संख्या है। संकेतों का प्रयोग करते हुए लुप्त संख्या को ज्ञात कीजिए।

संकेत : 4 6 (8)
2 9 (6)

लक्ष्य : 6 11 (?)

A. 4 B. 22
C. 14 D. 5

68. निम्नलिखित मैट्रिक्स में प्रश्न चिन्ह (?) के स्थान पर उचित संख्या का चयन कीजिए।

1	0	2	3	4
0	1	4	2	12
2	3	4	1	?

A. 35 B. 7
C. 25 D. 30

69. एक लड़कों की पंक्ति में सुभाष बायें छोर से 8वां खड़ा था। वह अपना स्थान बदलते हुए दाहिनी तरफ सरका और तीन लड़के उसके बायीं ओर हो गए और वह दाहिने छोर से 10 वां हुआ। उस पंक्ति में कुल कितने लड़के थे ?

A. 21 B. 20
C. 18 D. 19

70. 1 से 100 तक कितनी संख्याएं ऐसी हैं जो 8 से नि:शेष विभागी जा सकती है और जिनका एक अंक 8 है।

A. चार B. तीन
C. छ: D. आठ

निर्देश (प्रश्न सं. 71 से 74 तक) : *नीचे दी गई सूचना को ध्यानपूर्वक पढ़िए तथा आगे दिए गए प्रश्नों के उत्तर दीजिए।*

पांच लड़कों P, Q, R, S और T तथा चार लड़कियों A, B,

C और D में से पांच सदस्यों की एक टोली चुनी जानी है। कुछ निष्कर्ष इस प्रकार है—

P और S को साथ-साथ रहना है।

Q साथ नहीं हो सकता B या C के।

R और A को साथ-साथ रहना है।

T साथ नहीं हो सकता A या D के।

71. यदि Q को एक सदस्य होना है तो अन्य सदस्य हैं—

A. APRS B. BCPT
C. ADPS D. ADRS

72. यदि तीन सदस्य लड़कियां हों तो टोली के सदस्य हैं—

A. ACDRS B. ABCRT
C. BCDPS D. ABCDR

73. यदि चार सदस्य लड़के हों और एक सदस्य A है तो टीम के शेष सदस्य हैं—

A. PRST B. PQRS
C. QRST D. PQST

74. यदि दो सदस्य लड़कियां हों तो निम्नलिखित में से कौन-सी एक टोली संभव नहीं है?

A. ABPRS B. BCPST
C. CDPRS D. ACPRS

निर्देश (प्रश्न सं. 75 से 79 तक) : *निम्नलिखित प्रत्येक प्रश्न में यदि संकेतों तथा संख्याओं में दी हुई विनिमय (Interchange) की जाएं तो कौन-सा समीकरण सही होगी?*

75. दी हुई विनिमय : संकेत : + तथा ÷ संख्याएं : 2 तथा 4

A. $2 + 4 \div 6 = 3$ B. $2 + 4 \div 6 = 8$
C. $2 + 4 \div 6 = 8$ D. $4 \div 2 + 3 = 4$

76. दी हुई विनिमय : संकेत :- तथा – संख्याएं : ÷ 4 तथा 8

A. $4 - 8 - 2 = 6$ B. $8 - 6 - 4 = 1$
C. $6 - 8 - 4 = 1$ D. $4 - 8 - 6 = 2$

77. दी हुई विनिमय : संकेत : + तथा; × संख्याएं : = 4 तथा 5

A. $5 \times 4 + 20 = 40$ B. $5 \times 4 + 20 = 85$
C. $5 \times 4 + 20 = 104$ D. $5 \times 4 + 20 = 180$

78. दी हुई विनिमय : संकेत : + तथा –; संख्याएं : = 4 तथा 8

A. $4 - 8 + 12 = 10$ B. $4 + 8 - 12 = 16$
C. $8 + 4 - 12 = 20$ D. $8 - 4 + 12 = 8$

79. दी हुई विनिमय : संकेत :- तथा ×; संख्याएं : = 3 तथा 6

A. $3 - 6 \times 8 = 10$ B. $6 - 3 \times 2 = 9$
C. $6 \times 3 - 4 = 15$ D. $3 \times 6 - 4 = 33$

निर्देश (प्रश्न सं. 80 से 90 तक) : *निम्न प्रश्नों में प्रत्येक में कुछ आकृतियां दी गई हैं। इन आकृतियों में कुछ संख्याएं दी गई हैं जो किसी विशेष क्रम में है। इनमें से एक संख्या लुप्त है। इस संख्या को ज्ञात करो।*

80.

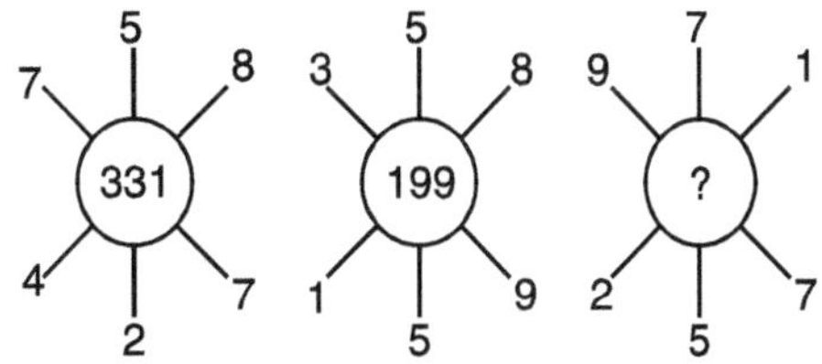

A. 280 B. 441
C. 653 D. 714

81.

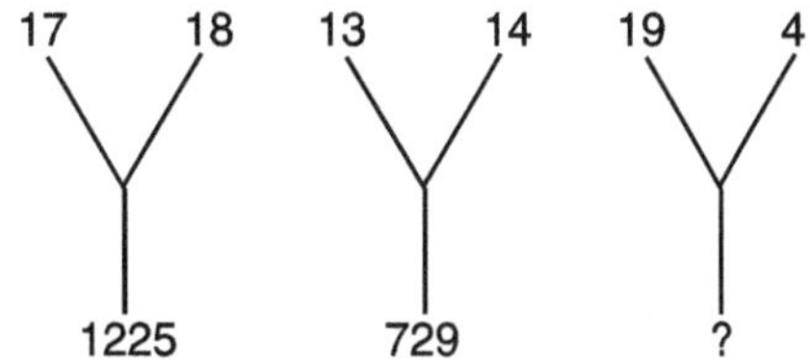

A. 639 B. 542
C. 529 D. 641

82.

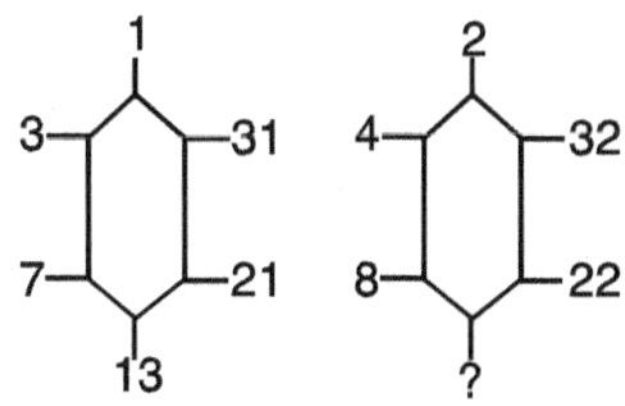

A. 16 B. 12
C. 41 D. 14

83.

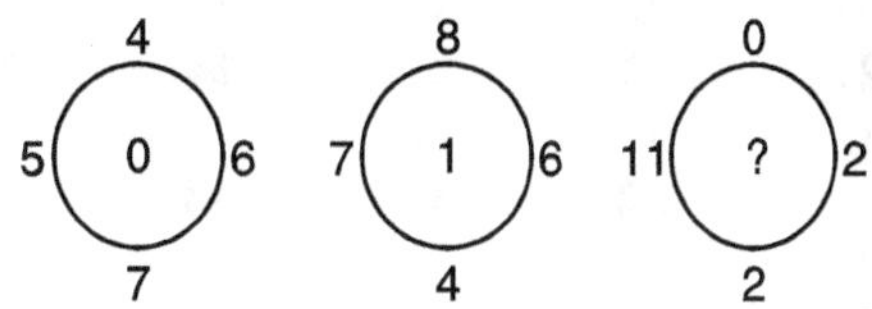

A. 11 B. 12
C. 2 D. 0

84.

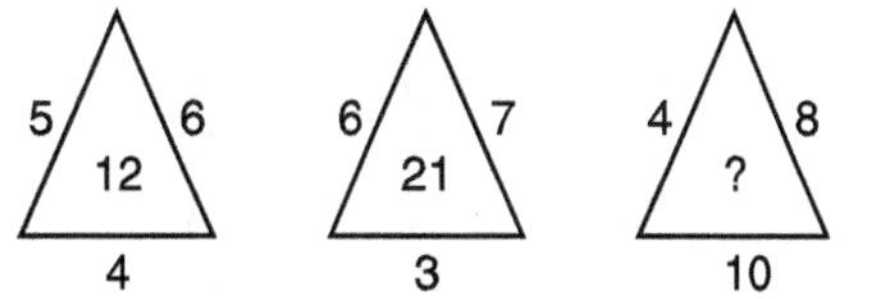

A. 22 B. 320
C. 14 D. 32

85. 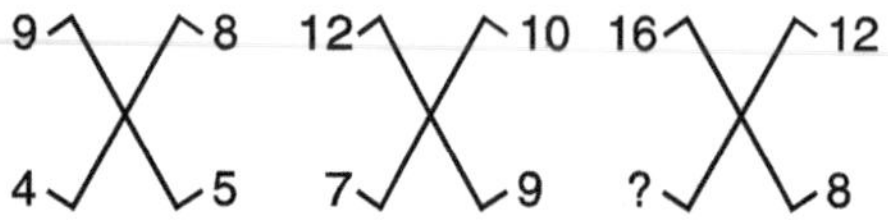

A. 20 B. 5
C. 4 D. 6

86. 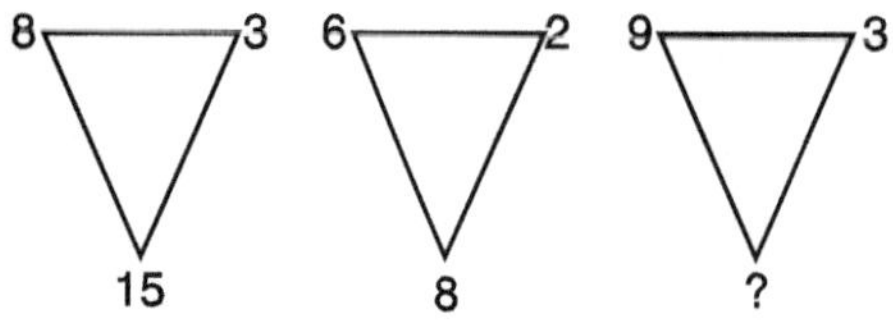

A. 18 B. 15
C. 16 D. 12

87. 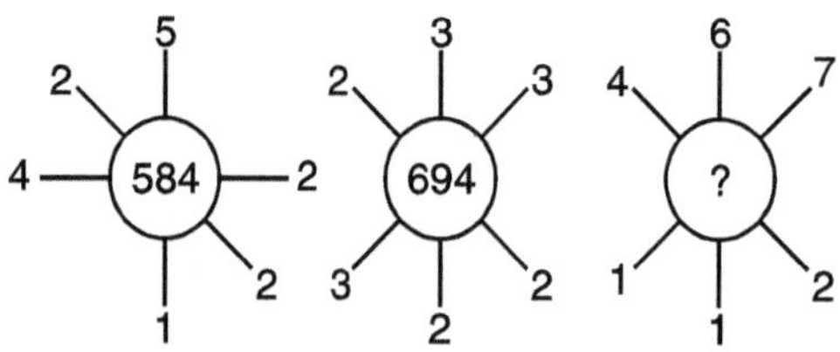

A. 678 B. 769
C. 824 D. 937

88. 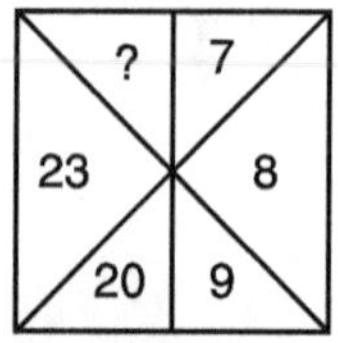

A. 29 B. 28
C. 22 D. 26

89.

?	1	2
21	22	40
1	2	5
20	23	43

A. 2 B. 3
C. 4 D. 5

90.

7	9	21	27
4	2	36	18
9	4	54	?

A. 18 B. 24
C. 36 D. 58

उत्तरमाला

1	**2**	**3**	**4**	**5**	**6**	**7**	**8**	**9**	**10**
C	D	A	D	D	D	C	C	D	C
11	**12**	**13**	**14**	**15**	**16**	**17**	**18**	**19**	**20**
D	B	C	C	B	C	B	C	D	D
21	**22**	**23**	**24**	**25**	**26**	**27**	**28**	**29**	**30**
C	D	A	A	C	C	A	B	D	C
31	**32**	**33**	**34**	**35**	**36**	**37**	**38**	**39**	**40**
D	D	C	D	A	A	D	D	C	C
41	**42**	**43**	**44**	**45**	**46**	**47**	**48**	**49**	**50**
B	D	C	A	C	D	D	B	D	C
51	**52**	**53**	**54**	**55**	**56**	**57**	**58**	**59**	**60**
D	B	C	D	A	B	D	B	A	D
61	**62**	**63**	**64**	**65**	**66**	**67**	**68**	**69**	**70**
D	A	B	A	A	D	B	D	B	B
71	**72**	**73**	**74**	**75**	**76**	**77**	**78**	**79**	**80**
A	C	B	C	B	A	C	B	A	D
81	**82**	**83**	**84**	**85**	**86**	**87**	**88**	**89**	**90**
C	D	A	D	C	A	A	D	A	D

संकेत

1. कथनानुसार, परिवर्तन करने पर—
$16 + 8 \times 4 \div 2 - 4$
अब BODMAS नियम के अनुसार हल करने पर 28 आएगा। अत: विकल्प (C) सही है।

2. दिया हुआ व्यंजक—
$= 5 \times 9 + 7 - 9 \div 3 + 6$
$= 5 \times 9 + 7 - 9 \times \frac{1}{3} + 6$
$= 45 + 7 - 3 + 6 = 55$
अत: विकल्प (D) सही है।

3. $16 \div 64 - 4 \times 4 + 3$
(उचित चिन्हों में बदलने पर व्यंजक का मान)
$= 16 + 64 \div 4 - 4 \times 3$
$= 16 + \frac{64}{14} - 4 \times 3$
$= 16 + 16 - 12 = 20$
अत: विकल्प (A) सही है।

4. $12 \div 48 - 8 \times 4 + 4$
(उचित चिन्हों में बदलने पर व्यंजक का मान)
$= 12 + 48 \div 8 - 4 \times 4$
$= 12 + \frac{48}{16} - 4 \times 4 = 12 + 6 - 16 = 2$
अत: विकल्प (D) सही है।

6. माना A को X कार्ड मिले—
$\therefore$ B को प्राप्त कार्ड = X + 1
D को प्राप्त कार्ड = X + 1
E को प्राप्त कार्ड = X + 4
C को प्राप्त कार्ड = X + 6
$\therefore$ A को सबसे कम कार्ड मिले।
अत: विकल्प (D) सही है।

7. माना A की उम्र x वर्ष है।
$\therefore$ B की उम्र = $2x$ वर्ष तथा F की उम्र = $4x$ वर्ष
C की उम्र = $x/2$ वर्ष
D की उम्र = $x/4$ वर्ष
$\therefore$ सबसे अधिक उम्र F की है तथा सबसे कम उम्र D की है।
अत: विकल्प (C) सही है।

8. माना भाइयों की संख्या x है
चूंकि एक लड़का स्वयं बता रहा है।
$\therefore$ उसके शेष भाइयों की संख्या = $x - 1$
और उसकी बहनों की संख्या = $2(x-1) = 2x - 2$
जब एक बहन उत्तर देती है तो शेष बहनों की संख्या
$= 2x - 2 - 1$
$\therefore \quad x = 2x - 2 - 1$
$\therefore \quad x = 3$
अत: भाइयों की संख्या = 3 और बहनों की संख्या = 4
अत: विकल्प (C) सही है।

9. माना A द्वारा प्राप्तांक x है।
$\therefore$ D द्वारा प्राप्तांक = $x - 20$
तथा B द्वारा प्राप्तांक = $x - 20 - 10\ x - 30$
$\therefore\ x - 30 = 40$
$\therefore \quad x = 40 + 30 = 77$
अत: विकल्प (D) सही है।

10. 5 घण्टे बजते समय पहले घण्टे बजने से शुरू किया जाएगा इस प्रकार 4 घण्टे बजने में 5 सेकण्ड लगे। अत:1घण्टे से दूसरे घण्टे के बीच का समय = 5/4 = 1.25 से
$\therefore$ 9 घण्टे बजने में लगा समय = 8 × 1.25 = 10 सेकण्ड
अत: विकल्प (D) सही है।

11. माना बिहारी को x पत्ते मिले।
$\therefore$ देवेन्द्र को भी x पत्ते मिले।
और आनंद को $x - 1$ पत्ते मिले।
तथा चिम्मन को $x + 4$ व उमेश को $x + 3$ पत्ते मिले।
इनमें $x - 1$ सबसे छोटी संख्या है। अत: आनंद को सबसे कम पत्ते मिले।

13. प्रश्न को सही ढंग से समझने के लिए हम सीढ़ियों का क्रम निम्न प्रकार लिख सकते हैं।

	राम (उतरना)	श्याम (चढ़ना)
सीढ़ी क्रमांक	23	1
	21	2
	19	3
	17	4
	15	5
	13	6
	11	7
	9	8
	7	9

अत: स्पष्ट है कि राम 9वीं सीढ़ी से उतरते समय और श्याम 8वीं सीढ़ी से ऊपर चढ़ते समय उनके बीच मिलेंगे।
अत: विकल्प (C) सही है।

14. आकृति में निम्नांकित त्रिभुज हैं—

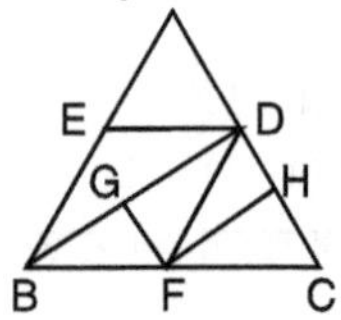

Δ ABC, Δ AED, Δ ABD, Δ EBD
Δ BDC, Δ BDF, Δ BGF, Δ GDF
Δ FDC, Δ DFH, Δ FHC
कुल 11 त्रिभुज है।
अत: विकल्प (C) सही है।

15. यहां स्पष्ट है कि Z के 21 हजार रुपये 12 महीने तक लगे रहे, अत: 1 महीने तक $21 \times 12 = 252$ हजार रुपए लगे रहे। इसी प्रकार Y के 18 हजार 3 महीने तक और 12 हजार 9 महीने तक लगे रहे, अर्थात् 1 महीने तक $(18 \times 3 + 12 \times 9 = 54 + 108) = 162$ हजार रुपये लगे रहे। इसी प्रकार X के 15 हजार रुपये 4 महीने तक और 18 हजार 8 महीने तक व्यापार में लगे रहे, अर्थात् एक महीने तक $(15 \times 4 + 18 \times 8) = 204$ हजार रुपए लगे रहे।
अत: हमें कुल लाभ 20,600 को X, Y व Z में क्रमश: 204 : 162 : 252 के अनुपात में बांटना है।

$$\text{अत: X का भाग} = \frac{204 \times 20{,}600}{(204 + 162 + 252)}$$

$$= \frac{204 \times 20{,}600}{618} = 6800 \text{ रुपए}$$

अत: विकल्प (C) सही है।

16. मान लो B व A को X रुपए मिले। अत: D को $(x - 1)$ रुपए, C को $(x + 5)$ और E को $(x + 3)$ रुपए मिले। स्पष्ट है कि D को सबसे कम रुपए मिले। अत: विकल्प (D) सही है।

17. हम दी गई सूचना को निम्न प्रकार लिख सकते हैं—

अवस्था (वर्ष में)

सौरभ	बहन	मां	पिता
—	—	0	5
—	—	x	27
0	y	26	Z

स्पष्ट है कि $x - 0 = 27 - 5 = 22$
इसी प्रकार $y - 0 = 26 - x = 26 - 22 = 4$
अत: सौरभ के जन्म के समय उसकी बहन की अवस्था Y = 4 वर्ष थी अर्थात् सौरभ अपनी बहन से 4 वर्ष छोटा है।

26. 15 वर्ष + 20 संतरों का मूल्य = 20 सेब = 15 संतरों का मूल्य
(20 – 15) संतरों का मूल्य = (20 – 15) सेबों का मूल्य
5 संतरों का मूल्य = 5 सेब का मूल्य
1 संतरा का मूल्य = 1 सेब का मूल्य
अत: विकल्प (C) सही है।

27. लिफ्ट की शेष क्षमता = 20 – 15 = 5 बच्चे
$\therefore$ 20 बच्चे = 12 व्यस्क
$\therefore$ 5 बच्चे $= \frac{12}{20} \times 5 = 3$ व्यस्क
अत: विकल्प (A) सही है।

28. अंकों को उल्टे क्रम में लिखने पर
937, 972, 953, 981, 945
फिर इन संख्याओं को घटते क्रम में लिखने पर
981, 972, 953, 945 तथा 937
इनमें सबसे बड़ी संख्या से अगली संख्या का बीच का अंक = 7
अत: विकल्प (B) सही है।

29. दूसरे, पांचवें व छठे अंक क्रमश: 6, 9 तथा 1हैं।
इनमें 196 संख्या बनती है जो कि 14 का पूर्ण वर्ग है।
चूंकि 14 दो अंकों की सम संख्या है।
$\because$ 196 का पहला अंक 1 है।
अत: विकल्प (D) सही है।

30. संख्या श्रेणी को विपरीत क्रम में लिखने पर—
16, 14, 5, 13, 11, 2, 6, 10, 4, 7, 9, 3, 8, 1
इस नई श्रेणी की बाईं ओर से चौथी संख्या = 13 तथा 13 से दाहिनी से 7 वीं संख्या = 9

31. पहले भक्ति का दायीं तरफ से चौथा स्थान था। अर्थात् भक्ति के दाहिनी ओर से तीन लड़कियां और हैं। बाद में भक्ति के स्थान पर प्रीति पहुंच जाती है और प्रीति का बायीं और से 15 वां स्थान है अर्थात् प्रीति के बायीं और 14 लड़कियां और हैं। इस प्रकार कुल लड़कियों की संख्या 18 है। भक्ति, प्रीति की जगह पहुंच जाती है जिसका बायीं ओर से सातवां स्थान था। अत: भक्ति का दाहिनी ओर से 12 वां स्थान हुआ। अत: विकल्प (D) सही है।

32. तीसरा अंक 1 चौथे स्थान पर पहुंच जाएगा। अत: विकल्प (D) सही है।

33. 18 Q 12 P 4 R 5 S 6 = $18 \times 12 \div 4 + 5 - 6$
$= 18 \times 3 + 5 - 6 = 54 + 5 - 6 = 53$
अत: विकल्प (C) सही है।

34. मैनेजिंग डायरेक्टर के पहुंचने का समय = 12 बजकर 20 मिनट
चेयरमैन डायरेक्टर के पहुंचने का समय = 12 बजकर 40 मिनट

इन्टरव्यू का समय = 12 बजकर 10 मिनट
अत: विकल्प (D) सही है।

37. $20 = 8 \times 2 + 4, 15 = 3 \times 2 + 9$
अत: रिक्त स्थान पर संख्या $= 6 \times 2 + 6 = 18$
अत: विकल्प (D) सही है।

38. $912 = 19 \times 2\ (16 + 8), 882 = 21 \times 2\ (7 + 14)$
तथा $? = 24 \times 2\ (6 + 12) = 864$
अत: विकल्प (D) सही है।

39. $9 = (3)^2, 16 = (4)^2, 36 = (6)^2$ तथा $64 = (8)^2$
अत: विकल्प (C) सही है।

40. 13 तारीख के बाद किन्तु 18 तारीख से पहले का मतलब है—14, 15, 16,व 17 किन्तु 16 तारीख के बाद लेकिन 20 तारीख से पहले का मतलब 17, 18, 19, चूंकि इन तीनों में 17 तारीख उभयनिष्ठ है। अत: सही उत्तर 17 तारीख है।
अत: विकल्प (C) सही है।

41. $\because 127 \times 407 = 110$ अर्थात् $(1 + 2 + 7) \times (4 + 0 + 7) = 110$
तथा $54 \times 86 = 126$ अर्थात् $(5 + 4) \times (8 + 6) = 126$
$\therefore 125 \times 232 = (1 + 2 + 5) \times (2 + 3 + 2) = 56$
अत: विकल्प (B) सही है।

43. स्तम्भवार अथवा पंक्तिवार जोड़ने का योग सदैव 33 आता है। अत: विकल्प (C) सही है।

45. 10, 20 और 40 में से सबसे कम समय 10 मिनट है। अत: विकल्प (C) सही है।

46. जो संख्या 9 से विभाजित होती है वह उससे अवश्य विभाजित होगा।

47. दिए गए चिन्हों को उचित चिन्हों में बदलने पर—
$10 \times 5 \div 3 - 2 + 3 = 10 \div 5 + 3 \times 2 - 3$
$= 10 \times \frac{1}{5} + 3 \times 2 - 3 = 2 + 6 - 3 = 5$
अत: विकल्प (D) सही है।

48. $\because A < D$ तथा $C = D$ है।
$\therefore A < C$ तथा $C > A$ है।
अत: विकल्प (B) सही है।

49. $\because AB < CD$ तथा $B = D$ है।
$\therefore A > C$ या $C > A$ है।
अत: विकल्प (D) सही है।

50. $\because AB = CD$ तथा $B = A$ है।
$\therefore A = C$ तथा $C = A$ है।
अत: विकल्प (C) सही है।

51. $\because BC = AD$ तथा $B > A$ है।
$\therefore C < D$
अत: विकल्प (D) सही है।

61. 50 प्रयत्नों में A द्वारा चली गई दूरी
$= 49\ (5 - 1) + 5 = 196 + 5 = 201$सेमी
50 प्रयत्नों में B द्वारा चली गई दूरी
$= 49\ (6 - 3) + 6 = 147 + 6 = 153$ सेमी
50 प्रयत्नों में C द्वारा चली गई दूरी
$= 49\ (7 - 2) + 7 = 245 + 7 = 252$ सेमी
अत: सबसे छोटे खम्भे की ऊंचाई = 153 सेमी
अत: विकल्प (D) सही है।

65. लड़कियों की आयु के विचार बड़ी से छोटी की ओर क्रम निम्नलिखित प्रकार से है—
रुपा, कमला, देविका, पन्ना, लक्ष्मी

66. प्रत्येक चित्र में ऊपर की संख्याओं और नीचे के संख्याओं को जोड़ने पर जो संख्या प्राप्त होती है, वही मध्य में लिखी गई है—
इसी प्रकार,

$$\begin{array}{r}213\\+152\\\hline 365\end{array}\qquad\begin{array}{r}432\\+257\\\hline 689\end{array}\qquad\begin{array}{r}174\\+323\\\hline 497\end{array}$$

अत: विकल्प (D) सही है।

67. संकेत में नियम है:-
$$\frac{\text{पहली संख्या} \times \text{दूसरी संख्या}}{3} = \text{तीसरी संख्या}$$
इस प्रकार, $\frac{4 \times 6}{3} = 8, \frac{2 \times 9}{3} = 6$
अत: $\frac{6 \times 11}{3} = 22$
अत: विकल्प (B) सही है।

68. प्रत्येक पंक्ति में,
प्रथम चार संख्याओं के वर्गों का योग = पांचवी संख्या
अर्थात् $1^2 + 0^2 + 2^2 + 3^2 = 1 + 0 + 4 + 9 = 14$
$0^2 + 1^2 + 4^2 + 2^2 = 0 + 1 + 16 + 4 = 21$
इसी प्रकार, $2^2 + 3^2 + 4^2 + 1^2 = 4 + 9 + 16 + 1 = 30$
अत: विकल्प (D) सही है।

69. अन्त में सुभाष 20 लड़कों की पंक्ति में आ जाता है जिसके दायीं ओर 9 तथा बायीं ओर 10 लड़के होते हैं।

यूनिट - III : अध्ययन बोध

सामान्य परिचय (Introduction)

बोध का अर्थ होता है—ज्ञान/अथवा सूझ-बूझ। किसी अवतरण को पढ़कर अध्येता द्वारा प्रति-पाद्य विषय को हृदयगंम करना ही बोध अथवा (Comprehension) कहलाता है। इस प्रकार का अभ्यास करने से दोहरा लाभ होता है—अध्येता की बोध वृत्ति की परीक्षा होती है तथा उसकी बोध वृत्ति का विकास भी होता रहता है। निम्नलिखित अभ्यासों का यही उद्देश्य है। प्रत्याशी इन्हें कितने मनोयोग एवं कितनी समझदारी के साथ पढ़ता है और उसमें निहित मन्तव्य को किस सूझ-बूझ के साथ, किस बौद्धिक स्तर पर ग्रहण करता है। यही देखना इन अभ्यासों का उद्देश्य है।

प्रत्येक अवतरण के साथ कुछ प्रश्न दिए गए हैं। प्रत्येक प्रश्न के उत्तर स्वरूप चार वैकल्पिक उत्तर दिए गए हैं। प्रत्याशी को इन उत्तरों में से सही उत्तर को छांटना है। जो उत्तर उसको उपयुक्त प्रतीत हो, सही हो, उत्तर पत्रक में उस गोले को पूरी तरह भर दें।

इस तरह के प्रश्नों के सही उत्तर देने के लिए लगातार अभ्यास की आवश्यकता होती है। इस संदर्भ में निम्नलिखित प्रक्रिया अपनाना उपयोगी एवं सहायक सिद्ध होगा—

1. सबसे पहले पूरे अवतरण को ध्यानपूर्वक लेकिन शीघ्रता के साथ पढ़ें और यह मालूम करें कि अवतरण का केंद्रीय भाव अथवा मुख्य विचार क्या है?

2. इसके बाद अवतरण के दिए गए प्रश्नों पर दृष्टि रखकर अवतरण को स्थिर चित्त होकर धीरे-धीरे पढ़ना चाहिए। इस प्रकार प्रश्नों के उत्तर प्राप्त करने में काफी सहायता मिलती है, परिणाम-स्वरूप प्रश्नों के उत्तर अपने आप स्पष्ट हो जाएंगे।

3. तृतीय चरण में अवतरण के साथ-साथ प्रश्नों के साथ दिए गए उत्तरों को पढ़ते जाएं और उनके सही उत्तर पर निशान लगाते जाएं।

4. यह तथ्य विशेष रूप से ध्यान रखें कि प्रश्न का उत्तर दिए हुए अवतरण पर आधारित हो, और सही उत्तर उस अवतरण में से ही प्राप्त हो।

अभ्यास के लिए आगे कुछ अवतरण दिए जा रहे हैं। प्रत्येक अवतरण से संबंधित कुछ प्रश्न उसके नीचे दिए जा रहे हैं और उस प्रश्न के साथ ही उसके चार उत्तर प्रस्तावित किए गए हैं। इन चार उत्तरों में सर्वाधिक उपयुक्त अथवा सही उत्तर आपको चुनना है।

अवतरणों के बाद प्रश्नों की उत्तरमाला दी गई है। इनसे अपने द्वारा दिए गए उत्तरों का मिलान करके देख लीजिए कि आपके द्वारा प्रस्तावित उत्तर सही हैं या नहीं।

अभ्यास

निर्देश : *दिए गए अवतरणों को ध्यानपूर्वक पढ़ते हुए आगे दिए गए प्रश्नों के उत्तर दीजिए।*

अवतरण-1

विधाता रचित इस सृष्टि का सिरमौर है मनुष्य। उसकी कारीगरी का सर्वोतम नमूना इस मानव को ब्रह्माण्ड का लघु रूप मानकर भारतीय दार्शनिकों ने 'यत पिण्डे तत् ब्रह्माण्डे' की कल्पना की थी। उनकी यह कल्पना मात्र कल्पना नहीं थी, प्रत्युत यथार्थ भी थी क्योंकि मानव मन में जो विचारणा के रूप में घटित होता है, उसी का कृति रूप ही तो सृष्टि है। मन तो मन, मानव का शरीर भी अप्रतिम है। देखने में इससे भव्य, आकर्षक एवं लावण्यमय रूप सृष्टि में अन्यत्र कहाँ है। अद्‌भुत और अद्वितीय है—मानव सौंदर्य। साहित्यकारों ने इसके रूप सौंदर्य के वर्णन के लिए कितने ही अप्रस्तुतों का विधान किया है और इस सौंदर्य राशि से सभी को आप्यायित करने के लिए अनेक काव्य सृष्टियां रच डाली हैं। साहित्यशास्त्रियों ने भी इसी मानव की भावनाओं का विवेचन करते हुए अनेक रसों का निरूपण किया है, परंतु वैज्ञानिक दृष्टि से विचार किया जाए, तो मानव शरीर को एक जटिल यंत्र से उपमित किया जा सकता है। जिस प्रकार यंत्र के एक पुर्जे में दोष आ जाने पर सारा यंत्र गड़बड़ा जाता है, बेकार हो जाता है, उसी प्रकार मानव शरीर के विभिन्न अवयवों में से यदि कोई एक अवयव भी बिगड़ जाता है तो उसका प्रभाव सारे शरीर पर पड़ता है। इतना ही

नहीं, गुर्दे जैसे कोमल एवं नाजुक हिस्से के खराब हो जाने से यह गतिशील वपु यंत्र एकाएक अवरुद्ध हो सकता है, व्यक्ति की मृत्यु हो सकती है। एक अंग के विकृत होने पर सारा शरीर दण्डित हो, वह कालकवलित हो जाए, यह विचारणीय है। यदि किसी यंत्र के पुर्जे को बदलकर, उसके स्थान पर नया पुर्जा लगाकर यंत्र को पूर्ववत् सुचारू एवं व्यवस्थित रूप से क्रियाशील बनाया जा सकता है तो शरीर के विकृत अंग के स्थान पर नव्यनिरामय अंग लगाकर शरीर को स्वस्थ एवं सामान्य क्यों नहीं बनाया जा सकता? शल्य चिकित्सकों ने इस दायित्वपूर्ण चुनौती को स्वीकार किया तथा निरंतर अध्यवसाय पूर्ण साधना के अनन्तर अंग प्रत्यारोपण के क्षेत्र में सफलता प्राप्त की। अंग प्रत्यारोपण का उद्देश्य है कि मनुष्य दीर्घायु प्राप्त कर सके। यहां यह ज्ञातव्य है कि मानव शरीर हर किसी के अंग को उसी प्रकार स्वीकार नहीं करता, जिस प्रकार हर किसी का रक्त उसे स्वीकार्य नहीं होता। रोगी को रक्त देने से पूर्व रक्त वर्ग का परीक्षण आवश्यक है तो अंग प्रत्यारोपण से पूर्व ऊतक परीक्षण अनिवार्य है, आज का शल्य चिकित्सक गुर्दे, यकृत, आंत, फेफड़ें और हृदय का प्रत्यारोपण सफलतापूर्वक कर रहा है। साधन संपन्न चिकित्सालयों में मस्तिष्क के अतिरिक्त शरीर के प्राय: सभी अंगों का प्रत्यारोपण संभव हो गया है।

1. कवियों ने मानव सौंदर्य के वर्णन हेतु जिस सृष्टि का निर्माण किया है, उसकी संज्ञा है—

A. बिम्ब दृष्टि B. उपमान दृष्टि
C. काव्य दृष्टि D. आविष्कारों की सृष्टि

2. मानव-शरीर को यंत्रवत् कहा गया है, क्योंकि—

A. मानव शरीर यंत्र की भांति लावण्यमय होता है।
B. मानव शरीर दृढ़ मांसपेशियों और अवयवों से निर्मित है।
C. अवयव रूपी पुर्जों के विकृत होने से शरीर यंत्रवत् निष्क्रिय हो जाता है।
D. मानव शरीर विधाता की सृष्टि की अनुपम कृति है।

3. शल्य चिकित्सकों द्वारा स्वीकार की गई उत्तरदायित्वपूर्ण चुनौती थी—

A. शल्य चिकित्सकों का महत्त्व स्थापित करना।
B. अंग-प्रत्यारोपण द्वारा शरीर को सामान्य बनाना।
C. मानव शरीर को मृत्यु से बचाना।
D. जीर्ण शरीर के स्थान पर स्वस्थ शरीर देना।

4. शल्य चिकित्सकों का मूल ध्येय है—

A. अंग-प्रत्यारोपण के क्षेत्र में अनुसंधान करना।
B. ऊतक परीक्षण करना।
C. साधन संपन्न चिकित्सालयों को खोलना।
D. शल्य चिकित्सा द्वारा मानव को चिरायु प्रदान करना।

5. मानव को सृष्टि का लघु रूप माना गया है, क्योंकि—

A. मन की शक्ति अपराजेय है।
B. लघु मानव ही विधाता की सच्ची सृष्टि है।
C. मानव सृष्टि का सिरमौर है।
D. मानव मन में जो घटित होता है, वही सृष्टि में घटित होता है।

6. अंग प्रत्यारोपण के क्षेत्र में शल्य चिकित्सकों की सफलता का रहस्य है—

A. दायित्वपूर्ण चुनौती
B. अनवरत श्रमपूर्ण साधना
C. निरंतर ऊतक परीक्षण
D. आवश्यकता आविष्कार की जननी है।

7. वैज्ञानिक दृष्टि का अपेक्षाकृत अभाव होता है—

A. शल्य चिकित्सक में B. वैज्ञानिक में
C. साहित्यशास्त्री में D. साहित्यकार में

8. अनुच्छेद में प्रयुक्त 'निरामय' शब्द का पर्याय है—

A. अद्‌भुत B. स्वस्थ
C. नवीन D. सुन्दर

9. 'ऊतक परीक्षण' से शल्य चिकित्सक का अभिप्रेत है—

A. रक्तचाप का परीक्षण
B. यकृत परीक्षण
C. कोशिका निर्मित सूक्ष्म अंश का परीक्षण
D. मांस-पेशियों का परीक्षण

10. उपर्युक्त अनुच्छेद का सर्वाधिक उपयुक्त शीर्षक है—

A. सृष्टि का सिरमौर-मानव
B. अंग प्रत्यारोपण
C. मानव शरीर-एक यंत्र
D. मानव और शल्य चिकित्सा

अवतरण-2

गान मनुष्य की स्वभाविक प्रवृति कही जा सकती है। आनंद में हो या विषाद में, मनुष्य गाए बिना नहीं रह सकता। सुख में गाकर वह उल्लासित होता है, दु:ख में गाकर वह दु:ख विस्मृत करता है। उसके सुख-दु:ख के भावावेश के क्षण गीतों में ही स्वरित होते हैं। ये गीत मानव जीवन का भोजन हैं। उसके हृदय की तृप्ति गीत गाकर ही होती है। आदिकाल से मानव हृदय गाता चला आ रहा है। सूर्य के प्रखर ताप में हल कर्षण करता हुआ क्षेत्रज्ञ

अपने गीतों से उसकी प्रखरता को भूलता है। तिमरची निशा में उष्ट्रारोही ताना लगाता हुआ, मरुभूमि की भीषण शून्यता का भान भूल जाता है। गाड़ीवान गाड़ी के पहियों की ढचक-ढचक ध्वनि के साथ अपनी ध्वनि मिलाता हुआ उजली रात में कोस के कोस पार कर जाता है। जंगल में भेड़ों को चराते हुए गड़रिए के गान में समूचा जंगल प्रतिध्वनित होकर न केवल उसकी ध्वनि को, अपितु उसके अंत:स्तल को भी प्रतिध्वनित कर देता है। ईंट और गारा ढ़ोता हुआ मजदूर गान में मस्त होकर जीवन की दारूणता को भूल जाता है। आदिम मनुष्य के हृदय से निस्मृत इन्ही गानों को लोकगीत की संज्ञा दी गई है। मानव जीवन के उल्लास की, उमंगों की, करुणा की, उनके रुदन की, उनके समस्त सुख-दु:ख की कहानी इनमें चित्रित हैं। न जाने कितने काल को चीरकर ये गीत चले आ रहे हैं। काल का विध्वंसकारी प्रभाव इनका कुछ नहीं बिगाड़ सका।

11. गान को मनुष्य की स्वभाविक प्रवृत्ति कहना इसलिए उपयुक्त है, क्योंकि वह—
   A. मानव हृदय को तृप्ति प्रदान करता है।
   B. मानव जीवन का स्वादिष्ट भोजन है।
   C. मानव के भावाकुल हृदय की सहज अभिव्यक्ति है।
   D. मानव की थकान को सहज ही हर लेता है।

12. लोकगीत से अभिप्रेत है—
   A. कोमलकांत पदावली में विरचित भावपूर्ण गीत
   B. संभ्रांत नागरिकों द्वारा गाए जाने वाला मधुर गीत
   C. करुणा और पीड़ा को व्यक्त करने वाला शोक गीत
   D. आधुनिक सभ्यता से अप्रभावित मानव का भावोच्छ-वासित गीत

13. लोकगीत कालजयी होते हैं, क्योंकि—
   A. ये मनुष्य के सुख-दु:ख के चिर सहचर हैं।
   B. ये समूची प्रकृति को प्रतिध्वनित करने में सक्षम हैं।
   C. ये कृषकों और श्रमिकों द्वारा गाए जाते हैं।
   D. काल का ध्वंसकारी प्रभाव इनका कुछ नहीं बिगाड़ पाता।

14. श्रमिक वर्ग के लिए गान का विशेष महत्त्व है, क्योंकि वह—
   A. उनके जीवन को उल्लास की उमंगों से भर देता है।
   B. उसके कर्म क्षेत्र की कठोरता कम करके उसे उल्लासित करता है।
   C. उसके हृदय की उन्मुक्ति अभिव्यक्ति होती है।
   D. इसको सूर्याताप एवं निशाजन्य शून्यता को रक्षित करता है।

15. किसान के लिए क्षेत्रज्ञ का प्रयोग सार्थक है, क्योंकि वह—
   A. हल कर्षण का कार्य करता है।
   B. अपने क्षेत्र में अज्ञ होता है।
   C. वृहत की भांति क्षेत्र में व्याप्त होता है।
   D. खेत और खेती के विषय में पूर्णज्ञान रखता है।

अवतरण-3

पश्चिम की प्रौद्योगिकी और पूर्व की धर्मचेतना का सर्वश्रेष्ठ लेकर ही नई मानव संस्कृति का निर्माण संभव है। पश्चिम नया धर्म चाहता है। पूर्व नया ज्ञान। दोनों की अपनी-अपनी आवश्यकता है। वहाँ यंत्र है, मंत्र नहीं। यहाँ मंत्र है, यंत्र नही। वहाँ भौतिक सम्पन्नता है। यहाँ आध्यात्मिक संपन्नता है। पश्चिम के आध्यात्मिक दैन्य को दूर करने में पूर्व की मैत्री, करुणा और अहिंसा के सन्देश महत्वपूर्ण होंगे तो पूर्व के भौतिक दैन्य पश्चिम की प्रौद्योगिकी दूर करेगी। पूर्व-पश्चिम के मिलन से ही मनुष्य की देह और आत्मा को एक साथ चरितार्थता मिलेगी। इससे प्रौद्योगिकी जड़ता के बंधनों से मुक्त होगी और पूर्व का अध्यात्मवाद, परलोकवाद तथा निष्क्रियतावाद से छुटकारा पाएगा। भाग्यवाद की प्रौद्योगिकी को सौंपकर हम मनुष्य की कर्मण्यता को चरितार्थ करेंगे और इस धरती के जीवन को स्वर्गोपम बनाएंगे। जीवन से भाग करके नहीं, उसके भीतर से ही हमें लोकमंगल की साधना करनी होगी। विरक्ति-मूलक आध्यात्मिकता का स्थान लोकमांगलिक आध्यात्मिकता लेगी। यह आध्यात्मिकता लोक मंगल और लोक सेवा से ही चरितार्थता पाएगी। मनुष्य मात्र के दु:ख उत्पीड़न और अभाव के प्रति संवेदन और क्रियाशील होकर ही हम अपनी आध्यात्मिकता को प्राणवान, जीवन्त और सार्थक बना सकेंगे। ज्ञान को शक्ति में नहीं, परमार्थ तथा उत्सर्ग में ढालकर ही हम मानवता को उजागर करेंगे। प्रकृति से हमने जो कुछ पाया है, उसे हम बलात् छीनी हुई वस्तु क्यों मानें? क्यों न हम यह स्वीकार करें कि प्रकृति ने अपने अक्षय भण्डार को मानव मात्र के लिए अनावृत्त कर रखा है? प्रकृति के प्रति प्रतियोगिता या प्रतिस्पर्धा का भाव क्यों रखा जाए? वस्तुत: प्रकृति के प्रति सहयोगी, कृतज्ञ तथा सदाश्य होकर ही मनुष्य अपनी भीतरी प्रकृति को राग-द्वेष से मुक्त करता है और स्पर्धा को प्रेम में बदलता है। आज आणविक प्रौद्योगिकी को मानव कल्याण का साधन बनाने की अत्यंत आवश्यकता है। यह तभी संभव है जब मनुष्य की बौद्धिकता के साथ-साथ उसकी रागात्मकता का विकास हो। रवीन्द्र और गांधी का यही संदेश है। 'कामायनी' के रचयिता जयशंकर ने श्रद्धा और इड़ा के समन्वय पर बल दिया है। मानवता की रक्षा और उसके विकास के लिए

पूर्व-पश्चिम का सम्मिलन आवश्यक है। तभी कवि पंत का यह कथन चरितार्थ हो सकेगा—'मानव तुम सबसे सुन्दरतम्'।

16. पश्चिम के पास अभाव है—
A. वैज्ञानिक प्रगति का
B. यांत्रिक सभ्यता का
C. भौतिक सुख सुविधाओं का
D. आध्यात्मिक सम्पदा का

17. श्रद्धा और इड़ा के समन्वय से कवि का अभिप्रेत है—
A. सहृदयता और कर्मठता का
B. रागात्मकता और विरागात्मकता का
C. रागात्मकता और बौद्धिकता का
D. भौतिकी और रसायन का

18. मनुष्य मात्र के दु:खों एवं अभावों के प्रति संवेदनशीलता से सप्राण एवं सार्थक बन सकती है हमारी—
A. भौतिक संपन्नता
B. आध्यात्मिकता
C. प्रकृति से प्रतिस्पर्धा
D. प्रौद्योगिकी क्षेत्र की प्रगति

19. प्रकृति के प्रति श्रेयस्कर है मनुष्य का—
A. असूया भाव B. स्पर्धा भाव
C. कृतज्ञता भाव D. रागात्मक भाव

20. पश्चिम की प्रौद्योगिकी और पूर्व की धर्म चेतना का समन्वय आवश्यक है—
A. बौद्धिकता और रागात्मकता के समन्वय के लिए
B. मानवता की रक्षा और विकास के लिए
C. यान्त्रिकता और प्रौद्योगिकी के विकास के लिए
D. प्रौद्योगिकी और अध्यात्म के समन्वय के लिए

21. वर्तमान युग में अध्यात्मवाद सार्थकता प्राप्त कर सकता है—
A. विरक्तिमूलक अध्यात्मक को अपना करके
B. जीवन में पलायन करके
C. प्रकृति पर विजयी होकर
D. लोकहित की भावना से संपन्न होकर

22. भौतिक साधन-विपन्नता से मुक्ति के लिए आज अनिवार्य है—
A. प्रौद्योगिकी का ग्रहण
B. पश्चिमी सभ्यता का अनुकरण
C. परलोकवादी विचारधारा का त्याग
D. आणविक शास्त्रास्त्रों का निर्माण

23. मनुष्य का एक साथ दैविक और आत्मिक विकास निम्नांकित कथन की क्रियान्विति से ही संभव है—
A. तंत्र और मंत्र के समन्वय
B. पूंजीवाद और साम्यवाद के समन्वय से
C. लोक और परलोक के समन्वय से
D. पूर्व और पश्चिम के समन्वय से

24. मैत्री, करुणा और अहिंसा को अपनाने से दूर होने की संभावना है—
A. पूर्वी अध्यात्मवाद की विपन्नता की
B. पश्चिमी अध्यात्मवाद की विपन्नता की
C. पश्चिमी भौतिकवाद
D. प्राच्य भौतिकवाद के दैन्य की

25. उपर्युक्त अवतरण का सर्वाधिक उपयुक्त शीर्षक हो सकता है—
A. मानव तुम सबसे सुन्दरतम्
B. पूर्व-पूर्व है पश्चिम-पश्चिम है
C. मानव उत्पीड़न से मुक्ति
D. पूर्व-पश्चिम का सम्मिलन

अवतरण-4

राष्ट्रीय भावना के अभ्युदय एवं विकास के लिए भाषा भी एक प्रमुख तत्व है। मानव समुदाय अपनी संवेदनाओं, भावनाओं एवं विचारों की अभिव्यक्ति हेतु भाषा का साधन अपरिहार्यत: अपनाता है। इसके अलावा उसके पास कोई अन्य विकल्प नहीं है। दिव्य-ईश्वरीय आनन्दानुभूति के संबंध में भले ही कबीर ने 'गूंगे केरी शर्करा' उक्ति का प्रयोग किया था, पर इससे उनका लक्ष्य शब्द रूपा के महत्त्व को नकारना नहीं था। प्रत्युक्त उन्होंने भाषा को 'बहता नीर' कहकर भाषा की गरिमा प्रतिपादित की थी। विद्वानों की मान्यता है कि भाषा तत्व राष्ट्र हित के लिए अत्यावश्यक है। जिस प्रकार किसी एक राष्ट्र के भू-भाग की भौगोलिक विविधताएं तथा उसके पर्वत, सागर, सरिताओं आदि की बाधाएं उस राष्ट्र के निवासियों के परस्पर मिलने-जुलने में अवरोधक सिद्ध हो सकती है, उसी प्रकार भाषागत विभिन्नता से ही उनके पारस्परिक संबंधों की निर्बाधता नहीं रह पाती। आधुनिक विज्ञान युग में यातायात एवं संचार के साधनों की प्रगति से भौगोलिक बाधाएं अब पहले की तरह बाधित नहीं करतीं। इसी प्रकार यदि राष्ट्र की एक सम्पर्क भाषा का विकास हो जाए तो पारस्परिक संबंधों के गतिरोध काफी सीमा तक समाप्त हो सकते हैं।

मानव समुदाय को एक जीवित-जाग्रत एवं जीवन्त शरीर की संज्ञा दी जा सकती है और उसका अपना एक निश्चित व्यक्तित्व

होता है। भाषा अभिव्यक्ति के माध्यम से इस व्यक्तित्व को साकार करती है, उसके अमूर्त मानसिक वैचारिक स्वरूप को मूर्त एवं बिम्बात्मक रूप प्रदान करती है। मनुष्यों के विविध समुदाय हैं, उनकी विविध भावनाएं हैं, विचारधाराएं हैं, संकल्प एवं आदर्श हैं, उन्हें भाषा ही अभिव्यक्त करने में सक्षम होती है। साहित्य, शास्त्र, गीत-संगीत आदि में मानव-समुदाय अपने आदर्शों, संकल्पनाओं, अवधारणाओं एवं विशिष्टताओं को वाणी देता है, पर क्या भाषा के अभाव में काव्य, साहित्य, संगीत आदि का अस्तित्व संभव है? वस्तुतः ज्ञानराशि एवं भावराशि का अपार संचित कोश जिसे साहित्य का अभिधान दिया जाता है, शब्द रूप ही तो है। अतः इस संबंध में वैमत्य की किंचित् गुजांइश नहीं हैं कि भाषा ही एक ऐसा साधन है जिससे मनुष्य एक-दूसरे के निकट आ सकते हैं, उसमें परस्पर घनिष्ठता स्थापित हो सकती है। यही कारण है कि एक भाषा बोलने एवं समझने वाले लोग परस्पर एकानुभूति रखते हैं, उनके विचारों से ऐक्य रहता है। अतः राष्ट्रीय भावना के विकास के लिए भाषा तत्व परम आवश्यक है।

26. राष्ट्रीय भावना के विकास के लिए भाषा तत्व आवश्यक है, क्योंकि—
A. वह मानव समुदाय की विचारभिव्यक्ति का साधन है।
B. वह शब्द रूपा है और उसमें साहित्य सर्जना संभव है।
C. वह ज्ञानराशि का अपार भण्डार है।
D. वह मानव समुदाय में एकानुभूति और विचार ऐक्य का साधन है।

27. 'गूंगे केरी शर्करा' से कबीर का अभिप्रेत है कि ब्रह्मानन्द की अनुभूति—
A. अत्यन्त मधुर होती है।
B. अभिव्यक्ति के लिए कसमसाती है।
C. अनिर्वचनीय होती है।
D. मौनव्रत से प्राप्त होती है।

28. साहित्य की परिभाषा के लिए उपयुक्त पदबन्ध है—
A. आनन्दानुभूति की अभिव्यक्ति
B. ज्ञानराशि एवं भावराशि का संचित कोश
C. मानवीय संवेदनाओं को पुंजीभूत रूप
D. मानवीय मानसिकता का बिम्बात्मक रूप

29. भाषागत वैविध्य के बावजूद राष्ट्रीय भावना का विकास संभव है यदि—
A. संचार साधनों का पर्याप्त विकास किया जाए।
B. यातायात के साधनों का पर्याप्त विकास किया जाए।
C. मातृ भाषाओं को विकसित किया जाए।
D. एक संपर्क भाषा को विकसित किया जाए।

30. भाव एवं विचार विनिमय का सक्षम साधन है—
A. ललित कलाएं B. प्रतीक एवं संकेत
C. शब्द रूपा भाषा D. काव्य एवं साहित्य

31. 'भाषा बहता नीर' से आशय है—
A. तत्समनिष्ठ भाषा B. सधुक्कड़ी भाषा
C. सरल प्रवाहमयी भाषा D. लालित्यपूर्ण भाषा

32. भाषा तत्व के अभाव में अस्तित्व संभव नहीं है—
A. मानव व्यक्तित्व का B. मानव रचित साहित्य का
C. मानवीय आदर्शों का D. मानवीय संवेदनाओं का

33. इस सबंध में मतक्यै है कि—
A. भाषा का केवल सरल रूप ही ग्राह्य है।
B. भाषा-वैविध्य राष्ट्रीय भावना के विकास में बाधक है।
C. भाषा मनुष्य को मनुष्य के समीप लाती है।
D. भाषा दिव्यानुभूति को अभिव्यक्त करती है।

34. मानव के पास अपने भावों, विचारों, आदर्शों आदि को सुरक्षित रखने के सशक्त माध्यम हैं—
A. साहित्य और कला
B. भाषा और शैली
C. साहित्यशास्त्र और संगीत
D. व्यक्तित्व एवं चरित्र

35. उपर्युक्त अवतरण का सर्वाधिक उपयुक्त शीर्षक है—
A. साहित्य और भाषा तत्व
B. राष्ट्रीयता और भाषा तत्व
C. भाषा बहता नीर
D. व्यक्तित्व विकास और भाषा

अवतरण-5

तत्ववेता शिक्षाविदों के अनुसार विद्या दो प्रकार की होती है। प्रथम वह, जो हमें जीवनयापन के लिए अर्जन करना सिखाती है और द्वितीय वह, जो हमें जीना सिखाती है। इनमें से एक का अभाव भी जीवन को निरर्थक बना देता है। बिना कमाए जीवन निर्वाह संभव नहीं। कोई भी नहीं चाहेगा कि वह परावलम्बी हो—माता-पिता परिवार के सभी सदस्य, जाति या समाज पर। ऐसी विद्या से विहीन व्यक्ति का जीवन दूभर हो जाता है, वह दूसरों के लिए भार बन जाता है। साथ ही दूसरी विद्या के बिना सार्थक जीवन नहीं जिया जा सकता। बहुत अर्जित कर लेने वाले व्यक्ति का जीवन यदि सुचारू रूप से नहीं चल रहा, उसमें यदि वह जीवन शक्ति नहीं है, जो उसके अपने जीवन को तो सत्पथ पर अग्रसर करती है, साथ ही वह अपने

समाज जाति एवं राष्ट्र के लिए भी मार्गदर्शन करती है; तो उसका जीवन भी मानव जीवन का अभिधान नहीं पा सकता। वह भारवाही गर्दभ बन जाता है या पूंछ–सींग–विहीन पशु कहा जाता है। वर्तमान भारत में पहली विद्या का प्रायः अभाव दिखाई देता है, परंतु दूसरी विद्या का रूप भी विकृत ही हैं क्योंकि न तो स्कूल–कॉलेजों में शिक्षा प्राप्त करके निकला छात्र जीवकोपार्जन के योग्य बन पाता है और न ही वह उन संस्कारों से युक्त हो पाता है, जिन्हें 'जीने की कला' की संज्ञा दी जाती है; जिनमें व्यक्ति 'कु' से 'सु' बनता है; सुशिक्षित, सुसभ्य और सुसंस्कृत कहलाने का अधिकारी है। वर्तमान शिक्षा पद्धति के अंतर्गत हम जो विद्या प्राप्त कर रहे हैं, उसकी विशेषताओं को सर्वथा नकारा भी नहीं जा सकता है। यह शिक्षा कुछ सीमा तक हमारे दृष्टिकोण को विकसित भी करती है, हमारी मनीषा को प्रबुद्ध बनाती है तथा भावनाओं को चेतन करती है, किंतु कला, शिल्प, प्रौद्योगिकी आदि की शिक्षा नाममात्र की होने के फलस्वरूप इस देश के स्नातक के लिए जीवकोपार्जन टेढ़ी खीर बन जाता है और बृहस्पति बना युवक नौकरी की तलाश में अर्जियाँ लिखने में ही अपने जीवन का बहुमूल्य समय बर्बाद कर लेता है। जीवन के सर्वांगीण विकास को ध्यान में रखते हुए यदि शिक्षा के क्रमिक सोपानों पर विचार किया जाए तो भारतीय विद्यार्थी को सर्वप्रथम इस प्रकार की शिक्षा दी जानी चाहिए जो आवश्यक है, दूसरी जो उपयोगी हो और तीसरी जो हमारे जीवन को परिष्कृत एवं अलंकृत करती है। ये तीनों सीढ़ियां एक के बाद एक आती है। इसमें व्यतिक्रम नहीं होना चाहिए। इस क्रम में व्याघात आ जाने से मानव जीवन का चारू प्रासाद खड़ा करना असंभव है। यह तो भवन की छत बनाकर नींव बनाने के सदृश है। वर्तमान भारत में शिक्षा की अवस्था देखकर ऐसा ही प्रतीत होता है। प्राचीन भारतीय दार्शनिकों ने 'अन्न' से 'आनंद' की ओर बढ़ने को जो 'विद्या का सार' कहा था, वह सर्वथा समीचीन ही था।

36. अर्जनकारी विद्या इसलिए महत्त्वपूर्ण है क्योंकि वह व्यक्ति को सिखाती है—
A. जीवन–उत्कर्ष की विधि
B. जीवन–यापन की विधि
C. ज्ञानार्जन के ढंग
D. धनार्जन के साधन

37. प्रत्येक व्यक्ति जीवनयापन के लिए स्वावलंबी होना पसंद करता है, क्योंकि—
A. वह अपने परिवार के प्रति कृतज्ञ होता है।
B. वह अपने सामाजिक ऋण से मुक्त होना चाहता है।
C. वह अपने जीवन को दूभर नहीं बनाना चाहता।
D. वह जीने की कला सीखना चाहता है।

38. मानव की संज्ञा पाने के लिए निम्नांकित विद्या अभीष्ट है—
A. जीना सिखलाने की विद्या
B. जीवनयापन के लिए उपयोगी विद्या
C. अर्जनकारी विद्या
D. शिल्प और प्रौद्योगिकी विद्या

39. शिक्षा के सोपानों का क्रम इस प्रकार होना चाहिए—
A. परिष्कार, उपयोगिता एवं आवश्यकता
B. आवश्यकता, परिष्कार एवं उपयोगिता
C. आवश्यकता, उपयोगिता एवं परिष्कार
D. उपयोगिता, आवश्यकता एवं परिष्कार

40. 'कु' से 'सु' बनने में यह आशय सन्निहित है—
A. दुर्जन से सुजन बनना B. दुष्कर से सुकर बनना
C. दुर्लभ से सुलभ बनना D. दुर्गम से सुगम बनना

41. मानव–जीवन की सर्वतोमुखी उन्नति का लक्ष्य है—
A. मनुष्य का स्वावलम्बन
B. मनुष्य की भौतिक साधन संपन्नता
C. मानव जीवन की संपन्नता एवं परिष्कार
D. सहज सुख–सुविधा सम्पन्न जीवन

42. 'अन्न' से 'आनन्द' की ओर बढ़ने में 'विद्या का सार' इसलिए निहित है क्योंकि ऐसी विद्या मनुष्य का—
A. सर्वांगीण विकास करती है।
B. भौतिक विकास करती है।
C. सामाजिक विकास करती है।
D. आध्यात्मिक विकास करती है।

43. 'जीने के लिए अर्जन करना सिखाने वाली' और 'जीना सिखलाने वाली' विद्याओं के पारस्परिक संबंध में निम्नांकित तथ्य सर्वाधिक उपयुक्त है—
A. ये दोनों विरोधी विद्याएं हैं।
B. इन दोनों में पूर्वापर संबंध है।
C. इन दोनों में अन्योन्याश्रित संबंध है।
D. ये दोनों एक ही सिक्के के दो पहलू हैं।

44. 'भारवाही गर्दभ' पदबंध से अभिप्रेत है—
A. बोझा ढोने वाला श्रमिक
B. अध्ययन में प्रवृत विद्यार्थी
C. धनार्जन में अक्षम पुरुष
D. जीने की कला से रहित साक्षर

45. उपर्युक्त अवतरण का सर्वाधिक उपयुक्त शीर्षक है—
A. वर्तमान भारतीय शिक्षा
B. शिक्षा के सोपान

C. मानव जीवन की सार्थकता

D. जीने की कला

अवतरण-6

एक समय एक पश्चिमी वास्तुशिल्पी, जो समाज पर प्रौद्योगिकी के प्रभावों का अध्ययन करते थे, भारत आए—विद्वान की विचारधारा यह थी कि भवन-निर्माण में **स्थानीय उपलब्ध साधनों** का अधिक से अधिक तथा दूर से या विदेश से प्राप्त होने वाले साधनों का कम से कम उपयोग होना चाहिए। इससे **समाज में गतिशीलता** आएगी। उत्पादन में पूरे समाज की **प्रतिभा** का उपयोग होगा और रोजगार में स्थानीय लोगों को अधिक से अधिक हिस्सा मिलेगा। हमारे पश्चिम प्रभावित वास्तुशिल्पी, इस वास्तुशिल्पी से काफी हैरान हुए कि वह आधुनिक होकर भी ऐसी बातें करता है। उनमें से कुछ तो **संशक** हुए कि हो न हो इसमें हमें पिछड़ा बनाए रखने की कोई चाल है।

अतिथि ने पाया कि वह अजनबियों के बीच में घिर गया है, जबकि भारत जैसे ग्राम्य प्रधान समाज में उसके विचारों को सही ढंग से समझने लायक दिमाग होने चाहिए थे, परंतु वास्तविकता यह थी कि दोनों के मन में आधुनिकता की **अवधारणा** को लेकर अंतर था, एक मानता था कि प्रौद्योगिकी का आविष्कार जिस समाज में होता है, वहां की **न्याय एवं समता** की आवश्यकता उस आविष्कार में **प्रतिबिम्बित** होती है, वह प्रौद्योगिकी मनुष्य को कितना स्वतंत्र छोड़ती है, वह उन सामाजिक मान्यताओं पर निर्भर है जिनमें हम औद्योगिकी का आविष्कार एवं चुनाव करते हैं। हमारे लोग यह मानते थे कि जो पश्चिम में हो चुका है, उसकी नकल ही आधुनिकता है। जहां तक स्थानीय साधनों से भवन निर्माण का प्रश्न है। वे या तो गंदी बस्तियों की कल्पना कर पाते थे, या जहां शहरों के उच्छिष्ट लोहा-लंगड़ और गांव के बचे-खुले खरपतवार को मिलाकर झोपड़ियां बनती हैं या फिर उन आलीशान महलों की जहां हस्तशिल्प को सुन्दर नमूनों को उनकी स्वाधीन आवश्यकता और उपयोग और शिल्पी के रोजगार से ही संदर्भ हीन करके सजाया जाता है।

46. अवतरण के अनुसार 'समाज में गतिशीलता आएगी' से क्या तात्पर्य है?

A. समाज का शीघ्र विकास होगा।

B. सामाजिक चिन्तन में बदलाव आएगा।

C. समाज में शीघ्र परिवर्तन होंगे।

D. विदेशी साधनों का उपयोग होना।

47. निम्नलिखित में से कौन-सा कथन आधुनिकता की अवधारणा को लेकर अंतर में प्रयुक्त अंतर की भारतीय धारणा को स्पष्ट करता है?

A. आधुनिक साजो-सामान से देश की उन्नति संभव है।

B. स्थानीय साधनों का प्रयोग पिछड़ापन है।

C. दैनिक क्रियाकलापों में वैज्ञानिक अवधारणाओं का प्रयोग करना चाहिए।

D. प्रौद्योगिकी के आविष्कार में सामाजिक न्याय एवं समता की आवश्यकता झलकती है।

48. अवतरण के अनुसार पश्चिमी वास्तुशिल्पी भवन-निर्माण में आधुनिक साधनों के उपयोग पर बल देने से क्या लाभ बताता है?

A. विदेशी मुद्रा की बचत

B. भारतीय वास्तुकला का निखार

C. उपलब्ध प्रतिभा का उपयोग

D. नवीन समाज का निर्माण

49. अवतरण के आधार पर कौन-सा कथन सत्य है?

A. विदेशी सामान के इस्तेमाल पर अधिक बल दिया है।

B. स्थानीय साधनों के उपयोग से समाज में अधिक गति-शीलता आएगी।

C. हमें केवल पश्चिमी प्रौद्योगिकी के विकास को अपने यहां आधार मानना चाहिए।

D. स्थानीय साधनों के प्रयोग से विकास की गति रूक जाएगी।

50. अवतरण के अनुसार भारतीय लोग किन बातों को आधुनिकता मानते हैं?

A. स्थानीय साधनों के प्रयोग को

B. मँहगे सामान के प्रयोग को

C. स्वदेश निर्मित सामान के प्रयोग को

D. पश्चिम की अंधाधुंध नकल को

51. इस अवतरण के माध्यम से लेखक पश्चिमी शिल्पी की किस अवधारणा को प्रचारित करना चाहता है?

A. विदेशी साज-सामान का वास्तुशिल्प में प्रयोग करना चाहिए।

B. वास्तुशिल्प में मँहगे से मँहगे साधन प्रयुक्त करना चाहिए।

C. स्थानीय उपलब्ध साधनों का भवन निर्माण में अधिकाधिक उपयोग करना चाहिए।

D. पश्चिमी देशों की प्रगति का अंधानुकरण करना चाहिए।

52. अवतरण के अनुसार **स्थानीय उपलब्ध साधनों** से क्या

तात्पर्य हैं?

A. जो साधन आसानी से प्राप्त हैं।

B. जो साधन उसी जगह प्राप्त हैं।

C. जो साधन अधिक कीमती है।

D. जो साधन प्राकृतिक हैं।

अवतरण-7

वैसे तो भारतीय साहित्य में **ऋग्वेद** से ही अनेक सुन्दर प्रेमाख्यान उपलब्ध होने लगते हैं, किंतु इसकी अखण्ड परंपरा का सूत्रपात **महाभारत** में ही होता है। इसका मूल कारण कदाचित् यह है कि महाभारत काल से पूर्व जहां भारतीय समाज में अति मर्यादावादी दृष्टिकोण की प्रमुखता दिखाई पड़ती है, वहां महाभारतीय समाज में हम स्वच्छन्द प्रणय भावना का उन्मीलन और विकास देखते हैं। महाभारत में वर्णित विभिन्न प्रसंगों से स्पष्ट है कि उस युग में प्रणय के क्षेत्र में जाति, कुल, व लोक-मर्यादा का विचार बहुत शिथिल हो गया था। सौंदर्य की प्रेरणा से ही प्रेम और विवाह सबंध स्थापित होने लगे थे। प्रेम और विवाह के क्षेत्र में आर्य-अनार्य का भेद भी लुप्त हो गया था। इसलिए भीम असुर कन्या हिडिम्बा से, अर्जुन नाग कन्या चित्रागंदा से, कृष्ण ऋक्ष-कन्या जाम्बवती से विवाह कर लेते हैं। प्रणय-स्वप्नों की पूर्ति के लिए सामाजिक मर्यादाओं का उल्लंघन नायिका का बलात् अपहरण व नायिका के संरक्षकों से युद्ध भी अनुचित नहीं माना जाता है। कृष्ण द्वारा रुक्मिणी का तथा अर्जुन द्वारा सुभद्रा का अपहरण तथा भीम-हिडिम्बा, प्रद्युम्न प्रभावती, अनिरुद्ध-उषा, प्रसंगों में नायिका के संरक्षकों से युद्ध इसी को प्रमाणित करता है। ऐसी स्थिति में यदि **महाभारत** से ही स्वच्छंद प्रेमाख्यानों या रोमांस-साहित्य का प्रवर्तन माना जाए, तो यह अनुचित न होगा। **महाभारत** में समाविष्ट प्रासंगिक उपाख्यानों में सर्वाधिक महत्त्वपूर्ण नल-दमयन्ती उपाख्यान है जिसमें स्वच्छन्द प्रेम या रोमांस की वे सभी प्रवृतियां उपलब्ध होती है, जो परवर्ती प्रेमाख्यानक उपाख्यानों में भी बराबर प्रचलित रही हैं, यथा-नायक-नायिका वे अप्रत्यक्ष परिचय से ही प्रेम की उत्पत्ति, हंस द्वारा संदेशों का आदान-प्रदान, नायक-नायिका के मिलन में अनेक बाधाओं की उपस्थिति, परिस्थितिवश नायक-नायिका का विच्छेद एवं पुनर्मिलन, अस्तु **महाभारत** यदि प्रेमाख्यानों की आधार भूमि है, तो **नल-दमयन्ती** उपाख्यान उसका सर्वाधिक आकर्षक केंद्र बिन्दु है।

53. हमारे साहित्य की प्राचीनतम रोमाण्टिक रचना उपलब्ध है—

A. उपनिषदों में

B. ऋग्वेद में

C. महाभारत में

D. प्रेमाख्यानक सूफी काव्य में

54. प्रद्युम्न-प्रभावती प्रसंग और अनिरुद्ध उषा प्रसंग में समानता है—

A. उनके सर्वाधिक आकर्षक प्रेमाख्यान होने में

B. उनके सर्वाधिक निष्कृष्ट प्रासंगिक उपाख्यान होने में

C. उनकी नायिकाओं के संरक्षकों में युद्ध होने में

D. उनके ऋग्वेद में संबंध होने में

55. **महाभारत** में प्रेमाख्यानक साहित्य की अखण्ड परम्परा का प्रवर्तन इसलिए माना जाता है, क्योंकि—

A. ऋग्वेद में कोई प्रेमाख्यान नहीं है।

B. महाभारत में वर्णित प्रेमाख्यानों में स्वच्छन्द प्रेम की प्रमुख प्रवृत्तियाँ मिलती हैं।

C. महाभारत के प्रेमाख्यानों में प्रेम के आदर्श रूप का चित्रण हुआ है।

D. महाभारत प्रेमाख्यानक काव्य है।

56. प्रणय और परिणय संबंधों के विषय में **महाभारत** के कई प्रसंग इस ओर संकेत करते हैं कि उस काल में—

A. प्रणय-स्वप्नों की पूर्ति संभव नहीं थी।

B. युद्ध के बिना कोई प्रेम विवाह सार्थक नहीं होता था।

C. प्रेम और विवाह के क्षेत्र में आर्य-अनार्य का भेद लुप्त हो रहा था।

D. प्रेम में व्यभिचार के लिए स्थान न था।

57. उपर्युक्त अवतरण का सर्वाधिक उपयुक्त शीर्षक है—

A. प्रेमाख्यान परम्परा और सूत्रपात

B. ऋग्वेद तथा महाभारत

C. प्रेम कथाओं की निरर्थकता

D. प्रणय और युद्ध

अवतरण-8

कुछ लाख वर्षों की ही बात है, जब मनुष्य जंगली था; वनमानुष जैसा उसे नाखून की जरूरत थी। उसकी जीवन रक्षा के लिए नाखून बहुत जरूरी थे। असल में वही उसके अस्त्र थे। दांत भी थे, पर नाखून के बाद ही उनका स्थान था। उन दिनों उसे जूझना पड़ता था। प्रतिद्वन्द्वियों को पछाड़ना पड़ता था। नाखून उसके लिए आवश्यक अंग था फिर धीरे-धीरे वह अपने अंग से बाहर की वस्तुओं का सहारा लेने लगा। पत्थर के ढेले और पेड़ की डालें काम में लाने लगा रामचन्द्रजी की वानरी सेना के पास ऐसे ही अस्त्र थे। उसने हड्डी को भी हथियार बनाए। हड्डी के इन हथियारों में

सबसे मजबूत और सबसे ऐतिहासिक था देवताओं के राज्य का 'वज्र', जो दधीचि मुनि की हड्डियों से बना था। मनुष्य और आगे बढ़ा। उसने धातु के हथियार बनाए जिनके पास लोहे के अस्त्र और शस्त्र थे। वे विजयी हुए। देवताओं के राजा तक को मनुष्यों के राजा से इसलिए सहायता लेनी पड़ती थी कि मनुष्यों के राजा के पास लोहे के अस्त्र थे। असुरों के पास अनेक विद्याएं थीं, पर लोहे के अस्त्र थे। शायद घोड़े भी थे। आर्यों के पास ये दोनों चीजें थीं। आर्य विजयी हुए। फिर इतिहास अपनी गति से बढ़ता गया। नाग हारे, सुपर्ण हारे, यक्ष हारे, असुर हारे, राक्षस हारे, लोहे के अस्त्रों ने बाजी मार ली। इतिहास आगे बढ़ा। पलीते वाली बंदूकों ने, कारतूसों ने, तोपों ने, बमों ने, बमवर्षक वायुयानों ने इतिहास को कीचड़ भरे घाट तक घसीटा है वह सबको मालूम है। नख-धर मनुष्य एटम बम पर भरोसा करके आगे की तरफ चल पड़ा है।

58. लाखों वर्ष पहले मनुष्य को नाखूनों की आवश्यकता इसलिए थी, क्योंकि वह इनसे—
 A. अपने शरीर को खुजला सकता था।
 B. फलों को छील या काट सकता था।
 C. जमीन में छेद कर सकता था।
 D. अपने विरोधियों को पछाड़ सकता था।

59. आरंभ में मनुष्य के अस्त्र थे उसके—
 A. दांत B. भुजाएं
 C. नाखून D. पैर

60. रामचन्द्रजी की वानरी सेना के अस्त्र थे—
 A. लोहे के बने बाण, भाले आदि
 B. पत्थरों के ढेले और वृक्षों की डालें
 C. हड्डियों से बने बज्र आदि
 D. बारुद के बने गोले-बम आदि

61. असुरों से देवता इसलिए जीते क्योंकि उनके पास—
 A. अनेक विद्याएं थी।
 B. अश्व थे।
 C. बज्र थे।
 D. अश्व और लोहे के अस्त्र दोनों थे।

62. नखधर मनुष्य को आज सबसे अधिक विश्वास है—
 A. पलीते वाले कारतूसों और बमों पर
 B. लोहे के बने अस्त्रों पर
 C. अपनी विधाओं पर
 D. अपने बमों पर

अवतरण-9

सामान्यत: ऐसा माना जाता है परंपरा अब तक वे सभी आचार-विचारों का जमाव है। सभी पुरानी बातें परंपरा कह दी जाती हैं। जबकि सत्य यह है कि परंपरा भी एक गतिशील प्रक्रिया की देन है। 'परंपरा' का शब्दार्थ है एक से दूसरे को, दूसरे से तीसरे को दिया जाने वाला क्रम। पर परंपरा से हमें समूचा अतीत नहीं प्राप्त होता। उसका निरंतर, निखरता, छंटता, बदलता रूप प्राप्त होता है। उसके आधार पर हम आगे की जीवन पद्धति को रूप देते हैं। इस प्रकार परंपरा का अर्थ विशुद्ध अतीत नहीं है। वह एक निरंतर गतिशील जीवंत प्रक्रिया है। खड़ा पैर परंपरा है और चलता पैर आधुनिकता।

इसी के समानान्तर आधुनिकता का अर्थ क्या केवल समय सापेक्ष है। इस समय जो कुछ है क्या वहीं आधुनिक है। ऐसा नहीं है। हम बराबर देखते हैं कि कुछ बातें इस समय ऐसी हैं जो आधुनिक नहीं है। बल्कि मध्यकालीन हैं। वस्तुत: मनुष्य ने अनुभवों द्वारा जिन गहनीय मूल्यों को उपलब्ध किया है, उन्हें नए संदर्भ में देखने की दृष्टि आधुनिकता है। यह एक गतिशील प्रक्रिया है। संदर्भ बदल रहे हैं क्योंकि नई जानकारियों से नए साधन और उत्पादन सुलभ होते जा रहे हैं। नई सामग्रियां और नए कौशल नवीन संदर्भों की रचना कर रहे हैं। आधुनिकता ज्ञान की अत्याधुनिक उपलब्धियों के आलोक में रूप ग्रहण करने का प्रयास करती है, इसीलिए बौद्धिक है।

कोई भी आधुनिक विचार आसमान में नहीं पैदा होता है। सबकी जड़ परंपरा में गहराई तक गई हुई है। सुन्दर से सुन्दर फूल यह दावा नहीं कर सकता कि वह पेड़ से भिन्न होने के कारण उससे एकदम अलग है। कोई भी पेड़ यह दावा नहीं कर सकता कि वह मिट्टी से भिन्न होने के कारण उससे एकदम अलग है। इसी प्रकार कोई भी आधुनिक विचार यह दावा नहीं कर सकता कि वह परंपरा से कटा हुआ है। कार्य-कारण के रूप में, आधार-आधेय के रूप में परंपरा की एक शृंखला अतीत में गहराई तक बहुत गहराई तक गई हुई है।

63. परंपरा का महत्त्व अक्षुण्ण है क्योंकि—
 A. वह प्राचीन विचारों का जमाव है।
 B. उसमें मनुष्य का इतिहास सुरक्षित है।
 C. उसका आधार भविष्य का भावात्मक लगाव होता है।
 D. उसके साथ मनुष्य का भावात्मक लगाव होता है।

64. आधुनिकता का अभिप्राय है—
 A. परंपरा का पूर्ण तिरस्कार
 B. वर्तमान समय से जुड़ा होना
 C. नए मूल्यों की खोज
 D. परंपरा से अर्जित मूल्यों की नए संदर्भ में परख

65. आधुनिकता एक गतिशील प्रक्रिया है क्योंकि—
 A. समय गतिशील है।

B. गति ही जीवन है।

C. ज्ञान का विकास चिंतन प्रक्रिया को निरंतर बदलता रहता है।

D. युग परिवर्तन की प्रक्रिया सतत् गतिशील रहती है।

66. आधुनिकता और परंपराओं में परस्पर—

A. अविच्छन्न संबंध है। B. आकांक्षी संबंध है।

C. अजर-अमर संबंध है। D. विशिष्ट संबंध है।

67. आधुनिकता की मूल अवधारणा बौद्धिकता है, क्योंकि—

A. आधुनिकता ज्ञान की अत्याधुनिक उपलब्धियों के सानिध्य में विकसित होती है।

B. यह आधुनिक बुद्धिजीवियों का विलास है।

C. केवल शिक्षित वर्ग ही आधुनिक होता है।

D. बुद्धि आधुनिकता का मार्ग प्रशस्त करती है।

अवतरण-10

प्रेमचन्द की जो सबसे बड़ी शक्ति है वह अधिकांश आलोचकों ने पहचानी ही नहीं है, वह है—आचरण की भूमि। प्रेमचन्द के जीवन चित्रण और आचरण में पूर्ण साम्य है। उनका समस्त साहित्य उनकी आत्माभिव्यक्ति हैं। अंसख्य पात्रों में उनकी अपनी सात्विकता चरितार्थ ही है। अपने ही नैतिक, राष्ट्रीय और भावुक व्यक्तित्व को अनेकानेक कल्पित नर-नारियों के चरित्र में बांटकर वे अपने साहित्य जगत पर छा गए हैं। उनके लिए साहित्य आचरण से स्वतंत्र कला-कर्म मात्र नहीं है। उनके पात्रों की दया, क्षमा, ममता ओजस्विता और बलिदानशीलता प्रेमचन्द की अपनी अनुभूति है। सामाजिक संपृक्ति का ऐसा उदाहरण बिरले ही मिलेगा। प्रेमचन्द के प्रत्येक पात्र पर उनके व्यक्तित्व तथा आचरण की छाप है। वह अपने पात्रों का जीवन जिए हैं और उन्होंने अपने आचरण की सम्यक्ता और पवित्रता का झीना आवरण अपनी कला सृष्टि पर डाल दिया है। इसलिए वे तटस्थ कलाकार नहीं कहे जा सकते। वे परिबद्ध हैं, अपने युग मानव से क्षण-प्रतिक्षण संपृक्त हैं। प्रेमचन्द के चरित्र की पवित्रता ही उनके पात्रों को पवित्रतावादी बना देती है। आचरण के द्वारा हम जीवन से संपृक्त होते हैं और जिस कलाकार की कलम से एक भी अनैतिक काव्य नहीं मिलता, दैहिक आवेग का एक भी स्पन्दन नहीं उभरा, वासना, कटुता और घृणा से जिसका कोई पात्र विषाक्त नहीं हुआ, उस कलाकार की जीवन चेतना हमारी उदात्त नैतिक चेतना का पर्याय ही होगी। प्रेमचन्द नीति के कलाकार हैं, अनीति के कलाकार नहीं हैं, क्योंकि वे जीवन शिल्पी हैं।

68. आलोचकों द्वारा प्रेमचन्द की कौन-सी शक्ति अनचिन्ही रह गईं है?

A. जीवन चित्रण की B. जीवन संपृक्ति की

C. लेखकीय तटस्थता की D. आचरण की

69. प्रेमचन्द के उपन्यासों में उनकी आत्माभिव्यक्ति दृष्टिगत होती है, क्योंकि—

A. प्रेमचन्द, उपन्यास को जीवन चित्रण मानते हैं।

B. वे सात्विक जीवन जीने के पक्षधर हैं।

C. उनके पात्र उनके व्यक्तित्व को वहन करते हैं।

D. उनके पात्र वर्गगत न होकर व्यक्तिगत हैं।

70. प्रेमचन्द का कला विषयक सिद्धांत था—

A. कला-कला के लिए B. कला मनोरंजन के लिए

C. कला-तटस्थता के लिए D. कला नैतिकता के लिए

71. प्रेमचन्द अपने साहित्य में 'स्व' की अभिव्यक्ति करते हैं—

A. पात्रों के माध्यम से

B. कथानक के माध्यम से

C. संवादों के माध्यम से

D. भाषा शैली के माध्यम से

72. प्रेमचन्द को नीति का कलाकार माना जा सकता है क्योंकि वे—

A. साहित्य में आत्माभिव्यक्ति पर बल देते हैं।

B. उदात्त नैतिक चेतना के उपन्यासकार हैं।

C. जीवन में सात्विकता को महत्त्व देते हैं।

D. आचरण की सभ्यता के अनुसर्ता हैं।

उत्तरमाला

1	2	3	4	5	6	7	8	9	10
B	C	B	D	D	B	C	B	C	B
11	**12**	**13**	**14**	**15**	**16**	**17**	**18**	**19**	**20**
C	D	C	D	A	D	C	B	C	B
21	**22**	**23**	**24**	**25**	**26**	**27**	**28**	**29**	**30**
D	A	D	C	A	D	C	B	D	C
31	**32**	**33**	**34**	**35**	**36**	**37**	**38**	**39**	**40**
C	D	C	A	B	C	C	A	C	A

41	42	43	44	45	46	47	48	49	50
C	A	D	A	B	C	B	C	B	D
51	**52**	**53**	**54**	**55**	**56**	**57**	**58**	**59**	**60**
C	B	C	C	B	C	A	D	C	B
61	**62**	**63**	**64**	**65**	**66**	**67**	**68**	**69**	**70**
C	D	C	D	C	A	A	D	C	D
71	**72**								
A	B								

यूनिट - IV : युक्तिसंगत तर्क

1. कथन एवं निष्कर्ष पर आधारित परीक्षण

(Statement and Conclusion Based Test)

इस प्रकार के प्रश्न में एक कथन तथा उस पर आधारित दो निष्कर्ष दिए होते हैं। आपको कथन पर तथा उसके बाद दिए इस निष्कर्षों पर विचार करना है और फिर यह ज्ञात करना होता है कि दिए गए कथन के आधार पर दोनों निष्कर्षों में से कौन-सा प्रबल निष्कर्ष है। निर्णय लेने से पहले ठोस निष्कर्ष तथा कमजोर तर्क के मध्य अन्तर समझना परम आवश्यक है। ठोस निष्कर्ष महत्त्वपूर्ण एवं कथन से सीधे संबंधित होते हैं। कमजोर निष्कर्ष कम महत्त्वपूर्ण तथा कथन के गैर महत्त्वपूर्ण पहलुओं से संबंधित होते हैं।

नोट—नीचे दिए गए व्याख्यात्मक उदाहरण से इसे भली-भांति समझा जा सकता है—

उदाहरण 1.

कथन : यदि आप सुचित्रित कलाकार हैं तो हमारे पास आपके लिए दावे के साथ एक कार्य है।

निष्कर्ष : I. यदि आप सुचित्रित कलाकार हैं।

II. हमको एक सुचित्रित कलाकार की आवश्यकता है।

A. केवल निष्कर्ष I निकलता है।

B. केवल निष्कर्ष II निकलता है।

C. न तो निष्कर्ष I और न ही II निकलता है।

D. निष्कर्ष I और II दोनों निकलते हैं।

हल (B) : निष्कर्ष (II) कथन की पुष्टि करता है क्योंकि कथन में यह दिया गया है कि यदि आप एक सुचित्रित कलाकार हैं तो हमारे पास आपके लिए दावे के साथ एक कार्य है। इससे यह स्पष्ट है कि हमको एक सुचित्रित कलाकार की आवश्यकता है।

अभ्यास

1. कथन : सभी प्राप्त पूर्व अभिलेखों से यह स्पष्ट है कि प्राचीन भारत में भी गुरु और शिष्य दोनों ने ज्ञान की मात्रा के बजाय ज्ञान के गुण को महत्त्व प्रदान किया।

निष्कर्ष : I. ज्ञान की मात्रा को महत्त्व देना निष्कृष्ट कार्य है।

II. प्राचीन भारत में शिक्षक और शिक्षार्थियों के बीच शैक्षिक मूल्यों की समानता थी।

A. केवल निष्कर्ष I निकलता है।

B. केवल निष्कर्ष II निकलता है।

C. निष्कर्ष I और II परस्पर विपरीत है।

D. न तो निष्कर्ष I और न ही II निकलता है।

2. कथन : जानवरों से होने वाला सहायक उत्पादन जैसे बाल, खाल, सींग आदि लगभग 50 प्रतिशत खाद्य प्रोटीन है। अमेरिकन रसायनशास्त्रियों ने इस प्रोटीन का 45 प्रतिशत अलग करने का तरीका विकसित कर लिया है। उन्होंने सोया-प्रोटीन को निकालने के लिए जापान में तैयार एन्जाइम का प्रयोग किया।

निष्कर्ष : I. अमेरिकन एन्जाइम विकसित नहीं कर रहे हैं।

II. जानवर के सहायक उत्पादन करने वाले प्रोटीन की सोया प्रोटीन जैसी रचना होती है।

A. केवल निष्कर्ष I निकलता है।

B. केवल निष्कर्ष II निकलता है।

C. निष्कर्ष I और II परस्पर विपरीत है।

D. न तो निष्कर्ष I और न ही II निकलता है।

3. कथन : स्वदेशोत्पन्न कच्चे तेल के उत्पादन की अपेक्षा घरेलू मांग तेजी से बढ़ रही है।

निष्कर्ष : I. कच्चे माल का आयात किया जाना चाहिए।

II. घरेलू मांग कम की जानी चाहिए।

A. केवल निष्कर्ष I निकलता है।

B. केवल निष्कर्ष II निकलता है।

C. निष्कर्ष I और II परस्पर विपरीत है।

D. न तो निष्कर्ष I और न ही II निकलता है।

4. कथन : उन्होंने वर्तमान परीक्षा प्रणाली को हटाने की

आवश्यकता और छात्रों की वास्तविक योग्यता को मापने के दूसरे तरीकों से इसे बदलने की आवश्यकता पर जोर दिया।

निष्कर्ष : I. परीक्षाएं समाप्त की जानी चाहिए।
II. वर्तमान परीक्षा प्रणाली छात्रों की वास्तविक योग्यता का मापन नहीं करती है।

A. केवल निष्कर्ष I निकलता है।
B. केवल निष्कर्ष II निकलता है।
C. निष्कर्ष I और II परस्पर विपरीत है।
D. न तो निष्कर्ष I और न ही II निकलता है।

5. कथन : इस संविधान के संशोधन के बाद कोई भी बच्चा जो कि 14 वर्ष की आयु से नीचे के बच्चों को फैक्ट्री या खान या अन्य खतरे से पूर्ण रोजगार में नहीं लगाया जाएगा।

निष्कर्ष : I. इस संविधान के संशोधन से पहले 14 वर्ष की आयु से नीचे के बच्चों को फैक्ट्री या खान में काम करने के लिए लगाया जाता था।
II. इस संशोधन में काम देनेवाला, संविधान का पालन करता है।

A. केवल निष्कर्ष I निकलता है।
B. केवल निष्कर्ष II निकलता है।
C. निष्कर्ष I या II निकलते हैं।
D. न तो निष्कर्ष I और न ही II निकलता है।

6. कथन : जब हम सरकार के ग्रामीण एवं शहरी दोनों क्षेत्रों के प्रति रुख को देखते हैं तो ग्रामीण एवं शहरी विकास की समस्याओं में असमानताएं स्पष्ट दिखलाई देने लगती है।

निष्कर्ष : I. सरकार का ध्यान शहरी विकास की अपेक्षा ग्रामीण विकास की और अधिक है।
II. सरकार का ध्यान ग्रामीण विकास की अपेक्षा शहरी विकास की और अधिक है।

A. केवल निष्कर्ष I निकलता है।
B. केवल निष्कर्ष II निकलता है।
C. निष्कर्ष I और II दोनों निकलते हैं।
D. निष्कर्ष I सही है तथा निष्कर्ष II विपरीत है अथवा निष्कर्ष II सही है और निष्कर्ष I विपरीत है।

7. कथन : एक सनकी बेवकूफ नहीं है जो बेवकूफों जैसा व्यवहार करता है।

निष्कर्ष : I. सनकी और बेवकूफी साथ-साथ पाई जाती है।
II. सामान्य व्यक्ति बुद्धिमानी से व्यवहार करता है।

A. केवल निष्कर्ष I निकलता है।
B. केवल निष्कर्ष II निकलता है।
C. निष्कर्ष I या II निकलते हैं।
D. न तो निष्कर्ष I और न ही II निकलता है।

8. कथन : जातियां, सामाजिक दृष्टि से मानव निर्मित संगठन की उपलब्धि है, न कि ईश्वरीय नियुक्ति।

निष्कर्ष : I. जातियां मानव निर्मित है
II. ईश्वरीय शक्ति ने संसार में कई रहस्य उत्पन्न कर दिए हैं।

A. केवल निष्कर्ष I निकलता है।
B. केवल निष्कर्ष II निकलता है।
C. निष्कर्ष I या II निकलते हैं।
D. न तो निष्कर्ष I और न ही II निकलता है।

9. कथन : संसदीय नैतिकता कोई प्राकृतिक भावना नहीं है।

निष्कर्ष : I. भावना हमारे अन्दर से उत्पन्न होती है।
II. संसदीय नैतिकता प्राप्त करनी चाहिए।

A. केवल निष्कर्ष I निकलता है।
B. केवल निष्कर्ष II निकलता है।
C. निष्कर्ष I या II निकलते हैं।
D. न तो निष्कर्ष I और न ही II निकलता है।

10. कथन : पिछले महीने पूंजी बाजार में प्रमुख निर्गमों का भी लोगों ने पूरी तरह अभिदान नहीं किया। भारत सरकार भी चिंतित है और पूँजी बाजार में पुन: विश्वास जागृत कराना चाहती है।

निष्कर्ष : I. जनता के अभिदान में कुछ कमी रहती है तो सरकारी वित्त संस्थाओं का अभिदान करना चाहिए।
II. सरकार को चाहिए कि वह कम्पनियों से जनता के अभिदान हेतु जारी होने वाले निर्गमों को तब तक स्थगित करे, जब तक पूंजी बाजार में स्थायित्व न आ जाए।

A. केवल निष्कर्ष I निकलता है।
B. केवल निष्कर्ष II निकलता है।
C. या तो निष्कर्ष I या II निकलता है।
D. न तो निष्कर्ष I और न ही II निकलता है।

11. कथन : आर्ट गैलरी में एक प्रख्यात चित्रकार की पेंटिंग्स जनता के लिए प्रदर्शित की गई है। पेंटिंग्स की कीमत

सामान्य आदमी के लिए काफी अधिक है।

निष्कर्ष : I. सामान्य लोग अन्य स्थानों से पेंटिंग्स खरीदते हैं।

II. मंहगी पेंटिंग्स सामान्यतया आर्ट गैलरियों में प्रदर्शित की जाती है।

A. केवल निष्कर्ष I निकलता है।

B. केवल निष्कर्ष II निकलता है।

C. न तो निष्कर्ष I और न ही II निकलता है।

D. निष्कर्ष I और II दोनों निकलता है।

12. कथन : डॉक्टरों को मानव संरचना का व्यापक ज्ञान होता है।

निष्कर्ष : I. पाठ्यक्रम में शरीर रचना उनका एक विषय होता है।

II. दूसरे विषय भी मानव संरचना में डीस करते हैं।

A. केवल निष्कर्ष I निकलता है।

B. केवल निष्कर्ष II निकलता है।

C. न तो निष्कर्ष I और न ही II निकलता है।

D. निष्कर्ष I और II दोनों निकलते हैं।

13. कथन : अध्यापक छात्र अनुपात को कम करने के लिए राज्य सरकार सिद्धांत रुप में ग्रामीण और शहरी क्षेत्रों के प्राथमिक स्कूलों में अधिक संख्या में अध्यापकों के पदों की स्वीकृति हेतु राजी हो गई है।

निष्कर्ष : I. छात्र अध्यापक अनुपात शहरी क्षेत्रों से ग्रामीण क्षेत्रों की तुलना में ऊंचा है।

II. छात्र-अध्यापक अनुपात ग्रामीण क्षेत्रों में शहरी क्षेत्रों की तुलना में ऊंचा है।

A. केवल निष्कर्ष I निकलता है।

B. केवल निष्कर्ष II निकलता है।

C. न तो निष्कर्ष I और न ही II निकलता है।

D. निष्कर्ष I और II दोनों निकलते हैं।

14. कथन : एक शोध अध्ययन से पता चलता है कि बच्चों का व्यक्तित्व उनके घरेलू वातावरण के व्यापक अध्ययन के बगैर अच्छी तरह से नहीं समझा जा सकता है।

निष्कर्ष : I. अध्यापक और साथ ही साथ माता-पिता दोनों की ही भूमिका बच्चों की भलाई के लिए एक जैसी महत्वपूर्ण है।

II. स्कूल घरेलू वातावरण के महत्त्व की अनदेखी कर रही है।

A. केवल निष्कर्ष I निकलता है।

B. केवल निष्कर्ष II निकलता है।

C. न तो निष्कर्ष I और न ही II निकलता है।

D. निष्कर्ष I और II दोनों निकलते हैं।

15. कथन : देश की एकता और अखण्डता के लिए आवश्यक है कि हम सभी भारतीयों को चाहे वे गरीब हों या अमीर हों अपने स्वार्थ को बलिदान करना होगा।

निष्कर्ष : I. एकता और अखण्डता को छिन्न-भिन्न करने वाला केवल स्वार्थ ही होता है।

II. स्वार्थ से एकता और अखण्डता पर कोई प्रभाव नहीं पड़ता है।

A. केवल निष्कर्ष I निकलता है।

B. केवल निष्कर्ष II निकलता है।

C. केवल निष्कर्ष I या II निकलता है।

D. न तो निष्कर्ष I और न ही II दोनों निकलते हैं।

16. कथन : कोई भी देश पूरे विश्व में जितनी सम्पन्न और समृद्धि की तरफ अग्रसर होता है उतनी ही विषमता और परेशानियों का जनजीवन को सामना करना पड़ता है।

निष्कर्ष : I. विषमता और परेशानियां ही नई खोज को जन्म देने के माध्यम हैं।

II. विषमता और परेशानियां जनजीवन के संस्कार हैं।

A. केवल निष्कर्ष I निकलता है।

B. केवल निष्कर्ष II निकलता है।

C. निष्कर्ष I या II निकलता है।

D. न तो निष्कर्ष I और न ही II निकलता है।

17. कथन : समाचार पत्र में छपी सूचना है कि एक विवाहित युवक ने पुलिस विभाग के कर्मचारियों से तंग आकर पत्नी और बच्चों सहित नदी में कूद कर आत्मदाह किया।

निष्कर्ष : I. पुलिस विभाग की कार्यकारिणी व दिशा निर्देशन अनियमित है।

II. इस युग में पुलिस विभाग की नींव भ्रष्टाचार और अनैतिक जैसी आधारशिला पर रखी है।

A. केवल निष्कर्ष I निकलता है।

B. केवल निष्कर्ष II निकलता है।

C. न तो निष्कर्ष I और न ही II निकलता है।

D. निष्कर्ष I और II दोनों निकलते हैं।

18. कथन : एक सूचना के अनुसार अमुक व्यक्ति को अमुक क्षेत्र में अमुक पदक से सम्मानित किया गया।

निष्कर्ष : I. अमुक व्यक्ति इस सम्मान के योग्य था।
II. अन्य कोई व्यक्ति इस सम्मान के योग्य नहीं था।

A. केवल निष्कर्ष I निकलता है।
B. केवल निष्कर्ष II निकलता है।
C. केवल निष्कर्ष I या II निकलता है।
D. न तो निष्कर्ष I और न ही II निकलता है।

19. कथन : एक दार्शनिक के अनुसार कार्य की सिद्धि परिश्रम करने से ही होती है। मन की इच्छाओं से नहीं होती है।

निष्कर्ष : I. आलसी व्यक्ति सफलता को नहीं छू सकते।
II. आदमी कितना ही बड़ा विचारक क्यों न हो जाए परिश्रम के बिना कुछ प्राप्त नहीं कर सकता।

A. केवल निष्कर्ष I निकलता है।
B. केवल निष्कर्ष II निकलता है।
C. केवल निष्कर्ष I या II निकलता है।
D. न तो निष्कर्ष I और न ही II निकलता है।

20. कथन : इस पाठ्यक्रम में प्रवेश हेतु योग्यता न्यूनतम द्वितीय श्रेणी में मास्टर डिग्री है। तथापि वे परीक्षार्थी जो मास्टर डिग्री की फाइनल परीक्षा में बैठे हैं वे भी आवेदन कर सकते हैं।

निष्कर्ष : I. वे सभी परीक्षार्थी जो कि अभी अपनी मास्टर डिग्री पाने वाले हैं चुने हुए परीक्षार्थियों की सूची में होंगे।
II. वे सभी परीक्षार्थी जिन्होंने मास्टर डिग्री द्वितीय श्रेणी में प्राप्त की है चुने गए परीक्षार्थियों की सूची में होंगे।

A. केवल निष्कर्ष I निकलता है।
B. केवल निष्कर्ष II निकलता है।
C. या तो निष्कर्ष I या II निकलता है।
D. न तो निष्कर्ष I और न ही II निकलता है।

21. कथन : सरकार द्वारा चलाई जा रही कम्पनी ने अपने कर्मचारियों से कहा कि वे अपनी आय और परिसम्पतियाँ घोषित करें पर कर्मचारी यूनियन ने इसका कड़ा विरोध किया और कोई भी कर्मचारी अपनी आय घोषित करने नहीं जा रहा।

निष्कर्ष : I. ऐसा लगता है कि इस कम्पनी के कर्मचारियों की वेतन के सिवाय कोई अन्य अतिरिक्त अघोषित आमदनी नहीं है।
II. कर्मचारी यूनियन चाहती है कि सभी वरिष्ठ अधिकारीगण पहले अपनी आय घोषित करें।

A. केवल निष्कर्ष I निकलता है।
B. केवल निष्कर्ष II निकलता है।
C. या तो निष्कर्ष I या II निकलता है।
D. न तो निष्कर्ष I और नही II निकलता है।

22. कथन : XYZ सरकार द्वारा देश में युद्ध के समय लागू किया गया सरकारी गोपनीयता अधिनियम देश P में भ्रष्टाचार का कुछ ज्यादा ही स्रोत दिखता है।

निष्कर्ष : I. देश P में भ्रष्टाचार समाप्त करने के लिए सरकारी गोपनीयता नियम को समाप्त करना तत्काल जरुरी है।
II. सरकार XYZ अपने सरकारी कार्यालयों में भ्रष्टाचार को बढ़ावा देना चाहती है।

A. केवल निष्कर्ष I निकलता है।
B. केवल निष्कर्ष II निकलता है।
C. या तो निष्कर्ष I या II निकलता है।
D. न तो निष्कर्ष I और न ही II निकलता है।

23. कथन : समुद्र में दो वाहकों की आपसी भिड़ंत के बाद सभी नौचालक और यात्री लापता घोषित किए गए हैं— एक समाचार रिपोर्ट।

निष्कर्ष : I. भिड़ंत के बाद दोनों वाहकों में से कोई भी बचा नहीं होगा।
II. दोनों वाहकों में से कुछ लोग बच गए हो सकते हैं और वे लापता होंगे।

A. केवल निष्कर्ष I निकलता है।
B. केवल निष्कर्ष II निकलता है।
C. या तो निष्कर्ष I या II निकलता है।
D. न तो निष्कर्ष I और न ही II निकलता है।

24. कथन : P देश में अच्छा स्वास्थ्य एक विलासिता है जहां कि उस क्षेत्र के अन्य देशों की तुलना में मृत्यु दर बहुत ऊंची है।

निष्कर्ष : I. P देश के लोग जीवन में बहुत सारी विलासिताएं वहन नहीं कर सकते।
II. अच्छा स्वास्थ्य प्रकृति की नेमत है।

A. केवल निष्कर्ष I निकलता है।
B. केवल निष्कर्ष II निकलता है।
C. या तो निष्कर्ष I या II निकलता है।
D. न तो निष्कर्ष I और न ही II निकलता है।

उत्तरमाला

1	2	3	4	5	6	7	8	9	10
B	D	C	B	D	D	A	A	C	B
11	**12**	**13**	**14**	**15**	**16**	**17**	**18**	**19**	**20**
B	D	C	D	A	D	D	A	B	B
21	**22**	**23**	**24**						
D	A	C	D						

संकेत

1. 'गुरु' और 'शिष्य' दोनों ने ज्ञान की मात्रा के बजाय ज्ञान के गुण को अधिक महत्त्व दिया। इसलिए दूसरा निष्कर्ष बिल्कुल स्पष्ट है।

5. दिए गए कथन से दोनों निष्कर्ष (I) व (II) की पुष्टि होती है।

6. दिए गए कथन से यदि निष्कर्ष (I) सत्य होता है तो निष्कर्ष (II) विपरीत पड़ता है तथा यदि (I) सत्य होता है तो (II) विपरीत पड़ता है।

7. चूंकि सनकी, बेवकूफों जैसा व्यवहार करता है इसका अर्थ है कि सनकी और बेवकूफी साथ-साथ पाई जाती है, इसलिए निष्कर्ष (I) सत्य है। कथन में सामान्य व्यक्ति के संबंध में कुछ भी नहीं कहा गया है। इसलिए निष्कर्ष (II) असत्य है।

8. दिए गए कथन से केवल निष्कर्ष (I) की पुष्टि होती है।

9. दिए हुए कथन से दोनों निष्कर्षों की पुष्टि होती है।

11. आर्ट गैलरी की पेंटिंग्स अत्यधिक कीमती है। अत: सामान्य आदमी उन्हें नहीं खरीद पाता है। परंतु इससे यह अनुमान नहीं लगता कि सामान्य आदमी पेंटिंग्स अन्यत्र से खरीदते हैं। अत: निष्कर्ष (II) निकलता है।

12. डॉक्टर को मानव संरचना का व्यापक ज्ञान होना सिद्ध करता है कि वह पाठ्यक्रम का आवश्यक विषय होता है। साथ ही दूसरे विषय जैसे औषधियों के प्रभाव शल्य चिकित्सा आदि का संबंध भी मानव संरचना से होता है। अत: निष्कर्ष (I) व (II) दोनों निकलते हैं।

13. क्योंकि छात्र अध्यापक अनुपात को कम करने के लिए राज्य सरकार शहरी और ग्रामीण प्राथमिक विद्यालयों में अध्यापकों की संख्या में वृद्धि करेंगी। अत: इससे यह निष्कर्ष नहीं निकलता कि अनुपात शहर में ऊंचा है या ग्रामीण क्षेत्र में। अनुपात को दोनों जगहों में कम करने की तैयारी दोनों क्षेत्रों में ऊंचे अनुपात होने का निष्कर्ष देता है।

14. शोध अध्ययन यदि घरेलू वातावरण की जानकारी बच्चों के व्यक्तित्व परीक्षण ने अपरिहार्य समझता है तो अध्यापक और माता-पिता की भूमिका आवश्यक तो है ही साथ ही इसका निषेधात्मक पक्ष भी (दूसरा निष्कर्ष) सिद्ध होता है कि स्कूल घरेलू वातावरण की उपेक्षा करते हैं। इसलिए शोध अध्ययन में घरेलू वातावरण का महत्त्व उभर कर ऊपर आया। अत: दोनों निष्कर्ष (I व II) तर्कसंगत है।

2. दो कथन एवं एक निष्कर्ष पर आधारित परीक्षण
(Two Statement and One Conclusion Based Test)

इस प्रकार के प्रश्नों में दो कथन दिए होते हैं तथा इन पर आधारित एक निष्कर्ष दिया होता है। अभ्यर्थी को कथनों के आधार पर निष्कर्ष की सत्यता की जांच करनी होती है। कभी-कभी यह भी पूछा जाता है कि निष्कर्ष की पुष्टि कौन-सा कथन करता है।

नोट—*नीचे दिए गए व्याख्यात्मक उदाहरणों से इसे भली-भांति समझा जा सकता है—*

निर्देश : *नीचे दिए गए प्रश्न में दो कथनों के आधार पर एक निष्कर्ष दिया हुआ है। आपको कथनों के संदर्भ में निष्कर्ष की सत्यता की जांच करनी है। यदि निष्कर्ष बिल्कुल सही है तो आपका उत्तर (A) होगा, यदि निष्कर्ष कुछ सीमा तक सही है तो आपका उत्तर (B) होगा, यदि निष्कर्ष दोनों कथनों से असम्बद्ध है तो आपका उत्तर (C) होगा, तथा यदि निष्कर्ष बिल्कुल गलत है तो आपका उत्तर (D) होगा।*

उदाहरण 1.

कथन : *(i)* यह एक बस है।

(ii) कुछ बसें पीली होती हैं।

निष्कर्ष : अत: यह बस पीली होनी चाहिए।

हल (B) : कुछ बसें पीली होती हैं तथा यह एक बस है। अत: यह बस पीली हो भी सकती है परन्तु निश्चित रूप से नहीं कहा जा सकता है कि यह बस पीली ही है। अत: निष्कर्ष निश्चित रुप से सही नहीं है लेकिन सही होने की संभावना है। अत: उत्तर (B) होगा।

निर्देश : *नीचे दिए गए प्रश्न में दो कथनों के आधार पर एक निष्कर्ष दिया हुआ है। आपको कथनों के संदर्भ में निष्कर्ष कर विचार करना है। आपका उत्तर (A) है यदि निष्कर्ष की पुष्टि पहले कथन से होती है, (B) यदि दूसरे कथन से, (C) यदि दोनों कथनों से, (D) यदि (I) अथवा (II) से तथा (E) यदि किसी भी कथन से पुष्टि नहीं होती है।*

उदाहरण 2.

कथन : (i) बुद्धि के लिए चरित्र की आवश्यकता नहीं है।

(ii) मोहिनी एक चरित्रवान लड़की है।

निष्कर्ष : मोहिनी में बुद्धि नहीं है।

हल (C) : 'बुद्धि के लिए चरित्र की आवश्यकता नहीं है' का अर्थ यह नहीं है कि किसी भी बुद्धिमान व्यक्ति का चरित्र ही नहीं होता है। दूसरा कथन भी इस बात के लिए बाध्य नहीं करता कि मोहिनी में बुद्धि नहीं है। अत: किसी भी कथन से निष्कर्ष की पुष्टि नहीं होती है। अत: उत्तर (C) होगा।

अभ्यास

निर्देश : *निम्नलिखित प्रत्येक प्रश्न में दो कथन (i) व (ii) दिए गए हैं, तथा उसके बाद एक निष्कर्ष दिया हुआ है। यदि सिर्फ कथन (i) से निष्कर्ष की पुष्टि होती है तो उत्तर (A) है। यदि सिर्फ कथन (ii) से निष्कर्ष की पुष्टि होती है तो उत्तर (B) है। यदि दोनों कथन (i) व (ii) से निष्कर्ष की पुष्टि होती है तो उत्तर (C) है। यदि कथन (i) से निष्कर्ष की पुष्टि होती है परन्तु (ii) विपरीत पड़ता है तो उत्तर (D) है, तथा यदि किसी भी कथन से निष्कर्ष की पुष्टि नहीं होती है तो उत्तर (E) है।*

1. कथन : *(i)* भारतवर्ष में जनसंख्या वृद्धि की दर काफी अधिक है।

(ii) जनसंख्या की अत्यधिक वृद्धि आर्थिक विकास में बाधक है।

निष्कर्ष : भारतवर्ष की जनसंख्या आर्थिक विकास में बाधक है।

A. A B. B
C. D D. C

2. कथन : *(i)* कुछ शाक, फल हैं।

(ii) फल स्वास्थ्य के लिए अच्छे होते हैं।

निष्कर्ष : कुछ शाक, स्वास्थ्य के लिए अच्छे होते हैं।

A. A B. B
C. C D. D

3. **कथन :** *(i)* सभी चट्टानें पर्वत हैं।
(ii) सभी चट्टानें वृक्ष हैं।
निष्कर्ष : कुछ पर्वत, वृक्ष हैं।
A. A B. B
C. C D. D

4. **कथन :** *(i)* सभी लड़के विद्यार्थी हैं।
(ii) कोई भी विद्यार्थी लड़का नहीं है।
निष्कर्ष : कुछ विद्यार्थी लड़के हैं।
A. A B. B
C. C D. E

5. **कथन :** *(i)* चीजों के भाव बढ़ने के लिए आर्थिक कमी उत्तरदायी है।
(ii) विकास के लिए आर्थिक कमी आवश्यक है।
निष्कर्ष : चीजों के भाव में वृद्धि विकास की कुंजी है।
A. A B. C
C. E D. B

6. **कथन :** *(i)* कांगों के वन की जलवायु में नमी अधिक है।
(ii) जलवायु में अत्यधिक नमी, मनुष्य के स्वास्थ्य के लिए हानिकारक है।
निष्कर्ष : कांगों के वन की जलवायु में नमी वहां के निवासियों के स्वास्थ्य के लिए हानिकारक है।
A. B B. C
C. B D. D

7. **कथन :** *(i)* सभी खिलौने सुन्दर हैं।
(ii) सभी खिलौने मनोरंजन करते हैं।
निष्कर्ष : कोई भी खिलौना ऐसा नहीं है जो सुन्दर नहीं हो।
A. A B. B
C. D D. C

8. **कथन :** *(i)* कुछ खेल, कसरत है।
(ii) कसरत स्वास्थ्य के लिए लाभदायक होती है।
निष्कर्ष : कुछ खेल स्वास्थ्य के लिए लाभदायक होते हैं।
A. A B. B
C. C D. D

निर्देश : *निम्नलिखित प्रत्येक प्रश्न में कुछ कथन दिए हुए हैं तथा उनके बाद एक निष्कर्ष दिया हुआ है। आपको कथन के आधार पर निष्कर्ष के बारे में ज्ञात करना है। यदि निष्कर्ष बिल्कुल सत्य है तो उत्तर (A) है तथा यदि बढ़ा-चढ़ाकर दिया गया है तो (B) है। यदि निष्कर्ष बिल्कुल गलत है तो उत्तर (C) है तथा यदि निष्कर्ष के संबंध में कथन में दी गई बातें अपर्याप्त हैं तो उत्तर (D) हैं।*

9. **कथन :** *(i)* लोग अपनी वास्तविक आय न बताकर आयकर बचाने का प्रयत्न करते हैं।
(ii) आयकर देना प्रत्येक नागरिक का कर्त्तव्य है।
A. A B. B
C. C D. D

10. **कथन :** *(i)* श्रीलंका हमारा पड़ौसी है।
(ii) पाकिस्तान भी हमारा पड़ौसी है।
निष्कर्ष : श्रीलंका तथा पाकिस्तान परस्पर पड़ौसी होने चाहिए।
A. A B. B
C. C D. D

11. **कथन :** *(i)* चार पैर वाले सभी पशुओं के पूंछ होती हैं।
(ii) दो पंख वाली सभी चिड़ियों के पूंछ होती हैं।
निष्कर्ष : सभी पशु, चिड़िया हैं।
A. A B. B
C. C D. D

12. **कथन :** *(i)* मोहन, जानवर की आहट सुनकर, उसको गोली मार सकता है।
(ii) मोहन अपनी पार्टी के साथ शिकार पर गया है।
निष्कर्ष : मोहन ने उसको गोली मार दी होगी।
A. A B. B
C. C D. D

13. **कथन :** *(i)* कुछ कमीजें, कोट हैं।
(ii) वे कमीजें, जो कोट नहीं हैं टोपियां।
निष्कर्ष : सभी टोपियां कोट हैं।
A. A B. B
C. C D. D

14. **कथन :** *(i)* अधिकांश चिकित्सालय रजिस्टर्ड मेडिकल प्रैक्टिसनर्स द्वारा चलाए जाते हैं।
(ii) एम.बी.बी.एस. डॉक्टर भी चिकित्सालय चलाते हैं।
निष्कर्ष : सभी एम.बी.बी.एस. डॉक्टर भी चिकित्सालय चलाते हैं।
A. A B. B
C. C D. D

15. **कथन :** *(i)* बास्केट बॉल टीम में सभी लड़कियां लम्बी होती हैं।
(ii) स्मिता टीम की कप्तान है।
निष्कर्ष : स्मिता सबसे लम्बी होनी चाहिए।
A. A B. B
C. C D. D

16. **कथन :** *(i)* अधिक चाल से चलने वाले चक्रवात अनेक

मनुष्यों का जीवन हर लेते हैं।

(ii) पूर्वी तट पर एक चक्रवात आया था।

निष्कर्ष : वहां अनेक व्यक्ति मारे गए होंगे।

A. A B. B
C. C D. D

17. कथन : (i) जिन व्यक्तियों की पाचन शक्ति कमजोर होती है वे तले हुए खाने से बचते हैं।

(ii) जो रोगी यकृत रोग से पीड़ित होते हैं उनको भी तला हुआ खाना नहीं दिया जाता है।

निष्कर्ष : तला हुआ खाना सरलता से नहीं पचाया जा सकता है।

A. A B. B
C. C D. D

18. कथन : (i) भारतीय पदाधिकारी एवं पाकिस्तानी अधिकारी प्राय: अनेक मामलों पर विचार करने हेतु मिला करते हैं।

(ii) यू.एस.ए. तथा यू.एस.एस.आर. की नाभिकीय युद्ध के विरोध में योजनाओं पर विचार करने हेतु बहुताधिक मीटिंग हो रही है।

निष्कर्ष : दो देशों की समस्याओं का समाधान परस्पर बातचीत से हो सकता है।

A. A B. B
C. C D. D

निर्देश : *निम्नलिखित प्रत्येक प्रश्न में दो कथन दिए हुए हैं तथा इन पर आधारित एक निष्कर्ष दिया हुआ है। यदि निष्कर्ष सही है तो उत्तर (A) है और यदि निष्कर्ष गलत है तो उत्तर (B) है। यदि निष्कर्ष कुछ सीमा तक सही अथवा कुछ सीमा तक गलत है तो उत्तर (C) है तथा निष्कर्ष कथनों से असम्बद्ध हो तो उत्तर (D) होगा।*

19. कथन : (i) सभी पत्नियां महिलाएं होती हैं।

(ii) वह एक महिला है।

निष्कर्ष : वह एक पत्नी है।

A. A B. B
C. C D. D

20. कथन : (i) सभी कर्मचारी टोपी पहनते हैं।

(ii) सभी टोपियां लाल हैं।

निष्कर्ष : सभी कर्मचारी लाल टोपियां पहनते हैं।

A. A B. B
C. C D. D

21. कथन : (i) रमेश, मोहन से घृणा करता है।

(ii) मोहन, राकेश से घृणा करता है।

निष्कर्ष : रमेश, राकेश से घृणा करता है।

22. कथन : (i) कांच, भंगुर होता है।

(ii) यह पदार्थ भंगुर नहीं है।

निष्कर्ष : यह पदार्थ कांच नहीं है।

A. A B. B
C. C D. D

23. कथन : (i) या तो वह प्रसन्न है अथवा वह अप्रसन्न है।

(ii) वह अप्रसन्न है।

निष्कर्ष : वह कल उदास था।

A. A B. B
C. C D. D

24. कथन : (i) धातुएं प्राय: आघातवर्धनशील तथा तन्य होती है।

(ii) x न तो आघातवर्धनशील है और न तन्य।

निष्कर्ष : x कोई धातु नहीं है।

A. A B. B
C. C D. D

25. कथन : (i) पक्षी प्राय: हवा में उड़ते हैं।

(ii) मछलियां पानी में तैरती हैं।

निष्कर्ष : हाथी जमीन पर चलते हैं।

A. A B. B
C. C D. D

26. कथन : (i) पड़ौसी का कुत्ता भौंकता है।

(ii) भौंकने वाला कुत्ता चौकन्ना रखता है।

निष्कर्ष : पड़ौसी उत्तरदायी है।

A. A B. B
C. C D. D

27. कथन : (i) जितने ऊपर चलते हैं उतनी अधिक ठण्डक हमको अनुभव होने लगती है।

(ii) जितने ऊपर चढ़ते जाते हैं, वायुदाब में कमी होने लगती है।

निष्कर्ष : वायुदाब कम होने पर हम ठण्डक का अनुभव करते हैं।

A. A B. B
C. C D. D

28. कथन : (i) चूहे पनीर खाते हैं।

(ii) आमलेट में पनीर का प्रयोग होता है।

निष्कर्ष : चूहे आमलेट बना सकते हैं।

A. A B. B

C. C D. D

निर्देश: *नीचे दिए गए प्रत्येक प्रश्न में दो कथन दिए हुए हैं तथा इनसे एक सही निष्कर्ष निकाला गया है। बताओ प्रत्येक प्रश्न में निष्कर्ष से संबंधित कौन-सी बात सही है?*

29. कथन : *(i)* सभी गायें सफेद हैं।
(ii) सफेद जानवर सीधे होते हैं।
निष्कर्ष : सभी गायें सीधी होती हैं।
A. निष्कर्ष सही है। B. निष्कर्ष गलत है।
C. शायद निष्कर्ष सही है। D. निष्कर्ष असंगत होते हैं।

30. कथन : *(i)* सभी ग्रुप सेमी ग्रुप होते हैं।
(ii) सेमी ग्रुप सदैव संवरक नियम का पालन करते हैं।
निष्कर्ष : सभी ग्रुप केवल संवरक नियम का पालन करते हैं।
A. निष्कर्ष सही है। B. निष्कर्ष गलत है।
C. निष्कर्ष शायद सही है। D. निष्कर्ष असंगत है।

31. कथन : *(i)* सभी क्लर्क बहुत योग्य होते हैं।
(ii) कुछ आवारा बहुत योग्य नहीं होते ।
निष्कर्ष : कुछ आवारा क्लर्क नहीं हैं।
A. निष्कर्ष सही है। B. निष्कर्ष गलत है।
C. निष्कर्ष शायद सही है। D. निष्कर्ष असंगत है।

32. कथन : *(i)* मदन एक चोर है।
(ii) इस घर में चोर है।
निष्कर्ष : इस घर में मदन रहता है।
A. निष्कर्ष सही है।
B. निष्कर्ष गलत है।
C. निष्कर्ष शायद सही अथवा शायद गलत है।
D. निष्कर्ष असंगत है।

33. कथन : *(i)* इस दुकान में सूटकेस बिकते हैं।
(ii) महेश सूटकेस बनाता है।
निष्कर्ष : इस दुकान में महेश के सूटकेस बिकते हैं।
A. निष्कर्ष सही है।
B. निष्कर्ष गलत है।
C. निष्कर्ष असंगत है।
D. निष्कर्ष शायद सही अथवा शायद गलत है।

उत्तरमाला

1	2	3	4	5	6	7	8	9	10
C	C	C	D	C	C	A	C	A	D
11	**12**	**13**	**14**	**15**	**16**	**17**	**18**	**19**	**20**
C	D	C	C	D	D	A	D	C	A
21	**22**	**23**	**24**	**25**	**26**	**27**	**28**	**29**	**30**
B	A	D	C	D	D	A	B	A	B
31	**32**	**33**							
A	C	C							

संकेत

1. भारत की जनसंख्या की वृद्धि दर अत्यधिक है तथा अत्यधिक वृद्धि आर्थिक विकास में बाधक है। अतः निष्कर्ष की दोनों कथनों से पुष्टि होती है।

2.

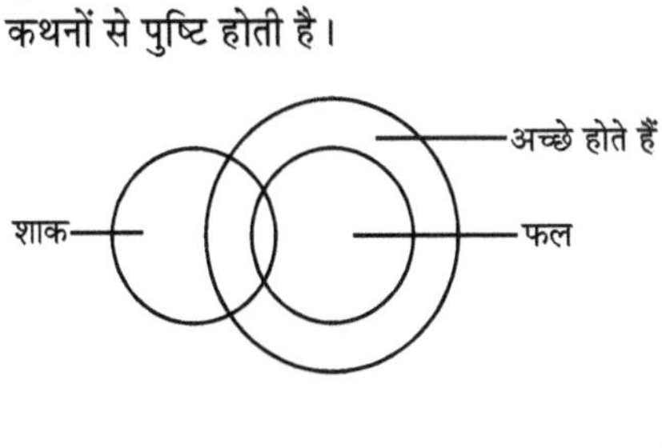

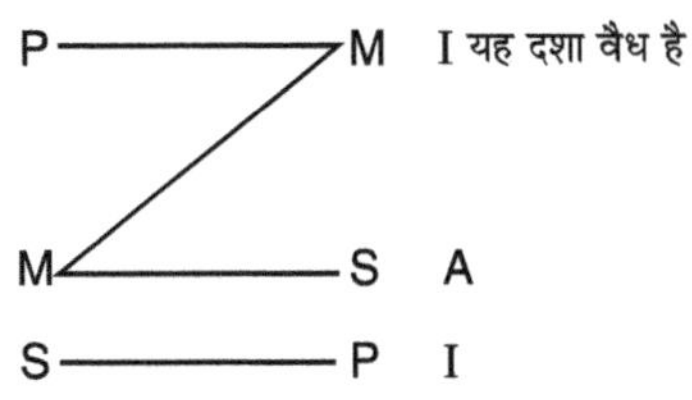

अतः निष्कर्ष (I) और (II) दोनों पर आधारित है।

3. प्रथम प्रकार की व्याख्या

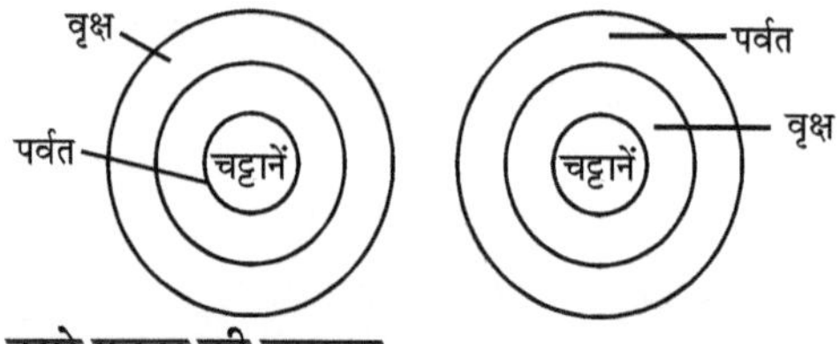

दूसरे प्रकार की व्याख्या

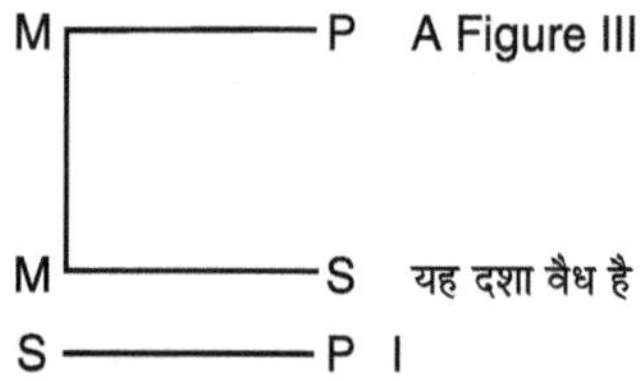

निष्कर्ष (I)और (II) पर आधारित है।

4. सभी लड़के विद्यार्थी हैं। अत: कुछ विद्यार्थी अवश्य लड़के होंगे। अत: निष्कर्ष में कथन (I) की पुष्टि हो रही है परंतु कथन (II) निष्कर्ष के विपरीत हैं।

5. दोनों कथनों से निष्कर्ष की पुष्टि होती है।

6. जलवायु में नमी और स्वास्थ्य के लिए हानिकारक कथन (i) और (ii) पर आधारित है।

7. कथन (i) के अनुसार सभी खिलौने सुन्दर हैं का अर्थ यह हुआ कि कोई भी खिलौना ऐसा नहीं है जो सुन्दर न हो। इसलिए कथन (i) से निष्कर्ष की पुष्टि होती है। निष्कर्ष पर कथन (ii) का कोई प्रभाव नहीं है।

8. दोनों कथन और निष्कर्ष Figure IV की दशा I A I की है जो वे वैध है। अत: निष्कर्ष दोनों कथनों पर आधारित है।

19. सभी पत्नियां महिलाएं होती हैं किन्तु यह नहीं कहा जा सकता है कि सभी महिलाएं पत्नियां होगी। कुछ महिलाएं ऐसी भी हो सकती हैं जो पत्नियां नहीं होगी।

20. दोनों कथनों से निष्कर्ष की पुष्टि होती है। अत: निष्कर्ष सत्य है।

21. रमेश, मोहन से घृणा करता है तथा मोहन, राकेश से घृणा करता है किन्तु यह असत्य है कि रमेश, राकेश से घृणा करता है।

22. दोनों कथनों से निष्कर्ष की पुष्टि होती है। अत: निष्कर्ष सत्य है।

23. 'कल' शब्द का दिए हुए कथनों से कोई संबंध नहीं है। अत: यह निष्कर्ष असम्बद्ध हैं।

24. कथन (i) से यह कहा जा सकता है कि कुछ धातुएं ऐसी भी हो सकती है जो न तो आघातवर्धनशील होंगी और न ही तन्य। किन्तु x न तो आघातवर्धनशील है और न ही तन्य इसलिए निश्चित तौर पर यह नहीं कहा जा सकता कि x कोई धातु नहीं है।

25. 'हाथी' शब्द का दिए हुए कथनों से कोई सबंध नहीं है। अत: यह निष्कर्ष असम्बद्ध है।

26. 'पड़ौसी' शब्द का दिए हुए कथनों से कोई संबंध नहीं है। अत: यह निष्कर्ष असम्बद्ध है।

27. दोनों कथनों से निष्कर्ष की पुष्टि होती है। अत: निष्कर्ष सत्य है।

28. आमलेट में पनीर का प्रयोग होता है तथा चूहे पनीर खाते हैं किन्तु यह गलत है कि चूहे आमलेट बना सकते हैं।

3. दो कथन एवं दो निष्कर्ष पर आधारित परीक्षण

(Two Statement and Two Conclusion Based Test)

इस प्रकार के प्रश्न में दो कथन दिए होते हैं तथा उन पर आधारित दो निष्कर्ष दिए होते हैं। आपको इन कथनों को सत्य मानकर चाहें वे असत्य प्रतीत होते हों, यह ज्ञात करना होता है कि इन कथनों के आधार पर कौन-सा निष्कर्ष सही है या दोनों सही हैं अथवा दोनों ही गलत हैं।

ऐसे प्रश्नों में जहां तक संभव हो वैन आकृति बनाकर निर्णय लेना चाहिए। वैन आकृतियां कथनों के आधार पर जितनी अधिक से अधिक संभव होती हैं, उतनी बनानी चाहिए फिर निष्कर्षों को आकृतियों में देखकर विचारना चाहिए। सभी आकृतियों से जिन निष्कर्षों की पुष्टि होती है वे ही निष्कर्ष सही हैं।

नोट—*नीचे दिए गए व्याख्यात्मक उदाहरण से इसे भली-भांति समझा जा सकता है।*

उदाहरण 1.

कथन : *(i)* कोई लड़का चोर नहीं है।

(ii) कुछ पुरुष चोर हैं।

निष्कर्ष : I. कुछ पुरुष लड़के नहीं हैं।

II. कुछ चोर पुरुष नहीं हैं।

A. केवल निष्कर्ष I निकलता है।

B. केवल निष्कर्ष II निकलता है।

C. निष्कर्ष या तो I या II निकलता है।

D. न तो निष्कर्ष I और न ही II निकलता है।

हल (A) : पहले व दूसरे कथन से निम्नलिखित अधिक से अधिक पांच संभव आकृतियां बन सकती हैं।

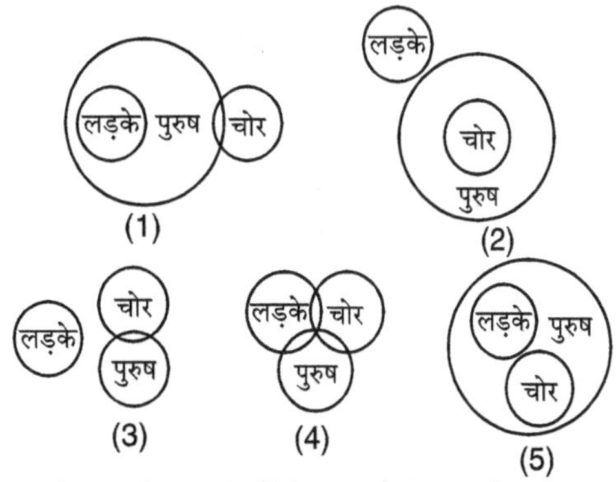

उपर्युक्त पांचों आकृतियों से स्पष्ट है कि पुरुषों वाले वृत्त का कुछ भाग, लड़कों वाले वृत्त से अलग है। अत: 'कुछ पुरुष, लड़के नहीं हैं' इस बात की पुष्टि होती है। परन्तु चोर वाले वृत्तों का कुछ भाग पुरुषों वाले वृत्तों से कुछ आकृतियों से पृथक है और कुछ में नहीं। अत: इस निष्कर्ष की पुष्टि होती है। अत: केवल पहला निष्कर्ष सही है।

अभ्यास

निर्देश: *निम्नलिखित प्रत्येक प्रश्न में दो वक्तव्यों (कथनों) के आगे दो निष्कर्ष I व II दिए गए हैं। आप सामान्य ज्ञात तथ्यों में अन्तर होने पर भी दोनों वक्तव्यों की पड़ताल सत्य समझकर करें। आप तय करें कि दिए गए निष्कर्षों में से कौन-सा निश्चित रुप से दिए गए वक्तव्यों में से लिया गया है।*

1. कथन : *(i)* सभी कमीज पैंट हैं।

(ii) सभी पतलून पैंट हैं।

निष्कर्ष : I. सभी पैंट कमीज हैं।

II. सभी पतलून कमीज हैं।

A. केवल निष्कर्ष I निकलता है।

B. केवल निष्कर्ष II निकलता है।

C. निष्कर्ष I और II दोनों निकलते हैं।

D. कोई निष्कर्ष नहीं निकलता है।

2. कथन : *(i)* सभी कप प्लेट हैं।

(ii) सभी प्लेट चम्मच हैं।

निष्कर्ष : I. सभी कप चम्मच हैं।

II. सभी चम्मच प्लेट हैं।

A. केवल निष्कर्ष I निकलता है।

B. केवल निष्कर्ष II निकलता है।

C. न तो निष्कर्ष I और न ही II निकलता है।

D. दोनों निष्कर्ष निकलते हैं।

3. कथन : *(i)* सभी किताब रबर हैं।
(ii) कुछ किताब रबर हैं।
निष्कर्ष : I. सभी किताब रबर हैं।
II. कुछ कलम रबर हैं।
A. केवल निष्कर्ष I निकलता है।
B. केवल निष्कर्ष II निकलता है।
C. या तो निष्कर्ष I अथवा निष्कर्ष II निकलता है।
D. इनमें से कोई नहीं।

4. कथन : *(i)* कुछ आम केले हैं।
(ii) कुछ केले अमरुद हैं।
निष्कर्ष : I. कुछ आम अमरुद हैं।
II. कुछ अमरुद आम हैं।
A. केवल निष्कर्ष I निकलता है।
B. केवल निष्कर्ष II निकलता है।
C. या तो निष्कर्ष I अथवा निष्कर्ष II निकलता है।
D. इनमें से कोई नहीं।

5. कथन : *(i)* सभी महिलाएं शिक्षिका हैं।
(ii) अनिमा एक शिक्षिका है।
निष्कर्ष : I. अनिमा एक महिला है।
II. अनिमा एक महिला शिक्षिका है।
A. केवल निष्कर्ष I निकलता है।
B. केवल निष्कर्ष II निकलता है।
C. दोनों निष्कर्ष निकलते हैं।
D. कोई निष्कर्ष नहीं निकलता है।

6. कथन : *(i)* कुछ बैडशीट साबुन हैं।
(ii) कोई साबुन बाल्टी नहीं हैं।
निष्कर्ष : I. कुछ बैडशीट बाल्टी नहीं हैं।
II. कोई बाल्टी बैडशीट नहीं है।
A. केवल निष्कर्ष I निकलता है।
B. केवल निष्कर्ष II निकलता है।
C. या तो निष्कर्ष I अथवा निष्कर्ष II निकलता है।
D. कोई निष्कर्ष नहीं निकलता है।

7. कथन : *(i)* कुछ कलम पुस्तकें हैं।
(ii) कुछ पुस्तकें चश्में हैं।
निष्कर्ष : I. कुछ कलमें चश्में हैं।
II. सभी पुस्तकें कलम हैं।
A. केवल निष्कर्ष I निकलता है।
B. केवल निष्कर्ष II निकलता है।
C. निष्कर्ष या तो I या II निकलता है।
D. निष्कर्ष न तो I और न ही II निकलता है।

8. कथन : *(i)* सभी टेबल मेज हैं।
(ii) कोई मेज कार नहीं हैं।
निष्कर्ष : I. कोई टेबल कार नहीं है।
II. कोई कार टेबल नहीं है।
A. केवल निष्कर्ष I निकलता है।
B. केवल निष्कर्ष II निकलता है।
C. निष्कर्ष या तो I या II निकलता है।
D. निष्कर्ष I और II दोनों निष्कर्ष निकलते हैं।

9. कथन : *(i)* सभी लड़के लड़कियां हैं।
(ii) सभी लड़कियां औरत हैं।
निष्कर्ष : I. सभी औरत लड़कियां हैं।
II. कुछ औरत लड़के हैं।
A. केवल निष्कर्ष I निकलता है।
B. केवल निष्कर्ष II निकलता है।
C. निष्कर्ष या तो I या II निकलता है।
D. निष्कर्ष न तो I और न ही II निकलता है।

10. कथन : *(i)* सभी बच्चे गेंदें हैं।
(ii) कुछ गेंदें बल्ले हैं।
निष्कर्ष : I. कुछ बच्चे बल्ले हैं।
II. कुछ बल्ले बच्चे हैं।
A. केवल निष्कर्ष I निकलता है।
B. केवल निष्कर्ष II निकलता है।
C. निष्कर्ष I व II दोनों निकलते है।
D. न तो निष्कर्ष I और न ही II निकलता है।

11. कथन : *(i)* सभी कमरे नावें हैं।
(ii) सभी नावें जलपोत हैं।
निष्कर्ष : I. सभी कमरे जलपोत हैं।
II. कुछ जलपोत कमरे हैं।
A. केवल निष्कर्ष I निकलता है।
B. केवल निष्कर्ष II निकलता है।
C. निष्कर्ष I व II दोनों निकलते हैं।
D. न तो निष्कर्ष I और न ही II निकलता है।

12. कथन : *(i)* कोई भी वायुयान जलपोत नहीं हैं।
(ii) कोई भी जलपोत नाव नहीं हैं।
निष्कर्ष : I. कोई भी वायुयान नाव नहीं हैं।
II. कोई भी नाव जलपोत नहीं हैं।
A. केवल निष्कर्ष I निकलता है।

B. केवल निष्कर्ष II निकलता है।
C. निष्कर्ष I व II दोनों निकलते हैं।
D. न तो निष्कर्ष I और न ही II निकलता है।

13. कथन : (i) सभी नेत्र हाथ हैं।
(ii) सभी हाथ पैर हैं।
निष्कर्ष : I. सभी नेत्र पैर हैं।
II. सभी पैर नेत्र हैं।
A. केवल निष्कर्ष I निकलता है।
B. केवल निष्कर्ष II निकलता है।
C. निष्कर्ष I व II दोनों निकलते हैं।
D. न तो निष्कर्ष I और न ही II निकलता है।

14. कथन : *(i)* कुछ व्यक्ति अफसर हैं।
(ii) कुछ अफसर क्लर्क हैं।
निष्कर्ष : I. कुछ चपरासी क्लर्क हैं।
II. कुछ क्लर्क चपरासी हैं।
A. केवल निष्कर्ष I निकलता है।
B. केवल निष्कर्ष II निकलता है।
C. निष्कर्ष I व II दोनों निकलते हैं।
D. न तो निष्कर्ष I और न ही II निकलता है।

15. कथन : *(i)* सभी घोड़े गाय हैं।
(ii) सभी घोड़े बैल हैं।
निष्कर्ष : I. कुछ बैल गाय हैं।
II. कुछ बैल गाय नहीं हैं।
A. केवल निष्कर्ष I निकलता है।
B. केवल निष्कर्ष II निकलता है।
C. या तो निष्कर्ष I अथवा II दोनों निकलता है।
D. न तो निष्कर्ष I और न ही II निकलता है।

16. कथन : *(i)* कोई बेंत संदूक नहीं है।
(ii) कुछ अलमारी संदूक हैं।
निष्कर्ष : I. कुछ संदूक अलमारी हैं।
II. कोई बेंत अलमारी नहीं हैं।
A. केवल निष्कर्ष I निकलता है।
B. केवल निष्कर्ष II निकलता है।
C. या तो निष्कर्ष I अथवा II दोनों निकलता है।
D. न तो निष्कर्ष I और न ही II निकलता है।

17. कथन : *(i)* सभी चतुर कुरुप हैं।
(ii) कुछ चतुर सुन्दर हैं।
निष्कर्ष : I. कुछ सुन्दर कुरुप हैं।
II. कुछ कुरुप चतुर हैं।
A. केवल निष्कर्ष I निकलता है।
B. केवल निष्कर्ष II निकलता है।
C. या तो निष्कर्ष I अथवा II निकलता है।
D. निष्कर्ष I और II दोनों निकलते हैं।

18. कथन : *(i)* कोई बदमाश चोर नहीं है।
(ii) कुछ चोर व्यवहार कुशल हैं।
निष्कर्ष : I. कोई बदमाश व्यवहार कुशल नहीं है।
II. कुछ चोर बदमाश नहीं है।
A. केवल निष्कर्ष I निकलता है।
B. केवल निष्कर्ष II निकलता है।
C. या तो निष्कर्ष I अथवा II निकलता है।
D. न तो निष्कर्ष I और न ही II निकलता है।

19. कथन : *(i)* कुछ खिलाड़ी राजनीतिज्ञ नहीं हैं।
(ii) सभी खिलाड़ी व्यवसायी हैं।
निष्कर्ष : I. कुछ व्यवसायी राजनीतिज्ञ हैं।
II. कुछ व्यवसायी राजनीतिज्ञ नहीं हैं।
A. केवल निष्कर्ष I निकलता है।
B. केवल निष्कर्ष II निकलता है।
C. या तो निष्कर्ष I अथवा II निकलता है।
D. न तो निष्कर्ष I और न ही II निकलता है।

20. कथन : *(i)* उस दुकान में बिकने वाले सभी थैले ऊंचे दामों पर बिकते हैं।
(ii) कुछ तुम्हारे थैले भी उस दुकान में बिके हैं।
निष्कर्ष : I. तुम्हारे कुछ थैले ऊंचे दामों के हैं।
II. उस दुकान में तुम्हारे कुछ ऊंचे दामों के थैले बिकते हैं।
A. केवल निष्कर्ष I निकलता है।
B. न तो निष्कर्ष I और न ही II निकलता है।
C. केवल निष्कर्ष II निकलता है।
D. निष्कर्ष I और II दोनों निकलते हैं।

21. कथन : *(i)* सभी सैनिक पुरुष हैं।
(ii) कुछ नागरिक सैनिक हैं।
निष्कर्ष : I. कुछ नागरिक पुरुष हैं।
II. कुछ नागरिक सैनिक हैं।
A. केवल निष्कर्ष I निकलता है।
B. न तो निष्कर्ष I और न ही II निकलता है।
C. केवल निष्कर्ष II निकलता है।
D. निष्कर्ष I और II दोनों निकलते हैं।

22. कथन : *(i)* सभी अमरीकन अंग्रेजी बोलने वाले हैं।
(ii) कोई एस्किमों अंग्रेजी नहीं बोलता।
निष्कर्ष : I. कोई एस्किमों अमरीकन नहीं है।

II. कोई अंग्रेजी बोलने वाला एस्किमों नहीं हैं।
A. केवल निष्कर्ष I निकलता है।
B. न तो निष्कर्ष I और न ही II निकलता है।
C. केवल निष्कर्ष II निकलता है।
D. निष्कर्ष I और II दोनों निकलते हैं।

23. कथन : *(i)* सभी बच्चे आमोद प्रिय हैं।
(ii) कुछ जानवर आमोद प्रिय हैं।
निष्कर्ष : I. कुछ जानवर बच्चे हैं।
II. कुछ बच्चे जानवर हैं।
A. केवल निष्कर्ष I निकलता है।
B. न तो निष्कर्ष I और न ही II निकलता है।
C. केवल निष्कर्ष II निकलता है।
D. निष्कर्ष I और II दोनों निकलते हैं।

24. कथन : *(i)* आगरा में कुछ गाड़ियां बहुत महंगी हैं।
(ii) आगरा में सभी गाड़ियां भारतीय कम्पनी की बनी हुई हैं।
निष्कर्ष : I. भारतीय कम्पनियों में बनी कुछ गाड़ियां महंगी होती हैं।
II. भारत में कोई सस्ती गाड़ी बनी ही नहीं है।
A. केवल निष्कर्ष I निकलता है।
B. न तो निष्कर्ष I और न ही II निकलता है।
C. केवल निष्कर्ष II निकलता है।
D. निष्कर्ष I और II दोनों निकलते हैं।

25. कथन : *(i)* सभी कार अमरीकन हैं।
(ii) कुछ जीप कार हैं।
निष्कर्ष : I. कुछ जीप अमरीकन हैं।
II. सभी कार जीप हैं।
A. केवल निष्कर्ष I निकलता है।
B. न तो निष्कर्ष I और न ही II निकलता है।
C. केवल निष्कर्ष II निकलता है।
D. निष्कर्ष I और II दोनों निकलते हैं।

26. कथन : *(i)* सभी पक्षी उड़ने वाले हैं।
(ii) कोई पशु उड़ता नहीं है।
निष्कर्ष : I. कोई पशु पक्षी नहीं हैं।
II. कोई उड़ने वाला पशु नहीं हैं।
A. केवल निष्कर्ष I निकलता है।
B. न तो निष्कर्ष I और न ही II निकलता है।
C. केवल निष्कर्ष II निकलता है।
D. निष्कर्ष I और II दोनों निकलते हैं।

27. कथन : *(i)* सभी मूर्ख लड़ाकू हैं।
(ii) कुछ ज्ञानी लड़ाकू हैं।
निष्कर्ष : I. कुछ ज्ञानी मूर्ख हैं।
II. कुछ मूर्ख ज्ञानी हैं।
A. केवल निष्कर्ष I निकलता है।
B. न तो निष्कर्ष I और न ही II निकलता है।
C. केवल निष्कर्ष II निकलता है।
D. निष्कर्ष I और II दोनों निकलते हैं।

28. कथन : *(i)* कोई भी बाज चिड़ियां नहीं है।
(ii) सभी मुर्गियां बाज हैं।
निष्कर्ष : I. कोई भी मुर्गी चिड़ियां नहीं हैं।
II. कोई भी चिड़ियां मुर्गी नहीं हैं।
A. केवल निष्कर्ष I निकलता है।
B. केवल निष्कर्ष II निकलता है।
C. निष्कर्ष I और II दोनों निकलते हैं।
D. न तो निष्कर्ष I और न ही II निकलता है।

29. कथन : *(i)* सभी स्नातक कुर्सियां हैं।
(ii) सभी कुर्सियां मेज हैं।
निष्कर्ष : I. सभी स्नातक मेज हैं।
II. सभी मेज स्नातक हैं।
A. केवल निष्कर्ष I निकलता है।
B. केवल निष्कर्ष II निकलता है।
C. निष्कर्ष I और II दोनों निकलते हैं।
D. न तो निष्कर्ष I और न ही II निकलता है।

30. कथन : *(i)* प्रत्येक बादल वर्षा है।
(ii) कोई भी बादल काला नहीं है।
निष्कर्ष : I. कोई भी काली चीज वर्षा नहीं है।
II. कोई भी वर्षा काली चीज नहीं है।
A. केवल निष्कर्ष I निकलता है।
B. केवल निष्कर्ष II निकलता है।
C. निष्कर्ष I और II दोनों निकलते हैं।
D. न तो निष्कर्ष I और न ही II निकलता है।

31. कथन : *(i)* सभी 'फैन' 'वैन' हैं।
(ii) कोई भी 'वैन' 'फैन' नहीं हैं।
निष्कर्ष : I. कोई भी 'वैन' 'फैन' नहीं हैं।
II. कोई भी 'फैन' 'वैन' नहीं हैं।
A. केवल निष्कर्ष I निकलता है।
B. केवल निष्कर्ष II निकलता है।
C. निष्कर्ष I और II दोनों निकलते हैं।
D. न तो निष्कर्ष I और न ही II निकलता है।

32. **कथन :** *(i)* सभी खिलाड़ी शिक्षित हैं।
(ii) सभी शिक्षित सभ्य हैं।
निष्कर्ष : I. सभी खिलाड़ी सभ्य हैं।
II. सभी सभ्य व्यक्ति खिलाड़ी हैं।
A. केवल निष्कर्ष I निकलता है।
B. केवल निष्कर्ष II निकलता है।
C. निष्कर्ष I और II दोनों निकलते हैं।
D. न तो निष्कर्ष I और न ही II निकलता है।

33. **कथन :** *(i)* सभी नौकर मालिक हैं।
(ii) सभी मालिक जालिम हैं।
निष्कर्ष : I. सभी नौकर जालिम हैं।
II. सभी जालिम व्यक्ति नौकर हैं।
A. केवल निष्कर्ष I निकलता है।
B. केवल निष्कर्ष II निकलता है।
C. निष्कर्ष I और II दोनों निकलते हैं।
D. न तो निष्कर्ष I और न ही II निकलता है।

34. **कथन :** *(i)* सभी पहिए गोल हैं।
(ii) सभी सिक्के गोल हैं।
निष्कर्ष : I. सभी सिक्के पहिए हैं।
II. सभी पहिए सिक्के हैं।
A. केवल निष्कर्ष I निकलता है।
B. केवल निष्कर्ष II निकलता है।
C. निष्कर्ष I और II दोनों निकलते हैं।
D. न तो निष्कर्ष I और न ही II निकलता है।

35. **कथन :** *(i)* सभी कार वाहन हैं।
(ii) सभी वाहन स्कूटर हैं।
निष्कर्ष : I. सभी कार स्कूटर हैं।
II. सभी स्कूटर कार हैं।
A. केवल निष्कर्ष I निकलता है।
B. केवल निष्कर्ष II निकलता है।
C. निष्कर्ष I और II दोनों निकलते हैं।
D. न तो निष्कर्ष I और न ही II निकलता है।

36. **कथन :** *(i)* कोई भी मजदूर इंजीनियर नहीं हैं।
(ii) कोई भी इंजीनियर परिश्रमी नहीं हैं।
निष्कर्ष : I. कोई भी मजदूर परिश्रमी नहीं हैं।
II. कोई भी परिश्रमी मजदूर नहीं हैं।
A. केवल निष्कर्ष I निकलता है।
B. केवल निष्कर्ष II निकलता है।
C. निष्कर्ष I और II दोनों निकलते हैं।
D. न तो निष्कर्ष I और न ही II निकलता है।

37. **कथन :** *(i)* सभी माताएं 'आंटियां' हैं।
(ii) सभी 'आंटियां' महिलाएं हैं।
निष्कर्ष : I. सभी माताएं महिलाएं हैं।
II. सभी 'आंटियां' माताएं हैं।
A. केवल निष्कर्ष I निकलता है।
B. केवल निष्कर्ष II निकलता है।
C. निष्कर्ष I और II दोनों निकलते हैं।
D. न तो निष्कर्ष I और न ही II निकलता है।

38. **कथन :** *(i)* कोई फल पौधा नहीं हैं।
(ii) सभी पौधे फूल हैं।
निष्कर्ष : I. सभी फूल पौधे हैं।
II. कुछ फूल पौधे हैं।
A. केवल निष्कर्ष I निकलता है।
B. केवल निष्कर्ष II निकलता है।
C. निष्कर्ष I और II दोनों निकलते हैं।
D. इनमें से कोई नहीं।

39. **कथन :** *(i)* सभी पुस्तक कलम है।
(ii) सभी कलम आम है।
निष्कर्ष : I. कुछ आम कलम है।
II. सभी पुस्तक आम है।
A. केवल निष्कर्ष I निकलता है।
B. केवल निष्कर्ष II निकलता है।
C. निष्कर्ष I और II दोनों निकलते हैं।
D. इनमें से कोई नहीं।

40. **कथन :** *(i)* सभी तेज कुरूप हैं।
(ii) कुछ तेज सुन्दर हैं।
निष्कर्ष : I. कुछ सुन्दर कुरूप हैं।
II. कुछ कुरूप तेज हैं।
A. केवल निष्कर्ष I निकलता है।
B. केवल निष्कर्ष II निकलता है।
C. निष्कर्ष I और II दोनों निकलते हैं।
D. इनमें से कोई नहीं।

41. **कथन :** *(i)* कोई छात्र चोर नहीं हैं।
(ii) कुछ चोर व्यवहार कुशल हैं।
निष्कर्ष : I. कोई छात्र व्यवहार कुशल नहीं हैं।
II. कुछ चोर छात्र नहीं हैं।
A. केवल निष्कर्ष I निकलता है।
B. केवल निष्कर्ष II निकलता है।
C. निष्कर्ष I और II दोनों निकलते हैं।
D. इनमें से कोई नहीं।

42. कथन : *(i)* कुछ कपड़ा पैंट है।
(ii) कुछ पैंट चश्मा है।
निष्कर्ष : I. कुछ कपड़ा चश्मा है।
II. सभी पैंट कपड़ा है।
A. केवल निष्कर्ष I निकलता है।
B. केवल निष्कर्ष II निकलता है।
C. निष्कर्ष I और II दोनों निकलते हैं।
D. इनमें से कोई नहीं

43. कथन : *(i)* कोई गधा घोड़ा नहीं है।
(ii) कोई घोड़ा बंदर नहीं है।
निष्कर्ष : I. कोई गधा बंदर नहीं है।
II. कोई बंदर घोड़ा नहीं है।
A. केवल निष्कर्ष I निकलता है।
B. केवल निष्कर्ष II निकलता है।
C. निष्कर्ष I और II दोनों निकलते हैं।
D. न तो निष्कर्ष I और न ही II निकलता है।

44. कथन : *(i)* सभी टी.वी. फ्रिज हैं।
(ii) सभी टी.वी. बल्ब हैं।
निष्कर्ष : I. सभी टी.वी. बल्ब हैं।
II. सभी बल्ब टी.वी. हैं।
A. केवल निष्कर्ष I निकलता है।
B. केवल निष्कर्ष II निकलता है।
C. निष्कर्ष I और II दोनों निकलते हैं।
D. न तो निष्कर्ष I और न ही II निकलता है।

45. कथन : *(i)* सभी सोफा कुर्सी हैं।
(ii) सभी मेज कुर्सी हैं।
निष्कर्ष : I. सभी कुर्सी मेज हैं।
II. सभी मेज सोफा हैं।
A. केवल निष्कर्ष I निकलता है।
B. केवल निष्कर्ष II निकलता है।
C. निष्कर्ष I और II दोनों निकलते हैं।
D. न तो निष्कर्ष I और न ही II निकलता है।

46. कथन : *(i)* सभी नाले गलियां हैं।
(ii) सभी गलियां बस्ती हैं।
निष्कर्ष : I. सभी नालें बस्ती हैं।
II. कुछ बस्ती नालें हैं।
A. केवल निष्कर्ष I निकलता है।
B. केवल निष्कर्ष II निकलता है।
C. निष्कर्ष I और II दोनों निकलते हैं।
D. न तो निष्कर्ष I और न ही II निकलता है।

47. कथन : *(i)* सभी बंदर बिल्ली हैं।
(ii) कुछ बिल्ली कुत्ते हैं।
निष्कर्ष : I. कुछ बंदर कुत्ते हैं।
II. कुछ कुत्ते बिल्ली हैं।
A. केवल निष्कर्ष I निकलता है।
B. केवल निष्कर्ष II निकलता है।
C. निष्कर्ष I और II दोनों निकलते हैं।
D. न तो निष्कर्ष I और न ही II निकलता है।

48. कथन : *(i)* पाकिस्तान ने एक अन्तर्मुखी प्रकार की नाभिकीय युक्ति का विस्फोट किया है।
(ii) संयुक्त राज्य अमरीका नियमित रूप से पाकिस्तान को अस्त्र-शस्त्रों की पूर्ति करता है।
निष्कर्ष : I. यह युक्ति सं.रा. अमरीका द्वारा भेजी गई थी।
II. पाकिस्तान के वैज्ञानिक नाभिकीय प्रयोग कर रहे हैं।
A. केवल निष्कर्ष I निकलता है।
B. केवल निष्कर्ष II निकलता है।
C. निष्कर्ष I और II दोनों निकलते हैं।
D. न तो निष्कर्ष I और न ही II निकलता है।

49. कथन : *(i)* भारत में एक दशक पूर्व की अपेक्षा, अब कहीं अधिक दुपहिए वाहनों का निर्माण हो रहा है।
(ii) इनकी गुणवत्ता में भी अत्यधिक सुधार हुआ है।
निष्कर्ष : I. हम दुपहिए वाहनों का निर्माण कर रहे हैं।
II. हमारे दुपहिए वाहन उद्योग ने सराहनीय प्रगति की है।
A. केवल निष्कर्ष I निकलता है।
B. केवल निष्कर्ष II निकलता है।
C. निष्कर्ष I और II दोनों निकलते हैं।
D. न तो निष्कर्ष I और न ही II निकलता है।

50. कथन : *(i)* कुछ निबंधकार कवि हैं।
(ii) सभी कवि नाटककार हैं।
निष्कर्ष : I. कुछ कवि, निबंधकार हैं।
II. कुछ निबंधकार, नाटककार हैं।
A. केवल निष्कर्ष I निकलता है।
B. केवल निष्कर्ष II निकलता है।
C. निष्कर्ष I और II दोनों निकलते हैं।
D. या तो निष्कर्ष I और न ही II निकलता है।

उत्तरमाला

1	2	3	4	5	6	7	8	9	10
D	A	D	D	C	B	D	D	B	D
11	**12**	**13**	**14**	**15**	**16**	**17**	**18**	**19**	**20**
C	D	A	D	A	A	D	D	B	B
21	**22**	**23**	**24**	**25**	**26**	**27**	**28**	**29**	**30**
A	D	B	B	A	D	B	C	A	B
31	**32**	**33**	**34**	**35**	**36**	**37**	**38**	**39**	**40**
C	A	A	D	A	D	A	B	C	C
41	**42**	**43**	**44**	**45**	**46**	**47**	**48**	**49**	**50**
D	D	D	A	D	B	C	D	B	B

संकेत

1. प्रस्तुत कथनों में 'पैंट' मध्यपद है जो किसी भी स्थिति में व्याप्त नहीं है। अत: तब न्यायवाक्यीय तर्कना के आधार पर इन कथनों से कोई तर्कसंगत निष्कर्ष निकाला जाना संभव नहीं है।

2. प्रदत्त न्याययुक्तियों में 'प्लेट' मध्यपद है जो दूसरी न्याययुक्ति में व्याप्त है। अत: तब न्यायनिगमन के द्वारा इन न्याययुक्तियों से निम्नलिखित तर्कसंगत निष्कर्ष निकाले जा सकते हैं—

(1) सभी कप चम्मच हैं। (2) कुछ चम्मच कप हैं।
(3) कुछ कप प्लेट हैं। (4) कुछ चम्मच प्लेट हैं।

उपर्युक्त निष्कर्षों के आधार पर प्रश्नगत निष्कर्ष I सत्य हैं।

3. प्रस्तुत साध्य वाक्यों में 'किताब' मध्यपद है जो दोनों ही स्थितियों में अव्याप्त हैं। अत: तब न्यायनिगमन से कोई तर्कसंगत निष्कर्ष नहीं निकाला जा सकता है।

4. प्रदत्त दोनों कथन विशेष वाक्य हैं। अत: तब न्यायवाक्यीय तर्कना के आधार पर इन कथनों से कोई तर्कसंगत निष्कर्ष निकाला जाना संभव नहीं है।

5. दोनों कथनों की धारणाओं से प्रदत्त दोनों निष्कर्ष स्पष्टत: सत्य होते हैं क्योंकि अनिमा का शिक्षिका होने की वजह से उसका महिला होना स्वभाविक है। कारण है कि सभी महिलाएं शिक्षिका हैं।

6. प्रस्तुत आधारवाक्यों में 'साबुन' मध्यपद है जो दूसरे आधार वाक्यों में व्याप्त हैं, अत: तब न्यायनिगमन के द्वारा इन आधारवाक्यों से निम्नलिखित तर्कसंगत निष्कर्ष निकाले जा सकते हैं—

(1) कुछ बैडशीट बाल्टी नहीं हैं।
(2) कुछ साबुन बैडशीट हैं।
(3) कोई बाल्टी साबुन नहीं है।

उपर्युक्त निष्कर्षों के आधार पर प्रश्नगत निष्कर्ष I सत्य है।

7. न्यायवाक्यीय तर्कना के आधार पर दो Particular Statement के द्वारा कोई तर्कसंगत निष्कर्ष नहीं निकाला जा सकता है।

8. प्रस्तुत कथनों में 'मेज' मध्यपद हैं, जो दूसरे कथन में व्याप्त है। अत: तब न्यायवाक्यीय तर्कना के आधार पर इन कथनों से निम्नलिखित तर्कसंगत निष्कर्ष निकले जा सकते हैं—

(1) कोई कार टेबल नहीं है।
(2) कोई टेबल कार नहीं है।
(3) कुछ मेज टेबल हैं।
(4) कोई कार मेज नहीं हैं।

उपर्युक्त निष्कर्षों के आधार पर प्रश्नगत दोनों निष्कर्ष तर्कसंगत हैं।

9. प्रदत्त आधार वाक्यों में 'लड़कियां' मध्यपद हैं जो दूसरे आधारवाक्य में व्याप्त हैं।

अत: तब न्याय निगमन के द्वारा इन आधारवाक्यों से निम्नलिखित तर्कसंगत निष्कर्ष निकाले जा सकते हैं—

(1) कुछ लड़के औरत हैं।
(2) कुछ औरत लड़के हैं
(3) कुछ लड़कियां लड़के हैं।
(4) कुछ औरत लड़कियां हैं।

10. दिए गए न्यायवाक्य के आधार वाक्यों में 'गेंद' मध्यपद हैं जो दोनों ही आधारवाक्यों में अव्याप्त हैं। अत: ऐसी स्थिति उत्पन्न होने पर न्यायनिगमन के आधर पर कोई वैध निष्कर्ष नहीं निकाला जा सकता हैं।

11. दिए गए न्यायवाक्य के आधारवाक्यों में 'नावें' मध्यपद हैं

जो दूसरे आधारवाक्य में व्याप्त है। अतः न्यायनिगमन के आधार पर इनके निम्नलिखित वैध निष्कर्ष निकाले जा सकते हैं।
(1) सभी कमरे जलपोत हैं। (2) कुछ जलपोत कमरे हैं।
(3) कुछ नावें कमरे हैं। (4) कुछ जलपोत नावें हैं।
प्रश्न में दिए गए निष्कर्ष की तुलना इन प्राप्त निष्कर्षों से करने पर दोनों निष्कर्ष वैध हैं।

12. दिए गए न्यायवाक्य के दोनों आधारवाक्य 'नकारात्मक' हैं। अतः न्यायनिगमन के आधार पर इन आधारवाक्यों से कोई वैध निष्कर्ष नहीं निकाला जा सकता है। परन्तु निष्कर्ष II दूसरे आधारवाक्य का शुद्ध आवर्तन है। अतः इस आधार पर यह सही कहा जा सकता है।

13. दिए गए न्यायवाक्य के आधारवाक्यों में 'हाथ' मध्यपद है जो दूसरे आधारवाक्य में व्याप्त हैं। अतः न्यायनिगमन के आधार पर इसके निम्नलिखित वैध निष्कर्ष निकाले जा सकते हैं—
(1) सभी नेत्र पैर हैं। (2) कुछ पैर नेत्र हैं।
(3) कुछ छात्र नेत्र हैं। (4) कुछ पैर हाथ हैं।
प्रश्न में दिए गए निष्कर्षों की तुलना इन प्राप्त निष्कर्षों से करने पर निष्कर्ष I सही है। दूसरा निष्कर्ष प्रथम निष्कर्ष का अवैध परिवर्तन होने से सर्वथा अवैध है।

14. दिए गए न्यायवाक्य के दोनों आधारवाक्य विशेष सकारात्मक हैं। अतः न्यायनिगमन के आधार पर इन आधारवाक्यों से कोई वैध निष्कर्ष नहीं निकाला जा सकता है। दूसरे निष्कर्ष में 'चपरासी' के बारे में निष्कर्ष निकाला गया है। आधार वाक्यों में 'व्यक्ति' 'क्लर्क' और 'अफसर' तीन ही पद हैं, लेकिन निष्कर्ष में चौथा पद 'चपरासी' जोड़ा गया है। इसलिए न्यायवाक्य चतुष्पदी हो गया है और नियम भंगता स्पष्ट है। अतः निष्कर्ष सर्वथा अवैध है।

15. प्रदत्त आधारवाक्यों में 'घोड़ा' मध्यपद है जो दोनों ही स्थितियों में व्याप्त है। अतः तब न्यायवाक्यीय तर्कना के अनुसार इन आधारवाक्यों से निम्नलिखित तर्कसंगत निष्कर्ष निकाले जा सकते हैं।
(1) कुछ बैल गाय हैं। (2) कुछ गाय बैल हैं।
(3) कुछ गाय घोड़े हैं। (4) कुछ बैल घोड़े हैं।

16. प्रस्तुत कथनों में 'संदूक' मध्यपद है जो प्रथम आधार वाक्य अर्थात् दीर्घ वाक्य में व्याप्त हैं। अतः तब न्याय निगमन के अनुसार इन कथनों से निम्नलिखित तर्कसंगत निष्कर्ष निकाले जा सकते हैं—
(1) कुछ अलमारी बेंत नहीं हैं।
(2) कोई संदूक बेंत नहीं हैं।
(3) कुछ संदूक अलमारी हैं।
उपर्युक्त निष्कर्षों के आधार पर केवल प्रश्नगत निष्कर्ष I ही सत्य है।

17. प्रदत्त आधारवाक्यों में 'चतुर' मध्यपद है जो प्रथम आधार-वाक्य में व्याप्त हैं। अतः तब न्यायवाक्यीय तर्कना के द्वारा इन साध्यवाक्यों से निम्नलिखित तर्कसंगत निष्कर्ष निकाले जा सकते हैं—
(1) कुछ सुन्दर कुरुप हैं। (2) कुछ कुरुप सुन्दर हैं।
(3) कुछ कुरुप चतुर हैं। (4) कुछ सुन्दर चतुर हैं।
उपर्युक्त निष्कर्षों के आधार पर दोनों प्रश्नगत निष्कर्ष सत्य हैं।

18. प्रस्तुत न्याययुक्तियों में 'चोर' मध्यपद है जो प्रथम आधार वाक्य में व्याप्त है। अतः तब न्यायनिगमन के अनुसार इन न्याययुक्तियों से निम्नलिखित तर्कसंगत निष्कर्ष निकाले जा सकते हैं—
(1) कुछ व्यवहार कुशल बदमाश नहीं हैं।
(2) कोई चोर बदमाश नहीं हैं।
(3) कुछ व्यवहार कुशल चोर हैं।
उपर्युक्त निष्कर्षों के आधार इन दोनों प्रश्नगत निष्कर्ष असत्य है।

19. प्रदत्त कथनों में 'खिलाड़ी' मध्यपद है जो द्वितीय आधारवाक्य अर्थात् ह्रस्व वाक्य में व्याप्त है। अतः तब न्यायवाक्यीय तर्कना के आधार पर इन कथनों से निम्नलिखित तर्कसंगत निष्कर्ष निकाले जा सकते हैं—
(1) कुछ व्यवसायी राजनीतिज्ञ नहीं हैं।
(2) कुछ व्यवसायी खिलाड़ी हैं।
(3) कुछ खिलाड़ी व्यवसायी हैं।
उपर्युक्त निष्कर्षों के आधार पर केवल प्रश्नगत निष्कर्ष II ही सत्य है।

21. 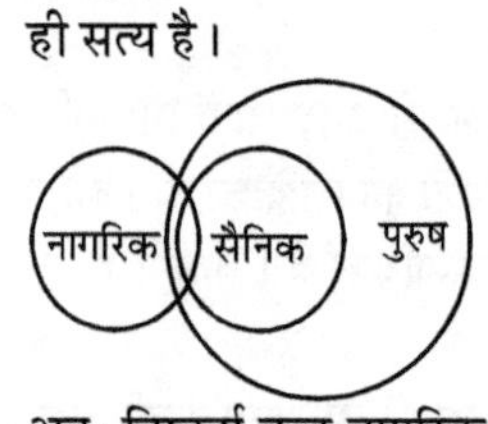

अतः निष्कर्ष कुछ नागरिक पुरुष हैं, सत्य हैं।

22. 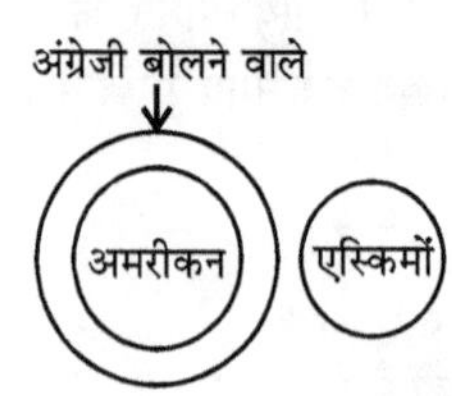

अतः दोनों निष्कर्ष सत्य है।

23. 

यहां बच्चे और जानवर में स्पष्ट संबंध नहीं है। अतः दोनों निष्कर्ष नहीं निकलते हैं।

25. 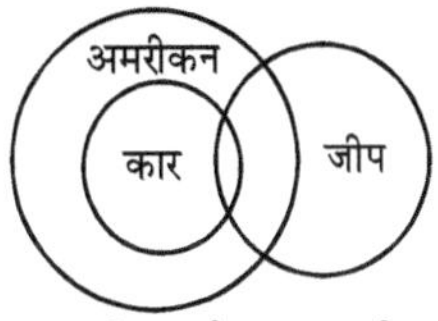

अतः निष्कर्ष I कुछ जीप अमरीकन हैं, सत्य है।

26. 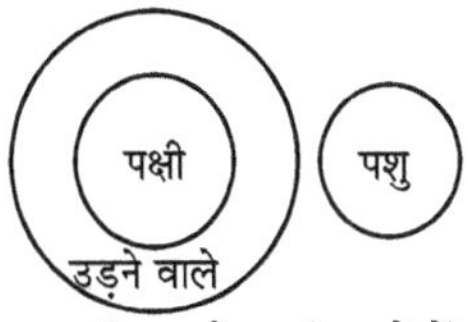

अतः निष्कर्ष I एवं II दोनों ही सत्य हैं।

27. 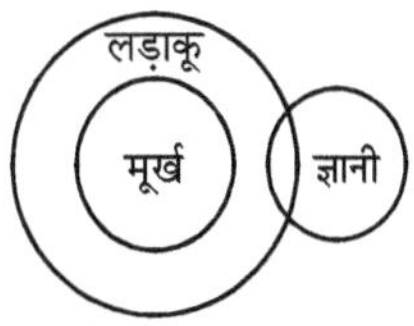

दोनों निष्कर्षों में से कोई स्पष्ट नहीं होता है।

28. प्रदत्त न्याययुक्तियों में 'बाज' मध्यपद है, जो दूसरी युक्तियों में व्याप्त हैं। अतः तब न्यायनिगमन के द्वारा इन न्याययुक्तियों से निम्नलिखित तर्कसंगत निष्कर्ष निकाले जा सकते हैं।
(1) कोई भी मुर्गी चिड़िया नहीं हैं।
(2) कोई चिड़ियां मुर्गी नहीं हैं।
(3) कुछ बाज मुर्गियां है
(4) कोई चिड़ियां बाज नहीं हैं।

29. प्रदत्त आधारवाक्यों में 'कुर्सियां' मध्यपद है, जो दूसरी स्थिति में व्याप्त है। अतः तब न्यायनिगमन के द्वारा इन आधारवाक्यों से निम्नलिखित तर्कसंगत निष्कर्ष निकाले जा सकते हैं।
(1) सभी स्नातक मेज हैं।
(2) कुछ मेज स्नातक हैं।
(3) कुछ कुर्सियां स्नातक हैं।
(4) कुछ मेज कुर्सियां हैं।
अतः प्रश्नगत निष्कर्षों के आधार पर प्रश्नगत केवल (I) निष्कर्ष सत्य है।

30. प्रयुक्त न्याययुक्तियों में 'बादल' मध्यपद है जो दूसरी स्थिति में व्याप्त है। अतः तब न्यायनिगमन के द्वारा इन न्याययुक्तियों से निम्नलिखित तर्कसंगत निष्कर्ष निकाले जा सकते हैं—
(1) कोई काला बादल नहीं हैं।
(2) कोई बादल काला नहीं हैं।
(3) कुछ वर्षा बादल हैं।
(4) कोई काली वस्तु वर्षा नहीं है।
उपर्युक्त निष्कर्षों के आधार पर केवल प्रश्नगत निष्कर्ष II सत्य है।

31. प्रदत्त न्याययुक्तियों में वैन मध्यपद है। जो दूसरी स्थिति में व्याप्त हैं। अतः तब न्यायनिगमन के द्वारा इन न्याययुक्तियों से निम्नलिखित तर्कसंगत निष्कर्ष निकाले जा सकते हैं।
(1) कोई पैन, फैन नहीं हैं। (2) कोई फैन, पैन नहीं हैं।
(3) कुछ वैन, फैन हैं। (4) कोई पैन, वैन नहीं हैं।
अतः उपर्युक्त निष्कर्षों के आधार पर प्रश्नगत दोनों निष्कर्ष सत्य हैं।

32. प्रदत्त आधारवाक्यों में 'शिक्षित' मध्यपद है, जो दूसरी स्थिति में व्याप्त है। अतः तब न्यायनिगमन के द्वारा इन आधारवाक्यों से निम्नलिखित तर्कसंगत निष्कर्ष निकाले जा सकते हैं।
(1) सभी खिलाड़ी सभ्य हैं।
(2) कुछ सभ्य खिलाड़ी हैं।
(3) कुछ शिक्षित खिलाड़ी हैं।
(4) कुछ सभ्य शिक्षित हैं।
अतः उपर्युक्त निष्कर्षों के आधार पर प्रश्नगत केवल निष्कर्ष (I) सत्य है।

33. प्रदत्त आधारवाक्यों में 'मालिक' मध्यपद है जो दूसरी स्थिति में व्याप्त है। अतः तब न्यायनिगमन के द्वारा इन आधारवाक्यों से निम्नलिखित तर्कसंगत निष्कर्ष निकाले जा सकते हैं।
(1) सभी नौकर जालिम हैं। (2) कुछ जालिम नौकर हैं।
(3) कुछ मालिक नौकर हैं। (4) कुछ जालिम मालिक हैं।
अतः उपर्युक्त निष्कर्षों के आधार पर प्रश्नगत केवल निष्कर्ष (I) सत्य हैं।

34. कथन से सभी पहिए गोल हैं तथा सभी सिक्के गोल हैं। इन दिए गए कथन वाक्यों से यह नहीं कहा जा सकता कि सभी सिक्के पहिए हैं या सभी पहिए सिक्के हैं। अतः निष्कर्ष I तथा II दोनों असत्य हैं।

35. प्रदत्त आधारवाक्यों में 'वाहन' मध्यपद है। जो दूसरी स्थिति में व्याप्त है अतः तब न्यायनिगमन के द्वारा इन आधारवाक्यों से निम्नलिखित तर्कसंगत निष्कर्ष निकाले जा सकते हैं।
(1) सभी कार स्कूटर हैं। (2) कुछ स्कूटर कार हैं।
(3) कुछ वाहन कार हैं। (4) कुछ स्कूटर वाहन हैं।
अतः उपर्युक्त निष्कर्षों के आधार पर प्रश्नगत केवल निष्कर्ष I सत्य है।

36. प्रस्तुत दोनों साध्य नकारात्मक हैं। अत: तब न्यायवाक्यीय तर्कना की दृष्टि से इन साध्यवाक्यों के द्वारा कोई तर्कसंगत निष्कर्ष निकाला जाना संभव नहीं है।

37. प्रदत्त आधार वाक्यों में (आंटियां) मध्यपद है, जो दूसरी स्थिति में व्याप्त है। अत: तब न्यायनिगमन के द्वारा इन आधारवाक्यों से निम्नलिखित तर्कसंगत निष्कर्ष निकाले जा सकते हैं।
(1) सभी माताएं महिलाएं हैं।
(2) कुछ महिलाएं माताएं हैं।
(3) कुछ आंटियां माताएं हैं।
(4) कुछ महिलाएं आंटियां है।
अत: उपर्युक्त निष्कर्षों के आधार पर प्रश्नगत केवल निष्कर्ष I सत्य है।

38. प्रस्तुत कथनों में 'पौधा' मध्यपद है, जो दोनों कथनों में मौजूद है। अत: तब न्यायनिगमन के आधार पर इन कथनों से निम्नलिखित निष्कर्ष निकाले जा सकते हैं।
(1) कुछ फूल फल नहीं हैं।
(2) कोई पौधा फल नहीं है।
(3) कुछ फूल पौधे हैं।
उपर्युक्त निष्कर्षों के आधार केवल प्रश्नगत निष्कर्ष II ही सही है।

39. प्रदत्त आधारवाक्यों में 'कलम' मध्यपद हैं जो दूसरे आधार वाक्य में व्याप्त हैं। अत: तब न्यायवाक्यीय तर्कना की दृष्टि से इन आधारवाक्यों से निम्नलिखित तर्कसंगत निष्कर्ष निकाले जा सकते हैं—
(1) सभी पुस्तक आम हैं। (2) कुछ कलम पुस्तक हैं।
(3) कुछ आम कलम हैं।
उपर्युक्त निष्कर्षों के आधार पर प्रश्नगत निष्कर्ष I तथा II दोनों स्पष्टत: सही हैं।

40. प्रदत्त आधारवाक्यों में 'तेज' मध्यपद है जो प्रथम आधार वाक्य में व्याप्त हैं। अत: तब न्यायवाक्यीय तर्कना के द्वारा इन साध्यवाक्यों से निम्नलिखित तर्कसंगत निष्कर्ष निकाले जा सकते हैं—
(1) कुछ सुन्दर कुरुप हैं। (2) कुछ कुरुप तेज हैं।
(3) कुछ कुरुप सुन्दर हैं। (4) कुछ सुन्दर तेज हैं।
उपर्युक्त निष्कर्षों के आधार पर दोनों प्रश्नगत निष्कर्ष सत्य हैं।

41. प्रस्तुत न्याययुक्तियों में 'चोर' मध्यपद है, जो प्रथम आधार वाक्य में व्याप्त हैं। अत: तब न्यायनिगमन के अनुसार इन न्याययुक्तियों से निम्नलिखित तर्कसंगत निष्कर्ष निकाले जा सकते हैं—
(1) कुछ व्यवहार कुशल छात्र नहीं हैं।
(2) कोई चोर छात्र नहीं हैं।
(3) कुछ व्यवहार कुशल चोर हैं।
उपर्युक्त निष्कर्षों के आधार पर दोनों प्रश्नगत निष्कर्ष असत्य हैं।

42. न्यायवाक्यीय तर्कना के आधार पर दो Particular Statement के द्वारा कोई तर्कसंगत निष्कर्ष नहीं निकाला जा सकता है।

43. 

ग्राफ से किसी निष्कर्ष की सत्यता स्पष्ट नहीं होती।

44. 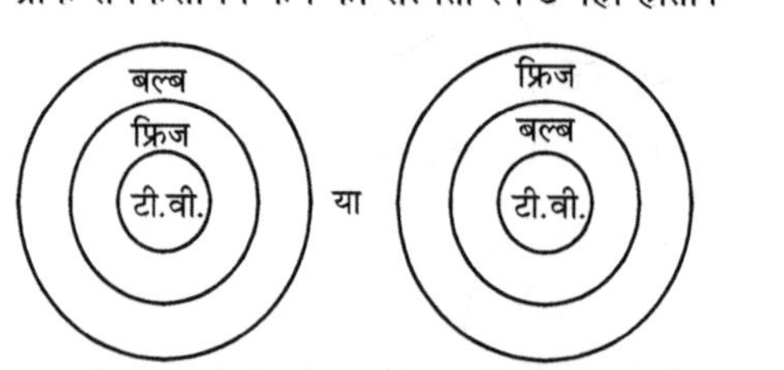

ग्राफ से स्पष्ट है कि केवल निष्कर्ष I निकलता है।

45. 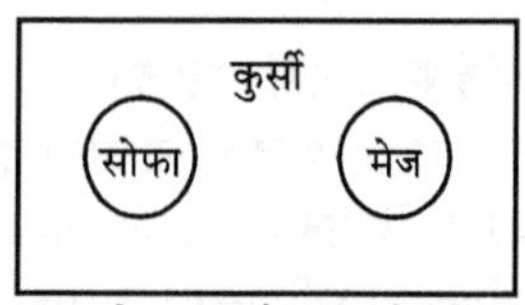

ग्राफ से स्पष्ट है कि कोई निष्कर्ष नहीं निकलेगा।

46. 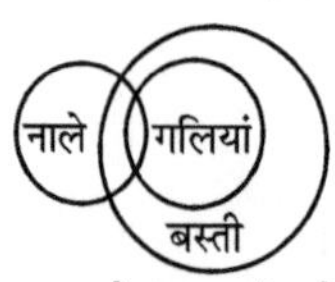

ग्राफ से स्पष्ट कि केवल निष्कर्ष II निकलेगा।

47. **ग्राफ-I** **ग्राफ-II**
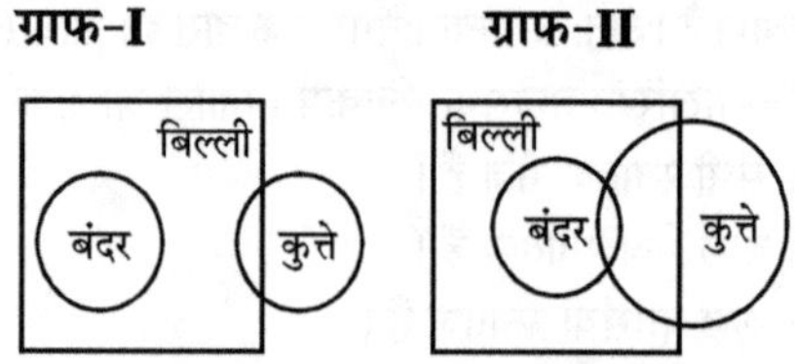

ग्राफ से स्पष्ट है कि निष्कर्ष I और II दोनों निकलते हैं।

50. कथन (i) के अनुसार कुछ निबंधकार कवि हैं इससे निष्कर्ष निकलता है कि कुछ कवि, निबंधकार नहीं हैं। इसलिए निष्कर्ष (A) असत्य है। कथन (i) तथा (ii) से निष्कर्ष निकलता है कि कुछ निबंधकार नाटककार है। अत: निष्कर्ष (B) सत्य है।

4. तीन कथन एवं तीन निष्कर्ष पर आधारित परीक्षण

(Three Statement and Three Conclusion Based Test)

इस प्रकार के प्रश्नों में तीन कथन तथा उस पर आधारित तीन निष्कर्ष दिए होते हैं। आपको इन कथनों को सत्य मानकर चाहे वे कथन असत्य प्रतीत होते हों, यह ज्ञात करना होता है कि इन कथनों के आधार पर कौन-सा निष्कर्ष सही है?

ऐसे प्रश्नों में जहां तक संभव हो वैन आकृति बनाकर सोचना चाहिए। वैन आकृतियां कथनों के आधार जितनी अधिक से अधिक संभव होती है, उतनी बनानी चाहिए, फिर निष्कर्षों को आकृतियों में देखकर विचार करना चाहिए। सभी आकृतियों से जिन निष्कर्षों की पुष्टि होती है वे ही निष्कर्ष सही है और यही आपका उत्तर है।

अभ्यास

निर्देश : *निम्नलिखित प्रत्येक प्रश्न में तीन कथन दिए गए हैं। जिनके आगे I, II और III निष्कर्ष दिए गए हैं। आपको दिए गए कथनों को सत्य मानना है और फिर भले ही सर्वमान्य तथ्यों से अलग दिखते हों सभी निष्कर्ष पढ़िए और फिर तय कीजिए कि कौन-सा निष्कर्ष उन दिए गए कथनों के आधार पर तर्कसंगत रुप से निकाले जा सकते हैं। ऐसा करते समय सर्वमान्य तथ्यों की अवहेलना करना है।*

1. कथन : *(i)* सभी तारे सूर्य हैं।
(ii) सभी उपग्रह सूर्य हैं।
(iii) कुछ तारे उपग्रह हैं।
निष्कर्ष : I. कुछ तारे उपग्रह हैं।
II. कुछ सूर्य तारे हैं।
III. कुछ सूर्य ग्रह हैं।
A. केवल निष्कर्ष निकलता है।
B. केवल निष्कर्ष II और III निकलते हैं।
C. केवल निष्कर्ष I या III निकलते हैं।
D. सभी निष्कर्ष निकलते हैं।

2. कथन : *(i)* कुछ अलमारी कूलर हैं।
(ii) सभी बैड कूलर हैं।
(iii) सभी ड्रेसिंग टेबल अलमारी हैं।
निष्कर्ष : I. कुछ अलमारी बैड हैं।
II. कोई ड्रेसिंग टेबल कूलर नहीं हैं।
III. कुछ ड्रसिंग टेबल अलमारी हैं।
A. केवल निष्कर्ष नहीं निकलता है।
B. केवल निष्कर्ष I और II निकलते हैं।
C. केवल निष्कर्ष III निकलता है।
D. केवल निष्कर्ष II और III निकलते हैं।

3. कथन : *(i)* कुछ स्कूल धर्मशाला हैं।
(ii) कुछ धर्मशाला मंदिर हैं।
(iii) कोई मंदिर पिक्चर हॉल नहीं है।
निष्कर्ष : I. कोई पिक्चर हॉल धर्मशाला नहीं है।
II. कोई मंदिर स्कूल नहीं हैं।
III. कुछ धर्मशाला स्कूल हैं।
A. केवल निष्कर्ष नहीं निकलता है।
B. केवल निष्कर्ष I और II निकलते हैं।
C. केवल निष्कर्ष II या III निकलते हैं।
D. केवल निष्कर्ष III निकलता है।

4. कथन : *(i)* सभी किवाड़ खिड़कियां हैं।
(ii) सभी खिड़कियां जंगले हैं।
(iii) कुछ दीवाल जंगले हैं।
निष्कर्ष : I. कुछ जंगले किवाड़ हैं।
II. कुछ दीवाल खिड़कियां है।
III. सभी खिड़कियां किवाड़ हैं।
A. केवल निष्कर्ष I और II निकलते हैं।
B. केवल निष्कर्ष II और III निकलते हैं।
C. केवल निष्कर्ष I निकलता है।
D. केवल निष्कर्ष II निकलता है।

5. कथन : *(i)* कुछ नेता अभिनेता हैं।

(ii) सभी अभिनेता मंत्री हैं।
(iii) सभी नेता सांसद हैं।
निष्कर्ष : I. कुछ सांसद मंत्री हैं।
II. सभी अभिनेता सांसद है।
III. सभी सांसद नेता हैं।
A. केवल निष्कर्ष I और II निकलते हैं।
B. केवल निष्कर्ष II और III निकलते हैं।
C. सभी निष्कर्ष निकलते हैं।
D. इनमें से कोई नहीं।

6. कथन : *(i)* सभी अनार लाल हैं।
(ii) कोई लाल कच्चा नहीं है।
(iii) कुछ हरे कच्चे हैं।
निष्कर्ष : I. कुछ लाल अनार हैं।
II. कोई कच्चा अनार नहीं है।
III. कुछ अनार लाल हैं।
A. केवल निष्कर्ष I और II निकलते हैं।
B. केवल निष्कर्ष I और III निकलते हैं।
C. केवल निष्कर्ष II या III निकलते हैं।
D. सभी निष्कर्ष निकलते हैं।

7. कथन : *(i)* कुछ हाथी जंगली हैं।
(ii) सभी गिद्ध जंगली हैं।
(iii) कुछ कौआ गिद्ध हैं।
निष्कर्ष : I. कुछ कौआ हाथी हैं।
II. कुछ गिद्ध हाथी हैं।
III. कुछ हाथी गिद्ध हैं।
A. केवल निष्कर्ष II निकलता है।
B. केवल निष्कर्ष I और III निकलते हैं।
C. केवल निष्कर्ष II और III निकलते हैं।
D. इनमें से कोई नहीं।

8. कथन : *(i)* कुछ कुएं तालाब हैं।
(ii) सभी झील कुएं हैं।
(iii) कोई नहर झील नहीं हैं।
निष्कर्ष : I. कोई नहर कुआं नहीं है।
II. कुछ तालाब नहर हैं।
III. कोई तालाब झील नहीं हैं।
A. केवल निष्कर्ष I निकलता है।
B. केवल निष्कर्ष II निकलता है।
C. केवल निष्कर्ष II या III निकलते हैं।
D. इनमें से कोई नहीं।

9. कथन : *(i)* कुछ चोर सिपाही हैं।
(ii) सभी अफसर ईमानदार हैं।
(iii) कोई ईमानदार सिपाही नहीं है।
निष्कर्ष : I. कुछ अफसर चोर हैं।
II. कुछ ईमानदार सिपाही हैं।
III. कोई ईमानदार सिपाही नहीं हैं।
A. केवल निष्कर्ष II निकलता है।
B. केवल निष्कर्ष II और III निकलते हैं।
C. केवल निष्कर्ष I और III निकलते हैं।
D. इनमें से कोई नहीं।

10. कथन : *(i)* सभी पेय मीठे हैं।
(ii) कुछ मीठे खाद्य भी हैं।
(iii) सभी ठण्डे पेय हैं।
निष्कर्ष : I. सभी ठण्डे या तो खाद्य या पेय हैं।
II. कुछ ठण्डे खाद्य हैं।
III. कुछ मीठे ठण्डे हैं।
A. केवल निष्कर्ष I निकलता है।
B. केवल निष्कर्ष II निकलता है।
C. केवल निष्कर्ष III निकलता है।
D. केवल निष्कर्ष I और III निकलते हैं।

उत्तरमाला

1	2	3	4	5	6	7	8	9	10
B	C	D	C	D	A	D	D	A	C

संकेत

1.

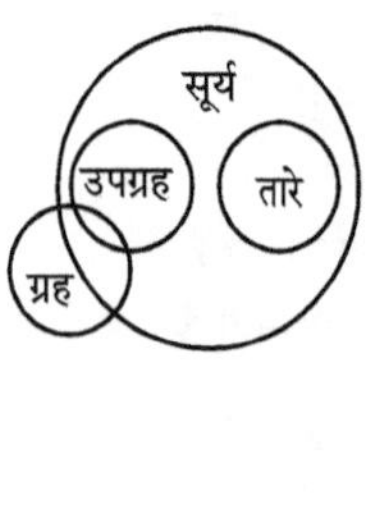

चित्र से कथन II तथा III की सत्यता का प्रमाण मिलता है। अत: विकल्प (B) सही है।

2. 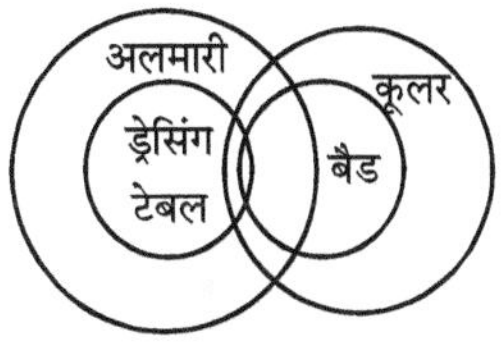

अथवा

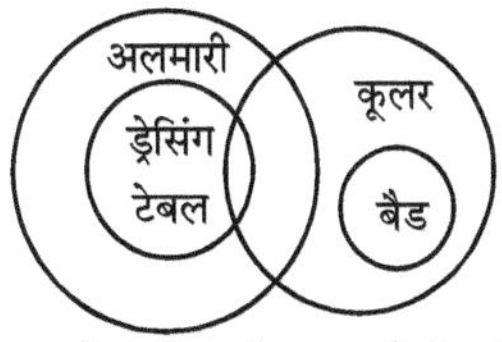

उपर्युक्त चित्र से स्पष्ट है कि निष्कर्ष III बिल्कुल सही है।

3. 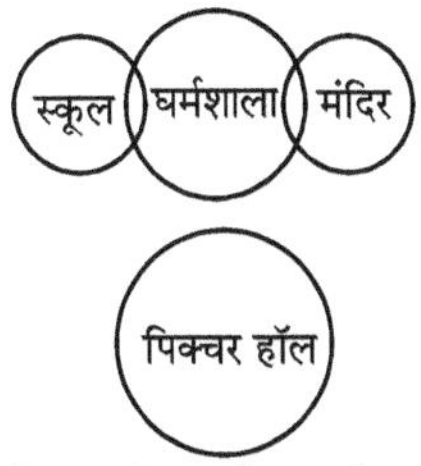

केवल निष्कर्ष III की पुष्टि होती है।

4. 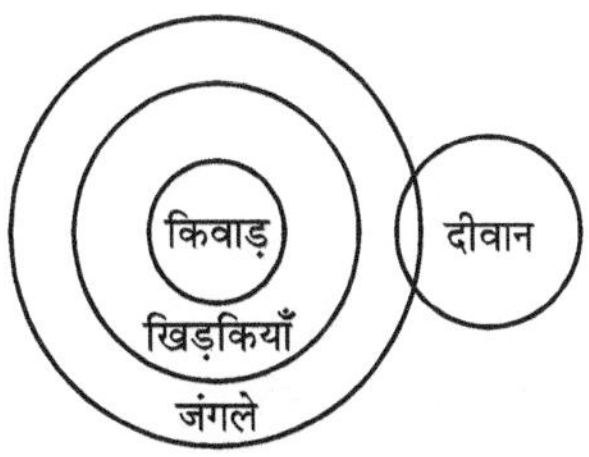

5. 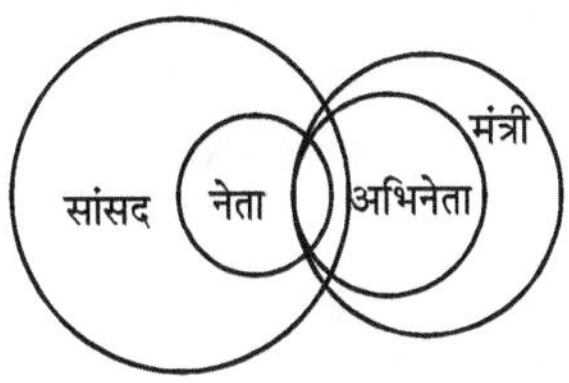

6. 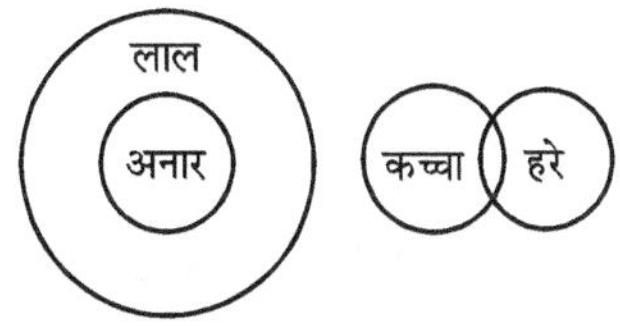

अतः निष्कर्ष I और II तर्कसंगत निकलते हैं।

7. 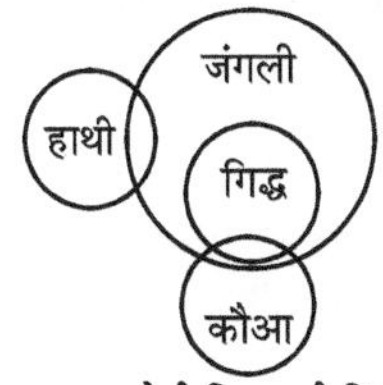

अतः कोई निष्कर्ष निश्चित रूप से प्राप्त नहीं होता है।

8. 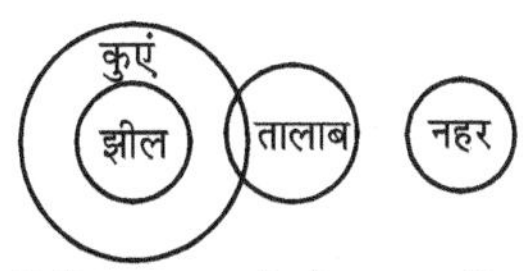

निश्चित रूप से दिए गए निष्कर्षों में से कोई प्राप्त नहीं होता।

9. 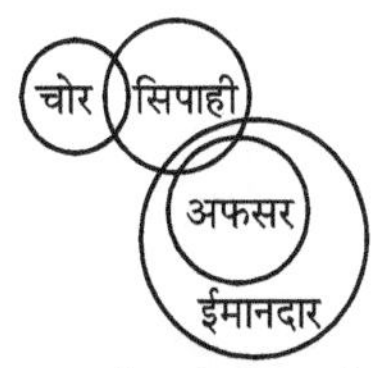

अतः केवल निष्कर्ष II निश्चित रूप से प्राप्त होता है।

10. 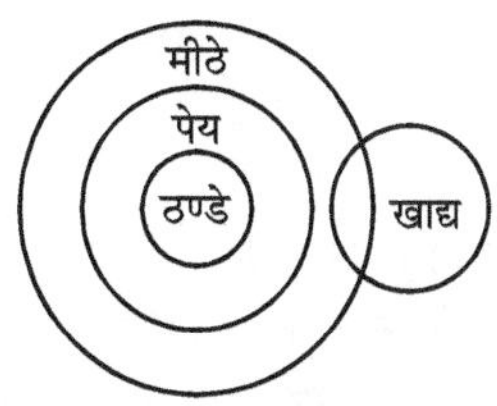

अतः निष्कर्ष III तर्कसंगत निश्चित रूप से निकलता है।

5. कथन एवं पूर्वधारणाओं पर आधारित परीक्षण

(Statement and Forecast Based Test)

इस प्रकार के प्रश्नों में एक कथन दिया होता है तथा इसके बाद दो पूर्वधारणाएं दी हुई होती हैं। पूर्वधारणा से अभिप्राय किसी बात को मान लेना अथवा गृहीत समझ लेना है। आपको कथन पर तथा उसके बाद दी हुई पूर्वधारणाओं पर विचार करना है और यह ज्ञात करना है कि दी हुई दोनों पूर्वधारणाओं में से कौन-सी/ कौन-से कथन में निहित है।

अभ्यास

निर्देश : *नीचे दिए गए प्रत्येक प्रश्न में एक कथन तथा उसके बाद दो पूर्वधारणाएं I और II दी गई है। पूर्वधारणा से तात्पर्य किसी बात को मान लेना अथवा गृहीत समझ लेना है। आपको कथन और उसके बाद की पूर्वधारणाओं पर विचार करना है, तथा निश्चित करना है कि इस कथन में कौन-सी पूर्वधारणा अन्तर्निहित है?*

1. कथन : राज्य सरकार ने आगामी सत्र में माध्यमिक शिक्षा परिषद् की प्रयोगात्मक परीक्षाओं को समाप्त करने की संस्तुति की है।

पूर्वधारणाएं :

I. प्रयोगात्मक परीक्षाओं को समाप्त करना उचित है।

II. सरकार शिक्षा जगत में व्याप्त भ्रष्टाचार को समाप्त करना चाहती है।

A. केवल पूर्वधारणा I अन्तर्निहित है।

B. केवल पूर्वधारणा II अन्तर्निहित है।

C. या तो पूर्वधारणा I या II अन्तर्निहित है।

D. न तो पूर्वधारणा I और न ही II अन्तर्निहित है।

2. कथन : दक्षिण अफ्रीका क्रिकेट टीम के कप्तान हैंसी क्रोनिए ने जांच आयोग के सम्मुख यह स्वीकार कर ही लिया कि उन्होंने मैच हारने के लिए सटोरियों से धन लिया था। जिसके फलस्वरूप उसे टीम से निकाल दिया गया।

पूर्वधारणाएं :

I. हैंसी क्रोनिए बेकसूर होते हुए भी किसी मजबूरीवश या दबाव में आकर उसने अपने ऊपर लगे मैच फिक्सिंग के आरोप को स्वीकार किया होगा।

II. किसी देश की सरकार खेल एवं मनोरंजन के क्षेत्र में भ्रष्टाखोरी को पनपने नहीं देना चाहती है।

A. केवल पूर्वधारणा I अन्तर्निहित है।

B. केवल पूर्वधारणा II अन्तर्निहित है।

C. या तो पूर्वधारणा I या II अन्तर्निहित है।

D. न तो पूर्वधारणा I और न ही II अन्तर्निहित है।

3. कथन : महेन्द्र चौधरी सरकार के तख्ता पलट के बाद राष्ट्रमण्डल से फिजी का निलम्बन किया गया।

पूर्वधारणाएं :

I. राष्ट्रमण्डल ऐसा करके विद्रोहियों पर दबाव बनाना चाहता था।

II. महेन्द्र चौधरी सरकार चलाने में सक्षम नहीं थे।

A. केवल पूर्वधारणा I अन्तर्निहित है।

B. केवल पूर्वधारणा II अन्तर्निहित है।

C. या तो पूर्वधारणा I या II अन्तर्निहित है।

D. न तो पूर्वधारणा I और न ही II अन्तर्निहित है।

4. कथन : सरकार काठमांडू के लिए इंडियन एयरलाइन्स की उड़ान पुनः प्रारंभ करने के लिए कटिबद्ध है।

पूर्वधारणाएं :

I. उड़ान पुनः प्रारंभ करना संभव है।

II. कटिबद्ध सरकार अपनी साख बचाने के लिए कुछ भी कर सकती है।

A. केवल पूर्वधारणा I अन्तर्निहित है।

B. केवल पूर्वधारणा II अन्तर्निहित है।

C. या तो पूर्वधारणा I या II अन्तर्निहित है।

D. पूर्वधारणा I और II दोनों अन्तर्निहित है।

5. कथन : सिडनी ओलम्पिक खेलों में भारत के खिलाड़ियों का प्रदर्शन निराशाजनक रहा।

पूर्वधारणाएं :

I. भारतीय खिलाड़ियों में देश के लिए पदक जीतने की

भावना नहीं है।

II. भारतीय प्रशिक्षकों द्वारा खिलाड़ियों को सही मार्गदर्शन नहीं दिया गया।

A. केवल पूर्वधारणा I अन्तर्निहित है।
B. केवल पूर्वधारणा II अन्तर्निहित है।
C. या तो पूर्वधारणा I या II अन्तर्निहित है।
D. न तो पूर्वधारणा I और न ही II अन्तर्निहित है।

6. कथन : यदि पाकिस्तान की रणनीति और हरकतें इसी प्रकार बनी रही तो युद्ध की संभावना चरम सीमा पर पहुंच जाएगी।

पूर्वधारणाएं :

I. युद्ध ऐसी छोटी घटनाओं पर निर्भर नहीं किया करते।
II. युद्ध से जीव हानि और धन हानि दोनों ही होती है जो देश के विकास में बाधक होती है।

A. केवल पूर्वधारणा I अन्तर्निहित है।
B. केवल पूर्वधारणा II अन्तर्निहित है।
C. या तो पूर्वधारणा I या II अन्तर्निहित है।
D. न तो पूर्वधारणा I और न ही II अन्तर्निहित है।

7. कथन : दूरदर्शन मीडिया के अनुसार विश्व कप किक्रेट 2003 में भारतीय खिलाड़ियों ने खेल में अच्छा प्रदर्शन किया है।

पूर्वधारणाएं :

I. भारतीय टीम किक्रेट क्षेत्र में सबसे अच्छी टीम है और इस प्रकार के प्रदर्शन हमेशा से करती आ रही है।
II. यह वास्तव में एक अद्वितीय टीम हो सकती है यदि अनवरत अभ्यास क्रिकेट क्षेत्र में करे।

A. केवल पूर्वधारणा I अन्तर्निहित है।
B. केवल पूर्वधारणा II अन्तर्निहित है।
C. या तो पूर्वधारणा I या II अन्तर्निहित है।
D. न तो पूर्वधारणा I और न ही II अन्तर्निहित है।

8. कथन : एक दुर्घटना में एक डॉक्टर स्त्री के पति का देहान्त हो जाता है तथा बेटे का ब्रेनहेमरेज हो जाता है जब बेटे को अस्पताल लाया जाता है तो उसकी मां उसका ऑपरेशन करने से मना करती है।

पूर्वधारणाएं :

I. पति के देहांत और बेटे के ब्रेनहेमरेज के बाद कोई भी स्त्री अपना संतुलन बनाए नहीं रख सकती।
II. उसका बेटा दुष्ट प्रवृति का है, वह अपने बेटे से घृणा करती है, वह उसे बचाना नहीं चाहती है।

A. केवल पूर्वधारणा I अन्तर्निहित है।
B. केवल पूर्वधारणा II अन्तर्निहित है।
C. या तो पूर्वधारणा I या II अन्तर्निहित है।
D. न तो पूर्वधारणा I और न ही II अन्तर्निहित है।

9. कथन : चोर के पकड़े जाने पर पुलिस अधीक्षक उसे दण्डित करने से इन्कार करता है तथा साथ ही साथ यह आदेश देता है कि उसे यथास्थान पर पहुंचा दिया जाए।

पूर्वधारणाएं :

I. चोर पुलिस अधीक्षक के रिश्तेदारों में से एक है वह जानता है कि पकड़ा जाने वाला व्यक्ति चोर नहीं हैं बल्कि किसी ने उसे गुमराह किया है।
II. वह उसे यथास्थान पर पहुंचाकर स्वतंत्र अवस्था में रहने देता है ताकि यदि वह व्यक्ति वास्तव में चोर है तो अपने साथियों से अवश्य मिलेगा और पुलिस रंगे हाथों उस व्यक्ति और उनके साथियों को पकड़ सकेगी।

A. केवल पूर्वधारणा I अन्तर्निहित है।
B. केवल पूर्वधारणा II अन्तर्निहित है।
C. या तो पूर्वधारणा I या II अन्तर्निहित है।
D. न तो पूर्वधारणा I और न ही II अन्तर्निहित है।

10. कथन : एक पत्रकार ने आई.ए.एस. नियुक्ति के इन्टरव्यू में उससे कहा यदि आप जैसे महानुभावों की संख्या हमारे देश में बढ़ जाए तो देश में भ्रष्टाचार का नामो-निशान मिट जाएगा।

पूर्वधारणाएं :

I. वह व्यक्ति अत्यंत ईमानदार और कर्तव्यनिष्ठ था जो पूर्णरुपेण भ्रष्टाचार के विपक्ष में था।
II. उस व्यक्ति का आई.ए.एस. में नियुक्त होने का मुख्य उद्देश्य भ्रष्टाचार की नींव को खत्म करने का है। ऐसे ही व्यक्ति भ्रष्टाचार को जड़विहीन कर देते हैं।

A. केवल पूर्वधारणा I अन्तर्निहित है।
B. केवल पूर्वधारणा II अन्तर्निहित है।
C. या तो पूर्वधारणा I या II अन्तर्निहित है।
D. पूर्वधारणा I और II दोनों अन्तर्निहित है।

11. कथन : महाशय आपसे निवेदन है कि मुझे 4 रेडियो सेट्स भेजने की कृपा करें। मैं 1000 रुपए का ड्राफ्ट संलग्न कर रहा हूं।

पूर्वधारणाएं :

I. चिट्ठी का प्राप्तकर्ता सेट्स का उत्पादक है।
II. रेडियो सेट की कीमत 250 रुपए प्रति सेट है।
III. चिट्ठी का प्राप्तकर्ता रेडियो का सेट्स भेज देगा।

उपर्युक्त कथन के अनुसार कौन-कौन-सी पूर्वधारणाएं कथन में निहित है।

A. केवल पूर्वधारणा I अन्तर्निहित है।
B. केवल पूर्वधारणा III अन्तर्निहित है।
C. केवल I तथा III अन्तर्निहित है।
D. सभी पूर्वधारणाएं अन्तर्निहित है।

12. कथन : राम ने श्याम से कहा "मैं विनोद को जन्म-दिन पर उसको एच.सी.वर्मा द्वारा लिखित भौतिकी की पुस्तक भेंट करना चाहता हूं।"

पूर्वधारणाएं :

I. विनोद राम को अपने जन्म-दिवस पर बुलाएगा।
II. उपहार में ऐसी वस्तु भेंट की जानी चाहिए जो कि उसके लिए उपयोगी सिद्ध हों।

A. केवल पूर्वधारणा I अन्तर्निहित है।
B. केवल पूर्वधारणा II अन्तर्निहित है।
C. या तो पूर्वधारणा I या II अन्तर्निहित है।
D. पूर्वधारणा Iऔर II दोनों अन्तर्निहित है।

13. कथन : आगरा स्थित ताजमहल अपनी सुन्दरता के लिए विश्व भर में प्रसिद्ध है।

पूर्वधारणाएं :

I. ताजमहल शाहजहां द्वारा बनाया गया है।
II. दूर-दूर से देशी व विदेशी पर्यटक ताजमहल देखने आते हैं।

A. केवल पूर्वधारणा I अन्तर्निहित है।
B. केवल पूर्वधारणा II अन्तर्निहित है।
C. या तो पूर्वधारणा I या II अन्तर्निहित है।
D. पूर्वधारणा Iऔर II दोनों अन्तर्निहित है।

14. कथन : वर्तमान युग में बेरोजगारी चरम सीमा पर है।

पूर्वधारणाएं :

I. अधिकांशतः विद्यार्थी ढंग से शिक्षा प्राप्त नहीं करते।
II. वर्तमान युग कम्प्यूटरीकृत है।

A. केवल पूर्वधारणा I अन्तर्निहित है।
B. केवल पूर्वधारणा II अन्तर्निहित है।
C. या तो पूर्वधारणा I या II अन्तर्निहित है।
D. पूर्वधारणा Iऔर II दोनों अन्तर्निहित है।

15. कथन : राजू, श्याम का भाई है।

पूर्वधारणाएं :

I. राजू की आयु 20 वर्ष है।
II. श्याम राजू से छोटा है।

A. केवल पूर्वधारणा I अन्तर्निहित है।
B. केवल पूर्वधारणा II अन्तर्निहित है।
C. या तो पूर्वधारणा I या II अन्तर्निहित है।
D. न तो पूर्वधारणा I और न ही II अन्तर्निहित है।

16. कथन : भारत में कृषि की दशा चिन्ताजनक है।

पूर्वधारणाएं :

I. यहां सिंचाई के लिए पर्याप्त पानी नहीं हैं।
II. यहां बीजों की उत्तम किस्में उपलब्ध नहीं हैं।

A. केवल पूर्वधारणा I अन्तर्निहित है।
B. केवल पूर्वधारणा II अन्तर्निहित है।
C. या तो पूर्वधारणा I या II अन्तर्निहित है।
D. पूर्वधारणा I और II दोनों अन्तर्निहित है।

17. कथन : हमें किसी भी तरह की सम्भाव्यता का सामना करने के लिए तैयार रहना चाहिए तथा सभी एसाइनमेंट कार्यसूची के अनुसार ही पूरे किए जाने चाहिए डायरेक्टर ने सभी फैकल्टी मैम्बरों से कहा।

पूर्वधारणाएं :

I. किसी गंभीर सम्भाव्यता की संभावना है।
II. सभी एसाइनमेंट्स की तारीखें निधारित है।
III. फैकल्टी मैम्बरों से अपेक्षा है कि वे सभी एसाइनमेंट्स समय पर पूरे कर लेंगे।

A. सभी पूर्वधारणाएं निहित है।
B. पूर्वधारणा II और III अन्तर्निहित है।
C. केवल पूर्वधारणा III अन्तर्निहित है।
D. केवल पूर्वधारणा I अन्तर्निहित है।

18. कथन : उत्पादकता और लाभप्राप्यता बढ़ाने के लिए सभी कर्मचारियों को प्रशिक्षण दिया जाना चाहिए।

पूर्वधारणाएं :

I. प्रशिक्षण उत्पादकता का अनिवार्य तत्व है।
II. बिना उचित प्रशिक्षण के कर्मचारी ठीक तरह से कार्य नहीं करते।
III. लाभप्राप्यता और उत्पादकता एक दूसरे के पूरक हैं।

A. कोई भी पूर्वधारणा अन्तर्निहित नहीं है।
B. सभी पूर्वधारणा अन्तर्निहित है।
C. केवल पूर्वधारणा III अन्तर्निहित है।
D. या तो पूर्वधारणा I या II अन्तर्निहित है।

19. कथन : हाल ही में सम्पन्न अखिल भारतीय कॉमर्स सम्मेलन के दौरान "भारत में सेवा क्षेत्र का प्रबंधन" पर सत्र से आश्चर्यजनक रूप से काफी मात्रा में भागीदार आकर्षित

हुए तथा उसे प्रमुख समाचार पत्रों में काफी अच्छा मीडिया कवरेज भी मिला।

पूर्वधारणाएं :

I. लोग सेवा क्षेत्र के लिए इतने उत्साहवर्धक प्रतिक्रिया की अपेक्षा नहीं कर रहे थे।

II. भारत में सेवा क्षेत्र उचित ढंग से प्रबंधित नहीं हो रहा है।

III. मीडिया सेवा क्षेत्र के प्रति सदैव अत्यन्त धनात्मक रवैया रखता है।

A. केवल पूर्वधारणा I अन्तर्निहित है।

B. कोई पूर्वधारणा अन्तर्निहित नहीं है।

C. कोई पूर्वधारणा अन्तर्निहित नहीं है।

D. पूर्वधारणा II और III अन्तर्निहित है।

20. कथन : इस क्षेत्र में स्थिति अभी भी तनावपूर्ण और नियंत्रण के बाहर है। लोगों से अनुरोध है कि केवल घरों में ही रहें।

पूर्वधारणाएं :

I. कुछ गंभीर घटनाएं हुई होंगी।

II. लोग कार्यालय नहीं जाएंगे।

III. शीघ्र ही सामान्य स्थिति बहाल हो जाएगी।

A. सभी पूर्वधारणाएं अन्तर्निहित है।

B. कोई पूर्वधारणा अन्तर्निहित नहीं है।

C. पूर्वधारणा I या II अन्तर्निहित है।

D. पूर्वधारणा I और III अन्तर्निहित है।

21. कथन : क्षेत्र में उपलब्ध अवसंरचनात्मक सुविधाओं में कमी के कारण, सरकार ने निजी सेक्टर कम्पनियों को अवसंरचनात्मक के विकास में निवेश करने के लिए आमंत्रित किया।

पूर्वधारणाएं :

I. निजी सेक्टर कम्पनियां अवसंरचनात्मक के विकास के लिए निवेश करने की इच्छुक हो सकती हैं।

II. क्षेत्र का आर्थिक विकास अवसंरचनात्मक सुविधाओं को प्रदान करने में शीघ्रगामी हो सकता है।

A. केवल पूर्वधारणा I अन्तर्निहित है।

B. केवल पूर्वधारणा II अन्तर्निहित है।

C. या तो पूर्वधारणा I या II अन्तर्निहित है।

D. न तो पूर्वधारणा I और न ही II अन्तर्निहित है।

22. कथन : पेटल साइकिलें-द्रुत, चलने में हल्की, आकर्षक, विश्वसनीय, उत्तम शिल्प एवं अद्यतन स्वचालन–एक विज्ञापन।

पूर्वधारणाएं :

I. दूसरी कोई साइकिल नहीं है जिनमें इनमें से कोई भी विशेषता हो।

II. लोग लागत की चिन्ता नहीं करते हैं।

A. केवल पूर्वधारणा I अन्तर्निहित है।

B. केवल पूर्वधारणा II अन्तर्निहित है।

C. या तो पूर्वधारणा I या II अन्तर्निहित है।

D. न तो पूर्वधारणा I और न ही II अन्तर्निहित है।

23. कथन : रेलवे ने विश्व बैंक द्वारा प्रदत्त 300 दशलक्ष डॉलरों का वह ऋण अस्वीकार कर दिया है जो कि घटकों और अन्य उपस्करों का आयात करने हेतु था। बैंक ने यह ऋण कठोर शर्तों पर प्रस्तावित किया था—एक समाचार

पूर्वधारणाएं :

I. रेलवे को असल में ऋण की आवश्यकता ही नहीं है।

II. रेलवे को घटकों के आयात हेतु ऋण की आवश्यकता है।

A. केवल पूर्वधारणा I अन्तर्निहित है।

B. केवल पूर्वधारणा II अन्तर्निहित है।

C. या तो पूर्वधारणा I या II अन्तर्निहित है।

D. न तो पूर्वधारणा I और न ही II अन्तर्निहित है।

24. कथन : केन्द्रीय उत्पाद शुल्क समाहर्तालय ने सभी उत्पादकों के लिए लाइसेंस प्रणाली की बजाय सरलीकृत पंजीकरण करने की सुगम परिवर्तन की कार्यवाही आरंभ कर दी है।—एक समाचार

पूर्वधारणाएं :

I. उत्पादकों द्वारा सरलीकृत प्रणाली का स्वागत किया जाएगा।

II. केन्द्रीय उत्पाद शुल्क समाहर्तालय ने लाइसेंस प्रणाली का पुनरीक्षण किया है।

A. केवल पूर्वधारणा I अन्तर्निहित है।

B. केवल पूर्वधारणा II अन्तर्निहित है।

C. या तो पूर्वधारणा I या II अन्तर्निहित है।

D. पूर्वधारणा I और II दोनों ही अन्तर्निहित है।

25. कथन : कर्मचारियों को सलाह दी जाती है कि वे वर्षा के मौसम में नलों से आनेवाला पानी न पिए। उबाला हुआ पानी स्वच्छ कक्ष के निकट पात्रों में रखा हुआ है—एक कार्यालय में एक सूचना।

पूर्वधारणाएं :

I. वर्षा के मौसम में बिना उबाला पानी स्वास्थ्य के लिए हानिकारक है।

II. अन्य कार्यालयों को भी यह सुविधा प्रदान की जाती है।

A. केवल पूर्वधारणा I अन्तर्निहित है।

B. केवल पूर्वधारणा II अन्तर्निहित है।
C. या तो पूर्वधारणा I या II अन्तर्निहित है।
D. न तो पूर्वधारणा I और न ही II अन्तर्निहित है।

26. कथन : भारत को अपने आर्थिक विकास की लक्ष्य की प्राप्ति के लिए विशाल विदेशी मुद्रा कमाना आवश्यक है।

पूर्वधारणाएं :

I. भारत आर्थिक विकास की लक्ष्य प्राप्ति का इच्छुक है।
II. भारत के लिए यह संभव है कि वह अधिकाधिक विदेशी मुद्रा अर्जित करे।

A. केवल पूर्वधारणा I अन्तर्निहित है।
B. केवल पूर्वधारणा II अन्तर्निहित है।
C. या तो पूर्वधारणा I या II अन्तर्निहित है।
D. पूर्वधारणा I और II दोनों अन्तर्निहित है।

27. कथन : A ने B से कहा, 'यदि तुम जीवन में सफल होना चाहते हो तो कठोर परिश्रम करो।'

पूर्वधारणाएं :

I. 'B' कठोर परिश्रम करने में समर्थ है।
II. वे सभी व्यक्ति जिन्होंने कठिन परिश्रम किया है जीवन में सफल रहे हैं।

A. केवल पूर्वधारणा I अन्तर्निहित है।
B. केवल पूर्वधारणा II अन्तर्निहित है।
C. या तो पूर्वधारणा I या II अन्तर्निहित है।
D. पूर्वधारणा I और II दोनों अन्तर्निहित है।

28. कथन : भारत के बच्चों के पौष्टिक आहार का स्तर अन्य विकासशील देशों की तुलना में श्रेष्ठत्तर है।

पूर्वधारणाएं :

I. अन्य देशों में बच्चों के पौष्टिक आहार संबंधी आवश्यकताओं का अनुमान लगाना संभव नहीं है।
II. भारत एक विकसित देश हो सकता है।

A. केवल पूर्वधारणा I अन्तर्निहित है।
B. केवल पूर्वधारणा II अन्तर्निहित है।
C. या तो पूर्वधारणा I या II अन्तर्निहित है।
D. न तो पूर्वधारणा I और न ही II अन्तर्निहित है।

29. कथन : वह व्यवहार विषयक विज्ञान पढ़ाता है, किन्तु देखो वह दूसरों से कैसा व्यवहार करता है?

पूर्वधारणाएं :

I. हमारा व्यवहार अन्य लोगों द्वारा नियंत्रित किया जाता है।
II. मनुष्य से आशा की जाती है कि जो वह उपदेश दे उसका वह स्वयं भी पालन करें।

A. केवल पूर्वधारणा I अन्तर्निहित है।
B. केवल पूर्वधारणा II अन्तर्निहित है।
C. या तो पूर्वधारणा I या II अन्तर्निहित है।
D. न तो पूर्वधारणा I और न ही II अन्तर्निहित है।

30. कथन : आर्थिक विकास और सामाजिक न्याय साथ-साथ रहने चाहिए।

पूर्वधारणाएं :

I. केवल आर्थिक विकास ही सामाजिक न्याय ला सकता है।
II. सामाजिक न्याय के बिना जीवन जीने योग्य नहीं है।

A. केवल पूर्वधारणा I अन्तर्निहित है।
B. केवल पूर्वधारणा II अन्तर्निहित है।
C. या तो पूर्वधारणा I या II अन्तर्निहित है।
D. न तो पूर्वधारणा I और न ही II अन्तर्निहित है।

31. कथन : शिक्षक शिक्षण राज्य परिषद् ने किसी विश्वविद्यालय या मान्यता प्राप्त संस्थान में किसी व्यक्ति को शिक्षक के तौर पर नियुक्त करने के लिए न्यूनतम योग्यताओं के बारे में दिशा निर्देश निर्धारित किए हैं।

पूर्वधारणाएं :

I. अब अधिकारी केवल योग्यता प्राप्त अध्यापक ही नियुक्त करेंगे।
II. केवल योग्यता प्राप्त व्यक्ति ही अध्यापक पद पर आवेदन करेंगे।
III. शि.शि.रा.प.अध्यापक फैकल्टी के लिए शैक्षिक योग्यता के सभी मापदण्ड निर्धारित करता है।

A. सभी पूर्वधारणा अन्तर्निहित है।
B. कोई भी पूर्वधारणा नहीं है।
C. केवल पूर्वधारणा I अन्तर्निहित है।
D. पूर्वधारणा I और III दोनों अन्तर्निहित है।

32. कथन : ''अपना प्रार्थना-पत्र भेजने से पूर्व अच्छी तरह से जांच कर लें कि आप विज्ञापन की सभी अर्हताओं को पूरा कर सकते हैं।''

पूर्वधारणाएं :

I. वे प्रार्थी जो वांछनीय योग्यताओं को पूरा नहीं करते हैं, आवेदन नहीं करें।
II. निर्देश द्वारा प्रार्थियों का मार्गदर्शन हो सके।

A. केवल पूर्वधारणा I अन्तर्निहित है।
B. केवल पूर्वधारणा II अन्तर्निहित है।

C. या तो पूर्वधारणा I या II अन्तर्निहित है।

D. पूर्वधारणा I और II दोनों अन्तर्निहित है।

33. कथन : पीने के पानी की कमी को देखते हुए म्यूनिसिपल कॉर्पोरेशन ने इस कठिनाई को दूर करने के लिए उस पर 20% पानी की कटौती की घोषणा कर दी है।

पूर्वधारणाएं :

I. इस घोषणा का लोगों के सामान्य जीवन पर कोई प्रभाव नहीं पड़ेगा।

II. पीने के पानी की कमी अगले तीन महीनों में दूर हो जाएगी।

A. केवल पूर्वधारणा I अन्तर्निहित है।

B. केवल पूर्वधारणा II अन्तर्निहित है।

C. या तो पूर्वधारणा I या II अन्तर्निहित है।

D. पूर्वधारणा I और II दोनों अन्तर्निहित है।

34. कथन : राज्य सरकार ने राज्य के सभी टैक्नीकल कॉलेजों में प्रवेश विधि का केन्द्रीकरण एक सामान्य प्रवेश परीक्षा द्वारा करने का निश्चय किया है।

पूर्वधारणाएं :

I. यह केन्द्रीकरण योजना राज्य के सभी टैक्नीकल कॉलेजों द्वारा स्वीकार की जाएगी।

II. साधारणतया विद्यार्थी इस निर्णय का स्वागत करेंगे।

A. केवल पूर्वधारणा I अन्तर्निहित है।

B. केवल पूर्वधारणा II अन्तर्निहित है।

C. या तो पूर्वधारणा I या II अन्तर्निहित है।

D. पूर्वधारणा I और II दोनों अन्तर्निहित है।

35. कथन : सरकार ने गर्मियों में खेतिहर श्रमिकों को खाद्यान्न एवं दालें कम कीमत पर उपलब्ध कराने का निश्चय किया है।

पूर्वधारणाएं :

I. खेतिहर श्रमिकों को गर्मियों में उचित काम नहीं मिलता है।

II. सरकार के पास खाद्यान्न एवं दालों को बांटने की उचित व्यवस्था है।

A. केवल पूर्वधारणा I अन्तर्निहित है।

B. केवल पूर्वधारणा II अन्तर्निहित है।

C. या तो पूर्वधारणा I या II अन्तर्निहित है।

D. न तो पूर्वधारणा I और न ही II अन्तर्निहित है।

36. कथन : किसी कंपनी ने यह निर्णय लिया है कि वह अपने कुछेक कर्मचारियों को उनकी कार्यकुशलता तथा कठिन परिश्रम के लिए पुरस्कृत करेगी। जिसमें सम्मान राशि का मूल्य 1000 रुपये से लेकर 10000 रु. है।

पूर्वधारणाएं :

I. कंपनी का अच्छे कार्य व समान गुणवत्ता के लिए कर्मचारी को प्रोत्साहित करने का अच्छा तरीका है।

II. कंपनी अपने धन को आयकर से बचाने हेतु दानस्वरूप प्रदान करती है।

A. केवल पूर्वधारणा I अन्तर्निहित है।

B. केवल पूर्वधारणा II अन्तर्निहित है।

C. या तो पूर्वधारणा I या II अन्तर्निहित है।

D. न तो पूर्वधारणा I और न ही II अन्तर्निहित है।

37. कथन : केन्द्र सरकार ने विभिन्न वस्तुओं पर वित्तीय वर्ष में सब्सिडी कम कर दी है।

पूर्वधारणाएं :

I. अधिक सब्सिडी के कारण केन्द्रीय बजट में घाटे के प्रतिशत में आए दिन बढ़ोत्तरी होती जा रही।

II. आर्थिक स्थिति को संतुलित करना केन्द्र सरकार के लिए सबसे पहला कार्य है।

A. केवल पूर्वधारणा I अन्तर्निहित है।

B. केवल पूर्वधारणा II अन्तर्निहित है।

C. या तो पूर्वधारणा I या II अन्तर्निहित है।

D. न तो पूर्वधारणा I और II दोनों अन्तर्निहित है।

38. कथन : राज्य सरकार ने कई निगमों को धनाढ्य आदमियों के हाथ में सौंपने का निर्णय लिया है।

पूर्वधारणाएं :

I. सरकारी कर्मचारी वेतन के अनुसार कार्यकुशल नहीं है जहां तक प्रश्न उठता है सभी कर्मचारी भ्रष्ट हो गए हैं।

II. इन निगमों में सरकार को केवल घाटा ही होता रहा है।

A. केवल पूर्वधारणा I अन्तर्निहित है।

B. केवल पूर्वधारणा II अन्तर्निहित है।

C. या तो पूर्वधारणा I या II अन्तर्निहित है।

D. न तो पूर्वधारणा I और न ही II अन्तर्निहित है।

39. कथन : राज्य सरकार ने एक योजना के तहत राज्य की कुल भूमि 5% भाग पर वृक्षारोपण का निर्णय लिया है।

पूर्वधारणाएं :

I. वृक्षारोपण करना संभव तो है ही साथ ही साथ स्वस्थ जीवन का आधार है।

II. सरकार इस परिपेक्ष्य में अन्य कई कदम उठा सकती

है जिससे मानव जीवन का खतरा नगण्य हो जाए।

A. केवल पूर्वधारणा I अन्तर्निहित है।
B. केवल पूर्वधारणा II अन्तर्निहित है।
C. या तो पूर्वधारणा I या II अन्तर्निहित है।
D. न तो पूर्वधारणा I और न ही II अन्तर्निहित है।

40. कथन : सरकार का यह निर्णय कि राज्य के सभी ग्रामीण क्षेत्रों को विद्युत्तीकरण योजना के अन्तर्गत 2004 में बिजली प्राप्त करा दी जाएगी।

पूर्वधारणाएं :

I. सरकार की यह योजना पहले भी असफल रही है, क्योंकि हर व्यक्ति निकम्मा और घूसखोर बनकर रह गया है।
II. खेती, कारखाने आदि के लिए बिजली होना अति आवश्यक है।

A. केवल पूर्वधारणा I अन्तर्निहित है।
B. केवल पूर्वधारणा II अन्तर्निहित है।
C. या तो पूर्वधारणा I या II अन्तर्निहित है।
D. न तो पूर्वधारणा Iऔर न ही II अन्तर्निहित है।

41. कथन : किसी मौहल्ले के निवासियों ने महापालिका को एक पत्र लिखकर अनुरोध किया है कि तत्काल पेयजल की आपूर्ति को वापस सामान्य बनाया है, क्योंकि इस समय यह आपूर्ति बिल्कुल ही पर्याप्त नहीं है।

पूर्वधारणाएं :

I. महापालिका इस पत्र पर कोई कार्यवाही नहीं भी कर सकती है।
II. महापालिका के पास इस मांग को पूरा करने हेतु पर्याप्त जल है।
III. भूतकाल में इस क्षेत्र में जल आपूर्ति पर्याप्त थी।

A. केवल पूर्वधारणा II अन्तर्निहित है।
B. केवल पूर्वधारणा III अन्तर्निहित है।
C. या तो पूर्वधारणा I और III अन्तर्निहित है।
D. पूर्वधारणा II और III अन्तर्निहित है।

42. कथन : राष्ट्रीय वायुवाहक ने निर्णय किया है कि नगर 'अ' और 'ब' तक साप्ताहिक वायु सेवा आरंभ करेंगे।

पूर्वधारणाएं :

I. इस प्रचालन को आर्थिक रूप से लाभप्रद बनाने के लिए पर्याप्त रूप से यात्री उपलब्ध होंगे।
II. हो सकता है अन्य वाहक ऐसी सेवा आरंभ न करें।
III. इन नगरों के आसपास रह रहे लोग वायु यात्रा का खर्चा वहन कर सकते हैं। ,

A. सभी पूर्वधारणाएं अन्तर्निहित है।
B. केवल पूर्वधारणा I अन्तर्निहित है।
C. पूर्वधारणा II और III अन्तर्निहित है।
D. पूर्वधारणा I और II अन्तर्निहित है।

43. कथन : "तत्काल कब्जे पर कोर्ट क्षेत्रों में दो शयनकक्षों वाला एक फ्लैट चाहिए"—एक विज्ञापन

पूर्वधारणाएं :

I. कोर्ट क्षेत्र में फ्लैट उपलब्ध है।
II. कुछ लोग इस विज्ञापन का उत्तर देंगे।
III. ऐसे विज्ञापन देने की परम्परा है।

A. कोई पूर्वधारणा अन्तर्निहित है।
B. पूर्वधारणा I और II अन्तर्निहित है।
C. केवल पूर्वधारणा II अन्तर्निहित है।
D. सभी पूर्वधारणाएं अन्तर्निहित है।

44. कथन : लोगों के भीड़ से बचाने के लिए लोगों के एक समूह ने अगले छुट्टी के मौसम में पिकनिक पर एवान जाने का फैसला किया।

पूर्वधारणाएं :

I. साधारणतया बहुत अधिक लोग एवान नहीं जाते हैं।
II. लोग एवान के बजाय अन्य जगहों को वरीयता देते हैं।
III. बहुत से लोग एवान के बारे में नहीं जानते हैं।

A. सभी पूर्वधारणाएं अन्तर्निहित है।
B. केवल पूर्वधारणा II अन्तर्निहित है।
C. पूर्वधारणा I और II अन्तर्निहित है।
D. कोई पूर्वधारणा अन्तर्निहित नहीं है।

45. कथन : पिछले सात दिनों में बिके हुए टिकटों को ध्यान में रखते हुए सर्कस अधिकारियों ने यह निश्चय किया कि शो अगले पंद्रह दिनों तक जारी रखा जाएगा, जिसमें दो सप्ताहांत शामिल है।

पूर्वधारणाएं :

I. हो सकता है लोग सप्ताह के दिनों में नहीं आएं।
II. जो लोग सर्कस आएंगे उसकी औसत संख्या कमोबेश पिछले सात दिनों में आने वालों के समतुल्य ही होगी।
III. हो सकता है अन्य जगहों पर इतनी अच्छी प्रतिक्रिया न मिले।

A. कोई पूर्वधारणा अन्तर्निहित नहीं है।
B. केवल पूर्वधारणा II अन्तर्निहित है।
C. पूर्वधारणा I और II अन्तर्निहित है।

D. सभी पूर्वधारणाएं अन्तर्निहित है।

46. कथन : टेलीफोन कम्पनी ने नोटिस द्वारा सूचित किया कि जो निर्धारित तारीख तक अपने बिल अदा नहीं करेंगे, उनसे हर चूक जाने वाले दिन के लिए दण्ड लिया जाएगा।

पूर्वधारणाएं :

I. दण्ड से बचने के लिए अधिकांश लोग अपने बिल निर्धारित तारीख तक अदा कर देंगे।

II. दण्ड के द्वारा एकत्रित धन उस क्षति की पूर्ति कर देगा जो विलम्बित भुगतान के कारण हुई है।

III. लोग साधारणतया ऐसे नोटिसों पर ध्यान देते हैं।

A. कोई पूर्वधारणा अन्तर्निहित नहीं है।

B. पूर्वधारणा II और III अन्तर्निहित है।

C. पूर्वधारणा I और II अन्तर्निहित है।

D. सभी पूर्वधारणाएं अन्तर्निहित है।

47. कथन : "साफ वर्ण के लिए रिया कोल्ड क्रीम इस्तेमाल कीजिए"—एक विज्ञापन।

पूर्वधारणाएं :

I. लोग साफ वर्ण के लिए क्रीम इस्तेमाल करना पसंद करते हैं।

II. लोग आसानी से मूर्ख बन जाते हैं।

III. लोग विज्ञापनों के प्रति अनुक्रिया दर्शाते हैं।

A. केवल पूर्वधारणा I अन्तर्निहित है।

B. केवल पूर्वधारणा II अन्तर्निहित है।

C. पूर्वधारणा I और III अन्तर्निहित है।

D. पूर्वधारणा I और II अन्तर्निहित है।

48. कथन : "कार्यालय में धूम्रपान के विरुद्ध एक नारा नोटिस बोर्ड पर लिखा जाना चाहिए"—एक कार्यालय में एक कर्मचारी का सुझाव।

पूर्वधारणाएं :

I. कर्मचारी अनुभव करते हैं कि उनके सुझावों पर विचार किया जाएगा।

II. लोग कार्यालय में धूम्रपान करते हैं।

III. नारा पढ़ने के बाद कुछ लोग धूम्रपान बंद कर देंगे।

A. केवल पूर्वधारणा I अन्तर्निहित है।

B. केवल पूर्वधारणा II अन्तर्निहित है।

C. पूर्वधारणा II और III अन्तर्निहित है।

D. सभी पूर्वधारणाएं अन्तर्निहित है।

49. कथन : "मैं उसे उसके जन्मदिन पर योग विधियों की एक पुस्तक भेंट करना चाहता है।" ए ने बी से कहा।

पूर्वधारणाएं :

I. ए और बी को जन्मदिन के अवसर पर बुलाया जाएगा।

II. जिसे पुस्तक भेंट की जानी है, उस व्यक्ति का स्वास्थ्य अच्छा नहीं है।

III. पुस्तक जन्मदिनों के लिए अच्छी भेंट है।

A. पूर्वधारणा I और II अन्तर्निहित है।

B. पूर्वधारणा II और III अन्तर्निहित है।

C. पूर्वधारणा I और III अन्तर्निहित है।

D. सभी पूर्वधारणाएं अन्तर्निहित है।

50. कथन : हमें एम.बी.ए.की प्रवेश परीक्षाओं के सुधार हेतु वस्तुनिष्ठ प्रकार के परीक्षण आरंभ करने चाहिए। प्रवेश समिति के अध्यक्ष ने समिति से कहा।

पूर्वधारणाएं :

I. इस समय प्रवेश सीधे साक्षात्कार के माध्यम से होते हैं।

II. प्रवेश समिति प्रवेश परीक्षाओं में सुधार की इच्छुक हैं।

III. अध्यक्ष स्वयं भी एम.बी.ए. हैं।

A. केवल पूर्वधारणा II अन्तर्निहित है।

B. पूर्वधारणा I और II अन्तर्निहित है।

C. पूर्वधारणा I और III अन्तर्निहित है।

D. कोई भी पूर्वधारणा अन्तर्निहित है।

उत्तरमाला

1	2	3	4	5	6	7	8	9	10
D	B	A	D	B	B	D	C	B	D
11	**12**	**13**	**14**	**15**	**16**	**17**	**18**	**19**	**20**
B	D	B	D	D	D	A	B	B	D
21	**22**	**23**	**24**	**25**	**26**	**27**	**28**	**29**	**30**
C	D	B	D	A	D	D	D	B	D

31	32	33	34	35	36	37	38	39	40
D	D	B	D	D	A	D	C	A	B
41	**42**	**43**	**44**	**45**	**46**	**47**	**48**	**49**	**50**
D	A	B	A	A	D	C	D	B	A

संकेत

11. कथन के अनुसार केवल पूर्वधारणा III निहित है क्योंकि यह कोई आवश्यक नहीं कि इस व्यापारिक पत्र का प्राप्तकर्ता ही रेडियो सेट्स का उत्पादक हो तथा रेडियो सेट्स की कीमत 250 रुपये ही हो यह भी कोई निश्चित नहीं, क्योंकि और पैसे रेडियो सेट्स प्राप्त करने के बाद भी भेजे जा सकते हैं।

12. जब विनोद राम को जन्म-दिवस पर बुलाएगा तब ही वह राम को भेंट में भौतिकी की पुस्तक देगा। यदि नहीं बुलाएगा तो भेंट क्यों देगा। अत: I पूर्वधारणा कथन में निहित है। दूसरे कथन के अनुसार भी राम को मालूम होगा कि विनोद भौतिकी विषय का विद्यार्थी है। अत: भौतिकी पुस्तक भेंट में देने से उसको उपयोगी होगी। अत: II पूर्वधारणा भी कथन में निहित है।

13. पूर्वधारणा I का कथन से कोई संबंध नहीं है, क्योंकि यह आवश्यक नहीं है कि ताजमहल, शाहजहां ने बनवाया है। इसलिए यह अपनी सुन्दरता के लिए विश्वभर में प्रसिद्ध है। अत: पूर्णधारणा I कथन में निहित नहीं है। पूर्वधारणा II के अनुसार दूर-दूर से देशी/विदेशी पर्यटक ताजमहल देखने के लिए आते हैं। ये जब ही आएंगे जबकि इसकी सुन्दरता विश्व-भर में प्रसिद्ध हो। अत: पूर्वधारणा II कथन में निहित है।

14. पूर्वधारणा I से कथन की पुष्टि होती है क्योंकि विद्यार्थी अच्छी शिक्षा न पाने के कारण नौकरियां प्राप्त नहीं कर पाते हैं। पूर्वधारणा II से भी कथन की पुष्टि होती है क्योंकि जहां पहले किसी काम को कई आदमी करते थे वह काम अब कम्प्यूटर द्वारा केवल एक आदमी से हो जाता है। अब बेरोजगारी की समस्या बढ़ गई है।
अत: कथन में दोनों पूर्वधारणाएं निहित है।

15. पूर्वधारणा I के अनुसार राजू की आयु 20 वर्ष है, अत: इससे यह ज्ञात नहीं होता है कि राजू, श्याम का भाई है। पूर्वधारणा II के अनुसार श्याम राजू से छोटा है। इससे भी यह ज्ञात नहीं होता है कि राजू श्याम का भाई है।
अत: कोई भी पूर्वधारणा कथन में निहित नहीं है।

16. पूर्वधारणा I के अनुसार जब भारत में सिंचाई के लिए पर्याप्त पानी नहीं है, तो कृषि की दिशा चिन्ताजनक होना निश्चित होगी।

18. कथनानुसार निम्न पूर्वधारणाएं प्रदर्शित की जा सकती है।
(1) प्रशिक्षण प्राप्त कर्मचारी ही उत्पादकता तथा लाभ-प्राप्यता की नीति पर उचित ध्यान दे सकते हैं।
(2) जब तक कर्मचारी उत्पादन पर ध्यान नहीं देंगे तब तक उचित लाभ पाना मुश्किल है। अर्थात् यह कह सकते है कि ये एक-दूसरे के पूरक है।

6. कथन एवं कार्यवाहियों पर आधारित परीक्षण
(Statement and Actions Based Test)

इस प्रकार के प्रश्नों में एक कथन तथा उस पर आधारित दो कार्यवाहियां दी हुई होती हैं। आपको कथन पर तथा उसके बाद दी गई कार्यवाहियों पर विचार करना है।

अभ्यास

निर्देश : *नीचे दिए गए प्रत्येक प्रश्न में एक कथन तथा उसके बाद कार्यवाहियों के लिए उठाए गए दो/तीन कार्यवाहियां I और II/III दिए गए हैं। कार्यवाही से तात्पर्य उस उपाय अथवा प्रशासकीय निर्णय से है, जो कथन में दी गई सूचना के आधार पर सुधार हेतु किए जाने वाले किसी उपाय तथा उसके बाद किसी समस्या अथवा नीति के विषय में की जाने वाली अन्य कार्यवाही से संबंधित हो। आपको कथन में दी गई प्रत्येक बात को सत्य मानना है और उसके बाद निश्चित करना है कि दिए गए दोनों सुझावों से किसे आप तार्किक दृष्टि से कार्यान्वियन के लिए निश्चित रूप से निकाल सकते हैं?*

1. कथन : यह सूचना मिली है कि सुदूर गांव के अधिकतर बालक स्कूल नहीं जाते तथा अपने माता-पिता के साथ खेती-बाड़ी में हाथ बंटाते हैं।

कार्यवाहियां :

I. सरकार को, कृषकों को शिक्षा का महत्त्व समझाने हेतु तत्काल कोई योजना नहीं बनानी चाहिए।

II. उन कृषकों जिनके बच्चे स्कूल में पढ़ने जाते हैं, सरकार द्वारा प्रोत्साहन देना चाहिए।

A. केवल कार्यवाही I निकलती है।
B. केवल कार्यवाही II निकलती है।
C. या तो कार्यवाही I या II निकलती है।
D. कार्यवाही I और II दोनों ही निकलती है।

2. कथन : गर्मी के दिनों में प्रदूषित पानी पीने के कारण प्रत्येक वर्ष काफी संख्या में लोग मरते हैं।

कार्यवाहियां :

I. सरकार को समस्त नागरिकों के लिए शुद्ध जल देने का समुचित प्रबंध करना चाहिए।

II. जनता को प्रदूषित जल पीने से होने वाले दुष्परिणामों से अवगत कराना चाहिए।

A. केवल कार्यवाही I निकलती है।
B. केवल कार्यवाही II निकलती है।
C. या तो कार्यवाही I या II निकलती है।
D. कार्यवाही I और II दोनों ही निकलती है।

3. कथन : मौसम विभाग ने चेतावनी दी है कि राज्यों के तटीय क्षेत्रों में एक भीषण चक्रवाती तूफान अगले 72 घण्टों में आनेवाला है।

कार्यवाहियां :

I. निचले क्षेत्रों में रहने वाले लोगों को सुरक्षित स्थानों पर पहुंचाना चाहिए।

II. तत्काल आपात राहत प्रदान करने के लिए प्रयास करने चाहिए।

A. केवल कार्यवाही I निकलती है।
B. केवल कार्यवाही II निकलती है।
C. या तो कार्यवाही I या II निकलती है।
D. कार्यवाही I और II दोनों ही निकलती है।

4. कथन : प्रत्येक दिन रेलवे लाइन पर काम करते समय लगभग 20 व्यक्ति रेल से टकराते हैं तथा मर जाते हैं।

कार्यवाहियां :

I. रेलवे अधिकारियों को सभी रेलवे क्रासिंग के फाटक को बंद रखने के निर्देश देने चाहिए।

II. जब रेलवे क्रासिंग बंद हो, उस समय जो रेलवे लाइन को पार करे, उस पर बहुत अधिक जुर्माना होना चाहिए।

A. केवल कार्यवाही I निकलती है।
B. केवल कार्यवाही II निकलती है।

C. या तो कार्यवाही I या II निकलती है।

D. कार्यवाही I और II दोनों ही निकलती है।

5. कथन : एफ.सी.आई. गोदामों में काफी मात्रा में अनाज सड़ रहा है तथा उसमें और ताजा अनाज भरा जा रहा है। ऐसी सूचना प्राप्त हो रही है।

कार्यवाहियां :

I. पुराने स्टॉक को तत्काल खुले बाजार में बेच देना चाहिए।

II. पुराने स्टॉक को गरीबी रेखा से नीचे रहने वाले लोगों को मुफ्त मे बांट देना चाहिए।

A. केवल कार्यवाही I निकलती है।

B. केवल कार्यवाही II निकलती है।

C. या तो कार्यवाही I या II निकलती है।

D. कार्यवाही I और II दोनों ही निकलती है।

6. कथन : अधिशासी निदेशक ने अधिक स्वनिर्णय और प्रचालनात्मक स्वतंत्रता सहित 'व्यवसायिक' रूप से बैंकों को कार्य करने की अनुमति की आवश्यकता पर बल दिया।

कार्यवाहियां :

I. इस प्रकार के सुझावों को यथावत् स्वीकार नहीं किया जाता है।

II. अपने इस रिमार्क हेतु अधिशासी निदेशक से स्पष्टी-करण मांगना चाहिए।

A. केवल कार्यवाही I निकलती है।

B. केवल कार्यवाही II निकलती है।

C. या तो कार्यवाही I या II निकलती है।

D. न तो I और न ही II निकलती है।

7. कथन : केन्द्र सरकार ने यह निश्चय किया है कि अब से वह दिल्ली परिवहन निगम को धनराशि प्रदान नहीं करेगी और उसने प्रबंधकों से कहा है कि प्रचालन लागत पूरी करने के लिए वे स्वंय के स्रोत उत्पन्न करें।

कार्यवाहियां :

I. दिल्ली परिवहन निगम को उन क्षेत्रों की तलाश करनी चाहिए, जहां से धनराशि उत्पन्न की जा सके।

II. प्रचालन व्यय को कम करने हेतु कुछ प्रयत्न किए जाने चाहिए।

A. केवल कार्यवाही I निकलती है।

B. केवल कार्यवाही II निकलती है।

C. या तो कार्यवाही I या II निकलती है।

D. न तो I और न ही II निकलती है।

8. कथन : भारत की शिक्षा व्यवस्था की बड़ी समस्या प्राथमिक स्तर पर आनेवाले छात्रों को छोड़कर जाने से रोके रख पाने में उसकी अक्षमता है। यह विश्व बैंक द्वारा किए गए एक अध्ययन का निष्कर्ष है। इसने प्राथमिक शिक्षा हेतु आवंटन में परिवर्तन आहूत किए हैं।

कार्यवाहियां :

I. प्राथमिक स्तर के प्रवेश बिन्दु पर दोगुनी संख्या में पंजीकरण हेतु प्रयास करने चाहिए।

II. ज्यादा सुविधाएं और प्रोत्साहन दिए जाने चाहिए ताकि छात्र प्राथमिक स्तर पर छोड़कर न जाएं।

A. केवल कार्यवाही I निकलती है।

B. केवल कार्यवाही II निकलती है।

C. या तो कार्यवाही I या II निकलती है।

D. न तो I और न ही II निकलती है।

9. कथन : सरकार ने एक ऐसा अध्यादेश प्रवर्तित किया है, जिसके तहत किसी स्थान पर निजी या सार्वजनिक इमारतों, दीवारों और अन्य ऐसी संरचनाओं पर, जो सार्वजनिक स्थल हैं, इश्तेहार चिपकाने पर प्रतिबंध लगाया गया है। अध्यादेश के उल्लंघन करने वालों को दण्डित किया जाएगा।

कार्यवाहियां :

I. इस अध्यादेश को प्रचारित करना चाहिए ताकि लोग इसके बारे में और इसका पालन न किए जाने पर होने वाले परिणामों के संबंध में जान लें।

II. फिल्मों के इश्तेहारों पर इस अध्यादेश के तहत रोक नहीं लगाना चाहिए।

A. केवल कार्यवाही I निकलती है।

B. केवल कार्यवाही II निकलती है।

C. या तो कार्यवाही I या II निकलती है।

D. न तो I और न ही II निकलती है।

10. कथन : समिति की रिपोर्ट ने यह इंगित किया कि समाज का सेवा क्षेत्र बुरी हालत में है। इन सेवाओं हेतु दिए जाने वाले अनुदान का दुरुपयोग किया जा रहा है।

कार्यवाहियां :

I. सभी समाज सेवाएं बंद कर देनी चाहिए।

II. समाज सेवा हेतु अनुदान की मात्रा कम कर देनी चाहिए।

A. केवल कार्यवाही I निकलती है।

B. केवल कार्यवाही II निकलती है।

C. या तो कार्यवाही I या II निकलती है।

D. न तो I और न ही II निकलती है।

11. कथन : टेण्डर नोटिस के प्रकाशित होने पर कम्पनी Z को 57 मोहर बंद टेण्डर प्राप्त हुए हैं।

कार्यवाहियां :

I. संबंधित विभाग को कार्यप्रणाली के अनुसार टेण्डरों को खोलने एवं छांटने का काम करना होगा।

II. पर्चेज कमेटी की मीटिंग बुलाकर व्यवस्थापना से टेण्डर वाली पार्टियों के विषय में सिफारिश करनी चाहिए।

A. केवल कार्यवाही I निकलती है।
B. केवल कार्यवाही II निकलती है।
C. या तो कार्यवाही I या II निकलती है।
D. न तो I और न ही II निकलती है।

12. कथन : कम्पनी x ने तय किया है कि वह अपने कर्मचारियों के वेतन में अगले माह से 10 प्रतिशत की वृद्धि करेगी।

कार्यवाहियां :

I. लेखा विभाग को अपने सभी कर्मचारियों का वेतन संबंधी विवरण भुगतान की तारीख से पहले तैयार करना होगा।

II. बाजार की स्थिति का विचार करते हुए कर्मचारी संघों को वेतन में और वृद्धि की मांग करनी चाहिए।

A. केवल कार्यवाही I निकलती है।
B. केवल कार्यवाही II निकलती है।
C. या तो कार्यवाही I या II निकलती है।
D. I और II दोनों निकलती है।

13. कथन : कम्पनी के निदेशक मण्डल ने सैद्धान्तिक तौर पर यह तय किया है कि वे मुख्य रूप से सामर्थ्यशील क्षेत्रों के सिवाय अपना व्यापार पूरी तरह समेट लेंगे अथवा बेच देंगे।

कार्यवाहियां :

I. शीर्ष प्रबंधन को पहले उसके परिपालन क्षेत्र के मुख्य सामर्थ्यशील क्षेत्रों को पहचानना होगा।

II. इसे गैर मुख्य क्षेत्रों से मुख्य सामर्थ्यशील क्षेत्रों को पहचानना होगा तथा अपने सर्वोत्तम लोगों को वहां भेजना पड़ेगा।

A. केवल कार्यवाही I निकलती है।
B. केवल कार्यवाही II निकलती है।
C. या तो कार्यवाही I या II निकलती है।
D. न तो I और न ही II निकलती है।

14. कथन : राज्य K को आशा है कि इस वर्ष अपनी चावल खरीद गारंटी योजना के अन्तर्गत चावल की बढ़िया फसल होगी।

कार्यवाहियां :

I. अगले वर्ष और किसान भी चावल की खेती करना प्रारंभ करेंगे।

II. खुले बाजार में चावल के मूल्य में वृद्धि होगी।

A. केवल कार्यवाही I निकलती है।
B. केवल कार्यवाही II निकलती है।
C. या तो कार्यवाही I या II निकलती है।
D. न तो I और न ही II निकलती है।

15. कथन : राज्य M में इंजीनियरिंग के लिए सामान्य प्रवेश परीक्षा (सी.ई.टी.) में उपस्थित होने के लिए पात्रता को एस.एस.सी. परीक्षा में प्राप्तांक 50 प्रतिशत से बढ़कर अब 60 प्रतिशत कर दिया है।

कार्यवाहियां :

I. M राज्य में बहुत से उम्मीदवार इस वर्ष सी.ई.टी. परीक्षा में नहीं बैठ सकेंगे तथा वह अन्य राज्यों की सी.ई.टी. परीक्षा में प्रवेश लेंगे।

II. पूर्व परीक्षा जांच में एस.एस.सी. में 60 प्रतिशत से कम अंक वाले उम्मीदवारों को छांट दिया जाएगा।

A. केवल कार्यवाही I निकलती है।
B. केवल कार्यवाही II निकलती है।
C. या तो कार्यवाही I या II निकलती है।
D. I और II दोनों निकलती है।

16. कथन : सरकारी चिकित्सा विभाग के कुछ डॉक्टरों एवं कर्मचारियों के गलत और रूखे व्यवहार के कारण मानव के हित और रक्षा के लिए बनाए गए विभाग को आज लोग रक्षक नहीं बल्कि मानव-भक्षक कहने लगे हैं। बहुत से लोग सरकारी चिकित्सक के पास जाने से कतराते हैं।

कार्यवाहियां :

I. सरकार को प्रत्येक डॉक्टर के संबंध में जनता से गुप्त समीक्षा करनी चाहिए।

II. लिप्त चिकित्सक अधिकारी को निष्कासित कर देना चाहिए।

III. सरकारी चिकित्सा विभाग का निजीकरण कर देना चाहिए।

A. केवल कार्यवाही I निकलती है।
B. केवल कार्यवाही II निकलती है।
C. केवल कार्यवाही I और II निकलती है।
D. सभी निकलती है।

17. कथन : आज हमारा देश आर्थिक संकट से गुजर रहा है

ऐसा कहा जाता है कि देश की प्रगति में बाधक गरीबी और भीषण विषमताएं हैं, लेकिन यह गरीब आदमी पर एक अप्रत्याशित लांछन है, क्योंकि भारत के गरीब अत्यन्त सीधे, सच्चे लोगों में से हैं।

कार्यवाहियां :

I. आय में विषमता देश की प्रगति में बाधक है।
II. अमीर लोग देश की प्रगति में बाधक नहीं है।
III. सीधे सच्चे लोग देश की प्रगति में बाधक नहीं बन सकते।

A. केवल कार्यवाही I निकलती है।
B. केवल कार्यवाही II निकलती है।
C. केवल कार्यवाही I या II निकलती है।
D. सभी निकलती है।

18. कथन : उत्तर प्रदेश सरकार द्वारा शुरु किया गया यश भारती पुरस्कार का यश भारती पुरस्कार से सम्मानित व्यक्ति यश भारती पुरस्कार देने की उपयोगिता पर प्रश्न चिन्ह लगाया गया।

कार्यवाहियां :

I. यश भारती पुरस्कार के समारोह पर होने वाले खर्चे को कम किया जाना चाहिए।
II. यश भारती पुरस्कार की धनराशि बढ़ा दी जानी चाहिए।
III. यश भारती पुरस्कार देना बंद कर देना चाहिए।

A. केवल कार्यवाही I निकलती है।
B. केवल कार्यवाही II निकलती है।
C. केवल कार्यवाही I तथा II निकलती है।
D. कोई भी नहीं निकलती है।

19. कथन : आगरा में स्थापित विश्वविख्यात ताजमहल का रंग पीला पड़ना आगरा शहर में स्थित प्रदूषण के लिए जिम्मेदार औद्योगिक कारखाने ही हैं।

कार्यवाहियां :

I. प्रदूषण के लिए जिम्मेदार सभी औद्योगिक कारखानों को बंद कर देना चाहिए।
II. प्रदूषण को कम करने के लिए वायुशोधक संयंत्र लगाना चाहिए।
III. आगरा शहर में स्थापित सभी औद्योगिक कारखानों को अन्यत्र स्थापित कर देना चाहिए।

A. केवल कार्यवाही I निकलती है।
B. केवल कार्यवाही II निकलती है।
C. केवल कार्यवाही II तथा III निकलती है।
D. सभी निकलती है।

20. कथन : एम.पी.आर. सर्विस द्वारा किए गए देशव्यापी सर्वेक्षण में यह ज्ञात होता है कि प्रात:कालीन राष्ट्रीय समाचार सेवा को 2.50 करोड़ से ज्यादा दर्शकों की वृहद् लोकप्रियता प्राप्त है। लोगों को भोर काल में इसे देख पाने में हालांकि दिक्कत होती है।

कार्यवाहियां :

I. समाचारों के लिए उपयुक्त समय ज्ञात करने के लिए दूरदर्शन को एक मत सर्वेक्षण चलाना चाहिए।
II. कुछ लोगों का मत ही सर्वमान्य नहीं माना जा सकता है।

A. केवल कार्यवाही I निकलती है।
B. केवल कार्यवाही II निकलती है।
C. या तो I या II निकलती है।
D. कार्यवाही I और II दोनों निकलती है।

21. कथन : राष्ट्रपति जी ने इस बात पर जोर दिया है कि अपंग लोगों को अभी भी उचित पुनर्वास नहीं मिल पा रहा है और समाज को अभी अपंग लोगों के प्रति सकारात्मक अभिमत का विकास करना है।

कार्यवाहियां :

I. सरकार को अपंगों हेतु नए केन्द्र खोलने चाहिए।
II. लोगों को अपंगों के प्रति सकारात्मक अभिमत का विकास करना चाहिए।

A. केवल कार्यवाही I निकलती है।
B. केवल कार्यवाही II निकलती है।
C. या तो कार्यवाही I या II निकलती है।
D. कार्यवाही I और II दोनों निकलती है।

22. कथन : कर्मचारी संघ के एक वर्ग ने प्रबंधकों के इस अभिमत के खिलाफ, जो वे उनकी लम्बे समय से बकाया मागों को पूरा न करके अपना रहे हैं, अनिश्चित काल की हड़ताल पर जाने का निर्णय लिया है।

कार्यवाहियां :

I. प्रबंधकों को तत्काल प्रभाव से इस हड़ताल पर प्रतिबंध लगाना चाहिए।
II. प्रबंधकों को कर्मचारियों की यूनियन के साथ बातचीत शुरु कर देनी चाहिए ताकि उनकी मांगें पूरी की जा सकें।

A. केवल कार्यवाही I निकलती है।
B. केवल कार्यवाही II निकलती है।

C. या तो I या II निकलती है।

D. कार्यवाही I और II दोनों निकलती है।

23. कथन : मैनेजमेंट शिक्षा सुधार समिति के अध्यक्ष का अनुभव है कि अपने पाठ्यक्रम के दौरान छात्रों को उद्योगों का व्यवहारिक उद्‌भाषण हो पाने के अभाव में हमारे देश में मैनेजमेंट शिक्षा का काफी नुकसान हो चुका है।

कार्यवाहियां :

I. व्यवहारिक उन्मुख होते हुए मैनेजमेंट शिक्षा की पाठ्यक्रम सामग्री को पुनः अभिकल्पित किया जाए।

II. प्लेसमेंट के अवसर उपलब्ध कराने हेतु उद्योगों को भी शामिल किया जाना चाहिए।

A. केवल कार्यवाही I निकलती है।

B. केवल कार्यवाही II निकलती है।

C. या तो I या II निकलती है।

D. कार्यवाही I और II दोनों निकलती है।

24. कथन : मंत्री जी ने ग्रामीण क्षेत्रों में अधिक डॉक्टरों को नियुक्त करने की आवश्यकता पर जोर दिया है, क्योंकि ग्रामीण क्षेत्रों में स्वास्थ्य सेवाएं अपर्याप्त हैं।

कार्यवाहियां :

I. डॉक्टरों को ग्रामीण क्षेत्रों में काम करने हेतु और अधिक प्रोत्साहन दिया जाना चाहिए।

II. चिकित्सा छात्रों को अंतिम उपाधि तब ही देनी चाहिए जब उन्होंने ग्रामीण क्षेत्रों में काम कर लिया हो।

A. केवल कार्यवाही I निकलती है।

B. केवल कार्यवाही II निकलती है।

C. या तो I या II निकलती है।

D. कार्यवाही I और II दोनों निकलती है।

25. कथन : राज्य सरकार ने यह नीतिगत निर्णय लिया है कि राज्य द्वारा संचालित वृद्धावस्था गृहों को आगामी वित्त वर्ष में कोई वित्तीय सहायता नहीं दी जाएगी।

कार्यवाहियां :

I. ऐसे गृहों को उन तमाम संभावनाओं की तलाश करनी चाहिए जहां से धनराशि मिल सकती है।

II. राज्य सरकार को ऐसे लोक हितैषियों को कर राहत देनी चाहिए जो ऐसे गृहों को धनराशि उपलब्ध कराते हैं।

A. केवल कार्यवाही I निकलती है।

B. केवल कार्यवाही II निकलती है।

C. या तो I या II निकलती है।

D. कार्यवाही I और II दोनों निकलती है।

26. कथन : चिकित्सा व्यय के पुनर्भुगतान में पहले से आपसी समझौते से तय दिनांक से देर होने के कारण कर्मचारी उत्तेजित हो रहे हैं। उन्होंने आधे दिन की टोकन हड़ताल पर जाने का निर्णय लिया है।

कार्यवाहियां :

I. प्रबंधकों को चिकित्सा व्यय के पुनर्भुगतान की कोई तिथि नहीं तय करनी चाहिए।

II. अगर कर्मचारी हड़ताल पर जाते हैं तो उन्हें वेतन कटौती की चेतावनी दी जानी चाहिए।

A. केवल कार्यवाही I निकलती है।

B. केवल कार्यवाही II निकलती है।

C. या तो I या II निकलती है।

D. कार्यवाही I और II दोनों निकलती है।

27. कथन : लगभग 7500 लोगों को रोजगार देने वाली 18 चीनी मिलों को बीमार इकाई घोषित कर दिया गया है। हाल ही के नीतिगत निर्णय के आधार पर केन्द्र सरकार इन मिलों को बंद करने पर गंभीरता से विचार कर रही है।

कार्यवाहियां :

I. नए नीतिगत निर्णयों पर पुनः विचार किया जाना चाहिए।

II. कर्मचारी को उनकी अभियोग्यता और कौशल के आधार पर उचित रोजगार दिए जाने चाहिए।

A. केवल कार्यवाही I निकलती है।

B. केवल कार्यवाही II निकलती है।

C. या तो I या II निकलती है।

D. कार्यवाही I और II दोनों निकलती है।

28. कथन : अपनी एक रिपोर्ट में परिवहन मंत्रालय ने बताया है कि लोगों को ट्रैफिक नियमों का पालन करना चाहिए। इससे ट्रांसपोर्ट सेवा के स्तर में सुधार होगा और सड़क दुर्घटनाओं की संख्या घटेगी।

कार्यवाहियां :

I. मंत्रालयों को ट्रैफिक नियमों के बारे में सचेतता अभियान आयोजित करने चाहिए।

II. जो लोग ट्रैफिक नियमों का उल्लंघन करते हैं उनके लाइसेंस रद्द कर देने चाहिए।

A. केवल कार्यवाही I निकलती है।

B. केवल कार्यवाही II निकलती है।

C. या तो I या II निकलती है।

D. कार्यवाही I और II दोनों निकलती है।

29. **कथन :** वर्तमान में भारत अपने जनसांख्यिकीय परिवर्तन की मुख्य धारा में हैं, पिछले 60 वर्षों में मृत्यु दर में लगभग लगातार ह्रास हुआ है। जबकि पिछले 20 वर्षों में जन्म दर में ह्रास हुआ है। इसका परिणाम यह है कि पिछले 50 वर्षों में जनसंख्या में तेजी से वृद्धि हुई है।

कार्यवाहियां :

I. भारत को अपने परिवार नियोजन कार्यक्रम को पुनर्जीवित करना चाहिए।

II. सरकार को शीघ्र जन-संचार माध्यमों के द्वारा एक वृहद् शैक्षिक कार्यक्रम शुरु करना चाहिए जिसमें कि वर्तमान दर से बढ़ती जनसंख्या से उत्पन्न समस्याओं पर प्रकाश डाला जाए।

A. केवल कार्यवाही I निकलती है।
B. केवल कार्यवाही II निकलती है।
C. या तो I या II निकलती है।
D. कार्यवाही I और II दोनों निकलती है।

उत्तरमाला

1	2	3	4	5	6	7	8	9	10
D	D	B	B	C	D	A	B	A	D
11	**12**	**13**	**14**	**15**	**16**	**17**	**18**	**19**	**20**
A	D	A	D	D	C	A	D	D	A
21	**22**	**23**	**24**	**25**	**26**	**27**	**28**	**29**	
D	B	A	D	D	B	B	D	D	

संकेत

1. दोनों ही कार्यवाहियां ठीक हैं। जब किसान शिक्षा का महत्त्व समझेगा तो वह अपने बच्चों को स्कूल पढ़ने के लिए भेजेगा तथा स्कूल जाने वाले बच्चों को प्रोत्साहन देने से भी बच्चे स्कूल नहीं जाते हैं। वे भी जाने लगेंगे।

2. दोनों ही कार्यवाहियां ठीक हैं। जब गर्मी में शुद्ध जल मिलने में कठिनाई हो रही हो तो सरकार का कर्तव्य है कि लोगों के लिए समुचित शुद्ध जल उपलब्ध कराएं तथा जनता को दूषित जल पीने से होने वाले दुष्परिणामों से अवगत कराना भी जरुरी है जिससे वे लोग दूषित जल न पीएं।

3. भीषण चक्रवाती तूफान आने से पहले निचले क्षेत्रों में रहने वालों को सुरक्षित स्थल पर पहुंचाना अति आवश्यक है। साथ ही आपात राहत प्रदान कराने के लिए अन्य प्रयास भी जरुरी हैं। अत: दोनों कार्यवाहियां उचित है।

4. पहली कार्यवाही उचित नहीं है, क्योंकि रेलवे क्रॉसिंग के फाटक यदि सदैव बंद रहेंगे तो उस सड़क का उपयोग सदैव के लिए समाप्त हो जाएगा। दूसरी कार्यवाही सही है, क्योंकि अधिक जुर्माना होने से लोग बंद फाटक को पार नहीं करेंगे तथा दुर्घटना बच जाएगी।

5. पुराने स्टॉक को तुरन्त बेच देना चाहिए या गरीबों में बांट देना चाहिए, ताकि किसी न किसी रुप में उसका सदुपयोग हो।

7. कथन एवं अनुमान पर आधारित परीक्षण
(Statement and Estimate Based Test)

इस प्रकार के प्रश्नों में एक कथन व उसके बाद दो संकल्पनाएं/परिकल्पना या अनुमान दिए हुए होते हैं। संकल्पना या अनुमान वह है जिसको मान लिया जाता है अथवा स्वीकार कर लिया जाता है। आपको कथन तथा उसके बाद दी हुई संकल्पनाओं पर विचार करना है और फिर यह ज्ञात करना है कि दी हुई दोनों संकल्पनाओं में से कौन-सी, कथन में निहित हैं।

नोट : *नीचे दिए गए व्याख्यात्मक उदाहरण से भली-भांति समझा जा सकता है।*

कथन : बंगलौर से दिल्ली शीघ्र पहुंचने के लिए वायुयान से जाइये।

संकल्पनाएं :

I. दिल्ली और बंगलौर वायुयान सेवा से जुड़े हुए हैं।

II. बंगलौर से दिल्ली पहुंचने के लिए वायुयान के अतिरिक्त अन्य कोई साधन नहीं है।

A. केवल अनुमान I निकलता है।

B. केवल अनुमान II निकलता है।

C. अनुमान I व II दोनों विपरीत हैं।

D. कोई भी अनुमान नहीं निकलता है।

हल A : ''बंगलौर से दिल्ली शीघ्र पहुंचने के लिए वायुयान से जाइये'' कथन से यह तो स्पष्ट है कि दिल्ली और बंगलौर वायुयान सेवा से जुड़े हुए हैं। यदि ये दोनों नगर वायुयान सेवा से जुड़े नहीं होते तो 'वायुयान से जाइये' नहीं कहा जा सकता था। कथन में 'शीघ्र' शब्द से स्पष्ट है कि बंगलौर से दिल्ली वायुयान द्वारा जाने में अन्य साधनों की अपेक्षा कम समय लगता है। अत: कथन से इस बात की पुष्टि होती है कि बंगलौर से दिल्ली पहुंचने के लिए अन्य साधन भी है। इसलिए दिए हुए कथन में संकल्पना I तो निहित है परन्तु संकल्पना II निहित नहीं है।

अभ्यास

निर्देश : *निम्नलिखित प्रश्नों में कथन एवं संकल्पनाओं पर विचार कीजिए तथा ज्ञात करो कि कथन में कौन-सी संकल्पना निहित हैं?*

1. कथन : आप एक ही रात में शिखर पर नहीं पहुंचते हैं।

अनुमान :

I. व्यक्ति शिखर पर पहुंचने के लिए इच्छुक है।

II. शिखर पर पहुंचने के लिए नियमित प्रयास आवश्यक हैं।

A. केवल अनुमान I अनुमित है।

B. केवल अनुमान II अनुमित है।

C. अनुमान I तथा II एक-दूसरे के विपरीत हैं।

D. कोई भी अनुमान अनुमित नहीं है।

2. कथन : यदि आप हमारी दुकान से समान खरीदते हो तो आप अपने पैसे के वास्तविक मूल्य का सामान पाओगे।

अनुमान :

I. अन्य दुकानों पर सामान का मूल्य वास्तविक मूल्य से अधिक है।

II. व्यक्ति वास्तविक मूल्य का सामान खरीदना चाहते हैं।

A. केवल अनुमान I अनुमित है।

B. केवल अनुमान II अनुमित है।

C. कोई भी अनुमान अनुमित नहीं है।

D. दोनों अनुमान अनुमित हैं।

3. कथन : मूर्खों की तरह मैंने बस द्वारा जाने का निश्चय किया।

अनुमान :

I. मैं मूर्ख हूं।

II. मैं मूर्ख नहीं हूं।

A. केवल अनुमान I अनुमित है।

B. केवल अनुमान II अनुमित है।

C. अनुमान I तथा II एक-दूसरे के विपरीत हैं।

D. कोई भी अनुमान अनुमित नहीं है।

4. कथन : बिचपुरी में वाचनालय खोलना धन का दुरुपयोग है।

अनुमान :

I. बिचपुरी के लोग अनपढ़ हैं।

II. बिचपुरी के लोगों को पढ़ने में रुचि नहीं है।

A. केवल अनुमान I अनुमित है।

B. केवल अनुमान II अनुमित है।

C. अनुमान I तथा II एक-दूसरे के विपरीत हैं।

D. कोई भी अनुमान अनुमित नहीं है।

5. कथन : यह आयुर्वेदिक औषधि रक्त संचार में सुधार करती है तथा आपके रंग-रूप को चमकाये रखती है।

अनुमान :

I. व्यक्ति चमकदार रंग-रूप पसंद करते हैं।

II. रक्त संचार की खराब स्थिति में रंग-रूप भद्दा हो जाता है।

A. केवल अनुमान I अनुमित है।

B. केवल अनुमान II अनुमित है।

C. अनुमान I तथा II एक-दूसरे के विपरीत हैं।

D. दोनों अनुमान अनुमित हैं।

6. कथन : अधिक क्षेत्र में प्रचार करने के लिए विज्ञापन सभी राष्ट्रीय दैनिक पत्रिकाओं में दीजिए।

अनुमान :

I. किसी विशेष क्षेत्र में किसी विशेष समाचार पत्र के पाठकों की संख्या अन्य समाचार पत्रों से अधिक होती है।

II. व्यक्ति प्राय: स्थानीय समाचार पत्रों में विज्ञापन नहीं देते हैं।

A. केवल अनुमान I अनुमित है।

B. केवल अनुमान II अनुमित है।

C. या तो अनुमान I या II अनुमित है।

D. दोनों अनुमान अनुमित है।

7. कथन : Computer की सेवाएं शोचनीय होते हुए भी किसी को इसकी शिकायत नहीं है।

अनुमान :

I. प्राय: लोग शोचनीय सेवाओं को सहन नहीं करते।

II. कभी-कभी शिकायतों से भी सेवाओं में सुधार हो जाता है।

A. केवल अनुमान I अनुमित है।

B. केवल अनुमान II अनुमित है।

C. या तो अनुमान I या II अनुमित है।

D. कोई भी अनुमान, अनुमित नही है।

8. कथन : मूसलाधार वर्षा होने के बावजूद भी इस वर्ष रेलों की सेवाओं पर कोई प्रभाव नहीं पड़ा।

अनुमान :

I. रेलों की सेवाएं वर्षा ऋतु में प्रभावित होती हैं।

II. मूसलाधार वर्षा प्राय: रेलों की सेवाएं प्रभावित करती हैं।

A. केवल अनुमान I अनुमित है।

B. केवल अनुमान II अनुमित है।

C. या तो अनुमान I या II अनुमित है।

D. कोई भी अनुमान अनुमित नहीं है।

9. कथन : यदि आप कुशल कर्मचारियों को उत्साहित नहीं करोगे तो वे शीघ्र ही निरुत्साहित हो जायेंगे।

अनुमान :

I. उत्साह में सुधार होता है।

II. कुछ व्यक्ति दूसरों की अपेक्षा अधिक अच्छा कार्य करते हैं।

A. केवल अनुमान I अनुमित है।

B. केवल अनुमान II अनुमित है।

C. या तो अनुमान I या II अनुमित है।

D. कोई भी अनुमान अनुमित नहीं है।

10. कथन : चूंकि मैं आपकी स्वीकृति शीघ्र चाहता हूं, मुझे फोन द्वारा सूचित करें।

अनुमान :

I. फोन पर बात स्पष्ट नहीं होती है।

II. विस्तृत सूचना फोन द्वारा दी जानी चाहिए।

A. केवल अनुमान I अनुमित है।

B. केवल अनुमान II अनुमित है।

C. या तो अनुमान I या II अनुमित है।

D. कोई भी अनुमान अनुमित नहीं है।

11. कथन : मरुस्थल में एक स्थान से दूसरे स्थान पर जाने के लिए ऊँटों के बिना काम चल ही नहीं सकता।

अनुमान :

I. मरुस्थलों में ऊँट आवागमन का सस्ता साधन है।

II. मरुस्थलों में ऊँट अधिकता में पाए जाते हैं।

A. केवल अनुमान I अनुमित है।

B. केवल अनुमान II अनुमित है।

C. अनुमान I व II एक-दूसरे के विपरीत हैं।

D. दोनों अनुमान अनुमित है।

12. कथन : मंहगें सेब बुरे नहीं होते हैं।

अनुमान :

I. जब सेबों के बाजार में मांग की पूर्ति नहीं हो पाती है तो इसकी कीमत बढ़ जाती है।

II. सेब की कीमत जितनी अधिक होती है उसकी किस्म उतनी ही अच्छी होती है।

A. केवल अनुमान I अनुमित है।

B. केवल अनुमान II अनुमित है।

C. अनुमान I व II एक-दूसरे के विपरीत हैं।

D. कोई भी अनुमान अनुमित नहीं हैं।

13. कथन : भारत में बने सभी टी.वी. सेटों में 'सोलर' नामक टी.वी. की बिक्री सबसे अधिक है।

अनुमान :

I. भारत में बने सभी टी.वी. सेटों की बिक्री के आंकड़े मालूम हैं।

II. भारत में 'सोलर' टी.वी. सेट की अपेक्षा अन्य प्रकार के टी.वी. सेट कम बनते हैं।

A. केवल अनुमान I अनुमित है।

B. केवल अनुमान II अनुमित है।

C. अनुमान I व II एक-दूसरे के विपरीत हैं।

D. कोई भी अनुमान अनुमित नहीं हैं।

14. कथन : प्रतीक्षा सूची के दस यात्रियों को अन्त में फ्रंटियर मेल में आरक्षण मिल ही गया।

अनुमान :

I. प्रतीक्षा सूची के यात्रियों को प्रायः फ्रंटियर मेल में आरक्षण कठिनाई से मिलता है।

II. फ्रंटियर मेल में उपलब्ध शायिकों की संख्या अपेक्षाकृत कम है।

A. केवल अनुमान I अनुमित है।

B. केवल अनुमान II अनुमित है।

C. अनुमान I तथा II एक-दूसरे के विपरीत हैं।

D. कोई भी अनुमान अनुमित नहीं हैं।

15. कथन : समाचार पत्रों के शैक्षणिक मूल्य के अलावा उनकी मनोरंजन क्षमता को भी भूला नहीं जा सकता है।

अनुमान :

I. शिक्षा की दृष्टि से ही लोग समाचार पत्र लेते हैं।

II. समाचार पत्रों की मनोरंजन क्षमता का महत्व भी अनुभव किया जाने लगा है।

A. केवल अनुमान I अनुमित है।

B. केवल अनुमान II अनुमित है।

C. अनुमान I तथा II एक-दूसरे के विपरीत हैं।

D. दोनों अनुमान अनुमित हैं।

16. कथन : सफल व्यक्ति में स्वयं को ठीक परखने की योग्यता होती है।

अनुमान :

I. अन्य व्यक्तियों को परखने से सफल व्यक्ति को कोई लाभ नहीं है।

II. सफल व्यक्ति कभी भी गलत परख नहीं कर सकता है।

A. केवल अनुमान I अनुमित है।

B. केवल अनुमान II अनुमित है।

C. अनुमान I व II एक-दूसरे के विपरीत हैं।

D. दोनों अनुमान अनुमित हैं।

17. कथन : केवल XYZ ट्यूब का प्रयोग कीजिए क्योंकि इनकी आयु अन्य की अपेक्षा 5 वर्ष अधिक है।

अनुमान :

I. लोग केवल वही ट्यूब पसंद करते हैं जो अधिक टिकाऊ होती है।

II. अन्य ट्यूब अधिक टिकाऊ नहीं है।

A. केवल अनुमान I अनुमित है।

B. केवल अनुमान II अनुमित है।

C. अनुमान I तथा II एक-दूसरे के विपरीत हैं।

D. कोई भी अनुमान अनुमित नहीं हैं।

18. कथन : तुम्हें मालूम है कि तुम्हारा सूट बहुत अच्छा है जब लोग यह पूछते हैं कि किस दर्जी ने सिला है।

अनुमान :

I. लोग दर्जी के बारे में नहीं पूछते हैं यदि तुम्हारा सूट अच्छा नहीं है।

II. लोग एक अच्छे सूट के गुणों को जानना चाहते हैं।

A. केवल अनुमान I अनुमित है।

B. केवल अनुमान II अनुमित है।

C. अनुमान I व II एक-दूसरे के विपरीत हैं।

D. कोई भी अनुमान अनुमित नहीं हैं।

19. कथन : 'सारस' केवल एक ही दो पहिये की गाड़ी है जिसको तुम खरीदोगे जब तुम उसे खरीदने के लिए तैयार होंगे।

अनुमान :

I. 'सारस' एक अच्छी दो पहियों की गाड़ी है।

II. लोग एक बहुत अच्छी ही दो पहिये की गाड़ी को खरीदते हैं।
A. केवल अनुमान I अनुमित है।
B. केवल अनुमान II अनुमित है।
C. अनुमान I तथा II एक-दूसरे के विपरीत हैं।
D. दोनों अनुमान अनुमित हैं।

20. कथन : यदि आप एक सुचित्रित कलाकार हैं तो हमारे पास आपके लिए दावे के साथ एक कार्य है।

अनुमान :
I. आप एक सुचित्रित कलाकार हैं।
II. हमको एक सुचित्रित कलाकार की आवश्यकता है।
A. केवल अनुमान I अनुमित है।
B. केवल अनुमान II अनुमित है।
C. अनुमान I तथा II एक-दूसरे के विपरीत हैं।
D. कोई भी अनुमान अनुमित नहीं हैं।

21. कथन : गाड़ी रोकने के लिए जंजीर खींचो। अनुचित प्रयोग करने पर Rs. 250/- जुर्माना है, ऐसी चेतावनी रेल के डिब्बे में लिखी होती है।

अनुमान :
I. कुछ लोग शरारती होते हैं।
II. अवसर पड़ने पर लोग चलती गाड़ी को रोकना चाहते हैं।
A. केवल अनुमान I अनुमित है।
B. केवल अनुमान II अनुमित है।
C. अनुमान I तथा II एक-दूसरे के विपरीत हैं।
D. दोनों अनुमान अनुमित हैं।

22. कथन : रेल भाड़े में कटौती पर्वतीय स्थानों के लिए समाप्त कर दी गई है क्योंकि इसकी आवश्यकता नहीं है कि वे लोग वहां जाकर अवकाश बितायें।

अनुमान :
I. भारतीय रेल को केवल जरुरतमंद लोगों को छूट देनी चाहिए।
II. भारतीय रेल को लोगों को उत्साहित नहीं करना चाहिए कि वे अवकाश पर्वतीय स्थानों पर बितायें।
A. केवल अनुमान I अनुमित है।
B. केवल अनुमान II अनुमित है।
C. अनुमान I तथा II एक-दूसरे के विपरीत हैं।
D. कोई भी अनुमान अनुमित नहीं हैं।

23. कथन : यह पुस्तक इस उद्देश्य से लिखी गई है कि कोई भी साधारण व्यक्ति शिक्षक की अनुपस्थिति में योग विद्या सीख सके।

अनुमान :
I. योग विद्या सिखाने के लिए सदैव शिक्षक उपलब्ध नहीं होते हैं।
II. योग विद्या पुस्तक से सीखी जा सकती है।
A. केवल अनुमान I अनुमित है।
B. केवल अनुमान II अनुमित है।
C. अनुमान I तथा II एक-दूसरे के विपरीत हैं।
D. दोनों अनुमान अनुमित हैं।

24. कथन : संसार में, जल्दी में, बुक डाईजेस्ट अत्यंत आवश्यक हो जाती है।

अनुमान :
I. समय की बचत ही "बुक डाईजेस्ट" का प्रयोग है।
II. जब जल्दी न हो तो बुक डाईजेस्ट का प्रयोग नहीं करना चाहिए।
A. केवल अनुमान I अनुमित है।
B. केवल अनुमान II अनुमित है।
C. अनुमान I तथा II एक-दूसरे के विपरीत हैं।
D. कोई भी अनुमान अनुमित नहीं हैं।

25. कथन : वर्षा के बाद की उपज की दशा बिगड़ती जा रही है।

अनुमान :
I. वर्षा के पहले उपज की दशा खराब नहीं थी।
II. वर्षा के बाद उपज की दशा सुधरने की आशा थी।
A. केवल अनुमान I अनुमित है।
B. केवल अनुमान II अनुमित है।
C. अनुमान I व II दोनों अनुमित हैं।
D. कोई भी अनुमान अनुमित नहीं हैं।

26. कथन : "अविवाहित, सुन्दर मेट्रीकुलेट 19 से 22 वर्ष के बीच की धारा प्रवाह अंग्रेजी में बोलने में सक्षम लड़कियों की रिसेप्शनिस्ट के रूप में प्रशिक्षित किए जाने हेतु आवश्यकता है।"

परिकल्पना :
I. रिसेप्शनिस्ट के रूप में बढ़िया काम करने के लिए अंग्रेजी में धारा प्रवाह बोलने की योग्यता अत्यावश्यक है।
II. रिसेप्शनिस्ट के रूप में कार्य करने के लिए ऊंचाई का कोई महत्व नहीं है।
A. केवल परिकल्पना I अन्तर्निहित है।

B. केवल परिकल्पना II अन्तर्निहित है।
C. परिकल्पना I या II अन्तर्निहित है।
D. कोई भी परिकल्पना अन्तर्निहित नहीं हैं।

27. कथन : बजट के घाटे को पूरा करने हेतु हमें वर्तमान शुल्क में वृद्धि कर देनी चाहिए।

परिकल्पना :

I. हमारे वर्तमान शुल्क की दर बहुत निम्न है।
II. यदि शुल्क को बढ़ाया नहीं गया तो घाटे को पूरा नहीं किया जा सकता।

A. केवल परिकल्पना I अन्तर्निहित है।
B. केवल परिकल्पना II अन्तर्निहित है।
C. परिकल्पना I या II अन्तर्निहित है।
D. कोई भी परिकल्पना अन्तर्निहित नहीं हैं।

28. कथन : प्रत्येक 'दर्पण मैगजीन' को पसंद करता है।

परिकल्पना :

I. कोई भी अन्य मैगजीन पसंद नहीं करता है।
II. मैगजीन यह वांछनीय समझती है कि उनको बहुत लोगों के द्वारा पसंद नहीं किया जाए।

A. केवल परिकल्पना I अन्तर्निहित है।
B. केवल परिकल्पना II अन्तर्निहित है।
C. परिकल्पना I या II अन्तर्निहित है।
D. कोई भी परिकल्पना अन्तर्निहित नहीं हैं।

29. कथन : यद्यपि अधिक सुविधाओं की व्यवस्था की गई है, किन्तु किराये नहीं बढ़ाये गए हैं।

परिकल्पना :

I. किराये दी गई सुविधाओं पर निर्भर करते हैं।
II. किरायों का दी जाने वाली सुविधाओं से कोई संबंध नहीं है।

A. केवल परिकल्पना I अन्तर्निहित है।
B. केवल परिकल्पना II अन्तर्निहित है।
C. परिकल्पना I या II अन्तर्निहित है।
D. कोई भी परिकल्पना अन्तर्निहित नहीं हैं।

30. कथन : कुछ लोग यह अनुभव करते हैं कि यदि आप सही डोरी खींचें (सही व्यक्ति से सिफारिश लगवायें) तो सफलता प्राप्त करना आसान है।

परिकल्पना :

I. डोरी खींचकर सफलता पाना अच्छा नहीं है।
II. सही डोरी का पाना ही कठिन है।

A. केवल परिकल्पना I अन्तर्निहित है।
B. केवल परिकल्पना II अन्तर्निहित है।
C. परिकल्पना I या II अन्तर्निहित है।
D. कोई भी परिकल्पना अन्तर्निहित नहीं हैं।

31. कथन : यदि आप एक कैमिकल इंजीनियर हैं तो हमारे पास आपके लिए एक चुनौतीपूर्ण कार्य है।

परिकल्पना :

I. आप एक कैमिकल इंजीनियर हैं।
II. हमको एक कैमिकल इंजीनियर की आवश्यकता है।

A. केवल परिकल्पना I अन्तर्निहित है।
B. केवल परिकल्पना II अन्तर्निहित है।
C. कोई परिकल्पना अन्तर्निहित नहीं हैं।
D. परिकल्पना I एवं II दोनों अन्तर्निहित हैं।

32. कथन : जब लोग आपसे यह पूछें कि आपका दर्जी कौन है तो आप जानिये कि आपके पास एक अच्छा सूट है।

परिकल्पना :

I. लोग दर्जी के बारे में तब ही पूछते है जबकि सूट या तो अच्छा है या बुरा है।
II. लोग अच्छे सूट का आधार (विशेषता) जानना चाहते हैं।

A. केवल परिकल्पना I अन्तर्निहित है।
B. केवल परिकल्पना II अन्तर्निहित है।
C. कोई परिकल्पना अन्तर्निहित नहीं हैं।
D. परिकल्पना I व II दोनों अन्तर्निहित हैं।

33. कथन : प्रत्येक व्यक्ति 'पत्रिका' मैगजीन पसंद करता है।

परिकल्पना :

I. 'पत्रिका' वास्तव में ही अच्छी पठनीय सामग्री प्रदान करती है।
II. पसंद किया जाना आवश्यक नहीं समझा जाता।

A. केवल परिकल्पना I अन्तर्निहित है।
B. केवल परिकल्पना II अन्तर्निहित है।
C. कोई परिकल्पना अन्तर्निहित नहीं हैं।
D. परिकल्पना I एवं II दोनों अन्तर्निहित हैं।

34. कथन : इस प्रकार जब आप मकान खरीदना चाहें, तो क्रय हेतु एस्टेट एजेंट की सहायता लें।

परिकल्पना :

I. एक एस्टेट को किराये पर लेना आवश्यक नहीं है।
II. एस्टेट एजेंट एक विशेषज्ञ होता है।

A. केवल परिकल्पना I अन्तर्निहित है।
B. केवल परिकल्पना II अन्तर्निहित है।

C. कोई परिकल्पना अन्तर्निहित नहीं हैं।
D. परिकल्पना I व II दोनों अन्तर्निहित हैं।

35. कथन : वर्तमान परीक्षा प्रणाली में पूर्ण संशोधन की आवश्यकता है।

परिकल्पना :

I. वर्तमान परीक्षा प्रणाली समयातीत हो चुकी है।
II. पूर्ण संशोधन में सुधार होता है।

A. केवल परिकल्पना I अन्तर्निहित है।
B. केवल परिकल्पना II अन्तर्निहित है।
C. कोई परिकल्पना अन्तर्निहित नहीं हैं।
D. परिकल्पना I एवं II दोनों अन्तर्निहित हैं।

36. कथन : दस प्रत्याशियों को, जो कि प्रतीक्षा सूची में थे, अन्ततः कोर्स में प्रवेश दे दिया गया।

परिकल्पना :

I. प्रतीक्षा सूची के प्रत्याशियों को सामान्यतया प्रवेश नहीं मिलता।
II. प्रतीक्षा सूची में काफी संख्या में प्रत्याशी थे।

A. केवल परिकल्पना I अन्तर्निहित है।
B. केवल परिकल्पना II अन्तर्निहित है।
C. या तो परिकल्पना I या II अन्तर्निहित है।
D. न तो परिकल्पना I और न ही II अन्तर्निहित हैं।

37. कथन : ये आम इतने सस्ते हैं कि अच्छे नहीं हो सकते।

परिकल्पना :

I. जब आम की फसल की बहुतायत होती है तो मूल्य गिर जाते हैं।
II. बिक्री दर जितनी कम होगी, वस्तु की क्वालिटी उतनी ही खराब होगी।

A. केवल परिकल्पना I अन्तर्निहित है।
B. केवल परिकल्पना II अन्तर्निहित है।
C. या तो परिकल्पना I या II अन्तर्निहित है।
D. परिकल्पना I एवं II दोनों अन्तर्निहित हैं।

38. कथन : मुम्बई में उपनगरीय क्षेत्र के लोगों के लिए अपने काम के स्थानों पर समय पर पहुंचने के लिए ट्रेनें बहुत ही आवश्यक है।

परिकल्पना :

I. मुम्बई के उपनगरीय क्षेत्रों में केवल ट्रेन ही उपलब्ध यातायात है।
II. केवल रेलवे ट्रेनें ही ठीक समय पर चलती हैं।

A. केवल परिकल्पना I अन्तर्निहित है।
B. केवल परिकल्पना II अन्तर्निहित है।
C. या तो परिकल्पना I या II अन्तर्निहित है।
D. परिकल्पना I व II दोनों अन्तर्निहित हैं।

39. कथन : दूरदर्शन में मनोरंजन संबंधी महत्व के अतिरिक्त इसके शैक्षिक महत्व को नजरन्दाज नहीं किया जा सकता।

परिकल्पना :

I. लोग दूरदर्शन को केवल मनोरंजन का साधन मानते हैं।
II. दूरदर्शन के शैक्षिक महत्व को ठीक तरह नहीं समझा गया।

A. केवल परिकल्पना I अन्तर्निहित है।
B. केवल परिकल्पना II अन्तर्निहित है।
C. या तो परिकल्पना I या II अन्तर्निहित है।
D. परिकल्पना न तो I और न ही II अन्तर्निहित है।

40. कथन : दिल्ली में प्रकाशित होने वाले सभी समाचार पत्रों में 'द टाइम एण्ड स्पेस' के पढ़ने वालों की संख्या सबसे अधिक है।

परिकल्पना :

I. दिल्ली में सभी समाचार पत्रों के पढने वालों की संख्या ज्ञात है।
II. दिल्ली में 'द टाइम एण्ड स्पेस' के अलावा किसी भी समाचार पत्र के पढ़ने वालों की संख्या बड़ी नहीं है।

A. केवल परिकल्पना I अन्तर्निहित है।
B. केवल परिकल्पना II अन्तर्निहित है।
C. या तो परिकल्पना I या II अन्तर्निहित है।
D. परिकल्पना न तो I और न ही II अन्तर्निहित है।

41. कथन : वित्त मंत्री ने जीवन बीमा निगम के अधिकारियों, फील्ड स्टाफ एवं बीमा एजेन्टों का बीमा व्यापार को लोकप्रिय बनाने हेतु विशेष कर ग्रामीण एवं अर्द्ध ग्रामीण क्षेत्रों में आह्वान किया।

परिकल्पना :

I. जीवन बीमा निगम के अधिकारी और एजेन्ट बीमा व्यापार को लोकप्रिय बनाने में सक्षम हैं।
II. जीवन बीमा निगम के अधिकारियों और एजेन्टों ने बीमा व्यापार को लोकप्रिय बनाने हेतु ठोस प्रयास नहीं किए हैं।

A. केवल परिकल्पना I अन्तर्निहित है।
B. केवल परिकल्पना II अन्तर्निहित है।
C. या तो परिकल्पना I या II अन्तर्निहित है।
D. परिकल्पना न तो I और न ही II अन्तर्निहित है।

42. कथन : विपक्ष के एक नेता ने कहा कि समान विचारधारा वाले विपक्षी दलों के लिए एक होने और भ्रष्ट सरकार को उखाड़ फेंकने का समय आ गया है।

परिकल्पना :

I. समान विचारधारा वाले विपक्षी दलों को तभी एक होना चाहिए जबकि उन्हें भ्रष्ट सरकार को उखाड़ फेंकना है।

II. विपक्षी दल भ्रष्ट नहीं है।

A. केवल परिकल्पना I अन्तर्निहित है।

B. केवल परिकल्पना II अन्तर्निहित है।

C. या तो परिकल्पना I या II अन्तर्निहित है।

D. परिकल्पना न तो I और न ही II अन्तर्निहित है।

43. कथन : बुधवार को एक प्रेस विज्ञप्ति में कहा गया है कि कॉटन प्रोक्योरमेंट स्कीम के अन्तर्गत 1.4 लाख क्विंटल कॉटन खरीदा जा चुका है।

परिकल्पना :

I. कॉटन प्रोक्योरमेंट स्कीम सफल है।

II. अब कॉटन की कोई सरकारी खरीद नहीं की जानी चाहिए।

A. केवल परिकल्पना I अन्तर्निहित है।

B. केवल परिकल्पना II अन्तर्निहित है।

C. या तो परिकल्पना I या II अन्तर्निहित है।

D. परिकल्पना न तो I और नही II अन्तर्निहित है।

44. कथन : सुरक्षित और प्रभावी x मच्छर कॉइल के साथ रात में अच्छी नींद सुनिश्चित करें—एक विज्ञापन

परिकल्पना :

I. x मच्छर कॉइल अन्य किसी भी मच्छर कॉइल से बेहतर है।

II. रात में अच्छी नींद जरूरी है।

A. केवल परिकल्पना I अन्तर्निहित है।

B. केवल परिकल्पना II अन्तर्निहित है।

C. या तो परिकल्पना I या II अन्तर्निहित है।

D. परिकल्पना I व II दोनों अन्तर्निहित है।

45. कथन : वित्तमंत्री ने जीवन बीमा निगम के अधिकारियों, फील्ड स्टाफ और बीमा एजेन्टों का बीमा व्यापार को लोकप्रिय बनाने हेतु, विशेषकर ग्रामीण एवं अर्द्धग्रामीण क्षेत्रों में आह्वान किया।

परिकल्पना :

I. सामान्यतया, बीमा व्यापार जनता में लोकप्रिय नहीं है।

II. ग्रामीण और अर्द्ध ग्रामीण क्षेत्रों में लोग बीमा के विरुद्ध हैं।

A. केवल परिकल्पना I अन्तर्निहित है।

B. केवल परिकल्पना II अन्तर्निहित है।

C. या तो परिकल्पना I या II अन्तर्निहित है।

D. परिकल्पना न तो I और नही II अन्तर्निहित है।

46. कथन : मैं कितना बेवकूफ हूं कि मैंने सुमन जैसे चतुर व्यक्ति पर भरोसा किया।

परिकल्पना :

I. सुमन भरोसेमंद नहीं है।

II. मैं बेवकूफ हूं।

A. केवल परिकल्पना I अन्तर्निहित है।

B. केवल परिकल्पना II अन्तर्निहित है।

C. या तो परिकल्पना I या II अन्तर्निहित है।

D. परिकल्पना I और II दोनों ही अन्तर्निहित है।

47. कथन : मैं कितना बेवकूफ हूं कि मैंने सुमन जैसे चतुर व्यक्ति पर भरोसा किया।

परिकल्पना :

I. चतुर लोग भरोसेमंद नहीं होते।

II. किसी चतुर व्यक्ति पर भरोसा करना बेवकूफी है।

A. केवल परिकल्पना I अन्तर्निहित है।

B. केवल परिकल्पना II अन्तर्निहित है।

C. या तो परिकल्पना I या II अन्तर्निहित है।

D. परिकल्पना I व II दोनों अन्तर्निहित है।

48. कथन : यदि आप सुन्दर हैं, तो हम आपके सौंदर्य को ग्रहण कर लेंगे यदि आप ऐसे नहीं हैं, तो हम आपको सुन्दर बना देंगे—फोटो स्टूडियो का एक विज्ञापन

परिकल्पना :

I. कि किस प्रकार सुन्दर लगा जाए, यह नौजवान लोगों की समस्या है।

II. कोई भी सुन्दर होना नहीं चाहता।

A. केवल परिकल्पना I अन्तर्निहित है।

B. केवल परिकल्पना II अन्तर्निहित है।

C. या तो परिकल्पना I या II अन्तर्निहित है।

D. परिकल्पना न तो I और न ही II अन्तर्निहित है।

49. कथन : यदि आप सुन्दर हैं, हम आपके सौंदर्य को ग्रहण कर लेंगे। यदि आप ऐसे नहीं है तो हम आपको सुन्दर बना देंगे—फोटो स्टूडियो का एक विज्ञापन

परिकल्पना :

I. फोटोग्राफ सुन्दर हो सकता है, चाहे व्यक्ति सुन्दर न हो।

II. लोग सुन्दर समझा जाना पसंद करते हैं।

A. केवल परिकल्पना I अन्तर्निहित है।

B. केवल परिकल्पना II अन्तर्निहित है।

C. या तो परिकल्पना I या II अन्तर्निहित है।

D. परिकल्पना I व II दोनों अन्तर्निहित हैं।

50. कथन : नयी शिक्षा नीति के तहत शिक्षा पद्धति में बड़े परिवर्तनों की व्यवस्था है।

परिकल्पना :

I. वर्तमान शिक्षा पद्धति राष्ट्रीय आवश्यकताओं से मेल नहीं खाती।

II. वर्तमान शिक्षा पद्धति परिवर्तन चाहती है।

A. केवल परिकल्पना I अन्तर्निहित है।

B. केवल परिकल्पना II अन्तर्निहित है।

C. या तो परिकल्पना I या II अन्तर्निहित है।

D. परिकल्पना I व II दोनों अन्तर्निहित हैं।

निर्देश : *नीचे दिए गए प्रत्येक प्रश्न में एक कथन दिया हुआ है जिसके बाद दो संकल्पनाएं I व II दी हुई हैं। आपको कथन पर और उसके बाद दी गई संकल्पनाओं पर विचार करना है और फिर यह ज्ञात करना है कि दोनों संकल्पनाओं में कौन-सी कथन में निहित है।*

51. कथन : उर्वरकों की आपूर्ति की अपर्याप्तता जारी है, जबकि इसको बनाने की नई तकनीक का प्रचलन हो चुका है।

संकल्पना :

I. नई तकनीक के प्रचलन के पूर्व उर्वरकों की आपूर्ति अपर्याप्त थी।

II. नई तकनीक के प्रचलन के बाद उर्वरकों की आपूर्ति बढ़ने की आशा थी।

A. केवल संकल्पना I निहित है।

B. केवल संकल्पना II निहित है।

C. दोनों संकल्पनाएं एक-दूसरे की विरोधी है।

D. संकल्पना I और II दोनों ही निहित हैं।

52. कथन : विकास के वर्तमान चरण में हमारे देश की आवश्यकता है कि प्रत्येक विषय पर जितना भी संभव हो सके आम राय के माध्यम से अच्छा प्रशासन सुनिश्चित किया जाए।

संकल्पना :

I. हमारे देश में प्रशासन की वर्तमान पद्धति में परिवर्तन की आवश्यकता है।

II. आम राय से जो निर्णय लिए जाते हैं, वे बेहतर होते हैं।

A. केवल संकल्पना I निहित है।

B. केवल संकल्पना II निहित है।

C. दोनों संकल्पनाएं एक-दूसरे की विरोधी हैं।

D. न तो संकल्पना I और न ही II निहित है।

53. कथन : भारतीय कृषि को बीजों की सुधरी हुई किस्मों की तुरन्त ही इतनी आवश्यकता है, जितनी कि सिंचाई के लिए पर्याप्त पानी की आवश्यकता है।

संकल्पना :

I. बिना पर्याप्त सिंचाई के भारत की कृषि की दशा नहीं सुधारी जा सकती।

II. उत्पादन बढ़ाने में बीजों की सुधरी किस्मों की आवश्यकता अभी भी भारतीय किसानों द्वारा नहीं महसूस की जा रही हैं।

A. केवल संकल्पना I निहित है।

B. केवल संकल्पना II निहित है।

C. दोनों संकल्पनाएं एक-दूसरे की विरोधी हैं।

D. न तो संकल्पना I और न ही II निहित है।

54. कथन : यदि अत्यधिक गति से कार्य का निपटारा चाहते हैं तो गति तो अवश्य तेज हो जाएगी, किन्तु कार्य का निपटारा नहीं होगा।

संकल्पना :

I. गति क्षमता का एक अत्यंत आवश्यक तत्व है।

II. आदर्श स्थिति वह है, जिसमें गति भी हो और कार्य का निपटारा भी।

A. केवल संकल्पना I निहित है।

B. केवल संकल्पना II निहित है।

C. दोनों संकल्पनाएं एक-दूसरे की विरोधी हैं।

D. न तो संकल्पना I और न ही II निहित है।

55. कथन : हमारे देश के द्वारा की गई प्रत्येक गलती के कारण गम्भीर परिणामों का सामना करना पड़ा।

संकल्पना :

I. हमारे देश ने भूतकाल में गलतियां की हैं।

II. राष्ट्रीय स्तर के निर्णय करना एक कठिन कार्य हैं।

A. केवल संकल्पना I निहित है।

B. केवल संकल्पना II निहित है।

C. दोनों संकल्पनाएं एक-दूसरे की विरोधी हैं।

D. न तो संकल्पना I और न ही II निहित है।

उत्तरमाला

1	2	3	4	5	6	7	8	9	10
B	D	C	C	D	D	D	B	A	D
11	**12**	**13**	**14**	**15**	**16**	**17**	**18**	**19**	**20**
C	B	A	A	D	D	B	A	D	B
21	**22**	**23**	**24**	**25**	**26**	**27**	**28**	**29**	**30**
D	A	D	A	B	A	B	D	B	D
31	**32**	**33**	**34**	**35**	**36**	**37**	**38**	**39**	**40**
B	A	A	B	D	D	D	B	D	D
41	**42**	**43**	**44**	**45**	**46**	**47**	**48**	**49**	**50**
D	B	D	C	A	D	D	D	D	D
51	**52**	**53**	**54**	**55**					
D	B	A	B	A					

संकेत

1. अनुमान I कथन से अनुमानित नहीं हो रहा है। अनुमान II कथन से अनुमानित हो रहा है।

2. अनुमान I और II कथन से अनुमानित हाते हैं।

3. अनुमान I कथन से अनुमानित हो रहा है लेकिन अनुमान II कथन के विपरीत है।

5. दोनों अनुमान दिए गए कथन से अनुमानित होते हैं।

11. कथन में दोनों अनुमान अनुमित हो रहे हैं।

15. अनुमान I और II दोनों से कथन की पुष्टि होती है क्योंकि कथन में शिक्षा और मनोरंजन दोनों बातों पर बल दिया गया है।

16. कथन में कहा गया है कि सफल व्यक्ति में स्वयं को परखने की योग्यता होती है। इसका आशय यह तो नहीं हुआ कि दूसरों को परखने में कोई लाभ नहीं है। अत: अनुमान I की पुष्टि नहीं होती है। इसके अलावा दूसरे अनुमान की भी पुष्टि नहीं होती है क्योंकि उसमें स्वयं को ठीक परखने की योग्यता तो है परन्तु वह अन्य को परखने में गलती कर भी सकता है। अत: किसी भी अनुमान की प्रबल पुष्टि नहीं होती है।

17. कथन में कहा गया है कि XYZ ट्यूब अन्य की अपेक्षा अधिक टिकाऊ है तथा दूसरे अनुमान की पुष्टि होती है। कथन में XYZ ट्यूब की अन्य की अपेक्षा 5 वर्ष अधिक आयु बतायी है अत: ये ट्यूब अधिक टिकाऊ है। इसी से इसके प्रयोग के लिए कहा गया है। अत: लोग अधिक टिकाऊ ट्यूब पसंद करते हैं।

18. कथन में कहा गया है कि लोग दर्जी के बारे में पूछते हैं तथा कथन से लोगों का अच्छे सूट के कारणों के पूछने के बारे में कुछ नहीं कहा गया है। अत: पहला अनुमान सही है।

19. कथन में अच्छी गाड़ी के लिए कुछ नहीं कहा गया है साथ ही यह भी नहीं कहा गया है कि लोग अच्छी गाड़ी खरीदते हैं। अत: कोई भी अनुमान सही नहीं है।

20. अनुमान II कथन की पुष्टि करता है क्योंकि कथन में यह दिया गया है कि यदि आप एक सुचित्रित कलाकार हैं तो हमारे पास आपके लिए दावे के साथ एक कार्य है। इससे यह स्पष्ट है कि हमको एक सुचित्रित कलाकार की आवश्यकता है।

21. कथन से 'कुछ लोग शरारती होते हैं' अनुमानित किया जा सकता है क्योंकि अनुचित प्रयोग पर जुर्माना है। विशेष परिस्थिति में जंजीर खींचने की बात भी कही गयी है। अत: अनुमान II भी अनुमानित किया जा सकता है। अत: उत्तर (D) है।

24. कथन में जल्दी में बुक डाइजेस्ट का प्रयोग आवश्यक बताया गया है। अत: समय की बचत ही बुक डाइजेस्ट का प्रयोग है, अनुमान अनुमानित किया जा सकता है। दूसरा अनुमान नहीं अनुमानित किया जा सकता। अत: उत्तर (A) होगा।

25. वर्षा के बाद भी उपज की दशा बिगड़ती जा रही है यानी वर्षा से पूर्व भी उपज की दशा खराब थी। वर्षा होने पर उसके अच्छी होने की उम्मीद थी लेकिन वर्षा होने पर भी उसका दशा खराब होती जा रही है। अनुमान II सही है और I गलत है। अत: उत्तर (B) होगा।

51. कथन में प्रयुक्त 'जारी है' से यह कहा जा सकता है कि पूर्व-धारणा I सही है। नई तकनीक का प्रचलन इस आशा से किया गया था कि आपूर्ति बढ़ेगी। अत: पूर्वधारणा II भी निहित है।

55. भूतकाल में देश को गंभीर परिणाम का सामना करना पड़ा है। अत: भूतकाल में देश ने गलतियां की है। पूर्वधारणा I सही है। दूसरी पूर्वधारणा कथन से असम्बद्ध है, अत: निहित नहीं हैं।

8. कथन एवं तर्क पर आधारित परीक्षण

(Statement and Logic Based Test)

इस प्रकार के प्रश्नों में एक कथन दिया होता है तथा इसके बाद तर्क (Arguments) दिए होते हैं। आपको कथन पर तथा उसके बाद दिए गए तर्कों पर विचार करना है और फिर यह ज्ञात करना है कि दिए हुए कथन के आधार पर दोनों तर्कों में से कौन-सा प्रबल तर्क है। निर्णय लेने से पहले प्रबल तर्क तथा निर्बल तर्क के मध्य अंतर समझना परम आवश्यक है। प्रबल तर्क महत्त्वपूर्ण एवं कथन से सीधे संबंधित होते हैं। निर्बल तर्क, कम महत्त्वपूर्ण तथा कथन के गैर महत्त्वपूर्ण पहलुओं से संबंधित होते हैं—

नोट—*नीचे दिए गए व्याख्यात्मक उदाहरणों से भली-भांति समझा जा सकता है।*

उदाहरण 1.

कथन—सरकार को नि:शुल्क शिक्षा देनी चाहिए।

तर्क— I. हां, इससे काफी जनता शिक्षित हो जाएगी।

II. नहीं, इससे सरकार को बजट में काफी घाटा होगा।

A. केवल तर्क I ठोस है।

B. केवल तर्क II ठोस है।

C. या तो तर्क I या II ठोस है।

D. तर्क I और II दोनों ठोस हैं।

हल (D) : सरकार द्वारा नि:शुल्क शिक्षा देने से बहुत से ऐसे व्यक्ति भी पढ़ने लगेंगे जो पैसे की कमी के कारण नहीं पढ़ पाते हैं। अत: शिक्षा नि:शुल्क होने से काफी जनता शिक्षित हो जायेंगी। अत: पहला तर्क प्रबल (ठोस) है। इसके अलावा यह बात भी सही है कि शिक्षा से जो धनराशि शुल्क के रूप में प्राप्त होती थी, वह शिक्षा नि:शुल्क देने से प्राप्त न हो पायेगी। इसलिए इस धनराशि का सरकार पर अतिरिक्त भार पड़ेगा और इसका बजट पर प्रभाव पड़ेगा। अत: दूसरा तर्क भी ठोस है। इस प्रकार दोनों तर्क ठोस हैं। अत: विकल्प (D) सही है।

अभ्यास

निर्देश : *नीचे दिए गए महत्त्वपूर्ण प्रश्नों के बारे में निर्णय लेते समय यह वांछनीय है कि ठोस और कमजोर तर्कों के बीच अंतर किया जाए, जहां तक कि उनका प्रश्न से संबंध है। ठोस तर्क वे तर्क हैं, जो कि महत्त्वपूर्ण तो है ही साथ ही प्रश्न से सीधे संबंधित हो सकते हैं। कमजोर तर्क वे हैं जो कम महत्त्वपूर्ण हैं और हो सकता है कि प्रश्न से सीधे संबंधित न हों या उससे कम जरूरी पक्ष से जुड़े हों। प्रत्येक प्रश्न के बाद तर्क I और II दिए गए हैं। आपको तय करना है कि कौन-सा तर्क ठोस है और कौन-सा कमजोर ।*

1. कथन : क्या भारत सरकार को देश में मुद्रा स्फीति पर नियंत्रण पाने के लिए बैंक दर व नकद आरक्षण अनुपात में 1% की कटौती करना न्यायोचित है?

तर्क : I. हां, इससे वाणिज्यिक बैंकों की आर्थिक स्थिति को मजबूत करने में मदद मिलेगी।

II. नहीं, इससे बैंक के खाताधारकों को आर्थिक नुकसान होगा और उन्हें आगे निवेश करने में हिचकिचाहट होगी।

A. केवल तर्क I ठोस है।

B. केवल तर्क II ठोस है।

C. या तो तर्क I या II ठोस है।

D. न तो तर्क I और न ही II ठोस है।

2. कथन : क्या माध्यमिक कक्षाओं में सरकार को नि:शुल्क शिक्षा देनी चाहिए?

तर्क : I. हां, इससे देश की साक्षरता दर में वृद्धि होगी जो आगे बढ़ने की दिशा में सार्थक कदम होगी।

II. नहीं, इससे देश में बेरोजगारी की संख्या में और वृद्धि हो जाएगी।

A. केवल तर्क I ठोस है।

B. केवल तर्क II ठोस है।

C. या तो तर्क I या II ठोस है।

D. न तो तर्क I और न ही II ठोस है।

3. कथन : क्या सरकार द्वारा खाद्यान्न और उर्वरकों पर सब्सिडी में की गई कटौती उचित है?

तर्क : I. हां, जब तक सब्सिडी रूपी बैसाखी को पूर्ण रूप से समाप्त नहीं किया जाता तब तक देश अपने पैरों पर खड़ा नहीं हो सकेगा।

II. नहीं, इससे आम जनता व किसान प्रभावित होंगे। उनको मंहगें दामों में वस्तुएं खरीदनी पड़ेंगी।

A. केवल तर्क I ठोस है।
B. केवल तर्क II ठोस है।
C. या तो तर्क I या II ठोस है।
D. न तो तर्क I और न ही II ठोस है।

4. कथन : क्या श्रीमद्भागवत्, रामायण और महाभारत प्राचीनकाल से भारतीय संस्कृति, जीवन शैली और अध्यात्म को अनुप्रमाणित करने वाली शक्ति रहे हैं?

तर्क : I. हाँ, यही कारण है कि हम आज भी इन धार्मिक ग्रंथों को अपना प्रेरणा स्रोत मानते हुए उन्हीं ऋषियों एवं मुनियों द्वारा दर्शाए गए मार्ग पर चलकर अपनी प्राचीन संस्कृति पर धरोहर बचाने में सफल हुए हैं।

II. नहीं, इससे ऊंच-नीच, जाति-प्रथा, छुआछूत जैसी सामाजिक कुरीतियों को दूर करने में सफलता मिली है।

A. केवल तर्क I ठोस है।
B. केवल तर्क II ठोस है।
C. या तो तर्क I या II ठोस है।
D. न तो तर्क I और न ही II ठोस है।

5. कथन : क्या सरकारी संपत्ति को नुकसान पहुंचाकर तोड़फोड़ करके जनता द्वारा अपना विरोध प्रकट करना आवश्यक है।

तर्क : I. हां, सरकारी संपत्ति नष्ट होने पर ही सरकार जनता की मांग मानती है।

II. नहीं, हिंसा व अशांति फैलाकर किसी समस्या का समाधान नहीं किया जा सकता ।

A. केवल तर्क I ठोस है।
B. केवल तर्क II ठोस है।
C. या तो तर्क I या II ठोस है।
D. न तो तर्क I और न ही II ठोस है।

6. कथन : क्या, भारत को, विदेशी मीडिया कंपनियों को भारत की छपाई मीडिया में अंशदारी (shares) खरीदने की, अनुमति देनी चाहिए?

तर्क : I. हां, इससे भारतीय समाचार-पत्रों में कुशलता और तकनीकी कोटि उन्नयन द्वारा रिर्पोटिंग का दर्जा उत्कृष्ट होगा।

II. नहीं, वे लोगों के विचारों को महत्त्वपूर्ण राष्ट्रीय समस्याओं से परिवर्तित करेंगे और उन्हें अपनी स्वार्थ के नगण्य मामलों की ओर ले जाएंगे।

A. केवल तर्क I ठोस है।
B. केवल तर्क II ठोस है।
C. न तो तर्क I और न ही II ठोस है।
D. तर्क I और II दोनों ठोस हैं।

7. कथन : क्या, भारत को, भारत की सभी नदियों को जोड़कर एक राष्ट्रीय जल संसाधन (grid) का विकास करना चाहिए?

तर्क : I. नहीं, यह संभव नहीं है, क्योंकि हमें इसकी तकनीकी जानकारी नहीं है।

II. हां, क्योंकि जिस क्षेत्र में जल की कमी है उसे अधिक प्रभावी जल प्रवाहित प्रणालन (channellising) के द्वारा पूरे देश को इससे सहायता मिल सकती है।

A. केवल तर्क I ठोस है।
B. केवल तर्क II ठोस है।
C. न तो तर्क I और न ही II ठोस है।
D. तर्क I और II दोनों ठोस हैं।

8. कथन : क्या, भारत में सभी छात्रों के लिए IV कक्षा के आखिर में बोर्ड की परीक्षा होनी चाहिए?

तर्क : I. नहीं, क्योंकि इससे बच्चों की नाजुक उम्र पर अनावश्यक भार होगा और उनकी सर्वसाधारण वृद्धि में बाधा आएगी।

II. हां, आज के प्रतिस्पर्धात्मक विश्व में बच्चों को शुरू से ही ऐसी कठिन परीक्षा का सामना करने के लिए तैयार रहना आवश्यक है।

A. केवल तर्क I ठोस है।
B. केवल तर्क II ठोस है।
C. या तो तर्क I या II ठोस है।
D. न तो तर्क I और न ही II ठोस है।

9. कथन : क्या भविष्य में कठिन परिस्थितियों का सामना करने के लिए कुछ पश्चिमी देशों की तरह भारत को भारी मात्रा में तेल रिजर्व के रूप में रखना चाहिए?

तर्क : I. नहीं, विदेशी मुद्रा की भारी रकम निष्क्रिय और निरर्थक रखने की जरूरत नहीं है।

II. हां, अप्रत्याशित परिस्थितियों के कारण तेल मूल्यों

में हुई एकाएक वृद्धि का आघात सहन करने में यह भारत को सहायक होगा।

A. केवल तर्क I ठोस है।
B. केवल तर्क II ठोस है।
C. या तो तर्क I या II ठोस है।
D. न तो तर्क I और न ही II ठोस है।

10. कथन : क्या, ऐसे बच्चों के माता-पिता जो उन्हें विद्यालय में नहीं भेजते हैं, दण्डित करना चाहिए?

तर्क : I. हां, यह निरक्षरता उन्मूलन का एकमात्र मार्ग है।
II. नहीं, माता-पिता को क्यों दण्डित करना चाहिए?

A. केवल तर्क I ठोस है।
B. केवल तर्क II ठोस है।
C. या तो तर्क I या II ठोस है।
D. न तो तर्क I और न ही II ठोस है।

11. कथन : क्या हमारे देश में विदेशी कंपनियों के आगमन व स्थापन से बेरोजगारी की सीमा अत्यधिक नीचे के स्तर पर आ जाएगी?

तर्क : I. हां, ये कंपनियां सामान सस्ती कीमत पर जनता को उपलब्ध करांएगी। इसके बावजूद भारतीय नागरिकों को रोजगार मिलेगा।
II. नहीं, इन कंपनियों के आगमन व स्थापन से हमारे देश के हथकरघा, कुटीर उद्योगों पर कुप्रभाव पड़ेगा, ये सस्ती दर पर नहीं, बल्कि अधिक मूल्य पर सामान उपलब्ध करांएगी। कुटीर उद्योगों के बंद होने पर बेरोजगारी बढ़ेगी न कि घटेगी।

A. केवल तर्क I ठोस है।
B. केवल तर्क II ठोस है।
C. या तो तर्क I या II ठोस है।
D. न तो तर्क I और न ही II ठोस है।

12. कथन : क्या हमारे देश के उद्योगपतियों को गरीबों की मुफ्त सहायता करनी चाहिए?

तर्क : I. हां, गरीबों की सहायता करने से अर्थिक समानता के कारण गरीबी हमारे देश से खत्म हो जाएगी।
II. नहीं, इस प्रकार की सहायता गरीबों को और निठल्ला बना देगी जिससे देश के विकास में बाधा उत्पन्न होंगी।

A. केवल तर्क I ठोस है।
B. केवल तर्क II ठोस है।
C. या तो तर्क I या II ठोस है।
D. न तो तर्क I और न ही II ठोस है।

13. कथन : क्या लोकतंत्र किसी देश के लिए अभिशाप है, जबकि तानाशाही एक वरदान है?

तर्क : I. नहीं, लोकतंत्र देश के हर मनुष्य को अपनी बात के स्पष्टीकरण हेतु अधिकार प्रदान करता है, अत: अभिशाप नहीं, बल्कि एक वरदान है।
II. हां, तानाशाही भ्रष्टाचार को खत्म कर देती है और उससे प्रजा को अविचारणीय लाभ प्राप्त होता है। तानाशाही देश के विकास में अद्वितीय उपलब्धि हासिल करती है, जबकि लोकतंत्र आपसी कलह का क्षेत्र बन जाता है।

A. केवल तर्क I ठोस है।
B. केवल तर्क II ठोस है।
C. या तो तर्क I या II ठोस है।
D. न तो तर्क I और न ही II ठोस है।

14. कथन : क्या हमारे देश में इसकी संस्कृति, मान, मर्यादा आदि को मद्देनजर रखते हुए नारी देह व्यापार पर पूर्ण प्रतिबंध लगाये जाने चाहिए?

तर्क : I. हां, देश की सभी बुराइयों को दफन व संस्कृति को सुरक्षित रखना है तो यह अत्यन्त आवश्यक है। इससे देश में भ्रष्टाचार, युवा संगति की परिपाटी आदि प्रभावित हैं।
II. नहीं, नारी देह व्यापार, मात्र एक ऐसा साधन है जो बिगड़े हुए मनुष्यों की लगाम हैं नहीं तो इस प्रकार के मनुष्य सुरक्षित समाज को गंदा करने की चेष्टा करेंगे,जिससे सरकार को और अधिक परेशानियों का सामना करना पड़ेगा।

A. केवल तर्क I ठोस है।
B. केवल तर्क II ठोस है।
C. या तो तर्क I या II ठोस है।
D. न तो तर्क I और न ही II ठोस है।

15. कथन : क्या वायु अन्य ईंधनों जैसे—पैट्रोल, डीजल, थिनर, लकड़ी, कोयला आदि की अपेक्षा अच्छा है मुख्यत: क्या वायु संयंत्रों से ही कार्य सफलता हासिल है?

तर्क : I. नहीं, अन्य ईंधन बहुत ही महत्त्वपूर्ण हैं। इन्हें घर-घर में खाना पकाने,यात्रा हेतु गाड़ियों में तथा अंतरिक्ष यात्रा हेतु रॉकेटों में प्रयोग किया जाता है।

II. हां, क्योंकि ये सभी वायु रहित निर्जीव हो जांएगे अचल हो जाएंगे।

A. केवल तर्क I ठोस है।
B. केवल तर्क II ठोस है।
C. या तो तर्क I या II ठोस है।
D. न तो तर्क I और न ही II ठोस है।

16. कथन : क्या सरकारी कर्मचारियों व निजी कर्मचारियों के वेतनमानों को एक समान बनाया जाना चाहिए?

तर्क : I. हां, इससे कर्मचारी अधिक निष्ठा से काम करेंगे और अपनी नौकरी नहीं बदलेंगे।

II. नहीं, यह प्रतियोगिता की भावना को रोक देगा और अंततः इससे उत्पादकता और लाभप्रदता पर प्रभाव पड़ेगा।

A. केवल तर्क I ठोस है।
B. केवल तर्क II ठोस है।
C. या तो तर्क I या II ठोस है।
D. न तो तर्क I और न ही II ठोस है।

17. कथन : क्या विश्वविद्यालयों में छात्र यूनियनों को समाप्त कर दिया जाना चाहिए?

तर्क : I. हां! छात्र इससे अपने कैरियर उत्थान के प्रति पूरा ध्यान दे सकेंगे।

II. नहीं! सभी बड़े नेता छात्र यूनियन के नेता ही रहे थे।

A. केवल तर्क I ठोस है।
B. केवल तर्क II ठोस है।
C. या तो तर्क I या II ठोस है।
D. न तो तर्क I और न ही II ठोस है।

18. कथन : क्या कॉलेज में पढ़ रहे सभी छात्रों को अनिवार्य रूप से सैनिक प्रशिक्षण हेतु भेजा जाए?

तर्क : I. हां! यह उन्हें अधिक समय पाबंद और अनुशासित बनाने में मदद करेगा।

II. नहीं! सैनिक प्रशिक्षण केवल योग्य छात्रों को ही दिया जाना चाहिए।

A. केवल तर्क I ठोस है।
B. केवल तर्क II ठोस है।
C. या तो तर्क I या II ठोस है।
D. न तो तर्क I और न ही II ठोस है।

19. कथन : क्या कॉलेजों में आंतरिक मूल्यांकन समाप्त कर देना चाहिए?

तर्क : I. हां! यह पक्षपात की संभावनाओं को कम करेगा।

II. नहीं! शिक्षण फैकल्टी का छात्रों पर से नियंत्रण कम हो जाएगा।

A. केवल तर्क I ठोस है।
B. केवल तर्क II ठोस है।
C. या तो तर्क I या II ठोस है।
D. न तो तर्क I और न ही II ठोस है।

20. कथन : क्या सरकार को अंतर्राष्ट्रीय खेलों पर भारी धन का खर्च बंद कर देना चाहिए?

तर्क : I. हां! इस धन का उपयोग गरीबों के उन्नयन में किया जा सकता है।

II. नहीं! खिलाड़ी इससे कुंठित हो जाएंगे और उन्हें अंतर्राष्ट्रीय एक्सपोजर नहीं मिलेगा।

A. केवल तर्क I ठोस है।
B. केवल तर्क II ठोस है।
C. या तो तर्क I या II ठोस है।
D. न तो तर्क I और न ही II ठोस है।

21. कथन : क्या बहुराष्ट्रीय कंपनियों को भारत में अवसंरचनात्मक क्षेत्र में भारी पैमाने पर प्रचालन की अनुमति दी जानी चाहिए?

तर्क : I. हां! यह उद्योगों की उपयुक्त सुविधाएं उपलब्ध करने का एकमात्र तरीका है।

II. नहीं! भारत का आम आदमी इस तरह के आर्थिक बोझ को वहन नहीं कर सकेगा।

A. केवल तर्क I ठोस है।
B. केवल तर्क II ठोस है।
C. या तो तर्क I या II ठोस है।
D. I और II दोनों तर्क ठोस है।

22. कथन : भारत के सभी शारीरिक रूप से योग्य युवकों को 3 वर्ष के लिए सैनिक शिक्षा देना अनिवार्य कर देना चाहिए।

तर्क : I. इसी प्रकार का प्रचलन कुछ विकसित देशों में है।

II. नहीं! जबरदस्ती सभी चीजों की अच्छाई को नष्ट कर देती है।

A. केवल तर्क I ठोस है।
B. केवल तर्क II ठोस है।
C. या तो तर्क I या II ठोस है।
D. न तो तर्क I और न ही II ठोस है।

23. कथन : क्या सरकार को भारत के बड़े शहरों में किराए के

मकानों के लिए किराए को मानकीकृत करना चाहिए?

तर्क : I. नहीं! यह मकान मालिक तथा किराएदार के बीच उनके संबंधों में हस्तक्षेप है।

II. हां! सरकार इसे कर सकती है बशर्ते यदि उसके ऐसा करने की राजनीतिक इच्छा हो।

A. केवल तर्क I ठोस है।

B. केवल तर्क II ठोस है।

C. या तो तर्क I या II ठोस है।

D. न तो तर्क I और न ही II ठोस है।

24. कथन : क्या बड़े शहरों में ठीक प्रकार से पेट्रोल/डीजल के वाहनों को रख-रखाव के अभाव के कारण जिसकी वजह से भारी प्रदूषण निर्मित होता है उन्हें सार्वजनिक सेवा हेतु प्रतिबंधित कर दिया जाना चाहिए?

तर्क : I. हां! इससे इन शहरों से प्रदूषण के स्तर में गिरावट आएगी जिससे नागरिकों के स्वास्थ्य में सुधार होगा।

II. नहीं! बेचारे ऑटो रिक्शा/टैक्सी चालक अपनी आजीविका के लिए क्या करेंगे?

A. केवल तर्क I ठोस है।

B. केवल तर्क II ठोस है।

C. न तो तर्क I और न ही II ठोस है।

D. तर्क I और II दोनों ठोस हैं।

25. कथन : क्या सरकार को भारत में उसके ऊपर आश्रित शैक्षणिक संस्थाओं, जैसे—विश्वविद्यालयों/ महाविद्यालयों आदि को जो घाटे में चल रहे हैं, बंद कर देना चाहिए?

तर्क : I. हां! क्योंकि वह बेरोजगार युवक स्नातकों की फौज ही निर्मित कर रहें हैं।

II. हां! किसी भी विकसित देश में इस प्रकार विशाल अर्थव्यवस्था के द्वारा विश्वविद्यालयों को पोसा नहीं जाता है।

A. केवल तर्क I ठोस है।

B. केवल तर्क II ठोस है।

C. या तो तर्क I या II ठोस है।

D. न तो तर्क I और न ही II ठोस है।

26. कथन : क्या भारत में किसानों को अदा किए जाने वाले गेहूं, चावल के न्यूनतम खरीद मूल्यों को रद्द कर दिया जाना चाहिए?

तर्क : I. नहीं! भारत जैसे कल्याणकारी राज्य में किसान जो हमारे लिए खाद्यान्न उत्पन्न करते हैं, उन्हें अपने निवेश एवं श्रम का उचित मूल्य ही मिलना चाहिए।

II. हां! यह एक पुरानी परिपाटी है जिसे हमें छोड़ना चाहिए।

A. केवल तर्क I ठोस है।

B. केवल तर्क II ठोस है।

C. या तो तर्क I या II ठोस है।

D. न तो तर्क I और न ही II ठोस है।

27. कथन : क्या परिवार नियोजन का देश में बलपूर्वक कार्यान्वयन किया जाना चाहिए?

तर्क : I. हां, अन्यथा देश की जनसंख्या अगले कुछ वर्षों में अत्यन्त बेकाबू हो जाएगी।

II. नहीं, बलपूर्वक कार्यान्वयन के बजाए लोगों को इसके लाभ और हानि के विषय में शिक्षित किया जाना चाहिए।

A. केवल तर्क I ठोस है।

B. केवल तर्क II ठोस है।

C. या तो तर्क I या II ठोस है।

D. न तो तर्क I और न ही II ठोस है।

28. कथन : क्या भारत में जाति प्रथा का उन्मूलन किया जाना चाहिए?

तर्क : I. हां, इससे हम प्रत्येक को बिना भेदभाव के एक सा बर्ताव दे सकेंगे।

II. नहीं, उन्मूलन से निम्न जाति के लोग अत्यन्त आवश्यक आर्थिक लाभों से वंचित रह जाएंगे।

A. केवल तर्क I ठोस है।

B. केवल तर्क II ठोस है।

C. या तो तर्क I या II ठोस है।

D. न तो तर्क I और न ही II ठोस है।

29. कथन : क्या परमाणु परीक्षणों पर पूर्ण प्रतिबंध होना चाहिए?

तर्क : I. हां, क्या इसके अतिरिक्त और भी कोई रास्ता है?

II. नहीं, इससे शांतिमय प्रयोग के लिए परमाणु ऊर्जा के प्रभावी प्रयोग में बाधा उपस्थित होगी।

A. केवल तर्क I ठोस है।

B. केवल तर्क II ठोस है।

C. या तो तर्क I या II ठोस है।

D. न तो तर्क I और न ही II ठोस है।

30. कथन : क्या उच्च सरकारी अधिकारियों को विश्वविद्यालय के उपकुलपति के रूप में नियुक्त किया जाना चाहिए?

तर्क : I. हां, उपकुलपतियों को काफी समय प्रशासनिक मामलों में देना पड़ता है और प्रशासनिक अधिकारी इन मामलों से अच्छी तरह निपट सकते हैं।

II. नहीं, विश्वविद्यालय विद्या का सर्वोच्च स्थल है और शैक्षिक शास्त्री ही इसकी समस्याओं को अच्छी तरह समझ सकता है और उनका समाधान कर सकता है।

A. केवल तर्क I ठोस है।
B. केवल तर्क II ठोस है।
C. या तो तर्क I या II ठोस है।
D. न तो तर्क I और न ही II ठोस है।

31. कथन : क्या सभी परिवहन निगमों को निजी संगठनों के हाथ में सौंप देना चाहिए?

तर्क : I. हां! इससे सेवाओं की गुणवत्ता और समयबद्धता दोनों में महत्त्वपूर्ण परिवर्तन होगा।

II. नहीं! इससे सभी स्तरों के कर्मचारियों की नौकरी सुरक्षित नहीं होगी।

A. केवल तर्क I ठोस है।
B. केवल तर्क II ठोस है।
C. या तो तर्क I या II ठोस है।
D. न तो तर्क I और न ही II ठोस है।

32. कथन : क्या कृषि संबंधी कार्यों से प्राप्त आय को आयकर के अंतर्गत लाना चाहिए?

तर्क : I. नहीं, कृषक लोग पहले से ही दु:खी हैं, अत: वे आयकर नहीं दे पाएंगे।

II. हां, कुछ बड़े जमींदार इस बात का नाजायज लाभ उठा रहे हैं, जबकि उनकी आय काफी अधिक है।

A. केवल तर्क I ठोस है।
B. केवल तर्क II ठोस है।
C. या तो तर्क I या II ठोस है।
D. न तो तर्क I और न ही II ठोस है।

33. कथन : क्या आयात किए गए जनन संबंधी परिवर्तित बीज पर प्रतिबंध लगा देना चाहिए?

तर्क : I. हां, इससे घरेलू विकसित बीज की मांग बढ़ जाएगी ।

II. नहीं, पर्याप्त रूप से उपज बढ़ाने का केवल यही साधन है।

A. केवल तर्क I ठोस है।
B. केवल तर्क II ठोस है।
C. या तो तर्क I या II ठोस है।
D. I और II दोनों तर्क ठोस हैं।

34. कथन : क्या भारत में संस्कृत विषय सभी विद्यालयों में अनिवार्य कर देना चाहिए?

तर्क : I. हां, भारत की लगभग सभी भाषाओं का स्रोत संस्कृत है।

II. नहीं, वर्तमान संदर्भ में संस्कृत का महत्त्व समाप्त हो गया है।

A. केवल तर्क I ठोस है।
B. केवल तर्क II ठोस है।
C. या तो तर्क I या II ठोस है।
D. न तो तर्क I और न ही II ठोस है।

35. कथन : क्या भारत की समस्त नदियों के पानी के वितरण का प्रबंध केंद्रीय सरकार के आधीन होना चाहिए?

तर्क : I. हां, समस्त राज्यों का पानी वितरण का प्रभावशाली ढंग यही है।

II. नहीं, इससे केंद्र में प्रभावशाली राजनीतिक पार्टियां अधिक लाभ उठाएंगी।

A. केवल तर्क I ठोस है।
B. केवल तर्क II ठोस है।
C. या तो तर्क I या II ठोस है।
D. न तो तर्क I और न ही II ठोस है।

36. कथन : क्या सभी प्रकार के पटाखे छोड़ने पर रोक लगनी चाहिए?

तर्क : I. नहीं, बहुत अधिक संख्या में व्यक्ति इनके बनाने में लगे हुए हैं, अत: इससे काफी लोग बेरोजगार हो जाएंगे।

II. हां, ध्वनि प्रदूषण रोकने का यह एक कदम है।

A. केवल तर्क I ठोस है।
B. केवल तर्क II ठोस है।
C. या तो तर्क I या II ठोस है।
D. न तो तर्क I और न ही II ठोस है।

37. कथन : क्या कर्मचारियों की सेवानिवृत्ति की आयु घटाकर 56 वर्ष कर दी जानी चाहिए?

तर्क : I. हां! यह अनगिनत नौकरी रहित युवाओं के लिए नौकरियों के अवसर उत्पन्न करेगा।

II. हां! इससे आउटपुट अच्छा मिलेगा क्योंकि

कर्मचारियों की आयु का औसत घट जाएगा।

A. केवल तर्क I ठोस है।
B. केवल तर्क II ठोस है।
C. या तो तर्क I या II ठोस है।
D. तर्क I और II दोनों ठोस हैं।

38. कथन : क्या सैकण्डरी स्कूलों में आध्यात्मिक शिक्षण को अनिवार्य विषय बना दिया जाना चाहिए?

तर्क : I हां! यह छात्रों की इस बात में मदद करेगा कि वे अपने आप को एक संतुलित व्यक्ति के रूप में विकसित कर सकें।

II. नहीं! छात्रों पर ऐसी शिक्षा के लिए दबाव नहीं डालना चाहिए क्योंकि यह उनकी सामान्य वृद्धि को बाधित करता है।

A. केवल तर्क I ठोस है।
B. केवल तर्क II ठोस है।
C. या तो तर्क I या II ठोस है।
D. I और II दोनों तर्क ठोस हैं।

39. कथन : क्या भारत को बैलेस्टिक प्रक्षेपास्त्रों का उत्पादन बंद कर देना चाहिए?

तर्क : I. नहीं! भारत इसी तरह के अन्य प्रक्षेपास्त्रों का विकास करके अन्य देशों के आक्रमण का मुकाबला कर सकेगा।

II. हां! यह उपमहाद्वीप में देशों द्वारा खड़े किए जा रहे युद्ध अड्डों की अस्वास्थ्यकर दौड़ को बढ़ावा देगा।

A. केवल तर्क I ठोस है।
B. केवल तर्क II ठोस है।
C. या तो तर्क I या II ठोस है।
D. I और II दोनों तर्क ठोस हैं।

40. कथन : क्या ग्रामीण क्षेत्रों के लोगों के शहरी क्षेत्रों की ओर पलायन पर पूरी तरह से रोक लगायी जानी चाहिए?

तर्क : I. हां! यह शहरी लोगों को मूलभूत सुविधाएं प्रदान करने में नगरी प्रशासन को सक्षम बनाएगा।

II. नहीं! यह नागरिकों के देश में मुफ्त आवागमन के मूलभूत अधिकार के खिलाफ जाएगा।

A. केवल तर्क I ठोस है।
B. केवल तर्क II ठोस है।
C. या तो तर्क I या II ठोस है।
D. I और II दोनों तर्क ठोस हैं।

उत्तरमाला

1	2	3	4	5	6	7	8	9	10
A	A	C	C	B	D	B	A	B	D
11	**12**	**13**	**14**	**15**	**16**	**17**	**18**	**19**	**20**
B	B	D	A	B	A	D	A	A	B
21	**22**	**23**	**24**	**25**	**26**	**27**	**28**	**29**	**30**
A	D	D	D	D	A	D	A	A	B
31	**32**	**33**	**34**	**35**	**36**	**37**	**38**	**39**	**40**
A	A	D	D	A	C	A	A	D	B

संकेत

17. तर्क (I) ठोस नहीं है क्योंकि कथन से स्पष्ट नहीं हो पा रहा है कि यूनियन की समाप्ति के बाद छात्रगण अपने कैरियर पर ध्यान देंगे। तर्क (II) को पूर्णत: असत्य और कमजोर तर्क माना जा सकता है क्योंकि कथन में 'नेता' होने की चर्चा ही नहीं व्यक्त की गई है।

18. तर्क (I) ठोस और न्याय संगत है क्योंकि इनके मूल तथ्य कथन की आंतरिक वस्तुस्थिति पर प्रकाश डाल रहे हैं। तर्क II को ठोस कहना न्याय संगत नहीं होगा क्योंकि इसके अनुसार छात्र दो वर्ग में विभक्त हो जाते हैं, परंतु कथन में छात्रों के विभाजन की बात नहीं कही गई है।

32. पहला तर्क प्रबल है, क्योंकि किसान बहुत गरीब होता है तथा वह खेती करके अपना पेट भरता है। अत: कुछ धनी व्यक्तियों के कारण कृषि संबंधी कार्यों पर आयकर लगाना उचित नहीं है।

33. यह भी सत्य है कि घरेलू बीज की मांग कम आयात के कारण ही बढ़ेगी जो कि आर्थिक स्थिति के लिए अत्यंत आवश्यक है, लेकिन उपज बढ़ाने हेतु जनन संबंधी परिवर्तित बीज भी आवश्यक है। अत: दोनों तर्क ठोस हैं।

34. दोनों में से कोई भी तर्क ठोस नहीं है।

35. केंद्र सरकार सभी राज्यों की परिस्थितियों को देखकर उचित कदम उठाएगी। जबकि राज्य सरकार अपने राज्य के लाभ या हानि को देखेगी। अत: पहला तर्क प्रबल है।

यूनिट-V : शिक्षण अभियोग्यता

1. भूमिका (Introduction)

किसी भी कार्य की सफलता के लिए व्यक्ति में विद्यमान योग्यता के साथ-साथ प्रयत्न करना अति आवश्यक है पर्याप्त क्षमता, योग्यता तथा कुशलता के होते हुए भी व्यक्ति तब तक सफलता को प्राप्त नहीं कर सकता, जब तक कि वह कठोर परिश्रम एवं प्रयास नहीं करता है। प्रयासों के संदर्भ में वैयक्तिक भिन्नताएं दृष्टिगत होती है। कुछ व्यक्ति नाममात्र के प्रयास द्वारा सफलता की कामना करते हैं, कुछ थोड़ा प्रयास करके सफलता प्राप्त करना चाहते हैं तथा कुछ ऐसे भी हैं जो सफलता प्राप्त करने तक निरन्तर प्रयास करते रहते हैं। प्रयासों की यह भिन्नताएं अन्य कारकों के साथ-साथ व्यक्ति की अभिवृत्ति एवं अभिरुचि द्वारा नियंत्रित होती है। सफलता पाने के लिए किया जाने वाला प्रयास व्यक्ति की अभिरुचि एवं अभिवृत्ति द्वारा नियंत्रित होता है। सकारात्मक अभिवृति वाला व्यक्ति अपने प्रयासों की प्रबलता के कारण कार्य करने में सक्षम होता है।

शैक्षणिक कार्य में शिक्षक की सफलता केवल उसके विषय-ज्ञान संबंधी योग्यता पर ही आधारित नहीं होती है बल्कि शिक्षण के प्रति उसकी अभिरुचि एवं अभिवृत्ति द्वारा निर्धारित होती है। इस तथ्य के मध्यनजर शिक्षकों के चयन हेतु आयोजित प्रवेश परीक्षाओं में अभिवृति एवं अभिरुचि परीक्षण का समावेश किया जाता है। वास्तव में इस प्रकार के परीक्षण का उद्देश्य यह जानना है कि अभ्यर्थी का विविध घटनाओं/वस्तुओं, समाज के प्रति दृष्टिकोण एवं जीवन के पहलुओं के प्रति दृष्टिकोण किस प्रकार का है। व्यक्ति को दूसरे व्यक्तियों अथवा घटनाओं के प्रति विद्यमान अभिवृति ही महत्वपूर्ण नहीं है बल्कि स्वयं के प्रति दृष्टिकोण भी पर्याप्त महत्वपूर्ण है। किसी भी कार्य की सफलता के लिए प्रयासों की निरंतरता हेतु व्यक्ति में वस्तुओं, व्यक्तियों, घटनाओं, व्यवहारों, समाज के विविध पक्षों एवं स्वयं के प्रति विधेयात्मक तथा सकारात्मक अभिवृत्ति (दृष्टिकोण) होना चाहिए।

शिक्षा के प्रति अभिवृत्ति

शिक्षण व्यवसाय को अपनाने वाले व्यक्ति में शिक्षा के प्रति विधेयात्मक दृष्टिकोण परमावश्यक है। यदि व्यक्ति (शिक्षक अभ्यर्थी) की शिक्षा में अभिरुचि है तथा वह शिक्षा के प्रति विधेयात्मक अभिवृत्ति रखता है तो उसके लिए शिक्षा मात्र औपचारिक न होकर जीवन के लिए उपयोगी व मूल्यवान होती है। वह व्यक्ति के सर्वांगीण विकास के लिए शिक्षा को अत्यंत महत्वपूर्ण समझते हुए शिक्षण कार्य में रुचि लेगा तथा परिश्रमपूर्वक अध्ययन अध्यापन करेगा। यह अपेक्षा की जाती है कि शिक्षित व्यक्ति ज्ञानार्जन के साथ-साथ शिक्षा को समाज के लिए अधिकाधिक उपयोगी बनाने के लिए भी प्रयास करेगा।

शिक्षक एवं शिक्षण व्यवसाय के प्रति अभिवृत्ति

व्यक्ति की अनुभूतियां, विचार, प्रत्यक्षीकरण एवं प्रतिक्रियाएं उसके आन्तरिक मनोभावों की प्रतिबिम्ब होती है, अत: उसके प्रत्युत्तरों द्वारा यह जाना जा सकता है कि उसमें शिक्षक एवं शिक्षण व्यवसाय के प्रति कितनी रुचि हैं? शिक्षक के लिए विषय-वस्तु का ज्ञान परमावश्यक है, लेकिन अभिव्यक्ति भी कम महत्वपूर्ण नहीं है, क्योंकि विद्यार्थियों की दृष्टि से तो अभिव्यक्ति ही सर्वोपरि है। शिक्षक को आदर्शवादी न होकर यथार्थवादी होना चाहिए।

स्वयं के प्रति अभिवृत्ति

स्वयं के प्रति विधेयात्मक अभिवृत्ति संतुलित व्यक्तित्व का प्रथम सोपान (First Step) है। यदि व्यक्ति का स्वयं के प्रति सकारात्मक दृष्टिकोण नहीं होगा तो उससे यह आशा नहीं की जा सकती है वह दूसरे व्यक्तियों/वस्तुओं के प्रति सकारात्मक दृष्टिकोण रखेगा। स्वयं के प्रति विधेयात्मक अभिवृत्ति रखने वाले व्यक्ति में यथोचित आत्मविश्वास होता है।

जीवन एवं सफलता के प्रति अभिवृत्ति

स्वस्थ व्यक्तित्व वाले लोग जीवन के प्रति विधेयात्मक दृष्टिकोण रखते हैं। जीवन में अपार कठिनाइयों का अनुभव करते हुए भी जीवन के प्रति आशावादी दृष्टिकोण से युक्त होते है। जीवन को व्यर्थ न मानकर जीने योग्य एवं सार्थक मानते है। ऐसे व्यक्ति सफलता प्राप्त करने की कोरी कल्पनाएं ही नहीं करते है बल्कि

सफलता प्राप्ति के लिए कठोर परिश्रम करते है तथा निरन्तर प्रयासरत रहते है। ऐसे व्यक्ति सफलता को योग्यता तथा प्रयास का परिणाम मानते है तथा असफल होने पर भाग्य, ईश्वर अथवा अन्य को दोषी न मानकर अपने परिश्रम या प्रयासों की कमी को स्वीकार करते है तथा लक्ष्य प्राप्ति के लिए निरन्तर प्रयास जारी रखते है।

समाज के प्रति अभिवृत्ति

व्यक्ति की यह अपेक्षा की जाती है कि प्रत्येक व्यक्ति समाज के विभिन्न सदस्यों एवं पहलुओं के प्रति विधेयात्मक दृष्टिकोण रखे। अपने परिवार के सदस्यों एवं पहलुओं/तथ्यों के प्रति विधेयात्मक दृष्टिकोण रखे। अपने परिवार के सदस्यों, मित्रों, रिश्तेदारों,पड़ोसियों, परिचितों तथा अपरिचितों के प्रति भी विश्वास, सहयोग तथा शान्ति का भाव वांछनीय है। समाज के प्रति संकीर्णता, निष्क्रियता तथा अविश्वास के स्थान पर व्यापकता, सक्रियता, सामाजिक प्रति-बद्धता, सहकारिता तथा विश्वास के भाव का विकास आवश्यक है।

वांछित एवं अवांछित व्यवहारों के प्रति अभिवृत्ति

प्रत्येक राष्ट्र अपनी उन्नति एवं समृद्धि के लिए अवांछित आदतों अथवा व्यवहारों को समाप्त करना तथा वांछित गुणों का विकास करना चाहता है। व्यक्ति की आदतों का विकास बाल्यावस्था से ही महत्वपूर्ण रुप से प्रारंभ हो जाता है, इसलिए बालकों में वांछनीय व्यवहार के विकास तथा अवांछनीय व्यवहार की रोकथाम के लिए प्रयास किया जाना चाहिए। अवांछित व्यवहारों को दूर करने के लिए विभिन्न उपायों का आश्रय लिया जाता है। कुछ कठोर दण्ड को सर्वोत्तम मानते हैं। कुछ अवांछित व्यवहार करने वाले बालकों की उपेक्षा करने पर जोर देते है। कुछ पुरस्कार को सर्वाधिक महत्वपूर्ण मानते हैं। वास्तव में,अवांछित व्यवहार के स्थायी समाधान के लिए ऐसे व्यवहार के वास्तविक कारणों का सर्वप्रथम पता लगाना चाहिए। इसके पश्चात् संबंधित कारणों को दूर करके बालक को प्रेमपूर्वक समझाते हुए आवश्यकतानुसार पुरस्कार देकर अवांछित आदतों को समाप्त करने का प्रयास करना चाहिए। वांछित व्यवहार को विकसित करने के विविध तरीके है।

2. शैक्षणिक नैतिकता से संबंधित परीक्षण
(Educational Morality Related Questions)

1. महाविद्यालयों के प्राचार्यों को अच्छे कार्य हेतु क्या प्रेरणा देना उचित रहेगा?
A. उनको पूरे देश का भ्रमण कराएंगे।
B. उनको विशेष परितोषिक दिया जाए।
C. उनको विदेश भ्रमण की सुविधा दी जाए।
D. उपर्युक्त सभी सुविधाएं दी जाएं

2. शिक्षक को शिक्षा के क्षेत्र में प्रचलित समस्याओं को जानना क्यों आवश्यक है?
A. क्योंकि शिक्षक ही उसके समाधान के संबंध में कुछ कर सकते हैं।
B. इससे वे सरकार को उसके बारे में बता सकते हैं।
C. वह अन्य शिक्षकों को भी बता सकते हैं।
D. उपर्युक्त में से कुछ नहीं कर सकते हैं।

3. परीक्षा का भार निम्नलिखित में से किसे देना उचित होगा?
A. स्वयं शिक्षक को
B. संस्थान को
C. विश्वविद्यालय को
D. महाविद्यालय तथा विश्वविद्यालय दोनों को

4. यदि आपके शैक्षणिक संस्थान के प्रिंसिपल आपको ग्रीष्मावकाश में किसी शैक्षिक गोष्ठी में भेजते हैं तो आप क्या करेंगे?
A. खुशी से उसमें भाग लूंगा।
B. न जाने का बहाना करूंगा।
C. किसी अन्य को भेजने की सलाह दूंगा।
D. उसमें भाग लेने की इच्छा व्यक्त नहीं करूंगा।

5. आपकी राय में दर्शन का शिक्षा में क्या स्थान होना चाहिए?
A. इसके आधार पर छात्रों को समझा जा सकता है।
B. इसके द्वारा शिक्षा के उद्देश्य तथा लक्ष्य निर्धारित होते हैं।
C. इसके ज्ञान से विद्यालय का कार्य सुचारू रूप में चलता है।
D. इसके आधार पर पुस्तकों का चयन संभव होता है।

6. हमारे देश में निम्नलिखित में से किस दर्शन को शिक्षा का आधार बनाना उपयुक्त होगा?
A. पाश्चात्य दर्शन शिक्षा का आधार होना चाहिए।
B. भारतीय दर्शन शिक्षा का आधार होना चाहिए।
C. पाश्चात्य तथा भारतीय दोनों ही दर्शन आवश्यक हैं।
D. भिन्न-भिन्न देशों का दर्शन आधार हो।

7. अपने से बड़ों का आदर करने की आदत का विचार करने के लिए—
A. स्वयं अपने से बड़ों का विद्यालय में आदर करना चाहिए
B. आदर संबंधी उदाहरण प्रस्तुत करेंगे।
C. आदर के महत्व पर भाषण देंगे।
D. आदर के महत्व पर संगोष्ठी करेंगे।

8. यदि आप यू.जी.सी. की नेट (NET) परीक्षा में सफल नहीं होते हैं तो आप क्या करेंगे?
A. शिक्षक बनने की इच्छा त्याग दूंगा।
B. किसी अन्य नौकरी की खोज करूंगा।
C. अगले वर्ष फिर यू.जी.सी.नेट परीक्षा दूंगा।
D. चयन प्रक्रिया की कमियों को लोगों को बताऊंगा।

9. निम्नलिखित में से आप किस विद्यालय में नौकरी करना पसंद करेंगे?
A. जहां आप सुबह से शाम तक व्यस्त रहें।
B. जहां आप 1 या 2 घंटों के लिए जाएं।
C. जहां आपको केवल अपने शिक्षक घंटों में रहना है।
D. जहां आप जब चाहें चले जाएं।

10. यदि शिक्षक को संगठन द्वारा कोई उत्तरदायित्व दिया जाए तो आपकी निम्नलिखित में से क्या राय होगी?
A. उसे अपनी क्षमता के अनुसार कार्य करना चाहिए।
B. उसे अन्य शिक्षकों को कार्य बांट देना चाहिए।
C. जब समय मिले तब करें।
D. कोई ध्यान न दें।

11. शिक्षक होने के नाते आपका हड़ताल के बारे में क्या विचार है?
A. हड़ताल करना शिक्षक की गरिमा के खिलाफ है।

B. इन पर सरकार की रोक लगानी चाहिए।

C. कभी-कभी हड़ताल आवश्यक है।

D. हड़ताल किसी समस्या का हल नहीं है।

12. शिक्षक संगठन का निम्नलिखित में से क्या कार्य होना चाहिए?

A. शिक्षा संबंधी समस्याओं पर समय-समय पर विचार करना।

B. शिक्षा संबंधी तथा शिक्षकों की अन्य समस्याओं पर विचार करना।

C. केवल अर्थ संबंधी समस्या पर विचार करना।

D. शिक्षा की भिन्न-भिन्न समस्याओं पर विचार करना।

13. यदि कक्षा में आप किसी छात्र के प्रश्न का उत्तर देने में असमर्थ हैं तो आप क्या करेंगे?

A. छात्र से नाराज होंगे।

B. अन्य छात्रों से उत्तर देने को कहेंगे।

C. छात्र को दूसरे दिन उत्तर देने को कहेंगे।

D. छात्रों को प्रश्न करने को मना करेंगे।

14. आप किस शिक्षक को पसंद करेंगे।

A. जो देश की आवश्यकता के अनुकूल हो।

B. जो सामान्य स्तर का हो।

C. जैसा समाज में प्रचलित हो।

D. जैसा विदेशों में प्रचलित हो।

15. आपके विचार से शिक्षक संगठन को क्या करना चाहिए?

A. समय-समय पर गोष्ठी का आयोजन करे।

B. शिक्षकों की सभी समस्याओं पर विचार करे।

C. आचार संहिता का निर्माण करें।

D. उपरोक्त सभी की व्यवस्था करें।

16. यदि आप के शहर में शिक्षा संबंधी कोई व्याख्यान का आयोजन हो रहा हो तो आपकी क्या प्रतिक्रिया होगी?

A. उसमें भाग लेने का प्रयास करेंगे।

B. समाचार पत्र द्वारा उसके संबंध में जानकारी करेंगे।

C. उसके बारे में किसी साथी से पूछ लेंगे।

D. अपने कार्य से मतलब रखेंगे।

17. यदि आपकी जानकारी में कोई गोष्ठी का आयोजन हो रहा हो तो आप अपने साथियों को क्या राय देंगे?

A. सभी साथियों को उसकी जानकारी देंगे।

B. किसी से उसका जिक्र नहीं करेंगे।

C. साथियों को बाद में सूचित करेंगे।

D. अपने संगठन द्वारा अन्य सभी विद्यालयों को सूचित करेंगे।

18. यदि आप विद्यालय में कार्यरत हैं और विद्यालय लगने के समय में परिवर्तन किया जाए तो आपकी क्या प्रतिक्रिया होगी?

A. समय न बदलने के लिए अन्य शिक्षकों से कहेंगे।

B. नए समय पर आना प्रारंभ करेंगे।

C. प्रबंध समिति से शिकायत करेंगे।

D. समाचार पत्र में इस परिवर्तन के विपक्ष में लेख देंगे।

19. यदि आपके विद्यालय में कोई शिक्षक शिक्षण कार्य नहीं करता है तो आप का क्या उत्तरदायित्व होगा?

A. उसका कारण जानने का प्रयास करेंगे।

B. प्राचार्य को सूचित करेंगे।

C. अन्य शिक्षकों का कारण जानने का प्रयास करेंगे।

D. कोई मतलब नहीं रखेंगे।

20. आपके विद्यालय में कुछ शिक्षक ट्यूशन को अपना व्यवसाय समझते हैं तो उस स्थिति में आप क्या करेंगे?

A. स्वयं भी उस समूह में मिल जाएंगे।

B. उससे होने वाली हानियों को बताएंगे।

C. प्राचार्य से रिपोर्ट करेंगे।

D. उससे कोई मतलब नहीं रखेंगे।

21. आपके विद्यालय में एक शिक्षक को बुरा व्यसन लग गया है तो उसके प्रति आपकी क्या प्रतिक्रिया होगी?

A. प्राचार्य को उसकी सूचना देंगे।

B. उसके घर वालों को सूचित करेंगे।

C. उसको समझाने का प्रयास करेंगे।

D. उससे दूर रहने का प्रयास करेंगे।

22. शिक्षकों में अनुशासन रखने हेतु आप क्या सुझाव देंगे?

A. अनुशासन के महत्व से अवगत करेंगे।

B. स्वयं अनुशासित रहेंगे।

C. उदाहरण प्रस्तुत करेंगे।

D. उपर्युक्त सभी सुझाव देंगे।

23. यदि छात्र सहगामी क्रियाओं में भाग नहीं लेते हैं तो आप क्या करेंगे?

A. उनकों सहगामी क्रियाओं का महत्व बताएंगे।

B. भाग न लेने का कारण जानने की प्रयास करेंगे।

C. उनको रोचक बनाएंगे।

D. उपर्युक्त सभी पर ध्यान देंगे।

24. दुनिया के बहुत से देशों में शिक्षकों का चयन एक या दो वर्ष के लिए होता है, इसको ठेका कहते हैं। यदि उनका

कार्य विद्यालय के उद्देश्यों की पूर्ति नहीं करता है तो ऐसे शिक्षकों को नौकरी से अलग कर दिया जाता है। यदि उपरोक्त का प्रयोग अपने देश में किया जाए तो इसके संबंध में आपका क्या विचार है?

A. ठेका की विधि अच्छी है क्योंकि इससे शिक्षक अपना कार्य ठीक प्रकार से करेंगे।
B. यदि शिक्षक कुछ समय के लिए नियुक्त किया जाए तो शिक्षा विभाग पर अधिक कार्यभार पड़ेगा।
C. इस प्रकार की विधि अपनाई जाए तो व्यक्ति शिक्षा के क्षेत्र में ही प्रवेश नहीं करेंगे।
D. भारतवर्ष में यह विधि संभव नहीं है

25. किसी विद्यालय में कुछ शिक्षक तथा प्राचार्य होते हैं जिन पर संस्था की उन्नति निर्भर करती है। उपर्युक्त के संदर्भ में निम्नलिखित में से आप किस कथन को उपयुक्त मानते हैं?

A. एक विषय के शिक्षक साथ बैठकर संस्था के विकास के बारे में सोचें।
B. कुछ पुराने शिक्षक तथा प्राचार्य मिलकर संस्था के विकास हेतु सोचें।
C. शिक्षकों का एक विशेष समूह इस कार्य को करे।
D. विद्यालय के सभी शिक्षक प्राचार्य से मिलकर विकास हेतु कार्य करें।

उत्तरमाला

1	**2**	**3**	**4**	**5**	**6**	**7**	**8**	**9**	**10**
D	A	D	A	B	C	A	C	A	A
11	**12**	**13**	**14**	**15**	**16**	**17**	**18**	**19**	**20**
A	D	C	A	D	A	D	B	A	B
21	**22**	**23**	**24**	**25**					
C	D	D	A	D					

3. परीक्षक/शैक्षणिक प्रशासक/ कक्ष निरीक्षक से संबंधित प्रश्न
(Examiner/Educational Administrator/ Class Inspecter Related Questions)

1. आप एक शैक्षिक संस्था के प्रशासक हैं और प्रतिदिन होने वाली छात्रों की अनुशासनहीनता की घटनाओं के चलते आप सोचते हैं—

A. जैसा चल रहा है, चलने दिया जाए।

B. सख्ती के साथ स्थिति पर नियंत्रण किया जाए।

C. अवकाश लेकर स्थिति को टालते रहें।

D. अवसरानुकूल कभी-कभी सख्ती से काम लें।

2. आपकी संस्था में छात्रों के रूप में कुछ अवांछनीय तत्वों ने भी प्रवेश ले लिया है जो विद्यालय के कार्यक्रम में अव्यवस्थता और अस्थिरता उत्पन्न करते हैं आप क्या करेंगे?

A. ऐसे छात्रों की तरफ से उदासीन बने रहेंगे।

B. प्राचार्य से उनकी शिकायत करेंगे।

C. आप अपने स्तर पर उन्हें सुधारने का प्रयास करेंगे।

D. व्यक्तिगत रूप से आप उनसे बनाकर रहने का प्रयत्न करेंगे।

3. आप परीक्षा में निरीक्षक का कार्य करना चाहते हैं और आपका पुत्र भी परीक्षार्थी है, आप क्या करेंगे?

A. अपनी ड्यूटी उसके कक्ष में लगाएंगे।

B. अपनी ड्यूटी उसके कक्ष में बिल्कुल नहीं लगाएंगे।

C. स्वयं ड्यूटी न करके अपने मित्र की ड्यूटी लगाएंगे।

D. उड़ने दस्ते में सम्मिलित होने का प्रयास करेंगे।

4. आपके प्रशासनिक अधिकारी जिसकी संस्तुति पर पदोन्नति होती है, का पुत्र परीक्षा कक्ष में है और उसके पास नकल की सामग्री है आप—

A. उसी कक्ष में अपनी ड्यूटी लगाएंगे।

B. उदासीन व तटस्थ रहेंगे।

C. उस छात्र को नकल करने के लिए मना करेंगे।

D. उसकी परीक्षा अधीक्षक से रिपोर्ट करेंगे।

5. आप अपने साथियों में जो आपके साथ कार्य करते हैं, सबसे ज्यादा पसंद करते हैं—

A. जो परिश्रमी होते हैं तथा समय की पाबंदी का ध्यान रखते हैं।

B. जो संस्था प्रमुख की खुशामद करके अपना व आपका भी काम निकाल सकते हैं।

C. जो बातूनी हों और बात करके सब पर अपना प्रभाव जमाते हों।

D. जो देखने में आकर्षक हों और सज-संवर कर रहते हैं।

6. शिक्षा के संबंध में समस्त प्रयासों, गोष्ठियों आयोगों एवं नीतियों के बाद भी इसके स्तर में पतन होता आया है। शिक्षा मंत्री के रूप में शिक्षा के स्तर के उन्नयन के लिए—

A. उच्च शिक्षा को सीमित कर देंगे।

B. शिक्षा को जीवन से जोड़ा जा सकता है। इसके लिए व्यावसायिक शिक्षा पर बल देंगे।

C. विद्यालयों में अवकाश के दिनों में कटौती करेंगे।

D. समस्या के हल के लिए खुले मस्तिष्क से विचार करेंगे व विशेषज्ञों के परामर्श के आधार पर शिक्षा को व्यावहारिक व उपयोगी बनाने के संबंध में कार्य करेंगे।

7. शिक्षक/अधिकारी के रूप में किसी ग्रुप में आपको वक्ता के रूप में आमंत्रित किया जाता है तो—

A. आप आमंत्रण स्वीकार करेंगे और अपने भाषण की तैयारी करेंगे।

B. आप आमंत्रण स्वीकार करेंगे व जो भी समझ में आएगा बोलेंगे।

C. संकोच के कारण आप नम्रतापूर्वक अस्वीकार कर देंगे।

D. संकोच को प्रकट न करने के लिए आप व्यस्तता का बहाना बनाकर बचने का प्रयास करेंगे।

8. आपके घर में उत्सव है आप महाविद्यालय के वार्डन हैं—

A. महाविद्यालय के फर्नीचर का घर में प्रयोग करेंगे।

B. विद्यार्थियों से व्यक्तिगत कार्यों में सहयोग लेंगे।

C. संबंधित अधिकारियों की अनुमति से ही कालेज की

सम्पत्ति का नियमानुसार प्रयोग करेंगे।

D. उपर्युक्त सभी।

9. आप व्यावसायिक संस्था में हैं और आपके मूल्यांकन का छात्र के कैरियर पर प्रभाव पड़ा है—

A. समय की मांग के अनुसार आप छात्रों के विशेष अनुरोध पर उनसे भेंट स्वीकार करेंगे।

B. उन्हें घर पर आने के लिए प्रोत्साहित करेंगे ताकि वे घर व बाहर के कार्यों में आपकी सहायता करें।

C. जो छात्र आपसे सहयोग न करें व आपके व्यक्तिगत कार्य न करें, उनके प्रति पक्षपातपूर्वक व्यवहार करेंगे।

D. अपने विवेक व छात्रों की योग्यता के आधार पर ही निर्णय लेंगे व छात्रों से व्यक्तिगत कार्य नहीं कराएंगे।

10. प्रधानाचार्य के रूप में साथी शिक्षकों की प्रगति के लिए—

A. उन्हें गोष्ठियों में भाग लेने के लिए प्रोत्साहित करेंगे एवं आवश्यक सहायता देंगे।

B. कक्षा-कक्ष में शिक्षण विधि अपनाने के प्रयोग की स्वतंत्रता देंगे।

C. लघु अभिविन्यास कार्यक्रमों (Short Orientation Courses) के लिए अध्यापकों को शामिल होने में प्रोत्साहन देंगे।

D. उपर्युक्त सभी

11. प्रशासक के रूप में दूसरे शिक्षक के बारे में—

A. किसी शिक्षक के प्रति अपनी धारणा दूसरे शिक्षकों की रिपोर्ट के आधार पर बनाएंगे।

B. सबकी बातें सुनेंगे व अपनी धारणा को शिकायतों के आधार पर नहीं बनाएंगे।

C. संबंधित शिक्षक से विचार विमर्श पर उसके पक्ष पर विचार करेंगे।

D. अपने कुछ विशेष कृपा पात्र साथियों के परामर्श के अनुसार अपनी धारणाएं बनाएंगे।

12. शोध छात्रों के प्रति संस्थान के प्रिंसिपल के रुप में आपका दृष्टिकोण—

A. सकारात्मक होगा व उन्हें शिक्षकों की अनुमति लेकर प्रदत्तों का संकलन करने के लिए प्रोत्साहित करना चाहिए।

B. शोधार्थी को अपने शोध के परिणामों के बारे में व शोध के आधार पर प्राप्त निष्कर्षों को बताने का अनुरोध भी करेंगे।

C. शोधार्थियों के शोध के विषय की जानकारी प्राप्त करेंगे व छात्रों को निर्देश देंगे कि वे प्रश्नावालियों को सही-सही हल करें।

D. उपर्युक्त सभी।

13. बी.एड. के प्रशिक्षणार्थियों के लिए विद्यालय के प्रशासक के रूप में—

A. उन्हें अपने विद्यालय में पढ़ाने की अनुमति देंगे और अध्यापकों को उनके साथ सहयोग करने को कहेंगे।

B. स्वयं भी कुछ पाठों का निरीक्षण कर छात्राध्यापकों को प्रोत्साहन देंगे।

C. अपने शिक्षकों की सहायता से छात्राध्यापकों को विद्यालय के अनुशासन के अनुरूप कार्य करने को निर्देश देंगे।

D. उपर्युक्त सभी।

14. प्राथमिक शिक्षा में अपव्यय एवं अवरोधन की विकट समस्या है। इसके हल के लिए विद्यालय प्रशासन क्या करे?

A. ऐसे बालकों को जो बीच में पढ़ाई छोड़ जाते हैं समस्या पर व्यक्तिगत रुचि लेकर विचार करना चाहिए।

B. बालकों के माता-पिता से समय-समय पर मिलकर उन्हें शिक्षा के प्रति गंभीर दृष्टिकोण विकसित करने के लिए कहना चाहिए।

C. उन बालकों की अतिरिक्त सहायता करनी चाहिए।

D. उपर्युक्त सभी।

15. आपके संस्थान के चतुर्थ श्रेणी कर्मचारियों की हड़ताल के समय आप एक प्रशासक की हैसियत से क्या करेंगे?

A. वैकल्पिक व्यवस्था करेंगे और तब तक कार्यालय, विद्यालय के कार्य को स्थगित करेंगे।

B. समय से पूर्व आकर झाड़ पोछंकर अपना कार्य करेंगे व अधीनस्थ कर्मचारियों को भी प्रेरित करेंगे।

C. हड़ताली कर्मचारियों से सहानुभूतिपूर्वक रुख अपनाकर उनकी समस्या का शीघ्र निवारण करेंगे।

D. जैसा चल रहा है चलने देंगे।

उत्तरमाला

1	2	3	4	5	6	7	8	9	10
B	C	B	C	A	D	A	C	D	D
11	**12**	**13**	**14**	**15**					
C	D	D	D	C					

4. शैक्षणिक संस्थान के संचालन से संबंधित प्रश्न
(Management of Educational Institute Based Questions)

1. प्रोग्राम सीखने के महत्व हेतु निम्नलिखित में कौन उचित है?
A. प्रोग्राम सीखने के महत्व पर गोष्ठी कराकर।
B. छात्रों को प्रोग्राम तैयार करने का अभ्यास कराकर।
C. छात्रों को प्रोग्राम द्वारा कक्षा में शिक्षण देकर।
D. प्रोग्राम सीखने पर भाषण का आयोजन कराकर।

2. प्रोग्राम विधि से सीखने में निम्नलिखित में से मुख्य क्या हानि होती है?
A. छात्रों को केवल पुस्तकीय ज्ञान होता है।
B. यह केवल यांत्रिक विधि द्वारा सीखना है।
C. इसमें अधिक समय नष्ट होता है।
D. इसमें शिक्षक के व्यक्तित्व का प्रभाव छात्र पर नहीं पड़ता है।

3. प्रोग्राम विधि का लाभ केवल उन देशों में संभव है जहां—
A. मशीनों की अधिकता हो।
B. जहां छात्रों को पढ़ने में रुचि हो।
C. जहां शिक्षकों को प्रोग्राम बनाने का ज्ञान हो।
D. उपर्युक्त सभी बातें पाई जाती हों।

4. छात्रों में सूक्ष्म शिक्षण के महत्व को कैसे पैदा करेंगे?
A. सूक्ष्म शिक्षण पर भाषण देकर।
B. छात्रों को उस विधि द्वारा पढ़ाकर।
C. प्रशिक्षण में स्वयं छात्र-अध्यापक सूक्ष्म शिक्षण विधि से शिक्षण दें।
D. सूक्ष्म शिक्षण के महत्व पर गोष्ठी कराने से।

5. छात्रों में स्वअध्ययन का विकास करने हेतु क्या करना उचित होगा?
A. स्वअध्ययन के महत्व पर भाषण देना।
B. छात्रों को रुचि अनुसार पाठ्य सामग्री देना।
C. विद्यालय में स्वाध्याय हेतु स्थान की व्यवस्था।
D. उपर्युक्त सभी बातों का ध्यान रखा चाहिए।

6. निम्नलिखित में से कौन अधिक उपयोगी है?
A. शिक्षक स्वयं श्यामपट्ट पर कार्य करें।
B. छात्र जिसका लेख अच्छा है उसका उदाहरण देकर
C. सभी छात्रों को समय-समय पर श्यामपट्ट पर अभ्यास कराकर।
D. अच्छे लेख तथा श्यामपट्ट कार्य के महत्व पर भाषण देकर।

7. छात्र निम्न में किसके द्वारा पाठ्य सामग्री को ठीक प्रकार सीख सकते है—
A. याद करके B. वाचन द्वारा
C. प्रयास भूल द्वारा D. स्वयं करके

8. छात्रों का निम्नलिखित में से किस विधि द्वारा सही मूल्यांकन संभव है—
A. वर्ष में एक बार मूल्यांकन द्वारा।
B. वर्ष में कम से कम दो बार मूल्यांकन द्वारा।
C. वर्ष में समय-समय पर मूल्यांकन द्वारा।
D. वर्ष में केवल तीन बार मूल्यांकन द्वारा।

9. निम्नलिखित में से किस प्रकार के प्रश्नों का निर्माण सबसे कठिन होता है?
A. लघु उत्तर वाले B. एक उत्तर वाले
C. दीर्घ उत्तर वाले D. उपर्युक्त सभी प्रकार के

10. छात्रों में भाषण देने की कला को विकसित करने हेतु—
A. विद्यालय में वाक् प्रतियोगिता का आयोजन करना।
B. छात्रों को व्यक्तिगत रुप में बोलने का अभ्यास कराना।
C. कुछ अच्छे वक्ताओं को विद्यालय में आमंत्रित कराना।
D. भाषण की कला पर पर व्याख्यान देना।

11. निम्नलिखित में से कौन सी विधि छात्रों को सीखने में अधिक लाभप्रद होती है?
A. भाषण विधि B. करके सीखने की विधि
C. प्रदर्शन विधि D. वार्तालाप विधि

12. छात्रों को प्रेरित किया जाता है—
A. उदाहरण प्रस्तुत करके B. उपर्युक्त पारितोषक देकर
C. भाषण देकर D. निर्देशन देकर

13. छात्रों को नवीन पाठ्य वस्तु सीखाने हेतु सबसे पहले—
A. छात्रों के स्तर का ज्ञान करेंगे।

B. नवीन उदाहरण देंगे।
C. नवीन विधियों का प्रयोग करेंगे।
D. छात्रों को सीखने के नियम बताएंगे।

14. शैक्षणिक संस्थान में छात्रों की प्रेरणा हेतु आप निम्नलिखित में से क्या करना चाहेंगे?
A. छात्रों में प्रतिस्पर्धा की भावना का विकास करना।
B. प्रेरित लोगों के उदाहरण दें।
C. केवल छात्रों को पारितोषिक देंगे।
D. प्रेरणा के महत्व पर भाषण दें।

15. छात्रों में स्काउट के प्रशिक्षण द्वारा आपके विचार से क्या लाभ संभव होता है?
A. छात्रों में सच बोलने की भावना।
B. छात्रों में सेवा भावना का विकास।
C. कम खर्च करने की आदत का विकास।
D. उपर्युक्त सभी गुणों का विकास संभव है।

16. यदि आप अपने विश्वविद्यालय में फल तथा वृक्षों का प्रोजेक्ट चलाना चाहते हैं तो आप इस संबंध में क्या करेंगे?
A. सभी छात्रों को पेड़ लगाने को कहेंगे।
B. पेड़ों के बीज बोएंगे।
C. छात्रों को सरकारी बगीचे से पेड़ लाने को कहेंगे।
D. छोटे-छोटे समूहों में पौधों को लगायेंगे।

17. शिक्षकों को स्वास्थ्य विज्ञान का अध्ययन क्यों आवश्यक है?
A. जिससे छात्रों के स्वास्थ्य का सही ज्ञान हो सके।
B. क्योंकि यह विषय पाठ्यक्रम में है।
C. अपने स्वास्थ्य को ठीक रखने हेतु
D. स्वयं तथा समाज को स्वस्थ रखने हेतु।

18. राष्ट्रीय शिक्षा नीति में किस क्षेत्र पर मुख्य जोर दिया गया है?
A. परीक्षा तथा मूल्यांकन के क्षेत्र पर
B. व्यावसायीकरण पर
C. अनुसंधान पर
D. निर्देशन पर

19. पाठ्य-वस्तु को भली प्रकार स्मरण करने हेतु निम्नलिखित में से कौन सबसे उचित है?
A. पाठ्य-वस्तु को बार-बार दोहराएंगे।
B. सभी उत्तर को पुनर्बलित करेंगे।
C. पाठ्य-वस्तु पर कक्षा में प्रश्न हल कराएंगे।
D. गलत उत्तर पर दंड देंगे।

20. छात्रों को अपने ज्ञान का जीवन में प्रयोग करने हेतु—
A. नवीन उदाहरण देंगे।
B. शिक्षण के समय भिन्न-भिन्न उदाहरणों पर बल देंगे।
C. गृह कार्य पर बल देंगे।
D. उपर्युक्त सभी कार्य करेंगे?

21. शिक्षण को प्रभावशाली बनाने हेतु पर्यटन का बड़ा महत्व होता है क्योंकि—
A. छात्र कक्षा कार्य से थककर अन्य कार्य में रुचि लेते हैं।
B. छात्रों के अतिरिक्त समय का सदुपयोग होता है।
C. छात्रों को कक्षा में पढ़ाए जाने वाली वस्तुओं का वास्तविक अनुभव होता है।
D. छात्र आपस में एक-दूसरे को भली प्रकार समझते हैं।

22. कुछ लोगों की यह धारणा है कि गृह कार्य देना आवश्यक है क्योंकि—
A. छात्र गृह कार्य से घर पर भी बंध जाते हैं।
B. छात्र के गृह कार्य को कुटुम्ब के अन्य व्यक्ति करते हैं।
C. गृह कार्य आवश्यक उद्देश्य की पूर्ति करता है।
D. छात्रों को गृह कार्य करने में रुचि नहीं होती है।

23. निम्नलिखित में से कौन सी दृश्य श्रव्य सामग्री अधिक लाभप्रद होती हैं?
A. टेलीविजन B. प्रोजेक्टर
C. सिनेमा D. फिल्म स्ट्रिप प्रोजेक्टर

24. दृश्य सामग्री का महत्व निम्नलिखित में से किस प्रकार के छात्रों के लिए कम लाभदायक हैं?
A. जो पढ़ने में सामान्य स्तर के होते हैं।
B. जो पढ़ने में उच्च स्तर के होते हैं।
C. जो पढ़ने में निम्न स्तर के होते हैं।
D. जो देखकर अधिक ज्ञान प्राप्त करते हैं।

25. छात्रों में बड़ों के प्रति आदर की भावना का विकास करने के लिए—
A. कक्षा में उपयुक्त उदाहरण दें।
B. छात्रों को आदर करने के महत्व को बताएं।
C. स्वयं शिक्षक आपस में एक-दूसरे का आदर करें।
D. आदर के महत्व पर गोष्ठी कराएं।

26. यदि प्रत्येक घंटे के बाद कुछ समय शिक्षण न किया जाए तो उससे क्या लाभ होगा?
A. छात्रों ने जो विषय पढ़ा है वह अच्छी तरह शोषित होगा।
B. छात्र आगे के विषय को ठीक से समझने को तैयार होंगे।
C. छात्रों में थकान समाप्त हो जाती हैं।

D. उपर्युक्त सभी संभव है।

27. समय चक्र (Time Table) में विषयों के वितरण का क्या आधार होना चाहिए?

A. विषयों की कठिनाई के आधार पर वितरण करना चाहिए।

B. छात्रों की रुचि के आधार पर।

C. कोई आधार नहीं होना चाहिए।

D. उपर्युक्त के अतिरिक्त अन्य कोई आधार।

28. आपकी राय में शिक्षक के अनुसंधान का क्षेत्र क्या होना चाहिए?

A. सामाजिक समस्याओं का क्षेत्र।

B. केवल शैक्षिक समस्याओं का क्षेत्र।

C. केवल आर्थिक क्षेत्र।

D. वैज्ञानिक क्षेत्र।

29. अनुसंधान के विषय को चुनने में शिक्षक को क्या ध्यान रखना चाहिए?

A. विषय शिक्षा के क्षेत्र से हो।

B. किसी विषय पर भी अनुसंधान कर सकता है।

C. केवल वह शैक्षिक समस्या जो स्वयं से संबंधित हो।

D. विषय शिक्षक के विद्यालय से संबंधित हो।

30. शिक्षण में भिन्न-भिन्न विधियों का प्रयोग क्यों किया जाता है?

A. इससे शिक्षण सरल होता है।

B. रुचिकर होता है।

C. छात्र अधिक ध्यान देते हैं।

D. उपर्युक्त सभी।

उत्तरमाला

1	2	3	4	5	6	7	8	9	10
C	D	D	C	D	C	D	C	B	B
11	**12**	**13**	**14**	**15**	**16**	**17**	**18**	**19**	**20**
B	B	A	A	D	D	A	B	B	B
21	**22**	**23**	**24**	**25**	**26**	**27**	**28**	**29**	**30**
C	C	A	A	C	D	A	B	C	D

5. समाज के प्रति दृष्टिकोण से संबंधित प्रश्न

(Views for Social Related Questions)

1. आपके विचार में समाज के प्रति सर्वाधिक उपयुक्त दृष्टिकोण है—

A. लोगों से विशेष संबंध न रखा जाए।

B. केवल कुछ लोगों से ही संबंध रखा जाए।

C. सामान्यत: सबके साथ संबंध रखे जाएं।

D. अपने विश्वस्त लोगों से संबंध रखा जाए।

2. सड़क पर से जाते समय आप देखते हैं कि सड़क पर दो व्यक्ति आपस में लड़ाई कर रहे हैं। ऐसा स्थिति में आप—

A. तुरंत पुलिस को सूचित करेंगे।

B. रास्ते में जाते हुए अन्य लोगों को एकत्रित करके झगड़ा शांत कराने का प्रयास करेंगे।

C. झगड़ा करने वालों को समझा बुझाकर झगड़ा रोकने का प्रयास करेंगे।

D. चुपचाप, अनदेखा करते हुए आगे बढ़ जाएंगे।

3. संसार में आपको अधिकतर लोग मालूम होते हैं—

A. बिल्कुल स्वार्थी जो केवल अपने मतलब से बात करते हैं।

B. सहयोगपूर्ण, जो बिना स्वार्थों के सहायता हेतु तत्पर रहते है।

C. तटस्थ, जो लोगों के हित से संबंध नहीं रखते हैं।

D. बहुरंगी, जिनकी प्रकृति के संबंध में कुछ भी नहीं कहा जा सकता है।

4. आपके विचार में—

A. कोई भी विश्वास के योग्य नहीं है।

B. लोगों के विषय में कुछ भी नहीं कहा जा सकता है।

C. ऑफिसर लोगों पर विश्वास किया जा सकता है।

D. केवल अपने जानने वालों पर ही विश्वास किया जा सकता है।

5. यदि आपके पड़ोसी की तबीयत अचानक रात में खराब हो जाती है तो ऐसी स्थिति में आप—

A. तबीयत खराब होने के कारणों को जानने की कोशिश करेंगे।

B. अन्य पड़ोसियों को तुरंत खबर करेंगे।

C. नजदीक के डॉक्टर के पास या चिकित्सालय में रोगी को तुरन्त ले जाएंगे।

D. सुबह का इंतजार करेंगे और सुबह होते ही डॉक्टर से संपर्क करेंगे।

6. आप अपने उस साथी को सर्वाधिक पसंद करते हैं जो—

A. हमेशा आपका मनोरंजन किया करता है।

B. पठन-पाठन में रुचि रखता है।

C. धार्मिक क्रिया कलापों में रुचि रखता है और अधिक समय व्यतीत करता है।

D. हमेशा अहिंसा के मार्ग पर चलता है।

7. यदि आप का साथ आपसे बिना विशेष कारण के नाराज हो गया है तो आप—

A. उसे खुश करने का प्रयास करेंगे।

B. उससे बात न करेंगे।

C. उससे बातें करके उत्पन्न गलतफहमी को दूर करेंगे।

D. सभी दोस्तों में उसकी आलोचना करेंगे।

8. आपके साथियों से आपका संबंध मधुर बना रहें। आपके विचार में इसके लिए सर्वाधिक आवश्यक है—

A. मित्रों की हमेशा प्रशंसा की जाए।

B. ईमानदारीपूर्वक विश्वास बनाये रखा जाए।

C. मित्रों को अपने घर बुलाया जाए तथा स्वयं उनके घर जाया जाए।

D. मित्रों की गलतियों पर ध्यान न दिया जाए।

9. आप चाहते हैं कि आपका मित्र उस परिवार से संबंधित हो—

A. जिसमें बड़े-बड़े राजनेता हुए हैं।

B. जिसमें बड़े-बड़े उद्योगपति उत्पन्न हुए हैं।

C. जिसमें साहित्य एवं कला के बड़े-बड़े उपासक हुए हैं।

D. जिसमें महान सामाजिक कार्यकर्ता हुए हैं।

10. आपके पास आपके मित्र का पत्र आता है जिसमें उन्होंने

आपसे कुछ अपेक्षा की है आप—

A. उसका काम करने में तत्काल लग जाएंगे और अपने प्रयासों के फल की सूचना यथोचित देते रहेंगे।

B. आप उसके पत्र को एक और रख देंगे और उत्तर तक न देंगे।

C. आप असमर्थता व्यक्त करते हुए उसको पत्र लिख देंगे।

D. आप उसको इस आशय का व्याख्यान देंगे कि किसी से इस प्रकार के काम की आशा ही आप क्यों करते हैं।

11. स्त्रियों को शिक्षित करने एवं परिवार कल्याण की दिशा में हरिजन एवं समाज कल्याण विभाग द्वारा संचालित 'आंगनबाड़ी' कार्यक्रम एक स्वागत योग्य कदम है क्योंकि—

A. सीमित समय एवं साधनों में प्रशिक्षण लेकर महिलाएं समाज कल्याण में सहभागी होती हैं।

B. बच्चों के स्वास्थय, टीकाकरण एवं गर्भवती महिलाओं के पोषक आहार के प्रति जागरुकता पैदा हुई है।

C. प्रशिक्षित महिलाओं को अपने घरों में ही बगैर खर्च एवं व्यवस्था के व्यवसाय और नौकरी का समुचित व्यवहार मिला हैं

D. उपर्युक्त सभी

12. अयोध्या में मंदिर-मस्जिद विवादोपरांत हुए नरसंहार और उसमें पूर्व हुए नाकेबादी और प्रशासन की तैयारी से ऐसा मालूम पड़ता है—

A. यह देश का दुर्भाग्य है कि सरकार समस्याएं पैदा करने में अपना रिकार्ड बना रही है।

B. सभी राजनीतिक दल वोटों के लिए चालें चलती हैं।

C. राष्ट्र के नेताओं को अपनी कुर्सी बचाने से बड़ी कोई भी समस्या नहीं लगती।

D. गरीब और ग्रस्त जनता की नियति यही है कि वह नेताओं की कुर्सी के लिए अपनी जान, माल, इज्जत और भविष्य की बलि चढ़ाती रहे।

13. संकुचित स्वार्थों की पूर्ति के लिए ऐसा लगता है कि नेता/धार्मिक गुरु एवं सभी संगठन भटक गए हैं। जनता में जागृति लाने के लिए रात के नौ बजे ऐसे सीरियल दिखाएं जाएं।

A. जिनसे हम यह हमेशा याद रखें कि स्वतंत्रता जिन बलिदानों के बाद प्राप्त हुई है उसे संकुचित स्वार्थों के माध्यम से आसानी से खोया जा सकता है।

B. अपने देश के वैभवशाली अतीत से परिचित होते रहें तथा वर्तमान में अपने कार्यों से उसे गौरवान्वित करते रहें।

C. अनेक क्षेत्रों की पृष्ठभूमि में उनके रीति-रिवाजों, परम्परा व व्यवसाय से संबंधित मनोरंजक धारावाहिक दिखाएं जाए ताकि राष्ट्र की एकता व अखण्डता के लिए अनेकता को जाना जा सके।

D. उपर्युक्त सभी

14. राजनीति में स्वच्छता और जिम्मेदारी लाने के लिए हमारी समझ में—

A. सासंदों एवं विधायकों के लिए एक नियमावली होनी चाहिए जिसका उल्लंघन करने पर उनकी सदस्यता खत्म कर दी जाए।

B. राजनीतिक प्रतिनिधि के लिए औपचारिक शिक्षा अनिवार्य होनी चाहिए ताकि व अपनी जिम्मेदारियों को मजाक में न लें।

C. इतना माहवार दिया जाना चाहिए कि वे पूर्व व्यवसाय को त्याग कर निश्चित रुप से अपने क्षेत्र के लिए समय दे सकें।

D. उपर्युक्त सभी

15. अगर कहीं मारपीट हो रही है आप भी वहीं पर हैं, ऐसी स्थिति में आप क्या करेंगे?

A. भाग जाएंगे।

B. तटस्थ रहेंगे।

C. तमाशा देखेंगे।

D. यथासंभव रोकने का प्रयत्न करेंगे।

16. अन्तर्राष्ट्रीय खेलों में अपने देश के खिलाड़ियों के प्रदर्शन देखकर आपको—

A. बहुत शर्म आती है और खिलाड़ियों पर दोषारोपण करते हैं।

B. प्रवेश खेलों में राजनीति का और खिलाड़ियों के चयन में पक्षपातपूर्ण नीति की आलोचना करते हैं।

C. खिलाड़ियों के लिए पर्याप्त पोषक आहार और प्रोत्साहन न मिलने पर व्यथा जाहिर करते हैं।

D. खिलाड़ियों के सही चुनाव के बाद उन्हें और प्रशिक्षक को समुचित सुविधाएं प्रदान की जाएं ताकि वे पूर्ण निष्ठा और समर्पण से अभ्यास कर सकें (चीन और रुस की तरह)

17. भाषा की समझ देश की एकता के लिए अत्यन्त आवश्यक है। अत:—

A. शिक्षा के माध्यम के लिए सामयिक स्तर पर मातृ भाषा के प्रयोग की आजादी होनी चाहिए।

B. उत्तर भारत में दक्षिण भारतीय भाषाओं के शिक्षण को अनिवार्य करना चाहिए।
C. राष्ट्रभाषा के लिए हिन्दी को सरल और ग्राह्य बनाना चाहिए।
D. उपर्युक्त सभी

18. मंडल कमीशन के विरुद्ध आंदोलन में अपनी जान देने वाले युवकों के प्रति एक सजग नागरिक के रुप में—
A. आप उनकी मौत पर और पुलिस के जुर्म पर दु:खी होते हैं।
B. आप सरकार को कोसते हैं जो इन दु:खद और दर्दनाक मृत्यु से भी द्रवित नहीं होती।
C. आप असमय इन प्रियजनों के चले जाने पर बहुत पीड़ित होते हैं। परंतु यह भी सोचते हैं कि अपनी हत्या करना कायरता है जो किसी के भी हित में नहीं है।
D. आप सोचते हैं कि इस आंदोलन में छात्रों के बलिदान से आंदोलन गतिशील होगा और सार्थक परिणाम सामने आएंगे।

19. आप अपने मित्रों के बीच बैठे हैं। आपका एक मित्र मौजूद नहीं है और उसकी शिकायत हो रही है—
A. आलोचना को चुपचाप सुनते रहेंगे।
B. खुद भी उसमें भाग लेंगे।
C. शिकायत को अपने तर्क और ज्ञान से समझकर लोगों को उचित जानकारी देंगे।
D. उस मित्र से मिलकर उसके हित को ध्यान में रखकर शिकायत से संबंधित बातों से उसे अवगत कराएंगे।

20. आप यह अनुभव करते हैं कि संस्थान/संस्था में आपके कुछ साथी अपने दायित्वों के प्रति शिथिलता दिखाने लगे हैं परन्तु प्रशासक भी इस ओर से उदासीन रहते हैं। और वह भी यह सोचते हैं कि उन्हें भी अपना सेवा काल पूरा करना है। आप—
A. उन साथियों को प्रेरित करेंगे कि वे अपने कार्य को निष्ठा से करें।
B. आप भी अपने कार्य में ढील देने लगेंगे।
C. आप अपनी जवाबदेही पूरी करते रहेंगे।
D. अपने संस्थान के गिरते स्तर की आलोचना करेंगे।

21. अपने घर में कार्य करने वाले सहायकों/सेवकों के जीवन स्तर को ऊंचा उठाने के लिए—
A. उन्हें परिवार नियोजन अपनाने की सलाह देंगे।
B. परिवार नियोजन के लिए शल्य किया करवाने में उनकी हरसंभव सहायता करेंगे, जिसमें उन्हें सवेतन अवकाश देना भी शामिल है जिससे उनके घरेलू कार्य में व्यवधान न हो।
C. उन्हें दूरदर्शन के कुछ विशेष कार्यक्रमों को देखने के लिए प्रेरित करेंगे।
D. किसी भी प्रकार की रुचि तभी लेंगे जब वे स्वयं आपसे सलाह-मशविरा करेंगे।

22. अनुसूचित जाति के बालक आपके विद्यालय में पढ़ते हैं आप—
A. उनके उत्थान के लिए विशेष दृष्टिकोण व दया का रुख अपनाएंगे।
B. उनके माता-पिता से कहेंगे कि उनके बालक आपके घर में आकर घरेलू कार्य में सहायता करें।
C. बालकों की सहायता करेंगे ताकि जो छात्रवृत्ति सरकार उनके लिए विद्यालय को प्रदान करती है वह उन्हें प्राप्त हो सके।
D. अपने काम से संबंध रखेंगे व कोई रुचि नहीं लेंगे।

23. भावी पीढ़ी के भविष्य के निर्माण में विद्यालयों का अमूल्य योगदान है, क्योंकि—
A. बाल्यावस्था से ही विद्यार्थी अध्यापक की आज्ञा को सर्वोपरि समझते हैं।
B. अध्यापक को विद्यालय में छात्रों को जानने व समझने का पर्याप्त समय मिलता है।
C. बालक में असीमित प्रतिभा व क्षमता होती है जिसके विकास में अध्यापकों का प्रमुख योगदान होता है।
D. उपर्युक्त सभी।

24. आपका मित्र बीमार है और उसे कैंसर हैं। आप—
A. मित्र को उसकी बीमारी से अवगत कराएंगे व सही प्रकार से चिकित्सा कराने में उसका सहयोग देंगे।
B. मित्र से उसका रोग नहीं बताएंगे।
C. मित्र के परिवारजनों को उसके रोग के बारे में बताएंगे और उन्हें धैर्य रखने को कहेंगे।
D. तटस्थ रहेंगे।

25. आप नेता हैं, आपके घर में हरजिन नेता मिलने आता है। आप—
A. उसका स्वागत अन्य सामान्य लोगों की भांति प्रेमपूर्वक करेंगे।
B. उसको बाहर बरामदे में बैठाकर प्रतीक्षा करने को कहेंगे।

C. चाय एवं जलपान के लिए अलग से उसके लिए रखे गए बर्तनों का प्रयोग करेंगे।
D. उससे प्रकट रुप में बहुत स्नेहपूर्ण व्यवहार करेंगे परन्तु मन ही मन उसके आने में असहज होंगे।

26. समाज सुधार के कार्य में समाज के उत्थान की बात की जाती है। आप भी हरिजनों के उत्थान के लिए समानता व प्रेम की बात करते हैं। हरिजन बस्ती में सामूहिक भोज के आयोजन में आपको भी आमंत्रण मिला है—
A. दुविधा की स्थिति में रहेंगे कि जाएं अथवा नहीं।
B. अन्य नेताओं के काफिले के साथ आप भी सम्मिलित हो जाएंगे व भोजन के समय चुपचाप वहां से खिसक लेंगे।
C. कोई बहाना बनाकर जाने को टाल जाएंगे।
D. वहां जाकर भोजन ग्रहण करेंगे।

27. देश की जनसंख्या वृद्धि रोकने के लिए आपका मत है—
A. जबरन परिवार नियोजन के ऑपरेशन का अभियान चलाया जाए।
B. सरकारी नौकरियों में कर्मचारियों की पदोन्नति के लिए परिवार नियोजन वाले पक्ष पर भी विचार किया जाए।
C. जनसंचार माध्यम से लोगों में छोटे परिवार के प्रति चेतना को विकसित करने के लिए आकर्षक कार्यक्रम दिखाये जाएं।
D. चिकित्सालयों में पर्याप्त सुविधाएं उपलब्ध कराई जाएं।

28. आपके मन में पुत्र की इच्छा है, लेकिन लगातार तीन पुत्रियों के होने पर आपका दृष्टिकोण बदल जाता है अत:—
A. परिवार नियोजन अपनाएंगी।
B. आपके परिवार के सदस्य और पति परिवार नियोजन के पक्ष में नहीं है। आप ऐसे में उन्हें समझाने का प्रयास करेंगी।
C. परिवार के दबाव के सामने आप अपनी दृढ़ता स्थिर नहीं रख पाएगी।
D. अपने पति को विश्वास में लेकर अपने विचार से उन्हें सहमत कराने का प्रयास करेंगी।

29. पति-पत्नी दोनों ही एक कार्यालय में कार्य करते हैं पत्नी की पदोन्नति शीघ्र हो जाती है एवं उसके कार्यकुशलता की प्रशंसा भी होती है पति के रुप में—
A. आप अपनी पत्नी से ईर्ष्या करने लगेंगे। घर आकर अपने द्वेष को अप्रत्यक्ष रुप में क्रोध करके प्रकट करेंगे।
B. अपनी व्यग्रता से बैचेन होकर घर में पत्नी पर अकुंश लगाएंगे और विभिन्न कार्यों के लिए आदेश देते रहेंगे।
C. स्पष्ट तौर पर कुछ नहीं कहेंगे, लेकिन हीनता की भावना से ग्रसित होकर अपने तनाव को बढ़ा लेंगे।
D. यह प्रयास करेंगे कि पत्नी की पदोन्नति पर सहज रहेंगे और एक सच्चे सहयोगी की तरह उसकी प्रतिभा की प्रशंसा करेंगे।

30. पति-पत्नी दोनों अलग-अलग संस्थानों में कार्यरत हैं। दोनों स्थानों पर पुरुष और महिलाएं आपके साथ काम करते हैं, पत्नी के मित्र के साथ पति—
A. घर पर आने पर उसका उसी प्रकार स्वागत करेगा, जिस प्रकार वह अपने मित्र का करता है।
B. पत्नी के पुरुष मित्र के घर पर किसी उत्सव में पत्नी को जाने की सहर्ष अनुमति देगा।
C. पत्नी को पुरुष सहयोगी के साथ स्कूटर या कार में देखकर ईर्ष्या करेगा।
D. जहां तक हो सके स्त्री और पुरुष की सहभागिता को समझने का प्रयत्न कर आपस में बातचीत से गलत फहमियों को दूर कर स्वस्थ दृष्टिकोण को विकसित करेगा।

उत्तरमाला

1	2	3	4	5	6	7	8	9	10
C	C	D	C	C	B	C	B	C	A
11	**12**	**13**	**14**	**15**	**16**	**17**	**18**	**19**	**20**
D	D	D	D	D	D	D	C	D	C
21	**22**	**23**	**24**	**25**	**26**	**27**	**28**	**29**	**30**
B	C	D	A	A	D	C	D	D	D

6. शैक्षणिक कार्य से संबंधित प्रश्न

(Educational Work Related Questions)

1. शिक्षण की सबसे उत्तम विधि निम्नलिखित में से कौन-सी हैं?
A. भाषण विधि B. पाठ्यपुस्तक विधि
C. प्रोजेक्ट विधि D. पर्यटन विधि

2. आपकी राय में परामर्श कमेटी की विद्यालय में क्यों आवश्यकता होती है?
A. इसके द्वारा विद्यालय का कार्य ठीक प्रकार चलता है।
B. इससे विद्यालय के प्राचार्य के कार्य में सहायता मिलती है।
C. यह छात्रों के हित में कार्य करती है।
D. उपर्युक्त सभी कारणों को ध्यान में रखती है।

3. यदि आपके विद्यालय में भूल से पुस्तकालय की मेज कुर्सी साफ नहीं की गई तो आप क्या करेंगे?
A. स्वयं जाकर छात्रों के साथ मिल-जुलकर सफाई करेंगे।
B. केवल छात्रों को स्वच्छ रहने को कहेंगे।
C. प्राचार्य से शिकायत करेंगे।
D. विद्यालय के नौकरों को ताड़ना देंगे।

4. एक शिक्षक की उपयोगिता निर्भर करती है—
A. उसके साथियों के समूह पर।
B. उसकी वफादारी पर।
C. विद्यालय में उसकी स्थिति पर।
D. उसकी आय पर।

5. शिक्षा के क्षेत्र में समय-समय पर कमीशनों की क्यों आवश्यकता होती है?
A. समाज की आवश्यकताओं का बदलते रहना।
B. शिक्षा में परिवर्तन होना।
C. पाठ्यक्रम में नवीनीकरण होना।
D. उपर्युक्त सभी पर विचार करने के लिए।

6. शिक्षक को अपने छात्रों के नाम जानने चाहिए इससे क्या फायदा होगा?
A. छात्र गलत कार्य करने से डरेंगे।
B. छात्र शिक्षक के अधिक सम्पर्क में आएंगे।
C. छात्र अनुशासित रहेंगे।
D. उपर्युक्त सभी लाभ होंगे।

7. यदि छात्र कक्षा में आपसे प्रश्न करते हैं तो आप क्या करेंगे?
A. छात्रों को हतोत्साहित करेंगे।
B. उनको डांट कर बैठा करेंगे।
C. उनको शिक्षण के बाद प्रश्न करने को कहेंगे।
D. प्रश्न के महत्व पर भाषण देंगे।

8. यदि छात्र पाठ्यवस्तु में रुचि नहीं ले रहे हो तो आप निम्नलिखित में से क्या करना पसंद करेंगे?
A. शिक्षण को रोचक बनाएंगे।
B. अरुचि का कारण जानने का प्रयास करेंगे।
C. स्वयं शिक्षण में रुचि लेंगे।
D. रुचि लेने वाले छात्रों का उदाहरण देंगे।

9. छात्रों में प्रश्न करने की युक्ति का विकास करने हेतु—
A. उनको प्रश्न पूछने का अभ्यास कराना।
B. उनसे प्रश्न पूछते रहना।
C. घर पर प्रश्न के उत्तर देने को कहना।
D. उनको प्रश्न के उत्तर देने को कहना।

10. क्या आप ऐसे व्यवसाय में जाना चाहते हैं जिसमें—
A. आप काफी धन जमाकर सकते हैं।
B. आपका नाम हो।
C. आपको यश प्राप्त हो।
D. आपको शक्ति मिले।

11. नीचे कुछ व्यवसायों को दिया गया है यदि इन सबका वेतन बराबर हो तो आप किसे पसंद करेंगे।
A. पुलिस B. शासन
C. फौज D. शिक्षक

12. आपने अध्यापक का व्यवसाय क्यों अपनाया?
A. आपके अभिभावक यह चाहते थे।
B. अपने मित्र के कहने पर।
C. आपके कुटुम्ब में इस व्यवसाय में कोई नहीं है।
D. आपको इसमें रुचि है।

13. यू.जी.सी. पास करके आप क्या करेंगे यदि आपको शिक्षक का पद नहीं मिलता है?
A. कोई अन्य व्यवसाय या नौकरी करेंगे।
B. देश के किसी भाग में शिक्षक बनने का प्रयास करेंगे।
C. पश्चाताप करेंगे कि यू.जी.सी. ही क्यों की।
D. उपरोक्त सभी करेंगे।

14. शोध समाप्त करने के बाद आप क्या पसंद करेंगे?
A. हार के बाद विद्यालय में शिक्षक बनना।
B. सरकारी नौकरी प्राप्त करना।
C. अंग्रेजी स्कूल में काम करना।
D. कहीं भी शिक्षण कार्य करना।

15. आप पी.एच.डी. क्यों करना चाहते हैं?
A. एक स्नातकोत्तर के लिए यह सबसे सरल कोर्स है।
B. इसमें सफल होना सरल है।
C. शिक्षण में मुझे रुचि है।
D. क्योंकि मेरे अभिभावक यह चाहते हैं।

16. यदि शिक्षा विभाग द्वारा एक गोष्ठी का आयोजन किया जा रहा है और आपको शिक्षकों को भेजना हो तो आप क्या राय देंगे?
A. शिक्षकों को अतिरिक्त अवकाश दिया जाए।
B. शिक्षकों को अतिरिक्त वार्षिक बढ़ोतरी दी जाए।
C. उनकी सर्विस पुस्तक में नोट कर लिया जाए।
D. उनको अतिरिक्त धन दिया जाए।

17. केवल शिक्षक ही देश व समाज में जागृति ला सकता है क्योंकि—
A. वही एक सचेत व्यक्ति है।
B. वही छात्रों को दिशा दिखा सकता है।
C. वह नवीन खोज कर सकता है।
D. वह सदैव पठन-पाठन करता है।

18. छात्रों को पुस्तकालय के प्रयोग करने का प्रशिक्षण कैसे देंगे?
A. पुस्तकों के महत्व को बताकर।
B. छात्रों के साथ मिलकर स्वयं पुस्तकालय में अध्ययन करेंगे।
C. घर पर अध्ययन हेतु पुस्तक देंगे।
D. अवकाश के समय पुस्तक ले जाकर।

19. गृह कार्य को छात्रों के लिए लाभप्रद बनाने हेतु निम्न में से आप क्या उचित समझते हैं?
A. छात्रों की योग्यता के आधार पर गृह कार्य दिया जाए।
B. गृह कार्य छात्रों की रुचिनुसार हो।
C. गृह कार्य दैनिक जीवन से संबंधित हो।
D. उपर्युक्त सभी उचित है।

20. कक्षा शिक्षण को प्रभावशाली बनाने हेतु—
A. कक्षा शिक्षण कराते हुए ही छात्रों को प्रश्न हल कराएं।
B. सदैव गृह कार्य दें।
C. कभी-कभी गृह कार्य दें।
D. विद्यालय के समय की समाप्ति पर प्रश्न हल कराएं।

21. प्रश्न हल में निम्न में से कौन-से प्रश्न छात्र का सही मूल्यांकन कर सकते हैं?
A. वस्तुनिष्ठ प्रकार के प्रश्न।
B. निबंधात्मक प्रकार के प्रश्न।
C. लघु उत्तर वाले प्रश्न।
D. उपर्युक्त सभी का मिश्रण।

22. यदि आपके शहर में कोई सेमिनार या कान्फ्रेंस का आयोजन किया जा रहा है जिसका संबंध शिक्षा से हैं तो आप क्या करेंगे?
A. बिना प्राचार्य की अनुमति के भाग लूंगा।
B. प्राचार्य की अनुमति लूंगा।
C. विद्यालय से अवकाश लूंगा।
D. उसके प्रति कोई रुचि न लूंगा।

23. स्वाध्याय की आदत आप छात्रों में किस प्रकार विकसित कर सकते हैं?
A. नवीन साहित्य उपलब्ध कराकर।
B. स्वाध्याय पर भाषण देकर।
C. स्वाध्याय करने वाले व्यक्तियों के उदाहरण देकर।
D. स्वयं अपना उदाहरण देकर।

24. श्रेणी या वर्ग विधि सफल होगी यदि छात्रों से ली जाए—
A. निबंधात्मक परीक्षा।
B. असत्य-सत्य प्रकार की वस्तुनिष्ठ परीक्षा।
C. परीक्षा में पुस्तकों का प्रयोग।
D. बहुवचन वस्तुनिष्ठ परीक्षा।

25. शिक्षकों को सतत् शिक्षा से क्या लाभ होता है?
A. वे अपने ज्ञान की वृद्धि करते हैं।
B. उससे नवीन ज्ञान को समझने में सहायता मिलती है।
C. उसके द्वारा नई परीक्षा में पास होने में सहायता मिलती है।
D. उपर्युक्त सभी संभव है।

उत्तरमाला

1	**2**	**3**	**4**	**5**	**6**	**7**	**8**	**9**	**10**
C	D	A	B	D	D	A	B	A	D
11	**12**	**13**	**14**	**15**	**16**	**17**	**18**	**19**	**20**
D	D	B	D	C	C	B	B	D	A
21	**22**	**23**	**24**	**25**					
D	B	A	D	B					

7. व्यावसायिक प्रतिबद्धता पर आधारित प्रश्न
(Professional Strictness Based Questions)

1. किसी अस्वीकार्य व्यवहार के प्रति दिया गया दण्ड अपूर्ण माना जाएगा यदि वह—
A. बालक की प्राथमिक स्थिति में परिवर्तन नहीं करता है।
B. यह उक्त व्यवहार को कमजोर नहीं बनाता है।
C. यह बालक को उचित व्यवहार की प्रेरणा नहीं देता है।
D. यह शिक्षक छात्र संबंधों को नष्ट कर देता है।

2. यदि कक्षा का प्रतिभाशाली छात्र अनुशासन संबंधी समस्याएं उत्पन्न करता है,तो आप उसका निदान कैसे करेंगे?
A. उसे दण्डात्मक ढंग से जटिल कार्य करने को देंगे।
B. उसे इतने कार्यों में व्यस्त करेंगे कि वह शैतानी करना (सब कुछ) भूल जाएगा।
C. उसे उच्च कक्षा में आगे चढ़ा देंगे।
D. उसकी तरफ ध्यान नहीं देंगे।

3. कक्षा में दिए जाने वाले छात्र दुर्व्यहार से निपटने का उत्तम ढंग है—
A. छात्र को धमकी, चेतावनी तथा उस पर कटाक्ष करना।
B. अतिरिक्त कार्य लेना और रोक लेना।
C. समस्या पर ध्यान न देना
D. छात्र को महत्व न देना।

4. बच्चों को चिढ़ाने या व्यंग्यात्मक दण्ड नहीं देना चाहिए, क्योंकि—
A. यह छात्र के प्रतिकूल है।
B. यह छात्र को आज्ञा पालन के लिए प्रेरित नहीं करता है।
C. यह अस्पष्ट और अनुपयुक्त है।
D. यह अनुचित है।

5. दण्ड की प्रभावशीलता होगी।
A. जबकि यह अपराध के अनुकूल हो।
B. यह बालक के अनुकूल हो।
C. यह विद्यालय के अनुकूल हो।
D. यह वस्तुस्थिति/घटना के अनुकूल हो।

6. दण्ड लाभप्रद हो सकता है—
A. अवांछनीय व्यवहार को विस्मृत करने में।
B. अवांछनीय व्यवहार को दुर्बल करने में।
C. अवांछनीय व्यवहार के पृष्ठ पोषण को कम करने में।
D. नवीन व्यवहार को शीघ्रता से सीखने में।

7. निम्नलिखित में से कौन सी परिस्थिति में दण्ड प्रधान करने का औचित्य प्रतीत होता है?
A. जबकि छात्र ने जान बूझकर नियम का उल्लंघन किया है।
B. जबकि अपराध की प्रकृति बहुत गंभीर है।
C. जबकि नियम का बार-बार उल्लंघन किया जा रहा है।
D. जबकि नियम तोड़ने से कक्षा प्रभावित होती है।

8. कक्षा के निश्चित मापदण्डों का उल्लघंन करने वाले छात्र को दण्ड दिया जाना चाहिए—
A. सभी के लिए एक समान दण्ड संहिता के आधार पर।
B. अपराधी की प्रकृति के अनुकूल।
C. दण्ड देने वाले व्यक्ति की भावना के आधार पर।
D. शिक्षक छात्र संबंधों के आधार पर।

9. किसी छात्र के अनुशासन का मूल्याकंन किया जा सकता है—
A. शिक्षक द्वारा अपनी उपस्थिति में।
B. शिक्षक द्वारा जबकि वह कक्षा में अनुपस्थित है।
C. शिक्षक द्वारा खेल के मैदान में।
D. एक अनुशासन मापनी द्वारा।

10. प्रजातांत्रिक सामाजिक संरचना में कक्षीय अनुशासन होना चाहिए—
A. स्वनिर्देशित क्रिया के रूप में।
B. स्वशासित व्यवहार के रूप में।
C. समूह कल्याण के संदर्भ में स्वनिर्देशित व्यवहार।
D. दण्ड आधारित।

11. वास्तव में स्व-अनुशासन में सम्मिलित है—
A. सामाजिक रूप में स्वीकृत व्यवहार।
B. सामाजिक रूप से स्वीकार्य व्यवहार जो दबावपूर्ण स्थिति एवं भय की देन है।
C. सामाजिक रूप से स्वीकार्य व्यवहार जो कि समझदारी का परिणाम है।
D. सामाजिक रूप से स्वीकार्य व्यवहार जो नियम एवं कानूनों के रूप में प्रचलित है।

12. कक्षा में छात्रों के दुर्व्यवहार का समाधान करने का उत्तम तरीका है—
A. छात्रों को तत्काल प्रभाव से कठोर दण्ड दिया जाए।
B. छात्रों के दुर्व्यवहार का मनोवैज्ञानिक अध्ययन किया जाए।
C. दुर्व्यवहार का पृष्ठ पोषण किया जाए।
D. छात्रों को सामूहिक दण्ड दिया जाए।

13. निम्नलिखित में उत्तम अनुशासन को प्रकट करने वाला विश्लेषण है—
A. विश्वसनीयता B. सुधारात्मक दशा
C. विकासात्मक दशा D. बचाव

14. समूह योजना निर्माण का निम्नलिखित लाभ है—
A. यह स्वनिर्देशन में प्रशिक्षण प्रदान करता है।
B. यह प्रजातांत्रिक मूल्यों का प्रशिक्षण देता है।
C. यह समूह कठिनाइयों का निराकरण करता है।
D. यह दुर्व्यवहार को समाप्त करता है।

15. कक्षा में छात्र द्वारा किए जाने वाले दुर्व्यवहार का महत्वपूर्ण कारण है—
A. छात्रों की पारस्परिक एकता।
B. छात्रों के उद्देश्यों में अनुरूपता।
C. गत्यात्मक प्रेरकों की उपस्थिति।
D. एक ऐसी समय सारणी जिसमें दुर्व्यवहार की गुजाइंश न हो।

16. कक्षा में अनुशासन बनाए रखने के लिए निम्नलिखित में से कौन सी प्राथमिकता प्रभावी हो सकती है?
A. ऐसे छात्रों को अतिरिक्त गृह कार्य दिया जए।
B. ऐसे छात्रों को कठोर शारीरिक दण्ड दिया जाए।
C. ऐसे छात्रों को कक्षागत सुविधाओं से बहिष्कृत कर दिया जाए।
D. ऐसे छात्रों के सम्पूर्ण समूह को जिम्मेदार ठहराया जाए।

17. किसी छात्र के दुर्व्यवहार के संदर्भ में शिक्षक का कर्तव्य होना चाहिए—
A. दुर्व्यवहार की प्रकृति B. दुर्व्यवहार के कारण
C. दण्ड का परिणाम D. दुर्व्यवहार की आवृति

18. एक हाई स्कूल में अनुशासन स्थापना की मुख्य जिम्मेदारी होती है—
A. कक्षा शिक्षक की B. प्रधान शिक्षक की
C. प्रशासक की D. व्यायाम शिक्षक की

19. आधुनिक सिद्धांत का दार्शनिक सिद्धांत है—
A. नियमों को लादना।
B. उत्तम गुणों का अनुमोदन करना।
C. बुरे गुणों के लिए दण्ड विधान।
D. उत्तम छात्र निर्देशन।

20. एक शिक्षक की अनुशासनबद्ध कक्षा का सर्वोतम गुण है—
A. कक्षा में अभूतपूर्व शांति।
B. छात्रों में गंभीर रूप से अध्ययन ।
C. छात्रों में स्व-अनुशासन एवं निर्देशन की भावनाएं।
D. छात्रों को अनुशासित नियमों का होना।

21. एक शिक्षक का कक्षा के अनुशासन के संदर्भ में सर्वोच्च कर्तव्य है—
A. कक्षा में अनुशासन की स्थापना।
B. शिक्षण के लिए सर्वोपयोगी वातावरण का निर्माण।
C. शिक्षक प्रभुत्व को मान्यता।
D. छात्रों में स्व अनुशासन भावना का विकास।

22. एक उत्तम अनुशासन का मूल मंत्र है—
A. दुर्व्यवहार की समाप्ति।
B. अनुचित व्यवहार के लिए दण्ड।
C. छात्रों के विकास में वृद्धि।
D. अनुशासन ख्याति।

23. किसी अपराध के संदर्भ में दण्ड देना चाहिए—
A. अपराध की तुलना में अधिक कठोर दण्ड।
B. प्रत्येक अपराध दण्ड की तालिका के अनुसार।
C. अपराध की पुनरावृत्ति न होने के क्रम में।
D. कक्षा के छात्रों की सलाह के अनुसार।

24. एक शिक्षक का विद्यालय में उन्नत अनुशासन छात्र के निर्माण में महत्वपूर्ण दायित्व यह है कि वह—
A. दुर्व्यवहार को समाप्त करने का बीड़ा उठाए।
B. छात्रों को उचित दण्ड प्रदान करे।
C. छात्रों में उत्तम अभिवृति का निर्माण करे।
D. छात्रों में उचित अनुचित व्यवहार से भेद करना चाहिए।

25. एक उत्तरदायी शिक्षक की कक्षा में अनुशासन की स्थिति होनी चाहिए।
A. छात्रों के अच्छे व्यवहार का प्रदर्शन।
B. शिक्षकों के प्रति अटूट सम्मान।
C. छात्रों की अभिवृत्तियों में उत्तम परिवर्तन।
D. छात्रों में अधिगम को उन्नत करना।

उत्तरमाला

1	2	3	4	5	6	7	8	9	10
B	C	C	A	D	B	C	B	C	C
11	**12**	**13**	**14**	**15**	**16**	**17**	**18**	**19**	**20**
C	B	C	B	B	D	B	A	D	C
21	**22**	**23**	**24**	**25**					
D	C	C	C	C					

यूनिट - VI : अनुसंधान अभिक्षमता

अनुसंधान

अनुसंधान या शोध किसी भी निरीक्षण या विचार का क्रमबद्ध एवं वस्तुनिष्ठ समीक्षा है जिसके द्वारा किसी नये सिद्धान्त को प्रतिपादित किया जाता है या किसी सिद्धान्त का सामान्यीकरण किया जाता है और अन्ततः किसी परिघटना का नियंत्रण किया जाता है।

वैज्ञानिक शोध किसी भी प्रश्न का क्रमबद्ध एवं वस्तुनिष्ठ उत्तर खोजने का प्रयास होता है। यह विकास के रास्ते पर आगे बढ़ने के लिये अत्यावश्यक है। एक सार्थक शोध, जीवन के किसी क्षेत्र में विकास को आगे बढ़ाता है। शोध मनुष्य के कौतुहल से जन्म लेता है। यह कौतुहल, हाव-भाव व्यवहार, गति इत्यादि के कारण हो सकता है।

शैक्षिक शोध शिक्षा के क्षेत्र में अध्ययन एवं अनुसंधान या शैक्षिक समस्याओं के समाधान से सम्बन्धित है।

शोध की प्रकृति

1. यह हमेशा किसी समस्या के समाधान के लिये होता है।
2. हमेशा किसी परीक्षण या निरीक्षण पर आधारित होता है।
3. इसमें सही निरीक्षण एवं निश्चित व्याख्या आवश्यक है।
4. इसमें नये सिद्धान्तों, नियमों एवं उनके सामान्यीकरण के विकास पर जोर दिया जाता है जिसका प्रयोग किसी भी विषय के अध्ययन में होता है।
5. यह क्रमबद्ध, वस्तुनिष्ठ एवं तर्कपूर्ण होता है।

शोध विकास के लिए एक आवश्यक एवं सबसे महत्वपूर्ण साधन है। जीवन के हर क्षेत्र में विकास के लिये शोध आवश्यक होता है। मानव के Evolution के साथ ही शोध की प्रक्रिया भी प्रारंभ हो गयी। मनुष्य अपने आस पास होने वाली हर घटना के प्रति जिज्ञासु रहा है। उसने कारण-प्रभाव सम्बन्ध के द्वारा हर घटना के पीछे का सच जानने का प्रयास किया है। शोध जाँच की एक ऐसी प्रक्रिया है जिसमें हम छुपी हुई चीजों को सामने लाते हैं। उसमें वैज्ञानिक तरीकों का क्रमबद्ध एवं बुद्धिमता पूर्ण प्रयोग किया जाता है।

शोध के प्रकार : शोध को अलग-अलग विशेषज्ञों ने अलग-अलग तरीके से विभिन्न प्रकारों में विभाजित किया है। जैसे–

(a) Fundamental एवं Applied
(b) Basic, Applied एवं Action Research.
(c) Exploratory एवं Conclusive Research.
(d) Exploratory or Formulate, Descriptive, Diagnostic एवं Experimental Research इत्यादि।

लेकिन सर्वमान्य विभाजन सामान्यतः निम्नलिखित माना जाता है–

1. **Exploratory (अन्वेषित) एवं Conclusive (निर्णायक) शोध :** अन्वेषित या व्यवस्थित शोध का लक्ष्य किसी प्राक्कल्पना (Hypothesis) का विकास या किसी प्राकृतिक घटना की व्यवस्थित एवं क्रमबद्ध जाँच होता है। जबकि निर्णायक शोध इन परिकल्पनाओं या प्राक्कल्पनाओं का प्रयोग कर समस्याओं का समाधान करता है या नये सिद्धान्तों का प्रतिपादन करता है।
2. **Fundamental or Pure or Basic (मूल या मौलिक), Applied एवं Action (क्रियात्मक) शोध :** मूल या मौलिक शोध में शोधकर्त्ता किसी मूल या आधारभूत सिद्धान्त की खोज करता है। Applied Research में किसी नये सिद्धान्त की खोज नहीं होती बल्कि मूल शोध के द्वारा खोजे गये सिद्धान्तों का प्रयोग विभिन्न प्रश्नों के उत्तर प्राप्त करने के लिये किया जाता है। Action शोध में किसी भी मौलिक शोध के द्वारा प्राप्त किये गये सिद्धान्तों का जीवन की वास्तविक परिस्थितियों में प्रयोग किया जाता है। इसमें किसी भी तात्कालिक समस्या के समाधान, कारण एवं प्रभावों का अध्ययन किया जाता है।
3. **ऐतिहासिक, व्याख्यात्मक एवं प्रायौगिक शोध :** ऐतिहासिक शोध हमें यह बताता है कि पहले क्या था। इस प्रक्रिया में विगत की घटनाओं का विश्लेषण, खोज एवं प्रस्तुतीकरण होता है ताकि हम अतीत को समझ सकें, वर्तमान की घटनाओं का कारण जान सकें एवं भविष्य में क्या होगा यह जानने का प्रयास कर सकें। व्याख्यात्मक शोध में विभिन्न अभिलेखों, प्रथाओं, विश्वासों की व्याख्या या विषलेषण किया जाता है। इसमें तुलनात्मक अध्ययन

भी होता है जिसके द्वारा विभिन्न Non manipulated Variables के बीच सम्बन्ध स्थापित करने का प्रयास किया जाता है। यह कई तरह का हो सकता है जैसे—सर्वे अध्ययन, अन्तर्सबन्धीय अध्ययन, तुलनात्मक अध्ययन एवं विकासात्मक अध्ययन। प्रयोगात्मक शोध भविष्य में क्या होगा या कैसा होगा का विश्लेषणात्मक एवं व्याख्यात्मक अध्ययन होता है जिसमें किसी एक वैरियबल को नियत रखते हुए दूसरे में विभिन्न परिस्थितियों में आने वाले परिवर्तनों का अध्ययन किया जाता है। यह एक ही विषय पर एक ही शोधकर्त्ता द्वारा या अलग-अलग शोधकर्त्ताओं द्वारा किया जाता है। जिसमें किसी भी विषय पर आने वाले परिणाम सामान्यतः समान होते हैं।

4. **प्रयोगात्मक एवं अप्रयोगात्मक शोध :** वह विभाजन शोध की प्रकृति पर अधारित है। प्रयोगात्मक शोध वह होता है जिसमें स्वतंत्र वैरियेबल्स को शोधकर्त्ता अपनी इच्छानुसार परिवर्तित कर सकता है। इसे पुनः प्रयोगशाला शोध एवं क्षेत्र शोध में विभाजित किया जाता है। अप्रयोगात्मक शोध वह शोध है जिसमें स्वतंत्र वैरियेबल्स में शोधकर्त्ता अपने अनुसार परिवर्तन नहीं कर सकता है अतः उसका प्रयोगात्मक अध्ययन नहीं किया जा सकता है। अप्रयोगात्मक शोध तीन तरह के होते हैं—क्षेत्र शोध, एक्सपोस्ट फैक्टो शोध एवं सर्वे शोध।

प्रयोगशाला शोधः जिन वस्तुओं या घटनाओं पर शोध किया जाता है उन्हें वैरियबल्स कहते हैं क्योंकि वे सामान्यतः अलग-अलग परिस्थितियों में अलग-अलग होते हैं। वैरियबल्स दो तरह के होते हैं—स्वतंत्र एवं निर्भर। वैसे वैरियबल्स जिनमें हम इच्छानुसार परिवर्तन करते हैं उन्हें स्वतंत्र वैरियबल्स कहते हैं और वे जिनमें इन वैरियबल्स में परिवर्तन के कारण बदलाव आता है उन्हें निर्भर वैरियबल्स कहते हैं।

प्रयोगशाला शोध में नियंत्रित स्थितियों में स्वतंत्र वैरियबल्स में होने वाले परिवर्तनों के निर्भर वैरियबल्स पर पड़ने वाले प्रभावों और इसके कारण निर्भर वैरियबल्स में आने वाले परिवर्तनों का अध्ययन किया जाता है।

क्षेत्र शोधः यह प्रयोगशाला शोध से काफी मिलता है। अन्तर केवल इतना है कि इसमें शोध प्रयोगशाला में न कर के वास्तविक स्थितियों में किया जाता है। इसमें शोधकर्त्ता शोध की परिस्थितियों को नियंत्रित नहीं कर सकता है। जैसे ग्रामीण चूल्हों की कार्यकुशलता की माप।

एक्स पोस्ट फैक्टो शोधः इसमें हम वास्तविक जीवन की विभिन्न परिस्थितियों एवं उनके सम्बन्धों का अध्ययन करते हैं एक्सपोस्ट फैक्टो अध्ययन में हम किसी घटना का कारण जानने का प्रयास करते हैं अर्थात् प्रभाव के आधार पर कारण ज्ञात करते हैं। इसमें डिपेन्डेन्ट वैरियबल (प्रभाव या घटना) हमारे सामने रहती है जबकि उसका कारण अर्थात् इन्डिपेन्डेन्ट वैरियबल ज्ञात किया जाता है। इसमें शोधकर्त्ता या अध्ययनकर्त्ता किसी भी घटना या कारण का प्रबंधन नहीं कर सकता है।

सर्वेक्षणः सर्वेक्षण एक ऐसा अध्ययन या शोध है जिसमें शोधकर्त्ता एक पूरी जनसंख्या का अध्ययन किसी विशेष सामाजिक या मनोवैज्ञानिक वैरियबल्स के आधार पर करता है। डाटा इकट्ठा करने के तरीकों के आधार पर सर्वेक्षण को हम चार वर्गों में विभक्त कर सकते हैं। व्यक्तिगत साक्षात्कार, प्रश्नावली, पैनल तकनीक एवं टेलीफोनिक सर्वेक्षण।

व्यक्तिगत साक्षात्कारः इसमें सर्वेक्षक एवं रेसपॉन्डेन्ट के बीच सीधा सम्बन्ध स्थापित होता है और रेसपॉन्डेन्ट से विभिन्न विषयों (शोध से सम्बन्धित विषय) पर विचार लिया जाता है। किसी भी सफल व्यक्तिगत साक्षात्कार के लिये तीन परिस्थितियाँ होनी आवश्यक हैं। सबसे पहली सुगमता अर्थात् रेसपॉन्डेन्ट, साक्षात्कारकर्त्ता को आसानी से उसकी काम की चीजें (सूचना) बता दे। दूसरा, ज्ञान या अनुभव अर्थात् रेसपॉन्डेन्ट को पूछे जाने वाले विषय के विषय में अनुभव या ज्ञान होना चाहिये तभी वह आवश्यक जानकारी को प्रश्नकर्त्ता या शोधकर्त्ता को दे पायेगा। एवं तीसरा प्रेरकता या निमित्तता अर्थात् रेसपॉन्डेन्ट सही उत्तर देने के लिये प्रेरित होना चाहिये क्योंकि गलत उत्तर, अनुत्तरित रहने के समान ही है।

प्रश्नावलीः शैक्षिक एवं सामाजिक शोध के क्षेत्र में यह एक सामान्य शोध तरीका है। इसमें विषय से सम्बन्धित एक प्रश्नावली तैयार की जाती है जिसे रेसपॉन्डेन्ट के पास भेजा जाता है। फिर प्रश्नावली के सभी प्रश्नों के उत्तर के लिये रेसपॉन्डेन्ट से आग्रह किया जाता है। यह व्यक्तिगत साक्षात्कार से सस्ता पड़ता है। इसमें हम कम समय एवं कम खर्चे में ही एक बड़े क्षेत्र या जनसंख्या में अपने विषय से सम्बन्धित सर्वेक्षण कर सकते हैं। इसमें व्यक्तिगत साक्षात्कार की कई समस्याओं से बचा जा सकता है जैसे शोधकर्त्ता या साक्षात्कारकर्त्ता के व्यक्तिगत विचार एवं उसके प्रभाव जो किसी भी सर्वेक्षण की प्रामाणिकता को कम करता है। प्रश्नावली के साथ मुख्य समस्या यह है कि डाक द्वारा या पत्र के रूप में

भेजने पर इसके प्रति रेसपांस काफी कम रहता है। इसके अतिरिक्त जिस किसी घटना या शोध के लिये रेसपान्डेन्ट के विचारों एवं भावों की आवश्यकता होती है वहाँ प्रश्नावली से ही काम नहीं चल सकता है।

पैनल साक्षात्कार या तकनीक : इसमें हम एक ही व्यक्ति या किसी जनसंख्या में से लिये गये प्रतिनिधि समूह का बार बार साक्षात्कार करते हैं इसके दो लाभ हैं—पहला शोधकर्त्ता को यह जानकारी मिलती है कि किसी भी समूह के विचारों में शोध के दौरान क्या परिवर्तन हो रहा है। दूसरा इससे सूचना की यथार्थता भी बढ़ती है। लेकिन इसकी दो महत्वपूर्ण सीमाएं भी हैं– इसमें डाटा हानि की संभावना भी तीन कारणों से आती है– रेसपान्डेन्ट की मृत्यु, इनकार या जगह का बदलना। दूसरी महत्वपूर्ण सीमा यह है कि कोई व्यक्ति विशेष किसी विशेष सूचना को देने से मना कर देता है और वह उस जनसंख्या समूह का प्रतिनिधित्व करने के योग्य नहीं रह पाता जिस समूह का वह सदस्य होता है।

टेलीफोनिक सर्वेक्षणः यह सर्वेक्षण की नवीनतम विधि है। इसका सबसे बड़ा लाभ यह है कि इसमें डाटा बहुत तेजी के साथ इकट्ठा किया जा सकता है। लेकिन इसके कई नुकसान भी हैं। जब रेस्पान्डेन्ट सर्वेक्षक को नहीं जानते तो सामान्यतः प्रश्नों का उत्तर देने से कतराते हैं।

सैम्पलिंग तकनीकः किसी भी सर्वेक्षण में पूरी जनसंख्या को शामिल करना काफी मुश्किल होता है। इसके लिए उस जनसंख्या से हम कुछ प्रतिनिधि चुनते हैं जो उस पूरी जनसंख्या या समूह का प्रतिनिधित्व करते हैं। हमारा सर्वेक्षण उसी समूह के साथ होता है और वह पूरी जनसंख्या पर लागू होता है। अर्थात् सैम्पल को परिभाषित करते हुए हम कह सकते हैं कि "यह शोध से सम्बन्धित जनसंख्या का वह भाग होता है जिसे हम (सर्वेक्षक) शोध के लिये चुनता है और उसी समूह के विचारों का निरीक्षण या समीक्षा की जाती है और उसी समूह को हम पूरी जनसंख्या का प्रतिनिधि मानते हैं।"

समूह का चयन कई चयन के तरीके पर निर्भर होता है। चयन के तरीके को हम सैम्पलिंग प्लान कहते हैं। सैम्पल डाटा से प्राप्त निरीक्षणों एवं परिणामों को आँकड़ा कहते हैं और पूरे जनसंख्या के लागू परिणामों को पारामीटर कहते हैं।

सैम्पलिंग योजना इस तरह से बननी चाहिये कि पूर्ण रूप से पूरी जनसंख्या का प्रतिनिधित्व करता हो इसके लिये जनसंख्या के विभिन्न हिस्सों से उनकी जनसंख्या में समानुपात के आधार पर हम प्रतिनिधि चुनते हैं।

सैम्पलिंग दो प्रकार का होता है– प्रोबैबिलिटी (प्रायिकता) एवं नॉन प्रोबैबिलिटी सैम्पलिंग।

प्रोबैबिलिटी सैम्पलिंगः इसमें हम सैम्पल का चयन संभावना के आधार पर करते हैं जैसे चिट प्रणाली, ब्लाइंडफोल्ड प्रणाली, फिशबाउल प्रणाली एवं अव्यवस्थित संख्या तालिका द्वारा। इसमें जनसंख्या के सभी सदस्यों के शामिल होने की प्रायिकता बराबर होनी चाहिये तथा शोधकर्त्ता के लिये यह पता करना संभव होना चाहिये कि उसके सैम्पलिंग से पाये गये परिणाम और पूरी जनसंख्या से पाये गये परिणाम में कितना अन्तर आ सकता है।

प्रायिकता सैम्पलिंग की प्रणालियाँ

1. **साधारण रैंडम सैम्पलिंग :** इसमें जनसंख्या के सभी सदस्यों का नमूना जनसंख्या में शामिल होने की संभावना बराबर होती है। इसका चयन दो तरीकों पर अधारित होता है—लॉटरी प्रणाली एवं अव्यवस्थित संख्या तालिका।
2. **स्ट्रैटिफायड (स्तरीकृत) रैंडम सैम्पलिंग :** इसमें हम सम्पूर्ण जनसंख्या का विभाजन किसी विशेष गुण के आधार पर विभिन्न स्तरों में कर देते हैं। इससे एक आन्तरिक एकरूपता आ जाती है और इसमें से हम उनके आकार के आधार पर सैम्पल लेते हैं। जब किसी स्तर की जनसंख्या काफी कम होती है तो उस स्थिति में अपवाद स्वरूप उस समूह की पूरी जनसंख्या को ही हम सैम्पल के रूप में ले लेते हैं।
3. **क्लस्टर सैम्पलिंग :** इसे हम मल्टी स्टेज सैम्पलिंग भी कहते हैं। इसमें हम एक क्लस्टर का चयन उपर दी गयी विधियों में से किसी एक विधि से करते हैं और फिर उसमें अधिक समावेशित सैम्पलिंग इकाई से कम समावेशित ईकाई की ओर जाते हैं और अन्ततः अपने लिये आवश्यक जनसंख्या के प्रतिनिधि तक पहुँचते हैं। यह ऐसे स्थानों पर किया जाता है जहाँ जनसंख्या काफी बिखरी हुई होती है अर्थात् जनसंख्या के दो समूहों (गाँवों, शहरों या घरों के बीच) की दूरी ज्यादा होती है।

अप्रायिक सैम्पलिंगः इस प्रक्रिया या विधि में प्रत्येक सदस्य के शामिल होने की संभावना बराबर नहीं होती। इसका प्रयोग तब किया जाता है जब–

1. सैम्पलिंग में सुविधा एवं अर्थ को प्राथमिकता दी जाती है।
2. जब पूरी जनसंख्या के लिये परिणाम प्राप्त करना आवश्यक नहीं होता अर्थात् शोध किसी सीमित लक्ष्य के लिये होता है।
3. जब सैम्पलिंग योजना बाकी अन्य विचारों की अपेक्षा कम महत्वपूर्ण हो

4. जब किसी डाटा की सांख्यिक समीक्षा न की जा सकती हो या कोई डाटा ही उपलब्ध नहीं हो।

अप्रायिक सैम्पलिंग चार तरह का होता है–

1. **आकस्मिक सैम्पलिंगः** इसमें समाने आने वाले हर कारक को लिया जाता है जबतक कि सैम्पल अपने लिये आवश्यक आकार का नहीं हो जाता है।
2. **कोटा सैम्पलिंगः** इसमें स्ट्रैटिफायड रैंडम सैम्पलिंग से काफी हद तक मिलता जुलता है। अन्तर केवल इतना है कि हम इसमें किसी भी प्रतिनिधि को ऐसे ही नहीं चुन लेते हैं। इसमें भी हम पूरी जनसंख्या को किसी विशेष गुण के आधार पर बाँटते हैं। फिर उसके समानुपात के आधार पर उनमें से सैम्पल चुना जाता है।
3. **सप्रयोजित (परपसिव) सैम्पलिंगः** इसमें अपने आवश्यकता के अनुरूप सैम्पल लिये जाते हैं। इसमें वस्तुनिष्ठता काफी आवश्यक होता है।
4. **व्यवस्थित सैम्पलिंगः** इसमें किसी सूची से प्रत्येक एन वें (n^{th}) सदस्य को चुना जाता है। यह प्रायिक या अप्रयायिक सैम्पलिंग हो सकता है। अप्रायिक या प्रायिक होने का आधार पहले सदस्य का चयन होता है।

अनुसंधान के सोपान

(i) **विषय एवं समस्या की पहचानः** यह अनुसंधान का पहला सोपान है। जहाँ हम समस्या या प्रश्न की पहचान करते हैं।

(ii) **क्रिया विधि का प्रस्तावः** समस्या या प्रश्न का समाधान खोजने के लिए एक क्रियाविधि प्रस्तावित की जाती है। यह शोध का द्वितीय सोपान है।

(iii) **प्राक्कल्पना (HYPOTHESIS) का निर्माणः** प्राक्कल्पना किसी भी निरीक्षण सिद्धान्त या वैज्ञानिक समस्या का परीक्षणात्मक व्याख्या होता है जिसका और प्रयोगों या खोजों द्वारा परीक्षण किया जाता है। यह एक संकल्पना या विचार होता है जो प्रमाणित तो नहीं होता लेकिन यदि प्रमाणित हो जाए तो विशेष सिद्धान्तों या तथ्यों की व्याख्या कर सकता है।

प्राक्कल्पना की प्रकृतिः

(a) यह वैरियबल्स के बीच सम्बन्ध बताए।
(b) यह ज्ञात तथ्यों पर आधारित है।
(c) इसका परीक्षण किया जा सके।
(d) यह विचारों में स्पष्ट हो।
(e) यह वस्तुनिष्ठ एवं विशिष्ट हो
(f) यह परीक्षण के लिये नियत समय के लिए परिवर्तित किया जा सके

हमारा तृतीय सोपान प्राक्कल्पना का निर्माण होता है और इसके बाद यह तय करते हैं कि हमें प्रयोगशाला शोध करना है या क्षेत्र शोध।

(iv) **आँकड़ों का संग्रहः** शोधकर्त्ता अपने शोध के लिये विभिन्न विधियों द्वारा आँकड़ों का संग्रह करता है।

(v) **आँकड़ों का प्रस्तुतीकरणः** संग्रह के बाद आँकड़ों का प्रस्तुतीकरण किया जाता है जो तर्कपूर्ण होता है ताकि उसका विश्लेषण किया जा सके।

(vi) **विश्लेषणः** यह सांख्यिकीय रूप से या व्याख्यात्मक रूप से किया जा सकता है।

(vii) **परिणाम की घोषणाः** विश्लेषण के बाद शोध के परिणाम की घोषणा की जाती है।

पेपर : एक निबन्ध या डिजर्टेशन जिसे किसी संगोष्ठी में पढ़ा जाता है या किसी जरनल में प्रकाशित होता है।

लेख : किसी समाचार पत्र या पत्रिका में प्रकाशित निबन्ध या किसी पुस्तक का अंश।

कार्यशाला : किसी विशेष विषय या योजना पर बहस या कार्य करने वाली सभा। इसके सदस्यों की संख्या सामान्यतः संगोष्ठी या सम्मेलन से कम होती है।

संगोष्ठी : किसी भी विषय पर होने वाली छोटी सभा। इसमें किसी तय विषय पर ही चर्चा होती है।

सम्मेलन : कोई भी औपचारिक सभा जिसमें किसी भी विषय पर विवेचना या तर्क वितर्क होता है। इसमें विचारों का आदान-प्रदान होता है।

परिसंवाद : किसी विशेष अकादमीय या शैक्षिक विषय पर होने वाली सभा।

शोध प्रबन्ध लेखन

शोध की परिभाषा : एक अप्रमाणित कथन जिसे तथ्य के रूप में किसी तर्क में प्रस्तुत किया जाता है।

सामान्यतः शोध प्रबन्ध लिखने का प्रारूप निम्नलिखित होता है। अलग-अलग विषयों या विश्वविद्यालयों में इस प्रारूप में थोड़ी भिन्नता आ सकती है। कोई भी शोध प्रबन्ध या तो आधारभूत होता है या फिर प्रायौगिक। शोध प्रबन्ध को मौलिक होना चाहिये। सामान्यतः शोध प्रबन्ध किसी भी विषय के किसी विशेष भाग पर आपकी पकड़ को दर्शाता है।

परिणाम एवं विवेचना कई बार एक से अधिक अध्यायों में भी आ सकते हैं। सबसे पहले शोध प्रबन्ध लिखने की योजना बनाई जाती है जिसमें अध्यायों की योजना होती है। इसमें यह होता है कि किस अध्याय में कौन-सी चीज जायेगी। जहाँ तक कि हर अध्याय का प्रारूप अलग-अलग हो सकता है। कुछ मुख्य अध्यायों का प्रारूप तैयार कर लेते हैं। सामान्यतः शोध प्रबन्ध का स्वरूप निम्नलिखित हो सकता है–

1. **कॉपीराइट परित्यागः** सामान्यतः हर विश्वविद्यालय में इसका फार्म उपलब्ध रहता है। यह पेज विश्वविद्यालय के पुस्तकालय को अधिकार देता है कि वह शोध प्रबन्ध का प्रकाशन किसी भी अन्य माध्यम जैसे माइक्रोफिल्म इत्यादि के रूप में कर सकता है।

2. **घोषणाः** यह भी आपके विश्वविद्यालय से सामान्यतः मिल जाता है और इसका स्वरूप निम्नलिखित होता है। "मै यह घोषणा करता हूँ कि यह शोध प्रबन्ध मेरा अपना है और मुझे इस बात की जानकारी एवं विश्वास है कि इसमें कोई भी ऐसी चीज नहीं है जो पहले प्रकाशित हो या किसी अन्य के द्वारा किसी विश्वविद्यालय से डिग्री प्राप्त करने के लिये लिखी गई हो। जहाँ भी किसी दूसरे प्रकाशित वस्तु (पुस्तक, निबन्ध या शोध प्रबन्ध) से कोई सहायता ली गयी है उसका जिक्र निर्धारित विषय के साथ कर दिया गया है।"

3. **शीर्षक पेजः** सामान्यतः इसका स्वरूप होता है– शीर्षक/लेखक/"डॉक्टर ऑफ फिलॉस्फी की डिग्री के लिये शोध प्रबन्ध"/विश्वविद्यालय का नाम"/दिनांक।

4. **सारांशः** यह किसी भी शोध प्रबन्ध का सर्वाधिक पढ़ा जाने वाला एवं सर्वाधिक विवेचनीय भाग होता है। सबसे अच्छा यह होता है कि इसे सबसे अन्त में लिखा जाए। इसमें शोध प्रबन्ध की मुख्य बातें होती हैं जैसे– शोध का विषय, शोध की प्रणाली, परिणाम एवं निष्कर्ष।

5. **स्वीकृतिः** ज्यादातर शोध लेखक एक धन्यवाद का पेज भी लगाते हैं जिसमें उन सभी लोगों को धन्यवाद दिया गया होता है जिनका सहयोग शोध प्रबन्ध को तैयार करने में होता है।

6. **सूची या तालिकाः** भूमिका का प्रारंभ पेज नं. 1 से होता है उसके पहले के पेज पर संख्या रोमन संख्या का क, ख, ग, घ ... के रूप में दिया गया होता है।

7. **भूमिकाः** इसमें विषय एवं उसके महत्व को दर्शाया जाता है। यह काफी रूचिकर होना चाहिये।

8. **साहित्यिक समालोचनाः** समस्या कहाँ से उठी? समस्या के विषय में क्या जानकारी पहले से उपलब्ध है? इस समस्या का और कितने तरह से समाधान किया जा सकता है?

   वास्तव में आप पिछले तीन वर्षों से शोध कर रहे होते हैं इससे सम्बन्धित सभी पेपर, या अन्य प्रकाशित चीजें आपके सामने आ चुकी होती हैं। अतः आप उन सभी साहित्यों (प्रकाशित चीजों) की समीक्षा एवं चर्चा यहाँ करते हैं जिनका सहयोग आपने अपने शोध में लिया है।

9. **बीच के अध्यायः** इसमें आपके द्वारा प्रयुक्त प्रविधियों की व्याख्या होती है तथा आपने उन्हें क्यों चुना इसकी भी व्याख्या की जाती है। इसके अतिरिक्त उन सभी सिद्धान्तों की चर्चा होती है जो आपके शोध का अधार बनते हैं तथा वे सभी पहले हुए शोध जो आपके शोध ा को आधार प्रदान करते हैं।

10. **परिणाम एवं विवेचनाः** इसमें आप अपने शोध के परिणाम को व्यक्त करते है एवं उसकी व्याख्या तथा विवेचना करते हैं। परिणामों का व्यक्त करने के लिये भिन्न तरीके अपनाये जा सकते हैं। सामान्यतः वैज्ञानिक शोधों में तालिका, ग्राफ या पाई चार्ट के द्वारा परिणामों को दर्शाया जाता है।

11. **आखिरी अध्याय; हवाला (रेफेरेन्स) एवं परिशिष्ट निष्कर्ष :** यह आखिरी अध्याय में होता है। आप अपने प्रयोग या शोध के परिणाम के आधार पर निष्कर्ष तैयार करते हैं।

    रेफेरेन्स : इसे कई बार विश्वविद्यालयों में रखने से मना कर दिया जाता है। सामान्यतः यह साहित्यिक समीक्षा से भी सम्बन्धित होता है।

    परिशिष्ट : शोध से सम्बन्धित कोई भी विषय जो शोध-लेखन के प्रवाह में बाधक हो लेकिन शोध के लिये आवश्यक हो उसे हम परिशिष्ट में रखते हैं।

शिक्षण अभिक्षमता परीक्षा

1. किसने कहा कि एक ही प्रजाति के विभिन्न सदस्य एक जैसे नहीं होते हैं?
(*a*) डार्विन (*b*) हरबर्ट स्पेन्सर
(*c*) बेस्ट (*d*) गुड

2. एक सांख्याकिक मापक जो पूरी जनसंख्या पर आधारित होता है, परिमाप कहलाता है। वह मापक जो नमूने पर आधारित होता है, वह कहलाता है:
(*a*) नमूना चयन परिमाप
(*b*) निष्कर्ष
(*c*) सांख्यिकीय
(*d*) कोई नहीं

3. नमूने के आधार पर निकाला गया सामान्य निष्कर्ष टेक्निकल भाषा में कहलाता है:
(*a*) अनुसंधान की बाह्य वैधता का सांख्यिकीय अनुमान
(*b*) आंकड़ा विश्लेषण तथा निर्वचन
(*c*) परिमाप अनुमान
(*d*) उपरोक्त सभी

4. एक शोधकर्ता पूरी जनसंख्या में से 100 लोगों का लाटरी नमूना चुनता है। ये नमूना है:
(*a*) एक समूह नमूना चयन
(*b*) एक यादृच्छिक नमूना चयन
(*c*) एक स्तरीकृत नमूना चयन
(*d*) एक रीतिबद्ध नमूना चयन

5. एक शोधकर्ता जनसंख्या को स्नातकोत्तर, स्नातक तथा इण्टरमीडियेट छात्रों में विभाजित करता है और यादृच्छिक तालिका को प्रयोग करते हुए प्रत्येक ग्रुप से वह कुछ लोगों को चुनता है। यह कहलाता है:
(*a*) स्तरीकृत नमूना चयन
(*b*) स्तरीकृत यादृच्छिक नमूना चयन
(*c*) प्रतिनिधि नमूना चयन
(*d*) साधारण नमूना चयन

6. अनुसंधान का अन्तिम निष्कर्ष अधिक ठीक होगा यदि चुना गया नमूना?
(*a*) यादृच्छिक रूप से लिया गया है
(*b*) कोटा द्वारा निर्धारित किया गया है
(*c*) जनसंख्या का प्रतिनिधित्व करता है
(*d*) उद्देश्यात्मक है

7. एक शोधकर्ता केवल दस सदस्यों को 50 हजार की कुल जनसंख्या में से चुनता है और इसे ठीक समझता है क्योंकि
(*a*) वह एक अच्छा शोधकर्ता है
(*b*) उसे अपने सुपरवाइजर द्वारा सलाह दी गयी थी
(*c*) जनसंख्या समगुणीय थी
(*d*) उपरोक्त सभी

8. क्षेत्र नमूना (ग्रुप नमूना) तकनीक का प्रयोग किया जाता है, जब
(*a*) जनसंख्या बिखरी हुई हो तथा बड़े आकार का नमूना लेना हो
(*b*) जनसंख्या विषमगुणीय हो
(*c*) लम्बे सर्वेक्षण की आवश्यकता हो
(*d*) (*a*) तथा (*c*) दोनों

9. एक शोधकर्ता अपनी जनसंख्या को विभिन्न समूहों में विभाजित करता है और फिर वह प्रत्येक समूह के नमूने के आकार को निर्धारित करता है। वह कहलाता है:
(*a*) स्तरीकृत नमूना चयन
(*b*) कोटा नमूना चयन
(*c*) समूह नमूना चयन
(*d*) उपरोक्त सभी

10. निम्न में से कौन अयादृच्छिक नमूना है?
(*a*) कोटा नमूना चयन
(*b*) साधारण यादृच्छिक नमूना चयन
(*c*) उद्देश्यात्मक नमूना चयन
(*d*) (*a*) और (*c*) दोनों

11. जब जनसंख्या निश्चित हो तो निम्न में से कौन-सी नमूना तकनीक प्रयोग की जाती है?
(*a*) क्षेत्र नमूना चयन विधि
(*b*) उद्देश्यात्मक नमूना चयन विधि
(*c*) रीतिबद्ध नमूना चयन विधि
(*d*) कोई नहीं

12. अनुसंधान की वैधता (validity) को बढ़ाया जा सकता है:
(*a*) असंगत (extraneous) घटकों को दूर करके
(*b*) जनसंख्या का सही प्रतिनिधित्व करने वाला नमूना चुनकर
(*c*) उपरोक्त दोनों
(*d*) कोई नहीं

13. क्षेत्र (field) अध्ययन सम्बन्धित है:
(*a*) वास्तविक जीवन परिस्थितियों से
(*b*) प्रयोगात्मक परिस्थितियों से
(*c*) प्रयोगशाला की स्थिति से
(*d*) कोई नहीं

14. स्वतन्त्र विचलनों को छेड़ा नहीं जाता:
(*a*) सर्वेक्षण अनुसंधानों में
(*b*) एक्स-पोस्टफैक्टो अनुसंधानों में
(*c*) उपरोक्त दोनों
(*d*) प्रयोगात्मक अध्ययन में

15. एक्स-पोस्टफैक्टो अध्ययन का विरोधी है:
(*a*) प्रयोगात्मक अनुसन्धान
(*b*) सर्वेक्षण अनुसन्धान
(*c*) पुस्तकालय अनुसन्धान
(*d*) उपरोक्त सभी

16. वैज्ञानिक सामाजिक सर्वेक्षण का जन्मदाता किसको कहा जाता है?
(*a*) डार्विन (*b*) बूथ
(*c*) बेस्ट (*d*) कोई नहीं

17. किसी वस्तु, घटना या प्रमाण जिसके गुणों को मापा जा सकता है, कहलाता है:
(*a*) गुणात्मक मापन (*b*) आंकड़ा
(*c*) विचलन (*d*) कोई नहीं

18. वह प्रक्रिया जिसकी प्रयोगात्मक अध्ययन में आवश्यकता नहीं पड़ती वह है:
(*a*) प्रेक्षण
(*b*) नियन्त्रण
(*c*) तोड़ना-मरोड़ना (manipulation) तथा पुनरावृत्ति
(*d*) सन्दर्भों का संग्रह

19. प्रयोगात्मक अध्ययन किस नियम पर आधारित है?
(*a*) एक विचलनीय नियम पर
(*b*) पुनरावृत्ति
(*c*) प्राप्ति
(*d*) प्रयोग पात्र की रुचि पर

20. निम्न सभी गुणवाचक विचलनों के उदाहरण हैं केवल एक को छोड़कर:
(*a*) धर्म तथा जाति (*b*) लिंग
(*c*) व्यवसाय (*d*) प्रयोग पात्र की रुचि

21. वैज्ञानिक ज्ञान का उदाहरण है:
(*a*) पैगम्बरों के ज्ञान के आधार पर प्राप्त हुआ ज्ञान
(*b*) सामाजिक रीति-रिवाज
(*c*) धार्मिक ग्रन्थ
(*d*) प्रयोगशाला तथा क्षेत्र प्रयोग पर आधारित ज्ञान

22. एक अध्यापक अपने व्यावसायिक अनुभव में विभिन्न प्रकार की समस्याओं का सामना करता है। तो उसे चाहिये कि वह
(*a*) अपने पद से त्यागपत्र दे दे
(*b*) उस समस्या का गहन अध्ययन करे
(*c*) समस्या वाली स्थिति से बचे
(*d*) संस्था के हेड की सहायता ले

23. एक शोध समस्या को तभी समुचित ठहराया जा सकता है जब वह
(*a*) अनुसन्धान करने योग्य हो
(*b*) नयी हो तथा ज्ञान में कुछ वृद्धि ला सकती हो
(*c*) उपयोगी हो तथा समयसंगत हो
(*d*) उपरोक्त सभी

24. प्राक्कल्पना की संरचना आवश्यक नहीं है:
(*a*) सर्वे अध्ययनों में
(*b*) ऐतिहासिक अनुसन्धानों में
(*c*) नार्मेटिव अध्ययनों में
(*d*) प्रयोगात्मक अध्ययनों में

25. एक जनसंख्या की सामाजिक हैसियत का अध्ययन करते हुए शोधकर्ता ने निष्कर्ष निकाला कि श्रीमान X सामाजिक रूप से पिछड़ा है। उसका यह निष्कर्ष है:
(*a*) गलत (*b*) सही
(*c*) अपूर्ण सत्य (*d*) पक्षपातपूर्ण

नोट: इस प्रकार के अध्ययन की भाषा तुलनात्मक होती है।

26. एक अच्छी प्राक्कल्पना को होना चाहिये:
(*a*) स्पष्ट, विशिष्ट तथा अधिकांश यथार्थों से मेल खाती हुई
(*b*) ऐसी कि उसे आंकड़ों द्वारा आंका जा सके
(*c*) सीमित क्षेत्र रखने वाली तथा उसका विश्वस्तरीय महत्व नहीं होना चाहिये
(*d*) उपरोक्त सभी

27. प्राक्कल्पना को व्यक्त नहीं किया जा सकता:
(*a*) नल (नकारात्मक) या प्रश्न के रूप में
(*b*) घोषणा की भाषा में
(*c*) सामान्य पदों में
(*d*) दिशा बताने वाली भाषा में

28. Induction की तार्किकता निकट हैं:
(*a*) नमूना चयन के तर्क से
(*b*) प्रेक्षण के तर्क से
(*c*) नियंत्रित विचलन के तर्क से
(*d*) कोई नहीं

29. अपने शोध अध्ययन को और अधिक सही बनाने के लिए शोधकर्ता को
(*a*) नमूने के आकार को बढ़ाना चाहिये
(*b*) ईमानदार तथा पक्षपातरहित होना चाहिये
(*c*) परिसर (variance) को अधिक रखना चाहिये
(*d*) उपरोक्त सभी

30. निम्न में सभी गैर नमूना त्रुटियां हैं केवल एक को छोड़कर:
(*a*) मापन के दोषपूर्ण उपकरण/पैमाने
(*b*) अपर्याप्त नमूना
(*c*) उत्तर न देना
(*d*) आधार सामग्री के संग्रह में दोष

31. शोधकार्य में कुल त्रुटि बराबर है:
(*a*) नमूना त्रुटि तथा गैरनमूना त्रुटि
(*b*) $\sqrt{\text{नमूना त्रुटिवर्ग} + \text{गैरनमूना त्रुटिवर्ग}}$
(*c*) केवल नमूना त्रुटि
(*d*) नमूना त्रुटि × 100

32. चार सिक्कों को उछालने पर उसके हेड तथा टेल के पृथ्वी पर गिरने की सम्भावना होगी:
(*a*) 1/8 (*b*) 1/16
(*c*) 1/4 (*d*) 1/64

33. निम्न में से कौन आधार सामग्री का प्राथमिक स्रोत है?
(*a*) निजी रिकार्ड, पत्र, डायरियां, आत्मकथाएं, विरासत का घोषणा-पत्र
(*b*) सरकारी रिकार्ड जैसे सरकारी डाकुमेन्ट, सामाजिक-राजनीतिक संस्थाओं द्वारा सुरक्षित की गयी सूचनाएं
(*c*) रीति-रिवाजों की मौखिक प्रमाणिकता
(*d*) उपरोक्त सभी

34. बाह्य आलोचना करने के लिए (आधार सामग्री की सत्यता को निर्धारित करने के लिए) एक शोधकर्ता को सत्यापित करना चाहिये:
(*a*) लेखक के हस्ताक्षर तथा हाथ की लिखावट को
(*b*) उस काल में प्रयोग किये गये कागज तथा स्याही का जिस युग का वह अध्ययन कर रहा है
(*c*) उस काल की भाषा तथा शैली को
(*d*) उपरोक्त सभी

35. एक अनुसन्धान की विश्वस्नीयता तथा वैधता (validity) उस समय खतरे में पड़ जायेगी जब
(*a*) लेखक जो कि सूचना का स्रोत है वह पक्षपाती, अयोग्य तथा बेईमान हो
(*b*) घटना को घटित होने के लम्बे समय के अन्तराल के बाद सुरक्षित किया गया हो
(*c*) शोधकर्ता स्वयं भी निष्कर्ष निकालने की पर्याप्त योग्यता न रखता हो
(*d*) उपरोक्त सभी

36. शोध रिपोर्ट लिखते समय शोधकर्ता को
(*a*) वाक्य के आरम्भ में अंकों का प्रयोग नहीं करना चाहिये

(*b*) अपने रिपोर्ट को क्रमबद्ध, विषयानुसार तथा तिथि के अनुसार लिखना चाहिये
(*c*) अपने अध्ययन की उससे मिलते-जुलते शोधकार्यों से तुलना करनी चाहिये
(*d*) उपरोक्त सभी

37. एक शोधकर्ता कांग्रेस I के भविष्य के विषय में अध्ययन करना चाहता है। उसके लिए यहाँ पर कौन-सा सांख्याकिक उपकरण सर्वाधिक उचित है?
(*a*) प्रश्नावली (*b*) शिड्यूल
(*c*) साक्षात्कार (*d*) रेटिंग स्केल

38. सर्वे अध्ययन का उद्देश्य है:
(*i*) वर्तमान अवस्था के विषय में सच्चाई जानना
(*ii*) वर्तमान अवस्था की खरे पैमाने से तुलना करना
(*iii*) वर्तमान अवस्था की समीक्षा करना
(*iv*) वर्तमान अवस्था में सुधार लाने के लिए विकल्प ढूंढ़ना
(*a*) केवल (*i*) तथा (*ii*)
(*b*) (*i*), (*ii*) तथा (*iii*)
(*c*) (*i*), (*ii*), (*iii*) तथा (*iv*)
(*d*) केवल (*ii*) तथा (*iii*)

39. एक बड़ी रैली को देखकर यह कहा गया कि जनता दल अगला चुनाव जीत जायेगा। यह अनुमान आधारित है:
(*a*) यादृच्छिक नमूना चयन पर
(*b*) समूह नमूना चयन पर
(*c*) रीतिबद्ध नमूना चयन पर
(*d*) उद्देश्यात्मक नमूना चयन पर

40. 1950 से 1990 तक भारत की प्रति व्यक्ति आय चार गुना हो गयी है। यह अध्ययन है:
(*a*) सामाजिक (*b*) होरीजन्टल
(*c*) लांगीट्यूडिनल (*d*) फैक्टोरियल

41. निम्न में से कौन ऋणात्मक कोरिलेशन का उदाहरण है?
(*a*) जनसंख्या बढ़ने पर खाद्य सामग्री में कमी आ जायेगी
(*b*) मन्दबुद्धि का मतलब है स्कूल में खराब प्रदर्शन
(*c*) भारत में भ्रष्टाचार बढ़ रहा है
(*d*) खराब कार्य-दशा उत्पादन को घटाती है

42. 9 वर्ष के बच्चे 7 साल के बच्चों की अपेक्षा लम्बे होते हैं। यह उदाहरण है:
(*a*) सीधा (vertical) अध्ययन का
(*b*) क्रास सेक्शनल अध्ययन का
(*c*) केस अध्ययन का
(*d*) प्रयोगात्मक अध्ययन का

43. निम्न तालिका में पांच व्यक्तियों की आय दी गयी है। तालिका का अध्ययन करके प्रश्नों के उत्तर दो?

वर्ष	A	B	C	D	E
1960	55000	22000	43000	30000	40000
1965	75000	21900	47000	40000	60000
1970	76000	21880	42350	50000	65000
1975	83300	21750	72350	60000	90000
1980	93335	20000	54050	70000	75000
1985	102335	17000	84060	80000	105000
1990	103225	16500	85000	90000	120000

तालिका के आधार पर कौन-सा निष्कर्ष सही नहीं है?
(*a*) 1960-90 के बीच में A की आय में वृद्धि हुई है किन्तु B की आय में थोड़ी तथा धीमी गति की गिरावट आयी है
(*b*) D तथा E के अन्दर कम-से-कम एक विशेषता मिलती-जुलती है
(*c*) A की प्रतिशत वृद्धि E से अधिक है
(*d*) C की आय में उतार-चढ़ाव की प्रवृत्ति है

44. यदि आप किसी बड़े नमूने पर प्रयोग कर रहे हैं, तो आप विचलन नियन्त्रण का कौन-सा तरीका अपनायेंगे?
(*a*) जोड़ा मिलाना
(*b*) यादृच्छिकरण
(*c*) अलग हटाना तथा जोड़ा मिलाना दोनों
(*d*) विलोपन

45. प्रयोगात्मक अनुसन्धानों में स्वतन्त्र विचलनों का दूसरा नाम है:
(*a*) ट्रीटमेन्ट विचलन (*b*) प्रयोगात्मक विचलन
(*c*) मैनीपुलेटेड वैरिएबिल (*d*) उपरोक्त सभी

46. ऐतिहासिक अनुसन्धान प्रयोगात्मक अध्ययन से किस प्रक्रिया में भिन्न है?
(*a*) पुनरावृत्ति में
(*b*) प्राक्कल्पना संरचना में
(*c*) प्राक्कल्पना आंकन में
(*d*) उपरोक्त सभी

47. अनुसन्धान कार्य करते समय सम्बन्धित अध्ययनों की पुनरावृत्ति महत्वपूर्ण है, क्योंकि
(*a*) इसके द्वारा अनावश्यक पुनरावृत्ति या नकल प्रक्रिया से बचा जा सकता है
(*b*) यह विभिन्न अध्ययनों के बीच दूरी व कमी को समझने में सहायता देती है
(*c*) यह शोधकर्ता की गैर-तार्किक निष्कर्ष न निकालने में सहायता करती है
(*d*) उपरोक्त सभी

48. निम्न में से कौन एक शोधकर्ता की विशेषता नहीं है?
(*a*) वह एक विशेषज्ञ होता है न कि सामान्य ज्ञान वाला
(*b*) वह खोज के प्रयास में परिश्रमी तथा एकाग्र होता है
(*c*) वह अपने चुने गये क्षेत्र में अपनी निजी राय पर विश्वास नहीं करता बल्कि वह यथार्थ को स्वीकार कर लेता है
(*d*) उसकी रुचि तथा योग्यताओं में एकरूपता होती है

49. Collective Psychology of the Whole Period (पूर्ण अवधि का सामूहिक मनोविज्ञान) का सिद्धान्त
(*a*) ऐतिहासिक प्रगति के सभी चरणों की व्याख्या कर सकता है
(*b*) पूरे समाज के मनोविज्ञान की चर्चा करता है
(*c*) आधार सामग्री एकत्र करने के मनोवैज्ञानिक ढंग की ओर संकेत करता है
(*d*) उपरोक्त सभी

50. शोध रिपोर्ट में जो बिबलियोग्राफी दी जाती है वहः
(*a*) उन लोगों की सहायता करती है जो कि आगे शोधकार्य करने की रुचि रखते हैं तथा समस्या का दूसरे कोण से अध्ययन करना चाहते हैं
(*b*) उन लोगों की सहायता करती है जो अपनी शोध रिपोर्ट को विश्वसनीय बनाना चाहते हैं
(*c*) शोधकर्ताओं के व्यापक ज्ञान को प्रदर्शित करती है
(*d*) उपरोक्त कोई नहीं

उत्तरमाला

1	2	3	4	5	6	7	8	9	10
(*a*)	(*c*)	(*a*)	(*b*)	(*b*)	(*c*)	(*c*)	(*d*)	(*b*)	(*d*)
11	**12**	**13**	**14**	**15**	**16**	**17**	**18**	**19**	**20**
(*c*)	(*c*)	(*a*)	(*c*)	(*a*)	(*b*)	(*c*)	(*d*)	(*a*)	(*d*)
21	**22**	**23**	**24**	**25**	**26**	**27**	**28**	**29**	**30**
(*d*)	(*b*)	(*d*)	(*b*)	(*c*)	(*d*)	(*c*)	(*a*)	(*d*)	(*b*)
31	**32**	**33**	**34**	**35**	**36**	**37**	**38**	**39**	**40**
(*b*)	(*b*)	(*d*)	(*d*)	(*d*)	(*d*)	(*a*)	(*b*)	(*b*)	(*c*)
41	**42**	**43**	**44**	**45**	**46**	**47**	**48**	**49**	**50**
(*a*)	(*b*)	(*c*)	(*b*)	(*d*)	(*d*)	(*d*)	(*d*)	(*a*)	(*a*)

व्याख्यात्मक उत्तर

2. जब हम किसी घटना के विषय में अध्ययन कुल प्रेक्षणों को न लेकर केवल नमूने के आधार पर करते हैं तो यह सांख्यकीय अध्ययन कहलाता है।

4. नमूने की लाटरी पद्धति में प्रत्येक सदस्य के समान रूप से चुने जाने की सम्भावना रहती है।

5. जनसंख्या का इस प्रकार से विभाजन स्तरीकरण कहलाता है। स्तरीकरण उन गुणों के आधार पर ही किया जा सकता है जैसे—आय, शैक्षिक स्तर आदि।

6. नमूने के गुण जितना अधिक जनसंख्या के गुणों के निकट होंगे अनुसन्धान का निष्कर्ष उतना ही सही एवं वैध होगा।

7. यदि जनसंख्या के गुणों में अधिक उतार-चढ़ाव न हो तो छोटा नमूना भी अनुसन्धान के उद्देश्य से पर्याप्त हो सकता है। किन्तु इस तथ्य में कोई सन्देह नहीं कि नमूना जितना बड़ा होगा निष्कर्ष उतना ही सही होगा।

8. यदि हमें पूरे भारत के कानवेन्ट स्कूलों के शैक्षिक स्तर का अध्ययन करना है, तो हम विभिन्न क्षेत्रों में चल रहे कानवेन्ट स्कूलों में एक या दो स्कूल ले सकते हैं। इसके लिए सारे स्कूलों के छात्रों के आंकड़े एकत्र करके उनमें नमूना चुनने की कोई आवश्यकता नहीं है।

14. सर्वेक्षण अनुसन्धानों में केवल आंकड़े एकत्र किये जाते हैं इसलिए स्वतन्त्र विचलनों से कोई मतलब नहीं रखा जाता। एक्स पोस्टफैक्टो अनुसन्धानों में परिणामों का पहले से पता होता है केवल इन परिणामों के कारणों का पता लगाया जाता है। अतः इसमें भी स्वतन्त्र विचलनों को छेड़ने की आवश्यकता नहीं पड़ती।

15. प्रयोगात्मक अध्ययन एक्स पोस्ट फैक्ट्री का विरोधी है क्योंकि इसमें विभिन्न घटकों तथा कारणों को पहले प्रस्तुत किया जाना है और इनके आधार पर परिणामों का अध्ययन होता है।

22. किसी भी कार्य को करने में विभिन्न प्रकार की समस्याओं का आना स्वाभाविक है और सफलता के लिए आवश्यक है कि इस समस्या के कारकों का पता लगाया जाये और इसे दूर किया जाये। इस प्रकार हर सक्रिय व्यक्ति किसी न किसी स्तर का अनुसन्धानकर्ता है।

25. इस प्रकार के सभी अध्ययन तुलनात्मक होते हैं। श्री X की तुलना जब तक हम श्री Y या श्री M से न करें तब तक यह निष्कर्ष सही नहीं हो सकता।

32. यदि सिक्का केवल एक हो तो उसके हेड व टेल की ओर गिरने की सम्भावना 50% - 50% होती है। यदि सिक्का दो हो या एक ही सिक्का दो बार उछाला जाये तो यह Probability केवल $100 \div 4 = 25\% - 25\%$ रह जायेगी।

37. इस प्रकार के समस्त अध्ययनों में प्रश्नकर्त्ता सर्वोचित तकनीक है क्योंकि इसे डाक द्वारा लोगों के पास एक साथ भेजा जा सकता है और थोड़े समय में एक बड़ी जनसंख्या के नमूने तक पहुंचा जा सकता है जबकि व्यक्तिगत सम्पर्क द्वारा यह कार्य सम्भव नहीं है।

41. जब एक विचलन बढ़ रहा हो तथा दूसरा कम हो रहा हो तो कोरिलेशन ऋणात्मक होगा। यदि दोनों ही विचलन बढ़ रहे हों, तो यह धनात्मक होगा और यदि एक विचलन का दूसरे पर कोई प्रभाव न पड़े तो कोरिलेशन शून्य होगा।

42. प्रयोगात्मक अध्ययन के बार-बार दुहराने पर भी एक ही निष्कर्ष निकलेगा। किन्तु ऐतिहासिक अनुसन्धानों में ऐसा होना आवश्यक नहीं है, और ऐतिहासिक अनुसन्धानों में प्राक्कल्पना की संरचना तथा उसकी टेस्टिंग की आवश्यकता नहीं पड़ती।

यूनिट - VII : संचार

परिचय

संचार मानवजीवन का सबसे सामान्य विशेषता है। हम इसके बिना जीवन की कल्पना नहीं कर सकते हैं। प्रत्येक जीवित वस्तु के संचार का अपना तरीका होता है। हम विभिन्न संकेतों, भाव भंगिमाओं और दूसरे तरीकों का प्रयोग एक दूसरे से संचार के लिए करते हैं। संचार की आवश्यकता न केवल अपने विचारों, दृष्टिकोणों या भावनाओं से दूसरों को अवगत कराने के लिये है, बल्कि दूसरों को जानने, समझने के लिए भी है। कक्षा में प्रभावी संचार शिक्षण के लिए सर्वाधिक महत्वपूर्ण है। इसमें दोनों पक्षों की भूमिका महत्वपूर्ण होती है अर्थात्, शिक्षक एवं छात्र दोनों की तरफ से। जैसे, अगर शिक्षक एक ऐसी भाषा में छात्रों को कोई विषय पढ़ा रहा हो, जो छात्र नहीं जानते हैं तो उसका शिक्षण अनुपयोगी होगा। उसे ऐसे तरीके से अपनी बातों को संचारित करना होगा जो छात्रों में सर्वाधिक स्वीकार्य हो। अतः, संचार को परिभाषित करते हुए हम कह सकते हैं कि, "यह दो या दो से अधिक व्यक्तियों द्वारा विचारों, दृष्टिकोणों, भावनाओं या तथ्यों का आदान-प्रदान है।" शिक्षक को अपने भीतर संचार क्षमता विकसित करनी होती है। शिक्षक को सूचनाओं को महत्वपूर्ण एवं तर्कपूर्ण ढंग से व्यवस्थित कर प्रभावी ढंग से संचारित करना होता है। यह छात्रों द्वारा अपने संसार को समझने में प्रभावी होना चाहिये। संचार का अंग्रेजी शब्द Communication है जो लैटिन शब्द Communicare से निकला हुआ माना जाता है जिसका अर्थ to share या to make common होता है। यह भी माना जाता है कि यह दूसरे लैटिन शब्द Communis से बना है जिसका अर्थ संचारित करना होता है। संचार एक प्रक्रिया है, जिसमें किसी सूचना, विचार, दृष्टिकोण, क्षमता, ज्ञान या भावनाओं इत्यदि का प्रेषण, संकेतों, शब्दों, चित्रों, ग्राफ, इत्यादि के द्वारा किया जाता है। संचार की क्रिया को 'प्रेषण' कहा जाता है। संचार एक ऐसा प्रक्रिया है जिसके द्वारा हम दूसरों को समझते हैं और दूसरे हमें। इसकी प्रकृति गतिज होती है। अर्थात् यह हमेशा समय एवं परिस्थितियों के साथ एवं अनुसार परिवर्तित होता रहता है। इसलिये, संचार को परिभाषित करते हुए हम कह सकते हैं कि "यह विचारों एवं दृष्टिकोणों का आदान-प्रदान है।"

संचार का लक्ष्य दूसरों को उत्साहित करना, सूचना प्रदान करना, राय देना, सावधान करना, आज्ञा देना, व्यवहार में परिवर्तन करना और दूसरे का साथ सम्बन्धों को बेहतर करना है। प्रभावी संचार, संचार के लक्ष्यों को प्राप्त करने के लिए पूर्व शर्त है और मुख्यतः शैक्षिक संस्थानों में यह अत्यावश्यक है। सभी शैक्षिक-विद्वता (Teaching-Learning) प्रक्रियाओं को संचार के प्रक्रिया के द्वारा ही पूरा किया जाता है।

सामान्यतः यह माना जाता है कि संचार एक पक्षीय क्रिया है। लेकिन हम अपने दैनिक जीवन में देखते हैं कि यह द्विपक्षीय प्रक्रिया है, क्योंकि, संचार एक ऐसा तंत्र है जिनके द्वारा हम किसी संदेश को भेजते हैं एवं फीडबैक ग्रहण करते हैं। अतः संचार, किसी भी विशेष सूचना या संदेश को स्रोत से निश्चित गंतव्य तक पहुँचाने की प्रक्रिया है। संचार का एक आधार ग्रहण करना (Perception) भी है। संचार का प्रभावी होना गृहीता (Received) को समझने की क्षमता पर निर्भर होता है। पुनः लोग वही ग्रहण कर सकते हैं जो वे आशा कर रहे हों या जिसे समझते हों। संचार में गृहीता से उसके भावनात्मक स्वीकार्य या अस्वीकार्यता की भी उम्मीद की जाती है। संचार कभी भी सूचना केन्द्रित नहीं होना चाहिये। सूचना (Information) तर्कपूर्ण, औपचारिक एवं अव्यक्तिगत होती है वहीं संचार Perception है।

संदेश का संचार, लिखित, मौखिक, चित्रों के द्वारा या इनके तरह के अन्य तरीकों से हो सकता है। मौखिक संचार में प्रेषित बोलने वाले का "Voice Box" होता है। टेलीग्राफी में यह टेलीग्राफी की बोर्ड (मोर्स की) होता है जो संदेशों को डैश (–) एवं डॉट (.) में कूटबद्ध करता है। गृहीता प्रेषित संदेश को डीकोड कर उसे समझता है।

संदेश की गृहीता (Receiver) मनुष्य का कान, जो ध्वनि तरंगों को समझने योग्य बनाता है; टेलीविजन का रिसीवर विद्युत चुम्बकीय तरंगों को दृश्य प्रस्तुतीकरण के लायक बनाता है, हो सकता है। इसी तरह लिखे या छापे गये संदेश को गृहीता तभी समझ सकता है जब उसे वह भाषा और लिपी आती हो जिसमें वह लिखा होता है।

संचार के विद्वान डेविड के बार्लो के अनुसार "संदेश को देखकर (भाषण, हस्तलिखित, छापे हुए, नाटक, विज्ञापन इत्यादि) संचार के लक्ष्य या उद्देश्य का पता लगाते हैं।" संचार प्रक्रिया के कुछ ही सोपान हैं। बार्लो ने संचार प्रक्रिया को समझने के लिये एक मॉडल बनाया जिसमें शामिल हैं–

1. संचार का स्रोत या इनकोडर
2. संदेश
3. चैनल
4. डीकोडर या संचार ग्रहण करने वाला या एक गन्तव्य

इसको हम निम्नलिखित तरीके से समझ सकते हैं–

स्रोत किसी भी संदेश को भेजना तय करता है, फिर उसे कूटबद्ध करता है, उस कूट को किसी भी चैनल के माध्यम से गन्तव्य तक पहुँचाता है। इस प्रकार हम देखते हैं कि किसी भी संचार के छः तत्व होते हैं–कूट, चैनल, कूटबद्ध करना, कूट खोलना, स्रोत एवं गन्तव्य।

"संदेश" का प्रसारण या सूचना का प्रेषण किसी यांत्रिक विधि द्वारा होता है। यह किसी भी संदेश या सूचना के पूर्ण रूप से गंतव्य तक पहुँचने के लिये आवश्यक होता है। अत यह प्रेषक होता है हम जिसे इनकोडर कहते हैं, ठीक वैसे ही जैसे कम्प्यूटर कूट भाषा ही समझ सकता है।

"चैनल" या यंत्र का प्रयोग संदेश के संचार के लिये किया जाता है। यह रेडियो, टीवी, न्यूजपेपर (समाचार पत्र) या पत्रिका कुछ भी हो सकता है। इनकोडिंग प्रक्रिया का अर्थ है कि किसी भी संदेश को एकरूपता देना या विचारों को समझने लायक स्वरूप में परिवर्तित करना ताकि गंतव्य (गृहीता) तक पहुँचाया जा सके। इनकोडर संदेश का विषय तय करता है। ठीक इसी तरह डीकोडर वह लक्ष्य होता है जहाँ संदेश पहुँचता है।

गृहीता या गंतव्य को स्रोत या प्रेषक के द्वारा बोले या लिखे गये शब्दों के लिये इन्तजार करना पड़ता है जिसके द्वारा वह अपने अनुभव, धारण इत्यादि के आधार पर उन शब्दों के भावार्थ या शब्दार्थ के द्वारा प्रेषक के गन्तव्य का पता लगाता है। जब भी एक ही स्तर के बुद्धिमता, सामाजिक स्थिति और समझ के दो व्यक्ति आपस में संचार करते हैं तो उनके लाभ एवं हानियाँ भी एक दूसरे तक पहुँचते हैं। अतः इनकोडर (जो संचार प्रक्रिया का आरंभ करता है) संचार के विषय एवं चैनल का चुनाव कर डीकोडर के मस्तिष्क पर प्रथम प्रभाव डालता है।

डीकोडिंग संचार प्रक्रिया के सबसे महत्वपूर्ण अवयवों में से एक एवं बहुत निर्णायक अवयव है। संचार प्रक्रिया में समझने की प्रक्रिया पूर्णतः डीकोडर पर निर्भर है। क्योंकि एक ही संदेश का अर्थ अलग-अलग लोग अलग-अलग तरह से लगाते हैं जो कि उनके ज्ञान, अनुभव एवं समझ के स्तर पर निर्भर है।

संचार के अभिलक्षण (Feature)

संचार को परिभाषित करते हुए हम कह सकते हैं कि यह एक क्रमबद्ध प्रक्रिया है जिसमें लोग आपस में अर्थपूर्ण संकेतों के द्वारा एक दूसरे से परस्पर विचारों का आदान-प्रदान करते हैं।

संचार की परिभाषा के तीन महत्वपूर्ण पक्ष हैं–

(i) प्रक्रिया : संचार एक प्रक्रिया है, इसका अर्थ यह है कि यह गतिशील होता है और हमेशा चलता रहता है। यह बताना बहुत कठिन है कि संचार कब आरंभ होता है और कब समाप्त होता है क्योंकि, हमारे बातचीत प्रारंभ करने की घटनायें हमारे बातचीत को प्रभावित करती हैं और हमारे बातचीत का प्रभाव भविष्य के सम्बन्ध पर पड़ता है। हम संचार को किसी एक बिन्दु पर रोक नहीं सकते हैं अर्थात् यह गतिज होता है।

(ii) क्रमबद्ध : संचार किसी तंत्र के अधीन ही होता है। किसी भी तंत्र में अन्तर्सम्बन्धी बहुत से अवयव होते हैं जो परस्पर प्रभाव डालते हैं। कक्षा संचार में छात्र एवं शिक्षक संचार के तंत्र के अवयव हैं। इसके साथ ही भौतिक वातावरण एवं समय भी इसी के भाग होते हैं। किसी भी तंत्र का इतिहास भी संचार को प्रभावित करता है। अगर किसी छात्र का इतिहास ध्यान से किसी भी बात को सुनने का है और प्रश्नों का समाधान निर्माणकारी ढंग से करने का है तो वह छात्र बेहतर संचार की स्थिति में होगा। दूसरी तरफ यदि किसी छात्र की आदत विचारों को सुनने या समझने की नहीं है बल्कि केवल अहसमति या कलह का रहा है तो वह कक्षा में बेहतर ढंग से संचार नहीं कर पायेगा।

(iii) अर्थ : अन्त में, हमारी परिभाषा अर्थ पर केन्द्रित होती है, जो किसी भी संचार का मूल होता है। हम संकेतों का प्रयोग अर्थ बनाने के लिये करते हैं।

संचार के अवयव

हम विभिन्न तंत्रों (जैसे- पाचन तंत्र, श्वसन तंत्र इत्यादि) के अवयवों के बारे में जानते हैं और साथ ही उनके पारस्परिक प्रभाव के विषय में भी जिनके द्वारा हम उनके विभिन्न गुणों के विषय में भी जान पाते हैं और अन्ततः उस पूरी प्रक्रिया को समझ पाते हैं ठीक इसी तरह के अभिगम के द्वारा हम

पाते हैं कि, संचार के आठ (8) अवयव होते हैं–
1. **स्रोत या इनकोडर** जो 2. **संदेश** किसी 3. **चैनल** के द्वारा 4. **गन्तव्य या डिकोडर** तक भेजता है; डिकोडर 5. **फीडबैक** के द्वारा अनुक्रिया करता है जिसके साथ ही संचार में 6. **क्रमभंगता** (रूकावट या शोर) की भी संभावना होती है। ये सभी अवयव किसी 7. **परिस्थिति या प्रकरण** के सम्बन्ध में ही समझे एवं विश्लेषित किये जा सकते हैं और (8) **तंत्र** (जैसे कोई सम्बन्ध), जो संचार करने वालों द्वारा तैयार किया जाता है और उसका निर्वाह किया जाता है।

स्रोत या इनकोडर किसी भी विचार या भावना को तैयार करता है जिसका संचरण किया जाता है। स्रोत को सभी विवरणों की जाँच करनी होती है ताकि अनावश्यक चीजें उस संदेश से हटाई जा सकें और वह अपना ध्यान सर्वाधिक महत्वपूर्ण सूचना के ऊपर केन्द्रित कर सके। स्रोत ही संचार करने के विषय तय करता है। स्रोत यह भी तय करता है कि भेजे जा रहे संदेश का लक्ष्य या उद्देश्य क्या है-सूचना देना, मनाना या राजी करना या फिर मनोरंजन करना। संचार प्रक्रिया का प्रारंभ स्रोत से माना जाता है। सबसे पहले स्रोत किसी भी संदेश को इनकोड या तैयार करता है। अर्थात् जिस सूचना को उसे गंतव्य या रिसीवर तक पहुँचाना होता है, उसके भेजे जाने लायक स्वरूप में ले आता है।

संदेश : संचार का दूसरा अवयव संदेश है या वह सूचना है जिसे संचारित किया जाना होता है। स्रोत सर्वप्रथम विचारों या सूचना या भावनाओं को इनकोड करता है फिर यह तय करता है कि उसे क्या करना है। संदेश तय करने के बाद, स्रोत विभिन्न संकेतों की सहायता से उसे दूसरे पक्ष तक पहुँचाता है। संकेत विभिन्न चीजों को व्यक्त करते हैं। सबसे महत्वपूर्ण संकेत शब्द होते हैं जो विभिन्न विचारों, भावनाओं या वस्तुओं को व्यक्त करते हैं। सफल संचार के लिए ये आवश्यक है कि संदेश को इस तरह से इनकोड किया जाये कि रिसीवर उसे उसके लक्ष्य के साथ समझ सके अर्थात् उसे ठीक से डीकोड कर सके।

चैनल : चैनलों की सहायता से ही संदेश का संचरण होता है। चैनलों की व्याख्या एवं विश्लेषण दो तरह से हो सकती है। पहला जिस रूप में संदश भेजा जा रहा है अर्थात् मौखिक या अमौखिक चैनल। हम अपनी पाँच इंद्रियों के द्वारा दूसरों के संदेशों को रिसीव करते हैं। चैनल की व्याख्या संचार के प्रस्तुतीकरण के आधार पर भी की जा सकती है। परिस्थिति के अनुसार स्रोत मौखिक या अमौखिक चैनल या फिर दोनों का एक साथ प्रयोग करता है। अगर वक्ता, श्रोताओं के सामने न हो तो उसका व्यक्तिगत आकृति या उपस्थिति का कोई प्रभाव नहीं पड़ता है लेकिन कक्षा संचार में या किसी ऐसे स्थान पर जहाँ वक्ता एवं श्रोता दोनों आमने सामने यहाँ-वहाँ वक्ता के व्यक्तित्व का प्रभाव भी संदेश के संचारण पर पड़ता है। स्रोत को हर बार संदेश भेजते समय यह सुनिश्चित करना होता है कि उसके द्वारा सबसे उपयुक्त चैनल का प्रयोग संचार के लिये हो।

रिसीवर (डिकोडर) : जो किसी भी संदेश को रिसीव करता है उसे रिसीवर या डिकोडर कहते हैं। किसी भी संदेश को समझने की क्रिया को डिकोडिंग कहते हैं। रिसीवर अपने अनुभवों, अनुमान, विचार, ज्ञान एवं भावनाओं के आधार पर संदेश को डिकोड करता है। सबसे पहले हम किसी भी उत्प्रेरक को मानसिक स्तर पर महसूस करते हैं (जैसे–हमारी आँखे अपने आस-पास होने वाले बदलावों को पकड़ती है या ध्वनि तरंगें हमारे कानों तक पहुँच कर शोर पैदा करती हैं) हम तब मौखिक एवं अमौखिक दोनों उत्प्रेरकों पर ध्यान देते हैं और एक साथ आने वाले बहुत से उत्प्रेरकों में से एक या दो जो सर्वाधिक आसानी से हम तक पहुँचते हैं उन्हें डिकोड कहते हैं। अर्थात् जैसे हमारे कानों तक पहुँचने वाला शोर किस चीज का है (टेलीफोन की घंटी या किसी के आने की आहट) यह तय करते हैं। फिर हम उस सूचना को आगे भी प्रयोग करने के लिए स्टोर कर लेते हैं ताकि अगली बार वैसे ही घटना होने पर हम जल्दी तय कर लें कि क्या हो रहा है। यह बहुत महत्वपूर्ण है कि रिसीवर को संदेश मिलने के तुरंत बाद यह तय करना होता है कि उसे क्या करना है अर्थात् दी हुई परिस्थिति के प्रति कैसी प्रतिक्रिया करनी है।

फीडबैक : फीडबैक संचार का एक अन्य अवयव है। किसी भी पारस्परिक क्रिया में सभी पक्ष एक दूसरे को लगातार संदेश भेजते रहते हैं और उनपर अनुक्रिया करते हैं। इस प्रक्रिया को फीडबैक कहा जाता है। फीडबैक यह बताता है कि रिसीवर ने संदेश को कैसे समझा है। फीडबैक दो तरह के होते हैं–धनात्मक एवं ऋणात्मक। संदेश जिस उद्देश्य के साथ भेजा जाता है अगर रिसीवर उसे उसी तरह समझता है तो हमें धनात्मक फीडबैक प्राप्त होता है। इसका अर्थ यह नहीं है कि रिसीवर स्रोत से पूर्णतः सहमत हों। लेकिन यदि रिसीवर संदेश समझ ही नहीं पाये तो उसे ऋणात्मक फीडबैक कहते हैं। फीडबैक अस्पष्ट भी हो सकता है जैसे 'हूँ' या "अच्छा" इत्यादि। इन्हें अस्पष्ट फीडबैक कहते हैं। प्रभावी संचारक हमेशा फीडबैक के प्रति संवेदनशील होता है और अपने संदेशों में बदलाव मिल रहे फीडबैक के अनुसार करता रहता है।

रूकावट या शोर : मनुष्य के संचार में भी रेडियो या टेलीफोन संचार की तरह रुकावटें आती रहती हैं। स्रोत की सूचना अपर्याप्त या अस्पष्ट हो सकती है या फिर संदेश की कोडिंग ठीक नहीं हो सकती है। इसके अतिरिक्त गलत चैनल का प्रयोग हो सकता है या फिर डिकोडींग में समस्या हो सकती है। या रिसीवर संदेश पर फीडबैक देने में अक्षम हो सकता है। रुकावटें (Barriers) वे सभी समस्याएं हैं जो किसी भी संचार प्रक्रिया में बाधा डालती हैं। यह यांत्रिक, भौतिक, मानसिक, सांस्कृतिक या भाषायी किसी भी तरह की हो सकती हैं। इनके अतिरिक्त किसी व्यकित विशेष के विचार भी संचार में बाधा पहुँचाते हैं। या फिर यदि गलत चैनल का प्रयोग किय जाये तब भी बाधा आती है संचार में सभी बाधाओं को सम्मिलित रूप से शोर कहा जाता है।

भौतिक रुकावटें : किसी भी संचार में चार तरह की भौतिक बाधाएं होती हैं—

(i) कम्पीटींग स्टीमुलस (प्रतिस्पर्धि उत्प्रेरक) : कोई भी अन्य आवाज जैसे तीव्र संगीत या भीड़ का शोर इत्यादि।

(ii) पर्यावरणीय परिस्थितियाँ : अत्यधि गर्मी, उमस, ठंड, तीव्र प्रकाश ये सभी बांधाएं होती हैं।

(iii) विषयक तनाव : अनिद्रा, नशे का प्रभाव, बीमारी इत्यादि और साथ ही हमारा भाव भी।

(iv) माध्यम : गलत माध्यम का चुनाव—किसी भी संदेश को भेजने में कई तरीके होते हैं। जैसे— लिखित, मौखिक, संकेतात्मक, दृश्य, श्रव्य या दृश्यश्रव्य।

मानसिक रुकावट : हम सभी किसी न किसी 'फ्रेम ऑफ रेफेरेन्स' में रहते हैं अर्थात् किसी भी घटना को देखने या समझने का हर व्यक्ति का अपना अलग तरीका है। हमारे अनुभव, सांस्कृतिक वातावरण ये सब इस पर प्रभाव डालते हैं।

भाषायी एवं सांस्कृति बाधाएं : संदेश भेजने के लिये उसी भाषा का प्रयोग करना चाहिये जिसे रिसीवर समझ सके साथ ही दोनों (स्रोत एवं गन्तव्य) के सांस्कृतिक स्तर को भी ध्यान में रखना होता है।

यांत्रिक रुकावटें : यांत्रिक रुकावटें चैनलों के कारण उत्पन्न होती हैं। इसमें महत्वपूर्ण है— 1. किसी भी संदेश को रिसीव करने में आने वाली रुकावट या 2. अपूर्ण संदेश का पहुँचना या दोनों। संचार सुविधाओं का अभाव भी बाधा के रूप में कार्य करता है।

संचार के प्रकार

संचार को विभिन्न तरह से वर्गीकृत किया गया है। जैसे— मौखिक, लिखित, अभिप्रायित, बिना अभिप्राय का इत्यादि। इन सभी में एक महत्वपूर्ण वर्गीकरण संचार में लगे हुए सामाजिक समूहों के आकार के आधार पर किया गया है। इस प्रारंभ इन्ट्रापर्सनल, इन्टरपर्सनल से लेकर मास संचार तक है।

इन्ट्रापर्सनल संचार : इसका अर्थ है स्वयं अपने आप से संचार करना। जैसे, सोचना, डेड्रिमींग, व्यक्तिगत स्तर पर समस्याओं का समाधार इत्यादि। इनमें भूख, स्वाद इत्यादि भी सम्मिलित है।

इन्टरपर्सनल संचार : दो या दो से अधिक व्यक्तियों के बीच होने वाला संचार। कोई बातचीत, साक्षात्कार इत्यादि इसमें आते हैं। यह सर्वाधिक प्रभावी होता है। यहाँ फीडबैक तत्काल मिलता है।

समूह संचार : समूह संचार में इन्टरपर्सनल संचार के सभी गुण होते हैं लेकिन एक छोटे स्तर तक ही। जैसे-जैसे समूह का आकार बढ़ता है वैसे-वैसे इसमें विचारों के आदन-प्रदान की संभावना कम होती है। किसी भी समूह में संचार समूह के नेतृत्वकर्त्ता, उनके बीच के सम्बन्ध, समय एवं स्थान का प्रभाव संचार पर पड़ता है। एक समान लक्ष्य भी समूह संचार का आवश्यक तत्व है।

मास संचार : बड़े समूहों में संचार के लिये मास संचार का प्रयोग किया जाता है। इसका प्रभाव हमारी किसी भी घटना, व्यक्ति या विचार को समझने पर पड़ता है।

संप्रेषण एवं वार्तालाप योग्यता परीक्षा

1. एक अध्यापक द्वारा प्रयोग में लाई जाने वाली अनुभवी ज्ञान गतिविधियां दी जा रही हैं इन्हें वृत्तात्मक क्रम में लिखिए :

(*i*) एकम्मोडेशन (यथा स्थान देना)
(*ii*) कनवर्जिग (संकेन्द्रण)
(*iii*) ऐसीमिलेशन (विलयन)
(*iv*) डाइवर्जिंग (विचलन)

(*a*) (*i*), (*ii*), (*iii*), (*iv*) (*b*) (*iv*), (*iii*), (*ii*), (*i*)
(*c*) (*ii*), (*iii*), (*iv*), (*i*) (*d*) (*iii*), (*i*), (*ii*), (*iv*)

2. निम्न में संप्रेषण की कौन-सी विधि सर्वाधिक प्रभावशाली है ?

(*a*) लिखित सामग्री को प्रस्तुत करना
(*b*) लिखित सामग्री को फिल्म प्रोजेक्टर के साथ प्रस्तुत करना
(*c*) बहु संचार विधि
(*d*) यह सुनिश्चित करना सम्भव नहीं है

3. उत्तम कक्षा प्रबन्धन का तात्पर्य है कि

(*a*) अभिजात वर्ग कार्यों को महत्त्व देना और छात्रों के बीच उत्तम अन्तर्क्रिया होना
(*b*) सहायक अध्यापन सामग्री को तैयार करते समय अध्यापक की पहले से तैयारी
(*c*) कक्षा में आने तथा पाठ्यक्रम को समय से पूरा करने में अध्यापक की पाबन्दी करना
(*d*) कार्य आरम्भ करने से पूर्व अध्यापक को छात्रों का ध्यान व सहयोग पाना एवं उनका लाभ उठाना
(*e*) वे छात्र जो कक्षा में समस्या उत्पन्न कर रहे हैं या किसी समस्या में ग्रस्त हैं उनकी पहचान के लिए कक्षा में घूमना
(*f*) जब छात्र अच्छे मूड में न हों तो उस समय अध्यापन से बचना
(*g*) उपरोक्त सभी

4. अन्तर्क्रिया की निम्न गतिविधियों को क्रम में लिखिए :

(*i*) किये गये काम का विश्लेषण
(*ii*) योजना बनाना तथा तैयारी करना
(*iii*) सामग्री को पेश करना
(*iv*) परिवर्तन एवं सुधार

(*a*) (*i*), (*ii*), (*iii*), (*iv*) (*b*) (*ii*), (*iii*), (*i*), (*iv*)
(*c*) (*iv*), (*i*), (*ii*), (*iii*) (*d*) (*i*), (*iii*), (*iv*), (*ii*)

5. स्कूलों तथा कॉलेजों में निम्न में से किस अभिक्षमता की संचार समय में सबसे बड़ी साझेदारी है ?

(*a*) सुनना (*b*) पढ़ना
(*c*) लिखना (*d*) बोलना

6. निम्न सभी (एक को छोड़कर) सुनने का अंग (components of listening) हैं :

(*a*) कान तक आवाज जाना
(*b*) ध्यान आकर्षित करना
(*c*) उत्तर देना
(*d*) समझना तथा याद करना

टिप्पणी : *ये चारों श्रवण के अंश हैं जैसे पहले कान में आवाज जाना उसके बाद ध्यान आकर्षित करना उसके बाद समझना तथा अंत में याद करना क्रम है।*

7. सुनना दुष्प्रभावित होता है :

(*a*) आवश्यकता एवं सामर्थ्य से अधिक सामग्री के सुनने से
(*b*) तेज़ गति से बोलने से
(*c*) बड़ा बहरापन होने से जो कि शारीरिक समस्या है
(*d*) उपरोक्त सभी

8. श्रवण, जो कि संचार का सबसे महत्त्वपूर्ण पहलू है, में सुधार लाया जा सकता है :

(*a*) पूरे तौर पर ध्यान संकेन्द्रण द्वारा
(*b*) दूसरे तक पहुँचाई गयी सामग्री को नयी, रुचिकर तथा आवश्यकतानुसार बनाने के द्वारा
(*c*) अपनी आवाज को प्रभावशाली बनाकर
(*d*) उपरोक्त सभी

9. कक्षा में अध्यापक का लेक्चर सुनना है :
(*a*) सूचनात्मक श्रवण (*b*) मूल्यांकित श्रवण
(*c*) जोर दिया गया श्रवण (*d*) उपरोक्त कोई नहीं

10. मूल्यांकित श्रवण का मुख्य उद्देश्य है :
(*a*) सुनने वाले को जो विचार दिया गया है उसे वह स्वीकार या अस्वीकार करे
(*b*) बोलने वाले की विश्वश्नीयता एवं व्यक्तित्व का मूल्यांकन करना
(*c*) उपरोक्त दोनों
(*d*) कोई नहीं

11. एक छात्र अपने अध्यापक की समस्या को हल करने में उस समय सहायता करता है जबकि वह लेक्चर दे रहा होता है। तो छात्र था :
(*a*) सबल सुनने वाला (Emphatic listener)
(*b*) मूल्यांकित सुनने वाला (Evaluative listener)
(*c*) यथार्थवादी सुनने वाला (Realistic listener)
(*d*) एक सूचनात्मक श्रवण (An informational listener)

12. सम्प्रेषण की प्रक्रिया का आवर्धन होता है :
(*a*) परस्पर सम्बन्ध स्थापित करने के द्वारा
(*b*) सुरक्षा तथा विकल्पों को चयन करने की स्वतन्त्रता द्वारा
(*c*) आपस में बिना किसी दबाव के अनौपचारिक ढंग से मिलने के द्वारा
(*d*) उपरोक्त सभी

13. साफ्टवेयर कम्प्यूटर का प्रयोग किया जा सकता है :
(*a*) डिमांसट्रेशन के लिये (करके दिखाना)
(*b*) लिखने तथा पढ़ने के लिए
(*c*) एक सुनियोजित एवं पूर्व निर्धारित ज्ञान कार्यक्रम के रूप में
(*d*) छात्रों की प्रगति का मूल्यांकन करने वाली मशीन के रूप में

14. निम्न में से कौन ग्रामीणों के अन्दर साक्षरता को बढ़ावा देने में सम्प्रेषण का अच्छा ढंग नहीं हो सकता?
(*a*) करके दिखाना
(*b*) लिखना तथा पढ़ना
(*c*) T. V तथा फिल्म प्रोजेक्टर द्वारा सामग्री प्रस्तुत करना
(*d*) लम्बी समूह चर्चा

15. निम्न सभी संचार के द्वि-मार्गीय साधन उदाहरण हैं, एक को छोड कर, वह कौन है?
(*a*) जनसभाएं
(*b*) पदयात्रा
(*c*) सड़कों पर नाटक का आयोजन
(*d*) प्रदर्शन तथा रैली

16. हार्डवेयर टेक्नालॉजी में नवीनतम विकास है :
(*a*) FM चैनल की उत्पत्ति
(*b*) Z चैनल का समावेश
(*c*) M चैनल का समावेश
(*d*) स्टार चैनल का समावेश

17. C. H. E. E. R. का तात्पर्य है :
(*a*) चिल्ड्रेन इनरिचमेन्ट एजूकेशन थ्रू रेडियो
(*b*) चाइल्ड हेल्थ एजूकेशन इलेक्ट्रानिक रिकार्डिंग
(*c*) चिल्ड्रेन फार इन्जीनियर्स एण्ड एनर्जी रिक्वायरमेन्ट
(*d*) उपरोक्त कोई नहीं

18. भारत में एजूकेशनल टी. वी. पहली बार आरम्भ किया गया :
(*a*) 1961 में (*b*) 1959 में
(*c*) 1968 में (*d*) 1971 में

19. S. I. T. E. का तात्पर्य है :
(*a*) सिस्टम फार इन्टरनेशनल टेक्नॉलाजी ऐन्ड इन्जीनिरिंग
(*b*) सैटेलाइट इन्स्ट्रक्सनल टेलीविजन एक्सपेरिमेन्ट
(*c*) साउथ इण्डियन ट्रेड स्टेट
(*d*) उपरोक्त सभी

20. अध्यापन प्रक्रिया में दृष्टि मॉडल नहीं बढ़ा सकता है :
(*a*) रुचि तथ प्रतिपुष्टि को
(*b*) स्मरण-शक्ति तथा महौल में ढलने को
(*c*) तनाव तथा ऊब को
(*d*) जिज्ञासा तथा संकेन्द्रण को

21. निम्न में से किस अध्यापक को आप सबसे अधिक पसन्द करेंगे?
(*a*) वह अध्यापक जो श्यामपट का बहुत ही कम प्रयोग करता है
(*b*) वह अध्यापक जो चार्ट तथा मानचित्रों का प्रयोग करता है
(*c*) वह अध्यापक जो फिल्म प्रोजेक्टर को श्यामपट के साथ-साथ उचित ढंग से प्रयोग करता है
(*d*) वह अध्यापक जो चलचित्रों को केवल मजबूरी में प्रयोग करता है

22. ओवर हेड प्रोजेक्टर शार्ट सर्किट टी.वी से कक्षा अध्यापन के लिए अधिक उत्तम है, क्योंकि—
(*a*) यह सस्ता तथा स्वचालित होता है

(*b*) इसमें चित्र इच्छा अनुसार क्रम से दिखाए जा सकते हैं और आगे बढ़ जाने वाले चित्रों को पुन: लौटाया जा सकता है

(*c*) इसके द्वारा प्रस्तुत की गयी सूचना को सरलता से मस्तिष्क में बिठाया जा सकता है

(*d*) इसका प्रयोग सरल है

23. छात्रों का निम्न में से कौन-सा ग्रुप कम्प्यूटर आधारित शिक्षा कार्यक्रम से सबसे अधिक लाभान्वित हो सकता है?

(*a*) मन्द बुद्धि का छोटा ग्रुप

(*b*) मध्यम बुद्धि का बड़ा ग्रुप

(*c*) विभिन्न बौद्धिक क्षमता रखने वाला ग्रुप

(*d*) उपरोक्त सभी

24. क्लोज शर्किट टेलीविजन लाभदायक है :

(*a*) केवल एक स्थान पर रहने वाले सीमित श्रोताओ तथा दर्शकों के लिए

(*b*) बड़े समूह के सम्प्रेपण के लिए

(*c*) कक्षा के केवल कमज़ोर छात्रों के लिए

(*d*) उपरोक्त कोई नहीं

25. दूरदर्शन द्वारा प्रसारित शैक्षिक कार्यक्रम लाभदायक हैं, क्योंकि

(*a*) यह सांसारिक घटनाओं को बिल्कुल वास्तविक रूप में प्रस्तुत कर सकते हैं

(*b*) यह सूक्ष्म-रूपीय जीवन को आवर्धित करके दिखा सकता है और उसे टी.वी. पर प्रस्तुत कर सकता है

(*c*) यह दर्शकों के एक बड़े समूह को एक ही आडीटोरियम में बैठ कर देखने का अवसर प्रदान करता है अथवा विभिन्न स्थानों पर रहने वाले दर्शकों को एक साथ देखने की व्यवस्था कर सकता है।

(*d*) उपरोक्त सभी

26. दूरदर्शन पर शिक्षण कार्य कक्षा अध्यापन से उत्तम है, क्योंकि इसके माध्यम से

(*a*) बहुत बड़ी-बड़ी कक्षाएं चलाना सम्भव है और इस प्रकार यह आर्थिक रूप से किफायती है

(*b*) जटिल विषयों के अध्यापन के लिए विशेपज्ञों की व्यवस्था की जा सकती है, तथा अन्य लोग उनसे फ़ायदा उठा सकते हैं

(*c*) अध्यापन सामग्री की फिल्म बनाकर उन्हें पुन: प्रयोग किया जा सकता है

(*d*) उपरोक्त सभी

27. निम्न सभी दूरदर्शन शिक्षा की सीमाएं हैं। केवल एक को छोड़कर वह कौन है?

(*a*) दूरदर्शन अध्याय एक निश्चित गति से आगे बढ़ते हैं और इस प्रकार वे छात्रों के व्यक्तिगत बौद्धिक स्तर को ध्यान में नहीं रख पाते

(*b*) इसमें अध्यापकों तथा छात्रों के बीच विचारों के आदान-प्रदान का कोई मौका नहीं होता

(*c*) यह अध्यापन सामग्री को भली-भाँति समझने के लिए छात्रों की उचित सहायता नहीं करते

(*d*) कार्यक्रम की तैयारी तथा योजना बनाने में विशेषज्ञ बहुत अधिक समय लेते हैं

उत्तर

1	2	3	4	5	6	7	8	9	10
(*b*)	(*c*)	(*g*)	(*b*)	(*a*)	(*c*)	(*d*)	(*d*)	(*a*)	(*c*)
11	**12**	**13**	**14**	**15**	**16**	**17**	**18**	**19**	**20**
(*a*)	(*d*)	(*a*)	(*b*)	(*c*)	(*a*)	(*a*)	(*b*)	(*b*)	(*c*)
21	**22**	**23**	**24**	**25**	**26**	**27**			
(*c*)	(*b*)	(*d*)	(*a*)	(*d*)	(*d*)	(*c*)			

यूनिट - VIII : सूचना एवं संचार प्रौद्योगिकी

कम्प्यूटर्स (Computers)

कम्प्यूटर शब्द की उत्पत्ति अंग्रेजी भाषा के शब्द 'कम्प्यूटर' से हुई जिसका अर्थ है—गणना करना। प्रारम्भ में कम्प्यूटर का उपयोग गणनात्कम कार्यों के लिए ही किया गया परन्तु अब इसका कार्य-क्षेत्र बहुत विकसित हो चुका है।

वैसे तो कम्प्यूटर एक इलेक्ट्रॉनिक मशीन है परन्तु इसमें और अन्य मशीनों में बहुत अंतर है। कम्प्यूटर का उपयोग आधुनिक जीवन में निजी व व्यवसायिक जटिल कार्यों को सरल बनाता है।

विविध कार्यों की आवश्यकताओं के अनुरुप कम्प्यूटर विभिन्न आकार-प्रकारों के बनाए जाते हैं। बड़े कम्प्यूटरों को मेन फ्रेम (main frame) कम्प्यूटर कहा जाता है। ये आकार में बड़े होते हैं और इनकी कार्य करने की गति तथा क्षमता बहुत अधिक होती है। ऐसे कम्प्यूटरों का उपयोग बड़े संस्थानों व मौसम संबंधी जानकारी प्राप्त करने के लिए किया जाता है जहाँ पर बहुत अधिक सूचनाओं का शीघ्रता से विश्लेषण करना होता है।

मध्यम आकार के कम्प्यूटर मिनि कम्प्यूटर (mini computer) कहलाते हैं। ऐसे कम्प्यूटरों का उपयोग बीमा कंपनियों, बैंकों व बड़ी कंपनियों के कार्यालयों में किया जाता है ताकि ग्राहकों को तात्कालिक आवश्यक जानकारी तुरंत दी जा सके। ऐसे कम्प्यूटरों के साथ अनेक छोटे कम्प्यूटर संलग्न किये जा सकते हैं जिनसे इन का उपयोग एक से अधिक व्यक्ति एक साथ कर सकते हैं, और पारस्परिक सहयोग रखते हुए अपने-अपने कार्य कर सकते हैं।

इससे छोटे आकार के कम्प्यूटरों को माइक्रो कम्प्यूटर (micro computer) कहते हैं। ऐसे कम्प्यूटर सामान्यतया एक समय में एक ही व्यक्ति के उपयोग के लिए निर्मित होते हैं और इसलिए उन्हें पर्सनल कम्प्यूटर (personal computer) कहा जाता है। सबसे अधिक संख्या में उपयोग इन्हीं कम्प्यूटरों का होता है। इनका प्रयोग लोग अपने निजी कार्यों या व्यवसायों में करते हैं। छोटी कंपनियाँ ऐसे कम्प्यूटरों को अपने व्यापार के लेखे-जोखे व कर्मचारियों के प्रबंधन के काम में लेती हैं। इन्टरनेट (internet) तथा ई-मेल (e-mail) की सुविधाएँ उपलब्ध होने के पश्चात् पर्सनल कम्प्यूटरों का प्रचलन और भी अधिक हो गया है। इन्टरनेट पर बहुत अधिक जानकारी उपलब्ध होती है जिन्हें पर्सनल कम्प्यूटरों से प्राप्त करके ज्ञान की वृद्धि की जा सकती है।

कम्प्यूटरों ने मनुष्य के जीवन को एक नई दिशा दी है। सन् 1946 में संसार के सर्वप्रथम डिजिटल (digital) अर्थात् सांख्यिकी कम्प्यूटर ने कार्य करना प्रारंभ किया। तब से अब तक समाज में कम्प्यूटर द्वारा लाए गए परिवर्तन वास्तव में अद्‌भुत हैं।

प्रारंभ में थोड़े से ही डिजिटल कम्प्यूटरों का निर्माण हुआ। ये आकार में बहुत बड़े थे और अत्याधिक मँहगे भी थे। ये कम्प्यूटर केवल संख्याओं की गणना के काम में ही लिए जा सकते थे और इसलिए उनका उपयोग कुछ विशिष्ट गणितज्ञ, वैज्ञानिक व इंजीनियरों तक ही सीमित था। अब कम्प्यूटरों के आकार-प्रकार, क्षमता व कीमतों में बहुत अधिक परिवर्तन आ चुका है। कम्प्यूटरों के सिमटते हुए आकार व बढ़ती हुई क्षमता और गिरती हुई कीमतों के कारण उनका उपयोग बहुत बढ़ गया है। वैज्ञानिक संस्थानों की अपेक्षा बैंक, बीमा, आरक्षण, निर्माण, क्रय-विक्रय जैसे व्यवसायिक क्षेत्रों में अधिक संख्या में कम्प्यूटर उपयोग में लाए जा रहे हैं, और अनेक लोग इन्टरनेट के द्वारा विविध विषयों में ज्ञान प्राप्त कर रहे हैं। कम्प्यूटरों से बिल बनाना, चैक बनाना, रिकार्ड पूरा रखना जैसे बहुत से कार्य बहुत कम समय में किए जा सकते हैं।

कम्प्यूटर्स का विकास (Development of Computers)

सबसे पहला सांख्यिकी कम्प्यूटर अमेरिका की पेन्सिलवेनिया यूनिवर्सिटी में सन् 1946 में बनाया गया। इसे Electronic Numerical Indicator And Calculator या संक्षेप में ENIAC का नाम दिया गया। इसमें 18,000 इलेक्ट्रॉनिक वॉल्व अर्थात् वेक्यूम ट्यूबें लगी थीं इसे कम्प्यूटरों की **पहली पीढ़ी** (first generation) कहते हैं। इसका भार 30 टन था और यह 50 फीट × 30 फीट के बड़े कमरे में लगा था। इसे चलाने के लिए लगभग 150 किलोवाट विद्युत-ऊर्जा की आवश्यकता होती थी। यह ENIAC एक जोड़ 0.2 मिलीसेकंड (2/10000 सेकंड) में लगा सकता था। गुणा करने में थोड़ा अधिक समय लगता था। गणित की क्रियाओं की यह गति उस समय उपलब्ध कल-पुर्जों वाली मिकेनिकल मशीनों की तुलना में कई हजार गुनी अधिक थी। सन् 1948 में ट्रांज़िस्टर का आविष्कार हुआ जिसने कम्प्यूटरों के विकास को एक नया मोड़ प्रदान किया। एक छोटा सा ट्रांजिस्टर बहुत कम स्थान घेर कर बहुत थोड़ी सी विद्युत-ऊर्जा से ही एक

वेक्यूम-ट्यूब के बराबर काम कर सकता था। ट्रांजिस्टरों के उपयोग से कम्प्यूटर आकार में छोटे एवं सस्ते हो गए। तकनीक में उन्नति के कारण ट्रान्जिस्टरों से बने कम्प्यूटरों की कार्यक्षमता भी बढ़ गई और उनके उपयोग का क्षेत्र बढ़ने लगा। ट्रांजिस्टरों से बने कम्प्यूटरों को **दूसरी पीढ़ी** (second generation) के कम्प्यूटर कहते हैं। तकनीक में प्रगति के फलस्वरूप सिलिकॉन के छोटे से चिप पर सैकड़ों ट्रांजिस्टरों से बने एक समूचे इलेक्ट्रॉनिक सर्किट को बनाना संभव हो गया। इस प्रकार के सर्किटों को इन्टीग्रेटेड सर्किट (integrated circuits) कहा जाता है। ये चिपें आकार में बहुत छोटी होती हैं।

इन्टेग्रेटेड सर्किटों के प्रयोग से कम्प्यूटर और भी छोटे व सस्ते हो गए, और उनकी कार्य क्षमता कई गुनी अधिक बढ़ गई। इन्हें **तीसरी पीढ़ी** (third generation) के कम्प्यूटर कहा गया। प्रगति के साथ सिलिकॉन की एक छोटे से टुकड़े पर हजारों ट्रांजिस्टरों से बने संपूर्ण इलेक्ट्रॉनिक सर्किट का बनाना संभव हो गया। इन चिपों को भी एक बड़े (integrated circuit) के प्रकार के आवरण में रखा जाता है। इन्हें Large Scale Integrated Circuits कहा जाता है। इस प्रकार के कम्प्यूटर **चौथी पीढ़ी** (fourth generation) के कम्प्यूटर कहलाए।

हार्डवेयर (Hardware)

कम्प्यूटर को सामान्यतः दो भागों में बांटा जा सकता है–

→ हार्डवेयर (Hardware)

→ सॉफ्टवेयर (Software)

कम्प्यूटर के मशीनी तत्वों को हार्डवेयर कहते हैं। कम्प्यूटर के मूल तत्व हैं– सिस्टम यूनिट, कीबोर्ड, मॉनीटर, फ्लापी डिस्क, तथा हार्ड डिस्क।

⇨ सिस्टम यूनिट (The System Unit)

कम्प्यूटर सिस्टम में सिस्टम यूनिट ही वास्तविक कम्प्यूटर है। यह एक बक्सा है जिसमें कम्प्यूटर के सारे इलेक्ट्रॉनिक सर्किट व अन्य युक्तियाँ होती हैं। इसके अन्दर एक बड़ा प्रिन्टेड सर्किट बोर्ड होता है जिसे मदर बोर्ड (mother board) कहते हैं। इस बोर्ड पर CPU, RAM, ROM आदि इन्टीग्रेटेड सर्किट लगे होते हैं। हार्ड डिस्क तथा फ्लॉपी डिस्क ड्राइव भी इसी के अन्दर लगी होती हैं। कम्प्यूटर में अनेक युक्तियाँ बाहर से भी जोड़ी जाती हैं। बाहर से जोड़ी जाने वाली युक्तियाँ तारों द्वारा इस बक्से में लगे सॉकेटों में जोड़ी जाती हैं।

⇨ कीबोर्ड (Keyboard)

कीबोर्ड, कम्प्यूटर की एक इनपुट युक्ति है। कम्प्यूटर से सम्पर्क करने का यही एक मात्र साधन है। यह आकार में बड़ा होता है और इसमें बहुत सारी कुंजियाँ होती हैं, क्योंकि कम्प्यूटरों में संगणना के समय अंकों, अक्षरों, विराम चिह्न आदि सभी का प्रयोग किया जाता है जिसके लिये ये सभी कुंजियाँ कीबोर्ड पर ही उपलब्ध होती हैं। कुंजीपटल पर टाइप करके डाटा (data) तथा आदेश (commands) व प्रोग्राम (programs) दोनों ही कम्प्यूटर में प्रविष्ट कर सकते हैं। कम्प्यूटर का कीबोर्ड सिस्टम यूनिट से एक लचीले केबल के द्वारा जुड़ा होता है।

⇨ मॉनीटर (Monitors)

कम्प्यूटर का मॉनीटर एक टेलीविज़न के समान दिखने वाला उपकरण है। हम जो कुछ भी टाइप करते हैं या कलाकृति बनाते हैं, मॉनीटर उसे दिखाता रहता है, संगणना के समय क्या हो रहा होता है यह भी संदेशों द्वारा मॉनीटर ही दिखाता है, और संगणना के परिणाम भी मॉनीटर के स्क्रीन पर दिखाई देते हैं। इसके अतिरिक्त कोई गलती होने पर त्रुटि संदेश भी इसी स्क्रीन पर दिखाये जाते हैं।

⇨ फ्लॉपी तथा हार्ड डिस्क ड्राइवें (Floppy & Hard Disk Drives)

सूचना को स्थाई रूप से संग्रहित रखने के लिए कम्प्यूटरों में चुम्बकीय टेप या डिस्क का प्रयोग किया जाता है। चुम्बकीय विधि के प्रयोग करने से सूचना कभी भी रिकॉर्ड की जा सकती है, अवांछित सूचना मिटाई जा सकती है, और रिक्त स्थान में दूसरी सूचना रिकार्ड की जा सकती है। इस विधि का लाभ यह है कि कम्प्यूटर सूचना को बहुत तीव्र गति से लिख पढ़ सकता है। इस क्रिया को कम्प्यूटर की भाषा में writing व reading कहते हैं।

पर्सनल कम्प्यूटरों में दो प्रकार की चुम्बकीय डिस्कों का प्रयोग होता है—फ्लॉपी तथा हार्ड डिस्क। फ्लॉपी डिस्क को कम्प्यूटर से बाहर निकाला जा सकता है। इस सुविधा से सूचना का स्थानान्तरण करना आसान होता है। हार्ड डिस्कें सिस्टम यूनिट के अंदर स्थायी रूप से लगी होती हैं। इन्हें बाहर नहीं निकाला जा सकता, पर इनकी भंडारण क्षमता और भंडारित सूचना के लिखने व पढ़ने की गति बहुत अधिक होती है जिससे कम्प्यूटर की कार्य करने की गति तेज हो जाती है।

जिन मशीनों द्वारा डिस्क को कम्प्यूटर के साथ सूचना का आदान-प्रदान के लिये चलाया जाता है, उन्हें डिस्क ड्राइव (disk drives) कहते हैं। कम्प्यूटर द्वारा सूचना लिखने या पढ़ने के लिए फ्लॉपी डिस्क को डिस्क ड्राइव में प्रविष्ट कर दिया जाता है। एक डिस्क के भर जाने पर उसे निकाल कर दूसरी डिस्क लगा दी जाती है। हार्ड डिस्क व उसकी डिस्क ड्राइव एक ही इकाई होती है और उसमें से हार्ड डिस्क को निकाला नहीं जा सकता। वे सिस्टम यूनिट में स्थायी तौर पर लगी रहती हैं। इन्हें fixed drives भी कहते हैं।

सूचना के आदान-प्रदान के लिये सभी कम्प्यूटरों में कम से कम एक फ्लॉपी डिस्क ड्राइव अवश्य लगा होना चाहिए।

⇨ **प्रिन्टर (Printer)**

प्रिन्टर एक आउटपुट युक्ति है। कम्प्यूटर के आउटपुट को कागज पर मुद्रण करने वाले यंत्र को प्रिन्टर (Printer) कहते हैं। ऐसी मुद्रित प्रति को हार्ड कॉपी (hard copy), और प्रिन्टर को हार्ड कॉपी प्रिन्टर कहते हैं। हार्ड कॉपी प्रिन्टरों का प्रयोग कम्प्यूटरों के साथ बहुत अधिक होता है जिसके लिये अनेक प्रकार के प्रिन्टर मार्किट में उपलब्ध हैं।

सॉफ्टवेयर (Software)

कुछ प्रोग्राम कम्प्यूटर में बार-बार प्रयोग होते हैं तथा यह प्रोग्राम कम्प्यूटर में पहले से ही उपलब्ध होते हैं। इन प्रोग्रामों को सॉफ्टवेयर कहते हैं जो कम्प्यूटर के संचालन में उसकी सहायता करते हैं। कम्प्यूटर सॉफ्टवेयर्स को प्रयोगों के आधार पर तीन श्रेणियों में बांटा जा सकता है।

⇨ **सिस्टम सॉफ्टवेयर (System Software)**

कम्प्यूटर के निजी संचालन के लिए निर्मित प्रोग्रामों को सिस्टम सॉफ्टवेयर कहते हैं। इस श्रेणी में ऑपरेटिंग सिस्टम, कम्पाइलर, इन्टरप्रेटर तथा अन्य प्रोग्राम आते हैं जो कम्प्यूटर की मूल कार्यविधि तथा कार्यनीति के अनुसार कार्य करते हैं, तथा कम्प्यूटर के हार्डवेयर व आन्तरिक विभागों का आपस में सम्पर्क बनाए रखते हैं।

⇨ **एप्लीकेशन सॉफ्टवेयर (Application Software)**

विभिन्न प्रकार के कार्यों को करने के लिए उपयोग में आने वाले सॉफ्टवेयर, एप्लीकेशन सॉफ्टवेयर कहलाते हैं। इसके कुछ उदाहरण हैं—वर्ड प्रोसेसिंग, डाटाबेस मैनेजमेंट, स्प्रेडशीट, डेस्क टॉप पब्लिशिंग, चित्रकला आदि।

⇨ **कस्टम सॉफ्टवेयर (Custom Software)**

यह सॉफ्टवेयर प्रयोगकों की आवश्यकताओं तथा सुविधाओं को ध्यान में रखकर बनाए जाते हैं। अधिकतर यह प्रोग्राम विशेष आवश्यकताओं की पूर्ति के लिए बनाए जाते हैं।

कम्प्यूटर की संरचना (Structure of Computers)

किसी भी यन्त्र का सामान्य कार्य होता है डाटा या इनपुट लेना। उस डाटा पर प्रोसेसिंग करके वह यन्त्र सूचना या आउटपुट प्रदान करता है।

एक कम्प्यूटर को कार्य करने के लिये दो चीजों की आवश्यकता होती है: एक तो डाटा जिस पर संगणना करनी है, और दूसरी वे सूचीबद्ध प्रोग्राम (program) जिनके अनुरूप संगणना की जानी होती है। प्रोग्राम की आवश्यकता इसलिए पड़ती है क्योंकि इलेक्ट्रॉनिक प्रोसेसर तो एक निर्जीव वस्तु है जिसकी अपनी कोई बुद्धि नहीं होती। प्रोग्राम व डाटा, दोनों को ही कम्प्यूटर के कुंजीपटल पर टाइप करके भरा जाता है। इलेक्ट्रॉनिक प्रोसेसर दिये हुए प्रोग्राम के आदेशों को क्रम से पढ़ता जाता है और डाटा पर उन्हीं आदेशों के अनुसार संगणना करता चला जाता है। परिणामों को मॉनीटर के पटल पर प्रदर्शित कर दिया जाता है, या प्रिन्टर द्वारा कागज़ पर छाप दिया जाता है। इस प्रक्रिया को करने के लिये एक अस्थाई स्मृति (RAM) की आवश्यकता होती है। सामान्यतः कम्प्यूटर निम्न पद्धति पर कार्य करता है।

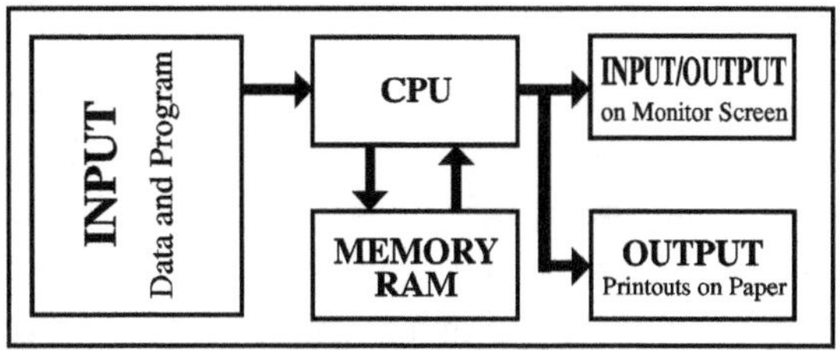

कम्प्यूटर की कार्य प्रणाली

⇨ **डाटा (Data)**

किसी मशीन को गणना या संगणना करने के लिये दी जाने वाली सूचनाओं को डाटा (data) कहते हैं। कम्प्यूटरों में भी जो संख्याएँ, पाठ्य या अन्य सामग्री संगणना के लिये भरी जाती है वह डाटा है। डाटा को मशीन में इनपुट युक्ति कीबोर्ड द्वारा भरा जाता है।

⇨ **कम्प्यूटर प्रोसेसर (Computer Processors)**

कम्प्यूटर में प्रोसेसिंग उसके अंदर लगे एक जटिल इलेक्ट्रॉनिक सर्किट द्वारा की जाती है जिसे सेंट्रल प्रोसेसिंग यूनिट (Central Processing Unit) या सीपीयू (CPU) कहा जाता है। यह सर्किट कम्प्यूटर में मस्तिष्क की तरह से काम करता है।

⇨ **स्मृतियाँ (Memories)**

किसी भी कम्प्यूटर में दो प्रकार की स्मृतियाँ होती हैं— प्राइमरी (Primary) स्मृतियाँ तथा सेकेन्डरी (Secondary) स्मृतियाँ।

प्राइमरी स्मृतियाँ (Primary Memories)

प्राइमरी स्मृतियाँ सामान्यतः दो प्रकार की होती हैं—

रैम (RAM—Random Access Memory) : इस प्रकार की स्मृतियाँ कम्प्यूटर पर अल्पकालिक, अस्थायी डाटा के संग्रह के लिए प्रयोग की जाती हैं। यह तभी तक डाटा का संग्रह कर सकती हैं जब तक कम्प्यूटर कार्य कर रहा है तथा कम्प्यूटर बन्द करने पर इस पर संग्रह की हुई सूचनाएं समाप्त हो जाती हैं। ये स्मृतियाँ कम्प्यूटर के मदरबोर्ड पर ही लगाई हुई होती हैं। जितनी

संग्रह की क्षमता इस स्मृति में होगी उतनी ही आपके कम्प्यूटर की संगणना करने की शक्ति होगी।

रॉम (ROM—Read Only Memory): जिस प्रकार इसका नाम दर्शाता है कि इस तरह की स्मृतियाँ कम्प्यूटर केवल पढ़ने के लिए प्रयोग करता है तथा इस पर लिखी गई सूचनाओं को बदला या मिटाया नहीं जा सकता। सामान्यतः इस प्रकार की स्मृतियाँ कम्प्यूटर बनाते समय बनाई जाती हैं जिन पर हार्डवेयर की सूचनाओं को अंकित किया जाता है।

सेकेण्डरी स्मृतियाँ (Secondary Memories)

संगणना करते समय कम्प्यूटर को अनेक प्रकार की सूचनाओं की आवश्यकता होती है। उदाहरण के लिये, यदि आप अपने ग्राहकों के नाम व पते वाली सूची को प्रथम अक्षरों के क्रम से जमाना चाहते हैं तो सारे नाम व पतों की सूची को पहले कीबोर्ड के द्वारा कम्प्यूटर में प्रविष्ट करना होगा। कम्प्यूटर इस सूचना को आगे कार्य करने के लिये अपनी अस्थायी स्मृति (RAM) में संचित कर लेता है, परंतु पावर फेल होते ही, या कम्प्यूटर का पावर स्विच बंद करते ही यह सारी सूचना लुप्त हो जाती है। इसलिए कम्प्यूटर के साथ एक ऐसे उपकरण की भी आवश्यकता होती है जिसमें बहुत सारी सूचनाऐं अर्थात् डाटा (data) स्थायी रूप से संचित करके रखा जा सके। इन सूचनाओं के भंडारण की विधि ऐसी होनी चाहिये कि कम्प्यूटर द्वारा उसे शीघ्रता से लिखा जा सके और आवश्यकता अनुसार वांछित सूचना को शीघ्रता से ढूँढा और पढ़ा भी जा सके। इन सूचनाओं के भंडारण के लिये जिस चुंबकीय रिकार्डिंग प्रणाली का उपयोग किया जाता है उसमें फ्लॉपी डिस्क, हार्ड डिस्क, व मैगनेटिक टेप प्रमुख हैं। रिकार्डिंग करने या वांछित सूचना को पढ़ने के लिये जिन मशीनों में इस डिस्क को चलाया जाता है उन्हें डिस्क ड्राइव (disk drive) कहते हैं।

⇨ ऑपरेटिंग सिस्टम (Operating System)

कम्प्यूटर के अंदर स्थित स्थाई स्मृति में निर्माताओं द्वारा आदेशों का एक समूह, जिसे कम्प्यूटर की भाषा में प्रोग्राम (program) कहा जाता है, भर दिया जाता है। इस प्रोग्राम के द्वारा कम्प्यूटर के अंदर की समस्त गतिविधियों का संचालन किया जाता है, इसलिए इसे ऑपरेटिंग सिस्टम (Operating System) या OS कहा जाता है। जैसे ही आप कम्प्यूटर को ऑन करते हैं, ऑपरेटिंग सिस्टम अपने आप चालू हो कर सारा नियंत्रण अपने हाथ में ले लेता है।

ऑपरेटिंग सिस्टम पहले अस्थाई स्मृतियों को रिक्त करता है ताकि नई संगणना करते समय पुराने आँकड़े कोई अड़चन उत्पन्न न करें। सारी कुंजियों पर ऑपरेटिंग सिस्टम लगातार निगरानी रखता है, और जैसे ही कोई कुंजी दबती है, उसका प्रभाव मॉनीटर पर दिखाई देने लगता है। कम्प्यूटर पर काम करते समय ऑपरेटिंग सिस्टम आपके और कम्प्यूटर के बीच में दुभाषिये का काम करता है। वह आपके दिये गये आदेशों को मशीन तक पहुंचाता है, और मशीन द्वारा जनित सूचनाएँ आप तक पहुंचाता है। कम्प्यूटरों पर काम करने के लिये उसके ऑपरेटिंग सिस्टमों को ठीक से समझना आवश्यक होता है ताकि आप अपने कम्प्यूटर का श्रेष्ठतम उपयोग कर सकें।

ऑपरेटिंग सिस्टम पारस्परिक रूप से कम्प्यूटर के प्रकार पर भी आधारित होता है और प्रोसेसिंग की जो तकनीक, कम्प्यूटर द्वारा प्रयोग में लायी जा रही है उसका प्रभाव ऑपरेटिंग सिस्टम की संरचना पर पड़ता है। कुछ मुख्य तकनीकें जो कम्प्यूटर के विकास के दौरान प्रयोग में लायी जाती हैं, वे हैं—

(1) बैच (Batch) प्रोसेसिंग तकनीक (2) टाइम शेयरिंग (Time Sharing) तकनीक (3) रियल-टाइम (Real Time) प्रोसेसिंग तकनीक।

(1) बैच प्रोसेसिंग (Batch Processing) तकनीक : बैच प्रोसेसिंग का उपयोग मुख्य रूप से तब किया जाता है जब प्रयोगकर्ताओं की संख्या काफी अधिक हो और उन्हें अपने प्रोग्राम का परिणाम तुरन्त न चाहिये हो। इस विधि में प्रयोगकर्ताओं द्वारा दिये गये आंकड़े एवं प्रोग्राम कम्प्यूटर द्वारा एक के बाद एक उपयोग में लाये जाते हैं। एक पूरे प्रोग्राम के समाप्त हो जाने के बाद दूसरा प्रोग्राम या कार्य कम्प्यूटर द्वारा प्रारम्भ किया जाता है। कुछ प्रोग्रामों को क्रियान्वित हो जाने के बाद उनके परिणाम प्रयोगकर्ताओं को लौटा दिये जाते हैं। इस विधि के उपयोग से कार्ड एवं पेपर टेप के प्रयोग में लगने वाला अधिक समय बचाया जा सकता है, क्योंकि प्रोग्राम व आँकड़ों को डिस्क व टेप पर (Off line) एकत्रित किया जा सकता है। हर प्रोग्राम व डाटा इनपुट में लगने वाले समय के दौरान प्रोसेसर खाली नहीं रहता और उसकी क्षमता का पूरा उपयोग किया जा सकता है।

(2) टाइम शेयरिंग (Time Sharing) तकनीकः केन्द्रीय प्रोसेसर एक कार्य कुछ समय तक करने के बाद, उसे उसी स्थिति में छोड़कर अन्य कार्य करने लगता है और कुछ समय बाद फिर पहले कार्य को प्रारम्भ करता है। ठीक वहाँ से जहाँ उसे पहले छोड़ा था। इस तरह प्रोसेसर के समय का पूरा उपयोग किया जा सकता है, इसे टाइम शेयरिंग कहते हैं। गतिविधियों का निर्धारण ऑपरेटिंग सिस्टम द्वारा किया जाता है। यदि एक सिस्टम से कई टर्मिनल जुड़े हुये हों और सभी पर कार्य चल रहा हो तो कम्प्यूटर कुछ समय एक प्रयोगकर्ता का कार्य करता है और फिर क्रमानुसार अन्य प्रयोगकर्ताओं का और इस चक्र के पूरा होने के बाद ही वह फिर

पहले व्यक्ति का या पहले टर्मिनल का कार्य करता है। किन्तु कम्प्यूटर इतनी तीव्र गति से कार्य करता है कि हर व्यक्ति को यह प्रतीत होता है कि कम्प्यूटर सिर्फ उसी के लिये कार्य कर रहा है। इस विधि में प्रोग्राम लिखे जाने के बाद, वांछित आंकड़ों को कम्प्यूटर को बताकर समस्या का परिणाम निकालने के लिये कहा जाता है। हालांकि अन्य व्यक्तियों का काम भी कम्प्यूटर साथ ही कर रहा होता है। यह विधि जिसमें आपको इन्तजार नहीं करना पड़ता, आन-लाइन प्रोसेसिंग तकनीक कहलाती है। इस विधि को, जिसमें कम्प्यूटर कई प्रयोगकर्ताओं का कार्य साथ-साथ करता है। अर्थात् अपना समय छोटे-छोटे हिस्सों में अनेक लोगों में बांटता है, टाइम शेयरिंग तकनीक के नाम से जाना जाता है।

(३) रियल टाइम (Real Time) प्रोसेसिंग तकनीक : रियल टाइम तकनीक का प्रयोग तब किया जाता है जब कम्प्यूटर के द्वारा किसी कार्य विशेष का नियंत्रण किया जा रहा हो। इस प्रकार के प्रयोग में प्रोग्राम का परिणाम लगभग फौरन प्राप्त हो जाता है और इस परिणाम को अगली गणना में तुरन्त प्रयोग में लाया जाता है। आवश्यकता पड़ने पर नियन्त्रित की जाने वाली प्रक्रिया को सुधारा या बदला भी जा सकता है। रियल टाइम तकनीक में कम्प्यूटर का कार्य लगातार आँकड़े ग्रहण करना, उनकी वांछित गणना करना और उन्हें मेमोरी में रखने की व्यवस्था करना तथा गणना के परिणाम के आधार पर निर्देश देना भी है। कृत्रिम उपग्रह का नियन्त्रण रियल टाइम तकनीक के प्रयोग का उदाहरण है।

कम्प्यूटर की भाषायें (Computer Languages)

कम्प्यूटर में किसी प्रकार की कोई बुद्धि नहीं होती, उसे प्रोग्रामों के माध्यम से प्रोग्रामर द्वारा बुद्धि प्रदान की जाती है। ये प्रोग्राम कई स्तरों की भाषाओं में लिखे जाते हैं। प्रोग्रामिंग की भाषायें अपने प्रयोग की दृष्टि में कम और सरल शब्दों में ही प्रयोग की क्षमता रखती हैं। कम्प्यूटर सिर्फ 0 व 1 अंक की भाषा ही समझता है, अतः समस्त संवाद इसी 0 व 1 अंक में ही किया जा सकता है। पर हम 0 व 1 में न सोचकर प्राकृतिक भाषाओं में सोचते व बोलते हैं। अतः कम्प्यूटर के लिये भी एक दुभाषिये की आवश्यकता होती है। यह दुभाषिया एक इलैक्ट्रिकल सर्किट (Electrical Circuit) के रूप में होता है। कम्प्यूटर के अविष्कार से लेकर अब तक तीन प्रकार की भाषायें प्रयोग में लायी जाती रही हैं– (1) मशीनी भाषा (Machine Code), (2) असेंबली भाषा (Assembly Code) (3) उच्च स्तरीय भाषायें (High Level Languages)।

(1) मशीनी भाषा (Machine Code) : यह सिर्फ 1 व 0 के समूहों (Combinations) से बनी होती है और जिसे कम्प्यूटर सीधे समझ सकता है। मशीनी भाषा में प्रत्येक आदेश (Instruction) के दो भाग होते हैं। एक आदेश कोड (Operation Code) दूसरा स्थिति कोड (Location Code)। आदेश कोड व स्थिति कोड 0 व 1 के क्रमों में ही व्यक्त किये जाते हैं। लेकिन समस्त आदेशों को 0 और 1 में लिखा जाना अत्यधिक कठिन काम है। अतः असेंबली भाषा व उच्चस्तरीय भाषायें इस आवश्यकता की पूर्ति के लिये अविष्कृत हुई। मशीनी भाषा चूंकि मशीन की आतंरिक संरचना से निर्धारित होती है अतः एक कम्प्यूटर की मशीन भाषा दूसरे कम्प्यूटर की मशीन भाषा से भिन्न होती है।

(2) असेंबली भाषा (Assembly Code) : असेंबली भाषा, मशीन भाषा में आ रही दिक्कतों को दूर करने के लिये बनाई गई। इसमें मशीन कोड के स्थान पर 'नेमोनिक कोड' (Mnemonic Code) का प्रयोग किया गया जिन्हें मानव मस्तिष्क आसानी से पहचान सकता था। प्रोग्राम इन्हीं संकेतों में लिखा जाने लगा। इनमें से प्रत्येक संकेत के लिये एक मशीन कोड भी निर्धारित किया गया पर असेंबली कोड से मशीन कोड में परिवर्तन का काम, कम्प्यूटर में ही स्थित एक प्रोग्राम के जरिये किया जाने लगा। इस प्रकार के प्रोग्राम को असेंबलर (Assembler) नाम दिया गया। मशीन और असेंबली भाषायें चूंकि कम्प्यूटर की मूल संरचना से सम्बद्ध हैं, एवं अलग-अलग संरचनाओं वाले कम्प्यूटर के लिये सामान नहीं हो सकती, अतः इन्हें निम्न स्तरीय भाषायें कहा गया।

(३) उच्च स्तरीय भाषायें (High Level Languages) : निम्न स्तरीय भाषाओं में प्रोग्रामिंग कार्य बहुत लम्बा व कष्टसाध्य था। अतः जब कम्प्यूटर का प्रयोग अधिक बढ़ा तो एक ऐसी भाषा की आवश्यकता महसूस हुई जो प्राकृतिक भाषाओं के और निकट हो ताकि सामान्य व्यक्ति भी कम्प्यूटर का प्रयोग कर सके। ये भाषायें मशीन पर आधारित होने के स्थान पर समस्या के अनुरूप हों ऐसा प्रयास किया गया। इन भाषाओं में प्रोग्राम लिखते समय प्रोग्रामर अंग्रेजी भाषा के कुछ चुने हुए शब्द और गणित के स्वीकृत संकेतों को एक निश्चित रूप में प्रयोग कर सकता है जो भाषा के व्याकरण के अंतर्गत पूर्ण निर्धारित होते हैं। सबसे पहले उच्च स्तर की भाषा के लिये आई.बी.एम. ने 1957 में कोशिश की और उसका परिणाम फोरट्रॉन के रूप में आया। इसके पश्चात् कोबोल, बेसिक, अल्गोल, पास्कल, पी.एल-1, पी.एल-2, लोगो, सी, लिस्प, प्रोलाग आदि सैकड़ों उच्च स्तरीय भाषाओं का आविष्कार हुआ।

प्रोग्राम व डाटा फाइलें (Program and Data Files)

सामान्यतया फाइलों की प्रकारों को दो भागों में विभक्त किया जा सकता है– प्रोग्राम फाइलें और डाटा फाइलें।

⇨ प्रोग्राम फाइलें (Program Files)

इस प्रकार की फाइलों का निर्माण आप स्वयं नहीं करते अपितु उन्हें या तो खरीदते हैं या किसी अन्य स्रोत से प्राप्त करते हैं। इन फाइलों में किसी काम को करने के लिए आदेश लिखे होते हैं, जैसे कि लेखा-जोखा बनाना या चित्र बनाना। ऐसी फाइलें कम्प्यूटर प्रोग्रामरों द्वारा बनाई जाती हैं। एक उपयोगी प्रोग्राम सामान्यतया अनेक फाइलों का समूह होता है, जैसे कि Word Processor, में विविध उपनामों वाली अनेक प्रोग्राम फाइलें होती हैं। ऑपरेटिंग सिस्टम स्वयं में भी ऐसी ही विविध नामों तथा उपनामों वाली फाइलों का एक समूह है।

नोट : प्रोग्राम की फाइलों के उपनाम .COM तथा .EXE होते हैं। इन फाइलों को आप पढ़ नहीं सकते, पर काम में ले सकते हैं। ऐसी फाइलों को उपयोग में लेने के लिये केवल उनका नाम ही टाइप करना पड़ता है, उपनाम को टाइप करने की कोई आवश्यकता नहीं होती।

⇨ डाटा फाइलें (Data Files)

ये वे फाइलें हैं जिनका निर्माण आप स्वयं करते हैं। इन्हें आप किसी एप्लीकेशन प्रोग्राम द्वारा, या स्वयं ऑपरेटिंग सिस्टम द्वारा बनाते हैं, और इनमें आपके द्वारा रचित सामग्री (पाठ्यचित्र, हिसाब-किताब का लेखा-जोखा आदि) संचित रहती है। इन फाइलों के नाम सामान्यतया ऐसे रखे जाते हैं जिनसे फाइल के अंदर संचित सामग्री का भान होता रहे। इसी प्रकार इनके उपनाम भी ऐसे रखे जाते हैं जिनसे उन प्रोग्रामों का भान होता रहे जिनमें उन्हें बनाया गया है। उदाहरण के लिए, .DOC (document) उपनाम वाली फाइलें वर्ड प्रोसेसर प्रोग्रामों में बने दस्तावेज होते हैं, .TXT उपनाम वाली फाइलों में केवल ASCII अक्षर होते हैं। चित्रों वाली फाइलों के उपनाम .BMP (bitmap), .PCX (paint program), .TIFF (Tagged Image File) और .EPS (Encapsulated Post Script) आदि होते हैं और .BAK उपनाम वाली फाइलें बैकअप (backup) फाइलें होती हैं। काम में गड़बड़ी न होने देने के लिये सुरक्षा की दृष्टि से अनेक प्रोग्राम बैकअप फाइलें स्वयं बनाते हैं। फाइलों को डिस्क पर अंकित करने का काम ऑपरेटिंग सिस्टम द्वारा किया जाता है।

सूचना अंकित करते समय ऑपरेटिंग सिस्टम उस फाइल के बारे में निम्नलिखित अतिरिक्त जानकारी साथ ही अंकित कर देता है: फाइल के गुण (attributes), जैसे कि H (hidden), A (archives), S (system) या R (read only), फाइल का आकार, बाइटों (bytes) में, फाइल के निर्माण की तिथि (date), फाइल के निर्माण का समय (time) ये सारी सूचनाएँ फाइलों के प्रबधन, ढूँढने, प्रयोग करने में बहुत सहायक होती हैं।

डायरेक्टरियाँ/फोल्डर्स (Directories /Folders)

डायरेक्टरियों में फाइलों का एक समूह संचित किया होता है। आवश्यक तो नहीं पर सामान्यतया इन फाइलों में पारस्परिक संबंध होता है। डायरेक्टरी का भी एक नाम होता है पर अधिकतर उपनाम नहीं होता। फाइलों के नामकरण के नियम डायरेक्टरियों पर भी लागू होते हैं। नाम ऐसा रखा जाता है जिससे कि यह ज्ञान होता रहे कि उस डायरेक्टरी में संचित फाइलें किस प्रकार की हैं, या किस उपयोग की हैं। डिस्क पर फाइलों और डायरेक्टरियों का संगठन वंशावली की तरह से ही किया जाता है। सबसे पहली डायरेक्टरी को रूट (root) डायरेक्टरी कहा जाता है, और इसे (\) चिह्न द्वारा दर्शाया या संबोधित किया जाता है। अन्य डायरेक्टरियों के लिये भी उनके नाम के पहले ये ही चिह्न लगाया जाता है। किसी भी डायरेक्टरी में फाइलों के अतिरिक्त अनेक डायरेक्टरियाँ भी हो सकती हैं। फ्लॉपी व हार्ड डिस्क पर नई डायरेक्टरियाँ बनाने की और उनमें फाइलों का संगठन करने की सारी सुविधाएँ ऑपरेटिंग सिस्टम प्रदान करता है।

सूचना प्रौद्योगिकी (Information Technology)

सूचना को एक स्थान से दूसरे स्थान तक शीघ्रातिशीघ्र पहुँचाने की दिशा में मनुष्य ने कड़े प्रयत्न किये हैं। डाक सेवा, टेलीफोन, रेडियो, टेलीविजन व उपग्रह संचार प्रणालियाँ, सब इन्हीं प्रयासों की देन हैं। प्रारम्भ में एक कम्प्यूटर से दूसरे कम्प्यूटर पर सूचना का स्थानान्तरण केवल फ्लॉपी डिस्क द्वारा ही किया जाता था। इस विधि में एक कम्प्यूटर की हार्ड डिस्क में संचित वांछित सूचना की प्रतिलिपि फ्लॉपी डिस्क पर बना कर इसे किसी भी अन्य कम्प्यूटर पर उपयोग में लाया जा जाता था। इस विधि में गति बहुत धीमी होने के कारण कम्प्यूटर से कम्प्यूटर को सीधे ही सूचना भेज सकने की दिशा में प्रयास किये गए और एक ऐसी प्रणाली का विकास हुआ जिसमें दो कम्प्यूटरों में कुछ अतिरिक्त हार्डवेयर व साफ्टवेयर लगा कर और उन्हें एक केबल द्वारा कनेक्ट करके सीधे ही सूचना का आदान-प्रदान किया जा सके। कम्प्यूटरों के केबल द्वारा जुड़े होने के कारण सूचना को भेजना व प्राप्त करना, दोनों ही कार्य तीव्र गति से किये जा सकते थे। इस प्रणाली में दो से अधिक कम्प्यूटरों को केबलों द्वारा इस प्रकार से कनेक्ट किये जाने की विधि का विकास हुआ जिसमें कम्प्यूटर तारों के एक जाल में जुड़े रहते थे और वे आपस में सूचनाओं का आदान-प्रदान तीव्र गति से कर सकते थे। इस जाल को नेटवर्क (network) कहा जाता है।

यह नेटवर्क कई प्रकार का होता है जैसे— स्टार टोपोलॉजी, रिंग टोपोलॉजी, बस टोपोलॉजी तथा ट्री टोपोलॉजी।

केबलों द्वारा कम्प्यूटरों को एक दूसरे से कनेक्ट करने का काम एक सीमित क्षेत्र में ही किया जा सकता है, जैसे कि एक ही कार्यालय के या एक ही भवन में स्थित कम्प्यूटरों को केबलों द्वारा आसानी से जोड़ा जा सकता है। इस स्थानीय नेटवर्क को लोकल एरिया नेटवर्क (Local Area Network) या लैन (LAN) कहते हैं।

दूर स्थित क्षेत्रों में सूचना का आदान-प्रदान टेलीफोन व अन्य संचार के माध्यमों द्वारा किया जाता है। इसलिये ऐसी व्यवस्थाओं का विकास किया जाने लगा जिसमें कम्प्यूटर व संचार माध्यम आपस में जोड़े जा सकें। इस तकनीक को सूचना प्रौद्योगिकी (Information Technology) कहा जाता है। वांछित सूचना जितनी अधिक शीघ्रता से प्राप्त हो सके उतना ही उसका लाभ उठाया जा सकता है। इन लाभों को ध्यान में रखते हुए ऐसी प्रणाली की खोज प्रारम्भ हुई जिसमें कम्प्यूटरों को टेलीफोन की लाइनों के द्वारा जोड़ा जा सके। इस काम के लिये मोडेम (modem) नामक युक्ति का आविष्कार हुआ जो कि कम्प्यूटर जनित डिजिटल संकेतों को ध्वनि के जैसे विद्युत संकेतों में परिणत करके टेलीफोन लाइन को दे सकती है, और टेलीफोन लाइन से प्राप्त ध्वनि के विद्युत संकेतों को पुनः डिजिटल संकेतों में परिणत करके कम्प्यूटर को दे सकती है।

MODEM शब्द अंग्रेजी के दो शब्दों, (MOdulator और DEModulator) के अंशों को मिलाकर बनाया गया है। यदि दोनों सिरों पर मोडेम लगी हों तो आप का कम्प्यूटर टेलिफोन की लाइन के द्वारा एक सुदूर स्थित कम्प्यूटर से डाटा का आदान-प्रदान कर सकता है। डाटा भेजने वाले सिरे की मोडेम कम्प्यूटर जनित डाटा को ऐसे विद्युत संकेतों में परिवर्तित कर देती है जिन्हें टेलिफोन की लाइनों द्वारा दूर तक भेजा जा सकता है। डाटा प्राप्त करने वाले सिरे पर लगी मोडेम इन आने वाले संकेतों को फिर से डिजिटल डाटा में बदलकर कम्प्यूटर को दे देती है, और कम्प्यूटर उस संदेश को या तो मॉनीटर के पटल पर प्रदर्शित कर देता है, या फिर एक फाइल में संचित करके रख लेता है, जिसे आप जब चाहे देख सकते हैं।

इंटरनेट (Internet)

इन्टरनेट समस्त पृथ्वी पर फैला हुआ तारों का एक गुच्छा है जिसके द्वारा असंख्य कम्प्यूटर एक दूसरे से जोड़े जा सकते हैं, और वे आपस में सूचनाओं का आदान-प्रदान कर सकते हैं। भारत में इन्टरनेट की सुविधा विदेश संचार निगम लिमिटेड (Videsh Sanchar Nigam Limited) या संक्षेप में वी एस एन एल (VSNL) द्वारा दी जाती है, पर अनेक ऐसी कंपनियाँ भी खुल गई हैं जो कि आपको अपने शहर में ही इन्टरनेट की सेवा अपने कम्प्यूटरों द्वारा दे सकती हैं। ऐसी कंपनियों को इन्टरनेट सर्विस प्रोवाइडर (internet service provider) कहा जाता है, और उनके उस सेवा प्रदान करने वाले कम्प्यूटर को सर्वर (server) कहा जाता है। ये कंपनियाँ आपसे सेवा-शुल्क लेकर आपको ई-मेल (e-mail) तथा वैबसाइट (web site) बनाने की सुविधाएँ देती हैं। डिशनेट (Dishnet), एचसीएल इनफिनेट (Hclinfinet), मन्त्राऑनलाइन (mantraonline), व सत्यमऑनलाइन (Satyamonline) ऐसी कंपनियों के उदाहरण हैं। इन्टरनेट की विशेष बात यह है कि इसमें पारस्परिक संपर्क करने की भाषा के माप-दण्ड पूरी तरह से स्थापित किये जा चुके हैं, ओर कोई भी कम्प्यूटर जो उस भाषा में संपर्क कर सकता है, इन्टरनेट से जोड़ा जा सकता है। इसलिए विश्वभर में अनेक प्रकार के कम्प्यूटर इन्टरनेट से जुड़े हुए हैं। इन कम्प्यूटरों में प्रचुर मात्रा में अनेक प्रकार की ज्ञान-वर्धक सामग्री भरी पड़ी है जिसको आप अपने कम्प्यूटर द्वारा घर बैठे ही प्राप्त कर सकते हैं, और लाभ उठा सकते हैं।

वैब साइट (Web Site)

वैब साइट में लोग अपने उत्पादों आदि को बहुत आकर्षक व रोचक ढंग से प्रस्तुत करने का प्रयास करते हैं। सर्वर तो हर समय इन्टरनेट से जुड़ा रहता है, इसलिए किसी भी वैब साइट को कोई भी व्यक्ति इन्टरनेट द्वारा खोल कर देख सकता है। एक वैब साइट में एक से अधिक पृष्ठ हो सकते हैं, परन्तु उसे खोलने पर पहले मुख पृष्ठ ही देखाई देता है। इस पृष्ठ पर अन्य पृष्ठों पर जाने के लिए कड़ियाँ (links) होती हैं जिन पर माउस द्वारा क्लिक करके आप उन जानकारियों को देख सकते हैं। यदि किसी पृष्ठ पर दी हुई जानकारी आपको अच्छी लगती है तो आप उसे अपने कम्प्यूटर पर मनचाहे फोल्डर में एक फाइल की तरह से ही संचित कर सकते हैं, और बाद में अध्ययन कर सकते हैं यह प्रक्रिया 'डाउनलोड' कहलाती है। इन्टरनेट पर असंख्य कम्प्यूटर जुड़े हैं ओर हजारों-लाखों वैब साइटें भी हैं। ये वैब साइटें दुनिया भर में एक मकड़-जाल की तरह फैली हुई हैं, और इस मकड़-जाल को वर्ल्ड वाइड वैब (world wide web) या संक्षेप में www कहा जाता है। सामान्य बोल-चाल की भाषा में इन्टरनेट व वर्ल्ड वाइड वैब को एक दूसरे के पर्यायवाची की तरह से प्रयोग किया जाता है। प्रत्येक वैब साइट का अपना एक अद्वितीय पता (address) होता है जिसे URL (Uniform Resource Locator) कहा जाता है, और जिसके द्वारा उसे ढूँढा जा सकता है। जैसे www.yahoo.com आदि।

ई-मेल (E-mail)

इन्टरनेट पर जुड़े या जोड़े जा सकने वाले कम्प्यूटरों का पत्र-व्यवहार में उपयोग का प्रचलन बहुत बढ़ गया है। इसे इलेक्ट्रॉनिक मेल (electronic mail), या ई-मेल (e-mail) कहा जाता है। इसका सबसे बड़ा लाभ यह है कि दिया हुआ समाचार तुरंत ही गन्तव्य स्थान पर पहुँच जाता है। ई-मेल की प्रणाली लगभग डाक सेवा की तरह कार्य करती है। इन्टरनेट सेवा देने वाला आपको एक अद्वितीय ई-मेल पता देता है जिसके द्वारा आप पत्र-व्यवहार कर सकते हैं। इस पते के दो भाग होते हैं और दोनों भागों के बीच में @ अक्षर होता है। नामों के बीच में रिक्त स्थान नहीं होता। इसके लिये _ (underscrore) चिह्न का प्रयोग किया जाता है। इसके अतिरिक्त आपका इन्टरनेट सर्विस देने वाला आपको अपने सर्वर पर पाँच-छः मेगाबाइट का स्थान आपकी ई-मेल के लिये सुरक्षित कर देता है। यह आपके लैटर बॉक्स की तरह काम करता है। आपकी आने वाली मेल इसमें संचित रहती हैं जिसे आप जब चाहें तब देख सकते हैं, ओर उत्तर देना व अन्य उचित कार्य कर सकते हैं। आपके द्वारा भेजा जाने वाला संदेश आपके सर्वर पर जा कर वहाँ से तुरन्त इन्टरनेट द्वारा गन्तव्य स्थान को भेज दिया जाता है, जहाँ वह प्राप्तकर्ता के ई-मेल के लैटर बॉक्स में जा कर संचित हो जाता है। इस प्रणाली द्वारा आप टेलीफोन के लोकल काल के खर्च पर दुनिया भर में संदेश भेज सकते हैं।

मोडेम ऑपरेशन (Modem Operation)

आइये, देखें कि मोडेम किस प्रकार काम करती है। सबसे पहले तो आप जहाँ पर सम्पर्क करना चाहते हैं वहाँ का टेलिफोन नम्बर डायल करते हैं और कनेक्शन जोड़ते हैं। आधुनिक मोडेमें दिये हुए नंबर को स्वयं ही डायल कर सकते हैं। सुदूर नम्बर से सम्पर्क जुड़ते ही उधर वाली मोडेम एक विशेष ध्वनि (carrier tone) भेजती है, जिसे आप की मोडेम पहचान कर उत्तर में एक अन्य विशेष ध्वनि (greeting tone) भेजती है। उत्तर की इस ध्वनि के मिलते ही दोनों मोडेमों का सम्पर्क स्थापित हो जाता है। अब आप उस सुदूर स्थित मोडेम से कंप्यूटर के द्वारा कोई भी प्रश्न पूछ सकते हैं, जिनके उत्तर वह मोडेम अपने कंप्यूटर से पूछ कर आप की मोडेम को भेज देती है, और यह मोडेम उन उत्तरों को आप के कंप्यूटर को दे देती है। इस प्रकार सन्देशों का आदन-प्रदान चलता रहता है। कार्य के समाप्त हो जाने पर दोनों मोडेम एक-दूसरे को good-bye कह कर सम्पर्क तोड़ देती है। सस्ती हों या महँगी, सभी प्रकार की मोडेमें इसी विधि से कार्य करती हैं।

बॉड रेट (Baud Rate) : डेटा जब, एक स्थान से दूसरे स्थान तक सीरियली (serially), अर्थात् एक-के-बाद-एक करके, भेजा जाता है, तब वह टेलीफोन लाइन पर जिस गति से भेजा जाता है उसे बॉड रेट (Baud rate) कहा जाता है। इसकी परिभाषा यह है कि एक सैकन्ड में कितने bits गए। इसलिए binary सिस्टमों में बॉड रेट उसके bits per second के बराबर ही होती है। Binary प्रणाली में 8 bit का एक अक्षर माना जाता है। इसलिए यदि बॉड रेट को 8 से विभाजित कर दिया जाए तो characters per second (cps) प्राप्त हो जाते हैं। उदाहरणार्थ, 1600 baud = 200 cps.

किसी भी संवाद या संदेश के आदान-प्रदान के लिए आवश्यक है कि दोनों ओर की बॉड रेट एक ही हों। ऐसे में समाचार ले जाने वाली, और लाने वाली बॉड रेटें अलग-अलग भी हो सकती है। इसीलिये, लिखते समय बॉड रेट को एक भिन्न रूप में लिखा जाता है, जैसे कि 1200/2400, अथवा 2400/9600 आदि।

मोडेम कनेक्शन (Modem Connection) : मोडेम के पीछे एक ऐसा सॉकेट लगा होगा जिसमें आप टेलीफोन की लाइन कनेक्ट कर सकते हैं। यदि आपके कंप्यूटर में मोडेम लगी है तो ऐसा सॉकेट सिस्टम यूनिट के पीछे लगा होगा। टेलीफोन की लाइन आपके टेलीफोन के पैरेलल (parallel) में लगाई जाती है, अर्थात् बाहर से टेलीफोन आने पर आपके टेलीफोन की घंटी बजेगी और आप सामान्य विधि से टेलीफोन पर बातचीत कर सकते हैं। पर यदि आपका कंप्यूटर चल रहा है तो लाइन पर किसी मोडेम द्वारा भेजा गया संदेश आपकी मोडेम पहचान कर संपर्क स्थापित कर सकती है। जब दो मोडेमों की परस्पर बातचीत चल रही होती है तो टेलीफोन की लाइन व्यस्त (busy) रहती है। इस बात का संकेत है कि मोडेम काम कर रही है, मोडेम के ऊपर जलती हुई लाल बत्ती द्वारा दिया जाता है।

इन्टरनेट एक्सप्लोरर (Internet Explorer)

इन्टरनेट एक्सप्लोरर प्रोग्राम आपको विभिन्न वैब साइटों पर जा कर उन्हें देखने व उनमें से वांछित सामग्री अपने कंप्यूटर पर संचित करने की सुविधा देता है। इसे चलाने से पहले आपके अपने कंप्यूटर को ऑन लाइन (on line) करना होगा, अर्थात् अपने कंप्यूटर को अपने सर्विस प्रोवाइडर के कंप्यूटर से जोड़ना होगा। यदि आपने अपने कंप्यूटर पर सर्विस प्रोवाइडर द्वारा दिया गया प्रोग्राम सही स्थापित कर लिया है तो आपके डेस्क टॉप पर उस प्रोग्राम की द्योतक एक नई आइकन बन जायेगी। जिस पर डबल क्लिक करके आप इन्टरनेट पर जा सकते हैं। कनेक्शन लग जाने पर आपकी टास्क बार में दाहिनी ओर एक छोटी सी आइकन बन जायेगी जिस से आप को यह पता चलता रहेगा कि आप इन्टरनेट से जुड़े हुए हैं और आपका टेलीफोन व्यस्त है।

सामान्यतया इस क्रिया से इन्टरनेट एक्सप्लोरर अपने आप खुल जाता है, और आपके द्वारा पहले से निर्धारित वैब साइट को ढूँढने लग जाता है। आप इस क्रिया को बीच में ही रोक कर दूसरी वैब साइट का नाम देकर उसे खोल सकते हैं।

वास्तव में www.google.com एक ऐसी वैब साइट है जो आपकी वांछित सामग्री पर जानकारी देने वाली वैब साइटों को ढूँढने की सेवा प्रदान करती है। इसलिये इसे सर्च एन्जिन (search engine) कहा जाता है। आप देखेंगे कि इसमें एक Search नाम का आयत है जिसमें आप जिस किसी विषय पर सामग्री ढूँढना चाहते हैं, उसे टाइप करके Enter कुंजी दबा देने पर ढूँढने की क्रिया प्रारम्भ हो जाती है। यह प्रोग्राम इन्टरनेट पर उपलब्ध लाखों वैब साइटों में खोज-बीन करके जिन-जिन साइटों में आपके दिये हुए नाम पर जानकारी उपलब्ध है, उन सब की एक सूची दर्शा देता है। आप अब इनमें से किसी भी साइट को खोल कर उसमें उपलब्ध सामग्री को देख सकते हैं, और यदि वह उपयोगी दिखाई दे तो उसे आप डिस्क में किसी फोल्डर में फाइल के रूप में संचित भी कर सकते हैं।

आउटलुक एक्सप्रेस (Outlook Express)

विन्डोज 95 के साथ आने वाला दूसरा प्रोग्राम है आउटलुक एक्सप्रेस (Outlook Express) जो कि ई-मेल की सुविधा प्रदान करता है। इस प्रोग्राम को इसकी डेस्क टॉप की आइकन पर डबल-क्लिक करके, या टास्क बार की आइकन पर एक बार क्लिक करके खोला जा सकता है। इस प्रोग्राम को खोल कर आप Compose बटन पर क्लिक करके जो भी ई-मेल संदेश आप बनाना चाहते हैं, बनाया जा सकता है। इसकी विशेषता यह है कि नया संदेश बनाने के लिये ऑन लाइन जाना आवश्यक नहीं। इस प्रकार से बिना टेलीफोन की लाइन पर गये ही कोई कार्य करने को ऑफ लाइन (off line) कार्य करना कहते हैं। इसका लाभ यह है कि आपकी टेलीफोन लाइन व्यस्त नहीं रहती।

आप देखेंगे कि इसमें एक फॉर्म दिखाया गया है जिसमें सबसे ऊपर का To का खाना तो उस ई-मेल के पते के लिये है जिसे ई-मेल भेजना है। उसके नीचे का खाना Cc, अर्थात् Carbon copy का है। इस खाने में आप वे ई-मेल के पते भर सकते हैं जिन्हें संदेश की प्रतिलिपि ज्यों-की-त्यों भेजनी है। इसके नीचे के खाने Bcc, अर्थात् Blind carbon copy में आप वे ई-मेल के पते लिख सकते हैं जिन्हें केवल संदेश तो भेजना है, पर अन्य पतों आदि की जानकारी नहीं भेजनी है। यदि आपको किसी और को प्रतिलिपि नहीं भेजनी हो तो इन खानों को खाली भी रखा जा सकता है। इसके नीचे Subject के खाने में आप संदेश का विषय टाइप कर सकते हैं। इसके नीचे के बड़े खाने में आप संदेश टाइप कर सकते हैं। आप देखेंगे कि इस प्रोग्राम में वर्ड प्रोसेसर की जैसी अनेक सुविधाएँ उपलब्ध हैं आप टाइप के अक्षरों का आकार-प्रकार बदल सकते हैं, हाशिये सीधे आदि कर सकते हैं, और रंग भी बदल सकते हैं। संदेश टाइप कर चुकने के पश्चात् Send बटन पर क्लिक करने पर यह संदेश आउटलुक एक्सप्रेस के Outbox में संचित हो जायेगा। आप कितने भी संदेश टाइप कर सकते हैं और उन्हें Outbox में संचित रख सकते हैं। संचित किये संदेशों की संख्या Outbox के आग दिखाई जाती रहेगी।

जब आप संदेश को भेजना चाहें तो अपने ऑन लाइन हो कर फिर आउटलुक एक्सप्रेस के Send and Receive बटन पर क्लिक कीजिए। ऐसा करते ही आपके Outbox में संचित संदेश, एक के बाद एक करके भेज दिये जायेंगे और फिर आउटलुक एक्सप्रेस आपके ई-मेल के बक्से में आये हुए संदेशों को उसमें से निकाल कर आपकी हार्ड डिस्क में निकाल कर संचित कर देगा, जिन्हें आप बाद में ऑफ लाइन रह कर भी पढ़ सकते हैं।

आउटलुक एक्सप्रेस बहुत उपयोगी प्रोग्राम है। संदर्भ की अधिक जानकारी के लिये इसमें पर्याप्त मात्रा में Help सामग्री उपलब्ध है।

पारिभाषिक शब्दकोष (Glossary)

Access	समीप में पहुँचना, वांछित डेटा तक पहुँचना।
Ada	प्रोग्रामिंग की एक उच्चस्तरीय भाषा जिसका विकास मिलिटरी से संबन्धित कार्यों के करने के लिये किया गया।
Algol	ALGOrithmic भाषा। एक फोर्ट्रान जैसी बीजगणित पर आधारित प्रोग्रामिंग की उच्चस्तरीय भाषा।
Alogrithm	किसी समस्या को सुलझाने के लिये परिभाषित नियम।
ANSI	American National Standards Institute का संक्षिप्त रूप।
Application Software	वे प्रोग्राम जिनके द्वारा कंप्यूटर पर उपयोगी कार्य किए जा सकते हैं। सामान्यतया ये फ्लापी डिस्कों अथवा सीडी रोम पर वितरित किये जाते हैं। इन्हें पहले हार्ड डिस्क पर स्थापित करना होता है।

ASCII	यह American Standard Code for Inforamtion Interchange का संक्षिप्त रूप है। इसमें अंग्रेजी भाषा के समस्त अक्षरों, अंकों, व अन्य चिह्नों को सम्बोधित करने के लिए शून्य से लेकर 127 तक की संख्याएँ निर्धारित की गई हैं, जो सूचना के आदान-प्रदान के लिए सभी निर्माताओं को मान्य हैं (देखिए परिशिष्ट 'ख')।
Attribute (A, R, H, S)	वह सूचना जिसके द्वारा यह जाना जाता है कि कोई फाइल गुप्त है, या केवल पढ़े जाने के लिये है, या वह सिस्टम फाइल है, और क्या उसमें बैक-अप के पश्चात् कोई संशोधन हुआ है।
Backup	सुरक्षा के लिए किसी भी प्रोग्राम या डेटा की प्रतिलिपि (copy) बना कर रखना।
Baud	संचार व्यवस्था में सूचना के आदान-प्रदान की गति bits per second का दूसरा नाम।
Batch File	डॉस के आदेशों वाली ASCII अक्षरों में लिखी पाठ्य फाइल।
Binary	केवल दो अंकों, अर्थात् 0 व 1 के द्वारा गणना करने की प्रणाली।
BIOS	कंप्यूटर को प्रारम्भ करने का प्रोग्राम। यह Basic Input Output System का संक्षिप्त रूप है।
Bit	यह शब्द binary digit को संक्षिप्त करके बनाया गया है। एक बिट 0 या 1 हो सकता है, जो कि विद्युत सर्किट के ऑन या ऑफ होने की अवस्था दर्शाता है।
Boot	कंप्यूटर को प्रारंभ करने की क्रिया। बूट-डिस्क द्वारा आप अपने कंप्यूटर को चालू करके कार्य प्रारम्भ कर सकते हैं।
Browse	डाइरेक्टरियों (फोल्डरों) और फाइलों की सूचियों के बीच झाँकना। किसी बात के बक्से में browse बटन को दबाने पर डाइरेक्टरियों व फाइलों की सूची दिखाई देने लगती है जिसमें से वांछित फाइल का चयन किया जा सकता है।
Bug	कंप्यूटर के प्रोग्राम में त्रुटि। इनके निवारण को debugging कहा जाता है।
Buffer	कंप्यूटर स्मृति में पाठ्य सामग्री (text) को तब तक संचित करके रखने का स्थान जब तक कि कंप्यूटर कुछ और कार्य करने के लिए तैयार नहीं हो जाता।
Bus	विद्युत संकेतों को लाने-लेजाने वाले तारों का समूह।
Byte	आठ बिटों (bits) का एक समूह। एक बाइट द्वारा बाइनरी प्रणाली में 256 अंक (शून्य से लेकर 255 तक) गिना जा सकता है।
Centronics Port	प्रिन्टर पोर्ट का या पैरेलल पोर्ट का दूसरा नाम।
Cache	सूचना के भंडारण की एक युक्ति जिसमें सूचना अंकित करने व अंकित सूचना को पढ़ने का कार्य बहुत द्रुत गति से किया जा सकता है।
CGA	Colour Graphics Adapter का संक्षिप्त रूप। IBM PC व उसके समतुल्य कम्प्यूटरों में यह कार्ड सर्वाधिक प्रचलित कार्ड रहा है। अब VGA तथा SVGA का प्रचलन है।
Check Box	बातचीत के बक्से में दिखाई देने वाला एक छोटा चौकोर बक्सा जिसमें एक बार क्लिक करने से हाँ का सूचक चिह्न × दिखाई देता है और दुबारा क्लिक करने से × निकल जाता है।
Click	माउस के बटन को एक बार दबा कर जल्दी से छोड़ने की क्रिया।
Clipart	प्रकाशन, प्रस्तुतिकरण या अन्य कार्यों के लिये उपयोग में लिये जा सकने वाले चित्रों का संग्रह, जिनके उपयोग में कॉपीराइट की कोई समस्या नहीं होती।
Clipboard	अस्थाई स्मृति में कुछ याद रख सकने का क्षेत्र। इसमें किसी पाठ्य या चित्र की प्रतिलिपि काट (cut) कर संचित रखी जा सकती है और उसे फिर किसी भी अन्य उपयोगी प्रोग्राम (application) में कितनी भी बार चिपकाया (paste) जा सकता है।
Clock	कंप्यूटर में समय के क्रम की व्यवस्था बनाए रखने की युक्ति। समय गलत न हो जाये इसलिये इसके लिये एक बैटरी अलग से कंप्यूटर में लगी होती है।
Command Button	बातचीत के बक्से के बटन जैसे कि OK या Cancel बटन जिन पर क्लिक करके प्रक्रिया की जा सकती है। यदि किसी बटन के आगे तीन बिन्दु हों जैसे कि Browse... में, तो उसे क्लिक करने पर एक और बातचीत का बक्सा खुल जायेगा।

Compatibility किसी दूसरे प्रकार के हार्डवेअर या सॉफ्रवेअर को आपके कंप्यूटर पर चलाए जा सकने की क्षमता।

Compiler उच्चसतरीय भाषा में लिखे गये प्रोग्राम को मशीनी भाषा में परिणत करने वाला प्रोग्राम।

Console कंप्यूटर का वह भाग जिसके द्वारा मानव कंप्यूटर मशीन से संपर्क कर सकता है।

Coprocessor माइक्रोप्रोसेसर की सहायता करने वाला प्रोसेसर।

Conventional Memory डॉस के द्वारा निर्धारित 640k की स्मृति। आधुनिक प्रोग्रामों के लिये यह बहुत अपर्याप्त है।

CPU Central Processing Unit जिसे माइक्रोप्रोसेसर भी कहते हैं।

Crash किसी हार्डवेअर या सॉफ्टवेअर के फेल हो जाने पर कंप्यूटर का अचानक कार्य करना बन्द कर देना।

Cursor मॉनीटर के पटल पर एक टिमटिमाती रेखा, जो यह दर्शाती है कि आपके द्वारा कीबोर्ड पर टाइप किया जाने वाला अक्षर पटल पर कहाँ दृष्टिगोचर होगा।

Cylinder डिस्क पर वे सारे ट्रैक जिन्हें एक साथ पढ़ा जा सकता है।

Data कंप्यूटर के लिए उपयोगी सूचना। इसमें पाठ्य (text) के अतिरिक्त आँकड़े, चित्र व ध्वनि भी हो सकती है।

Daughter Board कंप्यूटर के मदरबोर्ड पर उपलब्ध सॉकेटों में लगाया जा सकने वाला प्रिन्टेड सर्किट बोर्ड। इसका उपयोग कंप्यूटर की क्षमता को बढ़ाने के लिये किया जाता है।

Database सुव्यवस्थित प्रकार से भंडारित सूचना।

Debug प्रोग्राम या सॉफ्टवेअर में त्रुटियों (bugs) का समाधान करना।

Default Button किसी बातचीत के बक्से में जिस बटन का चयन विन्डोज़ ने पहले से ही कर रखा हो।

Default Data सॉफ्टवेअर द्वारा पहले से निर्धारित सूचना, अंक या माप।

Defragmentation डिस्क या बिखरी फाइलों को एक साथ एकत्रित करके अंकित करने की क्रिया ताकि बीच-बीच में व्यर्थ घिरा हुआ स्थान रिक्त करके उपयोग में लाया जा सके।

Desktop मॉनीटर का पटल का पार्श्व जिस पर विन्डोज़ की आइकनें व बातचीत के बक्से दिखालाई देते हैं।

Device कंप्यूटर के साथ उपयोग में ली जाने वाली युक्ति। किसी प्रकार का कार्य करने की कोई युक्ति।

Device Driver एक प्रोग्राम जो किसी युक्ति (जैसे कि प्रिन्टर) का विन्डोज़ के साथ संबन्ध जोड़ता है। सामान्यतया इनका उपनाम .drv होता है।

Dialog Box पटल पर दिखाई देने वाली एक अस्थाई खिड़की में बातचीत का बक्सा, जो या तो कुछ अतिरिक्त सूचना माँगता है, या प्रदर्शित करता है। अनेक बक्सों में विकल्प के बटन भी होते हैं जिन्हें माउस से क्लिक किया जा सकता है।

Directory डिस्क पर संचित सूचना का एक विशेष अंग। इसमें समस्त संचित सूचनाओं की विशिष्ट जानकारी होती है जिसके द्वारा कंप्यूटर किसी भी फाइल को तुरन्त ढूँढ कर उपयोग में ले सकता है।

Digitizer कंप्यूटर के साथ काम में ली जाने वाली वह युक्ति जो कंप्यूटर को भेजे जाने वाले विद्युत संकेतों को कंप्यूटर की समझ में आ सकने वाले सांख्यिकी (digital) संकेतों में बदल देती है।

Disk कंप्यूटर में सूचना को स्थायी रूप में संचित रखने का माध्यम। ये तीन प्रकार की होती हैं: 5.25" की फ्लॉपी डिस्कें, 3.5" की फ्लॉपी डिस्कें, व हार्ड डिस्क।

Diskette फ्लॉपी डिस्क का दूसरा नाम।

Display प्रदर्शन। कोई भी वस्तु दर्शाने का उपकरण। कंप्यूटर में इस शब्द का उपयोग मॉनीटर या उसके पटल के लिए किया जाता है।

DOS Disk Operating System का संक्षिप्त रूप। वह प्रोग्राम जो उपभोक्ता व कंप्यूटर की मशीन के बीच परस्पर का सम्बन्ध स्थापित करने की क्षमता देता है।

Double Click किसी प्रोग्राम को चलाने के लिए माउस के बटन को दो बार जल्दी-जल्दी क्लिक करना।

Downloaded Fonts	वे फॉन्टें जिन्हें मुद्रण करने के लिए प्रिन्टर की स्मृति में संचित करने के लिये भेजा जाता है।
Drag	माउस के बटन को दबाये रख कर माउस के द्वारा पटल पर की किसी आकृति को सरकाने की क्रिया।
DS/DD	Double-Sided Double-Density फ्लॉपी डिस्कों के लिए संक्षिप्त संकेत।
DTP	Desk Top Publishing का संक्षिप्त रूप। ये प्रोग्राम पुस्तकें अथवा विज्ञापन आदि को तैयार करने के लिये उपयोग किये जाते हैं।
Dump	कंप्यूटर शब्दावली में उपयोग किया जाने वाला शब्द, जो कि पटल, स्मृति या किसी फाइल में संचित जानकारी को दूसरी जगह भेजने की क्रिया दर्शाता है। उदाहरण के लिए, पटल पर दिख रहे सारे दृश्य को प्रिन्टर को भेजना screen dump कहलाता है।
EBCDIC	Extended Binary Coded Decimal Interchange Code.
Editor	पाठ्य अथवा ग्राफिक्स का अवलोकन करने व उसमें फेर-बदल करने की सुविधा देने वाला प्रोग्राम।
EDP	Electronic Data Processing का संक्षिप्त रूप।
EGA	Enhanced Graphics Adapter का संक्षिप्त रूप। यह अधिक रिजॉल्यूशन वाले कार्ड का संकेत करता है। ग्राफिक्स के कार्यों में इसका अधिक प्रयोग होता है।
EISA	Extended Industry Standard Architecture का संक्षिप्त रूप। इस प्रकार की बसों वाले कंप्यूटर 32-bit तक के हो सकते हैं।
E-mail	Electronic mail की संक्षिप्त रूप। कंप्यूटरों द्वारा भेजी जाने वाली या प्राप्त की जाने वाली डाक।
EMS	Expanded Memory Specification का संक्षिप्त रूप। इसमें वे मान्यताएं दी गई हैं जो कि PC में DOS की 640 KB की स्मृति को बढ़ाकर उपयोग में लेने के लिए आवश्यक है।
EPS	Encapsulated Postscript का संक्षिप्त रूप। यह फाइलों के भंडारण की एक विशिष्ट प्रणाली है।
Ergonomics	मनुष्य व मशीन के पारस्परिक संपर्क में आराम की ओर विशेष ध्यान देने वाली विद्या या ज्ञान।
Esc/Escape	कंप्यूटर कीबोर्ड पर एक विशेष कुंजी जो कि प्रायः किसी आदेश को रद्द करने के लिए उपयोग में ली जाती है।
Expansion Card	एक प्रिन्टेड सर्किट बोर्ड, जिसे आप कंप्यूटर की सिस्टम यूनिट में लगा कर कंप्यूटर की क्षमता बढ़ा सकते हैं।
Expansion Slot	कंप्यूटर के मुख्य सर्किट बोर्ड (motherboard) पर लगे रॉकेट जिनमें अनेक प्रकार के expansion cards लगा कर विविध प्रकार के कार्य किए जा सकते हैं।
Expanded Memory	8 मेगाबाइटों तक की ऐसी स्मृति जिसे 8086 8088, 80286, 80386 , अथवा 80486 प्रोसेसरों वाले कंप्यूटर अतिरिक्त स्मृति की तरह उपयोग में ले सकते हैं। इनकी विशिष्टताओं की व्याख्या Expanded Memory Specifications (EMS) में दी गई होती है।
Extended Memory	कंप्यूटर की स्मृति बढ़ाने के लिये एक मेगाबाइट से आगे की अतिरिक्त स्मृति जिसका उपयोग 80286, 80386 व 80486 प्रोसेसरों वाले कंप्यूटरों द्वारा किया जा सकता है। इसके उपयोग के लिये उचित सॉफ्टवेअर की भी आवश्यकता होती है।
Extension	फाइल का उपनाम जो कि बिन्दु (.) के बाद लिखा जाता है और जिसमें अधिक से अधिक तीन अक्षर हो सकते हैं। सामान्यतया यह उस फाइल को बनाने वाले प्रोग्राम का द्योतक होता है।
Fax Card	कंप्यूटर के रिक्त स्लॉट में लगाया जा सकने वाला एक कार्ड जिसके लगाने पर कंप्यूटर से फैक्स (fax) के द्वारा संदेश भेजे जा सकते हैं।
Fax Modem	ऐसी मोडेम जिसके द्वारा कंप्यूटर से फैक्स (fax) भी भेजा जा सके।
File	डिस्क पर संचित सूचना के एक खण्ड का नाम। एक फाइल में पाठ्य (text), चित्र या बाइनरी प्रणाली में सूचना हो सकती है।

Fixed disk — हार्ड डिस्क का दूसरा नाम।

Floppy Diskette — एक 5.25" या 3.5" की चुम्बकीय डिस्क जो प्रोग्राम, डेटा, व पाठ्य को रिकार्ड करने के काम में ली जाती है। यह एक स्थाीय प्रकार की स्मृति है।

Font — किसी विशिष्ट आकार-प्रकार में लिखे गये एक भाषा की वर्णमाला के अक्षर। वैसे अब केवल चिह्नों वाली फॉन्टें भी मिलने लगी हैं जैसे कि Dingbats या Wingding फॉन्टें।

Folder — जिसे डॉस में डाइरेक्टरी कहा जाता है, विन्डोज़ में उसे फोल्डर कहते हैं। डॉस की भाँति ही एक फोल्डर में अनेक फाइलें व फोल्डर हो सकते हैं। इस फोल्डरों को संबोधित करने की वंशावली पर आधारित प्रणाली भी डॉस के जैसी ही है।

Footer — किसी ग्रन्थ में हर पृष्ठ पर नीचे की ओर लिखा जाने वाला पाठ्य।

Format — किसी डिस्क को सूचना रिकार्ड कर सकने के लिए तैयार करने की क्रिया। सभी प्रकार की डिस्कों को कुछ भी रिकार्ड करने के पहले फॉर्मेट करना पड़ता है।

Fullscreen Application — वे प्रोग्राम जो कि विन्डोज़ पर चलाये जाने के लिये नहीं बने होते हैं पर जिन्हें विन्डोज़ पर चलाया जाता है। ऐसे प्रोग्राम समूचे पटल पर ही चलाये जा सकते हैं, किसी एक खिड़की में नहीं।

Gigabyte — एक हजार मेगाबाइट (MB) या एक अरब बाइट।

GIGO — Garbage-In Garbage-Out का संक्षिप्त रूप। इसका अर्थ यह है कि गलत आदेश अथवा गलत डाटा के देने पर कंप्यूटर का उत्तर भी अनर्गल, अर्थात् अर्थहीन ही होगा।

Graphics — कंप्यूटर पर चित्र बनाने की कला।

GUI — Graphics User Interface का संक्षिप्त रूप। जिन प्रोग्रामों में यह सुविधा होती है उनमें कीबोर्ड पर टाइप करने की आवश्यकता बहुत कम रह जाती है।

Hard Disk — कंप्यूटर के अंदर स्थायी रूप से लगी डिस्क, जिसमें सूचना के भंडारण की क्षमता बहुत अधिक होती है। इसके अतिरिक्त वांछित सूचना को ढूँढने या नई सूचना को रिकार्ड करने में भी यह बहुत तेजी से काम करती है।

Hardware — कंप्यूटर के वे कलपुर्जे जिन्हें आप छूकर देख सकते हैं। उदाहरणार्थ, मदरबोर्ड, मॉनीटर, कीबोर्ड, प्रिन्टर, मोडेम आदि। फ्लापी डिस्क भी स्वयं में एक हार्डवेअर ही है, परन्तु उसमें अंकित जानकारी सॉफ्टवेअर है।

Header — किसी ग्रन्थ के हर पृष्ठ पर सबसे ऊपर लिखा जाने वाला पाठ्य।

Icon — डिस्क ड्राइव, डाइरेक्टरी, समूह, उपयोगी प्रोग्राम या दस्तावेज को पटल पर दर्शाने वाला एक लघुचित्र। इस चित्र से उस प्रोग्राम का आभास हो जाता है, और इस पर माउस द्वारा डबल-क्लिक करने से वह प्रोग्राम या क्रिया चालू हो जाती है।

Interpreter — उच्चस्तरीय भाषा में लिखे गये प्रोग्राम की एक-एक पंक्ति पढ़ते हुए क्रिया करने वाला प्रोग्राम।

ISA — Industry Standard Architecture का संक्षिप्त रूप। यह विधि 16-bit तक के कंप्यूटरों के निर्माण में काम में ली जाती है।

Kilo — शब्द से पहले लगाये जाने वाला उपसर्ग। इसका अर्थ वैसे तो 1000 गुना होता है, पर कंप्यूटरों में इसका अर्थ 2^{10}, अर्थात् 1024 होता है।

Label — किसी डिस्क पर पहचान के लिये दिया जाने वाला नाम या अंक या दोनों का समूह।

LAN — Local Area Network का संक्षिप्त रूप।

Local Printer — स्थानीय प्रिन्टर। वह प्रिन्टर जिसे कंप्यूटर के साथ सीधे ही संलग्न किया गया हो।

Logical Device — यदि किसी बड़ी हार्ड डिस्क का विभाजन किया गया है तो उन विभाजनों को दर्शाने वाले नाम, जैसे कि D:, E:, etc.

Mega — शब्द के पहले लगाया जाने वाला उपसर्ग। वैसे तो इसका अर्थ 1,000,000 गुना होता है, पर कंप्यूटरों में इसका अर्थ 2^{20}, अर्थात् 1,048, 576 (1024×1024) होता है।

Memory — स्मृति जिसमें किसी भी प्रकार की सूचना (पाठ्य अथवा चित्र) संचित किया जा सकता है, और जहाँ से आवश्यकता पड़ने पर उसे वापस भी लिया जा सकता है।

MIDI	Musical Instruments Digital Interface का संक्षिप्त रूप। इसके द्वारा आप कंप्यूटर पर प्यानो के कीबोर्ड को संलग्न करके कंप्यूटर पर संगीत बजा सकते हैं, उसमें अनेक प्रकार के संशोधन कर सकते हैं, और रिकार्डिंग भी कर सकते हैं।
MODEM	MOdulator-DEModulator के संक्षिप्तीकरण से बना एक शब्द। यह यन्त्र कंप्यूटर जनित डिजिटल प्रकार के विद्युत-संकेतों को परिवर्तित करके उन्हें टेलिफोन की लाइनों द्वारा दूर भेजे जा सकने योग्य बना देता है, और उसी प्रकार से टेलीफोन लाइनों से आने वाले विद्युत-संकेतों को कंप्यूटर के उपयोग के लिये अनुरूप डिजिटल विद्युत-संकेतों में बदल कर कंप्यूटर को दे सकता है।
Monitor	कंप्यूटर के संदेश दिखाने वाला यंत्र। ये दो प्रकार के होते हैं—सादा और रंगीन। रंगीन प्रकार के मॉनीटर या तो RGB (Red Green Blue) संकेतों पर काम करने वाले होते हैं, और या संयुक्त (composite) संकेतों पर काम करने वाले होते हैं।
Motherboard	एक बड़ा प्रिन्टेड सर्किट बोर्ड जिस पर कंप्यूटर का मुख्य इलेक्ट्रॉनिक सर्किट बना होता है। सामान्यतया यह सिस्टम यूनिट के अंदर पेंदे पर लगा होता है।
Mouse	कंप्यूटर से संपर्क करने की युक्ति जिसे मेज पर रख कर हाथ से चला कर उपयोग में लाया जाता है। इसके सरकने के साथ मॉनीटर पर दिख रहा माउस का कर्सर भी उसी के अनुरूप मॉनीटर के पटल पर सरकता जाता है।
Multiuser	ऐसा कंप्यूटर सिस्टम जिसमें एक से अधिक व्यक्ति ही कंप्यूटर का एक साथ उपयोग कर सकते हैं।
Null	वह संख्या जिसके सारे अक्षर शून्य होते हैं, अर्थात् जिसका कोई मान नहीं होता।
Object Program	किसी उच्चस्तरीय भाषा में लिखे प्रोग्राम (source code) का कम्पाइलर द्वारा परिणत स्वरूप।
OCR	Optical Character Recognition का संक्षिप्त रूप। मशीन द्वारा लिखे या छपे अक्षरों को पहचानना।
OEM	Original Equipment Manufacturer का संक्षिप्त रूप।
Operating System (OS)	वह प्रोग्राम जो मनुष्य व कंप्यूटर का परस्पर संपर्क स्थापित करता है, और कंप्यूटर का संचालन करता है।
Optical Disk	लेज़र किरणों के उपयोग से बहुत अधिक मात्रा में सूचना भंडारण करने वाला डिस्क।
Parallel Port	माइक्रोकंप्यूटर के पीछे लगा प्रिन्टर चलाने वाला पोर्ट। इसे Centronics पोर्ट भी कहा जाता है।
Partition Table	हार्ड डिस्क पर वह क्षेत्र जहाँ पर डिस्क पर अंकित सूचना की व्यवस्था की पूरी जानकारी संचित की जाती है।
PC DOS	पर्सनल कंप्यूटरों के लिए DOS ऑपरेटिंग सिस्टम।
PCMCIA	PC Memory Card International Association का संक्षिप्त रूप। एक PCMCIA को 68 पिनों वाला कनेक्टर चाहिए।
Pentium	80486 के बाद का 64-bit माइक्रोप्रॉसेसर।
Peripheral	कंप्यूटर पर बाहर से जोड़ी जाने वाली युक्ति अथवा उपकरण।
Pixel	कंप्यूटर के मॉनीटर के पटल पर का एक बिन्दु। कंप्यूटर के पटल पर प्रदर्शन की स्पष्टता (resolution) इन बिन्दुओं की संख्या पर निर्भर करती है। उदाहरणार्थ, यदि एक पटल पर आड़ी लाइन में 640 और खड़ी लाइन में 200 पिक्सलें हैं तो कुल मिला कर चित्र खींचने के लिये 640 × 200 = 128,000 पिक्सलें हुई।
Platter	हार्ड डिस्क के बक्से में बन्द वास्तव में सूचना भंडारण करने वाली डिस्क। सामान्यतया इसमें रिकार्डिंग दोनों ओर होती है।
Port	कंप्यूटर के पीछे की ओर बना छिद्र। ऐसे छिद्रों में तरह-तरह के सॉकेट लगे होते हैं जिनमें बाहर से जोड़ी जाने वाली युक्तियों के केबल कनेक्ट किए जा सकते हैं।
Printer Port	कंप्यूटर के पीछे लगा एक सॉकेट जिसमें प्रिन्टर का केबल कनेक्ट किया जाता है।

Printer कंप्यूटर जनित संदेशों को मुद्रित करने का यंत्र। ये कई प्रकार के होते हैं, जैसे कि डॉट-मैट्रिक्स प्रिन्टर, लेज़र प्रिन्टर, डेज़ी व्हील प्रिन्टर, व इंक जैट प्रिन्टर।

Printer Driver कंप्यूटर द्वारा जनित संदेशों को प्रिन्टर की समझ में आने वाली संकेतों में परिणत करने वाला प्रोग्राम।

PRN डॉस में पहले पैरेलल पोर्ट को संकेत करने का शब्द। इसे LPT1 भी कहते हैं।

Prompt उकसाना। मॉनीटर के पटल पर दिखाई देने वाला वह विशेष चिह्न (>) जो आपको कंप्यूटर के लिये अगला आदेश देने का आवाहन करता है। डॉस में इसे डॉस प्रॉम्प्ट कहा जाता है।

RAM Random Access Memory का संक्षिप्त रूप। यह एक अस्थायी प्रकार की स्मृति होती है जिसे कंप्यूटर गणनाओं के लिए एक स्लेट की भांति प्रयोग करता है।

Real Time Clock एक बैटरी-चलित समय का संकेत देने वाली युक्ति। जिन कंप्यूटरों में यह व्यवस्था बनी रहती है उनमें रोजाना तात्कालिक समय नहीं भरना पड़ता।

Reset Button कंप्यूटर में लगा बटन जिसके द्वारा बिना कंप्यूटर को बन्द किये ही दुबारा से बूट किया जा सकता है। इसका प्रयोग Ctrl + Alt + Del के काम न करने की अवस्था में किया जाता है।

RGB एक विशेष प्रकार का रंगीन मॉनीटर जिसकी CRT में तीन रंगों (Red, Green व Blue) के लिए अलग-अलग guns बनी होती हैं। ये महँगे होते हैं पर ये रंगीन चित्रों को बहुत स्पष्ट दिखाते हैं।

Robot विद्युत-संकेतों द्वारा दिये गये आदेशों पर काम करने वाली मशीन या युक्ति।

ROM Read Only Memory का संक्षिप्त रूप। यह एक स्थायी प्रकार की इलेक्ट्रॉनिक स्मृति होती है। इसमें अंकित सूचना को पढ़ा तो अनेक बार जा सकता है पर बदला नहीं जा सकता। कंप्यूटर का BIOS प्रोग्राम इसी प्रकार की स्मृति में अंकित होता है।

RS-232 इसे सीरियल पोर्ट (Serial Port) भी कहा जाता है। यह Electronic Industry Association के Required Standard 232 का संक्षिप्त रूप है।

Save कंप्यूटर की अस्थायी स्मृति से स्थायी स्मृति (जैसे कि फ्लापी डिस्क) में सूचना के संचय करने की क्रिया।

Screen Saver वह प्रोग्राम जिसके द्वारा कुछ समय तक कोई कुंजी या माउस के प्रयोग ने करने पर पटल पर एक हिलने-डुलने वाला दृश्य दिखाई देने लगता है। एक स्थाई चित्र पटल पर स्थाई रूप से रच सकता है, और यह प्रोग्राम ऐसी क्षति से मॉनीटर को बचाये रखता है।

Scroll पटल के दृश्य को ऊपर-नीचे या इधर-उधर सरकाने की क्रिया ताकि जो भाग नहीं दिख रहा है उसे भी देखा जा सके।

SCSI Small Comptuer System Interface का संक्षिप्त रूप। कंप्यूटर के साथ अन्य युक्तियों के संलग्न करने का इन्टरफेस।

Serial कंप्यूटर-जनित सूचना के बिटों को एक-के-बाद-एक करके भेजने की प्रणाली।

Serial Port कंप्यूटर के पीछे लगा वह सॉकेट जिसमें माउस, मोडेम, जॉयस्टिक, सीरियल प्रिन्टर आदि अनेक प्रकार की युक्तियाँ लगाई जा सकती हैं, और उपयोग में ली जा सकती हैं।

Server वह कंप्यूटर जो अन्य कंप्यूटरों को किसी प्रकार की सेवा प्रदान करता है, जैसे कि इन्टरनेट सेवा प्रदान करने वाले का कंप्यूटर।

Software कंप्यूटरों पर प्रयोग के लिए प्रोग्रामों का संग्रह। सामान्यतया ये फ्लापी डिस्कों पर रिकार्ड करके वितरित किए जाते हैं।

SOHO	Small Office, Home Office का संक्षिप्त रूप। व्यापार का वह भाग जहाँ पर व्यवसायिक कार्य भी घर पर ही किये जाते हैं।
Source Program	उच्चस्तरीय भाषा में लिखा गया प्रोग्राम जिसे कम्पाइलर द्वारा या इन्टरप्रैटर द्वारा कंप्यूटर पर चलाया जा सकता है।
Spreadsheet	अंकों द्वारा अनेक प्रकार की संगणनाएँ करने का प्रोग्राम।
String	अंको, अक्षरों व चिह्नों का एक समूह।
Syntax	कंप्यूटर की भाषा का व्याकरण।
Terminal	दूर स्थित कंप्यूटर से संपर्क करने का संयन्त्र।
Touch Screen	एक विशेष प्रकार का मॉनीटर जिसके पटल पर प्रदर्शित आइकनों या विकल्पों को छूने मात्र से वह क्रिया चालू हो जाती है।
Trojan Horse	एक उपयोगी प्रोग्राम पर सवार हो कर कंप्यूटर में घुस जाने वाला वाइरस।
True Type Fonts	वे फॉन्टें जिन्हें किसी भी आकार में प्रिन्टर पर मुद्रित किया जा सकता है। अन्य फॉन्टों की तरह इन फॉन्टों में उनके समतुलय पटल पर दिखने वाली फॉन्टें अलग से नहीं होती, अपितु उन्हें साथ के साथ बना लिया जाता है।
Unix	मिनि व मेन-फ्रेम कंप्यूटरों का ऑपरेटिंग सिस्टम, जिसमें एक ही कंप्यूटर पर अनेक व्यक्ति एक साथ काम कर सकते हैं।
USB	Universal Serial Bus का संक्षिप्त रूप। जिन कंप्यूटरों में ऐसी बस होती है उन्हें बाहर से युक्तियाँ जोड़ना बहुत आसान होता है।
User	कंप्यूटर का उपयोग करने वाला अर्थात् उपभोक्ता।
VGA	Video Graphics Array का संक्षिप्त रूप। इस कार्ड से मॉनीटर का रिजॉल्यूशन बहुत अधिक हो जाता है।
Wild Card	वे चिह्न जिन्हें अन्य अक्षरों के स्थान पर उपयोग किया जा सकता है। कंप्यूटर में ऐसे दो चिह्न हैं, ? तथा * जिनमें ? का उपयोग तो एक अक्षर के लिये किया जा सकता है और * का उपयोग आगे आने वाले सभी अक्षरों के लिये किया जात है।
Volume	भंडारण की एक समूची युक्ति जैसे कि फ्लॉपी डिस्क या हार्ड डिस्क या टेप कार्टरिज।
Word Processor	कंप्यूटर पर चलने वाला वह प्रोग्राम जिसके द्वारा पाठ्य सामग्री को सुगमता से टाइप किया जा सकता है, और आवश्यकता अनुसार उथल-पुथल करके व्यवस्थित व सुन्दर ढंग से जमाया जा सकता है।
Work Station	कंप्यूटर पर कार्य करने के लिये स्थल।
WORM	Write Once, Read Many का संक्षिप्त रूप। ये केवल एक बार ही रिकार्ड की जा सकने वाली डिस्कों का द्योतक है।
Write Protect	किसी डिस्क पर अकस्मात कोई अनचाही चीज़ रिकार्ड होने से सुरक्षित रखने की युक्ति।
WYSIWYG	'विज़ीविग' अर्थात् 'What You See Is What is You Get' का संक्षिप्त रूप है। इसका अर्थ यह है कि मुद्रण करने पर जैसा दृश्य आप मॉनीटर के पटल पर देख रहे हैं, वैसा का वैसा ही मुद्रित होगा। इसका प्रयोग डेस्क टॉप पब्लिशिंग में किया जाता है।
Wizard	एक ऐसा प्रोग्राम जो कठिन कार्य को आसानी से कर सकने के लिये एक कुशल व्यक्ति की तरह अपना मार्ग दर्शन करता है।

इन्टरनेट कनेक्शन (Internet Connection)

इन्टरनेट सेवा अब भारत में सभी बड़े शहरों में उपलब्ध होने लगी है जिसका असंख्य लोग लाभ उठा रहे हैं। इसका सर्वाधिक उपयोग तो ई-मेल भेजने के लिये किया जाता है, परन्तु व्यापार व वाणिज्य के क्षेत्र में इन्टरनेट का उपयोग भी बहुतायत से किया जाने लगा है। इसके अतिरिक्त नेटवर्किंग द्वारा आमने-सामने बातचीत करने के लिये भी इनटरनेट के उपयोग का प्रचलन बढ़ता जा रहा है।

इन्टरनेट का उपयोग करने के लिये आपके कंप्यूटर में एक मोडेम होनी चाहिये, आपके पास एक टेलीफोन की लाइन का कनेक्शन होना चाहिये जिसे कंप्यूटर से संलग्न किया जा सके, और

एक इन्टरनेट का अकाउन्ट होना चाहिये। किसी ISP अर्थात् इन्टरनेट सेवा प्रदान करने वाले (Internet Service Provider) से इन्टरनेट की सेवा को खरीद कर उपयोग में लेना इन्टरनेट का अकाउन्ट खोलना कहा जाता है।

कुछ समय पहले इन्टरनेट की सेवा खरीदने के पश्चात् पहली बार आपके कंप्यूटर में स्थापित करने का कार्य विशेषज्ञों द्वारा किया जाता था, परन्तु अब यह विधि आसान बना दी गई है जिसे आप थोड़े से परिश्रम से स्वयं भी कर सकते हैं। इस कार्य के लिये इन्टरनेट सेवा प्रदान करने वाले आपको एक सीडी रोम, एक सील बन्द लिफाफे में पहली बार उपयोग के लिये उपभोग कर्ता का नाम (user name), एक अनूठा पासवर्ड (password), तथा अन्य जानकारी के कुछ दस्तावेज देते हैं। इनके द्वारा आप अपने कनेक्शन को सेवा प्रदान करने वाले के सर्वर पर रजिस्टर (register) कर सकते हैं, और फिर नाम व पासवर्ड बदल सकते हैं।

अपने कंप्यूटर में इन्टरनेट सुविधा स्थापित करने का कार्य दो चरणों में किया जाता है। पहले चरण में आप अपने आप को इन्टरनेट सेवा प्रदान करने वाले को उसके दिये हुए टेलीफोन नंबर को डायल करके, व उसके दिये हुए पासवर्ड व उपभोगकर्ता के नाम के द्वारा उसके सर्वर (server) पर रजिस्टर करते हैं। इसके बाद आप अपनी मन-पसन्द नाम व पासवर्ड चुनते हैं। दूसरे चरण में आप अपने कंप्यूटर पर विन्डोज़ 95 द्वारा स्थापित इन्टरनेट एक्सप्लोरर व आउटलुक एक्सप्रेस प्रोग्रामों को यह बताते हैं कि सेवा प्रदान करने वाले का सर्वर किस प्रकार का है ताकि वे उसका उपयोग कर सकें।

इन्टरनेट सेवा प्रदान करने वाले द्वारा दी गई सीडी प्रायः ऐसी होती है कि वह ड्राइव में लगा कर ड्राइव को बन्द करने पर स्वयं चालू हो जाती है, और कुछ सूचना प्रदर्शन के पश्चात् आपको रजिस्टर करने का विकल्प देती है। यदि डिस्क अपने आप चालू नहीं हो तो आप विन्डोज में विन्डोज एक्सप्लोरर खोल कर सीडी की ड्राइव के फोल्डर में Install पर क्लिक करके यह क्रिया चालू कर सकते हैं। Register पर क्लिक करने पर कंप्यूटर आपसे नाम व पासवर्ड पूछेगा जिसमें आप डिस्क के साथ में आए लिफाफे में अंकित नाम व पासवर्ड भर सकते हैं। ध्यान रहे कि इन नामों में छोटे व बड़े अक्षरों का मिश्रण होता है, और इसे वैसा-का-वैसा ही टाइप करना होता है। बड़े अक्षरों के स्थान पर छोटे अक्षर, या छोटे अक्षरों के स्थान पर बड़े अक्षर स्वीकृत नहीं है। यदि आपने नाम व पासवर्ड सही भर दिया तो कंप्यूटर पहले सेवा देने वाले के द्वारा दिये गये फोन नम्बर को डायल करेगा, और कनेक्शन मिलने पर उसे आपके द्वारा टाईप किया गया नाम व पास वर्ड सूचित कर देगा। अब सर्वर इस सूचना की जाँच करेगा, और यदि वह सही पाई गई तो आपका नाम रजिस्टर करके आपका नाम व पासवर्ड बदलने का विकल्प देगा। अब आप अपनी मन-पसन्द नाम व पासवर्ड टाइप कर सकते हैं, परन्तु जो भी नाम आप टाइप करें उसको वैसा-का-वैसा ही एक कागज पर नोट अवश्य कर लें, नहीं तो भविष्य में संकट हो सकता है। इसके पश्चात् वह चल रहा प्रोग्राम आपके डेस्क टॉप पर कनेक्शन के लिये एक आइकन बना कर समाप्त हो जाता है। इस आपकन पर आप डबल-क्लिक करके इन्टरनेट सेवा उपयोग में ले सकते हैं।

अब दूसरे चरण के लिये आप अपने कंप्यूटर की Internet Explorer आइकन पर डबल-क्लिक कीजिये ऐसा करते ही माइक्रोसॉफट का Wizard प्रोग्राम चालू हो जायेगा जो कि आपके कंप्यूटर में इन्टरनेट कनेक्शन स्थापित करने में सहायता करेगा। यह प्रोग्राम आपसे आपके सेवा प्रदान करने वाले के सर्वर के बारे में जानकारियाँ चाहेगा। पहला प्रश्न Incoming (POP3) mail server और दूसरा प्रश्न Outgoing (SMTP) mail server के बारे में होगा। ये जानकारियाँ सीडी रोम के साथ दिये गये दस्तावेजों में दी होती है। यदि ऐसा नहीं है तो आप इन्हें टेलीफोन द्वारा सेवा प्रदान करने वाले से पूछ सकते हैं। सही जानकारी मिलने पर कनेक्शन पूरी तरह से स्थापित हो जायेगा। अब आप कभी भी इन्टरनेट चालू कर सकते हैं, और उपयोग में ले सकते हैं। इन्टरनेट का कनेक्शन जुड़ते ही आपके कंप्यूटर की टास्क बार में दाहिनी ओर एक आइकन बन जायेगी, जो यह सूचित करती रहेगी कि इन्टरनेट चालू है। कनेक्शन बन्द करने के लिये इस आइकन पर डबल-क्लिक या राइट क्लिक कीजिये।

जब भी आप इन्टरनेट का कनेक्शन चालू करेंगे तो वह इन्टरनेट एक्सप्लोरर खोल कर आपको आपके सर्वर से जोड़ने की क्रिया प्रारम्भ कर देगा। कनेक्शन मिल जाने पर आपको अनेक विकल्प मिलेंगे जिनमें सबसे अधिक उपयोग का विकल्प आपके अपने अकाउन्ट की जाँच करना है। इस सुविधा के द्वारा आप यह देख सकते हैं कि आप कितने घंटे इन्टरनेट पर कार्य कर चुके हैं, और कितने घंटे अभी उपलब्ध हैं। यदि इस जानकारी में आप की रुचि नहीं है तो इस क्रिया को बीच में ही रोक सकते हैं, और अन्य कार्य कर सकते हैं।

इंसैट श्रृंखला

उपग्रह	लांचिंग की तिथि	निर्माता	लांचर	परिणाम	स्थिति
इंसैट-1ए	4 सितंबर, 1982	फोर्ड	डेल्टा एयरोस्पेस	असफल	—
इंसैट-1सी	22 जुलाई, 1988	फोर्ड	एरियन एयरोस्पेस	असफल	—
इंसैट-1डी	12 जून, 1990	फोर्ड	डेल्टा एयरोस्पेस	सफल	प्रयोग में
इंसैट-2ए	12 जुलाई, 1992	इसरो	एरियन एयरोस्पेस	सफल	प्रयोग में
इंसैट-2बी	23 जुलाई, 1993	इसरो	एरियन एयरोस्पेस	सफल	प्रयोग में
इंसैट-2सी	9 दिसम्बर, 1995	इसरो	एरियन एयरोस्पेस	सफल	प्रयोग में
इंसैट-2ई	3 अप्रैल, 1999	इसरो	एरियन एयरोस्पेस	सफल	—
इंसैट-3बी	22 मार्च, 2000	इसरो	एरियन एयरोस्पेस	सफल	—
इंसैट-3सी	24 जनवरी, 2002	इसरो	एरियन एयरोस्पेस	सफल	प्रयोग में
इंसैट-3ए	10 अप्रैल, 2003	इसरो	एरियन एयरोस्पेस	सफल	प्रयोग में
इंसैट-3ई	28 सितम्बर, 2003	इसरो	एरियन एयरोस्पेस	सफल	प्रयोग में नहीं
इंसैट-4ए	22 दिसम्बर, 2005	इसरो	एरियन एयरोस्पेस	सफल	प्रयोग में
इंसैट-4सी	22 जुलाई, 2006	इसरो	एरियन एयरोस्पेस	सफल	प्रयोग में
इंसैट-4बी	12 मार्च, 2007	इसरो	एरियन एयरोस्पेस	सफल	प्रयोग में
जीसैट-7	30 अगस्त, 2013	इसरो	एरियन एयरोस्पेस	सफल	प्रयोग में
जीसैट-14	5 जनवरी, 2014	इसरो	जी.एस.एल.वी.-डी-5	सफल	प्रयोग में

वैज्ञानिक गतिविधियाँ

चंद्रयान-1 का सफल प्रक्षेपण

श्रीहरिकोटा के सतीश धवन अंतरिक्ष केंद्र से 22 अक्टूबर 2008 को प्रातः चंद्रयान-1 का सफल प्रक्षेपण किया गया। चंद्रयान-1 अपने साथ 11 उपकरण लेकर गया था जिनमें छह अंतर्राष्ट्रीय उपकरण शामिल थे। बाकी देश में ही बनाए गए थे। ये उपकरण चंद्रमा की सतह पर खनिज संसाधनों और बर्फ के भंडारों का पता लगाने, ध्रुवीय क्षेत्रों को मापने तथा चंद्रमा का त्रिआयामी नक्शा तैयार करने के लिए भेजे गए थे। इस अभियान में हजार से भी ज्यादा वैज्ञानिक जुटे हुए थे और इस परियोजना का बजट 386 करोड़ रुपए का था।

प्रक्षेपास्त्र वाहन

- पीएसएलवी-सी, भारतीय अंतरिक्ष अनुसंधान संगठन द्वारा निर्मित।
- **प्रक्षेपण के समय भार :** 316 टन
- **ऊंचाई :** 44.4 मीटर।
- **चरण :** चार।
- **ईंधन :** ठोस और तरल।

परमाणु ऊर्जा

भारत में परमाणु ऊर्जा कार्पोरेशन लिमिटेड के अधीन सात परमाणु निर्माण केन्द्र (अणु ऊर्जा बिजलीघर) चल रहे हैं।

(*i*) तारापुर-महाराष्ट्र
(*ii*) रावतभाटा-राजस्थान
(*iii*) कल्पक्कम-तमिलनाडु
(*iv*) नरौरा-उत्तर प्रदेश
(*v*) काकरापारा-गुजरात
(*vi*) **कैगा-कर्नाटक**
(*vii*) **कुडनकुलम-तमिलनाडु**
(*viii*) **कुम्हारिया-हरियाणा (प्रस्तावित)**
(*ix*) **जैतपुर-महाराष्ट्र (प्रस्तावित)**

भारी जल

प्रेशराइज्ड हैवी वाटर रिएक्टरों को चलाने के लिए भारी जल की आवश्यकता अनिवार्य है : यह कूलैंट और मॉडरेटर का काम करता है। भारी जल का पहला कारखाना 1962 में **नांगल** में बना था। बाद में 7 अन्य कारखाने (i) बड़ौदा, (ii) तूतीकोरिन, (iii) कोटा, (iv) तालचेर, (v) थाल, (vi) हजीरा और (vii) मानगुरु में स्थापित किए गए हैं।

अनुसंधान एवं विकास केन्द्र

परमाणु ऊर्जा और उससे जुड़े विषयों में अनुसंधान के प्रमुख केन्द्र हैं : (i) भाभा एटमिक रिसर्च सेन्टर, ट्रॉम्बे (महाराष्ट्र), (ii) इन्दिरा गांधी सेन्टर फॉर एटमिक रिसर्च, कलपक्कम (तमिलनाडु), (iii) **राजा रमन्ना** सेन्टर फॉर एडवान्स्ड टेक्नॉलोजी इन्दौर (मध्य प्रदेश), (iv) वेरिएबल एनर्जी साइक्लोट्रॉन सेन्टर, कोलकाता (पश्चिम बंगाल) और (v) एटमिक मिनरल्स डायरेक्टोरेट फॉर एक्सप्लोरेशन एण्ड रिसर्च, हैदराबाद (आन्ध्र प्रदेश)।

परमाणु ऊर्जा विभाग के अधीन सरकारी क्षेत्र के चार उपक्रम हैं : (i) न्यूक्लियर पावर कार्पोरेशन ऑफ इण्डिया लिमिटेड, (ii) यूरेनियम कार्पोरेशन ऑफ इण्डिया लिमिटेड, (iii) इण्डियन रेयर अर्थ्स लिमिटेड, (iv) इलेक्ट्रॉनिक्स कार्पोरेशन ऑफ इण्डिया लिमिटेड।

अन्तरिक्ष अनुसंधान

भारतीय अन्तरिक्ष अनुसंधान संगठन 1969 में स्थापित हुआ, लेकिन भारत में औपचारिक ढंग से अन्तरिक्ष कार्यक्रम 1972 में अन्तरिक्ष आयोग और अन्तरिक्ष विभाग की स्थापना के बाद प्रारंभ हुआ। भारत के अंतरिक्ष कार्यक्रम का प्रमुख लक्ष्य अंतरिक्ष आधारित सेवाओं का प्रयोग, संचार, मौसम विज्ञान, संसाधनों के सर्वे जैसे कामों को करना है और इस प्रयोजन की पूर्ति के लिए उपग्रह तैयार करना, उन्हें कक्षा में पहुंचाने हेतु यान और इससे संबंधित प्रणालियों का विकास करना है।

उपग्रह प्रक्षेपण

(1) आर्यभट्ट : 19 अप्रैल, 1975 को दोपहर 1 बजे भारत ने अपना पहला उपग्रह आर्यभट्ट कक्षा में स्थापित किया। इसके साथ ही भारत अंतरिक्ष युग में प्रवेश करने वाला ग्यारहवां देश बन गया।

(2) भास्कर : भारत का दूसरा उपग्रह भास्कर 7 जून, 1979 को सायं 4 बजे सोवियत कास्मोड्रम से अंतरिक्ष की कक्षा में स्थापित किया गया। 444 किलोग्राम वजन वाले इस उपग्रह का निर्माण बंगलूर स्थित उपग्रह-निर्माण केन्द्र में भारतीय वैज्ञानिकों ने किया था।

(3) रोहिणी : 10 अगस्त, 1979 को प्रात: 8.30 बजे भारत ने एस.एल.वी. 3 (उपग्रह प्रक्षेपक वाहन) नामक राकेट द्वारा 35 किलोग्राम भार वाले रोहिणी उपग्रह को कक्षा में स्थापित किया। इस राकेट का निर्माण-कार्य विक्रम साराभाई अंतरिक्ष केन्द्र में पूरा हुआ था।

(4) रोहिणी II : भारत के चतुर्थ उपग्रह रोहिणी II को 18 जुलाई, 1980 को श्रीहरिकोटा से एस.एल.वी. 3 वाहन द्वारा अंतरिक्ष में भेजा गया।

(5) एपल (APPLE) : भारतीय 'एपल' उपग्रह 19 जून, 1981 को फ्रांसीसी गयाना के कोरू अंतरिक्ष केन्द्र से यूरोपीय प्रक्षेपण राकेट 'ऐरियान' की सहायता से अंतरिक्ष में प्रक्षेपित किया गया था। एपल एक संचार उपग्रह था।

(6) भास्कर II : भारत ने अपना पांचवां उपग्रह भास्कर II, 20 नवम्बर, 1981 को रूस के वोल्गाग्राद अंतरिक्ष केन्द्र से रूस द्वारा प्रदत्त उत्थापक रॉकेट द्वारा अंतरिक्ष कक्षा में प्रस्थापित किया।

(7) इन्सेट-1A : भारत का प्रथम बहुप्रयोजनीय संचार उपग्रह इन्सेट-1A, 10 अप्रैल, 1982 को अमेरिका के केनेडी स्पेस सेन्टर से अंतरिक्ष में स्थापित किया गया।

(8) इन्सेट-1 B : भारत का दूसरा बहुप्रयोजनीय उपग्रह इन्सेट-1 B अमरीकी स्पेस शटल द्वारा 31 अगस्त, 1983 को कक्षा में पहुंचाया गया। यह एक साथ तीन सेवायें देता है—दूर संचार, जन संचार एवं मौसम संबंधी जानकारी।

(9) IRS-1A : 17 मार्च, 1988 को भारत का 980 कि.ग्रा. का दूर संवेदी उपग्रह IRS-1A पूर्व सोवियत रूस के बैकानूर अंतरिक्ष केन्द्र से रूसी राकेट की सहायता से अंतरिक्ष में भेजा गया।

(10) इन्सेट-1D : 12 जून, 1990 को भारतीय संचार उपग्रह इन्सेट-1D को अमरीका में केप केनेवरल के अन्तरिक्ष व प्रक्षेपास्त्र केन्द्र से एक डेल्टा राकेट के जरिए छोड़ा गया।

(11) IRS-1B : भारत का दूसरा संवेदी उपग्रह IRS-1B एक सोवियत राकेट की सहायता से 29 अगस्त, 1991 को अंतरिक्ष में पहुंचाया गया।

(12) INSAT-2A : देश में ही बना उपग्रह 10 जुलाई, 1992 को फ्रेंच गयाना, कोरू से अंतरिक्ष में छोड़ा गया। INSAT-2A की क्षमता INSAT-1 शृंखला के उपग्रहों की क्षमता से लगभग डेढ़ गुना है।

(13) INSAT- 2B : यह उपग्रह 23 जुलाई, 1993 को फ्रेंच गयाना, के कोरू अंतरिक्ष केन्द्र से छोड़ा गया।

(14) ए.एस.एल.वी. : 20 मई, 1992 को भारत ने अंतरिक्ष टेक्नोलॉजी के क्षेत्र में एक नया कीर्तिमान स्थापित किया, जब उसने ASLV (आगमेंटेड सेटेलाइट लान्व व्हीकल) की मदद से SROSS उपग्रह को कक्षा में पहुंचाया। 4 मई, 1994 को श्रीहरिकोटा से ASLV-D4 राकेट की सहायता से 113 कि.ग्रा. के SROSS-2C उपग्रह को छोड़ा गया।

(15) INSAT-2C : दक्षिणी अमेरिका में फ्रेंच गयाना के कोरू अंतरिक्ष केन्द्र से यूरोपियन स्पेस एजेन्सी के एरियन रॉकेट से 7 दिसम्बर, 1995 को INSAT-2C को सफलतापूर्वक अंतरिक्ष में पहुंचाया गया।

(16) IRS-1C : विश्व का सबसे समुन्नत दूरसंवेदी उपग्रह भारत का IRS-1C उपग्रह 28 दिसम्बर 1995 को बैकानूर अंतरिक्ष केन्द्र से एक रूसी रॉकेट की सहायता से सफलतापूर्वक अंतरिक्ष में छोड़ा गया।

(17) INSAT-2D : भारत के चौथे दूरसंचार उपग्रह INSAT-2D को 4 जून, 1997 को फ्रेंच गयाना के कोरू अंतरिक्ष से यूरोपियन रॉकेट एरियन की मदद से सफलतापूर्वक अंतरिक्ष में पहुंचाया गया।

(18) IRS-1D : 7 अक्टूबर, 1997 को इस उपग्रह को पी.एस.एल.वी-डी4 की सहायता से अंतरिक्ष में पहुंचाया गया।

(19) INSAT-2E : INSAT-2 शृंखला का अंतिम उपग्रह INSAT-2E 3 अप्रैल, 1999 को फ्रेंच गुयाना में कौरू से यूरोपियन एरियन 42P रॉकेट की सहायता से सफलतापूर्वक अंतरिक्ष में पहुंचाया गया।

(20) PSLV-C2: 26 मई, 1999 को पोलर सेटेलाइट लॉन्च व्हीकल (PSLV-C2) ने भारतीय उपग्रह IRS-P4 और दो विदेशी उपग्रहों—दक्षिण कोरिया का Kitsat और जर्मनी का Tubsat को अंतरिक्ष में उनकी कक्षा में पहुंचाया।

(21) INSAT-3B : INSAT 3 शृंखला का पहला उपग्रह INSAT-3B 22 मार्च, 2000 को फ्रेंच गयाना के कोरू अंतरिक्ष केन्द्र से एरियन–5 रॉकेट की सहायता से सफलतापूर्वक अंतरिक्ष में पहुंचाया गया।

(22) INSAT-3C : INSAT 3 शृंखला का दूसरा उपग्रह INSAT-3C 24 जनवरी, 2002 को कौरू से सफलतापूर्वक छोड़ा गया।

(23) MET SAT: देश के पहले विशिष्ट मौसम उपग्रह 'मेट सैट' (MET SAT) का सफल प्रक्षेपण 12 सितम्बर, 2002 को PSLV-C4 के जरिए श्रीहरिकोटा से किया गया।

(24) INSAT-3A: बहुउद्देश्यीय उपग्रह INSAT-3A का 10 अप्रैल, 2003 को फ्रेंच गुयाना के कौरू प्रक्षेपण स्थल से सफल प्रक्षेपण किया गया।

(25) GSLV-DI : भारत के बहुप्रतीक्षित भूस्थैतिक उपग्रह प्रक्षेपण वाहन (Geosyn-Chronous Satellite Launch Vehicle) की श्री हरिकोटा रेंज से गत 28 मार्च, 2001 की असफल उड़ान के बाद 18 अप्रैल, 2001 को सफलतापूर्वक उड़ान भर के GSAT-1 उपग्रह को भूस्थैतिक कक्षा (Geosynchronous Orbit) में स्थापित किया।

(26) PSLV-C6 : पांच मई 2005 को बंगाल की खाड़ी के तट पर स्थित श्री हरिकोटा के सतीश धवन अंतरिक्ष केन्द्र से अत्याधुनिक दूर संवेदी उपग्रह 'कार्टोसेट–1' और हैमसेट को सफलता–पूर्वक ध्रुवीय और समस्थैतिक कक्षा में स्थापित किया गया।

(27) INSAT-4A : देश की चौथी पीढ़ी के संचार उपग्रह INSAT-4A का 22 दिसम्बर, 2005 को फ्रेंच गुयाना के कौरू प्रक्षेपण केन्द्र से सफलतापूर्वक प्रक्षेपण किया गया।

(28) INSAT-4B : चौथी पीढ़ी के संचार उपग्रह INSAT-4B का 12 मार्च, 2007 को फ्रेंच गुयाना के कौरू प्रक्षेपण स्थल से सफल प्रक्षेपण किया गया।

(29) PSLV-C7 : PSLV-C7 द्वारा 10 जनवरी, 2007 को श्री हरिकोटा से चार उपग्रहों को सफलतापूर्वक प्रक्षेपण किया गया। इसमें दो उपग्रह भारत के तथा एक-एक उपग्रह इंडोनेशिया व अर्जेन्टीना के शामिल थे।

(30) PSLV-C8 : PSLV-C8, द्वारा 23 अप्रैल, 2007 को इटली के उपग्रह 'एजाइल' को सफलतापूर्वक अंतरिक्ष की कक्षा में स्थापित किया गया।

(31) INSAT-4CR: संचार उपग्रह इनसैट-4 सीआर का 2 सितम्बर, 2007 को श्री हरिकोटा से जिओसिनक्रोनस सैटलाइट लॉन्च वीइकल (जीएसएलवीएफ-04) द्वारा सफल प्रक्षेपण किया गया।

(32) PSLV-C9: भारतीय अंतरिक्ष अनुसंधान संगठन (इसरो) के ध्रुवीय उपग्रह प्रक्षेपण यान (पीएसएलवी) सी-9 ने 28 अप्रैल, 2008 को श्रीहरिकोटा प्रक्षेपण स्थल से भारतीय दूर संवेदी उपग्रह, कार्टोसेट 2ए और भारतीय मिनी उपग्रह (आईएमएस 1) सहित दूसरे देशों के आठ नैनो उपग्रहों को लेकर उड़ान भरी। पीएसएलवी की यह तेरहवीं उड़ान है।

(33) PSLV-C14: भारतीय अंतरिक्ष अनुसंधान संगठन (इसरो) ने 23 सितम्बर, 2009 को देश के 16वें दूरसंवेदी उपग्रह ओशनसेट-2 सहित सात उपग्रहों को पीएसएलवी-C14 की सहायता से महज 20 मिनट में सफलतापूर्वक कक्षा में स्थापित कर दिया।

(34) PSLV-C15: 12 जुलाई, 2010 को कार्टोसेट-2B सहित पांच उपग्रहों का सफल प्रक्षेपण किया गया।

(35) PSLV-C16: 20 अप्रैल, 2011 को तीन स्वदेशी उपग्रहों को उनकी कक्षा में स्थापित किया गया।

(36) PSLV-C17: 15 जुलाई, 2011 को संचार उपग्रह जीसैट-12 को उसकी कक्षा में स्थापित किया गया।

(37) PSLV-C18: 12 अक्टूबर, 2011 को 'मेघा-ट्रॉपिक्स' सहित चार उपग्रहों को कक्षा में स्थापित किया गया।

(38) PSLV-C19: 26 अप्रैल, 2012 को राडार इमेजिंग सेटेलाइट रीसैट-1 को उसकी कक्षा में स्थापित किया गया।

(39) PSLV-C21: 9 सितंबर, 2012 को दो विदेशी उपग्रहों स्पॉट-6 (फ्रांस) और प्राइटेरेस (जापान) को उनकी कक्षा में स्थापित किया गया।

(40) PSLV-C20: 25 फरवरी, 2013 को भारतीय फ्रांसीसी उपग्रह 'सरल' सहित सात उपग्रहों का सफल प्रक्षेपण किया गया।

(41) PSLV-C22: 1 जुलाई, 2013 को नौवहन उपग्रह 'आईआरएनएसएस का सफल प्रक्षेपण किया गया।

(42) GSLV-D5: 5 जनवरी, 2014 को संचार उपग्रह GSAT-14 का सफल प्रक्षेपण किया गया।

(43) SPOT-7: 4 अप्रैल 2014 को मैपिंग एवं साइंटिफिक सैटेलाइट spot-7 का सफल प्रक्षेपण किया गया।

(44) PSLVC-23: 30 जून 2014 को 5 विदेशी उपग्रहों को उनकी कक्षाओं में स्थापित किया। PSLV की यह पूर्णतः वाणिज्यिक उड़ान थी।

(45) IRNSS-1C: 15 अक्टूबर 2014 को नैविगेशन सैटेलाइट IRNSS-1C का श्री हरिकोटा से सफल प्रक्षेपण किया गया।

(46) भारत के अत्याधुनिक संचार उपग्रह GSAT-16 को 7 दिसम्बर 2014 को फ्रेंच गुयाना स्थित कौरु प्रक्षेपण केन्द्र से एरियन-5 वीए-221 प्रक्षेपण यान द्वारा प्रक्षेपित किया गया।

(47) 1 अप्रैल 2014 को ISRO ने संचार उपग्रह INSAT-3E का उपयोग बंद कर दिया।

भारत का प्रथम अंतरिक्ष यात्री

3 अप्रैल, 1984 को प्रथम भारतीय अंतरिक्ष में गया। इस प्रकार भारत मानव को अंतरिक्ष में भेजने वाला 14वां देश बन गया। भारत के स्क्वाड्रन लीडर राकेश शर्मा दो अन्य रूसी अंतरिक्ष यात्रियों के साथ सोयुज-T-11 में बैठकर अंतरिक्ष की 9 दिन की यात्रा पर गए। उनकी यात्रा 11 अप्रैल, 1984 को सफलतापूर्वक समाप्त हुई।

अंतरिक्ष अनुसंधान केन्द्र

1. इण्डियन साइन्टिफिक सेटेलाइट प्रोजेक्ट, बेंगलुरु,
2. इण्डियन स्पेस रिसर्च आर्गेनाइजेशन, बेंगलुरु,
3. फिजिकल रिसर्च लेबोरेटरी, अहमदाबाद,
4. प्रोपेलिंग फ्यूल कॉम्पलेक्स, तिरुवनंतपुरम,
5. सेटेलाइट लांच व्हीकल प्रोजेक्ट, तिरुवनंतपुरम,
6. स्पेस एप्लीकेशन सेन्टर, अहमदाबाद,
7. स्पेश कमीशन, बेंगलुरु,
8. श्रीहरिकोटा रेंज, श्रीहरिकोटा (आन्ध्र प्रदेश),
9. थुम्बा इक्वेटोरियल रॉकेट लांचिंग स्टेशन, थुम्बा,
10. विक्रम साराभाई स्पेस सेन्टर, तिरुवनंतपुरम और
11. लिक्विड प्रपल्शन सिस्टम सेन्टर, तिरुवनंतपुरम।

भारत की मिसाइल शक्ति

पृथ्वी (जमीन से जमीन पर मार करने वाली थलसैनिक किस्म : 150 किमी. सेना में तैनात)

पृथ्वी (जमीन से जमीन पर मार करने वाली वायुसैनिक किस्म : 250 किमी. वायुसेना में तैनात)

धनुष (पृथ्वी की नौसैनिक किस्म युद्धपोत से जमीन पर मार करने वाली : 350 किमी. नौसेना में तैनात)

अग्नि-1 (जमीन से जमीन पर मार करने वाली : 700 किमी : सेना में तैनात)

अग्नि-2 (जमीन से जमीन पर मार करने वाली इंटरमीडिएट रेंज बलिस्टिक मिसाइल: 2000 किमी. सेना में तैनात)

अग्नि-3 (जमीन से जमीन पर मार करने वाली इंटरमीडिएट रेंज बलिस्टिक मिसाइल: 3500-4000 किमी. : थलसेना में तैनात)

अग्नि-4 (जमीन से जमीन पर मार करने वाली इंटरमीडिएट रेंज बलिस्टिक मिसाइल: 3500 किमी. : 2011 में सफल परीक्षण)

अग्नि-5 जमीन से जमीन पर मार करने वाली अंतरमहाद्वीपीय बैलिस्टिक मिसाइलः 5000 किमी. : 2012 में सफल परीक्षण

ब्रह्मोस क्रूज मिसाइल जमीन से जमीन पर मार करने वाली : 290 किमी. : थलसेना में तैनात

ब्रह्मोस क्रूज मिसाइल युद्धपोत से युद्धपोत या जमीन पर मार करने वाली : 290 किमी. : नौसेना में तैनात

ब्रह्मोस क्रूज मिसाइल विमान से छोड़ी जाने वाली 290 किमी क्रूज मिसाइल

ब्रह्मोस क्रूज मिसाइल पनडुब्बी से छोड़ी जाने वाली 290 किमी क्रूज मिसाइल

आकाश जमीन से हवा में विमान भेदी : 25 किमी. वायुसेना में जल्द शामिल होने की उम्मीद

पिनाक रॉकेट प्रणाली रॉकेट लॉन्चर का 2013 में सफल परीक्षण

निर्भय क्रूज मिसाइल सतह से सतह पर मार करने वाला।

भारत के प्रमुख शोध-संस्थान/प्रयोगशालाएँ

- **नई दिल्ली**
  - राष्ट्रीय प्रतिरोधक विज्ञान संस्थान
  - भारतीय कृषि अनुसंधान संस्थान
  - राष्ट्रीय भौतिक प्रयोगशाला
  - भारतीय मौसम विज्ञान संस्थान
- **कोलकाता**
  - भारतीय पुरातात्विक सर्वेक्षण विज्ञान
  - केन्द्रीय काँच तथा मृत्तिका अनुसंधान संस्थान
  - राष्ट्रीय एटलस तथा विषयक मानचित्रण संगठन
  - केन्द्रीय जूट प्रोद्योगिकी अनुसंधान संस्थान
- **बेंगलूरू**
  - रमन अनुसंधान संस्थान
  - जवाहरलाल नेहरू उन्नत वैज्ञानिक अनुसंधान केन्द्र
- **मुम्बई**
  - टाटा इन्स्टीट्यूट ऑफ फण्डामेण्टल रिसर्च
  - भारतीय भू-चुम्बकीय संस्थान
- **अहमदाबाद**
  - कपड़ा उद्योग संस्थान; प्लाज्मा अनुसंधान संस्थान

- **लखनऊ**
  - औद्योगिक विष-विज्ञान अनुसंधान संस्थान
  - केन्द्रीय औषधि अनुसंधान संस्थान
- **देहरादून**
  - केन्द्रीय वन अनुसंधान संस्थान
  - भारतीय पेट्रोलियम संस्थान
- **ट्राम्बे** – भाभा परमाणु अनुसंधान केन्द्र
- **रुड़की** – केन्द्रीय भवन निर्माण अनुसंधान संस्थान
- **काशरगाड़** – केन्द्रीय नारियल अनुसंधान संस्थान
- **मैसूर** – केन्द्रीय खाद्य प्रौद्योगिकी अनुसंधान संधान
- **शिमला** – केन्द्रीय आलू अनुसंधान संस्थान
- **गाँधीनगर** – प्लाज्मा अनुसंधान संस्थान
- **राजमुन्दरी** – केन्द्रीय तम्बाकू अनुसंधान संस्थान
- **कोयम्बटूर** – केन्द्रीय गन्ना अनुसंधान संस्थान
- **कानपुर** – भारतीय चीनी तकनीकी संस्थान
- **करनाल** – राष्ट्रीय डेयरी अनुसंधान संस्थान
- **कटक** – केन्द्रीय चावल अनुसंधान संस्थान
- **जमशेदपुर** – राष्ट्रीय धातु विज्ञान प्रयोगशाला
- **चण्डीगढ़** – जीवाणु प्रौद्योगिकी संस्थान
- **चेन्नई** – केन्द्रीय चमड़ा अनुसंधान संस्थान
- **भावनगर** – केन्द्रीय नमक और समुद्री रसायन अनुसंधान संस्थान
- **बड़ोदरा** – विद्युत अनुसंधान और विकास संस्थान
- **हैदराबाद** – राष्ट्रीय भू-भौतिकी अनुसंधान संस्थान
- **जोधपुर** – सेंट्रल एरिड जोन रिसर्च इंस्टीट्यूट
- **धनबाद** – केन्द्रीय खनन अनुसंधान केंद्र

वैज्ञानिक उपकरण

उपकरण का नाम	*प्रयोग*
आल्टीमीटर	उड़ते विमान की तुंगता अर्थात् ऊंचाई नापने के लिए
अमीटर	बिजली का करेन्ट (प्रवाह) नापने के लिए
एनीमोमीटर	वायु के वेग की रफ्तार नापने के लिए
आडियोमीटर	श्रवणशक्ति (सुनने की शक्ति) नापने के लिए
बैरोमीटर	वायुमण्डल का दबाव नापने के लिए
कैलोरीमीटर	ऊष्मा की मात्रा नापने के लिए
कैलिपर्स	ट्यूबों के आन्तरिक एवं बाह्य व्यास नापने के लिए
कम्पास	दिशा जानने (पता लगाने) के लिए
डायनमो	यांत्रिक ऊर्जा को विद्युत ऊर्जा में बदलने के लिए
यूडियोमीटर	गैसों के मिलने से होने वाली रासायनिक प्रतिक्रिया के फलस्वरूप उनकी मात्रा में हुई कमी और वृद्धि नापने के लिए
गैल्वेनोमीटर	हल्के बिजली करेन्ट (धारा) की शक्ति एवं दिशा नापने के लिए
हाइड्रोमीटर	द्रवों का विशिष्ट घनत्व नापने के लिए
हाइग्रोमीटर	वायुमण्डल में विद्यमान आर्द्रता नापने के लिए
लैक्टोमीटर	दूध की शुद्धता नापने के लिए
मानोमीटर	गैस का दबाव (दाब) नापने के लिए
माइक्रोमीटर	अति सूक्ष्म वस्तु, दूरी या कोण नापने के लिए
माइक्रोस्कोप	अति सूक्ष्म वस्तु को बड़े आकार में देखने के लिए
पेरिस्कोप	पनडुब्बी में बैठा व्यक्ति इसकी मदद से समुद्र की सतह की वस्तुओं को देख सकता है
फोटोमीटर	सितारों (Stars) के प्रकाश की तीव्रता नापने के लिए
पाइरोमीटर	प्रचंड तापमान को नापने के लिए
राडार	आकाश में चल रही वस्तुओं जैसे विमान, मिसाइल आदि की अवस्थिति, दिशा, दूरी और ऊंचाई आदि का पता लगाने के लिए
रेन गेज	किसी स्थान पर हुई वर्षा की मात्रा नापने के लिए
रेडियोमीटर	विकिरण ऊर्जा के निस्सरण (Emission) की प्रचंडता नापने के लिए
सीज्मोग्राफ	भूकम्प का कम्पन नापने और उसके केन्द्र का पता लगाने के लिए
सेक्स्टैण्ट	आकाश के ग्रहों की ऊंचाई और उनके बीच की दूरी नापने के लिए
स्पेक्ट्रोमीटर	विकिरण के ऊर्जा विभाजन को नापने के लिए
स्फीयरोमीटर	किसी गोलाकार वस्तु/धरातल की गोलाई, घुमाव और वक्रता नापने के लिए
स्फिग्मोमानोमीटर	मनुष्य की धमनियों का रक्त-चाप नापने के लिए
स्टेथोस्कोप	हृदय की गति और फेफड़ों की हालत का पता लगाने के लिए
स्ट्रोबोस्कोप	तीव्र सावधिक गति से गतिमान वस्तुओं को स्थिर रूप में देखने के लिए
टैकोमीटर	तीव्र गति से घूमने वाली वस्तुओं की घूमने की गति या कोणीय रफ्तार नापने के लिए

उपकरण का नाम	*प्रयोग*
टेलिस्कोप	दूर स्थित वस्तुओं को बड़ा करके देखने के लिए
थियोडोलाइट	क्षैतिज और उदग्र कोणों को नापने के लिए
थर्मोकपल	भट्टी (फर्नेस) और जेट इंजन के अन्दर का तापमान नापने के लिए
थर्मोस्टैट	तापमान को एक निश्चित स्तर पर बनाए रखने के लिए
थर्मामीटर	मनुष्य के शरीर का तापमान मापने के लिए
अल्ट्रासोनोस्कोप	पराध्वनिक आवाज (Ultrasonic sounds) को नापने के लिए
विस्कोमीटर	द्रव की श्यानता (Viscosity) नापने के लिए
वोल्टमीटर	दो बिन्दुओं के बीच स्थितिज अन्तर नापने के लिए

प्रश्नावली

1. .Net डोमेन निम्न में से किसे परिभाषित करता है?

A. Network resources
B. Internet Service Provider
C. Army
D. उपरोक्त में से कोई भी नहीं

2. India का डोमेन नेम क्या है?

A. IN
B. Hindustan
C. India
D. उपरोक्त में से कोई भी नहीं

3. फोन्ट के साइज को बढ़ाने के लिये निम्न में किस शार्टकट Key का उपयोग किया जाता है?

A. Ctrl + Shift + >
B. Ctrl + Shift + <
C. उपरोक्त दोनों (A) एवं (B)
D. उपरोक्त में से कोई भी नहीं

4. फोन्ट के साइज को घटाने के लिये किस टैग का यूज किया जाता है?

A. Ctrl + Shift + >
B. Ctrl + Shift + <
C. Alt + Shift + =
D. उपरोक्त में से कोई भी नहीं

5. High Level को machine language में बदलने का कार्य निम्न में से कौन करता है?

A. ASSEMBLER B. COMPILER
C. INTERPRETER D. उपरोक्त सभी

6. 0 एवं 4 किस लेंग्वेज को कहते हैं?

A. Machine Language
B. Low Level Language
C. उपरोक्त दोनों (A) एवं (B)
D. High Level Language

7. FORTRAN का पूरा नाम है–

A. Formula Translation
B. Formula Transfer
C. Formula Transistor
D. Formula Transmission

8. लाइट पेन क्या है?

A. Output Device B. Input Device
C. Display Device D. उपरोक्त सभी

9. LAN क्या है?

A. Topology B. Network
C. Technique D. Internet

10. CD में स्टोर किया गया डाटा निम्न में से क्या है?

A. Hard Copy B. Soft Copy
C. Store Copy D. उपरोक्त सभी

11. ऑप्टिकल बार कोड रीडर के लिये निम्न में से किसका उपयोग किया जाता है?

A. UPC B. SPC
C. LAC D. उपरोक्त सभी का

12. WAN है–

A. Wide Area Network
B. Network of Network
C. नेटवर्क का जाल
D. उपरोक्त सभी

13. MIS का विस्तृत रूप है–

A. Management Information System
B. Managerial Information System
C. Management Informatics System
D. Management Informal System

14. डाटाबेस (Database) है–
A. किसी विषय से संबंधित डाटा का अव्यवस्थित संगठन
B. किसी विषय से संबंधित डाटा का व्यवस्थित संगठन
C. किसी विषय से संबंधित डाटा का आधारयुक्त संगठन
D. उपर्युक्त सभी

15. कौन-सा कथन सही है?
A. कम्प्यूटर का डाटाबेस एक Index Card Box जैसा होता है
B. यह किसी निश्चित विषय का डाटा स्टोर कर सकता है
C. इसमें डाटा को रिकार्ड के रूप में रखा जाता है
D. उपर्युक्त सभी

16. डाटाबेस में कॉलम्स (Columns) को.... भी कहते हैं।
A. रोज (Rows)
B. फील्ड्स (Fields)
C. कार्ड्स
D. इनमें से कोई नहीं

17. RDBMS का विस्तृत रूप है–
A. Rational Database Management System
B. Regional Database Management System
C. Relational Database Management System
D. Revisional Database Management System

18. Relational Database Design की विशेषताएँ–
A. इसमें फील्ड को विभिन्न डाटाबेसों से इकट्ठा कर सकते हैं
B. उनको स्क्रीन पर एक ही समय में देखा जा सकता है
C. इससे इसकी जटिलताएँ कम होती हैं
D. उपर्युक्त सभी

19. माइक्रोसॉफ्ट एक्सेस आधारित है–
A. RBMDS पर B. RCMDS पर
C. RDBMS पर D. RMDBS पर

20. RDBMS के ऑब्जेक्ट्स (Objects) हैं–
A. रिकार्ड्स, रोज, फील्ड्स व कॉलम
B. टेबल्स, क्वेरीज, फार्म्स एवं रिपोर्ट्स
C. रिपोर्ट्स, रिकार्ड्स, रोज एवं क्वेरीज
D. टेबुल्स, फार्म्स, कॉलम्स एवं फील्ड्स

21. बैंक के चेक पर अंकित कोड नंबरों को .... पढ़ा जाता है।
A. टर्बा बटन B. एम. आई. सी. आर.
C. जिप ड्राइव D. ओ. सी. आर.

22. 1 टेराबाइट में कितने गीगाबाइट होते हैं?
A. 512 B. 1024
C. 256 D. 8

23. प्रोग्रामों के समूह को क्या कहते हैं?
A. मॉडेम B. कम्पाइलर
C. डाटाबेस D. सॉफ्टवेयर

24. ....लैंग्वेज जटिल गणितीय गणनाओं के प्रयोग हेतु बनाया गया।
A. अल्गोल B. प्रोलॉग
C. बेसिक D. फोरट्रॉन

25. कम्प्यूटर की भाषा है–
A. मशीनी भाषा B. असेम्बली भाषा
C. सी शार्प D. उपर्युक्त सभी

26. कोबोल में कितने प्रकार के शब्दों का प्रयोग किया जाता है?
A. 2 B. 3
C. 4 D. 1

27. कम्प्यूटर के सभी कल–पुर्जों तथा मशीनों को .... कहते हैं।
A. हार्ड–डिस्क B. रोम
C. रैम D. हार्डवेयर

28. .... द्वारा चित्रों अथवा दस्तावेजों का डिजिटलीकरण अथवा बाइनरी अंकों में परिवर्तन किया जाता है।
A. स्कैनर B. स्ट्रिंग
C. सत्यापन D. सिस्टम

29. एप्लिकेशन सॉफ्टवेयरों के समूह को कहते हैं–
A. डिबग B. एक्सेप्शन
C. बग D. पैकेज

30. 'डोमेन' (Domain) है–
A. किसी भी कॉलम की अधिकतम व न्यूनतम वैल्यूज (Values)
B. किसी भी फील्ड की अधिकतम व न्यूनतम वैल्यूज
C. किसी भी रो (Row) की अधिकतम व न्यूनतम वैल्यूज
D. किसी भी रिपोर्ट की अधिकतम व न्यूनतम वैल्यूज

31. गणना संयंत्र एबाकस (ABACUS) का आविष्कार किस देश में हुआ?
A. फ्रांस में B. भारत में
C. चीन में D. अमेरिका में

32. कम्प्यूटर में मुख्यतः कितने तत्व (Element) होते हैं?
A. दो B. तीन
C. चार D. पाँच

33. निम्नलिखित में से कौन-सी प्राथमिक इकाई कम्प्यूटर की नहीं है?
A. इनपुट (Input)
B. आउटपुट (Output)
C. कन्ट्रोल (Control)
D. प्रोग्रामिंग (Programming)

34. सी. पी. यू. का विस्तृत रूप है–
A. सैन्ट्रल प्रोसेसिंग यूनिट
B. कन्ट्रोल एवं प्राइमरी यूनिट
C. कम्प्यूटर एवं प्रोसेस यूनिट
D. इनमें से कोई नहीं

35. सी. पी. यू. (C. P. U.) है–
A. मेमोरी, कन्ट्रोल एवं आउटपुट का संकलन
B. मेमोरी, एरिथमेटिक एवं इनपुट का संकलन
C. मेमोरी, ए. एल. यू. एवं कन्ट्रोल का संकलन
D. इनमें से कोई नहीं

36. निम्नलिखित में से कौन-सी इनपुट डिवाइसिस है?
A. कार्ड रीडर, प्रिन्टर, मैग्नेटिक डिस्क
B. कार्ड रीडर, मैग्नेटिक टेप, मैग्नेटिक डिस्क, टर्मिनल
C. कार्ड रीडर, मैग्नेटिक डिस्क, मैग्नेटिक टेप, टर्मिनल, प्रिन्टर
D. कार्ड रीडर, मैग्नेटिक डिस्क, टर्मिनल, प्लीटर

37. 1024 के (1024 K) बराबर होता है–
A. एक मेगाबाइट B. दो मेगाबाइट
C. 1/2 मेगाबाइट D. तीन मेगाबाइट

38. अनुवाद प्रोग्राम (Translator Program) जो उच्च-स्तरीय भाषा का निम्न–स्तरीय भाषा में अनुवाद करता है, कहलाता है–
A. कम्पाइलर B. असेम्बलर
C. ऑपरेटिंग D. इनमें से कोई नहीं

39. ऑपरेटिंग सिस्टम किन पर नियन्त्रण रखता है?
A. हार्डवेयर पर
B. प्रोग्रामर पर
C. आँकड़ों पर
D. सभी A, B एवं C पर

40. मशीन भाषा (Machine Language) है–
A. वाइनेरी कोडिंग B. डेसीमल कोडिंग
C. करेक्टर कोडिंग D. इनमें से कोई नहीं

41. जब प्रयोगक (User) सी.पी.यू. (C.P.U.) के साथ सीधे रूप से सम्पर्क (Direct Communication) करता है, कहलाता है–
A. टाइम शेयरिंग B. टाइम प्रोसेसिंग
C. A तथा B दोनों D. इनमें से कोई नहीं

42. फाइल (File) है–
A. आँकड़ों का संग्रह B. रिकार्ड्स का संग्रह
C. गणकों का संग्रह D. इनमें से कोई नहीं

43. रिकार्ड (Record) है–
A. आँकड़े का संग्रह B. फाइल का संग्रह
C. गणकों का संग्रह D. इनमें से कोई नहीं

44. फोरट्रॉन (FORTRAN) है–
A. फॉरमूला ट्रान्सलेशन
B. फॉरमूला ट्रान्सलेटर
C. फॉरमूला टेबलर
D. उपर्युक्त में से कोई नहीं

45. एलगोल (ALGOL) है–
A. एल लैंग्वेज
B. एल्गॉरिथ्म लैंग्वेज
C. एटॉमिकलाइट लैंग्वेज
D. उपर्युक्त में कोई नहीं

46. कोबोल (COBOL) है–
A. कॉमन बिजनेस ओरियन्टेड लैंग्वेज
B. कॉमर्शियल बिजनेस ओरियन्टेड लैंग्वेज
C. कॉमन वार्ड लैंग्वेज
D. उपर्युक्त में से कोई नहीं

47. कोबोल (COBOL) सर्वाधिक उपयुक्त है–
A. कॉमर्शियल एप्लीकेशन के लिए
B. वैज्ञानिक एप्लीकेशन के लिए
C. ग्राफिक्स हेतु
D. उपर्युक्त में से कोई नहीं

48. बेसिक (BASIC) है–
A. बिगनर्स ऑल परपज सिम्बॉलिक इंस्ट्रक्शन कोड
B. बिगिन एण्ड सिम्बॉलिक इंस्ट्रक्शन कोड
C. बिगिन एण्ड सोराव इंस्ट्रक्शन कोड
D. उपर्युक्त में से कोई नहीं

49. बेसिक (BASIC) सर्वाधिक उपयुक्त है–
A. टाइम शेयरिंग (Time Sharing) सिस्टम के लिए
B. माइक्रो कम्प्यूटर (Micro Computer) में प्रयोग हेतु
C. A तथा B दोनों
D. उपर्युक्त में से कोई नहीं

50. पास्कल (PASCAL) एक–
A. उच्च स्तरीय भाषा है
B. निम्न स्तरीय भाषा है
C. A तथा B दोनों
D. उपर्युक्त में से कोई नहीं

51. निम्नलिखित में से कौन-सी उच्चतर भाषा (Higher Level Language) नहीं है?
A. एडा
B. एपीटी
C. कोरल 66
D. उपर्युक्त में से कोई नहीं

52. प्रोलौग (PROLOG) है–
A. उच्च स्तरीय भाषा
B. निम्न स्तरीय भाषा
C. A तथा B दोनों
D. उपर्युक्त में से कोई नहीं

53. कुकीज कहाँ स्टोर होते हैं?
A. सर्वर पर B. web-xml. में
C. क्लाइंट पर D. HTML में

54. निम्नलिखित में से कौन-सा किसी यूआरएल (URL) का मैन्डेटरी कम्पोनेन्ट नहीं है?
A. रिसोर्स पाथ B. प्रोटोकॉल
C. पोर्ट नम्बर D. इनमें से कोई नहीं

55. माइक्रोप्रोसेसरों के लिए दो प्रिंसिपल आर्किटेक्चर हैं...............
A. AMD/HP B. CISC/RISC
C. DEC/IBM D. MMX/CMOS

56. एप्लिकेशन सॉफ्टवेयर किसे कहते हैं?
A. प्रोग्राम चलाने के निर्देशों को
B. गेम सॉफ्टवेयर चलाने के लिए दिए गए निर्देशों को
C. सिस्टम सॉफ्टवेयर का प्रयोग कर कंप्यूटर को प्रॉब्लम हल करने के लिए दिए गए निर्देशों को
D. इनमें से कोई नहीं

57. निर्देशों के लिए संकेत के रूप में अक्षर, अंक (डिजिट) या विशेष कैरेक्टर का उपयोग किस भाषा के लिए किया जाता है?
A. मशीन लैंग्वेज B. सोर्स लैंग्वेज
C. एसेंबली लैंग्वेज D. हार्ड लेवल लैंग्वेज

58. एसेंबलर का क्या काम है?
A. जोड़ना
B. मशीन लैंग्वेज को एसेंबली लैंग्वेज में बदलना
C. एसेंबली लैंग्वेज को मशीन लैंग्वेज में बदलना
D. इनमें से कोई नहीं

59. UNIX किस प्रकार का सिस्टम सॉफ्टवेयर है?
A. सिंगल यूजर B. मल्टी यूजर
C. डबल यूजर D. इनमें से कोई नहीं

60. किसी प्रोग्राम के एक्जीक्यूट होते समय जिसकी वैल्यू स्थिर रहती है, क्या कहलाती है?
A. एरे B. डाटा टाइप
C. वैरिएबल D. कॉन्स्टेंट

61. AND, OR और NOT किस ऑपरेटर के अन्तर्गत प्रयुक्त होते हैं?
A. लॉजिकल B. रिलेशनल
C. अरिथमेटिक D. फंक्शनल

62. कंप्यूटर संसाधनों–मेमोरी, प्रोसेसर, फाइल सिस्टम और इनपुट/आउटपुट डिवाइस का प्रभावी प्रबंधन करने वाला सिस्टम सॉफ्टवेयर क्या कहलाता है?
A. ऑपरेटिंग सिस्टम B. मैनेजमेंट सिस्टम
C. कमांड सिस्टम D. कॉरपोरेट सिस्टम

63. कौन-सा ऑपरेटिंग सिस्टम एक साथ दो या इससे अधिक टास्क को संपन्न करने में मदद करता है?
A. रीयल टाइम B. मल्टी टास्किंग
C. टाईम शेयरिंग D. मल्टी यूजर

64. निम्नलिखित में से किस उच्च स्तरीय भाषा (HLL) को भविष्य की बेसिक भी कहा गया है?
A. कोबोल B. फोरट्रॉन
C. पास्कल D. पी.एल.

65. मैड (MAD) उदाहरण है–
A. एक उच्च स्तरीय भाषा (HLL) का
B. एक निम्न स्तरीय भाषा (LLL) का
C. असेम्बली भाषा (Assembly Language) का
D. मशीन भाषा (M/c Language) का

66. डी. बेस (D. BASE) एक–
A. मशीन है
B. हार्डवेयर है
C. कम्प्यूटर का प्रकार है
D. माइक्रो कम्प्यूटर (Micro Computer) के लिए डाटा बेस मैनेजमेंट सिस्टम है

67. डी. बेस (D. BASE) में आँकड़े (DATA) हो सकते हैं–
A. तीन प्रकार के B. चार प्रकार के
C. पाँच प्रकार के D. छः प्रकार के

68. कम्प्यूटरों के परस्पर संयोजन से बना एक संचार-जाल कहलाता है–
A. इन्टरनेट B. ई-मेल
C. कम्प्यूटर D. फैक्स

69. विंडोज 95 नामक सॉफ्टवेयर माइक्रोसॉफ्ट कॉरपोरेशन द्वारा कब बाजार में लाया गया?
A. 1995 में B. 1998 में
C. 2000 में D. 1993 में

70. Edu डोमेन का संबंध............से है।
A. नेटवर्क B. शैक्षणिक संस्था
C. व्यापारिक क्षेत्र D. संगठन

71. DBMS का क्या कार्य है?
A. रिडनडेंसी को उत्पन्न करना
B. रिडनडेंसी को घटाना
C. यूजर से डाटा को छिपाना
D. उपर्युक्त सभी

72. एक प्रिंटर को दो अलग–अलग कंप्यूटरों के साथ जोड़ सकनेवाला उपकरण क्या कहलाता है?
A. कनेक्शन B. प्रिंटर शेयर
C. केबल D. इनमें से कोई नहीं

73. जो वाइरस डाटा फाइल को खराब कर देते हैं, क्या कहलाते हैं?
A. डाटा फाइल वाइरस B. COM वाइरस
C. EXE वाइरस D. बूट सेक्टर वाइरस

74. डिजिटल डाटा को एनालॉग में और एनालॉग को डिजिटल में बदलने वाले उपकरण को क्या कहते हैं?
A. कैलकुलेटर B. मॉडम
C. रूटर D. वी सैट

75. इंटरनेट का न ही कोई प्रेसिडेंट है और न ही चीफ ऑपरेटिंग ऑफिसर; कई प्राधिकरण मिलकर इसे चलाते हैं। इंटरनेट की शिखर सत्ता का क्या नाम है?
A. IETF
B. इंटरनेट सोसाइटी (ISOC)
C. VSNL
D. इंटरनेट आर्किटेक्चर बोर्ड (IAB)

76. ई-मेल से प्राप्त संदेश कहाँ दिखाई देता है?
A. मैसेज सेंटर पर
B. बुलेटिन बोर्ड पर
C. मेल बॉक्स के मैसेज विंडों में
D. उपर्युक्त में से कोई नहीं

77. FTP दो मोड में काम करता है; उनके नाम बताएँ?
A. अपलोड और डाउनलोड
B. डाइरेक्ट और इनडाइरेक्ट
C. ट्रांसफर और पोस्टिंग
D. इनमें से कोई नहीं

78. टेलनेट प्रोग्राम क्या करता है?
A. ऑन लाइन डाटा बेस और लाइब्रेरी कैटेलॉग से कनेक्ट करता है
B. रिमॉट होस्ट मशीन पर लॉग करने की अनुमति देता है
C. उपर्युक्त दोनों कथन सत्य हैं
D. उपर्युक्त दोनों कथन असत्य हैं

79. आईबीएम (IBM) का पूरा नाम है–
A. इंडियन बिजनेस मशीन
B. इंटरनेशनल बिजनेस मशीन
C. इटैलियन बिजनेस मशीन
D. इन्टीग्रल बिजनेस मशीन

80. कम्प्यूटर में प्रयुक्त आईसी चिप बनी होती है–
A. सिलिकॉन की B. पर्ण की
C. क्रोमियम की D. स्वर्ण की

81. वे कम्प्यूटर जिनमें एनालॉग कम्प्यूटर और डिजिटल कम्प्यूटर दोनों के गुण हों, कहलाते हैं–
A. एनालॉग कम्प्यूटर
B. डिजिटल कम्प्यूटर
C. हाइब्रिड कम्प्यूटर
D. इनमें से कोई नहीं

82. सीडी रोम का उपयोग होता है–
A. कॉम्पैक्ट डिस्क को रीड करने में
B. संगीत सुनने में
C. किसी भी सॉफ्टवेयर में
D. डिजिटल इन्फॉरमेशन को नियंत्रित करने में

83. इंटरनेट का पूरा नाम है–
A. इंटरकांटिनेंटल नेटवर्क
B. इंटरनेशनल नेटवर्क
C. इंटरनल नेटवर्क
D. इंटरकॉम नेटवर्क

84. M.S. Word में स्पेलिंग को सही करने के लिए किस प्रोग्राम का उपयोग होता है?
A. स्पेलप्रो B. स्पेल चेक
C. आउटलुक एक्सप्रेस D. उपर्युक्त सभी

85. MICR का पूरा नाम क्या है?
A. मैग्नेटिक इंक कैरेक्टर रीडर
B. मैग्नेटिक इंक कम्प्यूटर रिकार्ड
C. मैग्नेटिक इंडस्ट्रीज कॉरपोरेशन रीजन
D. माइक्रोफोन इंक कैरेक्टर रिकार्ड

86. M.S. एक्सेल क्या है?
A. विंडो पर आधारित प्रोसेसर पैकेज
B. विंडो पर आधारित स्प्रेडशीट पैकेज
C. डॉस पर आधारित स्प्रेडशीट पैकेज
D. डॉस पर आधारित प्रोसेसर पैकेज

87. बिटमैप क्या है?
A. एक तरह का फार्मेट जिसका डेस्कटॉप वालपेपर में प्रयोग होता है
B. छोटे–छोटे बिन्दुओं से बना ग्राफिक फाइल फार्मेट
C. बी.एम.पी. एक्सटेंशन से बना फाइल
D. उपर्युक्त सभी

88. कम्प्यूटर का सॉफ्टवेयर पेजमेकर किस ऑपरेटिंग सिस्टम से संबंध रखता है?
A. एम.एस. डॉस B. यूनिक्स
C. विन्डोज D. उपर्युक्त सभी

89. DOS का उपयोग क्या है?
A. 'इनपुट' तथा 'आउटपुट' कार्यों को नियंत्रित करना
B. यूजर तथा कम्प्यूटर के बीच संबंध स्थापित करना
C. A तथा B दोनों
D. इंटरनेट में सहायता करना

90. मॉडेम का पूरा नाम क्या है?
A. मोडूलेटर डिमोडूलेटर
B. मोडूलेटर डिमोडूलेशन
C. मोडूलेटर डिस्कशन
D. उपर्युक्त सभी

91. कम्प्यूटर की असेम्बली भाषा में लिखे गये प्रोग्राम को मशीन भाषा में बदलने का काम कौन करता है?
A. असेम्बलर B. कम्पाइलर
C. इंटरप्रिंटर D. प्रोसेसर

92. ई–मेल का पूरा नाम क्या है?
A. इंग्लिश मेल B. इलेक्ट्रिक मेल
C. इलेक्ट्रॉनिक मेल D. इसेन्शियल मेल

93. C-DAC की स्थापना कब हुई?
A. 1977 ई. में B. 1969 ई. में
C. 1988 ई. में D. 1965 ई. में

94. PACE का पूर्ण रूप क्या है?
A. प्रोसेसर फॉर एरोडायनामिक कम्प्यूटेशन एंड इवैलूएशंस
B. प्रोसेसर एंड कम्प्यूटेशन एलीमेंट
C. प्रोसेसर एंड सिरामिक एलीमेंट
D. उपर्युक्त में से कोई नहीं

95. कम्प्यूटर का बेसिक इनपुट–आउटपुट सिस्टम क्या कहलाता है?
A. ALU
B. BIOS
C. CPU
D. उपर्युक्त में से कोई नहीं

96. ARPANET किसका संक्षिप्त रूप है?
A. एडवांस्ड रिसर्च प्रोजेक्ट्स एजेंसी नेटवर्क
B. एडवांस्ड रेडियो पॉवर्स एंड नेटवर्क
C. एडवांस्ड रिसर्च प्रोजेक्ट एंड न्यू एमीशन टेक्नोलॉजी
D. इनमें से कोई नहीं

97. कम्प्यूटर के सभी अंगों के बीच तालमेल स्थापित करता है–
A. की–बोर्ड B. लॉजिक यूनिट
C. कंट्रोल यूनिट D. माउस

98. इनमें से कौन-सा सीपीयू चिप नहीं है?
A. पेंटियम B. इंटेल सेलेरान
C. एएमडी D. डीईसी

99. कम्प्यूटर के संदर्भ में एएलयू (ALU) का तात्पर्य है–
A. एलजेब्रिक लॉजिक यूनिट
B. अरिथमेटिक लॉजिक यूनिट
C. एलजेब्रिक लोकल यूनिट
D. अरिथमेटिक लोकल यूनिट

100. इनपुट का आउटपुट में रूपांतरण किया जाता है–
A. पेरीफेरल्स द्वारा B. मेमोरी द्वारा
C. स्टोरेज द्वारा D. सीपीयू द्वारा

101. कम्प्यूटर में जाने वाले डाटा को कहते हैं–
A. आउटपुट B. इनपुट
C. एल्गोरिथ्म D. कैलक्यूलेशन

102. सीपीयू का कौन–सा भाग आकलन करता है और निर्णय लेता है?
A. अरिथमेटिक लॉजिक यूनिट
B. अल्टरनेटिंग लॉजिक यूनिट
C. अल्टरनेट लोकल यूनिट
D. अमेरिकन लॉजिक यूनिट

103. दो प्रकार के आउटपुट डिवाइस कौन–से हैं?
A. मॉनीटर और प्रिन्टर
B. स्टोरेज डिसक्स (फ्लॉपी, CD)
C. की-बोर्ड और माउस
D. विंडोज 2000, विंडोज NT

104. .... ऐसे शब्द हैं जिन्हें प्रोग्रामिंग भाषा ने अपने स्वयं के उपयोग हेतु अलग रखा है।
A. कंट्रोल वर्ड्स B. रिजर्व्ड वर्ड्स
C. रिजर्व्ड कीस D. कंट्रोल स्ट्रक्चर्स

105. .... एक इलेक्ट्रॉनिक डिवाइस है जो डाटा को इनफॉर्मेशन में कनवर्ट करते हुए प्रोसेस करता है।
A. प्रोसेसर B. कम्प्यूटर
C. केस D. स्टाइल्स

106. प्रयोक्ता दस्तावेज को जो नाम देता है उसे ...... कहते हैं।
A. फाइल नेम B. प्रोग्राम
C. रिकार्ड D. डाटा

107. प्रिन्ट के लिए कौन–सा मेनु सिलेक्ट किया जाता है?
A. एडिट B. स्पेशल
C. फाइल D. टूल्स

108. प्रभावी विपणन के लिए अभिप्रेरण बहुत जरूरी है। अन्य कौन–से गुण होने चाहिए?
A. आत्म–विश्वास
B. प्रभावी संप्रेषण कौशल
C. टीम वर्क
D. उपरोक्त सभी

109. डाइवर्सिफिकेशन का अर्थ है–
A. विविध देशों में विपणन
B. विविध कंपनियों में विपणन
C. नये, भिन्न उत्पाद बनाना
D. केवल विदेशी देशों के साथ संव्यवहारों में प्रयुक्त

110. प्रोमोशन का अर्थ है–
A. अतिरिक्त जिम्मेदारी
B. विपणन में अनुसंधान करना
C. विपणन हेतु विज्ञापन और प्रसिद्धि
D. सरकारी संस्थान में एक कदम आगे बढ़ना

111. ऑब्जेक्ट की प्रोपर्टीज में एक्सेस करने के लिए यूज की जाने वाली माउस टेकनीक .... है।
A. ड्रैगिंग B. ड्रॉपिंग
C. राइट–क्लिकिंग D. शिफ्ट–क्लिकिंग

112. .... एक प्रोग्राम है जिससे कम्प्यूटर का उपयोग करना आसान हो जाता है।
A. ऑपरेटिंग सिस्टम B. एप्लिकेशन
C. यूटिलिटी D. नेटवर्क

113. फोन लाइन मॉडेम का उपयोग करते हुए इंटरनेट के कनेक्शन्स को .... कनेक्शन्स कहते हैं।
A. डिजिटल B. डायल–अप
C. ब्रॉडबैंड D. डिश

114. मेनफ्रेम या सुपरकम्प्यूटर में एक्सेस के लिए यूजर्स अक्सर .... का उपयोग करते हैं।
A. टर्मिनल B. नोड
C. डेस्कटॉप D. हैंडहेल्ड

115. प्रोग्राम में त्रुटि जिससे गलत या अनुपयुक्त परिणाम उत्पन्न होते हैं, उसे .... कहते हैं।
A. बग B. बाइट
C. एट्रिब्यूट D. यूनिट प्रोब्लम

116. वेब साइट एड्रेस एक यूनीक नाम होता है जो वेब पर एक विशिष्ट .... का अभिनिर्धारण करता है।
A. वेब ब्राउजर B. PDA
C. वेब साइट D. लिंक

117. कम्प्यूटर का प्रत्येक कम्पोनेन्ट या तो .... होता है।
A. हार्डवेयर या सॉफ्टवेयर
B. सॉफ्टवेयर या CPU/RAM
C. एप्लिकेशन सॉफ्टवेयर या सिस्टम सॉफ्टवेयर
D. इनपुट डिवाइस या आउटपुट डिवाइस

118. नंबर पैड की को डाइरेक्शनल ऐरो के रूप में एक्ट कराने के लिए, आप .... को दबाते हैं।
A. नॅम लॉक B. कैप्स लॉक
C. ऐरो लॉक D. शिफ्ट

119. वर्ड प्रोसेस्ड डॉक्यूमेंट क्रिएट करते समय इस चरण में यूजर स्क्रीन और प्रिन्टेड फार्म दोनों में पेज पर दिखते वर्ड्स चेंज करता है–
A. एडिटिंग टेक्सट
B. इनसर्टिंग टेबल्स और इंडेक्सेस
C. फार्मेटिंग टेक्स्ट
D. प्रूफिंग डॉक्यूमेंट्स

120. सॉफ्टवेयर के .... में कमांडों और ऑप्शनों की सूचियां होती हैं।
A. टाइटल बार B. मेनू बार
C. फार्म्यूला बार D. टूल बार

121. वेब पेज का एक वर्ड जिसे क्लिक करने पर दूसरा डॉक्यूमेंट खुलता है, उसे .... कहते हैं।
A. एंकर B. हाइपरलिंक
C. रेफरेन्स D. URL

122. पर्सनल कम्प्यूटर्स .... बनाने के लिए कम्प्यूटरों को एक साथ कनेक्ट किया जा सकता है।
A. सर्वर B. सुपर कम्प्यूटर
C. इन्टरप्राइज D. नेटवर्क

123. कम्प्यूटर द्वारा .... इनफॉरमेशन में प्रोसेस किए जाते हैं।
A. नम्बर B. प्रोसेसर
C. इनपुट D. डाटा

124. रियूजेबल ऑप्टिकल स्टोरेज का टिपिकल एक्रोनिम .... होगा।
A. CD B. RW
C. DVD D. ROM

125. .... CPU के लिए सामान्य गणित परफॉर्म करता है।
A. ALU B. DIMM
C. BUS D. Register

126. .... में माइकेल एंजेलो नामक वाइरस विश्व में चिन्ता का कारण बना हुआ था।
A. 1999 B. 1992
C. 1994 D. 1993

127. फ्लैश क्या है?
A. सॉफ्टवेयर B. हार्डवेयर
C. ROM D. RAM

128. निम्न में से कौन RAM नहीं है?
A. FLASH B. DRAM
C. SRAM D. PRAM

129. मानव–मन तथा कम्प्यूटर में किसकी गति अधिक है?
A. मानव–मन B. कम्प्यूटर
C. दोनों में बराबर D. कह नहीं सकते

130. डिजीटल सिग्नेचर इनक्रिप्शन का उपयोग किसलिए किया जाता है?
A. Authenticating के लिए
B. Authorization के लिए
C. Validity के लिए
D. Security purposes के लिए

131. मनुष्य की स्मरण शक्ति कम्प्यूटर की तुलना में होती है–
A. सामान्य B. उच्च
C. निम्न D. औसत

132. ऐसे प्रोग्राम जो कम्प्यूटर सिस्टम और उसके भागों के रख–रखाव और मरम्मत के लिए विकसित किए जाते हैं, वे कहलाते हैं–
A. एप्लीकेशन सॉफ्टवेयर
B. यूटीलिटी सॉफ्टवेयर
C. सिस्टम सॉफ्टवेयर
D. जनरल पर्पज़ सॉफ्टवेयर

133. रैम (RAM—Random Access Memory) किस प्रकार की मेमोरी है?
A. स्थायी मेमोरी B. अस्थायी मेमोरी
C. द्वितीयक मेमोरी D. तृतीयक मेमोरी

134. ए एल यू (ALU—Arithmatic Logic Unit) में गणनाओं के माध्यमिक परिणामों को संग्रह करने के लिए कौन–सी मेमोरी होती है?
A. एड्रेस B. रजिस्टर
C. डाटा बेस D. कन्ट्रोल

135. कम्प्यूटर में पासवर्ड सुरक्षा करती है–
A. हार्डवेयर को पुराना होने से
B. सॉफ्टवेयर की त्रुटियों से
C. तंत्र के अनधिकृत अभिगमन से
D. उपर्युक्त सभी

136. एम.एस. एक्सेल में एक फाइल को क्या कहते हैं?
A. डॉक्यूमेंट B. वर्कबुक
C. डाटा शीट D. नोट बुक

137. URL का पूरा नाम क्या होता है?
A. Uniform Resource Locater
B. Union Report Locater
C. Uniform Residence Locater
D. United Report Locater

138. DBMS का पूरा नाम है–
A. Database Management Syndrom
B. Database Multiple Systems
C. Databased Multiple Syndrom
D. Database Management System

139. MS वर्ड की विंडो में सबसे मध्य में खाली क्षेत्र को कहते हैं–
A. LAN B. WAN
C. Text Area D. Menu

140. न्यूमेरिक की-पैड (Numeric Keypad) की-बोर्ड के किस भाग में स्थित रहता है?
A. दाहिने भाग में
B. बीच में
C. बाएं भाग में
D. दाहिने एवं बाएं दोनों भागों में

141. एक प्रोग्राम जो डिस्क में सेव (save) होता है, उसे क्या कहते हैं?
A. फोल्डर B. आइकन
C. फाइल D. एप्लिकेशन

142. किसी विंडो की सबसे ऊपरी पंक्ति को कहते हैं–
A. टास्क बार B. स्क्रॉल बार
C. मेनू बार D. टाइटिल बार

143. MS-Word एक–
A. फॉर्मेटिंग प्रोसेस है
B. वर्ड प्रोसेसिंग प्रोग्राम है
C. संग्रह प्रोसेस प्रोग्राम है
D. संशोधन प्रोग्राम है

144. एक्सेल का प्रयोग किया जाता है–
A. बजट निर्माण में
B. रिपोर्ट में
C. स्टॉक का लेखा रखने में
D. उपर्युक्त सभी में

145. एक्सेल सॉफ्टवेयर भाग है–
A. LAN का B. WAN का
C. RAM का D. MS Office का

146. स्क्रीन पर सबसे नीचे दिखने वाली लाइन को कहते हैं–
A. एक्सेल B. टास्क बार
C. डिकोड D. वैन

147. कम्प्यूटर मेमोरी की संग्रह क्षमता प्रायः किसमें व्यक्त की जाती है?
A. सेमी. में B. किमी. में
C. सेकेण्ड में D. मेगाबाइट में

148. वाइड एरिया नेटवर्कों के लिए नये प्रकार का केबलिंग सिस्टम है–
A. इंट्रानेट B. इंटरनेट–2
C. इंटरनेट–3 D. इंटरनेट–4

149. .... कम्प्यूटर प्रोग्रामिंग की भाषा है।
A. प्रोम B. एल्गोल
C. फाइल D. जीबी

150. माइक्रोसॉफ्ट विजुअल बेसिक है–
A. लक्ष्य अभिविन्यस्त भाषा
B. कम्प्यूटर प्रोग्रामिंग की भाषा
C. कोमाल भाषा
D. स्नोबोल भाषा

151. साइबेस क्या है?
A. स्टैक B. कर्सर
C. रिलेशनल डेटाबेस D. सॉफ्टवेयर

152. एप्पल (APPLE) क्या है?
A. एक फल
B. चौथी पीढ़ी का एक कम्प्यूटर
C. कम्प्यूटर नेटवर्क
D. कम्प्यूटर भाषा

153. कम्प्यूटर का मौलिक काम क्या है?
A. छपाई करना
B. प्रोग्राम का कार्यान्वयन (एक्जीक्यूशन)
C. जोड़ना–घटाना
D. गेम दिखाना

154. एक गीगाबाइट कितने मेगाबाइट के बराबर होता है?
A. 1100 B. 1500
C. 1400 D. 1024

155. RAM का पूर्ण रूप क्या है?
A. रेपिड एक्सेस मेमोरी
B. रीड एंड मेमोरी
C. रैंडम एक्सेस मेमोरी
D. इनमें से कोई नहीं

156. 3½ इंच वाली फ्लॉपी में सिंगल साइडेड डिस्क में डाटा स्टोर करने की क्षमता कितनी होती थी?
A. 110 KB B. 140 KB
C. 210 KB D. 310 KB

157. जिस उपकरण की मदद से कोई सूचना या निर्देश कम्प्यूटर में भेजी जाती है, क्या कहलाता है?
A. इंस्ट्रक्टर B. आउटपुट डिवाइस
C. डाटा सेंटर D. इनपुट डिवाइस

158. F-1 से F-12 तक की 'की' क्या कहलाती हैं?
A. न्यूमेरिक 'की' B. लॉजिकल 'की'
C. साइन 'की' D. फंक्शन 'की'

159. OMR का पूर्ण रूप क्या है?
A. ऑप्टिकल मार्क रिकोग्निशन
B. ऑप्टिकल मार्क रिकार्डर
C. ऑप्टिकल मेटल रिकोग्निशन
D. इनमें से कोई नहीं

160. CGA कार्ड क्या करता है?
A. यह 16 भिन्न–भिन्न रंगों को मॉनिटर पर दिखा सकता है
B. यह 4 रंगों को मॉनिटर पर दिखा सकता है
C. यह 8 रंगों को मॉनिटर पर दिखा सकता है
D. इनमें से कोई नहीं

161. लेजर प्रिंटर से संबंधित कौन–सा तथ्य सही नहीं है?
A. लेजर प्रिंटर बहुत कम बिजली उपयोग करता है
B. टोनर कार्टरिज को कभी भी धूप में नहीं रखना चाहिए
C. लेजर प्रिंटर को कम–से–कम 1 KVA के CVT के साथ जोड़ना चाहिए
D. फोंट कार्टरिज को प्रिंटर ऑफ करने के बाद ही निकालना या लगाना चाहिए

162. ग्राफिक्स वाले आउटपुट को कागज पर उतारने के लिए किसका उपयोग किया जाता है?
A. लेजर जेट B. इंकजेट
C. प्लॉटर D. डॉट मैट्रिक्स

163. सॉफ्टवेयर का क्या काम है?
A. हार्डवेयर की गणितीय और तार्किक क्षमता को सम्पन्न कराना
B. शतरंज खेलना
C. कम्प्यूटर चलाना
D. इनमें से कोई नहीं

164. कम्प्यूटर को भी अभिव्यक्ति के लिए भाषा लैंग्वेज की जरूरत पड़ती है। कम्प्यूटर के प्रोग्राम की भाषा भिन्न–भिन्न किस्म की होती है। इनमें से एक है मशीन लैंग्वेज। यह क्या है?
A. मशीन की भाषा
B. बाइनरी अंकों के रूप में लिखे गए निर्देशों का एक क्रम
C. दशमलव पद्धति में लिखे गए निर्देशों का एक क्रम
D. इनमें से कोई नहीं

165. DOS किस प्रकार का सिस्टम सॉफ्टवेयर है?
A. डबल यूजर B. मल्टी यूजर
C. सिंगल यूजर D. इनमें से कोई नहीं

166. किस डाटा ट्रांसमिशन के अंतर्गत सूचना की प्रत्येक बिट क्रम से भेजी जाती है?
A. मल्टी ट्रांसमिशन
B. पैरेलल डाटा ट्रांसमिशन
C. सीरियल डाटा ट्रांसमिशन
D. एनालॉग ट्रांसमिशन

167. हाफ डुप्लेक्स पद्धति पर काम करने वाले उपकरण को पहचानिए–
A. टेलिफोन B. टेलिप्रिंटर
C. वाकी-टाकी D. टेलिविजन

168. विद्युत संकेत की तुलना में किसकी बैंडविड्थ ज्यादा चौड़ी होती है?
A. ध्वनि तरंग
B. प्रकाश तरंग
C. A एवं B दोनों
D. इनमें से कोई नहीं

169. लैन के अंतर्गत प्रिंटिंग के काम के लिए किस सर्वर का उपयोग किया जाता है?
A. मॉडेम सर्वर B. स्कैनर
C. प्रिंटर सर्वर D. फाइल सर्वर

170. कम्प्यूटर में पॉवर सप्लाई सिस्टम में प्रयुक्त एसएमपीएस (SMPS) का अर्थ है–
A. स्विच मोड पॉवर सप्लाई
B. सर्विस मोड पॉवर सप्लाई
C. श्योर मॉड्यूल पॉवर सप्लाई
D. सिक्योर मॉड्यूल पॉवर सप्लाई

171. कम्प्यूटर की स्मृति सामान्य तौर पर किलोबाइट या मेगाबाइट के रूप में व्यक्त की जाती है। एक बाइट बना होता है–
A. आठ द्विआधारी अंकों का
B. आठ दशमलव अंकों का
C. दो द्विआधारी अंकों का
D. दो दशमलव अंकों का

172. एक किलोबाइट बराबर होता है–
A. 1000 बाइट्स
B. 1024 बाइट्स
C. 1042 बाइट्स
D. 1 किलोग्राम बाइट्स

173. आठ बिटों के समूह को कहते हैं–
A. निबल B. बाइट
C. वर्ड (शब्द) D. किलोबाइट

174. बाइनरी च्वाइस में कितने विकल्प होते हैं?
A. कोई नहीं
B. एक
C. दो
D. कम्प्यूटर में मेमोरी की मात्रा पर निर्भर करता है

175. पर्सनल कम्प्यूटर के इनपुट उपकरण हैं–
A. स्कैनर B. माइक्रोफोन
C. टच पैड D. उपर्युक्त सभी

176. पर्सनल कम्प्यूटर के आउटपुट उपकरण हैं–
A. स्पीकर B. मॉनीटर
C. प्रिंटर D. उपर्युक्त सभी

177. नेटवर्किंग सुविधा के रूप हैं–
A. ई–मेल सुविधा
B. www (वेब) सुविधा
C. अपलोड एवं डाउनलोड सुविधा
D. उपर्युक्त सभी

178. नेटवर्क टोपोलॉजी के रूप हैं–
A. बस नेटवर्क B. रिंग नेटवर्क
C. ट्री नेटवर्क D. उपर्युक्त सभी

179. स्थानीय स्तर पर नेटवर्क कहलाता है–
A. LAN B. WAN
C. MAN D. उपर्युक्त सभी

180. LAN टोपोलॉजी के रूप हैं–
A. बस B. स्टार
C. रिंग D. उपर्युक्त सभी

181. टेलीफोन लाइन के लिए उपयुक्त नेटवर्क है–
A. LAN B. MAN
C. WAN D. HOST

182. निम्न में से कौन–सा सर्च इंजन है?
A. www.yahoo.com B. LAN
C. RAM D. PROM

183. सॉफ्टवेयर पैकेज है–
A. लैन B. सिस्टम सॉफ्टवेयर
C. वैन D. रैम

184. एप्लीकेशन सॉफ्टवेयर है–
A. ब्राउजर्स B. स्प्रेडशीट
C. ग्राफिक्स D. उपर्युक्त सभी

185. ऑपरेटिंग सिस्टम का/के प्रकार है/हैं–
A. MS-DOS B. LYNUX
C. UNIX D. उपर्युक्त सभी

186. कम्प्यूटर की बाइनरी संख्या है–
A. 0 एवं 1 B. 0 एवं 2
C. 2 एवं 3 D. 0 एवं 0

187. प्रोग्रामिंग भाषा है–
A. बेसिक B. सी
C. कोबोल D. उपर्युक्त सभी

188. Explorer को खोलने के लिए कार्यवाही की जाती है–
A. Start पर क्लिक करना
B. Programs पर क्लिक करना
C. On पर क्लिक करना
D. A तथा B दोनों

189. एक्सेल सॉफ्टवेयर भाग है–
A. LAN का B. WAN का
C. RAM का D. MS Office का

190. स्क्रीन पर सबसे ऊपर दिखने वाली लाइन को कहते हैं–
A. एक्सेल B. टाइटल बार
C. डिकोड D. वैन

191. टैब (Tab) एलाइनमेंट कितने प्रकार का होता है?
A. चार B. पांच
C. छह D. आठ

192. टैब का/के प्रकार है/हैं–
A. Left B. Right
C. Centre D. उपर्युक्त सभी

193. पासवर्ड का प्रयोग किया जाता है–
A. सुरक्षा के रूप में B. प्रिंट के रूप में
C. मेनू के लिए D. Edit करने में

194. मेनू बार (Menu Bar) के अंग हैं–
A. File B. Edit
C. View D. उपर्युक्त सभी

195. वर्ड की विंडों में सबसे मध्य में खाली क्षेत्र को कहते हैं–
A. LAN B. WAN
C. Text Area D. Menu

196. इंटरनेट पर उपलब्ध सुविधा है–
A. इंटरनेट फोन B. न्यूज ग्रुप
C. ई-मेल D. उपर्युक्त सभी

197. फ्लॉपी डिस्क एक–
A. प्राथमिक संग्रह माध्यम है
B. द्वितीयक संग्रह माध्यम है
C. तृतीयक संग्रह माध्यम है
D. प्राथमिक एवं तृतीयक संग्रह माध्यम है

198. संगणक (Calculator) मशीन का आविष्कार किसने किया?
A. जे विहाग्र ने B. ब्लेज पास्कल ने
C. जैकार्ड ने D. होवर्ड एकन ने

199. फैक्स के चालन के लिए किस नेटवर्क का प्रयोग किया जाता है?
A. VAD B. PSTN
C. VAN D. PSDN

200. सुपर कम्प्यूटर में डाटा ट्रांसफर दर कितनी होती है?
A. 8 गीगाबाइट प्रति सेकंड
B. 7 गीगाबाइट प्रति सेकंड
C. 6 गीगाबाइट प्रति सेकंड
D. 5 गीगाबाइट प्रति सेकंड

201. डाकघर की तरह काम करने वाले उस उपकरण को क्या कहते हैं जो डाटा पैकेट को गंतव्य का पता बताता है?
A. प्रिंटर B. रूटर
C. कॉलर D. कम्प्यूटर

202. डोमेन नेम में व्यावसायिक संगठनों के लिए किस संकेत का प्रयोग होता है?
A. .net B. .com
C. .edu D. .gov

203. डोमेन के नामकरण में अवर्गीकृत फौजी नेटवर्क के लिए कौन-सा संकेत प्रयुक्त होता है?
A. .mil B. .org
C. .edu D. .net

204. निम्नांकित में से सर्च इंजन नहीं है–
A. एल्टा विस्टा B. लाइकोस
C. कैटपाइल D. वेबक्रोलर

205. नेटिकेट (Netiquette) क्या है?
A. इंटरनेट पर अच्छे ढंग से काम करने का शिष्टाचार
B. एक सॉफ्टवेयर
C. एक वेब पृष्ठ
D. इनमें से कोई नहीं

206. इंटरनेट की सुविधा के लिए न्यूनतम किस किस्म का कम्प्यूटर होना चाहिए?
A. 286 प्रोसेसर युक्त, 200 MB हार्डडिस्क और 4 MB रैम
B. 486 प्रोसेसर युक्त, 500 MB हार्डडिस्क और 8 MB रैम
C. 386 प्रोसेसर युक्त, 300 MB हार्डडिस्क और 6 MB रैम
D. इनमें से कोई नहीं

207. प्रत्येक कम्प्यूटर के की-बोर्ड के प्रत्येक कैरेक्टर की ASCII होती है जिसका पूरा नाम है–
A. अमेरिका स्टॉक कोड फॉर इन्फॉर्मेशन इंटरचेंज
B. अमेरिकन स्टैण्डर्ड कोड फॉर इन्फॉर्मेशन इंटरचेंज
C. अफ्रीकन स्टैण्डर्ड कोड फॉर इन्फॉर्मेशन इंटरचेंज
D. एडाप्टेबल स्टैण्डर्ड कोड फॉर इन्फॉर्मेशन इंटरचेंज

208. सी ए डी (CAD) का तात्पर्य है–
A. कम्प्यूटर एल्गोरिथिम फॉर डिजाइन
B. कम्प्यूटर एडेड डिजाइन
C. कम्प्यूटर एप्लिकेशन इन डिजाइन
D. इनमें से कोई नहीं

209. माइक्रोसॉफ्ट ऑफिस है–
A. शेयर वेयर
B. एप्लिकेशन सॉफ्टवेयर
C. ओपेन सोर्स सॉफ्टवेयर
D. पब्लिक डोमेन सॉफ्टवेयर

210. जब कम्प्यूटर बूटिंग कर रहा हो, तो मेमोरी में बीआईओएस किसके द्वारा लोड किया जा रहा होता है?
A. आर ए एम (RAM)
B. आर ओ एम (ROM)
C. सी डी-आर ओ एम (CD-ROM)
D. टी सी पी (TCP)

211. डिवाइस ड्राइवर्स क्या होते हैं?
A. एक्सटर्नल डिवाइसों के लिए टाइनी पावर कोर्ड
B. विशेषज्ञ जो यह जानते हैं कि डिवाइसों का परफॉर्मेंस कैसे अधिकतम किया जाए
C. छोटे, विशेष–प्रयोजन प्रोग्राम
D. ऑपरेटिंग सिस्टम का अंतरतम भाग

212. प्रोग्रामों का समूह जो आपकी कम्प्यूटर सिस्टम के चलने को कंट्रोल करता है और सूचना प्रोसेस करता है उसे .... कहते हैं।
A. ऑपरेटिंग सिस्टम B. कम्प्यूटर
C. ऑफिस D. कम्पाइलर

213. निम्नलिखित में से कौन-सा एक छोटा सिंगल-साइट नेटवर्क है?
A. LAN B. DSL
C. RAM D. USB

214. मदरबोर्ड के कम्पोनेन्ट्स के बीच इन्फॉर्मेशन .... के माध्यम से ट्रेवल करता है।
A. फ्लैश मेमोरी B. CMOS
C. बेज D. बसेज

215. LAN (लोकल एरिया नेटवर्क) से जुड़े कम्प्यूटर–
A. तेज चल सकते हैं
B. ऑनलाइन जा सकते हैं
C. इन्फॉर्मेशन और/या पेरिफेरल उपकरण शेयर कर सकते हैं
D. ई-मेल कर सकते हैं

216. ऑपरेटिंग सिस्टम द्वारा सीधे हैंडल नहीं किए जाने वाले अधिकांश कार्य निम्नलिखित में से कौन-सा हैंडल कर सकता है?
A. वर्टिकल-मार्केट एप्लिकेशन
B. यूटिलिटीज
C. एल्गोरिथ्म्स
D. इंटेग्रेटेड सॉफ्टवेयर

217. कटिंग और पेस्टिंग के साथ काटी गई मद अस्थायी रूप से .... में स्टोर की जाती है।
A. ROM B. हार्ड ड्राइव
C. डिस्केट D. क्लिपबोर्ड

218. ऐसे एप्लिकेशन के लिए मैग्नेटिक टेप प्रैक्टिकल नहीं हैं जिनमें डाटा शीघ्र डिलीट किया जाना है, क्योंकि टेप है–
A. रैंडम एक्सेस मीडियम
B. सिक्वेंशियल एक्सेस मीडियम
C. फ्रेजाइल और आसानी डैमेज्ड
D. महंगा स्टोरेज मीडियम

219. स्प्रेडशीट में डाटा कैसे ऑर्गेनाइज होता है?
A. लाइन्स एण्ड स्पेसेज B. लेयर्स एण्ड प्लेन्स
C. हाइट एण्ड विड्थ D. रोस एण्ड कॉलम्स

220. वर्कबुक में होते हैं–
A. चित्र B. पंक्ति एवं कॉलम
C. स्प्रेडशीट D. उपर्युक्त सभी

221. BASIC लैंग्वेज का विकास कब हुआ था?
A. 1964 ई. में B. 1974 ई. में
C. 1961 ई. में D. 1971 ई. में

222. 'इन्फॉर्मेशन स्टोरेज' के लिए मैग्नेटिक टेप प्रयोग करने वाले प्रथम कम्प्यूटर का नाम बताएं।
A. एप्पल–I
B. एनालिटिकल इंजन
C. बाइनरी ऑटोमैटिक कम्प्यूटर
D. इनमें से कोई नहीं

223. कम्प्यूटर की प्रोसेसिंग स्पीड को किसकी मदद से घटा या बढ़ा सकते हैं?
A. टर्बो स्विच B. ब्रिज
C. माइक्रो प्रोसेसर D. हार्ड डिस्क

224. भारत के पहले द्विभाषिक कम्प्यूटर का नाम क्या है?
A. महावीर B. अनुपम
C. सिद्धार्थ D. परम

225. यूनिक्स की विशेषताएं क्या हैं?
A. एक साथ अनेक काम
B. एक साथ अनेक लोग काम कर सकते हैं
C. काफी सुरक्षित है
D. उपर्युक्त सभी

226. कम्प्यूटर में काम करने के लिए किस सॉफ्टवेयर का प्रयोग किया जाता है?
A. सिस्टम B. एप्लीकेशन
C. प्रोग्राम D. पैकेज

227. कम्पाइलर कम्प्यूटर की किस प्रकार की भाषा है?
A. उच्चस्तरीय भाषा
B. निम्नस्तरीय भाषा
C. पास्कल भाषा
D. कोबोल भाषा

228. निम्नलिखित में ऑपरेटिंग सिस्टम है–
A. यूनिक्स B. राइट प्रो
C. वर्ड D. एनिमेशन

229. भारत में सर्वप्रथम किस राज्य ने इंटरनेट पर टेलीफोन डायरेक्टरी उपलब्ध कराई है?
A. सिक्किम B. बिहार
C. अरुणाचल प्रदेश D. आन्ध्र प्रदेश

230. इनमें से कौन-सा कम्प्यूटर वाइरस नहीं है?
A. वनहाफ B. मंकी
C. चंगू–मंगू D. मनोज

231. DOS का पूरा नाम क्या है?
A. डिस्क ऑफ सिस्टम
B. डिस्क ऑपरेटिंग सिस्टम
C. डिवाइस ऑपरेटिंग सिस्टम
D. डोर ऑपरेटिंग सिस्टम

232. कम्प्यूटर की शब्दावली में प्रत्येक निर्देश एक कोड होता है। इस कोड को एक निश्चित कंट्रोल सिग्नल में बदलने वाली इकाई को क्या कहते हैं?
A. प्रोग्राम यूनिट B. लॉजिक यूनिट
C. कंट्रोल यूनिट D. ऑपरेशन यूनिट

233. कट, कॉपी और पेस्ट करने के लिए कौन–सा मेनू सिलेक्ट किया जाता है?
A. फाइल B. टूल्स
C. स्पेशल D. एडिट

234. टिपिकल नेटवर्क में सबसे महत्वपूर्ण या शक्तिशाली कम्प्यूटर कौन–सा है?
A. डेस्कटॉप B. नेटवर्क क्लाइंट
C. नेटवर्क सर्वर D. नेटवर्क स्टेशन

235. सॉफ्टवेयर का प्राथमिक उद्देश्य डाटा को .... में बदलना है।
A. वेबसाइट B. सूचना
C. प्रोग्राम D. ऑब्जेक्ट

236. किसी फाइल में किसी एक मद का पता लगाने के लिए .... का उपयोग होता है।
A. फाइल एलोकेशन टेबल
B. डायरेक्टरी
C. सीक्वेंशियल एक्सेस
D. डायरेक्ट एक्सेस

237. नोटबुक से डेस्कटॉप मॉडल का काम लेने के लिए नोटबुक को .... से कनेक्ट किया जा सकता है, जिसे मॉनिटर और दूसरे उपकरणों से कनेक्ट किया जाता है।
A. बे B. डॉकिंग स्टेशन
C. पोर्ट D. नेटवर्क

238. टैब कुंजी (की) का प्रयोग किसलिए होता है?
A. कर्सर को स्क्रीन पर चलाने के लिए
B. पैराग्राफ इंडेंट करने के लिए
C. कर्सर को स्क्रीन पर नीचे ले जाने के लिए
D. केवल A और B

239. बिजली बंद कर दिए जाने के बाद जो स्टोरेज अपना डाटा रखती है उसे .... कहते हैं।
A. वोलाटाइल स्टोरेज
B. नॉन–वोलाटाइल स्टोरेज
C. सीक्वैंशियल स्टोरेज
D. डायरेक्टर स्टोरेज

240. निम्नलिखित में से कनेक्टिविटी का उदाहरण कौन–सा है?
A. इंटरनेट B. फ्लॉपी डिस्क
C. पावर कॉर्ड D. डाटा

241. .... सॉफ्टवेयर कोड में त्रुटियां ढूंढने की एक प्रक्रिया है।
A. कम्पाइलिंग B. टेस्टिंग
C. रनिंग D. डीबगिंग

242. .... में विशिष्ट नियम और शब्द होते हैं जो एक एल्गोरिथ्म के लॉजिकल स्टेप्स को व्यक्त करते हैं।
A. सिन्टेक्स B. प्रोग्रामिंग स्ट्रक्चर
C. प्रोग्रामिंग लैंग्वेज D. लॉजिक चार्ट

243. विद्यमान डॉक्यूमेंट को परिवर्तित करना डॉक्यूमेंट की .... कहलाता है।
A. क्रिएटिंग B. एडिटिंग
C. मोडिफाइंग D. एडजस्टिंग

244. CPU निम्नलिखित में से क्या है?
A. चिप B. बॉक्स
C. सर्किट D. पेरिफेरल

245. कम्प्यूटर की समस्त सूचनाएं देखने के लिए किस डिवाइस का प्रयोग किया जाता है?
A. मॉनीटर B. की-बोर्ड
C. ए. एल. यू. D. सी. पी. यू.

246. www. .... प्रोटोकॉल का उपयोग करता है।
A. FTP B. HTTP
C. WBC D. MTP

247. विश्व का प्रथम कम्प्यूटर नेटवर्क किसे माना जाता है?
A. I Net B. NSF Net
C. ARPANET D. V Net

248. कम्प्यूटर की मुख्य मैमोरी क्या होती है?
A. भीतरी B. बाहरी
C. A तथा B दोनों D. सहायक

249. बैंकों में पहली कम्प्यूटर आधारित 'ऑटोमेटेड टेलर मशीन' का प्रयोग हुआ–
A. 1970 में B. 1972 में
C. 1967 में D. 1978 में

250. 1995 में बनी पहली सम्पूर्ण कम्प्यूटर एनीमेटेड फीचर फिल्म कौन-सी थी?
A. वाइल्ड लाइफ B. हैप्पी जर्नी
C. टॉप स्टोरी D. लव स्टोरी

251. जब कई कम्प्यूटरों को एक ही जगह पर जोड़ना होता है, तो उसे क्या कहा जाता है?
A. LAN B. WAN
C. INFINET D. WON

252. कम्प्यूटर की भौतिक बनावट कहलाती है–
A. हार्डवेयर B. सॉफ्टवेयर
C. की-बोर्ड D. मेमोरी

253. प्रोसेसर, इनपुट/आउटपुट डिवाइस और मेमोरी के काम में समन्वय बैठाने के लिए सिग्नल भेजने या प्राप्त करने के लिए कौन-सी बस प्रयुक्त होती है?
A. कंट्रोल बस B. एड्रेस बस
C. डाटा बस D. एयर बस

254. कम्प्यूटर में जो भी डाटा फीड किया जाता है, वह कम्प्यूटर के जिस हिस्से में दिखता है वह क्या कहलाता है?
A. विंडो सिस्टम B. शो सिस्टम
C. डिस्प्ले सिस्टम D. इनमें से कोई नहीं

255. फोटोग्राफिक प्रिंटर में किस पेपर का उपयोग होता है?
A. क्लोराइड पेपर B. आयोडाइड पेपर
C. ब्रोमाइड पेपर D. इनमें से कोई नहीं

256. READ और DATA स्टेटमेंट का प्रयोग एक साथ किया जाता है, READ स्टेटमेंट से क्या परिभाषित किया जाता है?
A. मेमोरी B. वैल्यू
C. वैरिएबल D. इनमें से कोई नहीं

257. जब कम्प्यूटर का मेन मेमोरी में एक से अधिक प्रोग्राम चलते हैं तब इस क्रिया को क्या कहते हैं?
A. मल्टी प्रोग्रामिंग B. स्पूलिंग
C. सीरियल प्रोसेसिंग D. बफरिंग

258. सीडी रॉम (CD ROM) का पूर्ण रूप है–
A. कोर डिस्क रीड ओनली मेमोरी
B. कॉम्पैक्ट डिस्क रीड ओनली मेमोरी
C. सर्क्यूलर डिस्क रीड ओनली मेमोरी
D. उपरोक्त में से कोई नहीं

259. कम्प्यूटर में स्मृति का प्रकार नहीं है–
A. सेमी कण्डक्टर B. मैग्नेटिक
C. सर्वर D. ऑप्टिकल

260. .... कुंजी (की) स्टार्ट करने को शुरू करती है।
A. एस्केप B. शिफ्ट
C. विंडोज D. शॉर्टकट

261. टेक्स्ट की पंक्ति के आरम्भ में जाने के लिए .... कुंजी (की) दबाई जाती है।
A. होम B. a
C. पेजअप D. एंटर

262. निम्नलिखित में से स्टोरेज का सबसे बड़ा यूनिट कौन-सा है?
A. GB B. KB
C. MB D. TB

263. यूनिक्स के निर्माता हैं–
A. रॉर्ड फेन्सन
B. डेनिसरिचे एण्ड केन थॉमसन
C. रमावर्त कैथरीन
D. जॉनसन

264. .... में प्रिंटिंग हेड और कागज का सम्पर्क होता है।
A. नॉन-इम्पैक्ट प्रिंटर B. इम्पैक्ट प्रिंटर
C. उपर्युक्त दोनों D. थर्मल प्रिंटर

265. एम.एस. विंडोज किस प्रकार का सॉफ्टवेयर है?
A. CUI B. MUI
C. LUI D. GUI

266. निम्नलिखित में से किसकी सहायता से हमें कम्प्यूटर की उपयोगिता एवं जगह की उपलब्धता के बारे में पता चलता है?
A. My Computer B. My Document
C. My Briefcase D. My Search

267. रिज्यूम बनाने के लिए किस सॉफ्टवेयर का उपयोग किया जाता है?
A. MS-Word B. Page Maker
C. A और B दोनों D. Java

268. जब किसी स्टैक (Stack) में एक आइटम या अवयव को जोड़ा जाता है, तो उस प्रक्रिया को कहते हैं–
A. POP B. PUSH
C. DASH D. TOP

269. टेलिफोन किस संचार पद्धति पर काम करता है?
A. हाफ डुप्लेक्स B. सिंप्लेक्स
C. फुल डुप्लेक्स D. हाफ सिंप्लेक्स

270. एकल संचार पथ (सिंगल कम्यूनिकेशन लाइन) को क्या कहा जाता है?
A. बस B. रिंग
C. स्टार D. वर्ग

271. दो असमान लैन नेटवर्क को जोड़ने के लिए किस उपकरण का प्रयोग होता है?
A. ब्रिज B. रूटर
C. गेटवे D. इनमें से कोई नहीं

272. कम्प्यूटर शब्दावली में वाइरस के आतंक को क्या नाम दिया गया है?
A. इन्फॉर्मेशन मॉन्स्टर B. वाइरस टेरर
C. इलेक्ट्रॉनिक टेररिज्म D. इनमें से कोई नहीं

273. मॉनीटर और हार्ड ड्राइव जैसे अधिक पॉवर हंग्री कम्पोनेन्टों को आइडल रखने पर .... होता है।
A. हाइबरनेशन B. पॉवर डाउन
C. स्टैन्डबाइ मोड D. शटडाउन प्रोसिजर

274. हार्ड डिस्क ड्राइव्स को .... स्टोरेज माना जाता है।
A. फ्लैश B. नॉन-वोलाटाइल
C. टेम्परेरी D. नॉन-परमानेन्ट

275. शॉर्टकट्स और अन्य विशेष कार्यों के लिए, ... की और .... की अन्य कीज़ के साथ कांबिनेशन में प्रयोग किया जाता है।
A. कंट्रोल, आल्ट
B. फंक्शन, टोगल
C. डिलीट, इनसर्ट
D. कैप्स लॉक, नॅम लॉक

276. .... और .... सर्वाधिक सामान्य इनपुट डिवाइस है।
A. माइक्रोफोन, प्रिन्टर
B. स्कैनर, मॉनीटर
C. डिजिटल कैमरा, स्पीकर्स
D. की-बोर्ड, माउस

277. नये नाम सहित या नये लोकेशन पर किसी विद्यमान फाइल को सेव करने के लिए आपको .... कमांड का प्रयोग करना चाहिए।
A. सेव B. सेव एण्ड रिप्लेस
C. सेव एज D. न्यू फाइल

278. यूजर एप्लिकेशन सॉफ्टवेयर, हार्डवेयर को कनेक्ट करते हुए इंटरफेस के रूप में फंक्शन करते हुए किस प्रकार का सॉफ्टवेयर कम्प्यूटर प्रोसेसों को मैनेज करता है?
A. सिस्टम सॉफ्टवेयर
B. यूटिलिटी प्रोग्राम
C. ट्रान्सलेटर प्रोग्राम
D. ऑपरेटिंग सिस्टम

279. CPU का वह भाग जो अन्य सभी कम्प्यूटर कम्पोनेन्ट्स की गतिविधियों को कोऑर्डिनेट करता है, वह निम्नलिखित है–
A. मदरबोर्ड
B. कोऑर्डिनेशन बोर्ड
C. कंट्रोल यूनिट
D. एरिथमैटिक लॉजिक यूनिट

280. कोई चीज जिसने आसानी से इंस्ट्रक्शंस समझ लिए हैं, उसे .... कहते हैं।
A. यूजर फ्रेंडली B. इनफॉर्मेशन
C. वर्ड प्रोसेसिंग D. आइकन

281. डाटाबेस में, ... फील्ड्स कैलकुलेशन करने के लिए प्रयुक्त नम्बर स्टोर करते हैं।
A. नेक्स्ट B. की
C. अल्फान्यूमैरिक D. न्यूमैरिक

282. निम्नलिखित में से कौन-सा कथन सत्य है?
A. वर्चुअल मेमोरी हार्ड ड्राइव पर स्पेस है जहां ऑपरेटिंग सिस्टम मेमोरी बाउंड होने पर डाटा स्टोर करना आरंभ करती है
B. RAM से डाटा एक्सेस करना वर्चुअल मेमोरी से डाटा एक्सेस करने से धीमा होता है
C. वर्चुअल मेमोरी में डाटा प्रयुक्त करते समय, ऑपरेटिंग सिस्टम RAM फाइल नामक फाइल बिल्ड करती है
D. यदि कोई कम्प्यूटर मेमोरी-बाउंड है तो अधिक RAM जोड़ने से समस्या हल नहीं होगी

283. नीचे दिए गए सभी पद स्प्रेडशीट सॉफ्टवेयर से संबद्ध है, सिवाय–
A. वर्कशीट के B. सेल के
C. फॉर्मूला के D. वाइरस डिटेक्शन के

284. .... ऐसे डिवाइस हैं जिनका प्रयोग टेलीकम्यूनिकेशन लाइनों पर डाटा ट्रांसमिट करने के लिए किया जाता है।
A. ड्राइव्स B. ड्राइव बेज
C. मॉडेम D. प्लेटफार्म

285. ज्ञात सॉफ्टवेयर बग के लिए रिपेयर जो सामान्यतः इंटरनेट पर बिना चार्ज उपलब्ध होता है, उसे .. .. कहते हैं।
A. वर्शन B. पैच
C. ट्यूटोरियल D. FAQ

286. सर्वर्स वे कम्प्यूटर हैं जो .... से कनेक्टेड दूसरे कम्प्यूटरों को रिसोर्सेस प्रोवाइड करते हैं।
A. नेटवर्क B. मेनफ्रेम
C. सुपरकम्प्यूटर D. क्लाइंट

287. .... एक प्रकार की स्थायी मेमोरी है जो स्टार्ट अप के लिए कम्प्यूटर को जिनकी जरूरत होती है, उन सभी इन्स्ट्रक्शन्स को होल्ड करती है और पावर बंद करने पर यह इरेज नहीं होती है।

A. नेटवर्क इंटरफेस कार्ड (NIC)
B. CPU
C. RAM
D. ROM

288. निम्नलिखित में से कौन–सा पद केवल नेटवर्क का कनेक्शन है जिसे साथ जोड़ा जा सकता है?
A. वर्चुअल प्राइवेट नेटवर्क
B. इंटरनेट
C. इंट्रानेट
D. एक्स्ट्रानेट

289. कम्प्यूटर डाटा गैदर करते हैं इसका अर्थ है कि वे प्रयोक्ताओं को डाटा .... करने देते हैं।
A. प्रेजेन्ट B. इनपुट
C. आउटपुट D. स्टोर

290. निम्नलिखित में से कौन-सी उच्चस्तरीय भाषा है?
A. FORTRAN B. COBOL
C. BASIC D. उपर्युक्त सभी

291. निम्नलिखित में से कौन-सा GUI नहीं है?
A. इंटरनेट एक्स्प्लोरर B. एम. एस. डॉस
C. लाइनक्स D. नेटस्केप नेवीगेटर

292. कम्पाइलर क्या होता है?
A. एक व्यक्ति जो स्रोत प्रोग्राम को ऑपरेट करता है
B. यह प्रोग्राम की भांति होता है
C. यह एक की पंच ऑपरेटर है
D. यह एक ऐसा प्रोग्राम है जो HLL को LLL में परिवर्तित करता है

293. DVD की डिस्क स्टोरेज क्षमता होती है–
A. 5 GB B. 20 GB
C. 3 GB D. 4.7 GB

294. निम्नांकित में से कौन ISP एक्सेल प्रणाली नहीं है?
A. VSAT B. ISDN
C. उपग्रह D. रेडियो मॉडेम

295. ई-मेल क्या है?
A. कम्प्यूटर के माध्यम से छपाई की तकनीक
B. इंटरनेट के माध्यम से संदेशों के आदान-प्रदान की एक तकनीक
C. एक रेलगाड़ी
D. इनमें से कोई नहीं

296. व्यावसायिक कंपनियों के द्वारा ई-मेल के जरिए भेजा गया संदेश क्या कहलाता है?
A. जंक मेल B. फ्रंटियर मेल
C. रफ मेल D. बाउंस्ड मेल

297. ऑप्शन चुनने के लिए माउस या 'ऐरो की' का प्रयोग किस प्रकार के FTP क्लाएंट के अंतर्गत होता है?
A. लाइन मोड FTP
B. ग्राफिकल यूजर इंटरफेज FTP
C. उपर्युक्त दोनों
D. इनमें से कोई नहीं

298. इंटरनेट की शुरुआत कहां हुई?
A. भारत में
B. सूडान में
C. संयुक्त राज्य अमेरिका में
D. ब्राजील में

299. भारत के तीसरे कम्प्यूटर की आपूर्ति किसने की थी?
A. अजीम प्रेमजी B. आई. बी. एम.
C. सबीर भाटिया D. बिल गेट्स

300. नेशनल परम सुपर कम्प्यूटिंग फैसिलिटी कहां अवस्थित है?
A. पुणे (महाराष्ट्र) में
B. रायपुर (छत्तीसगढ़) में
C. भोपाल (मध्य प्रदेश) में
D. राँची (झारखंड) में

301. भाभा एटॉमिक रिसर्च सेंटर (BARC) के कम्प्यूटर विभाग द्वारा निर्मित पैरेलल कम्प्यूटर का नाम है?
A. परम B. पराक्रम
C. शौर्य D. अनुपम

302. कम्प्यूटर के ऑन होने से लो A प्रॉम्ट या C प्रॉम्प्ट तक पहुंचने की प्रक्रिया क्या कहलाती है?
A. रनिंग B. बूटिंग
C. वार्मिंग D. इनमें से कोई नहीं

303. अनइंटरप्टेड पावर सप्लाई (UPS) क्या करता है?
A. DC वोल्टेज को AC वोल्टेज में बदलता है
B. AC वोल्टेज को DC वोल्टेज में बदलता है
C. उपर्युक्त दोनों कथन सत्य हैं
D. उपर्युक्त दोनों कथन असत्य हैं

304. कम्प्यूटर संग्रहालय कहां स्थित है?
A. नई दिल्ली, भारत में
B. ओटाबा, कनाडा में
C. म्यूनिख, जर्मनी में
D. बोस्टन, संयुक्त राज्य अमेरिका में

305. निम्नांकित में से कौन हार्ड डिस्क बनाने वाली कंपनी नहीं है?
A. हिटाची B. फिलिप्स
C. फुजित्सु D. सिगेट

306. रोबोट निर्माण में प्रयोग होने वाले कम्प्यूटर तकनीकी को क्या कहते हैं?
A. जेनेटिक्स B. साइबरनेटिक्स
C. रोबोटिक्स D. इनमें से कोई नहीं

307. किसी भी सॉफ्टवेयर की गलतियां ढूंढने की प्रक्रिया क्या कहलाती है?
A. डिबग (Debug) B. डिफ्रैग (Defrag)
C. डिलीट (Delete) D. इनमें से कोई नहीं

308. DOS द्वारा प्रयोग किए हुए सेक्टर के समूह क्या कहलाते हैं?
A. क्लस्टर B. डिस्क
C. ग्रुप D. ऑरेटर

309. कॉग नामक कृत्रिम बुद्धिमान कम्प्यूटर का निर्माण किसने किया?
A. लेनाह B. मैकमिन
C. चेमर्स D. रोड्नी ब्रक्स

310. एप्पल के माइक्रोकम्प्यूटर को क्या कहा जाता है?
A. मैकिंटोश B. पी. डी. पी. 11
C. क्रे D. पी. डी. पी. 8

311. किस पैकेज के आने के बाद एम. एस. डॉस का बाजार गरम हो गया?
A. लोटस 1–2–3 B. कोरल ड्रॉ
C. विंडोज D. हार्वर्ड ग्राफिक्स

312. जिस साइट पर अन्य वेबसाइटों की विवरणिका और एक सर्च इंजन मौजूद होते हैं उसे क्या कहते हैं?
A. प्लेटफार्म B. गेटवे
C. पोर्टल D. इनमें से कोई नहीं

313. व्यावसायिक तौर पर उपलब्ध पहला माइक्रोप्रोसेसर चिप कौन-सा है?
A. इंटेल–5500 B. इंटेल–4004
C. इंटेल–5090 D. इंटेल–6000

314. 'अरिथमेटिकल रेप्लिका' नामक गणक मशीन का आविष्कार किसने किया?
A. जर्मन नाटककार बर्टोल्ट ब्रेरुत
B. जर्मन साहित्यकार गुंटर ग्रास
C. जर्मन दार्शनिक कार्ल मार्क्स
D. जर्मन गणितज्ञ गॉटफीड लीबनित्ज

315. कम्प्यूटर के इतिहास में विश्व का प्रथम प्रोग्राम किसे माना जाता है?
A. लेडी चैटर्ली B. लेडी जेम्स
C. लेडी एडा लवलेस D. लेडी फिंगर

316. मदरबोर्ड के कम्पोनेन्ट्स (उपकरणों) के बीच सूचना .... के माध्यम से ट्रेवल करता है–
A. फ्लैश मेमोरी B. सी मॉस
C. वेज D. बसेज

317. यू पी एस (UPS) का कार्य है–
A. कम्प्यूटर की बैटरी को चार्ज करना
B. कम्प्यूटर को असुरक्षा से बचाना
C. कम्प्यूटर को निर्बाध विद्युत आपूर्ति सुनिश्चित करना
D. इनमें से कोई नहीं

318. इलेक्ट्रॉनिक एनालॉग कम्प्यूटर्स का उपयोग कब से शुरू हुआ?
A. 1930 से B. 1950 से
C. 1956 से D. 1958 से

319. कम्प्यूटर के बन्द होने पर इसमें लिखी सूचनाएं खत्म हो जाती हैं, वह मेमोरी है–
A. रैम B. रोम
C. प्रोम D. इप्रोम

320. बार कोडिंग में कितने अक्षर होते हैं?
A. 10 B. 20
C. 30 D. 40

321. स्कैनर को कहा जाता है–
A. कम्प्यूटर की आंख B. कम्प्यूटर की नींव
C. कम्प्यूटर की भाषा D. कम्प्यूटर का प्रोग्राम

322. डिजिटल कम्प्यूटर की कार्य पद्धति किस सिद्धान्त पर आधारित है?
A. केवल तर्क पर
B. इलेक्ट्रॉनिक परिपथ पर
C. गणना एवं तर्क पर
D. मापन पर

323. याहू, गूगल एवं MSN हैं–
A. इन्टरनेट साइट्स
B. कम्प्यूटर ब्राण्ड
C. स्विट्जरलैंड में बननेवाली घड़ियां
D. शनि ग्रह के छल्ले

324. निम्नलिखित में कौन–सी सूचना प्रौद्योगिकी शब्दावली नहीं है?
A. साइबर स्पेस B. अपलोड
C. प्रकाश भण्डारण D. मॉडेम

325. पहला भारतीय कम्प्यूटर सर्वप्रथम कहां लगाया गया?
A. इण्डियन इन्स्टीट्यूट ऑफ टेक्नोलॉजी, दिल्ली
B. इण्डियन इन्स्टीट्यूट ऑफ साइंस, बंगलौर
C. टाटा आइरन व स्टील कम्पनी, जमशेदपुर
D. भारतीय सांख्यिकीय संस्थान, कलकत्ता

326. कम्प्यूटर भाषा JAVA के आविष्कारक कौन हैं?
A. IBM B. माइक्रोसॉफ्ट
C. सन माइक्रोसिस्टम D. इन्फोसिस्टम

327. भारत में प्रथम कम्प्यूटर किस डाकघर में लगाया गया था?
A. नई दिल्ली
B. कोलकाता
C. मुम्बई
D. बंगलुरू का प्रधान डाकघर

328. GUI सॉफ्टवेयर बनाने के लिए किस प्रोग्रामिंग भाषा का प्रयोग किया जाता है?
A. BASIC B. C++
C. COBOL D. PASCAL

329. भाषा, जिसे कम्प्यूटर समझता है व निष्पादित करता है, कहलाती है–
A. अमेरिकन भाषा B. HLL
C. गुप्त प्रच्छल भाषा D. उपर्युक्त सभी

330. प्रोसेसर पाया जाता है–
A. स्मृति में B. कुंजी पटल में
C. सी. पी. यू. में D. हार्ड डिस्क में

331. निम्नलिखित उत्पादों में से कौन–सा उत्पाद 'पेन्टियम' (Pentium) ब्राण्ड नाम से बेचा जाता है?
A. मोबाइल चिप B. कंप्यूटर चिप
C. कम्प्यूटर D. माइक्रोप्रोसेसर

332. एम. एस. डॉस के विकासकर्ता हैं–
A. बिल गेट्स B. ली. एन. फियोंग
C. एन. रसेल D. टिमबर्नर्स ली

333. निम्नलिखित में से कम्प्यूटर डाटा की सबसे बड़ी इकाई है–
A. GB B. Bit
C. MB D. TB

334. माइकल एंजेलो वाइरस है–
A. कैंसर का उत्तरदायी वाइरस
B. कैंसर से बचाव करने वाला वाइरस
C. चूहों में फैलने वाला वाइरस
D. एक कम्प्यूटर वाइरस

335. CRAY क्या है?
A. मिनी कम्प्यूटर B. माइक्रोकम्प्यूटर
C. मेनफ्रेम कम्प्यूटर D. सुपरकम्प्यूटर

336. आई. आई. टी., मेडिकल एवं अन्य प्रतियोगी परीक्षाओं के बारे में सलाह और जानकारी देनेवाली एक साइट की पहचान करें?
A. egurucool.com B. nic.in
C. ciol.com D. icleo.com

337. भारतीय इन्फोटेक उद्योग के पितामह की संज्ञा किसे दी गई है?

A. अजीम प्रेमजी B. फकीर चंद कोहली
C. केदार प्रसाद सिंह D. नारायण मूर्ति

338. कम्प्यूटर में लगे पुरजों के आधार पर उन्हें कितनी पीढ़ियों में बाँट सकते हैं?

A. 6 B. 7
C. 5 D. 4

339. एक CPU की क्षमता किसमें मापी जाती है?

A. DPI में B. MIPS में
C. PPI में D. इनमें से कोई नहीं

340. VLSI तकनीक का सबसे खास असर क्या पड़ा था?

A. कम्प्यूटर की कीमत महंगी होना
B. एक ही चिप पर सम्पूर्ण CPU का नहीं बन सकना
C. एक ही चिप पर सम्पूर्ण CPU या मेन मेमोरी का बनना संभव होना
D. इनमें से कोई नहीं

341. कम्प्यूटर में किसकी जरूरत डाटा और निर्देश के भण्डारण (स्टोरेज) और जरूरत पड़ने पर निस्तारण (रिट्रीवल) के लिए पड़ती है?

A. प्रोग्रामर B. मेमोरी
C. कंडक्टर D. कंट्रोल यूनिट

342. हाई स्पीड मेमोरी को क्या कहते हैं?

A. गामा मेमोरी B. कैश मेमोरी
C. बीटा मेमोरी D. अल्फा मेमोरी

343. कम्प्यूटर स्वयं सोच नहीं सकता है और न ही निर्णय दे सकता है। इस काम को सम्पन्न करने के लिए प्रोग्राम की जरूरत पड़ती है। प्रोग्राम क्या है?

A. सूचनाओं का समूह
B. कम्प्यूटर चलाने के तौर-तरीके
C. कार्यक्रम की रूपरेखा है
D. क्रमवार सजे निर्देशों का एक सेट, जो प्रॉब्लम हल करने के लिए कम्प्यूटर का मार्गदर्शन करता है

344. कम्प्यूटर सिस्टम को संचालित (ऑपरेट) करने के लिए सबसे ज्यादा जरूरी है?

A. कॉरपोरेट सिस्टम B. कमांड सिस्टम
C. मैनेजमेंट सिस्टम D. ऑपरेटिंग सिस्टम

345. OSI (ओपन सिस्टम इंटरकनेक्टिंग) स्टैंडर्ड के तहत कई लेयर होते हैं। खुले सिस्टम में मौजूद एप्लिकेशंस के बीच सेमांटिक आदान-प्रदान में कौन-सी लेयर मदद करती है?

A. एप्लिकेशन लेयर B. डाटालिंक लेयर
C. प्रेजेंटेशन लेयर D. फिजिकल लेयर

346. WAN (वैन) का पूर्ण रूप क्या है?

A. वर्ल्ड एक्सेस नेटवर्क
B. वाइड एरिया नेटवर्क
C. वाइड एंगल नेटवर्क
D. इनमें से कोई नहीं

347. ब्रिज एक वाइड एरिया नेटवर्क उपकरण है, जो दो लेंस (LANS) को जोड़ने के लिए प्रयुक्त होता है। यह OSI मॉडल के किस लेयर पर काम करता है?

A. एप्लिकेशन लेयर B. डाटा लिंक लेयर
C. नेटवर्क लेयर D. सेशन लेयर

348. रूटर्स OSI मॉडल के किस लेयर पर काम करते हैं?

A. डाटालिंक लेयर B. एप्लिकेशन लेयर
C. सेशन लेयर D. नेटवर्क लेयर

349. वैसे कम्प्यूटर प्रोग्राम, जो डाटा फाइल को नष्ट कर देते हैं तथा प्रोग्राम फाइल को खराब कर देते हैं, साथ ही हार्ड डिस्क का बूट सेक्टर भी खराब कर देते हैं, क्या कहलाते हैं?

A. बैक्टीरिया B. एनिमल
C. डेस्ट्रॉयर D. वाइरस

350. प्रथम सुपरकम्प्यूटर को बेलनाकार बनाने के पीछे क्या कारण था?

A. रफ्तार तेज करना
B. मनचाही आकृति देना
C. तार की लम्बाई कम करना
D. इनमें से कोई नहीं

351. SIMD का पूर्ण रूप क्या है?
A. स्ट्रीम इंस्ट्रक्शन मेनी डाटा
B. सिंगल इनपुट मेनी डाटा
C. सिंगल इंस्ट्रक्शन मल्टीपल डाटा
D. इनमें से कोई नहीं

352. MIMD का पूर्ण रूप क्या है?
A. मोर इनपुट मोर डाटा
B. मोर इंस्ट्रक्शन मोर डाटा
C. मल्टीपल इंस्ट्रक्शन मोर डाटा
D. मल्टीपल इंस्ट्रक्शन मल्टीपल डाटा

353. प्रोटोकॉल क्या है?
A. सूचित करने के लिए कम्प्यूटर के द्वारा प्रयुक्त होनेवाली एक स्कीम
B. सूचित करने के लिए हार्डवेयर के द्वारा प्रयुक्त होनेवाली एक स्कीम
C. सूचित करने के लिए सॉफ्टवेयर उपकरणों के द्वारा प्रयुक्त होनेवाली एक स्कीम
D. इनमें से कोई नहीं

354. TCP दूसरी मशीन को डाटा के बड़े ब्लॉक को भेजने के लिए क्या करता है?
A. डाटा ब्लॉक को छोटे-छोटे डाटा पैकेट में बांट देता है
B. डाटा ब्लॉक को उसी रूप में भेज देता है
C. A एवं B दोनों कथन सत्य हैं
D. सभी कथन असत्य हैं

उत्तरमाला

1	**2**	**3**	**4**	**5**	**6**	**7**	**8**	**9**	**10**
A	A	A	B	B	C	A	B	B	B
11	**12**	**13**	**14**	**15**	**16**	**17**	**18**	**19**	**20**
A	D	A	B	D	B	C	D	C	B
21	**22**	**23**	**24**	**25**	**26**	**27**	**28**	**29**	**30**
B	B	D	A	D	A	D	A	D	B
31	**32**	**33**	**34**	**35**	**36**	**37**	**38**	**39**	**40**
C	B	D	A	C	B	A	A	D	A
41	**42**	**43**	**44**	**45**	**46**	**47**	**48**	**49**	**50**
A	B	A	A	B	A	A	A	C	A
51	**52**	**53**	**54**	**55**	**56**	**57**	**58**	**59**	**60**
D	A	C	D	B	C	C	C	B	D
61	**62**	**63**	**64**	**65**	**66**	**67**	**68**	**69**	**70**
A	A	B	D	A	D	D	A	A	B
71	**72**	**73**	**74**	**75**	**76**	**77**	**78**	**79**	**80**
B	B	A	B	B	C	A	C	B	A
81	**82**	**83**	**84**	**85**	**86**	**87**	**88**	**89**	**90**
C	A	B	B	A	B	D	C	C	A
91	**92**	**93**	**94**	**95**	**96**	**97**	**98**	**99**	**100**
A	C	C	A	B	A	C	D	B	D
101	**102**	**103**	**104**	**105**	**106**	**107**	**108**	**109**	**110**
B	A	A	D	A	A	A	D	C	C
111	**112**	**113**	**114**	**115**	**116**	**117**	**118**	**119**	**120**
C	C	C	A	A	D	A	D	C	D
121	**122**	**123**	**124**	**125**	**126**	**127**	**128**	**129**	**130**
B	D	D	B	A	B	D	D	A	A

131	**132**	**133**	**134**	**135**	**136**	**137**	**138**	**139**	**140**
A	B	B	B	C	B	A	D	C	A
141	**142**	**143**	**144**	**145**	**146**	**147**	**148**	**149**	**150**
A	D	B	D	D	B	D	B	B	A
151	**152**	**153**	**154**	**155**	**156**	**157**	**158**	**159**	**160**
C	B	B	D	C	D	D	D	A	A
161	**162**	**163**	**164**	**165**	**166**	**167**	**168**	**169**	**170**
A	C	A	B	C	C	C	B	C	A
171	**172**	**173**	**174**	**175**	**176**	**177**	**178**	**179**	**180**
A	B	B	C	D	D	D	D	A	D
181	**182**	**183**	**184**	**185**	**186**	**187**	**188**	**189**	**190**
C	A	B	D	D	A	D	D	D	B
191	**192**	**193**	**194**	**195**	**196**	**197**	**198**	**199**	**200**
B	D	A	D	C	D	B	B	B	D
201	**202**	**203**	**204**	**205**	**206**	**207**	**208**	**209**	**210**
B	B	A	C	A	B	B	B	B	B
211	**212**	**213**	**214**	**215**	**216**	**217**	**218**	**219**	**220**
D	B	A	D	C	A	D	D	D	C
221	**222**	**223**	**224**	**225**	**226**	**227**	**228**	**229**	**230**
A	C	A	C	D	B	B	A	A	D
231	**232**	**233**	**234**	**235**	**236**	**237**	**238**	**239**	**240**
B	C	D	C	C	C	D	C	B	A
241	**242**	**243**	**244**	**245**	**246**	**247**	**248**	**249**	**250**
D	C	B	A	A	B	C	A	C	C
251	**252**	**253**	**254**	**255**	**256**	**257**	**258**	**259**	**260**
A	A	A	C	C	C	A	B	C	C
261	**262**	**263**	**264**	**265**	**266**	**267**	**268**	**269**	**270**
A	D	B	B	D	A	C	B	C	A
271	**272**	**273**	**274**	**275**	**276**	**277**	**278**	**279**	**280**
C	C	C	B	A	D	C	D	C	A
281	**282**	**283**	**284**	**285**	**286**	**287**	**288**	**289**	**290**
D	A	D	C	B	A	C	B	D	D
291	**292**	**293**	**294**	**295**	**296**	**297**	**298**	**299**	**300**
B	D	B	C	B	A	B	C	B	A
301	**302**	**303**	**304**	**305**	**306**	**307**	**308**	**309**	**310**
D	B	A	D	B	C	B	A	D	A
311	**312**	**313**	**314**	**315**	**316**	**317**	**318**	**319**	**320**
C	C	B	D	C	C	C	B	A	A
321	**322**	**323**	**324**	**325**	**326**	**327**	**328**	**329**	**330**
A	C	A	C	D	C	D	B	B	C
331	**332**	**333**	**334**	**335**	**336**	**337**	**338**	**339**	**340**
D	A	D	D	D	A	B	C	B	C
341	**342**	**343**	**344**	**345**	**346**	**347**	**348**	**349**	**350**
B	B	D	D	A	B	B	D	D	C
351	**352**	**353**	**354**						
C	D	C	A						

यूनिट - IX : जन एवं पर्यावरण

संसाधन संरक्षण की समस्या (Problems of Resource Conservation)

पर्यावरण हिन्दी के दो शब्दों 'परि' तथा 'आवरण' से मिलकर बना हैं, परि का अर्थ = चारों तरफ तथा आवरण का अर्थ = घेरा होता है, अर्थात वायु, जल, मृदा, वनस्पतियां तथा सभी जीव-जन्तु पर्यावरण के अंग हैं। इस प्रकार व्यक्ति के इर्द-गिर्द और चारों ओर जो कुछ भी है, वही उसका वातावरण या पर्यावरण कहलाताहै।

पर्यावरण की परिभाषाएँ

कुछ विद्वानों द्वारा निम्नलिखित परिभाषायें दी गयी हैं–

बोरिंग के मतानुसार, "एक व्यक्ति के पर्यावरण में वह सब कुछ सम्मिलित किया जाता है, जो उसके जन्म से मृत्यु तक प्रभावित करता है।"

डॉ. डेविस के मतानुसार, "मनुष्य के सम्बन्ध में भौगोलिक वातावरण से अभिप्राय भूमि या मानव के चारों ओर फैले उन सभी भौतिक स्वरूपों से है, जिसमें वह रहता है, जिसका उसकी आदतों और क्रियाओं पर प्रभाव पड़ता है।"

सोरोकिन के मतानुसार, "भौगोलिक पर्यावरण का तात्पर्य ऐसी दशाओं से है, जिसका अस्तित्व मनुष्य के कार्यों में स्वतन्त्र है, जो मानव रहित नहीं है और जो बिना मानव के अस्तित्व एवं कार्यों से प्रभावित हुए बिना स्वतः परिवर्तित होता है।"

आर.एम. मैकाइवर के शब्दों में, "भू-पृष्ठ तथा उसकी समस्त प्राकृतिक दशाएं, प्राकृतिक संसाधन, भूमि, जल, पर्वत, मैदान, खनिज, पादप, जन्तु आदि तथा प्राकृतिक शक्तियां जो पृथ्वी पर विद्यमान होकर मानव जीवन को प्रभावित करती हैं, पर्यावरण के अन्तर्गत आती है।"

गिंस्बर्ट के मतानुसार, "पर्यावरण में उन सभी तत्वों को शामिल किया जाता है, जो जैव स्वरूप या वस्तु को निकट में घेरे होते हैं एवं उन्हें प्रत्यक्ष रूप से प्रभावित करते हैं।"

एम. जे. हर्सकोविट्ज के मतानुसार, "पर्यावरण उन सभी बाह्य दशाओं और प्रभावों का योग है जो भू-पृष्ठ पर जैविक तत्वों के विकास-चक्र को प्रभावित करते हैं।"

एच. फिटिंग के मतानुसार, "जीवों के पारिस्थितिक कारकों का योग पर्यावरण है।"

वैज्ञानिक तथा तकनीकी शब्दावली आयोग, भारत सरकार के मतानुसार, "पर्यावरण चारों ओर की उन बाहरी दशाओं का सम्पूर्ण योग है, जिसके अंदर एक जीव अथवा समुदाय रहता है या कोई वस्तु उपस्थित रहती है।"

विश्व कोष के अनुसार, "पर्यावरण के अन्तर्गत उन सभी दशाओं, संगठन एवं प्रभावों को सम्मिलित किया जा सकता है, जो किसी जीवन अथवा प्रजाति के उद्भव, विकास एवं मृत्यु को प्रभावित करते हैं।"

सी. सी. पार्क के अनुसार "मनुष्य एक विशेष स्थान पर विशेष समय पर जिन सम्पूर्ण परिस्थितियों से घिरा हुआ है, उसे पर्यावरण कहा जाता है।"

जे. एस. रॉस के शब्दों में, "पर्यावरण या वातावरण वह बाह्य शक्ति है, जो हमें प्रभावित करती है।"

एन.एच. एनास्टसी के मतानुसार, "पर्यावरण वह प्रत्येक वस्तु है, जो जीन्स के अतिरिक्त प्रत्येक व्यक्ति को प्रभावित करता है।"

वुडवर्थ के मतानुसार, "पर्यावरण शब्द का अभिप्राय उन सभी बाहरी शक्तियों और तत्वों से है, जो व्यक्ति को आजीवन प्रभावित करते हैं।"

डगलस एवं रोमन हॉलैण्ड के मतानुसार "पर्यावरण उन सभी बाहरी शक्तियों एवं प्रभावों का वर्णन करता है, जो प्राणी जगत् के जीवन, स्वभाव, व्यवहार, विकास और परिपक्वता को प्रभावित करता है।"

उपर्युक्त परिभाषाओं के अध्ययन से स्पष्ट हो जाता है कि जो कुछ भी हमारे चारों ओर विद्यमान है, वह हमारी रहन-सहन, दशाओं तथा मानसिक क्षमताओं को प्रभावित करता है, पर्यावरण कहलाता है। पृथ्वी के जिस भाग में जीवधारी रहते हैं, उसे जीवमण्डल कहते हैं। जीवमण्डल की माप लगभग स्थिर है। यह क्षेत्र धरती से लगभग 16 किमी॰ ऊँचाई तक फैला है और इसका क्षेत्रफल 45 करोड़ वर्ग किमी॰ है। जीवमण्डल में पृथ्वी (जमीन), वायु, जल, पेड़-पौधे और सभी जीव-जन्तु रहते हैं। जीवमण्डल धरती, वायु, ताप और जल से समृद्ध है और ये चारों ही जीव के अस्तित्व के लिए आवश्यक अंग हैं। इसके बिना कोई जीवधारी जीवित नहीं रह सकता। जनसामान्य के शब्दों में हमारी सम्पूर्ण पृथ्वी और उस पर उपस्थित प्रत्येक वस्तु हमारा पर्यावरण है। पर्यावरण में वे सभी परिस्थितियां भी आती हैं, जो हमारे जीवन पर प्रभाव डालती है। हमारा घर, मोहल्ला,

गांव, शहर या नगर सभी हमारे पर्यावरण के अंग हैं क्योंकि वे सभी हमारे जीवन पर प्रभाव डालते हैं। 'पर्यावरण' मानव जीवन के प्रत्येक क्षेत्र में समाविष्ट है।

पर्यावरण एक व्यापक शब्द है। यह उन सम्पूर्ण शक्तियों, परिस्थितियों एवं वस्तुओं का योग है जो मानव को परावृत्त करती है तथा उसके क्रिया-कलापों को अनुशासित करती है।

पर्यावरण के घटक

पर्यावरण दो अवयवों से मिलकर बना होता है–जैविक व अजैविक।

(1) **जैविक अवयव**–हरेक पारिस्थितिकी तन्त्र में उपस्थित सजीव जैविक घटक के अन्तर्गत सम्मिलित किए जाते हैं। जैसे–पेड़-पौधे, जन्तु तथा मानव आदि। प्रकृति का प्रत्येक जीव किसी-न-किसी रूप में एक-दूसरे को प्रभावित करते हैं। कोई भी पूर्णतः आत्मनिर्भर नहीं होता है। इस प्रकार पारिस्थितिकी तन्त्र के सभी जैविक घटक परस्पर एक वर्ग के सदस्य के रूप में व्यवहार करते हैं। इन्हें ही जैविक घटक के रूप में जाना जाता है।

(2) **अजैविक अवयव**–सभी अजैविक तत्त्व यथा–जल, भूमि, हवा आदि पर्यावरण के अजैविक अवयव में सम्मिलित किए जाते हैं। अजैविक घटक को दो भागों में वर्गीकृत किया जाता है–भौतिक घटक व रासायनिक घटक।

(i) भौतिक घटक–मुख्य भौतिक घटक हैं–ताप, प्रकाश, जल, आर्द्रता, मिट्टी, प्रवाह तथा दाब। ये सभी घटक जीवधारियों को जीवन भर प्रभावित करते हैं तथा उनकी वृद्धि, विकास, स्वास्थ्य आदि क्रियाओं को नियंत्रित करते हैं। प्रमुख भौतिक घटकों की व्याख्या अग्रलिखित प्रस्तुत है–

(a) आर्द्रता–यह पर्यावरण का एक महत्त्वपूर्ण अजैविक घटक है। आर्द्रता का तात्पर्य वायु में उपस्थित जलवाष्प की मात्रा से है। इसे सम्पूर्ण आर्द्रता और सापेक्ष आर्द्रता दो रूपों में प्रदर्शित किया जाता है।

(b) मृदा–सामान्य रूप से पृथ्वी की ऊपरी सतह को मृदा कहते हैं। इसका निर्माण मिट्टी से ठीक नीचे वाली चट्टानों के विघटन और उन पर कार्बनिक पदार्थों और सूक्ष्म जीवधारियों के निरन्तर अनुक्रिया के फलस्वरूप होता है। इसमें अधिकांश वनस्पतियां और जन्तु स्थायी रूप से निवास करते हैं।

(c) ताप–वातावरण की गर्मी मापने का यह एक पैमाना है। इसे हम फॉरेनहाइट, सेल्सियस या कैल्विन डिग्री में प्रदर्शित करते हैं। वातावरण के अलग-अलग क्षेत्रों में ताप में अन्तर आता है। जैसे–ठण्डे समुद्रों में 3°C, स्वच्छ जल में 0°C तथा साइबेरिया के भू-भागों में –7°C से भी नीचे ताप मिलता है। जबकि सहारा मरुस्थल में कुछ स्थानों पर 60°C तक पाया जाता है। धरातल से प्रत्येक 150 मी. की ऊँचाई पर लगभग 1°C तापक्रम कम होता जाता है। इसलिए पहाड़ों पर मैदानों की अपेक्षा ठंड अधिक होती है। इसका उदाहरण दिल्ली और मसूरी के तापमान का अन्तर है। धरातल पर तापान्तर का मुख्य कारण निम्नलिखित है–

(i) समुद्र से दूरी,

(ii) समुद्रतल से ऊँचाई, और

(iii) विषुवत वृत्त से दूरी।

(d) प्रकाश–सूर्य प्रकाश का मुख्य स्रोत है। उसके विकिरण द्वारा ऊर्जा प्राप्त करके पौधे भोजन बनाते हैं। वास्तव में प्रकाश द्वारा संश्लेषित ऊर्जा ही सभी जीवधारियों के जीवन का मूलभूत आधार है। वह भी अत्यन्त महत्त्वपूर्ण घटक है। इसके अतिरिक्त जन्तुओं और वनस्पतियों की अनेक जैविक-क्रियाएं भी सीधे प्रकाश से प्रभावित होती हैं।

(e) जल–पृथ्वी का लगभग दो-तिहाई भाग जल से ढका हुआ है। इसका सभी जैव-भूमण्डल के जीवधारियों के लिए प्रत्यक्ष या परोक्ष रूप से असीमित महत्त्व है। जल के अभाव में जीवन की कल्पना ही कठिन है। धरातल पर जल का वितरण असमान है। कहीं-कहीं जल स्रोतों की गहराई 1 मी. भी नहीं है, जबकि विश्व के कुछ सागर जैसे प्रशांत महासागर 10,924 मी. तक गहरे नापे जा चुके हैं।

(ii) रासायनिक घटक–पर्यावरण के मुख्य रासायनिक घटक इस प्रकार हैं–

(a) पोषक तत्त्व–ये जीवधारियों के विकास, वृद्धि और वितरण पर प्रभाव डालते हैं। पोषक तत्त्वों को उनकी उपयोग की मात्रा के आधार पर दो उप-समूहों में बाँटा गया है–(क) सूक्ष्म पोषक तत्त्व तथा (ख) बृहत पोषक तत्त्व।

(b) वायुमण्डल एवं वायुमण्डलीय गैसें–यह प्रमुख रासायनिक घटक हैं। वायु के प्रमुख तत्त्व ऑक्सीजन, नाइट्रोजन, कार्बन-डाईऑक्साइड व निष्क्रिय गैसें हीलियम, नियॉन, आर्गन, क्रिप्टन, जेनॉन और रेडॉन होती हैं। वायु में ऑक्सीजन का प्रतिशत लगभग 21, नाइट्रोजन का 78

तथा कार्बन-डाईऑक्साइड का 0.03 है। इसके अतिरिक्त मौसम के अनुरूप वायु में जलवाष्प की मात्रा भी रहती है। अक्रिय गैसों को छोड़कर सभी गैसें महत्त्वपूर्ण उपापचय के रूप में उपयोगी हैं तथा वायु के रूप में समस्त भूमण्डल के चारों ओर सदैव चक्कर काटती रहती हैं।

(c) **पी.एच. या हाइड्रोजन आयन की सान्द्रता–** भूमण्डल पर जितनी भी वस्तुएँ विद्यमान हैं उनकी प्रकृति अम्लीय, क्षारीय या उदासीन होती है। क्षारीयता या अम्लीयता का गुण वस्तु विशेष में उपस्थित हाइड्रोजन आयन की सान्द्रता पर निर्भर करता है। वस्तु की इस प्रकृति को pH में दर्शाते हैं। pH-7 उदासीन बिन्दु है तथा 7 से नीचे अम्लीयता व 7 से ऊपर क्षारीयता का सूचक है।

प्रदूषण की परिभाषा

वायु, जल या भूमि के भौतिक, रासायनिक या जैविक गुणों में होने वाले ऐसे अनचाहे परिवर्तन जो मनुष्य एवं अन्य जीवधारियों, उनकी जीवन परिस्थितियों, औद्योगिक प्रक्रियाओं एवं सांस्कृतिक उपलब्धियों के लिए हानिकारक हों, प्रदूषण कहलाते हैं।

(1) **राष्ट्रीय पर्यावरण शोध समिति (1976) के अनुसार,** "मनुष्य के क्रियाकलापों से उत्पन्न अपशिष्ट उत्पादों के रूप में पदार्थों एवं ऊर्जा के उत्सर्जन से प्राकृतिक पर्यावरण में होने वाले हानिकारक परिवर्तनों को प्रदूषण कहा जाता है।"

(2) **दासमान (1975) के अनुसार,** "वह दशा प्रदूषण कहलाती है जब मनुष्य द्वारा पर्यावरण में विभिन्न तत्वों तथा ऊर्जा की इतनी अधिक मात्रा में संग्रह हो जाता है कि वे पारिस्थितिक तंत्र द्वारा आत्मसात करने की क्षमता से अधिक हो जाते हैं।"

(3) **सविन्द्र सिंह (2004) के शब्दों में,** "पर्यावरण प्रदूषण उसे कहते हैं, जब मनुष्य के इच्छित या अनिच्छित कार्यों द्वारा प्राकृतिक पारिस्थितिक तंत्र में इतना अधिक परिवर्तन हो जाता है कि वह उसकी (पारिस्थितिक तंत्र की) सहन शक्ति से अधिक हो जाता है, परिणामस्वरूप पर्यावरण की गुणवत्ता में आवश्यकता से अधिक ह्रास होने से मानव समाज पर दूरगामी हानिकारक प्रभाव पड़ने लगता है।"

प्रो. (डॉ.) जगदीश सिंह के शब्दों में "पर्यावरण के किसी भी तत्त्व के भौतिक, रासायनिक अथवा जैविक विशेषताओं में कोई ऐसा परिवर्तन जो मानव या अन्य प्राणियों के लिये हानिकारक हो, पर्यावरण प्रदूषण कहलाता है।"

लार्ड केनेट के शब्दों में "पर्यावरण में उन तत्वों या ऊर्जा की उपस्थिति को प्रदूषण कहते हैं, जो मनुष्य द्वारा अनचाहे उत्पादित किए गए हों, जिनके उत्पादन का उद्देश्य अब समाप्त हो गया हो, जो अचानक बच निकले हों या जिनका मानव के स्वास्थ्य पर अकथनीय हानिकारक प्रभाव पड़ता हो।"

राष्ट्रीय पर्यावरण अनुसंधान परिषद (1970)–"मनुष्य के क्रिया कलापों से उत्पन्न अपशिष्ट उत्पादों के रूप में पदार्थों एवं ऊर्जा के विमोचन से प्राकृतिक पर्यावरण में होने वाले हानिकारक परिवर्तनों को प्रदूषण कहते हैं।"

सारांश रूप में कहा जा सकता है कि पर्यावरण प्रदूषण एक प्रक्रम एवं दशा है, जिससे पर्यावरण का कई भाग इतना अधिक प्रभावित होता है कि वह उसमें रहने वाले जीवों के लिए अस्वास्थ्यकर, अशुद्ध, असुरक्षित तथा संकटपूर्ण हो जाता है। पर्यावरण प्रदूषण सामान्यतः मनुष्य के इच्छित अथवा अनिच्छित कार्यों द्वारा पारिस्थितिक तंत्र में अवांछित एवं प्रतिकूल परिवर्तनों के परिणामस्वरूप उत्पन्न होता है, जिससे पर्यावरण की गुणवत्ता में ह्रास होता है और वह मनुष्यों, प्राणियों तथा पादपों के लिए अवांछित तथा अहितकर हो जाता है।

प्रदूषक

वे रासायनिक या दूसरे पदार्थ जो वातावरण के स्वाभाविक सन्तुलन को बदल कर प्रदूषण उत्पन्न करते हैं, प्रदूषक कहलाते हैं। प्रदूषक मुख्यतः ऐसी वस्तुओं के अवशेष हैं जिन्हें मनुष्य बनाता है, उनका प्रयोग करता है और फिर फेंक देता है। जनसंख्या में वृद्धि के साथ-साथ प्रदूषकों की मात्रा, संख्या और प्रकारों में निरन्तर वृद्धि हो रही है।

प्रदूषकों के प्रकार

पारिस्थितिक तंत्र के किसी एक या कई संघटकों की संतुलित दशा में परिवर्तन, असन्तुलन, अवनयन या प्रदूषण उत्पन्न करने वाले पदार्थ या ऊर्जा के किसी भी रूप को प्रदूषक कहते हैं। दृश्यता के आधार पर प्रदूषक दो तरह के होते हैं :

(क) **प्रत्यक्ष प्रदूषक**–चिमनियों से निकला धुआँ, परिवहनों से निकला धुआं, घरों व कारखानों से निकला वाहित मल, ग्रामों व नगरों के निकट एकत्रित कूड़ा करकट, खाद, मानव व पशुओं के मल-मूत्र, औद्योगिक अपशिष्ट पदार्थ इत्यादि इसके अन्तर्गत आते हैं।

(ख) अप्रत्यक्ष प्रदूषक–हर प्रकार के कीटनाशी व रेडियोधर्मी पदार्थ, शाकनाशी दवायें, विविध बैक्टीरिया इत्यादि इसके अन्तर्गत आते हैं। अपराध, भ्रष्टाचार इत्यादि जैसे सामाजिक अपराध भी इसके अन्तर्गत आते हैं।

प्रकृति के आधार पर प्रदूषकों के तीन प्रकार होते हैं–

1. **तरल प्रदूषक**–इसके अन्तर्गत खनिज तेल, तेल, ग्रीस, जल में घुलित ठोस पदार्थ एवं अमोनिया, यूरिया, कार्बोनेट्स, क्लोराइड, फ्लोराइड, नाइट्रेट तथा कीटनाशक इत्यादि।
2. **ठोस प्रदूषक**–पारा, शीशा, एयरोसाल, एस्बेस्ट्स, इत्यादि।
3. **गैसीय प्रदूषक**–क्लोरोफ्लोरो कार्बन, कार्बन-डाईऑक्साइड एवं हेलोन इत्यादि।

संयुक्त राज्य अमेरिका के मेसाचुसेट्स इन्स्टीट्यूट ऑफ टेक्नोलॉजी ने कई प्रकार के प्रदूषकों को बताया है जिनमें से कुछ प्रमुख प्रदूषक निम्न प्रकार से हैं–

1. सल्फर-डाईऑक्साइड;
2. कार्बन-डाईऑक्साइड;
3. कणिकीय पदार्थ;
4. सीसा, पारा, आर्सेनिक, निकिल, मैंगनीज आदि जहरीली भारी वस्तुएँ;
5. नाइट्रोजन ऑक्साइड;
6. अन्य हाइड्रोकार्बन;
7. क्लोरीनेटेड हाइड्रोकार्बन यथा डी.डी.टी.;
8. रेडियो न्यूक्लाइड्स;
9. ऊष्मा

प्रदूषकों का पर्यावरण पर कुप्रभाव–प्रदूषकों के एकत्रित होने पर तन्त्र को ऊर्जा (कार्बनिक पदार्थ) और पोषक पदार्थ (कार्बोनेट, फॉस्फेट आदि) मिलते हैं। तन्त्र में उत्पादन तब तक बढ़ता रहता है जब तक इनकी मात्रा साधारण रहती है। प्रदूषकों की मात्रा क्रान्तिक सीमा (Critical limit) तक पहुँचने से तन्त्र की गतिविधियों में अचानक तीव्र उतार-चढ़ाव उत्पन्न हो जाते हैं। इस समय यदि अतिरिक्त व्यर्थ और रद्दी पदार्थ तन्त्र में डाले जाते हैं तब यह तन्त्र के चक्र पर तनाव अथवा प्रतिबल (stress) उत्पन्न करते हैं और तन्त्र का सन्तुलन पूर्णतया बिगड़ जाता है।

अनिम्नीकरणीय प्रदूषक तन्त्र में केवल एकत्रित ही नहीं होते वरन् खाद्य शृंखला में एक जीवधारी से दूसरे में और अन्त में सभी जीवधारियों में पहुँच जाते हैं। इसे जैवीय आवर्धन (bio-magnification) भी कहा जाता है। इस स्थानांतरण के दौरान यह प्रदूषक अन्य पदार्थों से मिलकर विष के सदृश(toxic) पदार्थ बना लेते हैं और तन्त्र को, मुख्यतः जीवधारियों को पूर्णतया नष्ट कर देते हैं।

प्रदूषकों के स्रोत एवं उनका प्रभाव

प्रदूषक	मूल मानव स्रोत	प्रदूषण के प्रभाव
• कार्बन-डाईऑक्साइड	यातायात, ऊर्जा-उत्पादन के लिए ईंधन जलाना।	लोगों पर सीधा प्रभाव नहीं पड़ता, कालान्तर में धरती का तापमान बढ़ सकता है।
• कार्बन-मोनोऑक्साइड सल्फर-डाईऑक्साइड	ईंधन का अधूरा जलना (जैसे–मोटर) वाहन में गंधकयुक्त ईंधन का जलना, जैसे–कोयला व तेल।	साँस के रोगियों के लिए विशेष दुष्प्रभावी। धुएँ के साथ मिलकर ज्यादा खतरनाक होता है। दम घुटना, गले की खराश और आँखों में जलन पैदा होती है। यह वातावरण में जलवाष्प से मिलकर अम्ल की वर्षा पैदा करता है। अनाज की उपज घटाता है। मिट्टी और जलाशयों में अम्ल पैदा करता है। इमारतों को जर्जर बनाता है।
• निलम्बित कणाकार पदार्थ (एस.पी.एम.)	घरों, उद्योगों और वाहनों का धुआँ	विशेष मिश्रण के अनुसार जहरीला प्रभाव अलग-अलग होता है। सल्फर-डाई-ऑक्साइड का प्रभाव बढ़ता है। धूप कम करता है।
• नाइट्रोजन के ऑक्साइड	मोटर वाहनों और भट्टियों में ईंधन का जलना, जंगल की आग।	बच्चों में सांस के तीव्र रोगों की, छूत की और नजले की शिकायत बढ़ाता है।
• वाष्पशील हाइड्रोकार्बन	कार्बन युक्त ईंधन का आंशिक जलना, औद्योगिक प्रक्रियाएँ ठोस अवशेषों का निपटान।	दूसरे प्रदूषकों के साथ मिलकर आँख में जलन पैदा करता है (एक्नोलीन, एल्डीहाइड) एथलीन पौधों के लिए खराब है।

प्रदूषण के स्रोत–प्रदूषण की उत्पत्ति स्रोतों को दो वृहत् वर्गों में विभक्त किया जाता है–(1) नैसर्गिक स्रोत, (2) मानव जन्य स्रोत।

(1) नैसर्गिक स्रोत–इसके अन्तर्गत प्राकृतिक घटनाओं एवं प्रक्रमों से उत्पन्न पदार्थों को शामिल किया जाता है। ज्वालामुखी से निःसृत धूलकण एवं राख, भूकम्प से उत्पन्न सुनामी लहरें, बाढ़ का जल, भूमि अपरदन अथवा भूस्खलन के द्वारा एकत्रित मलवा अथवा अवसाद आदि इसके उदाहरण हैं।

(2) मानवजन्य स्रोत–ये कई प्रकार के होते हैं। इनमें (*i*) औद्योगिक एवं नगरीय स्रोत, (*ii*) कृषि, स्रोत, (*iii*) जनसंख्या स्रोत आदि प्रमुख हैं। कारखानों की चिमनियों से निकलने वाली विषैली गैसें एवं औद्योगिक अपशिष्ट पदार्थ आदि मुख्य औद्योगिक प्रदूषण हैं। औद्योगिक प्रदूषकों में विभिन्न प्रकार के गैसीय प्रदूषक जैसे–कार्बन-मोनोऑक्साइड सल्फर-डाईऑक्साइड, नाइट्रोजन-ऑक्साइड, हाइड्रो कार्बन, विषैली गैसें, ठोस अपशिष्टों, जहरीले रसायनों से मिश्रित अपक्षयों तथा जल आदि शामिल होते हैं। नगरीय स्रोत से कई प्रकार के ठोस, गैसीय एवं तरल रूप वाले प्रदूषकों का आविर्भाव होता है, जैसे–नालियों से बहने वाला गंदा जल (मल-जल), ठोस अपशिष्ट पदार्थ (कूड़ा-कचरा) तथा कारखानों की चिमनियों से निकलने वाली गैसें आदि।

कृषि स्रोत के अन्तर्गत मुख्यतः वे प्रदूषण शामिल होते हैं जिनका प्रयोग फसलों के उत्पादन को बढ़ाने के लिए किया जाता है। इसके अन्तर्गत सम्मिलित प्रदूषकों में रासायनिक उर्वरक, कीटनाशक तथा शाकनाशक रासायनिक दवाएं आदि प्रमुख हैं। वर्तमान समय में तीव्र जनसंख्या वृद्धि, प्रदूषण का महत्त्वपूर्ण स्रोत बन गयी है। इसे जनसंख्या स्रोत कहते हैं। बढ़ती जनसंख्या से उत्पन्न बेरोजगारी व निर्धनता आदि के कारण कई प्रकार के पर्यावरण प्रदूषकों की उत्पत्ति होती है।

पर्यावरण प्रदूषण के प्रमुख प्रकार

(*i*) वायु प्रदूषण (*ii*) जल प्रदूषण
(*iii*) मृदा प्रदूषण (*iv*) ध्वनि प्रदूषण
(*v*) रेडियोधर्मी एवं विद्युत चुम्बकीय विकिरण प्रदूषण
(*vi*) जैव-प्रदूषण (*vii*) ठोस अपशिष्ट प्रदूषण

वायु प्रदूषण

जीवमण्डल का आधार प्रकृति की अनुपम देन वायु है, जिस पर हमारा जीवन निर्भर है। हम पौधों से ऑक्सीजन ग्रहण करते हैं तथा हमारे द्वारा छोड़े गए कार्बन-डाईऑक्साइड पौधों के जीवन के लिए अनिवार्य होता है। इस प्रकार सन्तुलित चक्र बना रहता है पर यह सन्तुलन उस समय गड़बड़ा जाता है जब उद्योगों, वाहनों या अन्य घरेलू उपयोगों से निकलता धुआँ, धूल के कण वायु में प्रवेश कर जाते हैं। यही वायु प्रदूषण या वायुमण्डलीय प्रदूषण कहलाता है।

शुद्ध वायु में मिश्रित गैसों की मात्रा

वायु में मिश्रित विभिन्न गैसें	मात्रा (प्रतिशत में)	वायु में मिश्रित विभिन्न गैसें	मात्रा (प्रतिशत में)
नाईट्रोजन (N)	78.084	ऑक्सीजन (O)	20.946
आर्गन (Ar)	0.934	कार्बन (C)	0.033
निआन (Ne)	0.0018	हीलियम (He)	0.000524
मिथेन (CH_4)	0.00016	क्रिप्टान (Kr)	0.000114
हाइड्रोजन (H)	0.00005	नाइट्रस ऑक्साइड (NO)	0.00003
जेनॉन (Xe)	0.0000087		

स्रोत : www.goldbook.iupac.org

वायु प्रदूषक के प्रकार–प्रकृति के आधार पर वायु प्रदूषकों को निम्नलिखित वर्गों में विभाजित किया गया है–

(क) गैसीय वायु प्रदूषक–कार्बन-डाईऑक्साइड, कार्बन-मोनोऑक्साइड, क्लोरोफ्लोरो कार्बन, हाइड्रोकार्बन, सल्फर-डाईऑक्साइडड, सल्फ्यूरिक एसिड, हाड्रोजन सल्फाइड, नाइट्रोजन ऑक्साइड, नाइड्रोजन-डाईऑक्साइड, ऐल्डिहाइड, क्लोरीन इत्यादि प्रदूषक इसके अंतर्गत आते हैं।

(ख) ठोस एवं द्रव वायु प्रदूषक–विविध प्रकार के ठोस एवं द्रवीय पदार्थ भी वायु प्रदूषक होते हैं।

वायु प्रदूषण के मुख्य कारक–वायु प्रदूषण विविध कारकों के कारण होता है। ये कारक मानवीय व प्राकृतिक दोनों प्रकार के हो सकते हैं।

(A) वायु प्रदूषण के प्राकृतिक कारक–निम्नलिखित प्राकृतिक क्रियाएँ भी वायु प्रदूषण के लिए उत्तरदायी होती हैं–

(1) **दलदली प्रदेश में पदार्थों के सड़ने से**–इससे मिथेन गैस बनती है जो प्रदूषण उत्पन्न करती है।

(2) **पौधों से प्रदूषण**–कुछ पौधों से उत्पन्न हाइड्रोजन के यौगिक तथा परागकण भी प्रदूषण के कारण हैं।

(3) **ज्वालामुखी विस्फोट**–ज्वालामुखी के फटते समय विशाल मात्रा में धुआँ, राख, चट्टानों के टुकड़े एवं विविध प्रकार की गैसें वायुमण्डल में मिलकर वायु प्रदूषण को बढ़ाती हैं।

(4) **जंगल की आग**–वनों में बड़े पैमाने पर लगने वाली आग भी वायु प्रदूषण का कारण होती है, क्योंकि इससे धुआँ एवं राख के कण फैल जाते हैं किन्तु प्राकृतिक स्रोतों से होने वाला वायु प्रदूषण सीमित व कम हानिकारक होता है, क्योंकि प्रकृति स्वयं विविध क्रियाओं से इसमें सन्तुलन बनाये रखती है।

(B) वायु प्रदूषण के मानवीय कारक–मानव अपनी विविध क्रियाओं से वायुमण्डल को काफी अधिक प्रदूषित करता जा रहा है। वायु प्रदूषण के विभिन्न मानवीय स्रोतों को निम्न प्रकार से वर्गीकृत किया जा सकता है–

***(a)* दहन क्रियाओं द्वारा**–मनुष्य अपनी विविध जरूरतों की पूर्ति हेतु ऊर्जा प्रयोग में लाता है। विभिन्न कार्यों में ऊर्जा के दहन से विविध प्रकार की गैसें व सूक्ष्म कण बनते हैं जो वायु को प्रदूषित करते हैं। विविध प्रकार के वायु प्रदूषण निम्नलिखित हैं–

***(i)* घरों में आग जलने से प्रदूषण**–नियमित घरेलू कार्य, जैसे–भोजन बनाने, पानी गर्म करने में लकड़ी, कोयला, गोबर के कण्डे मिट्टी का तेल एवं गैस आदि का प्रयोग होता है। जलाने की क्रिया में कार्बन- डाईऑक्साइड व कार्बन-मोनोऑक्साइड, सल्फर-डाईऑक्साइड आदि गैसें उत्सर्जित होती हैं जो वायु को प्रदूषित करती हैं। दहन क्रिया में ऑक्सीजन का उपयोग होता है, अतः वायु में ऑक्सीजन की कमी आ जाती है। अपूर्ण दहन के कारण हाइड्रोकार्बन व साइक्लिक पाइरिन यौगिक भी उत्पन्न होते हैं जो प्रदूषण को जन्म देते हैं।

***(ii)* वाहनों का दहन**–वर्तमान में परिवहन के क्षेत्र में अत्यन्त प्रगति होने से भी वायु प्रदूषण दिनों-दिन बढ़ता जा रहा है। समस्त ऊर्जा चालित वाहनों में आन्तरिक दहन से शक्ति प्राप्त होती है और साथ में धुआँ निकलता है जो विषैली गैसों व हानिकारक प्रदूषक तत्त्वों से युक्त होता है। इनमें हाइड्रोजन, कार्बन, नाइट्रोजन और सल्फर के विभिन्न ऑक्साइड मिले रहते हैं, जो वायुमण्डल में प्रवेश कर जाते हैं। इनसे निकलने वाले धुएँ में कार्बन-मोनोऑक्साइड और सीसे के कण भी होते हैं जो वायु प्रदूषण में वृद्धि करते हैं। पेट्रोल व डीजल से निकले नाइट्रोजन के ऑक्साइड से स्मॉग का जन्म होता है जो सूर्य के प्रकाश में हाइड्रोकार्बन से क्रिया कर घातक प्रकाश रासायनिक धूम स्मॉग को जन्म देता है।

***(iii)* ताप विद्युत ऊर्जा से प्रदूषण**–कोयले को जलाकर ताप ऊर्जा प्राप्त करते समय वायु प्रदूषण का खतरा बढ़ जाता है, क्योंकि सल्फर-डाईऑक्साइड, कार्बन-डाईऑक्साइड, कोयले की राख, कार्बन के सूक्ष्म कण जैसे प्रदूषक वायु में फैल जाते हैं। राजस्थान के कोटा नगर में पिछले वर्षों में स्थापित ताप विद्युत केन्द्र से नगर का पर्यावरण अत्यधिक प्रदूषित हो रहा है।

***(iv)* अन्य दहन क्रियाएँ**–अवशिष्ट व कचड़े को जलाये जाने, आतिशबाजी एवं आग्नेय अस्त्रों के परीक्षण आदि से भी वायु प्रदूषण में वृद्धि होती है।

***(b)* उद्योगों द्वारा**–वायु प्रदूषण का मुख्य कारण औद्योगिक क्रान्ति है। उद्योगों से निकलने वाला धुआं प्रदूषण को तो जन्म देता ही है साथ ही जरा-सी लापरवाही कई लोगों की मृत्यु का कारण बनती है। 2 व 3 दिसम्बर, 1984 को भोपाल में गैस रिसाव हुआ था, जिसमें अमेरिका की यूनियन कार्बाइड कम्पनी के भोपाल स्थित कीटनाशक बनाने की कारखाने में मिथाइल आइसोसायनाइड गैस का रिसाव होने से 3000 लोगों की मृत्यु हो गई थी।

उद्योगों के ही कारण लॉस एन्जिल्स शहर पर हमेशा धुएँ का बादल छाया रहता है। जापान में जब वायु

प्रदूषण अधिक होता है तो बच्चों को स्कूल जाते समय मुँह पर जाली पहना दी जाती है।

(*c*) **कृषि कार्यों से प्रदूषण**–वर्तमान में कृषि कार्यों में कीटनाशक दवाओं का प्रयोग बढ़ने लगा है। कीटनाशकों का छिड़काव हेलिकॉप्टर या छोटे विमानों द्वारा भी किया जाता है, जिससे ये रसायन वायु में घुल-मिल जाते हैं, जो वायु के द्वारा हमारे भीतर पहुँच जाते हैं और शरीर पर प्रतिकूल प्रभाव डालते हैं।

(*d*) **विलायकों के प्रयोग से प्रदूषण**–विभिन्न प्रकार के पेन्ट, स्प्रे तथा पॉलिश आदि करने हेतु जिन विलायकों का प्रयोग किया जाता है वे वायु में मिलकर उसे प्रदूषित करते हैं।

(*e*) **रेडियोधर्मिता द्वारा प्रदूषण**–वर्तमान में प्रत्येक देश अपनी शक्ति का प्रदर्शन करने के लिए परमाणु शक्ति का प्रयोग कर रहा है। विश्व के सभी देशों में ऊर्जा हेतु परमाणु संयन्त्र लगे होते हैं जिनकी सुरक्षा हेतु पर्याप्त प्रबन्ध किए जाते हैं, फिर भी तकनीकी व मानवीय कारणों से यदा-कदा परमाणु ईंधन या रेडियोधर्मी पदार्थ बाहर निकल जाते हैं जो कि मौत का कारण बन रहे हैं।

चेरनोबिल परमाणु संयन्त्र में रिसाव से हजारों व्यक्ति मौत के मुँह में चले गए थे। हिरोशिमा व नागासाकी पर गिराये गए बमों से वहाँ के पर्यावरण पर इतना अधिक प्रभाव पड़ा कि वर्तमान पीढ़ी भी उससे मुक्त नहीं हो पाई है।

वायु प्रदूषण के कारक–वायु प्रदूषण के प्रमुख कारक निम्नवत् हैं–

- **कार्बन-मोनोऑक्साइड**–कार्बन-मोनोऑक्साइड औद्योगिक व नगरीय क्षेत्रों में वायु प्रदूषण का मुख्य स्रोत है। वायुमण्डल के प्रदूषकों में इसका 50% भाग होता है। प्रति मी^{3} वायु में इसका वजन 10 मिलीग्राम अधिकतम 8 घंटे तक है। कोलकाता महानगर प्रतिदिन 450 टन कार्बन-मोनोऑक्साइड वायुमण्डल में छोड़ता है। सोवियत रूस, संयुक्त राज्य अमेरिका, जर्मनी, फ्रांस, यू.के., कनाडा एवं जापान इत्यादि देश इसके प्रमुख उत्पादक देश हैं। यही कारण है कि यहाँ का वायु सबसे अधिक प्रदूषित है। ऑक्सीजन के साथ मिश्रित होने पर यह गैस CO_2 में बदल जाती है एवं जल वाष्प से मिश्रित होकर सूर्य तथा पृथ्वी से होने वाले विकिरण को आत्मसात करती है और हरित गृह प्रभाव पैदा कर पृथ्वी के धरातल पर तापमान को बनाये रखती है। यह गैस कोयला, लकड़ी, पेट्रोल व डीजल के दहन, तेल शोधन शालाओं, लोहे व इस्पात कारखानों, धातु पिघलाने वाली भट्टियों इत्यादि से पैदा होता है।

विभिन्न स्रोतों से प्राप्त कार्बन मोनोऑक्साइड

	स्रोत	मात्रा (प्रतिशत में)
1.	यातायात	78
2.	आग लगने से	6.4
3.	कृषि कार्यों से प्राप्त अवशेषों को जलाने से	8.3

इससे शरीर में ऑक्सीजन की कमी होती है तथा सिर दर्द, हृदय की धड़कन व श्वास लेने में कठिनाई होती है। बन्द कमरे में इस गैस के कारण दम घुटने लगता है और आदमी बेहोश होकर मर जाते हैं। इसलिए इसे दमघोंटू गैस (Strangulating gas) भी कहते हैं।

- **नाइट्रोजन ऑक्साइड**–नाइट्रोजन के अनेक ऑक्साइड्स होते हैं जिनमें नाइट्रोजन ऑक्साइड व नाइट्रिक ऑक्साइड मुख्य हैं। नाइट्रोजन ऑक्साइड, पेट्रोल व डीजल चालित वाहनों, कारखानों तथा वायुयानों इत्यादि से उत्पन्न होती है।
- **हाइड्रोकार्बन**–अधजले कोयले तथा पेट्रोलियम प्रक्रिया से यह गैस उत्पन्न होती है। ताप विद्युत गृहों में ज्यादा कोयला जलाये जाने के कारण वहाँ इसका सबसे ज्यादा जनन होता है। कभी-कभी खुले मल वाहित नालियों (Sewage Manholes) से भी यह गैस उत्पन्न होती है। वायु में गैस के ज्यादा सान्द्रण होने पर चिड़चिड़ापन, मूर्छा, आँखों में जलन इत्यादि परेशानियाँ पैदा होती हैं। यह अन्य गैसों की तुलना में कम हानिकारक होती है। मानव शरीर में इसके सांद्रण से मसूड़ों में सूजन, रक्त स्त्राव, फेफड़े का कैन्सर, श्वांस रोग, फेफड़े में धूल व काजल का जमाव इत्यादि होते हैं। नाइट्रिक ऑक्साइड व नाइट्रोजन-डाईऑक्साइड के रूप में होने पर इससे रंग में कमी, स्वास्थ्य में गिरावट और धातुओं में कभी-कभी क्षरण होने लगता है। ज्यादा ऊँचाई पर उड़ान भरने वाले सुपरसोनिक जेट विमानों से उत्पन्न नाइट्रोजन ऑक्साइड से ओजोन गैस में कमी आने लगी है। ओजोन की कमी के कारण चर्म कैंसर होने की संभावना बढ़ जाती है।

हाइड्रोकार्बन के विभिन्न स्रोत

	स्रोत	मात्रा (प्रतिशत में)
1.	पेट्रोल	45.4
2.	गैसोलीन	30.6
3.	तेल	0.4
4.	कोयला	3.3
5.	लकड़ी (ईंधन एवं जंगल में आग लगने से)	2.2
6.	औद्योगिक उपयोग	0.8
7.	कार्बनिक विलायक	6.0
8.	कूड़े-कचरे के दहन क्रिया से	11.3

- **हाइड्रोजन सल्फाइड (H_2S)**–रासायनिक उद्योगों, जैव ईंधनों, तेल शोधनशालाओं तथा मल वाहित नालियों इत्यादि से हाइड्रोजन सल्फाइड की उत्पत्ति होती है, इससे आँख के रोग होते हैं।
- **क्लोरोफ्लोरो कार्बन** (CFC)–क्लोरीन, फ्लोरीन तथा कार्बन का यौगिक यह गैस होती है। शीत ताप नियंत्रकों, रेफ्रीजरेटर, फोम प्लास्टिक, प्रसाधन सामग्रियों इत्यादि से इस गैस की उत्पत्ति होती है। इसके वायुमण्डल में ज्यादा उत्सर्जन से वायु प्रदूषण बढ़ता जाता है। वायुमण्डल में इसके ज्यादा सान्द्रण होने पर ओजोन गैस में कमी आने लगती है तथा ओजोन परत पतली होने लगती है। इसके कारण सौर्यिक पराबैंगनी किरणें धरातल पर अधिक मात्रा में पहुँचने लगती हैं जिससे आँखों के रोग और चर्म कैंसर होने का खतरा उत्पन्न हो जाता है।
- **पारा (Hg)**–कोयला व पेट्रोल दहनभट्ठियों से इसका उर्त्सजन होता है। इससे शरीर में विकृति एवं अपंगता उत्पन्न होती है।
- **क्लोरीन (Cl_2)**–इसका वायुमण्डल में उत्सर्जन कपड़े व आटे की ब्लीचिंग क्रिया एवं रासायनिक क्रियाओं से होता है। इससे श्वसन तंत्र पर दुष्प्रभाव पड़ता है तथा इससे आँख के रोग होते हैं।
- **सीसा (Pb)**–सीसा प्रदूषण पेट्रोल व डीजल चालित वाहनों से होता है। इससे शरीर की वृद्धि रूक जाती है, रक्तचाप बढ़ जाता है एवं मस्तिष्क को हानि पहुँचती है।
- **ओजोन**–ओजोन ग्रीक शब्द ओजाइन से बना है। ओजाइन का अर्थ है महकना जो ओजोन के गुण से मिलता है। ओजोन एक प्रकार की गहरी नीली गैस है जो ऑक्सीजन के तीन परमाणुओं से संयुक्त होने पर प्राप्त होती है। इसकी उत्पत्ति प्रकाश में नाइट्रोजन ऑक्साइड एवं हाइड्रोकार्बन के प्रतिक्रिया द्वारा होती है। यह आँखों के लिए काफी नुकसानदायी होता है तथा दमा रोग को बढ़ाती है। इससे चर्म कैंसर होने लगता है।
- **मीथेन गैस (CH_4)**–इसका सृजन जैविक प्रक्रियाओं से होता है। जैसे भेड़, बकरियों, व गायों के यान्त्रिक खमीर, जैव ईंधनों के जलाने आदि से होती है। इससे हरित गृह प्रभाव में वृद्धि होती है।

भारत में वायु प्रदूषण की मात्रा–भारत में विकसित देशों की तुलना में वायु प्रदूषण अल्प मात्रा में पाया जाता है, लेकिन भारत में औद्योगिक वृद्धि, नगरीकरण में वृद्धि, स्वचालित वाहनों की संख्या व ताप विद्युत गृहों की संख्या में बढोत्तरी आदि कारकों से वायु प्रदूषण की समस्या बढ़ती जा रही है। पहले भारत के बड़े-बड़े महानगर इस समस्या से ग्रस्त थे, लेकिन अब महानगरों के साथ-साथ छोटे-छोटे नगर व गाँव भी इस समस्या से प्रभावित होने लगे हैं। भारतीय मानक के अनुसार सल्फर डाईऑक्साइड का सहनीय स्तर 60 माइक्रोग्राम प्रति घन मीटर निश्चित किया गया है। इसका स्तर सन् 1970 तक भारत के सभी महानगरों में इस मानक से अल्प था लेकिन सल्फर-डाईऑक्साइड का यह स्तर 1976 में कोलकाता में 85 प्रति घन मीटर माइक्रोग्राम, मुम्बई में 83 प्रति घन मीटर माइक्रोग्राम, अहमदाबाद में 71 प्रति घन मीटर माइक्रोग्राम था। अतएव भारत में निलम्बित कणिकीय पदार्थों का सहनीय स्तर 150 प्रति घन मीटर माइक्रोग्राम तय किया गया है। 1970 तक भारत के अधिकतर महानगर इस स्तर को पार कर गए थे। इन तथ्यों से स्पष्ट है कि भारत के महानगरों में वायु प्रदूषण लगातार बढ़ता जा रहा है। नागपुर स्थित 'राष्ट्रीय पर्यावरण इंजीनियरिंग अनुसंधान संस्थान' (NEERI) तीन वायु प्रदूषकों–SO_2, NO_2 तथा SPM के सम्बन्ध में सूचना ग्रहण करके भारत के 10 सबसे अधिक वायु प्रदूषित शहरों की सूची जारी की है–

(1) दिल्ली (2) पटना
(3) ग्वालियर (4) रायपुर
(5) अहमदाबाद (6) फिरोजाबाद
(7) अमृतसर (8) कानपुर
(9) आगरा (10) लुधियाना

वायु प्रदूषकों का पदार्थों पर प्रभाव

प्रदूषक	किस प्रकार का प्रभाव	कौन सा पदार्थ प्रभावित
1. अमोनिया (NH_3)	सल्फर डाई आक्साइड तथा हवा की नमी	वार्निश, पेन्ट
2. कार्बन डाई आक्साइड	CO_2 तथा नमी से क्रिया करके कार्बनिक पदार्थों का बनना	इमारती पत्थर
3. क्लोरीन	संरक्षण उपवर्णता	धातु तथा मिश्र धातु
4. HCl (हाइड्रोक्लोरिक अम्ल)	संरक्षण उपवर्णता	धातु तथा मिश्र धातु
5. क्रोमियम	क्रोमिक अम्ल के रूप में	धातु, पेन्ट तथा इमारती पदार्थों का रंगहीन होना
6. हाइड्रोजन सल्फाइड (H_2S)	रंग का उड़ना	पेन्ट
7. आयरन	आयरन आक्साइड के रूप में	पेन्ट तथा वस्त्र
8. नाइट्रोजन आक्साइड	रंजक का बदरंग होना	वस्त्र
9. ओजोन	रंजक का बदरंग होना	वस्त्र तथा रबड़
10. फास्फोरस	गैसीय पदार्थों से संयोग	धातु, पेन्ट तथा वस्त्र
11. सल्फर डाईआक्साइड (SO_2)	संरक्षण अपवर्तता	चमड़ा, पेपर तथा वस्त्र

वायु प्रदूषण का कुप्रभाव–वायु प्रदूषण का कुप्रभाव पर्यावरण के जैव व अजैव दोनों संघटकों पर पड़ता है। इसका दुष्प्रभाव मानव स्वास्थ्य के साथ-साथ वनस्पति, जलवायु, पदार्थ एवं भवन आदि पर पड़ता है जिनका वर्णन निम्नलिखित प्रकार है–

पुरावशेषों पर कुप्रभाव–विश्व के कई ऐतिहासिक पुरावशेषों पर वायु प्रदूषण का कुप्रभाव पड़ रहा है। जैसे दिल्ली का लाल किला रेलवे के धुएँ के कारण अपनी लालिमा खो रहा है। मथुरा के खनिज तेल शोधक कारखाने का आगरा के ताजमहल तथा मथुरा के मन्दिरों पर कुप्रभाव पड़ रहा है।

मानव स्वास्थ्य पर कुप्रभाव–वायु प्रदूषक कई तरह के होते हैं तथा उनका मानव स्वास्थ्य पर कई रूपों में कुप्रभाव पड़ता है। वायु प्रदूषण का मानव स्वास्थ्य पर तत्कालिक व दीर्घकालिक दोनों तरह का कुप्रभाव पड़ता है। दीर्घकालिक दुष्प्रभाव का शिकार जापान के निवासी हो रहे हैं जहाँ नागासाकी व हिरोशिमा नगरों पर हुए बम विस्फोट का कुप्रभाव आज भी जापानी लोग कुष्ठ, अन्धापन एवं शारीरिक विकृतियों के रूप में भोग रहे हैं।

हवा में अधिक प्रदूषण होने पर श्वास संबंधी कई रोग होते हैं। गैस, कणीय पदार्थ एवं रसायन आदि प्रदूषक फेफड़े में पहुँचकर उसे नष्ट कर देते हैं। जैसे–कार्बन-मोनोऑक्साइड के श्वसन से रक्त थक्का जमने लगता है एवं मनुष्य की मृत्यु हो जाती है। इससे ठंड लगने जैसी बीमारी हो जाती है। इससे क्रॉनिक ब्रोनकाइटिस, अस्थमा आदि रोग होते हैं। इसके श्वसन से चिड़चिड़ापन, कष्ट, स्नायु दुर्बलता, आँखों में कष्ट एवं सुगंध के प्रति असंतुलित प्रतिक्रिया आदि होने लगती है।

सीसा, संखिया के कण, कैडमियम, मैंगनीज आदि कैंसर व हृदय रोग उत्पन्न करते हैं। सिलिका व एसबेस्टस के कणों के फेफड़े में जाने पर कैंसर होने लगता है। इन कणों के आँख में पड़ने पर दर्द होने लगता है।

धुएँ का मिश्रण कुहरे के साथ होने पर धूम्र कुहरे (Smog) की उत्पत्ति होती है। धूम्र कुहरे के साथ सल्फर-डाईऑक्साइड, नाइट्रोजन ऑक्साइड व ओजोन का मिश्रण होने पर यह धूम्र कुहरा मानव के लिये प्राणघातक व विषाक्त हो जाता है। लन्दन में दिसम्बर 1952 में इस धूम्र कुहरे से 4000 लोगों की मृत्यु हो गई थी।

सूती मिलों में काम करने वाले श्रमिकों को कपास की पत्तियों, डंठल, धूल आदि के कारण विसीनासिस (Byssinosis) रोग होता है। फेफड़े के रोगियों को यह रोग तुरन्त पकड़ता है। इस रोग में सीना कस जाता है तथा श्वांस लेने में कष्ट होता है।

वायु प्रदूषकों का मनुष्यों पर प्रभाव

प्रदूषक अवयव	स्रोत	प्रभाव
फार्मल्डिहाइड	वाहनों का धुआँ, ईंधन के दहन, प्रकाश तथा रासायनिक अभिक्रियाएं	आंखों, त्वचा एवं श्वसन तंत्र पर उत्तेजन
आर्सेनिक	आर्सेनिक युक्त पेस्टीसाइड, उर्वरक, तथा धातु स्मेल्टर्स	त्वचा रोग, कैंसर रोग जनक
अमोनिया	रासायनिक उद्योग, ईंधन के दहन	आंख तथा श्वसन तंत्र पर प्रभाव
बेरेलियम	फ्लोरेसेन्ट लैम्प	फुफ्फुस की क्षति
कैडमियम	धातु उद्योग, पेस्टीसाइड, उर्वरक, निकिल बैट्री	गुर्दा, जिगर तथा हृदय की क्षति
हाइड्रोक्लोरिक अम्ल	कोयला, दहन	खांसी तथा कार्निया पर प्रभाव
हाइड्रोजन सल्फाइड	एकत्रित जल में प्रोटीन युक्त पदार्थों का जैविक क्षय, औद्योगिक अपशिष्ट	नींद न आना, सिर एवं आंखों में दर्द
सीसा	वाहन, कोयला तथा ईंधन तेल का जलना	नाक, गला तथा जिगर पर प्रभाव
निकिल	कोयला तथा तेल का दहन, निकिलयुक्त यौगिकों का इंजन में जलना	जिगर कैंसर, त्वचा रोग
फास्फोरस	फास्फेट उर्वरक द्वारा उत्सर्जन	तंत्रिका तंत्र प्रभावित
सिलेनियम	औद्योगिक ईंधनों के दहन	आंख, कान, गला तथा श्वसन तंत्र प्रभावित
जिंक	जिंक परिष्करणशाला, तांबे का उत्पादन	झिल्ली तथा त्वचा प्रभावित

पौधों तथा वनस्पतियों पर दुष्प्रभाव–वायु प्रदूषण का वनस्पतियों पर कई रूपों में दुष्प्रभाव पड़ता है। इससे पौधों की शारीरिक क्रिया दुष्प्रभावित होने के कारण पौधों का गुण बदलने लगता है, उनका विकास रुक जाता है तथा उत्पादकता कम हो जाती है।

पौधों के लिए सल्फर-डाईऑक्साइड सबसे ज्यादा हानिप्रद होता है। इससे पौधे का विकास रुक जाता है तथा उत्पादकता कम हो जाती है–पत्तियों में क्लोरोफिल अंश कम होने लगता है, फलोत्पादन वाले पौधे बागों में घटने लगते हैं। इससे कृषि उपजें दुष्प्रभावित होती हैं। जहाँ ईट भट्ठे चलते हैं और चिमनियों की ऊँचाई कम होती है, वहाँ सल्फर-डाईऑक्साइड के कारण पत्तियाँ सूखने लगती हैं, नई शाखाओं का निकलना बन्द हो जाता है, फूलों में पराग नहीं आता, फलों का निचला आधा भाग सूखने लगता है, फलों का आकार छोटा होता जाता है आदि। आम के फल सल्फर-डाईऑक्साइड के कारण बिना परिपक्व हुए ही गिरने लगते हैं। सल्फर- डाईऑक्साइड की मात्रा ज्यादा होने पर लाइकेन मर जाते हैं तथा वन नष्ट हो जाते हैं।

हवा में हाइड्रोजन फ्लोराइड की बहुलता होने पर पौधों में अतिगलन (Necrosis) रोग लग जाते हैं। ओजोन परत के पतला होने से सौर्यिक पराबैंगनी किरणें धरातल पर सीधे पहुँचकर पौधों को कुप्रभावित करती हैं इसके कारण मिट्टी में नमी का अंश अल्प हो जाता है जिससे पौधे सूखने लगते हैं। वायु प्रदूषण से अम्ल वर्षा होती है जो पौधों के लिए घातक होती है।

जलवायु पर दुष्प्रभाव–वायु प्रदूषण का विभिन्न प्रकार के भवन, धातु, चमड़ा, कागज, कपड़े, डाई, रबर इत्यादि पर कुप्रभाव पड़ता है। प्रदूषित वायु का भवन निर्माण के पदार्थों पर रासायनिक प्रतिक्रिया होने पर भवन नष्ट हो जाते हैं। हवा में सल्फर-डाईऑक्साइड होने पर भवन निर्माण पदार्थों पर जंग लगने लगता है तथा उनका स्वरूप बिगड़ने लगता है। SO_2, एवं SO_3 गैसें आर्द्रता के साथ मिलकर चूना पत्थर पर प्रतिक्रिया करके उसे कैल्शियम सल्फेट में बदल देती हैं। वायु प्रदूषण से घरों में रखे कपड़े गन्दे हो जाते हैं तथा पानी से भरी बाल्टी के पेंदे पर कण बैठ जाते हैं जैसा कि लोहा इस्पात उद्योग क्षेत्रों व कोयला क्षेत्रों में देखा जाता है।

पदार्थों पर कुप्रभाव–मौसम और जलवायु दोनों वायु प्रदूषण द्वारा दुष्प्रभावित होते हैं। गाँवों की अपेक्षा नगरीय क्षेत्रों का मौसम अधिक प्रभावित होता है। जाड़े के दिनों में ईंधनों के अधिक प्रयोग के कारण तापमान तुलनात्मक दृष्टि से अधिक हो जाता है। वायुमण्डल में कणिकीय पदार्थों का आधिक्य हो जाने पर सौर्य शक्ति भी ग्रामीण क्षेत्रों की तुलना में नगरीय क्षेत्रों में 15% से 20% कम पहुँचती हैं। इससे नगरीय क्षेत्र में दृश्यता कम हो जाती

है। कणीय पदार्थों की बहुलता के कारण संघनन द्वारा बादल बनते हैं एवं गाँवों की तुलना में नगरीय क्षेत्र में 50% से अधिक वर्षा होती है। इस प्रकार वायु प्रदूषण मौसम को दुष्प्रभावित करने के साथ-साथ उसे संशोधित भी करता है जिससे नगरों का वातावरण गाँवों से भिन्न हो जाता है।

हरित गृह के प्रभाव से वायु प्रदूषण में लगातार वृद्धि होती जा रही है। जैसे–प्रतिवर्ष कार्बन-डाईऑक्साइड में 2% की वृद्धि हो रही है। पिछले 50 वर्षों में पृथ्वी का औसत तापमान 1° से. ग्रे. बढ़ गया है। अगर तापमान 3.6° से. ग्रे. से ज्यादा बढ़ जाये तो आर्कटिक व अन्टार्कटिक क्षेत्रों एवं हिमाच्छादित अल्पाइन पर्वतों की हिम पिघल जायेगी जिससे पृथ्वी की सतह में उभार आयेगा और हिम पिघलने से उत्पन्न जल महासागरों में पहुँच कर जल तल को ऊपर उठायेगा जिससे महासागरों के किनारे स्थित नगर जल मग्न हो जायेंगे और तटीय भवन धराशायी हो जायेंगे तथा पृथ्वी का काफी बड़ा भाग समुद्री जल में डूब जायेगा। ऐसा होने पर विख्यात कवि जयशंकर प्रसाद ने **'कामायनी'** में जिस जल प्रलय का उल्लेख किया है, वह साकार हो जायेगा।

आधुनिक युग में मानव जनित स्रोतों से क्लोरोफ्लोरो कार्बन एवं नाइट्रोजन ऑक्साइड गैसें वायुमण्डल में पहुँच रही है। इससे ओजोन परत में क्षरण हो रहा है जिससे ओजोन गैस में ह्रास होता जा रहा है। यदि यह क्रम जारी रहा तो सूर्य की पराबैंगनी किरणें पृथ्वी तल पर सीधे पहुँचने लगेंगी जिससे पृथ्वी की सतह के तापमान में वृद्धि होने से सौर्यिक विकिरण तथा ऊष्मा संतुलन में अव्यवस्था उत्पन्न हो जायेगी तथा जलवायु परिवर्तित होने लगेगा। तापमान में वृद्धि से ध्रुवों व पर्वतों की हिम पिघलने लगेगी और समुद्रों का जल स्तर ऊपर उठ जायेगा तथा महाद्वीपों का तटीय भाग जल-मग्न हो जायेगा।

स्टॉकहोम इंटरनेशनल पीस रिसर्च इंस्टीट्यूट (SIPRI) के अनुसार वर्तमान में विश्व महाशक्तियों के पास 16300 से अधिक आणविक अस्त्र हैं जिनके विस्फोट से उत्पन्न धूएं से जलवायु में त्वरित परिवर्तन हो जाएगा।

राईउब्राइसन के शब्दों में 1940 के बाद से उत्तरी गोलार्द्ध के तापमान में ह्रास हो रहा है। इसका कारण उन्होंने कारखानों द्वारा वायुमण्डल में कणीय पदार्थों के उत्सर्जन को बताया है। यदि इन कणीय पदार्थों का वायुमण्डल में अधिक सान्द्रण हो जाये तो सौर्यिक किरणें धरातल तक नहीं पहुँच पायेंगी, जिससे तापमान में कमी आयेगी और नए हिमयुग का सूत्रपात होगा तथा अनेक जलवायु परिवर्तन होंगे।

वायु प्रदूषण के रोकथाम व उपाय–

1. वायुमण्डल में विषैली गैसों को जाने से रोका जाये।
2. लोगों को वायु प्रदूषण के कुप्रभावों से अवगत कराना चाहिए।
3. जन सामान्य में यह भावना जागृत की जाय कि वह वायु प्रदूषण कम से कम करें।
4. वैकल्पिक स्रोतों जैसे–सौर ऊर्जा का अधिकतम उपयोग किया जाय।
5. ऐसे फिल्टर चिमनियों के ऊपर लगाये जायें कि राख व कण फैलने न पायें।
6. ऐसे पंखे चिमनियों के ऊपर लगाये जायें जो धूम्र को चतुर्दिक फैलायें जिससे धूम्र एक ही दिशा में फैलने न पाये।
7. उद्योगों से होने वाले प्रदूषण को नियंत्रित करने के लिये Dust Filters, Electrostatic Precepitator, Fabric Filter, बैग फिल्टर, साइक्लोन सेपेरेटर, वेटस्क्रबर इत्यादि को लगाना चाहिए।
8. मानव बस्तियों के समीप नए कल-कारखानों को नहीं स्थापित किया जाना चाहिए।
9. चूंकि परिवहन के साधनों द्वारा अधिक-से-अधिक वायु प्रदूषण हो रहा है इसलिये इस प्रदूषण को नियंत्रित करने के लिये निम्नांकित उपाय किया जाना अनिवार्य है–
   (क) वाहनों की संरचना का आकार बदलने की जरूरत है ताकि वे कम से कम प्रदूषित वायु छोड़ सकें।
   (ख) नगरों में दो सड़कें बराबर होनी चाहिए ताकि मोटर वाहनों को बार-बार रुकना व चलना न पड़े, बल्कि एक रफ्तार में चलते रहें। क्योंकि परिवहन यानों के बार-बार रुकने व चलने से भी वायु प्रदूषण बढ़ता है।
   (ग) बाह्य पथ (By pass) नगरों के बाहर बनाये जायें, जिससे वाहनों का नगर के भीतर से होकर गुजरना बन्द हो सके।
   (घ) सौर चालित मोटर कार का आविष्कार किया जाना चाहिए।
   (च) मोटर वाहनों द्वारा वायु प्रदूषण रोकने हेतु Duplex Carburation, Manifold Reactor, Burner System, Catalytic Converter, Fuel charge आदि विधियों को अपनाया जाना चाहिए तथा विद्युत कारों का उपयोग भी बढ़ाया जाना चाहिए।
   (छ) जो मोटर वाहन धुआं देते हैं उन्हें बदल कर उनके स्थान पर ऐसे इंजन बनाये जायें जो धुआँ न दे

सके। पश्चिम बंगाल में फुसेप (Fusep) इंजन का आविष्कार किया गया है, जिससे कम से कम ईंधन खर्च होता है तथा प्रदूषण भी कम होता है।

10. नगर के भीतर से मलमूत्र हटाने की समुचित व्यवस्था की जानी चाहिए। सैप्टिक प्रसाधन गृह तथा सार्वजनिक सुलभ शौचालयों को बनाया जाना चाहिए। भारत के महानगरों में सार्वजनिक सुलभ प्रसाधन वृहद पैमाने पर बनाये जा रहे हैं।
11. ब्लीचिंग पाउडर, डी.डी.टी., क्लोरोफ्लोरो कार्बन आदि के उत्पादन व उपभोग को कम किया जाना चाहिए।
12. वृक्षारोपण एवं वन संरक्षण द्वारा वायु प्रदूषण कम होता है। जहरीली गैसों को अवशोषित करने वाले वृक्षों का वैज्ञानिक तरीकों से वृक्षारोपण किया जाय। वैज्ञानिकों का विचार है कि एक वृक्ष अपने 50 वर्ष के जीवन में औसतन 215 लाख रुपये की लागत का ऑक्सीजन पर्यावरण को प्रदान करता है तथा औसतन 5 लाख रुपये की लागत का प्रदूषण नियंत्रण का कार्य करता है।
13. प्रबुद्ध युवकों ने संयुक्त राज्य अमेरिका में **'पर्यावरण बचाओ अभियान'** चलाया है। इसको और ज्यादा व्यापक बनाने की जरूरत है। राष्ट्रीय स्तर पर भारत में भी ऐसे प्रयत्न किए जा रहे हैं, जैसे चिपको, एपिको आंदोलन आदि।
14. संयुक्त राष्ट्र संघ को अंतर्राष्ट्रीय स्तर पर वायु प्रदूषण रोकने के लिये प्रयास करना चाहिए। संयुक्त राष्ट्र संघ इस संबंध में प्रयासरत है।
15. विश्व के अधिकांश देश आज परमाणु परीक्षणों की होड़ में लगे हुए हैं जिससे वायु प्रदूषण की संभावना बढ़ती जा रही है। इसलिए परमाणु परीक्षणों पर प्रतिबंध लगाया जाना चाहिए।
16. दंड विधान कठोर होना चाहिए। भारत में वायु प्रदूषण नियंत्रण कानून 29 मार्च 1981 को बनाया गया। इसे ठीक ढंग से लागू किया जाना चाहिए तथा आम जन-मानस को इसके प्रति जागरुक किया जाना चाहिए। जापान में वायु प्रदूषण उत्पन्न करने वाले निजी उद्योगों के मालिकों द्वारा क्षतिपूर्ति की जाती है।
17. भारत में प्राचीन काल में यज्ञ तथा हवन होते थे, जिससे वायुमण्डल पवित्र रहता था। आज भी यज्ञ व हवन किए जाने की जरूरत है। अमेरिकी मनोवैज्ञानिक **बेरी राघनेर** कहते हैं कि यज्ञ व हवन से पर्यावरण व मानव मस्तिष्क पर स्वास्थ्यप्रद प्रभाव पड़ता है। इससे जर्मनी में फसल में 80% वृद्धि का रिकार्ड दर्ज किया गया है। भारत में वृहद् यज्ञ व हवन वाले क्षेत्र में वर्षा होती है, आम के वृक्षों में अधिक फल लगता है तथा उत्पादन अधिक होता है।
18. वायु प्रदूषण निवारण के लिए प्रत्येक देश में शोध केन्द्र की स्थापना की जानी चाहिए।

पर्यावरण एवं वन मंत्रालय द्वारा 'वायु गुणवत्ता सूचकांक (Air Quality Index)' की शुरूआतः स्वच्छ भारत अभियान के तहत 17 अक्टूबर 2014 को पर्यावरण, वन एवं जलवायु परिवर्तन राज्यमंत्री (स्वतंत्र प्रभार) प्रकाश जावड़ेकर ने A Q I जारी किया। इस सूचकांक में 8 प्रदूषकों को शामिल किया गया है–PM_{10}, $PM_{2.5}$, NO_2, SO_2, CO, O_3, NH_3 और Pb।PM_{10} का तात्पर्य है, ऐसे कण पदार्थ जिनका व्यास 10 माइक्रोमीटर या उससे कम हो। इस गुणवत्ता सूचकांक के अंतर्गत 6 वर्ग रखे गए हैं। प्रत्येक वर्ग का अलग-अलग कलर कोड है।

वर्ग	*सीमा*	*कलर कोड*
अच्छा (Good)	0–50	हरा
संतोषजनक (Satis factory)	51–100	धानी
सामान्य प्रदूषित (Moderately Polluted)	101–200	पीला
खराब (Poor)	201–300	नारंगी
अति खराब (Very poor)	301–400	लाल
गंभीर (Severe)	401–500	कत्थई

सफर-एयर मोबाइल एप

पुणे स्थित 'भारतीय उष्णदेशीय मौसम विज्ञान संस्थान (IITM) के वैज्ञानिकों ने 'सफर-एयर' (SAFAR-AIR) नामक एक मोबाइल एप्लिकेशन (Mobile App) का विकास किया है। यह एप्लिकेशन मेट्रो शहरों में वास्तविक समय (Real time) में ऑनलाइन वायु गुणवत्ता सूचना सेवा उपलब्ध कराने में सहायक सिद्ध होगा। यह भारत की पहली मोबाइल एप्लिकेशन सेवा है जो 'रंग कोडित प्रणाली' (Colour coded system) के माध्यम से वायु गुणवत्ता के वर्तमान स्तर से संबंधित जानकारी तो उपलब्ध कराएगी ही साथ ही अगले 1-3 दिनों के वायु गुणवत्ता के बारे में भी भविष्यवाणी करेगी। इस एप्लिकेशन के माध्यम से स्वास्थ्य सम्बंधी परामर्शी भी जारी की जाएगी।

एंड्रॉयड ऑपरेटिंग सिस्टम पर चलने वाले इस एप्लिकेशन को 17 फरवरी 2015 को पृथ्वी विज्ञान मंत्रालय ने राष्ट्र को समर्पित किया। वर्तमान में सफर-एयर मोबाइल एप्लिकेशन की सेवा 'दिल्ली एवं पुणे' में ही उपलब्ध है तथा मई 2015 से यह मुंबई में भी उपलब्ध हो जाएगी। उल्लेखनीय है कि भारत सरकार के पृथ्वी विज्ञान मंत्रालय के अधीन 'भारतीय उष्णदेशीय मौसम विज्ञान संस्थान' ने 'भारतीय मौसम विज्ञान विभाग' (IMD) के सहयोग से मेट्रो शहरों हेतु भारत की पहली वायु गुणवत्ता पूर्वानुमान प्रणाली 'सफर (SAFAR–System of Air Quality Weather Forcasting and Research)' का विकास किया था। इस प्रणाली का वर्ष 2010 के राष्ट्रमंडल खेलों के दौरान राष्ट्रीय राजधानी क्षेत्र दिल्ली में सफलतापूर्वक परीक्षण किया गया था।

जल प्रदूषण

जल जीवमण्डल में सर्वाधिक महत्वपूर्ण यौगिक है क्योंकि एक तरफ तो यह सभी प्रकार के जीवों के लिए अत्यधिक महत्वपूर्ण तथा आवश्यक पदार्थ है, तो दूसरी तरफ यह जीवमण्डल में पोषक तत्वों के संचरण तथा चक्रण (Cycling) में सहायता करता है। इसके अलावा जल बिजली के निर्माण, नौका परिवहन, फसलों की सिंचाई, सीवेज का निपटान आदि के लिए महत्वपूर्ण होता है। ज्ञातव्य है कि जलमण्डल के समस्त जल का मात्र एक प्रतिशत ही जल विभिन्न स्रोतों यथा–भूमिगत जल, सरिता-जल, झील-जल, मृदा में स्थित जल, वायुमण्डलीय जल आदि से मानव समुदाय के लिए सुलभ हो पाता है। इनमें भूमिगत जल सबसे अधिक जल प्रदान करता है। औद्योगीकरण, नगरीकरण तथा मानव जनसंख्या में तीव्र वृद्धि के कारण जल की मांग में गुणोत्तर वृद्धि हुई है, परिणामस्वरूप जल की गुणवत्ता में भारी गिरावट आयी है। यद्यपि जल में स्वयं शुद्धिकरण की क्षमता होती है परन्तु जब मानव-जनित स्रोतों से उत्पन्न प्रदूषकों का जल में इतना अधिक जमाव हो जाता है कि वह जल की सहनशक्ति तथा स्वयं शुद्धिकरण की क्षमता से अधिक हो जाता है तो जल प्रदूषित हो जाता है।

प्रदूषित जल को अधोलिखित प्रकार से परिभाषित किया जा सकता है–

"विभिन्न स्रोतों एवं भण्डारों के जल के भौतिक, रासायनिक तथा जीवीय विशेषताओं में प्राकृतिक तथा मानव-जनित प्रक्रियाओं एवं कारणों से उस सीमा तक अवनयन एवं गिरावट को जल-प्रदूषण कहते हैं कि इस तरह प्रदूषित जल मनुष्य समुदाय, जन्तु एवं पादप समुदायों के लिए अनुपयुक्त तथा हानिकारक हो जाता है।"

जल प्रदूषण के स्रोत

जल की गुणवत्ता को कम करने वाले तत्वों को जल-प्रदूषक (Water Pollutants) कहते हैं। इनको कई आधारों पर वर्गीकृत किया गया है। यथा–

(1) **प्रदूषकों के स्रोतों के आधार पर**–स्रोत के आधार पर जल प्रदूषकों को निम्नलिखित भागों में विभक्त किया गया है।

- ***(i)*** **औद्योगिक प्रदूषक**–औद्योगिक अपशिष्ट जल, रासायनिक प्रदूषक, यथा–क्लोराइड, सल्फाइड, कार्बोनेट, अमोनिकल नाइट्रोजन, नाइट्राइट्स, नाइट्रेट्स आदि। भारी धात्विक पदार्थ, यथा–पारा, सीसा, जस्ता, तांबा, कार्बनिक रासायनिक यौगिक, रेडियोऐक्टिव अपशिष्ट आदि।
- ***(ii)*** **कृषि जात प्रदूषक**–उर्वरक, कवकनाशी, शाकनाशी, कीटनाशी, जीवाणुनाशी तथा पौधे के अवशिष्ट-भाग आदि।
- ***(iii)*** **नगरीय प्रदूषक**–यथा–विभिन्न प्रकार के आयन, जो कि नगरीय सीवेज जल में उपस्थित होते हैं, मनुष्य एवं जानवरों के मृत शरीरों से उत्पन्न फास्फेट तथा नाइट्रेट आयन आदि।
- ***(iv)*** **प्राकृतिक प्रदूषक**–ज्वालामुखी, राख तथा धूल अपक्षय तथा अपरदन से उत्पन्न अवसाद, भूमिस्खलन से उत्पन्न मलवा, विघटित एवं वियोजित जैविक पदार्थ आदि।

(2) **भौतिक तथा रासायनिक गुणों के आधार पर**–जल के प्रदूषकों को दो प्रमुख वर्गों में विभाजित किया जाता है–

- ***(i)*** **भौतिक प्रदूषक**–यथा–रंग, गंदलापन, अवसाद, ज्वालामुखी-धूलि तथा राख, तेल, ग्रीस, घुले तथा निलम्बित ठोस, सकल ठोस पदार्थ आदि।
- ***(ii)*** **रासायनिक प्रदूषक**–यथा–क्लोराइड, सल्फाइड, कार्बोनेट, अमोनिकल नाइट्रोजन, नाइट्राइट्स, नाइट्रेट, कीटनाशी, रोगनाशी, शाकनाशी तथा अन्य प्रकार के कृत्रिम रसायन यौगिक आदि।

(3) **विगलनता (Degradability) के आधार पर**–जल के प्रदूषकों को *(i)* विगलित होने वाले (Degradable) तथा *(ii)* विगलित न होने वाले (Non-Degradable) प्रदूषकों में विभाजित किया जाता है। जिन प्रदूषकों का जीवीय कारकों यथा–वियोजक सूक्ष्म जीवों द्वारा विघटन हो जाता

है उन्हें Biodegradable प्रदूषक कहते हैं। जैसे–पौधों एवं जन्तुओं के अवशेष आदि। वियोजक सूक्ष्म जीवों द्वारा विगलित न होने वाले प्रदूषकों को अजैविक प्रदूषक कहा जाता है। जैसे–रासायनिक तथा विषाक्त ठोस तत्व।

जल प्रदूषण की प्रकृति

जल प्रदूषण की प्रकृति तथा तीव्रता का कई कारकों से घनिष्ठ सम्बन्ध होता है। यथा–अपशिष्ट जल का निपटान (Disposal) तथा उसके शोधन की व्यवस्था, दूषित करने वाले स्रोतों की जलीय दशायें तथा नदियों की स्वयं-शुद्धिकरण (Self-purification) की क्षमता, किसी क्षेत्र विशेष से प्रवाहित होने वाली मल-नालियों की विशेषताएं, अपशिष्ट पदार्थों का जनन करने वाले समुदाय की सामाजिक-आर्थिक दशा तथा मिट्टी एवं वनस्पति के प्रकार।

ध्यातव्य है कि वर्षा का जल भी पूर्णतया शुद्ध नहीं होता है क्योंकि उसमें वायुमण्डलीय CO_2 सम्मिश्रित हो जाती है जिस कारण उसकी अम्लता बढ़ जाती है तथा pH घट जाती है। जल का प्रमुख गुण इसकी घोलन शक्ति है। यह अनेक तत्वों को घुलाने की क्षमता रखता है। फलस्वरूप वर्षा-जल जब प्रवाही जल होता है तब मार्ग में अन्यान्य तत्वों को घुलाकर अपने साथ प्रवाहित करता है। अनेक तत्व मिलकर इसकी मौलिकता को धीरे-धीरे कम कर देते हैं।

जल का भौतिक, रासायनिक एवं जैविक आधारों पर मूल्यांकन तथा निर्धारण किया जाता है। भौतिक आधार पर जल की गुणवत्ता का निर्धारण उसके तापमान, रंग, गंध, गंदलापन, संचालकता, घनत्व, निलम्बित तथा सकल ठोस पदार्थ के आधार पर किया जाता है। रासायनिक मानकों (Parameters) के अन्तर्गत–जल में घुलनशील लवण की प्रकृति तथा मात्रा, जल की कठोरता, जल की अम्लता तथा क्षारीयता, घुली ऑक्सीजन (DO), जैव ऑक्सीजन मांग (BOD), रासायनिक ऑक्सीजन मांग (COD), जल में हाइड्रोजन का सान्द्रण, अमोनिया, नाइट्रेट तथा नाइट्राइट्स की मात्रा, पारा, सीसा, क्रोमियम, क्लोराइड, कीटनाशी, शाकनाशी एवं रोगनाशी रसायनों की मात्रा तथा डिटर्जेण्ट की उपस्थिति आदि को सम्मिलित किया जाता है। जैविक मानकों में जीवाणु, कौलिफार्म, MPN, शैवाल, वाइरस आदि प्रमुख हैं।

सामान्य रूप से जल की गुणवत्ता का निर्धारण जैव ऑक्सीजन मांग (BOD), रासायनिक ऑक्सीजन मांग (COD), घुली ऑक्सीजन (DO) तथा pH मान के आधार पर किया जाता है।

जल प्रदूषण का वर्गीकरण

सामान्यतया जल के भण्डारों एवं स्रोतों के आधार पर जल-प्रदूषण का वर्गीकरण अधोलिखित प्रकार से किया गया है। यथा–

1. जल भण्डारण के आधार पर–

(*i*) धरातलीय जल प्रदूषण
(*ii*) झील जल प्रदूषण
(*iii*) समुद्री जल प्रदूषण
(*iv*) भूमिगत जल प्रदूषण

2. स्रोत के आधार पर–

(*i*) घरेलू अपशिष्ट से जल प्रदूषण
(*ii*) सीवेज से जल प्रदूषण
(*iii*) औद्योगिक अपशिष्ट से जल प्रदूषण
(*iv*) ठोस अपशिष्ट से जल प्रदूषण

(*i*) धरातलीय जल का प्रदूषण (Pollution of Ground Water)–प्रवाही जल (नदी), झील एवं तालाब के जल को धरातलीय जल के रूप में जाना जाता है। मोटे तौर पर समुद्री जल भी धरातलीय जल होता है। अध्ययन की सुविधा के लिए धरातलीय जल के अन्तर्गत नदियों के जल के प्रदूषण का विश्लेषण किया जा रहा है।

हिमद्रवण तथा वर्षा से प्राप्त जल ढाल के अनुसार प्रवाहित होता है। धीरे-धीरे यह सरिता का रूप धारण कर लेता है। अनेक लघु सरितायें भी स्थान-स्थान पर अपने जल के साथ मिलती हैं। मिलने वाली नदियों द्वारा जितना अधिक जल मुख्य सरिता को प्रदान किया जाता है, मुख्य सरिता का जल उतना अधिक प्रदूषित होता है।

वर्षा का जल पूर्णतः शुद्ध नहीं होता है। नगरीकरण तथा औद्योगीकरण के कारण वायुमण्डल में अनेक हानिकारक गैसें उत्सर्जित हो रही हैं। जल वर्षा के समय जल के साथ इनके आयन पुनः भू-तल पर पहुँचते रहते हैं। इसके अतिरिक्त अन्य स्रोतों से उत्पन्न आयन भी वायुमण्डल में पहुँचते रहते हैं जो वर्षा-जल के साथ नीचे आते हैं। हिमद्रवण से प्राप्त जल धीरे-धीरे सरिता का रूप धारण कर लेता है। मार्ग में अनेक प्रदूषकों को अपने साथ सम्मिलित कर लेता है। वर्तमान समय में फसलों से अत्यधिक उत्पादन के लिए अनेक रसायनों का प्रयोग किया जा रहा है। ये जल के साथ घुलकर नाली-नालों के माध्यम से नदियों में पहुँचते हैं। सीसा, पारा, कैडमियम, जस्ता, असवेस्टस के रेशे तथा अन्य विषाक्त पदार्थ किसी-न-किसी रूप में नदी-जल में पहुँचते हैं। नाभिकीय संयंत्रों अथवा संस्थानों से उत्सर्जित रेडियोएक्टिव तत्व

भी वायुमण्डल में पहुँचकर पुनः वर्षा के साथ नीचे आते हैं। विभिन्न माध्यमों से नदियों में पहुँचकर जल को प्रदूषित करते हैं। साथ-ही-साथ ये तत्व भू-पृष्ठीय जल के साथ क्रिया करके अनेक भौतिक-रासायनिक परिवर्तन उत्पन्न करते हैं।

भारत की शीर्ष दस प्रदूषित नदियाँ

नदियाँ	प्रदूषक मानक	
	2004	2005
अमलाखेड़ी, अकंलेश्वर, गुजरात	450.0	513.5
मारकंदा, कालाअंब, हरियाणा	420.0	509.2
खारी, अहमदाबाद, गुजरात	210.0	229.0
साबरमती, अहमदाबाद, गुजरात	72.9	100.3
खान, मध्य प्रदेश	63.1	71.5
कालीनदी, बुलंदशहर, उत्तर प्रदेश	54.1	67.0
हिंडन, गाजियाबाद, उत्तर प्रदेश	63.1	71.5
मुसी, आंध्र प्रदेश	21.3	26.3
यमुना, दिल्ली	17.6	23.8
भीमा, महाराष्ट्र	18.1	20.5

नदियों का प्रदूषण मुख्यतया दो रूपों में होता है–यथा–

(*i*) प्वाइंट या बिन्दु प्रदूषण

(*ii*) नॉन प्वाइण्ट प्रदूषण

नदियों के प्वाइण्ट प्रदूषण के स्रोत हैं–औद्योगिक एवं नगरीय क्षेत्र। इन क्षेत्रों से निस्सृत प्रदूषकों का नाले एवं नालियों द्वारा समीपी नदियों में विसर्जन होता रहा है। नदियों के नॉनप्वाइण्ट प्रदूषण का प्रमुख स्रोत कृषि-क्षेत्र है।

भारत के नियंत्रक और महालेखा परीक्षक (CAG) के निर्देश पर 'पर्यावरण शोध प्रयोगशाला' (ERL), लखनऊ ने जल की गुणवत्ता के परीक्षणोपरान्त जल को A, B, C, D, E नामक पाँच श्रेणियों में विभक्त किया है, जो अधोलिखित हैं। यथा–

वर्ग A (Category-A)– पीने के लिए उपयुक्त (Fit for Drinking),

क्रान्तिक प्रदूषित क्षेत्र और सम्बद्ध राज्य

प्रदूषित क्षेत्र	*राज्य*
चेम्बूर	महाराष्ट्र
गोविन्दगढ़	पंजाब
सुकिन्दा	ओडिशा
उद्योग मण्डल	केरल

वर्ग B (Category-B)– स्नान, तैराकी और मनोरंजन के लिए उपयुक्त,

वर्ग C (Category-C)– पारम्परिक उपचार के बाद पीने योग्य,

वर्ग D (Category-D)– वन्य जीव और मछलियों के लिए उपयुक्त तथा

वर्ग E (Category-E)– सिंचाई, औद्योगिक शीतलन (Industrial Cooling) और अपशिष्ट निबटान (Waste Disposal) हेतु उपयुक्त।

गंगा प्रदूषण

हिन्दू समुदाय की सबसे पवित्र तथा अनादिकाल से अमृतमयी समझी जाने वाली स्वतः निर्मलीकरण की क्षमता (Self Purification Capacity) वाली (गंगा जल में बैक्टीरियोफेज (Bacteriophage) नामक वाइरस पाये जाते हैं जो बैक्टीरिया आदि को खा जाते हैं) तथा स्वर्ग का द्वार खोलने वाली गंगा नदी अब अपने किनारों पर स्थित नगरों तथा कारखानों एवं शस्यश्यामलता खेतों से निकले अपशिष्टों, अशोधित मलजल, व्यक्तियों एवं मवेशियों के मृत शरीरों, विषाक्त रसायनों, कचरों आदि को ढोते-ढोते थक गयी है तथा मात्र एक सीवर बनकर रह गयी है। गंगोत्री से गंगा सागर तक गंगा के समस्त 2525 किलोमीटर लम्बे जलमार्ग का 600 किलोमीटर लम्बा जल मार्ग अत्यधिक प्रदूषित हो गया है। ज्ञातव्य है कि गंगा बेसिन में भारत की 37 प्रतिशत मानव जनसंख्या निवास करती है तथा देश के सकल सिंचित क्षेत्र का 47 प्रतिशत भाग स्थित है। भारत के 5161 नगरों में से 692 गंगा बेसिन में केन्द्रित है, इनमें से 27 नगरों की जनसंख्या एक लाख से अधिक हैं। नगरों तथा कस्बों से निस्सृत 1000 मिलियन लीटर मल जल प्रतिदिन गंगा में प्रविष्ट होता है। उल्लेखनीय है कि गंगा नदी का सर्वाधिक प्रदूषण प्वाइण्ट प्रदूषण द्वारा ही होता है।

भारत के केन्द्रीय सरकार ने गंगा नदी को शुद्ध करने तथा प्रदूषण से मुक्त करने के लिए बीड़ा उठाया था। ऋषिकेश से कलकत्ता के बीच गंगा नदी को प्रदूषण-मुक्त करने के लिए केन्द्रीय प्रदूषण नियंत्रण बोर्ड ने सन् 1984 में पंचवर्षीय गंगा परियोजना का कार्यक्रम बनाया। इस कार्य हेतु जून सन् 1985 में केन्द्रीय गंगा प्राधिकरण (Central Ganga Authority) का गठन किया गया तथा गंगा के प्रदूषण को दूर करने के लिए गंगा ऐक्शन प्लान (GAP) की शुरुआत की गयी।

GAP-1 सन् 1986 से 1993 तक चला। बड़ी आशाओं और अपेक्षाओं के साथ इसे आरम्भ किया गया था किन्तु गंगा मैली की मैली ही रह गयी। सैकड़ों करोड़ रुपये गंगा के जल की तरह बह गये पर सुधार बहुत मामूली हुआ है। कुछ शहरों में मलजल संशोधन संयंत्र भी लगाये गये हैं पर वे पूरे कचड़ों का संशोधन (उपचार Treatment) करने में अक्षम हैं।

ERL प्रयोगशाला के परीक्षण में गंगा और यमुना दोनों नदियों के जल का वर्गीकरण 'D' वर्ग में किया गया अर्थात् गंगा और जमुना का जल केवल वन्य जीव व मत्स्य पालन के ही लायक है न कि भक्तों के स्नान करने लायक। स्नान करने लायक होने के लिए इनका जल वर्ग-B स्तर का होना चाहिए।

(*ii*) झील प्रदूषण (Lake Pollution)–प्राकृतिक एवं मानवीय कारणों से झील का प्रदूषण होता है। प्रदूषकों के निरन्तर प्रवेश से सभी प्रकार की झीलों का जल प्रदूषित हो रहा है। इससे इसके जल की सान्द्रता बढ़ जाती है। जब सान्द्रता बहुत अधिक हो जाती है तब इसे मारक कारक (Killing Factors) की संज्ञा दी जाती है। झील का जल इसमें रहने वाले जीवों तथा बाह्य जीव-जन्तुओं के लिए हानिकारक हो जाता है। मनुष्य इसके जल के प्रयोग से फेफड़े अथवा कैंसर का रोगी हो जाता है। संयुक्त राज्य अमेरिका की सुपीरियर झील का जल असबेस्टस के कारण अत्यन्त प्रदूषित हो गया है जिससे कैंसर जैसी घातक बीमारियाँ उत्पन्न होने लगी हैं।

मैदानी क्षेत्रों की कुछ झीलों के निकट कृषि का विकास हुआ है। फसलों में अनेक रासायनिकों का प्रयोग किया जा रहा है। ये तत्व भू-पृष्ठीय वाही जल (Surface Runoff) के साथ झीलों में जमा हो रहे हैं। फलस्वरूप झीलों के जल में रासायनिक प्रदूषकों की मात्रा निरन्तर बढ़ रही है।

(*iii*) सागरीय जल का प्रदूषण–सागरीय जल का प्रदूषण मुख्य रूप से सागर तटवर्ती भागों में नगरीय एवं औद्योगिक अपशिष्ट पदार्थों के विसर्जन के कारण होता है। सागर तटीय जल में किसी एक तत्व के सान्द्रण में वृद्धि के कारण विकट पर्यावरणीय समस्यायें उत्पन्न हो जाती हैं। उदाहरण के लिए, जापान तट के पास अवस्थित मिनामाटा नगर से पारायुक्त अपशिष्ट पदार्थों के मिनामाटा खाड़ी में अधिक मात्रा में प्रवेश के कारण पारा-विषायण (Mercury-Poisoning) के कारण मिनाकाटा नगर के कई निवासियों की मृत्यु हो गयी। इस कातिल रोग का इतना भीषण प्रकोप हुआ कि इसका नाम ही मिनामाटा रोग रख दिया गया। भारत के अण्डमान-निकोबार द्वीपों के तट के पास औद्योगिक विषाक्त अपशिष्टों की डंम्पिंग के कारण अनेक कोरल मर गये हैं।

समुद्र तटीय क्षेत्रों में स्थित खनिज तेल कूपों एवं जलयानों से खनिज तेल के रिसाव से भी समुद्री प्रदूषण उत्पन्न हो रहा है। इंग्लैण्ड की टारी कैनियन विनाश, संयुक्त राज्य अमेरिका की सान्ता बरबारा तथा भारत की मुम्बई दुर्घटना से वृहत्-स्तर पर तेल रिसाव हुआ। फलस्वरूप समुद्री जीव इससे प्रभावित हुए। खाड़ी युद्ध से बड़ी मात्रा में तेल का प्रवाह अरब सागर में हुआ था जिसका प्रभाव भारत के तटवर्ती क्षेत्रों तक पड़ा था।

उल्लेखनीय है कि आयल टैंकरों से लीक (रिसा) हुआ तेल सागरीय जल की सतह पर बड़ी शीघ्रता से फैल जाता है। इस तरह जलीय सतह पर फैले तेल को आयल स्लिक कहते हैं। इसके द्वारा सागरीय जल विषैला हो जाता है जिस कारण बहुमूल्य मछलियों सहित अनेक सागरीय जीव मर जाते हैं, परिणामस्वरूप प्रभावित तटीय भागों के सागरीय अंचलों में पारिस्थितिकीय प्रकोप तथा विनाश (Ecological Disaster) की स्थिति उत्पन्न हो जाती है।

*पेयजल में 20 पी.पी.एम तक नाइट्रेट आयन की मात्रा हानिकारक नहीं होती है जबकि व्यस्क शरीर की अधिकतम सहन सीमा 45 पी.पी.एम है। इससे अधिक होने पर **मैथामो ग्लोबीनेइमा नाइट्रेट साइनोसिस** नामक बीमारी बच्चों में उत्पन्न होती है। इससे ऑक्सीजन का प्रवाह रुक जाता है। फलस्वरूप शरीर नीला पड़ जाता है तथा बच्चों की मृत्यु हो जाती है। इस रोग को '**ब्लू बेबी सिण्ड्रोम**' भी कहा जाता है।*

(*iv*) भूमिगत जल प्रदूषण (Underground Water Pollution)–जल विभिन्न माध्यमों से रिसकर सतह के नीचे जाता रहता है तब उसे भूमिगतजल की संज्ञा प्रदान की जाती है। भू-पृष्ठीय जल अपने साथ अनेक प्रदूषकों को साथ ले जाता है। कृषि क्षेत्रों से कीटनाशी, रोगनाशी तथा शाकनाशी रसायनों, नगरीय क्षेत्रों से औद्योगिक कचरों, सीवर के गन्दे जल आदि, नदियों-झीलों एवं तालाबों से अन्तः सरिता के रूप में प्रवाहित होता है, इसका तल कभी ऊँचा तथा कभी नीचा होता है। औसत वार्षिक वर्षा, जल रिसाव की दर, भू-संरचना, जल की स्थिरता आदि का प्रभाव भूमिगत जल-स्तर पर पड़ता है। भूमिगत जल कुओं, हैण्डपम्पों, ट्यूबेल आदि तथा अनेक माध्यमों से प्राप्त कर मनुष्य पीने तथा सिंचाई में प्रयोग करता है। कुछ कणकीय प्रदूषक जल रिसाव तथा

बहिर्गमन के समय छन जाते हैं। घुले हुए प्रदूषकों से युक्त जल बाहर आता है जिसका प्रयोग मानव करता है। फलस्वरूप अनेक बीमारियाँ उत्पन्न होती हैं।

विकसित देशों में भूमिगत जल अधिक प्रदूषित है। 1960-70 दशक के एक सर्वेक्षण के अनुसार डैकोटा प्रान्त के क्रासबी नगर के कुँओं में क्लोराइड, नाइट्रेट तथा सल्फेट की इतनी मात्रा थी कि इनका जल विषाक्त हो गया था। इसी प्रकार अनेक विकसित देशों में इस प्रकार की घटना घटित हो रही है।

विकसित देशों की भांति विकासशील देशों में भी भूमिगत जल प्रदूषित हो रहा है। भारत में जहाँ पर औद्योगिक नगर हैं वहाँ का भूमिगत जल प्रदूषित हो रहा है। एक अध्ययन में स्पष्ट किया गया है कि आन्ध्र प्रदेश में हैदराबाद से 30 किलोमीटर दूर पाटनचेरू औद्योगिक नगर से अनेक रासायनिक प्रदूषक रिस कर भूमिगत हो रहे हैं। निकट के कुँओं का जल विषाक्त हो रहा है। इसके पीने से अनेक बीमारियाँ उत्पन्न हो रही हैं। इसी प्रकार की अनेक घटनायें अन्य औद्योगिक नगरों में हो रही हैं।

जल प्रदूषण के प्रतिकूल प्रभाव

जल प्रदूषण के कारण पौधों एवं मानव सहित समस्त जन्तु समुदाय को अकथनीय तथा असाध्य क्षति का सामना करना पड़ता है। जल प्रदूषण के सबसे अधिक शिकार मनुष्य तथा सूक्ष्म जीव होते हैं। प्रदूषित जल के कारण संक्रामक रोगों तथा कई प्रकार के खतरनाक रोगों यथा–हैजा, तपेदिक, पीलिया, अतिसार, मियादी ज्वर, पैराटाइफाइड, पेचिस आदि का आविर्भाव होता है। ठोस प्रदूषकों से युक्त जल का सेवन करने से कई प्राणघातक रोग उत्पन्न हो जाते हैं। उदाहरण के लिए असबेस्टस के रेशों से युक्त जल के सेवन से असबेस्टोसिस नामक जानलेवा रोग हो जाता है। इसके द्वारा फेफड़ों का कैंसर तथा पेट के रोग उत्पन्न होते हैं। पारा युक्त जल जीने से मिनेमेटा रोग हो जाता है।

पेयजल में नाइट्रेट की अधिकता से 'ब्लू बेबी सिण्ड्रोम'; कैडमियम की अधिकता से 'इटाई-इटाई रोग' तथा आर्सेनिक की अधिकता से 'ब्लैक फुट' नामक बीमारी हो जाती है।

विषाक्त रसायनों से प्रदूषित जल के कारण जलीय पौधों तथा जन्तुओं की मृत्यु हो जाती है। नदियों, झीलों तथा तालाबों के प्रदूषित जल द्वारा सिंचाई करने से फसलें नष्ट हो जाती हैं। अत्यधिक प्रदूषित जल के कारण मृदा भी प्रदूषित हो जाती है, उनकी उर्वरता घट जाती है तथा उपयोगी मृदा-वासी सूक्ष्म जीव, यथा–बैक्टीरिया नेमोटोड तथा केंचुआ आदि मर जाते हैं। अधिक लवणता वाले जल से सिंचाई करने पर मृदा में क्षारीयता बढ़ जाती है। नदियों एवं झीलों तथा तालाबों के जल में अजैविक तथा जैविक पोषक तत्वों के सान्द्रण में वृद्धि होने से युट्रीफिकेशन या सुपोषण हो जाता है जिस कारण जलीय भागों में पौधों तथा जन्तुओं की संख्या में नियंत्रण सीमा से भी अधिक भरमार हो जाती है। इसके विपरीत जल में विषाक्त रसायनों तथा भारी धात्विक पदार्थों के सान्द्रण में वृद्धि होने से पौधे एवं जन्तु विनष्ट हो जाते हैं।

जल प्रदूषण का नियंत्रण

जल प्रदूषण के नियंत्रण के लिए कई निवारक उपायों की आवश्यकता होती है। इन प्रदूषण निवारक उपायों के कार्यान्वयन तथा उनकी सफलता के लिए युक्तियों, समुदायों, सामाजिक-आर्थिक संगठनों, स्वयं सेवी संस्थाओं तथा राष्ट्रीय एवं अन्तर्राष्ट्रीय स्तरों पर सरकारी सहायता एवं सहयोग अपेक्षित होता है।

जल की गुणवत्ता के मानक

जल एक ऐसा रंगहीन द्रव है जो हाइड्रोजन का मोनोऑक्साइड होता है। इसका सूत्र H_2O है। $4°C$ पर इसका घनत्व अधिकतम होता है। हिमांक $0°C$ एवं क्वथनांक $100°C$ होता है। ज्ञातव्य है कि भारी पानी (D_2O) परमाणु रिएक्टरों में मन्दक के रूप में प्रयोग होता है।

पेयजल के लिए निर्धारित मानक

विश्व स्वास्थ्य संगठन ने 1971 में जो मानक पेयजल के लिए निर्धारित किये हैं, वे हैं–

1. **भौतिक मानक-विश्व स्वास्थ्य संगठन (WHO) के अनुसार-पेयजल ऐसा होना चाहिए जो स्वच्छ, शीतल, स्वादयुक्त तथा गन्धरहित हो।**
2. **रासायनिक मानक-विश्व स्वास्थ्य संगठन के अनुसार पेयजल का pH मान 7 से 8.5 के मध्य हो तथा उसमें निम्नलिखित से अधिक अपृश्यताएँ (Impurities) नहीं होनी चाहिए–**

अपृश्य	उच्चतम निर्धारित सीमा (मिग्रा./लीटर)	अपृश्य	उच्चतम निर्धारित सीमा (मिग्रा./लीटर)
कुल ठोस पदार्थ	500	तांबा (Cu)	0.05
सम्पूर्ण कठोरता	2	मैग्नीज (Mn)	30
सल्फेट (SO_4)	200	साइनाइड (Cn)	0.05
क्लोराइड्स (Cl_2)	200	आर्सेनिक (As)	0.05
कैल्शियम (Ca)	75	सीसा (Pb)	0.1
मैग्नीशियम (Mg)	30	कैडमियम (Cd)	0.05
जिंक (Zn)	5	पारा (Hg)	0.001
लोहा (Fe)	0.10	फिलोनिक पदार्थ	0.001

भारत सरकार ने जल प्रदूषण को रोकने के लिए पहले से ही कदम उठाया है। सन् 1974 में सरकार ने जल प्रदूषण नियंत्रण अधिनियम को पारित करके जल प्रदूषण की रोकथाम के लिए पहल किया था, जिसे 1988 में संशोधित किया गया। इस अधिनियम तथा कानून का सर्वप्रमुख उद्देश्य है, मानव उपयोग के लिये जल की गुणवत्ता को बनाये रखना।

भारत सरकार ने गंगा नदी के प्रदूषित जल को स्वच्छ करने के लिए केन्द्रीय गंगा प्राधिकरण का गठन 1985 में किया था, जिसे 1995 में राष्ट्रीय नदी संरक्षण प्राधिकरण कर दिया गया। इस योजना के अन्तर्गत वर्तमान 157 शहरों और 18 राज्यों की 31 प्रदूषित नदी क्षेत्र सम्मिलित हैं।

वाहितमल शुद्धिकरण

बाहितमल के शुद्धिकरण में पहले गन्दगी को विशेष छन्नों द्वारा छानकर अलग किया जाता है, फिर गन्दी को नीचे बैठने दिया जाता है (settling)। इस क्रिया से अकार्बनिक पदार्थ एवं कुछ कार्बनिक पदार्थ पृथक् हो जाते हैं तथा शेष कार्बनिक पदार्थ निलम्बित (suspended) और घुली अवस्था में रह जाते हैं। इन पदार्थों का खनिजीकरण (mineralization) किया जाता है, जिससे यह पदार्थ अकार्बनिक पदार्थों में परिवर्तित हो जाते हैं। इसमें या तो ऑक्सीजन कृत्रिम विधियों द्वारा जल में प्रविष्ट की जाती है या फिर इसके लिए बहुत से हरे शैवालों में उत्पन्न ऑक्सीजन का प्रयोग किया जाता है। यह ऑक्सीजन हरे शैवालों द्वारा प्रकाश-संश्लेषण क्रिया में उत्पन्न होती है। गन्दे जल में प्रायः वे सभी तत्व उपस्थित होते हैं, जिनकी शैवालों को अपनी वृद्धि के लिए आवश्यकता होती है, जैसे कार्बन, नाइट्रोजन, फॉस्फोरस, सल्फर, पोटैशियम इत्यादि, परन्तु ये पदार्थ गन्दे जल में जटिल कार्बनिक पदार्थों के यौगिकों के रूप में उपस्थित रहते हैं। शैवालों द्वारा प्रयोग में लाये जाने के लिए इन पदार्थों में CO_2, $NHxs_3$, SO_4, NO_3, PO_3 के अतिरिक्त ऑक्सीजन का होना आवश्यक है। यह कार्य शैवालों तथा जीवाणुओं की सहजीविता द्वारा किया जाता है। शैवाल जीवाणुओं के लिए ऑक्सीजन उत्पन्न करते हैं तथा जीवाणु इस ऑक्सीजन का प्रयोग करके जटिल पदार्थों से अकार्बनिक पदार्थ बनाते हैं, जो शैवालों द्वारा प्रयोग किये जाते हैं।

वाहितमल की गन्दगी का शैवालों द्वारा शुद्धिकरण विशेष प्रकार के खुले तालाबों में किया जाता है। ऐसे तालाबों को ऑक्सीकरण ताल (oxidation ponds) अथवा निरीक्षण ताल (stabilization ponds) कहते हैं। वाहितमल के गन्दे जल को तालाब में एक स्थान पर प्रविष्ट और दूसरी ओर से निष्कासित किया जाता है।

मृदा प्रदूषण

प्राकृतिक स्रोतों या मानव-जनित स्रोतों अथवा दोनों स्रोतों से मृदा की गुणवत्ता में ह्रास को मृदा-प्रदूषण कहते हैं।

मृदा की गुणवत्ता में ह्रास या अवनयन अधोलिखित कारणों से होता है। यथा–

- तीव्र गति से मृदा-अपरदन।
- मृदा में रहने वाले सूक्ष्म जीवों में कमी।
- मृदा में नमी की आवश्यकता से अधिक या बहुत कम होना।
- तापमान में अत्यधिक उतार-चढ़ाव।
- मृदा में ह्यूमस (Humus) की मात्रा में कमी।
- मृदा में विभिन्न प्रकार के प्रदूषकों का प्रवेश एवं सान्द्रण।

मृदा-प्रदूषण के स्रोतों को 5 वर्गों में विभक्त किया जा सकता है। यथा–

(i) भौतिक स्रोत ***(ii)*** वायुजन्य स्रोत
(iii) जैविक स्रोत ***(iv)*** जीवनाशी स्रोत
(v) नगरीय एवं औद्योगिक स्रोत

***(i)* भौतिक स्रोत के अन्तर्गत :** जल वर्षा की तीव्रता एवं परिणाम, तापान्तर की विविधता, हवा की दिशा की अनिश्चितता, शैल-संरचना, वानस्पतिक आवरण की विषमता, मिट्टी का गुण आदि को सम्मिलित किया जाता है। ये कारक प्रत्यक्ष अथवा परोक्ष रूप से मिट्टी को प्रभावित करते हैं। फलस्वरूप मिट्टी के मौलिक गुणों में ह्रास होता है।

- ❑ *बायोगैस में किस गैस की मात्रा सर्वाधिक प्रतिशत में पायी जाती है?* ***–मीथेन (60%)***
- ❑ भारत की सर्वाधिक प्रदूषित नदी कौन-सी है? ***–अमलाखेड़ी (गुजरात)***
- ❑ देश में लगभग कितना प्रतिशत बंजर भूमि है? ***–5 प्रतिशत***
- ❑ कृषि में विभिन्न किस्मों के उर्वरकों (NPK) का उपयोग एक संतुलित अनुपात में किया जाना चाहिए। भारत में यह मानक अनुपात है– ***– 4 : 2 : 1***
- ❑ पौधों के लिए आवश्यक पोषक तत्वों की संख्या होती है। ***–16***
- ❑ क्षारीय मृदाओं में किस तत्व का अभाव होता है? ***–कैल्शियम तथा नाइट्रोजन***
- ❑ मृदा संगठन में ह्यूमस की मात्रा कितनी पायी जाती है? ***–5 से 10 प्रतिशत***
- ❑ नहर सिंचाई क्षेत्र में किस प्रकार की मृदा समस्या उत्पन्न होती है? ***–ऊसर भूमि समस्या***
- ❑ पीट तथा दलदलीय मृदायें किस स्वभाव की होती हैं? ***–अम्लीय***
- ❑ भारत में अवनालिका अपरदन से सर्वाधिक प्रभावित क्षेत्र कौन-सा है? ***–मालवा का चम्बल नदी बाढ़ा क्षेत्र***
- ❑ केन्द्रीय मृदा संरक्षण बोर्ड की स्थापना कब हुई थी? ***–1953***

(ii) मृदा-प्रदूषण के जैव स्रोत या कारकों के अन्तर्गत उन सूक्ष्म जीवों तथा अवांछित पौधों को सम्मिलित किया जाता है जो मृदा की गुणवत्ता तथा उर्वरता को कम करते हैं। मृदा-प्रदूषण के जैव प्रदूषकों को चार प्रमुख वर्गों में विभाजित किया जाता है–

- मनुष्यों द्वारा परित्यक्त रोगजनक सूक्ष्म जीव।
- पालतू मवेशियों द्वारा गोबर आदि के माध्यम से परित्यक्त रोगजनक सूक्ष्म जीव।
- मिट्टियों में पहले से मौजूद रोगजनक सूक्ष्म जीव।
- आंतों में रहने वाली बैक्टीरिया तथा प्रोटोजोआ।

उक्त स्रोतों से सूक्ष्म जीव मिट्टियों में प्रवेश करके उन्हें प्रदूषित करते हैं। ये सूक्ष्म जीव आहार-श्रृंखला में भी प्रविष्ट हो कर मानव-शरीरों में पहुँच जाते हैं।

(iii) वायु-जात स्रोत वाले मिट्टियों के प्रदूषक वास्तव में वायु के प्रदूषक ही होते हैं जिनका मृदा पर हानिकारक प्रभाव पड़ता है। ज्वालामुखियों, कारखानों की चिमनियों, स्वचालित वाहनों, ताप शक्ति संयंत्रों तथा घरेलू स्रोतों से वायुमण्डल में प्रदूषकों का उत्सर्जन होता है। इन प्रदूषकों का बाद में धरातलीय सतह पर अवपात होता है तथा ये विषाक्त प्रदूषक मिट्टियों में पहुँचकर उन्हें प्रदूषित कर देते हैं। अम्ल वर्षा के कारण मिट्टियों में अम्लता की अधिकता हो जाती है तथा pH कम हो जाता है। मिट्टियों में अम्लता की अधिक मात्रा का सान्द्रण फसलों के लिए हानिकारक होता है। नार्वे, स्वीडन, फिनलैंड आदि देशों में अम्ल वर्षा के कारण मिट्टियों की अम्लता में वृद्धि के कारण वनों को अत्यधिक क्षति हुई है। कारखानों से उत्सर्जित क्लोरीन तथा नाइट्रोजन गैस जल से संयुक्त होकर मृदा को प्रदूषित करती हैं तथा उनके रासायनिक संगठन में परिवर्तन कर देती हैं। कणिकीय ठोस पदार्थ (Particulates Matters) मिट्टियों में पहुँचकर उन्हें प्रदूषित करते रहते हैं। इन कणिकीय पदार्थों के सान्द्रण में वृद्धि होने से मिट्टियों के रासायनिक एवं भौतिक गुणों में परिवर्तन हो जाता है।

धात्विक कणिकीय पदार्थों (Metallic Particulates) के कारण भी मिट्टियों के भौतिक तथा रासायनिक गुणों में परिवर्तन हो जाता है। उदाहरण के लिए तांबा गलाने वाले कारखानों के पास मिट्टियाँ इतनी अधिक प्रदूषित हो जाती हैं कि उनमें किसी तरह की वनस्पति नहीं उग पाती है।

(iv) रासायनिक उर्वरक तथा जैवनाशी रसायन : रासायनिक उर्वरक फसलों के लिए आवश्यक पोषक तत्व प्रदान करते हैं परन्तु इनके अत्यधिक प्रयोग के कारण मिट्टियों के भौतिक एवं रासायनिक गुणों में भारी परिवर्तन हो जाते हैं। सर्वाधिक खतरनाक प्रदूषक विभिन्न प्रकार के जैवनाशी रसायन (कीटनाशी, रोगनाशी तथा शाकनाशी कृत्रिम रसायन) हैं जिनके कारण बैक्टिरिया सहित सूक्ष्म जीव विनष्ट हो जाते हैं। परिणामस्वरूप मिट्टियों की गुणवत्ता में भारी गिरावट आ जाती है।

जैवनाशी रसायन विषैले अवशिष्ट के रूप में आहार-श्रृंखला (Food Chains) में प्रविष्ट होते हैं तथा अन्ततः मनुष्यों एवं जन्तुओं में आहार के माध्यम से प्रविष्ट हो जाते हैं। ज्ञातव्य है कि जैवनाशी रसायन पहले मिट्टियों में स्थित कीटाणुओं तथा अवांछित पौधों को विनष्ट करते हैं, तत्पश्चात् मिट्टियों की गुणवत्ता को कम करते हैं। जैवनाशी रसायनों को रेंगती मृत्यु (Creeping Deaths) कहा जाता है।

(v) औद्योगिक एवं नगरीय क्षेत्रों से निस्सृत अपशिष्ट पदार्थों के खेतों में डम्पिंग तथा नगरीय गन्दे नालों के प्रदूषित सीवेज जल से फसलों की सिंचाई के कारण मिट्टियों के भौतिक एवं रासायनिक गुणों में परिवर्तन हो जाने से मिट्टियों का अवनयन (Degradation) प्रारम्भ हो जाता है।

मृदा प्रदूषण के प्रभाव

मृदा प्रदूषण प्रत्यक्ष अथवा परोक्ष रूप से मानव, जीव-जन्तु तथा वनस्पतियों को प्रभावित करता है। मृदा अपरदन का प्रभाव स्थलाकृतियों पर पड़ता है। मृदा प्रदूषण से मिट्टी के मौलिक गुणों में ह्रास होता है। इसकी उत्पादन क्षमता कम हो जाती है। फसलों एवं वनस्पतियों का विकास कम हो जाता है।

मिट्टी का वृहद् अपरदन अवनलिका अपरदन (Gully Erosion) कहलाता है। इस अपरदन के निरन्तर सक्रिय रहने से सम्बन्धित क्षेत्र ऊबड़-खाबड़ हो जाता है जिसे बीहड़ (Ravine) की संज्ञा प्रदान की जाती है। सम्पूर्ण क्षेत्र उत्खान स्थलाकृति (Badland Topography) का रूप धारण कर लेता है। भूमि बंजर भूमि (Waste Land) में बदल जाती है। कृषि तथा वनस्पतियाँ नष्ट हो जाती हैं।

रासायनिक प्रदूषक मिट्टी में मिलकर वनस्पतियों एवं फसलों को प्रभावित करते हैं। इनका प्रभाव जीव-जन्तुओं एवं

अपेक्षाकृत बड़े जन्तुओं पर पड़ता है। मनुष्य भी इन सभी से प्रभावित है। स्पष्ट है आहार शृंखला (Food Chains) के माध्यम से सबसे उच्च पोषण-स्तर (सर्वहारा वर्ग) तक मृदा प्रदूषण अपना प्रभाव अंकित करता है। ज्ञातव्य है कि पंजाब में डी.डी.टी. के अंश खाद्यान्नों में सबसे अधिक पाया गया है।

मृदा प्रदूषण के अधोलिखित प्रभाव अंकित किये जाते हैं। यथा–

- रोगनाशी, कीटनाशी तथा शाकनाशी रसायनों का प्रयोग मृदा के भौतिक, रासायनिक तथा जैविकीय गुणों में ह्रास उत्पन्न करते हैं। फलस्वरूप मृदा की उर्वरता तथा उत्पादकता कम हो जाती है।
- रासायनिक प्रदूषक तत्वों को पौधे अपनी जड़ों के माध्यम से ग्रहण करते हैं तथा मनुष्य के शरीर में पहुँचाते हैं। फलस्वरूप अनेक रोग उत्पन्न होते हैं।
- लवण एवं जल जमाव से मृदा के गुणों में कमी आती है। फलस्वरूप उत्पादन कम होता है।
- गली अपरदन द्वारा मृदा का बहाव होता है जिससे इसके पोषक तत्व नष्ट हो जाते हैं। भूमि ऊबड़-खाबड़ हो जाती है।

मृदा प्रदूषण पर नियंत्रण

मृदा प्रदूषण के प्रभावों को देखते हुए इस पर नियंत्रण नितान्त आवश्यक है। मिट्टी कृषकों का धन है। इसके गुणों के ह्रास से न केवल कृषक ही बल्कि देश की अर्थव्यवस्था, मानव स्वास्थ्य, जीव-जन्तु, वनस्पतियाँ आदि भी प्रभावित होती हैं। जन्तु जगत एवं पादप जगत का अस्तित्व मिट्टी पर आधारित होता है। मृदा प्रदूषण पर नियंत्रण के निम्नांकित उपाय हैं–

- जीवनाशी रसायनों के प्रयोग को परिसीमित कर समन्वित कीट प्रबंध (Integrated Pest Management) प्रणाली को अपनाया जाए।
- रासायनिक उर्वरकों के स्थान पर समन्वित पादप पोषण प्रबंधन (Integrated Plant Nutrient Management) से मिट्टी के मौलिक गुण कालान्तर तक विद्यमान रहेंगे।
- लवणता की अधिकता वाली मृदा के सुधार के लिए वैज्ञानिकों के सुझाव के अनुसार जिप्सम तथा पाइराइट्स जैसे रासायनिक मृदा सुधारकों का प्रयोग किया जाय।
- कृषि क्षेत्रों में जल-जमाव को दूर करने के लिए जल-निकास की व्यवस्था अत्यन्त आवश्यक है।
- वन कटाव पर प्रतिबंध लगा कर मृदा अपरदन तथा इसके पोषक तत्वों को सुरक्षित रखने के लिए मृदा संरक्षण प्रणालियों को अपनाया जाए।
- झूमिंग कृषि पर प्रतिबंध के द्वारा भू-क्षरण की समस्या को कम किया जा सकता है।
- बाढ़ द्वारा नष्ट होने वाली भूमि को बचाने के लिए योजनाओं का निर्माण एवं उनका क्रियान्वयन आवश्यक है।
- भूमि उपयोग तथा फसल-प्रबंधन पर ध्यान देना नितान्त आवश्यक है।

मृदा-परीक्षण हेतु लघु प्रयोगशाला 'मृदापरीक्षक' विकसित

फरवरी 2015 में केंद्रीय कृषि मंत्री राधा मोहन सिंह ने नई दिल्ली में मृदा परीक्षण के लिए एक लघु प्रयोगशाला (Minilab) 'मृदापरीक्षक' का लोकार्पण किया। इस प्रयोगशाला का विकास भारतीय कृषि अनुसंधान परिषद् (ICAR) के प्राकृतिक संसाधन प्रबंधन प्रभाग के अधीनस्थ शोध संस्थान 'आईसीएआर-भारतीय मृदा विज्ञान संस्थान, भोपाल' ने किया है। इसके विकास में हैदराबाद स्थित 'मेसर्स नागार्जुन एग्रोकेमिकल्स प्राइवेट लिमिटेड' ने भी सहयोग दिया है।

मिट्टी की सेहत की त्वरित, वैज्ञानिक एवं किफायती जांच में सक्षम इस लैब की अनेक विशेषताएँ हैं–मृदापरीक्षक एक डिजिटल मोबाइल मात्रात्मक मिनीलैब/मिट्टी परीक्षण किट है। किसानों को उनके घर पर मिट्टी परीक्षण सेवा मुहैया कराने के लिए यह किट विकसित की गई है।

यह किट मृदा के सभी महत्वपूर्ण गुणों जैसे मृदा का pH मान, विद्युत चालकता, जैविक कार्बन, मृदा में उपलब्ध नाइट्रोजन, फॉस्फोरस, पोटैशियम, सल्फर तथा सूक्ष्म पोषक तत्वों जैसे जस्ता, बोरान और आयरन का मात्रात्मक निर्धारण कर सकता है। यह मृदा प्रकार और फसल के अनुसार उर्वरक अनुशंसाएं भी प्रदर्शित करता है जो किसान के मोबाइल पर सीधे SMS द्वारा उपलब्ध हो जाती हैं और साथ ही 'मृदा स्वास्थ्य कार्ड' (Soil Health Card) के अनुरूप कार्य करता है।

मृदा स्वास्थ्य कार्ड योजना

पूरे देश में खेत की मिट्टी की सेहत की जांच हेतु फरवरी 2015 में प्रधानमंत्री नरेन्द्र मोदी ने राजस्थान के सूरतगढ़ में "मृदा स्वास्थ्य कार्ड" योजना (Soil Health Card Scheme) का शुभारंभ

किया। इस अवसर पर प्रधानमंत्री मोदी ने 'स्वस्थ धरा, खेत हरा' (Healthy Earth Green Farm) का नारा दिया। केन्द्र सरकार की इस योजना के तहत किसान अपने खेत की मिट्टी की जाँच करा सकेंगे। इस योजना का उद्देश्य मिट्टी की जाँच के द्वारा आवश्यक उर्वरकों व पोषक तत्वों की समुचित मात्रा का उपयोग करके कृषि उत्पादकता में वृद्धि करना और समृद्धि लाना है। इस योजना के तहत अगले 3 वर्षों में 14 करोड़ 'मृदा स्वास्थ्य कार्ड' जारी किए जाएंगे तथा यह कार्ड तीन वर्षों के अंतराल पर नवीनीकृत किया जाएगा।

यह कार्ड वस्तुतः एक ऐसा कार्ड है जिसमें मिट्टी के स्वास्थ्य की वर्तमान स्थिति के बारे में सूचनाएं संग्रहीत की जाती हैं। समय-समय पर भूमि प्रबंधन से मृदा के स्वास्थ्य में आए बदलाव को इस कार्ड के प्रयोग के द्वारा जाना जा सकता है। यह कार्ड मृदा स्वास्थ्य संकेतकों और संबंधित तथ्यों को प्रदर्शित करता है, साथ ही किसानों, प्रसार पदाधिकारियों, शोधकर्ताओं और निर्णय निर्माताओं की सहायता करने वाला एक यंत्र है।

ध्वनि प्रदूषण

किसी भी वस्तु से जनित सामान्य आवाज को ध्वनि (Sound) कहते हैं। जब ध्वनि की तीव्रता अधिक हो जाती है तो उसे शोर (Noise) कहते हैं अर्थात् अधिक ऊँची ध्वनि या आवाज को शोर कहते हैं।

इस प्रकार उच्च तीव्रता वाली ध्वनि अर्थात् अवांछित शोर के कारण मानव वर्ग में उत्पन्न अशान्ति एवं बेचैनी की दशा को ध्वनि प्रदूषण कहते हैं।

स्पष्ट है कि आवाज ध्वनि प्रदूषण का प्रमुख प्रदूषक (Pollutant) है। आवाज का जनन प्राकृतिक एवं मानव-जनित दोनों स्रोतों से होता है। इसके विपरीत कृत्रिम ध्वनि प्रदूषण मानव कार्यों द्वारा उत्पन्न तीव्रता वाली आवाजों के कारण उत्पन्न होता है। इस तरह के ध्वनि प्रदूषण को सामान्यतया मात्र ध्वनि प्रदूषण ही कहते हैं। इस तरह के कृत्रिम ध्वनि प्रदूषण की तीव्रता तथा विस्तार में बढ़ते नगरीकरण एवं औद्योगीकरण के फलस्वरूप निरन्तर वृद्धि होती जा रही है।

उल्लेखनीय है कि अन्य प्रदूषकों की तरह ध्वनि प्रदूषक अर्थात् आवाज तत्व, यौगिक या पदार्थ नहीं होता है अतः इसका अन्य प्रदूषकों के समान संचयन या संग्रह नहीं हो सकता है, अतः इसका मनुष्य की भावी पीढ़ियों पर कोई असर नहीं पड़ता है। ध्वनि के जनन एवं इसके मनुष्यों तथा जानवरों पर पड़ने वाले प्रभावों के बीच समय अन्तराल (Time-Lag) नहीं होता है। अर्थात् ध्वनि/शोर का आस-पास स्थित जीवों पर तात्कालिक प्रभाव पड़ता है। अन्य प्रदूषकों के समान ध्वनि/शोर का उसके उत्पत्ति स्रोत से दूर स्थानों तक वहन नहीं किया जा सकता है। इसका सान्द्रण भी नहीं होता है।

- ❑ *ध्वनि तीव्रता की सामान्य मापन इकाई है?* ***–डेसिबल***
- ❑ **सामान्य बातचीत की ध्वनि तीव्रता कितनी होती है?** ***–60 डेसिबल***
- ❑ **ध्वनि की आवृत्ति किस मापन इकाई में मापी जाती है?** ***–हर्ट्ज***
- ❑ **मानव का श्रव्य परास कितना है?** ***–20 से 20,000 हर्ट्ज***
- ❑ **श्रव्य परास से अधिक आवृत्ति की ध्वनि तरंगों को क्या कहते हैं?** ***–पराश्रव्य***
- ❑ **केन्द्रीय प्रदूषण नियंत्रण बोर्ड द्वारा औद्योगिक क्षेत्र में दिन के समय निर्धारित ध्वनि तीव्रता स्तर कितना है?** ***–75 डेसिबल***
- ❑ **आवासीय क्षेत्र में स्वीकार्य मानक ध्वनि तीव्रता दिन में कितना है?** ***–55 डेसिबल***
- ❑ **किस तीव्रता की ध्वनि तरंग श्रवण शक्ति में ह्रास उत्पन्न करती है?** ***–90 डेसिबल***
- ❑ **ध्वनि का संचरण द्रव की अपेक्षा ठोस में और गैस की अपेक्षा द्रव में अधिक होता है।**

ध्वनि और शोर

ध्वनि एक विशिष्ट प्रकार की दाब तरंग (Pressure Wave) होती है जिसका प्रायः वायु से होकर संचरण (Transmission) होता है। यद्यपि ध्वनि तरंग का ठोस तथा तरल से होकर भी संचरण होता है परन्तु इसकी तीव्रता बहुत कम होती है। इस दाब तरंग का मानव सहित जन्तुओं में स्थित ग्रहण क्रियाविधि (Receiving Mechanism) अर्थात् श्रवण उपकरण (Hearing Apparatus) कान के माध्यम से विभिन्न जीवों द्वारा ग्रहण किया जाता है। प्रति क्षेत्र इकाई से होकर प्रति समय इकाई (प्रायः एक सेकेण्ड) में ऊर्जा के प्रवाह को ध्वनि तरंग की तीव्रता कहते हैं। ध्वनि तीव्रता (Sound Intensity) को प्रति वर्ग मीटर क्षेत्र में वाट्स इकाई में नापा जा सकता है (w/m^2)।

ध्वनि तरंग की गति संचरण करने वाले माध्यमों यथा–गैस (हवा), तरल एवं ठोस के घनत्व एवं लोचकता (Elasticity) पर निर्भर करती है। दाब तरंगों या ध्वनि तरंगों का उनकी उत्पत्ति के केन्द्र से चारों दिशाओं में हवा से होकर गोलीय रूप (Spherical Manner) में संचरण होता है। ध्वनि तरंगों की गति ध्वनि के उत्पत्ति केन्द्र से बढ़ती दूरी के साथ घटती जाती है।

❑ *क्या ध्वनि वेग पर तापक्रम का प्रभाव पड़ता है?*

–हाँ (1°C ताप की वृद्धि पर ध्वनि वेग में 60 सेमी./सेकेण्ड की वृद्धि होती है)

❑ *पराश्रव्य ध्वनि (Ultrasonic Waves) किसे कहते हैं?*

–20,000 हर्ट्ज से अधिक आवृत्ति की ध्वनि तरंग को

❑ *समुद्र की गहराई मापने, सिग्नल देने एव छिपी वस्तुओं का पता लगाने में किस ध्वनि तरंग का प्रयोग किया जाता है?*

–पराश्रव्य ध्वनि तरंग

❑ *ध्वनि का वेग कितना होता है?* ***–332 मीटर/सेकेण्ड***

ध्वनि प्रदूषण के विभिन्न पक्षों के अध्ययन के पहले ध्वनि तरंगों की विशेषताओं का ज्ञान आवश्यक होता है–

- जैसे-जैसे ध्वनि की उत्पत्ति-केन्द्र से दूरी बढ़ती जाती है, ध्वनि तरंग की तीव्रता घटती जाती है।
- ठोस वस्तुओं से टकराने के बाद ध्वनि तरंगें परावर्तित हो जाती हैं।
- जब दो ध्वनि तरंगों का अध्यारोपण (Superimposition) हो जाता है, तो वे एक-दूसरे को प्रबलित (Reinforce) करती हैं।
- ठोस वस्तु से परावर्तित होने के बाद ध्वनि तरंग का प्रकीर्णन (Scattering) या विसरण (Dispersion) हो जाता है।
- छिद्रित वस्तुओं (Perforated Objects) द्वारा ध्वनि तरंगों का अवशोषण भी होता है।

उच्च दाब वाली या उच्च तीव्रता वाली ध्वनि को अवांछित आवाज का शोर (Noise) कहते हैं। इसके द्वारा मनुष्यों में अशान्ति तथा बेचैनी उत्पन्न होती है तथा उनकी कार्य करने की क्षमता में व्यवधान होने से ह्रास होता है। दूसरे शब्दों में, उच्च तीव्रता वाली, अवांछित तथा संगीतमय गुण से रहित ध्वनि को शोर कहा जाता है।

उल्लेखनीय है कि ध्वनि या शोर में अन्तर स्थापित करना सदा व्यक्तिनिष्ठ होता है क्योंकि ध्वनि तथा शोर की संकल्पना तथा बोध विभिन्न व्यक्तियों में अलग-अलग होता है।

ध्वनि स्तर का मापन

ध्वनि विज्ञान को श्रवण विज्ञान (Acoustics) कहते हैं, ध्वनि की सामान्य मापन इकाई को डेसिबेल (Decibel या dB) कहते हैं। वास्तव में डेसिबेल ध्वनि की तीव्रता (Intensity) की मापन इकाई है। ध्वनि दाब (Sound Pressure) की अन्य मापन इकाई वेटेड साउण्ड प्रेसर (Weighted Sound Pressure , SPL) या भारित ध्वनि दाब है। इसे संक्षिप्त रूप में dB(A) नाम से जाना जाता है। ध्वनि की तीव्रता के मापन की इन दो इकाइयों dB तथा dB(A) में मूलभूत अन्तर यह होता है कि dB ध्वनि की तीव्रता की माप है जबकि dB(A) ध्वनि दाब की माप है। dB(A) मापक का अधिक प्रयोग किया जाता है, क्योंकि ध्वनि की तीव्रता के मापन की तुलना में ध्वनि तरंगों के दाब के मापन के लिए आवश्यक उपकरण का निर्माण करना अधिक आसान होता है।

डेसिबेल (dB) मापक शून्य से प्रारम्भ होता है जो सामान्य मनुष्य के कान द्वारा सुनी जा सकने वाली (श्रव्य-Audible) सर्वाधिक धीमी (क्षीण) आवाज को प्रदर्शित करता है। प्रस्तुत है ध्वनि स्रोत एवं उसकी तीव्रता की माप। यथा–

ध्वनि (dB)		ध्वनि स्रोत
190	→	ज्वालामुखी विस्फोट
180	→	रॉकेट इंजन
170	→	
160	→	
150	→	जेट प्लेन का उतरना
140	→	
130	→	असहनीय शोर
120	→	जेट इंजन की आवाज
110	→	फैक्टरी का बॉयलर
100	→	स्वचालित वाहनों की भीड़ से उत्पन्न ध्वनि
90	→	जोर से चिल्लाना
80	→	ट्रक आदि की आवाज
70	→	टेलीविजन
60	→	सामान्य बातचीत के समय की ध्वनि
50	→	टाइप राइटर
40	→	शान्त कार्यालय/कमरे की ध्वनि
30	→	फुसफुसाहट
20	→	अतिशान्त स्थान की ध्वनि
10	→	पत्तियों की खड़खड़ाहट
0	→	देहरी/द्वार में प्रवेश करने की ध्वनि

ध्वनिमान तथा ध्वनिस्रोत

ध्वनि की आवृत्ति मापने की इकाई (Unit of measuring Pitch of Sound)—ध्वनि की आवृत्ति मापने की इकाई हर्ट्ज (Hertz) है। आवृत्ति के आधार पर ध्वनि को निम्नलिखित तीन भागों में बाँटा गया है–

***(i)* श्रव्य** (Audible): मनुष्य के कान 20 हर्ट्ज से 20,000 हर्ट्ज तक सुन सकते हैं, इसे मनुष्य का श्रव्य परास (Audible Range) कहते हैं।

(ii) पराश्रव्य (Ultrasonic): श्रव्य परास से अधिक आवृत्ति की तरंगों को पराश्रव्य तरंगे कहते हैं।

(iii) अवश्रव्य (Infrasonic): श्रव्य परास से कम आवृत्ति की तरंगों को अवश्रव्य तरंगे कहते हैं।

ध्वनि प्रदूषण के प्रकार

वर्तमान समय में ध्वनि-प्रदूषण सम्बन्धी अध्ययन एवं अनुसंधान स्वमानकों के आधार पर किया जा रहा है। इन्हीं आधारों पर ध्वनि प्रदूषण के विभिन्न प्रकारों एवं रूपों का वर्गीकरण किया जा सकता है। अध्ययन-क्षेत्र के आधार पर निम्नांकित वर्गों में वर्गीकृत किया जाता है–

(i) ग्रामीण ध्वनि प्रदूषण, **(ii)** उप-नगरीय ध्वनि प्रदूषण, **(iii)** नगरीय ध्वनि प्रदूषण, **(iv)** औद्योगिक ध्वनि प्रदूषण तथा **(v)** संसाधन-खानों के ध्वनि प्रदूषण

ध्वनि प्रदूषण के स्रोतों के आधार पर अनेक अध्ययन किये गये हैं जिनके आधार पर इसे निम्नांकित दो वर्गों में विभाजित किया जाता है–

(i) प्राकृतिजन्य ध्वनि प्रदूषण तथा

(ii) मानव, जीव-जन्तु जन्य ध्वनि प्रदूषण

वर्तमान समय में ध्वनि की तीव्रता तथा उसके समय का विस्तृत वैज्ञानिक अध्ययन किया जा रहा है। इसके आधार पर ध्वनि प्रदूषण को निम्नांकित तीन प्रकारों में विभाजित किया जा सकता है–

(i) अनवरत उत्पन्न होने वाला ध्वनि प्रदूषण,

(ii) समयान्तराल पर उत्पन्न होने वाला ध्वनि प्रदूषण,

(iii) आकस्मिक उत्पन्न ध्वनि प्रदूषण।

ध्वनि की गति से अधिक रफ्तार से चलने वाले जेट विमानों से उत्पन्न शोर को सोनिक बूम कहते हैं। सोनिक बूम को मैक इकाई (Mach Unit) में व्यक्त किया जाता है। उदाहरण के लिए ध्वनि की रफ्तार से चलने वाली वस्तु से उत्पन्न शोर को मैक-1 कहते हैं, ध्वनि की गति से दो गुनी रफ्तार से चलने वाली वस्तु से जनित शोर को मैक-2 कहते हैं।

अनवरत तथा समयान्तराल पर उत्पन्न होने वाला ध्वनि प्रदूषण अत्यन्त खतरनाक होता है। जल प्रपात, बाजार, सिनेमागृह, धार्मिक प्रवचनों एवं उत्सवों, दूरदर्शन, ट्रांजिस्टर आदि इसी प्रकार का ध्वनि प्रदूषण उत्पन्न करते हैं। ज्वालामुखी, परमाणु परीक्षण, युद्ध के समय बम विस्फोट, डॉयनामाइट से चट्टानों को उड़ाने आदि की क्रियायें आकस्मिक ध्वनि प्रदूषण उत्पन्न करती हैं।

भारत में ध्वनि प्रदूषण स्तर

दस लाख या उससे अधिक जनसंख्या वाले अधिकांश नगरों में ध्वनि प्रदूषण का स्तर बहुत ऊँचा हो गया है क्योंकि इनमें अबाध गति से जनसंख्या में वृद्धि के कारण स्वचालित वाहनों तथा अन्य ध्वनि प्रदूषकों में तेजी से बढ़ोतरी हो रही है। लाउड स्पीकर तथा यातायात के शोर भारतीय नगरों में सबसे अधिक ध्वनि प्रदूषण उत्पन्न करते हैं।

भारत के महानगरों में ध्वनि प्रदूषण स्तर (dB इकाई में)

नगर	औद्योगिक क्षेत्र		व्यापारिक क्षेत्र		आवासीय क्षेत्र		शान्तिपूर्ण क्षेत्र	
	दिन	रात्रि	दिन	रात्रि	दिन	रात्रि	दिन	रात्रि
• कोलकाता	78	67	82	75	–	–	–	–
• मुम्बई	76	65	75	66	–	–	–	–
• चेन्नई	71	66	78	71	–	–	–	–
• बंगलुरु	78	53	76	57	–	–	–	–
• स्वीकार्य मानक स्तर (केन्द्रीय प्रदूषण नियंत्रण बोर्ड द्वारा निर्धारित)	75	70	65	55	55	45	50	40

स्रोत–केन्द्रीय प्रदूषण नियंत्रण बोर्ड

ध्वनि प्रदूषण के दुष्प्रभाव

ध्वनि प्रदूषण के मनुष्यों पर पड़ने वाले प्रतिकूल प्रभावों को चार वर्गों में विभाजित किया जाता है–

(i) सामान्य प्रभाव ***(ii)*** श्रवण सम्बन्धी प्रभाव
(iii) मनोवैज्ञानिक प्रभाव तथा ***(iv)*** शारीरिक प्रभाव।

***(i)* सामान्य प्रभाव**–ध्वनि प्रदूषण द्वारा मानव वर्ग पर पड़ने वाले प्रतिकूल प्रभावों के अन्तर्गत बोलने में व्यवधान (Speech Interference), चिड़चिड़ापन, नींद में व्यवधान तथा इनसे सम्बन्धित पश्चप्रभावों (Aftereffects) एवं उनसे उत्पन्न समस्याओं को सम्मिलित किया जाता है।

***(ii)* श्रवण सम्बन्धी प्रभाव** (Auditory Effects)–प्रयोगों के आधार पर यह ज्ञात हुआ है कि ध्वनि की तीव्रता जब 90dB से अधिक हो जाती है तो लोगों की श्रवण क्रियाविधि में विभिन्न मात्रा में श्रवण क्षीणता होती है। श्रवण क्षीणता (Hearing Impairment) निम्न कारकों पर आधारित होती है–शोर की अवधि, ध्वनि तरंग की आवृत्ति तथा व्यक्ति विशेष की शोर के प्रति संवेदनशीलता।

***(iii)* मनोवैज्ञानिक प्रभाव**–उच्च स्तरीय ध्वनि प्रदूषण के कारण मनुष्यों में कई प्रकार के आचार-व्यवहार सम्बन्धी परिवर्तन हो जाते हैं। दीर्घ अवधि तक ध्वनि प्रदूषण के कारण लोगों में '**न्यूरोटिक मेण्टल डिसॉर्डर**' हो जाता है, मांसपेशियों में तनाव तथा खिंचाव हो जाता है। स्नायुओं में उत्तेजना हो जाती है।

***(iv)* शारीरिक प्रभाव**–उच्च शोर के कारण मनुष्य निम्न विकृतियों एवं बीमारियों से ग्रसित हो जाता है–उच्च रक्तचाप, उत्तेजना, हृदय रोग, आंख की पुतलियों में खिंचाव तथा तनाव, मांसपेशियों में खिंचाव, पाचन तंत्र में अव्यवस्था, मानसिक तनाव, अल्सर जैसे पेट एवं अंतड़ियों के रोग आदि। विस्फोटों तथा सोनिक बूम की अचानक अति उच्च ध्वनि के कारण गर्भवती महिलाओं में गर्भपात भी हो सकता है। लगातार शोर में जीवनयापन करने वाली महिलाओं के नवजात शिशुओं में विकृतियाँ उत्पन्न हो जाती हैं।

ध्वनि प्रदूषण नियंत्रण

ध्वनि प्रदूषण का सम्बन्ध व्यक्ति विशेष तथा मानव समुदाय दोनों से होता है, अतः इसका समाधान व्यक्तिगत, सामुदायिक तथा सरकारी स्तरों पर किया जा सकता है। पुनश्च, ध्वनि प्रदूषण निवारक कार्यक्रमों में दो पक्षों को सम्मिलित किया जाता है–(*i*) ध्वनि तथा शोर की तीव्रता को कम करना तथा (*ii*) ध्वनि एवं शोर का नियंत्रण।

ध्वनि प्रदूषण को नियंत्रित करने का सर्वाधिक प्रभावी तरीका स्रोत बिन्दुओं पर ही ध्वनि को नियंत्रित करना है। निम्न युक्तियों द्वारा स्रोत बिन्दुओं पर ध्वनि को नियंत्रित किया जा सकता है–मशीनों में ध्वनिशामक (Silencer) की व्यवस्था, मशीनों के प्रमुख कलपुर्जों में अच्छी तरह ग्रीस लगाकर उन्हें चिकना बनाये रखना, मशीनों की समय-समय से देखरेख तथा समुचित मरम्मत आदि। लाउड स्पीकरों तथा रेकार्ड प्लेयरों से उत्पन्न होने वाले कर्णभेदी शोरों को सम्बन्धित लोगों को समझा-बुझाकर तथा प्रभावी निषेधात्मक कानूनों द्वारा कम किया जा सकता है।

ध्वनि तरंगों के संचरण पथ (Transmission Paths) को नियंत्रित करके भी ध्वनि प्रदूषण को कम किया जा सकता है। ध्वनि की तीव्रता को ध्वनि अवशोषक पदार्थों के उपयोग द्वारा कम किया जा सकता है। श्रोता अपने कानों में प्लग (Ear Plug) लगाकर, कान का दस्ताना (Ear Muffs) लगाकर तथा ध्वनि हेलमेट लगाकर ध्वनि तथा शोर के प्रभाव से अपना बचाव कर सकता है। सड़कों के किनारे हरे वृक्षों की कतार खड़ी करके ध्वनि प्रदूषण से बचा जा सकता है क्योंकि हरे पौधे ध्वनि की तीव्रता को 10 से 15dB तक कम कर सकते हैं। प्रमुख राजमार्गों तथा रेल लाइनों को नगरों से थोड़ी दूर से ले जाया जाना चाहिए तथा मुख्य सड़कों एवं रेल लाइनों को सम्पर्क सड़कों (Link Roads) द्वारा जोड़ दिया जाना चाहिए।

रेडियोधर्मी प्रदूषण

रेडियोएक्टिव पदार्थों के विकिरण से जनित प्रदूषण, 'रेडियोधर्मी प्रदूषण' कहलाता है। इन पदार्थों से स्वतः रेडियोधर्मी विकिरण (Radiation) निकलता रहता है। जैसे–थोरियम, प्लूटोनियम, यूरेनियम आदि। ज्ञातव्य है कि रेडियोधर्मी प्रदूषण मापन की इकाई 'रोन्टजन' (Roentgen) है, इसे रैम भी कहा जाता है। 20 मिली रैम तक का विकिरण जीवधारियों को कोई विशेष क्षति नहीं पहुँचाता है, किन्तु इससे अधिक का विकिरण जीवधारियों के लिए घातक होता है। ध्यातव्य है कि बहुत थोड़े समय का 'एक्स-रे' उद्भासन (Exposer) लगभग पांच से छः रैम विकिरण उत्पन्न करता है।

अध्ययन की सुविधा की दृष्टि से रेडियोएक्टिव प्रदूषण को दो भागों में विभक्त किया जा सकता है। यथा–

***(i)* मानव जनित** (Generated by Human Beings)–इस प्रकार का रेडियोधर्मी प्रदूषण मुख्यतः परमाणु रिएक्टरों से

होने वाले रिसाव, नाभिकीय प्रयोग, औषधि विज्ञान, रेडियोधर्मी पदार्थों के उत्खनन, रेडियोधर्मी व्यर्थ पदार्थों के निस्तारण तथा परमाणु बमों के विस्फोट द्वारा होता है। इसके अलावा मनुष्य द्वारा विविध उद्देश्यों के लिए प्रयोग में लाये जाने वाले कार्बन-14, कोबाल्ट-60, स्ट्रांशियम-90, कैसियम-137 तथा ट्रीटियम आदि हैं।

***(ii)* प्रकृति जनित** (Generated by Nature)–पृथ्वी के गर्भ में दबे रेडियोधर्मी पदार्थों तथा सूर्य की किरणों के कारण प्रकृतिजन्य रेडियोधर्मी प्रदूषण होता है। इसकी तीव्रता अधिक न होने के कारण यह जीवधारियों पर कोई विशेष हानि नहीं डालता।

भारत में ध्वनि प्रदूषण नियंत्रण के विधिक प्रावधान

1. भारतीय दंड संहिता 1860

(i) **धारा 268 (Section 268) : यह धारा बताती है कि लोक उपताप** (Public Nuisance) **क्या है। उपताप वास्तव में ऐसे दुष्टतापूर्ण कार्यों को कहते हैं जिससे किसी को असुविधा हो, शान्तिभंग हो, क्रोध आये, चोट लगे या खतरा हो। उप का अर्थ है–छोटा या कम, ताप का अर्थ है–गरम यानि क्रोध, अर्थात् वे कार्य जिससे थोड़ा क्रोध आये। अतः उपताप में ध्वनि प्रदूषण के अलावा भी बहुत से कृत्य शामिल हैं।**

(ii) **धारा 290 (Section 290) : इसमें उपताप** (Nuisance) **के लिए दण्ड की सीमा निर्धारित की गयी है।**

(iii) **धारा 291 (Section 291) : इसमें मनाही के बावजूद उपताप जारी रखने पर दण्ड की सीमा का निर्धारण है।**

2. वाहन अधिनियम 1988 : गाड़ी के हार्न और ध्वनिशामक (Silencer) **का सही हालत में न होना और बी.आई.एस. के मानकों से अधिक ध्वनि करना आपत्तिजनक और दण्डनीय अपराध है।**

3. पर्यावरणीय संरक्षण अधिनियम 1986 : ध्वनि प्रदूषण पर सरकार को नियंत्रण की शक्ति तथा ध्वनि प्रदूषण एक दण्डनीय अपराध है।

परमाणु बम विस्फोट अथवा परमाणु भट्टियों द्वारा रिसाव (Leakage) आदि के फलस्वरूप उत्पन्न रेडियो एक्टिव पदार्थ वायुमण्डल की बाह्य पर्तों में प्रवेश कर जाते हैं फिर वहाँ पर ठण्डे संघनन द्वारा बूँद के रूप में तथा बाद में ठोस के रूप में परिवर्तित होकर धूल के कणों के साथ मिल जाते हैं। अन्त में एक बड़े क्षेत्र में इनका विसरण वायु के झोंकों द्वारा होता है। वर्षा के द्वारा ये जल में और जल से मृदा (Soil) में भी मिल जाते हैं। मृदा से स्थलीय पौधे इन्हें जड़ों द्वारा प्राप्त करते हैं, जबकि जलीय पौधे इन्हें अपनी सतह की कोशिकाओं द्वारा अवशोषित करते हैं। पौधों से खाद्य शृंखला के रूप में ये शाकाहारी जन्तुओं में व अन्त में मनुष्यों में पहुँच जाते हैं। 1979 में अमेरिका के 'थ्रीमाइल आइलैण्ड' और 1986 में यूक्रेन के चेर्नोविल परमाणु बिजली संयंत्र में रिसाव हो जाने से अधिकांश देश रेडियोधर्मी प्रदूषण से प्रभावित हुए थे।

विकिरणों के प्रभाव

रेडियोधर्मी पदार्थों के परमाणु केन्द्रकों से अल्फा, बीटा या गामा आदि के कण किरणों के रूप में निकलते हैं। आयनीकरण द्वारा नाभिकीय विकिरण जीवित ऊतकों के जटिल अणुओं को विघटित कर कोशिकाओं को नष्ट कर देता है। इन मृत कोशिकाओं के कारण चर्म रोग, कैन्सर जैसी समस्याएं हो सकती हैं। रेडियोधर्मी प्रदूषण के कारण जीन्स और गुणसूत्रों (Chromosomes) में हानिकारक उत्परिवर्तन (Mutation) हो जाता है। बच्चों की गर्भाशय में ही मृत्यु हो जाती है। कभी-कभी बच्चों के विभिन्न अंग विचित्र व असाधारण प्रकार के हो जाते हैं। रेडियोधर्मी प्रदूषण के कारण मनुष्यों में अत्यंत खतरनाक रोग जैसे रक्त कैंसर (Blood Cancer), अस्थि कैंसर (Bone Cancer) और अस्थि टी.बी. (Bone T.B.) आदि हो जाते हैं।

6 तथा 9 अगस्त, 1945 को हिरोशिमा तथा नागासाकी पर अमेरिका ने परमाणु बम का विस्फोट कर इन दोनों जापानी शहरों को नष्ट कर दिया, रेडियाधर्मी विकिरण के प्रभाव से लोग झुलस कर मर गये जो जीवित बचे वो अपाहिज हो गये। आज 70 वर्ष बाद भी हिरोशिमा और नागासाकी में विकिरण के प्रभाव से अपंग पैदा हुए लोग देखे जा सकते हैं। ज्ञातव्य है कि रेडियोधर्मी विकिरण का प्रभाव कई हजार वर्ष तक रहता है। ज्ञातव्य है कि सभी प्रदूषणों में रेडियोधर्मी प्रदूषण सबसे अधिक घातक होता है क्योंकि इसके प्रभाव से जल, वायु एवं मृदा तीनों प्रदूषित होते हैं।

- ❑ *रेडियोधर्मी प्रदूषण के मापन की इकाई है।* ***–रोन्टजन***
- ❑ एक्स-किरण की खोज किसने की थी? ***–रंजन ने***
- ❑ नाभिकीय बमों के वायुमण्डलीय विस्फोटों के उपरान्त जो रेडियोधर्मी पदार्थ के चूर्ण धरती पर गिरते हैं उन्हें क्या कहा जाता हैं? ***–नाभिकीय पतन*** (Nuclear Fallout)
- ❑ ऑयनिक विकिरण के स्रोत हैं। ***–रेडियोधर्मी तत्व***
- ❑ गैर ऑयनीकृत विकिरण स्रोत है। ***–पराबैंगनी किरणें***
- ❑ भारत में सर्वाधिक रेडियोधर्मी प्रदूषण कहाँ पाया जाता है? ***–केरल में***

❑ किस प्रकार का प्रदूषण स्वयं में प्रदूषण कारक एवं प्रदूषण दोनों हैं। **–रेडियोधर्मी प्रदूषण**

❑ ग्लोबल वार्मिंग के फलस्वरूप जलवायु में होने वाले परिवर्तन का मापन कैसे किया जाता है? **–रेडियो सक्रिय फोर्सिंग द्वारा**

❑ जीरोडर्मा पीगमैनटोसम नामक बीमारी किस प्रकार के विकिरण के प्रति संवेदनशील व्यक्तियों को होता है? **–पराबैंगनी विकिरण**

रेडियोधर्मी किरणों से बचाव के उपाय

- नाभिकीय रिएक्टरों से विकिरणों के विसरण को रोका जाना चाहिए।
- रेडियो एक्टिव अपशिष्ट को तर्कसंगत व सही ढंग से निवृत किया जाना चाहिए।
- मानव प्रयोग के उपकरणों को रेडियोधर्मिता से मुक्त किया जाना चाहिए।
- परमाणु अस्त्रों का उत्पादन एवं प्रयोग प्रतिबंधित होना चाहिए।
- चश्में आदि लगाकर UV-विकिरणों से बचना चाहिए।

नाभिकीय विकिरण का रक्षक कौन है?

परमाणु बम आक्रमण से निपटने के लिए अमेरिकी खाद्य और औषधि प्रशासन ने दिसम्बर 2001 में घोषणा की कि यदि अमेरिका पर परमाणु बम से हमला हो, तो उससे निकलने वाले नाभिकीय विकिरण अवपात (Nuclear Radioactive Fallout) *से बचने के लिए सभी नागरिक पोटैशियम आयोडाइड की गोलियाँ सेवन करें, अतः इन गोलियों का प्रचुर भंडार देश में उपलब्ध होना चाहिए।*

हमारे शरीर में थायराइड ग्रन्थि को आयोडीन की प्रचुर आवश्यकता रहती है। थायराइड ग्रन्थि से स्रावित पदार्थ हमारे शरीर की उपापचय पद्धति (Metabolism) *का नियमन करते हैं। पोटैशियम आयोडाइड नाभिकीय विकिरण अवपात से थायराइड की रक्षा करता है विशेषकर बच्चों को जो कि शीघ्र ही विकिरण के प्रभाव से प्रभावित होते हैं।*

विद्युत चुम्बकीय विकिरण प्रदूषण

विद्युत चुम्बकीय विकिरण से पूर्व विद्युत चुम्बकीय तरंग क्या है? यह जानना आवश्यक है। यथा–

ब्रिटिश वैज्ञानिक मैक्सवेल (1865) ने प्रयोगों द्वारा यह प्रमाणित किया कि जब कभी किसी विद्युतपरिपथ में वैद्युत धारा बहुत उच्च आवृत्ति से बदलती है तो उस परिपथ से ऊर्जा तरंगों के रूप में चारों ओर प्रसारित होने लगती है। इन तरंगों को 'विद्युत चुम्बकीय तरंगें' कहते हैं। ये तरंगें निर्वात में चल सकती हैं। इनके संचरण के लिए किसी माध्यम की आवश्यकता नहीं होती। ये प्रकाश की गति से चलती हैं तथा अनुप्रस्थ (Transverse) प्रकार की होती हैं। प्रकाश विद्युत चुम्बकीय तरंगों के रूप में संचारित होता है।

सूर्य के प्रकाश के स्पेक्ट्रम में लाल रंग से लेकर बैंगनी रंग तक दिखाई पड़ते हैं। इस स्पेक्ट्रम को 'दृश्य स्पेक्ट्रम' (Visible Spectrum) कहते हैं। दृश्य स्पेक्ट्रम के लाल रंग में सबसे लम्बी तरंग-दैर्ध्य (Wave Length) का मान लगभग 7.8×10^{-7} मीटर, और बैंगनी रंग में सबसे छोटी तरंग-दैर्ध्य का मान लगभग 4.0×10^{-7} मीटर होता है। इस प्रकार दृश्य स्पेक्ट्रम 7.8×10^{-7} मीटर से लेकर 4.0×10^{5} मीटर तक फैला हुआ होता है। न्यूटन के बाद विभिन्न अन्वेषकों ने यह पता लगाया कि सूर्य के प्रकाश का स्पेक्ट्रम केवल लाल रंग से लेकर बैंगनी रंग तक ही सीमित नहीं हैं बल्कि लाल रंग से ऊपर तथा बैंगनी रंग से नीचे भी काफी विस्तार में फैला हुआ है। स्पेक्ट्रम के इन भागों का आँख की रैटीना पर कोई प्रभाव नहीं पड़ता। अतः इन्हें अदृश्य स्पेक्ट्रम (Invisible Spectrum) कहते हैं। लाल रंग से ऊपर बड़ी तरंग-दैर्ध्य वाले भाग को 'अवरक्त स्पेक्ट्रम' (Infrared Spectrum) तथा बैंगनी रंग के नीचे छोटी तरंग-दैर्ध्य वाले भाग को 'परा-बैंगनी स्पेक्ट्रम' (Ultra-Violet Spectrum) कहते हैं।

बाद के अन्वेषणों से एक्स-किरणों, गामा-किरणों तथा रेडियो तरंगों का आविष्कार हुआ। अब यह स्थापित हो चुका है कि ये सभी विकिरण (दृश्य स्पेक्ट्रम सहित) विद्युत चुम्बकीय तरंगें (Electromagnetic Waves) हैं। इन तरंगों की तरंग-दैर्ध्यों का बहुत अधिक विस्तार होता है तथा इसी आधार पर इन्हें एक क्रम में रखा जा सकता है। इस क्रम को 'विद्युत चुम्बकीय स्पेक्ट्रम' कहते हैं। इसमें अत्यन्त लघु गामा-किरणों से लेकर अत्यन्त दीर्घ रेडियो तरंगें तक आती हैं। दृश्य स्पेक्ट्रम विद्युत चुम्बकीय स्पेक्ट्रम का केवल एक बहुत छोटा सा भाग है।

विद्युत चुम्बकीय तरंगें (Electromagnetic Waves) को दो वर्गों में बाँटा जाता है–

***(i)* रेडियो तरंग** (Radio Wave)–निम्नवत् आवृत्ति और उच्चतम तरंग दैर्ध्य या तरंग लम्बाई वाली विद्युत चुम्बकीय तरंगों को रेडियो तरंग कहते हैं। इनकी आवृत्ति (Frequency) 10^5 हर्ट्ज से कम होती है।

***(ii)* सूक्ष्म तरंग या माइक्रोवेव** (Microwave)–जिन तरंगों की आवृत्ति रेडियो तरंगों की अपेक्षा अधिक हो और तरंग दैर्ध्य

रेडियो तरंगों की अपेक्षा कम हो, अर्थात् रेडियो तरंगों की अपेक्षा जिन तरंगों की आवृत्ति अधिक और तरंग दैर्ध्य कम है। उन्हें माइक्रोवेव या सूक्ष्म तरंग कहते हैं। इनमें अवरक्त तरंगें (Infrared Waves), दृश्य प्रकाश (Visible Light), एक्स-किरणें (X-Rays) तथा गामा किरणें (Gamma Rays) हैं पर सबकी अलग-अलग तरंग आवृत्ति और तरंग दैर्ध्य है।

अंतरिक्ष (माध्यम हीन) अथवा पदार्थ माध्यम में विद्युत चुम्बकीय तरंगों के माध्यम से ऊर्जा सम्प्रेषित (Transmit) करने को 'विद्युत चुम्बकीय विकिरण' कहते हैं।

उच्च वोल्टेज क्षमता के विद्युत सम्प्रेषण तारों तथा इलेक्ट्रानिक उपकरणों से निकलने वाले विकिरण द्वारा जीवों के स्वास्थ्य पर पड़ने वाले विपरीत प्रभाव को विद्युत चुम्बकीय विकिरण प्रदूषण कहते हैं।

- *पृथ्वी पर सौर विकिरण किस रूप में प्राप्त होता है?* **–विद्युत चुम्बकीय लघु तरंगों के रूप में**
- *पृथ्वी अपनी उष्मा को शून्य में किस रूप में छोड़ती है?* **–विद्युत चुम्बकीय दीर्घ तरंगों के रूप में**
- *उपग्रह संचार के किस वेव का प्रयोग किया जाता है?* **–माइक्रोवेव**
- *टी.वी. कार्यक्रमों के संचारण में किस तरंग का प्रयोग किया जाता है?* **–रेडियो तरंगें**
- *कोहरे व धुन्ध के पार देखने में सहायता करता है?* **–अवरक्त विकिरण**
- *अल्फा, बीटा एवं गामा किरणों में किसकी वेधन क्षमता अधिक होती है?* **–गामा किरणें**
- *पहला हाइड्रोजन बम विस्फोट U.S.A. द्वारा प्रशांत महासागर के किस टापू पर किया गया था?* **–बिकनी टापू (1954 में)**

रेडियोवेव और माइक्रोवेव दोनों ही विद्युत चुम्बकीय तरंगें हैं, परन्तु दोनों भिन्न आवृत्ति (Frequency) और भिन्न तरंग दैर्ध्य (Wave Length) की होती हैं और भिन्न-भिन्न उपकरणों में प्रयुक्त होती हैं या ये उपकरणों से निकलती हैं और जीवधारियों को नुकसान पहुँचाती हैं।

रेडियोवेव के सामान्य स्रोत हैं–रेडियोसेट, मोबाइल वायरलेस सेट्स जिसे पुलिस विभाग, अग्नि शमन विभाग व अन्य इमरजेन्सी विभाग वाले प्रयोग करते हैं। माइक्रोवेव का प्रयोग जीवन के विभिन्न क्षेत्रों में हो रहा है। इनका प्रयोग राडार के अलावा 90 प्रतिशत से अधिक टेलीविजन सम्प्रेषणों में तथा करीब 35 प्रतिशत लम्बी दूरी के समाचार संप्रेषण में जिसमें टेलीफोन भी शामिल है। रेडियो टेलिस्कोप तथा उपग्रह संचार (Satellite Communication) में भी माइक्रोवेव का प्रयोग होता है।

माइक्रोवेव विभिन्न उद्योगों का अभिन्न अंग बन गया है। भोजन को कम खर्चे में बिना इसका पोषक अंश खोये तथा शीघ्रता से पकाने के लिए माइक्रोवेव ओवेन्स (Microwave Ovens) का प्रयोग किया जाता है। हमारे घरों व कार्यालयों में जो प्रत्यावर्ती विद्युत धारा (Alternating Current) बिजली के मोटे तारों से उच्च वोल्टेज सम्प्रेषण के द्वारा पहुँचती है, उससे लम्बी रेडियो वेब निकलती हैं यहीं नहीं बल्कि सम्प्रेषण लाइनों के समीप्य में शक्तिशाली विद्युत चुम्बकीय क्षेत्र भी बन जाता है।

विद्युत तारों तथा इलेक्ट्रानिक उपकरणों से निकलने वाला विद्युत चुम्बकीय विकिरण अपने आस-पास के क्षेत्र में एक अदृश्य आवरण बना लेता है जो सभी जीवधारियों के ऊपर विपरीत प्रभाव डालता है इसे इलेक्ट्रोस्माग *(Electrosmog)* ***कहते हैं।***

प्रभाव–माइक्रोवेव और रेडियोवेव मनुष्य या जन्तुओं के ऊतकों (Tissues) को किस प्रकार की हानि पहुँचाती है यह कई तथ्यों पर निर्भर करता है, जैसे वेव (तरंग) की तीव्रता तथा ऊतकों का विद्युतीय गुण। वैज्ञानिक शोधों में यह पाया गया है कि आँखों, अण्डकोशों (Testes), पाचन तंत्र, पित्ताशय तथा मूत्राशय को माइक्रोवेव से हानि होती है। माइक्रोवेव के माध्यम से ऊष्मा का अवशोषण करने के तुरन्त बाद इन अंगों की लघु रक्त वाहिकाएँ (Small Blood Vessels) ठंडी होने में सक्षम नहीं होतीं। चूँकि जल माइक्रोवेव का अच्छा अवशोषक है अतः आँखों, त्वचा व मांसपेशियों के ऊतकों को माइक्रोवेव से ज्यादा हानि होती है अपेक्षाकृत उन अंगों के जिनमें जल नहीं होता।

सेल्युलर फोन क्षतिकारक हैं– *डॉ. एस.आर. रामास्वामी के अनुसार सेल्युलर फोन का अधिक दिनों तक प्रयोग मानव मस्तिष्क को भारी क्षति पहुँचा सकता है। वैज्ञानिकों द्वारा अभिलेखित आँकड़े यह दर्शाते हैं कि ऐसे फोनों से उत्सर्जित विद्युत चुम्बकीय स्पन्दन (Electromagnetic Pulses) मानव मस्तिष्क का सर्वाधिक संवेदनशील भाग मेडुला आबलांगेटा को दुष्प्रभावित करता है। ध्यातव्य है कि मेडुला आवलांगेटा मस्तिष्क का सबसे पिछला भाग है जहाँ मेरूरज्जु (Spinal Cord) आकर मिलती है। संवेदी अंगों का समन्वय, श्वसन क्रिया और रक्त वाहिकाओं की गति पर नियंत्रण रखना इसका प्रमुख कार्य है। अर्थात् यदि मेडुला आवलांगेटा को क्षति पहुँची तो शरीर के विभिन्न अंगों की समन्वयात्मक कार्यशीलता भी बाधित होगी।*

हृदय पेसमेकर को खतरा–*सेल्युलर फोनों से उच्च आवृत्ति (High Frequency) का विद्युत चुम्बकीय विकिरण निकलता है जो कि पेसमेकर धारी हृदय मरीज के लिए प्राण घातक हो सकता है ऐसे मरीज को इस स्थान से भी दूर रहना चाहिए जहाँ वाकी टाकी (Walkie-Talkie) पर बात हो रही हो क्योंकि इससे भी उच्च आवृत्ति की विद्युत चुम्बकीय तरंगें निकलती हैं जो कि नाड़ी की गति को तेज कर सकती हैं और मरीज की मृत्यु हो सकती है।*

कम्प्यूटर मॉनीटरिंग से आँख की कार्निया को खतरा–*कम्प्यूटर मानीटर से अल्फा और बीटा किरणें उत्सर्जित होती रहती हैं जो कम्प्यूटर पर लगातार काम करने वाले व्यक्ति की कार्निया को क्षति पहुँचा सकती हैं, अतः ऐसे नुकसान से बचने के लिए सुरक्षा शील्ड का प्रयोग करना चाहिए।*

माइक्रोवेव्स मानव शरीर में श्वसन और रक्त संचार को भी बढ़ा देती है जिसके कारण हृदय के ऊतकों का क्षय होता है और परिणामतः प्रभावित व्यक्ति की मृत्यु हो जाती है। माइक्रोवेव्स कीटों तथा स्तनपाइयों (Mammals) की कोशिकाओं में जीनीय उत्परिवर्तन (Genetic Mutations) उत्पन्न करती हैं। अधिक मात्रा में माइक्रोवेव्स के समक्ष उद्भासन (Exposure) कैन्सर व रक्त सम्बन्धी व्याधियाँ भी कारित कर सकता है।

विद्युत पावर लाइनों द्वारा उत्पन्न चुम्बकीय विकिरण का प्रयोग जब चिम्पान्जियों पर किया गया तो पाया गया कि उनके शरीर में मानसिक तनाव उत्पन्न होने वाला हार्मोन स्रावित हुआ। ऐसे हार्मोन्स हमारी रोग-निरोधक शक्ति (Immune Power) को समाप्त कर देते हैं।

उपाय–

(i) उच्च वोल्टेज के बिजली के तार जो सिर के ऊपर से गुजरते हों (Over head power line of high voltage) उनसे 60 मीटर दूर रहना चाहिए।

(ii) इलेक्ट्रॉनिक उपकरणों का यथासम्भव कम प्रयोग करना चाहिए।

(iii) सेल्युलर फोन, वाकी-टाकी तथा कार्डलेस फोन आदि का जहाँ तक हो सके कम प्रयोग करना चाहिए।

(iv) टेलीविजन व कम्प्यूटर आदि पर सुरक्षात्मक शील्ड (कवच) का प्रयोग करना चाहिए।

(v) सरकार को चाहिए कि समाचार पत्रों व टेलीविजन के माध्यम से विद्युत चुम्बकीय विकिरण के दुष्प्रभावों के प्रति महीने में एक बार सचेत करते रहना चाहिए।

ठोस अपशिष्ट प्रदूषण

उपयोग के बाद बेकार तथा निरर्थक पदार्थों को ठोस अपशिष्ट तत्व की संज्ञा प्रदान की जाती है। उपयोग के पश्चात् इनकी उपादेयता समाप्त हो जाती है। परन्तु ये पर्यावरण की मौलिकता को समाप्त करने में सक्षम होते हैं। विश्व-स्तर पर जनसंख्या की वृद्धि के कारण इनके परिणाम में निरन्तर वृद्धि हो रही है। फलस्वरूप इनसे उत्पन्न प्रदूषण की समस्या निरन्तर जटिल होती जा रही है।

समाज एवं व्यक्तियों की सम्पन्नता तथा वृद्धि एवं उनके द्वारा उत्पन्न अपशिष्ट पदार्थों की मात्रा में धनात्मक सम्बन्ध होता है। स्पष्ट है कि ठोस अपशिष्टों का उत्पादन वास्तव में आधुनिक समृद्ध भौतिकवादी समाज की देन है। वास्तव में आर्थिक स्तर से सम्पन्न एवं औद्योगिक स्तर पर अत्यधिक विकसित पश्चिमी देशों की 'प्रयोग करो और फेंको संस्कृति' (Use and Throw Away Culture) ठोस अपशिष्ट प्रदूषण की विकट समस्या के लिए जिम्मेदार है क्योंकि इस समाज में उपयोग के तुरन्त बाद बचे समस्त ठोस अपशिष्टों को फेंक दिया जाता है। इसके विपरीत अविकसित एवं विकासशील देशों के निर्धन समाज की 'संरक्षण संस्कृति' (Conservation Culture) पश्चिमी समृद्ध देशों की तुलना में बहुत कम मात्रा में ठोस अपशिष्टों का उत्पादन करती है क्योंकि इन गरीब समाजों में वस्तुओं का कई बार उपयोग किया जाता है।

भारत के 3,00,000 से अधिक जनसंख्या वाले लगभग 45 बड़े नगर प्रतिदिन 3,00,000 टन से अधिक अपशिष्ट उत्पन्न करते हैं। भारत के छः बृहत्तम महानगर (दिल्ली, मुम्बई, चेन्नई, कलकत्ता, बंगलौर एवं हैदराबाद) भारी मात्रा में अपशिष्ट प्रतिदिन उत्पन्न करते हैं।

जिस तरह से शहरों में निकलने वाले अपशिष्टों एवं कचरों की वार्षिक मात्रा में वृद्धि हो रही है उससे यह साफ हो जाता है कि भविष्य में बढ़ते कचरे भयंकर पर्यावरणीय समस्याओं के आगमन के खतरे की घंटी बजा रहे हैं।

सागर तटीय भागों में कचरों तथा अपशिष्टों के निपटान के कारण कई प्रकार की पारिस्थितिकीय समस्यायें उत्पन्न हो गयी है तथा मछलियों एवं कोरल सहित सागरीय जीवों की लगातार मृत्यु होती जा रही है। इसके अलावा भूमिगत जल में रिसाव आहार शृंखला में हानिकारक तत्वों का प्रवेश, दम घोटने वाली वाष्पों का आवरण, लाभदायक सूक्ष्मजीवों का विनाश, मच्छरों, कीटों एवं चूहों की वृद्धि तथा डायरिया, डिसेन्ट्री, हैजा, प्लेग एवं हैपेटाइटिस जैसे रोगों की वृद्धि आदि ठोस अपशिष्ट जनित समस्यायें हैं।

ठोस अपशिष्ट पदार्थों का दहन, निपटान, स्वरूप परिवर्तन आदि अपशिष्ट प्रबन्धन के अन्तर्गत आता है। वास्तव में अपशिष्ट तत्व स्थान विशेष पर सड़गल कर प्रदूषण फैलाते हैं। इनका नियोजित पुनर्उपयोग तथा निपटान नितान्त आवश्यक है। इस दिशा में विकसित एवं विकासशील देश दोनों प्रयत्नशील हैं। इनका प्रबंधन अधोलिखित प्रकार से किया जा सकता है। यथा–

1. **पुनर्चक्रण (Recycling) :** इस विधि द्वारा अपशिष्टों को पुनः प्रयोग में लाया जाता है। जैसे कि प्लास्टिक व धातुओं को गलाकर पुनः प्रयोग में लाना, अखबार तथा पुराने कागजों को गलाकर पुनः चक्रित करना तथा पुरानी प्लास्टिक की दरियाँ, चटाई रस्सियाँ आदि बनाना।
2. **अपशिष्टों को नष्ट करना (Disposal of Waste) :** जो ठोस कचरें विभाजित या पुनर्चक्रित नही हो सकते उन्हें अधोलिखित प्रकार से नष्ट किया जाता है, यथा–
   - ***(i)*** **कम्पोसटिंग (Composting) :** जैविक अपशिष्टों को खाद में बदल देना।
   - ***(ii)*** **दबाना (Landfills) :** इस प्रक्रिया के तहत जमीन में गहरा खड्ढा खोदकर ठोस कूड़े-कचरे तथा अवशेष को गड्ढे में दबा देते हैं तथा उसे मिट्टी से ढक देते हैं जिससे वो वातावरण को प्रदूषित न कर सकें।
   - ***(iii)*** **दहन (Incineration) :** इसमें अपशिष्टों को, जो ज्वलनशील हैं, जैसे कि अस्पताल के अपशिष्ट, निस्तारण के लिए एकत्र करते हैं तथा उनको जला देते हैं। यदि उन्हें खुली जगह में जलाते हैं तो हानिकारक गैसें निकलती हैं जो पर्यावरण को नुकसान पहुँचाती है। इसलिए इन्हें दहन यंत्र (Incinerator Plant) में जलाते हैं। भारत में दहन का संयंत्र नागपुर में लगाया गया है।
   - ***(iv)*** **विखण्डन (Pyrolysis) :** इस पद्धति के अन्तर्गत अपशिष्टों को मशीनों द्वारा पीसा जाता है क्योंकि वे न ज्वलनशील होते हैं और न पानी में घुलते हैं। जैसे कि चीनी मिट्टी के बर्तन, प्लास्टिक आदि।

जैव-प्रदूषण (Bio-Pollution)

रोगकारक सूक्ष्म जीवों से संक्रमित कर मनुष्यों, फसलों, फलदायी वृक्षों व सब्जियों का विनाश करना जैव-प्रदूषण है।

सन् 1846 में जीनीय एकरूपता के कारण (Due to Genetic Uniformity) यूरोप में आलू की समस्त फसल नष्ट हो गयी जिसके फलस्वरूप 10 लाख लोगों की मृत्यु हो गयी और 15 लाख लोग अन्यत्र पलायन कर गये। चूँकि सारी आलू में एक ही प्रकार का जीन था। अतः सब एक ही प्रकार के रोगाणुओं द्वारा संक्रमित होकर नष्ट हो गयी।

सन् 1984 ई. में फ्लोरिडा में जीनीय एकरूपता के कारण खट्टे फलों (Citrus Fruit) की सारी फसलें एक ही प्रकार के बैक्टीरिया द्वारा संक्रमित होकर नष्ट हो गयीं, अतः इस जैवीय प्रदूषण को दूर करने के लिए एक करोड़ अस्सी लाख पेड़ों को मजबूरन काट कर गिरा देना पड़ा।

अब इस जैव प्रदूषण को जैव हथियार के रूप में प्रयोग किया जा रहा है। अक्टूबर, 2001 में संयुक्त राज्य अमेरिका के समाचार पत्र 'सन' के फोटो सम्पादक बॉब स्टीबेंस की एंथ्राक्स (Anthrax) नामक रोग से हुई मृत्यु ने जैव प्रदूषण को जैव आतंक (Bio Terrorism) का दर्जा दिला दिया। बाद में न केवल अमेरिका बल्कि भारत, पाकिस्तान तथा अन्य देशों में भी एंथ्राक्स बैक्टीरिया से प्रदूषित लिफाफे लोगों के पास पहुँचने लगे और कई देशों के लोग इस जैव-आतंक से भयाक्रान्त हो गये।

जैव-प्रदूषण के माध्यम से फैलाये जा सकने वाले घातक रोगों में–एंथ्राक्स, बोटुलिज्म, प्लेग, चेचक, टुयुलरेमिया एवं विषाणुवी रक्त स्रावी ज्वर प्रमुख हैं।

निम्नलिखित वर्षों में रोगाणुओं का प्रयोग जैव हथियार के रूप में किया गया–

- ***(i)*** 1519 ई. में स्पेन की सेना ने मैक्सिको में चेचक के विषाणुओं का प्रदूषण फैला दिया जिसके फलस्वरूप वहाँ की आधी आबादी समाप्त हो गयी।
- ***(ii)*** 1530 ई. में स्पेन ने पुनः मैक्सिको में चेचक, गलसुआ (Mumps), खसरा (Measles) आदि बीमारियों का प्रदूषण फैलाया जिसके कारण लाखों लोग मारे गये।
- ***(iii)*** 1754-1767 की अवधि में ब्रिटेन की सेना ने चेचक के मरीजों द्वारा ओढ़े गये कम्बलों को उत्तरी अमेरिका के लोगों में बँटवा दिये जिसके कारण वहाँ का एक वृहत् जन-समूह काल कवलित हुआ।
- ***(iv)*** 1939-45 ई. में द्वितीय विश्व युद्ध के दौरान जापानी सेना ने चीन के कुछ क्षेत्रों में प्लेग के पिस्सुओं द्वारा प्लेग फैला दिया।
- ***(v)*** 2001 में एक आतंकवादी संगठन ने अमेरिका, भारत और पाकिस्तान आदि देशों में एन्थ्राक्स के बीजाणुओं को, पत्रों के लिफाफे में भरकर जैव-प्रदूषण फैलाने का प्रयास किया जिसके कारण अमेरिका में कई लोगों की मृत्यु हो गयी।

जैव-प्रदूषण के आतंक से निपटने के उपाय

- बीमारियाँ फैलाने वाले रोगाणुओं पर अध्ययन, अनुसंधान तथा परीक्षण करने के लिए रक्षा अनुसंधान व विकास संगठन (DRDO) ने 1972 में ग्वालियर (मध्य प्रदेश) में एक प्रयोगशाला स्थापित किया।
- भारत सरकार के स्वास्थ्य मंत्रालय ने सन् 2000 में राष्ट्रीय डिजीज सर्विलेंस प्रोग्राम (National Diseases Surveillance Programme) आरंभ किया। ज्ञातव्य है कि इण्डियन इन्स्टीट्यूट ऑफ कम्युनिकेबल डिसीजेज (IICD) चौकसी का कार्य कर रहा है और इसमें मिलिटरी इंटेलिजेंस, बॉर्डर सिक्योरिटी फोर्स, इन्डो-तिब्बत बॉर्डर पुलिस तथा स्पेशल सर्विस ब्यूरो आदि संगठन मदद कर रहे हैं।
- DRDO ने एक ऐसा फिल्टर बनाया है जो सेना के जवानों को सभी तरह के जैविक एवं रासायनिक हमलों में सुरक्षित रखता है।
- जैव प्रदूषण व जैव आतंक से निबटने के लिए अमेरिका के रक्षा मुख्यालय पेन्टागन ने इस दिशा में व्यापक कदम उठाया है। ये हवा में उड़ते जीवाणुओं व विषाणुओं को पकड़ने के लिए आयन ट्रैप मास स्पेक्ट्रोमीट्री एण्ड लेसर इन्डयुस्ड ब्रेक डाउन स्पेक्ट्रोस्कोपी (Ion-Trap Mass Spectrometry and Laser Induced Breakdown Spectroscopy) नामक यंत्रों की मदद लेते हैं।
- 1925 में रासायनिक और जैविक हथियारों का निषेध करने के लिए 'जेनेवा प्रोटोकॉल' (Geneva Protocol) पर हस्ताक्षर किया गया था।
- 10 अप्रैल, 1972 को सभी प्रकार के हथियारों को निषिद्ध करने के लिए 'जैव हथियार सभा' (Biological Weapons Convention : BWC) के प्रस्तावों पर हस्ताक्षर किए गये। यह BWC 1975 से प्रभावी हुई।

पर्यावरण कानून

पर्यावरण संरक्षण अधिनियम 1986

पर्यावरण संरक्षण अधिनियम में वातावरण की सुरक्षा से सम्बन्धित उपायों को सम्मिलित किया गया है। पानी, हवा, भूमि और इनसे सम्बन्धित सभी मामले आते हैं, जो धरती पर वास करने वाले जीवों के प्रसंग में महत्त्व रखते हैं। पर्यावरण के इस संरक्षण अधिनियम से यह स्पष्ट किया गया है कि वातावरण में गैस, तरल तथा ठोस का मिश्रण बढ़ रहा है।

इस अधिनियम को लागू करने के लिये कोई अलग से कार्यालय नहीं है। केंन्द्र सरकार किसी भी अधिकारी को नियुक्त कर देती है। इस सम्बन्ध में केन्द्र सरकार ने कुछ अधिकार राज्य सरकारों को दिए हुए हैं। इसके कार्य निम्नवत हैं–

1. विभिन्न स्रोतों से उत्पन्न प्रदूषण का स्तर निश्चित करना।
2. सुरक्षा के लिये विभिन्न क्षेत्रों में लगने वाले उद्योगों और व्यापार का विधान बनाना।
3. दुर्घटना व वातावरण को प्रदूषण से बचाने के लिये नियम बनाना।
4. निषिद्ध और खतरनाक पदार्थों को सम्भालना।
5. वातावरण को प्रदूषित करने वाले व्यवहारों और पदार्थों के बारे में जानना।
6. वातावरण प्रयोगशालाएं निर्धारित करना।
7. पर्यावरण को प्रदूषण से बचाने, रोकने और कम करने के लिये योजना बनाना और फिर उसे लागू करना।
8. इसके अन्तर्गत विभिन्न अधिकारियों के मध्य सामंजस्य बनाना है।
9. खोज और जांच करवाना।
10. जानकारी एकत्रित करना।
11. पर्यावरण को बचाने, प्रदूषण रोकने और काम करने के लिये आवश्यक नियम बनाना।
12. वातावरण की गुणवत्ता के लिये विभिन्न स्तरों पर मानक निर्धारित करना।

उपरोक्त अधिनियम के अन्तर्गत केन्द्र सरकार के अधिकारी के पास हर प्रकार के अधिकार होते हैं और वह पानी, हवा, मिट्टी अथवा अन्य पदार्थों के नमूने ले सकता है। इस क्षेत्र के कार्यरत व्यक्तियों को दिशा निर्देश दे सकता है। अतः हम यह कह सकते हैं कि पर्यावरण और प्रकृति के प्रति जहाँ मानव की नैतिक जिम्मेदारियां हैं वहीं सरकारी स्तर पर भी कई अधिनियम तथा कई कानून लागू किए गए हैं जो पर्यावरण सम्बन्धी सरकार की प्रतिबद्धता को स्पष्ट करते हैं। यद्यपि कि हर दृष्टि से कानून बने हुए हैं, परन्तु व्यावहारिक रूप में सही ढंग से कार्यान्वित नहीं है। नैतिक मूल्यों वाले समाज में कानून के बिना भी ईश्वर के भय से या जागरुकता से सब कुछ सही हो सकता है। नैतिकता की सीमाओं से परे व्यक्ति अपने तरीके से विधि को परिभाषित करता है।

फैक्ट्री अधिनियम (संशोधन 1987)

भारतीय फैक्ट्री अधिनियम के सैक्शन 12 के अन्तर्गत उद्योगपतियों को यह निर्देश दिए गए हैं कि वे फालतू बचत (Extra Saving) को निपटाने के लिये सार्थक एवं सशक्त प्रबन्ध करें और अपने प्रबन्धों को राज्य सरकार के निर्धारित अधिकारियों से मंजूर करवाएं।

(1) इसमें निकासी पदार्थों की सीमा बहुत सीमित हो जिससे प्रदूषण न हो सके।

(2) इस एक्ट में यह भी प्रावधान किया गया कि श्रमिकों की निरन्तर जांच हो।

(3) इस अधिनियम के संशोधित भाग में खतरनाक पदार्थों के उपयोग और उनकी संभाल के लिये दिशा निर्देश दिए गए हैं।

(4) इसमें आपातकाल स्थिति के स्तर और मापदण्ड बताये गए हैं।

(5) इस एक्ट में खतरनाक उद्योग को यह सुनिश्चित करने के भी निर्देश दिए गए हैं कि ऐसे उद्योग आवास स्थान से पर्याप्त रूप से दूर हों।

वन संरक्षण अधिनियम 1980 (संशोधन 1988)

वनों के संरक्षण के लिए सर्वप्रथम कानून 1865 में बना था जो 1878 और 1927 के कानून द्वारा प्रतिस्थापित किया गया।

वर्तमान वन संरक्षण अधिनियम-1980 25 अक्टूबर 1980 से प्रभावी हुआ जिसके प्रावधान निम्नलिखित हैं–

(1) कोई भी स्वयं लगाया हुआ वन क्षेत्र पुनः वन लगाने की इच्छा से नहीं काटा जाना चाहिए।

(2) वन वृक्षों की पूर्ण कटाई पहाड़ों में दस हेक्टेयर और मैदानों में 20 हेक्टेयर से अधिक नहीं होनी चहिए, इसके साथ ही वृक्ष लगाये जाने चाहिए।

(3) क्षेत्र में पशु चराई का अध्ययन किया जाना चाहिए और सुरक्षित मापदण्ड अपनाए जाने चाहिए।

(4) नियमों का उल्लंघन करने वालों को दण्डित करना चाहिए।

(5) वन धरती को गैर-वन मनोरथ में जिसमें रबड़ वृक्षों की खेती, बांस, दवाई युक्त पौधे, मसाले, चाय कॉफी आते हैं जिन्हें केन्द्र सरकार की मंजूरी के बिना नहीं बदला जा सकता।

(6) 20 हेक्टेयर से कम वनभूमि राज्य सरकार की मंजूरी से गैर-वन मनोरथ के लिये प्रयोग करने के लिये वातावरण एवं वन मंत्रालय की मंजूरी है, वह इस मनोरथ के लिये सलाहकार समिति गठित करेगा।

(7) यदि वन मनोरथ स्थानान्तरण के लिये मंजूरी मिलती है तो बराबर का क्षेत्र वन क्षेत्र के लिये रखना होगा अथवा इससे दुगुना क्षेत्र कम वन वाला रखना होगा।

(8) फसल चक्र और अवैध कब्जों पर निगरानी रखनी चाहिए।

(9) रोक मापदण्डों के साथ-साथ कबीलों के अधिकारों और परम्पराओं को उभारा जाना चाहिए।

(10) सभी वन योजनाओं में वन सुरक्षा पर बल दिया जाना चाहिए और बहु अनुशासनीय पहुंच अपनाई जानी चाहिए।

(11) पहले वन नियम 1927 के अनुसार प्रान्तीय सरकार किसी वन या फालतू भूमि को आरक्षित वन घोषित करती है। जहाँ पर वृक्ष काटने और पशु चराना मना हो। पशु चराना, वन काटना, कृषि करना अर्थात् किसी भी कार्य का उस भूमि पर निषेध किया जा सकता है जहाँ क्षति होने का खतरा हो।

(12) पहाड़ों के नाजुक क्षेत्रों व ढलानों के क्षति वाले स्थानों पर वृक्षारोपण करके भूमि क्षति को रोका जाना चाहिए। ऐसे क्षेत्र के आस-पास 1000 मीटर का घेरा बनाना चाहिए तथा वन काटने के लिये मनाही होनी चाहिए।

वन्य जीव (संरक्षण) अधिनियम

सृष्टि में नैसर्गिक रूप से पाए जाने वाले जंगली जीव-जन्तु (गैर पालतू) वन्य जीव की श्रेणी में आते हैं। इनमें पक्षी, रेंगकर चलने वाले जीव, कीट और जल तथा थल के उभयचारी जीव आते हैं। पारिस्थितिक संतुलन बनाए रखने, मृदा क्षरण रोकने, खाद्य, औषधि, मसालों, पेयों, सुगंधों आदि के स्रोत के रूप में, आर्थिक उत्पादों के स्रोत के रूप में तथा उत्तम जातियों के प्रजनन के लिए वन्य जीवन अपरिहार्य है। वन्य जीवों की सुरक्षा एवं संरक्षण के लिए समय-समय पर कई नियम तथा कानून पारित किए गए हैं। यथा–

(1) मद्रास वाइल्ड एलिफैंट प्रीजर्वेशन एक्ट-1873

(2) ऑल इण्डिया एलिफैंट प्रीजर्वेशन एक्ट-1979

(3) वाइल्ड बर्ड प्रोटेक्शन एक्ट-1887

(4) बंगाल राइनोसेरस प्रीजर्वेशन एक्ट-1932

(5) असम राइनोसेरस प्रीजर्वेशन एक्ट-1954

(6) सेण्ट्रल बोर्ड ऑन वाइल्ड लाइफ-1952

(7) वाइल्ड लाइफ प्रोटेक्शन एक्ट-1972 (संशोधित-1991)

(1) भारतीय वन्य जीव बोर्ड : वन्य जीव संरक्षण अधिनियम के अंतर्गत 1985 में भारतीय वन्य जीव बोर्ड की स्थापना की गई जिसकी अध्यक्षता भारत के प्रधानमंत्री करते हैं। यह वन्य जीव संरक्षण की अनेक योजनाओं के क्रियान्वयन की निगरानी और निर्देश देने के लिए शीर्षस्थ सलाहकार एजेंसी है। अधिनियम के अधीन प्रत्येक राज्य के लिए एक 'वन्य जीवन सलाहकार बोर्ड' का गठन किया गया है।

(2) बोटेनिकल सर्वे ऑफ इण्डिया (BSI) तथा ज्यूलॉजिकल सर्वे ऑफ इण्डिया (ZSI), दोनों संकट ग्रस्त दुर्लभ तथा आपदा ग्रस्त प्रजातियों की सूची तैयार करते हैं।

(3) वन्य जीव संरक्षण अधिनियम के अधीन, कतिपय, जैव भौगोलिक क्षेत्रों का गठन किया गया है। ये संकटग्रस्त प्रजातियों को प्राकृतिक पर्यावास, संसाधन तथा संरक्षण उपलब्ध कराते हैं तथा जैव विविधता को सुरक्षित रखते हैं। ये दो प्रकार के हैं–जैवमण्डल आरक्षित क्षेत्र और राष्ट्रीय उद्यान एवं अभ्यारण्य।

(4) भारत में प्राकृतिक तथा वन्य क्षेत्रों को राष्ट्रीय उद्यानों एवं अन्य जीव अभ्यारण्यों के रूप में सुरक्षित रखने के लिए 1983 में 'राष्ट्रीय वन्य जीव कार्य योजना' की शुरूआत की गई।

(5) वन्य जीव संरक्षण अधिनियम वन्य जीवों के हानि पहुँचाने पर ₹ 25000 का आर्थिक दण्ड और 5 वर्ष का कारावास की सजा का प्रावधान करता है।

(6) वन्य जीव का व्यापार या उसके किसी अंग या अंग से निर्मित वस्तु का व्यापार करना अवैध है।

(7) वन्य जीवों का इकट्ठा रखने को जू (zoo) की परिभाषा की परिधि में रखा जाएगा और इस पर 'केन्द्रीय चिड़िया घर प्राधिकरण' द्वारा निर्धारित नियम लागू होंगे।

(8) सर्कस वालों को जंगल से किसी वन्य जीव को प्राप्त करने की मनाही है।

(9) अभ्यारण्यों के क्षेत्र में मछली पकड़ना वर्जित है, हाथी दाँत (Ivory) पर पूर्ण प्रतिबंध है और कैरम बोर्ड की गोटियाँ हाथी दाँत की नहीं बनी होनी चाहिए।

(10) बारहसिंगा की सींग पर पूर्ण प्रतिबंध है और मोर पक्षी का पालन भी वर्जित है।

वन्य जीव अपराध नियंत्रण ब्यूरो

देश में वन्य जीव अपराधों का मुकाबला करने के लिए वन्य जीव (सुरक्षा) अधिनियम-1972 के तहत् वन्य जीव अपराध नियंत्रण ब्यूरो (WCCB) का गठन स्वायत संस्था के रूप में 6 जून 2007 को किया गया। यह बहुउद्देशीय संस्था है और इसमें पुलिस, वन विभाग तथा सीमा शुल्क के अधिकारी होते हैं। ब्यूरो का मुख्यालय दिल्ली में है और क्षेत्रीय कार्यालय दिल्ली, मुंबई, कोलकाता, चेन्नई एवं जबलपुर में है जबकि 3 उप क्षेत्रीय कार्यालय अमृतसर, गुवाहाटी एवं रामनाथपुरम में हैं।

भारतीय वन्य जीव संस्थान

भारतीय वन्य जीव संस्थान (WII) की स्थापना 1986 में हुई और यह मंत्रालय की स्वायत संस्था है। यह संस्थान दक्षिण तथा दक्षिण पूर्व एशिया में वन्य जीव तथा संरक्षित क्षेत्र प्रबंधन में श्रेष्ठ प्रशिक्षण एवं अनुसंधान संस्थान के रूप में उभरा है। इसका काम वन्य जीव विज्ञान में बेहतर सूचना एवं ज्ञान उत्पाद पेश करना तथा केंद्र और राज्य सरकारों को सलाह देना है।

बाघ परियोजना– *केन्द्र सरकार द्वारा बाघ परियोजना 1972 में शुरू की गई। इसका उद्देश्य वैज्ञानिक, आर्थिक, सौन्दर्य, सांस्कृतिक तथा पारिस्थितिक मूल्यों के लिए भारत में बाघों की आबादी को बनाए रखने के काम को सुनिश्चित करना तथा जैव विविधता के महत्वपूर्ण क्षेत्रों को लाभ, शिक्षा एवं जनता के मनोरंजन के लिए राष्ट्रीय विरासत के रूप में संरक्षित रखना है। इसके लिए 'राष्ट्रीय बाघ संरक्षण प्राधिकरण' का गठन दिसम्बर 2005 में किया गया।*

हाथी परियोजना– *इस परियोजना का शुभारंभ केन्द्र सरकार द्वारा 1991-1992 में किया गया। इसका मकसद हाथियों, उनके बसावट तथा गलियारों को सुरक्षित रखना, पालतू हाथियों का कल्याण करना है। हाथियों की अच्छी संख्या वाले राज्यों को वित्तीय एवं तकनीकी सहायता दी जा रही है। देश के 17 राज्यों/केन्द्र शासित प्रदेशों में हाथी बचाव केन्द्र स्थापित किए गए हैं।*

मगरमच्छ संरक्षण परियोजना– *1974 ई. में मगरमच्छ के संरक्षण के लिए परियोजना बनाई गई। जैव-विविधता एवं पर्यावरण के लिए मशहूर ओडिशा का 'भीतरकनिका' राष्ट्रीय उद्यान को विश्व धरोहर की सूची में शामिल करने के लिए चुना गया है। देश के सबसे बड़े मैंग्रोव क्षेत्र में अवस्थित इस राष्ट्रीय उद्यान में लवणयुक्त पानी में रहने वाले मगरमच्छों की संख्या सर्वाधिक है। चम्बल नदी क्षेत्र में घड़ियालों के संरक्षण एवं विकास के लिए एक नया वन्य जीव अभ्यारण्य बनाया जाएगा। 2009 में विलुप्तप्राय जीव 'गंगा डॉलफिन' (सूंस) को 'राष्ट्रीय जलीय जीव' घोषित किया गया है।*

***केन्द्रीय चिड़ियाघर प्राधिकरण*–केन्द्रीय चिड़ियाघर प्राधिकरण (CZA) की स्थापना 1992 में की गई। इसका उद्देश्य संरक्षण कार्य में चिड़ियाघरों की भूमिका बढ़ाने में चिड़ियाघरों के कामकाज को देखना है। यह 12 सदस्यों वाली संस्था है। केन्द्रीय वन एवं पर्यावरण राज्यमंत्री प्राधिकरण के पदेन अध्यक्ष (Ex officio) होते हैं और प्राधिकरण के सदस्य सचिव इसके मुख्य कार्यकारी अधिकारी (CEO) होते हैं।*

***हांगुल परियोजना*–हांगुल यूरोपियन रेण्डियर प्रजाति का एक सरल स्वभाव वाला हिरण है। यह अब केवल कश्मीर स्थित 'दाचीगम राष्ट्रीय उद्यान' में ही शेष बचा है। इसे IUCN के रेड डाटा बुक में शामिल किया जा चुका है। अतः इसे संरक्षित करने एवं इसकी जनसंख्या में प्रसार हेतु 1970 में हांगुल परियोजना का शुभारम्भ किया गया।*

***कस्तूरी मृग परियोजना*–कस्तूरी केवल नर मृग में ही पाई जाती है। कस्तूरी के औषधीय गुण, सुगंध व भारी कीमत के कारण बड़ी संख्या में कस्तूरी मृग मारे जाने के कारण विलुप्त होने के कगार पर पहुँच गए। फलतः IUCN के सहयोग से कस्तूरी मृग परियोजना उत्तराखण्ड के केदारनाथ अभ्यारण्य में 1970 के दशक से आरम्भ की गई। कस्तूरी मृग के लिए हिमाचल प्रदेश का शिकारी देवी अभ्यारण्य तथा उत्तराखण्ड का बद्रीनाथ अभयारण्य प्रसिद्ध है। यह प्राणी हिमाचल की चम्बा घाटी से लेकर सिक्किम तक के हिमालयी क्षेत्र में पाए जाते हैं।*

***लाल पांडा परियोजना*–यह भारत के पूर्वी हिमालय क्षेत्र में 1500-4000 मी. ऊँचाई पर पाया जाने वाला सीधा-साधा और सुन्दर जीव है। अरूणाचल प्रदेश में ये कैट बीयर (Cat Bear) के नाम से जाना जाता है। सिक्किम, अरूणाचल प्रदेश तथा दार्जिलिंग के जंगलों में पाए जाने वाले इस जीव की संख्या दिन-प्रतिदिन कम होती जा रही थी। अतः सन् 1996 में विश्व प्रकृति निधि (WWF) के सहयोग से 'पद्मजानायडू हिमालयन जन्तु पार्क' ने लाल पांडा परियोजना का शुभारंभ किया।*

***गिद्ध परियोजना*–गिद्धों के संरक्षण एवं अभिवृद्धि के लिए हरियाणा वन विभाग तथा बॉम्बे नेचुरल हिस्ट्री सोसायटी (BNHS) के बीच एक मेमोरैण्डम ऑफ अंडरस्टैंडिंग (MOU) पर 2006 में हस्ताक्षर हुए। इसमें कहा गया है कि भारत में अधिकांश गिद्धों की मृत्यु पशुओं को दी जाने वाली 'डिक्लोफेनेक नानस्टीरोइडल एण्टीइन्फ्लेमेटरी ड्रग' के उपयोग के कारण होती है।*

***गैंडा परियोजना*–एक सींग वाले गैंडे केवल भारत में पाए जाते हैं। इनके सींग की अंतर्राष्ट्रीय बाजार में भारी कीमत होती है, क्योंकि उससे कामोत्तेजक औषधियाँ बनाई जाती हैं। अवैध शिकार के कारण गैण्डों की संख्या में लगातार कमी होने के कारण इनके संरक्षण के लिए 1987 में गैंडा परियोजना आरम्भ की गई। असम के मानस अभ्यारण्य व काजीरंगा उद्यान तथा पश्चिम बंगाल का जाल्दा पारा अभ्यारण्य गैंडो की मुख्य शरणस्थली है।*

***कछुआ संरक्षण परियोजना*–दक्षिणी अमेरिकी कछुए की एक प्रजाति है–ओलिव रिडले। भारत में इसका निलय ओडीशा के समुद्र तट पर स्थित है। इसका उपयोग कीमती दवाओं के निर्माण में होता है जिसके कारण लोग इसे पकड़कर विदेशों में भेज देते थे। इसकी घटती संख्या को देखकर ओडिशा सरकार ने इसके संरक्षण की योजना का शुभारंभ 1975 में भीतरकनिका अभ्यारण्य में किया। इस कछुए का प्रजनन स्थल 'गहिरमाथा' द्वीप है जो दो नदियों के मुहाने के बीच भीतरकनिका अभ्यारण्य में स्थित है। दूसरा संरक्षण स्थल रूशिकुल्या व देवी नदी मुहाना है।*

भारत के प्रमुख घड़ियाल एवं मगरमच्छ संरक्षित क्षेत्र

गुंडी राष्ट्रीय उद्यान	तमिलनाडु
चम्बल वन्यजीव अभ्यारण्य	राजस्थान
भितरकनिका वन्यजीव अभ्यारण्य	ओडिशा
नन्दनकानन वन्यजीव अभ्यारण्य	ओडिशा
शतकोसिया जॉर्ज वन्यजीव अभ्यारण्य	ओडिशा

जल (संरक्षण और प्रदूषण नियन्त्रण) अधिनियम 1974 (संशोधन 1988 एवं 2003)

औद्योगीकरण और शहरीकरण का प्रचलन बढ़ा है जिससे जल प्रदूषण की समस्या बढ़ रही है। इस परिवर्तन का रुझान बहुत खतरनाक साबित हो रहा है। इस ओर केन्द्र और प्रान्तीय सरकारों द्वारा प्रयास किए गए हैं जो निम्नलिखित हैं–

(1) महाराष्ट्र जल प्रदूषण नियंत्रण अधिनियम
(2) मर्चेण्ट जहाजरानी अधिनियम, 1970
(3) उड़ीसा दरिया प्रदूषण नियंत्रण अधिनियम, 1953
(4) दरियाई बोर्ड अधिनियम, 1956
(5) जल (संरक्षण और प्रदूषण नियंत्रण) उपकर अधिनियम-1977 (संशोधन-2003)

***स्विंग्स परियोजना*–भारत एवं यूरोप की विभिन्न संस्थाओं के सहयोग से सितंबर 2014 में प्रारंभ इस योजना का उद्देश्य जल संसाधनों का हरित एवं सतत् प्रौद्योगिकी द्वारा संरक्षण करना तथा दूषित जल को पुनः प्रयोग हेतु बनाकर भारत के विभिन्न क्षेत्रों में इसका उपयोग करना है।*

केन्द्रीय प्रदूषण नियंत्रण बोर्ड (CPCB)

केन्द्रीय प्रदूषण नियंत्रण बोर्ड की स्थापना पर्यावरण एवं वन मंत्रालय के अधीन 1974 में की गई। इस बोर्ड की गतिविधियों में राज्य प्रदूषण नियंत्रण बोर्ड, प्रदूषण नियंत्रण समितियों से प्रदूषण नियंत्रण के लिए तालमेल बिठाना, उद्योग विशेष न्यूनतम गंदगी और उत्सर्जन मानकों का विकास, उद्योग विशेष दिशा-निर्देशों और व्यापक प्रलेखों को तैयार करना, 17 प्रमुख औद्योगिक प्रदूषण वाले क्षेत्रों के प्रदूषण संरक्षण के लिए कारपोरेट जिम्मेदारी चार्टर बनाना और उनका पालन सुनिश्चित करना, 43 गंभीर रूप से प्रदूषित क्षेत्रों की कार्ययोजनाओं की प्रगति की समीक्षा करना तथा 16 प्रदूषित स्थलों की वायु गुणक्ता कार्ययोजना पर नजर रखना है। साथ ही वायु एवं जल की गुणवत्ता तथा औद्योगिक उत्सर्जन की रियल टाइम देखरेख, गंगा नदी में घरेलू और औद्योगिक गंदी के प्रवाह को रोकना, वार्षिक जल गुणवत्ता रिपोर्ट प्रकाशित करना, परिवेशी वायु गुणवत्ता देखभाल, पर्यावरण संरक्षण के लिए अनुसंधान गतिविधियाँ प्रायोजित करना, पर्यावरण सुरक्षा से संबंधित दिशा निर्देशों एवं सामग्रियों का प्रकाशन तथा CPSB/PCC का क्षमता सृजन शामिल है।

कुछ अन्य पर्यावरण प्रदूषण नियंत्रण अधिनियमः

- वायु प्रदूषण (निवारण और नियंत्रण) अधिनियम-1981 (संशोधन-1987)
- मोटर वाहन अधिनियम-1988 (संशोधन-2015)
- आपदा अपशिष्ट (प्रबंधन एवं संचालन) अधिनियम-1989

पर्यावरण अधिकरण विधेयक-2006

पर्यावरण एवं वन मंत्रालय ने 'पर्यावरण अधिकरण विधेयक-2006' प्रस्तावित किया है जिसमें पर्यावरणीय विवादों के समाधान के लिए ग्रीन कोर्ट की स्थापना की व्यवस्था है। यह विशेष प्राधिकरण पर्यावरण कानून से संबंधित सभी नए मामलों को तथा पहले से सर्वोच्च न्यायालय के पास लंबित सभी मामले पर कार्यवाही करने का अधिकार रखेगा। विधेयक में केन्द्रीय स्तर पर दिल्ली में राष्ट्रीय पर्यावरण अधिकरण स्थापित किया जाएगा जो भारतीय वन संरक्षण कानून, जल एवं वायु कानून तथा पर्यावरण से संबंधित अन्य तमाम कानून से संबंधित मामलों को देखेगा। केवल सर्वोच्च न्यायालय ही इस अधिकरण के निर्णयों के खिलाफ अपीली सुनवाई कर सकेगा।

राष्ट्रीय हरित न्यायाधिकरण (National Green Tribunal-NGT)

पर्यावरण संबंधी कानूनों के प्रभावी कार्यान्वयन व पर्यावरण के अधिकारों की सुरक्षा के लिए केन्द्र सरकार ने 18 अक्टूबर 2010 को दिल्ली में NGT की स्थापना की। पर्यावरण संरक्षण, वन संरक्षण व जैव विविधता अधिनियम सहित जल एवं वायु प्रदूषण के बचाव के लिए बनाए गए सभी पर्यावरणीय कानूनों से संबंधित अपीलें इस न्यायाधिकरण में की जा सकेंगी। विभिन्न एजेंसियों के बीच पर्यावरण संबंधी वादों का निपटारा भी इस न्यायाधिकरण में होगा। मंत्रालय और पर्यावरण मंत्री के विरुद्ध वाद भी इसमें दायर हो सकता है। इससे अदालतों में मुकदमों के लंबित होने से मुक्ति मिलेगी। केन्द्र सरकार का लक्ष्य एक 'राष्ट्रीय पर्यावरण संरक्षण प्राधिकरण' के गठन का है जो पर्यावरण संबंधी कानूनों के अनुपालन की निगरानी का कार्य करेगा।

आयलजैपर

भारत के 'द एनर्जी रिसर्च इंस्टीट्यूट' (TERI) द्वारा विकसित आयलजैपर (Oilzapper) एक विशिष्ट बैक्टीरिया है जो समुद्री तट पर आयल टैंकरों से तेल रिसने पर उसके जैव उपचार में सहायक होता है। यह 8°C—40°C तापमान के बीच पूरी तरह क्रियाशील रहता है एवं तेल के चारों परतों को चट कर जाता है। आयलजैपर एक पाउडर की तरह होता है जिसे तेल रिसाव वाले परत पर छिड़का जाता है। तीन-चार महीने के अंदर बैक्टीरिया पूरे तेल को खा जाता है। इस प्रकार समुद्री प्रदूषण को नियंत्रित करने व सामुद्रिक पारिस्थितिक तंत्र को बनाए रखने में इसकी महती भूमिका हो सकती है और यह तकनीक अन्य विकल्पों की तुलना में 40% सस्ता भी है।

नेशनल ग्रीन अकाउंटिंग सिस्टम

मई 2011 में भारत सरकार द्वारा की गई घोषणा के अनुसार आर्थिक वृद्धि एवं विकास के कारण पर्यावरण पर पड़ने वाले प्रभावों के आकलन हेतु हाल ही में एक विशेषज्ञ समूह का गठन किया गया। यह विशेषज्ञ समूह 'राष्ट्रीय हरित लेखा प्रणाली' के लिए एक खाका मुहैय्या कराएगा जिसके तहत् वर्ष 2015 तक आर्थिक विकास के कारण पर्यावरण पर पड़ने वाले प्रभाव का आकलन किया जा सकेगा। पर्यावरणीय मूल्यों पर गौर करने के बाद यह विशेषज्ञ समूह वर्ष 2015 तक 'सकल घरेलू उत्पाद (GDP)' का विवरण प्रस्तुत करेगा।

ग्रीन इण्डिया मिशन

आज जब जलवायु परिवर्तन पर दुनिया की चिंताएं बढ़ रही हैं एवं अमेरिका सहित अन्य पश्चिमी देश भारत और चीन को बड़ी मात्रा में ग्रीन हाउस गैसों के उत्सर्जन के लिए उतरदायी ठहरा रहे हैं, ऐसे परिप्रेक्ष्य में भारत ने यह फैसला किया है कि इससे जुड़ी चुनौतियों

पर जल्द ही नीति तैयार कर वह हरित क्षेत्र को बढ़ाने का अभियान चलाएगा। इसके लिए सघन पौधरोपण कार्यक्रम चलाए जाएंगे व 'ग्रीन इण्डिया कैम्पेन' की शुरूआत की जाएगी। भारत में वन्य क्षेत्र को बढ़ाने के मकसद से 'राष्ट्रीय हरित मिशन' को जलवायु परिवर्तन पर प्रधानमंत्री की परिषद् में फरवरी 2011 में मंजूरी प्रदान कर दी गई। मिशन का लक्ष्य 1 करोड़ हेक्टेयर के वन क्षेत्र की मात्रा और गुणवत्ता को बढ़ाना है। इससे प्रतिवर्ष 5-6 करोड़ टन CO_2 को कम करने में मदद मिलेगी

भारत द्वारा पर्यावरण के क्षेत्र में अंतर्राष्ट्रीय सहयोग

भारत, विश्व में पर्यावरण से संबंधित सभी सम्मेलनों में सक्रिय रूप से भाग लेता रहा है एवं सभी समझौतों पर हस्ताक्षर किया है, सिवाए NPT व CTBT के। सैद्धांतिक रूप से भारत इन समझौतों पर भी हस्ताक्षर करने के लिए तैयार है बशर्ते इसमें से भेदभाव परक प्रावधान हटा लिए जाएं। वस्तुतः CTBT व NPT में परमाणु सम्पन्न व गैर-परमाणु सम्पन्न देशों के बीच अधिकार सम्बन्धी भेदभाव हैं जिसका भारत विरोधी रहा है। आमतौर पर भारत ने पर्यावरणीय सम्मेलनों के विभिन्न प्रस्तावों का पालन किया है। उदाहरण के लिए 1972 ई. के स्टॉकहोम सम्मेलन के पश्चात् भारत में वायु प्रदूषण निवारक कानून लागू किए गए। वन्य जीवन अधिनियम पारित किया गया। टाइगर प्रोजेक्ट शुरू किया गया। जैव-विविधता के सर्वेक्षण का कार्य प्रारंभ किया गया। इसी प्रकार भारत ने मांट्रियल प्रोटोकॉल आदि सभी के प्रति सहमति व्यक्त करते हुए इसके प्रावधानों के अनुसार कार्यक्रम निर्धारित किए हैं। 1988 ई. में बेलग्रेड में भारत ने 'Planet Protection Fund' की दिशा में भी अग्रणी कदम उठाए थे।

इस प्रकार भारत में पर्यावरण प्रबंधन हेतु बहुआयामी प्रयास किए जा रहे हैं। भारत में पर्यावरण के सम्बन्ध में पर्याप्त जागरूकता आई है एवं विकास कार्यों के क्रम में पर्यावरण प्रभाव मूल्यांकन पर बल दिया जाने लगा है। परंतु भारत में पर्यावरणीय प्रबंधन की दिशा में कुछ समस्याएँ और बाधाएँ भी हैं। पूँजी व तकनीक की कमी के कारण पर्यावरणीय प्रबंधन के कार्यों में बाधाएँ आती हैं। अतः विकसित देशों को चाहिए कि इस संबंध में भारत को सहयोग उपलब्ध कराए। साथ ही सामाजिक-आर्थिक पिछड़ापन, गरीबी, जनसंख्या में अनियंत्रित वृद्धि आदि की समस्याओं के समाधान के बिना भारत में पर्यावरणीय प्रबंधन का सही कार्यान्वयन नहीं हो सकता। अतः इस संबंध में दीर्घकालिक नीति बनाने की आवश्यकता है एवं जनभागीदारी व जनजागरूकता बढ़ाने की दिशा में प्रयास किए जाने की आवश्यकता है।

स्वच्छ भारत मिशन (Swachh Bharat Mission)

'स्वच्छ भारत मिशन' को एक राष्ट्रीय कार्यक्रम के रूप में अनुमोदन 24 सितम्बर 2014 को केन्द्रीय मंत्रिमंडल द्वारा प्राप्त हुआ और इसकी शुरूआत प्रधानमंत्री नरेन्द्र मोदी द्वारा 2 अक्टूबर 2014 से किया गया। इस मिशन का शुभारंभ प्रधानमंत्री ने 'वाल्मीकि बस्ती' (नई दिल्ली) से किया। इस मिशन का लक्ष्य 2 अक्टूबर, 2019 तक स्वच्छ भारत बनाना है। स्वच्छ भारत की अवधारणा के अंतर्गत प्रत्येक व्यक्ति को 'शौचघर' (Toilets), 'ठोस एवं जल अपशिष्ट निपटान' की सुविधा, 'ग्राम स्वच्छता' एवं 'सुरक्षित तथा पर्याप्त पेयजल की आपूर्ति' शामिल है।

भारत के प्रमुख वन्य-अभयारण्य

अभयारण्य	*स्थान*	*प्रसिद्धि का कारण*
• परकल अभयारण्य	बारंगल, आन्ध्र प्रदेश	बाघ, तेंदुआ, चीतल, नीलगाय।
• पेरियार अभयारण्य	इडुक्की, केरल	हाथी, बाघ, जंगली सुअर, तेंदुआ, साँभर।
• पलामू अभयारण्य	डाल्टनगंज, झारखंड	बाघ, हाथी, चीता, तेंदुआ।
• चन्द्रप्रभा अभयारण्य	चंदोली, उत्तर प्रदेश	बाघ, तेंदुआ, हिरन, भालू।
• जंगली गधा अभयारण्य	लिटिल रन ऑफ कच्छ (गुजरात)	जंगली गधा, चिंकारा, भेड़िया।
• अन्नामलाई अभयारण्य	तमिलनाडु	सिंह पुच्छ बन्दर, जंगली साँड़।
• मानस अभयारण्य	बारपेटा, असम	गैंडा, जंगली भैंसा, हाथी, हुलॉक गिब्सन।
• भितरकनिका अभयारण्य	कटक, ओडिशा	कछुआ तथा घड़ियाल के लिए।
• केलामेरू पक्षी अभयारण्य	आन्ध्र प्रदेश	पेलिकन एवं समुद्री पक्षी के लिए।
• रंगनाथिट्टू पक्षी अभयारण्य	मैसूर, कर्नाटक	विविध प्रकार के पक्षियों के लिए।
• जलदापारा अभयारण्य	पश्चिम बंगाल	हाथी, बाघ, गैंडा, गोई, हिरण, तेंदुआ, सरीसृप तथा अन्यान्य प्रकार के पक्षी।
• पेरियार अभयारण्य	केरल	सांभर, चीतल, हाथी, जंगली भैंसा, कुत्ता, तेंदुआ, लंगूर आदि।

अभयारण्य	स्थान	प्रसिद्धि का कारण
• नागार्जुन सागर अभयारण्य	आन्ध्र प्रदेश	बाघ, भालू, तेंदुआ, बिल्ली, लकड़बग्घा, सांभर, चिंकारा, चीतल आदि।
• चिल्का झील अभयारण्य	ओडिशा	सारस, बत्तख, गिद्ध, मत्स्य, सेंडपाइपर आदि।
• हजारीबाग अभयारण्य	झारखण्ड	सांभर, जंगली सुअर, बाघ, नील गाय, जंगली भैंस, तेंदुआ आदि।
• दाचीगाम अभयारण्य	जम्मू-कश्मीर	हंगुल मृग, काला भालू, सेराव, तेंदुआ, मर्मोट आदि।
• महावीर अभयारण्य	गोवा	भालू, हाथी, तेंदुआ, अजगर, उड़ने वाली गिलहरी आदि।
• कान्हा अभयारण्य	मध्य प्रदेश	चीतल, गौर, काला मृग, बारहसिंगा, अजगर, सर्पादि।
• सुन्दरवन अभयारण्य	पश्चिम बंगाल	बाघ, चीतल, जंगली सुअर, बिल्ली, वानर, चन्दन गौर, घड़ियाल, सारस, बत्तख, बगुला, पेलीकन आदि।
• शांतघाटी अभयारण्य	केरल	डॉल्फिन, मगर, डूगोंग, घड़ियाल, जलगोह, हाक्सबिल आदि।
• सागर अभयारण्य	केरल	बाघ, हाथी, तेंदुआ, भालू, वानर, लंगूर आदि।
• फाकिम अभयारण्य	नागालैण्ड	बाघ, भालू, तेंदुआ, हाथी, सुअर, गैंडा, बन्दर, घड़ियाल, कछुआ, मगर आदि।
• काइबुललम्जाओ अभयारण्य	मणिपुर	हिरण, संगाय, जंगली बिल्ली आदि।
• डम्पा अभयारण्य	मिजोरम	हिरण, बाघ, तेंदुआ, लंगूर, हुल्लक, उड़ने वाली गिलहरी, लॉरेस, हाग बैजर, धानेश पक्षी आदि।

भारत के प्रोजेक्ट टाइगर अभयारण्य

बाघ अभयारण्य	राज्य
• काजीरंगा, बाघ अभयारण्य	असम
• मानस बाघ अभयारण्य	असम
• नामेरी बाघ अभयारण्य	असम
• नामदाफा बाघ अभयारण्य	अरुणाचल प्रदेश
• पखुड़ बाघ अभयारण्य	अरुणाचल प्रदेश
• नागार्जुन सागर-श्रीसैलम	आंध्र प्रदेश
• वाल्मिकी बाघ अभयारण्य	बिहार
• इंद्रावती बाघ अभयारण्य	छत्तीसगढ़
• गुरु घासीदास राष्ट्रीय पार्क	छत्तीसगढ़
• पलामू बाघ अभयारण्य	झारखंड
• बांदीपुर बाघ अभयारण्य	कर्नाटक
• नागरहोल बाघ अभयारण्य	कर्नाटक
• भद्रा बाघ अभयारण्य	केरल
• पेरियार बाघ अभयारण्य	केरल
• अन्नामलाई-पराम्बिकुलम	केरल-तमिलनाडु
• बांधवगढ़ बाघ अभयारण्य	मध्य प्रदेश
• बोरी-सतपुड़ा बाघ अभयारण्य	मध्य प्रदेश
• कान्हा बाघ अभयारण्य	मध्य प्रदेश
• पन्ना बाघ अभयारण्य	मध्य प्रदेश
• पेंच बाघ अभ्यारण्य	महाराष्ट्र
• तदोबा-अंधारी बाघ अभयारण्य	महाराष्ट्र
• सहाद्रि बाघ अभयारण्य	महाराष्ट्र
• डंपा बाघ अभयारण्य	मिजोरम
• सिमलीपाल बाघ अभयारण्य	ओडिशा
• सुनावेदा बाघ अभयारण्य	ओडिशा
• रणथम्भौर बाघ अभयारण्य	राजस्थान
• सरिस्का बाघ अभयारण्य	राजस्थान
• कलाकड़-मुंदाथुरई बाघ अभयारण्य	तमिलनाडु
• मुदुमलाई राष्ट्रीय पार्क	तमिलनाडु
• दुधवा राष्ट्रीय पार्क	उत्तर प्रदेश
• पीलीभीत बाघ अभयारण्य	उत्तर प्रदेश
• कार्बेट राष्ट्रीय पार्क	उत्तराखंड
• बुक्सा बाघ अभयारण्य	प. बंगाल
• सुंदरवन बाघ अभयारण्य	प. बंगाल
• सतकोशिया बाघ अभयारण्य	ओडिशा
• अचानकमार बाघ अभयारण्य	छत्तीसगढ़
• संजय दुबरी राष्ट्रीय पार्क	मध्य प्रदेश
• बानेरघट्टा बाघ अभयारण्य	कर्नाटक
• डांडेली-अनासी बाघ अभयारण्य	कर्नाटक
• उदंती एवं सीतानदी बाघ अभयारण्य	छत्तीसगढ़
• रातापानी बाघ अभ्यारण्य	मध्य प्रदेश
• मेलघाट बाघ अभ्यारण्य	महाराष्ट्र

भारत के प्रमुख हाथी संरक्षित क्षेत्र

हाथी परियोजना	राज्य
• पेरियार अभयारण्य	केरल
• मानस अभयारण्य	असम
• काजीरंगा राष्ट्रीय उद्यान	असम
• टीरू देवमाली क्षेत्र	अरूणाचल प्रदेश व असम
• कर्बी राष्ट्रीय उद्यान	नगालैण्ड
• राजाजी राष्ट्रीय उद्यान	उत्तराखण्ड
• कार्बेट राष्ट्रीय उद्यान	उत्तराखण्ड
• अन्नामलाई एवं पराम्बिकुलम अभयारण्य	तमिलनाडु एवं केरल

भारत के राष्ट्रीय उद्यान

नाम	राज्य	आरम्भ
• अंशी राष्ट्रीय उद्यान	कर्नाटक	1987
• बालफकराम राष्ट्रीय उद्यान	मेघालय	1986
• बांधवगढ़ राष्ट्रीय उद्यान	मध्य प्रदेश	1982
• बांदीपुर राष्ट्रीय उद्यान	कर्नाटक	1974
• बन्नेरघाटा राष्ट्रीय उद्यान	कर्नाटक	1974
• बंसदा राष्ट्रीय उद्यान (वंसदा)	गुजरात	1979
• बेतला राष्ट्रीय उद्यान	झारखंड	1986
• ब्लैक बक राष्ट्रीय उद्यान (वेल्वादर)	गुजरात	1976
• बुक्सा राष्ट्रीय उद्यान	पश्चिम बंगाल	1992
• कैम्पबैल बे राष्ट्रीय उद्यान	अंडमान एवं निकोबार	1992
• कार्बेट राष्ट्रीय उद्यान	उत्तराखंड	1936
• डेसर्ट राष्ट्रीय उद्यान	राजस्थान	1980
• डिब्रू सैखोवा राष्ट्रीय उद्यान	असम	1999
• दुधवा राष्ट्रीय उद्यान	उत्तर प्रदेश	1977
• इराविकुलम राष्ट्रीय उद्यान	केरल	1978
• फोसिल राष्ट्रीय उद्यान	मध्य प्रदेश	1983
• गलाथिया राष्ट्रीय उद्यान	अंडमान एवं निकोबार	1992
• गंगोत्री राष्ट्रीय उद्यान	उत्तराखंड	1989
• गिर राष्ट्रीय उद्यान	गुजरात	1975
• गोरूमारा राष्ट्रीय उद्यान	पश्चिम बंगाल	1994
• गोविन्द पशु विहार	उत्तराखण्ड	1990
• ग्रेट हिमालय राष्ट्रीय उद्यान	हिमाचल प्रदेश	1984
• गुगामल राष्ट्रीय उद्यान	महाराष्ट्र	1987
• गुंडी राष्ट्रीय उद्यान	तमिलनाडु	1976
• कच्छ की खाड़ी मैरीन राष्ट्रीय उद्यान	गुजरात	1980
• मन्नार की खाड़ी मैरीन राष्ट्रीय उद्यान	तमिलनाडु	1980
• हेमिस राष्ट्रीय उद्यान	जम्मू-कश्मीर	1981
• इंदिरा गांधी राष्ट्रीय उद्यान (पूर्व में अन्नामलाई राष्ट्रीय उद्यान)	तमिलनाडु	1989
• इंद्रावती राष्ट्रीय उद्यान	छत्तीसगढ़	1981
• इतान्की राष्ट्रीय उद्यान	नगालैंड	1993
• कालेसर राष्ट्रीय उद्यान	हरियाणा	2003
• कान्हा राष्ट्रीय उद्यान	मध्य प्रदेश	1955
• कांगेर घाटी राष्ट्रीय उद्यान (कांगेर घाटी)	छत्तीसगढ़	1982
• कासू ब्रह्मानंदा रेड्डी राष्ट्रीय उद्यान	तेलंगाना	1994
• काजीरंगा राष्ट्रीय उद्यान	असम	1974
• कीबुल लामजो राष्ट्रीय उद्यान	मणिपुर	1977
• केवलादेव राष्ट्रीय उद्यान	राजस्थान	1981
• कांगचेंदजोंगा राष्ट्रीय उद्यान	सिक्किम	1977
• किश्तवार राष्ट्रीय उद्यान	जम्मू-कश्मीर	1981
• कुद्रेमुख राष्ट्रीय उद्यान	कर्नाटक	1987
• माधव राष्ट्रीय उद्यान	मध्य प्रदेश	1959
• महात्मा गांधी मैरीन राष्ट्रीय उद्यान (पूर्व नाम वांदुर राष्ट्रीय उद्यान)	अंडमान एवं निकोबार	1983
• महावीर हरिना वनस्थली राष्ट्रीय उद्यान	तेलंगाना	1994
• मथीकेतन शोला राष्ट्रीय उद्यान	केरल	2003
• मिडल बटन आइलैंड राष्ट्रीय उद्यान	अंडमान एवं निकोबार	1987
• मोल्लम राष्ट्रीय उद्यान	गोवा	1978
• मौलिंग राष्ट्रीय उद्यान	अरूणाचल प्रदेश	1986
• माउंट हैरीट राष्ट्रीय उद्यान	अंडमान एवं निकोबार	1987
• मरूगावानी राष्ट्रीय उद्यान	तेलंगाना	1994
• मुदुमलाई राष्ट्रीय उद्यान	तमिलनाडु	1990
• मुकुर्थी राष्ट्रीय उद्यान	तमिलनाडु	1990
• मुर्लेन राष्ट्रीय उद्यान	मिजोरम	1991
• नगरहोल राष्ट्रीय पार्क (राजीव गाँधी राष्ट्रीय पार्क)	कर्नाटक	1988
• नामधापा राष्ट्रीय उद्यान	अरूणाचल प्रदेश	1983
• नामेरी राष्ट्रीय उद्यान	असम	1998
• नंदा देवी राष्ट्रीय उद्यान	उत्तराखंड	1982
• नवेगांव राष्ट्रीय उद्यान	महाराष्ट्र	1975
• नेवरा वैली राष्ट्रीय उद्यान	पश्चिम बंगाल	1986
• नोकरेक राष्ट्रीय उद्यान	मेघालय	1986
• नार्थ बटन आईलैंड राष्ट्रीय उद्यान	अंडमान एवं निकोबार	1987
• ओरंग राष्ट्रीय उद्यान	असम	1999
• पन्ना राष्ट्रीय उद्यान	मध्य प्रदेश	1973
• पेंच राष्ट्रीय उद्यान (प्रियदर्शनी)	मध्य प्रदेश	1975
• पेंच राष्ट्रीय उद्यान	महाराष्ट्र	1975
• फांगपुई ब्लू माउंटेन राष्ट्रीय उद्यान	मिजोरम	1997
• पिन वैली राष्ट्रीय उद्यान	हिमाचल प्रदेश	1987
• राजाजी राष्ट्रीय उद्यान	उत्तराखण्ड	1983
• रानी झांसी मैरीन राष्ट्रीय उद्यान	अंडमान एवं निकोबार	1996
• सैडल पीक राष्ट्रीय उद्यान	अंडमान एवं निकोबार	1987
• सलीम अली राष्ट्रीय उद्यान	जम्मू-कश्मीर	1992
• संजय राष्ट्रीय उद्यान	छत्तीसगढ़	1981
• संजय राष्ट्रीय उद्यान	मध्य प्रदेश	1981
• संजय गांधी राष्ट्रीय उद्यान	महाराष्ट्र	1983
• सरिस्का राष्ट्रीय उद्यान	राजस्थान	1982
• सतपुड़ा राष्ट्रीय उद्यान	मध्य प्रदेश	1981
• सिरोही राष्ट्रीय उद्यान	मणिपुर	1982
• सिमलीपाल राष्ट्रीय उद्यान	ओडिशा	1980
• सिंगलीला राष्ट्रीय उद्यान	पश्चिम बंगाल	1986
• साउथ बटन आईलैंड राष्ट्रीय उद्यान	अंडमान एवं निकोबार	1987
• श्री वेंकटेश्वर राष्ट्रीय उद्यान	आन्ध्र प्रदेश	1989
• सुल्तानपुर राष्ट्रीय उद्यान	हरियाणा	1989
• तडोबा राष्ट्रीय उद्यान	महाराष्ट्र	1955
• वैली ऑफ फ्लावर्स राष्ट्रीय उद्यान	उत्तराखण्ड	1982
• वाल्मीकी राष्ट्रीय उद्यान	बिहार	1989
• वन बिहार राष्ट्रीय उद्यान	मध्य प्रदेश	1979

ऊर्जा संसाधन

ऊर्जा संसाधनों का विकास औद्योगिक विकास का सूचक होती है। हमारे देश में व्यापारिक स्तर पर प्रयोग किए जाने वाले तीन प्रमुख ऊर्जा संसाधन हैं–कोयला, खनिज तेल अथवा पेट्रोलियम एवं जलविद्युत। इसके अतिरिक्त प्राकृतिक गैस, परमाणु ऊर्जा, पवन चक्की, ज्वारीय ऊर्जा, सौर ऊर्जा, भूगर्भिक ऊर्जा आदि भी कुछ योगदान करते हैं। महत्वपूर्ण ऊर्जा संसाधनों का उत्पादन एवं विवरण प्रतिरूप निम्नवत है–

(1) **कोयलाः** यह औद्योगिक ईंधन के साथ-साथ विभिन्न उद्योगों के लिए कच्चे माल का स्रोत भी है। कार्बन की घटती गुणवत्ता के अनुसार एन्थ्रासाइट (80-95%), बिटुमिनस (55-65%, लिग्नाइट (45-55%), पीट (35-46%) एवं केनाल है। 1 अप्रैल, 2014 की स्थिति के अनुसार 1200 मी. गहराई तक कोयले के आधार पर भारतीय भू-विज्ञान सर्वेक्षण के अद्यतन आकलन में कोयले के भंडार 301.56 अरब टन है इसमें कोकिंग कोयला 33.47 अरब टन नन कोकिंग कोयला 252.40 अरब टन है। देश में कोयले का समस्त उत्पादन का लगभग 77% भाग बिजली उत्पादन में खपत होता है। भारत में आधुनिक ढंग से कोयला निकालने का प्रथम प्रयास प. बंगाल के रानीगंज कोयला क्षेत्र में किया गया। देश में प्राचीनकाल की गोंडवाना शैलों में कुल कोयले का 98% भाग पाया जाता है, शेष 2% तृतीयक या टर्शियरी युगीन चट्टानों में मिलता है। गोंडवाना युगीन चट्टानों का सबसे प्रमुख क्षेत्र पश्चिम बंगाल, झारखंड तथा ओडिशा राज्यों में विस्तृत है जहाँ से कुल उत्पादन का 76% कोयला प्राप्त होता है। मध्य प्रदेश तथा आंध्रप्रदेश गोंडवाना क्षेत्र के अन्य प्रमुख उत्पादक राज्य हैं। गोंडवाना युगीन कोयला मुख्यतः बिटुमिनस प्रकार का है जिसका उपयोग कोकिंग कोयला बनाकर देश के लौह-इस्पात के कारखानों में किया जाता है। प्रायद्वीपीय भारत की नदी घाटियाँ कोयला के प्रमुख प्राप्ति स्थल हैं जिनमें दामोदर नदी घाटी, सोन-महानदी-ब्राह्मणी नदी घाटी, वर्धा-गोदावरी-इंद्रावती नदी घाटी तथा कोयल-पंच-कान्हन नदी घाटी प्रमुख हैं।

पश्चिम बंगाल का रानीगंज कोयला क्षेत्र ऊपरी दामोदर घाटी में है जो देश का सबसे महत्वपूर्ण एवं बड़ा कोयला क्षेत्र है। इस क्षेत्र से देश का लगभग 35% कोयला प्राप्त होता है। झारखंड राज्य में झरिया, बोकारो, गिरिडीह, करनपुरा, रामगढ़ आदि क्षेत्रों से उत्तम कोटि का बिटुमिनस कोयला निकाला जाता है। छत्तीसगढ़ का तातापानी रामकोला कोयला क्षेत्र, ओडिशा का तलचर कोयला क्षेत्र (ब्राह्मणी नदी घाटी) व आंध्र प्रदेश का सिंगरैनी कोयला क्षेत्र (कृष्णा-गोदावरी नदी घाटी) भी प्रमुख कोयला उत्खनन क्षेत्र हैं। टर्शियरी युगीन कोयला के सबसे प्रमुख क्षेत्रः माकूम (असोम), नेवेली (तमिलनाडु, लिग्नाइट कोयले के लिए प्रसिद्ध) तथा पलना (राजस्थान) हैं। भारत में लिग्नाइट का सर्वाधिक भंडार तमिलनाडु के मन्नारगुड़ी (19,500 मिलियन टन) में होने का अनुमान लगाया जाता है।

(2) **खनिज तेल अथवा पेट्रोलियमः** तेल एवं प्राकृतिक गैस आयोग (ONGC) द्वारा 26 स्थलीय एवं सागरीय तेल संभावी बेसिनों का पता लगाया गया है। इसके अनुसार देश का कुल खनिज भंडार 1750 लाख टन है। अन्तर्राष्ट्रीय भूगर्भिक सर्वेक्षण के अनुसार भारत में खनिज तेल का भंडार 620 करोड़ टन है। भारत में सालाना तेल शोधक क्षमता अब 2013 मिलियन टन हो गई है जो स्वतंत्रता के समय 0.25 मिलियन टन थी। देश के तीन प्रमुख क्षेत्र ऐसे हैं जहाँ से खनिज तेल प्राप्त किया जा रहा है।

***(i)* असम तेल क्षेत्रः** यह देश का सबसे महत्वपूर्ण एवं प्राचीन तेल क्षेत्र है। यहाँ के तेल क्षेत्रों में डिगबोई, नहरकटिया, हगरीजन-मोरान व सुरमा नदी घाटी प्रमुख है। हगरीजान-मोरान क्षेत्र में प्राकृतिक गैस भी पायी जाती है।

***(ii)* गुजरात तेल क्षेत्रः** गुजरात राज्य में खम्भात तथा अंकलेश्वर महत्त्वपूर्ण तेल क्षेत्र हैं जबकि नवगाँव, कोसाम्बा, ओल्पाद, ढोलका, मेहसाना, कलोल आदि स्थानों पर भी तेल क्षेत्र का विस्तार है। सौराष्ट्र में भावनगर से 45 किमी. दूर अलियाबेट द्वीप में भी तेल का पता लगाया जा चुका है।

***(iii)* मुम्बई हाई क्षेत्रः** मुम्बई तट से 176 किमी. दूर मुम्बई हाई क्षेत्र भी एक महत्वपूर्ण तेल क्षेत्र हैं जहाँ से 1976 ई. से ही तेल की प्राप्ति हो रही है। इस क्षेत्र के गंभीर सागरीय भाग से तेल निकालने के लिए जापान से 'सागर सम्राट' नामक जहाज मंगाया गया था। देश के कुल उत्पादन के 60% खनिज तेल की आपूर्ति इसी क्षेत्र से होती हैं। अपतटीय क्षेत्र खनन विकास एवं

नियमन अधिनियम 1957 के अनुसार भारत के समुद्री क्षेत्र एवं महाद्वीपीय ढाल, विशिष्ट आर्थिक क्षेत्र एवं अन्य समुद्री क्षेत्रों में खनिज उत्खनन हेतु संपूर्ण शक्ति केन्द्रीय सरकार के पास है। कच्चे तेल व प्राकृतिक गैस के उत्पादन में गुजरात का भारत में प्रथम स्थान है।

(iv) वर्तमान में कृष्णा-गोदावरी नदी घाटी में रावा अपतट से भी खनिज तेल का उत्खनन किया जा रहा है। राजस्थान के बाड़मेर में केयर्न इनर्जी एवं ओएनजीसी के द्वारा संयुक्त रूप से 'मंगला' तेल क्षेत्र से वाणिज्यिक स्तर पर तेल उत्पादन प्रारंभ हो गया है। यह विगत 2 दशकों में देश में तेल की सबसे बड़ी उपतटीय (On Shore) खोज है। इसके अलावा 'भाग्यम' व 'ऐश्वर्य' में भी तेल के प्रचुर भण्डार हैं। इन तीनों क्षेत्रों में संयुक्त रूप से निकासी योग्य तेल के भण्डार 1 अरब बैरल आंकलित किये गए हैं। मंगला क्षेत्र से अगले दो वर्षों में कुल स्वदेशी उत्पादन का 20% प्राप्त होगा।

खनिज तेल प्राप्ति के अन्य संभावित क्षेत्रों का पता लगाने तथा उसके भंडारों के सर्वेक्षण के लिए 1956 ई. में तेल एवं प्राकृतिक गैस निगम (O.N.G.C.) की स्थापना की गई थी जबकि 1959 ई. में असम एवं अरूणाचल प्रदेश के तेल क्षेत्रों एवं भंडारों का पता लगाने तथा उनके विकास हेतु ऑयल इण्डिया लि. (O.I.L.) का गठन किया गया। ओएनजीसी ने पांचवीं पीढ़ी के अत्याधुनिक ड्रिल शिप 'बेल्फोर्ड डॉल्फिन' के द्वारा गहरे समुद्र में तेल की खोज के लिए 'सागर समृद्धि परियोजना' प्रारंभ किया है। यह समुद्र में 3000 मी. की गहराई तक खुदाई करने में सक्षम है। ओएनजीसी विदेश लिमिटेड (OVL) ने पूर्वी रूस के सखालीन द्वीप के तेल क्षेत्र में तेल एवं प्राकृतिक गैस के उत्पादन हेतु निवेश किया है जहां उसकी हिस्सेदारी 20% है। किसी भारतीय कंपनी का यह विदेश में सबसे बड़ा निवेश है। रूसी तेल क्षेत्र से पहला लदान अप्रैल 2006 में प्रारंभ हो गया है। म्यांमार के श्वे क्षेत्र में प्राकृतिक गैस के विशाल भंडार का पता लगा है। इसका उत्पादन दिसंबर 2005 से प्रारंभ हो गया है। ओएनजीसी विदेश लिमिटेड (OVL) एवं भारतीय गैस प्राधिकरण लिमिटेड (GAIL) की भागीदारी इसमें क्रमशः 20% व 10% है। दक्षिणी चीन सागर क्षेत्र में तेल व गैस की खोज हेतु भारत की ONGC तथा वियतनाम की कंपनी पेट्रों वियतनाम के बीच समझौता हुआ है।

कृष्णा-गोदावरी बेसिन (के.जी. बेसिन)-आंध्र प्रदेश में यनम-काकीनाडा तट से 6 किमी. की दूरी एवं 5061 मी. की गहराई पर प्राकृतिक गैस के नए भंडार मिले हैं। यह देश में प्राकृतिक गैस का अब तक का सबसे बड़ा भंडार है। निजी क्षेत्र की रिलायंस इंडस्ट्रीज लिमिटेड (RIL) ने बंगाल की खाड़ी में स्थित कृष्णा-गोदावरी बेसिन (के.जी. बेसिन) के डी-6 ब्लॉक में 1 अप्रैल 2009 से प्राकृतिक गैस का उत्पादन शुरू कर दिया। रिलायंस इंडस्ट्रीज लिमिटेड (RIL) को यह क्षेत्र नई तेल खोज लाइसेंसिंग नीति के पहले दौर में आबंटित हुआ था। डी-6 ब्लाक जब अपनी पूरी क्षमता से गैस का उत्पादन करेगा तब देश में गैस का घरेलू उत्पादन दोगुना हो जाएगा तथा इससे देश में गैस की मौजूदा 90 प्रतिशत हिस्सा पूरा हो जाएगा। गहरे समुद्र से प्राप्त की गयी इस गैस की काकीनाडा के समीप गाडीमोड गांव में स्थापित केन्द्र से पाइप लाइन के माध्यम से देश के उर्वरक व विद्युत कम्पनियों को गैस की आपूर्ति की जाएगी। नागार्जुन फर्टीलाइजर्स इसकी पहली ग्राहक व पहली ऐसी इकाई है जो बाजार आधारित कीमत पर मिलने वाले स्वच्छ ईंधन से चलेगी।

भारत-रूस गैस हाइड्रेट सेन्टर-समुद्र के तलहटी में लगभग 2 किमी. की गहराई पर गैस हाइड्रेट या क्लैथरैट (बर्फ में फंसी मीथेन गैस) होते हैं। विश्व में रूस एक मात्र देश है जिसने साइबेरिया में गैस हाइड्रेट सेन्टर की स्थापना कर रहा है। गहरे समुद्र में इसके दोहन हेतु दोनों देशों के वैज्ञानिकों ने मिलकर 'रोसब' नामक रिमोट कंट्रोल यंत्र का विकास किया है।

परंपरागत विद्युत उत्पादन

ताप विद्युतः इसके उत्पादन हेतु कोयला, खनिज तेल व प्राकृतिक गैस जैसे जीवाश्मी ऊर्जा का उपयोग किया जाता है। अतः इनकी उपलब्धता इसके उत्पादन को नियंत्रित करने का सर्वप्रमुख कारक है। राष्ट्रीय ताप विद्युत निगम (एनटीपीसी) की 1975 में नई दिल्ली में स्थापना किए जाने के बाद से ताप विद्युत उत्पादन में जल विद्युत व परमाणु विद्युत की तुलना में काफी तेजी से वृद्धि हुई है तथा कुल विद्युत उत्पादन में ताप विद्युत का योगदान 83 प्रतिशत से भी अधिक है।

भारत सरकार ने 'पावर फाइनेंस कार्पोरेशन' को नोडल एजेन्सी बनाते हुए कोयला आधारित बड़ी विद्युत परियोजना (अल्ट्रा मेगा पॉवर प्रोजेक्ट) की दिशा में पहल की है। इसका उद्देश्य उपभोक्ताओं को न्यूनतम लागत पर विद्युत उपलब्ध कराना है। इन परियोजनाओं में कार्बन उत्सर्जन को कम करने के लिए सुपर क्रिटिकल तकनीकी अपनाने का प्रस्ताव है जिससे पर्यावरण को होने वाले नुकसान से बचाव हो सकेगा। इन अल्ट्रा मेगा पावर

प्रोजेक्ट में से प्रत्येक की क्षमता चार हजार मेगावाट या उससे ज्यादा है। वर्तमान समय में इनकी संख्या 10 है। मुंद्रा (गुजरात) में यह टाटा पॉवर के द्वारा बनाया जा रहा है। सासन (मध्य प्रदेश), कृष्णापट्टनम (आंध्र प्रदेश), तिलैया (झारखंड), गिरिये (महाराष्ट्र), येच्चूर (तमिलनाडु), तादरी (कर्नाटक), अलकतरा (छत्तीसगढ़), साल्का खमेरिया (सरगुजा, छत्तीसगढ़) मरक्कनम (तमिलनाडु), झारसूगुडा (ओडिशा), का निर्माण रिलायंस पॉवर कर रही है। इव वैली (ओडिशा) व न्यूनीपल्ली (आंध्र प्रदेश) में भी एक अल्ट्रा मेगा पॉवर प्रोजेक्ट प्रस्तावित है।

परमाणु विद्युतः भारत में परमाणु ऊर्जा अनुसंधान के जनक डॉ. होमी जहाँगीर भाभा के प्रयासों के फलस्वरूप 1948 में परमाणु ऊर्जा आयोग की स्थापना हुई। 1954 में परमाणु ऊर्जा विभाग की स्थापना की गई। मुम्बई के निकट ट्रॉम्बे में भारत का पहला परमाणु अनुसंधान संयंत्र 'अप्सरा' कार्यशील हुआ। भारत का पहला परमाणु विद्युत गृह 1969 में महाराष्ट्र के तारापुर नामक स्थान में स्थापित किया गया। परमाणु विद्युत उत्पादन के लिए यूरेनियम, थोरियम, भारी जल आदि आवश्यक हैं। इनकी झारखण्ड, राजस्थान, मेघालय व केरल जैसे राज्यों में पर्याप्त उपलब्धता है। परमाणु ऊर्जा विभाग ने 2020 ई. तक 20 हजार मेगावाट नाभिकीय विद्युत उत्पादन क्षमता का लक्ष्य निर्धारित किया है। वर्तमान समय में भारत में कार्यशील रिएक्टरों की कुल संख्या 20 एवं आणविक ऊर्जा की स्थापित क्षमता 4,780 मेगावाट है। भारत परमाणु शक्ति सम्पन्न राष्ट्रों में छठा स्थान रखता है, परन्तु अभी भी कुल विद्युत उत्पादन में परमाणु ऊर्जा का योगदान मात्र 3.0% है। भारत व संयुक्त राज्य अमेरिका के मध्य हुए असैन्य परमाणु करार के पश्चात् भारत ने कनाडा, फ्रांस, रूस जैसे देशों के साथ भी असैन्य परमाणु समझौता किया है, जिससे भारत में परमाणु विद्युत की दिशा में अभूतपूर्व वृद्धि की संभावना है।

जैतपुर परमाणु ऊर्जा परियोजनाः जैतपुर परमाणु ऊर्जा परियोजना महाराष्ट्र के उत्तर-पश्चिमी कोंकण क्षेत्र (जो पश्चिमी घाट का एक भाग है) के रत्नगिरि जिले के मदबन गांव में न्यूक्लियर पावर कॉरपोरेशन ऑफ इंडिया लि. द्वारा प्रस्तावित 9900 मेगावाट की महत्वाकांक्षी परियोजना है जो पूर्ण होने पर निवल विद्युत ऊर्जा की दृष्टि से अपने प्रकार की विश्व की सबसे बड़ी परमाणु ऊर्जा परियोजना होगी। इस परियोजना के तहत 8 (प्रत्येक 1650 मेगावाट क्षमता) तृतीय पीढ़ी के दाबानुकूलित जल संयंत्र (PWR-Pressurized Water Reactors) जिन्हें EPR (Evolutionary European Pressurized Reactors) भी कहा जाता है, फ्रांसीसी कंपनी अरेवा (Areva) के सहयोग से स्थापित किए जाएंगे। भारत द्वारा नाभिकीय आपूर्तिकर्ता देशों के साथ समझौतों के पश्चात् यह भारत में स्थापित होने वाली पहली परमाणु ऊर्जा परियोजना है। स्थानीय जनता एवं किसानों, पर्यावरणविदों तथा गैर सरकारी संगठनों द्वारा इस परियोजना का भारी विरोध किया जा रहा है जिसने इस परियोजना को विवादों में ला दिया है।

प्रमुख परमाणु विद्युत केन्द्र, स्थान एवं विशेषता

प्रमुख केन्द्र	*अवस्थिति*	*विशेषता*
• तारापुर	मुम्बई (महाराष्ट्र)	1. भारत का प्रमुख परमाणु विद्युतगृह 2. एशिया का सबसे बड़ा परमाणु विद्युतगृह
• रावतभाटा (राणाप्रताप सागर)	कोटा (राजस्थान)	1. कनाडा के सहयोग से स्थापित 2. प्राकृतिक यूरेनियम ऑक्साइड ईंधन का प्रयोग
• कलपक्कम	चेन्नई (तमिलनाडु)	1. देशी साज-सामान प्रयुक्त करने वाली प्रथम परियोजना 2. 485 मी. लम्बी प्रस्तावित समुद्री सुरंग
• नरौरा	बुलन्दशहर (उत्तर प्रदेश)	....
• कुम्हारिया	फतेहाबाद (हरियाणा)	2800 मेगावाट क्षमता (प्रस्तावित)
• काकरापारा	सूरत (गुजरात)	....
• जैतपुर	रत्नगिरि (महाराष्ट्र)	इवोल्युशनरी प्रेसराइज्ड रिएक्टर (ईपीआर) फ्रांस के अरेवा कंपनी का सहयोग (प्रस्तावित)
• कैगा व जगतपुरा	कर्नाटक	प्रस्तावित
• कुडनकुलम	तमिलनाडु	1. रूस का सहयोग 2. साधारण जल शीतलित तकनीक (Ordinary water cooled)

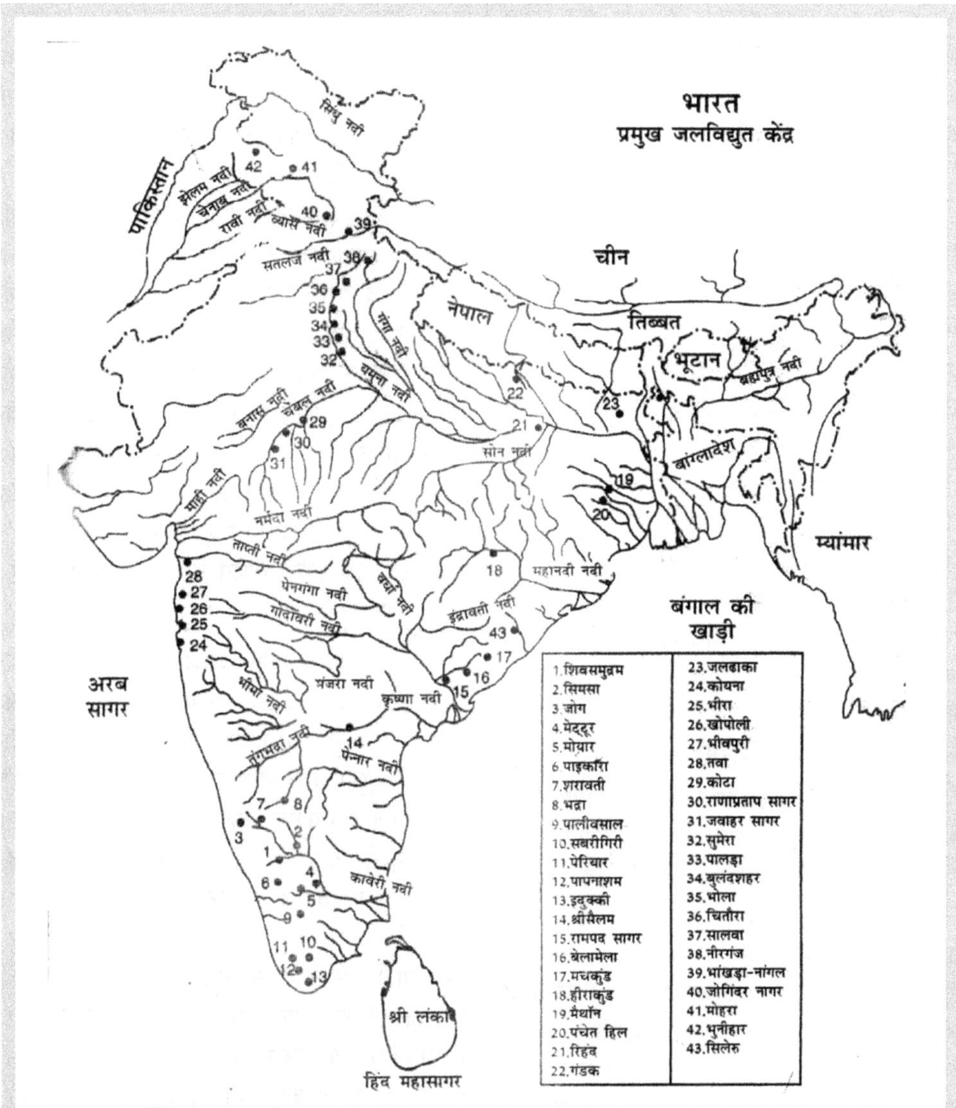

जल विद्युत : यह ऊर्जा का नवीकरण योग्य, सस्ता, सुलभ, गैर-प्रदूषक व पर्यावरण-मित्र स्रोत है। इसके लिए बांधों के पीछे जलाशयों का निर्माण किया जाता है तथा जल को ऊंचाई से गिराकर टरबाइन व विद्युत जनरेटर चलाए जाते हैं। इस प्रकार जल की स्थैतिक ऊर्जा को गतिज ऊर्जा में बदलकर विद्युत का उत्पादन किया जाता है। भारत में प्रकृति ने विशाल जल संसाधन उपलब्ध कराए हैं, जो हमारी विद्युत आवश्यकताओं की पूर्ति कराने की क्षमता रखता है, परंतु अभी भी इनका अल्प विकास ही हो सका है। यही कारण है कि हमारी ताप विद्युत पर निर्भरता काफी अधिक है। भारत की प्रथम जल विद्युत परियोजना कर्नाटक के 'शिवसमुद्रम' में 1902 में प्रारंभ की गई थी। वर्तमान समय में भारत में अनेक जल विद्युत परियोजनाएं कार्यरत हैं, जिनमें कुछ को राष्ट्रीय संपत्ति का दर्जा भी प्राप्त है। अरूणाचल प्रदेश में स्थित 'लोअर सुबनसिरी' देश की सबसे बड़ी जलविद्युत परियोजना है। पूरा होने के बाद यह 2,000 मेगावाट विद्युत का उत्पादन करेगी। राष्ट्रीय जल विद्युत निगम (एनएचपीसी) के 1975 में स्थापना किए जाने के बाद से जल विद्युत के उत्पादन में पर्याप्त सुधार हुआ है। वर्तमान समय में 60 प्रतिशत लोड फैक्टर पर जल विद्युत की

कुल स्थापित क्षमता 84 हजार मेगावाट है। लघु जल विद्युत परियोजनाओं की संभावित क्षमता भी 15 हजार मेगावाट अनुमानित है। इस प्रकार जल विद्युत के विकास की दिशा में प्रयास हो रहे हैं, परंतु अभी भी इनके विकास की असीम संभावनाएं हैं।

ऊर्जा के गैर-परंपरागत स्रोत

नवीन व नवीकरणीय ऊर्जा मंत्रालय द्वारा 26 दिसम्बर 2008 से समेकित ऊर्जा नीति को मंजूरी दी गई जिसमें आगामी 25 वर्षों में ऊर्जा क्षेत्रों में 9% विकास दर का लक्ष्य रखा गया है। ऊर्जा सुरक्षा की दिशा में टिकाऊ विकास हेतु एक 'रोड मैप' तैयार किया गया है। इसमें ऊर्जा बाजार को प्रतिस्पर्धी बनाने, उचित ऊर्जा मूल्य निर्धारण, लक्षित सब्सिडी, सार्वजनिक क्षेत्रों में ऊर्जा कंपनियों को स्वायत्तता व पूर्ण उत्तरदायित्व प्रदान करना, ऊर्जा की नवीन संसाधनों की खोज के प्रयास आदि शामिल हैं। दैनिक जीवन में अक्षय ऊर्जा प्रणालियों एवं यंत्रों के उपयोग तथा लाभों के प्रति लोगों में सामूहिक जागरुकता उत्पन्न करने के उद्देश्य से 20 अगस्त 2009 को राजीव गांधी अक्षय ऊर्जा दिवस देश भर में मनाया गया। अक्षय ऊर्जा स्रोतों से 11वीं पंचवर्षीय योजना में केन्द्र सरकार द्वारा 10,000 मेगावाट बिजली पाने का लक्ष्य रखा गया है। इन ऊर्जा स्रोतों में निम्न शामिल हैं–

सौर ऊर्जा : ब्रिटिश लेखक हरमन स्कीयर ने अपनी पुस्तक 'द सोलर इकॉनमी' में कहा है कि केवल सौर ऊर्जा ही सार्वभौमिक एवं समान मानव अधिकार की गारंटी प्रदान करती है। वस्तुतः सूर्य कभी न खत्म होने वाली ऊर्जा का विशाल स्रोत है जिसका उपयोग खाना बनाने, जल शुद्धिकरण, विद्युत निर्माण, कमरे को गर्म रखने और फसल सुखाने में किया जा सकता है। यह ऊर्जा उष्णकटिबंधीय देशों में प्रचुरता में उपलब्ध है। इस ऊर्जा को फोटोवोल्टिक सेलों द्वारा सीधे विद्युत में बदला जा सकता है। भारत को वर्ष में 300 दिन औसतन 5 किलोवाट प्रति वर्ग सेमी. सौर विकिरण ऊर्जा मिलती है। राजस्थान, गुजरात और महाराष्ट्र में इसका विशेष लाभ उठाया जा सकता है। उदाहरण के लिए जयपुर के सभी 'स्ट्रीट लाइट' सौर ऊर्जा पर ही आधारित हैं। आन्ध्र प्रदेश में 'सालिजीपल्ली' भारत का पहला गाँव है जिसे सौर ऊर्जा से पूर्णतः विद्युतीकरण किया गया है। भारत में 2 मेगावाट क्षमता वाला पहला सोलर फोटोवोल्टिक संयंत्र पश्चिम बंगाल के बर्द्धमान जिले में आसनसोल के निकट 'डिसरगढ़' में स्थापित किया गया है। भारत एशिया में जापान के बाद दूसरा ऐसा देश है, जिसने इस तरह का संयंत्र स्थापित किया है। देश का सबसे विशाल ग्रिड युक्त फोटोवोल्टिक ऊर्जा संयंत्र पश्चिम बंगाल में सागर द्वीप पर 'कायलापाड़ा गांव' में स्थापित किया जा रहा है। एशिया का सबसे विशाल सौर ताप विद्युत संयंत्र 'नागपुर' में स्थापित किया जा रहा है। 10 मेगावाट की इस संयंत्र से उत्पादित विद्युत राष्ट्रीय ग्रिड से संबद्ध की जाएगी। एशिया में भारत ही एकमात्र ऐसा देश है जहाँ सौर तालाब का निर्माण किया गया है। यह सौर तालाब गुजरात में 'भुज' (कच्छ जिला) में है। लक्षद्वीप के 'बंग्राम द्वीप समूह' में भेल (BHEL) ने सफलतापूर्वक भारत का सबसे बड़ा सोलर डीजल हाइब्रिड प्लांट स्थापित किया है। नई दिल्ली में सोलर रिक्शॉ (सोलेक्सा) की दिशा में भी सफल प्रयास हुए हैं। 8 जुलाई 2009 को सौर लालटेन कार्यक्रम के क्रियान्वयन की घोषणा की गई। 11वीं पंचवर्षीय योजना में 60 शहरों को इसके अंतर्गत लाने का लक्ष्य रखा गया था। इस योजना के तहत् 5000 से 5 लाख की आबादी वाले शहरों को शामिल किया जाता है। यद्यपि उत्तर-पूर्व सहित विशेष श्रेणी के राज्यों के लिए कुछ छूट प्रदान किए गए हैं।

राष्ट्रीय सोलर मिशन : देश में बढ़ती ऊर्जा आवश्यकताओं की पूर्ति तथा जीवाश्म ऊर्जा पर बढ़ती निर्भरता को कम करने के लिए 11 जनवरी, 2010 को जवाहर लाल नेहरू राष्ट्रीय सोलर मिशन का शुभारंभ किया गया। इस मिशन का उद्देश्य भारत को सौर ऊर्जा के क्षेत्र में एक अग्रणी देश बनाना है। यह उन 8 राष्ट्रीय मिशनों में से एक है जो जलवायु परिवर्तन पर भारत की राष्ट्रीय कार्ययोजना में शामिल है। इस मिशन के तहत 13वीं पंचवर्षीय योजना के अंत तक 20,000 मेगावाट सौर ऊर्जा उत्पादन का लक्ष्य रखा गया है। इस लक्ष्य को हासिल करने के लिए देश में सिलिकन वैली की तर्ज पर अनेक सोलर वैलियों का निर्माण किया जाएगा। ये ऐसे औद्योगिक क्षेत्र में होंगे जहां बिजली के बजाय सौर ऊर्जा का इस्तेमाल किया जाएगा। इस मिशन में अस्पताल, होटल, गेस्ट हाउस आदि में सोलर वाटर हीटर को अनिवार्य करना, सोलर थर्मल पावर प्लाटों का वाणिज्यिक विकास आदि शामिल है। यद्यपि सौर ऊर्जा संयंत्र की स्थापना का प्रारंभिक निवेश काफी अधिक है, परंतु बाद के वर्षों में इसके उत्पादन लागत में क्रमशः कमी होने लगती है। इसके अलावा ऊर्जा स्रोत की सुरक्षा पर्यावरणीय प्रभाव एवं अन्य तथ्यों को ध्यान में रखते हुए यह कहा जा सकता है कि सौर ऊर्जा भविष्य के आर्थिक विकास की पूंजी है और राष्ट्रीय सोलर मिशन इस पूंजी की प्राप्ति की दिशा में पहला बड़ा कदम है।

पवन ऊर्जा : हवा में गतिज ऊर्जा होती है। इस ऊर्जा का उपयोग सिंचाई करने तथा बिजली बनाने में किया जा सकता है। भारत में पवन ऊर्जा के उत्पादन के लिए उपयुक्त प्रदेश तमिलनाडु, आन्ध्रप्रदेश, गुजरात, कर्नाटक और केरल हैं। एशिया का सबसे बड़ा पवन ऊर्जा केन्द्र गुजरात के कच्छ जिला में मांडवी में है। एशिया का सबसे बड़ा 'पवन फार्म' (Wind Farm) तमिलनाडु के मुप्पनडल में है। महाराष्ट्र के सतारा में भी एक पवन ऊर्जा संयंत्र स्थापित किया गया है। देश में 2009 के अंत तक कुल 11 हजार मेगावाट पवन विद्युत उत्पादन क्षमता अर्जित की गई है। कुल संस्थापित नवीकरणीय या अक्षय ऊर्जा का 70% पवन ऊर्जा से ही प्राप्त होता है। पवन ऊर्जा की स्थापित क्षमता में भारत का स्थान सं.रा. अमेरिका, जर्मनी, स्पेन व चीन के बाद विश्व में पांचवां है।

भू-तापीय ऊर्जा : भू-तापीय ऊर्जा से तात्पर्य भूपटल की ऊष्मा से है जो ज्वालामुखी, गेसर, उष्ण स्रोतों आदि के रूप में मिलते हैं। भारत में 80°-100° तापमान वाले 340 गर्म स्रोतों को खोजा जा चुका है। हिमाचल प्रदेश के कुल्लू की पार्वती घाटी में 1760 मीटर की ऊंचाई पर बसे 'मणिकर्ण' के गर्म पानी से स्रोत से करोड़ों की बिजली पैदा की जा सकती है। यहां एक भू-तापीय संयंत्र लगाया गया है। लद्दाख में 'पूगा घाटी' में ग्रीन हाउस के लिए भू-तापीय ऊर्जा केन्द्र की स्थापना की जाएगी। छत्तीसगढ़ के सरगुजा जिले में 'तातापानी' में भी भू-तापीय ऊर्जा संयंत्र लगाया जा रहा है। भारत का प्रथम भू-तापीय विद्युत संयंत्र आंध्र प्रदेश के 'खम्मम' में स्थापित हो जाएगा। इसकी क्षमता 25 मेगावॉट होगी। हिमाचल प्रदेश के सतलज-स्पीति, व्यास व पार्वती घाटी, उत्तराखंड में बद्रीनाथ-तपोवन तथा झारखंड में सूरजकुंड में भी भू-तापीय ऊर्जा के उत्पादन की अच्छी संभावना व्यक्त की गई है। गर्म पानी के स्रोतों में थर्मल डिस्चार्ज से बिजली पैदा की जा सकती है। इसके लिए जरूरी तकनीक आसानी से उपलब्ध है। हाइडल पावर की बजाय इस तकनीक से पैदा होने वाली बिजली कहीं सस्ती होगी।

समुद्री-ताप से ऊर्जा उत्पादन (OTEC) : OTEC में समुद्र की ऊपरीसतह से 1000 मी. की गहराई तक से ऊर्जा अवशोषित किया जाता है। भारत जैसे उष्णकटिबंधीय देश में, जहाँ समुद्री तापमान 25°C तक रहता है, OTEC से ऊर्जा उत्पादन की व्यापक संभावना है। लक्षद्वीप तथा अंडमान निकोबार द्वीप समूह OTEC ऊर्जा के लिए सबसे उपयुक्त क्षेत्र हैं। भारत में इस तरह का एक प्रयास सं.रा. अमेरिका के सहयोग से तमिलनाडु के 'कुलशेखरपट्टनम' में हो रहा है।

ज्वारीय ऊर्जा : समुद्र में उठने वाली ज्वार-भाटा की मदद से भी विद्युत उत्पादन किया जा सकता है। भारत में खम्भात की खाड़ी, कच्छ की खाड़ी और सुन्दरवन में ज्वारीय ऊर्जा के उत्पादन की अच्छी संभावना है। कच्छ की खाड़ी में 'कांडला' में एक ज्वारीय ऊर्जा संयंत्र लगाने का प्रस्ताव है, जो एशिया का पहला ऐसा संयंत्र होगा। सुंदरवन के दुर्गादुआनी क्रीक में भी इस दिशा में प्रयास हो रहे हैं।

समुद्री तरंग ऊर्जा : अरब सागर और बंगाल की खाड़ी की व्यापारिक पवन वाली पट्टियाँ समुद्री तरंग से ऊर्जा के उत्पादन के लिए आदर्श स्थल है। भारत का प्रथम समुद्री तरंग विद्युत संयंत्र विझिंगम (केरल) में लगाया गया है। निकोबार द्वीपसमूह में मूस प्वाइंट में भी समुद्री तरंग ऊर्जा की अच्छी संभावना है।

हाइड्रोजन ऊर्जा : यह ऑटोमोबाइल में प्रयुक्त होने वाले तरल व गैस जीवाश्मी ऊर्जा का एक स्वच्छ, सस्ता व प्रदूषण रहित संभावित विकल्प है। हाइड्रोजन ऊर्जा के आधार पर कृषि पंपसेट के विकास की भी दिशा में प्रयास हो रहे हैं। हाइड्रोजन ऊर्जा केन्द्र, बनारस (BHU) इस ऊर्जा के विकास की दिशा में विभिन्न शोध कार्य कर रहा है।

बायोमास : भारत के ग्रामीण क्षेत्रों में बायोमास ईंधन का एक महत्वपूर्ण स्रोत है। बायोमास के दो प्रमुख स्रोत हैं– (i) कृषि के अवशिष्ट व वनोत्पाद (ii) नगरपालिका के कूड़े-कचड़े। बायोमास विकास कार्यक्रम के अन्तर्गत ईंधन, चारा और विद्युत उत्पादन के लिए उच्च कैलोरी क्षमता वाले व तेजी से बढ़नेवाले पौधों तथा पेड़ों के रोपण पर बल दिया जाता है। बायोमास से इथेनोल और मिथेनोल जैसे तरल ईंधन भी बनाए जाते हैं जिससे वाहन चलाए जा सकते हैं।

भारत में बायोमास उत्पादन के लिए निम्नलिखित केन्द्र स्थापित किए गए हैं–

(i) पंजाब के झालखारी में चावल के भूसे से चलनेवाला ताप विद्युत संयंत्र।

(ii) दिल्ली के तिमारपुर में कूड़े-कचड़े से विद्युत उत्पादन करने हेतु पायलट संयंत्र।

(iii) मुम्बई में कूड़े-कचड़े से विद्युत उत्पादन करने वाला संयंत्र।

(iv) पोर्ट ब्लेयर में गैसीफायर प्रणाली वाला संयंत्र।

बायोगैस : यह भी ऊर्जा का एक ऐसा स्रोत है जो प्रचुरता से उपलब्ध प्राकृतिक कार्बनिक अवशिष्टों से बनाया जाता है।

बायोगैस एक प्रकार का गैसीय मिश्रण है जिसमें सामान्यतः 60% मीथेन, 40% कार्बनडाइऑक्साइड तथा कुछ मात्रा में नाइट्रोजन और हाइड्रोजन सल्फाइड होती है। जानवरों व मानव के मलमूत्र तथा कृषि अपशिष्ट व उद्योगों के कचड़ों के वातनिरपेक्षीय किण्वन (anaerobic fermentation) द्वारा बायोगैस बनाई जाती है। राष्ट्रीय बायोगैस खाद प्रबंधन कार्यक्रम की घोषणा 27 नवम्बर 2009 को की गई।

बायोडीजल : पेट्रोलियम कंजर्वेशन रिसर्च एसोसिएशन (PCRA) भारत में जैव-ईंधन (बायोडीजल) के उत्पादन की ओर प्रयासरत है। जट्रोपा (रतनजोत), करकास व पोन्गोमिया के उत्पादन को प्रोत्साहन इसी दिशा में पहल है। इससे बायोडीजल बनाया जा सकता है। देश का पहला बायोडीजल संयंत्र आंध्र प्रदेश में 'काकीनाडा' में लगाया गया है। यह नेचुरल बायो-इनर्जी संयंत्र है जहां प्रतिवर्ष 20 मिलियन गैलन बायोडीजल का उत्पादन होगा जिसका सं.रा. अमेरिका व यूरोप को निर्यात किया जाना है।

इथेनॉल : देश की ऊर्जा सुरक्षा को बढ़ाने के लिए राष्ट्रीय स्तर पर ईथेनॉल मिश्रित पेट्रोल कार्यक्रम का शुभारम्भ किया गया है। जीवाश्म ईंधनों पर हमारी निर्भरता धीरे-धीरे घटाने और वृहद् रूप में नवीकरण योग्य वैकल्पिक ईंधन का उपयोग बढ़ाने की दिशा में यह पहला कदम है। ईथेनॉल गन्ना, राब, मक्का, कन्द जैसे विभिन्न स्रोतों से प्राप्त किया गया एक जैविक ईंधन है। इथेनॉल पर्यावरण हितैषी है क्योंकि यह पेट्रोल की दहनशीलता को बढ़ाता है। परिणामस्वरूप यह हाइड्रो कार्बन का कम उत्सर्जन करता है। नवीनीकरण योग्य ईंधन के साथ-साथ कृषि संबंधी अवशिष्ट होने के नाते यह किसानों की आमदनी को भी बढ़ाएगा।

जैव ईंधन : यह आज की अनिवार्यता है। अमेरिका, ब्राजील, कनाडा तथा यूरोपीय यूनियन में अपनी ऊर्जा नीति में जैव ईंधन को शामिल किया है। भारत सरकार ने भी 2002 में जैव ईंधन के इस्तेमाल के लिए एक रोड-मैप तैयार किया था जिसमें एक जैव ईंधन इथेनॉल को पेट्रोल में मिलाना अनिवार्य करार दिया था, परन्तु यह ठीक से लागू नहीं हो सका। जट्रोफा जैसे जैव ईंधनों के बाद इथेनॉल का निर्माण संभव हो पा रहा है। करंज, नीम, आम की गुठली, महुआ, अल्सी का तेल आदि भी जैव ईंधन के रूप में इस्तेमाल किया जा सकता है। गन्ना भी एक विकल्प के रूप में है। यूरोप में बायोडीजल, सूरजमुखी और रेपसीड से, अमेरिका में सोयाबीन से, थाइलैंड में ताड़ और फिलीपींस में नारियल से बनाए जाते हैं। भारत में भी बायोडीजल के अनेक विकल्प हैं एवं इसकी पूरी संभावना है कि भारत में भी ब्राजील की तरह ही बायोडीजल का बड़े पैमाने पर उपयोग हों। नवीन व नवीकरणीय ऊर्जा मंत्रालय ने 24 दिसम्बर 2009 को राष्ट्रीय जैव-ईंधन नीति के निर्माण व उस पर अमल करने की घोषणा की है।

ऊर्जा दक्षता विस्तार पर राष्ट्रीय मिशन : 1 अप्रैल 2010 से ऊर्जा दक्षता विस्तार पर राष्ट्रीय मिशन की शुरुआत की गई है। इसके क्रियान्वयन का उत्तरदायित्व ऊर्जा दक्षता ब्यूरो के माध्यम से केन्द्रीय विद्युत मंत्रालय को सौंपा गया है। इस वर्ष 2015 तक पूर्णतः क्रियाशील होने के साथ देश की वार्षिक ऊर्जा खपत में लगभग 5% की कमी लाई जा सकेगी। 2015 तक इस मिशन के फलस्वरूप कोयला, गैस व पेट्रोलियम उत्पादों के संदर्भ में लगभग 23 मिलियन टन तेल समकक्ष ईंधन की प्रतिवर्ष बचत की जा सकेगी।

'ग्रीन एनर्जी परियोजना' व संबंधित अनुसंधान कार्यों के वित्तीयन हेतु कोयला (लिग्नाइट व पीट) पर 50 प्रति क्विंटल पर कर लगाकर नेशनल क्लीन एनर्जी फंड के निर्माण का प्रस्ताव है।

भारत में उत्पादन की स्थापित क्षमता (31 मार्च, 2016)

विद्युत् संयंत्रों का स्वरूप	*स्थापित क्षमता (MW)*	*प्रतिशत*
• तापीय विद्युत्	210675.04	85.19
❑ कोयला आधारित	185172.88	
❑ गैस आधारित	24508.63	
❑ डीजल आधारित	993.53	
• नाभिकीय विद्युत्	5780.00	3.37
• जल विद्युत्	42783.42	10.96
• पुनर्नवीकरणीय ऊर्जा वाले	38821.51	NA
• भूटान (IMP)	–	0.47
कुल	**298059.97**	**100.00**
• राज्य विद्युत् संयंत्र	101760.59	–
• निजी विद्युत् संयंत्र	120002.63	–
• केन्द्र क्षेत्रक विद्युत् संयंत्र	76296.75	–

प्रश्नावली

1. ''मनुष्य एक विशेष स्थान पर विशेष समय पर जिन सम्पूर्ण परिस्थितियों से घिरा हुआ है, उसे पर्यावरण कहा जाता है'' यह किसका मत है?
A. जे.एस. रास
B. सी.सी. पार्क
C. डगलस एवं रोमन
D. एच. फिटिंग

2. निम्नलिखित में से कौन-से पर्यावरण के जैविक घटक हैं?
A. पेड़-पौधे B. जल
C. भूमि D. हवा

3. वायुमण्डल में नाइट्रोजन गैस की प्रतिशत मात्रा आयतन के अनुसार .... है।
A. 50%
B. 60.5%
C. 78.084%
D. उपरोक्त में से कोई नहीं

4. वायुमण्डल का सबसे निचला हिस्सा है?
A. समताप मण्डल B. ताप मण्डल
C. मध्यमण्डल D. क्षोभ मण्डल

5. धरातल का लगभग .... हिस्सा जल से घिरा हुआ है।
A. तीन B. दो
C. एक D. चार

6. वर्ल्डवाइड फंड फार नेचर-इंडिया का मुख्यालय स्थित है?
A. कानपुर B. नागपुर
C. मुम्बई D. नई दिल्ली

7. सी.पी.आर. इनवायरमेन्टल एजुकेशन सेंटर, चेन्नई की स्थापना किस वर्ष में की गई?
A. 1980 B. 1988
C. 1972 D. 1996

8. पर्यावरण शिक्षा केन्द्र (CEE) स्थित है?
A. अहमदाबाद B. नागपुर
C. नई दिल्ली D. मुम्बई

9. एशिया का पहला संरक्षित मगरमच्छ प्रजनन केन्द्र है?
A. मद्रास क्रोकोडाइल बैंक ट्रस्ट, चेन्नई
B. सलीम अली सेंटर फार आर्निकोलाजी एण्ड नेचुरल हिस्ट्री, कोयम्बटूर
C. बाम्बे नेचुरल हिस्ट्री सोसायटी, मुम्बई
D. उपरोक्त में कोई नहीं

10. एम.सी. मेहता एक .... हैं।
A. चिपको आंदोलन के प्रणेता
B. पत्रकार
C. पर्यावरण संरक्षण संबंधी सबसे मशहूर वकील
D. उपरोक्त में कोई नहीं

11. 1982 में स्टेट ऑफ इंडियाज इनवायरनमेंट पर पहली रिपोर्ट लिखी थी?
A. मेधा पाटेकर B. अनिल अग्रवाल
C. सुंदर लाल बहुगुणा D. एम.सी. मेहता

12. किस पर्यावरणविद् को सन् 1999 में पद्मभूषण प्रदान किया गया?
A. माधव गाडगिल B. एम.एस. स्वामीनाथन
C. एस.पी. गोदरेज D. मेधा पाटेकर

13. बुक ऑफ इंडियन बर्ड्स किस पर्यावरणविद् ने लिखी है?
A. एस.पी. गोदरेज B. अनिल अग्रवाल
C. एम.सी. मेहता D. सलीम अली

14. भारतीय विद्यापीठ इंस्टीट्यूट ऑफ इनवायरनमेंट एजुकेशन एण्ड रिसर्च स्थित है–
A. पुणे B. नागपुर
C. नई दिल्ली D. मुम्बई

15. अंतर्राष्ट्रीय ख्याति प्राप्त पत्रिका ''जरनल ऑफ नेचुरल हिस्ट्री'' किस संस्था द्वारा प्रकाशित की जाती है?
A. बाम्बे नेचुरल सोसायटी
B. विज्ञान एवं पर्यावरण केन्द्र
C. पर्यावरण शिक्षा केन्द्र
D. बॉटनिकल सर्वे ऑफ इण्डिया

16. लोकप्रिय पत्रिका 'डाउन टू अर्थ' किसके द्वारा प्रकाशित किया जाता है?
A. पर्यावरण शिक्षा केन्द्र
B. भारतीय विद्यापीठ इंस्टीट्यूट ऑफ इनवायरनमेंट एजुकेशन एण्ड रिसर्च

C. सी.पी.आर. इनवायरनमेंटल एजुकेशन सेंटर
D. विज्ञान और पर्यावरण केन्द्र नई दिल्ली

17. राजीव गांधी अक्षय ऊर्जा दिवस माना जाता है?
A. 15 अगस्त B. 20 अगस्त
C. 5 जून D. 31 मई

18. भाखड़ा बाँध किस नदी के तट पर स्थित है?
A. सतलज B. यमुना
C. गंगा D. दामोदर

19. मछलियों की मीनामाता बीमारी किससे संबंधित है?
A. पारा B. सीसा
C. लोहा D. सेलेनियम

20. ध्वनि मापन की इकाई है?
A. ग्राम B. डेसिबल
C. किमी. D. उपरोक्त में कोई नहीं

21. सामान्य वर्षा के पी.एच. का मान लगभग ... होता है।
A. 8.0 B. 7.0
C. 4.0 D. 5.6

22. 5 जून, 1992 को "पृथ्वी शिखर सम्मेलन" का आयोजन किया गया।
A. ब्राजील के रियो-डी जेनेरियो में
B. भारत के हैदराबाद में
C. जापान के टोक्यो में
D. पाकिस्तान के क्वेटा में

23. स्वच्छ वायु में ओजोन की मात्रा होती है?
A. 0.5 पीपीएम B. 0.1 पीपीएम
C. 0.001 पीपीएम D. 0.01 पीपीएम

24. स्वच्छ वायु में क्रेप्टान की मात्रा होती है?
A. 1.1 पीपीएम B. 0.11 पीपीएम
C. 0.5 पीपीएम D. 0.05 पीपीएम

25. पौधों को क्षति पहुंचाने वाले हाइड्रोकार्बन कौन से हैं?
A. एथेन B. मीथेन
C. एथाइलिन D. एसीटिलिन

26. वायु में CO_2 प्रभावित करता है?
A. हृदय B. चर्म
C. आँख D. बाल (hair)

27. नदियों में किस प्राकृतिक प्रक्रिया द्वारा जल स्वच्छ रहता है?
A. ऑक्सीकरण B. स्व-स्वच्छीकरण
C. प्रकाश संश्लेषण D. कोई नहीं

28. सीवेज (Sewage) में जल की मात्रा होती है?
A. 80% B. 90%
C. 95% D. 99.9%

29. Sludge digestion में कौन-सी गैस बनती है?
A. नाइट्रोजन B. मीथेन (CH_4)
C. CO D. अमोनिया (NH_3)

30. Sludge digestion का सामान्य समय है?
A. 6 घंटे B. 1 दिन
C. 1 सप्ताह D. 1 माह

31. जब सिवेज के रासायनिक ऑक्सीजन माँग (COD) का टेस्ट किया जाता है तो कार्बनिक पदार्थ किसकी उपस्थिति में $K_2Cr_2O_7$ द्वारा ऑक्सीकृत हो जाता है?
A. HCl B. H_2SO_4
C. NHO_3 D. उपरोक्त में कोई नहीं

32. जलीय जीवन को न्यूनतम घुलित ऑक्सीजन की कितनी मात्रा चाहिए?
A. 1 पीपीएम B. 2 पीपीएम
C. 4 पीपीएम D. उपरोक्त में कोई नहीं

33. मानक जैविक ऑक्सीजन माँग का मापन किया जाता है?
A. 10ºC – 1 दिन B. 20ºC – 1 दिन
C. 20ºC – 3 दिन D. 20ºC – 5 दिन

34. जल में ओजोन की उपस्थिति का सूचक है?
A. काला रंग B. नीला रंग
C. हल्का पीला रंग D. गुलाबी रंग

35. शैवाल के रोकथाम हेतु किस रसायन का व्यापक तौर पर प्रयोग किया जाता है?
A. सोडियम सल्फेट B. सोडियम क्लोराइड
C. कैल्शियम क्लोराइड D. कॉपर सल्फेट

36. जल में हाइड्रोजन सल्फाइट की उपस्थिति का कारण है
A. मृदुता B. क्षारकता
C. अम्लता D. खराब स्वाद

37. कठोर जल (Hard water), मृदु जल (Soft water) की अपेक्षा स्वादिष्ट किसकी उपस्थिति के कारण होता है?

A. सोडियम B. कैल्शियम

C. कार्बोनेट्स D. बाइकार्बोनेट्स

38. जल में एसिडिटी का मुख्य कारण है?

A. ऑक्सीजन

B. हाइड्रोजन

C. नाइट्रोजन

D. कार्बनडाइआक्साइड

39. जल को कठोर माना जाता है यदि उसकी कठोरता .... है।

A. 50 पीपीएम B. 100 पीपीएम

C. 200 पीपीएम D. 300 पीपीएम

40. जल को मृदु माना जाता है यदि उसकी कठोरता .... से कम हो।

A. 75 पीपीएम B. 100 पीपीएम

C. 150 पीपीएम D. 300 पीपीएम

41. I.S. के अनुसार अधिकतम कठोरता का मानक है

A. 100 पीपीएम B. 150 पीपीएम

C. 250 पीपीएम D. 350 पीपीएम

42. पीने वाले जल का पी.एच मान होना चाहिए

A. 1.0 B. 3 से 5

C. 7 से 8.5 D. 10 से 12

43. पेय जल सुरक्षित माना जाता है यदि उसका जैविक ऑक्सीजन माँग (BOD) है?

A. 25 पीपीएम B. 15 पीपीएम

C. 10 पीपीएम D. शून्य

44. जल में अधिकतम फ्लोराइड की मात्रा का मानक है?

A. 150 पीपीएम B. 100 पीपीएम

C. 130 पीपीएम D. 1.5 पीपीएम

45. भारत की मृदाओं के संबंध में निम्नलिखित कथनों पर विचार कीजिए–

1. वर्ष के अधिकांश अवधि में उच्च तापक्रम ह्यूमस की रचना में मदद करता है।
2. ह्यूमस युक्त मृदा को नाइट्रोजन की कमी के निराकरण हेतु निरन्तर रासायनिक उर्वरकों की आवश्यकता पड़ती है।
3. बेसाल्ट में टाइटेनियम लवण भारतीय पठार की मृदाओं को काला रंग प्रदान करता है।
4. लाल मृदाएं भारतीय पठार के परिधीय क्षेत्र तक सीमित हैं।

उपरोक्त कथनों में से कौन-से सही हैं?

कूटः

A. 1 तथा 2 B. 1, 3 तथा 4

C. 2 तथा 3 D. 2 तथा 4

46. विश्व में निम्नलिखित में से कौन-सा क्रियाकलाप सर्वाधिक क्षेत्र पर होता है?

A. वाणिज्य बागान B. पशुचारण

C. वाणिज्यिक अनाज खेती D. निर्वाह कृषि

47. निम्नलिखित में से किस देश में वनों की सर्वाधिक क्षति अम्ल वर्षा के कारण हुई है?

A. स्पेन B. नीदरलैण्ड

C. पोलैण्ड D. इटली

48. भूतापीय ऊर्जा का सर्वाधिक उपयोग निम्नलिखित में से किस देश में होता है?

A. न्यूजीलैण्ड B. अमरीका

C. आइसलैण्ड D. रूस

49. भू-वैज्ञानिक कालानुक्रम के अनुसार अधोलिखित का सही क्रम है–

1. अरावली 2. पूर्वीघाट

3. दक्कन ट्रैप 4. हिमालय

A. 4, 2, 3, 1 B. 1, 2, 3, 4

C. 2, 1, 3, 4 D. 3, 1, 2, 4

50. वह रेडियो-समस्थानिक जिसे परिवहन तन्त्र में खून के थक्के का पता लगाने हेतु प्रयोग में लाया जाता है, वह है–

A. आर्सेनिक-74 B. कोबाल्ट-60

C. आई-131 D. सोडियम-24

51. सामाजिक वानिकी में निम्न में से किस प्रकार के वृक्षों के रोपण को प्रोत्साहित किया जाता है?

A. फल उत्पादक

B. चारा उत्पादक

C. ईंधन उत्पादक

D. बहुउद्देशीय वाले

52. वायुमण्डल में कार्बन डाइऑक्साइड का प्रतिशत बढ़ जाने पर निम्न में से क्या घटित **नहीं** होगा?

A. पृथ्वी गरम हो जाएगी
B. ध्रुवों पर बर्फ पिघलेगी
C. समुद्र तल घट जाएगा
D. वायु ताप बढ़ जाएगा

53. घरेलू धूल में वह क्या है जो दमा पीड़ितों को परेशान करता है?

A. रसायन जो धूल में विद्यमान हों
B. धूल में अकार्बनिक कण
C. धूल बरूथी
D. धूल की नमी

54. कथन (A) : कोयला आधारित तापीय बिजलीघर अम्ल वर्षा में अंशदायी होते हैं।

कारण (R) : कोयले के जलने पर कार्बन की आक्साइडें उत्सर्जित होती हैं।

नीचे दिए गए कूट की सहायता से सही उत्तर चुनिए–

A. (A) तथा (R) दोनों सही हैं, और R, A का सही स्पष्टीकरण है
B. (A) तथा (R) दोनों सही हैं, परन्तु R, A का सही स्पष्टीकरण नहीं है
C. (A) सही है, परन्तु (R) गलत है
D. (A) गलत है, परन्तु (R) सही है

55. वह कौन-सा प्रथम भारतीय राज्य है जिसने प्लास्टिक की थैलियों के उपयोग पर पूर्ण रोक लगा दी है?

A. हरियाणा B. हिमाचल प्रदेश
C. झारखंड D. कर्नाटक

56. प्रवाल भित्ति (Coral reefs) निर्मित होती हैं–

A. ज्वालामुखी चट्टानों से
B. समुद्री अवसादों से
C. समुद्री जल के अवक्षेपण से प्राप्त क्लोरीन पदार्थों से
D. लघु उपनिवेशी समुद्री जीवों से जो चूना-पत्थर ढाँचा पदार्थ बनाते हैं

57. जब वर्षा वन निर्वृक्ष कर दिए जाते हैं तब उष्णकटिबन्धीय मृदा में क्या होता है?

A. मृदा उस स्तर तक उन्नत होती है जहां तक कि विलेय पोषक तत्वों का वृक्षों द्वारा निःशेषण नहीं होता
B. मृदा पर अल्प प्रभाव पड़ता है, क्योंकि यह गहराई तक समृद्ध होती है
C. निर्वृक्षीकरण से क्रान्तिक पोषक चक्र बाधित हो जाता है तथा मृदा निक्षलन को बढ़ावा मिलता है
D. मृदा स्थायी हो जाती है तथा अन्न उत्पादन के लिए अत्युत्तम बन जाती है

58. निम्नलिखित जलवायु कारकों में से कौन पार्थिव पारिस्थितिक तंत्र पर सबसे कम प्रभाव डालता है?

A. तापक्रम परिवर्तन
B. पवन
C. सूर्य प्रकाश (धूप) की दशाएं
D. जल की प्राप्यता

59. लघुतम वर्धन काल का जीवोम (बायोम) है–

A. सवाना B. टैगा
C. बांज़ वन (चैपरेल) D. टुण्ड्रा

60. निम्नलिखित देशों में से किसमें जल-विद्युत उत्पादन तथा कुल विद्युत उत्पादन का अनुपात अधिकतम है?

A. नार्वे B. स्वीडन
C. इटली D. डेनमार्क

61. हिमालयी क्षेत्र में खनिज संसाधनों की कमी है, क्योंकि–

A. यह क्रिस्टलीय चट्टानों से बना है
B. शैल स्तरों के विस्थापन से शैलों की व्यवस्था बाधित हो गई है तथा इसे संशलिष्ट बना दिया है
C. खनिजों के उपयोग के लिए उपयुक्त जलवायवी दशाएं नहीं हैं
D. भू-भाग खनिजों के उपयोग को दुष्कर बनाता है तथा परिवहन कठिनाइयों के कारण वह बहुत महंगा है

62. पर्यावरण एवं वन मंत्रालय द्वारा किसी भी उत्पादन को, जो पर्यावरण को हानि नहीं पहुंचाता है, प्रदान किया जाता है–

A. एगमार्क B. इकोमार्क
C. हालमार्क D. रगमार्क

63. जलवायु परिवर्तन पर सितम्बर 2009 में न्यूयॉर्क में आयोजित संयुक्त राष्ट्र सम्मेलन में भारत के किस 13 वर्षीय छात्रा ने भाषण दिया?

A. युगरत्ना श्रीवास्तव B. गरिमा श्रीवास्तव
C. राधिका देवी D. माया शर्मा

64. पर्वतीय वायुमण्डल निम्नलिखित के कारण ठण्डा होता है–

A. ऊंचाई B. तापमान
C. दाब D. इनमें से कोई नहीं

65. निम्नलिखित में कौन-सी आवृत्ति अश्रव्य है?

A. 1000 हर्ट्ज B. 10,000 हर्ट्ज
C. 1020 हर्ट्ज D. 10 हर्ट्ज

66. न्यूक्लियर ऊर्जा को किससे नापते हैं?

A. फर्मी B. ग्रेगर-गाइगर
C. मैक्सवेल D. इनमें से कोई नहीं

67. रेडियो-एक्टिविटी में अल्फा, बीटा तथा गामा किरणें निकलती हैं। इनमें से सबसे अधिक भेदन क्षमता किसकी है?

A. अल्फा B. गामा
C. बीटा D. इनमें से कोई नहीं

68. जल का अधिकतम घनत्व होता है–

A. 4°C पर B. –4°C पर
C. 0°C पर D. –273°C पर

69. वह कौन-सी गैस है जो कोयले की खान में विस्फोट उत्पन्न करती है?

A. हाइड्रोजन B. हीलियम
C. मीथेन D. कार्बन मोनोऑक्साइड

70. प्राकृतिक गैस में होता है–

A. 80% मीथेन B. 70% मीथेन
C. 10% मीथेन D. मीथेन नहीं होता है

71. ज्वारीय भित्ति क्या है?

A. भूकम्पीय गतिविधि के कारण उत्पन्न ज्वारीय तरंग
B. तटीय क्षेत्रों में बालू का निक्षेपण
C. ज्वारीय सतह से ठीक ऊपर पालिप्स (Polyps) का निर्माण
D. नदी के मुख में जाती हुई एक ऊंची ज्वारीय तरंग

72. निम्नलिखित किस ऋतु में क्षोभमण्डल की मोटाई बढ़ती है?

A. ग्रीष्म ऋतु
B. शरद् ऋतु
C. बसंत ऋतु
D. यह कभी भी परिवर्तित नहीं होती

73. वायु-प्रवाह के बीच में पर्वतों के आ जाने से जो वर्षा होती है उसे कहते हैं–

A. पर्वतीय वर्षा B. चक्रवातीय वर्षा
C. संवहनी वर्षा D. अभिवहन वर्षा

74. इको-साउण्डिग एक तकनीक है जिसका प्रयोग–

A. सागर की गहराई को मापने में किया गया है
B. ध्वनि तरंगों के विस्तार के मापन के लिए किया जाता है
C. भूकम्प की तरंगों के रिकार्ड के लिए किया जाता है
D. वायुमण्डल में वायु-घनत्व के रिकार्ड के लिए किया जाता है

75. भारत वर्ष की जल-क्षेत्र सीमा कहां तक फैली हुई है?

A. 12 नॉटिकल मील
B. 6 नॉटिकल मील
C. 15 नॉटिकल मील
D. 10 नॉटिकल मील

76. समुद्री जल में किस तत्व की प्रचुरता है?

A. सोडियम B. क्लोरिन
C. आयोडीन D. पोटेशियम

77. निम्नलिखित में से किसे गैर-परम्परागत ऊर्जा स्रोत कहा जा सकता है?

A. जल-ऊर्जा B. ताप-ऊर्जा
C. सौर-ऊर्जा D. जल-प्रपात

78. पेट्रोल पम्प गैसोलिन में टेट्राइथाल लेड को मिलाने से–

A. ईंधन का कैलोरिक मान बढ़ जाता है
B. गन्ध कम हो जाती है
C. दहन पर धुआँ कम हो जाता है
D. ईंधन का अपस्फोटन रोधी गुण बढ़ जाता है

79. विलगित निकाय वह निकाय है जिसमें–

A. वातावरण से ऊर्जा का आदान-प्रदान नहीं होता
B. वातावरण से द्रव्यमान एवं ऊर्जा का आदान-प्रदान नहीं होता है
C. वातावरण से द्रव्यमान एवं ऊर्जा का आदान-प्रदान होता है
D. उपर्युक्त में से कोई नहीं

80. निम्नलिखित जन्तुओं में से कौन भारत वर्ष में लुप्त हो गया है?
A. बर्फीला तेंदुआ B. हिप्पोपोटैमस
C. भेड़िया D. चीता

81. सुनामी आपदा कब आई?
A. 26 नवम्बर, 2004 B. 20 दिसम्बर, 2004
C. 26 दिसम्बर, 2004 D. 24 दिसम्बर, 2004

82. उपजाऊ मिट्टी की pH प्रायः निम्नलिखित के मध्य होती है–
A. 2 – 3 B. 6 – 7
C. 8 – 10 D. 11 – 12

83. मैसूर में निम्नलिखित में से एक का संस्थान है–
A. नेशनल एग्रीकल्चरल रिसर्च इंस्टीट्यूट
B. राइस रिसर्च इंस्टीट्यूट
C. फारेस्ट रिसर्च इंस्टीट्यूट
D. सेंट्रल फूड टेक्नोलॉजी रिसर्च इंस्टीट्यूट

84. यदि जल का प्रदूषण वर्तमान गति से होता रहा, तो अंततः
A. जल-चक्र बंद हो जाएगा
B. वर्षण घट जाएगा
C. जलपादपों के लिए ऑक्सीजन के अणु अप्राप्य हो जाएंगे
D. जल पादपों के लिए नाइट्रेट अप्राप्य हो जाएंगी

85. बादल और वायुमण्डल का तैरना किस कारण होता है?
A. ताप B. दाब
C. समुद्र से दूरी D. श्यानता

86. IAEA (International Atomic Energy Agency) का मुख्यालय कहां है?
A. न्यूयॉर्क B. पेरिस
C. जेनेवा D. वियना

87. करेरा अभ्यारण्य है–
A. उत्तर प्रदेश में B. मध्य प्रदेश में
C. राजस्थान में D. महाराष्ट्र में

88. मासिन राम जो सर्वाधिक वर्षा वाला क्षेत्र है, किस राज्य में अवस्थित है?
A. मेघालय B. मिजोरम
C. मणिपुर D. सिक्किम

89. कौन-सी नदी 'बंगाल का दुःख' कहलाती है?
A. दामोदर B. गण्डक
C. कोसी D. सोन

90. डायनोसॉरस थे–
A. स्तनपायी जो लुप्त हो गए
B. अण्डा देने वाली स्तनपायी
C. सरीसृप जो लुप्त हो गए
D. विशाल शाकाहारी जन्तु जिन्होंने हिप्पोपोटैमस जाति को जन्म दिया

91. तूफान की भविष्यवाणी की जाती है, जब वायुमण्डल का दाब–
A. सहसा बढ़ जाए B. क्रमशः बढ़े
C. सहसा कम हो जाए D. क्रमशः कम हो जाए

92. धुआँ पैदा होने का कारण है–
A. गैस में ठोस का परिक्षेपण
B. द्रव में गैस का परिक्षेपण
C. ठोस में गैस का परिक्षेपण
D. गैस में गैस का परिक्षेपण

93. निम्नलिखित में कौन-से रोग जल संक्रामक (Water borne) हैं?
1. टाइफायड 2. हैजा
3. ट्यूबरकुलोसिस 4. हेपेटाइटिस-A
नीचे दिए गए कूट का प्रयोग करके सही उत्तर का चयन कीजिए–
A. 1 और 2 B. 1 और 3
C. 1, 2 और 3 D. 2 और 4

94. दक्षिण अमरीका में अमेजन द्रोणी में कौन-से वन हैं?
A. पर्वतीय वन
B. उष्ण कटिबन्धीय वर्षा वन
C. आर्द्र पर्णपाती वन
D. उपोष्ण मिश्रित वन

95. सवाना प्राकृतिक क्षेत्र की निम्नलिखित में से कौन-सी लाक्षणिक विशेषता है?
A. 3ºC – 8ºC के बीच वार्षिक ताप परासयुक्त सुभिन्न आर्द एवं शुष्क ऋतु
B. वृहद्-पर्ण सदाबहार वन एवं घास
C. पूरे वर्ष एक समान उच्च तापमान
D. माध्य वार्षिक वर्षा में कोई स्थानिक भिन्नता नहीं

96. निम्नलिखित में से कौन-सी एक उत्कृष्ट गैस वायुमण्डल में पाई जाती है?

A. ऑर्गन B. क्रिप्टान
C. रेडॉन D. जेनॉन

97. निम्नलिखित में से किस स्थान पर न्यूनतम वर्षा होती है?

A. बीकानेर B. जैसलमेर
C. जोधपुर D. लेह

98. आमतौर से रेफ्रिजरेटरों में कौन-सा पदार्थ प्रयोग किया जाता है?

A. ऑक्सीजन B. अमोनिया
C. सल्फर डाइआक्साइड D. इनमें से कोई नहीं

99. राष्ट्रीय दूर संवेदन अभिकरण (NRSA) के अनुसार निम्न में से किस राज्य में कुल क्षेत्रफल का सर्वाधिक प्रतिशत वनाच्छादित है?

A. हिमाचल प्रदेश B. अरूणाचल प्रदेश
C. मेघालय D. सिक्किम

100. विश्व में सबसे बड़े व घने वन हैं–

A. भारत में B. तन्जानिया में
C. ब्राजील में D. कनाडा में

101. विश्व का सबसे ठण्डा स्थान है–

A. हैलीफैक्स (कनाडा)
B. शिकागो (USA)
C. सियाचिन (भारत)
D. वर्खोयांस्क (साइबेरिया)

102. निम्नांकित में से कौन अधिकतम ध्वनि प्रदूषण (Noise pollution) का कारण है?

A. भारी ट्रक यातायात B. निर्वाचन सभाएं
C. पॉप-संगीत D. जेट उड़ान

103. सतत विकास के लिये आवश्यक है–

A. जैविक विविधता का संरक्षण
B. प्रदूषण नियन्त्रण
C. निर्धनता को घटाना
D. उपरोक्त सभी

104. 'ग्लोबल 500' पुरस्कार प्रदान किये जाते हैं–

A. जनसंख्या नियंत्रण के लिये
B. आतंकवाद के विरुद्ध अभियान के लिये
C. पर्यावरण प्रतिरक्षा के लिये
D. मादक पदार्थों के विरुद्ध अभियान के लिये

105. लाइसीमीटर से क्या मापा जाता है?

A. वाटर पोटेन्शियल
B. परकोलेशन और लीचिंग हानि
C. इवोपरेशन हानि
D. उपर्युक्त सभी

106. डायनासोर विलुप्त (Extinct) हुए थे–

A. परमियन काल में B. ट्राइएसिक युग में
C. जुरासिक युग में D. क्रिटेशियस युग में

107. निम्नलिखित में से कौन सर्वाधिक रेडियोएक्टिव है?

A. यूरेनियम B. थोरियम
C. रेडियम D. प्लुटोनियम

108. जल प्रदूषण का कारण है–

A. वाहित मल एवं अन्य अपशिष्ट पदार्थ
B. औद्योगिक अपशिष्ट
C. कृषि से निकलने वाले पदार्थ
D. उपर्युक्त सभी

109. मैक्सिको की खाड़ी क्षेत्र का उष्णकटिवन्धीय चक्रवात कहलाता है–

A. टाइफून B. चक्रवात
C. टोरनैडो D. हरीकेन

110. निम्नलिखित में से किस समुद्र में सर्वाधिक लवणता पायी जाती है?

A. लाल सागर B. जापान सागर
C. इंगलिश चैनल D. कैलिफोर्निया की खाड़ी

111. निम्नलिखित में से कौन-सा भारत का एक प्रसिद्ध 'टाइगर रिजर्व' नहीं है?

A. सुन्दर वन B. कर्बी
C. सरिस्का D. नामदफा

112. सुमेल कीजिए

सूची-I (ईंधन गैस)	सूची-II (प्रमुख अवयव)
(*a*) सी.एन.जी.	1. कार्बनमोनोक्साइड, हाइड्रोजन
(*b*) कोयला गैस	2. ब्यूटेन, प्रोपेन
(*c*) एल.पी.जी.	3. मीथेन, इथेन
(*d*) भाप-अंगार गैस	4. हाइड्रोजन, मीथेन, कार्बन मोनोक्साइड

कूटः

	(*a*)	(*b*)	(*c*)	(*d*)
A.	2	1	3	4
B.	3	4	2	1
C.	2	4	3	1
D.	3	1	2	4

113. भारत के मानसून वर्षा अधिकतर
A. संवहनी (Convectional) है
B. चक्रवाती (Cyclonic) है
C. संवहनी तथा चक्रवाती (Convectional and Cyclonic) है
D. पर्वतीय (Orographic) है

114. निम्नलिखित राष्ट्रीय उद्यान/वन्यजीव अभयारण्य में से कौन-सा जबलपुर तथा नागपुर के बीच राष्ट्रीय राजमार्ग सं. 7 के समीप स्थित है?
A. बांधव गढ़ B. पन्ना
C. पेंच D. तडोबा

115. निम्नलिखित युग्मों में से कौन-सा एक सही सुमेलित नहीं है?
A. चित्रकोट जल-प्रपात – इन्द्रावती नदी
B. ऐलीफैंटा जल-प्रपात – गोदावरी नदी
C. जोग जल-प्रपात – शरावती नदी
D. तीर्थगढ़ जल-प्रपात – कंगेर नदी

116. पृथ्वी का कितना भाग वनों से घिरा है?
A. 26% B. 20%
C. 18% D. 30%

117. जल-प्रदूषण से होने वाले रोग की पहचान कीजिए।
A. दस्त तथा पेचिश B. मलेरिया
C. दमा D. एड्स

118. भारत में परमाणु उर्जा का उत्पादन कब प्रारम्भ हुआ?
A. 1956 B. 1967
C. 1969 D. 1974

119. परियोजनाओं एवं संबंधित पर्यावरणीय समस्याओं के निम्नलिखित युग्मों पर विचार कीजिए–
1. नदी घाटी परियोजना : जलाशय जनित भूकम्पनीयता
2. तापीय शक्ति परियोजना : स्थलीय अवकर्षण
3. खनन परियोजना : धरातीय एवं भूपृष्ठीय जल प्रदूषण
उपर्युक्त में से कौन-सा युग्म सही सुमेलित है?
A. 1, 2 और 3 B. 1 और 2
C. 2 और 3 D. केवल 1

120. 'सूची-I को सूची-II से सुमेलित कीजिए तथा प्रदत्त कूट से सही उत्तर का चयन कीजिए–

सूची-I (पक्षी विहार/वन्य जन्तु अभ्यारण्य)	**सूची-II (प्रदेश)**
(*a*) केवला देव घाना पक्षी विहार	1. हरियाणा
(*b*) सुल्तानपुर पक्षी विहार	2. कर्नाटक
(*c*) नन्दा देवी अभ्यारण्य	3. राजस्थान
(*d*) बांदीपुर अभ्यारण्य	4. उत्तराखण्ड

कूटः

	(*a*)	(*b*)	(*c*)	(*d*)
A.	4	3	2	1
B.	3	1	4	2
C.	2	3	4	1
D.	1	4	3	2

121. भारत की सुप्रसिद्ध पूर्वगामी नदियाँ हैं–
A. गंगा, यमुना और चिनाब
B. घाघरा, चम्बल और गण्डक
C. कोसी, तीस्ता और सतलज
D. सिन्धु, ब्रह्मपुत्र और अरुण

122. संसाधन संरक्षण के संदर्भ में निम्नलिखित में कौन-सा कथन सत्य नहीं है?
A. संसाधन संरक्षण वर्तमान पीढ़ी का भावी पीढ़ी के लिये त्याग है।
B. संरक्षण का अर्थ पृथ्वी तथा उसके संसाधनों का बुद्धिमता पूर्वक उपयोग है।
C. मिट्टी व जल दीर्घकालीन या परिवर्तनीय संसाधन हैं, अतः उनके संरक्षण उपायों की आवश्यकता नहीं है।
D. संरक्षण का अर्थ प्राकृतिक संसाधनों का अनुकूलतम उपयोग है।

123. निम्नलिखित में से कौन-सा सुमेलित नहीं है?
A. शिकागो – मिशिगन झील
B. डुलुथ – सुपीरियर झील
C. टोरण्टो – हारन झील
D. बुफैलो – इरी झील

124. महासागरीय जल में लवणता वहाँ अधिक होगी, जहाँ–
A. वर्षण वाष्पीकरण से अधिक हो
B. वाष्पीकरण वर्षण से अधिक हो
C. वर्षण वाष्पीकरण के बराबर हो
D. समुद्र में सतही प्रवाह (supply of surface water) अधिक आता हो।

125. ज्वार-भाटा की उत्पत्ति विषयक 'स्थिर तरंग सिद्धान्त (Stationary wave theory)' के प्रतिपादक हैं–
A. लाप्लास B. न्यूटन
C. हैरिस D. बिलियम व्हेवैल

126. निम्नलिखित को सुमेलित कीजिए तथा प्रदत्त कूट से सही उत्तर चुनिए–

सूची-I जीवोम (Biome)	**सूची-II वनस्पति (Plant Formation)**
(*a*) वन	1. झाड़ियाँ तथा घासें
(*b*) सवाना	2. अल्पाइन
(*c*) मरुस्थलीय	3. उष्णकटिबन्धीय जंगल
(*d*) टुण्ड्रा	4. कोणधारी

कूट:

	(*a*)	(*b*)	(*c*)	(*d*)
A.	4	3	2	1
B.	1	2	3	4
C.	4	3	1	2
D.	4	1	2	3

127. देश में वन्य-जीव संरक्षण अधिनियम कब लागू किया गया?
A. सन् 1965 ई. में B. सन् 1970 ई. में
C. सन् 1972 ई. में D. सन् 1980 ई. में

128. ''भू-तल पर समान प्रकार की जलवायु में सभी जगह समान प्रकार की वनस्पति होती है''–यह कथन निम्नलिखित में किस सिद्धान्त की पुष्टि करता है?
A. क्रियाशीलता (Activity) का सिद्धान्त
B. पार्थिव एकता (Terrestrial) का सिद्धान्त
C. वातावरण समायोजन (Environmental Adjustment) का सिद्धान्त
D. पारस्परिक निर्भरता (Interdependence) का सिद्धान्त

129. प्राथमिक भूकम्पीय तरंगों की गति होती है–
A. 30 से 40 किलोमीटर प्रति सेकण्ड
B. 8 से 14 किलोमीटर प्रति सेकण्ड
C. 4 से 6 किलोमीटर प्रति सेकण्ड
D. 3 से 4 किलोमीटर प्रति सेकण्ड

130. निम्नलिखित में से कौन-सी भूकम्पीय तरंग पृथ्वी के केन्द्र भाग क्रोड (Core) से गुजर सकती है?
A. पी. B. एस.
C. पी. तथा एस. D. एस. तथा एल.

131. जोते हुए खेतों में मूसलाधार वर्षा द्वारा किये गए अपरदन की क्रिया को कहते हैं–
A. जलीय क्रिया (Hydraulic Action)
B. अपघर्षण (Abrasion)
C. सन्निघर्षण (Attrition)
D. संक्षारण (Corrosion)

132. निम्नलिखित में से समुद्री जल द्वारा अपरदित भू-रूप को छाँटिए–
A. भू-जिह्वकुंश (Hook)
B. अपतटीय सोपान (Offshore Benches)
C. अनूप (Lagoon)
D. कुण्डलित रोधिका (Looped Bar)

133. वायुमण्डल की परतों का निम्नलिखित में से कौन-सा एक अनुक्रम सही है?
A. अधोमण्डल, समताप मण्डल, आयन मण्डल तथा ओजोन मण्डल
B. समताप मण्डल, मध्य स्तर (विक्षोभ सीमा), ओजोन मण्डल तथा आयन मण्डल
C. अधोमण्डल, मध्य स्तर (विक्षोभ सीमा), समताप मण्डल तथा ओजोन मण्डल
D. समताप मण्डल, अधोमण्डल, मध्य स्तर (विक्षोभ सीमा) तथा आयन मण्डल

134. सूर्य से पृथ्वी तक पहुँचने में सूर्याताप को समय लगता है–

A. 3 मिनट B. 6 मिनट
C. 8 मिनट D. 12 मिनट

135. 'मानस' वन्य-जीव अभ्यारण्य (Wildlife Sanctuary) किस राज्य में है?

A. गुजरात B. मध्य प्रदेश
C. असोम D. उत्तर प्रदेश

136. भारत में 'हिंगुल' कहाँ पाया जाता है?

A. दाची गाम अभ्यारण्य
B. छोटा नागपुर
C. लद्दाख
D. काजीरंगा

137. वायुमण्डल की संरचना में नाइट्रोजन कितने प्रतिशत होती है?

A. 10% B. 33%
C. 50% D. 78%

138. निम्नलिखित में से कौन-सा एक, निम्न मेघ है?

A. पक्षाभ-कपासी B. पक्षाभ स्तरी
C. मध्य कपासी D. वर्षा स्तरी

139. सूची-I को सूची-II से सुमेलित कीजिए और सूचियों के नीचे दिये गये कूट का प्रयोग कर सही उत्तर चुनिए–

सूची-I (संयुक्त राष्ट्र निकाय)	**सूची-II (मुख्यालय)**
(*a*) अन्तर्राष्ट्रीय न्यायालय	1. जेनेवा
(*b*) खाद्य एवं कृषि संगठन	2. रोम
(*c*) U N E S C O	3. वाशिंगटन
(*d*) W H O	4. दी हेग
	5. पेरिस

कूटः

	(*a*)	(*b*)	(*c*)	(*d*)
A.	2	3	5	4
B.	1	2	3	5
C.	3	4	1	5
D.	4	2	5	1

140. भारत वर्ष में सूखा पड़ने के प्रमुख कारण क्या हैं?

1. अधिकतर जलवृष्टि कुछ ही महीनों में हो जाती है।
2. वनों की अनुपस्थिति के कारण जल शीघ्रता से वाष्पित हो जाते हैं और सूखा पड़ जाता है।
3. जलवृष्टि के काफी परिवर्तित होने के कारण
4. जलवृष्टि की मात्रा कम होने के कारण

A. (1), (3) और (4) B. (2), (3) और (4)
C. (1), (2) और (3) D. (1), (2) और (4)

141. सौर ऊर्जा का सबसे बड़ा यौगिकीकरण (Fixator) कौन है?

A. बैक्टीरिया B. प्रोटोजोआ
C. कवक D. हरे पौधे

142. यूरेनियम रेडियोएक्टिव विघटन के फलस्वरूप अन्ततः क्या बनता है?

A. रेडियम B. थोरियम
C. पोलोनियम D. सीसा (लेड)

143. निम्नलिखित कथनों का अध्ययन कीजिए, ये कथन सामान्य बन्टन से सम्बन्धित हैं। कौन-सा कथन सही सम्मिलित नहीं किया गया है?

A. सामान्य बंटन घण्टे के आकार का होता है
B. सामान्य बंटन सममितीय (Symmetrical) होता है
C. सामान्य बंटन में सामान्य घनत्व फन्कशन $f(x)$ प्रत्येक दशा में धनात्मक नहीं होता है
D. सामान्य बंटन μ (माध्य) और σ (मानक विचलन) के प्राचल (Parameters) पर आश्रित है

144. निम्नलिखित विक्षेपण की मापों में कौन विचारमान की इकाई से स्वतंत्र होती है?

A. प्रसरण (Variance)
B. मानक विचलन (Standard deviation)
C. माध्य विचलन (Mean deviation)
D. विचलन गुणांक (Coefficient of variation)

145. निम्नलिखित में से कौन सुमेलित नहीं है?

A. नेशनल इंस्टीट्यूट ऑफ ओशेनोग्राफी (समुद्र विज्ञान का राष्ट्रीय संस्थान) – गोआ
B. इण्डियन नेशनल सेण्टर फॉर ओशेन इन्फारमेशन सर्विसेज (समुद्र सूचना सेवाओं का भारतीय राष्ट्रीय केन्द्र) – हैदराबाद
C. नेशनल इंस्टीट्यूट ऑफ ओशेन टेक्नोलाजी (समुद्र प्रौद्योगिकी का राष्ट्रीय संस्थान) – चेन्नई
D. अंटार्कटिक सृडी सेन्टर (अंटार्कटिक अध्ययन केन्द्र) – बंगलौर

146. जैविक रूप से संश्लेषित नैनो कणों का उपयोग एक नई पारिस्थितिकी मित्र तकनीक है, जिसकी कैंसर उपचार में बड़ी सम्भावनाएं हैं, इस तकनीक में एक पौधे के निचोड़ का उपयोग करते हैं, यह पौधा है–
A. मदार B. पार्थीनियम
C. धान D. लेमन ग्रास

147. ''टुमारोज बायो-डायवर्सिटी'' पुस्तक के लेखक हैं–
A. डॉ.एस.एस. स्वामीनाथन
B. डॉ. अनिल अग्रवाल
C. डॉ. वन्दना शर्मा
D. डा. जी.सी. पाण्डे

148. निम्नलिखित में से कौन-सा वायोडीजल पौधा है?
A. गुग्गल B. रोशा घास
C. रतनजोत D. जावा घास

149. मौसम मानिटरिंग युक्ति 'सोडार' स्थापित है–
A. जयपुर में
B. कटक में
C. चण्डीगढ़ में
D. कैगा तथा कलपक्कम में

150. 'फ्लाई ऐश' एक प्रदूषक दहन उत्पाद है, जो प्राप्त होता है, जलाने से
A. कोल (पत्थर के कोयलों को)
B. चारकोल (लकड़ी के कोयलों को)
C. डीजल/मिट्टी के तेल को
D. सी.एन.जी. को

151. निम्नलिखित में से कौन-सा असुमेलित युग्म है?
A. सेन्ट्रल ड्रग रिसर्च इंस्टीट्यूट – लखनऊ
B. सेन्ट्रल इलेक्ट्रोकेमिकल रिसर्च इंस्टीट्यूट – कोलकाता
C. सेन्टर फॉर सेलुलर एण्ड मोलिकुलर बायोलॉजी – हैदराबाद
D. सेन्ट्रल साल्ट रिसर्च इंस्टीट्यूट – भावनगर

152. 21वीं शताब्दी की कौन-सी तकनीक युक्ति लघुरुपण में कमाल कर सकती है?
A. परमाणु लेजर तकनीक (Atomic Laser Technique)
B. नैनो तकनीक (Nano Technology)
C. आवासानुवंशकी (Geneocology)
D. जल संवर्धन (Hydroponics)

153. पगमार्क तकनीक का प्रयोग किया जाता है–
A. वनों में पक्षी का अवलोकन करने में
B. दुर्लभ वन्य जन्तु के बद्ध स्थल में प्रजनन के लिये
C. विभिन्न वन्य जन्तुओं की जनसंख्या के आकलन के लिये
D. वन्य जन्तुओं में गुदना गोदने के लिये, ताकि एक स्पीशीज का दूसरे से भेद किया जा सके।

154. इन्दिरा गांधी आण्विक अनुसन्धान केन्द्र स्थित है–
A. महाराष्ट्र में B. तमिलनाडु में
C. उत्तर प्रदेश में D. कर्नाटक में

155. परमाणु ऊर्जा संयन्त्र स्थित है–
आगे दिये गए कूटों में से सही उत्तर चुनिए–
1. नरोरा में 2. घाट शिला में
3. कलपक्कम में 4. नंगल में
कूटः
A. 2 तथा 4 B. 1 तथा 3
C. केवल 4 D. केवल 2

156. निम्नलिखित में से परम्परागत गैर-व्यापारिक ऊर्जा को चुनिए–
A. वनस्पति तथा कृषि अवशेष (Vegetable and Agriwaste)
B. परमाणु ऊर्जा (Nuclear Energy)
C. भूताप ऊर्जा (Geothermal Energy)
D. अवशेष से प्राप्त ऊर्जा (Waste to energy)

157. ठण्डे देशों में रेडिएटर जल में निम्नलिखित में से कौन-सा यौगिक मिलाया जाता है?
A. इथाइल एसीटेट B. इथाइल एल्कोहल
C. ग्लिसरॉल D. इथाइलीन ग्लाइकॉल

158. निम्नलिखित भू-आकृतियों में से कौन चूने के प्रदेशों के क्षय-चक्र (Cycle of erosion) से संबंधित नहीं है?
A. डोलाइन B. विलय-रंध्र
C. ज्यूगेन D. कन्दरा

159. निम्नलिखित युग्मों में से कौन-सा एक सुमेलित नहीं है?
A. आइसोहाइट – वर्षा
B. आइसोबाथ – गहराई
C. आइसोहैलाइन – हिम वर्षा
D. आइसोबार – वायुमण्डलीय दाब

160. उष्णकटिबंधीय घास-स्थल को कहते हैं–
A. पम्पास B. लानास
C. सवाना D. वेल्ड

161. वायुमण्डल में प्रायः गर्मी कहाँ से आती है?
A. सूर्याताप B. चालन
C. विकिरण D. संवहन

162. मुदुमलाई वन्य प्राणी सेंक्चुरी किस राज्य में स्थित है?
A. केरल B. कर्नाटक
C. तमिलनाडु D. आन्ध्र प्रदेश

163. दो समुद्रों को जोड़ने वाले पानी के संकीर्ण विस्तार को कहते हैं–
A. खाड़ी B. प्रायद्वीप
C. स्थल-संयोजक D. जलडमरुमध्य

164. पालिथीन बनता है–
A. एथिलीन से B. प्रोपलीन से
C. एसिटिलीन से D. एनिलीन से

165. भारत में वर्षा वन पाये जाते हैं–
A. मध्य भारत में
B. पूर्वीघाट में
C. उत्तर-पूर्वी हिमालय और पश्चिमी घाट में
D. उत्तर पश्चिमी हिमालय और पूर्वी घाट में

166. पंकिल जल के निःसादन के लिये किसका प्रयोग किया जाता है?
A. साधारण नमक B. साधारण फिटकरी
C. ऐलुमिनियम पाउडर D. ब्लीचिंग पाउडर

167. निम्नलिखित में कौन-सा शुद्ध जल होता है?
A. वर्षा जल B. फिल्टर जल
C. नलकूप का जल D. आसुत जल

168. पवन की गति को मापने वाला उपकरण है–
A. आल्टीमीटर B. एनीमोमीटर
C. क्रोनोमीटर D. डोजीमीटर

169. डेसिबल क्या है?
A. एक संगीत वाद्य
B. शोर का तरंगदैर्ध्य
C. संगीत का एक स्वर
D. ध्वनि स्तर की एक माप

170. अम्ल वर्षा वनस्पति को नष्ट कर देती है, क्योंकि उसमें
A. हाइड्रोजन सल्फाइड होती है
B. ओजोन होती है
C. कार्बनमोनोक्साइड होती है
D. सल्फ्यूरिक अम्ल होता है

171. टॉक्सिकोलॉजी का सम्बन्ध किसके अध्ययन से है?
A. वाइरसों के B. बैक्टीरिया के
C. रोगों के D. विषों के

172. सूर्य की ऊर्जा का स्रोत किस प्रक्रिया में निहित है?
A. फाइटोइलेक्ट्रिक उत्सर्जन
B. नाभिकीय विखण्डन
C. नाभिकीय संलयन
D. तापायनी उत्सर्जन

173. समतापमण्डल में ओजोन का क्षरण किसकी उपस्थिति के कारण होता है?
A. सक्रिय NO_3 B. सक्रिय NO_2
C. सक्रिय Cl D. सक्रिय SO_2

174. दन्तवल्क कर्बुरण किसके कारण होता है?
A. जल में क्लोरिन के उच्च स्तर
B. जल में नाइट्रेट के उच्च स्तर
C. जल में फ्लुओराइड के उच्च स्तर
D. जल में कैल्सियम के उच्च स्तर

175. निम्नलिखित में कौन-सा जल वाहित (Water borne) रोग है?
1. विषाणु यकृत्शोथ B
2. हैजा
3. टाइफॉइड ज्वर
4. अमीबा रूग्णता (Amoebiasis)
A. केवल 1 और 2 B. 1, 2 और 3
C. केवल 1 और 4 D. 2, 3 और 4

176. नंगा पर्वत शिखर निम्न में से किस राज्य में स्थित है?
A. सिक्किम
B. हिमाचल प्रदेश
C. जम्मू और कश्मीर
D. उत्तराखण्ड

177. सूची-I एवं सूची-II सुमेलित करें और सूचियों के नीचे दिये गये कूट का प्रयोग कर सही उत्तर चुनिए–

सूची-I (झील)	**सूची-II (राज्य)**
(*a*) चिल्का झील	1. आन्ध्र प्रदेश
(*b*) कोल्लेरु झील	2. केरल
(*c*) सॉभर झील	3. ओडिशा
(*d*) वेवनद झील	4. राजस्थान

कूटः

	(*a*)	(*b*)	(*c*)	(*d*)
A.	2	1	4	3
B.	2	4	1	3
C.	3	4	1	2
D.	3	1	4	2

178. प्राकृतिक गैस का प्राथमिक घटक (Primary component) क्या है?

A. मीथेन B. ब्यूटेन
C. प्रोपेन D. एथेन

179. वायुमण्डल की किस परत में सर्वाधिक मौसम परिघटनाएँ होती हैं?

A. बर्हिमंडल (Exosphere)
B. समताप मण्डल (Stratosphere)
C. आयनमण्डल (Ionosphere)
D. क्षोभमण्डल (Troposphere)

180. सूखा बर्फ क्या है?

A. कैल्सियम हाइड्राक्साइड
B. ठोस कार्बनडाइऑक्साइड
C. सोडियम हाइड्राक्साइड
D. इनमें से कोई नहीं

181. शुद्ध जल का पी.एच. मान होता है–

A. 2 B. 9
C. 7 D. 14

182. संसार का सबसे बड़ा रेगिस्तान है–

A. थार B. कालाहारी
C. गोबी D. सहारा

183. रिक्टर स्केल द्वारा नापा जाता है–

A. उष्मा B. गहराई
C. भूकम्प की तीव्रता D. हवा की गति

184. कॉलेरा बैसिलस की खोज किसने की थी?

A. लुई पाश्चर B. रोनाल्ड रॉस
C. रॉबर्ट कोच D. जोसफ लिस्टर

185. कठोर जल के धात्विक घटक हैं–

A. मैग्नीशियम और कैल्सियम
B. आयरन, टीन और कैल्सियम
C. कैल्सियम, मैग्नीशियम और आयरन
D. उपरोक्त में से कोई नहीं

186. संसार के निम्नलिखित में से किस भाग में वर्ष के दौरान कभी भी वर्षा नहीं होती?

A. मध्य यूरोप B. मध्य उत्तरी अमरीका
C. ध्रुवीय प्रदेश D. अव-सहारा प्रदेश

187. समुद्र के ज्वार-भाटा में कौन-सी ऊर्जा भंडारित होती है?

A. द्रवीय ऊर्जा B. गतिज ऊर्जा
C. गुरुत्वीय ऊर्जा D. उपरोक्त सभी

188. जीवमण्डल आरक्षित क्षेत्रों का मिलान उनके राज्यों के साथ कीजिए–

सूची-I (जीवमण्डल आरक्षित क्षेत्र)	**सूची-II (राज्य)**
(*a*) सिमलीपाल	1. सिक्किम
(*b*) देहोद देबदं	2. मेघालय
(*c*) नौकरेक	3. अरुणाचल प्रदेश
(*d*) कंचनजंगा	4. ओडिशा

कूटः

	(*a*)	(*b*)	(*c*)	(*d*)
A.	1	3	4	2
B.	2	4	1	3
C.	3	1	2	4
D.	4	3	2	1

189. वायुमण्डल में ओजोन परत के ह्रास के लिये निम्नलिखित में से कौन-सा रासायनिक द्रव्य उत्तरदायी है?

A. नाइट्रस ऑक्साइड B. कार्बन डाइऑक्साइड
C. क्लोरोफ्लोरोकार्बन D. सल्फर डाइऑक्साइड

190. "टिहरी बाँध" का पानी किस नदी से मिलता है?

A. अलकनंदा B. भागीरथी
C. गंडक D. घाघरा

191. निम्नलिखित में से किन पवनों को "प्रतिव्यापारिक पवन" (Antitrade winds) कहा जाता है?
A. चिनूक (Chinook)
B. चक्रवात (Cyclones)
C. टाइफून (Typhoons)
D. पश्चिमी पवन (Westerlies)

192. मौसम और उसकी बनावट में परिवर्तन इस कारण होता है–
A. पृथ्वी का गुरुत्वाकर्षण
B. पृथ्वी का घूर्णन
C. पृथ्वी का परिक्रमण
D. पृथ्वी के अक्ष का इसके कक्ष के समतल की ओर झुका होना

193. लघु ज्वारभाटा (Neap Tide) पैदा होता है–
A. अर्धचन्द्र के समय
B. दिन के समय
C. एक महीने में एक बार
D. एक सप्ताह में दो बार

194. पृथ्वी के गिर्द चट्टानों की बाहरी परत को कहा जाता है–
A. चर्म B. पर्पटी
C. घेरा D. वाह्य परिधीय स्तरें

195. एक उपजाऊ मिट्टी में शामिल होता है–
A. बालू और कंकड़
B. सूखे मृत पत्ते
C. बालू और चिकनी मिट्टी
D. दुम्मट और खाद मिट्टी

196. हीराकुड परियोजना एक नदी की धारा को नियन्त्रित करती है, वह है–
A. कृष्णा B. ताप्ती
C. महानदी D. नर्मदा

197. एक भूकम्प का भूकम्पी केन्द्र स्थित हैं–
A. पृथ्वी की सतह पर
B. अभिकेन्द्र (Epicentre) के विपरीत
C. पृथ्वी के अन्दर, अभिकेन्द्र के नीचे
D. अभिकेन्द्रों के 90° पर

198. पृथ्वी पर खारे जल एवं मृदु जल का अनुपात है–
A. 9 : 1 B. 9.5 : 0.5
C. 9.8 : 0.2 D. 9.7 : 0.3

199. निम्नलिखित में से कौन अवक्षेपण (Precipitation) का रुप नहीं है?
A. वर्षा B. हिमपात
C. ओलावृष्टि D. कुहासा पड़ना

200. पार्थिव विकिरण वायुमण्डल को कितना प्रतिशत गर्म कर देती है?
A. 60% B. 70%
C. 80% D. 90%

उत्तरमाला

1	2	3	4	5	6	7	8	9	10
B	A	C	D	A	D	B	A	A	C
11	**12**	**13**	**14**	**15**	**16**	**17**	**18**	**19**	**20**
B	C	D	A	A	D	B	A	A	B
21	**22**	**23**	**24**	**25**	**26**	**27**	**28**	**29**	**30**
D	A	D	A	C	A	B	D	B	D
31	**32**	**33**	**34**	**35**	**36**	**37**	**38**	**39**	**40**
B	C	D	C	D	C	D	D	D	A
41	**42**	**43**	**44**	**45**	**46**	**47**	**48**	**49**	**50**
A	C	D	A	D	B	A	B	B	D
51	**52**	**53**	**54**	**55**	**56**	**57**	**58**	**59**	**60**
D	C	C	A	B	D	C	B	D	A
61	**62**	**63**	**64**	**65**	**66**	**67**	**68**	**69**	**70**
B	B	A	A	D	D	B	A	C	A

71	**72**	**73**	**74**	**75**	**76**	**77**	**78**	**79**	**80**
D	A	A	A	A	A	C	D	B	D
81	**82**	**83**	**84**	**85**	**86**	**87**	**88**	**89**	**90**
C	B	D	C	D	D	B	A	A	C
91	**92**	**93**	**94**	**95**	**96**	**97**	**98**	**99**	**100**
C	A	D	B	A	A	D	D	B	B
101	**102**	**103**	**104**	**105**	**106**	**107**	**108**	**109**	**110**
D	D	D	C	B	D	A	D	D	A
111	**112**	**113**	**114**	**115**	**116**	**117**	**118**	**119**	**120**
B	B	D	C	D	D	A	C	A	B
121	**122**	**123**	**124**	**125**	**126**	**127**	**128**	**129**	**130**
D	C	C	B	C	C	C	D	B	A
131	**132**	**133**	**134**	**135**	**136**	**137**	**138**	**139**	**140**
A	C	C	C	C	A	D	D	D	B
141	**142**	**143**	**144**	**145**	**146**	**147**	**148**	**149**	**150**
D	D	C	D	D	B	C	C	D	A
151	**152**	**153**	**154**	**155**	**156**	**157**	**158**	**159**	**160**
B	B	C	B	B	D	D	C	C	C
161	**162**	**163**	**164**	**165**	**166**	**167**	**168**	**169**	**170**
C	C	D	A	C	B	A	B	D	D
171	**172**	**173**	**174**	**175**	**176**	**177**	**178**	**179**	**180**
D	C	C	C	D	C	D	A	D	B
181	**182**	**183**	**184**	**185**	**186**	**187**	**188**	**189**	**190**
C	D	C	C	A	C	C	D	C	B
191	**192**	**193**	**194**	**195**	**196**	**197**	**198**	**199**	**200**
C	C	C	B	D	C	A	C	D	A

यूनिट-X : उच्च शिक्षा प्रणाली : शासन, राजनीति एवं प्रशासन

विश्वविद्यालय और उच्च शिक्षा

मौजूदा समय में देश में विश्वविद्यालय स्तर के 813 संस्थान हैं, जिसमें 47 केन्द्रीय विश्वविद्यालय, 290 राज्य स्तरीय विश्वविद्यालय, 5 राज्य विधायी कानून के तहत स्थापित संस्थान, 123 डीम्ड विश्वविद्यालय, 1 राष्ट्रीय महत्व के संस्थान, 13 मुक्त विश्वविद्यालय, 74 राष्ट्रीय महत्व के संस्थान तथा 260 निजी विश्वविद्यालयों की संख्या है। विश्वविद्यालयों और महाविद्यालयों में पंजीकृत विद्यार्थियों की संख्या लगभग 2.9 करोड़ है।

विश्वविद्यालय अनुदान आयोग

विश्वविद्यालय अनुदान आयोग की स्थापना विश्वविद्यालय शिक्षा को बढ़ावा देने, इनके समन्वय के साथ-साथ विश्वविद्यालयों में शिक्षण, परीक्षा एवं अनुसंधान के मानक निर्धारित करने और इनके रखरखाव के लिए 1956 में हुई थी। यह आयोग केंद्र एवं राज्य सरकारों और उच्चतर शिक्षा के बीच समन्वय निकाय के रूप में काम करता है। यह उच्च शिक्षा से संबंधित मुद्दों पर इन सरकारों और संस्थानों के लिए सलाहकार निकाय के रूप में भी भूमिका निभाता है। आयोग अपने उद्देश्य पूरा करने के मकसद से अन्य बातों के अलावा विश्वविद्यालयों की वित्तीय जरूरतों के बारे में पूछताछ कर सकता है। विश्वविद्यालयों और महाविद्यालयों के रखरखाव और विकास के लिए अनुदान का आवंटन और उसका वितरण करता है; समान सेवाएं और सुविधाएं निर्धारित करता है और इनकी देखरेख करता है, विश्वविद्यालय शिक्षा में सुधार के उपाय सुझाता है, कानून के अनुरूप नियम और नीति बनाता है तथा नए विश्वविद्यालयों की स्थापना और अनुदान के आवंटन पर सलाह देता है। आयोग में अध्यक्ष, उपाध्यक्ष और दस सदस्य होते हैं, जिनकी नियुक्ति केंद्र सरकार द्वारा की जाती है। इसका कार्यालय हैदराबाद, पुणे, भोपाल, कोलकाता, गुवाहाटी और बंगलौर में है। गाजियाबाद स्थित उत्तर क्षेत्रीय कार्यालय का विलय नई दिल्ली स्थित आयोग के मुख्यालय में कर दिया गया है और उसका नाम 'उत्तरी क्षेत्रीय महाविद्यालय ब्यूरो' हो गया है।

स्वायत्त अनुसंधान संगठन

नई दिल्ली स्थित भारतीय इतिहास अनुसंधान परिषद् (आई.सी.एच.आर.) इतिहास संबंधी अनुसंधान की प्रगति की समीक्षा और वैज्ञानिक ढंग से इतिहास-लेखन को प्रोत्साहित करती है। इसकी स्थापना 1972 में हुई थी। यह अनुसंधान परियोजनाओं को संचालित करता है, विद्वानों की अनुसंधान परियोजनाओं को वित्तीय सहायता देता है, फेलोशिप प्रदान करता है और प्रकाशन एवं अनुवाद का काम कराता है। भारतीय दर्शन संबंधी अनुसंधान परिषद् (आई.सी.पी.आर.) का कार्यालय नई दिल्ली और लखनऊ में है। वर्ष 1977 से अस्तित्व में आई परिषद् का कार्य दर्शनशास्त्र में अनुसंधान की परियोजनाओं और कार्यक्रमों की प्रगति की समीक्षा करना, इनका प्रायोजन करना और इन्हें सहायता देना है। यह दर्शनशास्त्र और इससे जुड़े पाठ्यक्रमों में अनुसंधान के लिए संस्थानों और व्यक्तियों को वित्तीय सहायता भी प्रदान करता है।

भारतीय उच्चतर अध्ययन संस्थान (आई.आई.ए.एस.), शिमला की स्थापना 1965 में हुई थी। यह मानविकी, समाजविज्ञान और प्राकृतिक विज्ञान के क्षेत्र में उच्चतर अनुसंधान का केंद्र है, जहां आवासीय सुविधा भी है। ये ज्ञान के नए क्षेत्रों की खोज में लगे विद्वानों का समुदाय है, जो समकालीन प्रासंगिक सवालों के वैचारिक विकास और उसके अंतरविषयी दृष्टिकोण पर नजर रखते हैं।

भारतीय समाजविज्ञान अनुसंधान परिषद् (आई.सी.एस.एस.आर.), नई दिल्ली-समाजविज्ञान अनुसंधान को बढ़ावा देने और उनका समन्वय करने वाला स्वायत्त निकाय है। इसका मुख्य काम समाजविज्ञान अनुसंधान की प्रगति की समीक्षा करना, सरकार या अन्य को अनुसंधान संबंधी कार्यों में सुझाव देना, अनुसंधान कार्यक्रमों को प्रायोजित करना और समाजविज्ञान में अनुसंधान के लिए संस्थानों और व्यक्तियों को अनुदान प्रदान करना है।

राष्ट्रीय ग्रामीण संस्थान परिषद् (एन.सी.आर.आई.) केन्द्र सरकार द्वारा पूरी तरह वित्तपोषित स्वायत्त संगठन है, जिसकी स्थापना 1995 में हुई थी। इसका काम शिक्षा पर महात्मा गांधी के क्रांतिकारी विचारों की तर्ज पर ग्रामीण उच्चतर शिक्षा को बढ़ावा देना, गांधीवादी दर्शन के अनुरूप नेटवर्क को चुस्त-दुरुस्त करना, शैक्षणिक संस्थानों और स्वायत्त एजेंसियों को विकसित करना तथा अनुसंधान को सामाजिक और ग्रामीण विकास के उपकरण के रूप में बढ़ावा देना है।

इंदिरा गांधी राष्ट्रीय मुक्त विश्वविद्यालय

इंदिरा गांधी राष्ट्रीय मुक्त विश्वविद्यालय (इग्नू) की स्थापना सितम्बर, 1985 में हुई थी। इसका दायित्व देश की शिक्षा प्रणाली में मुक्त विश्वविद्यालय की परंपरा शुरू करने और इसे बढ़ावा देने के अलावा ऐसी प्रणालियों का समन्वय करना और इनके मानक तय करना है। विश्वविद्यालय का प्रमुख उद्देश्य आबादी के एक बड़े हिस्से तक उच्च शिक्षा की पहुंच का विस्तार करना, शिक्षा के कार्यक्रम आयोजित करना और विशेष लक्षित समूहों जैसे महिलाओं, पिछड़े इलाकों और पर्वतीय इलाकों में रहने वाले लोगों के लिए उच्चतर शिक्षा के विशेष कार्यक्रम शुरू करना है।

इग्नू में विश्वविद्यालय स्तर की शिक्षा की एक नई प्रयोगात्मक प्रणाली चलाई जाती है, जो शिक्षण के तौर-तरीकों, पाठ्यक्रमों के मिलान, पंजीकरण योग्यताओं, प्रवेश की उम्र और मूल्यांकन के तौर-तरीकों के मामले में लचीली और खुली है। विश्वविद्यालय ने समेकित मल्टीमीडिया के जरिये संदेश देने की नीति अपनाई है, जिसमें प्रकाशित सामग्री तथा दृश्य-श्रव्य (ऑडियो-विजुअल) सामग्री मुहैया कराई जाती है। इग्नू टेलीकांफ्रेंसिंग कराने के साथ-साथ देशभर के अध्ययन केंद्रों में परामर्श सत्र भी आयोजित करता है। यह नियमित मूल्यांकन के साथ-साथ समयबद्ध ढंग से परीक्षाएं भी आयोजित करता है, जो पाठ्यक्रम की अवधि के अंत में संपन्न होती हैं।

इग्नू ने अपने कार्यक्रम 1987 में शुरू किए और अभी तक कुल 230 कार्यक्रम चलाए हैं, जिनके अंतर्गत 1100 पाठ्यक्रम आते हैं। इनमें पी-एच.डी., स्नातकोत्तर डिग्री कार्यक्रम, उच्चतर/स्नातकोत्तर डिप्लोमा, डिप्लोमा कार्यक्रम और सर्टिफिकेट कार्यक्रम शामिल हैं। 2011 तक विभिन्न कार्यक्रमों में 30 लाख विद्यार्थियों ने पंजीकरण कराया। इग्नू ने देश के विभिन्न भागों में 67 क्षेत्रीय केंद्रों और 2,600 अध्ययन केंद्रों के साथ व्यापक छात्र समर्थन सेवा नेटवर्क स्थापित किया है। इग्नू ने महिलाओं, अनुसूचित जाति/जनजाति और शारीरिक रूप से अक्षम लोगों के लिए अलग से कई अध्ययन केंद्रों की स्थापना की है। विश्वविद्यालय ने दूर शिक्षा परिषद् (डी.ई.सी.) की स्थापना एक वैधानिक प्राधिकरण के रूप में की है। यह देश में दूर शिक्षा के मानकों का समन्वय और उनका निर्धारण करने वाला एक सर्वोच्च निकाय है। 26 जनवरी, 2001 को इग्नू ने शिक्षा का 'ज्ञानदर्शन' चैनल शुरू किया, जो अब 24 घंटे का चैनल है। इग्नू ने नवंबर, 2001 में छात्रों को अतिरिक्त सुविधाएं देने के लिए एफ.एम. रेडियो नेटवर्क शुरू किया। इसका विस्तार समय आने पर 40 एफ.एम. स्टेशनों तक किया जाएगा। तकनीकी शिक्षा के लिए एक और उपग्रह चैनल 'एकलव्य चैनल' की शुरुआत 26 जनवरी, 2003 को की गई। यह देश में दूर शिक्षा की प्रगति और विकास के क्रम में एक बड़ा मुकाम है।

इस समय देश में 12 मुक्त विश्वविद्यालय हैं। इनके नाम हैं–बी.आर अम्बेडकर खुला विश्वविद्यालय, हैदराबाद (आंध्रप्रदेश); कोटा मुक्त विश्वविद्यालय, कोटा (राजस्थान), नालंदा मुक्त विश्वविद्यालय (बिहार); यशवंत राव चव्हाण महाराष्ट्र खुला विश्वविद्यालय, नासिक (महाराष्ट्र); मध्य प्रदेश भोज मुक्त विश्वविद्यालय, भोपाल (मध्य प्रदेश); अम्बेडकर मुक्त विश्वविद्यालय, अहमदाबाद (गुजरात); कर्नाटक राज्य मुक्त विश्वविद्यालय, मैसूर (कर्नाटक); नेताजी सुभाष मुक्त विश्वविद्यालय, कोलकाता (पश्चिम बंगाल); राजर्षि टंडन मुक्त विश्वविद्यालय, इलाहाबाद, (उत्तर प्रदेश) तथा तमिलनाडु राज्य मुक्त विश्वविद्यालय, चेन्नई (तमिलनाडु)। देश में पत्राचार पाठ्यक्रम चलाने वाले 110 से अधिक संस्थान हैं, जो पारंपरिक प्रणाली के आधार पर दूर शिक्षा उपलब्ध कराते हैं।

तकनीकी शिक्षा

देश में तकनीकी शिक्षा प्रणाली के दायरे में अभियांत्रिकी, प्रौद्योगिकी, प्रबंधन, वास्तुकला (आर्किटेक्चर), फार्मेसी आदि के पाठ्यक्रम आते हैं। मानव संसाधन विकास मंत्रालय स्नातक-पूर्व, स्नातकोत्तर और अनुसंधान स्तर के कार्यक्रमों की निगरानी करता है। केंद्रीय स्तर पर तकनीकी शिक्षा प्रणाली के अंग हैं–

अखिल भारतीय तकनीकी शिक्षा परिषद् (ए.आई.सी.टी.ई.) तकनीकी शिक्षा के उचित नियोजन और समन्वित विकास की देखरेख करने वाला वैधानिक निकाय है।

16 भारतीय प्रौद्योगिकी संस्थान (आई.आई.टी.), 13 भारतीय प्रबंधन संस्थान (आई.आई.एम.), भारतीय विज्ञान संस्थान (बंगलौर), भारतीय सूचना प्रौद्योगिक एवं प्रबंध संस्थान (ग्वालियर) और भारतीय सूचना प्रौद्योगिकी संस्थान (इलाहाबाद) के साथ-साथ 30 राष्ट्रीय प्रौद्योगिकी संस्थान (क्षेत्रीय इंजीनियरिंग कॉलेज से परिवर्तित शत-प्रतिशत केंद्रीय वित्तीय सहायता प्राप्त)।

सूचना प्रौद्योगिकी और संबंधित क्षेत्रों में उच्च गुणवत्ता वाले कर्मियों की जरूरत पूरा करने के लिए सूचना प्रौद्योगिकी में मानव संसाधन विकास मंत्रालय की ओर से राष्ट्रीय कार्यक्रम तैयार किया गया है।

अखिल भारतीय इंजीनियरिंग प्रवेश परीक्षा इंजीनियरिंग, आर्किटेक्चर, फार्मेसी और नियोजन (प्लानिंग) के कार्यक्रमों में प्रवेश के लिए शुरू की गई है। इसी तरह एम.सी.ए. कार्यक्रम में प्रवेश के लिए अखिल भारतीय मास्टर ऑफ कंप्यूटर एप्लीकेशन टेस्ट शुरू किया गया है। मास्टर ऑफ बिजनेस ऐडमिनिस्ट्रेशन (एम.बी.ए./पी.जी.डी.एफ.) प्रवेश के लिए दिशानिर्देश भी जारी किए गए हैं।

तकनीकी शिक्षा की गुणवत्ता में सुधार के लिए सरकार की ओर से चल रहे प्रयासों को समर्थन देने के उद्देश्य से विश्व बैंक की सहायता से तकनीकी शिक्षा गुणवत्ता सुधार कार्यक्रम शुरू किया गया है। यह योजना मार्च, 2003 से केंद्रीय समन्वित बहु प्रादेशिक योजना के रूप में कार्यान्वयन के चरण में है।

सरकार ने दसवीं योजना में 114.60 करोड़ रुपये की लागत से कांचीपुरम और जबलपुर में दो सूचना प्रौद्योगिकी डिजाइन एवं उत्पादन संस्थान स्थापित करने का निर्णय लिया।

राष्ट्रीय मूल्यांकन एवं प्रत्यायन परिषद् (NAAC)

राष्ट्रीय मूल्यांकन एवं प्रत्यायन परिषद् (National Assessment and Accreditation Council) की स्थापना 1994 में हुई। इसका मुख्यालय बंगलुरू में है। यह संगठन देश में उच्च शैक्षणिक संस्थानों का मूल्यांकन एवं प्रत्यायन करता है। यह एक स्वायत संस्था है जिसका वित्तीयन विश्वविद्यालय अनुदान आयोग द्वारा किया जाता है।

भारतीय राजव्यवस्था

भारत का संविधान

- संविधान का निर्माण प्रांतीय विधानमंडलों द्वारा चुने गए प्रतिनिधियों की संविधान सभा द्वारा किया गया।
- संविधान सभा का प्रथम अधिवेशन 9 दिसम्बर, 1946 को दिल्ली में हुआ जिसकी अध्यक्षता डॉ. सच्चिदानंद सिन्हा ने की थी।
- 11 दिसम्बर, 1946 को डॉ. राजेन्द्र प्रसाद को संविधान सभा का स्थायी अध्यक्ष नियुक्त किया गया।
- डॉ. भीमराव अम्बेडकर की अध्यक्षता में सात सदस्यों वाली प्रारूप समिति ने संविधान का अन्तिम रूप से निर्माण किया।
- 26 नवम्बर, 1949 को संविधान अंगीकृत किया गया तथा 26 जनवरी, 1950 से इसे सम्पूर्ण भारत में लागू किया गया। इसी कारण 26 जनवरी को गणतंत्र दिवस मनाया जाता है।
- 26 नवम्बर, 1949 को पारित भारतीय संविधान में 22 भाग, 395 अनुच्छेद तथा 8 अनुसूचियां थी।
- वर्तमान (मार्च, 2015) में इसमें 12 अनुसूचियां एवं 444 अनुच्छेद हैं।
- भारतीय संविधान का लगभग दो-तिहाई भाग 'भारत शासन अधिनियम 1935' से लिया गया था।
- संविधान की प्रस्तावना को संविधान की कुंजी या आत्मा कहा जाता है।
- संविधान के 42वें संशोधन अधिनियम 1976 के द्वारा इसमें 'पन्थ निरपेक्ष' तथा 'समाजवादी' एवं 'अखंडता' शब्द जोड़े गए।
- भारतीय संविधान के निर्माण में विभिन्न देशों के संविधान से उनके महत्वपूर्ण तत्व समावेशित किए गए थे।

भारतीय संविधान में विदेशी तत्व

राष्ट्र	विविध स्रोत
• संयुक्त राज्य अमेरिका	मौलिक अधिकार, न्यायिक पुनर्विलोकन, संविधान की सर्वोच्चता, न्यायपालिका की स्वतंत्रता, निर्वाचित राष्ट्रपति एवं उस पर महाभियोग, उपराष्ट्रपति का पद, उच्चतम एवं उच्च न्यायालयों के न्यायाधीशों को हटाने की विधि एवं वित्तीय आपात।
• ब्रिटेन	संसदीय शासन प्रणाली; एकल नागरिकता व विधि निर्माण प्रक्रिया।
• आयरलैंड	नीति निर्देशक तत्व, राष्ट्रपति के निर्वाचक मंडल की व्यवस्था, आपातकालीन उपबंध।
• ऑस्ट्रेलिया	प्रस्तावना की भाषा, समवर्ती सूची का प्रावधान, केन्द्र व राज्यों के बीच संबंध तथा शक्तियों का विभाजन।
• सोवियत संघ (रूस)	मौलिक कर्त्तव्य।
• जापान	विधि द्वारा स्थापित प्रक्रिया।
• फ्रांस	गणतंत्रात्मक शासन पद्धति।
• कनाडा	संघात्मक शासन व्यवस्था एवं अवशिष्ट शक्तियों का केन्द्र के पास होना।
• द॰ अफ्रीका	संविधान संशोधन की प्रक्रिया का प्रावधान।
• जर्मनी	आपातकाल के प्रवर्तन के दौरान राष्ट्रपति को मौलिक अधिकारों से संबंधित शक्तियां।

भारतीय संविधान की अनुसूचियाँ

- **पहली अनुसूचीः** इसमें भारतीय संघ के घटक राज्यों (29 राज्यों) एवं संघ शासित क्षेत्रों (7) का उल्लेख है।
- **दूसरी अनुसूचीः** इसमें भारतीय राजव्यवस्था के विभिन्न पदाधिकारियों को प्राप्त होने वाले वेतन, भत्ते और पेन्शन आदि का उल्लेख है।
- **तीसरी अनुसूचीः** इसमें विभिन्न पदाधिकारियों द्वारा पद-ग्रहण के समय लिये जाने वाले शपथ का उल्लेख है।

- **चौथी अनुसूचीः** इसमें विभिन्न राज्यों तथा संघीय क्षेत्रों की राज्य सभा में प्रतिनिधित्व का विवरण दिया गया है।
- **पाँचवीं अनुसूचीः** इसमें विभिन्न अनुसूचित क्षेत्रों और अनुसूचित जनजाति के प्रशासन और नियंत्रण के बारे में उल्लेख है।
- **छठी अनुसूचीः** इसमें असम, मेघालय, त्रिपुरा और मिजोरम राज्यों के जनजाति क्षेत्रों के प्रशासन का प्रावधान है।
- **सातवीं अनुसूचीः** इसमें केन्द्र और राज्यों के बीच शक्तियों के बँटवारे के बारे में उल्लेख है। इसके अन्तर्गत तीन सूचियाँ हैं–संघ सूची, राज्य सूची और समवर्ती सूची। संघ सूची में 97, राज्य सूची में 61 तथा समवर्ती सूची में 52 विषय हैं।
- **आठवीं अनुसूचीः** इसमें भारत की 22 भाषाओं का उल्लेख है।
- **नौवीं अनुसूचीः** संविधान में यह अनुसूची प्रथम संविधान संशोधन अधिनियम, 1951 द्वारा जोड़ी गई। इसके अन्तर्गत राज्य द्वारा सम्पत्ति के अधिग्रहण की विधियों का उल्लेख है।
- **दसवीं अनुसूचीः** यह संविधान में 52वें संशोधन (1985), द्वारा जोड़ी गई। इसमें दल-बदल से सम्बन्धित प्रावधानों का उल्लेखहै।
- **ग्यारहवीं अनुसूचीः** यह अनुसूची 73वें संवैधानिक संशोधन (1993) द्वारा जोड़ी गई। इसमें पंचायती राज संस्थाओं को कार्य करने के लिए 29 विषय प्रदान किए गए हैं।
- **बारहवीं अनुसूचीः** यह अनुसूची 74वें संवैधानिक संशोधन (1993) द्वारा जोड़ी गई। इसमें शहरी क्षेत्र की स्थानीय स्वशासन संस्थाओं को कार्य करने के लिए 18 विषय दिए गए हैं।

भारतीय संविधान के कुछ महत्वपूर्ण अनुच्छेद

अनुच्छेद	प्रावधान
• अनुच्छेद 1	संघ का नाम और उसका राज्य क्षेत्र
• अनुच्छेद 2	नये राज्यों का प्रवेश व स्थापना
• अनुच्छेद 3	नये राज्यों का निर्माण और वर्तमान राज्यों के क्षेत्रों, सीमाओं और नामों में परिवर्तन
• अनुच्छेद 5-11	नागरिकता के प्रावधान
• अनुच्छेद 12-35	मौलिक अधिकारों का प्रावधान
• अनुच्छेद 36-51	राज्य के नीति-निदेशक तत्व
• अनुच्छेद 51(क)	मौलिक कर्त्तव्य
• अनुच्छेद 52-73	भारत के राष्ट्रपति एवं उपराष्ट्रपति
• अनुच्छेद 74-75	मंत्रिपरिषद् की व्यवस्था एवं उसके कार्य
• अनुच्छेद 76	भारत का महान्यायवादी
• अनुच्छेद 79	संसद का गठन
• अनुच्छेद 80	राज्य सभा की संरचना
• अनुच्छेद 81	लोक सभा की संरचना
• अनुच्छेद 89	राज्य सभा का सभापति एवं उपसभापति
• अनुच्छेद 93	लोक सभा का अध्यक्ष एवं उपाध्यक्ष
• अनुच्छेद 108	कुछ दशाओं में दोनों सदनों की संयुक्त बैठक
• अनुच्छेद 109	धन विधेयक के सम्बन्ध में विशेष प्रक्रिया
• अनुच्छेद 110	धन विधेयक की परिभाषा
• अनुच्छेद 112	वार्षिक वित्तीय विवरण
• अनुच्छेद 124	उच्चतम न्यायालय की स्थापना और गठन
• अनुच्छेद 143	उच्चतम न्यायालय से परामर्श करने की राष्ट्रपति की शक्ति
• अनुच्छेद 148	भारत का नियंत्रक महालेखा परीक्षक
• अनुच्छेद 149	नियंत्रक एवं महालेखा परीक्षक के कर्त्तव्य और शक्तियाँ
• अनुच्छेद 153-162	राज्यपाल की नियुक्ति व अधिकार
• अनुच्छेद 163-164	राज्य की मंत्रिपरिषद्
• अनुच्छेद 165	राज्य का महाधिवक्ता
• अनुच्छेद 168-177	राज्य का विधानमंडल
• अनुच्छेद 178-187	राज्य विधानमंडल के अधिकारी
• अनुच्छेद 188-193	राज्य विधानमंडल का कार्य संचालन और सदस्यों की निरर्हताएँ
• अनुच्छेद 216	उच्च न्यायालय का गठन
• अनुच्छेद 226	कुछ रिट निकालने की उच्च न्यायालय की शक्ति
• अनुच्छेद 233	जिला न्यायाधीशों की नियुक्ति
• अनुच्छेद 239-241	संघ राज्य क्षेत्र
• अनुच्छेद 243-243(ण)	पंचायती राज का गठन व इसके अन्य उपबन्ध
• अनुच्छेद 243(त) से 243(य, छ)	नगरपालिकाएँ व इसके अन्य उपबंध
• अनुच्छेद 248	अवशिष्ट विधायी शक्तियां
• अनुच्छेद 249	राज्य की सूची के विषयों के संबंध में राष्ट्रीय हित में विधि बनाने की संसद की शक्ति
• अनुच्छेद 250	यदि आपात की उद्घोषणा प्रवर्तन में हो तो राज्यसूची के विषय के संबंध में विधि बनाने की संसद की शक्ति
• अनुच्छेद 253	अन्तर्राष्ट्रीय करारों को प्रभावी करने के लिए विधान
• अनुच्छेद 262	अन्तर्राज्यिक नदियों या नदी के जल संबंधी विवादों का न्यायनिर्णयन
• अनुच्छेद 263	अन्तर्राज्य परिषद् के संबंध में उपबंध
• अनुच्छेद 266	भारत और राज्यों की संचित निधियां और लोक लेखा
• अनुच्छेद 267	आकस्मिक निधि
• अनुच्छेद 280	वित्त आयोग का गठन
• अनुच्छेद 300(क)	विधि के प्राधिकार के बिना व्यक्तियों को सम्पत्ति से वंचित न किया जाना
• अनुच्छेद 312	अखिल भारतीय सेवाएं

अनुच्छेद	प्रावधान
• अनुच्छेद 315	संघ और राज्यों के लिए लोक सेवा आयोग
• अनुच्छेद 324	भारत का निर्वाचन आयोग
• अनुच्छेद 326	लोक सभा और राज्यों की विधान सभाओं के लिए निर्वाचन में वयस्क मताधिकार का होना
• अनुच्छेद 330	लोक सभा में अनुसूचित जातियों और जनजातियों के लिए स्थानों का आरक्षण
• अनुच्छेद 331	लोक सभा में आंग्ल-भारतीय समुदाय का प्रतिनिधित्व
• अनुच्छेद 332	राज्यों की विधान सभा में अनुसूचित जातियों और अनुसूचित जनजातियों के लिए स्थानों का आरक्षण
• अनुच्छेद 333	राज्य की विधानसभाओं में आंग्ल-भारतीय समुदाय का प्रतिनिधित्व
• अनुच्छेद 338	राष्ट्रीय अनुसूचित जाति आयोग
• अनुच्छेद 338 (क)	राष्ट्रीय अनुसूचित जनजाति आयोग
• अनुच्छेद 340	पिछड़े वर्गों की दशाओं के अन्वेषण के लिए आयोग की नियुक्ति।
• अनुच्छेद 343	संघ की राजभाषा
• अनुच्छेद 344	राजभाषा के संबंध में आयोग और संसद की समिति
• अनुच्छेद 348	उच्चतम न्यायालय और उच्च न्यायालयों में और अधिनियमों, विधेयकों आदि के लिए प्रयोग की जाने वाली भाषा
• अनुच्छेद 350 (क)	प्राथमिक स्तर पर मातृभाषा में शिक्षा की सुविधाएं
• अनुच्छेद 351	हिन्दी भाषा के विकास के लिए निर्देश
• अनुच्छेद 352	आपात की उद्घोषणा
• अनुच्छेद 356	राज्यों में सांविधिक तंत्र के विफल हो जाने की दशा में उपबंध
• अनुच्छेद 358	आपात के दौरान अनुच्छेद 19 के उपबंधों का निलंबन
• अनुच्छेद 360	वित्तीय आपात के बारे में उपबंध
• अनुच्छेद 368	संविधान में संशोधन करने की संसद की शक्ति और उसके लिए प्रक्रिया
• अनुच्छेद 370	जम्मू-कश्मीर राज्य के सम्बंध में अस्थायी उपबंध

1950 के बाद नये राज्यों की स्थापना

1. **आंध्र प्रदेशः** आंध्र प्रदेश अधिनियम, 1953 द्वारा मद्रास राज्य के कुछ क्षेत्र को निकालकर बनाया गया।
2. **गुजरात तथा महाराष्ट्रः** मुम्बई पुनर्गठन अधिनियम, 1960 द्वारा मुम्बई राज्य को दो भागों गुजरात तथा महाराष्ट्र में विभाजित कर दिया गया।
3. **कर्नाटकः** राज्य पुनर्गठन अधिनियम, 1956 द्वारा तत्कालीन मैसूर राज्य से बनाया गया। 1973 में इसे कर्नाटक नाम दिया गया।
4. **केरलः** राज्य पुनर्गठन अधिनियम, 1956 द्वारा ट्रावनकोर-कोचीन की जगह बनाया गया।
5. **नगालैंडः** नगालैण्ड राज्य अधिनियम, 1962 द्वारा असम राज्य से कुछ क्षेत्र लेकर बनाया गया।
6. **हरियाणाः** पंजाब पुनर्गठन अधिनियम, 1966 द्वारा पंजाब के कुछ क्षेत्र को निकालकर बनाया गया।
7. **हिमाचल प्रदेशः** हिमाचल संघ राज्य क्षेत्र को हिमाचल प्रदेश राज्य अधिनियम, 1970 द्वारा राज्य का दर्जा प्रदान किया गया।
8. **मेघालयः** 1972 में पूर्ण राज्य बनाया गया।
9. **मणिपुर एवं त्रिपुराः** 1972 में पूर्ण राज्य बनाया गया।
10. **सिक्किमः** संविधान के 35वें संशोधन अधिनियम, 1974 द्वारा सहयोगी राज्य का दर्जा दिया गया तथा 36वें संविधान संशोधन अधिनियम, 1975 द्वारा इसे पूर्ण राज्य का दर्जा दिया गया।
11. **मिजोरमः** 1986 में पूर्ण राज्य बनाया गया।
12. **अरूणाचल प्रदेशः** 1987 में पूर्ण राज्य बनाया गया।
13. **गोवाः** 1987 में राज्य बनाया गया।
14. **छत्तीसगढ़ः** वर्ष 2000 में यह मध्य प्रदेश से पृथक कर एक अलग राज्य बनाया गया।
15. **उत्तराखंडः** वर्ष 2000 में, यह उत्तर प्रदेश से पृथक कर एक अलग राज्य बनाया गया।
16. **झारखण्डः** वर्ष 2000 में, यह राज्य बिहार से पृथक कर एक अलग राज्य बनाया गया।
17. **तेलंगानाः** वर्ष 2014 में यह आंध्र प्रदेश से अलग होकर एक स्वतंत्र राज्य बना।

नागरिकता (भाग-2, अनुच्छेद 5 से 11)

- भारत में एकल नागरिकता का प्रावधान किया गया है।
- भारतीय नागरिकता अधिनियम, 1955 के अनुसार निम्नलिखित में से किसी एक आधार पर नागरिकता प्राप्त की जा सकती है–
  1. **जन्मजातः** इसके अन्तर्गत 26 जनवरी, 1950 तथा उसके बाद भारत में जन्म लेने वाला व्यक्ति भारत का जन्मजात नागरिक होगा। इस नियम के दो अपवाद हैं–प्रथम, विदेशी राजनयिकों के भारत में जन्मे बच्चे। द्वितीय, शत्रुओं के अधीन भारत के किसी भाग में उत्पन्न बच्चे।
  2. **वंशानुगतः** 26 जनवरी, 1950 तथा उसके उपरान्त भारत के बाहर जन्म लेने वाला बच्चा वंशानुक्रम से भारत का ही नागरिक कहलाएगा, यदि उसके जन्म के समय उसका पिता भारत का नागरिक हो।

3. **देशीयकरण द्वाराः** भारत सरकार से देशीयकरण का प्रमाण-पत्र प्राप्त कर भारत की नागरिकता प्राप्त की जा सकती है।
4. **पंजीकरण द्वाराः** पंजीकरण के द्वारा भारत की नागरिकता प्राप्त की जा सकती है।
5. **भूमि विस्तार द्वाराः** राज्य भू-भाग का अगर विस्तार होता है तब उस अधिगृहीत क्षेत्र के निवासियों को भारत की नागरिकता मिल जाती है।

मौलिक अधिकार (भाग-3, अनुच्छेद 12 से 35 तक)

- जब संविधान का प्रवर्तन किया गया, उस समय मूल अधिकारों की संख्या 7 थी। लेकिन 44वें संविधान संशोधन, 1976 के द्वारा सम्पत्ति के मूल अधिकार को समाप्त करके इस अधिकार को विधिक अधिकार बना दिया गया।
- भारतीय नागरिकों को निम्नलिखित छः प्रकार के मौलिक अधिकार प्राप्त हैं–

1. समता का अधिकार

- **अनुच्छेद 14:** विधि के समक्ष समता का अधिकार।
- **अनुच्छेद 15:** धर्म, नस्ल, जाति, लिंग या जन्म-स्थान के आधार पर भेदभाव का निषेध।
- **अनुच्छेद 16:** लोक नियोजन के विषय में अवसर की समता।
- **अनुच्छेद 17:** अस्पृश्यता का अंत।
- **अनुच्छेद 18:** उपाधियों का अंत।

2. स्वतंत्रता का अधिकार

- **अनुच्छेद 19:** संविधान में छः प्रकार की स्वतंत्रता का अधिकार है–
  (*i*) अभिव्यक्ति की स्वंतत्रता,
  (*ii*) शांतिपूर्वक बिना हथियारों के एकत्रित होने और सभा करने की स्वतंत्रता,
  (*iii*) संघ बनाने की स्वतंत्रता,
  (*iv*) देश के किसी भी क्षेत्र में आवागमन की स्वतंत्रता,
  (*v*) देश के किसी भी क्षेत्र में निवास करने और बसने की स्वतंत्रता,
  (*vi*) वृति, उपजीविका, व्यापार या कारोबार की स्वतंत्रता।
- **अनुच्छेद 20:** अपराधों के लिए दोष-सिद्धि के संबंध में संरक्षण।
- **अनुच्छेद 21:** प्राण एवं दैहिक स्वतंत्रता का संरक्षण।
- **अनुच्छेद 21 (क):** राज्य 6 से 14 वर्ष की आयु के समस्त बच्चों को इस ढंग से जैसा कि राज्य, विधि द्वारा अवधारित करें, निःशुल्क तथा अनिवार्य शिक्षा उपलब्ध करेगा।
- **अनुच्छेद 22:** कुछ दशाओं में गिरफ्तारी और निरोध से संरक्षण।

3. शोषण के विरूद्ध अधिकार

- **अनुच्छेद 23:** मानव के दुर्व्यापार और बलात् श्रम का प्रतिषेध।
- **अनुच्छेद 24:** बालकों के नियोजन का प्रतिषेध।

4. धार्मिक स्वतंत्रता का अधिकार

- **अनुच्छेद 25:** अंतःकरण की और धर्म के अबाध रूप से मानने, आचरण और प्रचार करने की स्वतंत्रता।
- **अनुच्छेद 26:** धार्मिक कार्यों के प्रबंध की स्वतंत्रता।
- **अनुच्छेद 27:** राज्य किसी भी व्यक्ति को ऐसे कर देने के लिए बाध्य नहीं कर सकता है, जिसकी आय किसी विशेष धर्म अथवा धार्मिक सम्प्रदाय की उन्नति या पोषण में व्यय करने के लिए विशेष रूप से निश्चित कर दी गई है।
- **अनुच्छेद 28:** राज्य-विधि से पूर्णतः पोषित किसी शिक्षा संस्था में कोई धार्मिक शिक्षा नहीं दी जाएगी।

5. संस्कृति एवं शिक्षा संबंधी अधिकार

- **अनुच्छेद 29:** अल्पसंख्यक वर्गों के हितों का संरक्षण।
- **अनुच्छेद 30:** शिक्षा संस्थाओं की स्थापना और प्रशासन करने का अल्पसंख्यक वर्गों को अधिकार।

6. संवैधानिक उपचारों का अधिकारः

- **अनुच्छेद 32:** इसके अन्तर्गत मौलिक अधिकारों को प्रवर्तित कराने के लिए समुचित कार्रवाइयों द्वारा उच्चतम न्यायालय में आवेदन करने का अधिकार प्रदान किया गया है। इस सन्दर्भ में सर्वोच्च न्यायालय को पाँच तरह के रिट (writ) निकालने की शक्ति प्रदान की गयी है। ये रिट निम्नलिखित हैं–
  (*i*) बन्दी प्रत्यक्षीकरण (*ii*) परमादेश
  (*iii*) प्रतिषेध (*iv*) उत्प्रेषण
  (*v*) अधिकार पृच्छा-लेख।

राज्य के नीति निदेशक सिद्धांत (भाग-4, अनुच्छेद 36 से 51 तक)

- नीति निदेशक सिद्धांत राष्ट्र के प्रशासकों के लिए एक आचार संहिता है।
- इसे न्यायालय द्वारा लागू नहीं किया जा सकता।
- राज्य के नीति निर्देशक सिद्धांत निम्न हैं–
  - **अनुच्छेद 38:** राज्य लोक कल्याण की अभिवृद्धि के लिए सामाजिक व्यवस्था बनायेगा।
  - **अनुच्छेद 39:** राज्य का यह कर्त्तव्य है कि वह समान कार्य के लिए समान वेतन प्रदान करे।
  - **अनुच्छेद 39 क:** समान न्याय और निःशुल्क विधिक सहायता।
  - **अनुच्छेद 40:** ग्राम पंचायतों का गठन।
  - **अनुच्छेद 41:** कुछ दशाओं में काम, शिक्षा और लोक सहायता पाने का अधिकार।
  - **अनुच्छेद 42:** काम की न्याय संगत और मानवोचित दशाओं तथा प्रसूति सहायता का उपबंध।
  - **अनुच्छेद 43:** कर्मकारों के लिए निर्वाचन मजदूरी एवं कुटीर उद्योग को प्रोत्साहन।
  - **अनुच्छेद 43 क:** उद्योगों के प्रबंध में कर्मकारों का भाग लेना।
  - **अनुच्छेद 44:** नागरिकों के लिए एक समान सिविल संहिता।
  - **अनुच्छेद 45:** छः वर्ष तक के बालकों के लिए निःशुल्क और अनिवार्य शिक्षा का उपबन्ध।
  - **अनुच्छेद 46:** राज्य की अनुसूचित जातियों, अनुसूचित जनजातियों और अन्य दुर्बल वर्गों की शिक्षा और अर्थ संबंधी हितों की अभिवृद्धि।
  - **अनुच्छेद 47:** पोषाहार स्तर और जीवन स्तर को ऊंचा करने तथा लोक स्वास्थ्य का सुधार करने का राज्य कर्त्तव्य।
  - **अनुच्छेद 48:** कृषि और पशुपालन का संगठन।
  - **अनुच्छेद 48 (क):** पर्यावरण का संरक्षण तथा संवर्धन और वन्य जीवों की रक्षा का प्रयास करेगा।
  - **अनुच्छेद 49:** राष्ट्रीय महत्व के संस्मारकों, स्थानों और वस्तुओं का संरक्षण।
  - **अनुच्छेद 50:** कार्यपालिका से न्यायपालिका का पृथक्करण।
  - **अनुच्छेद 51:** अन्तर्राष्ट्रीय शांति और सुरक्षा की अभिवृद्धि।

मौलिक कर्त्तव्य [भाग-4 (क) में अनुच्छेद 51 (क)]

- मौलिक कर्त्तव्य संविधान के 42वें संशोधन अधिनियम द्वारा अंतःस्थापित किये गये। इसके लिए 'स्वर्ण सिंह समिति' ने सिफारिश की थी।
- मौलिक कर्त्तव्यों की संख्या 11 है, जो इस प्रकार हैं: प्रत्येक नागरिक का यह कर्त्तव्य होगा कि–
  1. संविधान का पालन करे और उसके आदर्शों, संस्थाओं, राष्ट्रध्वज और राष्ट्रगान का आदर करें।
  2. स्वतंत्रता के लिए हमारे राष्ट्रीय आन्दोलन को प्रेरित करने वाले उच्च आदर्शों को हृदय में संजोये रखे और उनका पालन करे।
  3. भारत की प्रभुता, एकता और अखण्डता की रक्षा करे और उसे अक्षुण्ण रखे।
  4. देश की रक्षा करें और आह्वान किये जाने पर राष्ट्र की सेवा करे।
  5. भारत के सभी लोगों में समरसता और समान भ्रातृत्व की भावना का निर्माण करे।
  6. हमारी सामाजिक संस्कृति की गौरवशाली परंपरा का महत्व समझें और उसका परिरक्षण करे।
  7. प्राकृतिक पर्यावरण की रक्षा और उसका संवर्द्धन करे।
  8. वैज्ञानिक दृष्टिकोण और ज्ञानार्जन की भावना का विकास करे।
  9. सार्वजनिक संपत्ति को सुरक्षित रखें।
  10. व्यक्तिगत और सामूहिक गतिविधियों के सभी क्षेत्रों में उत्कर्ष की ओर बढ़ने का सतत् प्रयास करें।
  11. 6 से 14 साल तक की आयु के बच्चे के माता-पिता या अभिभावक अपने बच्चे को शिक्षा दिलाने के लिए अवसर उपलब्ध कराने का प्रयास करेंगे।

संघीय कार्यपालिका

- भारत में संसदीय शासन प्रणाली को अपनाया गया है। संसद के अन्तर्गत राष्ट्रपति, राज्य सभा और लोक सभा आते हैं।
- राष्ट्रपति देश का संवैधानिक प्रधान होता है।
- अनुच्छेद 58 के अनुसार कोई व्यक्ति राष्ट्रपति होने योग्य तब होगा, जब वह–
  1. भारत का नागरिक हो।
  2. 35 वर्ष की आयु पूरी कर चुका हो।
  3. लोक सभा का सदस्य निर्वाचित किए जाने योग्य हो।
  4. चुनाव के समय लाभ का पद धारण नहीं किया हो।

भारत के राष्ट्रपति

क्रम	नाम	कार्यकाल
1.	डॉ॰ राजेन्द्र प्रसाद	26-01-1950 — 13-05-1962
2.	डॉ. एस. राधाकृष्णन	13-05-1962 — 13-05-1967
3.	डॉ. जाकिर हुसैन	13-05-1967 — 03-05-1969
4.	वी॰वी॰ गिरि	24-08-1969 — 24-08-1974
5.	फखरूद्दीन अली अहमद	24-08-1974 — 11-02-1977
6.	नीलम संजीवा रेड्डी	25-07-1977 — 25-07-1982
7.	ज्ञानी जैल सिंह	25-07-1982 — 25-07-1987
8.	आर॰ वैंकटरमण	25-07-1987 — 25-07-1992
9.	डॉ. शंकरदयाल शर्मा	25-07-1992 — 25-07-1997
10.	के॰आर॰ नारायणन	25-07-1997 — 25-07-2002
11.	डॉ. ए.पी.जे. अब्दुल कलाम	25-07-2002 — 25-07-2007
12.	प्रतिभा पाटिल	25-07-2007 — 25-07-2012
13.	प्रणव मुखर्जी	25-07-2012 — 25-07-2017
14.	राम नाथ कोविंद	25-07-2017 —

- राष्ट्रपति का निर्वाचन एक निर्वाचक मंडल के द्वारा होता है।
- निर्वाचक मंडल में राज्य सभा, लोक सभा और राज्यों की विधानसभाओं में निर्वाचित सदस्य शामिल होते हैं।
- राष्ट्रपति का निर्वाचन समानुपातिक प्रतिनिधित्व प्रणाली और एकल संक्रमणीय मत पद्धति के द्वारा होता है।
- राष्ट्रपति के निर्वाचन से संबंधित विवादों का निपटारा उच्चतम न्यायालय द्वारा किया जाता है।
- राष्ट्रपति का कार्यकाल 5 वर्षों का होता है। अपने पद की समाप्ति के बाद भी वह पद पर तब तक बना रहेगा जब तक उसका उत्तराधिकारी पद ग्रहण नहीं कर लेता है।
- उच्चतम न्यायालय का प्रधान न्यायाधीश राष्ट्रपति को शपथ दिलाता है।
- राष्ट्रपति अपना पदत्याग उपराष्ट्रपति को संबोधित अपने त्यागपत्र के द्वारा कर सकता है।
- राष्ट्रपति द्वारा संविधान के प्रावधानों के उल्लंघन पर संसद में उस पर महाभियोग चलाया जा सकता है।
- **राष्ट्रपति के अधिकार एवं कर्त्तव्यः** राष्ट्रपति संविधान के अधीन निम्नलिखित अधिकारियों एवं आयोगों को नियुक्त करने की शक्ति रखता है–
    1. भारत का प्रधानमंत्री
    2. संघीय मंत्रिपरिषद् के अन्य मंत्री
    3. भारत का महान्यायवादी
    4. नियंत्रक एवं महालेखा परीक्षक
    5. उच्चतम न्यायालय के न्यायाधीश
    6. उच्च न्यायालय के न्यायाधीश
    7. राज्यों के राज्यपाल
    8. केन्द्रशासित प्रदेशों के प्रशासक
    9. भारत के विदेशों में राजदूत एवं उच्चायुक्त
    10. जल प्रदाय से संबंधित आयोग
    11. वित्त आयोग
    12. संघ लोक सेवा आयोग के अध्यक्ष तथा सदस्य
    13. राज्यों के समूहों के लिए संयुक्त आयोग
    14. मुख्य निर्वाचन आयुक्त तथा निर्वाचन आयोग के अन्य सदस्य
    15. अनुसूचित जाति तथा अनुसूचित जनजातियों के लिए विशेष अधिकारी/आयोग
    16. अनुसूचित क्षेत्रों के प्रशासन पर प्रतिवेदन देने के लिए आयोग
    17. पिछड़े वर्गों का अध्ययन करने के लिए आयोग
    18. राजभाषा आयोग
    19. भाषायी अल्पसंख्यक आयोग

विधायी शक्तियां

1. संसद का सत्रावसान तथा विघटन।
2. राष्ट्रपति का अभिभाषण तथा संदेश भेजना।
3. संसद के सदस्यों का मनोनयन – (क) लोक सभा के लिए आंग्ल-भारतीय समुदाय के 2 सदस्यों एवं (ख) राज्य सभा के लिए कला, साहित्य, विज्ञान, समाज सेवा या सहकारिता क्षेत्र के 12 सदस्यों को मनोनीत कर सकता है।
4. संसद द्वारा पारित विधेयक राष्ट्रपति के अनुमोदन के बाद ही कानून बनते हैं।
5. संसद में निम्न विधेयकों को प्रस्तुत करने से पूर्व राष्ट्रपति की अनुमति आवश्यक है–
    (*i*) नये राज्यों का निर्माण और वर्तमान राज्य के क्षेत्रों, सीमाओं या नामों में परिवर्तन संबंधी विधेयक।
    (*ii*) धन विधेयक (अनुच्छेद 110)।

(*iii*) संचित निधि में व्यय करने वाले विधेयक।

(*iv*) ऐसे कराधान पर, जिसमें राज्य-हित जुड़े हैं, प्रभाव डालने वाले विधेयक।

(*v*) राज्यों के बीच व्यापार, वाणिज्य और समागम पर निर्बन्धन लगाने वाले विधेयक।

6. अनुच्छेद 123 के अन्तर्गत अध्यादेश जारी करने की शक्ति।
7. राष्ट्रपति भारतीय सेना का सर्वोच्च कमांडर होता है।
8. संविधान के अनुच्छेद 72 के अन्तर्गत राष्ट्रपति को किसी अपराध के लिए दोषी ठहराए गए किसी व्यक्ति के दण्ड को क्षमा करने, उसका प्रविलम्बन, परिहार और लघुकरण की शक्ति प्राप्त है।
9. राष्ट्रपति अनुच्छेद 143 के अधीन किसी सार्वजनिक महत्व के प्रश्न पर उच्चतम न्यायालय से परामर्श ले सकता है, लेकिन वह यह परामर्श मानने के लिए बाध्य नहीं है।
10. **राष्ट्रपति की आपातकालीन शक्तियाँः** संविधान में अनुच्छेद 352 से अनुच्छेद 360 तक आपातकालीन उपबंध किए गए हैं। केन्द्रीय मंत्रिपरिषद् के परामर्श से राष्ट्रपति तीन प्रकार के आपात लागू कर सकता है–(*i*) युद्ध या बाह्य आक्रमण या सशस्त्र विद्रोह के कारण लगाया गया आपात (अनु॰ 352)। (*ii*) राज्यों में सांविधानिक तंत्र के विफल होने से उत्पन्न आपात (अनु॰ 356)। (*iii*) वित्तीय आपात (अनु॰ 360)।
    - केवल नीलम संजीवा रेड्डी ही निर्विरोध भारत के राष्ट्रपति चुने गए थे।
    - राष्ट्रपति का वेतन डेढ़ लाख रु. प्रतिमाह है।

उपराष्ट्रपति

- संविधान के अनुच्छेद 63 के अनुसार, भारत का एक उपराष्ट्रपति होगा। इसका कार्यकाल 5 वर्षों का होता है।
- उपराष्ट्रपति राज्य सभा का पदेन सभापति होता है।
- उपराष्ट्रपति का निर्वाचन संसद के दोनों सदनों के सदस्यों से मिलकर बनने वाले निर्वाचक मंडल द्वारा आनुपातिक प्रतिनिधित्व पद्धति के अनुसार एकल संक्रमणीय मत द्वारा होगा तथा ऐसा निर्वाचन गुप्त होगा। कोई व्यक्ति उपराष्ट्रपति निर्वाचित होने का पात्र तभी होगा जब वह–

(*i*) भारत का नागरिक हो,

(*ii*) पैंतीस वर्ष की आयु पूरी कर चुका हो,

(*iii*) राज्य सभा का सदस्य निर्वाचित होने के योग्य हो।

(*iv*) लाभ के पद पर न हो।

भारत के उपराष्ट्रपति

क्रम	नाम	कार्यकाल
1.	डॉ॰ एस. राधाकृष्णन	1952 – 1962
2.	डॉ॰ जाकिर हुसैन	1962 – 1967
3.	वी.वी. गिरि	1967 – 1969
4.	श्री जी.एस. पाठक	1969 – 1974
5.	बी.डी. जत्ती	1974 – 1979
6.	मो॰ हिदायतुल्ला	1979 – 1984
7.	आर. वेकंटरमण	1984 – 1987
8.	डॉ॰ शंकर दयाल शर्मा	1987 – 1992
9.	डॉ॰ के.आर. नारायणन	1992 – 1997
10.	कृष्णकान्त	1997 – 2002
11.	भैरो सिंह शेखावत	2002 – 2007
12.	मो॰ हामिद अंसारी	2007 – 2017
13.	एम. वैंकैया नायडू	2017 –

मंत्रिपरिषद्

- अनु॰ 74 के अनुसार, राष्ट्रपति को सहायता और सलाह देने के लिए मंत्रिपरिषद् होगी, जिसका प्रमुख **प्रधानमंत्री** होगा।
- प्रधानमंत्री की नियुक्ति राष्ट्रपति करता है तथा अन्य मंत्रियों की नियुक्ति राष्ट्रपति प्रधानमंत्री की सलाह पर करता है।
- मंत्री राष्ट्रपति के प्रसादपर्यंत अपने-अपने पद धारण करते हैं।
- मंत्रिपरिषद् लोक सभा के प्रति सामूहिक रूप से उत्तरदायी होती है।
- राष्ट्रपति मंत्रियों को पद एवं गोपनीयता की शपथ दिलाता है।
- किसी भी गैर संसद सदस्य को मंत्री बनाया जा सकता है, लेकिन उसे 6 मास की अवधि तक संसद का सदस्य हो जाना चाहिए।
- प्रधानमंत्री नीति आयोग और राष्ट्रीय विकास परिषद् आयोग का पदेन अध्यक्ष होता है।
- संवैधानिक रूप से देश की समस्त शक्तियाँ राष्ट्रपति के हाथों में होती हैं किन्तु उसकी समस्त शक्तियों का उपयोग मंत्रिपरिषद् प्रधानमंत्री के नेतृत्व में करती है।

भारत के प्रधानमंत्री

क्रम	नाम	कार्यकाल
1.	जवाहरलाल नेहरू	1947 – 1964
2.	लाल बहादुर शास्त्री	1964 – 1966
3.	इंदिरा गाँधी	1966 – 1977
4.	मोरारजी देसाई	1977 – 1979
5.	चौधरी चरण सिंह	1979 – 1980
6.	इंदिरा गांधी	1980 – 1984
7.	राजीव गाँधी	1984 – 1989
8.	विश्वनाथ प्रताप सिंह	1989 – 1990
9.	चन्द्रशेखर	1990 – 1991
10.	पी.वी. नरसिंहा राव	1991 – 1996
11.	अटल बिहारी वाजपेयी	16 मई – 28 मई 1996
12.	एच.डी. देवेगौड़ा	1996 – 1997
13.	आई.के. गुजराल	1997 – 1998
14.	अटल बिहारी वाजपेयी	1998 – 1999
15.	अटल बिहारी वाजपेयी	1999 – 2004
16.	डॉ. मनमोहन सिंह	2004 – 2009
17.	डॉ. मनमोहन सिंह	2009 – 2014
18.	नरेन्द्र मोदी	2014 – .....

संसद

- भारत की केन्द्रीय व्यवस्थापिका को संसद कहा जाता है। भारतीय संसद के तीन अंग हैं–राष्ट्रपति, राज्य सभा और लोक सभा।
- संसद के उच्च सदन को राज्य सभा तथा निम्न सदन को लोक सभा कहा जाता है।

राज्य सभा

- संविधान के अनुच्छेद 80 के अनुसार, राज्य सभा का गठन 250 सदस्यों द्वारा होता है। इनमें 12 सदस्य राष्ट्रपति द्वारा नाम निर्देशित किये जाते हैं तथा शेष 238 का चुनाव राज्य तथा संघ राज्य क्षेत्रों की विधानसभाओं द्वारा किया जाता है।
- राज्य सभा का कभी विघटन नहीं होता, लेकिन इसके सदस्य 6 वर्ष के लिए चुने जाते हैं और प्रत्येक 2 वर्ष के पश्चात् 1/3 सदस्य सेवानिवृत हो जाते हैं।
- राज्य सभा पहली बार 3 अगस्त, 1952 को विधिवत गठित हुई थी।
- राज्य सभा का कोई सदस्य यदि सदन की अनुमति के बिना सदन से 60 दिनों से अधिक अनुपस्थित रहता है, तो सदन में उसका स्थान समाप्त हो सकता है।
- राज्य सभा के सदस्यों का चुनाव अप्रत्यक्ष रूप से आनुपातिक प्रतिनिधित्व पद्धति के अनुसार एकल संक्रमणीय मत द्वारा किया जाता है।
- राज्य सभा का सदस्य होने के लिए अर्हता–
  1. वह भारत का नागरिक हो।
  2. उसकी आयु सीमा 30 वर्ष या उससे अधिक हो।
  3. संसदीय विधि द्वारा निर्धारित सभी योग्यताएँ रखता हो।
- राज्य सभा का अधिवेशन वर्ष में कम-से-कम दो बार राष्ट्रपति द्वारा बुलाया जाता है। संविधान में यह प्रावधान है कि राज्य सभा के दो अधिवेशनों के बीच 6 महीने से अधिक का अन्तराल नहीं हो सकता।
- राज्य सभा को यह अधिकार प्राप्त है कि वह संविधान के अनुच्छेद 249 के तहत राज्य सूची के किसी विषय को राष्ट्रीय महत्व का घोषित कर सके।
- केवल राज्य सभा को यह अधिकार प्राप्त है कि वह संविधान के अनुच्छेद 312 के तहत अखिल भारतीय सेवाओं का सृजन कर सके।
- उपराष्ट्रपति राज्य सभा का पदेन सभापति होता है।

लोक सभा

- अनुच्छेद 81 के अनुसार, लोक सभा का गठन 5 वर्ष के लिए किया जाता है। इसके सदस्यों की अधिकतम संख्या 552 हो सकती है।
- लोक सभा के सदस्यों का चुनाव गुप्त मतदान के द्वारा वयस्क मताधिकार (18 वर्ष) के आधार पर होता है।
- लोक सभा की सदस्यता के लिए अनिवार्य योग्यताएँ निम्नलिखित हैं–
  (*i*) भारत का नागरिक हो,
  (*ii*) उसकी आयु 25 वर्ष या इससे अधिक हो,
  (*iii*) भारत सरकार अथवा किसी राज्य सरकार के अन्तर्गत वह कोई लाभ के पद पर नहीं हो,
  (*iv*) वह पागल तथा दिवालिया न हो।
- प्रधानमंत्री के परामर्श के आधार पर राष्ट्रपति के द्वारा लोक सभा को समय से पूर्व भी भंग किया जा सकता है।
- आपातकाल की घोषणा लागू होने पर विधि द्वारा संसद लोक सभा के कार्यकाल में वृद्धि कर सकती है, जो एक बार में एक वर्ष से अधिक नहीं होगी।

- लोक सभा की दो बैठकों में 6 माह से अधिक का अन्तर नहीं होना चाहिए।
- लोक सभा की गणपूर्ति या कोरम कुल सदस्य संख्या का दसवाँ भाग होता है।
- संविधान के अनुच्छेद 108 में संसद के संयुक्त अधिवेशन की व्यवस्था है। संयुक्त अधिवेशन की अध्यक्षता लोक सभा अध्यक्ष करता है।
- धन विधेयक के सम्बन्ध में लोक सभा का निर्णय अंतिम होता है। इस संबंध में संयुक्त अधिवेशन की व्यवस्था नहीं है।
- संविधान के अनुच्छेद 93 के अनुसार, लोक सभा स्वयं ही अपने सदस्यों में से एक अध्यक्ष और एक उपाध्यक्ष का निर्वाचन करेगी।
- प्रथम लोक सभा अध्यक्ष जी.वी. मावलंकर एवं उपाध्यक्ष श्री अनंतशयनम आयंगर थे।
- किसी संसद सदस्य की योग्यता अथवा अयोग्यता से सम्बन्धित प्रश्न का अंतिम विनिश्चय चुनाव आयोग की सलाह से राष्ट्रपति करता है।
- यदि कोई सदस्य सदन की अनुमति के बिना 60 दिनों की अवधि से अधिक समय के लिए सदन के सभी बैठकों से अनुपस्थित रहता है तो सदन उसकी सदस्यता समाप्त कर सकता है।

भारत का महान्यायवादी

- अनु॰ 76 के अनुसार, भारत का एक महान्यायवादी होता है। यह भारत सरकार का सर्वोच्च विधि अधिकारी होता है।
- महान्यायवादी संसद का सदस्य नहीं होता परन्तु वह किसी भी सदन में अथवा उसकी समितियों में बोल सकता है और उसकी कार्यवाही में भाग ले सकता है, यद्यपि उसे मत देने का अधिकार नहीं होता है।
- भारत का महान्यायवादी राष्ट्रपति के प्रसादपर्यंत पद धारण करता है।

भारत का नियंत्रक एवं महालेखा परीक्षक (CAG)

- भारतीय संविधान के अनुच्छेद 148 के अन्तर्गत नियंत्रक एवं महालेखा परीक्षक के पद का प्रावधान किया गया है।
- नियंत्रक एवं महालेखा परीक्षक की नियुक्ति राष्ट्रपति द्वारा की जाती है। यह देश की समस्त वित्तीय प्रणाली का लेखा परीक्षण करता है।
- संविधान के अनुच्छेद 151 के अन्तर्गत कैग अपनी रिपोर्ट केन्द्र के सम्बन्ध में राष्ट्रपति को तथा राज्यों के सन्दर्भ में राज्यपाल को सौंपता है।
- इसकी रिपोर्ट की जांच लोक लेखा समिति द्वारा की जाती है।

संविधान में संशोधन

- अनुच्छेद 368 में संविधान संशोधन की प्रक्रिया का उल्लेख है। इसमें संशोधन की तीन विधियों को अपनाया गया है–
  (*i*) साधारण विधि द्वारा संशोधन।
  (*ii*) संसद के विशेष बहुमत द्वारा संशोधन।
  (*iii*) संसद के विशेष बहुमत और राज्य के विधानमंडलों की स्वीकृति से संशोधन।

न्यायपालिका

उच्चतम न्यायालय

- अनुच्छेद 124 में उच्चतम न्यायालय के गठन संबंधी प्रावधान किये गये हैं।
- उच्चतम न्यायालय में एक मुख्य न्यायाधीश तथा 30 अन्य न्यायाधीश होते हैं।
- उच्चतम न्यायालय के मुख्य न्यायाधीश तथा अन्य न्यायाधीशों की नियुक्ति राष्ट्रपति द्वारा की जाती है।
- उच्चतम न्यायालय के न्यायाधीश के लिए योग्यताएँ हैं–
  (*i*) वह भारत का नागरिक हो।
  (*ii*) वह किसी उच्च न्यायालय अथवा दो या दो से अधिक न्यायालयों में लगातार कम-से-कम 5 वर्षों तक न्यायाधीश के रूप में कार्य कर चुका हो।

  या

  किसी उच्च न्यायालय या न्यायालयों में लगातार 10 वर्षों तक अधिवक्ता रह चुका हो।

  या

  राष्ट्रपति की राय में पारंगत विधिवेत्ता हो।
- उच्चतम न्यायालय का प्रत्येक न्यायाधीश तब तक पद धारण करेगा जब तक वह 65 वर्ष की आयु प्राप्त नहीं कर लेता। इससे पूर्व उसे उसके पद से साबित कदाचार या असमर्थता के आधार पर हटाया जा सकता है।

- कदाचार या असमर्थता के आधार पर हटाये जाने के लिए संसद के प्रत्येक सदन द्वारा अपनी कुल सदस्य संख्या के बहुमत द्वारा तथा उपस्थित और मत देने वाले सदस्यों के कम-से-कम दो-तिहाई बहुमत द्वारा पारित प्रस्ताव को राष्ट्रपति के समक्ष उसी सत्र में रखा जाता है, तब राष्ट्रपति के आदेश से न्यायाधीश को हटाया जा सकता है।

उच्चतम न्यायालय का क्षेत्राधिकार

1. प्रारंभिक क्षेत्राधिकार

(*i*) भारत संघ तथा एक या एक से अधिक राज्यों के मध्य उत्पन्न विवादों में।

(*ii*) भारत संघ तथा कोई एक राज्य या अनेक राज्यों और एक या एक से अधिक राज्यों के बीच विवादों में।

(*iii*) दो या दो से अधिक राज्यों के बीच ऐसे विवाद में जिसमें अनेक वैधानिक अधिकारों का प्रश्न निहित है।

- प्रारंभिक क्षेत्राधिकार के अन्तर्गत उच्चतम न्यायालय उसी विवाद को निर्णय के लिए स्वीकार करेगा, जिसमें किसी तथ्य या विधि का प्रश्न शामिल है।

2. अपीलीय क्षेत्राधिकार: देश का सबसे बड़ा अपीलीय न्यायालय उच्चतम न्यायालय है। भारत के राज्य क्षेत्र के किसी उच्च न्यायालय के निर्णय के विरुद्ध अपील सुनने का अधिकार है।

3. परामर्शदात्री क्षेत्राधिकार: यदि किसी समय राष्ट्रपति को ऐसा प्रतीत होता है, किसी व्यापक विधि या तथ्य का प्रश्न है या उत्पन्न होने वाला है तथा वह उच्चतम न्यायालय से राय लेना समीचीन समझता है, तो उच्चतम न्यायालय से राय ले सकता है तथा उच्चतम न्यायालय उस पर अपनी राय देगा।

4. पुनर्विचार सम्बन्धी क्षेत्राधिकार: अनु॰ 137 के अनुसार, उच्चतम न्यायालय स्वयं के दिए गए आदेश या निर्णय पर पुनर्विचार कर सकता है तथा यदि उचित समझें तो उसमें आवश्यक परिवर्तन कर सकता है।

5. अभिलेख न्यायालय: अनु॰ 129 उच्चतम न्यायालय को अभिलेख न्यायालय का स्थान प्रदान करता है। इसका अभिप्राय यह है कि इस न्यायालय के निर्णय सब जगह साक्ष्य के रूप में स्वीकार किए जाएंगे और इसकी प्रामाणिकता के विषय में प्रश्न नहीं किया जाएगा।

6. मौलिक अधिकारों का रक्षक: भारत का उच्चतम न्यायालय नागरिकों के मौलिक अधिकारों का रक्षक है। अनु॰ 32 सर्वोच्च न्यायालय को विशेष रूप से उत्तरदायी ठहराता है कि वह मौलिक अधिकारों को लागू करने के लिए आवश्यक कार्रवाई करें। न्यायालय मौलिक अधिकारों की रक्षा के लिए बन्दी प्रत्यक्षीकरण, परमादेश, प्रतिषेध, अधिकार पृच्छा और उत्प्रेषण के लेख जारी कर सकता है।

- भारत में संविधान की सर्वोच्चता की रक्षा करने का उत्तरदायित्व उच्चतम न्यायालय का है। अतः उच्चतम न्यायालय संघीय या राज्यों के विधानमण्डलों के द्वारा अतिक्रमण किये जाने पर उनके द्वारा बनाये गये कानूनों को रद्द कर सकता है। यह शक्ति न्यायिक पुनरावलोकन के रूप में समझी जाती है।

उच्च न्यायालय

- संविधान के अनुच्छेद 214 में यह उपबंध है कि प्रत्येक राज्य में एक उच्च न्यायालय होगा।
- प्रत्येक उच्च न्यायालय में एक मुख्य न्यायाधीश सहित अन्य अनेक न्यायाधीश होते हैं जो समय-समय पर राष्ट्रपति द्वारा नियुक्त किये जाते हैं।
- संविधान के अनुच्छेद 217 में उच्च न्यायालय के न्यायाधीशों के लिए निम्नलिखित शर्तें हैं–

(*i*) वह भारत का नागरिक हो।

(*ii*) भारत में कम-से-कम 10 वर्ष तक न्यायाधीश के पद पर कार्य कर चुका हो अथवा किसी उच्च न्यायालय अथवा दो या दो से अधिक न्यायालयों में लगातार कम-से-कम 10 वर्ष तक अधिवक्ता रहा हो।

या

राष्ट्रपति की दृष्टि में प्रतिष्ठित विधिवेत्ता हो।

(*iii*) जिसकी आयु 62 वर्ष से अधिक न हो।

- उच्च न्यायालय के कार्य एवं क्षेत्राधिकार–

1. प्रारंभिक क्षेत्राधिकार
2. अपीलीय क्षेत्राधिकार
3. रिट जारी करने का अधिकार
4. अधीनस्थ न्यायालयों पर नियंत्रण।

भारत के उच्च न्यायालय-एक दृष्टि में

क्र.सं.	उच्च न्यायालय का नाम	स्थापना वर्ष	स्थान एवं अधिकार क्षेत्र
1.	इलाहाबाद (लखनऊ में खण्डपीठ)	1866	इलाहाबाद–उत्तर प्रदेश
2.	आन्ध्र प्रदेश	1954	हैदराबाद–आन्ध्र प्रदेश, **तेलंगाना**
3.	मुम्बई (नागपुर, पणजी, औरंगाबाद में खण्डपीठ)	1862	मुम्बई–महाराष्ट्र, दादर व नागर हवेली, गोवा, दमन और दीव
4.	कोलकाता (पोर्ट ब्लेयर में चलपीठ)	1862	कोलकाता–पश्चिम बंगाल तथा अंडमान निकोबार द्वीप समूह
5.	दिल्ली	1966	दिल्ली–दिल्ली
6.	गुवाहाटी (कोहिमा में खण्डपीठ तथा आइजॉल, ईटानगर में सर्किट न्यायपीठ)	1948	गुवाहाटी–असोम, नागालैंड, मिजोरम और अरुणाचल प्रदेश
7.	गुजरात	1960	अहमदाबाद–गुजरात
8.	हिमाचल प्रदेश	1971	शिमला–हिमाचल प्रदेश
9.	जम्मू-कश्मीर	1928	श्रीनगर एवं जम्मू–जम्मू कश्मीर
10.	कर्नाटक	1884	बंगलोर–कर्नाटक
11.	केरल	1958	एर्नाकुलम–केरल और लक्षद्वीप
12.	मध्य प्रदेश (ग्वालियर और इंदौर में न्यायपीठ)	1956	जबलपुर–मध्य प्रदेश
13.	मद्रास	1862	चेन्नई–तमिलनाडु और पुडुचेरी
14.	उड़ीसा	1948	कटक–उड़ीसा
15.	पटना	1916	पटना–बिहार
16.	पंजाब और हरियाणा	1975	चंडीगढ़–पंजाब, हरियाणा और चण्डीगढ़
17.	राजस्थान (जयपुर में खण्डपीठ)	1949	जोधपुर–राजस्थान
18.	सिक्किम	1975	गंगटोक–सिक्किम
19.	छत्तीसगढ़	2000	बिलासपुर–छत्तीसगढ़
20.	उत्तराखंड	2000	नैनीताल–उत्तराखंड
21.	झारखण्ड	2000	रांची–झारखण्ड
22.	**मणिपुर**	**2013**	**इम्फाल-मणिपुर**
23.	**मेघालय**	**2013**	**शिलांग-मेघालय**
24.	**त्रिपुरा**	**2013**	**अगरतला-त्रिपुरा**

राज्य की कार्यपालिका

- राज्य की कार्यपालिका का प्रधान राज्यपाल होता है, जो मंत्रिपरिषद् की सलाह के अनुसार कार्य करता है।
- अनुच्छेद 153 के अन्तर्गत सामान्यतया प्रत्येक राज्य के लिए एक राज्यपाल होगा, किन्तु 1956 में किये गये 7वें संशोधन के अनुसार एक ही व्यक्ति को दो या दो से अधिक राज्यों का राज्यपाल नियुक्त किया जा सकता है।
- राज्यपाल की नियुक्ति राष्ट्रपति करता है। इस पद पर नियुक्ति हेतु निम्नलिखित योग्यताएँ होनी चाहिए–
  1. वह भारत का नागरिक हो,
  2. वह 35 वर्ष की आयु पूरी कर चुका हो,
  3. वह राज्य सरकार या केन्द्र सरकार या राज्यों के नियंत्रण के अधीन किसी सार्वजनिक उपक्रम में लाभ के पद पर न हो, तथा
- राज्यपाल की नियुक्ति 5 वर्षों के लिए होती है। पाँच वर्ष की अवधि से पूर्व भी उसे राष्ट्रपति के द्वारा हटाया जा सकता है।
- राज्यपाल अपने कार्यकाल की समाप्ति के पूर्व भी राष्ट्रपति को अपना त्यागपत्र भेज सकता है।

राज्यपाल के कार्य तथा अधिकार

कार्यपालिका संबंधी

- राज्य के समस्त कार्यपालिका संबंधी कार्य राज्यपाल के नाम से किए जाते हैं।
- राज्यपाल मुख्यमंत्री की नियुक्ति करता है तथा मुख्यमंत्री की सलाह पर मंत्रिपरिषद् के अन्य सदस्यों की नियुक्ति करता है।

- राज्य के महाधिवक्ता तथा राज्य के लोक सेवा आयोग के सदस्यों की नियुक्ति करता है।
- राज्यपाल का अधिकार है कि वह राज्य के प्रशासन के संबंध में मुख्यमंत्री से सूचना प्राप्त करे।
- राज्यपाल राज्य के विश्वविद्यालयों का कुलाधिपति होता है तथा उपकुलपतियों को भी नियुक्त करता है।
- राज्यपाल संवैधानिक तंत्र की विफलता की स्थिति में राष्ट्रपति से राज्य में राष्ट्रपति शासन की सिफारिश करता है।
- अध्यादेश जारी करने का अधिकार।

विधायी शक्तियां

- राज्यपाल राज्य विधान मंडल का अंग होता है।
- राज्य विधान मंडल का सत्रावसान करने, सत्र बुलाने तथा विधान सभा को विघटित करने का अधिकार है।
- राज्यपाल को विधान मंडल में अभिभाषण करने व संदेश भेजने का अधिकार है।
- राज्यपाल को यदि यह विश्वास हो जाये कि विधान मंडल में आंग्ल-भारतीय समुदाय के सदस्यों को पर्याप्त प्रतिनिधित्व नहीं मिला है, तो वह इस समुदाय के एक सदस्य को मनोनीत कर सकता है।
- जिन राज्यों में विधानपरिषद् है, वहां पर राज्यपाल ऐसे व्यक्तियों को, जिन्हें साहित्य, विज्ञान, कला, समाज सेवा तथा सहकारिता आन्दोलन के संबंध में विशेष ज्ञान या व्यावहारिक अनुभव होता है, मनोनीत कर सकता है। इनकी संख्या कुल सदस्य संख्या के 1/6 होती है।
- राज्य विधान मंडल के समक्ष राज्यपाल वार्षिक वित्तीय विवरण (बजट) प्रस्तुत करवाता है।
- विधान सभा में धन विधेयक राज्यपाल की पूर्व अनुमति से ही पेश किया जाता है।

राज्यपाल की न्यायिक शक्तियां

- राज्यपाल को उस विषय संबंधी, जिस विषय पर उस राज्य की कार्यपालिका शक्ति का विस्तार है, किसी विधि के विरुद्ध, किसी अपराध के लिए सिद्ध दोष ठहराये गए किसी व्यक्ति के दंड को क्षमा, उसका प्रविलंबन, लघुकरण या परिहार कर सकता है परन्तु मृत्युदंड प्राप्त व्यक्ति को क्षमा नहीं कर सकता।

महाधिवक्ता

- प्रत्येक राज्य का एक महाधिवक्ता होगा (अनु॰ 165)। वह भारत के महान्यायवादी के समान राज्य का अधिकारी होगा और राज्य में उसके महान्यायवादी के कार्यों के समान ही कृत्य होंगे।
- महाधिवक्ता राज्य के राज्यपाल द्वारा नियुक्त किया जायेगा और राज्यपाल के प्रसादपर्यंत पद धारण करेगा।
- महाधिवक्ता को राज्य के विधानमंडल के सदनों की कार्यवाहियों में भाग लेने और बोलने का अधिकार है, किंतु मतदान का अधिकार नहीं है। (अनु॰ 177)

राज्य मंत्रिपरिषद्

- अनुच्छेद 163 के अन्तर्गत राज्यपाल की सहायता और सलाह देने के लिए एक मंत्रिपरिषद् होती है जिसका प्रधान **मुख्यमंत्री** होता है।
- अनुच्छेद 164 के अनुसार, मुख्यमंत्री की नियुक्ति राज्यपाल करता है तथा अन्य मंत्रियों की नियुक्ति राज्यपाल, मुख्यमंत्री की सलाह पर करता है।
- मंत्रिपरिषद् राज्य की विधान सभा के प्रति सामूहिक रूप से उत्तरदायी होता है। सामान्यतः मुख्यमंत्री अपने पद पर तब तक बना रहता है जब तक उसे विधान सभा का विश्वास प्राप्त होता है।

विधानपरिषद्

- संविधान के अनुच्छेद 168 में प्रत्येक राज्य के लिए विधानमण्डल की व्यवस्था की गई है, जो कि राज्यपाल तथा जहाँ दो सदन हैं वहां दो सदनों से और जहां एक सदन है वहां एक सदन से मिलकर बनेगा।
- राज्य विधान सभा की कुल सदस्य संख्या के बहुमत द्वारा तथा उपस्थित और मत देने वाले सदस्यों के 2/3 बहुमत से संसद सम्बन्धित राज्य में विधान परिषद् का उत्सादन एवं गठन कर सकती है।
- विधान परिषद् के सदस्यों की संख्या उस राज्य के विधानसभा के सदस्यों की संख्या से 1/3 से अधिक नहीं हो सकती। किन्तु, वह संख्या 40 से कम नहीं होनी चाहिए।
- विधान परिषद् एक स्थायी सदन है। इसका विघटन नहीं होता।
- इसके सदस्यों का कार्यकाल 6 वर्ष का होता है। इसके 1/3 सदस्य प्रत्येक दो वर्ष की समाप्ति पर अपना पद त्याग करते हैं और उनके स्थान पर नए सदस्यों का चुनाव होता है।

- विधान परिषद् का सत्र एक वर्ष में दो बार अवश्य होना चाहिए।
- निम्नलिखित सात राज्यों में विधान परिषद् विद्यमान हैं–
  1. उत्तर-प्रदेश
  2. कर्नाटक
  3. जम्मू एवं कश्मीर
  4. महाराष्ट्र
  5. आंध्र प्रदेश
  6. बिहार
  7. तेलंगाना

विधान सभा

- अनुच्छेद 170 के अनुसार, विधान सभा के सदस्यों की संख्या अधिकतम 500 और न्यूनतम 60 होगी। अपवादस्वरूप सिक्किम (32), गोवा (40), मिजोरम (40) एवं पुडुचेरी (30) हैं।
- विधान सभा में निर्वाचित होने के लिए न्यूनतम आयु सीमा 25 वर्ष है।
- किसी विधेयक को धन विधेयक माना जाए अथवा नहीं, इसका निर्णय विधान सभा अध्यक्ष ही करता है।
- सदन की कार्यवाही आयोजित करने के लिए गणपूर्ति के रूप में एक-दहाई सदस्यों की आवश्यकता होती है।
- विधान सभा का कार्यकाल 5 वर्ष है, किन्तु राज्य मंत्रिपरिषद् की सिफारिश पर इसे समय से पूर्व भी भंग किया जा सकता है।
- **विधान सभा के अधिकार एवं कार्य–**
  1. **विधायीः** विधान सभा को संविधान द्वारा विधित राज्य सूची के विषय पर कानून बनाने का अधिकार प्राप्त है।
  2. **वित्तीयः** विधान सभा को राज्य बजट पारित करने का अधिकार है। राज्य विधानमंडल राज्य सरकार की वित्तीय व्यवस्था को पूर्णतया नियंत्रित करता है। कोई धन विधेयक प्रारंभ में विधान सभा में ही प्रस्तुत किया जा सकता है। जब विधान सभा किसी धन विधेयक को पारित कर देती है, तब वह विधानपरिषद् के पास भेज दिया जाता है। विधानपरिषद् को 14 दिनों के भीतर इसे विधान सभा को लौटाना पड़ता है। विधान परिषद् उस विधेयक के संबंध में संस्तुतियाँ तो दे सकती हैं, किन्तु वह न तो उसे अस्वीकार कर सकती है और न उसमें संशोधन कर सकती है।
  3. **कार्यपालिका पर नियंत्रणः** मंत्रिपरिषद् सामूहिक रूप से विधान सभा के प्रति उत्तरदायी होती है। विधान सभा में मंत्रिपरिषद् के विरुद्ध अविश्वास प्रस्ताव पारित हो जाने के बाद मंत्रिपरिषद् को त्यागपत्र देना पड़ता है।

अन्तर्राज्य परिषद्

- संविधान के अनुच्छेद 263 के अन्तर्गत केन्द्र एवं राज्यों के बीच समन्वय स्थापित करने के लिए राष्ट्रपति एक अन्तर्राज्य परिषद् की स्थापना कर सकता है।
- अन्तर्राज्य परिषद् में प्रधानमंत्री तथा उनके द्वारा मनोनीत छह कैबिनेट स्तर के मंत्री, सभी राज्यों एवं संघ राज्य क्षेत्रों के मुख्यमंत्री एवं संघ राज्य क्षेत्रों के प्रशासक इसके सदस्य होते हैं।
- अन्तर्राज्य परिषद् की बैठक वर्ष में तीन बार की जाएगी जिसकी अध्यक्षता प्रधानमंत्री या उनकी अनुपस्थिति में प्रधानमंत्री द्वारा नियुक्त कैबिनेट स्तर का मंत्री करता है।
- अंतर्राज्य परिषद् का प्राथमिक उद्देश्य समन्वय और परिसंघीय घनिष्ठता स्थापित करना है।

वित्त आयोग

- अनुच्छेद 280 के अनुसार, राष्ट्रपति प्रत्येक पाँचवें वर्ष की समाप्ति पर या ऐसे पूर्वत्तर समय पर, जिसे वह आवश्यक समझे वित्त आयोग का गठन करेगा।
- वित्त आयोग में एक अध्यक्ष तथा चार अन्य सदस्य होते हैं।
- वित्त आयोग की सिफारिशों पर विचार करने के बाद ही करों एवं प्राप्तियों का वितरण संघ एवं राज्यों के बीच किया जाता है।

लोक सेवा आयोग

- संविधान के अनुच्छेद 315 के अनुसार, संघ एवं राज्यों के लिए लोक सेवा आयोग होंगे।
- अनुच्छेद 316 के अनुसार, संघ लोक सेवा आयोग के अध्यक्ष एवं अन्य सदस्यों की नियुक्ति राष्ट्रपति करता है तथा राज्य लोक सेवा आयोग के अध्यक्ष एवं अन्य सदस्यों की नियुक्ति राज्यपाल करता है।
- संघ लोक सेवा आयोग के अध्यक्ष एवं अन्य सदस्यों की नियुक्ति 6 वर्षों के लिए की जाती है। यदि वह 6 वर्षों के अन्दर 65 वर्ष की आयु पूरी कर लेता है तो वह पदमुक्त हो जाता है। राज्य लोक सेवा आयोग के सम्बन्ध में यह आयु सीमा 62 वर्ष है।
- लोक सेवा आयोग संघ तथा राज्यों में सेवाओं में नियुक्तियों के लिए परीक्षाओं का संचालन करते हैं।

निर्वाचन आयोग

- अनुच्छेद 324 के अनुसार, निर्वाचनों के अधीक्षण, निदेशन और नियंत्रण के लिए एक निर्वाचन आयोग होगा।

- निर्वाचन आयोग का गठन मुख्य निर्वाचन आयुक्त एवं दो अन्य निर्वाचन आयुक्तों से किया जाता है, जिनकी नियुक्ति राष्ट्रपति द्वारा की जाती है।
- मुख्य चुनाव आयुक्त एवं अन्य चुनाव आयुक्तों का कार्यकाल 6 वर्ष या 65 वर्ष की आयु, जो भी पहले हो, तक होगा।
- अनुच्छेद 326 के अनुसार, लोक सभा और प्रत्येक विधान सभा के लिए निर्वाचन वयस्क मताधिकार के आधार पर होते हैं।
- मुख्य निर्वाचन आयुक्त को महाभियोग जैसी प्रक्रिया से ही हटाया जा सकता है।

निर्वाचन आयोग के मुख्य कार्य

- मतदाता सूचियों को तैयार करना।
- चुनाव क्षेत्रों का परिसीमन।
- राजनीतिक दलों को मान्यता प्रदान करना।
- राजनीतिक दलों को चुनाव चिह्न प्रदान करना।
- संसद एवं विधानमंडल के सदस्यों तथा राष्ट्रपति एवं उपराष्ट्रपति का समयानुसार चुनाव करवाना।
- राजनीतिक दलों के लिए आचारसंहिता का निर्माण करना।

राजभाषा

- अनुच्छेद 343 के अनुसार, संघ की राजभाषा हिन्दी और लिपि देवनागरी होगी।
- अनुच्छेद 344 में राष्ट्रपति को राजभाषा से सम्बन्धित कुछ विषयों में सलाह देने के लिए एक आयोग की नियुक्ति का प्रावधान है।
- संविधान के अनुच्छेद 345 के अधीन प्रत्येक राज्य के विधानमंडल को यह अधिकार दिया गया है कि वह आठवीं अनुसूची में अन्तर्विष्ट भाषाओं में से किसी एक या अधिक को सरकारी कार्यों के लिए राज्य की सरकारी भाषा के रूप में अंगीकार कर सकता है। किन्तु राज्यों में परस्पर संबंधों में तथा संघ एवं राज्यों के परस्पर संबंधों में संघ की राजभाषा को ही प्राधिकृत भाषा माना जाएगा।

स्थानीय प्रशासन

पंचायती राज

- अनुच्छेद 40 के अनुसार, 'राज्य ग्राम पंचायतों का संगठन करने के लिए कदम उठायेगा और उनको ऐसी शक्तियाँ और प्राधिकार प्रदान करेगा, जो उन्हें स्वायत्त शासन की इकाइयों के रूप में कार्य करने योग्य बनाने के लिए आवश्यक हों।
- 73वाँ संविधान संशोधन पंचायती राज से संबंधित है। इसके मुख्य प्रावधान निम्नलिखित हैं–

1. पंचायती राज का ढाँचा त्रिस्तरीय होगा। ग्राम स्तर पर ग्राम पंचायत, प्रखण्ड स्तर पर पंचायत समिति तथा जिला स्तर पर जिला परिषद् के गठन की व्यवस्था की गई है।
2. इसका निर्वाचन पाँच वर्षों के लिए होता है। समय पूर्व पंचायत के भंग होने पर 6 माह के अन्दर निर्वाचन होंगे।
3. पंचायती राज संस्था के प्रत्येक स्तर में महिलाओं को एक-तिहाई स्थानों पर आरक्षण का प्रावधान है।

नगरपालिकाएँ

- 74वां संविधान संशोधन अधिनियम, 1993 के तहत भारतीय संविधान के अनुच्छेद 243(त) से 243(य)(छ) तक इसका विशेष उल्लेख है।
- इसके अन्तर्गत तीन प्रकार की नगरीय व्यवस्था का उल्लेख है–
  (1) नगर पंचायत (2) नगरपालिका परिषद्
  (3) नगर निगम
- नगरपालिकाओं में महिलाओं के लिए एक-तिहाई भाग स्थान आरक्षित है।
- नगरीय संस्थाओं का कार्यकाल पाँच वर्ष का होगा। विघटन की स्थिति में छह माह के अन्दर चुनाव अनिवार्य होते हैं।

भारत के राष्ट्रीय चिह्न

1. **राष्ट्रध्वजः** भारतीय राष्ट्रध्वज तीन पट्टियों वाला है। सबसे ऊपर केसरिया पट्टी है, बीच में सफेद रंग की पट्टी तथा सबसे नीचे हरे रंग की पट्टी है। दोनों पट्टियों के मध्य नीले रंग का चक्र होता है, जिनमें 24 तीलियां होती हैं। लम्बाई-चौड़ाई का अनुपात 3 : 2 का है।
2. **राजचिह्नः** भारत का राजचिह्न सारनाथ स्थित अशोक के सिंह स्तंभ की अनुकृति है, जो सारनाथ के संग्रहालय में सुरक्षित है।
3. **राष्ट्रगानः** रवीन्द्रनाथ ठाकुर द्वारा मूल बंगला में रचित और संगीतबद्ध 'जन-गण-मन' के हिन्दी संस्करण को संविधान सभा ने राष्ट्रगान के रूप में 24 जनवरी, 1950 को अपनाया था।
4. **राष्ट्रगीतः** बंकिम चंद्र चटर्जी द्वारा संस्कृत में रचित 'वंदे मातरम्' गीत भारत का राष्ट्रगीत है।
5. **राष्ट्रीय पंचांगः** ग्रिगेरियन कैलेंडर के साथ-साथ देश भर के लिए शक संवत् पर आधारित एकरूप राष्ट्रीय पंचांग, जिसका पहला महीना चैत्र है और सामान्य वर्ष 365 दिन का होता है।
6. **राष्ट्रीय पशुः** बाघ (पैंथर टाइग्रिस-लिनायस)।
7. **राष्ट्रीय पक्षीः** मयूर (पावो क्रिस्टेट्स)।
8. **राष्ट्रीय पुष्पः** कमल (नेलम्बो न्यूसिफेरा)।

भारतीय राजव्यवस्था में वरीयता अनुक्रम

- भारतीय राजव्यवस्था में विभिन्न पदाधिकारियों का वरीयता अनुक्रम अग्रलिखित है–
  1. राष्ट्रपति,
  2. उपराष्ट्रपति,
  3. प्रधानमंत्री,
  4. राज्यों के राज्यपाल अपने राज्यों में,
  5. भूतपूर्व राष्ट्रपति,
  5. (क) उप प्रधानमंत्री,
  6. भारत का मुख्य न्यायाधीश तथा लोक सभाध्यक्ष,
  7. केन्द्रीय कैबिनेट मंत्री व राज्य के मुख्यमंत्री अपने-अपने राज्यों में, नीति आयोग का उपाध्यक्ष, पूर्व प्रधानमंत्री तथा संसद के विपक्ष के नेता,
  7. (क) भारत रत्न सम्मान के धारक,
  8. राजदूत,
  9. उच्चतम न्यायालय के न्यायाधीश,
  9. (क) मुख्य निर्वाचन आयुक्त तथा भारत का नियंत्रक महालेखा परीक्षक,
  10. राज्य सभा का उपसभापति, लोक सभा का उपाध्यक्ष, योजना आयोग के सदस्य तथा केन्द्र में राज्यमंत्री।

महत्वपूर्ण संविधान संशोधन

संविधान संशोधन	प्रावधान
• प्रथम संविधान संशोधन अधिनियम, 1951	• मौलिक अधिकारों में समानता, स्वतंत्रता तथा सम्पत्ति के अधिकार को सीमित किया गया।
• द्वितीय संविधान संशोधन अधिनियम, 1952	• लोक सभा चुनाव के लिए प्रतिनिधित्व के अनुपात को पुनः समायोजित किया गया।
• 12वाँ संविधान संशोधन अधिनियम, 1962	• गोवा, दमन एवं दीव को भारत का अंग बनाया गया।
• 13वाँ संविधान संशोधन अधिनियम, 1962	• कुछ विशेष उपबन्धों के साथ नगालैंड को नया राज्य बनाया गया।
• 14वाँ संविधान संशोधन अधिनियम, 1962	• पुडुचेरी को भारत का अंग बनाया गया।
• 21वाँ संविधान संशोधन अधिनियम, 1967	• सिंधी भाषा को आठवीं अनुसूची में सम्मिलित किया गया।
• 22वाँ संविधान संशोधन अधिनियम, 1969	• मेघालय को नया राज्य बनाया गया।
• 26वाँ संविधान संशोधन अधिनियम, 1971	• भूतपूर्व देशी राज्यों के शासकों की विशेष उपाधियों एवं उनके प्रिवी-पर्स को समाप्त कर दिया गया।
• 31वाँ संविधान संशोधन अधिनियम, 1973	• इसके द्वारा लोक सभा के सदस्यों की संख्या 525 से 545 कर दी गई तथा केन्द्रशासित प्रदेशों का प्रतिनिधित्व 25 से घटाकर 20 कर दिया गया।
• 36वाँ संविधान संशोधन अधिनियम, 1975	• सिक्किम को भारत का 22वाँ राज्य बनाया गया।
• 39वाँ संविधान संशोधन अधिनियम, 1975	• राष्ट्रपति, उपराष्ट्रपति, प्रधानमंत्री एवं लोक सभाध्यक्ष के निर्वाचन संबंधी विवादों को न्यायिक पुनर्विचार से मुक्त रखा गया।
• 42वाँ संविधान संशोधन अधिनियम, 1976	• संविधान की प्रस्तावना में पन्थनिरपेक्ष, समाजवादी तथा अखण्डता जैसे शब्द जोड़े गए। • नीति निदेशक सिद्धांतों को मूल अधिकारों पर वरीयता दी गई। • संविधान में अनु॰ 51 'क' के अन्तर्गत 10 मौलिक कर्तव्य जोड़े गए। • राष्ट्रपति को मंत्रिमंडल की सलाह को मानना अनिवार्य कर दिया गया। • लोक सभा एवं विधानसभाओं की अवधि को 5 वर्ष से बढ़ाकर 6 वर्ष कर दी गई।
• 44वाँ संविधान संशोधन अधिनियम, 1978	• राष्ट्रीय आपात की उद्घोषणा 'आंतरिक अशांति' के आधार पर नहीं की जा सकती, बल्कि सशस्त्र विद्रोह के कारण की जा सकेगी। • संपत्ति के मूल अधिकार को विधिक अधिकार में परिवर्तित कर दिया गया। • लोकसभा तथा विधान सभाओं की अवधि को 6 वर्ष से घटाकर 5 वर्ष की गई। • व्यक्तिगत स्वतंत्रता के अधिकार को शक्तिशाली बनाया गया।
• 52वाँ संविधान संशोधन अधिनियम, 1985	• संविधान में दसवीं अनुसूची को जोड़कर दल-बदल को रोकने के लिए कानून बनाया गया।
• 61वाँ संविधान संशोधन अधिनियम, 1989	• मतदान करने की न्यूनतम आयु 21 वर्ष से घटाकर 18 वर्ष कर दी गई।

संविधान संशोधन	प्रावधान
• 71वाँ संविधान संशोधन अधिनियम, 1992	• कोंकणी, मणिपुरी तथा नेपाली भाषाओं को 8वीं अनुसूची में शामिल किया गया।
• 73वाँ संविधान संशोधन अधिनियम, 1993	• पंचायती राज सम्बन्धी प्रावधान किये गए। • 11वीं अनुसूची जोड़ी गई।
• 74वाँ संविधान संशोधन अधिनियम, 1993	• 12वीं अनुसूची जोड़ी गई तथा नगरपालिकाओं के गठन सम्बन्धी प्रावधान किये गए।
• 86वाँ संविधान संशोधन अधिनियम, 2002	• संविधान में अनुच्छेद-21 (क), 45 तथा 51 (क) (ज्ञ) जोड़ा गया। • राज्य द्वारा 6 से 14 वर्ष के सभी बच्चों को निःशुल्क और अनिवार्य शिक्षा का प्रावधान किया गया।
• 87वाँ संविधान संशोधन अधिनियम, 2003	• परिसीमन में जनसंख्या का आधार 1991 की जनगणना के स्थान पर 2001 कर दिया गया।
• 88वाँ संविधान संशोधन अधिनियम, 2003	• सेवाओं पर कर का प्रावधान किया गया।
• 91वाँ संविधान संशोधन अधिनियम, 2003	• दल-बदल व्यवस्था में संशोधन किया गया। अब केवल सम्पूर्ण दल के विलय को मान्यता है। • केन्द्र तथा राज्यों में मंत्रिपरिषद् की संख्या क्रमशः लोक सभा तथा विधान सभा की सदस्य संख्या का 15% से अधिक नहीं होगी।
• 92वाँ संविधान संशोधन अधिनियम, 2003	• डोगरी, मैथिली, बोडो और सन्थाली भाषाओं को संविधान की आठवीं अनुसूची में शामिल किया गया।
• 93वाँ संविधान संशोधन अधिनियम, 2006	• SC, ST के छात्रों और सामाजिक तथा शिक्षा के स्तर पर पिछड़े हुए अन्य नागरिकों के लिए व्यावसायिक शिक्षा सहित उच्च शिक्षण संस्थानों में आरक्षण।
• 94वाँ संविधान संशोधन अधिनियम, 2006	• अनुसूचित जनजातियों के कल्याण के लिए एक मंत्री का प्रावधान मध्य प्रदेश एवं ओडिशा के साथ-साथ छत्तीसगढ़ एवं झारखण्ड में भी किया गया।
• 96वाँ संविधान संशोधन अधिनियम, 2011	• 'उड़िया' भाषा का 'ओडिया' में परिवर्तन किया गया।
• 98वाँ संविधान संशोधन अधिनियम, 2012	• कर्नाटक के राज्यपाल को हैदराबाद-कर्नाटक क्षेत्र के विकास के लिए कदम उठाने के लिए शक्ति प्रदान करना।
• 99वाँ संविधान संशोधन अधिनियम, 2014	• प्रस्तावित राष्ट्रीय न्यायिक नियुक्ति आयोग के संगठन तथा अधिकार को तैयार करना है।
• 100वाँ संविधान संशोधन अधिनियम, 2016	• संविधान की पहली अनुसूची को 16 मई, 1974 को हस्ताक्षरित भू-सीमा के सीमांकन से समझौते तथा दिनांक 6 सितंबर, 2011 को हस्ताक्षरित उसके मूल पत्र के अनुसरण में हानिकर आधिपत्य को बनाए रखते हुए तथा विदेशी अंतः क्षेत्र की अदला-बदली के माध्यम से भारत द्वारा राज्य क्षेत्र का हस्तांतरण करने के प्रयोजन का लागू करने के लिए संशोधित किया गया।

महत्वपूर्ण राजनैतिक शब्दावली

- **आकस्मिक निधिः** संविधान के अनुच्छेद 267 के अनुसार, भारत सरकार एक आकस्मिक निधि की स्थापना करेगी। इसमें जमा धनराशि का व्यय विधि द्वारा स्थापित प्रक्रिया के अनुसार किया जाता है। संसद की स्वीकृति से इस मद से धन निकाला जा सकता है। राष्ट्रपति विशिष्ट परिस्थितियों में अग्रिम रूप से इस निधि से धन निकाल सकता है।
- **संचित निधिः** अनुच्छेद 266 में संचित निधि का प्रावधान है। संचित निधि से धन संसद में प्रस्तुत अनुदान माँगों के द्वारा ही व्यय किया जाता है। राज्यों को करों एवं शुल्कों में से उनका अंश देने के बाद जो धन बचता है, निधि में डाल दिया जाता है। राष्ट्रपति, उपराष्ट्रपति, नियंत्रक एवं महालेखा परीक्षक आदि के वेतन तथा भत्ते इसी पर भारित होते हैं।
- **अध्यादेशः** जब संसद का अधिवेशन नहीं चल रहा हो और किसी उद्देश्य विशेष के लिए कानून की आवश्यकता हो, तो राष्ट्रपति अध्यादेश जारी कर सकता है। इस अध्यादेश का प्रभाव संसद द्वारा निर्मित विधि के जैसा ही होता है।
- **अविश्वास प्रस्तावः** यह प्रस्ताव लोक सभा में विपक्ष के द्वारा प्रस्तुत किया जाता है। इसकी प्रस्तुति के लिए लोक सभा के कम-से-कम 50 सदस्यों के प्रस्ताव का समर्थन आवश्यक होता है। अविश्वास प्रस्ताव अगर लोक सभा में बहुमत से पास हो जाए तो मंत्रिपरिषद् को त्याग-पत्र देना पड़ता है।

- **कार्यस्थगन प्रस्तावः** जब संसद के सदस्यों को लगता है कि देश में कोई विशेष घटना हुई है, तो उस पर चर्चा करने के लिए संसद सदस्य प्रस्ताव पारित कर सदन की कार्यवाही को स्थगित कर उस घटना पर चर्चा करने की माँग करते हैं, इसलिए इसे कार्यस्थगन या 'काम रोको प्रस्ताव' कहा जाता है।
- **ध्यानाकर्षण प्रस्तावः** अध्यक्ष की अनुमति से जब कोई संसद सदस्य किसी मंत्री का ध्यान सार्वजनिक हित की दृष्टि से अति आवश्यक विषय की ओर आकर्षित करना चाहते हैं तो उसे ध्यानाकर्षण प्रस्ताव कहते हैं।
- **विश्वास प्रस्तावः** बहुमत का समर्थन प्रदर्शित करने के लिए मंत्रिपरिषद् द्वारा संसद में यह लाया जाता है। विश्वास प्रस्ताव के पारित न होने की दशा में सरकार को त्याग-पत्र देना पड़ता है।
- **विशेषाधिकार प्रस्तावः** यह प्रस्ताव संसद के किसी सदस्य द्वारा पेश किया जाता है, जब उसे ये प्रतीत होता है कि मंत्रिपरिषद् के किसी सदस्य ने संसद में झूठा तथ्य प्रस्तुत करके सदन के विशेषाधिकार का उल्लंघन किया है।
- **लेखानुदानः** अनुच्छेद 116(क) के अन्तर्गत लोक सभा लेखाअनुदान पारित कर सरकार के लिए एक अग्रिम राशि मंजूर कर सकती है, जिसके बारे में बजट-विवरण देना सरकार के लिए सम्भव नहीं हो।
- **विनियोग विधेयकः** विनियोग विधेयक में भारत की संचित निधि पर भारित व्यय की पूर्ति के लिए अपेक्षित धन तथा सरकार के खर्च हेतु अनुदान की माँग शामिल होती है। भारत की संचित निधि में से कोई भी धन विनियोग विधेयक के द्वारा ही निकाला जा सकता है। (अनुच्छेद-114)
- **वित्त विधेयकः** संविधान का अनुच्छेद 112 वित्त विधेयक को परिभाषित करता है। जिन वित्तीय प्रस्तावों को सरकार आगामी वर्ष के लिए सदन में प्रस्तुत करती है, उन वित्तीय प्रस्तावों को मिलकर वित्त विधेयक की रचना होती है।
- **धन विधेयकः** संसद में राजस्व एकत्र करने अथवा अन्य प्रकार के धन से संबद्ध विधेयक को धन विधेयक कहते हैं। संविधान के अनुच्छेद 110(1) के उपखण्ड (क) से (छ) तक में उल्लिखित विषयों से सम्बन्धित विधेयकों को धन विधेयक कहा जाता है। धन विधेयक केवल लोक सभा में ही पेश किया जाता है।
- **शून्य कालः** संसद के दोनों सदनों में प्रश्नकाल के ठीक बाद के समय को शून्य काल कहा जाता है। यह 12 बजे प्रारंभ होता है इस वजह से इसे 'जीरो आवर' या 'शून्य काल' कहा जाता है। इस अवधि में सांसद अविलम्बनीय महत्व के मामले सदन में उठाते हैं।
- **अनुपूरक प्रश्नः** सदन में किसी सदस्य द्वारा अध्यक्ष की अनुमति से किसी विषय, जिसके सम्बन्ध में उत्तर दिया जा चुका है, के स्पष्टीकरण हेतु अनुपूरक प्रश्न पूछने की अनुमति प्रदान की जाती है।
- **तारांकित प्रश्नः** जिन प्रश्नों का उत्तर सदस्य तुरंत सदन में चाहता है उसे तारांकित प्रश्न कहा जाता है। तारांकित प्रश्नों का उत्तर मौखिक दिया जाता है।

प्रश्नावली

1. केन्द्र में द्वैध शासन किस अधिनियम के अन्तर्गत स्थापित किया गया?
A. 1909 के अधिनियम
B. भारत सरकार अधिनियम, 1919
C. भारत सरकार अधिनियम, 1935
D. भारतीय स्वतंत्रता अधिनियम, 1947

2. किस अधिनियम की प्रमुख विशेषता प्रांतीय स्वायत्तता थी?
A. 1935 B. 1919
C. 1904 D. 1858

3. संघीय प्रणाली का पहला प्रयास भारत सरकार अधिनियम . ... द्वारा किया गया था।
A. 1909 B. 1919
C. 1935 D. इनमें से कोई नहीं

4. भारत की संविधान सभा गठित करने का आधार क्या था?
A. भारतीय राष्ट्रीय कांग्रेस का प्रस्ताव
B. कैबिनेट मिशन प्लान, 1946
C. भारतीय स्वतंत्रता अधिनियम, 1947
D. भारतीय डोमिनियन के प्रान्तीय/राज्य विधानमण्डल के प्रस्ताव

5. संविधान की प्रारूप समिति के समक्ष प्रस्तावना का प्रस्ताव किसने रखा?
A. डॉ. बी.आर. अम्बेडकर B. बी.एन. राव
C. महात्मा गाँधी D. जवाहरलाल नेहरू

6. भारतीय संविधान सभा की संघीय शक्ति समिति के अध्यक्ष कौन थे?
A. सरदार पटेल
B. डॉ. बी.आर. अम्बेडकर

C. अल्लादी कृष्णा स्वामी अय्यर
D. पं. जवाहर लाल नेहरू

7. भारत का संविधान लागू हुआ था–
A. 26 जनवरी, 1950 को B. 26 जनवरी, 1952 को
C. 15 अगस्त, 1948 को D. 26 नवम्बर, 1949 को

8. संविधान सभा ने भारत के संविधान को कब स्वीकृत किया था?
A. 12 दिसम्बर, 1946 B. 15 अगस्त, 1947
C. 26 नवम्बर, 1949 D. 26 जनवरी, 1950

9. भारतीय संविधान सभा ने भारतीय राष्ट्रीय ध्वज की रूपरेखा को कब अंगीकार किया?
A. 23 अगस्त, 1947 B. 13 सितम्बर, 1947
C. 15 अगस्त, 1947 D. 22 जुलाई, 1947

10. भारतीय संविधान में समवर्ती सूची किसके संविधान से ली गई है?
A. यू.एस.ए. B. कनाडा
C. जर्मनी D. ऑस्ट्रेलिया

11. अब तक भारत के संविधान की उद्देशिका में कितनी बार संशोधन किया जा चुका है?
A. एक बार B. दो बार
C. तीन बार D. कभी नहीं

12. भारतीय संविधान की उद्देशिका में परिवर्तन किस संशोधन अधिनियम में किए गए थे?
A. 38वाँ संशोधन अधिनियम, 1975
B. 40वाँ संशोधन अधिनियम, 1976
C. 42वाँ संशोधन अधिनियम, 1976
D. 44वाँ संशोधन अधिनियम, 1978

13. भारतीय संविधान के किस संशोधन द्वारा प्रस्तावना में दो शब्द 'समाजवादी' और 'धर्मनिरपेक्ष' जोड़े गए थे?
A. 28वें B. 40वें
C. 42वें D. 52वें

14. भारत में वैध प्रभुसत्ता निहित है–
A. राष्ट्रपति में B. न्यायपालिका में
C. मंत्रिमंडल में D. संविधान में

15. निम्नलिखित में से कौन-सी विशेषता भारतीय संघ और अमेरिकी संघ दोनों में साझी है?
A. एकल नागरिकता
B. दोहरी नागरिकता
C. संविधान में तीन सूचियाँ
D. संविधान की व्याख्या के लिए संघीय उच्चतम न्यायालय

16. भारतीय संविधान में सम्मिलित नीति निदेशक तत्वों की प्रेरणा हमें किस संविधान से प्राप्त हुई है?
A. ऑस्ट्रेलिया B. अमेरिका
C. फ्रांस D. आयरलैंड

17. भारतीय संविधान में मौलिक अधिकारों का उल्लेख करते हुए निम्नलिखित में से किस देश का अनुसरण किया गया है?
A. ब्रिटेन B. अमेरिका
C. फ्रांस D. ऑस्ट्रेलिया

18. भारत की संसदीय प्रणाली प्रभावित है–
A. इंग्लैंड से B. USA से
C. जर्मनी से D. आयरलैंड से

19. भारत के राष्ट्रपति की आपातकालीन शक्तियाँ निम्नलिखित में से किस देश की देन है?
A. कनाडा के संविधान की
B. ऑस्ट्रेलिया के संविधान की
C. जर्मनी के वीमर संविधान की
D. अमेरिका के संविधान की

20. भारतीय संविधान में कुल कितने भाग हैं?
A. 12 B. 18
C. 22 D. 24

21. दल-बदल के आधार पर निर्वाचित सदस्यों की अयोग्यता सम्बन्धी विवरण संविधान की किस अनुसूची में दिया गया है?
A. 8वीं B. 9वीं
C. 10वीं D. 11वीं

22. भारतीय संविधान की अनुसूचियों में से कौन-सी एक राज्य के नामों की सूची तथा उसके राज्य क्षेत्रों का ब्यौरा देती है?
A. पहली B. दूसरी
C. तीसरी D. चौथी

23. भारतीय संविधान में 9वीं अनुसूची परिवर्तित हुई–
A. प्रथम संशोधन द्वारा B. आठवें संशोधन द्वारा
C. नौवें संशोधन द्वारा D. 42वें संशोधन द्वारा

24. भारत के संविधान की किस अनुसूची में विभिन्न राज्यों में अनुसूचित क्षेत्रों के प्रशासन और नियंत्रण के लिए विशेष उपबन्ध हैं?
A. तीसरी B. पाँचवीं
C. सातवीं D. नौवीं

25. वर्तमान (2014) समय में भारतीय संविधान में गणना की दृष्टि से कुल कितने अनुच्छेद और अनुसूचियाँ हैं?
A. 390 अनुच्छेद, 5 अनुसूचियाँ
B. 395 अनुच्छेद, 12 अनुसूचियाँ
C. 395 अनुच्छेद, 10 अनुसूचियाँ
D. 444 अनुच्छेद, 12 अनुसूचियाँ

26. संविधान के अनुच्छेद-1 में भारत को क्या कहा गया है?
A. परिसंघ
B. महासंघ
C. परिसंघ प्रबल एकात्मक आधार पर
D. राज्यों का संघ

27. भारतीय संविधान के किस अनुच्छेद में प्रेस की स्वतंत्रता दी गई है?
A. अनुच्छेद 14 B. अनुच्छेद 25
C. अनुच्छेद 21A D. अनुच्छेद 19(i)

28. मौलिक अधिकार के अंतर्गत कौन-सा अनुच्छेद बच्चों के शोषण से सम्बन्धित है?
A. अनुच्छेद 17 B. अनुच्छेद 19
C. अनुच्छेद 23 D. अनुच्छेद 24

29. भारतीय संविधान का कौन-सा अनुच्छेद संसद को अंतर्राष्ट्रीय समझौतों को लागू करने के लिए विधि निर्माण करने की शक्ति प्रदान करता है?
A. अनुच्छेद 249 B. अनुच्छेद 250
C. अनुच्छेद 252 D. अनुच्छेद 253

30. भारतीय संविधान का कौन-सा अनुच्छेद संवैधानिक प्रावधानों की संघीय संसद/राज्य विधानपालिकाओं द्वारा बनाये गए नियमों/कानूनों पर प्राथमिकता प्रदान करती है?
A. अनुच्छेद 13 B. अनुच्छेद 32
C. अनुच्छेद 245 D. अनुच्छेद 326

31. भारतीय संविधान के किस अनुच्छेद में अनुसूचित-जनजातियों के लिए एक राष्ट्रीय आयोग का प्रावधान है?
A. अनुच्छेद 338A B. अनुच्छेद 341
C. अनुच्छेद 16 D. अनुच्छेद 82

32. संविधान के किस अनुच्छेद में यह व्यवस्था की गई है कि प्रत्येक राज्य शिक्षा के प्राथमिक स्तर पर मातृभाषा में शिक्षा की पर्याप्त सुविधाओं की व्यवस्था करने का प्रयास करेगा?
A. अनुच्छेद 349 B. अनुच्छेद 35
C. अनुच्छेद 350 D. अनुच्छेद 351

33. संघ का यह कर्त्तव्य होगा कि वह बाह्य तथा आंतरिक गड़बड़ी से प्रत्येक राज्य की रक्षा करें–ऐसा प्रावधान भारतीय संविधान के निम्न अनुच्छेदों में से किस एक में है?
A. अनु॰ 215 B. अनु॰ 275
C. अनु॰ 325 D. अनु॰ 355

34. भारतीय संविधान के किस अनुच्छेद में भारतीय नागरिकों के मूल कर्त्तव्य शामिल हैं?
A. अनु॰ 50 क B. अनु॰ 50 ख
C. अनु॰ 51 क D. अनु॰ 51 ख

35. भारतीय संविधान के अनुच्छेद 17 में उपबंध किया गया है–
A. कानून के समक्ष समता का
B. सरकारी नौकरी के मामलों में अवसर की समता का
C. पदवियों के उन्मूलन का
D. अस्पृश्यता उन्मूलन का

36. निम्नलिखित में से किस वर्ष सिक्किम को राज्य का दर्जा दिया गया था?
A. 1973 में B. 1974 में
C. 1975 में D. 1976 में

37. भारतीय राज्यों का भाषायी आधार पर पुनर्गठन किस वर्ष किया गया था?
A. 1947 B. 1951
C. 1956 D. 1996

38. हरियाणा कब राज्य बना?
A. 1 नवम्बर, 1966 B. 1 अक्टूबर, 1966
C. 1 सितम्बर, 1966 D. 1 नवम्बर, 1965

39. भारत में एकल नागरिकता की अवधारणा अपनाई गई है–
A. इंग्लैड से B. यू.एस.ए. से
C. कनाडा से D. फ्रांस से

40. नागरिकता प्राप्त करने के लिए शर्तें निर्धारित करने वाला सक्षम निकाय कौन-सा है?
A. चुनाव आयोग B. राष्ट्रपति
C. संसद D. संसद और विधानसभाएँ

41. भारतीय संविधान के निम्नलिखित अनुच्छेदों में से कौन विधायन सत्ता पर पूर्ण नियंत्रण लगाता है?
A. अनुच्छेद 14 B. अनुच्छेद 15
C. अनुच्छेद 16 D. अनुच्छेद 17

42. मत देने का अधिकार होता है–
A. एक राजनीतिक अधिकार
B. एक नागरिक अधिकार
C. एक आर्थिक अधिकार
D. एक कानूनी अधिकार

43. संविधान के अन्तर्गत बन्दी प्रत्यक्षीकरण समादेश जारी करने का अधिकार किसमें निहित है?
A. केवल उच्च न्यायालय
B. केवल उच्चतम न्यायालय
C. उच्च तथा उच्चतम न्यायालय दोनों
D. जनपद न्यायालय तथा उनके ऊपर के सभी न्यायालय

44. निम्नलिखित में से कौन-सा मूल अधिकार नहीं है?
A. समता का अधिकार
B. सम्पत्ति का अधिकार
C. स्वतंत्रता का अधिकार
D. सांविधानिक उपचारों का अधिकार

45. निम्नलिखित में से किस याचिका (writ) का शाब्दिक अर्थ होता है–हम आदेश देते हैं?
A. बंदी प्रत्यक्षीकरण B. परमादेश
C. अधिकार पृच्छा D. उत्प्रेषण

46. निम्नोक्त समादेशों में से कौन-सा समादेश किसी अवैध व्यक्ति से सरकारी पद को बचाने के लिए जारी किया जाता है?
A. उत्प्रेषण B. परमादेश
C. निषेधाज्ञा D. अधिकार पृच्छा

47. निम्नलिखित में से किस वर्ष संविधान में मूल कर्त्तव्यों को अन्तः स्थापित किया गया?
A. 1972 ई॰ B. 1976 ई॰
C. 1977 ई॰ D. 1978 ई॰

48. भारतीय संविधान में मौलिक कर्त्तव्यों की सूची निम्नलिखित में से किस भाग के रूप में जोड़ी गई थी?
A. चार B. पाँच
C. दो D. तीन

49. भारतीय संसद बनती है–
A. केवल लोक सभा के द्वारा
B. राज्य सभा एवं लोक सभा के द्वारा
C. लोक सभा एवं राष्ट्रपति के द्वारा
D. लोक सभा, राज्य सभा एवं राष्ट्रपति के द्वारा

50. साधारण विधेयक से सम्बन्धित गतिरोध को दूर करने के लिए संसद के दोनों सदनों की संयुक्त बैठक कौन बुलाता है?
A. राष्ट्रपति B. मंत्रिपरिषद्
C. लोकसभा अध्यक्ष D. राज्य सभा का सभापति

51. सांसदों के वेतन का निर्णय कौन करता है?
A. संसद B. केन्द्रीय मंत्रिपरिषद्
C. राष्ट्रपति D. लोकसभा अध्यक्ष

52. संसदीय प्रणाली वाली सरकार को अन्य किस नाम से जाना जाता है?
A. अनुक्रियाशील सरकार
B. उत्तरदायी सरकार
C. संघीय सरकार
D. राष्ट्रपतीय सरकार

53. भारत में कार्यपालिका का अध्यक्ष कौन होता है?
A. राष्ट्रपति
B. प्रधानमंत्री
C. विरोधी दल का नेता
D. भारत सरकार का मुख्य सचिव

54. राष्ट्रपति को हटाया जा सकता है–
A. अविश्वास प्रस्ताव लाकर
B. संविधान संशोधन से
C. कानूनी कार्यवाही से
D. महाभियोग द्वारा

55. भारत के राष्ट्रपति निर्वाचित होने के पात्र बनने के लिए किसी व्यक्ति की आयु पूर्ण होनी चाहिए–
A. 21 वर्ष B. 25 वर्ष
C. 30 वर्ष D. 35 वर्ष

56. भारतीय संविधान के अनुसार देश का प्रथम नागरिक कौन होता है?
A. राष्ट्रपति B. लोकसभा अध्यक्ष
C. उपराष्ट्रपति D. प्रधानमंत्री

57. निम्नलिखित में से कौन लगातार दो बार राष्ट्रपति रहे थे?
A. डॉ. राजेन्द्र प्रसाद B. डॉ. एस. राधाकृष्णन
C. डॉ. जाकिर हुसैन D. A और B दोनों

58. राष्ट्रपति के चुनाव में विवाद होने पर किसकी सलाह ली जाती है?
A. उपराष्ट्रपति B. चुनाव आयोग
C. सर्वोच्च न्यायालय D. लोकसभा अध्यक्ष

59. भारत सरकार का सांविधानिक अध्यक्ष कौन है?
A. राष्ट्रपति
B. प्रधानमंत्री
C. भारत का मुख्य न्यायाधीश
D. महान्यायवादी

60. भारत के पहले राष्ट्रपति के रूप में डॉ. राजेन्द्र प्रसाद का चुनाव किया गया था–
A. निर्वाचकमंडल द्वारा B. भारत की जनता द्वारा
C. संविधान सभा द्वारा D. संसद द्वारा

61. भारत के उपराष्ट्रपति का चुनाव किया जाता है–
A. संसद के सदस्यों द्वारा
B. राज्य सभा के सदस्यों द्वारा
C. संसद के निर्वाचित सदस्यों द्वारा
D. संसद और राज्य विधानसभाओं के सदस्यों द्वारा

62. राष्ट्रपति द्वारा राज्य सभा में कितने व्यक्ति मनोनीत किये जाते हैं?
A. 10 B. 15
C. 12 D. 20

63. राज्य सभा के सदस्यों के लिए न्यूनतम आयु .... है।
A. 21 वर्ष B. 25 वर्ष
C. 30 वर्ष D. 35 वर्ष

64. निम्नलिखित में से किसके सम्बन्ध में राज्य सभा को लोक सभा के अपेक्षाकृत अधिक अधिकार प्राप्त हैं?
A. धन विधेयक
B. धनेतर विधेयक
C. नई अखिल भारतीय सेवाओं का गठन करना
D. संविधान का संशोधन

65. राज्य सभा को भंग करने में कौन सक्षम है?
A. अध्यक्ष राज्य सभा B. राष्ट्रपति
C. संसद का संयुक्त सत्र D. उपर्युक्त में से कोई नहीं

66. वर्तमान में लोक सभा सदस्यों की प्रभावी संख्या कितनी है?
A. 540 B. 545
C. 548 D. 552

67. लोक सभा में आंग्ल-भारतीय समुदाय से दो सदस्यों को मनोनीत करने की शक्ति किसके पास है?
A. अल्पसंख्यक आयोग B. भारत के राष्ट्रपति
C. प्रधानमंत्री D. भारत के उपराष्ट्रपति

68. किसी विशेष दिन लोक सभा में अधिकतम कितने तारांकित प्रश्न पूछे जा सकते हैं?
A. 15 B. 20
C. 25 D. कोई सीमा नहीं

69. लोक सभा चुनाव में कोई प्रत्याशी अपनी जमानत खो देता है यदि उसे प्राप्त न हो सके–
A. वैध मतों का 1/3 B. वैध मतों का 1/4
C. वैध मतों का 1/5 D. इनमें से कोई नहीं

70. उत्तर प्रदेश के अतिरिक्त लोक सभा में किन दो राज्यों का प्रतिनिधित्व सबसे अधिक है?
A. बिहार और आन्ध्र प्रदेश
B. महाराष्ट्र और पश्चिम बंगाल
C. कर्नाटक और आन्ध्र प्रदेश
D. तमिलनाडु और राजस्थान

71. लोक सभा के निर्वाचन क्षेत्रों का सीमा निर्धारण पहली बार निम्नलिखित में से किस ई॰ सन् में किया गया था?
A. 1970 B. 1972
C. 1976 D. 1977

72. संसद के दोनों सदनों की संयुक्त बैठक को भेजा गया विधेयक का पारित होना होता है–
A. उपस्थित सदस्यों के साधारण बहुमत से
B. कुल सदस्यों के पूर्ण बहुमत से
C. उपस्थित सदस्यों के दो-तिहाई बहुमत से
D. उपस्थित सदस्यों के तीन-चौथाई बहुमत से

73. निम्नलिखित में से कौन-सा एक लोक सभा का सर्वाधिक बड़ा (क्षेत्रफल के अनुसार) निर्वाचन क्षेत्र है?
A. काँगड़ा B. लद्दाख
C. कच्छ D. भीलवाड़ा

74. मंत्रिमंडल (संघीय) की बैठक की अध्यक्षता कौन करता है?
A. राष्ट्रपति B. उपराष्ट्रपति
C. लोकसभा अध्यक्ष D. प्रधानमंत्री

75. भारत के प्रधानमंत्री–
A. राष्ट्रपति द्वारा चुने जाते हैं
B. राज्यों के मुख्यमंत्री द्वारा चुने जाते हैं
C. लोक सभा में बहुमत दल के नेता होते हैं
D. चुने नहीं जाते, बल्कि वंशगत होते हैं

76. भारतीय संविधान के अनुसार तथ्यात्मक सम्प्रभुता निवास करती है–
A. संसद में B. राष्ट्रपति में
C. प्रधानमंत्री में D. जनता में

77. भारतीय संविधान के अनुच्छेद 74 और 75 किन विषयों पर विचार करते हैं?
A. मंत्रिपरिषद् B. लोक सभा के सदस्य
C. राष्ट्रपति D. मंत्रिमंडल के सदस्य

78. भारत सरकार का वह मंत्री जो संसद के दोनों में से किसी सदन का सदस्य नहीं है, उसे मंत्री के पद से मुक्त हो जाना पड़ता है–
A. 6 मास बाद B. 1 वर्ष बाद
C. 2 वर्ष बाद D. 3 वर्ष बाद

79. संघीय मंत्रिपरिषद् अपने आचरण के लिए किसके प्रति उत्तरदायी होता है?
A. राष्ट्रपति B. लोक सभा
C. राज्य सभा D. संसद

80. मंत्री व्यक्तिगत रूप से उत्तरदायी होता है–
A. राष्ट्रपति के प्रति B. प्रधानमंत्री के प्रति
C. लोकसभा अध्यक्ष के प्रति D. संसद के प्रति

81. सामूहिक रूप से मंत्रिपरिषद् किसके प्रति उत्तरदायी होता है?
A. राष्ट्रपति B. प्रधानमंत्री
C. लोक सभा D. संसद

82. भारतीय गणराज्य में वास्तविक कार्यकारी प्राधिकार निम्नलिखित में से किसके पास होता है?
A. प्रधानमंत्री B. राष्ट्रपति
C. नौकरशाही D. मंत्रिपरिषद्

83. निम्नलिखित में से कौन भारत के उपप्रधानमंत्री नहीं रहे हैं?
A. सरदार पटेल B. एल.के. आडवाणी
C. चरण सिंह D. बी.डी. जत्ती

84. लोक सभा में विरोधी दल के नेता के रूप में मान्यता देने के लिए उसके दल के सदस्यों की संख्या कुल सदस्यों की संख्या के कम-से-कम कितने प्रतिशत होनी चाहिए?
A. 10% B. 15%
C. 25% D. 50%

85. लोक सभा में विरोधी दल के पहले मान्यता प्राप्त नेता थे–
A. श्यामा प्रसाद मुखर्जी B. इन्दिरा गाँधी
C. रामसुभग सिंह D. वाई.बी. चौहान

86. लोक सभा का अस्थायी अध्यक्ष (प्रोटेम स्पीकर) किसके द्वारा नियुक्त किया जाता है?
A. सम्बन्धित सदन द्वारा B. निवर्तमान अध्यक्ष द्वारा
C. प्रधानमंत्री द्वारा D. राष्ट्रपति द्वारा

87. लोक सभा अध्यक्ष अपना त्यागपत्र किसको देता है?
A. राष्ट्रपति को B. उपराष्ट्रपति को
C. प्रधानमंत्री को D. लोक सभा उपाध्यक्ष को

88. भारतीय संसद के दोनों सदनों के संयुक्त अधिवेशन का सभापतित्व कौन करता है?
A. भारत के राष्ट्रपति B. भारत के उपराष्ट्रपति
C. लोकसभा अध्यक्ष D. भारत के महान्यायवादी

89. लोकसभा में किसी विधेयक को धन विधेयक के रूप में कौन प्रमाणित करता है?
A. राष्ट्रपति B. वित्त मंत्री
C. प्रधानमंत्री D. लोकसभा अध्यक्ष

90. लोकसभा के प्रथम अध्यक्ष थे–
A. रवि राय B. एम॰ अनन्तशयनम आयंगर
C. सरदार हुकुम सिंह D. जी.वी. मावलंकर

91. भारत के किस राष्ट्रपति ने पूर्व में लोकसभा अध्यक्ष का पद भी संभाला था?
A. ज्ञानी जैल सिंह B. वी.वी. गिरि
C. नीलम संजीव रेड्डी D. जाकिर हुसैन

92. प्रथम स्पीकर जिसके खिलाफ लोकसभा में अविश्वास प्रस्ताव लाया गया था कौन थे?
A. बलराम जाखड़ B. जी.वी. मावलंकर
C. सरदार हुकुम सिंह D. के.एस. हेगड़े

93. लोकसभा में विपक्ष के किसी दल के नेता के रूप में मान्यता किसके द्वारा दी जाती है?
A. राष्ट्रपति B. प्रधानमंत्री
C. उपराष्ट्रपति D. लोकसभा अध्यक्ष

94. लोकसभा के अध्यक्ष का चुनाव किया जाता है–
A. राष्ट्रपति द्वारा
B. प्रधानमंत्री द्वारा
C. संसद के दोनों सदनों के सदस्यों द्वारा
D. लोकसभा के सदस्यों द्वारा

95. भारत के एटॉर्नी जनरल (महान्यायवादी) की नियुक्ति कौन करता है?
A. सर्वोच्च न्यायालय का मुख्य न्यायाधीश
B. भारत का प्रधानमंत्री
C. भारत का राष्ट्रपति
D. संघ लोक सेवा आयोग

96. भारत सरकार को कानूनी विषयों पर परामर्श कौन देता है?
A. एटॉर्नी जनरल
B. उच्चतम न्यायालय का मुख्य न्यायाधीश
C. विधि आयोग का अध्यक्ष
D. इनमें से कोई नहीं

97. निम्नलिखित में वह कौन व्यक्ति है जो संसद सदस्य नहीं होता है, लेकिन जिसे संसद को संबोधित करने का अधिकार है?
A. भारत का एटॉर्नी जनरल
B. भारत का सॉलिसिटर जनरल
C. भारत के मुख्य न्यायमूर्ति
D. मुख्य निर्वाचन आयुक्त

98. निम्नलिखित में से कौन लोकसभा की कार्यवाहियों में भाग तो ले सकता है, किन्तु मतदान नहीं कर सकता।
A. एटॉर्नी जनरल B. लोकसभा अध्यक्ष
C. लोकसभा उपाध्यक्ष D. प्रधानमंत्री

99. भारत सरकार का प्रमुख विधि अधिकारी कौन है?
A. भारत के मुख्य न्यायाधीश
B. भारत का विधि मंत्री
C. भारत का महान्यायवादी
D. विधि सचिव

100. भारत का सॉलिसिटर जनरल होता है?
A. एक प्रशासनिक अधिकारी
B. एक न्यायिक सलाहकार
C. प्रधानमंत्री का सलाहकार
D. राष्ट्रपति को सलाह देने के लिए एक कानूनी अधिकारी

101. किसी राज्य का उच्चतम विधि अधिकारी होता है–
A. एटॉर्नी जनरल B. एडवोकेट जनरल
C. सॉलिसिटर जनरल D. विधि विभाग का महासचिव

102. राज्य में महाधिवक्ता की नियुक्ति निम्नलिखित में से किसके द्वारा की जाती है?
A. राज्यपाल
B. राष्ट्रपति
C. उच्च न्यायालय के मुख्य न्यायाधीश
D. सर्वोच्च न्यायालय के मुख्य न्यायाधीश

103. निम्नलिखित में वह कौन-सा अधिकारी है जो भारत सरकार के वित्तीय लेन-देनों में लेखाकरण के लिए जिम्मेदार होता है?
A. वित्त सचिव
B. नियंत्रक एवं महालेखा परीक्षक
C. महालेखा नियंत्रक
D. अध्यक्ष, वित्त आयोग

104. भारत के नियंत्रक एवं महालेखा परीक्षक की नियुक्ति किसके द्वारा की जाती है?
A. राष्ट्रपति
B. लोकसभा अध्यक्ष
C. अध्यक्ष, योजना आयोग
D. वित्तमंत्री

105. भारत के नियंत्रक एवं महालेखा परीक्षक का कार्यकाल है–
A. 6 वर्ष
B. 65 वर्ष की आयु तक
C. 6 वर्ष या 65 वर्ष की आयु जो भी पहले हो
D. 6 वर्ष या 62 वर्ष की आयु जो भी पहले हो

106. निम्नलिखित में से वह समिति कौन-सी है जिसमें राज्य सभा का कोई सदस्य नहीं होता है?
A. प्राक्कलन समिति
B. लोक लेखा समिति
C. सार्वजनिक शिकायत समिति
D. सार्वजनिक उपक्रम समिति

107. भारत के नियंत्रक और महालेखा परीक्षक की रिपोर्ट की समीक्षा करने वाली संसदीय समिति है–
A. आकलन समिति B. प्रवर समिति
C. लोक लेखा समिति D. इनमें से कोई नहीं

108. भारत में संसद की वित्तीय समितियाँ निम्नलिखित में से कौन-सी हैं?
1. लोक लेखा समिति
2. प्राक्कलन समिति
3. लोक उपक्रम समिति
A. 1 तथा 3 B. 1 तथा 2
C. 2 तथा 3 D. 1, 2 तथा 3

109. लोक लेखा समिति अपनी रिपोर्ट प्रस्तुत करती है–
A. नियंत्रक एवं महालेखा परीक्षक को
B. लोक सभा के अध्यक्ष को
C. संसदीय मामलों के मंत्री को
D. भारत के राष्ट्रपति को

110. भारतीय संविधान के किस भाग में संघीय न्यायपालिका का उल्लेख है?
A. भाग-II B. भाग-III
C. भाग-IV D. भाग-V

111. भारत के सर्वोच्च न्यायालय की स्थापना हुई थी–
A. 1950 के संसद के एक अधिनियम द्वारा
B. भारतीय स्वाधीनता अधिनियम, 1947 के अधीन
C. भारत सरकार अधिनियम, 1935 के अधीन
D. भारतीय संविधान के द्वारा

112. सर्वोच्च न्यायालय के अन्य न्यायाधीशों की नियुक्ति कौन करता है?
A. राष्ट्रपति
B. संसद
C. सर्वोच्च न्यायालय का न्यायाधीश
D. सर्वोच्च न्यायालय के मुख्य न्यायाधीश के परामर्श से राष्ट्रपति

113. राष्ट्रपति और उपराष्ट्रपति के निर्वाचन में विवाद के मामलों को किसको प्रस्तुत किया जाता है?
A. मुख्य निर्वाचन आयुक्त
B. संसद
C. भारत का उच्चतम न्यायालय
D. इनमें से कोई नहीं

114. जब राष्ट्रपति एवं उपराष्ट्रपति का पद खाली हो तो भारत के राष्ट्रपति के पद पर कौन होता है?
A. प्रधानमंत्री
B. भारत का मुख्य न्यायाधीश
C. लोक सभा अध्यक्ष
D. उपर्युक्त में से कोई नहीं

115. सर्वोच्च न्यायालय के न्यायाधीश भारत के राष्ट्रपति द्वारा हटाए जा सकते हैं–
A. सी.बी.आई. की जाँच पर
B. भारत के मुख्य न्यायाधीश की जाँच पर
C. भारत की बार काउन्सिल की रिपोर्ट पर
D. संसद में महाभियोग प्रस्ताव पारित होने पर

116. भारत में उच्चतम न्यायालय में न्यायाधीशों की संख्या बढ़ाने का अधिकार किसके पास होता है?
A. भारत की संसद
B. भारत का राष्ट्रपति
C. केन्द्रीय विधि मंत्रालय
D. भारत का मुख्य न्यायाधीश

117. उच्च न्यायालय के मुख्य न्यायाधीश की नियुक्ति कौन करता है?
A. राष्ट्रपति
B. सर्वोच्च न्यायालय का मुख्य न्यायाधीश
C. राज्य का राज्यपाल
D. राज्य का मुख्यमंत्री

118. किसी न्यायाधीश को एक उच्च न्यायालय से दूसरे उच्च न्यायालय में स्थानान्तरित करने का अधिकार निम्नलिखित में से किसको है?
A. भारत के मुख्य न्यायमूर्ति
B. भारत के राष्ट्रपति
C. भारत के विधि मंत्री
D. केन्द्रीय मंत्रिमंडल

119. राज्य सरकार का कार्यकारी अध्यक्ष कौन होता है?
A. मुख्यमंत्री
B. राज्यपाल
C. मुख्यमंत्री का सचिव
D. मुख्य सचिव

120. राज्यपाल का मुख्य सलाहकार कौन होता है?
A. भारत के उच्चतम न्यायालय का मुख्य न्यायमूर्ति
B. मुख्यमंत्री
C. लोक सभा का अध्यक्ष
D. राष्ट्रपति

121. स्वतंत्र भारत में निम्नलिखित में से कौन-सी महिला किसी राज्य की पहली राज्यपाल थी?
A. सरोजिनी नायडू B. सुचेता कृपलानी
C. इंदिरा गांधी D. विजयलक्ष्मी पंडित

122. राज्य के गवर्नर को कौन शपथ दिलाता है?
A. राज्य का मुख्य न्यायाधीश
B. उपराष्ट्रपति
C. भारत का मुख्य न्यायाधीश
D. राष्ट्रपति

123. भारत में राज्य विधानपालिकाओं का उच्च सदन कौन-सा है?
A. विधानपालिका परिषद् B. विधानपालिका समिति
C. राज्यपाल का कार्यालय D. इनमें से कोई नहीं

124. किसको समाप्त किया जा सकता है, पर भंग नहीं?
A. राज्य सभा B. नगरपालिका
C. ग्राम पंचायत D. विधान परिषद्

125. भारत में राज्य विधान परिषद् के सदस्यों का कितना हिस्सा स्थानीय निकायों द्वारा चुना जाता है?
A. एक-तिहाई B. एक-चौथाई
C. एक छठा भाग D. एक बारहवाँ भाग

126. किसी राज्य के विधानसभा में अधिकतम कितने सदस्य हो सकते हैं?
A. 400 B. 450
C. 500 D. 550

127. किस विधान सभा में दो महिलाओं की नियुक्ति राज्यपाल कर सकते हैं?
A. जम्मू-कश्मीर B. सिक्किम
C. मणिपुर D. नगालैंड

128. राज्य मंत्रिपरिषद् सामूहिक रूप से किसके प्रति उत्तरदायी होती है?
A. विधान सभा B. विधान परिषद्
C. राज्यपाल D. राष्ट्रपति

129. अंतर्राज्यी परिषद् का निर्माण होता है–
A. संवैधानिक प्रावधान द्वारा
B. संसदीय कानून द्वारा
C. योजना आयोग की अनुशंसा पर
D. मुख्यमंत्री सम्मेलन द्वारा स्वीकृत संकल्प पर

130. क्षेत्रीय परिषदों का सृजन हुआ है–
A. संविधान द्वारा
B. संसदीय कानून द्वारा
C. सरकारी संकल्प द्वारा
D. राष्ट्रीय विकास परिषद् द्वारा

उत्तरमाला

1	**2**	**3**	**4**	**5**	**6**	**7**	**8**	**9**	**10**
C	A	C	B	D	D	A	C	D	D
11	**12**	**13**	**14**	**15**	**16**	**17**	**18**	**19**	**20**
A	C	C	D	D	D	B	A	C	C
21	**22**	**23**	**24**	**25**	**26**	**27**	**28**	**29**	**30**
C	A	A	B	D	D	D	D	D	C
31	**32**	**33**	**34**	**35**	**36**	**37**	**38**	**39**	**40**
A	C	D	C	D	C	C	A	A	C
41	**42**	**43**	**44**	**45**	**46**	**47**	**48**	**49**	**50**
A	B	C	B	A	D	B	A	D	A
51	**52**	**53**	**54**	**55**	**56**	**57**	**58**	**59**	**60**
A	B	A	D	D	A	A	C	A	C
61	**62**	**63**	**64**	**65**	**66**	**67**	**68**	**69**	**70**
A	C	C	C	D	B	B	B	D	B
71	**72**	**73**	**74**	**75**	**76**	**77**	**78**	**79**	**80**
B	A	B	D	C	A	A	A	B	A
81	**82**	**83**	**84**	**85**	**86**	**87**	**88**	**89**	**90**
C	D	D	A	D	D	D	C	D	D
91	**92**	**93**	**94**	**95**	**96**	**97**	**98**	**99**	**100**
C	B	D	D	C	A	A	A	C	B
101	**102**	**103**	**104**	**105**	**106**	**107**	**108**	**109**	**110**
B	A	B	A	C	A	C	D	B	D
111	**112**	**113**	**114**	**115**	**116**	**117**	**118**	**119**	**120**
D	D	C	B	D	A	A	B	B	B
121	**122**	**123**	**124**	**125**	**126**	**127**	**128**	**129**	**130**
A	A	A	D	A	C	A	A	A	B

यूनिट - XI : विविध

आकाशवाणी (ऑल इण्डिया रेडियो)

भारत में सर्वप्रथम रेडियो प्रसारण बम्बई (मुम्बई) और कलकत्ता (कोलकाता) से दो निजी ट्रांसमीटरों द्वारा 1927 में आरम्भ हुआ। भारत सरकार ने 1930 में दोनों को अपने हाथ में ले लिया और उन्हें मिलाकर उसका नाम इण्डियन ब्रॉडकास्टिंग सर्विस रखा। 1936 में उसका नाम बदलकर ऑल इण्डिया रेडियो रखा गया और 1957 में इसे आकाशवाणी कहा जाने लगा।

स्वतंत्रता प्राप्ति के समय देश में छह आकाशवाणी केंद्र और 18 ट्रांसमीटर थे। ये देश के 2.5 प्रतिशत क्षेत्र में फैले थे और 11 प्रतिशत जनसंख्या तक इनकी पहुंच थी। इस समय आकाशवाणी विश्व का सबसे बड़ा प्रसारण तंत्र है। इस समय 403 आकाशवाणी केंद्र और 574 ट्रांसमीटर हैं जिनकी पहुंच देश के 91.82 प्रतिशत क्षेत्र में 99.16 प्रतिशत जनसंख्या तक है।

दूरदर्शन (टेलीविजन)

भारत में दूरदर्शन का आरंभ 15 सितम्बर, 1959 से आकाशवाणी के दिल्ली केन्द्र से हुआ। **आकाशवाणी के भाग के रूप में टेलीविजन सेवा की नियमित शुरुआत दिल्ली (1965), मुंबई (1972), कोलकाता (1975), चेन्नई (1975) में हुई।**

दूरदर्शन 15 सितंबर, 1976 को स्वतंत्र रूप से अस्तित्व में आया। उसके बाद रंगीन प्रसारण की शुरुआत नई दिल्ली में 1982 के एशियाई खेलों के दौरान हुई, जिसके साथ देश में प्रसारण क्षेत्र में बड़ी क्रांति आ गई। उसके बाद दूरदर्शन का तेजी से विकास हुआ और 1984 में लगभग हर दिन एक ट्रांसमीटर लगाया गया।

प्रमुख समाचार पत्र

समाचार पत्र	*शहर*	*भाषा*
अमृत बाजार पत्रिका	कोलकाता	अंग्रेजी
स्टेट्समैन	नई दिल्ली/कोलकाता	अंग्रेजी
आनंद बाजार पत्रिका	कोलकाता	बंगला
युगांतर	कोलकाता	बंगला
नूतन असमिया	गुवाहाटी	असमिया
विश्वमित्र	कोलकाता/मुंबई/कानपुर	हिंदी
प्रताप	नई दिल्ली/जालंधर	उर्दू
हिन्दुस्तान टाइम्स	नई दिल्ली/पटना/लखनऊ/भोपाल	अंग्रेजी
केशरी	पुणे	मराठी
नई दुनिया	इंदौर/नई दिल्ली	हिन्दी
बाम्बे समाचार	मुम्बई	गुजराती
आन्ध्र पत्रिका	विजयवाड़ा	तेलगु
कन्नड़ प्रभा	बेंगलुरु	कन्नड़
हिन्दुस्तान	नई दिल्ली/पटना	हिन्दी
वीर अर्जुन	नई दिल्ली	हिन्दी
ट्रिब्यून	चंड़ीगढ़	अंग्रेजी/हिन्दी
अकाली पत्रिका	जालंधर	पंजाबी

समाचार पत्र	शहर	भाषा
नेशनल हेराल्ड	नई दिल्ली	अंग्रेजी
फाइनेंसियल एक्सप्रेस	मुम्बई/दिल्ली	अंग्रेजी
आर्यावर्त	पटना	हिन्दी
इण्डियन एक्सप्रेस	नई दिल्ली/मुंबई/अहमदाबाद/चण्डीगढ़/ नागपुर/पुणे/बड़ोदरा	अंग्रेजी
आज	वाराणसी/कानपुर/पटना/आगरा/गोरखपुर	हिन्दी
टेलीग्राफ	कोलकाता	अंग्रेजी
टाइम्स ऑफ इंडिया	नई दिल्ली/मुंबई/अहमदाबाद/पटना/लखनऊ/बेंगलुरु	अंग्रेजी
नवभारत टाइम्स	नई दिल्ली/मुंबई/पटना	हिन्दी
जनसत्ता	नई दिल्ली/चण्डीगढ़	हिन्दी
डकन हेराल्ड	बेंगलुरु	अंग्रेजी
डकन क्रॉनिकल	हैदराबाद	अंग्रेजी
बिजनेस स्टैण्डर्ड	कोलकाता	अंग्रेजी
इकोनॉमिक टाइम्स	मुंबई/नई दिल्ली	अंग्रेजी
महाराष्ट्र टाइम्स	मुंबई	मराठी
हिन्दू	चेन्नई/**नई दिल्ली**	अंग्रेजी
दिनामनि	मदुरै	तमिल
मथरूभूमि	कोझिकोड	मलयालम
पायनियर	नई दिल्ली/लखनऊ/कानपुर	अंग्रेजी
कौमी आवाज	नई दिल्ली	उर्दू
अवाम	नई दिल्ली	उर्दू
राष्ट्रीय सहारा	नई दिल्ली/लखनऊ	हिन्दी
दैनिक जागरण	कानपुर/वाराणसी/आगरा/मेरठ/झांसी/नई दिल्ली/ लखनऊ/गोरखपुर/देहरादून/बरेली/जालंधर/पटना	हिन्दी
अमर उजाला	आगरा/अलीगढ़/मेरठ/कानपुर/मुरादाबाद/ बरेली/जालंधर	हिन्दी
पंजाब केसरी	नई दिल्ली/जालंधर	हिन्दी
हिन्द समाचार	नई दिल्ली/जालंधर	उर्दू
मलयाला मनोरमा	कोझिकोड	मलयालम
राजस्थान पत्रिका	जयपुर/अजमेर/कोटा	हिन्दी

रोजगार समाचार

यह साप्ताहिक समाचार पत्र है जो भारत सरकार द्वारा हिन्दी, अंग्रेजी व उर्दू भाषाओं में प्रकाशित होता है। यह अपने ढंग का पहला समाचार पत्र है, जिसमें केन्द्र सरकार, राज्य सरकारों, सरकारी विभागों और सरकारी उपक्रमों में रोजगार के अवसरों (नौकरियों) के बारे में पूरी जानकारी और विज्ञापन होते हैं। यह नई दिल्ली से निकलता है।

समाचार अभिकरण (एजेन्सी)

भारतीय : (1) प्रेस ट्रस्ट ऑफ इण्डिया (पी.टी.आई.)—पी.टी.आई. **की** हिन्दी में 'भाषा' नाम से न्यूज एजेन्सी **है**; (2) यूनाइटेड न्यूज ऑफ इण्डिया (यू.एन.आई.)—यू.एन.आई. ***की*** 'वार्ता' के नाम से हिन्दी सेवा है ; (3) हिन्दुस्तान समाचार एवं (4) समाचार भारती; इंडियन न्यूज सर्विस, इंडियन न्यूज एंड फीचर एयरलाइंस।

विदेशी : नियर एण्ड फॉर ईस्ट न्यूज (नाफेन); रायटर्स (ब्रिटेन); एसोसिएटेड प्रेस ऑफ अमेरिका; यूनाइटेड प्रेस ऑफ अमेरिका (यू. एस. ए.); तास (रूस); ग्लोब न्यूज एजेन्सी, फ्रांस; किंग फीचर्स सिंडिकेट ऑफ यू.एस.ए.; एजेन्सी फ्रांस प्रेस, फ्रांस; इंटरनेशनल न्यूज सर्विस, अमेरिका; अंतारा, इंडोनेशिया; अरब न्यूज एजेन्सी; अरब देश, सेतका, स्लोवाकिया; न्यू चाइना न्यूज एजेन्सी, चीन।

प्रमुख पत्रिकाएं

साप्ताहिक

पत्रिका	भाषा
बिल्ट्ज	अंग्रेजी
मलयाला मनोरमा	मलयालम
मातृभूमि	मलयालम
देश	बंगला
कुमुदम	तमिल
सुधा	कन्नड़
स्वराज	मराठी
सण्डे	अंग्रेजी
द वीक	अंग्रेजी
इंडिया टुडे	अंग्रेजी, हिन्दी, तमिल
आउट लुक	अंग्रेजी, **हिन्दी**
नई दुनिया	उर्दू
रोजगार समाचार	अंग्रेजी, हिन्दी, उर्दू

पाक्षिक

पत्रिका	भाषा
फेमिना	अंग्रेजी, **हिंदी**
फ्रंटलाइन	अंग्रेजी
माधुरी	हिन्दी
सरिता	हिन्दी
बिजनेस वर्ल्ड	अंग्रेजी
जन कल्याण	गुजराती
सरस सलिल	हिन्दी

मासिक

पत्रिका	भाषा
न्यूज एंड इवेन्ट्स	अंग्रेजी/हिन्दी
फिल्म फेयर	अंग्रेजी
मनोरमा	हिन्दी
योजना	अंग्रेजी/हिन्दी
नंदन	हिन्दी
कादम्बिनी	हिन्दी
आजकल	हिन्दी, उर्दू
विकास सेतु	हिन्दी

महत्वपूर्ण दिवस

दिवस	*महत्व*
• 9 जनवरी	प्रवासी दिवस
• 15 जनवरी	थल सेना दिवस
• 25 जनवरी	भारतीय पर्यटन दिवस
• 26 जनवरी	भारतीय गणतंत्र दिवस
• 30 जनवरी	शहीद दिवस, विश्व कुष्ठ निवारण दिवस (महात्मा गाँधी की पुण्य तिथि)
• 1 फरवरी	तटरक्षक दिवस, डाक जीवन बीमा दिवस
• 4 फरवरी	विश्व कैंसर दिवस
• 20 फरवरी	विश्व सामाजिक न्याय दिवस
• 21 फरवरी	विश्व मातृभाषा दिवस
• 22 फरवरी	पल्स पोलियो दिवस
• 28 फरवरी	राष्ट्रीय विज्ञान दिवस (रमन प्रभाव की स्मृति में)
• 8 मार्च	अन्तर्राष्ट्रीय महिला दिवस
• 15 मार्च	विश्व उपभोक्ता अधिकार दिवस, विश्व विकलांगता दिवस
• 21 मार्च	विश्व वानिकी दिवस, विश्व रंगभेद उन्मूलन दिवस
• 22 मार्च	विश्व जल दिवस
• 23 मार्च	शहीद दिवस, विश्व मौसम विज्ञान दिवस
• 24 मार्च	विश्व तपेदिक दिवस
• 7 अप्रैल	विश्व स्वास्थ्य दिवस
• 18 अप्रैल	विश्व विरासत दिवस
• 22 अप्रैल	विश्व पृथ्वी दिवस
• 1 मई	मई दिवस (अन्तर्राष्ट्रीय श्रम दिवस)
• 8 मई	विश्व रेडक्रॉस दिवस
• 9 मई	अन्तर्राष्ट्रीय थैलीसीमिया दिवस
• 11 मई	राष्ट्रीय प्रौद्योगिकी दिवस

दिवस	महत्व
• 24 मई	कॉमनवेल्थ दिवस
• 31 मई	विश्व धूम्रपान दिवस
• 1 जून	अन्तर्राष्ट्रीय बाल दिवस
• 5 जून	विश्व पर्यावरण दिवस
• 14 जून	वर्ल्ड ब्लड डोनर डे
• 20 जून	शरणार्थी दिवस
• 21 जून	विश्व योग दिवस
• 27 जून	विश्व मधुमेह दिवस
• 11 जुलाई	विश्व जनसंख्या दिवस
• 6 अगस्त	विश्व शांति दिवस, हिरोशिमा दिवस
• 10 अगस्त	अंतर्राष्ट्रीय युवा दिवस
• 29 अगस्त	राष्ट्रीय खेल दिवस
• 5 सितम्बर	शिक्षक दिवस
• 8 सितम्बर	विश्व साक्षरता दिवस
• 14 सितम्बर	हिन्दी दिवस
• 16 सितम्बर	विश्व ओजोन दिवस

दिवस	महत्व
• 21 सितम्बर	अन्तर्राष्ट्रीय शांति दिवस
• 27 सितम्बर	विश्व पर्यटन दिवस
• 2 अक्टूबर	गाँधी जयन्ती/अन्तर्राष्ट्रीय अहिंसा दिवस
• 3 अक्टूबर	विश्व पर्यावास दिवस
• 5 अक्टूबर	विश्व आवास दिवस
• 9 अक्टूबर	विश्व डाक दिवस
• 16 अक्टूबर	विश्व खाद्य दिवस
• 17 अक्टूबर	विश्व गरीबी उन्मूलन दिवस
• 20 अक्टूबर	राष्ट्रीय एकता दिवस, विश्व सांख्यिकी दिवस
• 19 नवम्बर	अन्तर्राष्ट्रीय नागरिक दिवस
• 26 नवम्बर	विश्व पर्यावरण संरक्षण दिवस
• 1 दिसम्बर	विश्व एड्स दिवस
• 10 दिसम्बर	अन्तर्राष्ट्रीय मानवाधिकार दिवस
• 18 दिसम्बर	अन्तर्राष्ट्रीय प्रवास दिवस
• 29 दिसम्बर	विश्व जैव विविधता दिवस

भारत की प्रमुख बहुउद्देशीय नदी घाटी परियोजनाएँ

परियोजना का नाम	नदी	लाभान्वित राज्य
• दामोदर घाटी परियोजना	दामोदर	झारखंड, पश्चिम बंगाल
• टिहरी बाँध परियोजना	भागीरथी	उत्तराखंड
• नागार्जुन सागर परियोजना	कृष्णा	आन्ध्र प्रदेश
• कोसी परियोजना	कोसी	बिहार तथा नेपाल
• हीराकुड बाँध परियोजना	महानदी	ओडिशा
• व्यास परियोजना	व्यास	राजस्थान, पंजाब, हरियाणा, हिमाचल प्रदेश
• चम्बल परियोजना	चम्बल	राजस्थान, मध्य प्रदेश
• मयूराक्षी परियोजना	मयूराक्षी	पश्चिम बंगाल
• तुंगभद्रा परियोजना	तुंगभद्रा	आन्ध्र प्रदेश, कर्नाटक
• गण्डक परियोजना	गण्डक	बिहार, नेपाल
• फरक्का परियोजना	गंगा	पश्चिम बंगाल
• काकड़ापारा परियोजना	ताप्ती	गुजरात
• नागपुर शक्तिगृह परियोजना	कोराडी	महाराष्ट्र
• इन्दिरा गाँधी नहर परियोजना	सतलज	राजस्थान, पंजाब तथा हरियाणा
• रिहन्द परियोजना	रिहन्द	उत्तर प्रदेश
• महानदी डेल्टा परियोजना	महानदी	ओडिशा
• कुण्डा परियोजना	कुण्डा	तमिलनाडु

परियोजना का नाम	नदी	लाभान्वित राज्य
• इडुक्की परियोजना	पेरियार	केरल
• कोयना परियोजना	कोयना	महाराष्ट्र
• सतलज परियोजना	चिनाब	जम्मू-कश्मीर
• रंजीत सागर बाँध परियोजना	रावी	पंजाब
• नाथपा-झाकरी परियोजना	सतलज	हिमाचल प्रदेश
• शरावती परियोजना	शरावती	कर्नाटक
• नर्मदा सागर परियोजना	नर्मदा	मध्य प्रदेश, गुजरात
• जवाहर सागर परियोजना	चम्बल	राजस्थान
• तुलबुल परियोजना	झेलम	जम्मू कश्मीर
• सरदार सरोवर परियोजना	नर्मदा	गुजरात, मध्य प्रदेश, महाराष्ट्र एवं राजस्थान
• दुलहस्ती परियोजना	चिनाब	जम्मू-कश्मीर
• तिलैया परियोजना	बराकर	झारखंड

सार्वजनिक क्षेत्र के औद्योगिक उपक्रम

नाम	स्थान
• भारतीय उर्वरक निगम लि॰	सिन्दरी (झारखंड), नांगल (पंजाब), ट्राम्बे (महाराष्ट्र), गोरखपुर (उत्तर प्रदेश), नामरूप (असम), दुर्गापुर (पश्चिम बंगाल)
• हिन्दुस्तान एण्टीबायोटिक लि॰	पिम्परी (महाराष्ट्र)
• भारी जल संयन्त्र	नेवेली (तमिलनाडु), नाहर- कटिया (असम), राउरकेला (ओडिशा), ट्रॉम्बे (महाराष्ट्र)
• भारत डायनामिक्स लिमिटेड	हैदराबाद
• भारत इलेक्ट्रॉनिक्स लिमिटेड	जलाहाली (कर्नाटक), गाजियाबाद (उ॰प्र॰)।
• भारत हैवी इलेक्ट्रिकल्स लि॰	रानीपुर (उत्तराखंड), रामचंद्रपुर (आंध्र प्रदेश), तिरूचिरापल्ली (तमिलनाडु), भोपाल (मध्य प्रदेश)
• भारत हैवी प्लेट एवं वैसेल्स लि.	विशाखापत्तनम (आन्ध्र प्रदेश)
• सेन्ट्रल मशीन टूल्स	बेंगलुरू (कर्नाटक)
• चितरंजन लोकोमोटिव वर्क्स	चितरंजन (पश्चिम बंगाल)
• कोचीन शिपयार्ड	कोच्चि
• डीजल लोकोमोटिव वर्क्स	मरवाडीह, वाराणसी (उ.प्र.)
• गार्डेन रीच वर्कशॉप लि॰	कोलकाता
• हैवी इलेक्ट्रिकल्स लिमिटेड	बेंगलुरू
• भारी इंजीनियरिंग निगम लि॰	राँची
• भारी वाहन कारखाना	अवाडी (तमिलनाडु)
• हिन्दुस्तान केबल्स कारखाना	रूपनारायणपुर (पश्चिम बंगाल)
• हिन्दुस्तान मशीन टूल्स	जलाहाली (कर्नाटक), पिंजौर (हरियाणा), हैदराबाद, कालामसारी (केरल)
• हिन्दुस्तान शिपयार्ड	विशाखापत्तनम एवं कोच्चि
• हिन्दुस्तान कार्बनिक रसायन लिमिटेड	रसायनी (महाराष्ट्र)

नाम	स्थान
• भारतीय दवा एवं औषधि लिमिटेड (एण्टीबायोटिक संयंत्र, I.D.P.L.)	ऋषिकेश (उत्तराखंड)
• संश्लेषित दवा परियोजना	हैदराबाद
• इंटीग्रल कोच फैक्ट्री	पेराम्बूर (तमिलनाडु), कोटकपूरा (पंजाब)
• भारतीय मशीन टूल निगम	अजमेर
• मझगाँव डॉक्स लिमिटेड	मुम्बई
• खनन एवं सम्बद्ध उपकरण निगम लिमिटेड	दुर्गापुर
• राष्ट्रीय खनिज विकास निगम	हैदराबाद
• हिंदुस्तान जिंक लिमिटेड	उदयपुर (राजस्थान)
• भारत एल्युमीनियम कम्पनी लिमिटेड	कोरबा (छत्तीसगढ़), रत्नागिरी (महाराष्ट्र)
• हिंदुस्तान कॉपर लिमिटेड	अग्निगुडला (आंध्र प्रदेश), दारिबा (राजस्थान), मलाजखण्ड (म.प्र.), राखा (झारखंड)
• भारत गोल्ड माइन्स लिमिटेड	कोलार (कर्नाटक)
• नेवेली लिग्नाइट निगम	नेवेली (तमिलनाडु)
• भारतीय तेलशोधक लिमिटेड	बरौनी (बिहार), नूनमाटी (असम)
• भारतीय विस्फोटक कारखाना	गोमिया, हजारीबाग (झारखंड)
• राष्ट्रीय अखबारी कागज कारखाना लिमिटेड	नेपानगर (म॰प्र॰)

• भारतीय मानक ब्यूरो (बी.आई.एस.) की स्थापना 1947 में की गई थी।

• बी.आई.एस. विभिन्न उत्पादों पर गुणवत्ता चिह्न अर्थात् आई.एस.आई. चिह्न आवंटित करती है।

भारत में विकास एवं रोजगार कार्यक्रम

कार्यक्रम/योजना/संस्थान	*प्रारम्भ वर्ष*	*उद्देश्य/विवरण*
• सामुदायिक विकास कार्यक्रम	1952	समाज का सर्वांगीण विकास
• सघन कृषि जिला कार्यक्रम	1960-61	किसानों को ऋण, बीज, खाद और औजार आदि उपलब्ध कराना
• हरित क्रांति	1966-67	कृषि उत्पादन में वृद्धि करना
• महाराष्ट्र की रोजगार गारण्टी योजना	1972-73	ग्रामीण समाज के आर्थिक दृष्टि से कमजोर वर्गों की सहायता करना
• सूखाग्रस्त क्षेत्र कार्यक्रम	1973	सूखाग्रस्त क्षेत्रों में पर्यावरण संतुलन, भूमिजल और अन्य प्राकृतिक संसाधनों को विकसित करके सूखे से बचाव के उपाय जीवन बीमा की सुविधा उपलब्ध कराना
• कमान क्षेत्र विकास कार्यक्रम	1974-75	बड़ी और मझोली परियोजनाओं की सिंचाई क्षमता के तेजी से बेहतर उपयोग सुनिश्चित करना
• बीस सूत्री कार्यक्रम	1975	गरीबी निवारण एवं रहन-सहन के स्तर को उच्च बनाना
• मरुभूमि विकास कार्यक्रम	1977-78	मरुभूमि विस्तार प्रक्रिया नियंत्रण एवं पर्यावरण संतुलन बनाए रखने हेतु
• काम के बदले अनाज कार्यक्रम	1977-78	विकास प्रक्रियाओं के काम हेतु खाद्यान्न देना
• अन्त्योदय योजना	1977-78	गांव के सबसे गरीब परिवारों को आर्थिक दृष्टि से स्वावलम्बी बनाना
• ग्रामीण युवाओं को स्वरोजगार हेतु प्रशिक्षण (TRYSEM)	1979	ग्रामीण युवा वर्ग की बेरोजगारी को दूर करने हेतु प्रशिक्षण देने का कार्यक्रम

कार्यक्रम/योजना/संस्थान	प्रारम्भ वर्ष	उद्देश्य/विवरण
• जन-धन योजना	2014	सभी परिवारों की बैंक खातों तक पहुँच
• मेक इन इंडिया	2014	देश में मेन्यूफैक्चरिंग को बढ़ावा
• स्वच्छ भारत मिशन	2014	2 अक्टूबर, 2019 तक देश को एक स्वच्छ भारत के रूप में प्रस्तुत करना
• दीन दयाल उपाध्याय श्रमेव जयते	2014	श्रमिकों के लिए विभिन्न पहलें
• फास्टैग	2014	राष्ट्रीय राजमार्गों पर इलेक्ट्रॉनिक टॉल कलेक्शन (ETC) की व्यवस्था, ताकि टॉल अदायगी के लिए वाहनों को बार-बार रुकना न पड़े
• प्रधानमंत्री मुद्रा योजना	2015	छोटे करोबारियों को शिशु ऋण, किशोर ऋण व तरुण ऋण योजना के तहत् ₹ 10 लाख तक के ऋण
• उजाला	2015	बिजली की खपत पर अंकुश हेतु एलईडी बल्बों का रियायती मूल्य पर वितरण
• अटल पेंशन योजना	2015	असंगठित क्षेत्र के लोगों के लिए मासिक पेंशन
• प्रधानमंत्री जीवन ज्योति बीमा योजना	2015	18-50 वर्ष के लोगों के लिए ₹ 2 लाख का जीवन बीमा
• प्रधानमंत्री सुरक्षा बीमा योजना	2015	18-70 वर्ष आयु वर्ग के लोगों के लिए साधारण बीमा/दुर्घटना बीमा, ₹ 2 लाख तक
• स्मार्ट सिटी परियोजना	2015	2015-16 से 2019-20 के दौरान देशभर में 100 चुनींदा शहरों का स्मार्ट सिटी के रूप में विकास
• अमृत (AMRUT)	2015	एक लाख से अधिक जनसंख्या वाले 500 से अधिक शहरों में आधारिक संरचना व अन्य सुविधाओं का विकास
• इन्द्रधनुष	2015	सार्वजनिक क्षेत्र के बैंकों की सुदृढ़ता के लिए सात सूत्रीय मिशन
• डिजिटल इंडिया मिशन	2015	सरकारी कामकाज का डिजिटलीकरण करना, ताकि सभी सरकारी सेवाएं इलेक्ट्रॉनिक तरीके से जनता को उपलब्ध हो सकें
• स्वर्ण बाँड योजना	2015	निवेश के लिए सोना खरीदने वालों को स्वर्ण की फिजीकल डिलीवरी के स्थान पर स्वर्ण मूल्य में अंकित बाँडों की बिक्री
• स्वर्ण बुलियन योजना	2015	10 ग्राम व 20 ग्राम वजन में सोने के सिक्कों की बिक्री
• उदय (UDAY)	2015	सार्वजनिक क्षेत्र की विद्युत् वितरण कंपनियों (DISCOMs) को घाटों से उबारना
• स्टार्ट अप इंडिया	2016	नए उद्यमों को बढ़ावा
• श्यामा प्रसाद मुखर्जी नेशनल रूर्बन मिशन	2016	गाँवों का क्लस्टर आधारित विकास
• सेतु भारतम् योजना	2016	राष्ट्रीय राजमार्गों को रेलवे क्रॉसिंग रहित बनाने के लिए ओवर/अंडर ब्रिजों का निर्माण
• स्टैण्ड अप इंडिया	2016	अनु. जाति/जनजाति तथा महिला उद्यमियों की इकायों की स्थापना हेतु ₹ 10 लाख से ₹ 1 करोड़ तक के ऋण
• ग्रामोदय से भारत उदय	2016	देश के विकास हेतु गाँवों के विकास पर बल देना
• प्रधानमंत्री उज्ज्वला योजना	2016	गरीबी की रेखा से नीचे के परिवारों के लिए रियायती मूल्य पर एलपीजी कनेक्शन उपलब्ध कराना
• नमामि गंगे	2016	गंगा नदी की स्वच्छता

भारत में अनुसंधान संस्थान

कृषि और संबद्ध गतिविधियां

भारतीय कृषि अनुसंधान संस्थान, नई दिल्ली
बागवानी अनुसंधान संस्थान, हसारघाट (कर्नाटक)
केन्द्रीय शुष्क क्षेत्र अनुसंधान संस्थान, जोधपुर (राजस्थान)
भारतीय घासभूमि और चारा अनुसंधान संस्थान, झांसी (उत्तर प्रदेश)
जूट कृषि अनुसंधान संस्थान, बैरकपुर (पश्चिम बंगाल)
जूट प्रौद्योगिकी अनुसंधान प्रयोगशाला, कोलकाता (पश्चिम बंगाल)
कपास प्रौद्योगिकी अनुसंधान प्रयोगशाला, मुम्बई (महाराष्ट्र)
भारतीय लाख अनुसंधान संस्थान, रांची (झारखंड)
भारतीय गन्ना अनुसंधान संस्थान, लखनऊ (उत्तर प्रदेश)
गन्ना अभिजनन संस्थान, कोयम्बटूर (तमिलनाडु)
केन्द्रीय चावल अनुसंधान संस्थान, कटक (**ओडिशा**)
केन्द्रीय बागवानी फसल अनुसंधान संस्थान, कासरगोड़ (केरल)
केन्द्रीय आलू अनुसंधान संस्थान, शिमला (हिमाचल प्रदेश)
केन्द्रीय तम्बाकू अनुसंधान संस्थान, राजमुंदरी (आंध्र प्रदेश)
सेंट्रल ट्यूबर क्रॉप्स रिसर्च इंस्टीट्यूट, तिरुअनन्तपुरम् (केरल)
सेंट्रल सॉइल सैलिनिटी रिसर्च इंस्टीट्यूट, करनाल (हरियाणा)
राष्ट्रीय डेरी अनुसंधान संस्थान, करनाल (हरियाणा)
इंडियन वेटेरनरी रिसर्च इंस्टीट्यूट, इज्जतनगर, (उत्तर प्रदेश)
केन्द्रीय अंतरदेशीय मात्स्यकी अनुसंधान संस्थान, बैरकपुर (पश्चिम बंगाल)
केन्द्रीय समुद्री मात्स्यकी अनुसंधान संस्थान, मंडपम कैम्प (तमिलनाडु)
मात्स्यकी प्रौद्योगिकी का केन्द्रीय संस्थान, एरनाकुलम (केरल)
डीप सी फिशिंग रिसर्च स्टेशन, मुंबई (महाराष्ट्र)
केन्द्रीय भेड़ और ऊन अनुसंधान संस्थान, मालपुरा (राजस्थान)
कृषि सांख्यिकी अनुसंधान संस्थान, नई दिल्ली
वन प्रबंधन संस्थान, भोपाल (मध्य प्रदेश)
फल अनुसंधान संस्थान, भागलपुर (बिहार)
पोषाहार अनुसंधान संस्थान, हैदराबाद (आंध्र प्रदेश)
राष्ट्रीय जैविक उद्यान, लखनऊ (उत्तर प्रदेश)
भारतीय वन्य-जीव संस्थान, देहरादून (**उत्तराखंड**)

चिकित्सकीय

न्यूट्रिशन रिसर्च लेबोरेटरी, हैदराबाद (आंध्र प्रदेश)
ट्यूबरक्लोसिस केमोरथेरेपी सेंटर, चेन्नई (तमिलनाडु)
विषाणु अनुसंधान केन्द्र, कोलकाता (पश्चिम बंगाल)
पोलियो अनुसंधान इकाई, मुम्बई
उष्णकटिबंधीय औषध विद्यालय, कोलकाता
संचरणीय रोगों का राष्ट्रीय संस्थान, नई दिल्ली
अखिल भारतीय आयुर्विज्ञान संस्थान, नई दिल्ली
अखिल भारतीय आरोग्य और जन-स्वास्थ्य संस्थान, कोलकाता
केन्द्रीय कोढ़ अनुसंधान संस्थान, चेन्नई
हॉफकिन संस्थान, मुंबई (प्लेग के अनुसंधान हेतु)
भारतीय कैंसर अनुसंधान केन्द्र, मुम्बई
केन्द्रीय अनुसंधान केन्द्र, कसौली (हिमाचल प्रदेश)
केन्द्रीय औषध अनुसंधान संस्थान, लखनऊ (उत्तर प्रदेश)
केन्द्रीय औषध प्रयोगशाला, कोलकाता (पश्चिम बंगाल)
राष्ट्रीय इम्यूनोलॉजी संस्थान, नई दिल्ली
औषध की स्वदेशी पद्धति का केन्द्रीय अनुसंधान संस्थान, जामनगर (गुजरात)

विज्ञान और प्रौद्योगिकी

राष्ट्रीय कैमिकल प्रयोगशाला, पुणे
नेशनल फिजिकल लेबोरेटरी, नई दिल्ली
केन्द्रीय ईंधन अनुसंधान संस्थान, धनबाद
केन्द्रीय ग्लास और सेरामिक अनुसंधान संस्थान, जाधवपुर
केन्द्रीय खाद्य प्रौद्योगिकी अनुसंधान संस्थान, मैसूर
नेशनल मेटालर्जिकल प्रयोगशाला, जमशेदपुर
केन्द्रीय सड़क अनुसंधान संस्थान, नई दिल्ली
सेंट्रल इलेक्ट्रो-कैमिकल रिसर्च इंस्टीट्यूट, काराईकुड़ी
केन्द्रीय चमड़ा अनुसंधान संस्थान, चेन्नई
केन्द्रीय भवन अनुसंधान संस्थान, रुड़की
सेंट्रल इलेक्ट्रॉनिक्स इंजीनियरिंग रिसर्च इंस्टीट्यूट, पिलानी
सेंट्रल साल्ट एंड मेरिन कैमिकल रिसर्च इंस्टीट्यूट, भावनगर
सेंट्रल माइनिंग रिसर्च स्टेशन, धनबाद
सेंट्रल मैकेनिकल इंजीनियरिंग रिसर्च, इंस्टीट्यूट, दुर्गापुर
राष्ट्रीय वैमानिकी प्रयोगशाला, बेंगलुरु

भारतीय पैट्रोलियम संस्थान, देहरादून
सेंट्रल साइंटिफिक इंस्ट्रूमेंटेशन आर्गनाइजेशन, चंडीगढ़
नेशनल जियोफिजिकल रिसर्च इंस्टीट्यूट, हैदराबाद
राष्ट्रीय डिजायन संस्थान, अहमदाबाद
इंडस्ट्रियल टॉक्सिकोलॉजी अनुसंधान केन्द्र, लखनऊ
नेशनल इंस्टीट्यूट ऑफ ओसेनोग्राफी, पणजी
सर्वे ऑफ इण्डिया, देहरादून
बॉटानिकल सर्वे ऑफ इंडिया, कोलकाता
जूलाजिकल सर्वे ऑफ इंडिया, कोलकाता
बोस संस्थान, कोलकाता
बीरबल साहनी इंस्टीट्यूट फॉर पैलियोबॉटनी, लखनऊ
रमण अनुसंधान संस्थान, बेंगलुरु

प्रमुख सार्वजनिक उपक्रम

एयर इंडिया कार्पोरेशन, मुंबई
भारत इलेक्ट्रॉनिक्स लि., जालाहाली (कर्नाटक), पुणे
भारत अर्थ मूवर्स लिमिटेड, बेंगलुरु
भारत हैवी इलेक्ट्रिकल्स लिमिटेड, हरिद्वार, तिरुचिरापल्ली और हैदराबाद
भारत पेट्रोलियम लिमिटेड, मुंबई
भारत गोल्ड माइन्स प्राइवेट लि., कोलार (कर्नाटक)
भारत हैवी प्लेट एंड वेसेल्स लि., विशाखापट्टनम् (केरल)
बोकारो स्टील लि., बोकारो (झारखंड)
चितरंजन लोकोमोटिव वर्क्स, चितरंजन (पश्चिम बंगाल)
कोचीन रिफाइनरीज लिमिटेड, कोचीन
कोल इंडिया लिमिटेड, कोलकाता
कंटेनर कार्पोरेशन ऑफ इंडिया लिमिटेड, दिल्ली
सीमेंट कार्पोरेशन ऑफ इंडिया, वाराणसी
इंजीनियर्स इंडिया लिमिटेड, दिल्ली
भारतीय खाद्य निगम, दिल्ली
फर्टीलाइजर एंड कैमिकल्स ट्रेवनकोर लि., एरनाकुलम
गार्डन रिच वर्कशॉप लिमिटेड, कोलकाता
हिन्दुस्तान स्टील लिमिटेड, रांची
हिन्दुस्तान टेलीप्रिंटर्स लिमिटेड, चेन्नई
हिन्दुस्तान शिपयार्ड्स लि., विशाखापत्तनम और कोचीन
हिन्दुस्तान लैटेक्स लि., तिरुवनंतपुरम
हिन्दुस्तान केबल्स लि. रूपनारायणपुर (पश्चिम बंगाल)
हिन्दुस्तान मशीन टूल्स लिमिटेड, बंगलौर, पिंजौर, कालामेसेरी और हैदराबाद
हिन्दुस्तान एयरोनॉटिक्स लि., बेंगलुरु
हिन्दुस्तान एंटी-बॉयोटिक्स लि., पिम्परी (महाराष्ट्र) और ऋषिकेश **(उत्तराखंड)**
हिन्दुस्तान इंसेक्टिसाइड लि., नई दिल्ली और अल्वाय (केरल)
हिन्दुस्तान फोटो फिल्म्स मैन्यूफैक्चरिंग कंपनी लि., उटकमंड (तमिलनाडु)
हिन्दुस्तान पेट्रोकैमिकल्स लि., मुम्बई और विशाखापट्टनम
हिन्दुस्तान जिंक लिमिटेड, उदयपुर (राजस्थान)
हैवी इंजीनियरिंग कार्पोरेशन लि., रांची (झारखंड)
हैवी व्हेकिल्स फैक्टरी, अवाडी (तमिलनाडु)
हैवी मशीन बिल्डिंग प्लांट, रांची (झारखंड)
भारतीय तेल निगम लि., मुम्बई
इण्डियन टेलीफोन इंडस्ट्रीज लि., बंगलौर और रायबरेली
इंडियन रेअर अर्थ लिमिटेड, अल्वाय (केरल)
इंडियन एयरलाइंस, नई दिल्ली
इंटेगरल कोच फैक्टरी, पेराम्बूर (तमिलनाडु)
इंस्ट्रूमेंटल लिमिटेड, कोटा (राजस्थान)
इंडियन रेलवे कंस्ट्रक्शन कंपनी, दिल्ली
इंडियन पेट्रोकैमिकल्स लिमिटेड, बड़ोदरा
मैटल एंड मिनरल ट्रेडिंग कार्पोरेशन, दिल्ली
महानगर टेलीफोन निगम लि., दिल्ली और मुंबई
मझगांव डॉक लिमिटेड, मुंबई
नेवेली लिगनाइट कार्पोरेशन लि. नेवेली (तमिलनाडु)
तेल और प्राकृतिक गैस निगम, मुम्बई
पायराइट एंड कैमिकल्स डेवलपमेंट लि., शाहाबाद **(बिहार)**
प्रोजेक्ट्स एंड डेवलपमेंट इंडिया लिमिटेड, दिल्ली
भारतीय इस्पात प्राधिकरण लि., भिलाई, दुर्गापुर और राउरकेला
स्टेट ट्रेडिंग कार्पोरेशन, दिल्ली
विदेश संचार निगम लि., मुम्बई

अकादमियां

एडमिनिस्ट्रेटिव स्टॉफ कॉलेज, हैदराबाद
एयर डिफेंस एंड गाइडेड, मिसाइल स्कूल, गोपालपुर **(ओडिशा)**

एयर फोर्स एडमिनिस्ट्रेटिव स्टॉफ कॉलेज, कोयम्बटूर (तमिलनाडु)
एयरफोर्स फ्लाइंग कॉलेज, जोधपुर (राजस्थान)
आर्म्ड कॉर्प्स सेंटर एंड स्कूल, अहमदनगर (महाराष्ट्र)
आर्म्ड फोर्स मेडिकल कॉलेज, पुणे (महाराष्ट्र)
भारतीय भाषा संस्थान, मैसूर, (कर्नाटक)
केन्द्रीय संस्कृत संस्थान, तिरुपति (आंध्र प्रदेश)
कॉलेज ऑफ मिलिट्री इंजीनियरिंग, किरकी (महाराष्ट्र)
कॉलेज ऑफ सैटेलाइट कम्युनिकेशन टेक्नोलॉजी, अहमदाबाद (गुजरात)
केन्द्रीय विश्वविद्यालय; दिल्ली विश्वविद्यालय; बनारस हिन्दू विश्वविद्यालय; अलीगढ़ मुस्लिम विश्वविद्यालय; विश्वभारती, ओस्मानिया विश्वविद्यालय, हैदराबाद; जवाहरलाल नेहरू विश्वविद्यालय, दिल्ली; नार्थ इस्टर्न हिल यूनिवर्सिटी; जामिया मिलिया विश्वविद्यालय
डिफेंस सर्विस स्टॉफ कॉलेज, विलिंगटन (तमिलनाडु)
फिल्म और टेलीविजन प्रशिक्षण संस्थान, पुणे (महाराष्ट्र)
भारतीय वन अकादमी, देहरादून **(उत्तराखंड)**
इंडियन इंस्टीट्यूट आफ एडवांस्ड स्टडीज, शिमला (हिमाचल प्रदेश)
भारतीय जनसंचार संस्थान, दिल्ली और ढेंकानाल **(ओडिशा)**
भारतीय प्रौद्योगिकी संस्थान, दिल्ली; खड़गपुर; कानपुर; मुम्बई; चेन्नई और गुवाहाटी
भारतीय प्रबंधन संस्थान, अहमदाबाद; बेंगलुरु; कोलकाता; कोझीकोड; इंदौर और लखनऊ
भारतीय राष्ट्रीय विज्ञान अकादमी, जयपुर (राजस्थान)
भारतीय मिलिट्री अकादमी, देहरादून
भारतीय नौसेना अकादमी, कोचीन (केरल)
इंडियन स्कूल ऑफ माइन्स, धनबाद (झारखंड)
इंदिरा गांधी राष्ट्रीय उड़ान अकादमी, रायबरेली (उत्तर प्रदेश)
इंदिरा गांधी राष्ट्रीय मुक्त विश्वविद्यालय, दिल्ली
इंस्टीट्यूट ऑफ ह्यूमेनिटी, शिमला (हिमाचल प्रदेश)
सामाजिक अध्ययन संस्थान, लखनऊ (उत्तर प्रदेश)
आंतरिक सुरक्षा अकादमी, माउंट आबू (राजस्थान)
लक्ष्मीबाई शारीरिक शिक्षा राष्ट्रीय कॉलेज, ग्वालियर (मध्य प्रदेश)
ललित कला अकादमी, दिल्ली
लाल बहादुर शास्त्री नेशनल अकादमी ऑफ एडमिनिस्ट्रेशन, मसूरी **(उत्तराखंड)**
राष्ट्रीय पुलिस अकादमी, हैदराबाद (आंध्र प्रदेश)
राष्ट्रीय रक्षा अकादमी, खड़गवासला (महाराष्ट्र)
प्रत्यक्ष करों की राष्ट्रीय अकादमी, नागपुर (महाराष्ट्र)
नेताजी सुभाष नेशनल इंस्टीट्यूट ऑफ स्पोर्ट्स, पटियाला (पंजाब)
नेशनल डिफेंस कॉलेज, दिल्ली
राष्ट्रीय डेरी अनुसंधान संस्थान, करनाल (हरियाणा)
नेशनल इंस्टीट्यूट ऑफ ओसेनोग्राफी, पणजी (गोवा)
राष्ट्रीय जैविक उद्यान, लखनऊ और ऊटी
राष्ट्रीय नाट्य विद्यालय, दिल्ली
राष्ट्रीय डिजायन संस्थान, अहमदाबाद
नेशनल इंस्टीट्यूट ऑफ फैशन डिजायनिंग, दिल्ली
पेट्रोलियम अनुसंधान संस्थान, देहरादून **(उत्तराखंड)**
साहित्य अकादमी, दिल्ली
संगीत नाटक अकादमी, दिल्ली
विदेशी भाषा विद्यालय, दिल्ली
टाटा इंस्टीट्यूट ऑफ फंडामेंटल रिसर्च, मुंबई
वल्लभभाई पटेल चेस्ट इंस्टीट्यूट, दिल्ली
भारतीय वन्य-जीवन संस्थान, चंदेरवेणी (उत्तर प्रदेश)

अंतरिक्ष अनुसंधान केन्द्र

1. इण्डियन साइन्टिफिक सेटेलाइट प्रोजेक्ट, बेंगलुरु,
2. इण्डियन स्पेस रिसर्च आर्गेनाइजेशन, बेंगलुरु,
3. फिजिकल रिसर्च लेबोरेटरी, अहमदाबाद,
4. प्रोपेलिंग फ्यूल कॉम्पलेक्स, तिरुवनंतपुरम,
5. सेटेलाइट लांच व्हीकल प्रोजेक्ट, तिरुवनंतपुरम,
6. स्पेस एप्लीकेशन सेन्टर, अहमदाबाद,
7. स्पेश कमीशन, बेंगलुरु,
8. श्रीहरिकोटा रेंज, श्रीहरिकोटा (आन्ध्र प्रदेश),
9. थुम्बा इक्वेटोरियल रॉकेट लांचिंग स्टेशन, थुम्बा,
10. विक्रम साराभाई स्पेस सेन्टर, तिरुवनंतपुरम और
11. लिक्विड प्रपल्शन सिस्टम सेन्टर, बेंगलुरु।

www.ingramcontent.com/pod-product-compliance
Lightning Source LLC
Chambersburg PA
CBHW061155240926
51846CB00006B/1019
9789350128169